2024

法律法规全书系列

中华人民共和国司法行政法律法规全书

（含规章及典型案例）

中国法制出版社
CHINA LEGAL PUBLISHING HOUSE

出 版 说 明

随着中国特色社会主义法律体系的建成，中国的立法进入了"修法时代"。在这一时期，为了使法律体系进一步保持内部的科学、和谐、统一，会频繁出现对法律各层级文件的适时清理。目前，清理工作已经全面展开且取得了阶段性的成果，但这一清理过程在未来几年仍将持续。这对于读者如何了解最新法律修改信息、如何准确适用法律带来了使用上的不便。基于这一考虑，我们精心编辑出版了本书，一方面重在向读者展示我国立法的成果与现状，另一方面旨在帮助读者在法律文件修改频率较高的时代准确适用法律。

本书独具以下四重价值：

1. **文本权威，内容全面**。本书涵盖司法行政领域相关的常用法律法规、国务院文件、部门规章、规范性文件、司法解释，及最高人民法院公布的典型案例、示范文本，独家梳理和收录人大代表建议、政协委员提案的重要答复；书中收录文件均为经过清理修改的现行有效文本，方便读者及时掌握最新法律文件。

2. **查找方便，附录实用**。全书法律文件按照紧密程度排列，方便读者对某一类问题的集中查找；重点法律附加条旨，指引读者快速找到目标条文；附录相关典型案例、文书范本，其中案例具有指引"同案同判"的作用。同时，本书采用可平摊使用的独特开本，避免因书籍太厚难以摊开使用的弊端。

3. **免费增补，动态更新**。为保持本书与新法的同步更新，避免读者因部分法律的修改而反复购买同类图书，我们为读者专门设置了以下服务：(1) 扫码添加书后"法规编辑部"公众号→点击菜单栏→进入资料下载栏→选择法律法规全书资料项→点击网址或扫码下载，即可获取本书每次改版修订内容的电子版文件；(2) 通过"法规编辑部"公众号，及时了解最新立法信息，并可线上留言，编辑团队会就图书相关疑问动态解答。

4. **目录赠送，配套使用**。赠送本书目录的电子版，与纸书配套，立体化、电子化使用，便于检索、快速定位；同时实现将本书装进电脑，随时随地查。

修 订 说 明

　　本书自出版以来,深受广大读者喜爱。本书在上一版本的基础之上,根据国家法律、行政法规、部门规章、司法解释等相关文件的制定和修改情况,进行了相应的增删和修订。修订情况如下:

　　一、增加的文件:

《办理法律援助案件程序规定》《法律援助法实施工作办法》《律师事务所从事证券法律业务管理办法》《关于依法保障律师执业权利的十条意见》《国家知识产权局、司法部关于加强新时代专利侵权纠纷行政裁决工作的意见》《关于进一步规范暂予监外执行工作的意见》等。

　　二、更新的文件:

《中华人民共和国行政复议法》等。

总 目 录

一、综　合 …………………………………… (1)
二、法治建设 ………………………………… (171)
三、司法保障 ………………………………… (228)
　1. 监狱管理 ………………………………… (228)
　2. 社区矫正 ………………………………… (268)
四、公共法律服务 …………………………… (292)
五、人民调解 ………………………………… (320)
六、人民陪审员 ……………………………… (340)
七、律　师 …………………………………… (349)
　1. 律师和律师事务所 ……………………… (349)
　2. 律师业务 ………………………………… (421)
　3. 律师协会行业规范 ……………………… (450)
八、公　证 …………………………………… (466)
　1. 公证员和公证机构 ……………………… (466)
　2. 公证业务 ………………………………… (485)
九、司法鉴定 ………………………………… (513)
　1. 司法鉴定人和司法鉴定机构 …………… (513)
　2. 司法鉴定业务 …………………………… (544)
十、法律援助 ………………………………… (576)
十一、戒　毒 ………………………………… (639)
十二、扫黑除恶 ……………………………… (685)
十三、法律职业资格考试 …………………… (699)
十四、人大代表建议、政协委员提案
　　　答复 …………………………………… (717)

目 录*

一、综 合

中华人民共和国行政处罚法 …………… (1)
　（2021 年 1 月 22 日）
国务院关于进一步贯彻实施《中华人民共和国
　行政处罚法》的通知 ………………………… (7)
　（2021 年 11 月 15 日）
国务院关于进一步规范和监督罚款设定与实施
　的指导意见 ………………………………… (10)
　（2024 年 2 月 9 日）
国务院办公厅关于进一步规范行政裁量权基
　准制定和管理工作的意见 ………………… (13)
　（2022 年 7 月 29 日）
国务院办公厅关于全面推行行政执法公示制
　度执法全过程记录制度重大执法决定法制
　审核制度的指导意见 ……………………… (15)
　（2018 年 12 月 5 日）
中华人民共和国行政许可法 ……………… (19)
　（2019 年 4 月 23 日）
中华人民共和国行政复议法 ……………… (26)
　（2023 年 9 月 1 日）
中华人民共和国行政诉讼法 ……………… (35)
　（2017 年 6 月 27 日）
中华人民共和国行政强制法 ……………… (43)
　（2011 年 6 月 30 日）
中华人民共和国国家赔偿法 ……………… (49)
　（2012 年 10 月 26 日）
国家赔偿费用管理条例 …………………… (53)
　（2011 年 1 月 17 日）
中华人民共和国监察法 …………………… (54)
　（2018 年 3 月 20 日）

中华人民共和国监察法实施条例 ………… (60)
　（2021 年 9 月 20 日）
中华人民共和国民法典（节录） …………… (87)
　（2020 年 5 月 28 日）
中华人民共和国法官法 …………………… (99)
　（2019 年 4 月 23 日）
中华人民共和国检察官法 ………………… (103)
　（2019 年 4 月 23 日）
中华人民共和国公务员法 ………………… (108)
　（2018 年 12 月 29 日）
中华人民共和国国际刑事司法协助法 …… (116)
　（2018 年 10 月 26 日）
中华人民共和国政府信息公开条例 ……… (123)
　（2019 年 4 月 3 日）
国务院办公厅转发司法部关于审理政府信息
　公开行政复议案件若干问题指导意见的通知 … (127)
　（2021 年 12 月 22 日）
司法行政机关行政许可实施与监督工作规则
　（试行） ……………………………………… (129)
　（2004 年 7 月 6 日）
司法行政机关行政处罚听证程序规定 …… (133)
　（1998 年 2 月 11 日）
司法行政机关行政处罚程序规定 ………… (135)
　（1997 年 2 月 13 日）
人民警察抚恤优待办法 …………………… (137)
　（2014 年 4 月 30 日）
司法部关于起草司法行政法规（草案）和
　制定部颁规章的规定 ……………………… (140)
　（2000 年 3 月 24 日）

---

* 编者按：本目录中的时间为法律文件的公布时间或最后一次修正、修订公布时间。

人民监督员选任管理办法 …………… (142)
　　(2021年12月29日)
信访工作条例 ………………………… (144)
　　(2022年2月25日)
司法行政机关信访工作办法 ………… (149)
　　(2018年2月9日)
司法部、国家信访局关于深入开展律师参与
　　信访工作的意见 ………………… (153)
　　(2016年12月16日)
中华人民共和国司法部公告第12号——
　　《司法部现行有效行政规范性文件目录
　　(截至2020年底)》和《司法部决定废
　　止行政规范性文件目录》 ……… (155)
　　(2020年12月30日)

二、法治建设

中华人民共和国立法法 ……………… (171)
　　(2023年3月13日)
规章制定程序条例 …………………… (180)
　　(2017年12月22日)
行政法规制定程序条例 ……………… (183)
　　(2017年12月22日)
法规规章备案条例 …………………… (186)
　　(2001年12月14日)
政府督查工作条例 …………………… (188)
　　(2020年12月26日)
国务院办公厅关于全面推行行政规范性文件
　　合法性审核机制的指导意见 …… (189)
　　(2018年12月4日)
法治中国建设规划(2020-2025年)(节录) … (191)
　　(2021年1月10日)
法治政府建设实施纲要(2021-2025年) …… (199)
　　(2021年8月2日)
法治社会建设实施纲要(2020-2025年) …… (205)
　　(2020年12月7日)

中央全面依法治国委员会办公室关于开展法
　　治政府建设示范创建活动的意见 ……… (209)
　　(2019年5月4日)
法治政府建设与责任落实督察工作规定 …… (211)
　　(2019年4月15日)
关于进一步加强市县法治建设的意见 …… (215)
　　(2022年8月11日)
关于推动国家工作人员旁听庭审活动常态化
　　制度化的意见 …………………… (219)
　　(2019年2月21日)
关于建立领导干部应知应会党内法规和国家
　　法律清单制度的意见 …………… (220)
　　(2023年8月2日)
关于完善国家工作人员学法用法制度的意见 … (222)
　　(2016年3月22日)
法治建设与法学理论研究部级科研项目管理
　　办法 ……………………………… (224)
　　(2020年11月26日)

三、司法保障

1. 监狱管理

中华人民共和国监狱法 ……………… (228)
　　(2012年10月26日)
未成年犯管教所管理规定 …………… (232)
　　(1999年12月18日)
监狱服刑人员行为规范 ……………… (234)
　　(2004年3月19日)

监狱教育改造工作规定 ……………… (235)
　　(2003年6月13日)
外国籍罪犯会见通讯规定 …………… (239)
　　(2003年1月1日)
罪犯离监探亲和特许离监规定 ……… (240)
　　(2001年9月4日)

最高人民法院、最高人民检察院、公安部、
　司法部关于监狱办理刑事案件有关问题的
　规定 ……………………………………（241）
　　（2014年8月11日）
狱内刑事案件立案标准 ……………………（241）
　　（2001年3月9日）
监狱暂予监外执行程序规定 ………………（243）
　　（2016年8月22日）
监狱罪犯死亡处理规定 ……………………（246）
　　（2015年3月18日）
暂予监外执行规定 …………………………（248）
　　（2014年10月24日）
关于进一步规范暂予监外执行工作的意见 …（257）
　　（2023年5月28日）
监狱提请减刑假释工作程序规定 …………（260）
　　（2014年10月11日）
最高人民法院关于办理减刑、假释案件具体
　应用法律的规定 ………………………（261）
　　（2016年11月14日）
最高人民法院关于办理减刑、假释案件具体
　应用法律的补充规定 …………………（266）
　　（2019年4月24日）

关于加强减刑、假释案件实质化审理的意见 …（266）
　　（2021年12月1日）
2. 社区矫正
中华人民共和国社区矫正法 ………………（268）
　　（2019年12月28日）
中华人民共和国社区矫正法实施办法 ……（273）
　　（2020年6月18日）
中华人民共和国预防未成年人犯罪法 ……（281）
　　（2020年12月26日）
最高人民法院、最高人民检察院、公安部、
　司法部关于对判处管制、宣告缓刑的犯罪
　分子适用禁止令有关问题的规定（试行）…（285）
　　（2011年4月28日）
司法部、中央综治办、教育部、民政部、财
　政部、人力资源社会保障部关于组织社会
　力量参与社区矫正工作的意见 ………（286）
　　（2014年9月26日）
最高人民法院、最高人民检察院、公安部、
　司法部关于进一步加强社区矫正工作衔接
　配合管理的意见 ………………………（288）
　　（2016年8月30日）

四、公共法律服务

基层法律服务所管理办法 …………………（292）
　　（2017年12月25日）
基层法律服务工作者管理办法 ……………（295）
　　（2017年12月25日）
乡镇法律服务业务工作细则 ………………（299）
　　（1991年9月20日）
司法部关于推进公共法律服务体系建设的意见 …（306）
　　（2014年1月20日）

关于加快推进公共法律服务体系建设的意见 …（308）
　　（2019年7月10日）
司法部关于印发《公共法律服务事项清单》
　的通知 …………………………………（311）
　　（2019年9月27日）
人力资源社会保障部、司法部关于深化公共法
　律服务专业人员职称制度改革的指导意见 …（315）
　　（2021年7月27日）

五、人民调解

中华人民共和国人民调解法 ………………（320）
　　（2010年8月28日）
最高人民法院关于人民法院民事调解工作若
　干问题的规定 …………………………（322）
　　（2020年12月29日）

最高人民法院关于人民调解协议司法确认程
　序的若干规定 …………………………（323）
　　（2011年3月23日）
最高人民法院关于人民法院特邀调解的规定 …（324）
　　（2016年6月28日）

人民调解委员会组织条例 ………… (326)
　　(1989年6月17日)
关于充分发挥人民调解基础性作用推进诉源
　　治理的意见 …………………………… (327)
　　(2023年9月27日)
司法部关于推进个人调解工作室建设的指导
　　意见 …………………………………… (329)
　　(2018年11月12日)

关于加强人民调解员队伍建设的意见 …… (331)
　　(2018年4月19日)
关于进一步加强劳动人事争议协商调解工作
　　的意见 ………………………………… (334)
　　(2022年10月13日)
司法部、卫生部、保监会关于加强医疗纠纷
　　人民调解工作的意见 ………………… (337)
　　(2010年1月8日)

六、人民陪审员

中华人民共和国人民陪审员法 …………… (340)
　　(2018年4月27日)
中华人民共和国人民陪审员宣誓规定(试行) … (342)
　　(2015年5月20日)
人民陪审员选任办法 ……………………… (342)
　　(2018年8月22日)
人民陪审员培训、考核、奖惩工作办法 …… (344)
　　(2019年4月24日)

《中华人民共和国人民陪审员法》实施中若
　　干问题的答复 ………………………… (346)
　　(2020年8月11日)
最高人民法院关于具有专门知识的人民陪审
　　员参加环境资源案件审理的若干规定 … (347)
　　(2023年7月27日)

七、律　师

1. 律师和律师事务所

中华人民共和国律师法 …………………… (349)
　　(2017年9月1日)
律师执业管理办法 ………………………… (353)
　　(2016年9月18日)
关于依法保障律师执业权利的十条意见 …… (359)
　　(2023年3月1日)
最高人民法院关于依法切实保障律师诉讼权
　　利的规定 ……………………………… (360)
　　(2015年12月29日)
最高人民法院、最高人民检察院、公安部、
　　国家安全部、司法部关于依法保障律师执
　　业权利的规定 ………………………… (360)
　　(2015年9月16日)
最高人民检察院关于依法保障律师执业权利
　　的规定 ………………………………… (365)
　　(2014年12月23日)

最高人民法院、司法部关于依法保障律师诉
　　讼权利和规范律师参与庭审活动的通知 … (366)
　　(2018年4月21日)
关于进一步规范法院、检察院离任人员从事
　　律师职业的意见 ……………………… (367)
　　(2021年9月30日)
关于建立健全禁止法官、检察官与律师不正
　　当接触交往制度机制的意见 ………… (369)
　　(2021年9月30日)
律师和律师事务所违法行为处罚办法 …… (371)
　　(2010年4月8日)
律师和律师事务所执业证书管理办法 …… (376)
　　(2019年3月16日)
律师事务所境外分支机构备案管理规定 …… (377)
　　(2019年6月28日)
关于推行法律顾问制度和公职律师公司律师
　　制度的意见 …………………………… (378)
　　(2016年6月16日)

司法部关于印发《公职律师管理办法》《公司律师管理办法》的通知 …………… (381)
　　(2018年12月13日)
取得内地法律职业资格的香港特别行政区和澳门特别行政区居民在内地从事律师职业管理办法 ………………………… (385)
　　(2013年8月7日)
香港法律执业者和澳门执业律师受聘于内地律师事务所担任法律顾问管理办法 …… (387)
　　(2003年11月30日)
取得国家法律职业资格的台湾居民在大陆从事律师职业管理办法 ……………… (389)
　　(2017年9月21日)
关于进一步规范律师服务收费的意见 …… (389)
　　(2021年12月28日)
律师事务所管理办法 …………………… (391)
　　(2018年12月5日)
律师事务所年度检查考核办法 …………… (399)
　　(2010年4月8日)
律师事务所名称管理办法 ………………… (402)
　　(2010年1月4日)
律师事务所收费程序规则 ………………… (404)
　　(2004年3月19日)
香港、澳门特别行政区律师事务所驻内地代表机构管理办法 ………………… (405)
　　(2015年4月27日)
香港特别行政区和澳门特别行政区律师事务所与内地律师事务所联营管理办法 …… (408)
　　(2012年11月21日)
司法部办公厅关于明确中国法律服务（澳门）公司业务范围的通知 …………… (410)
　　(2019年5月13日)
外国律师事务所驻华代表机构管理条例 …… (411)
　　(2001年12月22日)
司法部关于执行《外国律师事务所驻华代表机构管理条例》的规定 …………… (414)
　　(2004年9月2日)
司法部关于扩大律师专业水平评价体系和评定机制试点的通知 …………………… (418)
　　(2019年3月14日)

2. 律师业务

最高人民法院关于办理死刑复核案件听取辩护律师意见的办法 …………………… (421)
　　(2014年12月29日)
最高人民法院、司法部关于开展刑事案件律师辩护全覆盖试点工作的办法 ……… (421)
　　(2017年10月9日)
最高人民法院、司法部关于扩大刑事案件律师辩护全覆盖试点范围的通知 ……… (424)
　　(2018年12月27日)
最高人民法院、最高人民检察院、公安部、司法部关于进一步深化刑事案件律师辩护全覆盖试点工作的意见 ……………… (425)
　　(2022年10月12日)
最高人民法院关于规范法官和律师相互关系维护司法公正的若干规定 …………… (428)
　　(2004年3月19日)
律师会见监狱在押罪犯规定 ……………… (429)
　　(2017年11月27日)
公安部、司法部关于进一步保障和规范看守所律师会见工作的通知 …………… (430)
　　(2019年10月18日)
国有企业法律顾问管理办法 ……………… (431)
　　(2004年5月11日)
关于律师担任企业法律顾问的若干规定 …… (434)
　　(1992年6月15日)
司法部关于律师担任政府法律顾问的若干规定 …… (435)
　　(1989年12月23日)
关于反对律师行业不正当竞争行为的若干规定 …… (436)
　　(1995年2月20日)
律师事务所从事商标代理业务管理办法 …… (437)
　　(2012年11月6日)
律师事务所从事证券法律业务管理办法 …… (439)
　　(2023年10月26日)
律师事务所证券法律业务执业规则（试行） …… (442)
　　(2010年10月20日)
律师事务所证券投资基金法律业务执业细则（试行） ………………………………… (445)
　　(2010年10月20日)
中央政法委关于建立律师参与化解和代理涉法涉诉信访案件制度的意见（试行） ……… (448)
　　(2015年6月8日)

3. 律师协会行业规范

中华全国律师协会章程 …………………（450）
　　（2021年10月14日）
律师执业年度考核规则 …………………（455）
　　（2010年8月13日）
申请律师执业人员实习管理规则 ………（457）
　　（2021年3月26日）
中华全国律师协会律师服务收费争议调解规
　　则（试行）……………………………（463）
　　（2007年1月25日）
中华全国律师协会关于禁止违规炒作案件的
　　规则（试行）…………………………（464）
　　（2021年10月15日）

八、公　证

1. 公证员和公证机构

中华人民共和国公证法 …………………（466）
　　（2017年9月1日）
最高人民法院关于审理涉及公证活动相关民
　　事案件的若干规定 …………………（469）
　　（2020年12月29日）
公证员考核任职工作实施办法 …………（470）
　　（2010年1月15日）
公证员执业管理办法 ……………………（471）
　　（2006年3月14日）
公证员职业道德基本准则 ………………（474）
　　（2011年1月6日）
公证机构执业管理办法 …………………（476）
　　（2006年2月23日）
公证机构年度考核办法（试行）…………（479）
　　（2007年10月30日）
中国委托公证人（香港）管理办法 ……（481）
　　（2002年2月24日）
公证执业活动投诉处理办法 ……………（482）
　　（2021年11月30日）
司法部关于公证执业"五不准"的通知 …（485）
　　（2017年8月14日）

2. 公证业务

公证程序规则 ……………………………（485）
　　（2020年10月20日）

开奖公证细则（试行）……………………（491）
　　（2004年5月29日）
公证赔偿基金管理试行办法 ……………（493）
　　（2002年7月5日）
公证机构办理抵押登记办法 ……………（495）
　　（2002年2月20日）
遗嘱公证细则 ……………………………（496）
　　（2000年3月24日）
提存公证规则 ……………………………（498）
　　（1995年6月2日）
房屋拆迁证据保全公证细则 ……………（500）
　　（1993年12月1日）
招标投标公证程序细则 …………………（502）
　　（1992年10月19日）
城市房屋拆迁补偿、安置协议公证细则 …（503）
　　（1992年10月9日）
赠与公证细则 ……………………………（504）
　　（1992年1月24日）
赡养协议公证细则 ………………………（506）
　　（1991年4月2日）
司法部公共法律服务管理局、中国公证协会
　　关于进一步做好公证证明材料清单管理工
　　作的指导意见 ………………………（507）
　　（2023年6月27日）

九、司法鉴定

1. 司法鉴定人和司法鉴定机构

全国人民代表大会常务委员会关于司法鉴定管理问题的决定 ………………………（513）
　　（2015年4月24日）
司法鉴定人登记管理办法 ………………（514）
　　（2005年9月30日）
司法鉴定机构登记管理办法 ……………（517）
　　（2005年9月30日）
法医类 物证类 声像资料司法鉴定机构登记评审细则 ……………………………（520）
　　（2021年6月15日）
司法鉴定机构内部管理规范 ……………（522）
　　（2014年4月22日）
司法鉴定机构资质认定评审准则 ………（523）
　　（2012年9月14日）
司法鉴定人和司法鉴定机构名册管理办法 …（528）
　　（2010年4月12日）
司法鉴定机构和司法鉴定人退出管理办法（试行） ………………………………（529）
　　（2021年12月28日）
司法鉴定机构诚信等级评估办法（试行） …（530）
　　（2021年12月28日）
司法鉴定许可证和司法鉴定人执业证管理办法 ……………………………………（531）
　　（2010年4月12日）
司法鉴定高级专业技术职务任职资格评审细则 ……………………………………（533）
　　（2010年6月4日）
司法鉴定专家库管理办法（试行） ……（536）
　　（2022年5月19日）
国家级司法鉴定机构遴选办法 …………（537）
　　（2009年12月24日）
国家级司法鉴定机构评审标准 …………（538）
　　（2009年12月24日）
人民法院司法鉴定人名册制度实施办法 …（539）
　　（2004年2月9日）
人民法院对外委托司法鉴定管理规定 …（541）
　　（2002年3月27日）
司法鉴定职业道德基本规范 ……………（542）
　　（2009年12月23日）
最高人民法院、司法部关于建立司法鉴定管理与使用衔接机制的意见 ……………（542）
　　（2016年10月9日）
司法部、国家市场监管总局关于规范和推进司法鉴定认证认可工作的通知 ………（543）
　　（2018年8月22日）

2. 司法鉴定业务

司法鉴定程序通则 ………………………（544）
　　（2016年3月2日）
司法鉴定执业活动投诉处理办法 ………（547）
　　（2019年4月4日）
环境损害司法鉴定执业分类规定 ………（550）
　　（2019年5月6日）
司法部、环境保护部关于印发《环境损害司法鉴定机构登记评审办法》《环境损害司法鉴定机构登记评审专家库管理办法》的通知 …（554）
　　（2016年10月12日）
司法部关于进一步规范和完善司法鉴定人出庭作证活动的指导意见 ………………（558）
　　（2020年5月14日）
法医类司法鉴定执业分类规定 …………（559）
　　（2020年5月14日）
关于《司法鉴定机构登记管理办法》第二十条、《司法鉴定人登记管理办法》第十五条的解释 ……………………………（563）
　　（2020年6月5日）
司法鉴定机构 鉴定人记录和报告干预司法鉴定活动的有关规定 …………………（563）
　　（2020年6月8日）
物证类司法鉴定执业分类规定 …………（564）
　　（2020年6月23日）
声像资料司法鉴定执业分类规定 ………（567）
　　（2020年6月23日）

· 文书范本 ·

司法部关于印发司法鉴定文书格式的通知 …（569）

十、法律援助

中华人民共和国法律援助法 …………… （576）
　　（2021 年 8 月 20 日）
法律援助法实施工作办法 …………… （580）
　　（2023 年 11 月 20 日）
法律援助条例 …………………………… （583）
　　（2003 年 7 月 21 日）
办理法律援助案件程序规定 …………… （585）
　　（2023 年 7 月 11 日）
法律援助志愿者管理办法 ……………… （589）
　　（2021 年 12 月 31 日）
关于完善法律援助补贴标准的指导意见 … （591）
　　（2019 年 2 月 15 日）
法律援助投诉处理办法 ………………… （592）
　　（2013 年 11 月 19 日）
最高人民法院、最高人民检察院、公安
　　部、司法部关于刑事诉讼法律援助工作
　　的规定 ……………………………… （593）
　　（2013 年 2 月 4 日）
最高人民法院、司法部关于民事诉讼法律援
　　助工作的规定 ……………………… （595）
　　（2005 年 9 月 23 日）
律师和基层法律服务工作者开展法律援助工
　　作暂行管理办法 …………………… （596）
　　（2004 年 9 月 8 日）
军人军属法律援助工作实施办法 ……… （597）
　　（2023 年 2 月 2 日）

国务院、中央军委关于进一步加强军人军属
　　法律援助工作的意见 ……………… （600）
　　（2014 年 9 月 7 日）
关于加强退役军人法律援助工作的意见 … （602）
　　（2021 年 12 月 7 日）
中共中央办公厅、国务院办公厅关于完善法
　　律援助制度的意见 ………………… （604）
　　（2015 年 6 月 29 日）
关于律师开展法律援助工作的意见 …… （606）
　　（2017 年 2 月 17 日）
法律援助值班律师工作办法 …………… （608）
　　（2020 年 8 月 20 日）
最高人民法院、司法部关于加强国家赔偿法
　　律援助工作的意见 ………………… （611）
　　（2014 年 1 月 2 日）
司法部关于进一步推进法律援助工作的意见 … （612）
　　（2013 年 4 月 25 日）
最高人民法院、司法部关于为死刑复核案件
　　被告人依法提供法律援助的规定（试行）… （614）
　　（2021 年 12 月 30 日）
未成年人法律援助服务指引（试行）…… （615）
　　（2020 年 9 月 16 日）
·典型案例·
贯彻实施法律援助法典型案例 ………… （619）
·文书范本·
法律援助文书格式 ……………………… （623）

十一、戒　毒

中华人民共和国禁毒法 ………………… （639）
　　（2007 年 12 月 29 日）
戒毒条例 ………………………………… （643）
　　（2018 年 9 月 18 日）
戒毒药物维持治疗工作管理办法 ……… （647）
　　（2014 年 12 月 31 日）
司法行政机关强制隔离戒毒工作规定 … （650）
　　（2013 年 4 月 3 日）

公安机关强制隔离戒毒所管理办法 …… （654）
　　（2011 年 9 月 28 日）
戒毒治疗管理办法 ……………………… （658）
　　（2021 年 1 月 25 日）
中国互联网禁毒公约 …………………… （660）
　　（2015 年 6 月 29 日）
强制隔离戒毒人员教育矫治纲要 ……… （661）
　　（2014 年 7 月 31 日）

司法部关于加强司法行政强制隔离戒毒场所
　　吸食新型毒品戒毒人员教育戒治工作的意见 … (664)
　　(2016年9月1日)
司法行政机关强制隔离戒毒所医疗工作管理
　　规定 ………………………………………… (666)
　　(2019年12月24日)
司法行政机关强制隔离戒毒所生活卫生管理
　　规定 ………………………………………… (669)
　　(2017年12月27日)
麻醉药品和精神药品管理条例 ……………… (672)
　　(2016年2月6日)

非药用类麻醉药品和精神药品列管办法 …… (680)
　　(2015年9月24日)
关于加强戒毒药物维持治疗和社区戒毒、强
　　制隔离戒毒、社区康复衔接工作的通知 …… (680)
　　(2016年8月19日)
司法部关于司法行政强制隔离戒毒所所务公
　　开工作的指导意见 …………………………… (681)
　　(2014年10月14日)
·典型案例·
韦某故意杀人案——吸毒致幻杀害无辜群
　　众，致三人死伤，罪行极其严重 …………… (683)

十二、扫黑除恶

最高人民法院、最高人民检察院、公安部、
　　司法部关于依法严惩利用未成年人实施黑
　　恶势力犯罪的意见 ………………………… (685)
　　(2020年3月23日)
最高人民法院、最高人民检察院、公安部、
　　司法部关于跨省异地执行刑罚的黑恶势力
　　罪犯坦白检举构成自首立功若干问题的意见…… (686)
　　(2019年10月21日)
最高人民法院、最高人民检察院、公安部、
　　司法部关于办理非法放贷刑事案件若干问
　　题的意见 …………………………………… (688)
　　(2019年7月23日)
最高人民法院、最高人民检察院、公安部、
　　司法部关于办理利用信息网络实施黑恶势
　　力犯罪刑事案件若干问题的意见 ………… (689)
　　(2019年7月23日)

最高人民法院、最高人民检察院、公安部、
　　司法部关于办理黑恶势力刑事案件中财产
　　处置若干问题的意见 ………………………… (690)
　　(2019年4月9日)
最高人民法院、最高人民检察院、公安部、
　　司法部关于办理实施"软暴力"的刑事
　　案件若干问题的意见 ………………………… (692)
　　(2019年4月9日)
最高人民法院、最高人民检察院、公安部、
　　司法部关于办理"套路贷"刑事案件若
　　干问题的意见 ………………………………… (694)
　　(2019年2月28日)
最高人民法院、最高人民检察院、公安部、
　　司法部关于办理恶势力刑事案件若干问题
　　的意见 ………………………………………… (696)
　　(2019年2月28日)

十三、法律职业资格考试

国家统一法律职业资格考试实施办法 ……… (699)
　　(2018年4月28日)
司法部关于国家统一法律职业资格考试考务
　　费收费标准的通知 ………………………… (700)
　　(2018年6月21日)
国家统一法律职业资格考试工作规则 ……… (701)
　　(2018年8月21日)

国家统一法律职业资格考试应试规则 ……… (705)
　　(2018年8月21日)
国家统一法律职业资格考试监考规则 ……… (706)
　　(2018年8月21日)
国家统一法律职业资格考试违纪行为处理
　　办法 ………………………………………… (708)
　　(2018年9月13日)

法律职业资格管理办法 ……………（711）
　（2020年12月1日）
台湾居民参加国家司法考试若干规定 ………（713）
　（2008年6月4日）
香港特别行政区和澳门特别行政区居民参加
　国家司法考试若干规定 ……………………（713）
　（2005年5月24日）

关于建立法律职业人员统一职前培训制度的
　指导意见 ……………………………………（714）
　（2022年2月28日）

十四、人大代表建议、政协委员提案答复

司法部对十三届全国人大四次会议第3748
　号建议的答复 ………………………………（717）
　——关于完善律师职业责任保险制度的建议
　（2021年11月19日）
司法部对十三届全国人大四次会议第5444
　号建议的答复 ………………………………（717）
　——关于统一制定民事、行政诉讼中实行
　律师调查令规范的建议
　（2021年11月19日）
司法部对十三届全国人大四次会议第4608
　号建议的答复 ………………………………（718）
　——关于全面加强村居法律顾问工作的建议
　（2021年11月19日）
司法部对十三届全国人大四次会议第6206
　号建议的答复 ………………………………（719）
　——关于提高公民法治教育实效性评价的建议
　（2021年11月19日）

司法部对十三届全国人大四次会议第4364
　号建议的答复 ………………………………（720）
　——关于支持做好人民调解工作的建议
　（2021年11月19日）
司法部对十三届全国人大四次会议第3444
　号建议的答复 ………………………………（721）
　——关于完善商事仲裁监督制度的建议
　（2021年11月19日）
司法部对十四届全国人大一次会议第0577
　号建议的答复 ………………………………（722）
　——关于提高老年群体法律援助申请标
　准的建议
　（2023年7月12日）

一、综 合

中华人民共和国行政处罚法

- 1996年3月17日第八届全国人民代表大会第四次会议通过
- 根据2009年8月27日第十一届全国人民代表大会常务委员会第十次会议《关于修改部分法律的决定》第一次修正
- 根据2017年9月1日第十二届全国人民代表大会常务委员会第二十九次会议《关于修改〈中华人民共和国法官法〉等八部法律的决定》第二次修正
- 2021年1月22日第十三届全国人民代表大会常务委员会第二十五次会议修订
- 2021年1月22日中华人民共和国主席令第70号公布
- 自2021年7月15日起施行

第一章 总 则

第一条 【立法目的】*为了规范行政处罚的设定和实施,保障和监督行政机关有效实施行政管理,维护公共利益和社会秩序,保护公民、法人或者其他组织的合法权益,根据宪法,制定本法。

第二条 【行政处罚的定义】行政处罚是指行政机关依法对违反行政管理秩序的公民、法人或者其他组织,以减损权益或者增加义务的方式予以惩戒的行为。

第三条 【适用范围】行政处罚的设定和实施,适用本法。

第四条 【适用对象】公民、法人或者其他组织违反行政管理秩序的行为,应当给予行政处罚的,依照本法由法律、法规、规章规定,并由行政机关依照本法规定的程序实施。

第五条 【适用原则】行政处罚遵循公正、公开的原则。

设定和实施行政处罚必须以事实为依据,与违法行为的事实、性质、情节以及社会危害程度相当。

对违法行为给予行政处罚的规定必须公布;未经公布的,不得作为行政处罚的依据。

第六条 【适用目的】实施行政处罚,纠正违法行为,应当坚持处罚与教育相结合,教育公民、法人或者其他组织自觉守法。

第七条 【被处罚者权利】公民、法人或者其他组织对行政机关所给予的行政处罚,享有陈述权、申辩权;对行政处罚不服的,有权依法申请行政复议或者提起行政诉讼。

公民、法人或者其他组织因行政机关违法给予行政处罚受到损害的,有权依法提出赔偿要求。

第八条 【被处罚者承担的其他法律责任】公民、法人或者其他组织因违法行为受到行政处罚,其违法行为对他人造成损害的,应当依法承担民事责任。

违法行为构成犯罪,应当依法追究刑事责任的,不得以行政处罚代替刑事处罚。

第二章 行政处罚的种类和设定

第九条 【处罚的种类】行政处罚的种类:

(一)警告、通报批评;

(二)罚款、没收违法所得、没收非法财物;

(三)暂扣许可证件、降低资质等级、吊销许可证件;

(四)限制开展生产经营活动、责令停产停业、责令关闭、限制从业;

(五)行政拘留;

(六)法律、行政法规规定的其他行政处罚。

第十条 【法律对处罚的设定】法律可以设定各种行政处罚。

限制人身自由的行政处罚,只能由法律设定。

第十一条 【行政法规对处罚的设定】行政法规可以设定除限制人身自由以外的行政处罚。

法律对违法行为已经作出行政处罚规定,行政法规需要作出具体规定的,必须在法律规定的给予行政处罚的行为、种类和幅度的范围内规定。

法律对违法行为未作出行政处罚规定,行政法规为实施法律,可以补充设定行政处罚。拟补充设定行政处罚的,应当通过听证会、论证会等形式广泛听取意见,并向制定机关作出书面说明。行政法规报送备案时,应当

---

* 条文主旨为编者所加,下同。

说明补充设定行政处罚的情况。

第十二条 【地方性法规对处罚的设定】地方性法规可以设定除限制人身自由、吊销营业执照以外的行政处罚。

法律、行政法规对违法行为已经作出行政处罚规定，地方性法规需要作出具体规定的，必须在法律、行政法规规定的给予行政处罚的行为、种类和幅度的范围内规定。

法律、行政法规对违法行为未作出行政处罚规定，地方性法规为实施法律、行政法规，可以补充设定行政处罚。拟补充设定行政处罚的，应当通过听证会、论证会等形式广泛听取意见，并向制定机关作出书面说明。地方性法规报送备案时，应当说明补充设定行政处罚的情况。

第十三条 【国务院部门规章对处罚的设定】国务院部门规章可以在法律、行政法规规定的给予行政处罚的行为、种类和幅度的范围内作出具体规定。

尚未制定法律、行政法规的，国务院部门规章对违反行政管理秩序的行为，可以设定警告、通报批评或者一定数额罚款的行政处罚。罚款的限额由国务院规定。

第十四条 【地方政府规章对处罚的设定】地方政府规章可以在法律、法规规定的给予行政处罚的行为、种类和幅度的范围内作出具体规定。

尚未制定法律、法规的，地方政府规章对违反行政管理秩序的行为，可以设定警告、通报批评或者一定数额罚款的行政处罚。罚款的限额由省、自治区、直辖市人民代表大会常务委员会规定。

第十五条 【对行政处罚定期评估】国务院部门和省、自治区、直辖市人民政府及其有关部门应当定期组织评估行政处罚的实施情况和必要性，对不适当的行政处罚事项及种类、罚款数额等，应当提出修改或者废止的建议。

第十六条 【其他规范性文件不得设定处罚】除法律、法规、规章外，其他规范性文件不得设定行政处罚。

第三章 行政处罚的实施机关

第十七条 【处罚的实施】行政处罚由具有行政处罚权的行政机关在法定职权范围内实施。

第十八条 【处罚的权限】国家在城市管理、市场监管、生态环境、文化市场、交通运输、应急管理、农业等领域推行建立综合行政执法制度，相对集中行政处罚权。

国务院或者省、自治区、直辖市人民政府可以决定一个行政机关行使有关行政机关的行政处罚权。

限制人身自由的行政处罚权只能由公安机关和法律规定的其他机关行使。

第十九条 【授权实施处罚】法律、法规授权的具有管理公共事务职能的组织可以在法定授权范围内实施行政处罚。

第二十条 【委托实施处罚】行政机关依照法律、法规、规章的规定，可以在其法定权限内书面委托符合本法第二十一条规定条件的组织实施行政处罚。行政机关不得委托其他组织或者个人实施行政处罚。

委托书应当载明委托的具体事项、权限、期限等内容。委托行政机关和受委托组织应当将委托书向社会公布。

委托行政机关对受委托组织实施行政处罚的行为应当负责监督，并对该行为的后果承担法律责任。

受委托组织在委托范围内，以委托行政机关名义实施行政处罚；不得再委托其他组织或者个人实施行政处罚。

第二十一条 【受托组织的条件】受委托组织必须符合以下条件：

（一）依法成立并具有管理公共事务职能；

（二）有熟悉有关法律、法规、规章和业务并取得行政执法资格的工作人员；

（三）需要进行技术检查或者技术鉴定的，应当有条件组织进行相应的技术检查或者技术鉴定。

第四章 行政处罚的管辖和适用

第二十二条 【地域管辖】行政处罚由违法行为发生地的行政机关管辖。法律、行政法规、部门规章另有规定的，从其规定。

第二十三条 【级别管辖】行政处罚由县级以上地方人民政府具有行政处罚权的行政机关管辖。法律、行政法规另有规定的，从其规定。

第二十四条 【行政处罚权的承接】省、自治区、直辖市根据当地实际情况，可以决定将基层管理迫切需要的县级人民政府部门的行政处罚权交由能够有效承接的乡镇人民政府、街道办事处行使，并定期组织评估。决定应当公布。

承接行政处罚权的乡镇人民政府、街道办事处应当加强执法能力建设，按照规定范围、依照法定程序实施行政处罚。

有关地方人民政府及其部门应当加强组织协调、业务指导、执法监督，建立健全行政处罚协调配合机制，完善评议、考核制度。

第二十五条 【共同管辖及指定管辖】两个以上行政机关都有管辖权的，由最先立案的行政机关管辖。

对管辖发生争议的，应当协商解决，协商不成的，报请共同的上一级行政机关指定管辖；也可以直接由共同

第二十六条 【行政协助】行政机关因实施行政处罚的需要，可以向有关机关提出协助请求。协助事项属于被请求机关职权范围内的，应当依法予以协助。

第二十七条 【刑事责任优先】违法行为涉嫌犯罪的，行政机关应当及时将案件移送司法机关，依法追究刑事责任。对依法不需要追究刑事责任或者免予刑事处罚，但应当给予行政处罚的，司法机关应当及时将案件移送有关行政机关。

行政处罚实施机关与司法机关之间应当加强协调配合，建立健全案件移送制度，加强证据材料移交、接收衔接，完善案件处理信息通报机制。

第二十八条 【责令改正与责令退赔】行政机关实施行政处罚时，应当责令当事人改正或者限期改正违法行为。

当事人有违法所得，除依法应当退赔的外，应当予以没收。违法所得是指实施违法行为所取得的款项。法律、行政法规、部门规章对违法所得的计算另有规定的，从其规定。

第二十九条 【一事不二罚】对当事人的同一个违法行为，不得给予两次以上罚款的行政处罚。同一个违法行为违反多个法律规范应当给予罚款处罚的，按照罚款数额高的规定处罚。

第三十条 【未成年人处罚的限制】不满十四周岁的未成年人有违法行为的，不予行政处罚，责令监护人加以管教；已满十四周岁不满十八周岁的未成年人有违法行为的，应当从轻或者减轻行政处罚。

第三十一条 【精神病人及限制性精神病人处罚的限制】精神病人、智力残疾人在不能辨认或者不能控制自己行为时有违法行为的，不予行政处罚，但应当责令其监护人严加看管和治疗。间歇性精神病人在精神正常时有违法行为的，应当给予行政处罚。尚未完全丧失辨认或者控制自己行为能力的精神病人、智力残疾人有违法行为的，可以从轻或者减轻行政处罚。

第三十二条 【从轻、减轻处罚的情形】当事人有下列情形之一，应当从轻或者减轻行政处罚：

（一）主动消除或者减轻违法行为危害后果的；

（二）受他人胁迫或者诱骗实施违法行为的；

（三）主动供述行政机关尚未掌握的违法行为的；

（四）配合行政机关查处违法行为有立功表现的；

（五）法律、法规、规章规定其他应当从轻或者减轻行政处罚的。

第三十三条 【不予行政处罚的条件】违法行为轻微并及时改正，没有造成危害后果的，不予行政处罚。初次违法且危害后果轻微并及时改正的，可以不予行政处罚。

当事人有证据足以证明没有主观过错的，不予行政处罚。法律、行政法规另有规定的，从其规定。

对当事人的违法行为依法不予行政处罚的，行政机关应当对当事人进行教育。

第三十四条 【行政处罚裁量基准】行政机关可以依法制定行政处罚裁量基准，规范行使行政处罚裁量权。行政处罚裁量基准应当向社会公布。

第三十五条 【刑罚的折抵】违法行为构成犯罪，人民法院判处拘役或者有期徒刑时，行政机关已经给予当事人行政拘留的，应当依法折抵相应刑期。

违法行为构成犯罪，人民法院判处罚金时，行政机关已经给予当事人罚款的，应当折抵相应罚金；行政机关尚未给予当事人罚款的，不再给予罚款。

第三十六条 【处罚的时效】违法行为在二年内未被发现的，不再给予行政处罚；涉及公民生命健康安全、金融安全且有危害后果的，上述期限延长至五年。法律另有规定的除外。

前款规定的期限，从违法行为发生之日起计算；违法行为有连续或者继续状态的，从行为终了之日起计算。

第三十七条 【法不溯及既往】实施行政处罚，适用违法行为发生时的法律、法规、规章的规定。但是，作出行政处罚决定时，法律、法规、规章已被修改或者废止，且新的规定处罚较轻或者不认为是违法的，适用新的规定。

第三十八条 【行政处罚无效】行政处罚没有依据或者实施主体不具有行政主体资格的，行政处罚无效。

违反法定程序构成重大且明显违法的，行政处罚无效。

第五章 行政处罚的决定

第一节 一般规定

第三十九条 【信息公示】行政处罚的实施机关、立案依据、实施程序和救济渠道等信息应当公示。

第四十条 【处罚的前提】公民、法人或者其他组织违反行政管理秩序的行为，依法应当给予行政处罚的，行政机关必须查明事实；违法事实不清、证据不足的，不得给予行政处罚。

第四十一条 【信息化手段的运用】行政机关依照法律、行政法规规定利用电子技术监控设备收集、固定违法事实的,应当经过法制和技术审核,确保电子技术监控设备符合标准、设置合理、标志明显,设置地点应当向社会公布。

电子技术监控设备记录违法事实应当真实、清晰、完整、准确。行政机关应当审核记录内容是否符合要求;未经审核或者经审核不符合要求的,不得作为行政处罚的证据。

行政机关应当及时告知当事人违法事实,并采取信息化手段或者其他措施,为当事人查询、陈述和申辩提供便利。不得限制或者变相限制当事人享有的陈述权、申辩权。

第四十二条　【执法人员要求】行政处罚应当由具有行政执法资格的执法人员实施。执法人员不得少于两人,法律另有规定的除外。

执法人员应当文明执法,尊重和保护当事人合法权益。

第四十三条　【回避】执法人员与案件有直接利害关系或者有其他关系可能影响公正执法的,应当回避。

当事人认为执法人员与案件有直接利害关系或者有其他关系可能影响公正执法的,有权申请回避。

当事人提出回避申请的,行政机关应当依法审查,由行政机关负责人决定。决定作出之前,不停止调查。

第四十四条　【告知义务】行政机关在作出行政处罚决定之前,应当告知当事人拟作出的行政处罚内容及事实、理由、依据,并告知当事人依法享有的陈述、申辩、要求听证等权利。

第四十五条　【当事人的陈述权和申辩权】当事人有权进行陈述和申辩。行政机关必须充分听取当事人的意见,对当事人提出的事实、理由和证据,应当进行复核;当事人提出的事实、理由或者证据成立的,行政机关应当采纳。

行政机关不得因当事人陈述、申辩而给予更重的处罚。

第四十六条　【证据】证据包括:

(一)书证;

(二)物证;

(三)视听资料;

(四)电子数据;

(五)证人证言;

(六)当事人的陈述;

(七)鉴定意见;

(八)勘验笔录、现场笔录。

证据必须经查证属实,方可作为认定案件事实的根据。

以非法手段取得的证据,不得作为认定案件事实的根据。

第四十七条　【执法全过程记录制度】行政机关应当依法以文字、音像等形式,对行政处罚的启动、调查取证、审核、决定、送达、执行等进行全过程记录,归档保存。

第四十八条　【行政处罚决定公示制度】具有一定社会影响的行政处罚决定应当依法公开。

公开的行政处罚决定被依法变更、撤销、确认违法或者确认无效的,行政机关应当在三日内撤回行政处罚决定信息并公开说明理由。

第四十九条　【应急处罚】发生重大传染病疫情等突发事件,为了控制、减轻和消除突发事件引起的社会危害,行政机关对违反突发事件应对措施的行为,依法快速、从重处罚。

第五十条　【保密义务】行政机关及其工作人员对实施行政处罚过程中知悉的国家秘密、商业秘密或者个人隐私,应当依法予以保密。

第二节　简易程序

第五十一条　【当场处罚的情形】违法事实确凿并有法定依据,对公民处以二百元以下、对法人或者其他组织处以三千元以下罚款或者警告的行政处罚的,可以当场作出行政处罚决定。法律另有规定的,从其规定。

第五十二条　【当场处罚的程序】执法人员当场作出行政处罚决定的,应当向当事人出示执法证件,填写预定格式、编有号码的行政处罚决定书,并当场交付当事人。当事人拒绝签收的,应当在行政处罚决定书上注明。

前款规定的行政处罚决定书应当载明当事人的违法行为,行政处罚的种类和依据、罚款数额、时间、地点,申请行政复议、提起行政诉讼的途径和期限以及行政机关名称,并由执法人员签名或者盖章。

执法人员当场作出的行政处罚决定,应当报所属行政机关备案。

第五十三条　【当场处罚的履行】对当场作出的行政处罚决定,当事人应当依照本法第六十七条至第六十九条的规定履行。

第三节　普通程序

第五十四条　【调查取证与立案】除本法第五十一条规定的可以当场作出的行政处罚外,行政机关发现公民、法人或者其他组织有依法应当给予行政处罚的行为的，必须全面、客观、公正地调查，收集有关证据；必要时，依照法律、法规的规定，可以进行检查。

符合立案标准的，行政机关应当及时立案。

第五十五条　【出示证件与协助调查】执法人员在调查或者进行检查时，应当主动向当事人或者有关人员出示执法证件。当事人或者有关人员有权要求执法人员出示执法证件。执法人员不出示执法证件的，当事人或者有关人员有权拒绝接受调查或者检查。

当事人或者有关人员应当如实回答询问，并协助调查或者检查，不得拒绝或者阻挠。询问或者检查应当制作笔录。

第五十六条　【证据的收集原则】行政机关在收集证据时，可以采取抽样取证的方法；在证据可能灭失或者以后难以取得的情况下，经行政机关负责人批准，可以先行登记保存，并应当在七日内及时作出处理决定，在此期间，当事人或者有关人员不得销毁或者转移证据。

第五十七条　【处罚决定】调查终结，行政机关负责人应当对调查结果进行审查，根据不同情况，分别作出如下决定：

（一）确有应受行政处罚的违法行为的，根据情节轻重及具体情况，作出行政处罚决定；

（二）违法行为轻微，依法可以不予行政处罚的，不予行政处罚；

（三）违法事实不能成立的，不予行政处罚；

（四）违法行为涉嫌犯罪的，移送司法机关。

对情节复杂或者重大违法行为给予行政处罚，行政机关负责人应当集体讨论决定。

第五十八条　【法制审核】有下列情形之一，在行政机关负责人作出行政处罚的决定之前，应当由从事行政处罚决定法制审核的人员进行法制审核；未经法制审核或者审核未通过的，不得作出决定：

（一）涉及重大公共利益的；

（二）直接关系当事人或者第三人重大权益，经过听证程序的；

（三）案件情况疑难复杂、涉及多个法律关系的；

（四）法律、法规规定应当进行法制审核的其他情形。

行政机关中初次从事行政处罚决定法制审核的人员，应当通过国家统一法律职业资格考试取得法律职业资格。

第五十九条　【行政处罚决定书的内容】行政机关依照本法第五十七条的规定给予行政处罚，应当制作行政处罚决定书。行政处罚决定书应当载明下列事项：

（一）当事人的姓名或者名称、地址；

（二）违反法律、法规、规章的事实和证据；

（三）行政处罚的种类和依据；

（四）行政处罚的履行方式和期限；

（五）申请行政复议、提起行政诉讼的途径和期限；

（六）作出行政处罚决定的行政机关名称和作出决定的日期。

行政处罚决定书必须盖有作出行政处罚决定的行政机关的印章。

第六十条　【决定期限】行政机关应当自行政处罚案件立案之日起九十日内作出行政处罚决定。法律、法规、规章另有规定的，从其规定。

第六十一条　【送达】行政处罚决定书应当在宣告后当场交付当事人；当事人不在场的，行政机关应当在七日内依照《中华人民共和国民事诉讼法》的有关规定，将行政处罚决定书送达当事人。

当事人同意并签订确认书的，行政机关可以采用传真、电子邮件等方式，将行政处罚决定书等送达当事人。

第六十二条　【处罚的成立条件】行政机关及其执法人员在作出行政处罚决定之前，未依照本法第四十四条、第四十五条的规定向当事人告知拟作出的行政处罚内容及事实、理由、依据，或者拒绝听取当事人的陈述、申辩，不得作出行政处罚决定；当事人明确放弃陈述或者申辩权利的除外。

第四节　听证程序

第六十三条　【听证权】行政机关拟作出下列行政处罚决定，应当告知当事人有要求听证的权利，当事人要求听证的，行政机关应当组织听证：

（一）较大数额罚款；

（二）没收较大数额违法所得、没收较大价值非法财物；

（三）降低资质等级、吊销许可证件；

（四）责令停产停业、责令关闭、限制从业；

（五）其他较重的行政处罚；

（六）法律、法规、规章规定的其他情形。

当事人不承担行政机关组织听证的费用。

第六十四条　【听证程序】听证应当依照以下程序组织：

（一）当事人要求听证的，应当在行政机关告知后五日内提出；

（二）行政机关应当在举行听证的七日前，通知当事人及有关人员听证的时间、地点；

（三）除涉及国家秘密、商业秘密或者个人隐私依法予以保密外，听证公开举行；

（四）听证由行政机关指定的非本案调查人员主持；当事人认为主持人与本案有直接利害关系的，有权申请回避；

（五）当事人可以亲自参加听证，也可以委托一至二人代理；

（六）当事人及其代理人无正当理由拒不出席听证或者未经许可中途退出听证的，视为放弃听证权利，行政机关终止听证；

（七）举行听证时，调查人员提出当事人违法的事实、证据和行政处罚建议，当事人进行申辩和质证；

（八）听证应当制作笔录。笔录应当交当事人或者其代理人核对无误后签字或者盖章。当事人或者其代理人拒绝签字或者盖章的，由听证主持人在笔录中注明。

第六十五条 【听证笔录】听证结束后，行政机关应当根据听证笔录，依照本法第五十七条的规定，作出决定。

第六章 行政处罚的执行

第六十六条 【履行义务及分期履行】行政处罚决定依法作出后，当事人应当在行政处罚决定书载明的期限内，予以履行。

当事人确有经济困难，需要延期或者分期缴纳罚款的，经当事人申请和行政机关批准，可以暂缓或者分期缴纳。

第六十七条 【罚缴分离原则】作出罚款决定的行政机关应当与收缴罚款的机构分离。

除依照本法第六十八条、第六十九条的规定当场收缴的罚款外，作出行政处罚决定的行政机关及其执法人员不得自行收缴罚款。

当事人应当自收到行政处罚决定书之日起十五日内，到指定的银行或者通过电子支付系统缴纳罚款。银行应当收受罚款，并将罚款直接上缴国库。

第六十八条 【当场收缴罚款范围】依照本法第五十一条的规定当场作出行政处罚决定，有下列情形之一，执法人员可以当场收缴罚款：

（一）依法给予一百元以下罚款的；

（二）不当场收缴事后难以执行的。

第六十九条 【边远地区当场收缴罚款】在边远、水上、交通不便地区，行政机关及其执法人员依照本法第五十一条、第五十七条的规定作出罚款决定后，当事人到指定的银行或者通过电子支付系统缴纳罚款确有困难，经当事人提出，行政机关及其执法人员可以当场收缴罚款。

第七十条 【罚款票据】行政机关及其执法人员当场收缴罚款的，必须向当事人出具国务院财政部门或者省、自治区、直辖市人民政府财政部门统一制发的专用票据；不出具财政部门统一制发的专用票据的，当事人有权拒绝缴纳罚款。

第七十一条 【罚款交纳期】执法人员当场收缴的罚款，应当自收缴罚款之日起二日内，交至行政机关；在水上当场收缴的罚款，应当自抵岸之日起二日内交至行政机关；行政机关应当在二日内将罚款缴付指定的银行。

第七十二条 【执行措施】当事人逾期不履行行政处罚决定的，作出行政处罚决定的行政机关可以采取下列措施：

（一）到期不缴纳罚款的，每日按罚款数额的百分之三加处罚款，加处罚款的数额不得超出罚款的数额；

（二）根据法律规定，将查封、扣押的财物拍卖、依法处理或者将冻结的存款、汇款划拨抵缴罚款；

（三）根据法律规定，采取其他行政强制执行方式；

（四）依照《中华人民共和国行政强制法》的规定申请人民法院强制执行。

行政机关批准延期、分期缴纳罚款的，申请人民法院强制执行的期限，自暂缓或者分期缴纳罚款期限结束之日起计算。

第七十三条 【不停止执行及暂缓执行】当事人对行政处罚决定不服，申请行政复议或者提起行政诉讼的，行政处罚不停止执行，法律另有规定的除外。

当事人对限制人身自由的行政处罚决定不服，申请行政复议或者提起行政诉讼的，可以向作出决定的机关提出暂缓执行申请。符合法律规定情形的，应当暂缓执行。

当事人申请行政复议或者提起行政诉讼的，加处罚款的数额在行政复议或者行政诉讼期间不予计算。

第七十四条 【没收的非法财物的处理】除依法应当予以销毁的物品外，依法没收的非法财物必须按照国家规定公开拍卖或者按照国家有关规定处理。

罚款、没收的违法所得或者没收非法财物拍卖的款项，必须全部上缴国库，任何行政机关或者个人不得以任何形式截留、私分或者变相私分。

罚款、没收的违法所得或者没收非法财物拍卖的款项，不得同作出行政处罚决定的行政机关及其工作人员的考核、考评直接或者变相挂钩。除依法应当退还、退赔的外,财政部门不得以任何形式向作出行政处罚决定的行政机关返还罚款、没收的违法所得或者没收非法财物拍卖的款项。

第七十五条　【监督检查】行政机关应当建立健全对行政处罚的监督制度。县级以上人民政府应当定期组织开展行政执法评议、考核,加强对行政处罚的监督检查,规范和保障行政处罚的实施。

行政机关实施行政处罚应当接受社会监督。公民、法人或者其他组织对行政机关实施行政处罚的行为,有权申诉或者检举;行政机关应当认真审查,发现有错误的,应当主动改正。

第七章　法律责任

第七十六条　【上级行政机关的监督】行政机关实施行政处罚,有下列情形之一,由上级行政机关或者有关机关责令改正,对直接负责的主管人员和其他直接责任人员依法给予处分:

（一）没有法定的行政处罚依据的;
（二）擅自改变行政处罚种类、幅度的;
（三）违反法定的行政处罚程序的;
（四）违反本法第二十条关于委托处罚的规定的;
（五）执法人员未取得执法证件的。

行政机关对符合立案标准的案件不及时立案的,依照前款规定予以处理。

第七十七条　【当事人的拒绝处罚权及检举权】行政机关对当事人进行处罚不使用罚款、没收财物单据或者使用非法定部门制发的罚款、没收财物单据的,当事人有权拒绝,并有权予以检举,由上级行政机关或者有关机关对使用的非法单据予以收缴销毁,对直接负责的主管人员和其他直接责任人员依法给予处分。

第七十八条　【自行收缴罚款的处理】行政机关违反本法第六十七条的规定自行收缴罚款的,财政部门违反本法第七十四条的规定向行政机关返还罚款、没收的违法所得或者拍卖款项的,由上级行政机关或者有关机关责令改正,对直接负责的主管人员和其他直接责任人员依法给予处分。

第七十九条　【私分罚没财物的处理】行政机关截留、私分或者变相私分罚款、没收的违法所得或者财物的,由财政部门或者有关机关予以追缴,对直接负责的主管人员和其他直接责任人员依法给予处分;情节严重构成犯罪的,依法追究刑事责任。

执法人员利用职务上的便利,索取或者收受他人财物,将收缴罚款据为己有,构成犯罪的,依法追究刑事责任;情节轻微不构成犯罪的,依法给予处分。

第八十条　【行政机关的赔偿责任及对有关人员的处理】行政机关使用或者损毁查封、扣押的财物,对当事人造成损失的,应当依法予以赔偿,对直接负责的主管人员和其他直接责任人员依法给予处分。

第八十一条　【违法实行检查或执行措施的赔偿责任】行政机关违法实施检查措施或者执行措施,给公民人身或者财产造成损害、给法人或者其他组织造成损失的,应当依法予以赔偿,对直接负责的主管人员和其他直接责任人员依法给予处分;情节严重构成犯罪的,依法追究刑事责任。

第八十二条　【以行代刑的责任】行政机关对应当依法移交司法机关追究刑事责任的案件不移交,以行政处罚代替刑事处罚,由上级行政机关或者有关机关责令改正,对直接负责的主管人员和其他直接责任人员依法给予处分;情节严重构成犯罪的,依法追究刑事责任。

第八十三条　【失职责任】行政机关对应当予以制止和处罚的违法行为不予制止、处罚,致使公民、法人或者其他组织的合法权益、公共利益和社会秩序遭受损害的,对直接负责的主管人员和其他直接责任人员依法给予处分;情节严重构成犯罪的,依法追究刑事责任。

第八章　附　则

第八十四条　【属地原则】外国人、无国籍人、外国组织在中华人民共和国领域内有违法行为,应当给予行政处罚的,适用本法,法律另有规定的除外。

第八十五条　【工作日】本法中"二日""三日""五日""七日"的规定是指工作日,不含法定节假日。

第八十六条　【施行日期】本法自 2021 年 7 月 15 日起施行。

国务院关于进一步贯彻实施《中华人民共和国行政处罚法》的通知

· 2021 年 11 月 15 日
· 国发〔2021〕26 号

各省、自治区、直辖市人民政府,国务院各部委、各直属机构:

《中华人民共和国行政处罚法》(以下简称行政处罚法)已经十三届全国人大常委会第二十五次会议修订通过。为进一步贯彻实施行政处罚法,现就有关事项通知如下:

一、充分认识贯彻实施行政处罚法的重要意义

行政处罚法是规范政府行为的一部重要法律。贯彻实施好新修订的行政处罚法，对推进严格规范公正文明执法，保障和监督行政机关有效实施行政管理，优化法治化营商环境，保护公民、法人或者其他组织的合法权益，加快法治政府建设，推进国家治理体系和治理能力现代化，具有重要意义。新修订的行政处罚法体现和巩固了近年来行政执法领域取得的重大改革成果，回应了当前的执法实践需要，明确了行政处罚的定义，扩充了行政处罚种类，完善了行政处罚程序，强化了行政执法责任。各地区、各部门要从深入学习贯彻习近平法治思想，加快建设法治国家、法治政府、法治社会的高度，充分认识新修订的行政处罚法施行的重要意义，采取有效措施，作出具体部署，扎实做好贯彻实施工作。

二、加强学习、培训和宣传工作

（一）开展制度化规范化常态化培训。行政机关工作人员特别是领导干部要带头认真学习行政处罚法，深刻领会精神实质和内在要求，做到依法行政并自觉接受监督。各地区、各部门要将行政处罚法纳入行政执法培训内容，作为行政执法人员的必修课，使行政执法人员全面理解和准确掌握行政处罚法的规定，依法全面正确履行行政处罚职能。各地区、各部门要于2022年6月前通过多种形式完成对现有行政执法人员的教育培训，并持续做好新上岗行政执法人员培训工作。

（二）加大宣传力度。各地区、各部门要将行政处罚法宣传纳入本地区、本部门的"八五"普法规划，面向社会广泛开展宣传，增强全民法治观念，提高全民守法意识，引导各方面监督行政处罚行为，维护自身合法权益。要按照"谁执法谁普法"普法责任制的要求，落实有关属地管理责任和部门主体责任，深入开展行政执法人员、行政复议人员等以案释法活动。

三、依法规范行政处罚的设定

（三）加强立法释法有关工作。起草法律、法规、规章草案时，对违反行政管理秩序的公民、法人或者其他组织，以减损权益或者增加义务的方式实施惩戒的，要依法设定行政处罚，不得以其他行政管理措施的名义变相设定，规避行政处罚设定的要求。对上位法设定的行政处罚作出具体规定的，不得通过增减违反行政管理秩序的行为和行政处罚种类、在法定幅度之外调整罚款上下限等方式层层加码或者"立法放水"。对现行法律、法规、规章中的行政管理措施是否属于行政处罚有争议的，要依法及时予以解释答复或者提请有权机关解释答复。

（四）依法合理设定罚款数额。根据行政处罚法规定，尚未制定法律、行政法规的，国务院部门规章对违反行政管理秩序的行为，可以按照国务院规定的限额设定一定数额的罚款。部门规章设定罚款，要坚持过罚相当，罚款数额要与违法行为的事实、性质、情节以及社会危害程度相当，该严的要严，该轻的要轻。法律、行政法规对违法行为已经作出罚款规定的，部门规章必须在法律、行政法规规定的给予行政处罚的行为、种类和幅度的范围内规定。尚未制定法律、行政法规，因行政管理迫切需要依法先以部门规章设定罚款的，设定的罚款数额最高不得超过10万元，且不得超过法律、行政法规对相似违法行为的罚款数额，涉及公民生命健康安全、金融安全且有危害后果的，设定的罚款数额最高不得超过20万元；超过上述限额的，要报国务院批准。上述情况下，部门规章实施一定时间后，需要继续实施其所设定的罚款且需要上升为法律、行政法规的，有关部门要及时提请国务院提请全国人大及其常委会制定法律，或者提请国务院制定行政法规。本通知印发后，修改部门规章时，要结合实际研究调整罚款数额的必要性，该降低的要降低，确需提高的要严格依照法定程序在限额范围内提高。地方政府规章设定罚款的限额，依法由省、自治区、直辖市人大常委会规定。

（五）强化定期评估和合法性审核。国务院部门和省、自治区、直辖市人民政府及其有关部门要认真落实行政处罚定期评估制度，结合立法计划规划每5年分类、分批组织一次评估。对评估发现有不符合上位法规定、不适应经济社会发展需要、明显过罚不当、缺乏针对性和实用性等情形的行政处罚规定，要及时按照立法权限和程序自行或者建议有权机关予以修改、废止。要加强行政规范性文件合法性审核，行政规范性文件不得设定行政处罚；违法规定行政处罚的，相关规定一律无效，不得作为行政处罚依据。

四、进一步规范行政处罚的实施

（六）依法全面正确履行行政处罚职能。行政机关要坚持执法为民，通过行政处罚预防、纠正和惩戒违反行政管理秩序的行为，维护公共利益和社会秩序，保护公民、法人或者其他组织的合法权益，不得违法实施行政处罚，不得为了处罚而处罚，坚决杜绝逐利执法，严禁下达罚没指标。财政部门要加强对罚缴分离、收支两条线等制度实施情况的监督，会同司法行政等部门按规定开展专项监督检查。要持续规范行政处罚行为，推进事中事后监管法治化、制度化、规范化，坚决避免运动式执法等

执法乱象。

（七）细化管辖、立案、听证、执行等程序制度。各地区、各部门要严格遵守法定程序，结合实际制定、修改行政处罚配套制度，确保行政处罚法的有关程序要求落到实处。要进一步完善地域管辖、职能管辖等规定，建立健全管辖争议解决机制。两个以上行政机关属于同一主管部门，发生行政处罚管辖争议、协商不成的，由共同的上一级主管部门指定管辖；两个以上行政机关属于不同主管部门，发生行政处罚管辖争议、协商不成的，司法行政部门要会同有关单位进行协调，在本级人民政府领导下做好指定管辖工作。要建立健全立案制度、完善立案标准，对违反行政管理秩序的行为，按规定及时立案并严格遵守办案时限要求，确保案件得到及时有效查处。确需通过立法对办案期限作出特别规定的，要符合有利于及时查清案件事实、尽快纠正违法行为、迅速恢复正常行政管理秩序的要求。要建立健全行政处罚听证程序规则，细化听证范围和流程，严格落实根据听证笔录作出行政处罚决定的规定。要逐步提高送达地址确认书的利用率，细化电子送达工作流程，大力推进通过电子支付系统缴纳罚款，加强信息安全保障和技术支撑。

（八）规范电子技术监控设备的设置和使用。行政机关设置电子技术监控设备要确保符合标准、设置合理、标志明显，严禁违法要求当事人承担或者分摊设置电子技术监控设备的费用，严禁交由市场主体设置电子技术监控设备并由市场主体直接或者间接收取罚款。除有证据证明当事人存在破坏或者恶意干扰电子技术监控设备、伪造或者篡改数据等过错的，不得因设备不正常运行给予其行政处罚。要定期对利用电子技术监控设备取证的行政处罚决定进行数据分析；对同一区域内的高频违法行为，要综合分析研判原因，推动源头治理，需要改进行政管理行为的，及时采取相应措施，杜绝以罚代管。要严格限制电子技术监控设备收集信息的使用范围，不得泄露或者向他人非法提供。

（九）坚持行政处罚宽严相济。各地区、各部门要全面推行行政裁量基准制度，规范行政处罚裁量权，确保过罚相当，防止畸轻畸重。行政机关不得在未查明违法事实的情况下，对一定区域、领域的公民、法人或者其他组织"一刀切"实施责令停产停业、责令关闭等行政处罚。各地区、各部门要按照国务院关于复制推广自由贸易试验区改革试点经验的要求，全面落实"初次违法且危害后果轻微并及时改正的，可以不予行政处罚"的规定，根据实际制定发布多个领域的包容免罚清单；当事人违法行为依法免予行政处罚的，采取签订承诺书等方式教育、引导、督促其自觉守法。要加大食品药品、公共卫生、自然资源、生态环境、安全生产、劳动保障等关系群众切身利益的重点领域执法力度。发生重大传染病疫情等突发事件，行政机关对违反突发事件应对措施的行为依法快速、从重处罚时，也要依法合理保护当事人的合法权益。

（十）健全法律责任衔接机制。各地区、各部门要细化责令退赔违法所得制度，依法合理保护利害关系人的合法权益；当事人主动退赔，消除或者减轻违法行为危害后果的，依法予以从轻或者减轻行政处罚。要全面贯彻落实《行政执法机关移送涉嫌犯罪案件的规定》，加强行政机关和司法机关协调配合，按规定畅通案件移送渠道，完善案件移送标准和证据认定保全、信息共享、工作协助等机制，统筹解决涉案物品归口处置和检验鉴定等问题。积极推进行政执法与刑事司法衔接信息平台建设。对有案不移等，情节严重构成犯罪的，依法追究刑事责任。

五、持续改革行政处罚体制机制

（十一）纵深推进综合行政执法体制改革。省、自治区、直辖市人民政府要统筹协调推进综合行政执法改革工作，建立健全配套制度，组织编制并公开本地区综合行政执法事项清单。有条件的地区可以在统筹考虑综合性、专业性以及防范风险的基础上，积极稳妥探索开展更大范围、更多领域集中行使行政处罚权以及与之相关的行政检查权、行政强制权。建立健全综合行政执法机关与业务主管部门、其他行政机关行政执法信息互联互通共享、协作配合工作机制。同时实施相对集中行政许可权和行政处罚权的，要建立健全相关制度机制，确保有序衔接，防止出现监管真空。

（十二）积极稳妥赋权乡镇街道实施行政处罚。省、自治区、直辖市根据当地实际情况，采取授权、委托、相对集中行政处罚权等方式向能够有效承接的乡镇人民政府、街道办事处赋权，要注重听取基层意见，关注基层需求，积极稳妥、科学合理下放行政处罚权，成熟一批、下放一批，确保放得下、接得住、管得好、有监督；要定期组织评估，需要调整的及时调整。有关市、县级人民政府及其部门要加强对乡镇人民政府、街道办事处行政处罚工作的组织协调、业务指导、执法监督，建立健全评议考核等配套制度，持续开展业务培训，研究解决实际问题。乡镇人民政府、街道办事处要不断加强执法能力建设，依法实施行政处罚。

（十三）规范委托行政处罚。委托行政处罚要有法律、法规、规章依据，严格依法采用书面委托形式，委托行政机关和受委托组织要将委托书向社会公布。对已经委托行政处罚，但是不符合行政处罚法要求的，要及时清理；不符合书面委托规定、确需继续实施的，要依法及时完善相关手续。委托行政机关要向本级人民政府或者实行垂直管理的上级行政机关备案委托书，司法行政等部门要加强指导、监督。

（十四）提升行政执法合力。逐步完善联合执法机制，复制推广"综合查一次"经验，探索推行多个行政机关同一时间、针对同一执法对象开展联合检查、调查，防止执法扰民。要健全行政处罚协助制度，明确协助的实施主体、时限要求、工作程序等内容。对其他行政机关请求协助，属于自身职权范围内的事项，要积极履行协助职责，不得无故拒绝、拖延；无正当理由拒绝、拖延的，由上级行政机关责令改正，对相关责任人员依法依规予以处分。要综合运用大数据、物联网、云计算、区块链、人工智能等技术，先行推进高频行政处罚事项协助，实现违法线索互联、监管标准互通、处理结果互认。有关地区可积极探索跨区域执法一体化合作的制度机制，建立健全行政处罚预警通报机制，完善管辖、调查、执行等方面的制度机制，为全国提供可复制推广的经验。

六、加强对实施行政处罚的监督

（十五）强化行政执法监督。要加快建设省市县乡四级全覆盖的行政执法协调监督工作体系，创新监督方式，强化全方位、全流程监督，提升行政执法质量。要完善执法人员资格管理、执法行为动态监测、行政处罚案卷评查、重大问题调查督办、责任追究等制度机制，更新行政处罚文书格式文本，完善办案信息系统，加大对行政处罚的层级监督力度，切实整治有案不立、有案不移、久查不结、过罚不当、怠于执行等顽瘴痼疾，发现问题及时整改；对行政处罚实施过程中出现的同类问题，及时研究规范。要完善评议考核、统计分析制度，不得以处罚数量、罚没数额等指标作为主要考核依据。要综合评估行政处罚对维护经济社会秩序，保护公民、法人或者其他组织合法权益，提高政府管理效能的作用，探索建立行政处罚绩效评估制度。各级人民政府要不断加强行政执法协调监督队伍建设，确保力量配备、工作条件、能力水平与工作任务相适应。

各地区、各部门要把贯彻实施好新修订的行政处罚法作为当前和今后一段时期加快建设法治政府的重要抓手，切实加强和改进相关行政立法，规范行政执法，强化行政执法监督，不断提高依法行政的能力和水平。要梳理总结贯彻实施行政处罚法的经验做法，及时将重要情况和问题报送司法部。司法部要加强统筹协调监督，指导各地区、各部门抓好贯彻实施工作，组织开展行政处罚法贯彻实施情况检查，重大情况及时报国务院。此前发布的国务院文件有关规定与本通知不一致的，以本通知为准。

国务院关于进一步规范和监督罚款设定与实施的指导意见

· 2024年2月9日
· 国发〔2024〕5号

各省、自治区、直辖市人民政府，国务院各部委、各直属机构：

行政执法是行政机关履行政府职能、管理经济社会事务的重要方式。行政执法工作面广量大，一头连着政府，一头连着群众，直接关系群众对党和政府的信任、对法治的信心。罚款是较为常见的行政执法行为。为进一步提高罚款规定的立法、执法质量，规范和监督罚款设定与实施，现就行政法规、规章中罚款设定与实施提出以下意见。

一、总体要求

（一）指导思想。以习近平新时代中国特色社会主义思想为指导，深入学习贯彻习近平法治思想，全面贯彻落实党的二十大精神，立足新发展阶段，完整、准确、全面贯彻新发展理念，加快构建新发展格局，严格规范和有力监督罚款设定与实施，强化对违法行为的预防和惩戒作用，提升政府治理能力，维护经济社会秩序，切实保护企业和群众合法权益，优化法治化营商环境，推进国家治理体系和治理能力现代化。

（二）基本原则。坚持党的领导，把坚持和加强党的领导贯穿于规范和监督罚款设定与实施工作的全过程和各方面。坚持以人民为中心，努力让企业和群众在每一个执法行为中都能看到风清气正、从每一项执法决定中都能感受到公平正义。坚持依法行政，按照处罚法定、公正公开、过罚相当、处罚与教育相结合的要求，依法行使权力、履行职责、承担责任。坚持问题导向，着力破解企业和群众反映强烈的乱罚款等突出问题。

（三）主要目标。罚款设定更加科学，罚款实施更加规范，罚款监督更加有力，全面推进严格规范公正文明执法，企业和群众的满意度显著提升。

二、依法科学设定罚款

（四）严守罚款设定权限。法律、法规对违法行为已经作出行政处罚规定但未设定罚款的,规章不得增设罚款。法律、法规已经设定罚款但未规定罚款数额的,或者尚未制定法律、法规,因行政管理迫切需要依法先以规章设定罚款的,规章要在规定的罚款限额内作出具体规定。规章设定的罚款数额不得超过法律、法规对相似违法行为规定的罚款数额,并要根据经济社会发展情况适时调整。鼓励跨行政区域按规定联合制定统一监管制度及标准规范,协同推动罚款数额、裁量基准等相对统一。

（五）科学适用过罚相当原则。行政法规、规章新设罚款和确定罚款数额时,要坚持过罚相当,做到该宽则宽、当严则严,避免失衡。要综合运用各种管理手段,能够通过教育劝导、责令改正、信息披露等方式管理的,一般不设定罚款。实施罚款处罚无法有效进行行政管理时,要依法确定更加适当的处罚种类。设定罚款要结合违法行为的事实、性质、情节以及社会危害程度,统筹考虑经济社会发展水平、行业特点、地方实际、主观过错、获利情况、相似违法行为罚款规定等因素,区分情况、分类处理,确保有效遏制违法、激励守法。制定行政法规、规章时,可以根据行政处罚法第三十二条等规定,对当事人为盲人、又聋又哑的人或者已满75周岁的人等,结合具体情况明确罚款的从轻、减轻情形;根据行政处罚法第三十三条等规定,细化不予、可以不予罚款情形;参考相关法律规范对教唆未成年人等的从重处罚规定,明确罚款的从重情形。

（六）合理确定罚款数额。设定罚款要符合行政处罚法和相关法律规范的立法目的,一般要明确罚款数额,科学采用数额罚、倍数（比例）罚等方法。规定处以一定幅度的罚款时,除涉及公民生命健康安全、金融安全等情形外,罚款的最低数额与最高数额之间一般不超过10倍。各地区、各部门要根据地域、领域等因素,适时调整本地区、本部门规定的适用听证程序的"较大数额罚款"标准。同一行政法规、规章对不同违法行为设定罚款的要相互协调,不同行政法规、规章对同一个违法行为设定罚款的要相互衔接,避免畸高畸低。拟规定较高起罚数额的,要充分听取专家学者等各方面意见,参考不同领域的相似违法行为或者同一领域的不同违法行为的罚款数额。起草法律、行政法规、地方性法规时,需要制定涉及罚款的配套规定的,有关部门要统筹考虑、同步研究。

（七）定期评估清理罚款规定。国务院部门和省、自治区、直辖市人民政府及其有关部门在落实行政处罚定期评估制度、每5年分类分批组织行政处罚评估时,要重点评估设定时间较早、罚款数额较大、社会关注度较高、与企业和群众关系密切的罚款规定。对评估发现有不符合上位法规定、不适应经济社会发展需要、明显过罚不当、缺乏针对性和实用性等情形的罚款规定,要及时按照立法权限和程序自行或者建议有权机关予以修改或者废止。各地区、各部门以行政规范性文件形式对违法所得计算方式作出例外规定的,要及时清理;确有必要保留的,要依法及时通过法律、行政法规、部门规章予以明确。

（八）及时修改废止罚款规定。国务院决定取消行政法规、部门规章中设定的罚款事项的,自决定印发之日起暂时停止适用相关行政法规、部门规章中的有关罚款规定。国务院决定调整行政法规、部门规章中设定的罚款事项的,按照修改后的相关行政法规、部门规章中的有关罚款规定执行。国务院有关部门要自决定印发之日起60日内向国务院报送相关行政法规修改方案,并完成相关部门规章修改或者废止工作,部门规章需要根据修改后的行政法规调整的,要自相关行政法规公布之日起60日内完成修改或者废止工作。因特殊原因无法在上述期限内完成部门规章修改或者废止工作的,可以适当延长,但延长期限最多不得超过30日。罚款事项取消后,有关部门要依法认真研究,严格落实监管责任,着力加强事中事后监管,完善监管方法,规范监管程序,提高监管的科学性、简约性和精准性,进一步提升监管效能。

三、严格规范罚款实施

（九）坚持严格规范执法。要严格按照法律规定和违法事实实施罚款,不得随意给予顶格罚款或者高额罚款,不得随意降低对违法行为的认定门槛,不得随意扩大违法行为的范围。对违法行为的事实、性质、情节以及社会危害程度基本相似的案件,要确保罚款裁量尺度符合法定要求,避免类案不同罚。严禁逐利罚款,严禁对已超过法定追责期限的违法行为给予罚款。加大对重点领域的执法力度,对严重违法行为,要依法落实"处罚到人"要求,坚决维护企业和群众合法权益。行政机关实施处罚时应当责令当事人改正或者限期改正违法行为,不得只罚款而不纠正违法行为。

（十）坚持公正文明执法。国务院部门和省、自治区、直辖市人民政府及其有关部门要根据不同地域、领域等实际情况,科学细化行政处罚法第三十二条、第三十三条规定的适用情形。行政机关实施罚款等处罚时,要统筹考虑相关法律规范与行政处罚法的适用关系,符合行政处罚法第三十二条规定的从轻、减轻处罚或者第三十三条等规定的不予、可以不予处罚情形的,要适用行政处罚法依法作出相应处理。鼓励行政机关制定不予、可以不予、减轻、从轻、从重罚款等处罚清单，依据行政处罚法、相关法律规范定期梳理、发布典型案例，加强指导、培训。制定罚款等处罚清单或者实施罚款时，要统筹考虑法律制度与客观实际、合法性与合理性、具体条款与原则规定，确保过罚相当、法理相融。行政执法人员要文明执法，尊重和保护当事人合法权益，准确使用文明执法用语，注重提升行政执法形象，依法文明应对突发情况。行政机关要根据实际情况，细化对行政执法人员的追责免责相关办法。

（十一）坚持处罚与教育相结合。认真落实"谁执法谁普法"普法责任制，将普法教育贯穿于行政处罚全过程，引导企业和群众依法经营、自觉守法，努力预防和化解违法风险。要充分考虑社会公众的切身感受，确保罚款决定符合法理，并考虑相关事理和情理，优化罚款决定延期、分期履行制度。要依法广泛综合运用说服教育、劝导示范、指导约谈等方式，让执法既有力度又有温度。总结证券等领域经验做法，在部分领域研究、探索运用行政和解等非强制行政手段。鼓励行政机关建立与企业和群众常态化沟通机制，加强跟进帮扶指导，探索构建"预防为主、轻微免罚、重违严惩、过罚相当、事后回访"等执法模式。

（十二）持续规范非现场执法。县级以上地方人民政府有关部门、乡镇人民政府（街道办事处）要在2024年12月底前完成执法类电子技术监控设备（以下简称监控设备）清理、规范工作，及时停止使用不合法、不合规、不必要的监控设备，清理结果分别报本级人民政府、上级人民政府；每年年底前，县级以上地方人民政府有关部门、乡镇人民政府（街道办事处）要分别向本级人民政府、上级人民政府报告监控设备新增情况，司法行政部门加强执法监督。利用监控设备收集、固定违法事实的，应当经过法制和技术审核，根据监管需要确定监控设备的设置地点、间距和数量等，设置地点要有明显可见的标识，投入使用前要及时向社会公布，严禁为增加罚款收入脱离实际监管需要随意设置。要确保计量准确，未经依法检定、逾期未检定或者检定不合格的，不得使用。要充分运用大数据分析研判，对违法事实采集量、罚款数额畸高的监控设备开展重点监督，违法违规设置或者滥用监控设备的立即停用，限期核查评估整改。

四、全面强化罚款监督

（十三）深入开展源头治理。坚决防止以罚增收、以罚代管、逐利罚款等行为，严格规范罚款，推进事中事后监管法治化、制度化、规范化。对社会关注度较高、投诉举报集中、违法行为频繁发生等罚款事项，要综合分析研判，优化管理措施，不能只罚不管；行政机关不作为的，上级行政机关要加强监督，符合问责规定的，严肃问责。要坚持系统观念，对涉及公共安全和群众生命健康等行业、领域中的普遍性问题，要推动从个案办理到类案管理再到系统治理，实现"办理一案、治理一类、影响一域"。

（十四）持续加强财会审计监督。行政机关要将应当上缴的罚款收入，按照规定缴入国库，任何部门、单位和个人不得截留、私分、占用、挪用或者推诿。对当事人不及时足额缴纳罚款的，行政机关要及时启动追缴程序，履行追缴职责。坚决防止罚款收入不合理增长，严肃查处罚款收入不真实、违规处置罚款收入等问题。财政部门要加强对罚缴分离、收支两条线等制度实施情况的监督，会同有关部门按规定开展专项监督检查。要依法加强对罚款收入的规范化管理，强化对罚款收入异常变化的监督，同一地区、同一部门罚款收入同比异常上升的，必要时开展实地核查。强化中央与地方监督上下联动，压实财政、审计等部门的监督责任。

（十五）充分发挥监督合力。各地区、各部门要健全和完善重大行政处罚备案制度和行政执法统计年报制度。县级以上地方人民政府司法行政部门要加强案卷评查等行政执法监督工作，对违法或者明显过罚不当的，要督促有关行政机关予以改正；对不及时改正的，要报请本级人民政府责令改正。拓宽监督渠道，建立行政执法监督与12345政务服务便民热线等监督渠道的信息共享工作机制。充分发挥行政复议化解行政争议的主渠道作用，促进行政复议案件繁简分流，依法纠正违法或者不当的罚款决定。对罚款决定被依法变更、撤销、确认违法或者确认无效的，有关行政机关和财政部门要及时办理罚款退还等手续。加大规章备案审查力度，审查发现规章违法变更法律、行政法规、地方性法规规定的罚款实施主体、对象范围、行为种类或者数额幅度的，要及时予以纠正，切实维护国家法制统一。要加强分析研判和指导监督，收集梳理高频投诉事项和网络舆情，对设定或者实施罚款中的典型违法问题予以及时通报和点名曝光，依法依规对相关人员给予处分。

各地区、各部门要将规范和监督罚款设定与实施，作为提升政府治理能力、维护公共利益和社会秩序、优化营商环境的重要抓手，认真贯彻实施行政处罚法和《国务院关于进一步贯彻实施〈中华人民共和国行政处罚法〉的通知》（国发〔2021〕26号）等，系统梳理涉及罚款事项的行政法规、规章，加快修改完善相关制度。司法部要加强统筹协调监督，组织推动完善行政处罚制度、做好有关解释答复工作，指导监督各地区、各部门抓好贯彻实施，重要情况和问题及时报国务院。

国务院办公厅关于进一步规范行政裁量权基准制定和管理工作的意见

· 2022年7月29日
· 国办发〔2022〕27号

各省、自治区、直辖市人民政府，国务院各部委、各直属机构：

行政裁量权基准是行政机关结合本地区本部门行政管理实际，按照裁量涉及的不同事实和情节，对法律、法规、规章中的原则性规定或者具有一定弹性的执法权限、裁量幅度等内容进行细化量化，以特定形式向社会公布并施行的具体执法尺度和标准。规范行政裁量权基准制定和管理，对保障法律、法规、规章有效实施，规范行政执法行为，维护社会公平正义具有重要意义。近年来，各地区各部门不断加强制度建设，细化量化行政裁量权基准，执法能力和水平有了较大提高，但仍存在行政裁量权基准制定主体不明确、制定程序不规范、裁量幅度不合理等问题，导致行政执法该严不严、该宽不宽、畸轻畸重、类案不同罚等现象时有发生。为建立健全行政裁量权基准制度，规范行使行政裁量权，更好保护市场主体和人民群众合法权益，切实维护公平竞争市场秩序，稳定市场预期，经国务院同意，现提出以下意见。

一、总体要求

（一）指导思想。坚持以习近平新时代中国特色社会主义思想为指导，全面贯彻党的十九大和十九届历次全会精神，深入贯彻习近平法治思想，认真落实党中央、国务院决策部署，立足新发展阶段，完整、准确、全面贯彻新发展理念，构建新发展格局，切实转变政府职能，建立健全行政裁量权基准制度，规范行使行政裁量权，完善执法程序，强化执法监督，推动严格规范公正文明执法，提高依法行政水平，为推进政府治理体系和治理能力现代化提供有力法治保障。

（二）基本原则。

坚持法制统一。行政裁量权基准的设定要于法于规有据，符合法律、法规、规章有关行政执法事项、条件、程序、种类、幅度的规定，充分考虑调整共同行政行为的一般法与调整某种具体社会关系或者某一方面内容的单行法之间的关系，做到相互衔接，确保法制的统一性、系统性和完整性。

坚持程序公正。严格依照法定程序科学合理制定行政裁量权基准，广泛听取公民、法人和其他组织的意见，依法保障行政相对人、利害关系人的知情权和参与权。行政裁量权基准一律向社会公开，接受市场主体和人民群众监督。

坚持公平合理。制定行政裁量权基准要综合考虑行政职权的种类，以及行政执法行为的事实、性质、情节、法律要求和本地区经济社会发展状况等因素，应属必要、适当，并符合社会公序良俗和公众合理期待。要平等对待公民、法人和其他组织，对类别、性质、情节相同或者相近事项处理结果要基本一致。

坚持高效便民。牢固树立执法为民理念，积极履行法定职责，简化流程、明确条件、优化服务，切实提高行政效能，避免滥用行政裁量权，防止执法扰民和执法简单粗暴"一刀切"，最大程度为市场主体和人民群众提供便利。

（三）工作目标。到2023年底前，行政裁量权基准制度普遍建立，基本实现行政裁量标准制度化、行为规范化、管理科学化，确保行政机关在具体行政执法过程中有细化量化的执法尺度，行政裁量权边界明晰，行政处罚、行政许可、行政征收征用、行政确认、行政给付、行政强制、行政检查等行为得到有效规范，行政执法质量和效能大幅提升，社会满意度显著提高。

二、明确行政裁量权基准制定职责权限

（四）严格履行行政裁量权基准制定职责。国务院有关部门可以依照法律、行政法规等制定本部门本系统的行政裁量权基准。制定过程中，要统筹考虑其他部门已制定的有关规定，确保衔接协调。省、自治区、直辖市和设区的市、自治州人民政府及其部门可以依照法律、法规、规章以及上级行政机关制定的行政裁量权基准，制定本行政区域内的行政裁量权基准。县级人民政府及其部门可以在法定范围内，对上级行政机关制定的行政裁量权基准适用的标准、条件、种类、幅度、方式、时限予以合理细化量化。地方人民政府及其部门在制定行政裁量权基准过程中，可以参考与本地区经济发展水平、人口规模等相近地方的有关规定。

（五）严格规范行政裁量权基准制定权限。行政机关可以根据工作需要依法制定行政裁量权基准。无法律、法规、规章依据，不得增加行政相对人的义务或者减损行政相对人的权益。对同一行政执法事项，上级行政机关已经制定行政裁量权基准的，下级行政机关原则上

应直接适用；如下级行政机关不能直接适用，可以结合本地区经济社会发展状况，在法律、法规、规章规定的行政裁量权范围内进行合理细化量化，但不能超出上级行政机关划定的阶次或者幅度。下级行政机关制定的行政裁量权基准与上级行政机关制定的行政裁量权基准冲突的，应适用上级行政机关制定的行政裁量权基准。

三、准确规定行政裁量权基准内容

（六）推动行政处罚裁量适当。对同一种违法行为，法律、法规、规章规定可以选择处罚种类、幅度，或者法律、法规、规章对不予处罚、免予处罚、从轻处罚、减轻处罚、从重处罚的条件只有原则性规定的，要根据违法行为的事实、性质、情节以及社会危害程度细化量化行政处罚裁量权基准，防止过罚不相适应、重责轻罚、轻责重罚。行政处罚裁量权基准应当包括违法行为、法定依据、裁量阶次、适用条件和具体标准等内容。要严格依照《中华人民共和国行政处罚法》有关规定，明确不予处罚、免予处罚、从轻处罚、减轻处罚、从重处罚的裁量阶次，有处罚幅度的要明确情节轻微、情节较轻、情节较重、情节严重的具体情形。

要坚持过罚相当、宽严相济，避免畸轻畸重、显失公平。坚持处罚与教育相结合，发挥行政处罚教育引导公民、法人和其他组织自觉守法的作用。对违法行为依法不予行政处罚的，行政机关要加强对当事人的批评教育，防止违法行为再次发生。

要依法合理细化具体情节、量化罚款幅度，坚决避免乱罚款，严格禁止以罚款进行创收，严格禁止以罚款数额进行排名或者作为绩效考核的指标。罚款数额的从轻、一般、从重档次情形要明确具体，严格限定在法定幅度内，防止简单地一律就高或者就低处罚；罚款数额为一定金额的倍数的，要在最高倍数与最低倍数之间划分阶次；罚款数额有一定幅度的，要在最高额与最低额之间划分阶次，尽量压缩裁量空间。需要在法定处罚种类或幅度以下减轻处罚的，要严格进行评估，明确具体情节、适用条件和处罚标准。

（七）推动行政许可便捷高效。法律、法规、规章对行政许可的条件、程序、办理时限、不予受理以及行政许可的变更、撤回、撤销、注销只有原则性规定，或者对行政许可的申请材料没有明确规定的，有关行政机关可以对相关内容进行细化量化，但不得增加许可条件、环节，不得增加证明材料，不得设置或者变相设置歧视性、地域限制等不公平条款，防止行业垄断、地方保护、市场分割。拟在法律、法规、国务院决定中设定行政许可的，应当同时规定行政许可的具体条件；暂时没有规定的，原则上有关行政机关应以规章形式制定行政许可实施规范，进一步明确行政许可的具体条件。对法定的行政许可程序，有关行政机关要优化简化内部工作流程，合理压缩行政许可办理时限。

行政许可需要由不同层级行政机关分别实施的，要明确不同层级行政机关的具体权限、流程和办理时限，不得无故拖延办理、逾期办理；不同层级行政机关均有权实施同一行政许可的，有关行政机关不得推诿或者限制申请人的自主选择权。法律、法规、规章没有对行政许可规定数量限制的，不得以数量控制为由不予审批。实施行政许可需要申请人委托中介服务机构提供资信证明、检验检测、评估等中介服务的，行政机关不得指定中介服务机构。

（八）推动行政征收征用公平合理。制定行政征收征用裁量权基准要遵循征收征用法定、公平公开、尊重行政相对人财产权等原则，重点对行政征收征用的标准、程序和权限进行细化量化，合理确定征收征用财产和物品的范围、数量、数额、期限、补偿标准等。对行政征收项目的征收、停收、减收、缓收、免收情形，要明确具体情形、审批权限和程序。除法律、法规规定的征收征用项目外，一律不得增设新的征收征用项目。法律、法规规定可以委托实施征收征用事务的，要明确委托的具体事项、条件、权限、程序和责任。不得将法定职责范围内的征收征用事务通过购买服务的方式交由其他单位或者个人实施。

（九）规范行政确认、行政给付、行政强制和行政检查行为。法律、法规、规章对行政确认、行政给付、行政强制的条件、程序和办理时限只有原则性规定，对行政检查的职责和范围只有原则性规定，对行政确认的申请材料没有明确规定，对行政给付数额规定一定幅度的，有关行政机关可以依照法定权限和程序对相关内容进行细化量化。

四、严格行政裁量权基准制定程序

（十）明确制定程序。加强行政裁量权基准制发程序管理，健全工作机制，根据行政裁量权的类型确定行政裁量权基准的发布形式。以规章形式制定行政裁量权基准的，要按照《规章制定程序条例》规定，认真执行立项、起草、审查、决定、公布等程序。行政机关为实施法律、法规、规章需要对裁量的阶次、幅度、程序等作出具体规定的，可以在法定权限内以行政规范性文件形式作出规定。以行政规范性文件形式制定行政裁量权基准的，要按照《国务院办公厅关于加强行政规范性文件制定和监督管理工作的通知》(国办发〔2018〕37号)要求,严格执行评估论证、公开征求意见、合法性审核、集体审议决定、公开发布等程序。

(十一)充分研究论证。制定行政裁量权基准,要根据管理需要,科学分析影响行政执法行为的裁量因素,充分考量行政裁量权基准的实施效果,做好裁量阶次与裁量因素的科学衔接、有效结合,实现各裁量阶次适当、均衡,确保行政执法适用的具体标准科学合理、管用好用。

五、加强行政裁量权基准管理

(十二)规范适用行政裁量权基准。行政机关在作出行政执法决定前,要告知行政相对人有关行政执法行为的依据、内容、事实、理由,有行政裁量权基准的,要在行政执法决定书中对行政裁量权基准的适用情况予以明确。适用本行政机关制定的行政裁量权基准可能出现明显不当、显失公平,或者行政裁量权基准适用的客观情况发生变化的,经本行政机关主要负责人批准或者集体讨论通过后可以调整适用,批准材料或者集体讨论记录应作为执法案卷的一部分归档保存。适用上级行政机关制定的行政裁量权基准可能出现明显不当、显失公平,或者行政裁量权基准适用的客观情况发生变化的,报请该基准制定机关批准后,可以调整适用。对调整适用的行政裁量权基准,制定机关要及时修改。因不规范适用行政裁量权基准造成严重后果的,要依规依纪依法严格追究有关人员责任。

(十三)强化日常监督管理。各地区各部门要通过行政执法情况检查、行政执法案卷评查、依法行政考核、行政执法评议考核、行政复议附带审查、行政执法投诉举报处理等方式,加强对行政裁量权基准制度执行情况的监督检查。要建立行政裁量权基准动态调整机制,行政裁量权基准所依据的法律、法规、规章作出修改,或者客观情况发生重大变化的,要及时进行调整。行政裁量权基准制定后,要按照规章和行政规范性文件备案制度确定的程序和时限报送备案,主动接受备案审查机关监督。备案审查机关发现行政裁量权基准与法律、法规、规章相抵触的,要依法予以纠正。

(十四)大力推进技术应用。要推进行政执法裁量规范化、标准化、信息化建设,充分运用人工智能、大数据、云计算、区块链等技术手段,将行政裁量权基准内容嵌入行政执法信息系统,为行政执法人员提供精准指引,有效规范行政裁量权行使。

六、加大实施保障力度

(十五)加强组织实施。各地区各部门要高度重视行政裁量权基准制定和管理工作,加强统筹协调,明确任务分工,落实责任。要将行政裁量权基准制定和管理工作纳入法治政府建设考评指标体系,列入法治政府建设督察内容。国务院有关部门要加强对本系统行政裁量权基准制定和管理工作的指导,推进相关标准统一,及时研究解决重点难点问题。司法行政部门要充分发挥组织协调、统筹推进、指导监督作用,总结推广典型经验,研究解决共性问题,督促做好贯彻落实工作。

(十六)强化宣传培训。各地区各部门要加大宣传力度,通过政府网站、新闻发布会以及报刊、广播、电视、新媒体等方式开展多种形式宣传,使广大公民、法人和其他组织充分了解建立健全行政裁量权基准制度的重要性、积极参与监督和评议行政执法活动。司法行政部门要结合实际,综合采取举办培训班和专题讲座等多种方式,组织开展业务培训。国务院部门和地方各级行政机关要加强对行政执法人员的培训,通过专业讲解、案例分析、情景模拟等方式,提高行政执法人员熟练运用行政裁量权基准解决执法问题的能力。

各地区各部门要按照本意见要求,及时做好行政裁量权基准制定和管理工作,并将本意见的贯彻落实情况和工作中遇到的重要事项及时报司法部。

国务院办公厅关于全面推行行政执法公示制度执法全过程记录制度重大执法决定法制审核制度的指导意见

- 2018年12月5日
- 国办发〔2018〕118号

行政执法是行政机关履行政府职能、管理经济社会事务的重要方式。近年来,各地区、各部门不断加强行政执法规范化建设,执法能力和水平有了较大提高,但执法中不严格、不规范、不文明、不透明等问题仍然较为突出,损害人民群众利益和政府公信力。《中共中央关于全面推进依法治国若干重大问题的决定》和《法治政府建设实施纲要(2015—2020年)》对全面推行行政执法公示制度、执法全过程记录制度、重大执法决定法制审核制度(以下统称"三项制度")作出了具体部署、提出了明确要求。聚焦行政执法的源头、过程、结果等关键环节,全面推行"三项制度",对促进严格规范公正文明执法具有基础性、整体性、突破性作用,对切实保障人民群众合法权益,维护政府公信力,营造更加公开透明、规范有序、公平高效的法治环境具有重要意义。为指导各地区、各部门全面推行"三项制度",经党中央、国务院同意,现提出如下意见。

一、总体要求

(一)指导思想。

以习近平新时代中国特色社会主义思想为指导,全面贯彻党的十九大和十九届二中、三中全会精神,着力推进行政执法透明、规范、合法、公正,不断健全执法制度、完善执法程序、创新执法方式、加强执法监督,全面提高执法效能,推动形成权责统一、权威高效的行政执法体系和职责明确、依法行政的政府治理体系,确保行政机关依法履行法定职责,切实维护人民群众合法权益,为落实全面依法治国基本方略、推进法治政府建设奠定坚实基础。

(二)基本原则。

坚持依法规范。全面履行法定职责,规范办事流程,明确岗位责任,确保法律法规规章严格实施,保障公民、法人和其他组织依法行使权利,不得违法增加办事的条件、环节等负担,防止执法不作为、乱作为。

坚持执法为民。牢固树立以人民为中心的发展思想,贴近群众、服务群众,方便群众及时获取执法信息、便捷办理各种手续,有效监督执法活动,防止执法扰民、执法不公。

坚持务实高效。聚焦基层执法实践需要,着力解决实际问题,注重措施的有效性和针对性,便于执法人员操作,切实提高执法效率,防止程序繁琐、不切实际。

坚持改革创新。在确保统一、规范的基础上,鼓励、支持、指导各地区、各部门因地制宜、更新理念、大胆实践,不断探索创新工作机制,更好服务保障经济社会发展,防止因循守旧、照搬照抄。

坚持统筹协调。统筹推进行政执法各项制度建设,加强资源整合、信息共享,做到各项制度有机衔接、高度融合,防止各行其是、重复建设。

(三)工作目标。

"三项制度"在各级行政执法机关全面推行,行政处罚、行政强制、行政检查、行政征收征用、行政许可等行为得到有效规范,行政执法公示制度机制不断健全,做到执法行为过程信息全程记载、执法全过程可回溯管理、重大执法决定法制审核全覆盖,全面实现执法信息公开透明、执法全过程留痕、执法决定合法有效,行政执法能力和水平整体大幅提升,行政执法行为被纠错率明显下降,行政执法的社会满意度显著提高。

二、全面推行行政执法公示制度

行政执法公示是保障行政相对人和社会公众知情权、参与权、表达权、监督权的重要措施。行政执法机关要按照"谁执法谁公示"的原则,明确公示内容的采集、传递、审核、发布职责,规范信息公示内容的标准、格式。建立统一的执法信息公示平台,及时通过政府网站及政务新媒体、办事大厅公示栏、服务窗口等平台向社会公开行政执法基本信息、结果信息。涉及国家秘密、商业秘密、个人隐私等不宜公开的信息,依法确需公开的,要作适当处理后公开。发现公开的行政执法信息不准确的,要及时予以更正。

(四)强化事前公开。行政执法机关要统筹推进行政执法事前公开与政府信息公开、权责清单公布、"双随机、一公开"监管等工作。全面准确及时主动公开行政执法主体、人员、职责、权限、依据、程序、救济渠道和随机抽查事项清单等信息。根据有关法律法规,结合自身职权职责,编制并公开本机关的服务指南、执法流程图,明确执法事项名称、受理机构、审批机构、受理条件、办理时限等内容。公开的信息要简明扼要、通俗易懂,并及时根据法律法规及机构职能变化情况进行动态调整。

(五)规范事中公示。行政执法人员在进行监督检查、调查取证、采取强制措施和强制执行、送达执法文书等执法活动时,必须主动出示执法证件,向当事人和相关人员表明身份,鼓励采取佩戴执法证件的方式,执法全程公示执法身份;要出具行政执法文书,主动告知当事人执法事由、执法依据、权利义务等内容。国家规定统一着执法服装、佩戴执法标识的,执法时要按规定着装、佩戴标识。政务服务窗口要设置岗位信息公示牌,明示工作人员岗位职责、申请材料示范文本、办理进度查询、咨询服务、投诉举报等信息。

(六)加强事后公开。行政执法机关要在执法决定作出之日起20个工作日内,向社会公布执法机关、执法对象、执法类别、执法结论等信息,接受社会监督,行政许可、行政处罚的执法决定信息要在执法决定作出之日起7个工作日内公开,但法律、行政法规另有规定的除外。建立健全执法决定信息公开发布、撤销和更新机制。已公开的行政执法决定被依法撤销、确认违法或者要求重新作出的,应当及时从信息公示平台撤下原行政执法决定信息。建立行政执法统计年报制度,地方各级行政执法机关应当于每年1月31日前公布本机关上年度行政执法总体情况有关数据,并报本级人民政府和上级主管部门。

三、全面推行执法全过程记录制度

行政执法全过程记录是行政执法活动合法有效的重要保证。行政执法机关要通过文字、音像等记录形式,对行政执法的启动、调查取证、审核决定、送达执行等全部过程进行记录，并全面系统归档保存，做到执法全过程留痕和可回溯管理。

（七）完善文字记录。文字记录是以纸质文件或电子文件形式对行政执法活动进行全过程记录的方式。要研究制定执法规范用语和执法文书制作指引，规范行政执法的重要事项和关键环节，做到文字记录合法规范、客观全面、及时准确。司法部负责制定统一的行政执法文书基本格式标准，国务院有关部门可以参照该标准，结合本部门执法实际，制定本部门、本系统统一适用的行政执法文书格式文本。地方各级人民政府可以在行政执法文书基本格式标准基础上，参考国务院部门行政执法文书格式，结合本地实际，完善有关文书格式。

（八）规范音像记录。音像记录是通过照相机、录音机、摄像机、执法记录仪、视频监控等记录设备，实时对行政执法过程进行记录的方式。各级行政执法机关要根据行政执法行为的不同类别、阶段、环节，采用相应音像记录形式，充分发挥音像记录直观有力的证据作用、规范执法的监督作用、依法履职的保障作用。要做好音像记录与文字记录的衔接工作，充分考虑音像记录方式的必要性、适当性和实效性，对文字记录能够全面有效记录执法行为的，可以不进行音像记录；对查封扣押财产、强制拆除等直接涉及人身自由、生命健康、重大财产权益的现场执法活动和执法办案场所，要推行全程音像记录；对现场执法、调查取证、举行听证、留置送达和公告送达等容易引发争议的行政执法过程，要根据实际情况进行音像记录。要建立健全执法音像记录管理制度，明确执法音像记录的设备配备、使用规范、记录要素、存储应用、监督管理等要求。研究制定执法行为用语指引，指导执法人员规范文明开展音像记录。配备音像记录设备、建设询问室和听证室等音像记录场所，要按照工作必需、厉行节约、性能适度、安全稳定、适量够用的原则，结合本地区经济发展水平和本部门执法具体情况确定，不搞"一刀切"。

（九）严格记录归档。要完善执法案卷管理制度，加强对执法台账和法律文书的制作、使用、管理，按照有关法律法规和档案管理规定归档保存执法全过程记录资料，确保所有行政执法行为有据可查。对涉及国家秘密、商业秘密、个人隐私的记录资料，归档时要严格执行国家有关规定。积极探索成本低、效果好、易保存、防删改的信息化记录储存方式，通过技术手段对同一执法对象的文字记录、音像记录进行集中储存。建立健全基于互联网、电子认证、电子签章的行政执法全过程数据化记录工作机制，形成业务流程清晰、数据链条完整、数据安全有保障的数字化记录信息归档管理制度。

（十）发挥记录作用。要充分发挥全过程记录信息对案卷评查、执法监督、评议考核、舆情应对、行政决策和健全社会信用体系等工作的积极作用，善于通过统计分析记录资料信息，发现行政执法薄弱环节，改进行政执法工作，依法公正维护执法人员和行政相对人的合法权益。建立健全记录信息调阅监督制度，做到可实时调阅，切实加强监督，确保行政执法文字记录、音像记录规范、合法、有效。

四、全面推行重大执法决定法制审核制度

重大执法决定法制审核是确保行政执法机关作出的重大执法决定合法有效的关键环节。行政执法机关作出重大执法决定前，要严格进行法制审核，未经法制审核或者审核未通过的，不得作出决定。

（十一）明确审核机构。各级行政执法机关要明确具体负责本单位重大执法决定法制审核的工作机构，确保法制审核工作有机构承担、有专人负责。加强法制审核队伍的正规化、专业化、职业化建设，把政治素质高、业务能力强、具有法律专业背景的人员调整充实到法制审核岗位，配强工作力量，使法制审核人员的配置与形势任务相适应，原则上各级行政执法机关的法制审核人员不少于本单位执法人员总数的5%。要充分发挥法律顾问、公职律师在法制审核工作中的作用，特别是针对基层存在的法制审核专业人员数量不足、分布不均等问题，探索建立健全本系统内法律顾问、公职律师统筹调用机制，实现法律专业人才资源共享。

（十二）明确审核范围。凡涉及重大公共利益，可能造成重大社会影响或引发社会风险，直接关系行政相对人或第三人重大权益，经过听证程序作出行政执法决定，以及案件情况疑难复杂、涉及多个法律关系的，都要进行法制审核。各级行政执法机关要结合本机关行政执法行为的类别、执法层级、所属领域、涉案金额等因素，制定重大执法决定法制审核目录清单。上级行政执法机关要对下一级执法机关重大执法决定法制审核目录清单编制工作加强指导，明确重大执法决定事项的标准。

（十三）明确审核内容。要严格审核行政执法主体是否合法，行政执法人员是否具备执法资格；行政执法程序是否合法；案件事实是否清楚，证据是否合法充分；适用法律、法规、规章是否准确，裁量基准运用是否适当；执法是否超越执法机关法定权限；行政执法文书是否完备、规范；违法行为是否涉嫌犯罪，需要移送司法机关等。法制审核机构完成审核后,要根据不同情形,提出同意或者存在问题的书面审核意见。行政执法承办机构要对法制审核机构提出的存在问题的审核意见进行研究,作出相应处理后再次报送法制审核。

(十四)明确审核责任。行政执法机关主要负责人是推动落实本机关重大执法决定法制审核制度的第一责任人,对本机关作出的行政执法决定负责。要结合实际,确定法制审核流程,明确送审材料报送要求和审核的方式、时限、责任,建立健全法制审核机构与行政执法承办机构对审核意见不一致时的协调机制。行政执法承办机构对送审材料的真实性、准确性、完整性,以及执法的事实、证据、法律适用、程序的合法性负责。法制审核机构对重大执法决定的法制审核意见负责。因行政执法承办机构的承办人员、负责法制审核的人员和审批行政执法决定的负责人滥用职权、玩忽职守、徇私枉法等,导致行政执法决定错误,要依纪依法追究相关人员责任。

五、全面推进行政执法信息化建设

行政执法机关要加强执法信息管理,及时准确公示执法信息,实现行政执法全程留痕,法制审核流程规范有序。加快推进执法信息互联互通共享,有效整合执法数据资源,为行政执法更规范、群众办事更便捷、政府治理更高效、营商环境更优化奠定基础。

(十五)加强信息化平台建设。依托大数据、云计算等信息技术手段,大力推进行政执法综合管理监督信息系统建设,充分利用已有信息系统和数据资源,逐步构建操作信息化、文书数据化、过程痕迹化、责任明晰化、监督严密化、分析可量化的行政执法信息化体系,做到执法信息网上录入、执法程序网上流转、执法活动网上监督、执法决定实时推送、执法信息统一公示、执法信息网上查询,实现对行政执法活动的即时性、过程性、系统性管理。认真落实国务院关于加快全国一体化在线政务服务平台建设的决策部署,推动政务服务"一网通办",依托电子政务外网开展网上行政服务工作,全面推行网上受理、网上审批、网上办公,让数据多跑路、群众少跑腿。

(十六)推进信息共享。完善全国行政执法数据汇集和信息共享机制,制定全国统一规范的执法数据标准,明确执法信息共享的种类、范围、流程和使用方式,促进执法数据高效采集、有效整合。充分利用全国一体化在线政务服务平台,在确保信息安全的前提下,加快推进跨地区、跨部门执法信息系统互联互通,已建设和使用的有关执法信息系统要加强业务协同,打通信息壁垒,实现数据共享互通,解决"信息孤岛"等问题。认真梳理涉及各类行政执法的基础数据,建立以行政执法主体信息、权责清单信息、办案信息、监督信息和统计分析信息等为主要内容的全国行政执法信息资源库,逐步形成集数据储存、共享功能于一体的行政执法数据中心。

(十七)强化智能应用。要积极推进人工智能技术在行政执法实践中的运用,研究开发行政执法裁量智能辅助信息系统,利用语音识别、文本分析等技术对行政执法信息数据资源进行分析挖掘,发挥人工智能在证据收集、案例分析、法律文件阅读与分析中的作用,聚焦争议焦点,向执法人员精准推送办案规范、法律法规规定、相似案例等信息,提出处理意见建议,生成执法决定文书,有效约束规范行政自由裁量权,确保执法尺度统一。加强对行政执法大数据的关联分析、深化应用,通过提前预警、监测、研判,及时发现解决行政机关在履行政府职能、管理经济社会事务中遇到的新情况、新问题,提升行政立法、行政决策和风险防范水平,提高政府治理的精准性和有效性。

六、加大组织保障力度

(十八)加强组织领导。地方各级人民政府及其部门的主要负责同志作为本地区、本部门全面推行"三项制度"工作的第一责任人,要切实加强对本地区、本部门行政执法工作的领导,做好"三项制度"组织实施工作,定期听取有关工作情况汇报,及时研究解决工作中的重大问题,确保工作有方案、部署有进度、推进有标准、结果有考核。要建立健全工作机制,县级以上人民政府建立司法行政、编制管理、公务员管理、信息公开、电子政务、发展改革、财政、市场监管等单位参加的全面推行"三项制度"工作协调机制,指导协调、督促检查工作推进情况。国务院有关部门要加强对本系统全面推行"三项制度"工作的指导,强化行业规范和标准统一,及时研究解决本部门、本系统全面推行"三项制度"过程中遇到的问题。上级部门要切实做到率先推行、以上带下,充分发挥在行业系统中的带动引领作用,指导、督促下级部门严格规范实施"三项制度"。

(十九)健全制度体系。要根据本指导意见的要求和各地区、各部门实际情况,建立健全科学合理的"三项制度"体系。加强和完善行政执法案例指导、行政执法裁量基准、行政执法案卷管理和评查、行政执法投诉举报以及行政执法考核监督等制度建设,推进全国统一的行政执法资格和证件管理,积极做好相关制度衔接工作,形成统筹行政执法各个环节的制度体系。

(二十)开展培训宣传。要开展"三项制度"专题学习培训,加强业务交流。认真落实"谁执法谁普法"普法责任制的要求,加强对全面推行"三项制度"的宣传,通过政府网站、新闻发布会以及报刊、广播、电视、网络、新媒体等方式,全方位宣传全面推行"三项制度"的重要意义、主要做法、典型经验和实施效果,发挥示范带动作用,及时回应社会关切,合理引导社会预期,为全面推行"三项制度"营造良好的社会氛围。

(二十一)加强督促检查。要把"三项制度"推进情况纳入法治政府建设考评指标体系,纳入年底效能目标考核体系,建立督查情况通报制度,坚持鼓励先进与鞭策落后相结合,充分调动全面推行"三项制度"工作的积极性、主动性。对工作不力的要及时督促整改,对工作中出现问题造成不良后果的单位及人员要通报批评,依纪依法问责。

(二十二)保障经费投入。要建立责任明确、管理规范、投入稳定的执法经费保障机制,保障行政执法机关依法履职所需的执法装备、经费,严禁将收费、罚没收入同部门利益直接或者变相挂钩。省级人民政府要分类制定行政执法机关执法装备配备标准、装备配备规划、设施建设规划和年度实施计划。地方各级行政执法机关要结合执法实际,将执法装备需求报本级人民政府列入财政预算。

(二十三)加强队伍建设。高素质的执法人员是全面推行"三项制度"取得实效的关键。要重视执法人员能力素质建设,加强思想道德和素质教育,着力提升执法人员业务能力和执法素养,打造政治坚定、作风优良、纪律严明、廉洁务实的执法队伍。加强行政执法人员资格管理,统一行政执法证件样式,建立全国行政执法人员和法制审核人员数据库。健全行政执法人员和法制审核人员岗前培训和岗位培训制度。鼓励和支持行政执法人员参加国家统一法律职业资格考试,对取得法律职业资格的人员可以简化或免于执法资格考试。建立科学的考核评价体系和人员激励机制。保障执法人员待遇,完善基层执法人员工资政策,建立和实施执法人员人身意外伤害和工伤保险制度,落实国家抚恤政策,提高执法人员履职积极性,增强执法队伍稳定性。

各地区、各部门要于2019年3月底前制定本地区、本部门全面推行"三项制度"的实施方案,并报司法部备案。司法部要加强对全面推行"三项制度"的指导协调,会同有关部门进行监督检查和跟踪评估,重要情况及时报告国务院。

中华人民共和国行政许可法

- 2003年8月27日第十届全国人民代表大会常务委员会第四次会议通过
- 根据2019年4月23日第十三届全国人民代表大会常务委员会第十次会议《关于修改〈中华人民共和国建筑法〉等八部法律的决定》修正

第一章 总 则

第一条 【立法目的】为了规范行政许可的设定和实施,保护公民、法人和其他组织的合法权益,维护公共利益和社会秩序,保障和监督行政机关有效实施行政管理,根据宪法,制定本法。

第二条 【行政许可的含义】本法所称行政许可,是指行政机关根据公民、法人或者其他组织的申请,经依法审查,准予其从事特定活动的行为。

第三条 【适用范围】行政许可的设定和实施,适用本法。

有关行政机关对其他机关或者对其直接管理的事业单位的人事、财务、外事等事项的审批,不适用本法。

第四条 【合法原则】设定和实施行政许可,应当依照法定的权限、范围、条件和程序。

第五条 【公开、公平、公正、非歧视原则】设定和实施行政许可,应当遵循公开、公平、公正、非歧视的原则。

有关行政许可的规定应当公布;未经公布的,不得作为实施行政许可的依据。行政许可的实施和结果,除涉及国家秘密、商业秘密或者个人隐私的外,应当公开。未经申请人同意,行政机关及其工作人员、参与专家评审等的人员不得披露申请人提交的商业秘密、未披露信息或者保密商务信息,法律另有规定或者涉及国家安全、重大社会公共利益的除外;行政机关依法公开申请人前述信息的,允许申请人在合理期限内提出异议。

符合法定条件、标准的,申请人有依法取得行政许可的平等权利,行政机关不得歧视任何人。

第六条 【便民原则】实施行政许可,应当遵循便民的原则,提高办事效率,提供优质服务。

第七条 【陈述权、申辩权和救济权】公民、法人或者其他组织对行政机关实施行政许可,享有陈述权、申辩权;有权依法申请行政复议或者提起行政诉讼;其合法权益因行政机关违法实施行政许可受到损害的,有权依法要求赔偿。

第八条 【信赖保护原则】公民、法人或者其他组织依法取得的行政许可受法律保护,行政机关不得擅自改变已经生效的行政许可。

行政许可所依据的法律、法规、规章修改或者废止，或者准予行政许可所依据的客观情况发生重大变化的，为了公共利益的需要，行政机关可以依法变更或者撤回已经生效的行政许可。由此给公民、法人或者其他组织造成财产损失的，行政机关应当依法给予补偿。

第九条 【行政许可的转让】依法取得的行政许可，除法律、法规规定依照法定条件和程序可以转让的外，不得转让。

第十条 【行政许可监督】县级以上人民政府应当建立健全对行政机关实施行政许可的监督制度，加强对行政机关实施行政许可的监督检查。

行政机关应当对公民、法人或者其他组织从事行政许可事项的活动实施有效监督。

第二章 行政许可的设定

第十一条 【行政许可设定原则】设定行政许可，应当遵循经济和社会发展规律，有利于发挥公民、法人或者其他组织的积极性、主动性，维护公共利益和社会秩序，促进经济、社会和生态环境协调发展。

第十二条 【行政许可的设定事项】下列事项可以设定行政许可：

（一）直接涉及国家安全、公共安全、经济宏观调控、生态环境保护以及直接关系人身健康、生命财产安全等特定活动，需要按照法定条件予以批准的事项；

（二）有限自然资源开发利用、公共资源配置以及直接关系公共利益的特定行业的市场准入等，需要赋予特定权利的事项；

（三）提供公众服务并且直接关系公共利益的职业、行业，需要确定具备特殊信誉、特殊条件或者特殊技能等资格、资质的事项；

（四）直接关系公共安全、人身健康、生命财产安全的重要设备、设施、产品、物品，需要按照技术标准、技术规范，通过检验、检测、检疫等方式进行审定的事项；

（五）企业或者其他组织的设立等，需要确定主体资格的事项；

（六）法律、行政法规规定可以设定行政许可的其他事项。

第十三条 【不设定行政许可的事项】本法第十二条所列事项，通过下列方式能够予以规范的，可以不设行政许可：

（一）公民、法人或者其他组织能够自主决定的；

（二）市场竞争机制能够有效调节的；

（三）行业组织或者中介机构能够自律管理的；

（四）行政机关采用事后监督等其他行政管理方式能够解决的。

第十四条 【法律、行政法规、国务院决定的行政许可设定权】本法第十二条所列事项，法律可以设定行政许可。尚未制定法律的，行政法规可以设定行政许可。

必要时，国务院可以采用发布决定的方式设定行政许可。实施后，除临时性行政许可事项外，国务院应当及时提请全国人民代表大会及其常务委员会制定法律，或者自行制定行政法规。

第十五条 【地方性法规、省级政府规章的行政许可设定权】本法第十二条所列事项，尚未制定法律、行政法规的，地方性法规可以设定行政许可；尚未制定法律、行政法规和地方性法规的，因行政管理的需要，确需立即实施行政许可的，省、自治区、直辖市人民政府规章可以设定临时性的行政许可。临时性的行政许可实施满一年需要继续实施的，应当提请本级人民代表大会及其常务委员会制定地方性法规。

地方性法规和省、自治区、直辖市人民政府规章，不得设定应当由国家统一确定的公民、法人或者其他组织的资格、资质的行政许可；不得设定企业或者其他组织的设立登记及其前置性行政许可。其设定的行政许可，不得限制其他地区的个人或者企业到本地区从事生产经营和提供服务，不得限制其他地区的商品进入本地区市场。

第十六条 【行政许可规定权】行政法规可以在法律设定的行政许可事项范围内，对实施该行政许可作出具体规定。

地方性法规可以在法律、行政法规设定的行政许可事项范围内，对实施该行政许可作出具体规定。

规章可以在上位法设定的行政许可事项范围内，对实施该行政许可作出具体规定。

法规、规章对实施上位法设定的行政许可作出的具体规定，不得增设行政许可；对行政许可条件作出的具体规定，不得增设违反上位法的其他条件。

第十七条 【行政许可设立禁止】除本法第十四条、第十五条规定的外，其他规范性文件一律不得设定行政许可。

第十八条 【行政许可应当明确规定的事项】设定行政许可，应当规定行政许可的实施机关、条件、程序、期限。

第十九条 【设定行政许可应当听取意见、说明理由】起草法律草案、法规草案和省、自治区、直辖市人民政府规章草案，拟设定行政许可的，起草单位应当采取听证会、论证会等形式听取意见,并向制定机关说明设定该行政许可的必要性、对经济和社会可能产生的影响以及听取和采纳意见的情况。

第二十条 【行政许可评价制度】行政许可的设定机关应当定期对其设定的行政许可进行评价;对已设定的行政许可,认为通过本法第十三条所列方式能够解决的,应当对设定该行政许可的规定及时予以修改或者废止。

行政许可的实施机关可以对已设定的行政许可的实施情况及存在的必要性适时进行评价,并将意见报告该行政许可的设定机关。

公民、法人或者其他组织可以向行政许可的设定机关和实施机关就行政许可的设定和实施提出意见和建议。

第二十一条 【停止实施行政许可】省、自治区、直辖市人民政府对行政法规设定的有关经济事务的行政许可,根据本行政区域经济和社会发展情况,认为通过本法第十三条所列方式能够解决的,报国务院批准后,可以在本行政区域内停止实施该行政许可。

第三章 行政许可的实施机关

第二十二条 【行政许可实施主体的一般规定】行政许可由具有行政许可权的行政机关在其法定职权范围内实施。

第二十三条 【法律、法规授权组织实施行政许可】法律、法规授权的具有管理公共事务职能的组织,在法定授权范围内,以自己的名义实施行政许可。被授权的组织适用本法有关行政机关的规定。

第二十四条 【委托实施行政许可的主体】行政机关在其法定职权范围内,依照法律、法规、规章的规定,可以委托其他行政机关实施行政许可。委托机关应当将受委托行政机关和受委托实施行政许可的内容予以公告。

委托行政机关对受委托行政机关实施行政许可的行为应当负责监督,并对该行为的后果承担法律责任。

受委托行政机关在委托范围内,以委托行政机关名义实施行政许可;不得再委托其他组织或者个人实施行政许可。

第二十五条 【相对集中行政许可权】经国务院批准,省、自治区、直辖市人民政府根据精简、统一、效能的原则,可以决定一个行政机关行使有关行政机关的行政许可权。

第二十六条 【一个窗口对外、统一办理或者联合办理、集中办理】行政许可需要行政机关内设的多个机构办理的,该行政机关应当确定一个机构统一受理行政许可申请,统一送达行政许可决定。

行政许可依法由地方人民政府两个以上部门分别实施的,本级人民政府可以确定一个部门受理行政许可申请并转告有关部门分别提出意见后统一办理,或者组织有关部门联合办理、集中办理。

第二十七条 【行政机关及其工作人员的纪律约束】行政机关实施行政许可,不得向申请人提出购买指定商品、接受有偿服务等不正当要求。

行政机关工作人员办理行政许可,不得索取或者收受申请人的财物,不得谋取其他利益。

第二十八条 【授权专业组织实施的指导性规定】对直接关系公共安全、人身健康、生命财产安全的设备、设施、产品、物品的检验、检测、检疫,除法律、行政法规规定由行政机关实施的外,应当逐步由符合法定条件的专业技术组织实施。专业技术组织及其有关人员对所实施的检验、检测、检疫结论承担法律责任。

第四章 行政许可的实施程序

第一节 申请与受理

第二十九条 【行政许可申请】公民、法人或者其他组织从事特定活动,依法需要取得行政许可的,应当向行政机关提出申请。申请书需要采用格式文本的,行政机关应当向申请人提供行政许可申请书格式文本。申请书格式文本中不得包含与申请行政许可事项没有直接关系的内容。

申请人可以委托代理人提出行政许可申请。但是,依法应当由申请人到行政机关办公场所提出行政许可申请的除外。

行政许可申请可以通过信函、电报、电传、传真、电子数据交换和电子邮件等方式提出。

第三十条 【行政机关公示义务】行政机关应当将法律、法规、规章规定的有关行政许可的事项、依据、条件、数量、程序、期限以及需要提交的全部材料的目录和申请书示范文本等在办公场所公示。

申请人要求行政机关对公示内容予以说明、解释的,行政机关应当说明、解释,提供准确、可靠的信息。

第三十一条 【申请人提交有关材料、反映真实情况义务】申请人申请行政许可,应当如实向行政机关提交有关材料和反映真实情况,并对其申请材料实质内容的真实性负责。行政机关不得要求申请人提交与其申请的行政许可事项无关的技术资料和其他材料。

行政机关及其工作人员不得以转让技术作为取得行政许可的条件；不得在实施行政许可的过程中，直接或者间接地要求转让技术。

第三十二条　【行政许可申请的处理】行政机关对申请人提出的行政许可申请，应当根据下列情况分别作出处理：

（一）申请事项依法不需要取得行政许可的，应当即时告知申请人不受理；

（二）申请事项依法不属于本行政机关职权范围的，应当即时作出不予受理的决定，并告知申请人向有关行政机关申请；

（三）申请材料存在可以当场更正的错误的，应当允许申请人当场更正；

（四）申请材料不齐全或者不符合法定形式的，应当当场或者在5日内一次告知申请人需要补正的全部内容，逾期不告知的，自收到申请材料之日起即为受理；

（五）申请事项属于本行政机关职权范围，申请材料齐全、符合法定形式，或者申请人按照本行政机关的要求提交全部补正申请材料的，应当受理行政许可申请。

行政机关受理或者不予受理行政许可申请，应当出具加盖本行政机关专用印章和注明日期的书面凭证。

第三十三条　【鼓励行政机关发展电子政务实施行政许可】行政机关应当建立和完善有关制度，推行电子政务，在行政机关的网站上公布行政许可事项，方便申请人采取数据电文等方式提出行政许可申请；应当与其他行政机关共享有关行政许可信息，提高办事效率。

第二节　审查与决定

第三十四条　【审查行政许可材料】行政机关应当对申请人提交的申请材料进行审查。

申请人提交的申请材料齐全、符合法定形式，行政机关能够当场作出决定的，应当当场作出书面的行政许可决定。

根据法定条件和程序，需要对申请材料的实质内容进行核实的，行政机关应当指派两名以上工作人员进行核查。

第三十五条　【多层级行政机关实施行政许可的审查程序】依法应当先经下级行政机关审查后报上级行政机关决定的行政许可，下级行政机关应当在法定期限内将初步审查意见和全部申请材料直接报送上级行政机关。上级行政机关不得要求申请人重复提供申请材料。

第三十六条　【直接关系他人重大利益的行政许可审查程序】行政机关对行政许可申请进行审查时，发现行政许可事项直接关系他人重大利益的，应当告知该利害关系人。申请人、利害关系人有权进行陈述和申辩。行政机关应当听取申请人、利害关系人的意见。

第三十七条　【行政机关依法作出行政许可决定】行政机关对行政许可申请进行审查后，除当场作出行政许可决定的外，应当在法定期限内按照规定程序作出行政许可决定。

第三十八条　【行政机关许可和不予许可应当履行的义务】申请人的申请符合法定条件、标准的，行政机关应当依法作出准予行政许可的书面决定。

行政机关依法作出不予行政许可的书面决定的，应当说明理由，并告知申请人享有依法申请行政复议或者提起行政诉讼的权利。

第三十九条　【颁发行政许可证件】行政机关作出准予行政许可的决定，需要颁发行政许可证件的，应当向申请人颁发加盖本行政机关印章的下列行政许可证件：

（一）许可证、执照或者其他许可证书；

（二）资格证、资质证或者其他合格证书；

（三）行政机关的批准文件或者证明文件；

（四）法律、法规规定的其他行政许可证件。

行政机关实施检验、检测、检疫的，可以在检验、检测、检疫合格的设备、设施、产品、物品上加贴标签或者加盖检验、检测、检疫印章。

第四十条　【准予行政许可决定的公开义务】行政机关作出的准予行政许可决定，应当予以公开，公众有权查阅。

第四十一条　【行政许可的地域效力】法律、行政法规设定的行政许可，其适用范围没有地域限制的，申请人取得的行政许可在全国范围内有效。

第三节　期　限

第四十二条　【行政许可一般期限】除可以当场作出行政许可决定的外，行政机关应当自受理行政许可申请之日起20日内作出行政许可决定。20日内不能作出决定的，经本行政机关负责人批准，可以延长10日，并应当将延长期限的理由告知申请人。但是，法律、法规另有规定的，依照其规定。

依照本法第二十六条的规定，行政许可采取统一办理或者联合办理、集中办理的，办理的时间不得超过45日；45日内不能办结的，经本级人民政府负责人批准，可以延长15日，并应当将延长期限的理由告知申请人。

第四十三条　【多层级许可的审查期限】依法应当先经下级行政机关审查后报上级行政机关决定的行政许

可，下级行政机关应当自其受理行政许可申请之日起20日内审查完毕。但是，法律、法规另有规定的，依照其规定。

第四十四条 【许可证章颁发期限】行政机关作出准予行政许可的决定，应当自作出决定之日起10日内向申请人颁发、送达行政许可证件，或者加贴标签、加盖检验、检测、检疫印章。

第四十五条 【不纳入许可期限的事项】行政机关作出行政许可决定，依法需要听证、招标、拍卖、检验、检测、检疫、鉴定和专家评审，所需时间不计算在本节规定的期限内。行政机关应当将所需时间书面告知申请人。

第四节 听证

第四十六条 【行政机关主动举行听证的行政许可事项】法律、法规、规章规定实施行政许可应当听证的事项，或者行政机关认为需要听证的其他涉及公共利益的重大行政许可事项，行政机关应当向社会公告，并举行听证。

第四十七条 【行政机关应申请举行听证的行政许可事项】行政许可直接涉及申请人与他人之间重大利益关系的，行政机关在作出行政许可决定前，应当告知申请人、利害关系人享有要求听证的权利；申请人、利害关系人在被告知听证权利之日起5日内提出听证申请的，行政机关应当在20日内组织听证。

申请人、利害关系人不承担行政机关组织听证的费用。

第四十八条 【行政许可听证程序规则】听证按照下列程序进行：

（一）行政机关应当于举行听证的7日前将举行听证的时间、地点通知申请人、利害关系人，必要时予以公告；

（二）听证应当公开举行；

（三）行政机关应当指定审查该行政许可申请的工作人员以外的人员为听证主持人，申请人、利害关系人认为主持人与该行政许可事项有直接利害关系的，有权申请回避；

（四）举行听证时，审查该行政许可申请的工作人员应当提供审查意见的证据、理由，申请人、利害关系人可以提出证据，并进行申辩和质证；

（五）听证应当制作笔录，听证笔录应当交听证参加人确认无误后签字或者盖章。

行政机关应当根据听证笔录，作出行政许可决定。

第五节 变更与延续

第四十九条 【变更行政许可的程序】被许可人要求变更行政许可事项的，应当向作出行政许可决定的行政机关提出申请；符合法定条件、标准的，行政机关应当依法办理变更手续。

第五十条 【延续行政许可的程序】被许可人需要延续依法取得的行政许可的有效期的，应当在该行政许可有效期届满30日前向作出行政许可决定的行政机关提出申请。但是，法律、法规、规章另有规定的，依照其规定。

行政机关应当根据被许可人的申请，在该行政许可有效期届满前作出是否准予延续的决定；逾期未作决定的，视为准予延续。

第六节 特别规定

第五十一条 【其他规定适用规则】实施行政许可的程序，本节有规定的，适用本节规定；本节没有规定的，适用本章其他有关规定。

第五十二条 【国务院实施行政许可程序】国务院实施行政许可的程序，适用有关法律、行政法规的规定。

第五十三条 【通过招标拍卖作出行政许可决定】实施本法第十二条第二项所列事项的行政许可的，行政机关应当通过招标、拍卖等公平竞争的方式作出决定。但是，法律、行政法规另有规定的，依照其规定。

行政机关通过招标、拍卖等方式作出行政许可决定的具体程序，依照有关法律、行政法规的规定。

行政机关按照招标、拍卖程序确定中标人、买受人后，应当作出准予行政许可的决定，并依法向中标人、买受人颁发行政许可证件。

行政机关违反本条规定，不采用招标、拍卖方式，或者违反招标、拍卖程序，损害申请人合法权益的，申请人可以依法申请行政复议或者提起行政诉讼。

第五十四条 【通过考试考核方式作出行政许可决定】实施本法第十二条第三项所列事项的行政许可，赋予公民特定资格，依法应当举行国家考试的，行政机关根据考试成绩和其他法定条件作出行政许可决定；赋予法人或者其他组织特定的资格、资质的，行政机关根据申请人的专业人员构成、技术条件、经营业绩和管理水平等的考核结果作出行政许可决定。但是，法律、行政法规另有规定的，依照其规定。

公民特定资格的考试依法由行政机关或者行业组织实施，公开举行。行政机关或者行业组织应当事先公布资格考试的报名条件、报考办法、考试科目以及考试大纲。但是，不得组织强制性的资格考试的考前培训，不得指定教材或者其他助考材料。

第五十五条 【根据技术标准、技术规范作出行政许可决定】实施本法第十二条第四项所列事项的行政许可的，应当按照技术标准、技术规范依法进行检验、检测、检疫，行政机关根据检验、检测、检疫的结果作出行政许可决定。

行政机关实施检验、检测、检疫，应当自受理申请之日起5日内指派两名以上工作人员按照技术标准、技术规范进行检验、检测、检疫。不需要对检验、检测、检疫结果进一步技术分析即可认定设备、设施、产品、物品是否符合技术标准、技术规范的，行政机关应当场作出行政许可决定。

行政机关根据检验、检测、检疫结果，作出不予行政许可决定的，应当书面说明不予行政许可所依据的技术标准、技术规范。

第五十六条 【当场许可的特别规定】实施本法第十二条第五项所列事项的行政许可，申请人提交的申请材料齐全、符合法定形式的，行政机关应当场予以登记。需要对申请材料的实质内容进行核实的，行政机关依照本法第三十四条第三款的规定办理。

第五十七条 【有数量限制的行政许可】有数量限制的行政许可，两个或者两个以上申请人的申请均符合法定条件、标准的，行政机关应当根据受理行政许可申请的先后顺序作出准予行政许可的决定。但是，法律、行政法规另有规定的，依照其规定。

第五章 行政许可的费用

第五十八条 【收费原则和经费保障】行政机关实施行政许可和对行政许可事项进行监督检查，不得收取任何费用。但是，法律、行政法规另有规定的，依照其规定。

行政机关提供行政许可申请书格式文本，不得收费。

行政机关实施行政许可所需经费应当列入本行政机关的预算，由本级财政予以保障，按照批准的预算予以核拨。

第五十九条 【收费规则以及对收费所得款项的处理】行政机关实施行政许可，依照法律、行政法规收取费用的，应当按照公布的法定项目和标准收费；所收取的费用必须全部上缴国库，任何机关或者个人不得以任何形式截留、挪用、私分或者变相私分。财政部门不得以任何形式向行政机关返还或者变相返还实施行政许可所收取的费用。

第六章 监督检查

第六十条 【行政许可层级监督】上级行政机关应当加强对下级行政机关实施行政许可的监督检查，及时纠正行政许可实施中的违法行为。

第六十一条 【书面检查原则】行政机关应当建立健全监督制度，通过核查反映被许可人从事行政许可事项活动情况的有关材料，履行监督责任。

行政机关依法对被许可人从事行政许可事项的活动进行监督检查时，应当将监督检查的情况和处理结果予以记录，由监督检查人员签字后归档。公众有权查阅行政机关监督检查记录。

行政机关应当创造条件，实现与被许可人、其他有关行政机关的计算机档案系统互联，核查被许可人从事行政许可事项活动情况。

第六十二条 【抽样检查、检验、检测和实地检查、定期检验权适用的情形及程序】行政机关可以对被许可人生产经营的产品依法进行抽样检查、检验、检测，对其生产经营场所依法进行实地检查。检查时，行政机关可以依法查阅或者要求被许可人报送有关材料；被许可人应当如实提供有关情况和材料。

行政机关根据法律、行政法规的规定，对直接关系公共安全、人身健康、生命财产安全的重要设备、设施进行定期检验。对检验合格的，行政机关应当发给相应的证明文件。

第六十三条 【行政机关实施监督检查时应当遵守的纪律】行政机关实施监督检查，不得妨碍被许可人正常的生产经营活动，不得索取或者收受被许可人的财物，不得谋取其他利益。

第六十四条 【行政许可监督检查的属地管辖与协作】被许可人在作出行政许可决定的行政机关管辖区域外违法从事行政许可事项活动的，违法行为发生地的行政机关应当依法将被许可人的违法事实、处理结果抄告作出行政许可决定的行政机关。

第六十五条 【个人、组织对违法从事行政许可活动的监督】个人和组织发现违法从事行政许可事项的活动，有权向行政机关举报，行政机关应当及时核实、处理。

第六十六条 【依法开发利用资源】被许可人未依法履行开发利用自然资源义务或者未依法履行利用公共资源义务的，行政机关应当责令限期改正；被许可人在规定期限内不改正的，行政机关应当依照有关法律、行政法规的规定予以处理。

第六十七条 【特定行业市场准入被许可人的义务

和法律责任】取得直接关系公共利益的特定行业的市场准入行政许可的被许可人,应当按照国家规定的服务标准、资费标准和行政机关依法规定的条件,向用户提供安全、方便、稳定和价格合理的服务,并履行普遍服务的义务;未经作出行政许可决定的行政机关批准,不得擅自停业、歇业。

被许可人不履行前款规定的义务的,行政机关应当责令限期改正,或者依法采取有效措施督促其履行义务。

第六十八条 【自检制度】对直接关系公共安全、人身健康、生命财产安全的重要设备、设施,行政机关应当督促设计、建造、安装和使用单位建立相应的自检制度。

行政机关在监督检查时,发现直接关系公共安全、人身健康、生命财产安全的重要设备、设施存在安全隐患的,应当责令停止建造、安装和使用,并责令设计、建造、安装和使用单位立即改正。

第六十九条 【撤销行政许可的情形】有下列情形之一的,作出行政许可决定的行政机关或者其上级行政机关,根据利害关系人的请求或者依职权,可以撤销行政许可:

(一)行政机关工作人员滥用职权、玩忽职守作出准予行政许可决定的;

(二)超越法定职权作出准予行政许可决定的;

(三)违反法定程序作出准予行政许可决定的;

(四)对不具备申请资格或者不符合法定条件的申请人准予行政许可的;

(五)依法可以撤销行政许可的其他情形。

被许可人以欺骗、贿赂等不正当手段取得行政许可的,应当予以撤销。

依照前两款的规定撤销行政许可,可能对公共利益造成重大损害的,不予撤销。

依照本条第一款的规定撤销行政许可,被许可人的合法权益受到损害的,行政机关应当依法给予赔偿。依照本条第二款的规定撤销行政许可的,被许可人基于行政许可取得的利益不受保护。

第七十条 【注销行政许可的情形】有下列情形之一的,行政机关应当依法办理有关行政许可的注销手续:

(一)行政许可有效期届满未延续的;

(二)赋予公民特定资格的行政许可,该公民死亡或者丧失行为能力的;

(三)法人或者其他组织依法终止的;

(四)行政许可依法被撤销、撤回,或者行政许可证件依法被吊销的;

(五)因不可抗力导致行政许可事项无法实施的;

(六)法律、法规规定的应当注销行政许可的其他情形。

第七章 法律责任

第七十一条 【规范性文件违法设定行政许可的法律责任】违反本法第十七条规定设定的行政许可,有关机关应当责令设定该行政许可的机关改正,或者依法予以撤销。

第七十二条 【行政机关及其工作人员违反行政许可程序应当承担的法律责任】行政机关及其工作人员违反本法的规定,有下列情形之一的,由其上级行政机关或者监察机关责令改正;情节严重的,对直接负责的主管人员和其他直接责任人员依法给予行政处分:

(一)对符合法定条件的行政许可申请不予受理的;

(二)不在办公场所公示依法应当公示的材料的;

(三)在受理、审查、决定行政许可过程中,未向申请人、利害关系人履行法定告知义务的;

(四)申请人提交的申请材料不齐全、不符合法定形式,不一次告知申请人必须补正的全部内容的;

(五)违法披露申请人提交的商业秘密、未披露信息或者保密商务信息的;

(六)以转让技术作为取得行政许可的条件,或者在实施行政许可的过程中直接或者间接地要求转让技术的;

(七)未依法说明不受理行政许可申请或者不予行政许可的理由的;

(八)依法应当举行听证而不举行听证的。

第七十三条 【行政机关工作人员索取或者收受他人财物及利益应当承担的法律责任】行政机关工作人员办理行政许可、实施监督检查,索取或者收受他人财物或者谋取其他利益,构成犯罪的,依法追究刑事责任;尚不构成犯罪的,依法给予行政处分。

第七十四条 【行政机关及其工作人员实体违法的法律责任】行政机关实施行政许可,有下列情形之一的,由其上级行政机关或者监察机关责令改正,对直接负责的主管人员和其他直接责任人员依法给予行政处分;构成犯罪的,依法追究刑事责任:

(一)对不符合法定条件的申请人准予行政许可或者超越法定职权作出准予行政许可决定的;

(二)对符合法定条件的申请人不予行政许可或者不在法定期限内作出准予行政许可决定的;

(三)依法应当根据招标、拍卖结果或者考试成绩择优作出准予行政许可决定，未经招标、拍卖或者考试，或者不根据招标、拍卖结果或者考试成绩择优作出准予行政许可决定的。

第七十五条 【行政机关及其工作人员违反收费规定的法律责任】行政机关实施行政许可，擅自收费或者不按照法定项目和标准收费的，由其上级行政机关或者监察机关责令退还非法收取的费用；对直接负责的主管人员和其他直接责任人员依法给予行政处分。

截留、挪用、私分或者变相私分实施行政许可依法收取的费用的，予以追缴；对直接负责的主管人员和其他直接责任人员依法给予行政处分；构成犯罪的，依法追究刑事责任。

第七十六条 【行政机关违法实施许可的赔偿责任】行政机关违法实施行政许可，给当事人的合法权益造成损害的，应当依照国家赔偿法的规定给予赔偿。

第七十七条 【行政机关不依法履行监督责任或者监督不力的法律责任】行政机关不依法履行监督职责或者监督不力，造成严重后果的，由其上级行政机关或者监察机关责令改正，对直接负责的主管人员和其他直接责任人员依法给予行政处分；构成犯罪的，依法追究刑事责任。

第七十八条 【申请人申请不实应承担的法律责任】行政许可申请人隐瞒有关情况或者提供虚假材料申请行政许可的，行政机关不予受理或者不予行政许可，并给予警告；行政许可申请属于直接关系公共安全、人身健康、生命财产安全事项的，申请人在一年内不得再次申请该行政许可。

第七十九条 【申请人以欺骗、贿赂等不正当手段取得行政许可应当承担的法律责任】被许可人以欺骗、贿赂等不正当手段取得行政许可的，行政机关应当依法给予行政处罚；取得的行政许可属于直接关系公共安全、人身健康、生命财产安全事项的，申请人在3年内不得再次申请该行政许可；构成犯罪的，依法追究刑事责任。

第八十条 【被许可人违法从事行政许可活动的法律责任】被许可人有下列行为之一的，行政机关应当依法给予行政处罚；构成犯罪的，依法追究刑事责任：

（一）涂改、倒卖、出租、出借行政许可证件，或者以其他形式非法转让行政许可的；

（二）超越行政许可范围进行活动的；

（三）向负责监督检查的行政机关隐瞒有关情况、提供虚假材料或者拒绝提供反映其活动情况的真实材料的；

（四）法律、法规、规章规定的其他违法行为。

第八十一条 【公民、法人或者其他组织未经行政许可从事应当取得行政许可活动的法律责任】公民、法人或者其他组织未经行政许可，擅自从事依法应当取得行政许可的活动的，行政机关应当依法采取措施予以制止，并依法给予行政处罚；构成犯罪的，依法追究刑事责任。

第八章 附　则

第八十二条 【行政许可的期限计算】本法规定的行政机关实施行政许可的期限以工作日计算，不含法定节假日。

第八十三条 【施行日期及对现行行政许可进行清理的规定】本法自2004年7月1日起施行。

本法施行前有关行政许可的规定，制定机关应当依照本法规定予以清理；不符合本法规定的，自本法施行之日起停止执行。

中华人民共和国行政复议法

· 1999年4月29日第九届全国人民代表大会常务委员会第九次会议通过
· 根据2009年8月27日第十一届全国人民代表大会常务委员会第十次会议《关于修改部分法律的决定》第一次修正
· 根据2017年9月1日第十二届全国人民代表大会常务委员会第二十九次会议《关于修改〈中华人民共和国法官法〉等八部法律的决定》第二次修正
· 2023年9月1日第十四届全国人民代表大会常务委员会第五次会议修订
· 2023年9月1日中华人民共和国主席令第9号公布
· 自2024年1月1日起施行

第一章 总　则

第一条 【立法目的】为了防止和纠正违法的或者不当的行政行为，保护公民、法人和其他组织的合法权益，监督和保障行政机关依法行使职权，发挥行政复议化解行政争议的主渠道作用，推进法治政府建设，根据宪法，制定本法。

第二条 【适用范围】公民、法人或者其他组织认为行政机关的行政行为侵犯其合法权益，向行政复议机关提出行政复议申请，行政复议机关办理行政复议案件，适用本法。

前款所称行政行为，包括法律、法规、规章授权的组织的行政行为。

第三条 【工作原则】行政复议工作坚持中国共产党的领导。

行政复议机关履行行政复议职责，应当遵循合法、公正、公开、高效、便民、为民的原则，坚持有错必纠，保障法律、法规的正确实施。

第四条 【行政复议机关、机构及其职责】县级以上各级人民政府以及其他依照本法履行行政复议职责的行政机关是行政复议机关。

行政复议机关办理行政复议事项的机构是行政复议机构。行政复议机构同时组织办理行政复议机关的行政应诉事项。

行政复议机关应当加强行政复议工作，支持和保障行政复议机构依法履行职责。上级行政复议机构对下级行政复议机构的行政复议工作进行指导、监督。

国务院行政复议机构可以发布行政复议指导性案例。

第五条 【行政复议调解】行政复议机关办理行政复议案件，可以进行调解。

调解应当遵循合法、自愿的原则，不得损害国家利益、社会公共利益和他人合法权益，不得违反法律、法规的强制性规定。

第六条 【行政复议人员】国家建立专业化、职业化行政复议人员队伍。

行政复议机构中初次从事行政复议工作的人员，应当通过国家统一法律职业资格考试取得法律职业资格，并参加统一职前培训。

国务院行政复议机构应当会同有关部门制定行政复议人员工作规范，加强对行政复议人员的业务考核和管理。

第七条 【行政复议保障】行政复议机关应当确保行政复议机构的人员配备与所承担的工作任务相适应，提高行政复议人员专业素质，根据工作需要保障办案场所、装备等设施。县级以上各级人民政府应当将行政复议工作经费列入本级预算。

第八条 【行政复议信息化建设】行政复议机关应当加强信息化建设，运用现代信息技术，方便公民、法人或者其他组织申请、参加行政复议，提高工作质量和效率。

第九条 【表彰和奖励】对在行政复议工作中做出显著成绩的单位和个人，按照国家有关规定给予表彰和奖励。

第十条 【行政复议与诉讼衔接】公民、法人或者其他组织对行政复议决定不服的，可以依照《中华人民共和国行政诉讼法》的规定向人民法院提起行政诉讼，但是法律规定行政复议决定为最终裁决的除外。

第二章 行政复议申请

第一节 行政复议范围

第十一条 【行政复议范围】有下列情形之一的，公民、法人或者其他组织可以依照本法申请行政复议：

（一）对行政机关作出的行政处罚决定不服；

（二）对行政机关作出的行政强制措施、行政强制执行决定不服；

（三）申请行政许可，行政机关拒绝或者在法定期限内不予答复，或者对行政机关作出的有关行政许可的其他决定不服；

（四）对行政机关作出的确认自然资源的所有权或者使用权的决定不服；

（五）对行政机关作出的征收征用决定及其补偿决定不服；

（六）对行政机关作出的赔偿决定或者不予赔偿决定不服；

（七）对行政机关作出的不予受理工伤认定申请的决定或者工伤认定结论不服；

（八）认为行政机关侵犯其经营自主权或者农村土地承包经营权、农村土地经营权；

（九）认为行政机关滥用行政权力排除或者限制竞争；

（十）认为行政机关违法集资、摊派费用或者违法要求履行其他义务；

（十一）申请行政机关履行保护人身权利、财产权利、受教育权利等合法权益的法定职责，行政机关拒绝履行、未依法履行或者不予答复；

（十二）申请行政机关依法给付抚恤金、社会保险待遇或者最低生活保障等社会保障，行政机关没有依法给付；

（十三）认为行政机关不依法订立、不依法履行、未按照约定履行或者违法变更、解除政府特许经营协议、土地房屋征收补偿协议等行政协议；

（十四）认为行政机关在政府信息公开工作中侵犯其合法权益；

（十五）认为行政机关的其他行政行为侵犯其合法权益。

第十二条 【不属于行政复议范围的事项】下列事项不属于行政复议范围：

（一）国防、外交等国家行为；

（二）行政法规、规章或者行政机关制定、发布的具

有普遍约束力的决定、命令等规范性文件;

(三)行政机关对行政机关工作人员的奖惩、任免等决定;

(四)行政机关对民事纠纷作出的调解。

第十三条 【行政复议附带审查申请范围】公民、法人或者其他组织认为行政机关的行政行为所依据的下列规范性文件不合法,在对行政行为申请行政复议时,可以一并向行政复议机关提出对该规范性文件的附带审查申请:

(一)国务院部门的规范性文件;

(二)县级以上地方各级人民政府及其工作部门的规范性文件;

(三)乡、镇人民政府的规范性文件;

(四)法律、法规、规章授权的组织的规范性文件。

前款所列规范性文件不含规章。规章的审查依照法律、行政法规办理。

第二节 行政复议参加人

第十四条 【申请人】依照本法申请行政复议的公民、法人或者其他组织是申请人。

有权申请行政复议的公民死亡的,其近亲属可以申请行政复议。有权申请行政复议的法人或者其他组织终止的,其权利义务承受人可以申请行政复议。

有权申请行政复议的公民为无民事行为能力人或者限制民事行为能力人的,其法定代理人可以代为申请行政复议。

第十五条 【代表人】同一行政复议案件申请人人数众多的,可以由申请人推选代表人参加行政复议。

代表人参加行政复议的行为对其所代表的申请人发生效力,但是代表人变更行政复议请求、撤回行政复议申请、承认第三人请求的,应当经被代表的申请人同意。

第十六条 【第三人】申请人以外的同被申请行政复议的行政行为或者行政复议案件处理结果有利害关系的公民、法人或者其他组织,可以作为第三人申请参加行政复议,或者由行政复议机构通知其作为第三人参加行政复议。

第三人不参加行政复议,不影响行政复议案件的审理。

第十七条 【委托代理人】申请人、第三人可以委托一至二名律师、基层法律服务工作者或者其他代理人代为参加行政复议。

申请人、第三人委托代理人的,应当向行政复议机构提交授权委托书,委托人及被委托人的身份证明文件。授权委托书应当载明委托事项、权限和期限。申请人、第三人变更或者解除代理人权限的,应当书面告知行政复议机构。

第十八条 【法律援助】符合法律援助条件的行政复议申请人申请法律援助的,法律援助机构应当依法为其提供法律援助。

第十九条 【被申请人】公民、法人或者其他组织对行政行为不服申请行政复议的,作出行政行为的行政机关或者法律、法规、规章授权的组织是被申请人。

两个以上行政机关以共同的名义作出同一行政行为的,共同作出行政行为的行政机关是被申请人。

行政机关委托的组织作出行政行为的,委托的行政机关是被申请人。

作出行政行为的行政机关被撤销或者职权变更的,继续行使其职权的行政机关是被申请人。

第三节 申请的提出

第二十条 【申请期限】公民、法人或者其他组织认为行政行为侵犯其合法权益的,可以自知道或者应当知道该行政行为之日起六十日内提出行政复议申请;但是法律规定的申请期限超过六十日的除外。

因不可抗力或者其他正当理由耽误法定申请期限的,申请期限自障碍消除之日起继续计算。

行政机关作出行政行为时,未告知公民、法人或者其他组织申请行政复议的权利、行政复议机关和申请期限的,申请期限自公民、法人或者其他组织知道或者应当知道申请行政复议的权利、行政复议机关和申请期限之日起计算,但是自知道或者应当知道行政行为内容之日起最长不得超过一年。

第二十一条 【不动产行政复议申请期限】因不动产提出的行政复议申请自行政行为作出之日起超过二十年,其他行政复议申请自行政行为作出之日起超过五年的,行政复议机关不予受理。

第二十二条 【申请形式】申请人申请行政复议,可以书面申请;书面申请有困难的,也可以口头申请。

书面申请的,可以通过邮寄或者行政复议机关指定的互联网渠道等方式提交行政复议申请书,也可以当面提交行政复议申请书。行政机关通过互联网渠道送达行政行为决定书的,应当同时提供提交行政复议申请书的互联网渠道。

口头申请的,行政复议机关应当当场记录申请人的基本情况、行政复议请求、申请行政复议的主要事实、理由和时间。

申请人对两个以上行政行为不服的,应当分别申请行政复议。

第二十三条 【行政复议前置】有下列情形之一的,申请人应当先向行政复议机关申请行政复议,对行政复议决定不服的,可以再依法向人民法院提起行政诉讼:

(一)对当场作出的行政处罚决定不服;

(二)对行政机关作出的侵犯其已经依法取得的自然资源的所有权或者使用权的决定不服;

(三)认为行政机关存在本法第十一条规定的未履行法定职责情形;

(四)申请政府信息公开,行政机关不予公开;

(五)法律、行政法规规定应当先向行政复议机关申请行政复议的其他情形。

对前款规定的情形,行政机关在作出行政行为时应当告知公民、法人或者其他组织先向行政复议机关申请行政复议。

第四节 行政复议管辖

第二十四条 【县级以上地方人民政府管辖】县级以上地方各级人民政府管辖下列行政复议案件:

(一)对本级人民政府工作部门作出的行政行为不服的;

(二)对下一级人民政府作出的行政行为不服的;

(三)对本级人民政府依法设立的派出机关作出的行政行为不服的;

(四)对本级人民政府或者其工作部门管理的法律、法规、规章授权的组织作出的行政行为不服的。

除前款规定外,省、自治区、直辖市人民政府同时管辖对本机关作出的行政行为不服的行政复议案件。

省、自治区人民政府依法设立的派出机关参照设区的市级人民政府的职责权限,管辖相关行政复议案件。

对县级以上地方各级人民政府工作部门依法设立的派出机构依照法律、法规、规章规定,以派出机构的名义作出的行政行为不服的行政复议案件,由本级人民政府管辖;其中,对直辖市、设区的市人民政府工作部门按照行政区划设立的派出机构作出的行政行为不服的,也可以由其所在地的人民政府管辖。

第二十五条 【国务院部门管辖】国务院部门管辖下列行政复议案件:

(一)对本部门作出的行政行为不服的;

(二)对本部门依法设立的派出机构依照法律、行政法规、部门规章规定,以派出机构的名义作出的行政行为不服的;

(三)对本部门管理的法律、行政法规、部门规章授权的组织作出的行政行为不服的。

第二十六条 【原级行政复议决定的救济途径】对省、自治区、直辖市人民政府依照本法第二十四条第二款的规定、国务院部门依照本法第二十五条第一项的规定作出的行政复议决定不服的,可以向人民法院提起行政诉讼;也可以向国务院申请裁决,国务院依照本法的规定作出最终裁决。

第二十七条 【垂直领导行政机关等管辖】对海关、金融、外汇管理等实行垂直领导的行政机关、税务和国家安全机关的行政行为不服的,向上一级主管部门申请行政复议。

第二十八条 【司法行政部门的管辖】对履行行政复议机构职责的地方人民政府司法行政部门的行政行为不服的,可以向本级人民政府申请行政复议,也可以向上一级司法行政部门申请行政复议。

第二十九条 【行政复议和行政诉讼的选择】公民、法人或者其他组织申请行政复议,行政复议机关已经依法受理的,在行政复议期间不得向人民法院提起行政诉讼。

公民、法人或者其他组织向人民法院提起行政诉讼,人民法院已经依法受理的,不得申请行政复议。

第三章 行政复议受理

第三十条 【受理条件】行政复议机关收到行政复议申请后,应当在五日内进行审查。对符合下列规定的,行政复议机关应当予以受理:

(一)有明确的申请人和符合本法规定的被申请人;

(二)申请人与被申请行政复议的行政行为有利害关系;

(三)有具体的行政复议请求和理由;

(四)在法定申请期限内提出;

(五)属于本法规定的行政复议范围;

(六)属于本机关的管辖范围;

(七)行政复议机关未受理过该申请人就同一行政行为提出的行政复议申请,并且人民法院未受理过该申请人就同一行政行为提起的行政诉讼。

对不符合前款规定的行政复议申请,行政复议机关应当在审查期限内决定不予受理并说明理由;不属于本机关管辖的,还应当在不予受理决定中告知申请人有管辖权的行政复议机关。

行政复议申请的审查期限届满,行政复议机关未作出不予受理决定的,审查期限届满之日起视为受理。

第三十一条 【申请材料补正】行政复议申请材料不齐全或者表述不清楚,无法判断行政复议申请是否符合本法第三十条第一款规定的,行政复议机关应当自收到申请之日起五日内书面通知申请人补正。补正通知应当一次性载明需要补正的事项。

申请人应当自收到补正通知之日起十日内提交补正材料。有正当理由不能按期补正的,行政复议机关可以延长合理的补正期限。无正当理由逾期不补正的,视为申请人放弃行政复议申请,并记录在案。

行政复议机关收到补正材料后,依照本法第三十条的规定处理。

第三十二条　【部分案件的复核处理】对当场作出或者依据电子技术监控设备记录的违法事实作出的行政处罚决定不服申请行政复议的,可以通过作出行政处罚决定的行政机关提交行政复议申请。

行政机关收到行政复议申请后,应当及时处理;认为需要维持行政处罚决定的,应当自收到行政复议申请之日起五日内转送行政复议机关。

第三十三条　【程序性驳回】行政复议机关受理行政复议申请后,发现该行政复议申请不符合本法第三十条第一款规定的,应当决定驳回申请并说明理由。

第三十四条　【复议前置等情形的诉讼衔接】法律、行政法规规定应当先向行政复议机关申请行政复议、对行政复议决定不服再向人民法院提起行政诉讼的,行政复议机关决定不予受理、驳回申请或者受理后超过行政复议期限不作答复的,公民、法人或者其他组织可以自收到决定书之日起或者行政复议期限届满之日起十五日内,依法向人民法院提起行政诉讼。

第三十五条　【对行政复议受理的监督】公民、法人或者其他组织依法提出行政复议申请,行政复议机关无正当理由不予受理、驳回申请或者受理后超过行政复议期限不作答复的,申请人有权向上级行政机关反映,上级行政机关应当责令其纠正;必要时,上级行政机关可以直接受理。

第四章　行政复议审理

第一节　一般规定

第三十六条　【审理程序及要求】行政复议机关受理行政复议申请后,依照本法适用普通程序或者简易程序进行审理。行政复议机构应当指定行政复议人员负责办理行政复议案件。

行政复议人员对办理行政复议案件过程中知悉的国家秘密、商业秘密和个人隐私,应当予以保密。

第三十七条　【审理依据】行政复议机关依照法律、法规、规章审理行政复议案件。

行政复议机关审理民族自治地方的行政复议案件,同时依照该民族自治地方的自治条例和单行条例。

第三十八条　【提级审理】上级行政复议机关根据需要,可以审理下级行政复议机关管辖的行政复议案件。

下级行政复议机关对其管辖的行政复议案件,认为需要由上级行政复议机关审理的,可以报请上级行政复议机关决定。

第三十九条　【中止情形】行政复议期间有下列情形之一的,行政复议中止:

(一)作为申请人的公民死亡,其近亲属尚未确定是否参加行政复议;

(二)作为申请人的公民丧失参加行政复议的行为能力,尚未确定法定代理人参加行政复议;

(三)作为申请人的公民下落不明;

(四)作为申请人的法人或者其他组织终止,尚未确定权利义务承受人;

(五)申请人、被申请人因不可抗力或者其他正当理由,不能参加行政复议;

(六)依照本法规定进行调解、和解,申请人和被申请人同意中止;

(七)行政复议案件涉及的法律适用问题需要有权机关作出解释或者确认;

(八)行政复议案件审理需要以其他案件的审理结果为依据,而其他案件尚未审结;

(九)有本法第五十六条或者第五十七条规定的情形;

(十)需要中止行政复议的其他情形。

行政复议中止的原因消除后,应当及时恢复行政复议案件的审理。

行政复议机关中止、恢复行政复议案件的审理,应当书面告知当事人。

第四十条　【对无正当理由中止的监督】行政复议期间,行政复议机关无正当理由中止行政复议的,上级行政机关应当责令其恢复审理。

第四十一条　【终止情形】行政复议期间有下列情形之一的,行政复议机关决定终止行政复议:

(一)申请人撤回行政复议申请,行政复议机构准予撤回;

(二)作为申请人的公民死亡,没有近亲属或者其近亲属放弃行政复议权利;

(三)作为申请人的法人或者其他组织终止,没有权利义务承受人或者其权利义务承受人放弃行政复议权利；

（四）申请人对行政拘留或者限制人身自由的行政强制措施不服申请行政复议后，因同一违法行为涉嫌犯罪，被采取刑事强制措施；

（五）依照本法第三十九条第一款第一项、第二项、第四项的规定中止行政复议满六十日，行政复议中止的原因仍未消除。

第四十二条 【行政行为停止执行情形】行政复议期间行政行为不停止执行；但是有下列情形之一的，应当停止执行：

（一）被申请人认为需要停止执行；

（二）行政复议机关认为需要停止执行；

（三）申请人、第三人申请停止执行，行政复议机关认为其要求合理，决定停止执行；

（四）法律、法规、规章规定停止执行的其他情形。

第二节 行政复议证据

第四十三条 【行政复议证据种类】行政复议证据包括：

（一）书证；

（二）物证；

（三）视听资料；

（四）电子数据；

（五）证人证言；

（六）当事人的陈述；

（七）鉴定意见；

（八）勘验笔录、现场笔录。

以上证据经行政复议机构审查属实，才能作为认定行政复议案件事实的根据。

第四十四条 【举证责任分配】被申请人对其作出的行政行为的合法性、适当性负有举证责任。

有下列情形之一的，申请人应当提供证据：

（一）认为被申请人不履行法定职责的，提供曾经要求被申请人履行法定职责的证据，但是被申请人应当依职权主动履行法定职责或者申请人因正当理由不能提供的除外；

（二）提出行政赔偿请求的，提供受行政行为侵害而造成损害的证据，但是因被申请人原因导致申请人无法举证的，由被申请人承担举证责任；

（三）法律、法规规定需要申请人提供证据的其他情形。

第四十五条 【行政复议机关调查取证】行政复议机关有权向有关单位和个人调查取证，查阅、复制、调取有关文件和资料，向有关人员进行询问。

调查取证时，行政复议人员不得少于两人，并应当出示行政复议工作证件。

被调查取证的单位和个人应当积极配合行政复议人员的工作，不得拒绝或者阻挠。

第四十六条 【被申请人收集和补充证据限制】行政复议期间，被申请人不得自行向申请人和其他有关单位或者个人收集证据；自行收集的证据不作为认定行政行为合法性、适当性的依据。

行政复议期间，申请人或者第三人提出被申请行政复议的行政行为作出时没有提出的理由或者证据的，经行政复议机构同意，被申请人可以补充证据。

第四十七条 【申请人等查阅、复制权利】行政复议期间，申请人、第三人及其委托代理人可以按照规定查阅、复制被申请人提出的书面答复、作出行政行为的证据、依据和其他有关材料，除涉及国家秘密、商业秘密、个人隐私或者可能危及国家安全、公共安全、社会稳定的情形外，行政复议机构应当同意。

第三节 普通程序

第四十八条 【被申请人书面答复】行政复议机构应当自行政复议申请受理之日起七日内，将行政复议申请书副本或者行政复议申请笔录复印件发送被申请人。被申请人应当自收到行政复议申请书副本或者行政复议申请笔录复印件之日起十日内，提出书面答复，并提交作出行政行为的证据、依据和其他有关材料。

第四十九条 【听取意见程序】适用普通程序审理的行政复议案件，行政复议机构应当当面或者通过互联网、电话等方式听取当事人的意见，并将听取的意见记录在案。因当事人原因不能听取意见的，可以书面审理。

第五十条 【听证情形和人员组成】审理重大、疑难、复杂的行政复议案件，行政复议机构应当组织听证。

行政复议机构认为有必要听证，或者申请人请求听证的，行政复议机构可以组织听证。

听证由一名行政复议人员任主持人，两名以上行政复议人员任听证员，一名记录员制作听证笔录。

第五十一条 【听证程序和要求】行政复议机构组织听证的，应当于举行听证的五日前将听证的时间、地点和拟听证事项书面通知当事人。

申请人无正当理由拒不参加听证的，视为放弃听证权利。

被申请人的负责人应当参加听证。不能参加的，应当说明理由并委托相应的工作人员参加听证。

第五十二条 【行政复议委员会组成和职责】县级以上各级人民政府应当建立相关政府部门、专家、学者等参与的行政复议委员会,为办理行政复议案件提供咨询意见,并就行政复议工作中的重大事项和共性问题研究提出意见。行政复议委员会的组成和开展工作的具体办法,由国务院行政复议机构制定。

审理行政复议案件涉及下列情形之一的,行政复议机构应当提请行政复议委员会提出咨询意见:

(一)案情重大、疑难、复杂;
(二)专业性、技术性较强;
(三)本法第二十四条第二款规定的行政复议案件;
(四)行政复议机构认为有必要。

行政复议机构应当记录行政复议委员会的咨询意见。

第四节 简易程序

第五十三条 【简易程序适用情形】行政复议机关审理下列行政复议案件,认为事实清楚、权利义务关系明确、争议不大的,可以适用简易程序:

(一)被申请行政复议的行政行为是当场作出;
(二)被申请行政复议的行政行为是警告或者通报批评;
(三)案件涉及款额三千元以下;
(四)属于政府信息公开案件。

除前款规定以外的行政复议案件,当事人各方同意适用简易程序的,可以适用简易程序。

第五十四条 【简易程序书面答复】适用简易程序审理的行政复议案件,行政复议机构应当自受理行政复议申请之日起三日内,将行政复议申请书副本或者行政复议申请笔录复印件发送被申请人。被申请人应当自收到行政复议申请书副本或者行政复议申请笔录复印件之日起五日内,提出书面答复,并提交作出行政行为的证据、依据和其他有关材料。

适用简易程序审理的行政复议案件,可以书面审理。

第五十五条 【简易程序向普通程序转换】适用简易程序审理的行政复议案件,行政复议机构认为不宜适用简易程序的,经行政复议机构的负责人批准,可以转为普通程序审理。

第五节 行政复议附带审查

第五十六条 【规范性文件审查处理】申请人依照本法第十三条的规定提出对有关规范性文件的附带审查申请,行政复议机关有权处理的,应当在三十日内依法处理;无权处理的,应当在七日内转送有权处理的行政机关依法处理。

第五十七条 【行政行为依据审查处理】行政复议机关在对被申请人作出的行政行为进行审查时,认为其依据不合法,本机关有权处理的,应当在三十日内依法处理;无权处理的,应当在七日内转送有权处理的国家机关依法处理。

第五十八条 【附带审查处理程序】行政复议机关依照本法第五十六条、第五十七条的规定有权处理有关规范性文件或者依据的,行政复议机构应当自行政复议中止之日起三日内,书面通知规范性文件或者依据的制定机关就相关条款的合法性提出书面答复。制定机关应当自收到书面通知之日起十日内提交书面答复及相关材料。

行政复议机构认为必要时,可以要求规范性文件或者依据的制定机关当面说明理由,制定机关应当配合。

第五十九条 【附带审查处理结果】行政复议机关依照本法第五十六条、第五十七条的规定有权处理有关规范性文件或者依据,认为相关条款合法的,在行政复议决定书中一并告知;认为相关条款超越权限或者违反上位法的,决定停止该条款的执行,并责令制定机关予以纠正。

第六十条 【接受转送机关的职责】依照本法第五十六条、第五十七条的规定接受转送的行政机关、国家机关应当自收到转送之日起六十日内,将处理意见回复转送的行政复议机关。

第五章 行政复议决定

第六十一条 【行政复议决定程序】行政复议机关依照本法审理行政复议案件,由行政复议机构对行政行为进行审查,提出意见,经行政复议机关的负责人同意或者集体讨论通过后,以行政复议机关的名义作出行政复议决定。

经过听证的行政复议案件,行政复议机关应当根据听证笔录、审查认定的事实和证据,依照本法作出行政复议决定。

提请行政复议委员会提出咨询意见的行政复议案件,行政复议机关应当将咨询意见作为作出行政复议决定的重要参考依据。

第六十二条 【行政复议审理期限】适用普通程序审理的行政复议案件,行政复议机关应当自受理申请之日起六十日内作出行政复议决定;但是法律规定的行政复议期限少于六十日的除外。情况复杂,不能在规定期限内作出行政复议决定的,经行政复议机构的负责人批准,可以适当延长,并书面告知当事人;但是延期限最多不得超过三十日。

适用简易程序审理的行政复议案件,行政复议机关应当自受理申请之日起三十日内作出行政复议决定。

第六十三条　【变更决定】行政行为有下列情形之一的,行政复议机关决定变更该行政行为:

(一)事实清楚,证据确凿,适用依据正确,程序合法,但是内容不适当;

(二)事实清楚,证据确凿,程序合法,但是未正确适用依据;

(三)事实不清、证据不足,经行政复议机关查清事实和证据。

行政复议机关不得作出对申请人更为不利的变更决定,但是第三人提出相反请求的除外。

第六十四条　【撤销或者部分撤销、责令重作】行政行为有下列情形之一的,行政复议机关决定撤销或者部分撤销该行政行为,并可以责令被申请人在一定期限内重新作出行政行为:

(一)主要事实不清、证据不足的;

(二)违反法定程序的;

(三)适用的依据不合法的;

(四)超越职权或者滥用职权的。

行政复议机关责令被申请人重新作出行政行为的,被申请人不得以同一事实和理由作出与被申请行政复议的行政行为相同或者基本相同的行政行为,但是行政复议机关以违反法定程序为由决定撤销或者部分撤销的除外。

第六十五条　【确认违法】行政行为有下列情形之一的,行政复议机关不撤销该行政行为,但是确认该行政行为违法:

(一)依法应予撤销,但是撤销会给国家利益、社会公共利益造成重大损害的;

(二)程序轻微违法,但是对申请人权利不产生实际影响的。

行政行为有下列情形之一,不需要撤销或者责令履行的,行政复议机关确认该行政行为违法:

(一)行政行为违法,但是不具有可撤销内容的;

(二)被申请人改变原违法行政行为,申请人仍要求撤销或者确认该行政行为违法的;

(三)被申请人不履行或者拖延履行法定职责,责令履行没有意义的。

第六十六条　【责令履行】被申请人不履行法定职责的,行政复议机关决定被申请人在一定期限内履行。

第六十七条　【确认无效】行政行为有实施主体不具有行政主体资格或者没有依据等重大且明显违法情形,申请人申请确认行政行为无效的,行政复议机关确认该行政行为无效。

第六十八条　【维持决定】行政行为认定事实清楚,证据确凿,适用依据正确,程序合法,内容适当的,行政复议机关决定维持该行政行为。

第六十九条　【驳回行政复议请求】行政复议机关受理申请人认为被申请人不履行法定职责的行政复议申请后,发现被申请人没有相应法定职责或者在受理前已经履行法定职责的,决定驳回申请人的行政复议请求。

第七十条　【被申请人不提交书面答复等情形的处理】被申请人不按照本法第四十八条、第五十四条的规定提出书面答复、提交作出行政行为的证据、依据和其他有关材料的,视为该行政行为没有证据、依据,行政复议机关决定撤销、部分撤销该行政行为,确认该行政行为违法、无效或者决定被申请人在一定期限内履行,但是行政行为涉及第三人合法权益,第三人提供证据的除外。

第七十一条　【行政协议案件处理】被申请人不依法订立、不依法履行、未按照约定履行或者违法变更、解除行政协议的,行政复议机关决定被申请人承担依法订立、继续履行、采取补救措施或者赔偿损失等责任。

被申请人变更、解除行政协议合法,但是未依法给予补偿或者补偿不合理的,行政复议机关决定被申请人依法给予合理补偿。

第七十二条　【行政复议期间赔偿请求的处理】申请人在申请行政复议时一并提出行政赔偿请求,行政复议机关对依照《中华人民共和国国家赔偿法》的有关规定应当不予赔偿的,在作出行政复议决定时,应当同时决定驳回行政赔偿请求;对符合《中华人民共和国国家赔偿法》的有关规定应当给予赔偿的,在决定撤销或者部分撤销、变更行政行为或者确认行政行为违法、无效时,应当同时决定被申请人依法给予赔偿;确认行政行为违法的,还可以同时责令被申请人采取补救措施。

申请人在申请行政复议时没有提出行政赔偿请求的,行政复议机关在依法决定撤销或者部分撤销、变更罚款,撤销或者部分撤销违法集资、没收财物、征收征用、摊派费用以及对财产的查封、扣押、冻结等行政行为时,应当同时责令被申请人返还财产,解除对财产的查封、扣押、冻结措施,或者赔偿相应的价款。

第七十三条 【行政复议调解处理】当事人经调解达成协议的,行政复议机关应当制作行政复议调解书,经各方当事人签字或者签章,并加盖行政复议机关印章,即具有法律效力。

调解未达成协议或者调解书生效前一方反悔的,行政复议机关应当依法审查或者及时作出行政复议决定。

第七十四条 【行政复议和解处理】当事人在行政复议决定作出前可以自愿达成和解,和解内容不得损害国家利益、社会公共利益和他人合法权益,不得违反法律、法规的强制性规定。

当事人达成和解后,由申请人向行政复议机构撤回行政复议申请。行政复议机构准予撤回行政复议申请、行政复议机关决定终止行政复议的,申请人不得再以同一事实和理由提出行政复议申请。但是,申请人能够证明撤回行政复议申请违背其真实意愿的除外。

第七十五条 【行政复议决定书】行政复议机关作出行政复议决定,应当制作行政复议决定书,并加盖行政复议机关印章。

行政复议决定书一经送达,即发生法律效力。

第七十六条 【行政复议意见书】行政复议机关在办理行政复议案件过程中,发现被申请人或者其他下级行政机关的有关行政行为违法或者不当的,可以向其制发行政复议意见书。有关机关应当自收到行政复议意见书之日起六十日内,将纠正相关违法或者不当行政行为的情况报送行政复议机关。

第七十七条 【被申请人履行义务】被申请人应当履行行政复议决定书、调解书、意见书。

被申请人不履行或者无正当理由拖延履行行政复议决定书、调解书、意见书的,行政复议机关或者有关上级行政机关应当责令其限期履行,并可以约谈被申请人的有关负责人或者予以通报批评。

第七十八条 【行政复议决定书、调解书的强制执行】申请人、第三人逾期不起诉又不履行行政复议决定书、调解书的,或者不履行最终裁决的行政复议决定的,按照下列规定分别处理:

(一)维持行政行为的行政复议决定书,由作出行政行为的行政机关依法强制执行,或者申请人民法院强制执行;

(二)变更行政行为的行政复议决定书,由行政复议机关依法强制执行,或者申请人民法院强制执行;

(三)行政复议调解书,由行政复议机关依法强制执行,或者申请人民法院强制执行。

第七十九条 【行政复议决定书公开和文书抄告】行政复议机关根据被申请行政复议的行政行为的公开情况,按照国家有关规定将行政复议决定书向社会公开。

县级以上地方各级人民政府办理以本级人民政府工作部门为被申请人的行政复议案件,应当将发生法律效力的行政复议决定书、意见书同时抄告被申请人的上一级主管部门。

第六章 法律责任

第八十条 【行政复议机关不依法履职的法律责任】行政复议机关不依照本法规定履行行政复议职责,对负有责任的领导人员和直接责任人员依法给予警告、记过、记大过的处分;经有权监督的机关督促仍不改正或者造成严重后果的,依法给予降级、撤职、开除的处分。

第八十一条 【行政复议机关工作人员法律责任】行政复议机关工作人员在行政复议活动中,徇私舞弊或者有其他渎职、失职行为的,依法给予警告、记过、记大过的处分;情节严重的,依法给予降级、撤职、开除的处分;构成犯罪的,依法追究刑事责任。

第八十二条 【被申请人不书面答复等行为的法律责任】被申请人违反本法规定,不提出书面答复或者不提交作出行政行为的证据、依据和其他有关材料,或者阻挠、变相阻挠公民、法人或者其他组织依法申请行政复议的,对负有责任的领导人员和直接责任人员依法给予警告、记过、记大过的处分;进行报复陷害的,依法给予降级、撤职、开除的处分;构成犯罪的,依法追究刑事责任。

第八十三条 【被申请人不履行有关文书的法律责任】被申请人不履行或者无正当理由拖延履行行政复议决定书、调解书、意见书的,对负有责任的领导人员和直接责任人员依法给予警告、记过、记大过的处分;经责令履行仍拒不履行的,依法给予降级、撤职、开除的处分。

第八十四条 【拒绝、阻挠调查取证等行为的法律责任】拒绝、阻挠行政复议人员调查取证,故意扰乱行政复议工作秩序的,依法给予处分、治安管理处罚;构成犯罪的,依法追究刑事责任。

第八十五条 【违法事实材料移送】行政机关及其工作人员违反本法规定的,行政复议机关可以向监察机关或者公职人员任免机关、单位移送有关人员违法的事实材料,接受移送的监察机关或者公职人员任免机关、单位应当依法处理。

第八十六条 【职务违法犯罪线索移送】行政复议机关在办理行政复议案件过程中,发现公职人员涉嫌贪污贿赂、失职渎职等职务违法或者职务犯罪的问题线索,应当依照有关规定移送监察机关,由监察机关依法调查处置。

第七章 附 则

第八十七条 【受理申请不收费】行政复议机关受理行政复议申请,不得向申请人收取任何费用。

第八十八条 【期间计算和文书送达】行政复议期间的计算和行政复议文书的送达,本法没有规定的,依照《中华人民共和国民事诉讼法》关于期间、送达的规定执行。

本法关于行政复议期间有关"三日"、"五日"、"七日"、"十日"的规定是指工作日,不含法定休假日。

第八十九条 【外国人等法律适用】外国人、无国籍人、外国组织在中华人民共和国境内申请行政复议,适用本法。

第九十条 【施行日期】本法自2024年1月1日起施行。

中华人民共和国行政诉讼法

- 1989年4月4日第七届全国人民代表大会第二次会议通过
- 根据2014年11月1日第十二届全国人民代表大会常务委员会第十一次会议《关于修改〈中华人民共和国行政诉讼法〉的决定》第一次修正
- 根据2017年6月27日第十二届全国人民代表大会常务委员会第二十八次会议《关于修改〈中华人民共和国民事诉讼法〉和〈中华人民共和国行政诉讼法〉的决定》第二次修正

第一章 总 则

第一条 【立法目的】为保证人民法院公正、及时审理行政案件,解决行政争议,保护公民、法人和其他组织的合法权益,监督行政机关依法行使职权,根据宪法,制定本法。

第二条 【诉权】公民、法人或者其他组织认为行政机关和行政机关工作人员的行政行为侵犯其合法权益,有权依照本法向人民法院提起诉讼。

前款所称行政行为,包括法律、法规、规章授权的组织作出的行政行为。

第三条 【行政机关负责人出庭应诉】人民法院应当保障公民、法人和其他组织的起诉权利,对应当受理的行政案件依法受理。

行政机关及其工作人员不得干预、阻碍人民法院受理行政案件。

被诉行政机关负责人应当出庭应诉。不能出庭的,应当委托行政机关相应的工作人员出庭。

第四条 【独立行使审判权】人民法院依法对行政案件独立行使审判权,不受行政机关、社会团体和个人的干涉。

人民法院设行政审判庭,审理行政案件。

第五条 【以事实为根据,以法律为准绳原则】人民法院审理行政案件,以事实为根据,以法律为准绳。

第六条 【合法性审查原则】人民法院审理行政案件,对行政行为是否合法进行审查。

第七条 【合议、回避、公开审判和两审终审原则】人民法院审理行政案件,依法实行合议、回避、公开审判和两审终审制度。

第八条 【法律地位平等原则】当事人在行政诉讼中的法律地位平等。

第九条 【本民族语言文字原则】各民族公民都有用本民族语言、文字进行行政诉讼的权利。

在少数民族聚居或者多民族共同居住的地区,人民法院应当用当地民族通用的语言、文字进行审理和发布法律文书。

人民法院应当对不通晓当地民族通用的语言、文字的诉讼参与人提供翻译。

第十条 【辩论原则】当事人在行政诉讼中有权进行辩论。

第十一条 【法律监督原则】人民检察院有权对行政诉讼实行法律监督。

第二章 受案范围

第十二条 【行政诉讼受案范围】人民法院受理公民、法人或者其他组织提起的下列诉讼:

(一)对行政拘留、暂扣或者吊销许可证和执照、责令停产停业、没收违法所得、没收非法财物、罚款、警告等行政处罚不服的;

(二)对限制人身自由或者对财产的查封、扣押、冻结等行政强制措施和行政强制执行不服的;

(三)申请行政许可,行政机关拒绝或者在法定期限内不予答复,或者对行政机关作出的有关行政许可的其他决定不服的;

(四)对行政机关作出的关于确认土地、矿藏、水流、森林、山岭、草原、荒地、滩涂、海域等自然资源的所有权或者使用权的决定不服的;

(五)对征收、征用决定及其补偿决定不服的;

(六)申请行政机关履行保护人身权、财产权等合法权益的法定职责,行政机关拒绝履行或者不予答复的;

（七）认为行政机关侵犯其经营自主权或者农村土地承包经营权、农村土地经营权的；

（八）认为行政机关滥用行政权力排除或者限制竞争的；

（九）认为行政机关违法集资、摊派费用或者违法要求履行其他义务的；

（十）认为行政机关没有依法支付抚恤金、最低生活保障待遇或者社会保险待遇的；

（十一）认为行政机关不依法履行、未按照约定履行或者违法变更、解除政府特许经营协议、土地房屋征收补偿协议等协议的；

（十二）认为行政机关侵犯其他人身权、财产权等合法权益的。

除前款规定外，人民法院受理法律、法规规定可以提起诉讼的其他行政案件。

第十三条　【受案范围的排除】人民法院不受理公民、法人或者其他组织对下列事项提起的诉讼：

（一）国防、外交等国家行为；

（二）行政法规、规章或者行政机关制定、发布的具有普遍约束力的决定、命令；

（三）行政机关对行政机关工作人员的奖惩、任免等决定；

（四）法律规定由行政机关最终裁决的行政行为。

第三章　管　辖

第十四条　【基层人民法院管辖第一审行政案件】基层人民法院管辖第一审行政案件。

第十五条　【中级人民法院管辖的第一审行政案件】中级人民法院管辖下列第一审行政案件：

（一）对国务院部门或者县级以上地方人民政府所作的行政行为提起诉讼的案件；

（二）海关处理的案件；

（三）本辖区内重大、复杂的案件；

（四）其他法律规定由中级人民法院管辖的案件。

第十六条　【高级人民法院管辖的第一审行政案件】高级人民法院管辖本辖区内重大、复杂的第一审行政案件。

第十七条　【最高人民法院管辖的第一审行政案件】最高人民法院管辖全国范围内重大、复杂的第一审行政案件。

第十八条　【一般地域管辖和法院跨行政区域管辖】行政案件由最初作出行政行为的行政机关所在地人民法院管辖。经复议的案件，也可以由复议机关所在地人民法院管辖。

经最高人民法院批准，高级人民法院可以根据审判工作的实际情况，确定若干人民法院跨行政区域管辖行政案件。

第十九条　【限制人身自由行政案件的管辖】对限制人身自由的行政强制措施不服提起的诉讼，由被告所在地或者原告所在地人民法院管辖。

第二十条　【不动产行政案件的管辖】因不动产提起的行政诉讼，由不动产所在地人民法院管辖。

第二十一条　【选择管辖】两个以上人民法院都有管辖权的案件，原告可以选择其中一个人民法院提起诉讼。原告向两个以上有管辖权的人民法院提起诉讼的，由最先立案的人民法院管辖。

第二十二条　【移送管辖】人民法院发现受理的案件不属于本院管辖的，应当移送有管辖权的人民法院，受移送的人民法院应当受理。受移送的人民法院认为受移送的案件按照规定不属于本院管辖的，应当报请上级人民法院指定管辖，不得再自行移送。

第二十三条　【指定管辖】有管辖权的人民法院由于特殊原因不能行使管辖权的，由上级人民法院指定管辖。

人民法院对管辖权发生争议，由争议双方协商解决。协商不成的，报它们的共同上级人民法院指定管辖。

第二十四条　【管辖权转移】上级人民法院有权审理下级人民法院管辖的第一审行政案件。

下级人民法院对其管辖的第一审行政案件，认为需要由上级人民法院审理或者指定管辖的，可以报请上级人民法院决定。

第四章　诉讼参加人

第二十五条　【原告资格】行政行为的相对人以及其他与行政行为有利害关系的公民、法人或者其他组织，有权提起诉讼。

有权提起诉讼的公民死亡，其近亲属可以提起诉讼。

有权提起诉讼的法人或者其他组织终止，承受其权利的法人或者其他组织可以提起诉讼。

人民检察院在履行职责中发现生态环境和资源保护、食品药品安全、国有财产保护、国有土地使用权出让等领域负有监督管理职责的行政机关违法行使职权或者不作为，致使国家利益或者社会公共利益受到侵害的，应当向行政机关提出检察建议，督促其依法履行职责。行政机关不依法履行职责的，人民检察院依法向人民法院提起诉讼。

第二十六条　【被告资格】公民、法人或者其他组织直接向人民法院提起诉讼的,作出行政行为的行政机关是被告。

经复议的案件,复议机关决定维持原行政行为的,作出原行政行为的行政机关和复议机关是共同被告;复议机关改变原行政行为的,复议机关是被告。

复议机关在法定期限内未作出复议决定,公民、法人或者其他组织起诉原行政行为的,作出原行政行为的行政机关是被告;起诉复议机关不作为的,复议机关是被告。

两个以上行政机关作出同一行政行为的,共同作出行政行为的行政机关是共同被告。

行政机关委托的组织所作的行政行为,委托的行政机关是被告。

行政机关被撤销或者职权变更的,继续行使其职权的行政机关是被告。

第二十七条　【共同诉讼】当事人一方或者双方为二人以上,因同一行政行为发生的行政案件,或者因同类行政行为发生的行政案件、人民法院认为可以合并审理并经当事人同意的,为共同诉讼。

第二十八条　【代表人诉讼】当事人一方人数众多的共同诉讼,可以由当事人推选代表人进行诉讼。代表人的诉讼行为对其所代表的当事人发生效力,但代表人变更、放弃诉讼请求或者承认对方当事人的诉讼请求,应当经被代表的当事人同意。

第二十九条　【诉讼第三人】公民、法人或者其他组织同被诉行政行为有利害关系但没有提起诉讼,或者同案件处理结果有利害关系的,可以作为第三人申请参加诉讼,或者由人民法院通知参加诉讼。

人民法院判决第三人承担义务或者减损第三人权益的,第三人有权依法提起上诉。

第三十条　【法定代理人】没有诉讼行为能力的公民,由其法定代理人代为诉讼。法定代理人互相推诿代理责任的,由人民法院指定其中一人代为诉讼。

第三十一条　【委托代理人】当事人、法定代理人,可以委托一至二人作为诉讼代理人。

下列人员可以被委托为诉讼代理人:

(一)律师、基层法律服务工作者;

(二)当事人的近亲属或者工作人员;

(三)当事人所在社区、单位以及有关社会团体推荐的公民。

第三十二条　【当事人及诉讼代理人权利】代理诉讼的律师,有权按照规定查阅、复制本案有关材料,有权向有关组织和公民调查,收集与本案有关的证据。对涉及国家秘密、商业秘密和个人隐私的材料,应当依照法律规定保密。

当事人和其他诉讼代理人有权按照规定查阅、复制本案庭审材料,但涉及国家秘密、商业秘密和个人隐私的内容除外。

第五章　证　据

第三十三条　【证据种类】证据包括:

(一)书证;

(二)物证;

(三)视听资料;

(四)电子数据;

(五)证人证言;

(六)当事人的陈述;

(七)鉴定意见;

(八)勘验笔录、现场笔录。

以上证据经法庭审查属实,才能作为认定案件事实的根据。

第三十四条　【被告举证责任】被告对作出的行政行为负有举证责任,应当提供作出该行政行为的证据和所依据的规范性文件。

被告不提供或者无正当理由逾期提供证据,视为没有相应证据。但是,被诉行政行为涉及第三人合法权益,第三人提供证据的除外。

第三十五条　【行政机关收集证据的限制】在诉讼过程中,被告及其诉讼代理人不得自行向原告、第三人和证人收集证据。

第三十六条　【被告延期提供证据和补充证据】被告在作出行政行为时已经收集了证据,但因不可抗力等正当事由不能提供的,经人民法院准许,可以延期提供。

原告或者第三人提出了其在行政处理程序中没有提出的理由或者证据的,经人民法院准许,被告可以补充证据。

第三十七条　【原告可以提供证据】原告可以提供证明行政行为违法的证据。原告提供的证据不成立的,不免除被告的举证责任。

第三十八条　【原告举证责任】在起诉被告不履行法定职责的案件中,原告应当提供其向被告提出申请的证据。但有下列情形之一的除外:

(一)被告应当依职权主动履行法定职责的;

(二)原告因正当理由不能提供证据的。

在行政赔偿、补偿的案件中，原告应当对行政行为造成的损害提供证据。因被告的原因导致原告无法举证的，由被告承担举证责任。

第三十九条 【法院要求当事人提供或者补充证据】人民法院有权要求当事人提供或者补充证据。

第四十条 【法院调取证据】人民法院有权向有关行政机关以及其他组织、公民调取证据。但是，不得为证明行政行为的合法性调取被告作出行政行为时未收集的证据。

第四十一条 【申请法院调取证据】与本案有关的下列证据，原告或者第三人不能自行收集的，可以申请人民法院调取：

（一）由国家机关保存而须由人民法院调取的证据；

（二）涉及国家秘密、商业秘密和个人隐私的证据；

（三）确因客观原因不能自行收集的其他证据。

第四十二条 【证据保全】在证据可能灭失或者以后难以取得的情况下，诉讼参加人可以向人民法院申请保全证据，人民法院也可以主动采取保全措施。

第四十三条 【证据适用规则】证据应当在法庭上出示，并由当事人互相质证。对涉及国家秘密、商业秘密和个人隐私的证据，不得在公开开庭时出示。

人民法院应当按照法定程序，全面、客观地审查核实证据。对未采纳的证据应当在裁判文书中说明理由。

以非法手段取得的证据，不得作为认定案件事实的根据。

第六章 起诉和受理

第四十四条 【行政复议与行政诉讼的关系】对属于人民法院受案范围的行政案件，公民、法人或者其他组织可以先向行政机关申请复议，对复议决定不服的，再向人民法院提起诉讼；也可以直接向人民法院提起诉讼。

法律、法规规定应当先向行政机关申请复议，对复议决定不服再向人民法院提起诉讼的，依照法律、法规的规定。

第四十五条 【经行政复议的起诉期限】公民、法人或者其他组织不服复议决定的，可以在收到复议决定书之日起十五日内向人民法院提起诉讼。复议机关逾期不作决定的，申请人可以在复议期满之日起十五日内向人民法院提起诉讼。法律另有规定的除外。

第四十六条 【起诉期限】公民、法人或者其他组织直接向人民法院提起诉讼的，应当自知道或者应当知道作出行政行为之日起六个月内提出。法律另有规定的除外。

因不动产提起诉讼的案件自行政行为作出之日起超过二十年，其他案件自行政行为作出之日起超过五年提起诉讼的，人民法院不予受理。

第四十七条 【行政机关不履行法定职责的起诉期限】公民、法人或者其他组织申请行政机关履行保护其人身权、财产权等合法权益的法定职责，行政机关在接到申请之日起两个月内不履行的，公民、法人或者其他组织可以向人民法院提起诉讼。法律、法规对行政机关履行职责的期限另有规定的，从其规定。

公民、法人或者其他组织在紧急情况下请求行政机关履行保护其人身权、财产权等合法权益的法定职责，行政机关不履行的，提起诉讼不受前款规定期限的限制。

第四十八条 【起诉期限的扣除和延长】公民、法人或者其他组织因不可抗力或者其他不属于其自身的原因耽误起诉期限的，被耽误的时间不计算在起诉期限内。

公民、法人或者其他组织因前款规定以外的其他特殊情况耽误起诉期限的，在障碍消除后十日内，可以申请延长期限，是否准许由人民法院决定。

第四十九条 【起诉条件】提起诉讼应当符合下列条件：

（一）原告是符合本法第二十五条规定的公民、法人或者其他组织；

（二）有明确的被告；

（三）有具体的诉讼请求和事实根据；

（四）属于人民法院受案范围和受诉人民法院管辖。

第五十条 【起诉方式】起诉应当向人民法院递交起诉状，并按照被告人数提出副本。

书写起诉状确有困难的，可以口头起诉，由人民法院记入笔录，出具注明日期的书面凭证，并告知对方当事人。

第五十一条 【登记立案】人民法院在接到起诉状时对符合本法规定的起诉条件的，应当登记立案。

对当场不能判定是否符合本法规定的起诉条件的，应当接收起诉状，出具注明收到日期的书面凭证，并在七日内决定是否立案。不符合起诉条件的，作出不予立案的裁定。裁定书应当载明不予立案的理由。原告对裁定不服的，可以提起上诉。

起诉状内容欠缺或者有其他错误的，应当给予指导和释明，并一次性告知当事人需要补正的内容。不得未经指导和释明即以起诉不符合条件为由不接收起诉状。

对于不接收起诉状、接收起诉状后不出具书面凭证，以及不一次性告知当事人需要补正的起诉状内容的，当事人可以向上级人民法院投诉,上级人民法院应当责令改正,并对直接负责的主管人员和其他直接责任人员依法给予处分。

第五十二条 【法院不立案的救济】人民法院既不立案,又不作出不予立案裁定的,当事人可以向上一级人民法院起诉。上一级人民法院认为符合起诉条件的,应当立案、审理,也可以指定其他下级人民法院立案、审理。

第五十三条 【规范性文件的附带审查】公民、法人或者其他组织认为行政行为所依据的国务院部门和地方人民政府及其部门制定的规范性文件不合法,在对行政行为提起诉讼时,可以一并请求对该规范性文件进行审查。

前款规定的规范性文件不含规章。

第七章 审理和判决

第一节 一般规定

第五十四条 【公开审理原则】人民法院公开审理行政案件,但涉及国家秘密、个人隐私和法律另有规定的除外。

涉及商业秘密的案件,当事人申请不公开审理的,可以不公开审理。

第五十五条 【回避】当事人认为审判人员与本案有利害关系或者有其他关系可能影响公正审判,有权申请审判人员回避。

审判人员认为自己与本案有利害关系或者有其他关系,应当申请回避。

前两款规定,适用于书记员、翻译人员、鉴定人、勘验人。

院长担任审判长时的回避,由审判委员会决定;审判人员的回避,由院长决定;其他人员的回避,由审判长决定。当事人对决定不服的,可以申请复议一次。

第五十六条 【诉讼不停止执行】诉讼期间,不停止行政行为的执行。但有下列情形之一的,裁定停止执行:

(一)被告认为需要停止执行的;

(二)原告或者利害关系人申请停止执行,人民法院认为该行政行为的执行会造成难以弥补的损失,并且停止执行不损害国家利益、社会公共利益的;

(三)人民法院认为该行政行为的执行会给国家利益、社会公共利益造成重大损害的;

(四)法律、法规规定停止执行的。

当事人对停止执行或者不停止执行的裁定不服的,可以申请复议一次。

第五十七条 【先予执行】人民法院对起诉行政机关没有依法支付抚恤金、最低生活保障金和工伤、医疗社会保险金的案件,权利义务关系明确、不先予执行将严重影响原告生活的,可以根据原告的申请,裁定先予执行。

当事人对先予执行裁定不服的,可以申请复议一次。复议期间不停止裁定的执行。

第五十八条 【拒不到庭或中途退庭的法律后果】经人民法院传票传唤,原告无正当理由拒不到庭,或者未经法庭许可中途退庭的,可以按撤诉处理;被告无正当理由拒不到庭,或者未经法庭许可中途退庭的,可以缺席判决。

第五十九条 【妨害行政诉讼强制措施】诉讼参与人或者其他人有下列行为之一的,人民法院可以根据情节轻重,予以训诫、责令具结悔过或者处一万元以下的罚款、十五日以下的拘留;构成犯罪的,依法追究刑事责任:

(一)有义务协助调查、执行的人,对人民法院的协助调查决定、协助执行通知书,无故推拖、拒绝或者妨碍调查、执行的;

(二)伪造、隐藏、毁灭证据或者提供虚假证明材料,妨碍人民法院审理案件的;

(三)指使、贿买、胁迫他人作伪证或者威胁、阻止证人作证的;

(四)隐藏、转移、变卖、毁损已被查封、扣押、冻结的财产的;

(五)以欺骗、胁迫等非法手段使原告撤诉的;

(六)以暴力、威胁或者其他方法阻碍人民法院工作人员执行职务,或者以哄闹、冲击法庭等方法扰乱人民法院工作秩序的;

(七)对人民法院审判人员或者其他工作人员、诉讼参与人、协助调查和执行的人员恐吓、侮辱、诽谤、诬陷、殴打、围攻或者打击报复的。

人民法院对有前款规定的行为之一的单位,可以对其主要负责人或者直接责任人员依照前款规定予以罚款、拘留;构成犯罪的,依法追究刑事责任。

罚款、拘留须经人民法院院长批准。当事人不服的,可以向上一级人民法院申请复议一次。复议期间不停止执行。

第六十条 【调解】人民法院审理行政案件,不适用调解。但是,行政赔偿、补偿以及行政机关行使法律、法规规定的自由裁量权的案件可以调解。

调解应当遵循自愿、合法原则,不得损害国家利益、社会公共利益和他人合法权益。

第六十一条 【民事争议和行政争议交叉】在涉及

行政许可、登记、征收、征用和行政机关对民事争议所作的裁决的行政诉讼中,当事人申请一并解决相关民事争议的,人民法院可以一并审理。

在行政诉讼中,人民法院认为行政案件的审理需以民事诉讼的裁判为依据的,可以裁定中止行政诉讼。

第六十二条 【撤诉】人民法院对行政案件宣告判决或者裁定前,原告申请撤诉的,或者被告改变其所作的行政行为,原告同意并申请撤诉的,是否准许,由人民法院裁定。

第六十三条 【撤诉】人民法院审理行政案件,以法律和行政法规、地方性法规为依据。地方性法规适用于本行政区域内发生的行政案件。

人民法院审理民族自治地方的行政案件,并以该民族自治地方的自治条例和单行条例为依据。

人民法院审理行政案件,参照规章。

第六十四条 【规范性文件审查和处理】人民法院在审理行政案件中,经审查认为本法第五十三条规定的规范性文件不合法的,不作为认定行政行为合法的依据,并向制定机关提出处理建议。

第六十五条 【裁判文书公开】人民法院应当公开发生法律效力的判决书、裁定书,供公众查阅,但涉及国家秘密、商业秘密和个人隐私的内容除外。

第六十六条 【有关行政机关工作人员和被告的处理】人民法院在审理行政案件中,认为行政机关的主管人员、直接责任人员违法违纪的,应当将有关材料移送监察机关、该行政机关或者其上一级行政机关;认为有犯罪行为的,应当将有关材料移送公安、检察机关。

人民法院对被告经传票传唤无正当理由拒不到庭,或者未经法庭许可中途退庭的,可以将被告拒不到庭或者中途退庭的情况予以公告,并可以向监察机关或者被告的上一级行政机关提出依法给予其主要负责人或者直接责任人员处分的司法建议。

第二节 第一审普通程序

第六十七条 【发送起诉状和提出答辩状】人民法院应当在立案之日起五日内,将起诉状副本发送被告。被告应当在收到起诉状副本之日起十五日内向人民法院提交作出行政行为的证据和所依据的规范性文件,并提出答辩状。人民法院应当在收到答辩状之日起五日内,将答辩状副本发送原告。

被告不提出答辩状的,不影响人民法院审理。

第六十八条 【审判组织形式】人民法院审理行政案件,由审判员组成合议庭,或者由审判员、陪审员组成合议庭。合议庭的成员,应当是三人以上的单数。

第六十九条 【驳回原告诉讼请求判决】行政行为证据确凿,适用法律、法规正确,符合法定程序的,或者原告申请被告履行法定职责或者给付义务理由不成立的,人民法院判决驳回原告的诉讼请求。

第七十条 【撤销判决和重作判决】行政行为有下列情形之一的,人民法院判决撤销或者部分撤销,并可以判决被告重新作出行政行为:

(一)主要证据不足的;

(二)适用法律、法规错误的;

(三)违反法定程序的;

(四)超越职权的;

(五)滥用职权的;

(六)明显不当的。

第七十一条 【重作判决对被告的限制】人民法院判决被告重新作出行政行为的,被告不得以同一的事实和理由作出与原行政行为基本相同的行政行为。

第七十二条 【履行判决】人民法院经过审理,查明被告不履行法定职责的,判决被告在一定期限内履行。

第七十三条 【给付判决】人民法院经过审理,查明被告依法负有给付义务的,判决被告履行给付义务。

第七十四条 【确认违法判决】行政行为有下列情形之一的,人民法院判决确认违法,但不撤销行政行为:

(一)行政行为依法应当撤销,但撤销会给国家利益、社会公共利益造成重大损害的;

(二)行政行为程序轻微违法,但对原告权利不产生实际影响的。

行政行为有下列情形之一,不需要撤销或者判决履行的,人民法院判决确认违法:

(一)行政行为违法,但不具有可撤销内容的;

(二)被告改变原违法行政行为,原告仍要求确认原行政行为违法的;

(三)被告不履行或者拖延履行法定职责,判决履行没有意义的。

第七十五条 【确认无效判决】行政行为有实施主体不具有行政主体资格或者没有依据等重大且明显违法情形,原告申请确认行政行为无效的,人民法院判决确认无效。

第七十六条 【确认违法和无效判决的补充规定】人民法院判决确认违法或者无效的,可以同时判决责令被告采取补救措施;给原告造成损失的,依法判决被告承担赔偿责任。

第七十七条 【变更判决】行政处罚明显不当,或者其他行政行为涉及对款额的确定、认定确有错误的,人民法院可以判决变更。

人民法院判决变更,不得加重原告的义务或者减损原告的权益。但利害关系人同为原告,且诉讼请求相反的除外。

第七十八条 【行政协议履行及补偿判决】被告不依法履行、未按照约定履行或者违法变更、解除本法第十二条第一款第十一项规定的协议的,人民法院判决被告承担继续履行、采取补救措施或者赔偿损失等责任。

被告变更、解除本法第十二条第一款第十一项规定的协议合法,但未依法给予补偿的,人民法院判决给予补偿。

第七十九条 【复议决定和原行政行为一并裁判】复议机关与作出原行政行为的行政机关为共同被告的案件,人民法院应当对复议决定和原行政行为一并作出裁判。

第八十条 【公开宣判】人民法院对公开审理和不公开审理的案件,一律公开宣告判决。

当庭宣判的,应当在十日内发送判决书;定期宣判的,宣判后立即发给判决书。

宣告判决时,必须告知当事人上诉权利、上诉期限和上诉的人民法院。

第八十一条 【第一审审限】人民法院应当在立案之日起六个月内作出第一审判决。有特殊情况需要延长的,由高级人民法院批准,高级人民法院审理第一审案件需要延长的,由最高人民法院批准。

第三节 简易程序

第八十二条 【简易程序适用情形】人民法院审理下列第一审行政案件,认为事实清楚、权利义务关系明确、争议不大的,可以适用简易程序:

(一)被诉行政行为是依法当场作出的;

(二)案件涉及款额二千元以下的;

(三)属于政府信息公开案件的。

除前款规定以外的第一审行政案件,当事人各方同意适用简易程序的,可以适用简易程序。

发回重审、按照审判监督程序再审的案件不适用简易程序。

第八十三条 【简易程序的审判组织形式和审限】适用简易程序审理的行政案件,由审判员一人独任审理,并应当在立案之日起四十五日内审结。

第八十四条 【简易程序与普通程序的转换】人民法院在审理过程中,发现案件不宜适用简易程序的,裁定转为普通程序。

第四节 第二审程序

第八十五条 【上诉】当事人不服人民法院第一审判决的,有权在判决书送达之日起十五日内向上一级人民法院提起上诉。当事人不服人民法院第一审裁定的,有权在裁定书送达之日起十日内向上一级人民法院提起上诉。逾期不提起上诉的,人民法院的第一审判决或者裁定发生法律效力。

第八十六条 【二审审理方式】人民法院对上诉案件,应当组成合议庭,开庭审理。经过阅卷、调查和询问当事人,对没有提出新的事实、证据或者理由,合议庭认为不需要开庭审理的,也可以不开庭审理。

第八十七条 【二审审查范围】人民法院审理上诉案件,应当对原审人民法院的判决、裁定和被诉行政行为进行全面审查。

第八十八条 【二审审限】人民法院审理上诉案件,应当在收到上诉状之日起三个月内作出终审判决。有特殊情况需要延长的,由高级人民法院批准,高级人民法院审理上诉案件需要延长的,由最高人民法院批准。

第八十九条 【二审裁判】人民法院审理上诉案件,按照下列情形,分别处理:

(一)原判决、裁定认定事实清楚,适用法律、法规正确的,判决或者裁定驳回上诉,维持原判决、裁定;

(二)原判决、裁定认定事实错误或者适用法律、法规错误的,依法改判、撤销或者变更;

(三)原判决认定基本事实不清、证据不足的,发回原审人民法院重审,或者查清事实后改判;

(四)原判决遗漏当事人或者违法缺席判决等严重违反法定程序的,裁定撤销原判决,发回原审人民法院重审。

原审人民法院对发回重审的案件作出判决后,当事人提起上诉的,第二审人民法院不得再次发回重审。

人民法院审理上诉案件,需要改变原审判决的,应当同时对被诉行政行为作出判决。

第五节 审判监督程序

第九十条 【当事人申请再审】当事人对已经发生法律效力的判决、裁定,认为确有错误的,可以向上一级人民法院申请再审,但判决、裁定不停止执行。

第九十一条 【再审事由】当事人的申请符合下列情形之一的,人民法院应当再审:

（一）不予立案或者驳回起诉确有错误的；
（二）有新的证据，足以推翻原判决、裁定的；
（三）原判决、裁定认定事实的主要证据不足、未经质证或者系伪造的；
（四）原判决、裁定适用法律、法规确有错误的；
（五）违反法律规定的诉讼程序，可能影响公正审判的；
（六）原判决、裁定遗漏诉讼请求的；
（七）据以作出原判决、裁定的法律文书被撤销或者变更的；
（八）审判人员在审理该案件时有贪污受贿、徇私舞弊、枉法裁判行为的。

第九十二条 【人民法院依职权再审】各级人民法院院长对本院已经发生法律效力的判决、裁定，发现有本法第九十一条规定情形之一，或者发现调解违反自愿原则或者调解书内容违法，认为需要再审的，应当提交审判委员会讨论决定。

最高人民法院对地方各级人民法院已经发生法律效力的判决、裁定，上级人民法院对下级人民法院已经发生法律效力的判决、裁定，发现有本法第九十一条规定情形之一，或者发现调解违反自愿原则或者调解书内容违法的，有权提审或者指令下级人民法院再审。

第九十三条 【抗诉和检察建议】最高人民检察院对各级人民法院已经发生法律效力的判决、裁定，上级人民检察院对下级人民法院已经发生法律效力的判决、裁定，发现有本法第九十一条规定情形之一，或者发现调解书损害国家利益、社会公共利益的，应当提出抗诉。

地方各级人民检察院对同级人民法院已经发生法律效力的判决、裁定，发现有本法第九十一条规定情形之一，或者发现调解书损害国家利益、社会公共利益的，可以向同级人民法院提出检察建议，并报上级人民检察院备案；也可以提请上级人民检察院向同级人民法院提出抗诉。

各级人民检察院对审判监督程序以外的其他审判程序中审判人员的违法行为，有权向同级人民法院提出检察建议。

第八章 执 行

第九十四条 【生效裁判和调解书的执行】当事人必须履行人民法院发生法律效力的判决、裁定、调解书。

第九十五条 【申请强制执行和执行管辖】公民、法人或者其他组织拒绝履行判决、裁定、调解书的，行政机关或者第三人可以向第一审人民法院申请强制执行，或者由行政机关依法强制执行。

第九十六条 【对行政机关拒绝履行的执行措施】行政机关拒绝履行判决、裁定、调解书的，第一审人民法院可以采取下列措施：
（一）对应当归还的罚款或者应当给付的款额，通知银行从该行政机关的账户内划拨；
（二）在规定期限内不履行的，从期满之日起，对该行政机关负责人按日处五十元至一百元的罚款；
（三）将行政机关拒绝履行的情况予以公告；
（四）向监察机关或者该行政机关的上一级行政机关提出司法建议。接受司法建议的机关，根据有关规定进行处理，并将处理情况告知人民法院；
（五）拒不履行判决、裁定、调解书，社会影响恶劣的，可以对该行政机关直接负责的主管人员和其他直接责任人员予以拘留；情节严重，构成犯罪的，依法追究刑事责任。

第九十七条 【非诉执行】公民、法人或者其他组织对行政行为在法定期限内不提起诉讼又不履行的，行政机关可以申请人民法院强制执行，或者依法强制执行。

第九章 涉外行政诉讼

第九十八条 【涉外行政诉讼的法律适用原则】外国人、无国籍人、外国组织在中华人民共和国进行行政诉讼，适用本法。法律另有规定的除外。

第九十九条 【同等与对等原则】外国人、无国籍人、外国组织在中华人民共和国进行行政诉讼，同中华人民共和国公民、组织有同等的诉讼权利和义务。

外国法院对中华人民共和国公民、组织的行政诉讼权利加以限制的，人民法院对该国公民、组织的行政诉讼权利，实行对等原则。

第一百条 【中国律师代理】外国人、无国籍人、外国组织在中华人民共和国进行行政诉讼，委托律师代理诉讼的，应当委托中华人民共和国律师机构的律师。

第十章 附 则

第一百零一条 【适用民事诉讼法规定】人民法院审理行政案件，关于期间、送达、财产保全、开庭审理、调解、中止诉讼、终结诉讼、简易程序、执行等，以及人民检察院对行政案件受理、审理、裁判、执行的监督，本法没有规定的，适用《中华人民共和国民事诉讼法》的相关规定。

第一百零二条 【诉讼费用】人民法院审理行政案件，应当收取诉讼费用。诉讼费由败诉方承担，双方都有责任的由双方分担。收取诉讼费用的具体办法另行规定。

第一百零三条 【施行日期】本法自 1990 年 10 月 1 日起施行。

中华人民共和国行政强制法

- 2011 年 6 月 30 日第十一届全国人民代表大会常务委员会第二十一次会议通过
- 2011 年 6 月 30 日中华人民共和国主席令第 49 号公布
- 自 2012 年 1 月 1 日起施行

第一章 总 则

第一条 【立法目的】为了规范行政强制的设定和实施,保障和监督行政机关依法履行职责,维护公共利益和社会秩序,保护公民、法人和其他组织的合法权益,根据宪法,制定本法。

第二条 【行政强制的定义】本法所称行政强制,包括行政强制措施和行政强制执行。

行政强制措施,是指行政机关在行政管理过程中,为制止违法行为、防止证据损毁、避免危害发生、控制危险扩大等情形,依法对公民的人身自由实施暂时性限制,或者对公民、法人或者其他组织的财物实施暂时性控制的行为。

行政强制执行,是指行政机关或者行政机关申请人民法院,对不履行行政决定的公民、法人或者其他组织,依法强制履行义务的行为。

第三条 【适用范围】行政强制的设定和实施,适用本法。

发生或者即将发生自然灾害、事故灾难、公共卫生事件或者社会安全事件等突发事件,行政机关采取应急措施或者临时措施,依照有关法律、行政法规的规定执行。

行政机关采取金融业审慎监管措施、进出境货物强制性技术监控措施,依照有关法律、行政法规的规定执行。

第四条 【合法性原则】行政强制的设定和实施,应当依照法定的权限、范围、条件和程序。

第五条 【适当原则】行政强制的设定和实施,应当适当。采用非强制手段可以达到行政管理目的的,不得设定和实施行政强制。

第六条 【教育与强制相结合原则】实施行政强制,应当坚持教育与强制相结合。

第七条 【不得利用行政强制谋利】行政机关及其工作人员不得利用行政强制权为单位或者个人谋取利益。

第八条 【相对人的权利与救济】公民、法人或者其他组织对行政机关实施行政强制,享有陈述权、申辩权;有权依法申请行政复议或者提起行政诉讼;因行政机关违法实施行政强制受到损害的,有权依法要求赔偿。

公民、法人或者其他组织因人民法院在强制执行中有违法行为或者扩大强制执行范围受到损害的,有权依法要求赔偿。

第二章 行政强制的种类和设定

第九条 【行政强制措施种类】行政强制措施的种类:

(一)限制公民人身自由;
(二)查封场所、设施或者财物;
(三)扣押财物;
(四)冻结存款、汇款;
(五)其他行政强制措施。

第十条 【行政强制措施设定权】行政强制措施由法律设定。

尚未制定法律,且属于国务院行政管理职权事项的,行政法规可以设定除本法第九条第一项、第四项和应当由法律规定的行政强制措施以外的其他行政强制措施。

尚未制定法律、行政法规,且属于地方性事务的,地方性法规可以设定本法第九条第二项、第三项的行政强制措施。

法律、法规以外的其他规范性文件不得设定行政强制措施。

第十一条 【行政强制措施设定的统一性】法律对行政强制措施的对象、条件、种类作了规定的,行政法规、地方性法规不得作出扩大规定。

法律中未设定行政强制措施的,行政法规、地方性法规不得设定行政强制措施。但是,法律规定特定事项由行政法规规定具体管理措施的,行政法规可以设定除本法第九条第一项、第四项和应当由法律规定的行政强制措施以外的其他行政强制措施。

第十二条 【行政强制执行方式】行政强制执行的方式:

(一)加处罚款或者滞纳金;
(二)划拨存款、汇款;
(三)拍卖或者依法处理查封、扣押的场所、设施或者财物;
(四)排除妨碍、恢复原状;
(五)代履行;
(六)其他强制执行方式。

第十三条 【行政强制执行设定权】行政强制执行

由法律设定。

法律没有规定行政机关强制执行的,作出行政决定的行政机关应当申请人民法院强制执行。

第十四条 【听取社会意见、说明必要性及影响】起草法律草案、法规草案,拟设定行政强制的,起草单位应当采取听证会、论证会等形式听取意见,并向制定机关说明设定该行政强制的必要性、可能产生的影响以及听取和采纳意见的情况。

第十五条 【已设定的行政强制的评价制度】行政强制的设定机关应当定期对其设定的行政强制进行评价,并对不适当的行政强制及时予以修改或者废止。

行政强制的实施机关可以对已设定的行政强制的实施情况及存在的必要性适时进行评价,并将意见报告该行政强制的设定机关。

公民、法人或者其他组织可以向行政强制的设定机关和实施机关就行政强制的设定和实施提出意见和建议。有关机关应当认真研究论证,并以适当方式予以反馈。

第三章 行政强制措施实施程序
第一节 一般规定

第十六条 【实施行政强制措施的条件】行政机关履行行政管理职责,依照法律、法规的规定,实施行政强制措施。

违法行为情节显著轻微或者没有明显社会危害的,可以不采取行政强制措施。

第十七条 【行政强制措施的实施主体】行政强制措施由法律、法规规定的行政机关在法定职权范围内实施。行政强制措施权不得委托。

依据《中华人民共和国行政处罚法》的规定行使相对集中行政处罚权的行政机关,可以实施法律、法规规定的与行政处罚权有关的行政强制措施。

行政强制措施应当由行政机关具备资格的行政执法人员实施,其他人员不得实施。

第十八条 【一般程序】行政机关实施行政强制措施应当遵守下列规定:

(一)实施前须向行政机关负责人报告并经批准;

(二)由两名以上行政执法人员实施;

(三)出示执法身份证件;

(四)通知当事人到场;

(五)当场告知当事人采取行政强制措施的理由、依据以及当事人依法享有的权利、救济途径;

(六)听取当事人的陈述和申辩;

(七)制作现场笔录;

(八)现场笔录由当事人和行政执法人员签名或者盖章,当事人拒绝的,在笔录中予以注明;

(九)当事人不到场的,邀请见证人到场,由见证人和行政执法人员在现场笔录上签名或者盖章;

(十)法律、法规规定的其他程序。

第十九条 【情况紧急时的程序】情况紧急,需要当场实施行政强制措施的,行政执法人员应当在二十四小时内向行政机关负责人报告,并补办批准手续。行政机关负责人认为不应当采取行政强制措施的,应当立即解除。

第二十条 【限制人身自由行政强制措施的程序】依照法律规定实施限制公民人身自由的行政强制措施,除应当履行本法第十八条规定的程序外,还应当遵守下列规定:

(一)当场告知或者实施行政强制措施后立即通知当事人家属实施行政强制措施的行政机关、地点和期限;

(二)在紧急情况下当场实施行政强制措施的,在返回行政机关后,立即向行政机关负责人报告并补办批准手续;

(三)法律规定的其他程序。

实施限制人身自由的行政强制措施不得超过法定期限。实施行政强制措施的目的已经达到或者条件已经消失,应当立即解除。

第二十一条 【涉嫌犯罪案件的移送】违法行为涉嫌犯罪应当移送司法机关的,行政机关应当将查封、扣押、冻结的财物一并移送,并书面告知当事人。

第二节 查封、扣押

第二十二条 【查封、扣押实施主体】查封、扣押应当由法律、法规规定的行政机关实施,其他任何行政机关或者组织不得实施。

第二十三条 【查封、扣押对象】查封、扣押限于涉案的场所、设施或者财物,不得查封、扣押与违法行为无关的场所、设施或者财物;不得查封、扣押公民个人及其所扶养家属的生活必需品。

当事人的场所、设施或者财物已被其他国家机关依法查封的,不得重复查封。

第二十四条 【查封、扣押实施程序】行政机关决定实施查封、扣押的,应当履行本法第十八条规定的程序,制作并当场交付查封、扣押决定书和清单。

查封、扣押决定书应当载明下列事项：

（一）当事人的姓名或者名称、地址；

（二）查封、扣押的理由、依据和期限；

（三）查封、扣押场所、设施或者财物的名称、数量等；

（四）申请行政复议或者提起行政诉讼的途径和期限；

（五）行政机关的名称、印章和日期。

查封、扣押清单一式二份，由当事人和行政机关分别保存。

第二十五条　【查封、扣押期限】查封、扣押的期限不得超过三十日；情况复杂的，经行政机关负责人批准，可以延长，但是延长期限不得超过三十日。法律、行政法规另有规定的除外。

延长查封、扣押的决定应当及时书面告知当事人，并说明理由。

对物品需要进行检测、检验、检疫或者技术鉴定的，查封、扣押的期间不包括检测、检验、检疫或者技术鉴定的期间。检测、检验、检疫或者技术鉴定的期间应当明确，并书面告知当事人。检测、检验、检疫或者技术鉴定的费用由行政机关承担。

第二十六条　【对查封、扣押财产的保管】对查封、扣押的场所、设施或者财物，行政机关应当妥善保管，不得使用或者损毁；造成损失的，应当承担赔偿责任。

对查封的场所、设施或者财物，行政机关可以委托第三人保管，第三人不得损毁或者擅自转移、处置。因第三人的原因造成的损失，行政机关先行赔付后，有权向第三人追偿。

因查封、扣押发生的保管费用由行政机关承担。

第二十七条　【查封、扣押后的处理】行政机关采取查封、扣押措施后，应当及时查清事实，在本法第二十五条规定的期限内作出处理决定。对违法事实清楚，依法应当没收的非法财物予以没收；法律、行政法规规定应当销毁的，依法销毁；应当解除查封、扣押的，作出解除查封、扣押的决定。

第二十八条　【解除查封、扣押的情形】有下列情形之一的，行政机关应当及时作出解除查封、扣押决定：

（一）当事人没有违法行为；

（二）查封、扣押的场所、设施或者财物与违法行为无关；

（三）行政机关对违法行为已经作出处理决定，不再需要查封、扣押；

（四）查封、扣押期限已经届满；

（五）其他不再需要采取查封、扣押措施的情形。

解除查封、扣押应当立即退还财物；已将鲜活物品或者其他不易保管的财物拍卖或者变卖的，退还拍卖或者变卖所得款项。变卖价格明显低于市场价格，给当事人造成损失的，应当给予补偿。

第三节　冻　结

第二十九条　【冻结的实施主体、数额限制、不得重复冻结】冻结存款、汇款应当由法律规定的行政机关实施，不得委托给其他行政机关或者组织；其他任何行政机关或者组织不得冻结存款、汇款。

冻结存款、汇款的数额应当与违法行为涉及的金额相当；已被其他国家机关依法冻结的，不得重复冻结。

第三十条　【冻结的程序、金融机构的配合义务】行政机关依照法律规定决定实施冻结存款、汇款的，应当履行本法第十八条第一项、第二项、第三项、第七项规定的程序，并向金融机构交付冻结通知书。

金融机构接到行政机关依法作出的冻结通知书后，应当立即予以冻结，不得拖延，不得在冻结前向当事人泄露信息。

法律规定以外的行政机关或者组织要求冻结当事人存款、汇款的，金融机构应当拒绝。

第三十一条　【冻结决定书交付期限及内容】依照法律规定冻结存款、汇款的，作出决定的行政机关应当在三日内向当事人交付冻结决定书。冻结决定书应当载明下列事项：

（一）当事人的姓名或者名称、地址；

（二）冻结的理由、依据和期限；

（三）冻结的账号和数额；

（四）申请行政复议或者提起行政诉讼的途径和期限；

（五）行政机关的名称、印章和日期。

第三十二条　【冻结期限及其延长】自冻结存款、汇款之日起三十日内，行政机关应当作出处理决定或者作出解除冻结决定；情况复杂的，经行政机关负责人批准，可以延长，但是延长期限不得超过三十日。法律另有规定的除外。

延长冻结的决定应当及时书面告知当事人，并说明理由。

第三十三条　【解除冻结的情形】有下列情形之一的，行政机关应当及时作出解除冻结决定：

（一）当事人没有违法行为；

（二）冻结的存款、汇款与违法行为无关；

（三）行政机关对违法行为已经作出处理决定，不再需要冻结；

（四）冻结期限已经届满；

（五）其他不再需要采取冻结措施的情形。

行政机关作出解除冻结决定的，应当及时通知金融机构和当事人。金融机构接到通知后，应当立即解除冻结。

行政机关逾期未作出处理决定或者解除冻结决定的，金融机构应当自冻结期满之日起解除冻结。

第四章　行政机关强制执行程序

第一节　一般规定

第三十四条　【行政机关强制执行】行政机关依法作出行政决定后，当事人在行政机关决定的期限内不履行义务的，具有行政强制执行权的行政机关依照本章规定强制执行。

第三十五条　【催告】行政机关作出强制执行决定前，应当事先催告当事人履行义务。催告应当以书面形式作出，并载明下列事项：

（一）履行义务的期限；

（二）履行义务的方式；

（三）涉及金钱给付的，应当有明确的金额和给付方式；

（四）当事人依法享有的陈述权和申辩权。

第三十六条　【陈述、申辩权】当事人收到催告书后有权进行陈述和申辩。行政机关应当充分听取当事人的意见，对当事人提出的事实、理由和证据，应当进行记录、复核。当事人提出的事实、理由或者证据成立的，行政机关应当采纳。

第三十七条　【强制执行决定】经催告，当事人逾期仍不履行行政决定，且无正当理由的，行政机关可以作出强制执行决定。

强制执行决定应当以书面形式作出，并载明下列事项：

（一）当事人的姓名或者名称、地址；

（二）强制执行的理由和依据；

（三）强制执行的方式和时间；

（四）申请行政复议或者提起行政诉讼的途径和期限；

（五）行政机关的名称、印章和日期。

在催告期间，对有证据证明有转移或者隐匿财物迹象的，行政机关可以作出立即强制执行决定。

第三十八条　【催告书、行政强制决定书送达】催告书、行政强制执行决定书应当直接送达当事人。当事人拒绝接收或者无法直接送达当事人的，应当依照《中华人民共和国民事诉讼法》的有关规定送达。

第三十九条　【中止执行】有下列情形之一的，中止执行：

（一）当事人履行行政决定确有困难或者暂无履行能力的；

（二）第三人对执行标的主张权利，确有理由的；

（三）执行可能造成难以弥补的损失，且中止执行不损害公共利益的；

（四）行政机关认为需要中止执行的其他情形。

中止执行的情形消失后，行政机关应当恢复执行。对没有明显社会危害，当事人确无能力履行，中止执行满三年未恢复执行的，行政机关不再执行。

第四十条　【终结执行】有下列情形之一的，终结执行：

（一）公民死亡，无遗产可供执行，又无义务承受人的；

（二）法人或者其他组织终止，无财产可供执行，又无义务承受人的；

（三）执行标的灭失的；

（四）据以执行的行政决定被撤销的；

（五）行政机关认为需要终结执行的其他情形。

第四十一条　【执行回转】在执行中或者执行完毕后，据以执行的行政决定被撤销、变更，或者执行错误的，应当恢复原状或者退还财物；不能恢复原状或者退还财物的，依法给予赔偿。

第四十二条　【执行和解】实施行政强制执行，行政机关可以在不损害公共利益和他人合法权益的情况下，与当事人达成执行协议。执行协议可以约定分阶段履行；当事人采取补救措施的，可以减免加处的罚款或者滞纳金。

执行协议应当履行。当事人不履行执行协议的，行政机关应当恢复强制执行。

第四十三条　【文明执法】行政机关不得在夜间或者法定节假日实施行政强制执行。但是，情况紧急的除外。

行政机关不得对居民生活采取停止供水、供电、供热、供燃气等方式迫使当事人履行相关行政决定。

第四十四条　【强制拆除】对违法的建筑物、构筑物、设施等需要强制拆除的，应当由行政机关予以公告，限期当事人自行拆除。当事人在法定期限内不申请行政复议或者提起行政诉讼,又不拆除的,行政机关可以依法强制拆除。

第二节 金钱给付义务的执行

第四十五条 【加处罚款或滞纳金】行政机关依法作出金钱给付义务的行政决定,当事人逾期不履行的,行政机关可以依法加处罚款或者滞纳金。加处罚款或者滞纳金的标准应当告知当事人。

加处罚款或者滞纳金的数额不得超出金钱给付义务的数额。

第四十六条 【金钱给付义务的直接强制执行】行政机关按照本法第四十五条规定实施加处罚款或者滞纳金超过三十日,经催告当事人仍不履行的,具有行政强制执行权的行政机关可以强制执行。

行政机关实施强制执行前,需要采取查封、扣押、冻结措施的,依照本法第三章规定办理。

没有行政强制执行权的行政机关应当申请人民法院强制执行。但是,当事人在法定期限内不申请行政复议或者提起行政诉讼,经催告仍不履行的,在实施行政管理过程中已经采取查封、扣押措施的行政机关,可以将查封、扣押的财物依法拍卖抵缴罚款。

第四十七条 【划拨存款、汇款】划拨存款、汇款应当由法律规定的行政机关决定,并书面通知金融机构。金融机构接到行政机关依法作出划拨存款、汇款的决定后,应当立即划拨。

法律规定以外的行政机关或者组织要求划拨当事人存款、汇款的,金融机构应当拒绝。

第四十八条 【委托拍卖】依法拍卖财物,由行政机关委托拍卖机构依照《中华人民共和国拍卖法》的规定办理。

第四十九条 【划拨的存款、汇款的管理】划拨的存款、汇款以及拍卖和依法处理所得的款项应当上缴国库或者划入财政专户。任何行政机关或者个人不得以任何形式截留、私分或者变相私分。

第三节 代履行

第五十条 【代履行】行政机关依法作出要求当事人履行排除妨碍、恢复原状等义务的行政决定,当事人逾期不履行,经催告仍不履行,其后果已经或者将危害交通安全、造成环境污染或者破坏自然资源的,行政机关可以代履行,或者委托没有利害关系的第三人代履行。

第五十一条 【实施程序、费用、手段】代履行应当遵守下列规定:

(一)代履行前送达决定书,代履行决定书应当载明当事人的姓名或者名称、地址,代履行的理由和依据、方式和时间、标的、费用预算以及代履行人;

(二)代履行三日前,催告当事人履行,当事人履行的,停止代履行;

(三)代履行时,作出决定的行政机关应当派员到场监督;

(四)代履行完毕,行政机关到场监督的工作人员、代履行人和当事人或者见证人应当在执行文书上签名或者盖章。

代履行的费用按照成本合理确定,由当事人承担。但是,法律另有规定的除外。

代履行不得采用暴力、胁迫以及其他非法方式。

第五十二条 【立即实施代履行】需要立即清除道路、河道、航道或者公共场所的遗洒物、障碍物或者污染物,当事人不能清除的,行政机关可以决定立即实施代履行;当事人不在场的,行政机关应当在事后立即通知当事人,并依法作出处理。

第五章 申请人民法院强制执行

第五十三条 【非诉行政执行】当事人在法定期限内不申请行政复议或者提起行政诉讼,又不履行行政决定的,没有行政强制执行权的行政机关可以自期限届满之日起三个月内,依照本章规定申请人民法院强制执行。

第五十四条 【催告与执行管辖】行政机关申请人民法院强制执行前,应当催告当事人履行义务。催告书送达十日后当事人仍未履行义务的,行政机关可以向所在地有管辖权的人民法院申请强制执行;执行对象是不动产的,向不动产所在地有管辖权的人民法院申请强制执行。

第五十五条 【申请执行的材料】行政机关向人民法院申请强制执行,应当提供下列材料:

(一)强制执行申请书;

(二)行政决定书及作出决定的事实、理由和依据;

(三)当事人的意见及行政机关催告情况;

(四)申请强制执行标的情况;

(五)法律、行政法规规定的其他材料。

强制执行申请书应当由行政机关负责人签名,加盖行政机关的印章,并注明日期。

第五十六条 【申请受理与救济】人民法院接到行政机关强制执行的申请,应当在五日内受理。

行政机关对人民法院不予受理的裁定有异议的,可以在十五日内向上一级人民法院申请复议,上一级人民法院应当自收到复议申请之日起十五日内作出是否受理的裁定。

第五十七条 【书面审查】人民法院对行政机关强制执行的申请进行书面审查,对符合本法第五十五条规定,且行政决定具备法定执行效力的,除本法第五十八条规定的情形外,人民法院应当自受理之日起七日内作出执行裁定。

第五十八条 【实质审查】人民法院发现有下列情形之一的,在作出裁定前可以听取被执行人和行政机关的意见:

(一)明显缺乏事实根据的;
(二)明显缺乏法律、法规依据的;
(三)其他明显违法并损害被执行人合法权益的。

人民法院应当自受理之日起三十日内作出是否执行的裁定。裁定不予执行的,应当说明理由,并在五日内将不予执行的裁定送达行政机关。

行政机关对人民法院不予执行的裁定有异议的,可以自收到裁定之日起十五日内向上一级人民法院申请复议,上一级人民法院应当自收到复议申请之日起三十日内作出是否执行的裁定。

第五十九条 【申请立即执行】因情况紧急,为保障公共安全,行政机关可以申请人民法院立即执行。经人民法院院长批准,人民法院应当自作出执行裁定之日起五日内执行。

第六十条 【执行费用】行政机关申请人民法院强制执行,不缴纳申请费。强制执行的费用由被执行人承担。

人民法院以划拨、拍卖方式强制执行的,可以在划拨、拍卖后将强制执行的费用扣除。

依法拍卖财物,由人民法院委托拍卖机构依照《中华人民共和国拍卖法》的规定办理。

划拨的存款、汇款以及拍卖和依法处理所得的款项应当上缴国库或者划入财政专户,不得以任何形式截留、私分或者变相私分。

第六章 法律责任

第六十一条 【实施行政强制违法责任】行政机关实施行政强制,有下列情形之一的,由上级行政机关或者有关部门责令改正,对直接负责的主管人员和其他直接责任人员依法给予处分:

(一)没有法律、法规依据的;
(二)改变行政强制对象、条件、方式的;
(三)违反法定程序实施行政强制的;
(四)违反本法规定,在夜间或者法定节假日实施行政强制执行的;
(五)对居民生活采取停止供水、供电、供热、供燃气等方式迫使当事人履行相关行政决定的;
(六)有其他违法实施行政强制情形的。

第六十二条 【违法查封、扣押、冻结的责任】违反本法规定,行政机关有下列情形之一的,由上级行政机关或者有关部门责令改正,对直接负责的主管人员和其他直接责任人员依法给予处分:

(一)扩大查封、扣押、冻结范围的;
(二)使用或者损毁查封、扣押场所、设施或者财物的;
(三)在查封、扣押法定期间不作出处理决定或者未依法及时解除查封、扣押的;
(四)在冻结存款、汇款法定期间不作出处理决定或者未依法及时解除冻结的。

第六十三条 【截留、私分或变相私分查封、扣押的财物、划拨的存款、汇款和拍卖、依法处理所得款项的法律责任】行政机关将查封、扣押的财物或者划拨的存款、汇款以及拍卖和依法处理所得的款项,截留、私分或者变相私分的,由财政部门或者有关部门予以追缴;对直接负责的主管人员和其他直接责任人员依法给予记大过、降级、撤职或者开除的处分。

行政机关工作人员利用职务上的便利,将查封、扣押的场所、设施或者财物据为己有的,由上级行政机关或者有关部门责令改正,依法给予记大过、降级、撤职或者开除的处分。

第六十四条 【利用行政强制权谋利的法律责任】行政机关及其工作人员利用行政强制权为单位或者个人谋取利益的,由上级行政机关或者有关部门责令改正,对直接负责的主管人员和其他直接责任人员依法给予处分。

第六十五条 【金融机构违反冻结、划拨规定的法律责任】违反本法规定,金融机构有下列行为之一的,由金融业监督管理机构责令改正,对直接负责的主管人员和其他直接责任人员依法给予处分:

(一)在冻结前向当事人泄露信息的;
(二)对应当立即冻结、划拨的存款、汇款不冻结或者不划拨,致使存款、汇款转移的;
(三)将不应当冻结、划拨的存款、汇款予以冻结或者划拨的;

（四）未及时解除冻结存款、汇款的。

第六十六条　【执行款项未划入规定账户的法律责任】违反本法规定，金融机构将款项划入国库或者财政专户以外的其他账户的，由金融业监督管理机构责令改正，并处以违法划拨款项二倍的罚款；对直接负责的主管人员和其他直接责任人员依法给予处分。

违反本法规定，行政机关、人民法院指令金融机构将款项划入国库或者财政专户以外的其他账户的，对直接负责的主管人员和其他直接责任人员依法给予处分。

第六十七条　【人民法院及其工作人员强制执行违法的责任】人民法院及其工作人员在强制执行中有违法行为或者扩大强制执行范围的，对直接负责的主管人员和其他直接责任人员依法给予处分。

第六十八条　【赔偿和刑事责任】违反本法规定，给公民、法人或者其他组织造成损失的，依法给予赔偿。

违反本法规定，构成犯罪的，依法追究刑事责任。

第七章　附　则

第六十九条　【期限的界定】本法中十日以内期限的规定是指工作日，不含法定节假日。

第七十条　【法律、行政法规授权的组织实施行政强制受本法调整】法律、行政法规授权的具有管理公共事务职能的组织在法定授权范围内，以自己的名义实施行政强制，适用本法有关行政机关的规定。

第七十一条　【施行时间】本法自2012年1月1日起施行。

中华人民共和国国家赔偿法

- 1994年5月12日第八届全国人民代表大会常务委员会第七次会议通过
- 根据2010年4月29日第十一届全国人民代表大会常务委员会第十四次会议《关于修改〈中华人民共和国国家赔偿法〉的决定》第一次修正
- 根据2012年10月26日第十一届全国人民代表大会常务委员会第二十九次会议《关于修改〈中华人民共和国国家赔偿法〉的决定》第二次修正

第一章　总　则

第一条　【立法目的】为保障公民、法人和其他组织享有依法取得国家赔偿的权利，促进国家机关依法行使职权，根据宪法，制定本法。

第二条　【依法赔偿】国家机关和国家机关工作人员行使职权，有本法规定的侵犯公民、法人和其他组织合法权益的情形，造成损害的，受害人有依照本法取得国家赔偿的权利。

本法规定的赔偿义务机关，应当依照本法及时履行赔偿义务。

第二章　行政赔偿

第一节　赔偿范围

第三条　【侵犯人身权的行政赔偿范围】行政机关及其工作人员在行使行政职权时有下列侵犯人身权情形之一的，受害人有取得赔偿的权利：

（一）违法拘留或者违法采取限制公民人身自由的行政强制措施的；

（二）非法拘禁或者以其他方法非法剥夺公民人身自由的；

（三）以殴打、虐待等行为或者唆使、放纵他人以殴打、虐待等行为造成公民身体伤害或者死亡的；

（四）违法使用武器、警械造成公民身体伤害或者死亡的；

（五）造成公民身体伤害或者死亡的其他违法行为。

第四条　【侵犯财产权的行政赔偿范围】行政机关及其工作人员在行使行政职权时有下列侵犯财产权情形之一的，受害人有取得赔偿的权利：

（一）违法实施罚款、吊销许可证和执照、责令停产停业、没收财物等行政处罚的；

（二）违法对财产采取查封、扣押、冻结等行政强制措施的；

（三）违法征收、征用财产的；

（四）造成财产损害的其他违法行为。

第五条　【行政侵权中的免责情形】属于下列情形之一的，国家不承担赔偿责任：

（一）行政机关工作人员与行使职权无关的个人行为；

（二）因公民、法人和其他组织自己的行为致使损害发生的；

（三）法律规定的其他情形。

第二节　赔偿请求人和赔偿义务机关

第六条　【行政赔偿请求人】受害的公民、法人和其他组织有权要求赔偿。

受害的公民死亡，其继承人和其他有扶养关系的亲属有权要求赔偿。

受害的法人或者其他组织终止的，其权利承受人有权要求赔偿。

第七条 【行政赔偿义务机关】行政机关及其工作人员行使行政职权侵犯公民、法人和其他组织的合法权益造成损害的,该行政机关为赔偿义务机关。

两个以上行政机关共同行使行政职权时侵犯公民、法人和其他组织的合法权益造成损害的,共同行使行政职权的行政机关为共同赔偿义务机关。

法律、法规授权的组织在行使授予的行政权力时侵犯公民、法人和其他组织的合法权益造成损害的,被授权的组织为赔偿义务机关。

受行政机关委托的组织或者个人在行使受委托的行政权力时侵犯公民、法人和其他组织的合法权益造成损害的,委托的行政机关为赔偿义务机关。

赔偿义务机关被撤销的,继续行使其职权的行政机关为赔偿义务机关;没有继续行使其职权的行政机关的,撤销该赔偿义务机关的行政机关为赔偿义务机关。

第八条 【经过行政复议的赔偿义务机关】经复议机关复议的,最初造成侵权行为的行政机关为赔偿义务机关,但复议机关的复议决定加重损害的,复议机关对加重的部分履行赔偿义务。

第三节 赔偿程序

第九条 【赔偿请求人要求行政赔偿的途径】赔偿义务机关有本法第三条、第四条规定情形之一的,应当给予赔偿。

赔偿请求人要求赔偿,应当先向赔偿义务机关提出,也可以在申请行政复议或者提起行政诉讼时一并提出。

第十条 【行政赔偿的共同赔偿义务机关】赔偿请求人可以向共同赔偿义务机关中的任何一个赔偿义务机关要求赔偿,该赔偿义务机关应当先予赔偿。

第十一条 【根据损害提出数项赔偿要求】赔偿请求人根据受到的不同损害,可以同时提出数项赔偿要求。

第十二条 【赔偿请求人递交赔偿申请书】要求赔偿应当递交申请书,申请书应当载明下列事项:

(一)受害人的姓名、性别、年龄、工作单位和住所,法人或者其他组织的名称、住所和法定代表人或者主要负责人的姓名、职务;

(二)具体的要求、事实根据和理由;

(三)申请的年、月、日。

赔偿请求人书写申请书确有困难的,可以委托他人代书;也可以口头申请,由赔偿义务机关记入笔录。

赔偿请求人不是受害人本人的,应当说明与受害人的关系,并提供相应证明。

赔偿请求人当面递交申请书的,赔偿义务机关应当当场出具加盖本行政机关专用印章并注明收讫日期的书面凭证。申请材料不齐全的,赔偿义务机关应当当场或者在五日内一次性告知赔偿请求人需要补正的全部内容。

第十三条 【行政赔偿义务机关作出赔偿决定】赔偿义务机关应当自收到申请之日起两个月内,作出是否赔偿的决定。赔偿义务机关作出赔偿决定,应当充分听取赔偿请求人的意见,并可以与赔偿请求人就赔偿方式、赔偿项目和赔偿数额依照本法第四章的规定进行协商。

赔偿义务机关决定赔偿的,应当制作赔偿决定书,并自作出决定之日起十日内送达赔偿请求人。

赔偿义务机关决定不予赔偿的,应当自作出决定之日起十日内书面通知赔偿请求人,并说明不予赔偿的理由。

第十四条 【赔偿请求人向法院提起诉讼】赔偿义务机关在规定期限内未作出是否赔偿的决定,赔偿请求人可以自期限届满之日起三个月内,向人民法院提起诉讼。

赔偿请求人对赔偿的方式、项目、数额有异议的,或者赔偿义务机关作出不予赔偿决定的,赔偿请求人可以自赔偿义务机关作出赔偿或者不予赔偿决定之日起三个月内,向人民法院提起诉讼。

第十五条 【举证责任】人民法院审理行政赔偿案件,赔偿请求人和赔偿义务机关对自己提出的主张,应当提供证据。

赔偿义务机关采取行政拘留或者限制人身自由的强制措施期间,被限制人身自由的人死亡或者丧失行为能力的,赔偿义务机关的行为与被限制人身自由的人的死亡或者丧失行为能力是否存在因果关系,赔偿义务机关应当提供证据。

第十六条 【行政追偿】赔偿义务机关赔偿损失后,应当责令有故意或者重大过失的工作人员或者受委托的组织或者个人承担部分或者全部赔偿费用。

对有故意或者重大过失的责任人员,有关机关应当依法给予处分;构成犯罪的,应当依法追究刑事责任。

第三章 刑事赔偿

第一节 赔偿范围

第十七条 【侵犯人身权的刑事赔偿范围】行使侦查、检察、审判职权的机关以及看守所、监狱管理机关及其工作人员在行使职权时有下列侵犯人身权情形之一的,受害人有取得赔偿的权利:

(一)违反刑事诉讼法的规定对公民采取拘留措施

的,或者依照刑事诉讼法规定的条件和程序对公民采取拘留措施,但是拘留时间超过刑事诉讼法规定的时限,其后决定撤销案件、不起诉或者判决宣告无罪终止追究刑事责任的;

(二)对公民采取逮捕措施后,决定撤销案件、不起诉或者判决宣告无罪终止追究刑事责任的;

(三)依照审判监督程序再审改判无罪,原判刑罚已经执行的;

(四)刑讯逼供或者以殴打、虐待等行为或者唆使、放纵他人以殴打、虐待等行为造成公民身体伤害或者死亡的;

(五)违法使用武器、警械造成公民身体伤害或者死亡的。

第十八条 【侵犯财产权的刑事赔偿范围】行使侦查、检察、审判职权的机关以及看守所、监狱管理机关及其工作人员在行使职权时有下列侵犯财产权情形之一的,受害人有取得赔偿的权利:

(一)违法对财产采取查封、扣押、冻结、追缴等措施的;

(二)依照审判监督程序再审改判无罪,原判罚金、没收财产已经执行的。

第十九条 【刑事赔偿免责情形】属于下列情形之一的,国家不承担赔偿责任:

(一)因公民自己故意作虚伪供述,或者伪造其他有罪证据被羁押或者被判处刑罚的;

(二)依照刑法第十七条、第十八条规定不负刑事责任的人被羁押的;

(三)依照刑事诉讼法第十五条、第一百七十三条第二款、第二百七十三条第二款、第二百七十九条规定不追究刑事责任的人被羁押的;

(四)行使侦查、检察、审判职权的机关以及看守所、监狱管理机关的工作人员与行使职权无关的个人行为;

(五)因公民自伤、自残等故意行为致使损害发生的;

(六)法律规定的其他情形。

第二节 赔偿请求人和赔偿义务机关

第二十条 【刑事赔偿请求人】赔偿请求人的确定依照本法第六条的规定。

第二十一条 【刑事赔偿义务机关】行使侦查、检察、审判职权的机关以及看守所、监狱管理机关及其工作人员在行使职权时侵犯公民、法人和其他组织的合法权益造成损害的,该机关为赔偿义务机关。

对公民采取拘留措施,依照本法的规定应当给予国家赔偿的,作出拘留决定的机关为赔偿义务机关。

对公民采取逮捕措施后决定撤销案件、不起诉或者判决宣告无罪的,作出逮捕决定的机关为赔偿义务机关。

再审改判无罪的,作出原生效判决的人民法院为赔偿义务机关。二审改判无罪,以及二审发回重审后作无罪处理的,作出一审有罪判决的人民法院为赔偿义务机关。

第三节 赔偿程序

第二十二条 【刑事赔偿的提出和赔偿义务机关先行处理】赔偿义务机关有本法第十七条、第十八条规定情形之一的,应当给予赔偿。

赔偿请求人要求赔偿,应当先向赔偿义务机关提出。

赔偿请求人提出赔偿请求,适用本法第十一条、第十二条的规定。

第二十三条 【刑事赔偿义务机关赔偿决定的作出】赔偿义务机关应当自收到申请之日起两个月内,作出是否赔偿的决定。赔偿义务机关作出赔偿决定,应当充分听取赔偿请求人的意见,并可以与赔偿请求人就赔偿方式、赔偿项目和赔偿数额依照本法第四章的规定进行协商。

赔偿义务机关决定赔偿的,应当制作赔偿决定书,并自作出决定之日起十日内送达赔偿请求人。

赔偿义务机关决定不予赔偿的,应当自作出决定之日起十日内书面通知赔偿请求人,并说明不予赔偿的理由。

第二十四条 【刑事赔偿复议申请的提出】赔偿义务机关在规定期限内未作出是否赔偿的决定,赔偿请求人可以自期限届满之日起三十日内向赔偿义务机关的上一级机关申请复议。

赔偿请求人对赔偿的方式、项目、数额有异议的,或者赔偿义务机关作出不予赔偿决定的,赔偿请求人可以自赔偿义务机关作出赔偿或者不予赔偿决定之日起三十日内,向赔偿义务机关的上一级机关申请复议。

赔偿义务机关是人民法院的,赔偿请求人可以依照本条规定向其上一级人民法院赔偿委员会申请作出赔偿决定。

第二十五条 【刑事赔偿复议的处理和对复议决定的救济】复议机关应当自收到申请之日起两个月内作出决定。

赔偿请求人不服复议决定的,可以在收到复议决定之日起三十日内向复议机关所在地的同级人民法院赔偿委员会申请作出赔偿决定;复议机关逾期不作决定的,赔偿请求人可以自期限届满之日起三十日内向复议机关所在地的同级人民法院赔偿委员会申请作出赔偿决定。

第二十六条 【举证责任分配】人民法院赔偿委员会处理赔偿请求，赔偿请求人和赔偿义务机关对自己提出的主张，应当提供证据。

被羁押人在羁押期间死亡或者丧失行为能力的，赔偿义务机关的行为与被羁押人的死亡或者丧失行为能力是否存在因果关系，赔偿义务机关应当提供证据。

第二十七条 【赔偿委员会办理案件程序】人民法院赔偿委员会处理赔偿请求，采取书面审查的办法。必要时，可以向有关单位和人员调查情况、收集证据。赔偿请求人与赔偿义务机关对损害事实及因果关系有争议的，赔偿委员会可以听取赔偿请求人和赔偿义务机关的陈述和申辩，并可以进行质证。

第二十八条 【赔偿委员会办理案件期限】人民法院赔偿委员会应当自收到赔偿申请之日起三个月内作出决定；属于疑难、复杂、重大案件的，经本院院长批准，可以延长三个月。

第二十九条 【赔偿委员会的组成】中级以上的人民法院设立赔偿委员会，由人民法院三名以上审判员组成，组成人员的人数应当为单数。

赔偿委员会作赔偿决定，实行少数服从多数的原则。

赔偿委员会作出的赔偿决定，是发生法律效力的决定，必须执行。

第三十条 【赔偿委员会重新审查程序】赔偿请求人或者赔偿义务机关对赔偿委员会作出的决定，认为确有错误的，可以向上一级人民法院赔偿委员会提出申诉。

赔偿委员会作出的赔偿决定生效后，如发现赔偿决定违反本法规定的，经本院院长决定或者上级人民法院指令，赔偿委员会应当在两个月内重新审查并依法作出决定，上一级人民法院赔偿委员会也可以直接审查并作出决定。

最高人民检察院对各级人民法院赔偿委员会作出的决定，上级人民检察院对下级人民法院赔偿委员会作出的决定，发现违反本法规定的，应当向同级人民法院赔偿委员会提出意见，同级人民法院赔偿委员会应当在两个月内重新审查并依法作出决定。

第三十一条 【刑事赔偿的追偿】赔偿义务机关赔偿后，应当向有下列情形之一的工作人员追偿部分或者全部赔偿费用：

（一）有本法第十七条第四项、第五项规定情形的；

（二）在处理案件中有贪污受贿，徇私舞弊，枉法裁判行为的。

对有前款规定情形的责任人员，有关机关应当依法给予处分；构成犯罪的，应当依法追究刑事责任。

第四章 赔偿方式和计算标准

第三十二条 【赔偿方式】国家赔偿以支付赔偿金为主要方式。

能够返还财产或者恢复原状的，予以返还财产或者恢复原状。

第三十三条 【人身自由的国家赔偿标准】侵犯公民人身自由的，每日赔偿金按照国家上年度职工日平均工资计算。

第三十四条 【生命健康权的国家赔偿标准】侵犯公民生命健康权的，赔偿金按照下列规定计算：

（一）造成身体伤害的，应当支付医疗费、护理费，以及赔偿因误工减少的收入。减少的收入每日的赔偿金按照国家上年度职工日平均工资计算，最高额为国家上年度职工年平均工资的五倍；

（二）造成部分或者全部丧失劳动能力的，应当支付医疗费、护理费、残疾生活辅助具费、康复费等因残疾而增加的必要支出和继续治疗所必需的费用，以及残疾赔偿金。残疾赔偿金根据丧失劳动能力的程度，按照国家规定的伤残等级确定，最高不超过国家上年度职工年平均工资的二十倍。造成全部丧失劳动能力的，对其扶养的无劳动能力的人，还应当支付生活费；

（三）造成死亡的，应当支付死亡赔偿金、丧葬费，总额为国家上年度职工年平均工资的二十倍。对死者生前扶养的无劳动能力的人，还应当支付生活费。

前款第二项、第三项规定的生活费的发放标准，参照当地最低生活保障标准执行。被扶养的人是未成年人的，生活费给付至十八周岁止；其他无劳动能力的人，生活费给付至死亡时止。

第三十五条 【精神损害的国家赔偿标准】有本法第三条或者第十七条规定情形之一，致人精神损害的，应当在侵权行为影响的范围内，为受害人消除影响，恢复名誉，赔礼道歉；造成严重后果的，应当支付相应的精神损害抚慰金。

第三十六条 【财产权的国家赔偿标准】侵犯公民、法人和其他组织的财产权造成损害的，按照下列规定处理：

（一）处罚款、罚金、追缴、没收财产或者违法征收、征用财产的，返还财产；

（二）查封、扣押、冻结财产的，解除对财产的查封、扣押、冻结，造成财产损坏或者灭失的，依照本条第三项、第四项的规定赔偿；

（三）应当返还的财产损坏的，能够恢复原状的恢复原状，不能恢复原状的，按照损害程度给付相应的赔偿金；

（四）应当返还的财产灭失的，给付相应的赔偿金；

（五）财产已经拍卖或者变卖的，给付拍卖或者变卖所得的价款；变卖的价款明显低于财产价值的，应当支付相应的赔偿金；

（六）吊销许可证和执照、责令停产停业的，赔偿停产停业期间必要的经常性费用开支；

（七）返还执行的罚款或者罚金、追缴或者没收的金钱，解除冻结的存款或者汇款的，应当支付银行同期存款利息；

（八）对财产权造成其他损害的，按照直接损失给予赔偿。

第三十七条 【国家赔偿费用】赔偿费用列入各级财政预算。

赔偿请求人凭生效的判决书、复议决定书、赔偿决定书或者调解书，向赔偿义务机关申请支付赔偿金。

赔偿义务机关应当自收到支付赔偿金申请之日起七日内，依照预算管理权限向有关的财政部门提出支付申请。财政部门应当自收到支付申请之日起十五日内支付赔偿金。

赔偿费用预算与支付管理的具体办法由国务院规定。

第五章 其他规定

第三十八条 【民事、行政诉讼中的司法赔偿】人民法院在民事诉讼、行政诉讼过程中，违法采取对妨害诉讼的强制措施、保全措施或者对判决、裁定及其他生效法律文书执行错误，造成损害的，赔偿请求人要求赔偿的程序，适用本法刑事赔偿程序的规定。

第三十九条 【国家赔偿请求时效】赔偿请求人请求国家赔偿的时效为两年，自其知道或者应当知道国家机关及其工作人员行使职权时的行为侵犯其人身权、财产权之日起计算，但被羁押等限制人身自由期间不计算在内。在申请行政复议或者提起行政诉讼时一并提出赔偿请求的，适用行政复议法、行政诉讼法有关时效的规定。

赔偿请求人在赔偿请求时效的最后六个月内，因不可抗力或者其他障碍不能行使请求权的，时效中止。从中止时效的原因消除之日起，赔偿请求时效期间继续计算。

第四十条 【对等原则】外国人、外国企业和组织在中华人民共和国领域内要求中华人民共和国国家赔偿的，适用本法。

外国人、外国企业和组织的所属国对中华人民共和国公民、法人和其他组织要求该国国家赔偿的权利不予保护或者限制的，中华人民共和国与该外国人、外国企业和组织的所属国实行对等原则。

第六章 附 则

第四十一条 【不得收费和征税】赔偿请求人要求国家赔偿的，赔偿义务机关、复议机关和人民法院不得向赔偿请求人收取任何费用。

对赔偿请求人取得的赔偿金不予征税。

第四十二条 【施行时间】本法自1995年1月1日起施行。

国家赔偿费用管理条例

·2010年12月29日国务院第138次常务会议通过
·2011年1月17日中华人民共和国国务院令第589号公布
·自公布之日起施行

第一条 为了加强国家赔偿费用管理，保障公民、法人和其他组织享有依法取得国家赔偿的权利，促进国家机关依法行使职权，根据《中华人民共和国国家赔偿法》（以下简称国家赔偿法），制定本条例。

第二条 本条例所称国家赔偿费用，是指依照国家赔偿法的规定，应当向赔偿请求人赔偿的费用。

第三条 国家赔偿费用由各级人民政府按照财政管理体制分级负担。

各级人民政府应当根据实际情况，安排一定数额的国家赔偿费用，列入本级年度财政预算。当年需要支付的国家赔偿费用超过本级年度财政预算安排的，应当按照规定及时安排资金。

第四条 国家赔偿费用由各级人民政府财政部门统一管理。

国家赔偿费用的管理应当依法接受监督。

第五条 赔偿请求人申请支付国家赔偿费用的，应当向赔偿义务机关提出书面申请，并提交与申请有关的生效判决书、复议决定书、赔偿决定书或者调解书以及赔偿请求人的身份证明。

赔偿请求人书写申请书确有困难的，可以委托他人代书；也可以口头申请，由赔偿义务机关如实记录，交赔偿请求人核对或者向赔偿请求人宣读，并由赔偿请求人签字确认。

第六条 申请材料真实、有效、完整的，赔偿义务机关收到申请材料即为受理。赔偿义务机关受理申请的，应当书面通知赔偿请求人。

申请材料不完整的，赔偿义务机关应当当场或者在3个工作日内一次告知赔偿请求人需要补正的全部材料。赔偿请求人按照赔偿义务机关的要求提交补正材料的，赔偿义务机关收到补正材料即为受理。未告知需要补正材料的，赔偿义务机关收到申请材料即为受理。

申请材料虚假、无效，赔偿义务机关决定不予受理的，应当书面通知赔偿请求人并说明理由。

第七条 赔偿请求人对赔偿义务机关不予受理决定有异议的，可以自收到书面通知之日起10日内向赔偿义务机关的上一级机关申请复核。上一级机关应当自收到复核申请之日起5个工作日内依法作出决定。

上一级机关认为不予受理决定错误的，应当自作出复核决定之日起3个工作日内通知赔偿义务机关受理，并告知赔偿请求人。赔偿义务机关应当在收到通知后立即受理。

上一级机关维持不予受理决定的，应当自作出复核决定之日起3个工作日内书面通知赔偿请求人并说明理由。

第八条 赔偿义务机关应当自受理赔偿请求人支付申请之日起7日内，依照预算管理权限向有关财政部门提出书面支付申请，并提交下列材料：

（一）赔偿请求人请求支付国家赔偿费用的申请；

（二）生效的判决书、复议决定书、赔偿决定书或者调解书；

（三）赔偿请求人的身份证明。

第九条 财政部门收到赔偿义务机关申请材料后，应当根据下列情况分别作出处理：

（一）申请的国家赔偿费用依照预算管理权限不属于本财政部门支付的，应当在3个工作日内退回申请材料并书面通知赔偿义务机关向有管理权限的财政部门申请；

（二）申请材料符合要求的，收到申请即为受理，并书面通知赔偿义务机关；

（三）申请材料不符合要求的，应当在3个工作日内一次告知赔偿义务机关需要补正的全部材料。赔偿义务机关应当在5个工作日内按照要求提交全部补正材料，财政部门收到补正材料即为受理。

第十条 财政部门应当自受理申请之日起15日内，按照预算和财政国库管理的有关规定支付国家赔偿费用。

财政部门发现赔偿项目、计算标准违反国家赔偿法规定的，应当提交作出赔偿决定的机关或者其上级机关依法处理，追究有关人员的责任。

第十一条 财政部门自支付国家赔偿费用之日起3个工作日内告知赔偿义务机关、赔偿请求人。

第十二条 赔偿义务机关应当依照国家赔偿法第十六条、第三十一条的规定，责令有关工作人员、受委托的组织或者个人承担或者向有关工作人员追偿部分或者全部国家赔偿费用。

赔偿义务机关依照前款规定作出决定后，应当书面通知有关财政部门。

有关工作人员、受委托的组织或者个人应当依照财政收入收缴的规定上缴应当承担或者被追偿的国家赔偿费用。

第十三条 赔偿义务机关、财政部门及其工作人员有下列行为之一，根据《财政违法行为处罚处分条例》的规定处理、处分；构成犯罪的，依法追究刑事责任：

（一）以虚报、冒领等手段骗取国家赔偿费用的；

（二）违反国家赔偿法规定的范围和计算标准实施国家赔偿造成财政资金损失的；

（三）不依法支付国家赔偿费用的；

（四）截留、滞留、挪用、侵占国家赔偿费用的；

（五）未依照规定责令有关工作人员、受委托的组织或者个人承担国家赔偿费用或者向有关工作人员追偿国家赔偿费用的；

（六）未依照规定将应当承担或者被追偿的国家赔偿费用及时上缴财政的。

第十四条 本条例自公布之日起施行。1995年1月25日国务院发布的《国家赔偿费用管理办法》同时废止。

中华人民共和国监察法

- 2018年3月20日第十三届全国人民代表大会第一次会议通过
- 2018年3月20日中华人民共和国主席令第3号公布
- 自公布之日起施行

第一章 总 则

第一条 为了深化国家监察体制改革，加强对所有行使公权力的公职人员的监督，实现国家监察全面覆盖，深入开展反腐败工作，推进国家治理体系和治理能力现代化，根据宪法，制定本法。

第二条 坚持中国共产党对国家监察工作的领导，以马克思列宁主义、毛泽东思想、邓小平理论、"三个代表"重要思想、科学发展观、习近平新时代中国特色社会主义思想为指导，构建集中统一、权威高效的中国特色国家监察体制。

第三条 各级监察委员会是行使国家监察职能的专责机关，依照本法对所有行使公权力的公职人员（以下称公职人员）进行监察，调查职务违法和职务犯罪，开展廉政建设和反腐败工作，维护宪法和法律的尊严。

第四条 监察委员会依照法律规定独立行使监察权，不受行政机关、社会团体和个人的干涉。

监察机关办理职务违法和职务犯罪案件，应当与审判机关、检察机关、执法部门互相配合，互相制约。

监察机关在工作中需要协助的，有关机关和单位应当根据监察机关的要求依法予以协助。

第五条 国家监察工作严格遵照宪法和法律，以事实为根据，以法律为准绳；在适用法律上一律平等，保障当事人的合法权益；权责对等，严格监督；惩戒与教育相结合，宽严相济。

第六条 国家监察工作坚持标本兼治、综合治理，强化监督问责，严厉惩治腐败；深化改革、健全法治，有效制约和监督权力；加强法治教育和道德教育，弘扬中华优秀传统文化，构建不敢腐、不能腐、不想腐的长效机制。

第二章 监察机关及其职责

第七条 中华人民共和国国家监察委员会是最高监察机关。

省、自治区、直辖市、自治州、县、自治县、市、市辖区设立监察委员会。

第八条 国家监察委员会由全国人民代表大会产生，负责全国监察工作。

国家监察委员会由主任、副主任若干人、委员若干人组成，主任由全国人民代表大会选举，副主任、委员由国家监察委员会主任提请全国人民代表大会常务委员会任免。

国家监察委员会主任每届任期同全国人民代表大会每届任期相同，连续任职不得超过两届。

国家监察委员会对全国人民代表大会及其常务委员会负责，并接受其监督。

第九条 地方各级监察委员会由本级人民代表大会产生，负责本行政区域内的监察工作。

地方各级监察委员会由主任、副主任若干人、委员若干人组成，主任由本级人民代表大会选举，副主任、委员由监察委员会主任提请本级人民代表大会常务委员会任免。

地方各级监察委员会主任每届任期同本级人民代表大会每届任期相同。

地方各级监察委员会对本级人民代表大会及其常务委员会和上一级监察委员会负责，并接受其监督。

第十条 国家监察委员会领导地方各级监察委员会的工作，上级监察委员会领导下级监察委员会的工作。

第十一条 监察委员会依照本法和有关法律规定履行监督、调查、处置职责：

（一）对公职人员开展廉政教育，对其依法履职、秉公用权、廉洁从政从业以及道德操守情况进行监督检查；

（二）对涉嫌贪污贿赂、滥用职权、玩忽职守、权力寻租、利益输送、徇私舞弊以及浪费国家资财等职务违法和职务犯罪进行调查；

（三）对违法的公职人员依法作出政务处分决定；对履行职责不力、失职失责的领导人员进行问责；对涉嫌职务犯罪的，将调查结果移送人民检察院依法审查、提起公诉；向监察对象所在单位提出监察建议。

第十二条 各级监察委员会可以向本级中国共产党机关、国家机关、法律法规授权或者委托管理公共事务的组织和单位以及所管辖的行政区域、国有企业等派驻或者派出监察机构、监察专员。

监察机构、监察专员对派驻或者派出它的监察委员会负责。

第十三条 派驻或者派出的监察机构、监察专员根据授权，按照管理权限依法对公职人员进行监督，提出监察建议，依法对公职人员进行调查、处置。

第十四条 国家实行监察官制度，依法确定监察官的等级设置、任免、考评和晋升等制度。

第三章 监察范围和管辖

第十五条 监察机关对下列公职人员和有关人员进行监察：

（一）中国共产党机关、人民代表大会及其常务委员会机关、人民政府、监察委员会、人民法院、人民检察院、中国人民政治协商会议各级委员会机关、民主党派机关和工商业联合会机关的公务员，以及参照《中华人民共和国公务员法》管理的人员；

（二）法律、法规授权或者受国家机关依法委托管理公共事务的组织中从事公务的人员；

（三）国有企业管理人员；

（四）公办的教育、科研、文化、医疗卫生、体育等单位中从事管理的人员；

（五）基层群众性自治组织中从事管理的人员；

（六）其他依法履行公职的人员。

第十六条 各级监察机关按照管理权限管辖本辖区内本法第十五条规定的人员所涉监察事项。

上级监察机关可以办理下一级监察机关管辖范围内的监察事项，必要时也可以办理所辖各级监察机关管辖范围内的监察事项。

监察机关之间对监察事项的管辖有争议，由其共同的上级监察机关确定。

第十七条 上级监察机关可以将其所管辖的监察事项指定下级监察机关管辖，也可以将下级监察机关有管辖权的监察事项指定给其他监察机关管辖。

监察机关认为所管辖的监察事项重大、复杂，需要由上级监察机关管辖的，可以报请上级监察机关管辖。

第四章　监察权限

第十八条 监察机关行使监督、调查职权，有权依法向有关单位和个人了解情况，收集、调取证据。有关单位和个人应当如实提供。

监察机关及其工作人员对监督、调查过程中知悉的国家秘密、商业秘密、个人隐私，应当保密。

任何单位和个人不得伪造、隐匿或者毁灭证据。

第十九条 对可能发生职务违法的监察对象，监察机关按照管理权限，可以直接或者委托有关机关、人员进行谈话或者要求说明情况。

第二十条 在调查过程中，对涉嫌职务违法的被调查人，监察机关可以要求其就涉嫌违法行为作出陈述，必要时向被调查人出具书面通知。

对涉嫌贪污贿赂、失职渎职等职务犯罪的被调查人，监察机关可以进行讯问，要求其如实供述涉嫌犯罪的情况。

第二十一条 在调查过程中，监察机关可以询问证人等人员。

第二十二条 被调查人涉嫌贪污贿赂、失职渎职等严重职务违法或者职务犯罪，监察机关已经掌握其部分违法犯罪事实及证据，仍有重要问题需要进一步调查，并有下列情形之一的，经监察机关依法审批，可以将其留置在特定场所：

（一）涉及案情重大、复杂的；

（二）可能逃跑、自杀的；

（三）可能串供或者伪造、隐匿、毁灭证据的；

（四）可能有其他妨碍调查行为的。

对涉嫌行贿犯罪或者共同职务犯罪的涉案人员，监察机关可以依照前款规定采取留置措施。

留置场所的设置、管理和监督依照国家有关规定执行。

第二十三条 监察机关调查涉嫌贪污贿赂、失职渎职等严重职务违法或者职务犯罪，根据工作需要，可以依照规定查询、冻结涉案单位和个人的存款、汇款、债券、股票、基金份额等财产。有关单位和个人应当配合。

冻结的财产经查明与案件无关的，应当在查明后三日内解除冻结，予以退还。

第二十四条 监察机关可以对涉嫌职务犯罪的被调查人以及可能隐藏被调查人或者犯罪证据的人的身体、物品、住处和其他有关地方进行搜查。在搜查时，应当出示搜查证，并有被搜查人或者其家属等见证人在场。

搜查女性身体，应当由女性工作人员进行。

监察机关进行搜查时，可以根据工作需要提请公安机关配合。公安机关应当依法予以协助。

第二十五条 监察机关在调查过程中，可以调取、查封、扣押用以证明被调查人涉嫌违法犯罪的财物、文件和电子数据等信息。采取调取、查封、扣押措施，应当收集原物原件，会同持有人或者保管人、见证人，当面逐一拍照、登记、编号，开列清单，由在场人员当场核对、签名，并将清单副本交财物、文件的持有人或者保管人。

对调取、查封、扣押的财物、文件，监察机关应当设立专用账户、专门场所，确定专门人员妥善保管，严格履行交接、调取手续，定期对账核实，不得毁损或者用于其他目的。对价值不明物品应当及时鉴定，专门封存保管。

查封、扣押的财物、文件经查明与案件无关的，应当在查明后三日内解除查封、扣押，予以退还。

第二十六条 监察机关在调查过程中，可以直接或者指派、聘请具有专门知识、资格的人员在调查人员主持下进行勘验检查。勘验检查情况应当制作笔录，由参加勘验检查的人员和见证人签名或者盖章。

第二十七条 监察机关在调查过程中，对于案件中的专门性问题，可以指派、聘请有专门知识的人进行鉴定。鉴定人进行鉴定后，应当出具鉴定意见，并且签名。

第二十八条 监察机关调查涉嫌重大贪污贿赂等职务犯罪，根据需要，经过严格的批准手续，可以采取技术调查措施，按照规定交有关机关执行。

批准决定应当明确采取技术调查措施的种类和适用对象，自签发之日起三个月以内有效；对于复杂、疑难案件，期限届满仍有必要继续采取技术调查措施的，经过批准，有效期可以延长，每次不得超过三个月。对于不需要继续采取技术调查措施的,应当及时解除。

第二十九条 依法应当留置的被调查人如果在逃,监察机关可以决定在本行政区域内通缉,由公安机关发布通缉令,追捕归案。通缉范围超出本行政区域的,应当报请有权决定的上级监察机关决定。

第三十条 监察机关为防止被调查人及相关人员逃匿境外,经省级以上监察机关批准,可以对被调查人及相关人员采取限制出境措施,由公安机关依法执行。对于不需要继续采取限制出境措施的,应当及时解除。

第三十一条 涉嫌职务犯罪的被调查人主动认罪认罚,有下列情形之一的,监察机关经领导人员集体研究,并报上一级监察机关批准,可以在移送人民检察院时提出从宽处罚的建议:

(一)自动投案,真诚悔罪悔过的;

(二)积极配合调查工作,如实供述监察机关还未掌握的违法犯罪行为的;

(三)积极退赃,减少损失的;

(四)具有重大立功表现或者案件涉及国家重大利益等情形的。

第三十二条 职务违法犯罪的涉案人员揭发有关被调查人职务违法犯罪行为,查证属实的,或者提供重要线索,有助于调查其他案件的,监察机关经领导人员集体研究,并报上一级监察机关批准,可以在移送人民检察院时提出从宽处罚的建议。

第三十三条 监察机关依照本法规定收集的物证、书证、证人证言、被调查人供述和辩解、视听资料、电子数据等证据材料,在刑事诉讼中可以作为证据使用。

监察机关在收集、固定、审查、运用证据时,应当与刑事审判关于证据的要求和标准相一致。

以非法方法收集的证据应当依法予以排除,不得作为案件处置的依据。

第三十四条 人民法院、人民检察院、公安机关、审计机关等国家机关在工作中发现公职人员涉嫌贪污贿赂、失职渎职等职务违法或者职务犯罪的问题线索,应当移送监察机关,由监察机关依法调查处置。

被调查人既涉嫌严重职务违法或者职务犯罪,又涉嫌其他违法犯罪的,一般应当由监察机关为主调查,其他机关予以协助。

第五章 监察程序

第三十五条 监察机关对于报案或者举报,应当接受并按照有关规定处理。对于不属于本机关管辖的,应当移送主管机关处理。

第三十六条 监察机关应当严格按照程序开展工作,建立问题线索处置、调查、审理各部门相互协调、相互制约的工作机制。

监察机关应当加强对调查、处置工作全过程的监督管理,设立相应的工作部门履行线索管理、监督检查、督促办理、统计分析等管理协调职能。

第三十七条 监察机关对监察对象的问题线索,应当按照有关规定提出处置意见,履行审批手续,进行分类办理。线索处置情况应当定期汇总、通报,定期检查、抽查。

第三十八条 需要采取初步核实方式处置问题线索的,监察机关应当依法履行审批程序,成立核查组。初步核实工作结束后,核查组应当撰写初步核实情况报告,提出处理建议。承办部门应当提出分类处理意见。初步核实情况报告和分类处理意见报监察机关主要负责人审批。

第三十九条 经过初步核实,对监察对象涉嫌职务违法犯罪,需要追究法律责任的,监察机关应当按照规定的权限和程序办理立案手续。

监察机关主要负责人依法批准立案后,应当主持召开专题会议,研究确定调查方案,决定需要采取的调查措施。

立案调查决定应当向被调查人宣布,并通报相关组织。涉嫌严重职务违法或者职务犯罪的,应当通知被调查人家属,并向社会公开发布。

第四十条 监察机关对职务违法和职务犯罪案件,应当进行调查,收集被调查人有无违法犯罪以及情节轻重的证据,查明违法犯罪事实,形成相互印证、完整稳定的证据链。

严禁以威胁、引诱、欺骗及其他非法方式收集证据,严禁侮辱、打骂、虐待、体罚或者变相体罚被调查人和涉案人员。

第四十一条 调查人员采取讯问、询问、留置、搜查、调取、查封、扣押、勘验检查等调查措施,均应当依照规定出示证件,出具书面通知,由二人以上进行,形成笔录、报告等书面材料,并由相关人员签名、盖章。

调查人员进行讯问以及搜查、查封、扣押等重要取证工作,应当对全过程进行录音录像,留存备查。

第四十二条 调查人员应当严格执行调查方案,不得随意扩大调查范围、变更调查对象和事项。

对调查过程中的重要事项,应当集体研究后按程序请示报告。

第四十三条　监察机关采取留置措施,应当由监察机关领导人员集体研究决定。设区的市级以下监察机关采取留置措施,应当报上一级监察机关批准。省级监察机关采取留置措施,应当报国家监察委员会备案。

留置时间不得超过三个月。在特殊情况下,可以延长一次,延长时间不得超过三个月。省级以下监察机关采取留置措施的,延长留置时间应当报上一级监察机关批准。监察机关发现采取留置措施不当的,应当及时解除。

监察机关采取留置措施,可以根据工作需要提请公安机关配合。公安机关应当依法予以协助。

第四十四条　对被调查人采取留置措施后,应当在二十四小时以内,通知被留置人员所在单位和家属,但有可能毁灭、伪造证据,干扰证人作证或者串供等有碍调查情形的除外。有碍调查的情形消失后,应当立即通知被留置人员所在单位和家属。

监察机关应当保障被留置人员的饮食、休息和安全,提供医疗服务。讯问被留置人员应当合理安排讯问时间和时长,讯问笔录由被讯问人阅看后签名。

被留置人员涉嫌犯罪移送司法机关后,被依法判处管制、拘役和有期徒刑的,留置一日折抵管制二日,折抵拘役、有期徒刑一日。

第四十五条　监察机关根据监督、调查结果,依法作出如下处置:

(一)对有职务违法行为但情节较轻的公职人员,按照管理权限,直接或者委托有关机关、人员,进行谈话提醒、批评教育、责令检查,或者予以诫勉;

(二)对违法的公职人员依照法定程序作出警告、记过、记大过、降级、撤职、开除等政务处分决定;

(三)对不履行或者不正确履行职责负有责任的领导人员,按照管理权限对其直接作出问责决定,或者向有权作出问责决定的机关提出问责建议;

(四)对涉嫌职务犯罪的,监察机关经调查认为犯罪事实清楚,证据确实、充分的,制作起诉意见书,连同案卷材料、证据一并移送人民检察院依法审查、提起公诉;

(五)对监察对象所在单位廉政建设和履行职责存在的问题等提出监察建议。

监察机关经调查,对没有证据证明被调查人存在违法犯罪行为的,应当撤销案件,并通知被调查人所在单位。

第四十六条　监察机关经调查,对违法取得的财物,依法予以没收、追缴或者责令退赔;对涉嫌犯罪取得的财物,应当随案移送人民检察院。

第四十七条　对监察机关移送的案件,人民检察院依照《中华人民共和国刑事诉讼法》对被调查人采取强制措施。

人民检察院经审查,认为犯罪事实已经查清,证据确实、充分,依法应当追究刑事责任的,应当作出起诉决定。

人民检察院经审查,认为需要补充核实的,应当退回监察机关补充调查,必要时可以自行补充侦查。对于补充调查的案件,应当在一个月内补充调查完毕。补充调查以二次为限。

人民检察院对于有《中华人民共和国刑事诉讼法》规定的不起诉的情形的,经上一级人民检察院批准,依法作出不起诉的决定。监察机关认为不起诉的决定有错误的,可以向上一级人民检察院提请复议。

第四十八条　监察机关在调查贪污贿赂、失职渎职等职务犯罪案件过程中,被调查人逃匿或者死亡,有必要继续调查的,经省级以上监察机关批准,应当继续调查并作出结论。被调查人逃匿,在通缉一年后不能到案,或者死亡的,由监察机关提请人民检察院依照法定程序,向人民法院提出没收违法所得的申请。

第四十九条　监察对象对监察机关作出的涉及本人的处理决定不服的,可以在收到处理决定之日起一个月内,向作出决定的监察机关申请复审,复审机关应当在一个月内作出复审决定;监察对象对复审决定仍不服的,可以在收到复审决定之日起一个月内,向上一级监察机关申请复核,复核机关应当在二个月内作出复核决定。复审、复核期间,不停止原处理决定的执行。复核机关经审查,认定处理决定有错误的,原处理机关应当及时予以纠正。

第六章　反腐败国际合作

第五十条　国家监察委员会统筹协调与其他国家、地区、国际组织开展的反腐败国际交流、合作,组织反腐败国际条约实施工作。

第五十一条　国家监察委员会组织协调有关方面加强与有关国家、地区、国际组织在反腐败执法、引渡、司法协助、被判刑人的移管、资产追回和信息交流等领域的合作。

第五十二条　国家监察委员会加强对反腐败国际追逃追赃和防逃工作的组织协调,督促有关单位做好相关工作:

(一)对于重大贪污贿赂、失职渎职等职务犯罪案件,被调查人逃匿到国(境)外,掌握证据比较确凿的,通过开展境外追逃合作,追捕归案;

(二)向赃款赃物所在国请求查询、冻结、扣押、没收、追缴、返还涉案资产;

(三)查询、监控涉嫌职务犯罪的公职人员及其相关人员进出国(境)和跨境资金流动情况,在调查案件过程中设置防逃程序。

第七章 对监察机关和监察人员的监督

第五十三条 各级监察委员会应当接受本级人民代表大会及其常务委员会的监督。

各级人民代表大会常务委员会听取和审议本级监察委员会的专项工作报告,组织执法检查。

县级以上各级人民代表大会及其常务委员会举行会议时,人民代表大会代表或者常务委员会组成人员可以依照法律规定的程序,就监察工作中的有关问题提出询问或者质询。

第五十四条 监察机关应当依法公开监察工作信息,接受民主监督、社会监督、舆论监督。

第五十五条 监察机关通过设立内部专门的监督机构等方式,加强对监察人员执行职务和遵守法律情况的监督,建设忠诚、干净、担当的监察队伍。

第五十六条 监察人员必须模范遵守宪法和法律,忠于职守、秉公执法,清正廉洁、保守秘密;必须具有良好的政治素质,熟悉监察业务,具备运用法律、法规、政策和调查取证等能力,自觉接受监督。

第五十七条 对于监察人员打听案情、过问案件、说情干预的,办理监察事项的监察人员应当及时报告。有关情况应当登记备案。

发现办理监察事项的监察人员未经批准接触被调查人、涉案人员及其特定关系人,或者存在交往情形的,知情人应当及时报告。有关情况应当登记备案。

第五十八条 办理监察事项的监察人员有下列情形之一的,应当自行回避,监察对象、检举人及其他有关人员也有权要求其回避:

(一)是监察对象或者检举人的近亲属的;

(二)担任过本案的证人的;

(三)本人或者其近亲属与办理的监察事项有利害关系的;

(四)有可能影响监察事项公正处理的其他情形的。

第五十九条 监察机关涉密人员离岗离职后,应当遵守脱密期管理规定,严格履行保密义务,不得泄露相关秘密。

监察人员辞职、退休三年内,不得从事与监察和司法工作相关联且可能发生利益冲突的职业。

第六十条 监察机关及其工作人员有下列行为之一的,被调查人及其近亲属有权向该机关申诉:

(一)留置法定期限届满,不予以解除的;

(二)查封、扣押、冻结与案件无关的财物的;

(三)应当解除查封、扣押、冻结措施而不解除的;

(四)贪污、挪用、私分、调换以及违反规定使用查封、扣押、冻结的财物的;

(五)其他违反法律法规、侵害被调查人合法权益的行为。

受理申诉的监察机关应当在受理申诉之日起一个月内作出处理决定。申诉人对处理决定不服的,可以在收到处理决定之日起一个月内向上一级监察机关申请复查,上一级监察机关应当在收到复查申请之日起二个月内作出处理决定,情况属实的,及时予以纠正。

第六十一条 对调查工作结束后发现立案依据不充分或者失实,案件处置出现重大失误,监察人员严重违法的,应当追究负有责任的领导人员和直接责任人员的责任。

第八章 法律责任

第六十二条 有关单位拒不执行监察机关作出的处理决定,或者无正当理由拒不采纳监察建议的,由其主管部门、上级机关责令改正,对单位给予通报批评;对负有责任的领导人员和直接责任人员依法给予处理。

第六十三条 有关人员违反本法规定,有下列行为之一的,由其所在单位、主管部门、上级机关或者监察机关责令改正,依法给予处理:

(一)不按要求提供有关材料,拒绝、阻碍调查措施实施等拒不配合监察机关调查的;

(二)提供虚假情况,掩盖事实真相的;

(三)串供或者伪造、隐匿、毁灭证据的;

(四)阻止他人揭发检举、提供证据的;

(五)其他违反本法规定的行为,情节严重的。

第六十四条 监察对象对控告人、检举人、证人或者监察人员进行报复陷害的;控告人、检举人、证人捏造事实诬告陷害监察对象的,依法给予处理。

第六十五条 监察机关及其工作人员有下列行为之一的,对负有责任的领导人员和直接责任人员依法给予处理:

(一)未经批准、授权处置问题线索,发现重大案情隐瞒不报,或者私自留存、处理涉案材料的;

(二)利用职权或者职务上的影响干预调查工作、以案谋私的;

(三)违法窃取、泄露调查工作信息,或者泄露举报事项、举报受理情况以及举报人信息的；

（四）对被调查人或者涉案人员逼供、诱供，或者侮辱、打骂、虐待、体罚或者变相体罚的；

（五）违反规定处置查封、扣押、冻结的财物的；

（六）违反规定发生办案安全事故，或者发生安全事故后隐瞒不报、报告失实、处置不当的；

（七）违反规定采取留置措施的；

（八）违反规定限制他人出境，或者不按规定解除出境限制的；

（九）其他滥用职权、玩忽职守、徇私舞弊的行为。

第六十六条 违反本法规定，构成犯罪的，依法追究刑事责任。

第六十七条 监察机关及其工作人员行使职权，侵犯公民、法人和其他组织的合法权益造成损害的，依法给予国家赔偿。

第九章 附 则

第六十八条 中国人民解放军和中国人民武装警察部队开展监察工作，由中央军事委员会根据本法制定具体规定。

第六十九条 本法自公布之日起施行。《中华人民共和国行政监察法》同时废止。

中华人民共和国监察法实施条例

· 2021年9月20日中华人民共和国国家监察委员会公告第1号
· 自2021年9月20日起施行

第一章 总 则

第一条 为了推动监察工作法治化、规范化，根据《中华人民共和国监察法》（以下简称监察法），结合工作实际，制定本条例。

第二条 坚持中国共产党对监察工作的全面领导，增强政治意识、大局意识、核心意识、看齐意识，坚定中国特色社会主义道路自信、理论自信、制度自信、文化自信，坚决维护习近平总书记党中央的核心、全党的核心地位，坚决维护党中央权威和集中统一领导，把党的领导贯彻到监察工作各方面和全过程。

第三条 监察机关与党的纪律检查机关合署办公，坚持法治思维和法治方式，促进执纪执法贯通、有效衔接司法，实现依纪监督和依法监察、适用纪律和适用法律有机融合。

第四条 监察机关应当依法履行监督、调查、处置职责，坚持实事求是，坚持惩前毖后、治病救人，坚持惩戒与教育相结合，实现政治效果、法律效果和社会效果相统一。

第五条 监察机关应当坚定不移惩治腐败，推动深化改革、完善制度，规范权力运行，加强思想道德教育、法治教育、廉洁教育，引导公职人员提高觉悟、担当作为、依法履职，一体推进不敢腐、不能腐、不想腐体制机制建设。

第六条 监察机关坚持民主集中制，对于线索处置、立案调查、案件审理、处置执行、复审复核中的重要事项应当集体研究，严格按照权限履行请示报告程序。

第七条 监察机关应当在适用法律上一律平等，充分保障监察对象以及相关人员的人身权、知情权、财产权、申辩权、申诉权以及申请复审复核权等合法权益。

第八条 监察机关办理职务犯罪案件，应当与人民法院、人民检察院互相配合、互相制约，在案件管辖、证据审查、案件移送、涉案财物处置等方面加强沟通协调，对于人民法院、人民检察院提出的退回补充调查、排除非法证据、调取同步录音录像、要求调查人员出庭等意见依法办理。

第九条 监察机关开展监察工作，可以依法提请组织人事、公安、国家安全、审计、统计、市场监管、金融监管、财政、税务、自然资源、银行、证券、保险等有关部门、单位予以协助配合。

有关部门、单位应当根据监察机关的要求，依法协助采取有关措施、共享相关信息、提供相关资料和专业技术支持，配合开展监察工作。

第二章 监察机关及其职责

第一节 领导体制

第十条 国家监察委员会在党中央领导下开展工作。地方各级监察委员会在同级党委和上级监察委员会双重领导下工作，监督执法调查工作以上级监察委员会领导为主，线索处置和案件查办在向同级党委报告的同时应当一并向上一级监察委员会报告。

上级监察委员会应当加强对下级监察委员会的领导。下级监察委员会对上级监察委员会的决定必须执行，认为决定不当的，应当在执行的同时向上级监察委员会反映。上级监察委员会对下级监察委员会作出的错误决定，应当按程序予以纠正，或者要求下级监察委员会予以纠正。

第十一条 上级监察委员会可以依法统一调用所辖各级监察机关的监察人员办理监察事项。调用决定应当以书面形式作出。

监察机关办理监察事项应当加强互相协作和配合，对于重要、复杂事项可以提请上级监察机关予以协调。

第十二条 各级监察委员会依法向本级中国共产党机关、国家机关、法律法规授权或者受委托管理公共事务的组织和单位以及所管辖的国有企业事业单位等派驻或者派出监察机构、监察专员。

省级和设区的市级监察委员会依法向地区、盟、开发区等不设置人民代表大会的区域派出监察机构或者监察专员。县级监察委员会和直辖市所辖区（县）监察委员会可以向街道、乡镇等区域派出监察机构或者监察专员。

监察机构、监察专员开展监察工作，受派出机关领导。

第十三条 派驻或者派出的监察机构、监察专员根据派出机关授权，按照管理权限依法对派驻或者派出监督单位、区域等的公职人员开展监督，对职务违法和职务犯罪进行调查、处置。监察机构、监察专员可以按规定与地方监察委员会联合调查严重职务违法、职务犯罪，或者移交地方监察委员会调查。

未被授予职务犯罪调查权的监察机构、监察专员发现监察对象涉嫌职务犯罪线索的，应当及时向派出机关报告，由派出机关调查或者依法移交有关地方监察委员会调查。

第二节 监察监督

第十四条 监察机关依法履行监察监督职责，对公职人员政治品行、行使公权力和道德操守情况进行监督检查，督促有关机关、单位加强对所属公职人员的教育、管理、监督。

第十五条 监察机关应当坚决维护宪法确立的国家指导思想，加强对公职人员特别是领导人员坚持党的领导、坚持中国特色社会主义制度，贯彻落实党和国家路线方针政策、重大决策部署，履行从严管理监督职责，依法行使公权力等情况的监督。

第十六条 监察机关应当加强对公职人员理想教育、为人民服务教育、宪法法律法规教育、优秀传统文化教育，弘扬社会主义核心价值观，深入开展警示教育，教育引导公职人员树立正确的权力观、责任观、利益观，保持为民务实清廉本色。

第十七条 监察机关应当结合公职人员的职责加强日常监督，通过收集群众反映、座谈走访、查阅资料、召集或者列席会议、听取工作汇报和述责述廉、开展监督检查等方式，促进公职人员依法用权、秉公用权、廉洁用权。

第十八条 监察机关可以与公职人员进行谈心谈话，发现政治品行、行使公权力和道德操守方面有苗头性、倾向性问题的，及时进行教育提醒。

第十九条 监察机关对于发现的系统性、行业性的突出问题，以及群众反映强烈的问题，可以通过专项检查进行深入了解，督促有关机关、单位强化治理，促进公职人员履职尽责。

第二十条 监察机关应当以办案促进整改、以监督促进治理，在查清问题、依法处置的同时，剖析问题发生的原因，发现制度建设、权力配置、监督机制等方面存在的问题，向有关机关、单位提出改进工作的意见或者监察建议，促进完善制度，提高治理效能。

第二十一条 监察机关开展监察监督，应当与纪律监督、派驻监督、巡视监督统筹衔接，与人大监督、民主监督、行政监督、司法监督、审计监督、财会监督、统计监督、群众监督和舆论监督等贯通协调，健全信息、资源、成果共享等机制，形成监督合力。

第三节 监察调查

第二十二条 监察机关依法履行监察调查职责，依据监察法、《中华人民共和国公职人员政务处分法》（以下简称政务处分法）和《中华人民共和国刑法》（以下简称刑法）等规定对职务违法和职务犯罪进行调查。

第二十三条 监察机关负责调查的职务违法是指公职人员实施的与其职务相关联，虽不构成犯罪但依法应当承担法律责任的下列违法行为：

（一）利用职权实施的违法行为；

（二）利用职务上的影响实施的违法行为；

（三）履行职责不力、失职失责的违法行为；

（四）其他违反与公职人员职务相关的特定义务的违法行为。

第二十四条 监察机关发现公职人员存在其他违法行为，具有下列情形之一的，可以依法进行调查、处置：

（一）超过行政违法追究时效，或者超过犯罪追诉时效、未追究刑事责任，但需要依法给予政务处分的；

（二）被追究行政法律责任，需要依法给予政务处分的；

（三）监察机关调查职务违法或者职务犯罪时，对被调查人实施的事实简单、清楚，需要依法给予政务处分的其他违法行为一并查核的。

监察机关发现公职人员成为监察对象前有前款规定的违法行为的，依照前款规定办理。

第二十五条 监察机关依法对监察法第十一条第二

项规定的职务犯罪进行调查。

第二十六条 监察机关依法调查涉嫌贪污贿赂犯罪，包括贪污罪、挪用公款罪、受贿罪、单位受贿罪、利用影响力受贿罪、行贿罪、对有影响力的人行贿罪、对单位行贿罪、介绍贿赂罪、单位行贿罪、巨额财产来源不明罪、隐瞒境外存款罪、私分国有资产罪、私分罚没财物罪，以及公职人员在行使公权力过程中实施的职务侵占罪、挪用资金罪，对外国公职人员、国际公共组织官员行贿罪，非国家工作人员受贿罪和相关联的对非国家工作人员行贿罪。

第二十七条 监察机关依法调查公职人员涉嫌滥用职权犯罪，包括滥用职权罪、国有公司、企业、事业单位人员滥用职权罪、滥用管理公司、证券职权罪、食品、药品监管渎职罪、故意泄露国家秘密罪、报复陷害罪、阻碍解救被拐卖、绑架妇女、儿童罪、帮助犯罪分子逃避处罚罪、违法发放林木采伐许可证罪、办理偷越国（边）境人员出入境证件罪、放行偷越国（边）境人员罪、挪用特定款物罪、非法剥夺公民宗教信仰自由罪、侵犯少数民族风俗习惯罪、打击报复会计、统计人员罪，以及司法工作人员以外的公职人员利用职权实施的非法拘禁罪、虐待被监管人罪、非法搜查罪。

第二十八条 监察机关依法调查公职人员涉嫌玩忽职守犯罪，包括玩忽职守罪、国有公司、企业、事业单位人员失职罪、签订、履行合同失职被骗罪、国家机关工作人员签订、履行合同失职被骗罪、环境监管失职罪、传染病防治失职罪、商检失职罪、动植物检疫失职罪、不解救被拐卖、绑架妇女、儿童罪、失职造成珍贵文物损毁、流失罪、过失泄露国家秘密罪。

第二十九条 监察机关依法调查公职人员涉嫌徇私舞弊犯罪，包括徇私舞弊低价折股、出售国有资产罪、非法批准征收、征用、占用土地罪、非法低价出让国有土地使用权罪、非法经营同类营业罪、为亲友非法牟利罪、枉法仲裁罪、徇私舞弊发售发票、抵扣税款、出口退税罪、商检徇私舞弊罪、动植物检疫徇私舞弊罪、放纵走私罪、放纵制售伪劣商品犯罪行为罪、招收公务员、学生徇私舞弊罪、徇私舞弊不移交刑事案件罪、违法提供出口退税凭证罪、徇私舞弊不征、少征税款罪。

第三十条 监察机关依法调查公职人员在行使公权力过程中涉及的重大责任事故犯罪，包括重大责任事故罪、教育设施重大安全事故罪、消防责任事故罪、重大劳动安全事故罪、强令、组织他人违章冒险作业罪、危险作业罪、不报、谎报安全事故罪、铁路运营安全事故罪、重大飞行事故罪、大型群众性活动重大安全事故罪、危险物品肇事罪、工程重大安全事故罪。

第三十一条 监察机关依法调查公职人员在行使公权力过程中涉及的其他犯罪，包括破坏选举罪，背信损害上市公司利益罪，金融工作人员购买假币、以假币换取货币罪，利用未公开信息交易罪，诱骗投资者买卖证券、期货合约罪，背信运用受托财产罪，违法运用资金罪，违法发放贷款罪，吸收客户资金不入账罪，违规出具金融票证罪，对违法票据承兑、付款、保证罪，非法转让、倒卖土地使用权罪，私自开拆、隐匿、毁弃邮件、电报罪，故意延误投递邮件罪，泄露不应公开的案件信息罪，披露、报道不应公开的案件信息罪，接送不合格兵员罪。

第三十二条 监察机关发现依法由其他机关管辖的违法犯罪线索，应当及时移送有管辖权的机关。

监察机关调查结束后，对于应当给予被调查人或者涉案人员行政处罚等其他处理的，依法移送有关机关。

第四节 监察处置

第三十三条 监察机关对违法的公职人员，依据监察法、政务处分法等规定作出政务处分决定。

第三十四条 监察机关在追究违法的公职人员直接责任的同时，依法对履行职责不力、失职失责，造成严重后果或者恶劣影响的领导人员予以问责。

监察机关应当组成调查组依法开展问责调查。调查结束后经集体讨论形成调查报告，需要进行问责的按照管理权限作出问责决定，或者向有权作出问责决定的机关、单位书面提出问责建议。

第三十五条 监察机关对涉嫌职务犯罪的人员，经调查认为犯罪事实清楚，证据确实、充分，需要追究刑事责任的，依法移送人民检察院审查起诉。

第三十六条 监察机关根据监督、调查结果，发现监察对象所在单位在廉政建设、权力制约、监督管理、制度执行以及履行职责等方面存在问题需要整改纠正的，依法提出监察建议。

监察机关应当跟踪了解监察建议的采纳情况，指导、督促有关单位限期整改，推动监察建议落实到位。

第三章 监察范围和管辖

第一节 监察对象

第三十七条 监察机关依法对所有行使公权力的公职人员进行监察，实现国家监察全面覆盖。

第三十八条 监察法第十五条第一项所称公务员范围，依据《中华人民共和国公务员法》（以下简称公务员法)确定。

监察法第十五条第一项所称参照公务员法管理的人员,是指有关单位中经批准参照公务员法进行管理的工作人员。

第三十九条　监察法第十五条第二项所称法律、法规授权或者受国家机关依法委托管理公共事务的组织中从事公务的人员,是指在上述组织中,除参照公务员法管理的人员外,对公共事务履行组织、领导、管理、监督等职责的人员,包括具有公共事务管理职能的行业协会等组织中从事公务的人员,以及法定检验检测、检疫等机构中从事公务的人员。

第四十条　监察法第十五条第三项所称国有企业管理人员,是指国家出资企业中的下列人员:

(一)在国有独资、全资公司、企业中履行组织、领导、管理、监督等职责的人员;

(二)经党组织或者国家机关,国有独资、全资公司、企业,事业单位提名、推荐、任命、批准等,在国有控股、参股公司及其分支机构中履行组织、领导、管理、监督等职责的人员;

(三)经国家出资企业中负有管理、监督国有资产职责的组织批准或者研究决定,代表其在国有控股、参股公司及其分支机构中从事组织、领导、管理、监督等工作的人员。

第四十一条　监察法第十五条第四项所称公办的教育、科研、文化、医疗卫生、体育等单位中从事管理的人员,是指国家为了社会公益目的,由国家机关举办或者其他组织利用国有资产举办的教育、科研、文化、医疗卫生、体育等事业单位中,从事组织、领导、管理、监督等工作的人员。

第四十二条　监察法第十五条第五项所称基层群众性自治组织中从事管理的人员,是指该组织中的下列人员:

(一)从事集体事务和公益事业管理的人员;

(二)从事集体资金、资产、资源管理的人员;

(三)协助人民政府从事行政管理工作的人员,包括从事救灾、防疫、抢险、防汛、优抚、帮扶、移民、救济款物的管理,社会捐助公益事业款物的管理,国有土地的经营和管理,土地征收、征用补偿费用的管理,代征、代缴税款,有关计划生育、户籍、征兵工作,协助人民政府等国家机关在基层群众性自治组织中从事的其他管理工作。

第四十三条　下列人员属于监察法第十五条第六项所称其他依法履行公职的人员:

(一)履行人民代表大会职责的各级人民代表大会代表,履行公职的中国人民政治协商会议各级委员会委员、人民陪审员、人民监督员;

(二)虽未列入党政机关人员编制,但在党政机关中从事公务的人员;

(三)在集体经济组织等单位、组织中,由党组织或者国家机关,国有独资、全资公司、企业,国家出资企业中负有管理监督国有和集体资产职责的组织,事业单位提名、推荐、任命、批准等,从事组织、领导、管理、监督等工作的人员;

(四)在依法组建的评标、谈判、询价等组织中代表国家机关,国有独资、全资公司、企业,事业单位,人民团体临时履行公共事务组织、领导、管理、监督等职责的人员;

(五)其他依法行使公权力的人员。

第四十四条　有关机关、单位、组织集体作出的决定违法或者实施违法行为的,监察机关应当对负有责任的领导人员和直接责任人员中的公职人员依法追究法律责任。

第二节　管　辖

第四十五条　监察机关开展监督、调查、处置,按照管理权限与属地管辖相结合的原则,实行分级负责制。

第四十六条　设区的市级以上监察委员会按照管理权限,依法管辖同级党委管理的公职人员涉嫌职务违法和职务犯罪案件。

县级监察委员会和直辖市所辖区(县)监察委员会按照管理权限,依法管辖本辖区内公职人员涉嫌职务违法和职务犯罪案件。

地方各级监察委员会按照本条例第十三条、第四十九条规定,可以依法管辖工作单位在本辖区内的有关公职人员涉嫌职务违法和职务犯罪案件。

监察机关调查公职人员涉嫌职务犯罪案件,可以依法对涉嫌行贿犯罪、介绍贿赂犯罪或者共同职务犯罪的涉案人员中的非公职人员一并管辖。非公职人员涉嫌利用影响力受贿罪的,按照其所利用的公职人员的管理权限确定管辖。

第四十七条　上级监察机关对于下一级监察机关管辖范围内的职务违法和职务犯罪案件,具有下列情形之一的,可以依法提级管辖:

(一)在本辖区有重大影响的;

(二)涉及多个下级监察机关管辖的监察对象,调查难度大的;

(三)其他需要提级管辖的重大、复杂案件。

上级监察机关对于所辖各级监察机关管辖范围内有

重大影响的案件，必要时可以依法直接调查或者组织、指挥、参与调查。

地方各级监察机关所管辖的职务违法和职务犯罪案件，具有第一款规定情形的，可以依法报请上一级监察机关管辖。

第四十八条 上级监察机关可以依法将其所管辖的案件指定下级监察机关管辖。

设区的市级监察委员会将同级党委管理的公职人员涉嫌职务违法或者职务犯罪案件指定下级监察委员会管辖的，应当报省级监察委员会批准；省级监察委员会将同级党委管理的公职人员涉嫌职务违法或者职务犯罪案件指定下级监察委员会管辖的，应当报国家监察委员会相关监督检查部门备案。

上级监察机关对于下级监察机关管辖的职务违法和职务犯罪案件，具有下列情形之一，认为由其他下级监察机关管辖更为适宜的，可以依法指定给其他下级监察机关管辖：

（一）管辖有争议的；

（二）指定管辖有利于案件公正处理的；

（三）下级监察机关报请指定管辖的；

（四）其他有必要指定管辖的。

被指定的下级监察机关未经指定管辖的监察机关批准，不得将案件再行指定管辖。发现新的职务违法或者职务犯罪线索，以及其他重要情况、重大问题，应当及时向指定管辖的监察机关请示报告。

第四十九条 工作单位在地方、管理权限在主管部门的公职人员涉嫌职务违法和职务犯罪，一般由驻在主管部门、有管辖权的监察机构、监察专员管辖；经协商，监察机构、监察专员可以按规定移交公职人员工作单位所在地的地方监察委员会调查，或者与地方监察委员会联合调查。地方监察委员会在工作中发现上述公职人员有关问题线索，应当向驻在主管部门、有管辖权的监察机构、监察专员通报，并协商确定管辖。

前款规定单位的其他公职人员涉嫌职务违法和职务犯罪，可以由地方监察委员会管辖；驻在主管部门的监察机构、监察专员自行立案调查的，应当及时通报地方监察委员会。

地方监察委员会调查前两款规定案件，应当将立案、留置、移送审查起诉、撤销案件等重要情况向驻在主管部门的监察机构、监察专员通报。

第五十条 监察机关办理案件中涉及无隶属关系的其他监察机关的监察对象，认为需要立案调查的，应当商请有管理权限的监察机关依法立案调查。商请立案时，应当提供涉案人员基本情况、已经查明的涉嫌违法犯罪事实以及相关证据材料。

承办案件的监察机关认为由其一并调查更为适宜的，可以报请有权决定的上级监察机关指定管辖。

第五十一条 公职人员既涉嫌贪污贿赂、失职渎职等严重职务违法和职务犯罪，又涉嫌公安机关、人民检察院等机关管辖的犯罪，依法由监察机关为主调查的，应当由监察机关和其他机关分别依职权立案，监察机关承担组织协调职责，协调调查和侦查工作进度、重要调查和侦查措施使用等重要事项。

第五十二条 监察机关必要时可以依法调查司法工作人员利用职权实施的涉嫌非法拘禁、刑讯逼供、非法搜查等侵犯公民权利、损害司法公正的犯罪，并在立案后及时通报同级人民检察院。

监察机关在调查司法工作人员涉嫌贪污贿赂等职务犯罪中，可以对其涉嫌的前款规定的犯罪一并调查，并及时通报同级人民检察院。人民检察院在办理直接受理侦查的案件中，发现犯罪嫌疑人同时涉嫌监察机关管辖的其他职务犯罪，经沟通全案移送监察机关管辖的，监察机关应当依法进行调查。

第五十三条 监察机关对于退休公职人员在退休前或者退休后，或者离职、死亡的公职人员在履职期间实施的涉嫌职务违法或者职务犯罪行为，可以依法进行调查。

对前款规定人员，按照其原任职务的管辖规定确定管辖的监察机关；由其他监察机关管辖更为适宜的，可以依法指定或者交由其他监察机关管辖。

第四章 监察权限

第一节 一般要求

第五十四条 监察机关应当加强监督执法调查工作规范化建设，严格按规定对监察措施进行审批和监管，依照法定的范围、程序和期限采取相关措施，出具、送达法律文书。

第五十五条 监察机关在初步核实中，可以依法采取谈话、询问、查询、调取、勘验检查、鉴定措施；立案后可以采取讯问、留置、冻结、搜查、查封、扣押、通缉措施。需要采取技术调查、限制出境措施的，应当按照规定交有关机关依法执行。设区的市级以下监察机关在初步核实中不得采取技术调查措施。

开展问责调查，根据具体情况可以依法采取相关监察措施。

第五十六条 开展讯问、搜查、查封、扣押以及重要的谈话、询问等调查取证工作,应当全程同步录音录像,并保持录音录像资料的完整性。录音录像资料应当妥善保管、及时归档,留存备查。

人民检察院、人民法院需要调取同步录音录像的,监察机关应当予以配合,经审批依法予以提供。

第五十七条 需要商请其他监察机关协助收集证据材料的,应当依法出具《委托调查函》;商请其他监察机关对采取措施提供一般性协助的,应当依法出具《商请协助采取措施函》。商请协助事项涉及协助地监察机关管辖的监察对象的,应当由协助地监察机关按照所涉人员的管理权限报批。协助地监察机关对于协助请求,应当依法予以协助配合。

第五十八条 采取监察措施需要告知、通知相关人员的,应当依法办理。告知包括口头、书面两种方式,通知应当采取书面方式。采取口头方式告知的,应当将相关情况制作工作记录;采取书面方式告知、通知的,可以通过直接送交、邮寄、转交等途径送达,将有关回执或者凭证附卷。

无法告知、通知,或者相关人员拒绝接收的,调查人员应当在工作记录或者有关文书上记明。

第二节 证 据

第五十九条 可以用于证明案件事实的材料都是证据,包括:

(一)物证;
(二)书证;
(三)证人证言;
(四)被害人陈述;
(五)被调查人陈述、供述和辩解;
(六)鉴定意见;
(七)勘验检查、辨认、调查实验等笔录;
(八)视听资料、电子数据。

监察机关向有关单位和个人收集、调取证据时,应当告知其必须依法如实提供证据。对于不按要求提供有关材料,泄露相关信息,伪造、隐匿、毁灭证据,提供虚假情况或者阻止他人提供证据的,依法追究法律责任。

监察机关依照监察法和本条例规定收集的证据材料,经审查符合法定要求的,在刑事诉讼中可以作为证据使用。

第六十条 监察机关认定案件事实应当以证据为根据,全面、客观地收集、固定被调查人有无违法犯罪以及情节轻重的各种证据,形成相互印证、完整稳定的证据链。

只有被调查人陈述或者供述,没有其他证据的,不能认定案件事实;没有被调查人陈述或者供述,证据符合法定标准的,可以认定案件事实。

第六十一条 证据必须经过查证属实,才能作为定案的根据。审查认定证据,应当结合案件的具体情况,从证据与待证事实的关联程度、各证据之间的联系、是否依照法定程序收集等方面进行综合判断。

第六十二条 监察机关调查终结的职务违法案件,应当事实清楚、证据确凿。证据确凿,应当符合下列条件:

(一)定性处置的事实都有证据证实;
(二)定案证据真实、合法;
(三)据以定案的证据之间不存在无法排除的矛盾;
(四)综合全案证据,所认定事实清晰且令人信服。

第六十三条 监察机关调查终结的职务犯罪案件,应当事实清楚,证据确实、充分。证据确实、充分,应当符合下列条件:

(一)定罪量刑的事实都有证据证明;
(二)据以定案的证据均经法定程序查证属实;
(三)综合全案证据,对所认定事实已排除合理怀疑。

证据不足的,不得移送人民检察院审查起诉。

第六十四条 严禁以暴力、威胁、引诱、欺骗以及非法限制人身自由等非法方法收集证据,严禁侮辱、打骂、虐待、体罚或者变相体罚被调查人、涉案人员和证人。

第六十五条 对于调查人员采用暴力、威胁以及非法限制人身自由等非法方法收集的被调查人供述、证人证言、被害人陈述,应当依法予以排除。

前款所称暴力的方法,是指采用殴打、违法使用戒具等方法或者变相肉刑的恶劣手段,使人遭受难以忍受的痛苦而违背意愿作出供述、证言、陈述;威胁的方法,是指采用以暴力或者严重损害本人及其近亲属合法权益等进行威胁的方法,使人遭受难以忍受的痛苦而违背意愿作出供述、证言、陈述。

收集物证、书证不符合法定程序,可能严重影响案件公正处理的,应当予以补正或者作出合理解释;不能补正或者作出合理解释的,对该证据应当予以排除。

第六十六条 监察机关监督检查、调查、案件审理、案件监督管理等部门发现监察人员在办理案件中,可能存在以非法方法收集证据情形的,应当依据职责进行调查核实。对于被调查人控告、举报调查人员采用非法方法收集证据,并提供涉嫌非法取证的人员、时间、地点、方式和内容等材料或者线索的，应当受理并进行审核。根据现有材料无法证明证据收集合法性的，应当进行调查核实。

经调查核实，确认或者不能排除以非法方法收集证据的，对有关证据依法予以排除，不得作为案件定性处置、移送审查起诉的依据。认定调查人员非法取证的，应当依法处理，另行指派调查人员重新调查取证。

监察机关接到对下级监察机关调查人员采用非法方法收集证据的控告、举报，可以直接进行调查核实，也可以交由下级监察机关调查核实。交由下级监察机关调查核实的，下级监察机关应当及时将调查结果报告上级监察机关。

第六十七条 对收集的证据材料及扣押的财物应当妥善保管，严格履行交接、调用手续，定期对账核实，不得违规使用、调换、损毁或者自行处理。

第六十八条 监察机关对行政机关在行政执法和查办案件中收集的物证、书证、视听资料、电子数据、勘验、检查等笔录，以及鉴定意见等证据材料，经审查符合法定要求的，可以作为证据使用。

根据法律、行政法规规定行使国家行政管理职权的组织在行政执法和查办案件中收集的证据材料，视为行政机关收集的证据材料。

第六十九条 监察机关对人民法院、人民检察院、公安机关、国家安全机关等在刑事诉讼中收集的物证、书证、视听资料、电子数据、勘验、检查、辨认、侦查实验等笔录，以及鉴定意见等证据材料，经审查符合法定要求的，可以作为证据使用。

监察机关办理职务违法案件，对于人民法院生效刑事判决、裁定和人民检察院不起诉决定采信的证据材料，可以直接作为证据使用。

第三节 谈 话

第七十条 监察机关在问题线索处置、初步核实和立案调查中，可以依法对涉嫌职务违法的监察对象进行谈话，要求其如实说明情况或者作出陈述。

谈话应当个别进行。负责谈话的人员不得少于二人。

第七十一条 对一般性问题线索的处置，可以采取谈话方式进行，对监察对象给予警示、批评、教育。谈话应当在工作地点等场所进行，明确告知谈话事项，注重谈清问题、取得教育效果。

第七十二条 采取谈话方式处置问题线索的，经审批可以由监察人员或者委托被谈话人所在单位主要负责人等进行谈话。

监察机关谈话应当形成谈话笔录或者记录。谈话结束后，可以根据需要要求被谈话人在十五个工作日以内作出书面说明。被谈话人应当在书面说明每页签名，修改的地方也应当签名。

委托谈话的，受委托人应当在收到委托函后的十五个工作日以内进行谈话。谈话结束后及时形成谈话情况材料报送监察机关，必要时附被谈话人的书面说明。

第七十三条 监察机关开展初步核实工作，一般不与被核查人接触；确有需要与被核查人谈话的，应当按规定报批。

第七十四条 监察机关对涉嫌职务违法的被调查人立案后，可以依法进行谈话。

与被调查人首次谈话时，应当出示《被调查人权利义务告知书》，由其签名、捺指印。被调查人拒绝签名、捺指印的，调查人员应当在文书上记明。对于被调查人未被限制人身自由的，应当在首次谈话时出具《谈话通知书》。

与涉嫌严重职务违法的被调查人进行谈话的，应当全程同步录音录像，并告知被调查人。告知情况应当在录音录像中予以反映，并在笔录中记明。

第七十五条 立案后，与未被限制人身自由的被调查人谈话的，应当在具备安全保障条件的场所进行。

调查人员按规定通知被调查人所在单位派员或者被调查人家属陪同被调查人到指定场所的，应当与陪同人员办理交接手续，填写《陪送交接单》。

第七十六条 调查人员与被留置的被调查人谈话的，按照法定程序在留置场所进行。

与在押的犯罪嫌疑人、被告人谈话的，应当持以监察机关名义出具的介绍信、工作证件，商请有关案件主管机关依法协助办理。

与在看守所、监狱服刑的人员谈话的，应当持以监察机关名义出具的介绍信、工作证件办理。

第七十七条 与被调查人进行谈话，应当合理安排时间、控制时长，保证其饮食和必要的休息时间。

第七十八条 谈话笔录应当在谈话现场制作。笔录应当详细具体，如实反映谈话情况。笔录制作完成后，应当交给被调查人核对。被调查人没有阅读能力的，应当向其宣读。

笔录记载有遗漏或者差错的，应当补充或者更正，由被调查人在补充或者更正处捺指印。被调查人核对无误后，应当在笔录中逐页签名、捺指印。被调查人拒绝签名、捺指印的，调查人员应当在笔录中记明。调查人员也应当在笔录中签名。

第七十九条 被调查人请求自行书写说明材料的，应当准许。必要时，调查人员可以要求被调查人自行书写说明材料。

被调查人应当在说明材料上逐页签名、捺指印，在末页写明日期。对说明材料有修改的，在修改之处应当捺指印。说明材料应当由二名调查人员接收，在首页记明接收的日期并签名。

第八十条 本条例第七十四条至第七十九条的规定，也适用于在初步核实中开展的谈话。

第四节 讯 问

第八十一条 监察机关对涉嫌职务犯罪的被调查人，可以依法进行讯问，要求其如实供述涉嫌犯罪的情况。

第八十二条 讯问被留置的被调查人，应当在留置场所进行。

第八十三条 讯问应当个别进行，调查人员不得少于二人。

首次讯问时，应当向被讯问人出示《被调查人权利义务告知书》，由其签名、捺指印。被讯问人拒绝签名、捺指印的，调查人员应当在文书上记明。被讯问人未被限制人身自由的，应当在首次讯问时向其出具《讯问通知书》。

讯问一般按照下列顺序进行：

（一）核实被讯问人的基本情况，包括姓名、曾用名、出生年月日、户籍地、身份证件号码、民族、职业、政治面貌、文化程度、工作单位及职务、住所、家庭情况、社会经历，是否属于党代表大会代表、人大代表、政协委员，是否受到过党纪政务处分，是否受到过刑事处罚等；

（二）告知被讯问人如实供述自己罪行可以依法从宽处理和认罪认罚的法律规定；

（三）讯问被讯问人是否有犯罪行为，让其陈述有罪的事实或者无罪的辩解，应当允许其连贯陈述。

调查人员的提问应当与调查的案件相关。被讯问人对调查人员的提问应当如实回答。调查人员对被讯问人的辩解，应当如实记录，认真查核。

讯问时，应当告知被讯问人将进行全程同步录音录像。告知情况应当在录音录像中予以反映，并在笔录中记明。

第八十四条 本条例第七十五条至第七十九条的要求，也适用于讯问。

第五节 询 问

第八十五条 监察机关按规定报批后，可以依法对证人、被害人等人员进行询问，了解核实有关问题或者案件情况。

第八十六条 证人未被限制人身自由的，可以在其工作地点、住所或者其提出的地点进行询问，也可以通知其到指定地点接受询问。到证人提出的地点或者调查人员指定的地点进行询问的，应当在笔录中记明。

调查人员认为有必要或者证人提出需要由所在单位派员或者其家属陪同到询问地点的，应当办理交接手续并填写《陪送交接单》。

第八十七条 询问应当个别进行。负责询问的调查人员不得少于二人。

首次询问时，应当向证人出示《证人权利义务告知书》，由其签名、捺指印。证人拒绝签名、捺指印的，调查人员应当在文书上记明。证人未被限制人身自由的，应当在首次询问时向其出具《询问通知书》。

询问时，应当核实证人身份，问明证人的基本情况，告知证人应当如实提供证据、证言，以及作伪证或者隐匿证据应当承担的法律责任。不得向证人泄露案情，不得采用非法方法获取证言。

询问重大或者有社会影响案件的重要证人，应当对询问过程全程同步录音录像，并告知证人。告知情况应当在录音录像中予以反映，并在笔录中记明。

第八十八条 询问未成年人，应当通知其法定代理人到场。无法通知或者法定代理人不能到场的，应当通知未成年人的其他成年亲属或者所在学校、居住地基层组织的代表等有关人员到场。询问结束后，由法定代理人或者有关人员在笔录中签名。调查人员应当将到场情况记录在案。

询问聋、哑人，应当有通晓聋、哑手势的人员参加。调查人员应当在笔录中记明证人的聋、哑情况，以及翻译人员的姓名、工作单位和职业。询问不通晓当地通用语言、文字的证人，应当有翻译人员。询问结束后，由翻译人员在笔录中签名。

第八十九条 凡是知道案件情况的人，都有如实作证的义务。对故意提供虚假证言的证人，应当依法追究法律责任。

证人或者其他任何人不得帮助被调查人隐匿、毁灭、伪造证据或者串供，不得实施其他干扰调查活动的行为。

第九十条 证人、鉴定人、被害人因作证，本人或者近亲属人身安全面临危险，向监察机关请求保护的，监察机关应当受理并及时进行审查;对于确实存在人身安全危险的,监察机关应当采取必要的保护措施。监察机关发现存在上述情形的,应当主动采取保护措施。

监察机关可以采取下列一项或者多项保护措施:

(一)不公开真实姓名、住址和工作单位等个人信息;

(二)禁止特定的人员接触证人、鉴定人、被害人及其近亲属;

(三)对人身和住宅采取专门性保护措施;

(四)其他必要的保护措施。

依法决定不公开证人、鉴定人、被害人的真实姓名、住址和工作单位等个人信息的,可以在询问笔录等法律文书、证据材料中使用化名。但是应当另行书面说明使用化名的情况并标明密级,单独成卷。

监察机关采取保护措施需要协助的,可以提请公安机关等有关单位和要求有关个人依法予以协助。

第九十一条 本条例第七十六条至第七十九条的要求,也适用于询问。询问重要涉案人员,根据情况适用本条例第七十五条的规定。

询问被害人,适用询问证人的规定。

第六节 留 置

第九十二条 监察机关调查严重职务违法或者职务犯罪,对于符合监察法第二十二条第一款规定的,经依法审批,可以对被调查人采取留置措施。

监察法第二十二条第一款规定的严重职务违法,是指根据监察机关已经掌握的事实及证据,被调查人涉嫌的职务违法行为情节严重,可能被给予撤职以上政务处分;重要问题,是指对被调查人涉嫌的职务违法或者职务犯罪,在定性处置、定罪量刑等方面有重要影响的事实、情节及证据。

监察法第二十二条第一款规定的已经掌握其部分违法犯罪事实及证据,是指同时具备下列情形:

(一)有证据证明发生了违法犯罪事实;

(二)有证据证明该违法犯罪事实是被调查人实施的;

(三)证明被调查人实施违法犯罪行为的证据已经查证属实。

部分违法犯罪事实,既可以是单一违法犯罪行为的事实,也可以是数个违法犯罪行为中任何一个违法犯罪行为的事实。

第九十三条 被调查人具有下列情形之一的,可以认定为监察法第二十二条第一款第二项所规定的可能逃跑、自杀:

(一)着手准备自杀、自残或者逃跑的;

(二)曾经有自杀、自残或者逃跑行为的;

(三)有自杀、自残或者逃跑意图的;

(四)其他可能逃跑、自杀的情形。

第九十四条 被调查人具有下列情形之一的,可以认定为监察法第二十二条第一款第三项所规定的可能串供或者伪造、隐匿、毁灭证据:

(一)曾经或者企图串供,伪造、隐匿、毁灭、转移证据的;

(二)曾经或者企图威逼、恐吓、利诱、收买证人,干扰证人作证的;

(三)有同案人或者与被调查人存在密切关联违法犯罪的涉案人员在逃,重要证据尚未收集完成的;

(四)其他可能串供或者伪造、隐匿、毁灭证据的情形。

第九十五条 被调查人具有下列情形之一的,可以认定为监察法第二十二条第一款第四项所规定的可能有其他妨碍调查行为:

(一)可能继续实施违法犯罪行为的;

(二)有危害国家安全、公共安全等现实危险的;

(三)可能对举报人、控告人、被害人、证人、鉴定人等相关人员实施打击报复的;

(四)无正当理由拒不到案,严重影响调查的;

(五)其他可能妨碍调查的行为。

第九十六条 对下列人员不得采取留置措施:

(一)患有严重疾病、生活不能自理的;

(二)怀孕或者正在哺乳自己婴儿的妇女;

(三)系生活不能自理的人的唯一扶养人。

上述情形消除后,根据调查需要可以对相关人员采取留置措施。

第九十七条 采取留置措施时,调查人员不得少于二人,应当向被留置人员宣布《留置决定书》,告知被留置人员权利义务,要求其在《留置决定书》上签名、捺指印。被留置人员拒绝签名、捺指印的,调查人员应当在文书上记明。

第九十八条 采取留置措施后,应当在二十四小时以内通知被留置人员所在单位和家属。当面通知的,由有关人员在《留置通知书》上签名。无法当面通知的,可以先以电话等方式通知,并通过邮寄、转交等方式送达《留置通知书》,要求有关人员在《留置通知书》上签名。

因可能毁灭、伪造证据,干扰证人作证或者串供等有碍调查情形而不宜通知的,应当按规定报批,记录在案。

有碍调查的情形消失后，应当立即通知被留置人员所在单位和家属。

第九十九条 县级以上监察机关需要提请公安机关协助采取留置措施的，应当按规定报批，请同级公安机关依法予以协助。提请协助时，应当出具《提请协助采取留置措施函》，列明提请协助的具体事项和建议，协助采取措施的时间、地点等内容，附《留置决定书》复印件。

因保密需要，不适合在采取留置措施前向公安机关告知留置对象姓名的，可以作出说明，进行保密处理。

需要提请异地公安机关协助采取留置措施的，应当按规定报批，向协作地同级监察机关出具协作函件和相关文书，由协作地监察机关提请当地公安机关依法予以协助。

第一百条 留置过程中，应当保障被留置人员的合法权益，尊重其人格和民族习俗，保障饮食、休息和安全，提供医疗服务。

第一百零一条 留置时间不得超过三个月，自向被留置人员宣布之日起算。具有下列情形之一的，经审批可以延长一次，延长时间不得超过三个月：

（一）案情重大，严重危害国家利益或者公共利益的；

（二）案情复杂，涉案人员多、金额巨大、涉及范围广的；

（三）重要证据尚未收集完成，或者重要涉案人员尚未到案，导致违法犯罪的主要事实仍须继续调查的；

（四）其他需要延长留置时间的情形。

省级以下监察机关采取留置措施的，延长留置时间应当报上一级监察机关批准。

延长留置时间的，应当在留置期满前向被留置人员宣布延长留置时间的决定，要求其在《延长留置时间决定书》上签名、捺指印。被留置人员拒绝签名、捺指印的，调查人员应当在文书上记明。

延长留置时间的，应当通知被留置人员家属。

第一百零二条 对被留置人员不需要继续采取留置措施的，应当按规定报批，及时解除留置。

调查人员应当向被留置人员宣布解除留置措施的决定，由其在《解除留置决定书》上签名、捺指印。被留置人员拒绝签名、捺指印的，调查人员应当在文书上记明。

解除留置措施的，应当及时通知被留置人员所在单位或者家属。调查人员应当与交接人办理交接手续，并由其在《解除留置通知书》上签名。无法通知或者有关人员拒绝签名的，调查人员应当在文书上记明。

案件依法移送人民检察院审查起诉的，留置措施自犯罪嫌疑人被执行拘留时自动解除，不再办理解除法律手续。

第一百零三条 留置场所应当建立健全保密、消防、医疗、餐饮及安保等安全工作责任制，制定紧急突发事件处置预案，采取安全防范措施。

留置期间发生被留置人员死亡、伤残、脱逃等办案安全事故、事件的，应当及时做好处置工作。相关情况应当立即报告监察机关主要负责人，并在二十四小时以内逐级上报至国家监察委员会。

第七节 查询、冻结

第一百零四条 监察机关调查严重职务违法或者职务犯罪，根据工作需要，按规定报批后，可以依法查询、冻结涉案单位和个人的存款、汇款、债券、股票、基金份额等财产。

第一百零五条 查询、冻结财产时，调查人员不得少于二人。调查人员应当出具《协助查询财产通知书》或者《协助冻结财产通知书》，送交银行或者其他金融机构、邮政部门等单位执行。有关单位和个人应当予以配合，并严格保密。

查询财产应当在《协助查询财产通知书》中填写查询账号、查询内容等信息。没有具体账号的，应当填写足以确定账户或者权利人的自然人姓名、身份证件号码或者企业法人名称、统一社会信用代码等信息。

冻结财产应当在《协助冻结财产通知书》中填写冻结账户名称、冻结账号、冻结数额、冻结期限起止时间等信息。冻结数额应当具体、明确，暂时无法确定具体数额的，应当在《协助冻结财产通知书》上明确写明"只收不付"。冻结证券和交易结算资金时，应当明确冻结的范围是否及于孳息。

冻结财产，应当为被调查人及其所扶养的亲属保留必需的生活费用。

第一百零六条 调查人员可以根据需要对查询结果进行打印、抄录、复制、拍照，要求相关单位在有关材料上加盖证明印章。对查询结果有疑问的，可以要求相关单位进行书面解释并加盖印章。

第一百零七条 监察机关对查询信息应当加强管理，规范信息交接、调阅、使用程序和手续，防止滥用和泄露。

调查人员不得查询与案件调查工作无关的信息。

第一百零八条 冻结财产的期限不得超过六个月。冻结期限到期未办理续冻手续的，冻结自动解除。

有特殊原因需要延长冻结期限的，应当在到期前按原程序报批,办理续冻手续。每次续冻期限不得超过六个月。

第一百零九条 已被冻结的财产可以轮候冻结,不得重复冻结。轮候冻结的,监察机关应当要求有关银行或者其他金融机构等单位在解除冻结或者作出处理前予以通知。

监察机关接受司法机关、其他监察机关等国家机关移送的涉案财物后,该国家机关采取的冻结期限届满,监察机关续行冻结的顺位与该国家机关冻结的顺位相同。

第一百一十条 冻结财产应当通知权利人或者其法定代理人、委托代理人,要求其在《冻结财产告知书》上签名。冻结股票、债券、基金份额等财产,应当告知权利人或者其法定代理人、委托代理人有权申请出售。

对于被冻结的股票、债券、基金份额等财产,权利人或者其法定代理人、委托代理人申请出售,不损害国家利益、被害人利益,不影响调查正常进行的,经审批可以在案件办结前由相关机构依法出售或者变现。对于被冻结的汇票、本票、支票即将到期的,经审批可以在案件办结前由相关机构依法出售或者变现。出售上述财产的,应当出具《许可出售冻结财产通知书》。

出售或者变现所得价款应当继续冻结在其对应的银行账户中;没有对应的银行账户的,应当存入监察机关指定的专用账户保管,并将存款凭证送监察机关登记。监察机关应当及时向权利人或者其法定代理人、委托代理人出具《出售冻结财产通知书》,并要求其签名。拒绝签名的,调查人员应当在文书上记明。

第一百一十一条 对于冻结的财产,应当及时核查。经查明与案件无关的,经审批,应当在查明后三日以内将《解除冻结财产通知书》送交有关单位执行。解除情况应当告知被冻结财产的权利人或者其法定代理人、委托代理人。

第八节 搜 查

第一百一十二条 监察机关调查职务犯罪案件,为了收集犯罪证据、查获被调查人,按规定报批后,可以依法对被调查人以及可能隐藏被调查人或者犯罪证据的人的身体、物品、住处、工作地点和其他有关地方进行搜查。

第一百一十三条 搜查应当在调查人员主持下进行,调查人员不得少于二人。搜查女性的身体,由女性工作人员进行。

搜查时,应当有被搜查人或者其家属、其所在单位工作人员或者其他见证人在场。监察人员不得作为见证人。调查人员应当向被搜查人或者其家属、见证人出示《搜查证》,要求其签名。被搜查人或者其家属不在场,或者拒绝签名的,调查人员应当在文书上记明。

第一百一十四条 搜查时,应当要求在场人员予以配合,不得进行阻碍。对以暴力、威胁等方法阻碍搜查的,应当依法制止。对阻碍搜查构成违法犯罪的,依法追究法律责任。

第一百一十五条 县级以上监察机关需要提请公安机关依法协助采取搜查措施的,应当按规定报批,请同级公安机关予以协助。提请协助时,应当出具《提请协助采取搜查措施函》,列明提请协助的具体事项和建议,搜查时间、地点、目的等内容,附《搜查证》复印件。

需要提请异地公安机关协助采取搜查措施的,应当按规定报批,向协作地同级监察机关出具协作函件和相关文书,由协作地监察机关提请当地公安机关予以协助。

第一百一十六条 对搜查取证工作,应当全程同步录音录像。

对搜查情况应当制作《搜查笔录》,由调查人员和被搜查人或者其家属、见证人签名。被搜查人或者其家属不在场,或者拒绝签名的,调查人员应当在笔录中记明。

对于查获的重要物证、书证、视听资料、电子数据及其放置、存储位置应当拍照,并在《搜查笔录》中作出文字说明。

第一百一十七条 搜查时,应当避免未成年人或者其他不适宜在搜查现场的人在场。

搜查人员应当服从指挥、文明执法,不得擅自变更搜查对象和扩大搜查范围。搜查的具体时间、方法,在实施前应当严格保密。

第一百一十八条 在搜查过程中查封、扣押财物和文件的,按照查封、扣押的有关规定办理。

第九节 调 取

第一百一十九条 监察机关按规定报批后,可以依法向有关单位和个人调取用以证明案件事实的证据材料。

第一百二十条 调取证据材料时,调查人员不得少于二人。调查人员应当依法出具《调取证据通知书》,必要时附《调取证据清单》。

有关单位和个人配合监察机关调取证据,应当严格保密。

第一百二十一条 调取物证应当调取原物。原物不便搬运、保存,或者依法应当返还,或者因保密工作需要不能调取原物的,可以将原物封存,并拍照、录像。对原物拍照或者录像时,应当足以反映原物的外形、内容。

调取书证、视听资料应当调取原件。取得原件确有困难或者因保密工作需要不能调取原件的，可以调取副本或者复制件。

调取物证的照片、录像和书证、视听资料的副本、复制件的，应当书面记明不能调取原物、原件的原因，原物、原件存放地点，制作过程，是否与原物、原件相符，并由调查人员和物证、书证、视听资料原持有人签名或者盖章。持有人无法签名、盖章或者拒绝签名、盖章的，应当在笔录中记明，由见证人签名。

第一百二十二条 调取外文材料作为证据使用的，应当交由具有资质的机构和人员出具中文译本。中文译本应当加盖翻译机构公章。

第一百二十三条 收集、提取电子数据，能够扣押原始存储介质的，应当予以扣押、封存并在笔录中记录封存状态。无法扣押原始存储介质的，可以提取电子数据，但应当在笔录中记明不能扣押的原因、原始存储介质的存放地点或者电子数据的来源等情况。

由于客观原因无法或者不宜采取前款规定方式收集、提取电子数据的，可以采取打印、拍照或者录像等方式固定相关证据，并在笔录中说明原因。

收集、提取的电子数据，足以保证完整性，无删除、修改、增加等情形的，可以作为证据使用。

收集、提取电子数据，应当制作笔录，记录案由、对象、内容，收集、提取电子数据的时间、地点、方法、过程，并附电子数据清单，注明类别、文件格式、完整性校验值等，由调查人员、电子数据持有人（提供人）签名或者盖章；电子数据持有人（提供人）无法签名或者拒绝签名的，应当在笔录中记明，由见证人签名或者盖章。有条件的，应当对相关活动进行录像。

第一百二十四条 调取的物证、书证、视听资料等原件，经查明与案件无关的，经审批，应当在查明后三日以内退还，并办理交接手续。

第十节 查封、扣押

第一百二十五条 监察机关按规定报批后，可以依法查封、扣押用以证明被调查人涉嫌违法犯罪以及情节轻重的财物、文件、电子数据等证据材料。

对于被调查人到案时随身携带的物品，以及被调查人或者其他相关人员主动上交的财物和文件，依法需要扣押的，依照前款规定办理。对于被调查人随身携带的与案件无关的个人用品，应当逐件登记，随案移交或者退还。

第一百二十六条 查封、扣押时，应当出具《查封/扣押通知书》，调查人员不得少于二人。持有人拒绝交出应当查封、扣押的财物和文件的，可以依法强制查封、扣押。

调查人员对于查封、扣押的财物和文件，应当会同在场见证人和被查封、扣押财物持有人进行清点核对，开列《查封/扣押财物、文件清单》，由调查人员、见证人和持有人签名或者盖章。持有人不在场或者拒绝签名、盖章的，调查人员应当在清单上记明。

查封、扣押财物，应当为被调查人及其所扶养的亲属保留必需的生活费用和物品。

第一百二十七条 查封、扣押不动产和置于该不动产上不宜移动的设施、家具和其他相关财物，以及车辆、船舶、航空器和大型机械、设备等财物，必要时可以依法扣押其权利证书，经拍照或者录像后原地封存。调查人员应当在查封清单上记明相关财物的所在地址和特征，已经拍照或者录像及其权利证书被扣押的情况，由调查人员、见证人和持有人签名或者盖章。持有人不在场或者拒绝签名、盖章的，调查人员应当在清单上记明。

查封、扣押前款规定财物的，必要时可以将被查封财物交给持有人或者其近亲属保管。调查人员应当告知保管人妥善保管，不得对被查封财物进行转移、变卖、毁损、抵押、赠予等处理。

调查人员应当将《查封/扣押通知书》送达不动产、生产设备或者车辆、船舶、航空器等财物的登记、管理部门，告知其在查封期间禁止办理抵押、转让、出售等权属关系变更、转移登记手续。相关情况应当在查封清单上记明。被查封、扣押的财物已经办理抵押登记的，监察机关在执行没收、追缴、责令退赔等决定时应当及时通知抵押权人。

第一百二十八条 查封、扣押下列物品，应当依法进行相应的处理：

（一）查封、扣押外币、金银珠宝、文物、名贵字画以及其他不易辨别真伪的贵重物品，具备当场密封条件的，应当当场密封，由二名以上调查人员在密封材料上签名并记明密封时间。不具备当场密封条件的，应当在笔录中记明，以拍照、录像等方法加以保全后进行封存。查封、扣押的贵重物品需要鉴定的，应当及时鉴定。

（二）查封、扣押存折、银行卡、有价证券等支付凭证和具有一定特征能够证明案情的现金，应当记明特征、编号、种类、面值、张数、金额等，当场密封，由二名以上调查人员在密封材料上签名并记明密封时间。

（三）查封、扣押易损毁、灭失、变质等不宜长期保存的物品以及有消费期限的卡、券，应当在笔录中记明，以拍照、录像等方法加以保全后进行封存，或者经审批委托有关机构变卖、拍卖。变卖、拍卖的价款存入专用账户保管，待调查终结后一并处理。

（四）对于可以作为证据使用的录音录像、电子数据存储介质，应当记明案由、对象、内容、录制、复制的时间、地点、规格、类别、应用长度、文件格式及长度等、制作清单。具备查封、扣押条件的电子设备、存储介质应当密封保存。必要时，可以请有关机关协助。

（五）对被调查人使用违法犯罪所得与合法收入共同购置的不可分割的财产，可以先行查封、扣押。对无法分割退还的财产，涉及违法的，可以在结案后委托有关单位拍卖、变卖，退还不属于违法所得的部分及孳息；涉及职务犯罪的，依法移送司法机关处置。

（六）查封、扣押危险品、违禁品，应当及时送交有关部门，或者根据工作需要严格封存保管。

第一百二十九条　对于需要启封的财物和文件，应当由二名以上调查人员共同办理。重新密封时，由二名以上调查人员在密封材料上签名、记明时间。

第一百三十条　查封、扣押涉案财物，应当按规定将涉案财物详细信息、《查封/扣押财物、文件清单》录入并上传监察机关涉案财物信息管理系统。

对于涉案款项，应当在采取措施后十五日以内存入监察机关指定的专用账户。对于涉案物品，应当在采取措施后三十日以内移交涉案财物保管部门保管。因特殊原因不能按时存入专用账户或者移交保管的，应当按规定报批，将保管情况录入涉案财物信息管理系统，在原因消除后及时存入或者移交。

第一百三十一条　对于已移交涉案财物保管部门保管的涉案财物，根据调查工作需要，经审批可以临时调用，并应当确保完好。调用结束后，应当及时归还。调用和归还时，调查人员、保管人员应当当面清点查验。保管部门应当对调用和归还情况进行登记，全程录像并上传涉案财物信息管理系统。

第一百三十二条　对于被扣押的股票、债券、基金份额等财产，以及即将到期的汇票、本票、支票，依法需要出售或者变现的，按照本条例关于出售冻结财产的规定办理。

第一百三十三条　监察机关接受司法机关、其他监察机关等国家机关移送的涉案财物后，该国家机关采取的查封、扣押期限届满，监察机关续行查封、扣押的顺位与国家机关查封、扣押的顺位相同。

第一百三十四条　对查封、扣押的财物和文件，应当及时进行核查。经查明与案件无关的，经审批，应当在查明后三日以内解除查封、扣押，予以退还。解除查封、扣押的，应当向有关单位、原持有人或者近亲属送达《解除查封/扣押通知书》，附《解除查封/扣押财物、文件清单》，要求其签名或者盖章。

第一百三十五条　在立案调查之前，对监察对象及相关人员主动上交的涉案财物，经审批可以接收。

接收时，应当由二名以上调查人员，会同持有人和见证人进行清点核对，当场填写《主动上交财物登记表》。调查人员、持有人和见证人应当在登记表上签名或者盖章。

对于主动上交的财物，应当根据立案及调查情况及时决定是否依法查封、扣押。

第十一节　勘验检查

第一百三十六条　监察机关按规定报批后，可以依法对与违法犯罪有关的场所、物品、人身、尸体、电子数据等进行勘验检查。

第一百三十七条　依法需要勘验检查的，应当制作《勘验检查证》；需要委托勘验检查的，应当出具《委托勘验检查书》，送具有专门知识、勘验检查资格的单位（人员）办理。

第一百三十八条　勘验检查应当由二名以上调查人员主持，邀请与案件无关的见证人在场。勘验检查情况应当制作笔录，并由参加勘验检查人员和见证人签名。

勘验检查现场、拆封电子数据存储介质应当全程同步录音录像。对现场情况应当拍摄现场照片、制作现场图，并由勘验检查人员签名。

第一百三十九条　为了确定被调查人或者相关人员的某些特征、伤害情况或者生理状态，可以依法对其人身进行检查。必要时可以聘请法医或者医师进行人身检查。检查女性身体，应当由女性工作人员或者医师进行。被调查人拒绝检查的，可以依法强制检查。

人身检查不得采用损害被检查人生命、健康或者贬低其名誉、人格的方法。对人身检查过程中知悉的个人隐私，应当严格保密。

对人身检查的情况应当制作笔录，由参加检查的调查人员、检查人员、被检查人员和见证人签名。被检查人员拒绝签名的，调查人员应当在笔录中记明。

第一百四十条　为查明案情，在必要的时候，经审批可以依法进行调查实验。调查实验，可以聘请有关专业人员参加，也可以要求被调查人、被害人、证人参加。

进行调查实验，应当全程同步录音录像，制作调查实验笔录，由参加实验的人签名。进行调查实验，禁止一切足以造成危险、侮辱人格的行为。

第一百四十一条 调查人员在必要时，可以依法让被害人、证人和被调查人对与违法犯罪有关的物品、文件、尸体或者场所进行辨认；也可以让被害人、证人对被调查人进行辨认，或者让被调查人对涉案人员进行辨认。

辨认工作应当由二名以上调查人员主持进行。在辨认前，应当向辨认人详细询问辨认对象的具体特征，避免辨认人见到辨认对象，并告知辨认人作虚假辨认应当承担的法律责任。几名辨认人对同一辨认对象进行辨认时，应当由辨认人个别进行。辨认应当形成笔录，并由调查人员、辨认人签名。

第一百四十二条 辨认人员时，被辨认的人数不得少于七人，照片不得少于十张。

辨认人不愿公开进行辨认时，应当在不暴露辨认人的情况下进行辨认，并为其保守秘密。

第一百四十三条 组织辨认物品时一般应当辨认实物。被辨认的物品系名贵字画等贵重物品或者存在不便搬运等情况的，可以对实物照片进行辨认。辨认人进行辨认时，应当在辨认出的实物照片与附纸骑缝上捺指印予以确认，在附纸上写明该实物涉案情况并签名、捺指印。

辨认物品时，同类物品不得少于五件，照片不得少于五张。

对于难以找到相似物品的特定物，可以将该物品照片交自辨认人进行确认后，在照片与附纸骑缝上捺指印，在附纸上写明该物品涉案情况并签名、捺指印。在辨认人确认前，应当向其详细询问物品的具体特征，并对确认过程和结果形成笔录。

第一百四十四条 辨认笔录具有下列情形之一的，不得作为认定案件的依据：

（一）辨认开始前使辨认人见到辨认对象的；

（二）辨认活动没有个别进行的；

（三）辨认对象没有混杂在具有类似特征的其他对象中，或者供辨认的对象数量不符合规定，但特定辨认对象除外；

（四）辨认中给辨认人明显暗示或者明显有指认嫌疑的；

（五）辨认不是在调查人员主持下进行的；

（六）违反有关规定，不能确定辨认笔录真实性的其他情形。

辨认笔录存在其他瑕疵的，应当结合全案证据审查其真实性和关联性，作出综合判断。

第十二节　鉴　定

第一百四十五条 监察机关为解决案件中的专门性问题，按规定报批后，可以依法进行鉴定。

鉴定时应当出具《委托鉴定书》，由二名以上调查人员送交具有鉴定资格的鉴定机构、鉴定人进行鉴定。

第一百四十六条 监察机关可以依法开展下列鉴定：

（一）对笔迹、印刷文件、污损文件、制成时间不明的文件和以其他形式表现的文件等进行鉴定；

（二）对案件中涉及的财务会计资料及相关财物进行会计鉴定；

（三）对被调查人、证人的行为能力进行精神病鉴定；

（四）对人体造成的损害或者死因进行人身伤亡医学鉴定；

（五）对录音录像资料进行鉴定；

（六）对因电子信息技术应用而出现的材料及其派生物进行电子证据鉴定；

（七）其他可以依法进行的专业鉴定。

第一百四十七条 监察机关应当为鉴定提供必要条件，向鉴定人送交有关检材和对比样本等原始材料，介绍与鉴定有关的情况。调查人员应当明确提出要求鉴定事项，但不得暗示或者强迫鉴定人作出某种鉴定意见。

监察机关应当做好检材的保管和送检工作，记明检材送检环节的责任人，确保检材在流转环节的同一性和不被污染。

第一百四十八条 鉴定人应当在出具的鉴定意见上签名，并附鉴定机构和鉴定人的资质证明或者其他证明文件。多个鉴定人的鉴定意见不一致的，应当在鉴定意见上记明分歧的内容和理由，并且分别签名。

监察机关对于法庭审理中依法决定鉴定人出庭作证的，应当予以协调。

鉴定人故意作虚假鉴定的，应当依法追究法律责任。

第一百四十九条 调查人员应当对鉴定意见进行审查。对经审查作为证据使用的鉴定意见，应当告知被调查人及相关单位、人员，送达《鉴定意见告知书》。

被调查人或者相关单位、人员提出补充鉴定或者重新鉴定申请，经审查符合法定要求的，应当按规定报批，进行补充鉴定或者重新鉴定。

对鉴定意见告知情况可以制作笔录，载明告知内容和被告知人的意见等。

第一百五十条 经审查具有下列情形之一的，应当补充鉴定：

（一）鉴定内容有明显遗漏的；

（二）发现新的有鉴定意义的证物的；

（三）对鉴定证物有新的鉴定要求的；

（四）鉴定意见不完整，委托事项无法确定的；

（五）其他需要补充鉴定的情形。

第一百五十一条 经审查具有下列情形之一的，应当重新鉴定：

（一）鉴定程序违法或者违反相关专业技术要求的；

（二）鉴定机构、鉴定人不具备鉴定资质和条件的；

（三）鉴定人故意作出虚假鉴定或者违反回避规定的；

（四）鉴定意见依据明显不足的；

（五）检材虚假或者被损坏的；

（六）其他应当重新鉴定的情形。

决定重新鉴定的，应当另行确定鉴定机构和鉴定人。

第一百五十二条 因无鉴定机构，或者根据法律法规等规定，监察机关可以指派、聘请具有专门知识的人就案件的专门性问题出具报告。

第十三节 技术调查

第一百五十三条 监察机关根据调查涉嫌重大贪污贿赂等职务犯罪需要，依照规定的权限和程序报经批准，可以依法采取技术调查措施，按照规定交公安机关或者国家有关执法机关依法执行。

前款所称重大贪污贿赂等职务犯罪，是指具有下列情形之一：

（一）案情重大复杂，涉及国家利益或者重大公共利益的；

（二）被调查人可能被判处十年以上有期徒刑、无期徒刑或者死刑的；

（三）案件在全国或者本省、自治区、直辖市范围内有较大影响的。

第一百五十四条 依法采取技术调查措施的，监察机关应当出具《采取技术调查措施委托函》《采取技术调查措施决定书》和《采取技术调查措施适用对象情况表》，送交有关机关执行。其中，设区的市级以下监察机关委托有关执行机关采取技术调查措施，还应当提供《立案决定书》。

第一百五十五条 技术调查措施的期限按照监察法的规定执行，期限届满前未办理延期手续的，到期自动解除。

对于不需要继续采取技术调查措施的，监察机关应当按规定及时报批，将《解除技术调查措施决定书》送交有关机关执行。

需要依法变更技术调查措施种类或者增加适用对象的，监察机关应当重新办理报批和委托手续，依法送交有关机关执行。

第一百五十六条 对于采取技术调查措施收集的信息和材料，依法需要作为刑事诉讼证据使用的，监察机关应当按规定报批，出具《调取技术调查证据材料通知书》向有关执行机关调取。

对于采取技术调查措施收集的物证、书证及其他证据材料，监察机关应当制作书面说明，写明获取证据的时间、地点、数量、特征以及采取技术调查措施的批准机关、种类等。调查人员应当在书面说明上签名。

对于采取技术调查措施获取的证据材料，如果使用该证据材料可能危及有关人员的人身安全，或者可能产生其他严重后果的，应当采取不暴露有关人员身份、技术方法等保护措施。必要时，可以建议由审判人员在庭外进行核实。

第一百五十七条 调查人员对采取技术调查措施过程中知悉的国家秘密、商业秘密、个人隐私，应当严格保密。

采取技术调查措施获取的证据、线索及其他有关材料，只能用于对违法犯罪的调查、起诉和审判，不得用于其他用途。

对采取技术调查措施获取的与案件无关的材料，应当经审批及时销毁。对销毁情况应当制作记录，由调查人员签名。

第十四节 通 缉

第一百五十八条 县级以上监察机关对在逃的应当被留置人员，依法决定在本行政区域内通缉的，应当按规定报批，送交同级公安机关执行。送交执行时，应当出具《通缉决定书》，附《留置决定书》等法律文书和被通缉人员信息，以及承办单位、承办人员等有关情况。

通缉范围超出本行政区域的，应当报有决定权的上级监察机关出具《通缉决定书》，并附《留置决定书》及相关材料，送交同级公安机关执行。

第一百五十九条 国家监察委员会依法需要提请公安部对在逃人员发布公安部通缉令的，应当先提请公安部采取网上追逃措施。如情况紧急，可以向公安部同时出具《通缉决定书》和《提请采取网上追逃措施函》。

省级以下监察机关报请国家监察委员会提请公安部

发布公安部通缉令的，应当先提请本地公安机关采取网上追逃措施。

第一百六十条 监察机关接到公安机关抓获被通缉人员的通知后，应当立即核实被抓获人员身份，并在接到通知后二十四小时以内派员办理交接手续。边远或者交通不便地区，至迟不得超过三日。

公安机关在移交前，将被抓获人员送往当地监察机关留置场所临时看管的，当地监察机关应当接收，并保障临时看管期间的安全，对工作信息严格保密。

监察机关需要提请公安机关协助将被抓获人员带回的，应当按规定报批，请本地同级公安机关依法予以协助。提请协助时，应当出具《提请协助采取留置措施函》，附《留置决定书》复印件及相关材料。

第一百六十一条 监察机关对于被通缉人员已经归案、死亡，或者依法撤销留置决定以及发现有其他不需要继续采取通缉措施情形的，应当经审批出具《撤销通缉通知书》，送交协助采取原措施的公安机关执行。

第十五节 限制出境

第一百六十二条 监察机关为防止被调查人及相关人员逃匿境外，按规定报批后，可以依法决定采取限制出境措施，交由移民管理机构依法执行。

第一百六十三条 监察机关采取限制出境措施应当出具有关函件，与《采取限制出境措施决定书》一并送交移民管理机构执行。其中，采取边控措施的，应当附《边控对象通知书》；采取法定不批准出境措施的，应当附《法定不准出境人员报备表》。

第一百六十四条 限制出境措施有效期不超过三个月，到期自动解除。

到期后仍有必要继续采取措施的，应当按原程序报批。承办部门应当出具有关函件，在到期前与《延长限制出境措施期限决定书》一并送交移民管理机构执行。延长期限每次不得超过三个月。

第一百六十五条 监察机关接到口岸移民管理机构查获被决定采取留置措施的边控对象的通知后，应当于二十四小时以内到达口岸办理移交手续。无法及时到达的，应当委托当地监察机关及时前往口岸办理移交手续。当地监察机关应当予以协助。

第一百六十六条 对于不需要继续采取限制出境措施的，应当按规定报批，及时予以解除。承办部门应当出具有关函件，与《解除限制出境措施决定书》一并送交移民管理机构执行。

第一百六十七条 县级以上监察机关在重要紧急情况下，经审批可以依法直接向口岸所在地口岸移民管理机构提请办理临时限制出境措施。

第五章 监察程序

第一节 线索处置

第一百六十八条 监察机关应当对问题线索归口受理、集中管理、分类处置、定期清理。

第一百六十九条 监察机关对于报案或者举报应当依法接受。属于本级监察机关管辖的，依法予以受理；属于其他监察机关管辖的，应当在五个工作日以内予以转送。

监察机关可以向下级监察机关发函交办检举控告，并进行督办，下级监察机关应当按期回复办理结果。

第一百七十条 对于涉嫌职务违法或者职务犯罪的公职人员主动投案的，应当依法接待和办理。

第一百七十一条 监察机关对于执法机关、司法机关等其他机关移送的问题线索，应当及时审核，并按照下列方式办理：

（一）本单位有管辖权的，及时研究提出处置意见；

（二）本单位没有管辖权但其他监察机关有管辖权的，在五个工作日以内转送有管辖权的监察机关；

（三）本单位对部分问题线索有管辖权的，对有管辖权的部分提出处置意见，并及时将其他问题线索转送有管辖权的机关；

（四）监察机关没有管辖权的，及时退回移送机关。

第一百七十二条 信访举报部门归口受理本机关管辖监察对象涉嫌职务违法和职务犯罪问题的检举控告，统一接收有关监察机关以及其他单位移送的相关检举控告，移交本机关监督检查部门或者相关部门，并将移交情况通报案件监督管理部门。

案件监督管理部门统一接收巡视巡察机构和审计机关、执法机关、司法机关等其他机关移送的职务违法和职务犯罪问题线索，按程序移交本机关监督检查部门或者相关部门办理。

监督检查部门、调查部门在工作中发现的相关问题线索，属于本部门受理范围的，应当报送案件监督管理部门备案；属于本机关其他部门受理范围的，经审批后移交案件监督管理部门分办。

第一百七十三条 案件监督管理部门应当对问题线索实行集中管理、动态更新，定期汇总、核对问题线索及处置情况，向监察机关主要负责人报告，并向相关部门通报。

问题线索承办部门应当指定专人负责管理线索，逐件编号登记、建立管理台账。线索管理处各环节应当由经手人员签名,全程登记备查,及时与案件监督管理部门核对。

第一百七十四条 监督检查部门应当结合问题线索所涉及地区、部门、单位总体情况进行综合分析,提出处置意见并制定处置方案,经审批按照谈话、函询、初步核实、暂存待查、予以了结等方式进行处置,或者按照职责移送调查部门处置。

函询应当以监察机关办公厅(室)名义发函给被反映人,并抄送其所在单位和派驻监察机构主要负责人。被函询人应当在收到函件后十五个工作日以内写出说明材料,由其所在单位主要负责人签署意见后发函回复。被函询人为所在单位主要负责人的,或者被函询人所作说明涉及所在单位主要负责人的,应当直接发函回复监察机关。

被函询人已经退休的,按照第二款规定程序办理。

监察机关根据工作需要,经审批可以对谈话、函询情况进行核实。

第一百七十五条 检举控告人使用本人真实姓名或者本单位名称,有电话等具体联系方式的,属于实名检举控告。监察机关对实名检举控告应当优先办理、优先处置,依法给予答复。虽有署名但不是检举控告人真实姓名(单位名称)或者无法验证的检举控告,按照匿名检举控告处理。

信访举报部门对属于本机关受理的实名检举控告,应当在收到检举控告之日起十五个工作日以内按规定告知实名检举控告人受理情况,并做好记录。

调查人员应当将实名检举控告的处理结果在办结之日起十五个工作日以内向检举控告人反馈,并记录反馈情况。对检举控告人提出异议的应当如实记录,并向其进行说明;对提供新证据材料的,应当依法核查处理。

第二节 初步核实

第一百七十六条 监察机关对具有可查性的职务违法和职务犯罪问题线索,应当按规定报批后,依法开展初步核实工作。

第一百七十七条 采取初步核实方式处置问题线索,应当确定初步核实对象,制定工作方案,明确需要核实的问题和采取的措施,成立核查组。

在初步核实中应当注重收集客观性证据,确保真实性和准确性。

第一百七十八条 在初步核实中发现或者受理被核查人新的具有可查性的问题线索的,应当经审批纳入原初核方案开展核查。

第一百七十九条 核查组在初步核实工作结束后应当撰写初步核实情况报告,列明被核查人基本情况、反映的主要问题、办理依据、初步核实结果、存在疑点、处理建议,由全体人员签名。

承办部门应当综合分析初步核实情况,按照拟立案调查、予以了结、谈话提醒、暂存待查,或者移送有关部门、机关处理等方式提出处置建议,按照批准初步核实的程序报批。

第三节 立案

第一百八十条 监察机关经过初步核实,对于已经掌握监察对象涉嫌职务违法或者职务犯罪的部分事实和证据,认为需要追究其法律责任的,应当按规定报批后,依法立案调查。

第一百八十一条 监察机关立案调查职务违法或者职务犯罪案件,需要对涉嫌行贿犯罪、介绍贿赂犯罪或者共同职务犯罪的涉案人员立案调查的,应当一并办理立案手续。需要交由下级监察机关立案的,经审批交由下级监察机关办理立案手续。

对单位涉嫌受贿、行贿等职务犯罪,需要追究法律责任的,依法对该单位办理立案调查手续。对事故(事件)中存在职务违法或者职务犯罪问题,需要追究法律责任,但相关责任人员尚不明确的,可以以事立案。对单位立案或者以事立案后,经调查确定相关责任人员的,按照管理权限报批确定被调查人。

监察机关根据人民法院生效刑事判决、裁定和人民检察院不起诉决定认定的事实,需要对监察对象给予政务处分的,可以由相关监督检查部门依据司法机关的生效判决、裁定、决定及其认定的事实、性质和情节,提出给予政务处分的意见,按程序移送审理。对依法被追究行政法律责任的监察对象,需要给予政务处分的,应当依法办理立案手续。

第一百八十二条 对案情简单、经过初步核实已查清主要职务违法事实,应当追究监察对象法律责任,不再需要开展调查的,立案和移送审理可以一并报批,履行立案程序后再移送审理。

第一百八十三条 上级监察机关需要指定下级监察机关立案调查的,应当按规定报批,向被指定管辖的监察机关出具《指定管辖决定书》,由其办理立案手续。

第一百八十四条 批准立案后,应当由二名以上调查人员出示证件,向被调查人宣布立案决定。宣布立案决定后,应当及时向被调查人所在单位等相关组织送达《立案通知书》，并向被调查人所在单位主要负责人通报。

对涉嫌严重职务违法或者职务犯罪的公职人员立案调查并采取留置措施的，应当按规定通知被调查人家属，并向社会公开发布。

第四节 调 查

第一百八十五条 监察机关对已经立案的职务违法或者职务犯罪案件应当依法进行调查，收集证据查明违法犯罪事实。

调查职务违法或者职务犯罪案件，对被调查人没有采取留置措施的，应当在立案后一年以内作出处理决定；对被调查人解除留置措施的，应当在解除留置措施后一年以内作出处理决定。案情重大复杂的案件，经上一级监察机关批准，可以适当延长，但延长期限不得超过六个月。

被调查人在监察机关立案调查以后逃匿的，调查期限自被调查人到案之日起重新计算。

第一百八十六条 案件立案后，监察机关主要负责人应当依照法定程序批准确定调查方案。

监察机关应当组成调查组依法开展调查。调查工作应当严格按照批准的方案执行，不得随意扩大调查范围、变更调查对象和事项，对重要事项应当及时请示报告。调查人员在调查工作期间，未经批准不得单独接触任何涉案人员及其特定关系人，不得擅自采取调查措施。

第一百八十七条 调查组应当将调查认定的涉嫌违法犯罪事实形成书面材料，交给被调查人核对，听取其意见。被调查人应当在书面材料上签署意见。对被调查人签署不同意见或者拒不签署意见的，调查组应当作出说明或者注明情况。对被调查人提出申辩的事实、理由和证据应当进行核实，成立的予以采纳。

调查组对于立案调查的涉嫌行贿犯罪、介绍贿赂犯罪或者共同职务犯罪的涉案人员，在查明其涉嫌犯罪问题后，依照前款规定办理。

对于按照本条例规定，对立案和移送审理一并报批的案件，应当在报批前履行本条第一款规定的程序。

第一百八十八条 调查组在调查工作结束后应当集体讨论，形成调查报告。调查报告应当列明被调查人基本情况、问题线索来源及调查依据、调查过程，涉嫌的主要职务违法或者职务犯罪事实，被调查人的态度和认识，处置建议及法律依据，并由调查组组长以及有关人员签名。

对调查过程中发现的重要问题和形成的意见建议，应当形成专题报告。

第一百八十九条 调查组对被调查人涉嫌职务犯罪拟依法移送人民检察院审查起诉的，应当起草《起诉建议书》。《起诉建议书》应当载明被调查人基本情况，调查简况，认罪认罚情况，采取留置措施的时间，涉嫌职务犯罪事实以及证据，对被调查人从重、从轻、减轻或者免除处罚等情节，提出对被调查人移送起诉的理由和法律依据，采取强制措施的建议，并注明移送案卷数及涉案财物等内容。

调查组应当形成被调查人到案经过及量刑情节方面的材料，包括案件来源、到案经过、自动投案、如实供述、立功等量刑情节，认罪悔罪态度、退赃、避免和减少损害结果发生等方面的情况说明及相关材料。被检举揭发的问题已被立案、查破，被检举揭发人已被采取调查措施或者刑事强制措施、起诉或者审判的，还应当附有关法律文书。

第一百九十条 经调查认为被调查人构成职务违法或者职务犯罪的，应当区分不同情况提出相应处理意见，经审批将调查报告、职务违法或者职务犯罪事实材料、涉案财物报告、涉案人员处理意见等材料，连同全部证据和文书手续移送审理。

对涉嫌职务犯罪的案件材料应当按照刑事诉讼要求单独立卷，与《起诉建议书》、涉案财物报告、同步录音录像资料及其自查报告等材料一并移送审理。

调查全过程形成的材料应当案结卷成、事毕归档。

第五节 审 理

第一百九十一条 案件审理部门收到移送审理的案件后，应当审核材料是否齐全、手续是否完备。对被调查人涉嫌职务犯罪的，还应当审核相关案卷材料是否符合职务犯罪案件立卷要求，是否在调查报告中单独表述已查明的涉嫌犯罪问题，是否形成《起诉建议书》。

经审核符合移送条件的，应当予以受理；不符合移送条件的，经审批可以暂缓受理或者不予受理，并要求调查部门补充完善材料。

第一百九十二条 案件审理部门受理案件后，应当成立由二人以上组成的审理组，全面审理案卷材料。

案件审理部门对于受理的案件，应当以监察法、政务处分法、刑法、《中华人民共和国刑事诉讼法》等法律法规为准绳，对案件事实证据、性质认定、程序手续、涉案财物等进行全面审理。

案件审理部门应当强化监督制约职能，对案件严格审核把关，坚持实事求是、独立审理，依法提出审理意见。坚持调查与审理相分离的原则，案件调查人员不得参与审理。

第一百九十三条 审理工作应当坚持民主集中制原则，经集体审议形成审理意见。

第一百九十四条 审理工作应当在受理之日起一个月以内完成，重大复杂案件经批准可以适当延长。

第一百九十五条 案件审理部门根据案件审理情况，经审批可以与被调查人谈话，告知其在审理阶段的权利义务，核对涉嫌违法犯罪事实，听取其辩解意见，了解有关情况。与被调查人谈话时，案件审理人员不得少于二人。

具有下列情形之一的，一般应当与被调查人谈话：

（一）对被调查人采取留置措施，拟移送起诉的；

（二）可能存在以非法方法收集证据情形的；

（三）被调查人对涉嫌违法犯罪事实材料签署不同意见或者拒不签署意见的；

（四）被调查人要求向案件审理人员当面陈述的；

（五）其他有必要与被调查人进行谈话的情形。

第一百九十六条 经审理认为主要违法犯罪事实不清、证据不足的，应当经审批将案件退回承办部门重新调查。

有下列情形之一的，需要补充完善证据的，经审批可以退回补充调查：

（一）部分事实不清、证据不足的；

（二）遗漏违法犯罪事实的；

（三）其他需要进一步查清案件事实的情形。

案件审理部门将案件退回重新调查或者补充调查的，应当出具审核意见，写明调查事项、理由、调查方向、需要补充收集的证据及其证明作用等，连同案卷材料一并送交承办部门。

承办部门补充调查结束后，应当经审批将补证情况报告及相关证据材料，连同案卷材料一并移送案件审理部门；对确实无法查明的事项或者无法补充的证据，应当作出书面说明。重新调查终结后，应当重新形成调查报告，依法移送审理。

重新调查完毕移送审理的，审理期限重新计算。补充调查期间不计入审理期限。

第一百九十七条 审理工作结束后应当形成审理报告，载明被调查人基本情况、调查简况、涉嫌违法或者犯罪事实、被调查人态度和认识、涉案财物处置、承办部门意见、审理意见等内容，提请监察机关集体审议。

对被调查人涉嫌职务犯罪需要追究刑事责任的，应当形成《起诉意见书》，作为审理报告附件。《起诉意见书》应当忠实于事实真象，载明被调查人基本情况、调查简况、采取留置措施的时间，依法查明的犯罪事实和证据，从重、从轻、减轻或者免除处罚等情节，涉案财物情况，涉嫌罪名和法律依据，采取强制措施的建议，以及其他需要说明的情况。

案件审理部门经审理认为现有证据不足以证明被调查人存在违法犯罪行为，且通过退回补充调查仍无法达到证明标准的，应当提出撤销案件的建议。

第一百九十八条 上级监察机关办理下级监察机关管辖案件的，可以经审后按程序直接进行处置，也可以经审理形成处置意见后，交由下级监察机关办理。

第一百九十九条 被指定管辖的监察机关在调查结束后应当将案件移送审理，提请监察机关集体审议。

上级监察机关将其所管辖的案件指定管辖的，被指定管辖的下级监察机关应当按照前款规定办理后，将案件报上级监察机关依法作出政务处分决定。上级监察机关在作出决定前，应当进行审理。

上级监察机关将下级监察机关管辖的案件指定其他下级监察机关管辖的，被指定管辖的监察机关应当按照第一款规定办理后，将案件送交有管理权限的监察机关依法作出政务处分决定。有管理权限的监察机关应当进行审理，审理意见与被指定管辖的监察机关意见不一致的，双方应当进行沟通；经沟通不能取得一致意见的，报请有权决定的上级监察机关决定。经协商，有管理权限的监察机关在被指定管辖的监察机关审理阶段可以提前阅卷，沟通了解情况。

对于前款规定的重大、复杂案件，被指定管辖的监察机关经集体审议后将处理意见报有权决定的上级监察机关审核同意的，有管理权限的监察机关可以经集体审议后依法处置。

第六节 处 置

第二百条 监察机关根据监督、调查结果，依据监察法、政务处分法等规定进行处置。

第二百零一条 监察机关对于公职人员有职务违法行为但情节较轻的，可以依法进行谈话提醒、批评教育、责令检查，或者予以诫勉。上述方式可以单独使用，也可以依据规定合并使用。

谈话提醒、批评教育应当由监察机关相关负责人或者承办部门负责人进行，可以由被谈话提醒、批评教育人所在单位有关负责人陪同；经批准也可以委托其所在单位主要负责人进行。对谈话提醒、批评教育情况应当制作记录。

被责令检查的公职人员应当作出书面检查并进行整

改。整改情况在一定范围内通报。

诫勉由监察机关以谈话或者书面方式进行。以谈话方式进行的，应当制作记录。

第二百零二条 对违法的公职人员依法需要给予政务处分的，应当根据情节轻重作出警告、记过、记大过、降级、撤职、开除的政务处分决定，制作政务处分决定书。

第二百零三条 监察机关应当将政务处分决定书在作出后一个月以内送达被处分人和被处分人所在机关、单位，并依法履行宣布、书面告知程序。

政务处分决定自作出之日起生效。有关机关、单位、组织应当依法及时执行处分决定，并将执行情况向监察机关报告。处分决定应当在作出之日起一个月以内执行完毕，特殊情况下经监察机关批准可以适当延长办理期限，最迟不得超过六个月。

第二百零四条 监察机关对不履行或者不正确履行职责造成严重后果或者恶劣影响的领导人员，可以按照管理权限采取通报、诫勉、政务处分等方式进行问责；提出组织处理的建议。

第二百零五条 监察机关依法向监察对象所在单位提出监察建议的，应当经审批制作监察建议书。

监察建议书一般应当包括下列内容：

（一）监督调查情况；

（二）调查中发现的主要问题及其产生的原因；

（三）整改建议、要求和期限；

（四）向监察机关反馈整改情况的要求。

第二百零六条 监察机关经调查，对没有证据证明或者现有证据不足以证明被调查人存在违法犯罪行为的，应当依法撤销案件。省级以下监察机关撤销案件后，应当在七个工作日以内向上一级监察机关报送备案报告。上一级监察机关监督检查部门负责备案工作。

省级以下监察机关拟撤销上级监察机关指定管辖或者交办案件的，应当将《撤销案件意见书》连同案卷材料，在法定调查期限到期七个工作日前报指定管辖或者交办案件的监察机关审查。对于重大、复杂案件，在法定调查期限到期十个工作日前报指定管辖或者交办案件的监察机关审查。

指定管辖或者交办案件的监察机关由监督检查部门负责审查工作。指定管辖或者交办案件的监察机关同意撤销案件的，下级监察机关应当作出撤销案件决定，制作《撤销案件决定书》；指定管辖或者交办案件的监察机关不同意撤销案件的，下级监察机关应当执行该决定。

监察机关对于撤销案件的决定应当向被调查人宣布，由其在《撤销案件决定书》上签名、捺指印，立即解除留置措施，并通知其所在机关、单位。

撤销案件后又发现重要事实或者有充分证据，认为被调查人有违法犯罪事实需要追究法律责任的，应当重新立案调查。

第二百零七条 对于涉嫌行贿等犯罪的非监察对象，案件调查终结后依法移送起诉。综合考虑行为性质、手段、后果、时间节点、认罪悔罪态度等具体情况，对于情节较轻，经审批不予移送起诉的，应当采取批评教育、责令具结悔过等方式处置；应当给予行政处罚的，依法移送有关行政执法部门。

对于有行贿行为的涉案单位和人员，按规定记入相关信息记录，可以作为信用评价的依据。

对于涉案单位和人员通过行贿等非法手段取得的财物及孳息，应当依法予以没收、追缴或者责令退赔。对于违法取得的其他不正当利益，依照法律法规及有关规定予以纠正处理。

第二百零八条 对查封、扣押、冻结的涉嫌职务犯罪所得财物及孳息应当妥善保管，并制作《移送司法机关涉案财物清单》随案移送人民检察院。对作为证据使用的实物应当随案移送；对不宜移送的，应当将清单、照片和其他证明文件随案移送。

对于移送人民检察院的涉案财物，价值不明的，应当在移送起诉前委托进行价格认定。在价格认定过程中，需要对涉案财物先行作出真伪鉴定或者出具技术、质量检测报告的，应当委托有关鉴定机构或者检测机构进行真伪鉴定或者技术、质量检测。

对不属于犯罪所得但属于违法取得的财物及孳息，应当依法予以没收、追缴或者责令退赔，并出具有关法律文书。

对经认定不属于违法所得的财物及孳息，应当及时予以返还，并办理签收手续。

第二百零九条 监察机关经调查，对违法取得的财物及孳息决定追缴或者责令退赔的，可以依法要求公安、自然资源、住房城乡建设、市场监管、金融监管等部门以及银行等机构、单位予以协助。

追缴涉案财物以追缴原物为原则，原物已经转化为其他财物的，应当追缴转化后的财物；有证据证明依法应当追缴、没收的涉案财物无法找到、被他人善意取得、价值灭失损毁或者与其他合法财产混合且不可分割的，可以依法追缴、没收其他等值财产。

追缴或者责令退赔应当自处置决定作出之日起一个月以内执行完毕。因被调查人的原因逾期执行的除外。

人民检察院、人民法院依法将不认定为犯罪所得的相关涉案财物退回监察机关的，监察机关应当依法处理。

第二百一十条 监察对象对监察机关作出的涉及本人的处理决定不服的，可以在收到处理决定之日起一个月以内，向作出决定的监察机关申请复审。复审机关应当依法受理，并在受理后一个月以内作出复审决定。监察对象对复审决定仍不服的，可以在收到复审决定之日起一个月以内，向上一级监察机关申请复核。复核机关应当依法受理，并在受理后二个月以内作出复核决定。

上一级监察机关的复核决定和国家监察委员会的复审、复核决定为最终决定。

第二百一十一条 复审、复核机关承办部门应当成立工作组，调阅原案卷宗，必要时可以进行调查取证。承办部门应当集体研究，提出办理意见，经审批作出复审、复核决定。决定应当送达申请人，抄送相关单位，并在一定范围内宣布。

复审、复核期间，不停止原处理决定的执行。复审、复核机关经审查认定处理决定有错误或者不当的，应当依法撤销、变更原处理决定，或者责令原处理机关及时予以纠正。复审、复核机关经审查认定处理决定事实清楚、适用法律正确的，应当予以维持。

坚持复审复核与调查审理分离，原案调查、审理人员不得参与复审复核。

第七节 移送审查起诉

第二百一十二条 监察机关决定对涉嫌职务犯罪的被调查人移送起诉的，应当出具《起诉意见书》，连同案卷材料、证据等，一并移送同级人民检察院。

监察机关案件审理部门负责与人民检察院审查起诉的衔接工作，调查、案件监督管理等部门应当予以协助。

国家监察委员会派驻或者派出的监察机构、监察专员调查的职务犯罪案件，应当依法移送省级人民检察院审查起诉。

第二百一十三条 涉嫌职务犯罪的被调查人和涉案人员符合监察法第三十一条、第三十二条规定情形的，结合其案发前的一贯表现、违法犯罪行为的情节、后果和影响等因素，监察机关经综合研判和集体审议，报上一级监察机关批准，可以在移送人民检察院时依法提出从轻、减轻或者免除处罚等从宽处罚建议。报请批准时，应当一并提供主要证据材料、忏悔反思材料。

上级监察机关相关监督检查部门负责审查工作，重点审核拟认定的从宽处罚情形、提出的从宽处罚建议，经审批在十五个工作日以内作出批复。

第二百一十四条 涉嫌职务犯罪的被调查人有下列情形之一，如实交代自己主要犯罪事实的，可以认定为监察法第三十一条第一项规定的自动投案，真诚悔罪悔过：

（一）职务犯罪问题未被监察机关掌握，向监察机关投案的；

（二）在监察机关谈话、函询过程中，如实交代监察机关未掌握的涉嫌职务犯罪问题的；

（三）在初步核实阶段，尚未受到监察机关谈话时投案的；

（四）职务犯罪问题虽被监察机关立案，但尚未受到讯问或者采取留置措施，向监察机关投案的；

（五）因伤病等客观原因无法前往投案，先委托他人代为表达投案意愿，或者以书信、网络、电话、传真等方式表达投案意愿，后到监察机关接受处理的；

（六）涉嫌职务犯罪潜逃后又投案，包括在被通缉、抓捕过程中投案的；

（七）经查实确已准备去投案，或者正在投案途中被有关机关抓获的；

（八）经他人规劝或者在他人陪同下投案的；

（九）虽未向监察机关投案，但向其所在党组织、单位或者有关负责人员投案，向有关巡视巡察机构投案，以及向公安机关、人民检察院、人民法院投案的；

（十）具有其他应当视为自动投案的情形的。

被调查人自动投案后不能如实交代自己的主要犯罪事实，或者自动投案并如实供述自己的罪行后又翻供的，不能适用前款规定。

第二百一十五条 涉嫌职务犯罪的被调查人有下列情形之一的，可以认定为监察法第三十一条第二项规定的积极配合调查工作，如实供述监察机关还未掌握的违法犯罪行为：

（一）监察机关所掌握线索针对的犯罪事实不成立，在此范围外被调查人主动交代其他罪行的；

（二）主动交代监察机关尚未掌握的犯罪事实，与监察机关已掌握的犯罪事实属不同种罪行的；

（三）主动交代监察机关尚未掌握的犯罪事实，与监察机关已掌握的犯罪事实属同种罪行的；

（四）监察机关掌握的证据不充分，被调查人如实交代有助于收集定案证据的。

前款所称同种罪行和不同种罪行，一般以罪名区分。

被调查人如实供述其他罪行的罪名与监察机关已掌握犯罪的罪名不同，但属选择性罪名或者在法律、事实上密切关联的，应当认定为同种罪行。

第二百一十六条 涉嫌职务犯罪的被调查人有下列情形之一的，可以认定为监察法第三十一条第三项规定的积极退赃，减少损失：

（一）全额退赃的；

（二）退赃能力不足，但被调查人及其亲友在监察机关追缴赃款赃物过程中积极配合，且大部分已追缴到位的；

（三）犯罪后主动采取措施避免损失发生，或者积极采取有效措施减少、挽回大部分损失的。

第二百一十七条 涉嫌职务犯罪的被调查人有下列情形之一的，可以认定为监察法第三十一条第四项规定的具有重大立功表现：

（一）检举揭发他人重大犯罪行为且经查证属实的；

（二）提供其他重大案件的重要线索且经查证属实的；

（三）阻止他人重大犯罪活动的；

（四）协助抓捕其他重大职务犯罪案件被调查人、重大犯罪嫌疑人（包括同案犯）的；

（五）为国家挽回重大损失等对国家和社会有其他重大贡献的。

前款所称重大犯罪一般是指依法可能被判处无期徒刑以上刑罚的犯罪行为；重大案件一般是指在本省、自治区、直辖市或者全国范围内有较大影响的案件；查证属实一般是指有关案件已被监察机关或者司法机关立案调查、侦查，被调查人、犯罪嫌疑人被监察机关采取留置措施或者被司法机关采取强制措施，或者被告人被人民法院作出有罪判决，并结合案件事实、证据进行判断。

监察法第三十一条第四项规定的案件涉及国家重大利益，是指案件涉及国家主权和领土完整、国家安全、外交、社会稳定、经济发展等情形。

第二百一十八条 涉嫌行贿等犯罪的涉案人员有下列情形之一的，可以认定为监察法第三十二条规定的揭发有关被调查人职务违法犯罪行为，查证属实或者提供重要线索，有助于调查其他案件：

（一）揭发所涉案件以外的被调查人职务犯罪行为，经查证属实的；

（二）提供的重要线索指向具体的职务犯罪事实，对调查其他案件起到实质性推动作用的；

（三）提供的重要线索有助于加快其他案件办理进度，或者对其他案件固定关键证据、挽回损失、追逃追赃等起到积极作用的。

第二百一十九条 从宽处罚建议一般应当在移送起诉时作为《起诉意见书》内容一并提出，特殊情况下也可以在案件移送后、人民检察院提起公诉前，单独形成从宽处罚建议书移送人民检察院。对于从宽处罚建议所依据的证据材料，应当一并移送人民检察院。

监察机关对于被调查人在调查阶段认罪认罚，但不符合监察法规定的提出从宽处罚建议条件，在移送起诉时没有提出从宽处罚建议的，应当在《起诉意见书》中写明其自愿认罪认罚的情况。

第二百二十条 监察机关一般应当在正式移送起诉十日前，向拟移送的人民检察院采取书面通知等方式预告移送事宜。对于已采取留置措施的案件，发现被调查人因身体等原因存在不适宜羁押等可能影响刑事强制措施执行情形的，应当通报人民检察院。对于未采取留置措施的案件，可以根据案件具体情况，向人民检察院提出对被调查人采取刑事强制措施的建议。

第二百二十一条 监察机关办理的职务犯罪案件移送起诉，需要指定起诉、审判管辖的，应当与同级人民检察院协商有关程序事宜。需要由同级人民检察院的上级人民检察院指定管辖的，应当商请同级人民检察院办理指定管辖事宜。

监察机关一般应当在移送起诉二十日前，将商请指定管辖函送交同级人民检察院。商请指定管辖函应当附案件基本情况，对于被调查人已被其他机关立案侦查的犯罪认为需要并案审查起诉的，一并进行说明。

派驻或者派出的监察机构、监察专员调查的职务犯罪案件需要指定起诉、审判管辖的，应当报派出机关办理指定管辖手续。

第二百二十二条 上级监察机关指定下级监察机关进行调查，移送起诉时需要人民检察院依法指定管辖的，应当在移送起诉前由上级监察机关与同级人民检察院协商有关程序事宜。

第二百二十三条 监察机关对已经移送起诉的职务犯罪案件，发现遗漏被调查人罪行需要补充移送起诉的，应当经审批出具《补充起诉意见书》，连同相关案卷材料、证据等一并移送同级人民检察院。

对于经人民检察院指定管辖的案件需要补充移送起诉的，可以直接移送原受理移送起诉的人民检察院；需要追加犯罪嫌疑人、被告人的，应当再次商请人民检察院办理指定管辖手续。

第二百二十四条　对于涉嫌行贿犯罪、介绍贿赂犯罪或者共同职务犯罪等关联案件的涉案人员，移送起诉时一般应当随主案确定管辖。

主案与关联案件由不同监察机关立案调查的，调查关联案件的监察机关在移送起诉前，应当报告或者通报调查主案的监察机关，由其统一协调案件管辖事宜。因特殊原因，关联案件不宜随主案确定管辖的，调查主案的监察机关应当及时通报和协调有关事项。

第二百二十五条　监察机关对于人民检察院在审查起诉中书面提出的下列要求应当予以配合：

（一）认为可能存在以非法方法收集证据情形，要求监察机关对证据收集的合法性作出说明或者提供相关证明材料的；

（二）排除非法证据后，要求监察机关另行指派调查人员重新取证的；

（三）对物证、书证、视听资料、电子数据及勘验检查、辨认、调查实验等笔录存有疑问，要求调查人员提供获取、制作的有关情况的；

（四）要求监察机关对案件中某些专门性问题进行鉴定，或者对勘验检查进行复验、复查的；

（五）认为主要犯罪事实已经查清，仍有部分证据需要补充完善，要求监察机关补充提供证据的；

（六）人民检察院依法提出的其他工作要求。

第二百二十六条　监察机关对于人民检察院依法退回补充调查的案件，应当向主要负责人报告，并积极开展补充调查工作。

第二百二十七条　对人民检察院退回补充调查的案件，经审批分别作出下列处理：

（一）认定犯罪事实的证据不够充分的，应当在补充证据后，制作补充调查报告书，连同相关材料一并移送人民检察院审查，对无法补充完善的证据，应当作出书面情况说明，并加盖监察机关或者承办部门公章；

（二）在补充调查中发现新的同案犯或者增加、变更犯罪事实，需要追究刑事责任的，应当重新提出处理意见，移送人民检察院审查；

（三）犯罪事实的认定出现重大变化，认为不应当追究被调查人刑事责任的，应当重新提出处理意见，将处理结果书面通知人民检察院并说明理由；

（四）认为移送起诉的犯罪事实清楚，证据确实、充分的，应当说明理由，移送人民检察院依法审查。

第二百二十八条　人民检察院在审查起诉过程中发现新的职务违法或者职务犯罪问题线索并移送监察机关的，监察机关应当依法处置。

第二百二十九条　在案件审判过程中，人民检察院书面要求监察机关补充提供证据，对证据进行补正、解释，或者协助人民检察院补充侦查的，监察机关应当予以配合。监察机关不能提供有关证据材料的，应当书面说明情况。

人民法院在审判过程中就证据收集合法性问题要求有关调查人员出庭说明情况时，监察机关应当依法予以配合。

第二百三十条　监察机关认为人民检察院不起诉决定有错误的，应当在收到不起诉决定书后三十日以内，依法向其上一级人民检察院提请复议。监察机关应当将上述情况及时向上一级监察机关书面报告。

第二百三十一条　对于监察机关移送起诉的案件，人民检察院作出不起诉决定，人民法院作出无罪判决，或者监察机关经人民检察院退回补充调查后不再移送起诉，涉及对被调查人已生效政务处分事实认定的，监察机关应当依法对政务处分决定进行审核。认为原政务处分决定认定事实清楚、适用法律正确的，不再改变；认为原政务处分决定确有错误或者不当的，依法予以撤销或者变更。

第二百三十二条　对于贪污贿赂、失职渎职等职务犯罪案件，被调查人逃匿，在通缉一年后不能到案，或者被调查人死亡，依法应当追缴其违法所得及其他涉案财产的，承办部门在调查终结后应当依法移送审理。

监察机关应当经集体审议，出具《没收违法所得意见书》，连同案卷材料、证据等，一并移送人民检察院依法提出没收违法所得的申请。

监察机关将《没收违法所得意见书》移送人民检察院后，在逃的被调查人自动投案或者被抓获的，监察机关应当及时通知人民检察院。

第二百三十三条　监察机关立案调查拟适用缺席审判程序的贪污贿赂犯罪案件，应当逐级报送国家监察委员会同意。

监察机关承办部门认为在境外的被调查人犯罪事实已经查清，证据确实、充分，依法应当追究刑事责任的，应当依法移送审理。

监察机关应当经集体审议，出具《起诉意见书》，连同案卷材料、证据等，一并移送人民检察院审查起诉。

在审查起诉或者缺席审判过程中，犯罪嫌疑人、被告人向监察机关自动投案或者被抓获的，监察机关应当立即通知人民检察院、人民法院。

第六章 反腐败国际合作

第一节 工作职责和领导体制

第二百三十四条 国家监察委员会统筹协调与其他国家、地区、国际组织开展反腐败国际交流、合作。

国家监察委员会组织《联合国反腐败公约》等反腐败国际条约的实施以及履约审议等工作，承担《联合国反腐败公约》司法协助中央机关有关工作。

国家监察委员会组织协调有关单位建立集中统一、高效顺畅的反腐败国际追逃追赃和防逃协调机制，统筹协调、督促指导各级监察机关反腐败国际追逃追赃等涉外案件办理工作，具体履行下列职责：

（一）制定反腐败国际追逃追赃和防逃工作计划，研究工作中的重要问题；

（二）组织协调反腐败国际追逃追赃等重大涉外案件办理工作；

（三）办理由国家监察委员会管辖的涉外案件；

（四）指导地方各级监察机关依法开展涉外案件办理工作；

（五）汇总和通报全国职务犯罪外逃案件信息和追逃追赃工作信息；

（六）建立健全反腐败国际追逃追赃和防逃合作网络；

（七）承担监察机关开展国际刑事司法协助的主管机关职责；

（八）承担其他与反腐败国际追逃追赃等涉外案件办理工作相关的职责。

第二百三十五条 地方各级监察机关在国家监察委员会领导下，统筹协调、督促指导本地区反腐败国际追逃追赃等涉外案件办理工作，具体履行下列职责：

（一）落实上级监察机关关于反腐败国际追逃追赃和防逃工作部署，制定工作计划；

（二）按照管辖权限或者上级监察机关指定管辖，办理涉外案件；

（三）按照上级监察机关要求，协助配合其他监察机关开展涉外案件办理工作；

（四）汇总和通报本地区职务犯罪外逃案件信息和追逃追赃工作信息；

（五）承担本地区其他与反腐败国际追逃追赃等涉外案件办理工作相关的职责。

省级监察委员会应当会同有关单位，建立健全本地区反腐败国际追逃追赃和防逃协调机制。

国家监察委员会派驻或者派出的监察机构、监察专员统筹协调、督促指导本部门反腐败国际追逃追赃等涉外案件办理工作，参照第一款规定执行。

第二百三十六条 国家监察委员会国际合作局归口管理监察机关反腐败国际追逃追赃等涉外案件办理工作。地方各级监察委员会应当明确专责部门，归口管理本地区涉外案件办理工作。

国家监察委员会派驻或者派出的监察机构、监察专员和地方各级监察机关办理涉外案件中有关执法司法国际合作事项，应当逐级报送国家监察委员会审批。由国家监察委员会依法直接或者协调有关单位与有关国家（地区）相关机构沟通，以双方认可的方式实施。

第二百三十七条 监察机关应当建立追逃追赃和防逃工作内部联络机制。承办部门在调查过程中，发现被调查人或者重要涉案人员外逃、违法所得及其他涉案财产被转移到境外的，可以请追逃追赃部门提供工作协助。监察机关将案件移送人民检察院审查起诉后，仍有重要涉案人员外逃或者未追缴的违法所得及其他涉案财产的，应当由追逃追赃部门继续办理，或者由追逃追赃部门指定协调有关单位办理。

第二节 国（境）内工作

第二百三十八条 监察机关应当将防逃工作纳入日常监督内容，督促相关机关、单位建立健全防逃责任机制。

监察机关在监督、调查工作中，应当根据情况制定对监察对象、重要涉案人员的防逃方案，防范人员外逃和资金外流风险。监察机关应当会同同级组织人事、外事、公安、移民管理等单位健全防逃预警机制，对存在外逃风险的监察对象早发现、早报告、早处置。

第二百三十九条 监察机关应当加强与同级人民银行、公安等单位的沟通协作，推动预防、打击利用离岸公司和地下钱庄等向境外转移违法所得及其他涉案财产，对涉及职务违法和职务犯罪的行为依法进行调查。

第二百四十条 国家监察委员会派驻或者派出的监察机构、监察专员和地方各级监察委员会发现监察对象出逃、失踪、出走，或者违法所得及其他涉案财产被转移至境外的，应当在二十四小时以内将有关信息逐级报送至国家监察委员会国际合作局，并迅速开展相关工作。

第二百四十一条 监察机关追逃追赃部门统一接收巡视巡察机构、审计机关、行政执法部门、司法机关等单位移交的外逃信息。

监察机关对涉嫌职务违法和职务犯罪的外逃人员，

应当明确承办部门，建立案件档案。

第二百四十二条 监察机关应当依法全面收集外逃人员涉嫌职务违法和职务犯罪证据。

第二百四十三条 开展反腐败国际追逃追赃等涉外案件办理工作，应当把思想教育贯穿始终，落实宽严相济刑事政策，依法适用认罪认罚从宽制度，促使外逃人员回国投案或者配合调查、主动退赃。开展相关工作，应当尊重所在国家（地区）的法律规定。

第二百四十四条 外逃人员归案、违法所得及其他涉案财产被追缴后，承办案件的监察机关应当将情况逐级报送国家监察委员会国际合作局。监察机关应当依法对涉案人员和违法所得及其他涉案财产作出处置，或者请有关单位依法处置。对不需要继续采取相关措施的，应当及时解除或者撤销。

第三节 对外合作

第二百四十五条 监察机关对依法应当留置或者已经决定留置的外逃人员，需要申请发布国际刑警组织红色通报的，应当逐级报送国家监察委员会审核。国家监察委员会审核后，依法通过公安部向国际刑警组织提出申请。

需要延期、暂停、撤销红色通报的，申请发布红色通报的监察机关应当逐级报送国家监察委员会审核，由国家监察委员会依法通过公安部联系国际刑警组织办理。

第二百四十六条 地方各级监察机关通过引渡方式办理相关涉外案件的，应当按照引渡法、相关双边及多边国际条约等规定准备引渡请求书及相关材料，逐级报送国家监察委员会审核。由国家监察委员会依法通过外交等渠道向外国提出引渡请求。

第二百四十七条 地方各级监察机关通过刑事司法协助方式办理相关涉外案件的，应当按照国际刑事司法协助法、相关双边及多边国际条约等规定准备刑事司法协助请求书及相关材料，逐级报送国家监察委员会审核。由国家监察委员会依法直接或者通过对外联系机关等渠道，向外国提出刑事司法协助请求。

国家监察委员会收到外国提出的刑事司法协助请求书及所附材料，经审查认为符合有关规定的，作出决定并交由省级监察机关执行，或者转交其他有关主管机关。省级监察机关应当立即执行，或者交由下级监察机关执行，并将执行结果或者妨碍执行的情形及时报送国家监察委员会。在执行过程中，需要依法采取查询、调取、查封、扣押、冻结等措施或者需要返还涉案财物的，根据我国法律规定和国家监察委员会的执行决定办理有关法律手续。

第二百四十八条 地方各级监察机关通过执法合作方式办理相关涉外案件的，应当将合作事项及相关材料逐级报送国家监察委员会审核。由国家监察委员会依法直接或者协调有关单位，向有关国家（地区）相关机构提交并开展合作。

第二百四十九条 地方各级监察机关通过境外追诉方式办理相关涉外案件的，应当提供外逃人员相关违法线索和证据，逐级报送国家监察委员会审核。由国家监察委员会依法直接或者协调有关单位向有关国家（地区）相关机构提交，请其依法对外逃人员调查、起诉和审判，并商有关国家（地区）遣返外逃人员。

第二百五十条 监察机关对依法应当追缴的境外违法所得及其他涉案财产，应当责令涉案人员以合法方式退赔。涉案人员拒不退赔的，可以依法通过下列方式追缴：

（一）在开展引渡等追逃合作时，随附请求有关国家（地区）移交相关违法所得及其他涉案财产；

（二）依法启动违法所得没收程序，由人民法院对相关违法所得及其他涉案财产作出冻结、没收裁定，请有关国家（地区）承认和执行，并予以返还；

（三）请有关国家（地区）依法追缴相关违法所得及其他涉案财产，并予以返还；

（四）通过其他合法方式追缴。

第七章 对监察机关和监察人员的监督

第二百五十一条 监察机关和监察人员必须自觉坚持党的领导，在党组织的管理、监督下开展工作，依法接受本级人民代表大会及其常务委员会的监督，接受民主监督、司法监督、社会监督、舆论监督，加强内部监督制约机制建设，确保权力受到严格的约束和监督。

第二百五十二条 各级监察委员会应当按照监察法第五十三条第二款规定，由主任在本级人民代表大会常务委员会全体会议上报告专项工作。

在报告专项工作前，应当与本级人民代表大会有关专门委员会沟通协商，并配合开展调查研究等工作。各级人民代表大会常务委员会审议专项工作报告时，本级监察委员会应当根据要求派出领导成员列席相关会议，听取意见。

各级监察委员会应当认真研究办理本级人民代表大会常务委员会反馈的审议意见，并按照要求书面报告办理情况。

第二百五十三条 各级监察委员会应当积极接受、

配合本级人民代表大会常务委员会组织的执法检查。对本级人民代表大会常务委员会的执法检查报告，应当认真研究处理，并向其报告处理情况。

第二百五十四条 各级监察委员会在本级人民代表大会常务委员会会议审议与监察工作有关的议案和报告时，应当派相关负责人到会听取意见，回答询问。

监察机关对依法交由监察机关答复的质询案应当按照要求进行答复。口头答复的，由监察机关主要负责人或者委派相关负责人到会答复。书面答复的，由监察机关主要负责人签署。

第二百五十五条 各级监察机关应当通过互联网政务媒体、报刊、广播、电视等途径，向社会及时准确公开下列监察工作信息：

（一）监察法规；

（二）依法应当向社会公开的案件调查信息；

（三）检举控告地址、电话、网站等信息；

（四）其他依法应当公开的信息。

第二百五十六条 各级监察机关可以根据工作需要，按程序选聘特约监察员履行监督、咨询等职责。特约监察员名单应当向社会公布。

监察机关应当为特约监察员依法开展工作提供必要条件和便利。

第二百五十七条 监察机关实行严格的人员准入制度，严把政治关、品行关、能力关、作风关、廉洁关。监察人员必须忠诚坚定、担当尽责、遵纪守法、清正廉洁。

第二百五十八条 监察机关应当建立监督检查、调查、案件监督管理、案件审理等部门相互协调制约的工作机制。

监督检查和调查部门实行分工协作、相互制约。监督检查部门主要负责联系地区、部门、单位的日常监督检查和对涉嫌一般违法问题线索处置。调查部门主要负责对涉嫌严重职务违法和职务犯罪问题线索进行初步核实和立案调查。

案件监督管理部门负责对监督检查、调查工作全过程进行监督管理，做好线索管理、组织协调、监督检查、督促办理、统计分析等工作。案件监督管理部门发现监察人员在监督检查、调查中有违规办案行为的，及时督促整改；涉嫌违纪违法的，根据管理权限移交相关部门处理。

第二百五十九条 监察机关应当对监察权运行关键环节进行经常性监督检查，适时开展专项督查。案件监督管理、案件审理等部门应当按照各自职责，对问题线索处置、调查措施使用、涉案财物管理等进行监督检查，建立常态化、全覆盖的案件质量评查机制。

第二百六十条 监察机关应当加强对监察人员执行职务和遵纪守法情况的监督，按照管理权限依法对监察人员涉嫌违法犯罪问题进行调查处置。

第二百六十一条 监察机关及其监督检查、调查部门负责人应当定期检查调查期间的录音录像、谈话笔录、涉案财物登记资料，加强对调查全过程的监督，发现问题及时纠正并报告。

第二百六十二条 对监察人员打听案情、过问案件、说情干预的，办理监察事项的监察人员应当及时向上级负责人报告。有关情况应当登记备案。

发现办理监察事项的监察人员未经批准接触被调查人、涉案人员及其特定关系人，或者存在交往情形的，知情的监察人员应当及时向上级负责人报告。有关情况应当登记备案。

第二百六十三条 办理监察事项的监察人员有监察法第五十八条所列情形之一的，应当自行提出回避；没有自行提出回避的，监察机关应当依法决定其回避，监察对象、检举人及其他有关人员也有权要求其回避。

选用借调人员、看护人员、调查场所，应当严格执行回避制度。

第二百六十四条 监察人员自行提出回避，或者监察对象、检举人及其他有关人员要求监察人员回避的，应当书面或者口头提出，并说明理由。口头提出的，应当形成记录。

监察机关主要负责人的回避，由上级监察机关主要负责人决定；其他监察人员的回避，由本级监察机关主要负责人决定。

第二百六十五条 上级监察机关应当通过专项检查、业务考评、开展复查等方式，强化对下级监察机关及监察人员执行职务和遵纪守法情况的监督。

第二百六十六条 监察机关应当对监察人员有计划地进行政治、理论和业务培训。培训应当坚持理论联系实际、按需施教、讲求实效，突出政治机关特色，建设高素质专业化监察队伍。

第二百六十七条 监察机关应当严格执行保密制度，控制监察事项知悉范围和时间。监察人员不准私自留存、隐匿、查阅、摘抄、复制、携带问题线索和涉案资料，严禁泄露监察工作秘密。

监察机关应当建立健全检举控告保密制度，对检举控告人的姓名（单位名称）、工作单位、住址、电话和邮箱等有关情况以及检举控告内容必须严格保密。

第二百六十八条 监察机关涉密人员离岗离职后,应当遵守脱密期管理规定,严格履行保密义务,不得泄露相关秘密。

第二百六十九条 监察人员离任三年以内,不得从事与监察和司法工作相关联且可能发生利益冲突的职业。

监察人员离任后,不得担任原任职监察机关办理案件的诉讼代理人或者辩护人,但是作为当事人的监护人或者近亲属代理诉讼或者进行辩护的除外。

第二百七十条 监察人员应当严格遵守有关规范领导干部配偶、子女及其配偶经商办企业行为的规定。

第二百七十一条 监察机关在履行职责过程中应依法保护企业产权和自主经营权,严禁利用职权非法干扰企业生产经营。需要企业经营者协助调查的,应当依法保障其合法的人身、财产等权益,避免或者减少对涉案企业正常生产、经营活动的影响。

查封企业厂房、机器设备等生产资料,企业继续使用对该财产价值无重大影响的,可以允许其使用。对于正在运营或者正在用于科技创新、产品研发的设备和技术资料等,一般不予查封、扣押,确需调取违法犯罪证据的,可以采取拍照、复制等方式。

第二百七十二条 被调查人及其近亲属认为监察机关及监察人员存在监察法第六十条第一款规定的有关情形,向监察机关提出申诉的,由监察机关案件监督管理部门依法受理,并按照法定的程序和时限办理。

第二百七十三条 监察机关在维护监督执法调查工作纪律方面失职失责的,依法追究责任。监察人员涉嫌严重职务违法、职务犯罪或者对案件处置出现重大失误的,既应当追究直接责任,还应当严肃追究负有责任的领导人员责任。

监察机关应当建立办案质量责任制,对滥用职权、失职失责造成严重后果的,实行终身责任追究。

第八章 法律责任

第二百七十四条 有关单位拒不执行监察机关依法作出的下列处理决定的,应当由其主管部门、上级机关责令改正,对单位给予通报批评,对负有责任的领导人员和直接责任人员依法给予处理:

(一)政务处分决定;

(二)问责决定;

(三)谈话提醒、批评教育、责令检查,或者予以诫勉的决定;

(四)采取调查措施的决定;

(五)复审、复核决定;

(六)监察机关依法作出的其他处理决定。

第二百七十五条 监察对象对控告人、申诉人、批评人、检举人、证人、监察人员进行打击、压制等报复陷害的,监察机关应当依法给予政务处分。构成犯罪的,依法追究刑事责任。

第二百七十六条 控告人、检举人、证人采取捏造事实、伪造材料等方式诬告陷害的,监察机关应当依法给予政务处分,或者移送有关机关处理。构成犯罪的,依法追究刑事责任。

监察人员因依法履行职责遭受不实举报、诬告陷害、侮辱诽谤,致使名誉受到损害的,监察机关应当会同有关部门及时澄清事实,消除不良影响,并依法追究相关单位或者个人的责任。

第二百七十七条 监察机关应当建立健全办案安全责任制。承办部门主要负责人和调查组组长是调查安全第一责任人。调查组应当指定专人担任安全员。

地方各级监察机关履行管理、监督职责不力发生严重办案安全事故的,或者办案中存在严重违规违纪违法行为的,省级监察机关主要负责人应当向国家监察委员会作出检讨,并予以通报、严肃追责问责。

案件监督管理部门应当对办案安全责任制落实情况组织经常性检查和不定期抽查,发现问题及时报告并督促整改。

第二百七十八条 监察人员在履行职责中有下列行为之一的,依法严肃处理;构成犯罪的,依法追究刑事责任:

(一)贪污贿赂、徇私舞弊的;

(二)不履行或者不正确履行监督职责,应当发现的问题没有发现,或者发现问题不报告、不处置,造成严重影响的;

(三)未经批准、授权处置问题线索,发现重大案情隐瞒不报,或者私自留存、处理涉案材料的;

(四)利用职权或者职务上的影响干预调查工作的;

(五)违法窃取、泄露调查工作信息,或者泄露举报事项、举报受理情况以及举报人信息的;

(六)对被调查人或者涉案人员逼供、诱供,或者侮辱、打骂、虐待、体罚或者变相体罚的;

(七)违反规定处置查封、扣押、冻结的财物的;

(八)违反规定导致发生办案安全事故,或者发生安全事故后隐瞒不报、报告失实、处置不当的;

(九)违反规定采取留置措施的;

(十)违反规定限制他人出境,或者不按规定解除出境限制的；

（十一）其他职务违法和职务犯罪行为。

第二百七十九条 对监察人员在履行职责中存在违法行为的，可以根据情节轻重，依法进行谈话提醒、批评教育、责令检查、诫勉，或者给予政务处分。构成犯罪的，依法追究刑事责任。

第二百八十条 监察机关及其工作人员在行使职权时，有下列情形之一的，受害人可以申请国家赔偿：

（一）采取留置措施后，决定撤销案件的；

（二）违法没收、追缴或者违法查封、扣押、冻结财物造成损害的；

（三）违法行使职权，造成被调查人、涉案人员或者证人身体伤害或者死亡的；

（四）非法剥夺他人人身自由的；

（五）其他侵犯公民、法人和其他组织合法权益造成损害的。

受害人死亡的，其继承人和其他有扶养关系的亲属有权要求赔偿；受害的法人或者其他组织终止的，其权利承受人有权要求赔偿。

第二百八十一条 监察机关及其工作人员违法行使职权侵犯公民、法人和其他组织的合法权益造成损害的，该机关为赔偿义务机关。申请赔偿应当向赔偿义务机关提出，由该机关负责复审复核工作的部门受理。

赔偿以支付赔偿金为主要方式。能够返还财产或者恢复原状的，予以返还财产或者恢复原状。

第九章 附　则

第二百八十二条 本条例所称监察机关，包括各级监察委员会及其派驻或者派出监察机构、监察专员。

第二百八十三条 本条例所称"近亲属"，是指夫、妻、父、母、子、女、同胞兄弟姊妹。

第二百八十四条 本条例所称以上、以下、以内，包括本级、本数。

第二百八十五条 期间以时、日、月、年计算，期间开始的时和日不算在期间以内。本条例另有规定的除外。

按照年、月计算期间的，到期月的对应日为期间的最后一日；没有对应日的，月末日为期间的最后一日。

期间的最后一日是法定休假日的，以法定休假日结束的次日为期间的最后一日。但被调查人留置期间应当至到期之日为止，不得因法定休假日而延长。

第二百八十六条 本条例由国家监察委员会负责解释。

第二百八十七条 本条例自发布之日起施行。

中华人民共和国民法典（节录）

- 2020年5月28日第十三届全国人民代表大会第三次会议通过
- 2020年5月28日中华人民共和国主席令第45号公布
- 自2021年1月1日起施行

……

第二十七条 【未成年人的监护人】父母是未成年子女的监护人。

未成年人的父母已经死亡或者没有监护能力的，由下列有监护能力的人按顺序担任监护人：

（一）祖父母、外祖父母；

（二）兄、姐；

（三）其他愿意担任监护人的个人或者组织，但是须经未成年人住所地的居民委员会、村民委员会或者民政部门同意。

第二十八条 【非完全民事行为能力成年人的监护人】无民事行为能力或者限制民事行为能力的成年人，由下列有监护能力的人按顺序担任监护人：

（一）配偶；

（二）父母、子女；

（三）其他近亲属；

（四）其他愿意担任监护人的个人或者组织，但是须经被监护人住所地的居民委员会、村民委员会或者民政部门同意。

……

第三十一条 【监护争议解决程序】对监护人的确定有争议的，由被监护人住所地的居民委员会、村民委员会或者民政部门指定监护人，有关当事人对指定不服的，可以向人民法院申请指定监护人；有关当事人也可以直接向人民法院申请指定监护人。

居民委员会、村民委员会、民政部门或者人民法院应当尊重被监护人的真实意愿，按照最有利于被监护人的原则在依法具有监护资格的人中指定监护人。

依据本条第一款规定指定监护人前，被监护人的人身权利、财产权利以及其他合法权益处于无人保护状态的，由被监护人住所地的居民委员会、村民委员会、法律规定的有关组织或者民政部门担任临时监护人。

监护人被指定后，不得擅自变更；擅自变更的，不免除被指定的监护人的责任。

第三十二条 【公职监护人】没有依法具有监护资格的人的，监护人由民政部门担任，也可以由具备履行监护职责条件的被监护人住所地的居民委员会、村民委员会担任。

……

第三十六条 【监护人资格的撤销】监护人有下列情形之一的,人民法院根据有关个人或者组织的申请,撤销其监护人资格,安排必要的临时监护措施,并按照最有利于被监护人的原则依法指定监护人:

(一)实施严重损害被监护人身心健康的行为;

(二)怠于履行监护职责,或者无法履行监护职责且拒绝将监护职责部分或者全部委托给他人,导致被监护人处于危困状态;

(三)实施严重侵害被监护人合法权益的其他行为。

本条规定的有关个人、组织包括:其他依法具有监护资格的人、居民委员会、村民委员会、学校、医疗机构、妇女联合会、残疾人联合会、未成年人保护组织、依法设立的老年人组织、民政部门等。

前款规定的个人和民政部门以外的组织未及时向人民法院申请撤销监护人资格的,民政部门应当向人民法院申请。

……

第五十八条 【法人的成立】法人应当依法成立。

法人应当有自己的名称、组织机构、住所、财产或者经费。法人成立的具体条件和程序,依照法律、行政法规的规定。

设立法人,法律、行政法规规定须经有关机关批准的,依照其规定。

……

第六十六条 【法人登记公示制度】登记机关应当依法及时公示法人登记的有关信息。

……

第六十八条 【法人的终止】有下列原因之一并依法完成清算、注销登记的,法人终止:

(一)法人解散;

(二)法人被宣告破产;

(三)法律规定的其他原因。

法人终止,法律、行政法规规定须经有关机关批准的,依照其规定。

第六十九条 【法人的解散】有下列情形之一的,法人解散:

(一)法人章程规定的存续期间届满或者法人章程规定的其他解散事由出现;

(二)法人的权力机构决议解散;

(三)因法人合并或者分立需要解散;

(四)法人依法被吊销营业执照、登记证书,被责令关闭或者被撤销;

(五)法律规定的其他情形。

第七十条 【法人解散后的清算】法人解散的,除合并或者分立的情形外,清算义务人应当及时组成清算组进行清算。

法人的董事、理事等执行机构或者决策机构的成员为清算义务人。法律、行政法规另有规定的,依照其规定。

清算义务人未及时履行清算义务,造成损害的,应当承担民事责任;主管机关或者利害关系人可以申请人民法院指定有关人员组成清算组进行清算。

……

第七十八条 【营利法人的营业执照】依法设立的营利法人,由登记机关发给营利法人营业执照。营业执照签发日期为营利法人的成立日期。

……

第八十六条 【营利法人的社会责任】营利法人从事经营活动,应当遵守商业道德,维护交易安全,接受政府和社会的监督,承担社会责任。

……

第八十八条 【事业单位法人资格的取得】具备法人条件,为适应经济社会发展需要,提供公益服务设立的事业单位,经依法登记成立,取得事业单位法人资格;依法不需要办理法人登记的,从成立之日起,具有事业单位法人资格。

……

第九十条 【社会团体法人资格的取得】具备法人条件,基于会员共同意愿,为公益目的或者会员共同利益等非营利目的设立的社会团体,经依法登记成立,取得社会团体法人资格;依法不需要办理法人登记的,从成立之日起,具有社会团体法人资格。

……

第九十二条 【捐助法人】具备法人条件,为公益目的以捐助财产设立的基金会、社会服务机构等,经依法登记成立,取得捐助法人资格。

依法设立的宗教活动场所,具备法人条件的,可以申请法人登记,取得捐助法人资格。法律、行政法规对宗教活动场所有规定的,依照其规定。

……

第九十七条 【机关法人】有独立经费的机关和承

担行政职能的法定机构从成立之日起,具有机关法人资格,可以从事为履行职能所需要的民事活动。

……

第一百零二条 【非法人组织的定义】非法人组织是不具有法人资格,但是能够依法以自己的名义从事民事活动的组织。

非法人组织包括个人独资企业、合伙企业、不具有法人资格的专业服务机构等。

……

第一百一十七条 【征收与征用】为了公共利益的需要,依照法律规定的权限和程序征收、征用不动产或者动产的,应当给予公平、合理的补偿。

……

第一百四十三条 【民事法律行为的有效条件】具备下列条件的民事法律行为有效:

(一)行为人具有相应的民事行为能力;

(二)意思表示真实;

(三)不违反法律、行政法规的强制性规定,不违背公序良俗。

……

第一百五十三条 【违反强制性规定及违背公序良俗的民事法律行为的效力】违反法律、行政法规的强制性规定的民事法律行为无效。但是,该强制性规定不导致该民事法律行为无效的除外。

违背公序良俗的民事法律行为无效。

……

第二百零七条 【平等保护原则】国家、集体、私人的物权和其他权利人的物权受法律平等保护,任何组织或者个人不得侵犯。

……

第二百零九条 【不动产物权的登记生效原则及其例外】不动产物权的设立、变更、转让和消灭,经依法登记,发生效力;未经登记,不发生效力,但是法律另有规定的除外。

依法属于国家所有的自然资源,所有权可以不登记。

第二百一十条 【不动产登记机构和不动产统一登记】不动产登记,由不动产所在地的登记机构办理。

国家对不动产实行统一登记制度。统一登记的范围、登记机构和登记办法,由法律、行政法规规定。

……

第二百一十二条 【不动产登记机构应当履行的职责】登记机构应当履行下列职责:

(一)查验申请人提供的权属证明和其他必要材料;

(二)就有关登记事项询问申请人;

(三)如实、及时登记有关事项;

(四)法律、行政法规规定的其他职责。

申请登记的不动产的有关情况需要进一步证明的,登记机构可以要求申请人补充材料,必要时可以实地查看。

第二百一十三条 【不动产登记机构的禁止行为】登记机构不得有下列行为:

(一)要求对不动产进行评估;

(二)以年检等名义进行重复登记;

(三)超出登记职责范围的其他行为。

第二百一十六条 【不动产登记簿效力及管理机构】不动产登记簿是物权归属和内容的根据。

不动产登记簿由登记机构管理。

第二百一十七条 【不动产登记簿与不动产权属证书的关系】不动产权属证书是权利人享有该不动产物权的证明。不动产权属证书记载的事项,应当与不动产登记簿一致;记载不一致的,除有证据证明不动产登记簿确有错误外,以不动产登记簿为准。

第二百一十八条 【不动产登记资料的查询、复制】权利人、利害关系人可以申请查询、复制不动产登记资料,登记机构应当提供。

……

第二百二十条 【更正登记和异议登记】权利人、利害关系人认为不动产登记簿记载的事项错误的,可以申请更正登记。不动产登记簿记载的权利人书面同意更正或者有证据证明登记确有错误的,登记机构应当予以更正。

不动产登记簿记载的权利人不同意更正的,利害关系人可以申请异议登记。登记机构予以异议登记,申请人自异议登记之日起十五日内不提起诉讼的,异议登记失效。异议登记不当,造成权利人损害的,权利人可以向申请人请求损害赔偿。

第二百二十一条 【预告登记】当事人签订买卖房屋的协议或者签订其他不动产物权的协议,为保障将来实现物权,按照约定可以向登记机构申请预告登记。预告登记后,未经预告登记的权利人同意,处分该不动产的,不发生物权效力。

预告登记后,债权消灭或者自能够进行不动产登记之日起九十日内未申请登记的,预告登记失效。

第二百二十二条 【不动产登记错误损害赔偿责任】当事人提供虚假材料申请登记,造成他人损害的,应当承担赔偿责任。

因登记错误,造成他人损害的,登记机构应当承担赔偿责任。登记机构赔偿后,可以向造成登记错误的人追偿。

第二百二十三条 【不动产登记收费标准的确定】不动产登记费按件收取,不得按照不动产的面积、体积或者价款的比例收取。

......

第二百二十五条 【船舶、航空器和机动车物权变动采取登记对抗主义】船舶、航空器和机动车等的物权的设立、变更、转让和消灭,未经登记,不得对抗善意第三人。

......

第二百二十九条 【法律文书、征收决定导致物权变动效力发生时间】因人民法院、仲裁机构的法律文书或者人民政府的征收决定等,导致物权设立、变更、转让或者消灭的,自法律文书或者征收决定等生效时发生效力。

......

第二百三十一条 【因事实行为设立或者消灭物权的生效时间】因合法建造、拆除房屋等事实行为设立或者消灭物权的,自事实行为成就时发生效力。

......

第二百三十六条 【排除妨害、消除危险请求权】妨害物权或者可能妨害物权的,权利人可以请求排除妨害或者消除危险。

......

第二百四十三条 【征收】为了公共利益的需要,依照法律规定的权限和程序可以征收集体所有的土地和组织、个人的房屋以及其他不动产。

征收集体所有的土地,应当依法及时足额支付土地补偿费、安置补助费以及农村村民住宅、其他地上附着物和青苗等的补偿费用,并安排被征地农民的社会保障费用,保障被征地农民的生活,维护被征地农民的合法权益。

征收组织、个人的房屋以及其他不动产,应当依法给予征收补偿,维护被征收人的合法权益;征收个人住宅的,还应当保障被征收人的居住条件。

任何组织或者个人不得贪污、挪用、私分、截留、拖欠征收补偿费等费用。

第二百四十四条 【保护耕地与禁止违法征地】国家对耕地实行特殊保护,严格限制农用地转为建设用地,控制建设用地总量。不得违反法律规定的权限和程序征收集体所有的土地。

第二百四十五条 【征用】因抢险救灾、疫情防控等紧急需要,依照法律规定的权限和程序可以征用组织、个人的不动产或者动产。被征用的不动产或者动产使用后,应当返还被征用人。组织、个人的不动产或者动产被征用或者征用后毁损、灭失的,应当给予补偿。

......

第二百四十八条 【无居民海岛的国家所有权】无居民海岛属于国家所有,国务院代表国家行使无居民海岛所有权。

第二百四十九条 【国家所有土地的范围】城市的土地,属于国家所有。法律规定属于国家所有的农村和城市郊区的土地,属于国家所有。

第二百五十条 【国家所有的自然资源】森林、山岭、草原、荒地、滩涂等自然资源,属于国家所有,但是法律规定属于集体所有的除外。

第二百五十一条 【国家所有的野生动植物资源】法律规定属于国家所有的野生动植物资源,属于国家所有。

第二百五十二条 【无线电频谱资源的国家所有权】无线电频谱资源属于国家所有。

第二百五十三条 【国家所有的文物的范围】法律规定属于国家所有的文物,属于国家所有。

第二百五十四条 【国防资产、基础设施的国家所有权】国防资产属于国家所有。

铁路、公路、电力设施、电信设施和油气管道等基础设施,依照法律规定为国家所有的,属于国家所有。

第二百五十五条 【国家机关的物权】国家机关对其直接支配的不动产和动产,享有占有、使用以及依照法律和国务院的有关规定处分的权利。

第二百五十六条 【国家举办的事业单位的物权】国家举办的事业单位对其直接支配的不动产和动产,享有占有、使用以及依照法律和国务院的有关规定收益、处分的权利。

第二百五十七条 【国有企业出资人制度】国家出资的企业,由国务院、地方人民政府依照法律、行政法规规定分别代表国家履行出资人职责,享有出资人权益。

第二百五十八条 【国有财产的保护】国家所有的财产受法律保护,禁止任何组织或者个人侵占、哄抢、私分、截留、破坏。

第二百五十九条 【国有财产管理法律责任】履行

国有财产管理、监督职责的机构及其工作人员，应当依法加强对国有财产的管理、监督，促进国有财产保值增值，防止国有财产损失；滥用职权，玩忽职守，造成国有财产损失的，应当依法承担法律责任。

违反国有财产管理规定，在企业改制、合并分立、关联交易等过程中，低价转让、合谋私分、擅自担保或者以其他方式造成国有财产损失的，应当依法承担法律责任。

......

第二百六十七条 【私有财产的保护】私人的合法财产受法律保护，禁止任何组织或者个人侵占、哄抢、破坏。

第二百六十八条 【企业出资人的权利】国家、集体和私人依法可以出资设立有限责任公司、股份有限公司或者其他企业。国家、集体和私人所有的不动产或者动产投到企业的，由出资人按照约定或者出资比例享有资产收益、重大决策以及选择经营管理者等权利并履行义务。

......

第二百七十六条 【车位、车库优先满足业主需求】建筑区划内，规划用于停放汽车的车位、车库应当首先满足业主的需要。

第二百七十七条 【设立业主大会和选举业主委员会】业主可以设立业主大会，选举业主委员会。业主大会、业主委员会成立的具体条件和程序，依照法律、法规的规定。

地方人民政府有关部门、居民委员会应当对设立业主大会和选举业主委员会给予指导和协助。

......

第二百八十六条 【业主守法义务和业主大会与业主委员会职责】业主应当遵守法律、法规以及管理规约，相关行为应当符合节约资源、保护生态环境的要求。对于物业服务企业或者其他管理人执行政府依法实施的应急处置措施和其他管理措施，业主应当依法予以配合。

业主大会或者业主委员会，对任意弃置垃圾、排放污染物或者噪声、违反规定饲养动物、违章搭建、侵占通道、拒付物业费等损害他人合法权益的行为，有权依照法律、法规以及管理规约，请求行为人停止侵害、排除妨碍、消除危险、恢复原状、赔偿损失。

业主或者其他行为人拒不履行相关义务的，有关当事人可以向有关行政主管部门报告或者投诉，有关行政主管部门应当依法处理。

......

第二百八十九条 【处理相邻关系的依据】法律、法规对处理相邻关系有规定的，依照其规定；法律、法规没有规定的，可以按照当地习惯。

......

第二百九十三条 【相邻建筑物通风、采光、日照】建造建筑物，不得违反国家有关工程建设标准，不得妨碍相邻建筑物的通风、采光和日照。

第二百九十四条 【相邻不动产之间不得排放、施放污染物】不动产权利人不得违反国家规定弃置固体废物，排放大气污染物、水污染物、土壤污染物、噪声、光辐射、电磁辐射等有害物质。

......

第三百一十一条 【善意取得】无处分权人将不动产或者动产转让给受让人的，所有权人有权追回；除法律另有规定外，符合下列情形的，受让人取得该不动产或者动产的所有权：

（一）受让人受让该不动产或者动产时是善意；

（二）以合理的价格转让；

（三）转让的不动产或者动产依照法律规定应当登记的已经登记，不需要登记的已经交付给受让人。

受让人依据前款规定取得不动产或者动产的所有权的，原所有权人有权向无处分权人请求损害赔偿。

当事人善意取得其他物权的，参照适用前两款规定。

......

第三百一十四条 【拾得遗失物的返还】拾得遗失物，应当返还权利人。拾得人应当及时通知权利人领取，或者送交公安等有关部门。

第三百一十五条 【有关部门收到遗失物的处理】有关部门收到遗失物，知道权利人的，应当及时通知其领取；不知道的，应当及时发布招领公告。

第三百一十六条 【遗失物的妥善保管义务】拾得人在遗失物送交有关部门前，有关部门在遗失物被领取前，应当妥善保管遗失物。因故意或者重大过失致使遗失物毁损、灭失的，应当承担民事责任。

第三百一十七条 【权利人领取遗失物时的费用支付义务】权利人领取遗失物时，应当向拾得人或者有关部门支付保管遗失物等支出的必要费用。

权利人悬赏寻找遗失物的，领取遗失物时应当按照承诺履行义务。

拾得人侵占遗失物的，无权请求保管遗失物等支出的费用，也无权请求权利人按照承诺履行义务。

第三百一十八条 【无人认领的遗失物的处理规

则】遗失物自发布招领公告之日起一年内无人认领的,归国家所有。

……

第三百二十五条 【自然资源有偿使用制度】国家实行自然资源有偿使用制度,但是法律另有规定的除外。

……

第三百二十七条 【被征收、征用时用益物权人的补偿请求权】因不动产或者动产被征收、征用致使用益物权消灭或者影响用益物权行使的,用益物权人有权依据本法第二百四十三条、第二百四十五条的规定获得相应补偿。

第三百二十八条 【海域使用权】依法取得的海域使用权受法律保护。

第三百二十九条 【特许物权依法保护】依法取得的探矿权、采矿权、取水权和使用水域、滩涂从事养殖、捕捞的权利受法律保护。

……

第三百三十三条 【土地承包经营权的设立与登记】土地承包经营权自土地承包经营权合同生效时设立。

登记机构应当向土地承包经营权人发放土地承包经营权证、林权证等证书,并登记造册,确认土地承包经营权。

第三百三十四条 【土地承包经营权的互换、转让】土地承包经营权人依照法律规定,有权将土地承包经营权互换、转让。未经依法批准,不得将承包地用于非农建设。

第三百三十五条 【土地承包经营权流转的登记对抗主义】土地承包经营权互换、转让的,当事人可以向登记机构申请登记;未经登记,不得对抗善意第三人。

……

第三百三十八条 【征收承包地的补偿规则】承包地被征收的,土地承包经营权人有权依据本法第二百四十三条的规定获得相应补偿。

……

第三百四十一条 【土地经营权的设立与登记】流转期限为五年以上的土地经营权,自流转合同生效时设立。当事人可以向登记机构申请土地经营权登记;未经登记,不得对抗善意第三人。

……

第三百四十三条 【国有农用地承包经营的法律适用】国家所有的农用地实行承包经营的,参照适用本编的有关规定。

……

第三百四十六条 【建设用地使用权的设立原则】设立建设用地使用权,应当符合节约资源、保护生态环境的要求,遵守法律、行政法规关于土地用途的规定,不得损害已经设立的用益物权。

第三百四十七条 【建设用地使用权的出让方式】设立建设用地使用权,可以采取出让或者划拨等方式。

工业、商业、旅游、娱乐和商品住宅等经营性用地以及同一土地有两个以上意向用地者的,应当采取招标、拍卖等公开竞价的方式出让。

严格限制以划拨方式设立建设用地使用权。

第三百四十八条 【建设用地使用权出让合同】通过招标、拍卖、协议等出让方式设立建设用地使用权的,当事人应当采用书面形式订立建设用地使用权出让合同。

建设用地使用权出让合同一般包括下列条款:

(一)当事人的名称和住所;

(二)土地界址、面积等;

(三)建筑物、构筑物及其附属设施占用的空间;

(四)土地用途、规划条件;

(五)建设用地使用权期限;

(六)出让金等费用及其支付方式;

(七)解决争议的方法。

第三百四十九条 【建设用地使用权的登记】设立建设用地使用权的,应当向登记机构申请建设用地使用权登记。建设用地使用权自登记时设立。登记机构应当向建设用地使用权人发放权属证书。

第三百五十条 【土地用途限定规则】建设用地使用权人应当合理利用土地,不得改变土地用途;需要改变土地用途的,应当依法经有关行政主管部门批准。

……

第三百五十五条 【建设用地使用权流转登记】建设用地使用权转让、互换、出资或者赠与的,应当向登记机构申请变更登记。

……

第三百五十八条 【建设用地使用权的提前收回及其补偿】建设用地使用权期限届满前,因公共利益需要提前收回该土地的,应当依据本法第二百四十三条的规定对该土地上的房屋以及其他不动产给予补偿,并退还相应的出让金。

……

第三百六十条 【建设用地使用权注销登记】建设用地使用权消灭的,出让人应当及时办理注销登记。登记机构应当收回权属证书。
……

第三百六十五条 【宅基地使用权的变更登记与注销登记】已经登记的宅基地使用权转让或者消灭的,应当及时办理变更登记或者注销登记。
……

第三百六十八条 【居住权的设立】居住权无偿设立,但是当事人另有约定的除外。设立居住权,应当向登记机构申请居住权登记。居住权自登记时设立。
……

第三百七十条 【居住权的消灭】居住权期限届满或者居住权人死亡的,居住权消灭。居住权消灭的,应当及时办理注销登记。
……

第三百七十四条 【地役权的设立与登记】地役权自地役权合同生效时设立。当事人要求登记的,可以向登记机构申请地役权登记;未经登记,不得对抗善意第三人。
……

第三百八十五条 【地役权变动后的登记】已经登记的地役权变更、转让或者消灭的,应当及时办理变更登记或者注销登记。
……

第三百九十九条 【禁止抵押的财产范围】下列财产不得抵押:

(一)土地所有权;

(二)宅基地、自留地、自留山等集体所有土地的使用权,但是法律规定可以抵押的除外;

(三)学校、幼儿园、医疗机构等为公益目的成立的非营利法人的教育设施、医疗卫生设施和其他公益设施;

(四)所有权、使用权不明或者有争议的财产;

(五)依法被查封、扣押、监管的财产;

(六)法律、行政法规规定不得抵押的其他财产。

第四百零二条 【不动产抵押登记】以本法第三百九十五条第一款第一项至第三项规定的财产或者第五项规定的正在建造的建筑物抵押的,应当办理抵押登记。抵押权自登记时设立。

第四百零三条 【动产抵押的效力】以动产抵押的,抵押权自抵押合同生效时设立;未经登记,不得对抗善意第三人。
……

第四百二十六条 【禁止出质的动产范围】法律、行政法规禁止转让的动产不得出质。
……

第四百四十一条 【有价证券质权】以汇票、本票、支票、债券、存款单、仓单、提单出质的,质权自权利凭证交付质权人时设立;没有权利凭证的,质权自办理出质登记时设立。法律另有规定的,依照其规定。
……

第四百四十四条 【知识产权质权】以注册商标专用权、专利权、著作权等知识产权中的财产权出质的,质权自办理出质登记时设立。

知识产权中的财产权出质后,出质人不得转让或者许可他人使用,但是出质人与质权人协商同意的除外。出质人转让或者许可他人使用出质的知识产权中的财产权所得的价款,应当向质权人提前清偿债务或者提存。
……

第四百九十四条 【强制缔约义务】国家根据抢险救灾、疫情防控或者其他需要下达国家订货任务、指令性任务的,有关民事主体之间应当依照有关法律、行政法规规定的权利和义务订立合同。

依照法律、行政法规的规定负有发出要约义务的当事人,应当及时发出合理的要约。

依照法律、行政法规的规定负有作出承诺义务的当事人,不得拒绝对方合理的订立合同要求。

第五百零二条 【合同生效时间及未办理批准手续的处理规则】依法成立的合同,自成立时生效,但是法律另有规定或者当事人另有约定的除外。

依照法律、行政法规的规定,合同应当办理批准等手续的,依照其规定。未办理批准等手续影响合同生效的,不影响合同中履行报批等义务条款以及相关条款的效力。应当办理申请批准等手续的当事人未履行义务的,对方可以请求其承担违反该义务的责任。

依照法律、行政法规的规定,合同的变更、转让、解除等情形应当办理批准等手续的,适用前款规定。

第五百一十一条 【质量、价款、履行地点等内容的确定】当事人就有关合同内容约定不明确,依据前条规定仍不能确定的,适用下列规定:

(一)质量要求不明确的,按照强制性国家标准履行;没有强制性国家标准的,按照推荐性国家标准履行;没有推荐性国家标准的,按照行业标准履行;没有国家标准、行业标准的,按照通常标准或者符合合同目的的特定标准履行。

（二）价款或者报酬不明确的，按照订立合同时履行地的市场价格履行；依法应当执行政府定价或者政府指导价的，依照规定履行。

（三）履行地点不明确，给付货币的，在接受货币一方所在地履行；交付不动产的，在不动产所在地履行；其他标的，在履行义务一方所在地履行。

（四）履行期限不明确的，债务人可以随时履行，债权人也可以随时请求履行，但是应当给对方必要的准备时间。

（五）履行方式不明确的，按照有利于实现合同目的的方式履行。

（六）履行费用的负担不明确的，由履行义务一方负担；因债权人原因增加的履行费用，由债权人负担。

……

第五百一十三条　【执行政府定价或指导价的合同价格确定】执行政府定价或者政府指导价的，在合同约定的交付期限内政府价格调整时，按照交付时的价格计价。逾期交付标的物的，遇价格上涨时，按照原价格执行；价格下降时，按照新价格执行。逾期提取标的物或者逾期付款的，遇价格上涨时，按照新价格执行；价格下降时，按照原价格执行。

……

第五百三十四条　【合同监督】对当事人利用合同实施危害国家利益、社会公共利益行为的，市场监督管理和其他有关行政主管部门依照法律、行政法规的规定负责监督处理。

……

第六百五十一条　【供电人的安全供电义务】供电人应当按照国家规定的供电质量标准和约定安全供电。供电人未按照国家规定的供电质量标准和约定安全供电，造成用电人损失的，应当承担赔偿责任。

……

第六百五十四条　【用电人支付电费的义务】用电人应当按照国家有关规定和当事人的约定及时支付电费。用电人逾期不支付电费的，应当按照约定支付违约金。经催告用电人在合理期限内仍不支付电费和违约金的，供电人可以按照国家规定的程序中止供电。

供电人依据前款规定中止供电的，应当事先通知用电人。

第六百五十五条　【用电人安全用电义务】用电人应当按照国家有关规定和当事人的约定安全、节约和计划用电。用电人未按照国家有关规定和当事人的约定用电，造成供电人损失的，应当承担赔偿责任。

……

第六百五十九条　【赠与特殊财产需要办理有关法律手续】赠与的财产依法需要办理登记或者其他手续的，应当办理有关手续。

……

第六百八十条　【借款利率和利息】禁止高利放贷，借款的利率不得违反国家有关规定。

借款合同对支付利息没有约定的，视为没有利息。

借款合同对支付利息约定不明确，当事人不能达成补充协议的，按照当地或者当事人的交易方式、交易习惯、市场利率等因素确定利息；自然人之间借款的，视为没有利息。

……

第七百零六条　【租赁合同登记对合同效力影响】当事人未依照法律、行政法规规定办理租赁合同登记备案手续的，不影响合同的效力。

……

第七百二十四条　【承租人解除合同的法定情形】有下列情形之一，非因承租人原因致使租赁物无法使用的，承租人可以解除合同：

（一）租赁物被司法机关或者行政机关依法查封、扣押；

（二）租赁物权属有争议；

（三）租赁物具有违反法律、行政法规关于使用条件的强制性规定情形。

……

第七百三十八条　【特定租赁物经营许可对合同效力影响】依照法律、行政法规的规定，对于租赁物的经营使用应当取得行政许可的，出租人未取得行政许可不影响融资租赁合同的效力。

……

第七百六十八条　【多重保理的清偿顺序】应收账款债权人就同一应收账款订立多个保理合同，致使多个保理人主张权利的，已经登记的先于未登记的取得应收账款；均已经登记的，按照登记时间的先后顺序取得应收账款；均未登记的，由最先到达应收账款债务人的转让通知中载明的保理人取得应收账款；既未登记也未通知的，按照保理融资款或者服务报酬的比例取得应收账款。

……

第七百九十一条　【总包与分包】发包人可以与总

承包人订立建设工程合同,也可以分别与勘察人、设计人、施工人订立勘察、设计、施工承包合同。发包人不得将应当由一个承包人完成的建设工程支解成若干部分发包给数个承包人。

总承包人或者勘察、设计、施工承包人经发包人同意,可以将自己承包的部分工作交由第三人完成。第三人就其完成的工作成果与总承包人或者勘察、设计、施工承包人向发包人承担连带责任。承包人不得将其承包的全部建设工程转包给第三人或者将其承包的全部建设工程支解以后以分包的名义分别转包给第三人。

禁止承包人将工程分包给不具备相应资质条件的单位。禁止分包单位将其承包的工程再分包。建设工程主体结构的施工必须由承包人自行完成。

……

第七百九十九条 【竣工验收】建设工程竣工后,发包人应当根据施工图纸及说明书、国家颁发的施工验收规范和质量检验标准及时进行验收。验收合格的,发包人应当按照约定支付价款,并接收该建设工程。

建设工程竣工经验收合格后,方可交付使用;未经验收或者验收不合格的,不得交付使用。

……

第八百一十条 【公共运输承运人的强制缔约义务】从事公共运输的承运人不得拒绝旅客、托运人通常、合理的运输要求。

……

第八百一十五条 【按有效客票记载内容乘坐义务】旅客应当按照有效客票记载的时间、班次和座位号乘坐。旅客无票乘坐、超程乘坐、越级乘坐或者持不符合减价条件的优惠客票乘坐的,应当补交票款,承运人可以按照规定加收票款;旅客不支付票款的,承运人可以拒绝运输。

实名制客运合同的旅客丢失客票的,可以请求承运人挂失补办,承运人不得再次收取票款和其他不合理费用。

……

第八百一十九条 【承运人告知义务和旅客协助配合义务】承运人应当严格履行安全运输义务,及时告知旅客安全运输应当注意的事项。旅客对承运人为安全运输所作的合理安排应当积极协助和配合。

……

第八百二十六条 【托运人办理审批、检验等手续义务】货物运输需要办理审批、检验等手续的,托运人应当将办理完有关手续的文件提交承运人。

……

第八百二十八条 【托运人运送危险货物时的义务】托运人托运易燃、易爆、有毒、有腐蚀性、有放射性等危险物品的,应当按照国家有关危险物品运输的规定对危险物品妥善包装,做出危险物品标志和标签,并将有关危险物品的名称、性质和防范措施的书面材料提交承运人。

托运人违反前款规定的,承运人可以拒绝运输,也可以采取相应措施以避免损失的发生,因此产生的费用由托运人负担。

……

第八百六十五条 【专利实施许可合同的有效期限】专利实施许可合同仅在该专利权的存续期限内有效。专利权有效期限届满或者专利权被宣告无效的,专利权人不得就该专利与他人订立专利实施许可合同。

……

第九百四十二条 【物业服务人的义务】物业服务人应当按照约定和物业的使用性质,妥善维修、养护、清洁、绿化和经营管理物业服务区域内的业主共有部分,维护物业服务区域内的基本秩序,采取合理措施保护业主的人身、财产安全。

对物业服务区域内违反有关治安、环保、消防等法律法规的行为,物业服务人应当及时采取合理措施制止、向有关行政主管部门报告并协助处理。

……

第九百九十一条 【人格权受法律保护】民事主体的人格权受法律保护,任何组织或者个人不得侵害。

第一千零二条 【生命权】自然人享有生命权。自然人的生命安全和生命尊严受法律保护。任何组织或者个人不得侵害他人的生命权。

第一千零三条 【身体权】自然人享有身体权。自然人的身体完整和行动自由受法律保护。任何组织或者个人不得侵害他人的身体权。

第一千零四条 【健康权】自然人享有健康权。自然人的身心健康受法律保护。任何组织或者个人不得侵害他人的健康权。

第一千零五条 【法定救助义务】自然人的生命权、身体权、健康权受到侵害或者处于其他危难情形的,负有法定救助义务的组织或者个人应当及时施救。

第一千零六条 【人体捐献】完全民事行为能力人有权依法自主决定无偿捐献其人体细胞、人体组织、人体器官、遗体。任何组织或者个人不得强迫、欺骗、利诱其捐献。

完全民事行为能力人依据前款规定同意捐献的,应当采用书面形式,也可以订立遗嘱。

自然人生前未表示不同意捐献的,该自然人死亡后,其配偶、成年子女、父母可以共同决定捐献,决定捐献应当采用书面形式。

......

第一千零八条 【人体临床试验】为研制新药、医疗器械或者发展新的预防和治疗方法,需要进行临床试验的,应当依法经相关主管部门批准并经伦理委员会审查同意,向受试者或者受试者的监护人告知试验目的、用途和可能产生的风险等详细情况,并经其书面同意。

进行临床试验的,不得向受试者收取试验费用。

第一千零九条 【从事人体基因、胚胎等医学和科研活动的法定限制】从事与人体基因、人体胚胎等有关的医学和科研活动,应当遵守法律、行政法规和国家有关规定,不得危害人体健康,不得违背伦理道德,不得损害公共利益。

第一千零一十条 【性骚扰】违背他人意愿,以言语、文字、图像、肢体行为等方式对他人实施性骚扰的,受害人有权依法请求行为人承担民事责任。

机关、企业、学校等单位应当采取合理的预防、受理投诉、调查处置等措施,防止和制止利用职权、从属关系等实施性骚扰。

......

第一千零一十六条 【决定、变更姓名、名称及转让名称的规定】自然人决定、变更姓名,或者法人、非法人组织决定、变更、转让名称的,应当依法向有关机关办理登记手续,但是法律另有规定的除外。

民事主体变更姓名、名称的,变更前实施的民事法律行为对其具有法律约束力。

......

第一千零二十条 【肖像权的合理使用】合理实施下列行为的,可以不经肖像权人同意:

(一)为个人学习、艺术欣赏、课堂教学或者科学研究,在必要范围内使用肖像权人已经公开的肖像;

(二)为实施新闻报道,不可避免地制作、使用、公开肖像权人的肖像;

(三)为依法履行职责,国家机关在必要范围内制作、使用、公开肖像权人的肖像;

(四)为展示特定公共环境,不可避免地制作、使用、公开肖像权人的肖像;

(五)为维护公共利益或者肖像权人合法权益,制作、使用、公开肖像权人的肖像的其他行为。

......

第一千零二十九条 【信用评价】民事主体可以依法查询自己的信用评价;发现信用评价不当的,有权提出异议并请求采取更正、删除等必要措施。信用评价人应当及时核查,经核查属实的,应当及时采取必要措施。

......

第一千零三十一条 【荣誉权】民事主体享有荣誉权。任何组织或者个人不得非法剥夺他人的荣誉称号,不得诋毁、贬损他人的荣誉。

获得的荣誉称号应当记载而没有记载的,民事主体可以请求记载;获得的荣誉称号记载错误的,民事主体可以请求更正。

......

第一千零三十三条 【侵害隐私权的行为】除法律另有规定或者权利人明确同意外,任何组织或者个人不得实施下列行为:

(一)以电话、短信、即时通讯工具、电子邮件、传单等方式侵扰他人的私人生活安宁;

(二)进入、拍摄、窥视他人的住宅、宾馆房间等私密空间;

(三)拍摄、窥视、窃听、公开他人的私密活动;

(四)拍摄、窥视他人身体的私密部位;

(五)处理他人的私密信息;

(六)以其他方式侵害他人的隐私权。

......

第一千零三十五条 【个人信息处理的原则】处理个人信息的,应当遵循合法、正当、必要原则,不得过度处理,并符合下列条件:

(一)征得该自然人或者其监护人同意,但是法律、行政法规另有规定的除外;

(二)公开处理信息的规则;

(三)明示处理信息的目的、方式和范围;

(四)不违反法律、行政法规的规定和双方的约定。

个人信息的处理包括个人信息的收集、存储、使用、加工、传输、提供、公开等。

第一千零三十六条 【处理个人信息的免责事由】处理个人信息,有下列情形之一的,行为人不承担民事责任:

(一)在该自然人或者其监护人同意的范围内合理实施的行为;

(二)合理处理该自然人自行公开的或者其他已经合法公开的信息,但是该自然人明确拒绝或者处理该信息侵害其重大利益的除外;

(三)为维护公共利益或者该自然人合法权益,合理实施的其他行为。

......

第一千零三十八条 【个人信息安全】信息处理者不得泄露或者篡改其收集、存储的个人信息;未经自然人同意,不得向他人非法提供其个人信息,但是经过加工无法识别特定个人且不能复原的除外。

信息处理者应当采取技术措施和其他必要措施,确保其收集、存储的个人信息安全,防止信息泄露、篡改、丢失;发生或者可能发生个人信息泄露、篡改、丢失的,应当及时采取补救措施,按照规定告知自然人并向有关主管部门报告。

第一千零三十九条 【国家机关及其工作人员对个人信息的保密义务】国家机关、承担行政职能的法定机构及其工作人员对于履行职责过程中知悉的自然人的隐私和个人信息,应当予以保密,不得泄露或者向他人非法提供。

......

第一千零四十九条 【结婚程序】要求结婚的男女双方应当亲自到婚姻登记机关申请结婚登记。符合本法规定的,予以登记,发给结婚证。完成结婚登记,即确立婚姻关系。未办理结婚登记的,应当补办登记。

......

第一千零五十二条 【受胁迫婚姻的撤销】因胁迫结婚的,受胁迫的一方可以向人民法院请求撤销婚姻。

请求撤销婚姻的,应当自胁迫行为终止之日起一年内提出。

被非法限制人身自由的当事人请求撤销婚姻的,应当自恢复人身自由之日起一年内提出。

......

第一千零七十六条 【协议离婚】夫妻双方自愿离婚的,应当签订书面离婚协议,并亲自到婚姻登记机关申请离婚登记。

离婚协议应当载明双方自愿离婚的意思表示和对子女抚养、财产以及债务处理等事项协商一致的意见。

第一千零七十七条 【离婚冷静期】自婚姻登记机关收到离婚登记申请之日起三十日内,任何一方不愿意离婚的,可以向婚姻登记机关撤回离婚登记申请。

前款规定期限届满后三十日内,双方应当亲自到婚姻登记机关申请发给离婚证;未申请的,视为撤回离婚登记申请。

第一千零七十八条 【婚姻登记机关对协议离婚的查明】婚姻登记机关查明双方确实是自愿离婚,并已经对子女抚养、财产以及债务处理等事项协商一致的,予以登记,发给离婚证。

......

第一千零八十三条 【复婚】离婚后,男女双方自愿恢复婚姻关系的,应当到婚姻登记机关重新进行结婚登记。

......

第一千一百零五条 【收养登记、收养协议、收养公证及收养评估】收养应当向县级以上人民政府民政部门登记。收养关系自登记之日起成立。

收养查找不到生父母的未成年人的,办理登记的民政部门应当在登记前予以公告。

收养关系当事人愿意签订收养协议的,可以签订收养协议。

收养关系当事人各方或者一方要求办理收养公证的,应当办理收养公证。

县级以上人民政府民政部门应当依法进行收养评估。

第一千一百零六条 【收养后的户口登记】收养关系成立后,公安机关应当按照国家有关规定为被收养人办理户口登记。

......

第一千一百零九条 【涉外收养】外国人依法可以在中华人民共和国收养子女。

外国人在中华人民共和国收养子女,应当经其所在国主管机关依照该国法律审查同意。收养人应当提供由其所在国有权机构出具的有关其年龄、婚姻、职业、财产、健康、有无受过刑事处罚等状况的证明材料,并与送养人签订书面协议,亲自向省、自治区、直辖市人民政府民政部门登记。

前款规定的证明材料应当经收养人所在国外交机关或者外交机关授权的机构认证,并经中华人民共和国驻该国使领馆认证,但是国家另有规定的除外。

第一千一百一十二条 【养子女的姓氏】养子女可以随养父或者养母的姓氏,经当事人协商一致,也可以保留原姓氏。

......

第一千一百一十六条 【解除收养关系的登记】当事人协议解除收养关系的,应当到民政部门办理解除收养关系登记。

……

第一千一百四十五条 【遗产管理人的选任】继承开始后,遗嘱执行人为遗产管理人;没有遗嘱执行人的,继承人应当及时推选遗产管理人;继承人未推选的,由继承人共同担任遗产管理人;没有继承人或者继承人均放弃继承的,由被继承人生前住所地的民政部门或者村民委员会担任遗产管理人。

……

第一千一百六十条 【无人继承的遗产的处理】无人继承又无人受遗赠的遗产,归国家所有,用于公益事业;死者生前是集体所有制组织成员的,归所在集体所有制组织所有。

……

第一千一百七十七条 【自力救济】合法权益受到侵害,情况紧迫且不能及时获得国家机关保护,不立即采取措施将使其合法权益受到难以弥补的损害,受害人可以在保护自己合法权益的必要范围内采取扣留侵权人的财物等合理措施;但是,应当立即请求有关国家机关处理。

受害人采取的措施不当造成他人损害的,应当承担侵权责任。

……

第一千一百九十八条 【违反安全保障义务的侵权责任】宾馆、商场、银行、车站、机场、体育场馆、娱乐场所等经营场所、公共场所的经营者、管理者或者群众性活动的组织者,未尽到安全保障义务,造成他人损害的,应当承担侵权责任。

因第三人的行为造成他人损害的,由第三人承担侵权责任;经营者、管理者或者组织者未尽到安全保障义务的,承担相应的补充责任。经营者、管理者或者组织者承担补充责任后,可以向第三人追偿。

……

第一千二百零二条 【产品生产者侵权责任】因产品存在缺陷造成他人损害的,生产者应当承担侵权责任。

第一千二百零三条 【被侵权人请求损害赔偿的途径和先行赔偿人追偿权】因产品存在缺陷造成他人损害的,被侵权人可以向产品的生产者请求赔偿,也可以向产品的销售者请求赔偿。

产品缺陷由生产者造成的,销售者赔偿后,有权向生产者追偿。因销售者的过错使产品存在缺陷的,生产者赔偿后,有权向销售者追偿。

第一千二百零四条 【生产者、销售者的第三人追偿权】因运输者、仓储者等第三人的过错使产品存在缺陷,造成他人损害的,产品的生产者、销售者赔偿后,有权向第三人追偿。

第一千二百零五条 【产品缺陷危及他人人身、财产安全的侵权责任】因产品缺陷危及他人人身、财产安全的,被侵权人有权请求生产者、销售者承担停止侵害、排除妨碍、消除危险等侵权责任。

……

第一千二百零八条 【机动车交通事故责任的法律适用】机动车发生交通事故造成损害的,依照道路交通安全法律和本法的有关规定承担赔偿责任。

……

第一千二百一十四条 【拼装车、报废车交通事故责任】以买卖或者其他方式转让拼装或者已经达到报废标准的机动车,发生交通事故造成损害的,由转让人和受让人承担连带责任。

……

第一千二百二十二条 【医疗机构过错推定的情形】患者在诊疗活动中受到损害,有下列情形之一的,推定医疗机构有过错:

(一)违反法律、行政法规、规章以及其他有关诊疗规范的规定;

(二)隐匿或者拒绝提供与纠纷有关的病历资料;

(三)遗失、伪造、篡改或者违法销毁病历资料。

……

第一千二百四十六条 【未对动物采取安全措施损害责任】违反管理规定,未对动物采取安全措施造成他人损害的,动物饲养人或者管理人应当承担侵权责任;但是,能够证明损害是因被侵权人故意造成的,可以减轻责任。

第一千二百四十七条 【禁止饲养的危险动物损害责任】禁止饲养的烈性犬等危险动物造成他人损害的,动物饲养人或者管理人应当承担侵权责任。

……

第一千二百五十二条 【建筑物、构筑物或者其他设施倒塌、塌陷致害责任】建筑物、构筑物或者其他设施倒塌、塌陷造成他人损害的,由建设单位与施工单位承担连带责任,但是建设单位与施工单位能够证明不存在质量缺陷的除外。建设单位、施工单位赔偿后,有其他责任人的,有权向其他责任人追偿。

因所有人、管理人、使用人或者第三人的原因,建筑物、构筑物或者其他设施倒塌、塌陷造成他人损害的,由所有人、管理人、使用人或者第三人承担侵权责任。

……

第一千二百五十八条 【公共场所或道路施工致害责任和窨井等地下设施致害责任】在公共场所或者道路上挖掘、修缮安装地下设施等造成他人损害,施工人不能证明已经设置明显标志和采取安全措施的,应当承担侵权责任。

窨井等地下设施造成他人损害,管理人不能证明尽到管理职责的,应当承担侵权责任。

……

中华人民共和国法官法

- 1995年2月28日第八届全国人民代表大会常务委员会第十二次会议通过
- 根据2001年6月30日第九届全国人民代表大会常务委员会第二十二次会议《关于修改〈中华人民共和国法官法〉的决定》第一次修正
- 根据2017年9月1日第十二届全国人民代表大会常务委员会第二十九次会议《关于修改〈中华人民共和国法官法〉等八部法律的决定》第二次修正
- 2019年4月23日第十三届全国人民代表大会常务委员会第十次会议修订
- 2019年4月23日中华人民共和国主席令第27号公布
- 自2019年10月1日起施行

第一章 总 则

第一条 【立法目的与根据】为了全面推进高素质法官队伍建设,加强对法官的管理和监督,维护法官合法权益,保障人民法院依法独立行使审判权,保障法官依法履行职责,保障司法公正,根据宪法,制定本法。

第二条 【法官的定义与范围】法官是依法行使国家审判权的审判人员,包括最高人民法院、地方各级人民法院和军事法院等专门人民法院的院长、副院长、审判委员会委员、庭长、副庭长和审判员。

第三条 【法官的基本要求】法官必须忠实执行宪法和法律,维护社会公平正义,全心全意为人民服务。

第四条 【公正对待原则 平等适用法律原则】法官应当公正对待当事人和其他诉讼参与人,对一切人和组织在适用法律上一律平等。

第五条 【法官的职业伦理】法官应当勤勉尽责,清正廉明,恪守职业道德。

第六条 【法官审判案件的原则和立场】法官审判案件,应当以事实为根据,以法律为准绳,秉持客观公正的立场。

第七条 【法官依法履职不受干涉】法官依法履行职责,受法律保护,不受行政机关、社会团体和个人的干涉。

第二章 法官的职责、义务和权利

第八条 【法官的职责 办案责任制】法官的职责:

(一)依法参加合议庭审判或者独任审判刑事、民事、行政诉讼以及国家赔偿等案件;

(二)依法办理引渡、司法协助等案件;

(三)法律规定的其他职责。

法官在职权范围内对所办理的案件负责。

第九条 【担任特定职务的法官的相应职责】人民法院院长、副院长、审判委员会委员、庭长、副庭长除履行审判职责外,还应当履行与其职务相适应的职责。

第十条 【法官的义务】法官应当履行下列义务:

(一)严格遵守宪法和法律;

(二)秉公办案,不得徇私枉法;

(三)依法保障当事人和其他诉讼参与人的诉讼权利;

(四)维护国家利益、社会公共利益,维护个人和组织的合法权益;

(五)保守国家秘密和审判工作秘密,对履行职责中知悉的商业秘密和个人隐私予以保密;

(六)依法接受法律监督和人民群众监督;

(七)通过依法办理案件以案释法,增强全民法治观念,推进法治社会建设;

(八)法律规定的其他义务。

第十一条 【法官的权利】法官享有下列权利:

(一)履行法官职责应当具有的职权和工作条件;

(二)非因法定事由、非经法定程序,不被调离、免职、降职、辞退或者处分;

(三)履行法官职责应当享有的职业保障和福利待遇;

(四)人身、财产和住所安全受法律保护;

(五)提出申诉或者控告;

(六)法律规定的其他权利。

第三章 法官的条件和遴选

第十二条 【担任法官的条件】担任法官必须具备

下列条件：

（一）具有中华人民共和国国籍；

（二）拥护中华人民共和国宪法，拥护中国共产党领导和社会主义制度；

（三）具有良好的政治、业务素质和道德品行；

（四）具有正常履行职责的身体条件；

（五）具备普通高等学校法学类本科学历并获得学士以上学位；或者普通高等学校非法学类本科及以上学历并获得法律硕士、法学硕士及以上学位；或者普通高等学校非法学类本科及以上学历，获得其他相应学位，并具有法律专业知识；

（六）从事法律工作满五年。其中获得法律硕士、法学硕士学位，或者获得法学博士学位的，从事法律工作的年限可以分别放宽至四年、三年；

（七）初任法官应当通过国家统一法律职业资格考试取得法律职业资格。

适用前款第五项规定的学历条件确有困难的地方，经最高人民法院审核确定，在一定期限内，可以将担任法官的学历条件放宽为高等学校本科毕业。

第十三条 【不得担任法官的情形】 下列人员不得担任法官：

（一）因犯罪受过刑事处罚的；

（二）被开除公职的；

（三）被吊销律师、公证员执业证书或者被仲裁委员会除名的；

（四）有法律规定的其他情形的。

第十四条 【法官的选任方式和范围】 初任法官采用考试、考核的办法，按照德才兼备的标准，从具备法官条件的人员中择优提出人选。

人民法院的院长应当具有法学专业知识和法律职业经历。副院长、审判委员会委员应当从法官、检察官或者其他具备法官条件的人员中产生。

第十五条 【公开选拔法官的范围和条件】 人民法院可以根据审判工作需要，从律师或者法学教学、研究人员等从事法律职业的人员中公开选拔法官。

除应当具备法官任职条件外，参加公开选拔的律师应当实际执业不少于五年，执业经验丰富，从业声誉良好，参加公开选拔的法学教学、研究人员应当具有中级以上职称，从事教学、研究工作五年以上，有突出研究能力和相应研究成果。

第十六条 【法官遴选委员会】 省、自治区、直辖市设立法官遴选委员会，负责初任法官人选专业能力的审核。

省级法官遴选委员会的组成人员应当包括地方各级人民法院法官代表、其他从事法律职业的人员和有关方面代表，其中法官代表不少于三分之一。

省级法官遴选委员会的日常工作由高级人民法院的内设职能部门承担。

遴选最高人民法院法官应当设立最高人民法院法官遴选委员会，负责法官人选专业能力的审核。

第十七条 【法官的初任与逐级遴选】 初任法官一般到基层人民法院任职。上级人民法院法官一般逐级遴选；最高人民法院和高级人民法院法官可以从下两级人民法院遴选。参加上级人民法院遴选的法官应当在下级人民法院担任法官一定年限，并具有遴选职位相关工作经历。

第四章 法官的任免

第十八条 【法官的任免权限和程序】 法官的任免，依照宪法和法律规定的任免权限和程序办理。

最高人民法院院长由全国人民代表大会选举和罢免，副院长、审判委员会委员、庭长、副庭长和审判员，由院长提请全国人民代表大会常务委员会任免。

最高人民法院巡回法庭庭长、副庭长，由院长提请全国人民代表大会常务委员会任免。

地方各级人民法院院长由本级人民代表大会选举和罢免，副院长、审判委员会委员、庭长、副庭长和审判员，由院长提请本级人民代表大会常务委员会任免。

在省、自治区内按地区设立的和在直辖市内设立的中级人民法院的院长，由省、自治区、直辖市人民代表大会常务委员会根据主任会议的提名决定任免，副院长、审判委员会委员、庭长、副庭长和审判员，由高级人民法院院长提请省、自治区、直辖市人民代表大会常务委员会任免。

新疆生产建设兵团各级人民法院、专门人民法院的院长、副院长、审判委员会委员、庭长、副庭长和审判员，依照全国人民代表大会常务委员会的有关规定任免。

第十九条 【法官就职宪法宣誓】 法官在依照法定程序产生后，在就职时应当公开进行宪法宣誓。

第二十条 【应当免除法官职务的情形】 法官有下列情形之一的，应当依法提请免除其法官职务：

（一）丧失中华人民共和国国籍的；

（二）调出所任职人民法院的；

（三）职务变动不需要保留法官职务的，或者本人申请免除法官职务经批准的；

（四）经考核不能胜任法官职务的；

（五）因健康原因长期不能履行职务的；
（六）退休的；
（七）辞职或者依法应当予以辞退的；
（八）因违纪违法不宜继续任职的。

第二十一条　【撤销法官的任命】发现违反本法规定的条件任命法官的，任命机关应当撤销该项任命；上级人民法院发现下级人民法院法官的任命违反本法规定的条件的，应当建议下级人民法院依法提请任命机关撤销该项任命。

第二十二条　【不得兼任职务的情形】法官不得兼任人民代表大会常务委员会的组成人员，不得兼任行政机关、监察机关、检察机关的职务，不得兼任企业或者其他营利性组织、事业单位的职务，不得兼任律师、仲裁员和公证员。

第二十三条　【亲属间不得同时担任职务的情形】法官之间有夫妻关系、直系血亲关系、三代以内旁系血亲以及近姻亲关系的，不得同时担任下列职务：

（一）同一人民法院的院长、副院长、审判委员会委员、庭长、副庭长；
（二）同一人民法院的院长、副院长和审判员；
（三）同一审判庭的庭长、副庭长、审判员；
（四）上下相邻两级人民法院的院长、副院长。

第二十四条　【任职回避的情形】法官的配偶、父母、子女有下列情形之一的，法官应当实行任职回避：

（一）担任该法官所任职人民法院辖区内律师事务所的合伙人或者设立人的；
（二）在该法官所任职人民法院辖区内以律师身份担任诉讼代理人、辩护人，或者为诉讼案件当事人提供其他有偿法律服务的。

第五章　法官的管理

第二十五条　【法官员额制】法官实行员额制管理。法官员额根据案件数量、经济社会发展情况、人口数量和人民法院审级等因素确定，在省、自治区、直辖市内实行总量控制、动态管理，优先考虑基层人民法院和案件数量多的人民法院办案需要。

法官员额出现空缺的，应当按照程序及时补充。

最高人民法院法官员额由最高人民法院商有关部门确定。

第二十六条　【法官单独职务序列管理】法官实行单独职务序列管理。

法官等级分为十二级，依次为首席大法官、一级大法官、二级大法官、一级高级法官、二级高级法官、三级高级法官、四级高级法官、一级法官、二级法官、三级法官、四级法官、五级法官。

第二十七条　【首席大法官】最高人民法院院长为首席大法官。

第二十八条　【法官等级确定和晋升】法官等级的确定，以法官德才表现、业务水平、审判工作实绩和工作年限等为依据。

法官等级晋升采取按期晋升和择优选升相结合的方式，特别优秀或者工作特殊需要的一线办案岗位法官可以特别选升。

第二十九条　【法官等级管理的具体办法另行规定】法官的等级设置、确定和晋升的具体办法，由国家另行规定。

第三十条　【初任法官统一职前培训】初任法官实行统一职前培训制度。

第三十一条　【法官培训的内容和原则】对法官应当有计划地进行政治、理论和业务培训。

法官的培训应当理论联系实际、按需施教、讲求实效。

第三十二条　【培训作为任职晋升依据】法官培训情况，作为法官任职、等级晋升的依据之一。

第三十三条　【法官培训机构】法官培训机构按照有关规定承担培训法官的任务。

第三十四条　【法官辞职】法官申请辞职，应当由本人书面提出，经批准后，依照法律规定的程序免除其职务。

第三十五条　【辞退法官的程序】辞退法官应当依照法律规定的程序免除其职务。

辞退法官应当按照管理权限决定。辞退决定应当以书面形式通知被辞退的法官，并列明作出决定的理由和依据。

第三十六条　【离任法官担任诉讼代理人、辩护人的限制】法官从人民法院离任后两年内，不得以律师身份担任诉讼代理人或者辩护人。

法官从人民法院离任后，不得担任原任职法院办理案件的诉讼代理人或者辩护人，但是作为当事人的监护人或者近亲属代理诉讼或者进行辩护的除外。

法官被开除后，不得担任诉讼代理人或者辩护人，但是作为当事人的监护人或者近亲属代理诉讼或者进行辩护的除外。

第三十七条　【协助开展实践性教学、研究工作】法官因工作需要，经单位选派或者批准，可以在高等学校、科研院所协助开展实践性教学、研究工作,并遵守国家有关规定。

第六章 法官的考核、奖励和惩戒

第三十八条 【设立法官考评委员会】人民法院设立法官考评委员会,负责对本院法官的考核工作。

第三十九条 【法官考评委员会的组成】法官考评委员会的组成人员为五至九人。

法官考评委员会主任由本院院长担任。

第四十条 【法官考核原则】对法官的考核,应当全面、客观、公正,实行平时考核和年度考核相结合。

第四十一条 【法官考核内容】对法官的考核内容包括：审判工作实绩、职业道德、专业水平、工作能力、审判作风。重点考核审判工作实绩。

第四十二条 【法官考核结果】年度考核结果分为优秀、称职、基本称职和不称职四个等次。

考核结果作为调整法官等级、工资以及法官奖惩、免职、降职、辞退的依据。

第四十三条 【考核结果的复核】考核结果以书面形式通知法官本人。法官对考核结果如果有异议,可以申请复核。

第四十四条 【法官的奖励】法官在审判工作中有显著成绩和贡献的,或者有其他突出事迹的,应当给予奖励。

第四十五条 【给予法官奖励的情形】法官有下列表现之一的,应当给予奖励：

(一)公正司法,成绩显著的；

(二)总结审判实践经验成果突出,对审判工作有指导作用的；

(三)在办理重大案件、处理突发事件和承担专项重要工作中,做出显著成绩和贡献的；

(四)对审判工作提出改革建议被采纳,效果显著的；

(五)提出司法建议被采纳或者开展法治宣传、指导调解组织调解各类纠纷,效果显著的；

(六)有其他功绩的。

法官的奖励按照有关规定办理。

第四十六条 【给予法官处分的情形】法官有下列行为之一的,应当给予处分；构成犯罪的,依法追究刑事责任：

(一)贪污受贿、徇私舞弊、枉法裁判的；

(二)隐瞒、伪造、变造、故意损毁证据、案件材料的；

(三)泄露国家秘密、审判工作秘密、商业秘密或者个人隐私的；

(四)故意违反法律法规办理案件的；

(五)因重大过失导致裁判结果错误并造成严重后果的；

(六)拖延办案,贻误工作的；

(七)利用职权为自己或者他人谋取私利的；

(八)接受当事人及其代理人利益输送,或者违反有关规定会见当事人及其代理人的；

(九)违反有关规定从事或者参与营利性活动,在企业或者其他营利性组织中兼任职务的；

(十)有其他违纪违法行为的。

法官的处分按照有关规定办理。

第四十七条 【暂停法官履行职务】法官涉嫌违纪违法,已经被立案调查、侦查,不宜继续履行职责的,按照管理权限和规定的程序暂时停止其履行职务。

第四十八条 【法官惩戒委员会】最高人民法院和省、自治区、直辖市设立法官惩戒委员会,负责从专业角度审查认定法官是否存在本法第四十六条第四项、第五项规定的违反审判职责的行为,提出构成故意违反职责、存在重大过失、存在一般过失或者没有违反职责等审查意见。法官惩戒委员会提出审查意见后,人民法院依照有关规定作出是否予以惩戒的决定,并给予相应处理。

法官惩戒委员会由法官代表、其他从事法律职业的人员和有关方面代表组成,其中法官代表不少于半数。

最高人民法院法官惩戒委员会、省级法官惩戒委员会的日常工作,由相关人民法院的内设职能部门承担。

第四十九条 【法官在惩戒审议中的权利】法官惩戒委员会审议惩戒事项时,当事法官有权申请有关人员回避,有权进行陈述、举证、辩解。

第五十条 【对惩戒审查意见的异议及处理】法官惩戒委员会作出的审查意见应当送达当事法官。当事法官对审查意见有异议的,可以向惩戒委员会提出,惩戒委员会应当对异议及其理由进行审查,作出决定。

第五十一条 【惩戒审议具体程序的制定】法官惩戒委员会审议惩戒事项的具体程序,由最高人民法院商有关部门确定。

第七章 法官的职业保障

第五十二条 【法官权益保障委员会】人民法院设立法官权益保障委员会,维护法官合法权益,保障法官依法履行职责。

第五十三条 【非因法定事由不得调离审判岗位

除下列情形外，不得将法官调离审判岗位：

（一）按规定需要任职回避的；

（二）按规定实行任职交流的；

（三）因机构调整、撤销、合并或者缩减编制员额需要调整工作的；

（四）因违纪违法不适合在审判岗位工作的；

（五）法律规定的其他情形。

第五十四条 【禁止干涉法官履职】任何单位或者个人不得要求法官从事超出法定职责范围的事务。

对任何干涉法官办理案件的行为，法官有权拒绝并予以全面如实记录和报告；有违纪违法情形的，由有关机关根据情节轻重追究有关责任人员、行为人的责任。

第五十五条 【法官的职业尊严和人身安全保护】法官的职业尊严和人身安全受法律保护。

任何单位和个人不得对法官及其近亲属打击报复。

对法官及其近亲属实施报复陷害、侮辱诽谤、暴力侵害、威胁恐吓、滋事骚扰等违法犯罪行为的，应当依法从严惩治。

第五十六条 【法官名誉保障】法官因依法履行职责遭受不实举报、诬告陷害、侮辱诽谤，致使名誉受到损害的，人民法院应当会同有关部门及时澄清事实，消除不良影响，并依法追究相关单位或者个人的责任。

第五十七条 【法官及其近亲属人身安全保障】法官因依法履行职责，本人及其近亲属人身安全面临危险的，人民法院、公安机关应当对法官及其近亲属采取人身保护、禁止特定人员接触等必要保护措施。

第五十八条 【法官的工资制度】法官实行与其职责相适应的工资制度，按照法官等级享有国家规定的工资待遇，并建立与公务员工资同步调整机制。

法官的工资制度，根据审判工作特点，由国家另行规定。

第五十九条 【法官的定期增资制度】法官实行定期增资制度。

经年度考核确定为优秀、称职的，可以按照规定晋升工资档次。

第六十条 【津贴、补贴、奖金、保险和福利待遇】法官享受国家规定的津贴、补贴、奖金、保险和福利待遇。

第六十一条 【伤残待遇、抚恤和优待】法官因公致残的，享受国家规定的伤残待遇。法官因公牺牲、因公死亡或者病故的，其亲属享受国家规定的抚恤和优待。

第六十二条 【法官退休制度另行规定】法官的退休制度，根据审判工作特点，由国家另行规定。

第六十三条 【法官退休后的待遇】法官退休后，享受国家规定的养老金和其他待遇。

第六十四条 【法官的控告权】对于国家机关及其工作人员侵犯本法第十一条规定的法官权利的行为，法官有权提出控告。

第六十五条 【对法官处分或人事处理错误的纠正措施】对法官处分或者人事处理错误的，应当及时予以纠正；造成名誉损害的，应当恢复名誉、消除影响、赔礼道歉；造成经济损失的，应当赔偿。对打击报复的直接责任人员，应当依法追究其责任。

第八章 附 则

第六十六条 【统一法律职业资格考试制度】国家对初任法官实行统一法律职业资格考试制度，由国务院司法行政部门商最高人民法院等有关部门组织实施。

第六十七条 【加强法官助理队伍建设】人民法院的法官助理在法官指导下负责审查案件材料、草拟法律文书等审判辅助事务。

人民法院应当加强法官助理队伍建设，为法官遴选储备人才。

第六十八条 【法官法和公务员法的衔接适用】有关法官的权利、义务和管理制度，本法已有规定的，适用本法的规定；本法未作规定的，适用公务员管理的相关法律法规。

第六十九条 【施行日期】本法自 2019 年 10 月 1 日起施行。

中华人民共和国检察官法

- 1995 年 2 月 28 日第八届全国人民代表大会常务委员会第十二次会议通过
- 根据 2001 年 6 月 30 日第九届全国人民代表大会常务委员会第二十二次会议《关于修改〈中华人民共和国检察官法〉的决定》第一次修正
- 根据 2017 年 9 月 1 日第十二届全国人民代表大会常务委员会第二十九次会议《关于修改〈中华人民共和国法官法〉等八部法律的决定》第二次修正
- 2019 年 4 月 23 日第十三届全国人民代表大会常务委员会第十次会议修订
- 2019 年 4 月 23 日中华人民共和国主席令第 28 号公布
- 自 2019 年 10 月 1 日起施行

第一章 总 则

第一条 【立法目的与根据】为了全面推进高素质检察官队伍建设，加强对检察官的管理和监督，维护检察官合法权益,保障人民检察院依法独立行使检察权,保障检察官依法履行职责,保障司法公正,根据宪法,制定本法。

第二条 【检察官的定义与范围】检察官是依法行使国家检察权的检察人员,包括最高人民检察院、地方各级人民检察院和军事检察院等专门人民检察院的检察长、副检察长、检察委员会委员和检察员。

第三条 【检察官的基本要求】检察官必须忠实执行宪法和法律,维护社会公平正义,全心全意为人民服务。

第四条 【检察官的职业伦理】检察官应当勤勉尽责,清正廉明,恪守职业道德。

第五条 【检察官履行职责的原则和立场】检察官履行职责,应当以事实为根据,以法律为准绳,秉持客观公正的立场。

检察官办理刑事案件,应当严格坚持罪刑法定原则,尊重和保障人权,既要追诉犯罪,也要保障无罪的人不受刑事追究。

第六条 【检察官依法履职不受干涉】检察官依法履行职责,受法律保护,不受行政机关、社会团体和个人的干涉。

第二章 检察官的职责、义务和权利

第七条 【检察官的职责】检察官的职责:

(一)对法律规定由人民检察院直接受理的刑事案件进行侦查;

(二)对刑事案件进行审查逮捕、审查起诉,代表国家进行公诉;

(三)开展公益诉讼工作;

(四)开展对刑事、民事、行政诉讼活动的监督工作;

(五)法律规定的其他职责。

检察官对其职权范围内就案件作出的决定负责。

第八条 【担任特定职务的检察官的相应职责】人民检察院检察长、副检察长、检察委员会委员除履行检察职责外,还应当履行与其职务相适应的职责。

第九条 【检察长领导检察官开展工作】检察官在检察长领导下开展工作,重大办案事项由检察长决定。检察长可以将部分职权委托检察官行使,可以授权检察官签发法律文书。

第十条 【检察官的义务】检察官应当履行下列义务:

(一)严格遵守宪法和法律;

(二)秉公办案,不得徇私枉法;

(三)依法保障当事人和其他诉讼参与人的诉讼权利;

(四)维护国家利益、社会公共利益,维护个人和组织的合法权益;

(五)保守国家秘密和检察工作秘密,对履行职责中知悉的商业秘密和个人隐私予以保密;

(六)依法接受法律监督和人民群众监督;

(七)通过依法办理案件以案释法,增强全民法治观念,推进法治社会建设;

(八)法律规定的其他义务。

第十一条 【检察官的权利】检察官享有下列权利:

(一)履行检察官职责应当具有的职权和工作条件;

(二)非因法定事由、非经法定程序,不被调离、免职、降职、辞退或者处分;

(三)履行检察官职责应当享有的职业保障和福利待遇;

(四)人身、财产和住所安全受法律保护;

(五)提出申诉或者控告;

(六)法律规定的其他权利。

第三章 检察官的条件和遴选

第十二条 【担任检察官的条件】担任检察官必须具备下列条件:

(一)具有中华人民共和国国籍;

(二)拥护中华人民共和国宪法,拥护中国共产党领导和社会主义制度;

(三)具有良好的政治、业务素质和道德品行;

(四)具有正常履行职责的身体条件;

(五)具备普通高等学校法学类本科学历并获得学士及以上学位;或者普通高等学校非法学类本科及以上学历并获得法律硕士、法学硕士及以上学位;或者普通高等学校非法学类本科及以上学历,获得其他相应学位,并具有法律专业知识;

(六)从事法律工作满五年。其中获得法律硕士、法学硕士学位,或者获得法学博士学位的,从事法律工作的年限可以分别放宽至四年、三年;

(七)初任检察官应当通过国家统一法律职业资格考试取得法律职业资格。

适用前款第五项规定的学历条件确有困难的地方,经最高人民检察院审核确定,在一定期限内,可以将担任检察官的学历条件放宽为高等学校本科毕业。

第十三条 【不得担任检察官的情形】下列人员不得担任检察官:

（一）因犯罪受过刑事处罚的；
（二）被开除公职的；
（三）被吊销律师、公证员执业证书或者被仲裁委员会除名的；
（四）有法律规定的其他情形的。

第十四条　【检察官的选任方式和范围】初任检察官采用考试、考核的办法，按照德才兼备的标准，从具备检察官条件的人员中择优提出人选。

人民检察院的检察长应当具有法学专业知识和法律职业经历。副检察长、检察委员会委员应当从检察官、法官或者其他具备检察官条件的人员中产生。

第十五条　【公开选拔检察官的范围和条件】人民检察院可以根据检察工作需要，从律师或者法学教学、研究人员等从事法律职业的人员中公开选拔检察官。

除应当具备检察官任职条件外，参加公开选拔的律师应当实际执业不少于五年，执业经验丰富，从业声誉良好；参加公开选拔的法学教学、研究人员应当具有中级以上职称，从事教学、研究工作五年以上，有突出研究能力和相应研究成果。

第十六条　【检察官遴选委员会】省、自治区、直辖市设立检察官遴选委员会，负责初任检察官人选专业能力的审核。

省级检察官遴选委员会的组成人员应当包括地方各级人民检察院检察官代表、其他从事法律职业的人员和有关方面代表，其中检察官代表不少于三分之一。

省级检察官遴选委员会的日常工作由省级人民检察院的内设职能部门承担。

遴选最高人民检察院检察官应当设立最高人民检察院检察官遴选委员会，负责检察官人选专业能力的审核。

第十七条　【检察官的初任与逐级遴选】初任检察官一般到基层人民检察院任职。上级人民检察院检察官一般逐级遴选；最高人民检察院和省级人民检察院检察官可以从下两级人民检察院遴选。参加上级人民检察院遴选的检察官应当在下级人民检察院担任检察官一定年限，并具有遴选职位相关工作经历。

第四章　检察官的任免

第十八条　【检察官的任免权限和程序】检察官的任免，依照宪法和法律规定的任免权限和程序办理。

最高人民检察院检察长由全国人民代表大会选举和罢免，副检察长、检察委员会委员和检察员，由检察长提请全国人民代表大会常务委员会任免。

地方各级人民检察院检察长由本级人民代表大会选举和罢免，副检察长、检察委员会委员和检察员，由检察长提请本级人民代表大会常务委员会任免。

地方各级人民检察院检察长的任免，须报上一级人民检察院检察长提请本级人民代表大会常务委员会批准。

省、自治区、直辖市人民检察院分院检察长、副检察长、检察委员会委员和检察员，由省、自治区、直辖市人民检察院检察长提请本级人民代表大会常务委员会任免。

省级人民检察院和设区的市级人民检察院依法设立作为派出机构的人民检察院的检察长、副检察长、检察委员会委员和检察员，由派出的人民检察院检察长提请本级人民代表大会常务委员会任免。

新疆生产建设兵团各级人民检察院、专门人民检察院的检察长、副检察长、检察委员会委员和检察员，依照全国人民代表大会常务委员会的有关规定任免。

第十九条　【检察官就职宪法宣誓】检察官在依照法定程序产生后，在就职时应当公开进行宪法宣誓。

第二十条　【应当免除检察官职务的情形】检察官有下列情形之一的，应当依法提请免除其检察官职务：
（一）丧失中华人民共和国国籍的；
（二）调出所任职人民检察院的；
（三）职务变动不需要保留检察官职务的，或者本人申请免除检察官职务经批准的；
（四）经考核不能胜任检察官职务的；
（五）因健康原因长期不能履行职务的；
（六）退休的；
（七）辞职或者依法应当予以辞退的；
（八）因违纪违法不宜继续任职的。

第二十一条　【提请不批准违规选举的检察长】对于不具备本法规定条件或者违反法定程序被选举为人民检察院检察长的，上一级人民检察院检察长有权提请本级人民代表大会常务委员会不批准。

第二十二条　【撤销检察官的任命】发现违反本法规定的条件任命检察官的，任命机关应当撤销该项任命；上级人民检察院发现下级人民检察院检察官的任命违反本法规定的条件的，应当要求下级人民检察院依法提请任命机关撤销该项任命。

第二十三条　【不得兼任职务的情形】检察官不得兼任人民代表大会常务委员会的组成人员，不得兼任行政机关、监察机关、审判机关的职务，不得兼任企业或者其他营利性组织、事业单位的职务，不得兼任律师、仲裁员和公证员。

第二十四条　【亲属间不得同时担任职务的情形】

检察官之间有夫妻关系、直系血亲关系、三代以内旁系血亲以及近姻亲关系的,不得同时担任下列职务:

(一)同一人民检察院的检察长、副检察长、检察委员会委员;

(二)同一人民检察院的检察长、副检察长和检察员;

(三)同一业务部门的检察员;

(四)上下相邻两级人民检察院的检察长、副检察长。

第二十五条　【任职回避的情形】检察官的配偶、父母、子女有下列情形之一的,检察官应当实行任职回避:

(一)担任该检察官所任职人民检察院辖区内律师事务所的合伙人或者设立人的;

(二)在该检察官所任职人民检察院辖区内以律师身份担任诉讼代理人、辩护人,或者为诉讼案件当事人提供其他有偿法律服务的。

第五章　检察官的管理

第二十六条　【检察官员额制】检察官实行员额制管理。检察官员额根据案件数量、经济社会发展情况、人口数量和人民检察院层级等因素确定,在省、自治区、直辖市内实行总量控制、动态管理,优先考虑基层人民检察院和案件数量多的人民检察院办案需要。

检察官员额出现空缺的,应当按照程序及时补充。

最高人民检察院检察官员额由最高人民检察院商有关部门确定。

第二十七条　【检察官单独职务序列管理】检察官实行单独职务序列管理。

检察官等级分为十二级,依次为首席大检察官、一级大检察官、二级大检察官、一级高级检察官、二级高级检察官、三级高级检察官、四级高级检察官、一级检察官、二级检察官、三级检察官、四级检察官、五级检察官。

第二十八条　【首席大检察官】最高人民检察院检察长为首席大检察官。

第二十九条　【检察官等级确定和晋升】检察官等级的确定,以检察官德才表现、业务水平、检察工作实绩和工作年限等为依据。

检察官等级晋升采取按期晋升和择优选升相结合的方式,特别优秀或者工作特殊需要的一线办案岗位检察官可以特别选升。

第三十条　【检察官等级管理的具体办法另行规定】检察官的等级设置、确定和晋升的具体办法,由国家另行规定。

第三十一条　【初任检察官统一职前培训】初任检察官实行统一职前培训制度。

第三十二条　【检察官培训的内容和原则】对检察官应当有计划地进行政治、理论和业务培训。

检察官的培训应当理论联系实际、按需施教、讲求实效。

第三十三条　【培训作为任职晋升依据】检察官培训情况,作为检察官任职、等级晋升的依据之一。

第三十四条　【检察官培训机构】检察官培训机构按照有关规定承担培训检察官的任务。

第三十五条　【检察官辞职】检察官申请辞职,应当由本人书面提出,经批准后,依照法律规定的程序免除其职务。

第三十六条　【辞退检察官的程序】辞退检察官应当依照法律规定的程序免除其职务。

辞退检察官应当按照管理权限决定。辞退决定应当以书面形式通知被辞退的检察官,并列明作出决定的理由和依据。

第三十七条　【离任检察官担任诉讼代理人、辩护人的限制】检察官从人民检察院离任后两年内,不得以律师身份担任诉讼代理人或者辩护人。

检察官从人民检察院离任后,不得担任原任职检察院办理案件的诉讼代理人或者辩护人,但是作为当事人的监护人或者近亲属代理诉讼或者进行辩护的除外。

检察官被开除后,不得担任诉讼代理人或者辩护人,但是作为当事人的监护人或者近亲属代理诉讼或者进行辩护的除外。

第三十八条　【协助开展实践性教学、研究工作】检察官因工作需要,经单位选派或者批准,可以在高等学校、科研院所协助开展实践性教学、研究工作,并遵守国家有关规定。

第六章　检察官的考核、奖励和惩戒

第三十九条　【设立检察官考评委员会】人民检察院设立检察官考评委员会,负责对本院检察官的考核工作。

第四十条　【检察官考评委员会的组成】检察官考评委员会的组成人员为五至九人。

检察官考评委员会主任由本院检察长担任。

第四十一条　【检察官考核原则】对检察官的考核,应当全面、客观、公正,实行平时考核和年度考核相结合。

第四十二条　【检察官考核内容】对检察官的考核内容包括:检察工作实绩、职业道德、专业水平、工作能力、工作作风。重点考核检察工作实绩。

第四十三条 【检察官考核结果】年度考核结果分为优秀、称职、基本称职和不称职四个等次。

考核结果作为调整检察官等级、工资以及检察官奖惩、免职、降职、辞退的依据。

第四十四条 【考核结果的复核】考核结果以书面形式通知检察官本人。检察官对考核结果如果有异议，可以申请复核。

第四十五条 【检察官的奖励】检察官在检察工作中有显著成绩和贡献的，或者有其他突出事迹的，应当给予奖励。

第四十六条 【给予检察官奖励的情形】检察官有下列表现之一的，应当给予奖励：

（一）公正司法，成绩显著的；

（二）总结检察实践经验成果突出，对检察工作有指导作用的；

（三）在办理重大案件、处理突发事件和承担专项重要工作中，做出显著成绩和贡献的；

（四）对检察工作提出改革建议被采纳，效果显著的；

（五）提出检察建议被采纳或者开展法治宣传、解决各类纠纷，效果显著的；

（六）有其他功绩的。

检察官的奖励按照有关规定办理。

第四十七条 【给予检察官处分的情形】检察官有下列行为之一的，应当给予处分；构成犯罪的，依法追究刑事责任：

（一）贪污受贿、徇私枉法、刑讯逼供的；

（二）隐瞒、伪造、变造、故意损毁证据、案件材料的；

（三）泄露国家秘密、检察工作秘密、商业秘密或者个人隐私的；

（四）故意违反法律法规办理案件的；

（五）因重大过失导致案件错误并造成严重后果的；

（六）拖延办案，贻误工作的；

（七）利用职权为自己或他人谋取私利的；

（八）接受当事人及其代理人利益输送，或者违反有关规定会见当事人及其代理人的；

（九）违反有关规定从事或者参与营利性活动，在企业或者其他营利性组织中兼任职务的；

（十）有其他违纪违法行为的。

检察官的处分按照有关规定办理。

第四十八条 【暂停检察官履行职务】检察官涉嫌违纪违法，已经被立案调查、侦查，不宜继续履行职责的，按照管理权限和规定的程序暂时停止其履行职务。

第四十九条 【检察官惩戒委员会】最高人民检察院和省、自治区、直辖市设立检察官惩戒委员会，负责从专业角度审查认定检察官是否存在本法第四十七条第四项、第五项规定的违反检察职责的行为，提出构成故意违反职责、存在重大过失、存在一般过失或者没有违反职责等审查意见。检察官惩戒委员会提出审查意见后，人民检察院依照有关规定作出是否予以惩戒的决定，并给予相应处理。

检察官惩戒委员会由检察官代表、其他从事法律职业的人员和有关方面代表组成，其中检察官代表不少于半数。

最高人民检察院检察官惩戒委员会、省级检察官惩戒委员会的日常工作，由相关人民检察院的内设职能部门承担。

第五十条 【检察官在惩戒审议中的权利】检察官惩戒委员会审议惩戒事项时，当事检察官有权申请有关人员回避，有权进行陈述、举证、辩解。

第五十一条 【对惩戒审查意见的异议及处理】检察官惩戒委员会作出的审查意见应当送达当事检察官。当事检察官对审查意见有异议的，可以向惩戒委员会提出，惩戒委员会应当对异议及其理由进行审查，作出决定。

第五十二条 【惩戒审议具体程序的制度】检察官惩戒委员会审议惩戒事项的具体程序，由最高人民检察院商有关部门确定。

第七章 检察官的职业保障

第五十三条 【检察官权益保障委员会】人民检察院设立检察官权益保障委员会，维护检察官合法权益，保障检察官依法履行职责。

第五十四条 【非因法定事由不得调离检察业务岗位】除下列情形外，不得将检察官调离检察业务岗位：

（一）按规定需要任职回避的；

（二）按规定实行任职交流的；

（三）因机构调整、撤销、合并或者缩减编制员额需要调整工作的；

（四）因违纪违法不适合在检察业务岗位工作的；

（五）法律规定的其他情形。

第五十五条 【禁止干涉检察官履职】任何单位或者个人不得要求检察官从事超出法定职责范围的事务。

对任何干涉检察官办理案件的行为，检察官有权拒绝并予以全面如实记录和报告；有违纪违法情形的，由有关机关根据情节轻重追究有关责任人员、行为人的责任。

第五十六条 【检察官的职业尊严和人身安全保护】检察官的职业尊严和人身安全受法律保护。

任何单位和个人不得对检察官及其近亲属打击报复。

对检察官及其近亲属实施报复陷害、侮辱诽谤、暴力侵害、威胁恐吓、滋事骚扰等违法犯罪行为的，应当依法从严惩治。

第五十七条 【检察官名誉保障】检察官因依法履行职责遭受不实举报、诬告陷害、侮辱诽谤，致使名誉受到损害的，人民检察院应当会同有关部门及时澄清事实，消除不良影响，并依法追究相关单位或者个人的责任。

第五十八条 【检察官及其近亲属人身安全保障】检察官因依法履行职责，本人及其近亲属人身安全面临危险的，人民检察院、公安机关应当对检察官及其近亲属采取人身保护、禁止特定人员接触等必要保护措施。

第五十九条 【检察官的工资制度】检察官实行与其职责相适应的工资制度，按照检察官等级享有国家规定的工资待遇，并建立与公务员工资同步调整机制。

检察官的工资制度，根据检察工作特点，由国家另行规定。

第六十条 【检察官定期增资制度】检察官实行定期增资制度。

经年度考核确定为优秀、称职的，可以按照规定晋升工资档次。

第六十一条 【津贴、补贴、奖金、保险和福利待遇】检察官享受国家规定的津贴、补贴、奖金、保险和福利待遇。

第六十二条 【伤残待遇、抚恤和优待】检察官因公致残的，享受国家规定的伤残待遇。检察官因公牺牲、因公死亡或者病故的，其亲属享受国家规定的抚恤和优待。

第六十三条 【检察官退休制度另行规定】检察官的退休制度，根据检察工作特点，由国家另行规定。

第六十四条 【检察官退休后的待遇】检察官退休后，享受国家规定的养老金和其他待遇。

第六十五条 【检察官的控告权】对于国家机关及其工作人员侵犯本法第十一条规定的检察官权利的行为，检察官有权提出控告。

第六十六条 【对检察官处分或人事处理错误的纠正措施】对检察官处分或者人事处理错误的，应当及时予以纠正；造成名誉损害的，应当恢复名誉、消除影响、赔礼道歉；造成经济损失的，应当赔偿。对打击报复的直接责任人员，应当依法追究其责任。

第八章 附 则

第六十七条 【统一法律职业资格考试】国家对初任检察官实行统一法律职业资格考试制度，由国务院司法行政部门商最高人民检察院等有关部门组织实施。

第六十八条 【加强检察官助理队伍建设】人民检察院的检察官助理在检察官指导下负责审查案件材料、草拟法律文书等检察辅助事务。

人民检察院应当加强检察官助理队伍建设，为检察官遴选储备人才。

第六十九条 【检察官法和公务员法的衔接适用】有关检察官的权利、义务和管理制度，本法已有规定的，适用本法的规定；本法未作规定的，适用公务员管理的相关法律法规。

第七十条 【施行日期】本法自2019年10月1日起施行。

中华人民共和国公务员法

- 2005年4月27日第十届全国人民代表大会常务委员会第十五次会议通过
- 根据2017年9月1日第十二届全国人民代表大会常务委员会第二十九次会议《关于修改〈中华人民共和国法官法〉等八部法律的决定》修正
- 2018年12月29日第十三届全国人民代表大会常务委员会第七次会议修订
- 2018年12月29日中华人民共和国主席令第20号公布
- 自2019年6月1日起施行

第一章 总 则

第一条 【立法目的】为了规范公务员的管理，保障公务员的合法权益，加强对公务员的监督，促进公务员正确履职尽责，建设信念坚定、为民服务、勤政务实、敢于担当、清正廉洁的高素质专业化公务员队伍，根据宪法，制定本法。

第二条 【公务员定义】本法所称公务员，是指依法履行公职、纳入国家行政编制、由国家财政负担工资福利的工作人员。

公务员是干部队伍的重要组成部分，是社会主义事业的中坚力量，是人民的公仆。

第三条 【适用范围】公务员的义务、权利和管理，适用本法。

法律对公务员中领导成员的产生、任免、监督以及监察官、法官、检察官等的义务、权利和管理另有规定的，从其规定。

第四条 【指导思想和政治原则】公务员制度坚持中国共产党领导,坚持以马克思列宁主义、毛泽东思想、邓小平理论、"三个代表"重要思想、科学发展观、习近平新时代中国特色社会主义思想为指导,贯彻社会主义初级阶段的基本路线,贯彻新时代中国共产党的组织路线,坚持党管干部原则。

第五条 【公开、平等、竞争、择优管理原则】公务员的管理,坚持公开、平等、竞争、择优的原则,依照法定的权限、条件、标准和程序进行。

第六条 【监督约束与激励保障并重原则】公务员的管理,坚持监督约束与激励保障并重的原则。

第七条 【公务员的任用原则】公务员的任用,坚持德才兼备、以德为先,坚持五湖四海、任人唯贤,坚持事业为上、公道正派,突出政治标准,注重工作实绩。

第八条 【分类管理、效能原则】国家对公务员实行分类管理,提高管理效能和科学化水平。

第九条 【宪法宣誓】公务员就职时应当依照法律规定公开进行宪法宣誓。

第十条 【法律保护原则】公务员依法履行职责的行为,受法律保护。

第十一条 【工资福利保险等待遇的经费保障】公务员工资、福利、保险以及录用、奖励、培训、辞退等所需经费,列入财政预算,予以保障。

第十二条 【管理机关】中央公务员主管部门负责全国公务员的综合管理工作。县级以上地方各级公务员主管部门负责本辖区内公务员的综合管理工作。上级公务员主管部门指导下级公务员主管部门的公务员管理工作。各级公务员主管部门指导同级各机关的公务员管理工作。

第二章 公务员的条件、义务与权利

第十三条 【公务员的条件】公务员应当具备下列条件:
(一)具有中华人民共和国国籍;
(二)年满十八周岁;
(三)拥护中华人民共和国宪法,拥护中国共产党领导和社会主义制度;
(四)具有良好的政治素质和道德品行;
(五)具有正常履行职责的身体条件和心理素质;
(六)具有符合职位要求的文化程度和工作能力;
(七)法律规定的其他条件。

第十四条 【公务员的义务】公务员应当履行下列义务:
(一)忠于宪法,模范遵守、自觉维护宪法和法律,自觉接受中国共产党领导;
(二)忠于国家,维护国家的安全、荣誉和利益;
(三)忠于人民,全心全意为人民服务,接受人民监督;
(四)忠于职守,勤勉尽责,服从和执行上级依法作出的决定和命令,按照规定的权限和程序履行职责,努力提高工作质量和效率;
(五)保守国家秘密和工作秘密;
(六)带头践行社会主义核心价值观,坚守法治,遵守纪律,恪守职业道德,模范遵守社会公德、家庭美德;
(七)清正廉洁,公道正派;
(八)法律规定的其他义务。

第十五条 【公务员的权利】公务员享有下列权利:
(一)获得履行职责应当具有的工作条件;
(二)非因法定事由、非经法定程序,不被免职、降职、辞退或者处分;
(三)获得工资报酬,享受福利、保险待遇;
(四)参加培训;
(五)对机关工作和领导人员提出批评和建议;
(六)提出申诉和控告;
(七)申请辞职;
(八)法律规定的其他权利。

第三章 职务、职级与级别

第十六条 【职位分类制度】国家实行公务员职位分类制度。

公务员职位类别按照公务员职位的性质、特点和管理需要,划分为综合管理类、专业技术类和行政执法类等类别。根据本法,对于具有职位特殊性,需要单独管理的,可以增设其他职位类别。各职位类别的适用范围由国家另行规定。

第十七条 【职务序列设置的根据】国家实行公务员职务与职级并行制度,根据公务员职位类别和职责设置公务员领导职务、职级序列。

第十八条 【领导职务层次】公务员领导职务根据宪法、有关法律和机构规格设置。

领导职务层次分为:国家级正职、国家级副职、省部级正职、省部级副职、厅局级正职、厅局级副职、县处级正职、县处级副职、乡科级正职、乡科级副职。

第十九条 【职级序列】公务员职级在厅局级以下设置。

综合管理类公务员职级序列分为:一级巡视员、二级巡视员、一级调研员、二级调研员、三级调研员、四级调研员、一级主任科员、二级主任科员、三级主任科员、四级主任科员、一级科员、二级科员。

综合管理类以外其他职位类别公务员的职级序列，根据本法由国家另行规定。

第二十条 【具体职位的设置】各机关依照确定的职能、规格、编制限额、职数以及结构比例，设置本机关公务员的具体职位，并确定各职位的工作职责和任职资格条件。

第二十一条 【公务员的级别】公务员的领导职务、职级应当对应相应的级别。公务员领导职务、职级与级别的对应关系，由国家规定。

根据工作需要和领导职务与职级的对应关系，公务员担任的领导职务和职级可以互相转任、兼任；符合规定资格条件的，可以晋升领导职务或者职级。

公务员的级别根据所任领导职务、职级及其德才表现、工作实绩和资历确定。公务员在同一领导职务、职级上，可以按照国家规定晋升级别。

公务员的领导职务、职级与级别是确定公务员工资以及其他待遇的依据。

第二十二条 【衔级制度】国家根据人民警察、消防救援人员以及海关、驻外外交机构等公务员的工作特点，设置与其领导职务、职级相对应的衔级。

第四章 录 用

第二十三条 【一级主任科员以下公务员的录用】录用担任一级主任科员以下及其他相当职级层次的公务员，采取公开考试、严格考察、平等竞争、择优录取的办法。

民族自治地方依照前款规定录用公务员时，依照法律和有关规定对少数民族报考者予以适当照顾。

第二十四条 【公务员录用部门】中央机关及其直属机构公务员的录用，由中央公务员主管部门负责组织。地方各级机关公务员的录用，由省级公务员主管部门负责组织，必要时省级公务员主管部门可以授权设区的市级公务员主管部门组织。

第二十五条 【报考条件】报考公务员，除应当具备本法第十三条规定的条件以外，还应当具备省级以上公务员主管部门规定的拟任职位所要求的资格条件。

国家对行政机关中初次从事行政处罚决定审核、行政复议、行政裁决、法律顾问的公务员实行统一法律职业资格考试制度，由国务院司法行政部门商有关部门组织实施。

第二十六条 【不得录用的情形】下列人员不得录用为公务员：

（一）因犯罪受过刑事处罚的；
（二）被开除中国共产党党籍的；
（三）被开除公职的；
（四）被依法列为失信联合惩戒对象的；
（五）有法律规定不得录用为公务员的其他情形。

第二十七条 【录用前提】录用公务员，应当在规定的编制限额内，并有相应的职位空缺。

第二十八条 【招考公告】录用公务员，应当发布招考公告。招考公告应当载明招考的职位、名额、报考资格条件、报考需要提交的申请材料以及其他报考须知事项。

招录机关应当采取措施，便利公民报考。

第二十九条 【对报考申请的审查】招录机关根据报考资格条件对报考申请进行审查。报考者提交的申请材料应当真实、准确。

第三十条 【考试方式和内容】公务员录用考试采取笔试和面试等方式进行，考试内容根据公务员应当具备的基本能力和不同职位类别、不同层级机关分别设置。

第三十一条 【复审、考察和体检】招录机关根据考试成绩确定考察人选，并进行报考资格复审、考察和体检。

体检的项目和标准根据职位要求确定。具体办法由中央公务员主管部门会同国务院卫生健康行政部门规定。

第三十二条 【公示】招录机关根据考试成绩、考察情况和体检结果，提出拟录用人员名单，并予以公示。公示期不少于五个工作日。

公示期满，中央一级招录机关应当将拟录用人员名单报中央公务员主管部门备案；地方各级招录机关应当将拟录用人员名单报省级或者设区的市级公务员主管部门审批。

第三十三条 【特殊职位录用】录用特殊职位的公务员，经省级以上公务员主管部门批准，可以简化程序或者采用其他测评办法。

第三十四条 【试用期】新录用的公务员试用期为一年。试用期满合格的，予以任职；不合格的，取消录用。

第五章 考 核

第三十五条 【考核内容】公务员的考核应当按照管理权限，全面考核公务员的德、能、勤、绩、廉，重点考核政治素质和工作实绩。考核指标根据不同职位类别、不同层级机关分别设置。

第三十六条 【考核方式】公务员的考核分为平时

考核、专项考核和定期考核等方式。定期考核以平时考核、专项考核为基础。

第三十七条　【定期考核的程序】非领导成员公务员的定期考核采取年度考核的方式。先由个人按照职位职责和有关要求进行总结，主管领导在听取群众意见后，提出考核等次建议，由本机关负责人或者授权的考核委员会确定考核等次。

领导成员的考核由主管机关按照有关规定办理。

第三十八条　【定期考核的结果】定期考核的结果分为优秀、称职、基本称职和不称职四个等次。

定期考核的结果应当以书面形式通知公务员本人。

第三十九条　【定期考核结果的作用】定期考核的结果作为调整公务员职位、职务、职级、级别、工资以及公务员奖励、培训、辞退的依据。

第六章　职务、职级任免

第四十条　【任职方式】公务员领导职务实行选任制、委任制和聘任制。公务员职级实行委任制和聘任制。

领导成员职务按照国家规定实行任期制。

第四十一条　【选任制公务员任免】选任制公务员在选举结果生效时即任当选职务；任期届满不再连任或者任期内辞职、被罢免、被撤职的，其所任职务即告终止。

第四十二条　【委任制公务员任免】委任制公务员试用期满考核合格，职务、职级发生变化，以及其他情形需要任免职务、职级的，应当按照管理权限和规定的程序任免。

第四十三条　【任职前提】公务员任职应当在规定的编制限额和职数内进行，并有相应的职位空缺。

第四十四条　【公务员兼职】公务员因工作需要在机关外兼职，应当经有关机关批准，并不得领取兼职报酬。

第七章　职务、职级升降

第四十五条　【领导职务晋升的条件和方式】公务员晋升领导职务，应当具备拟任职务所要求的政治素质、工作能力、文化程度和任职经历等方面的条件和资格。

公务员领导职务应当逐级晋升。特别优秀的或者工作特殊需要的，可以按照规定破格或者越级晋升。

第四十六条　【领导职务晋升的程序】公务员晋升领导职务，按照下列程序办理：

（一）动议；

（二）民主推荐；

（三）确定考察对象，组织考察；

（四）按照管理权限讨论决定；

（五）履行任职手续。

第四十七条　【职务空缺时任职人选产生方式】厅局级正职以下领导职务出现空缺且本机关没有合适人选的，可以通过适当方式面向社会选拔任职人选。

第四十八条　【领导职务任前公示和任职试用期】公务员晋升领导职务的，应当按照有关规定实行任职前公示制度和任职试用期制度。

第四十九条　【逐级晋升】公务员职级应当逐级晋升，根据个人德才表现、工作实绩和任职资历，参考民主推荐或者民主测评结果确定人选，经公示后，按照管理权限审批。

第五十条　【降职】公务员的职务、职级实行能上能下。对不适宜或者不胜任现任职务、职级的，应当进行调整。

公务员在年度考核中被确定为不称职的，按照规定程序降低一个职务或者职级层次任职。

第八章　奖　励

第五十一条　【奖励的条件和方式】对工作表现突出，有显著成绩和贡献，或者有其他突出事迹的公务员或者公务员集体，给予奖励。奖励坚持定期奖励与及时奖励相结合，精神奖励与物质奖励相结合、以精神奖励为主的原则。

公务员集体的奖励适用于按照编制序列设置的机构或者为完成专项任务组成的工作集体。

第五十二条　【应予奖励的情形】公务员或者公务员集体有下列情形之一的，给予奖励：

（一）忠于职守，积极工作，勇于担当，工作实绩显著的；

（二）遵纪守法，廉洁奉公，作风正派，办事公道，模范作用突出的；

（三）在工作中有发明创造或者提出合理化建议，取得显著经济效益或者社会效益的；

（四）为增进民族团结，维护社会稳定做出突出贡献的；

（五）爱护公共财产，节约国家资财有突出成绩的；

（六）防止或者消除事故有功，使国家和人民群众利益免受或者减少损失的；

（七）在抢险、救灾等特定环境中做出突出贡献的；

（八）同违纪违法行为作斗争有功绩的；

（九）在对外交往中为国家争得荣誉和利益的；

（十）有其他突出功绩的。

第五十三条 【奖励的种类】奖励分为:嘉奖、记三等功、记二等功、记一等功、授予称号。

对受奖励的公务员或者公务员集体予以表彰,并对受奖励的个人给予一次性奖金或者其他待遇。

第五十四条 【奖励的程序】给予公务员或者公务员集体奖励,按照规定的权限和程序决定或者审批。

第五十五条 【重大工作的奖励】按照国家规定,可以向参与特定时期、特定领域重大工作的公务员颁发纪念证书或者纪念章。

第五十六条 【撤销奖励的情形】公务员或者公务员集体有下列情形之一的,撤销奖励:

(一)弄虚作假,骗取奖励的;

(二)申报奖励时隐瞒严重错误或者严重违反规定程序的;

(三)有严重违纪违法等行为,影响称号声誉的;

(四)有法律、法规规定应当撤销奖励的其他情形的。

第九章 监督与惩戒

第五十七条 【日常管理监督制度】机关应当对公务员的思想政治、履行职责、作风表现、遵纪守法等情况进行监督,开展勤政廉政教育,建立日常管理监督制度。

对公务员监督发现问题的,应当区分不同情况,予以谈话提醒、批评教育、责令检查、诫勉、组织调整、处分。

对公务员涉嫌职务违法和职务犯罪的,应当依法移送监察机关处理。

第五十八条 【请示报告】公务员应当自觉接受监督,按照规定请示报告工作、报告个人有关事项。

第五十九条 【违纪行为】公务员应当遵纪守法,不得有下列行为:

(一)散布有损宪法权威、中国共产党和国家声誉的言论,组织或者参加旨在反对宪法、中国共产党领导和国家的集会、游行、示威等活动;

(二)组织或者参加非法组织,组织或者参加罢工;

(三)挑拨、破坏民族关系,参加民族分裂活动或者组织,利用宗教活动破坏民族团结和社会稳定;

(四)不担当,不作为,玩忽职守,贻误工作;

(五)拒绝执行上级依法作出的决定和命令;

(六)对批评、申诉、控告、检举进行压制或者打击报复;

(七)弄虚作假,误导、欺骗领导和公众;

(八)贪污贿赂,利用职务之便为自己或者他人谋取私利;

(九)违反财经纪律,浪费国家资财;

(十)滥用职权,侵害公民、法人或者其他组织的合法权益;

(十一)泄露国家秘密或者工作秘密;

(十二)在对外交往中损害国家荣誉和利益;

(十三)参与或者支持色情、吸毒、赌博、迷信等活动;

(十四)违反职业道德、社会公德和家庭美德;

(十五)违反有关规定参与禁止的网络传播行为或者网络活动;

(十六)违反有关规定从事或者参与营利性活动,在企业或者其他营利性组织中兼任职务;

(十七)旷工或者因公外出、请假期满无正当理由逾期不归;

(十八)违纪违法的其他行为。

第六十条 【对上级决定或命令有异议时的处理】公务员执行公务时,认为上级的决定或者命令有错误的,可以向上级提出改正或者撤销该决定或者命令的意见;上级不改变该决定或者命令,或者要求立即执行的,公务员应当执行该决定或者命令,执行的后果由上级负责,公务员不承担责任;但是,公务员执行明显违法的决定或者命令的,应当依法承担相应的责任。

第六十一条 【处分的实施】公务员因违纪违法应当承担纪律责任的,依照本法给予处分或者由监察机关依法给予政务处分;违纪违法行为情节轻微,经批评教育后改正的,可以免予处分。

对同一违纪违法行为,监察机关已经作出政务处分决定的,公务员所在机关不再给予处分。

第六十二条 【处分种类】处分分为:警告、记过、记大过、降级、撤职、开除。

第六十三条 【处分程序】对公务员的处分,应当事实清楚、证据确凿、定性准确、处理恰当、程序合法、手续完备。

公务员违纪违法的,应当由处分决定机关决定对公务员违纪违法的情况进行调查,并将调查认定的事实以及拟给予处分的依据告知公务员本人。公务员有权进行陈述和申辩;处分决定机关不得因公务员申辩而加重处分。

处分决定机关认为对公务员应当给予处分的,应当在规定的期限内,按照管理权限和规定的程序作出处分决定。处分决定应当以书面形式通知公务员本人。

第六十四条 【处分的后果和期间】公务员在受处分期间不得晋升职务、职级和级别,其中受记过、记大过、降级、撤职处分的,不得晋升工资档次。

受处分的期间为：警告，六个月；记过，十二个月；记大过，十八个月；降级、撤职，二十四个月。

受撤职处分的，按照规定降低级别。

第六十五条　【处分的解除】公务员受开除以外的处分，在受处分期间有悔改表现，并且没有再发生违纪违法行为的，处分期满后自动解除。

解除处分后，晋升工资档次、级别和职务、职级不再受原处分的影响。但是，解除降级、撤职处分的，不视为恢复原级别、原职务、原职级。

第十章　培　训

第六十六条　【培训方式和机构】机关根据公务员工作职责的要求和提高公务员素质的需要，对公务员进行分类分级培训。

国家建立专门的公务员培训机构。机关根据需要也可以委托其他培训机构承担公务员培训任务。

第六十七条　【培训种类】机关对新录用人员应当在试用期内进行初任培训；对晋升领导职务的公务员应当在任职前或者任职后一年内进行任职培训；对从事专项工作的公务员应当进行专门业务培训；对全体公务员应当进行提高政治素质和工作能力、更新知识的在职培训，其中对专业技术类公务员应当进行专业技术培训。

国家有计划地加强对优秀年轻公务员的培训。

第六十八条　【培训的管理、时间和结果】公务员的培训实行登记管理。

公务员参加培训的时间由公务员主管部门按照本法第六十七条规定的培训要求予以确定。

公务员培训情况、学习成绩作为公务员考核的内容和任职、晋升的依据之一。

第十一章　交流与回避

第六十九条　【公务员交流制度】国家实行公务员交流制度。

公务员可以在公务员和参照本法管理的工作人员队伍内部交流，也可以与国有企业和不参照本法管理的事业单位中从事公务的人员交流。

交流的方式包括调任、转任。

第七十条　【调任】国有企业、高等院校和科研院所以及其他不参照本法管理的事业单位中从事公务的人员，可以调入机关担任领导职务或者四级调研员以上及其他相当层次的职级。

调任人选应当具备本法第十三条规定的条件和拟任职位所要求的资格条件，并不得有本法第二十六条规定的情形。调任机关应当根据上述规定，对调任人选进行严格考察，并按照管理权限审批，必要时可以对调任人选进行考试。

第七十一条　【转任】公务员在不同职位之间转任应当具备拟任职位所要求的资格条件，在规定的编制限额和职数内进行。

对省部级正职以下的领导成员应当有计划、有重点地实行跨地区、跨部门转任。

对担任机关内设机构领导职务和其他工作性质特殊的公务员，应当有计划地在本机关内转任。

上级机关应当注重从基层机关公开遴选公务员。

第七十二条　【挂职】根据工作需要，机关可以采取挂职方式选派公务员承担重大工程、重大项目、重点任务或者其他专项工作。

公务员在挂职期间，不改变与原机关的人事关系。

第七十三条　【服从交流决定】公务员应当服从机关的交流决定。

公务员本人申请交流的，按照管理权限审批。

第七十四条　【任职回避】公务员之间有夫妻关系、直系血亲关系、三代以内旁系血亲关系以及近姻亲关系的，不得在同一机关双方直接隶属同一领导人员的职位或者有直接上下级领导关系的职位工作，也不得在其中一方担任领导职务的机关从事组织、人事、纪检、监察、审计和财务工作。

公务员不得在其配偶、子女及其配偶经营的企业、营利性组织的行业监管或者主管部门担任领导成员。

因地域或者工作性质特殊，需要变通执行任职回避的，由省级以上公务员主管部门规定。

第七十五条　【地域回避】公务员担任乡级机关、县级机关、设区的市级机关及其有关部门主要领导职务的，应当按照有关规定实行地域回避。

第七十六条　【公务回避】公务员执行公务时，有下列情形之一的，应当回避：

（一）涉及本人利害关系的；

（二）涉及与本人有本法第七十四条第一款所列亲属关系人员的利害关系的；

（三）其他可能影响公正执行公务的。

第七十七条　【回避的程序】公务员有应当回避情形的，本人应当申请回避；利害关系人有权申请公务员回避。其他人员可以向机关提供公务员需要回避的情况。

机关根据公务员本人或者利害关系人的申请，经审查后作出是否回避的决定，也可以不经申请直接作出回避决定。

第七十八条 【关于回避的其他法律规定】法律对公务员回避另有规定的，从其规定。

第十二章 工资、福利与保险

第七十九条 【工资制度】公务员实行国家统一规定的工资制度。

公务员工资制度贯彻按劳分配的原则，体现工作职责、工作能力、工作实绩、资历等因素，保持不同领导职务、职级、级别之间的合理工资差距。

国家建立公务员工资的正常增长机制。

第八十条 【工资构成】公务员工资包括基本工资、津贴、补贴和奖金。

公务员按照国家规定享受地区附加津贴、艰苦边远地区津贴、岗位津贴等津贴。

公务员按照国家规定享受住房、医疗等补贴、补助。

公务员在定期考核中被确定为优秀、称职的，按照国家规定享受年终奖金。

公务员工资应当按时足额发放。

第八十一条 【工资水平的确定】公务员的工资水平应当与国民经济发展相协调、与社会进步相适应。

国家实行工资调查制度，定期进行公务员和企业相当人员工资水平的调查比较，并将工资调查比较结果作为调整公务员工资水平的依据。

第八十二条 【福利待遇】公务员按照国家规定享受福利待遇。国家根据经济社会发展水平提高公务员的福利待遇。

公务员执行国家规定的工时制度，按照国家规定享受休假。公务员在法定工作日之外加班的，应当给予相应的补休，不能补休的按照国家规定给予补助。

第八十三条 【保险和抚恤优待】公务员依法参加社会保险，按照国家规定享受保险待遇。

公务员因公牺牲或者病故的，其亲属享受国家规定的抚恤和优待。

第八十四条 【工资福利保险待遇的法律保障】任何机关不得违反国家规定自行更改公务员工资、福利、保险政策，擅自提高或者降低公务员的工资、福利、保险待遇。任何机关不得扣减或者拖欠公务员的工资。

第十三章 辞职与辞退

第八十五条 【辞职程序】公务员辞去公职，应当向任免机关提出书面申请。任免机关应当自接到申请之日起三十日内予以审批，其中对领导成员辞去公职的申请，应当自接到申请之日起九十日内予以审批。

第八十六条 【不得辞职的情形】公务员有下列情形之一的，不得辞去公职：

（一）未满国家规定的最低服务年限的；

（二）在涉及国家秘密等特殊职位任职或者离开上述职位不满国家规定的脱密期限的；

（三）重要公务尚未处理完毕，且须由本人继续处理的；

（四）正在接受审计、纪律审查、监察调查，或者涉嫌犯罪，司法程序尚未终结的；

（五）法律、行政法规规定的其他不得辞去公职的情形。

第八十七条 【领导成员的辞职】担任领导职务的公务员，因工作变动依照法律规定需要辞去现任职务的，应当履行辞职手续。

担任领导职务的公务员，因个人或者其他原因，可以自愿提出辞去领导职务。

领导成员因工作严重失误、失职造成重大损失或者恶劣社会影响的，或者对重大事故负有领导责任的，应当引咎辞去领导职务。

领导成员因其他原因不再适合担任现任领导职务的，或者应当引咎辞职本人不提出辞职的，应当责令其辞去领导职务。

第八十八条 【应予辞退的情形】公务员有下列情形之一的，予以辞退：

（一）在年度考核中，连续两年被确定为不称职的；

（二）不胜任现职工作，又不接受其他安排的；

（三）因所在机关调整、撤销、合并或者缩减编制员额需要调整工作，本人拒绝合理安排的；

（四）不履行公务员义务，不遵守法律和公务员纪律，经教育仍无转变，不适合继续在机关工作，又不宜给予开除处分的；

（五）旷工或者因公外出、请假期满无正当理由逾期不归连续超过十五天，或者一年内累计超过三十天的。

第八十九条 【不得辞退的情形】对有下列情形之一的公务员，不得辞退：

（一）因公致残，被确认丧失或者部分丧失工作能力的；

（二）患病或者负伤，在规定的医疗期内的；

（三）女性公务员在孕期、产假、哺乳期内的；

（四）法律、行政法规规定的其他不得辞退的情形。

第九十条 【辞退程序及待遇】辞退公务员,按照管理权限决定。辞退决定应当以书面形式通知被辞退的公务员,并应当告知辞退依据和理由。

被辞退的公务员,可以领取辞退费或者根据国家有关规定享受失业保险。

第九十一条 【离职前的义务】公务员辞职或者被辞退,离职前应当办理公务交接手续,必要时按照规定接受审计。

第十四章 退 休

第九十二条 【退休条件】公务员达到国家规定的退休年龄或者完全丧失工作能力的,应当退休。

第九十三条 【提前退休的条件】公务员符合下列条件之一的,本人自愿提出申请,经任免机关批准,可以提前退休:

(一)工作年限满三十年的;

(二)距国家规定的退休年龄不足五年,且工作年限满二十年的;

(三)符合国家规定的可以提前退休的其他情形的。

第九十四条 【退休待遇】公务员退休后,享受国家规定的养老金和其他待遇,国家为其生活和健康提供必要的服务和帮助,鼓励发挥个人专长,参与社会发展。

第十五章 申诉与控告

第九十五条 【申请复核权和申诉权】公务员对涉及本人的下列人事处理不服的,可以自知道该人事处理之日起三十日内向原处理机关申请复核;对复核结果不服的,可以自接到复核决定之日起十五日内,按照规定向同级公务员主管部门或者作出该人事处理的机关的上一级机关提出申诉;也可以不经复核,自知道该人事处理之日起三十日内直接提出申诉:

(一)处分;

(二)辞退或者取消录用;

(三)降职;

(四)定期考核定为不称职;

(五)免职;

(六)申请辞职、提前退休未予批准;

(七)不按照规定确定或者扣减工资、福利、保险待遇;

(八)法律、法规规定可以申诉的其他情形。

对省级以下机关作出的申诉处理决定不服的,可以向作出处理决定的上一级机关提出再申诉。

受理公务员申诉的机关应当组成公务员申诉公正委员会,负责受理和审理公务员的申诉案件。

公务员对监察机关作出的涉及本人的处理决定不服,向监察机关申请复审、复核的,按照有关规定办理。

第九十六条 【复核申请、申诉的处理期限】原处理机关应当自接到复核申请书后的三十日内作出复核决定,并以书面形式告知申请人。受理公务员申诉的机关应当自受理之日起六十日内作出处理决定;案情复杂的,可以适当延长,但是延长时间不得超过三十日。

复核、申诉期间不停止人事处理的执行。

公务员不因申请复核、提出申诉而被加重处理。

第九十七条 【错误处理的纠正】公务员申诉的受理机关审查认定人事处理有错误的,原处理机关应当及时予以纠正。

第九十八条 【对侵权行为的控告】公务员认为机关及其领导人员侵犯其合法权益的,可以依法向上级机关或者监察机关提出控告。受理控告的机关应当按照规定及时处理。

第九十九条 【对申诉、控告的限制】公务员提出申诉、控告,应当尊重事实,不得捏造事实,诬告、陷害他人。对捏造事实,诬告、陷害他人的,依法追究法律责任。

第十六章 职位聘任

第一百条 【聘任条件】机关根据工作需要,经省级以上公务员主管部门批准,可以对专业性较强的职位和辅助性职位实行聘任制。

前款所列职位涉及国家秘密的,不实行聘任制。

第一百零一条 【聘任方式】机关聘任公务员可以参照公务员考试录用的程序进行公开招聘,也可以从符合条件的人员中直接选聘。

机关聘任公务员应当在规定的编制限额和工资经费限额内进行。

第一百零二条 【聘任合同】机关聘任公务员,应当按照平等自愿、协商一致的原则,签订书面的聘任合同,确定机关与所聘公务员双方的权利、义务。聘任合同经双方协商一致可以变更或者解除。

聘任合同的签订、变更或者解除,应当报同级公务员主管部门备案。

第一百零三条 【聘任合同内容】聘任合同应当具备合同期限,职位及其职责要求,工资、福利、保险待遇,违约责任等条款。

聘任合同期限为一年至五年。聘任合同可以约定试用期,试用期为一个月至十二个月。

聘任制公务员实行协议工资制,具体办法由中央公务员主管部门规定。

第一百零四条 【聘任公务员管理依据】机关依据本法和聘任合同对所聘公务员进行管理。

第一百零五条 【人事争议仲裁】聘任制公务员与所在机关之间因履行聘任合同发生争议的，可以自争议发生之日起六十日内申请仲裁。

省级以上公务员主管部门根据需要设立人事争议仲裁委员会，受理仲裁申请。人事争议仲裁委员会由公务员主管部门的代表、聘用机关的代表、聘任制公务员的代表以及法律专家组成。

当事人对仲裁裁决不服的，可以自接到仲裁裁决书之日起十五日内向人民法院提起诉讼。仲裁裁决生效后，一方当事人不履行的，另一方当事人可以申请人民法院执行。

第十七章 法律责任

第一百零六条 【违反本法规定的行为及法律责任】对有下列违反本法规定情形的，由县级以上领导机关或者公务员主管部门按照管理权限，区别不同情况，分别予以责令纠正或者宣布无效；对负有责任的领导人员和直接责任人员，根据情节轻重，给予批评教育、责令检查、诫勉、组织调整、处分；构成犯罪的，依法追究刑事责任：

（一）不按照编制限额、职数或者任职资格条件进行公务员录用、调任、转任、聘任和晋升的；

（二）不按照规定条件进行公务员奖惩、回避和办理退休的；

（三）不按照规定程序进行公务员录用、调任、转任、聘任、晋升以及考核、奖惩的；

（四）违反国家规定，更改公务员工资、福利、保险待遇标准的；

（五）在录用、公开遴选等工作中发生泄露试题、违反考场纪律以及其他严重影响公开、公正行为的；

（六）不按照规定受理和处理公务员申诉、控告的；

（七）违反本法规定的其他情形的。

第一百零七条 【离职后的执业禁止】公务员辞去公职或者退休的，原系领导成员、县处级以上领导职务的公务员在离职三年内，其他公务员在离职两年内，不得到与原工作业务直接相关的企业或者其他营利性组织任职，不得从事与原工作业务直接相关的营利性活动。

公务员辞去公职或者退休后有违反前款规定行为的，由其原所在机关的同级公务员主管部门责令限期改正；逾期不改正的，由县级以上市场监管部门没收该人员从业期间的违法所得，责令接收单位将该人员予以清退，并根据情节轻重，对接收单位处以被处罚人员违法所得一倍以上五倍以下的罚款。

第一百零八条 【公务员主管部门工作人员违反规定的处理】公务员主管部门的工作人员，违反本法规定，滥用职权、玩忽职守、徇私舞弊，构成犯罪的，依法追究刑事责任；尚不构成犯罪的，给予处分或者由监察机关依法给予政务处分。

第一百零九条 【公务员录用、聘任工作中违反规定的处理】在公务员录用、聘任等工作中，有隐瞒真实信息、弄虚作假、考试作弊、扰乱考试秩序等行为的，由公务员主管部门根据情节作出考试成绩无效、取消资格、限制报考等处理；情节严重的，依法追究法律责任。

第一百一十条 【机关对公务员造成损害的责任承担】机关因错误的人事处理对公务员造成名誉损害的，应当赔礼道歉、恢复名誉、消除影响；造成经济损失的，应当依法给予赔偿。

第十八章 附 则

第一百一十一条 【领导成员的定义】本法所称领导成员，是指机关的领导人员，不包括机关内设机构担任领导职务的人员。

第一百一十二条 【参照本法管理的其他人员】法律、法规授权的具有公共事务管理职能的事业单位中除工勤人员以外的工作人员，经批准参照本法进行管理。

第一百一十三条 【实施日期】本法自 2019 年 6 月 1 日起施行。

中华人民共和国国际刑事司法协助法

· 2018 年 10 月 26 日第十三届全国人民代表大会常务委员会第六次会议通过
· 2018 年 10 月 26 日中华人民共和国主席令第 13 号公布
· 自公布之日起施行

第一章 总 则

第一条 为了保障国际刑事司法协助的正常进行，加强刑事司法领域的国际合作，有效惩治犯罪，保护个人和组织的合法权益，维护国家利益和社会秩序，制定本法。

第二条 本法所称国际刑事司法协助，是指中华人民共和国和外国在刑事案件调查、侦查、起诉、审判和执行等活动中相互提供协助，包括送达文书，调查取证，安排人作证或者协助调查，查封、扣押、冻结涉案财物，没收、返还违法所得及其他涉案财物，移管被判刑人以及其他协助。

第三条 中华人民共和国和外国之间开展刑事司法协助,依照本法进行。

执行外国提出的刑事司法协助请求,适用本法、刑事诉讼法及其他相关法律的规定。

对于请求书的签署机关、请求书及所附材料的语言文字、有关办理期限和具体程序等事项,在不违反中华人民共和国法律的基本原则的情况下,可以按照刑事司法协助条约规定或者双方协商办理。

第四条 中华人民共和国和外国按照平等互惠原则开展国际刑事司法协助。

国际刑事司法协助不得损害中华人民共和国的主权、安全和社会公共利益,不得违反中华人民共和国法律的基本原则。

非经中华人民共和国主管机关同意,外国机构、组织和个人不得在中华人民共和国境内进行本法规定的刑事诉讼活动,中华人民共和国境内的机构、组织和个人不得向外国提供证据材料和本法规定的协助。

第五条 中华人民共和国和外国之间开展刑事司法协助,通过对外联系机关联系。

中华人民共和国司法部等对外联系机关负责提出、接收和转递刑事司法协助请求,处理其他与国际刑事司法协助相关的事务。

中华人民共和国和外国之间没有刑事司法协助条约的,通过外交途径联系。

第六条 国家监察委员会、最高人民法院、最高人民检察院、公安部、国家安全部等部门是开展国际刑事司法协助的主管机关,按照职责分工,审核向外国提出的刑事司法协助请求,审查处理对外联系机关转递的外国提出的刑事司法协助请求,承担其他与国际刑事司法协助相关的工作。在移管被判刑人案件中,司法部按照职责分工,承担相应的主管机关职责。

办理刑事司法协助相关案件的机关是国际刑事司法协助的办案机关,负责向所属主管机关提交需要向外国提出的刑事司法协助请求、执行所属主管机关交办的外国提出的刑事司法协助请求。

第七条 国家保障开展国际刑事司法协助所需经费。

第八条 中华人民共和国和外国相互执行刑事司法协助请求产生的费用,有条约规定的,按照条约承担;没有条约或者条约没有规定的,按照平等互惠原则通过协商解决。

第二章 刑事司法协助请求的提出、接收和处理

第一节 向外国请求刑事司法协助

第九条 办案机关需要向外国请求刑事司法协助的,应当制作刑事司法协助请求书并附相关材料,经所属主管机关审核同意后,由对外联系机关及时向外国提出请求。

第十条 向外国的刑事司法协助请求书,应当依照刑事司法协助条约的规定提出;没有条约或者条约没有规定的,可以参照本法第十三条的规定提出;被请求国有特殊要求的,在不违反中华人民共和国法律的基本原则的情况下,可以按照被请求国的特殊要求提出。

请求书及所附材料应当以中文制作,并附有被请求国官方文字的译文。

第十一条 被请求国就执行刑事司法协助请求提出附加条件,不损害中华人民共和国的主权、安全和社会公共利益的,可以由外交部作出承诺。被请求国明确表示对外联系机关作出的承诺充分有效的,也可以由对外联系机关作出承诺。对于限制追诉的承诺,由最高人民检察院决定;对于量刑的承诺,由最高人民法院决定。

在对涉案人员追究刑事责任时,有关机关应当受所作出的承诺的约束。

第十二条 对外联系机关收到外国的有关通知或者执行结果后,应当及时转交或者转告有关主管机关。

外国就其提供刑事司法协助的案件要求通报诉讼结果的,对外联系机关转交有关主管机关办理。

第二节 向中华人民共和国请求刑事司法协助

第十三条 外国向中华人民共和国提出刑事司法协助请求的,应当依照刑事司法协助条约的规定提出请求书。没有条约或者条约没有规定的,应当在请求书中载明下列事项并附相关材料:

(一)请求机关的名称;
(二)案件性质、涉案人员基本信息及犯罪事实;
(三)本案适用的法律规定;
(四)请求的事项和目的;
(五)请求的事项与案件之间的关联性;
(六)希望请求得以执行的期限;
(七)其他必要的信息或者附加的要求。

在没有刑事司法协助条约的情况下,请求国应当作出互惠的承诺。

请求书及所附材料应当附有中文译文。

第十四条 外国向中华人民共和国提出的刑事司法

协助请求,有下列情形之一的,可以拒绝提供协助:

(一)根据中华人民共和国法律,请求针对的行为不构成犯罪;

(二)在收到请求时,在中华人民共和国境内对于请求针对的犯罪正在进行调查、侦查、起诉、审判,已经作出生效判决,终止刑事诉讼程序,或者犯罪已过追诉时效期限;

(三)请求针对的犯罪属于政治犯罪;

(四)请求针对的犯罪纯属军事犯罪;

(五)请求的目的是基于种族、民族、宗教、国籍、性别、政治见解或者身份等方面的原因而进行调查、侦查、起诉、审判、执行刑罚,或者当事人可能由于上述原因受到不公正待遇;

(六)请求的事项与请求协助的案件之间缺乏实质性联系;

(七)其他可以拒绝的情形。

第十五条 对外联系机关收到外国提出的刑事司法协助请求,应当对请求书及所附材料进行审查。对于请求书形式和内容符合要求的,应当按照职责分工,将请求书及所附材料转交有关主管机关处理;对于请求书形式和内容不符合要求的,可以要求请求国补充材料或者重新提出请求。

对于刑事司法协助请求明显损害中华人民共和国的主权、安全和社会公共利益的,对外联系机关可以直接拒绝协助。

第十六条 主管机关收到对外联系机关转交的刑事司法协助请求书及所附材料后,应当进行审查,并分别作出以下处理:

(一)根据本法和刑事司法协助条约的规定认为可以协助执行的,作出决定并安排有关办案机关执行;

(二)根据本法第四条、第十四条或者刑事司法协助条约的规定,认为应当全部或者部分拒绝协助的,将请求书及所附材料退回对外联系机关并说明理由;

(三)对执行请求有保密要求或者有其他附加条件的,通过对外联系机关向外国提出,在外国接受条件并且作出书面保证后,决定附条件执行;

(四)需要补充材料的,书面通知对外联系机关要求请求国在合理期限内提供。

执行请求可能妨碍中华人民共和国有关机关正在进行的调查、侦查、起诉或者执行的,主管机关可以决定推迟协助,并将推迟协助的决定和理由书面通知对外联系机关。

外国对执行其请求有保密要求或者特殊程序要求的,在不违反中华人民共和国法律的基本原则的情况下,主管机关可以按照其要求安排执行。

第十七条 办案机关收到主管机关交办的外国刑事司法协助请求后,应当依法执行,并将执行结果或者妨碍执行的情形及时报告主管机关。

办案机关在执行请求过程中,应当维护当事人和其他相关人员的合法权益,保护个人信息。

第十八条 外国请求将通过刑事司法协助取得的证据材料用于请求针对的案件以外的其他目的的,对外联系机关应当转交主管机关,由主管机关作出是否同意的决定。

第十九条 对外联系机关收到主管机关的有关通知或者执行结果后,应当及时转交或者转告请求国。

对于中华人民共和国提供刑事司法协助的案件,主管机关可以通过对外联系机关要求外国通报诉讼结果。

外国通报诉讼结果的,对外联系机关收到相关材料后,应当及时转交或者转告主管机关,涉及对中华人民共和国公民提起刑事诉讼的,还应当通知外交部。

第三章 送达文书

第一节 向外国请求送达文书

第二十条 办案机关需要外国协助送达传票、通知书、起诉书、判决书和其他司法文书的,应当制作刑事司法协助请求书并附相关材料,经所属主管机关审核同意后,由对外联系机关及时向外国提出请求。

第二十一条 向外国请求送达文书的,请求书应当载明受送达人的姓名或者名称、送达的地址以及需要告知受送达人的相关权利和义务。

第二节 向中华人民共和国请求送达文书

第二十二条 外国可以请求中华人民共和国协助送达传票、通知书、起诉书、判决书和其他司法文书。中华人民共和国协助送达司法文书,不代表对外国司法文书法律效力的承认。

请求协助送达出庭传票的,应当按照有关条约规定的期限提出。没有条约或者条约没有规定的,应当至迟在开庭前三个月提出。

对于要求中华人民共和国公民接受讯问或者作为被告人出庭的传票,中华人民共和国不负有协助送达的义务。

第二十三条 外国向中华人民共和国请求送达文书的,请求书应当载明受送达人的姓名或者名称、送达的地址以及需要告知受送达人的相关权利和义务。

第二十四条 负责执行协助送达文书的人民法院或者其他办案机关,应当及时将执行结果通过所属主管机关告知对外联系机关,由对外联系机关告知请求国。除无法送达的情形外,应当附有受送达人签收的送达回执或者其他证明文件。

第四章 调查取证

第一节 向外国请求调查取证

第二十五条 办案机关需要外国就下列事项协助调查取证的,应当制作刑事司法协助请求书并附相关材料,经所属主管机关审核同意后,由对外联系机关及时向外国提出请求:

(一)查找、辨认有关人员;
(二)查询、核实涉案财物、金融账户信息;
(三)获取并提供有关人员的证言或者陈述;
(四)获取并提供有关文件、记录、电子数据和物品;
(五)获取并提供鉴定意见;
(六)勘验或者检查场所、物品、人身、尸体;
(七)搜查人身、物品、住所和其他有关场所;
(八)其他事项。

请求外国协助调查取证时,办案机关可以同时请求在执行请求时派员到场。

第二十六条 向外国请求调查取证的,请求书及所附材料应当根据需要载明下列事项:

(一)被调查人的姓名、性别、住址、身份信息、联系方式和有助于确认被调查人的其他资料;
(二)需要向被调查人提问的问题;
(三)需要查找、辨认人员的姓名、性别、住址、身份信息、联系方式、外表和行为特征以及有助于查找、辨认的其他资料;
(四)需要查询、核实的涉案财物的权属、地点、特性、外形和数量等具体信息,需要查询、核实的金融账户相关信息;
(五)需要获取的有关文件、记录、电子数据和物品的持有人、地点、特性、外形和数量等具体信息;
(六)需要鉴定的对象的具体信息;
(七)需要勘验或者检查的场所、物品等的具体信息;
(八)需要搜查的对象的具体信息;
(九)有助于执行请求的其他材料。

第二十七条 被请求国要求归还其提供的证据材料或者物品的,办案机关应当尽快通过对外联系机关归还。

第二节 向中华人民共和国请求调查取证

第二十八条 外国可以请求中华人民共和国就本法第二十五条第一款规定的事项协助调查取证。

外国向中华人民共和国请求调查取证的,请求书及所附材料应当根据需要载明本法第二十六条规定的事项。

第二十九条 外国向中华人民共和国请求调查取证时,可以同时请求在执行请求时派员到场。经同意到场的人员应当遵守中华人民共和国法律,服从主管机关和办案机关的安排。

第三十条 办案机关要求请求国保证归还其提供的证据材料或者物品,请求国作出保证的,可以提供。

第五章 安排证人作证或者协助调查

第一节 向外国请求安排证人作证或者协助调查

第三十一条 办案机关需要外国协助安排证人、鉴定人来中华人民共和国作证或者通过视频、音频作证,或者协助调查的,应当制作刑事司法协助请求书并附相关材料,经所属主管机关审核同意后,由对外联系机关及时向外国提出请求。

第三十二条 向外国请求安排证人、鉴定人作证或者协助调查的,请求书及所附材料应当根据需要载明下列事项:

(一)证人、鉴定人的姓名、性别、住址、身份信息、联系方式和有助于确认证人、鉴定人的其他资料;
(二)作证或者协助调查的目的、必要性、时间和地点等;
(三)证人、鉴定人的权利和义务;
(四)对证人、鉴定人的保护措施;
(五)对证人、鉴定人的补助;
(六)有助于执行请求的其他材料。

第三十三条 来中华人民共和国作证或者协助调查的证人、鉴定人在离境前,其入境前实施的犯罪不受追诉;除因入境后实施违法犯罪而被采取强制措施的以外,其人身自由不受限制。

证人、鉴定人在条约规定的期限内或者被通知无需继续停留后十五日内没有离境的,前款规定不再适用,但是由于不可抗力或者其他特殊原因未能离境的除外。

第三十四条 对来中华人民共和国作证或者协助调查的证人、鉴定人,办案机关应当依法给予补助。

第三十五条 来中华人民共和国作证或者协助调查的人员系在押人员的,由对外联系机关会同主管机关与被请求国就移交在押人员的相关事项事先达成协议。

主管机关和办案机关应当遵守协议内容,依法对被移交的人员予以羁押,并在作证或者协助调查结束后及时将其送回被请求国。

第二节 向中华人民共和国请求安排证人作证或者协助调查

第三十六条 外国可以请求中华人民共和国协助安排证人、鉴定人赴外国作证或者通过视频、音频作证,或者协助调查。

外国向中华人民共和国请求安排证人、鉴定人作证或者协助调查的,请求书及所附材料应当根据需要载明本法第三十二条规定的事项。

请求国应当就本法第三十三条第一款规定的内容作出书面保证。

第三十七条 证人、鉴定人书面同意作证或者协助调查的,办案机关应当及时将证人、鉴定人的意愿、要求和条件通过所属主管机关通知对外联系机关,由对外联系机关通知请求国。

安排证人、鉴定人通过视频、音频作证的,主管机关或者办案机关应当派员到场,发现有损害中华人民共和国的主权、安全和社会公共利益以及违反中华人民共和国法律的基本原则的情形的,应当及时制止。

第三十八条 外国请求移交在押人员出国作证或者协助调查,并保证在作证或者协助调查结束后及时将在押人员送回的,对外联系机关应当征求主管机关和在押人员的意见。主管机关和在押人员均同意出国作证或者协助调查的,由对外联系机关会同主管机关与请求国就移交在押人员的相关事项事先达成协议。

在押人员在外国被羁押的期限,应当折抵其在中华人民共和国被判处的刑期。

第六章 查封、扣押、冻结涉案财物

第一节 向外国请求查封、扣押、冻结涉案财物

第三十九条 办案机关需要外国协助查封、扣押、冻结涉案财物的,应当制作刑事司法协助请求书并附相关材料,经所属主管机关审核同意后,由对外联系机关及时向外国提出请求。

外国对于协助执行中华人民共和国查封、扣押、冻结涉案财物的请求有特殊要求的,在不违反中华人民共和国法律的基本原则的情况下,可以同意。需要由司法机关作出决定的,由人民法院作出。

第四十条 向外国请求查封、扣押、冻结涉案财物的,请求书及所附材料应当根据需要载明下列事项:

(一)需要查封、扣押、冻结的涉案财物的权属证明、名称、特性、外形和数量等;

(二)需要查封、扣押、冻结的涉案财物的地点。资金或者其他金融资产存放在金融机构中的,应当载明金融机构的名称、地址和账户信息;

(三)相关法律文书的副本;

(四)有关查封、扣押、冻结以及利害关系人权利保障的法律规定;

(五)有助于执行请求的其他材料。

第四十一条 外国确定的查封、扣押、冻结的期限届满,办案机关需要外国继续查封、扣押、冻结相关涉案财物的,应当再次向外国提出请求。

办案机关决定解除查封、扣押、冻结的,应当及时通知被请求国。

第二节 向中华人民共和国请求查封、扣押、冻结涉案财物

第四十二条 外国可以请求中华人民共和国协助查封、扣押、冻结在中华人民共和国境内的涉案财物。

外国向中华人民共和国请求查封、扣押、冻结涉案财物的,请求书及所附材料应当根据需要载明本法第四十条规定的事项。

第四十三条 主管机关经审查认为符合下列条件的,可以同意查封、扣押、冻结涉案财物,并安排有关办案机关执行:

(一)查封、扣押、冻结符合中华人民共和国法律规定的条件;

(二)查封、扣押、冻结涉案财物与请求国正在进行的刑事案件的调查、侦查、起诉和审判活动相关;

(三)涉案财物可以被查封、扣押、冻结;

(四)执行请求不影响利害关系人的合法权益;

(五)执行请求不影响中华人民共和国有关机关正在进行的调查、侦查、起诉、审判和执行活动。

办案机关应当及时通过主管机关通知对外联系机关,由对外联系机关将查封、扣押、冻结的结果告知请求国。必要时,办案机关可以对被查封、扣押、冻结的涉案财物依法采取措施进行处理。

第四十四条 查封、扣押、冻结的期限届满,外国需要继续查封、扣押、冻结相关涉案财物的,应当再次向对外联系机关提出请求。

外国决定解除查封、扣押、冻结的,对外联系机关应当通过主管机关通知办案机关及时解除。

第四十五条 利害关系人对查封、扣押、冻结有异

议,办案机关经审查认为查封、扣押、冻结不符合本法第四十三条第一款规定的条件的,应当报请主管机关决定解除查封、扣押、冻结并通知对外联系机关,由对外联系机关告知请求国;对案件处理提出异议的,办案机关可以通过所属主管机关转送对外联系机关,由对外联系机关向请求国提出。

第四十六条 由于请求国的原因导致查封、扣押、冻结不当,对利害关系人的合法权益造成损害的,办案机关可以通过对外联系机关要求请求国承担赔偿责任。

第七章 没收、返还违法所得及其他涉案财物

第一节 向外国请求没收、返还违法所得及其他涉案财物

第四十七条 办案机关需要外国协助没收违法所得及其他涉案财物的,应当制作刑事司法协助请求书并附相关材料,经所属主管机关审核同意后,由对外联系机关及时向外国提出请求。

请求外国将违法所得及其他涉案财物返还中华人民共和国或者返还被害人的,可以在向外国提出没收请求时一并提出,也可以单独提出。

外国对于返还被查封、扣押、冻结的违法所得及其他涉案财物有特殊要求的,在不违反中华人民共和国法律的基本原则的情况下,可以同意。需要由司法机关作出决定的,由人民法院作出决定。

第四十八条 向外国请求没收、返还违法所得及其他涉案财物的,请求书及所附材料应当根据需要载明下列事项:

(一)需要没收、返还的违法所得及其他涉案财物的名称、特性、外形和数量等;

(二)需要没收、返还的违法所得及其他涉案财物的地点。资金或者其他金融资产存放在金融机构中的,应当载明金融机构的名称、地址和账户信息;

(三)没收、返还的理由和相关权属证明;

(四)相关法律文书的副本;

(五)有关没收、返还以及利害关系人权利保障的法律规定;

(六)有助于执行请求的其他材料。

第四十九条 外国协助没收、返还违法所得及其他涉案财物的,由对外联系机关会同主管机关就有关财物的移交问题与外国进行协商。

对于请求外国协助没收、返还违法所得及其他涉案财物,外国提出分享请求的,分享的数额或者比例,由对外联系机关会同主管机关与外国协商确定。

第二节 向中华人民共和国请求没收、返还违法所得及其他涉案财物

第五十条 外国可以请求中华人民共和国协助没收、返还违法所得及其他涉案财物。

外国向中华人民共和国请求协助没收、返还违法所得及其他涉案财物的,请求书及所附材料应当根据需要载明本法第四十八条规定的事项。

第五十一条 主管机关经审查认为符合下列条件的,可以同意协助没收违法所得及其他涉案财物,并安排有关办案机关执行:

(一)没收违法所得及其他涉案财物符合中华人民共和国法律规定的条件;

(二)外国充分保障了利害关系人的相关权利;

(三)在中华人民共和国有可供执行的财物;

(四)请求书及所附材料详细描述了请求针对的财物的权属、名称、特性、外形和数量等信息;

(五)没收在请求国不能执行或者不能完全执行;

(六)主管机关认为应当满足的其他条件。

第五十二条 外国请求协助没收违法所得及其他涉案财物,有下列情形之一的,可以拒绝提供协助,并说明理由:

(一)中华人民共和国或者第三国司法机关已经对请求针对的财物作出生效裁判,并且已经执行完毕或者正在执行;

(二)请求针对的财物不存在、已经毁损、灭失、变卖或者已经转移导致无法执行,但请求没收变卖物或者转移后的财物的除外;

(三)请求针对的人员在中华人民共和国境内有尚未清偿的债务或者尚未了结的诉讼;

(四)其他可以拒绝的情形。

第五十三条 外国请求返还违法所得及其他涉案财物,能够提供确实、充分的证据证明,主管机关经审查认为符合中华人民共和国法律规定的条件的,可以同意并安排有关办案机关执行。返还前,办案机关可以扣除执行请求产生的合理费用。

第五十四条 对于外国请求协助没收、返还违法所得及其他涉案财物的,可以由对外联系机关会同主管机关提出分享的请求。分享的数额或者比例,由对外联系机关会同主管机关与外国协商确定。

第八章 移管被判刑人

第一节 向外国移管被判刑人

第五十五条 外国可以向中华人民共和国请求移管

外国籍被判刑人,中华人民共和国可以向外国请求移管外国籍被判刑人。

第五十六条 向外国移管被判刑人应当符合下列条件:

(一)被判刑人是该国国民;

(二)对被判刑人判处刑罚所针对的行为根据该国法律也构成犯罪;

(三)对被判刑人判处刑罚的判决已经发生法律效力;

(四)被判刑人书面同意移管,或者因被判刑人年龄、身体、精神等状况确有必要,经其代理人书面同意移管;

(五)中华人民共和国和该国均同意移管。

有下列情形之一的,可以拒绝移管:

(一)被判刑人被判处死刑缓期执行或者无期徒刑,但请求移管时已经减为有期徒刑的除外;

(二)在请求移管时,被判刑人剩余刑期不足一年;

(三)被判刑人在中华人民共和国境内存在尚未了结的诉讼;

(四)其他不宜移管的情形。

第五十七条 请求向外国移管被判刑人的,请求书及所附材料应当根据需要载明下列事项:

(一)请求机关的名称;

(二)被请求移管的被判刑人的姓名、性别、国籍、身份信息和其他资料;

(三)被判刑人的服刑场所;

(四)请求移管的依据和理由;

(五)被判刑人或者其代理人同意移管的书面声明;

(六)其他事项。

第五十八条 主管机关应当对被判刑人的移管意愿进行核实。外国请求派员对被判刑人的移管意愿进行核实的,主管机关可以作出安排。

第五十九条 外国向中华人民共和国提出移管被判刑人的请求的,或者主管机关认为需要向外国提出移管被判刑人的请求的,主管机关应当会同相关主管部门,作出是否同意外国请求或者向外国提出请求的决定。作出同意外国移管请求的决定后,对外联系机关应当书面通知请求国和被判刑人。

第六十条 移管被判刑人由主管机关指定刑罚执行机关执行。移交被判刑人的时间、地点、方式等执行事项,由主管机关与外国协商确定。

第六十一条 被判刑人移管后对原生效判决提出申诉的,应当向中华人民共和国有管辖权的人民法院提出。人民法院变更或者撤销原生效判决的,应当及时通知外国。

第二节 向中华人民共和国移管被判刑人

第六十二条 中华人民共和国可以向外国请求移管中国籍被判刑人,外国可以请求中华人民共和国移管中国籍被判刑人。移管的具体条件和办理程序,参照本章第一节的有关规定执行。

第六十三条 被判刑人移管回国后,由主管机关指定刑罚执行机关先行关押。

第六十四条 人民检察院应当制作刑罚转换申请书并附相关材料,提请刑罚执行机关所在地的中级人民法院作出刑罚转换裁定。

人民法院应当依据外国法院判决认定的事实,根据刑法规定,作出刑罚转换裁定。对于外国法院判处的刑罚性质和期限符合中华人民共和国法律规定的,按照其判处的刑罚和期限予以转换;对于外国法院判处的刑罚性质和期限不符合中华人民共和国法律规定的,按照下列原则确定刑种、刑期:

(一)转换后的刑罚应当尽可能与外国法院判处的刑罚相一致;

(二)转换后的刑罚在性质上或者刑期上不得重于外国法院判处的刑罚,也不得超过中华人民共和国刑法对同类犯罪所规定的最高刑期;

(三)不得将剥夺自由的刑罚转换为财产刑;

(四)转换后的刑罚不受中华人民共和国刑法对同类犯罪所规定的最低刑期的约束。

被判刑人回国服刑前被羁押的,羁押一日折抵转换后的刑期一日。

人民法院作出的刑罚转换裁定,是终审裁定。

第六十五条 刑罚执行机关根据刑罚转换裁定将移管回国的被判刑人收监执行刑罚。刑罚执行以及减刑、假释、暂予监外执行等,依照中华人民共和国法律办理。

第六十六条 被判刑人移管回国后对外国法院判决的申诉,应当向外国有管辖权的法院提出。

第九章 附 则

第六十七条 中华人民共和国与有关国际组织开展刑事司法协助,参照本法规定。

第六十八条 向中华人民共和国提出的刑事司法协助请求或者应中华人民共和国请求提供的文件和证据材料,按照条约的规定办理公证和认证事宜。没有条约或者条约没有规定的,按照互惠原则办理。

第六十九条 本法所称刑事司法协助条约,是指中华人民共和国与外国缔结或者共同参加的刑事司法协助条约、移管被判刑人条约或者载有刑事司法协助、移管被判刑人条款的其他条约。

第七十条 本法自公布之日起施行。

中华人民共和国政府信息公开条例

- 2007年4月5日中华人民共和国国务院令第492号公布
- 2019年4月3日中华人民共和国国务院令第711号修订
- 自2019年5月15日起施行

第一章 总 则

第一条 为了保障公民、法人和其他组织依法获取政府信息,提高政府工作的透明度,建设法治政府,充分发挥政府信息对人民群众生产、生活和经济社会活动的服务作用,制定本条例。

第二条 本条例所称政府信息,是指行政机关在履行行政管理职能过程中制作或者获取的,以一定形式记录、保存的信息。

第三条 各级人民政府应当加强对政府信息公开工作的组织领导。

国务院办公厅是全国政府信息公开工作的主管部门,负责推进、指导、协调、监督全国的政府信息公开工作。

县级以上地方人民政府办公厅(室)是本行政区域的政府信息公开工作主管部门,负责推进、指导、协调、监督本行政区域的政府信息公开工作。

实行垂直领导的部门的办公厅(室)主管本系统的政府信息公开工作。

第四条 各级人民政府及县级以上人民政府部门应当建立健全本行政机关的政府信息公开工作制度,并指定机构(以下统称政府信息公开工作机构)负责本行政机关政府信息公开的日常工作。

政府信息公开工作机构的具体职能是:

(一)办理本行政机关的政府信息公开事宜;

(二)维护和更新本行政机关公开的政府信息;

(三)组织编制本行政机关的政府信息公开指南、政府信息公开目录和政府信息公开工作年度报告;

(四)组织开展对拟公开政府信息的审查;

(五)本行政机关规定的与政府信息公开有关的其他职能。

第五条 行政机关公开政府信息,应当坚持以公开为常态、不公开为例外,遵循公正、公平、合法、便民的原则。

第六条 行政机关应当及时、准确地公开政府信息。

行政机关发现影响或者可能影响社会稳定、扰乱社会和经济管理秩序的虚假或者不完整信息的,应当发布准确的政府信息予以澄清。

第七条 各级人民政府应当积极推进政府信息公开工作,逐步增加政府信息公开的内容。

第八条 各级人民政府应当加强政府信息资源的规范化、标准化、信息化管理,加强互联网政府信息公开平台建设,推进政府信息公开平台与政务服务平台融合,提高政府信息公开在线办理水平。

第九条 公民、法人和其他组织有权对行政机关的政府信息公开工作进行监督,并提出批评和建议。

第二章 公开的主体和范围

第十条 行政机关制作的政府信息,由制作该政府信息的行政机关负责公开。行政机关从公民、法人和其他组织获取的政府信息,由保存该政府信息的行政机关负责公开;行政机关获取的其他行政机关的政府信息,由制作或者最初获取该政府信息的行政机关负责公开。法律、法规对政府信息公开的权限另有规定的,从其规定。

行政机关设立的派出机构、内设机构依照法律、法规对外以自己名义履行行政管理职能的,可以由该派出机构、内设机构负责与所履行行政管理职能有关的政府信息公开工作。

两个以上行政机关共同制作的政府信息,由牵头制作的行政机关负责公开。

第十一条 行政机关应当建立健全政府信息公开协调机制。行政机关公开政府信息涉及其他机关的,应当与有关机关协商、确认,保证行政机关公开的政府信息准确一致。

行政机关公开政府信息依照法律、行政法规和国家有关规定需要批准的,经批准予以公开。

第十二条 行政机关编制、公布的政府信息公开指南和政府信息公开目录应当及时更新。

政府信息公开指南包括政府信息的分类、编排体系、获取方式和政府信息公开工作机构的名称、办公地址、办公时间、联系电话、传真号码、互联网联系方式等内容。

政府信息公开目录包括政府信息的索引、名称、内容概述、生成日期等内容。

第十三条 除本条例第十四条、第十五条、第十六条规定的政府信息外,政府信息应当公开。

行政机关公开政府信息,采取主动公开和依申请公开的方式。

第十四条 依法确定为国家秘密的政府信息,法律、行政法规禁止公开的政府信息,以及公开后可能危及国家安全、公共安全、经济安全、社会稳定的政府信息,不予公开。

第十五条 涉及商业秘密、个人隐私等公开会对第三方合法权益造成损害的政府信息,行政机关不得公开。但是,第三方同意公开或者行政机关认为不公开会对公共利益造成重大影响的,予以公开。

第十六条 行政机关的内部事务信息,包括人事管理、后勤管理、内部工作流程等方面的信息,可以不予公开。

行政机关在履行行政管理职能过程中形成的讨论记录、过程稿、磋商信函、请示报告等过程性信息以及行政执法案卷信息,可以不予公开。法律、法规、规章规定上述信息应当公开的,从其规定。

第十七条 行政机关应当建立健全政府信息公开审查机制,明确审查的程序和责任。

行政机关应当依照《中华人民共和国保守国家秘密法》以及其他法律、法规和国家有关规定对拟公开的政府信息进行审查。

行政机关不能确定政府信息是否可以公开的,应当依照法律、法规和国家有关规定报有关主管部门或者保密行政管理部门确定。

第十八条 行政机关应当建立健全政府信息管理动态调整机制,对本行政机关不予公开的政府信息进行定期评估审查,对因情势变化可以公开的政府信息应当公开。

第三章 主动公开

第十九条 对涉及公众利益调整、需要公众广泛知晓或者需要公众参与决策的政府信息,行政机关应当主动公开。

第二十条 行政机关应当依照本条例第十九条的规定,主动公开本行政机关的下列政府信息:

(一)行政法规、规章和规范性文件;

(二)机关职能、机构设置、办公地址、办公时间、联系方式、负责人姓名;

(三)国民经济和社会发展规划、专项规划、区域规划及相关政策;

(四)国民经济和社会发展统计信息;

(五)办理行政许可和其他对外管理服务事项的依据、条件、程序以及办理结果;

(六)实施行政处罚、行政强制的依据、条件、程序以及本行政机关认为具有一定社会影响的行政处罚决定;

(七)财政预算、决算信息;

(八)行政事业性收费项目及其依据、标准;

(九)政府集中采购项目的目录、标准及实施情况;

(十)重大建设项目的批准和实施情况;

(十一)扶贫、教育、医疗、社会保障、促进就业等方面的政策、措施及其实施情况;

(十二)突发公共事件的应急预案、预警信息及应对情况;

(十三)环境保护、公共卫生、安全生产、食品药品、产品质量的监督检查情况;

(十四)公务员招考的职位、名额、报考条件等事项以及录用结果;

(十五)法律、法规、规章和国家有关规定规定应当主动公开的其他政府信息。

第二十一条 除本条例第二十条规定的政府信息外,设区的市级、县级人民政府及其部门还应当根据本地方的具体情况,主动公开涉及市政建设、公共服务、公益事业、土地征收、房屋征收、治安管理、社会救助等方面的政府信息;乡(镇)人民政府还应当根据本地方的具体情况,主动公开贯彻落实农业农村政策、农田水利工程建设运营、农村土地承包经营权流转、宅基地使用情况审核、土地征收、房屋征收、筹资筹劳、社会救助等方面的政府信息。

第二十二条 行政机关应当依照本条例第二十条、第二十一条的规定,确定主动公开政府信息的具体内容,并按照上级行政机关的部署,不断增加主动公开的内容。

第二十三条 行政机关应当建立健全政府信息发布机制,将主动公开的政府信息通过政府公报、政府网站或者其他互联网政务媒体、新闻发布会以及报刊、广播、电视等途径予以公开。

第二十四条 各级人民政府应当加强依托政府门户网站公开政府信息的工作,利用统一的政府信息公开平台集中发布主动公开的政府信息。政府信息公开平台应当具备信息检索、查阅、下载等功能。

第二十五条 各级人民政府应当在国家档案馆、公共图书馆、政务服务场所设置政府信息查阅场所,并配备相应的设施、设备,为公民、法人和其他组织获取政府信息提供便利。

行政机关可以根据需要设立公共查阅室、资料索取点、信息公告栏、电子信息屏等场所、设施，公开政府信息。

行政机关应当及时向国家档案馆、公共图书馆提供主动公开的政府信息。

第二十六条　属于主动公开范围的政府信息，应当自该政府信息形成或者变更之日起20个工作日内及时公开。法律、法规对政府信息公开的期限另有规定的，从其规定。

第四章　依申请公开

第二十七条　除行政机关主动公开的政府信息外，公民、法人或者其他组织可以向地方各级人民政府、对外以自己名义履行行政管理职能的县级以上人民政府部门（含本条例第十条第二款规定的派出机构、内设机构）申请获取相关政府信息。

第二十八条　本条例第二十七条规定的行政机关应当建立完善政府信息公开申请渠道，为申请人依法申请获取政府信息提供便利。

第二十九条　公民、法人或者其他组织申请获取政府信息的，应当向行政机关的政府信息公开工作机构提出，并采用包括信件、数据电文在内的书面形式；采用书面形式确有困难的，申请人可以口头提出，由受理该申请的政府信息公开工作机构代为填写政府信息公开申请。

政府信息公开申请应当包括下列内容：

（一）申请人的姓名或者名称、身份证明、联系方式；

（二）申请公开的政府信息的名称、文号或者便于行政机关查询的其他特征性描述；

（三）申请公开的政府信息的形式要求，包括获取信息的方式、途径。

第三十条　政府信息公开申请内容不明确的，行政机关应当给予指导和释明，并自收到申请之日起7个工作日内一次性告知申请人作出补正，说明需要补正的事项和合理的补正期限。答复期限自行政机关收到补正的申请之日起计算。申请人无正当理由逾期不补正的，视为放弃申请，行政机关不再处理该政府信息公开申请。

第三十一条　行政机关收到政府信息公开申请的时间，按照下列规定确定：

（一）申请人当面提交政府信息公开申请的，以提交之日为收到申请之日；

（二）申请人以邮寄方式提交政府信息公开申请的，以行政机关签收之日为收到申请之日；以平常信函等无需签收的邮寄方式提交政府信息公开申请的，政府信息公开工作机构应当于收到申请的当日与申请人确认，确认之日为收到申请之日；

（三）申请人通过互联网渠道或者政府信息公开工作机构的传真提交政府信息公开申请的，以双方确认之日为收到申请之日。

第三十二条　依申请公开的政府信息公开会损害第三方合法权益的，行政机关应当书面征求第三方的意见。第三方应当自收到征求意见书之日起15个工作日内提出意见。第三方逾期未提出意见的，由行政机关依照本条例的规定决定是否公开。第三方不同意公开且有合理理由的，行政机关不予公开。行政机关认为不公开可能对公共利益造成重大影响的，可以决定予以公开，并将决定公开的政府信息内容和理由书面告知第三方。

第三十三条　行政机关收到政府信息公开申请，能够当场答复的，应当当场予以答复。

行政机关不能当场答复的，应当自收到申请之日起20个工作日内予以答复；需要延长答复期限的，应当经政府信息公开工作机构负责人同意并告知申请人，延长的期限最长不得超过20个工作日。

行政机关征求第三方和其他机关意见所需时间不计算在前款规定的期限内。

第三十四条　申请公开的政府信息由两个以上行政机关共同制作的，牵头制作的行政机关收到政府信息公开申请后可以征求相关行政机关的意见，被征求意见机关应当自收到征求意见书之日起15个工作日内提出意见，逾期未提出意见的视为同意公开。

第三十五条　申请人申请公开政府信息的数量、频次明显超过合理范围，行政机关可以要求申请人说明理由。行政机关认为申请理由不合理的，告知申请人不予处理；行政机关认为申请理由合理，但是无法在本条例第三十三条规定的期限内答复申请人的，可以确定延迟答复的合理期限并告知申请人。

第三十六条　对政府信息公开申请，行政机关根据下列情况分别作出答复：

（一）所申请公开信息已经主动公开的，告知申请人获取该政府信息的方式、途径；

（二）所申请公开信息可以公开的，向申请人提供该政府信息，或者告知申请人获取该政府信息的方式、途径和时间；

（三）行政机关依据本条例的规定决定不予公开的，告知申请人不予公开并说明理由；

（四）经检索没有所申请公开信息的，告知申请人该政府信息不存在；

（五）所申请公开信息不属于本行政机关负责公开的，告知申请人并说明理由；能够确定负责公开该政府信息的行政机关的，告知申请人该行政机关的名称、联系方式；

（六）行政机关已就申请人提出的政府信息公开申请作出答复、申请人重复申请公开相同政府信息的，告知申请人不予重复处理；

（七）所申请公开信息属于工商、不动产登记资料等信息，有关法律、行政法规对信息的获取有特别规定的，告知申请人依照有关法律、行政法规的规定办理。

第三十七条　申请公开的信息中含有不应当公开或者不属于政府信息的内容，但是能够作区分处理的，行政机关应当向申请人提供可以公开的政府信息内容，并对不予公开的内容说明理由。

第三十八条　行政机关向申请人提供的信息，应当是已制作或者获取的政府信息。除依照本条例第三十七条的规定能够作区分处理的外，需要行政机关对现有政府信息进行加工、分析的，行政机关可以不予提供。

第三十九条　申请人以政府信息公开申请的形式进行信访、投诉、举报等活动，行政机关应当告知申请人不作为政府信息公开申请处理并可以告知通过相应渠道提出。

申请人提出的申请内容为要求行政机关提供政府公报、报刊、书籍等公开出版物的，行政机关可以告知获取的途径。

第四十条　行政机关依申请公开政府信息，应当根据申请人的要求及行政机关保存政府信息的实际情况，确定提供政府信息的具体形式；按照申请人要求的形式提供政府信息，可能危及政府信息载体安全或者公开成本过高的，可以通过电子数据以及其他适当形式提供，或者安排申请人查阅、抄录相关政府信息。

第四十一条　公民、法人或者其他组织有证据证明行政机关提供的与其自身相关的政府信息记录不准确的，可以要求行政机关更正。有权更正的行政机关审核属实的，应当予以更正并告知申请人；不属于本行政机关职能范围的，行政机关可以转送有权更正的行政机关处理并告知申请人，或者告知申请人向有权更正的行政机关提出。

第四十二条　行政机关依申请提供政府信息，不收取费用。但是，申请人申请公开政府信息的数量、频次明显超过合理范围的，行政机关可以收取信息处理费。

行政机关收取信息处理费的具体办法由国务院价格主管部门会同国务院财政部门、全国政府信息公开工作主管部门制定。

第四十三条　申请公开政府信息的公民存在阅读困难或者视听障碍的，行政机关应当为其提供必要的帮助。

第四十四条　多个申请人就相同政府信息向同一行政机关提出公开申请，且该政府信息属于可以公开的，行政机关可以纳入主动公开的范围。

对行政机关依申请公开的政府信息，申请人认为涉及公众利益调整、需要公众广泛知晓或者需要公众参与决策的，可以建议行政机关将该信息纳入主动公开的范围。行政机关经审核认为属于主动公开范围的，应当及时主动公开。

第四十五条　行政机关应当建立健全政府信息公开申请登记、审核、办理、答复、归档的工作制度，加强工作规范。

第五章　监督和保障

第四十六条　各级人民政府应当建立健全政府信息公开工作考核制度、社会评议制度和责任追究制度，定期对政府信息公开工作进行考核、评议。

第四十七条　政府信息公开工作主管部门应当加强对政府信息公开工作的日常指导和监督检查，对行政机关未按照要求开展政府信息公开工作的，予以督促整改或者通报批评；需要对负有责任的领导人员和直接责任人员追究责任的，依法向有权机关提出处理建议。

公民、法人或者其他组织认为行政机关未按照要求主动公开政府信息或者对政府信息公开申请不依法答复处理的，可以向政府信息公开工作主管部门提出。政府信息公开工作主管部门查证属实的，应当予以督促整改或者通报批评。

第四十八条　政府信息公开工作主管部门应当对行政机关的政府信息公开工作人员定期进行培训。

第四十九条　县级以上人民政府部门应当在每年1月31日前向本级政府信息公开工作主管部门提交本行政机关上一年度政府信息公开工作年度报告并向社会公布。

县级以上地方人民政府的政府信息公开工作主管部门应当在每年3月31日前向社会公布本级政府上一年度政府信息公开工作年度报告。

第五十条　政府信息公开工作年度报告应当包括下列内容：

（一）行政机关主动公开政府信息的情况；

（二）行政机关收到和处理政府信息公开申请的情况；

（三）因政府信息公开工作被申请行政复议、提起行政诉讼的情况；

（四）政府信息公开工作存在的主要问题及改进情况，各级人民政府的政府信息公开工作年度报告还应当包括工作考核、社会评议和责任追究结果情况；

（五）其他需要报告的事项。

全国政府信息公开工作主管部门应当公布政府信息公开工作年度报告统一格式，并适时更新。

第五十一条 公民、法人或者其他组织认为行政机关在政府信息公开工作中侵犯其合法权益的，可以向上一级行政机关或者政府信息公开工作主管部门投诉、举报，也可以依法申请行政复议或者提起行政诉讼。

第五十二条 行政机关违反本条例的规定，未建立健全政府信息公开有关制度、机制的，由上一级行政机关责令改正；情节严重的，对负有责任的领导人员和直接责任人员依法给予处分。

第五十三条 行政机关违反本条例的规定，有下列情形之一的，由上一级行政机关责令改正；情节严重的，对负有责任的领导人员和直接责任人员依法给予处分；构成犯罪的，依法追究刑事责任：

（一）不依法履行政府信息公开职能的；

（二）不及时更新公开的政府信息内容、政府信息公开指南和政府信息公开目录的；

（三）违反本条例规定的其他情形。

第六章 附 则

第五十四条 法律、法规授权的具有管理公共事务职能的组织公开政府信息的活动，适用本条例。

第五十五条 教育、卫生健康、供水、供电、供气、供热、环境保护、公共交通等与人民群众利益密切相关的公共企事业单位，公开在提供社会公共服务过程中制作、获取的信息，依照相关法律、法规和国务院有关主管部门或者机构的规定执行。全国政府信息公开工作主管部门根据实际需要可以制定专门的规定。

前款规定的公共企事业单位未依照相关法律、法规和国务院有关主管部门或者机构的规定公开在提供社会公共服务过程中制作、获取的信息，公民、法人或者其他组织可以向有关主管部门或者机构申诉，接受申诉的部门或者机构应当及时调查处理并将处理结果告知申诉人。

第五十六条 本条例自2019年5月15日起施行。

国务院办公厅转发司法部关于审理政府信息公开行政复议案件若干问题指导意见的通知

- 2021年12月22日
- 国办函〔2021〕132号

各省、自治区、直辖市人民政府，国务院各部委、各直属机构：

司法部《关于审理政府信息公开行政复议案件若干问题的指导意见》已经国务院同意，现转发给你们，请认真贯彻落实。

关于审理政府信息公开行政复议案件若干问题的指导意见

司法部

第一条 为进一步规范政府信息公开行政复议案件审理工作，根据《中华人民共和国行政复议法》《中华人民共和国行政复议法实施条例》《中华人民共和国政府信息公开条例》《政府信息公开信息处理费管理办法》，结合工作实际，制定本指导意见。

第二条 公民、法人或者其他组织认为政府信息公开行为侵犯其合法权益，有下列情形之一的，可以依法向行政复议机关提出行政复议申请：

（一）向行政机关申请获取政府信息，行政机关答复不予公开（含部分不予公开，下同）、无法提供、不予处理或者逾期未作出处理的；

（二）认为行政机关提供的政府信息不属于其申请公开的内容的；

（三）认为行政机关告知获取政府信息的方式、途径或者时间错误的；

（四）认为行政机关主动公开或者依申请公开的政府信息侵犯其商业秘密、个人隐私的；

（五）认为行政机关的其他政府信息公开行为侵犯其合法权益的。

第三条 公民、法人或者其他组织对政府信息公开行为不服提出行政复议申请，有下列情形之一的，行政复议机关不予受理：

（一）单独就行政机关作出的补正、延期等程序性处理行为提出行政复议申请的；

（二）认为行政机关提供的政府信息不符合其关于纸张、印章等具体形式要求的，或者未按照其要求的特定

渠道提供政府信息的;

(三)在缴费期内对行政机关收费决定提出异议的;

(四)其他不符合行政复议受理条件的情形。

第四条 公民、法人或者其他组织认为行政机关未依法履行主动公开政府信息义务提出行政复议申请的,行政复议机关不予受理,并可以告知其先向行政机关申请获取相关政府信息。

第五条 公民、法人或者其他组织对行政机关或者行政机关设立的依照法律、法规对外以自己名义履行行政管理职能的派出机构(以下简称派出机构)作出的依申请公开政府信息行为不服提出行政复议申请的,以作出该政府信息公开行为的行政机关或者派出机构为被申请人;因逾期未作出政府信息公开行为提出行政复议申请的,以收到政府信息公开申请的行政机关或者派出机构为被申请人。

公民、法人或者其他组织认为行政机关主动公开政府信息行为侵犯其合法权益提出行政复议申请的,以公开该政府信息的行政机关或者派出机构为被申请人。

公民、法人或者其他组织对法律、法规授权的具有管理公共事务职能的组织作出的政府信息公开行为不服提出行政复议申请的,以该组织为被申请人。

第六条 申请人认为被申请人逾期未处理其政府信息公开申请的,行政复议机关应当重点审查下列事项:

(一)被申请人是否具有执行《中华人民共和国政府信息公开条例》的法定职责;

(二)被申请人是否收到申请人提出的政府信息公开申请;

(三)申请人提出政府信息公开申请的方式是否符合被申请人政府信息公开指南的要求;

(四)是否存在《中华人民共和国政府信息公开条例》第三十条规定的无正当理由逾期不补正的情形;

(五)是否存在《政府信息公开信息处理费管理办法》第六条规定的逾期未缴纳信息处理费的情形。

第七条 被申请人答复政府信息予以公开的,行政复议机关应当重点审查下列事项:

(一)被申请人向申请人告知获取政府信息的方式、途径和时间是否正确;

(二)被申请人向申请人提供的政府信息是否完整、准确。

第八条 被申请人答复政府信息不予公开的,行政复议机关应当重点审查下列事项:

(一)申请公开的政府信息是否属于依照法定定密程序确定的国家秘密;

(二)申请公开的政府信息是否属于法律、行政法规禁止公开的政府信息;

(三)申请公开的政府信息是否属于公开后可能危及国家安全、公共安全、经济安全、社会稳定的政府信息;

(四)申请公开的政府信息是否属于涉及商业秘密、个人隐私等公开后可能会对第三方合法权益造成损害的政府信息;

(五)申请公开的政府信息是否属于被申请人的人事管理、后勤管理、内部工作流程三类内部事务信息;

(六)申请公开的政府信息是否属于被申请人在履行行政管理职能过程中形成的讨论记录、过程稿、磋商信函、请示报告四类过程性信息;

(七)申请公开的政府信息是否属于行政执法案卷信息;

(八)申请公开的政府信息是否属于《中华人民共和国政府信息公开条例》第三十六条第七项规定的信息。

第九条 被申请人答复政府信息无法提供的,行政复议机关应当重点审查下列事项:

(一)是否属于被申请人不掌握申请公开的政府信息的情形;

(二)是否属于申请公开的政府信息需要被申请人对现有政府信息进行加工、分析的情形;

(三)是否属于经补正后政府信息公开申请内容仍然不明确的情形。

第十条 被申请人答复对政府信息公开申请不予处理的,行政复议机关应当重点审查下列事项:

(一)申请人提出的政府信息公开申请是否属于以政府信息公开申请的形式进行信访、投诉、举报等活动,或者申请国家赔偿、行政复议等情形;

(二)申请人提出的政府信息公开申请是否属于重复申请的情形;

(三)申请人提出的政府信息公开申请是否属于要求被申请人提供政府公报、报刊、书籍等公开出版物的情形;

(四)申请人提出的政府信息公开申请是否属于申请公开政府信息的数量、频次明显超过合理范围,且其说明的理由不合理的情形;

(五)申请人提出的政府信息公开申请是否属于要求被申请人确认或者重新出具其已经获取的政府信息的情形。

第十一条 申请人要求被申请人更正政府信息而被

申请人未予以更正的,申请人应当提供其曾向被申请人提出更正申请的证明材料。

第十二条　有下列情形之一的,行政复议机关应当决定维持政府信息公开行为:

（一）申请公开的政府信息已经主动公开的,被申请人告知获取该政府信息的方式、途径正确的;

（二）申请公开的政府信息可以公开的,被申请人完整、准确地提供了该政府信息,或者告知获取该政府信息的方式、途径和时间正确的;

（三）申请公开的政府信息不予公开符合《中华人民共和国政府信息公开条例》第十四条、第十五条、第十六条、第三十六条第七项的规定;

（四）申请公开的政府信息无法提供或者对政府信息公开申请不予处理的,属于本指导意见第九条、第十条关于无法提供或者对政府信息公开申请不予处理的情形;

（五）其他依法应当维持政府信息公开行为的情形。

属于前款所列情形,政府信息公开行为认定事实清楚、适用依据正确、答复内容适当但程序违法的,行政复议机关应当决定确认该政府信息公开行为程序违法。

第十三条　有下列情形之一的,行政复议机关应当决定驳回行政复议申请:

（一）申请人认为被申请人未履行政府信息公开职责,行政复议机关受理后发现被申请人没有相应法定职责或者在受理前已经履行政府信息公开职责的;

（二）受理行政复议申请后,发现该行政复议申请属于本指导意见第三条规定情形之一的;

（三）被申请人未对申请人提出的政府信息公开申请作出处理符合《中华人民共和国政府信息公开条例》第三十条、《政府信息公开信息处理费管理办法》第六条规定的;

（四）其他依法应当决定驳回行政复议申请的情形。

第十四条　被申请人未在法定期限内对政府信息公开申请作出处理的,行政复议机关应当决定被申请人在一定期限内作出处理。

第十五条　有下列情形之一的,行政复议机关应当决定变更政府信息公开行为:

（一）政府信息公开行为认定事实清楚、适用依据正确、程序合法但答复内容不适当的;

（二）政府信息公开行为认定事实清楚、答复内容适当、程序合法但未正确适用依据的。

第十六条　有下列情形之一的,行政复议机关应当决定撤销或者部分撤销政府信息公开行为,并可以责令被申请人在一定期限内对申请人提出的政府信息公开申请重新作出处理,或者决定被申请人对申请公开的政府信息予以公开:

（一）被申请人答复政府信息予以公开,但是告知获取政府信息的方式、途径、时间错误,或者提供的政府信息不完整、不准确的;

（二）被申请人答复政府信息不予公开、无法提供或者对政府信息公开申请不予处理,认定事实不清、适用依据明显错误或者答复内容明显不当的;

（三）其他依法应当撤销或者部分撤销政府信息公开行为的情形。

属于前款所列情形,申请人提出行政复议申请前,或者行政复议机关作出行政复议决定前,申请人已经获取相关政府信息的,行政复议机关应当决定确认该政府信息公开行为违法。

第十七条　行政复议机关在案件审理过程中,发现被申请人不依法履行政府信息公开职责,或者因政府信息公开工作制度不规范造成不良后果的,可以制作行政复议意见书并抄送相关政府信息公开工作主管部门;情节严重的,可以提出追究责任的意见建议。

上级行政复议机关应当加强对下级行政复议机关政府信息公开案件审理工作的指导监督。

第十八条　本指导意见自印发之日起施行。

司法行政机关行政许可实施与监督工作规则（试行）

·2004年7月6日司法部令第91号公布
·自公布之日起施行

第一章　总　则

第一条　为了规范司法行政机关行政许可的实施与监督,维护法律的正确实施,保障行政相对人的合法权益,根据《中华人民共和国行政许可法》（以下简称《行政许可法》）等法律、行政法规和国务院有关决定,制定本规则。

第二条　司法行政机关实施行政许可的事项,应当依法设定;实施行政许可的主体,应当依法确定。

司法行政机关应当依照《行政许可法》、有关法律、法规、规章和本规则的规定,实施行政许可,并对行政许可行为和公民、法人或者其他组织从事行政许可事项活动的情况进行监督。

第三条　司法行政机关实施行政许可,应当遵循公开、公平、公正、便民、高效和信赖保护的原则。

第四条 司法行政机关内设机构在行政许可的实施与监督工作中，应当按照权责明确、分工配合的原则，严格依法履行职责，提供优质服务。

实施行政许可，应当由法定的司法行政机关的相关内设业务机构承办；需要多个内设业务机构办理的，由主办业务机构或者办公厅（室）负责统一受理行政许可申请，协调提出审查意见，统一送达行政许可决定；有关行政许可的文件、文书及证件，一律以实施机关的名义对外发布或者签发。

第二章 申请与受理

第五条 司法行政机关对依法定职责实施的行政许可事项，应当依照《行政许可法》第三十条第一款规定的内容，在办公场所进行公示，还可以在本机关开设的政府网站上进行公示。

申请人要求对公示的内容予以说明、解释的，承办业务机构及其工作人员应当负责任地作出说明、解释。

第六条 申请人向司法行政机关提出行政许可申请的，承办业务机构应当即时制作记录，并进行审查。行政许可申请的记录，应当载明收到的日期。

司法行政机关有条件采用电子政务方式办公的，承办业务机构应当安排专人，负责每日查收通过电子数据交换渠道提出的行政许可申请。

第七条 司法行政机关接到行政许可申请后，应当按照下列事项对是否受理该项申请进行审查：

（一）申请事项是否属于本机关管辖范围；

（二）申请事项是否属于依法需要取得行政许可的事项；

（三）申请人是否具有不得提出行政许可申请的情形；

（四）申请人是否按照法律、法规、规章规定提交了符合规定种类、内容的申请材料，以及申请材料是否有明显的错误；

（五）申请人提供的申请材料是否符合规定的格式、数量。

第八条 根据《行政许可法》第三十二条的规定，对行政许可申请，经审查，按下列情形分别处理：

（一）对依法不需要取得行政许可的，应当即时告知申请人不予受理；

（二）对依法不属于本机关管辖范围的，应当即时作出不予受理的决定，并告知申请人向有关行政机关申请；

（三）对申请材料存在当场可以更正的错误的，应当允许申请人当场更正，并由申请人签字确认；

（四）申请材料不齐全或者不符合规定格式、数量的，应当当场或者自收到申请材料之日起五日内一次告知申请人需要补正的全部内容，告知情况应当记录；逾期不告知的，自收到申请材料之日起即为受理；

（五）对符合《行政许可法》第三十二条第五项规定的，应当予以受理。

司法行政机关应当以书面形式作出受理或者不予受理行政许可申请的决定，并加盖本机关印章和注明日期，送达申请人。

第九条 司法行政机关应当免费向申请人提供行政许可申请书格式文本。

法律、行政法规及国务院决定设定的司法行政机关实施的各项行政许可的申请书格式文本，由司法部统一制定。

第三章 审查与决定

第十条 司法行政机关对受理的行政许可申请，应当依照法定的条件对申请材料进行审查。重点审查以下内容：

（一）申请材料反映的申请人条件是否合法；

（二）申请材料的相关内容是否真实。

根据法定条件和程序，需要对申请材料的实质内容进行核实的，应当指派两名以上工作人员进行核查。核查情况应当记录，并提交核查报告。

第十一条 依法应当先由下级司法行政机关审查后报上级司法行政机关决定的行政许可，下级司法行政机关应当自受理行政许可申请之日起二十日内审查完毕，将初步审查意见和全部申请材料报送上级司法行政机关。

司法行政机关实施行政许可前置审查的，应当依照有关法律、法规规定的期限完成审查，将前置审查意见和全部申请材料移送主办该项行政许可的行政机关。

法律、法规对初步审查期限另有规定的，依照其规定。

第十二条 受理行政许可申请后，除当场作出行政许可决定的外，司法行政机关应当在法定期限内按照规定程序作出准予行政许可或者不予行政许可的书面决定。

申请人的申请符合法定条件、标准的，司法行政机关应当依法作出准予行政许可书面决定；作出不予行政许可的书面决定的，应当说明理由，并告知申请人享有依法申请行政复议或者提起行政诉讼的权利。

第十三条 司法行政机关作出的准予行政许可或者不予行政许可的书面决定，由承办业务机构自作出决定之日起十日内向申请人送达。送达方式,参照《中华人民共和国民事诉讼法》关于送达的规定执行。

作出准予行政许可的决定,需要颁发行政许可证件的,应当同时向申请人颁发加盖本机关印章的相关行政许可证件。

第十四条 司法行政机关作出的准予行政许可的决定,应当予以公开。公众要求查阅的,应当准予查阅并提供必要的条件。

第十五条 被许可人要求变更行政许可事项,并向作出行政许可的司法行政机关提出申请的,司法行政机关按照本章规定的行政许可申请审查的有关规定办理。法律、法规另有规定的,依照其规定。

被许可人依法提出需延续取得的行政许可有效期申请的,司法行政机关按照本章规定的行政许可申请审查的有关规定办理,并在该行政许可有效期届满前作出是否准予延续的书面决定。法律、法规另有规定的,依照其规定。

第十六条 根据《行政许可法》第四十二条的规定,除可以当场作出行政许可决定的外,司法行政机关应当自受理行政许可申请之日起二十日内作出行政许可决定。二十日内不能作出决定的,由承办业务机构报本机关主管负责人批准,可以延长十日,并于前述规定期限届满前将延长期限的理由告知申请人,口头告知的应当记录在案。法律、法规对期限另有规定的,依照其规定。

第十七条 司法行政机关实施行政许可,依照法律、行政法规规定收取费用的,应当按照行政事业性收费主管机关核定、公布的项目和标准收取。

第四章 听 证

第十八条 法律、法规、规章规定实施行政许可应当听证的事项,或者司法行政机关认为需要听证的涉及公共利益的行政许可事项,司法行政机关应当在行政许可事项涉及的区域内向社会公告。与该行政许可事项有关的人员可以申请参加听证。

听证公告应当载明听证事项、听证举行的时间、地点、参加人员要求及提出申请的时间和方式等。

第十九条 行政许可直接涉及申请人与他人重大利益关系的,司法行政机关在作出行政许可决定前,应当向申请人、利害关系人发出《行政许可听证告知书》,告知其享有要求听证的权利及提出申请的时间和方式。

申请人、利害关系人要求听证的,应当自收到《行政许可听证告知书》之日起五日内以书面形式提出听证申请;逾期不提出申请的,视为放弃听证的权利。

司法行政机关应当自收到听证申请之日起二十日内组织听证。听证申请人在举行听证前撤回听证申请,行政许可申请人或者利害关系人无异议的,司法行政机关应当准许,并记录在案。

第二十条 听证由实施行政许可的司法行政机关的法制工作机构组织,并派员主持。审查该行政许可申请的工作人员不得担任听证主持人。

组织听证所需时间不计算在行政许可的审查期限内。司法行政机关应当将听证所需时间在《行政许可听证告知书》中一并告知申请人。

组织听证的费用,由司法行政机关承担。

第二十一条 根据《行政许可法》第四十八条的规定,司法行政机关组织听证应当按照下列程序和要求进行:

(一)听证举行七日前应当将举行听证的时间、地点、听证主持人等事项通知申请人、利害关系人以及其他听证参加人,必要时予以公告。

(二)听证应当公开举行。但涉及国家秘密、商业秘密和个人隐私的除外。

(三)听证主持人有下列情形之一的,应当自行回避;申请人、利害关系人有权申请回避:

1.是申请人、利害关系人或者其委托代理人的近亲属的;

2.与该行政许可事项有直接利害关系的;

3.与申请人、利害关系人有其他关系,可能影响听证公正举行的。

(四)举行听证时,审查该行政许可申请的工作人员应当提出审查意见,并提供相关的证据、理由,申请人、利害关系人可以发表意见、提供证据,并进行申辩和质证。

(五)听证应当制作笔录,由听证主持人和记录人签名,并经听证参加人确认无误后当场签名或者盖章。听证参加人对笔录内容有异议的,听证主持人应当告知其他参加人,各方认为异议成立的,应当予以补充或者更正;对异议有不同意见,听证主持人认为异议不能成立的,或者听证参加人拒绝签名、盖章的,听证主持人应当在听证笔录中予以载明。

听证笔录包括以下主要内容:听证事项;听证举行的时间、地点;听证主持人、记录人;听证参加人;行政许可申请内容;承办业务机构的审查意见及相关证据、理由;申请人、利害关系人发表的意见,提出的证据、理由;审查人与申请人、利害关系人辩论、质证的情况和听证申请人最后陈述的意见等。

第二十二条 司法行政机关应当根据听证笔录,作出准予行政许可或者不予行政许可的决定。

对听证笔录没有认定、记载的事实、证据,申请人、利害关系人在听证举行后作出行政许可决定前提出新的事实或者证据,司法行政机关认为足以影响对行政许可作出决定的,应当通知利害关系人或者申请人,并征求他们的意见。申请人或者利害关系人在作出的笔录上签字后,司法行政机关可视情决定是否将相关事实、证据采纳作为作出行政许可决定的依据;必要时,司法行政机关应当另行举行补充听证。

第五章 监督检查

第二十三条 司法行政机关应当加强对本机关实施行政许可工作及其工作人员的内部监督,保障本机关行政许可实施和监督工作严格依法进行。

上级司法行政机关应当加强对下级司法行政机关实施行政许可工作的监督。发现有需要纠正的行为的,应当及时提出意见,限期改正。

司法行政机关收到对本机关各相关业务机构及其工作人员违反规定实施行政许可的举报、投诉,应当及时依法核查,认真作出处理,或者提请监察机关依法处理,并负责将处理结果书面答复举报人、投诉人。对举报人、投诉人的情况,应当保密。

第二十四条 司法行政机关对被许可人从事许可活动的情况实施监督检查,以对被许可人从事行政许可事项活动的有关材料和年度报告进行书面审查的形式为主,必要时可以进行实地检查。

司法行政机关应当将被许可人从事行政许可事项活动的情况,实施监督检查的材料和考核意见以及处理结果建立档案。公众要求查阅的,应当在收到申请后及时安排查阅。

对监督检查中涉及的国家机密、商业秘密或者个人隐私,应当予以保密。

第二十五条 司法行政机关及其工作人员在实施监督检查工作中,应当遵守公务活动的规则和纪律,不得妨碍被许可人正常的业务活动,不得索取或者收受被许可人的财物,不得利用职务之便利牟取其他利益,不得与许可人串通损害他人或者公共利益。

第二十六条 被许可人在作出行政许可决定的司法行政机关管辖区域内违法从事行政许可事项活动的,由作出行政许可决定的司法行政机关依法进行处理。

被许可人在作出行政许可决定的司法行政机关管辖区域外违法从事行政许可事项活动的,违法行为发生地的司法行政机关应当依法立案查处,并将查处情况书面告知作出行政许可决定的司法行政机关。需要给予停止执业、停业整顿、吊销执业证书处罚或者撤销行政许可的,应当提出处罚建议,移送作出行政许可决定的司法行政机关处理。

第二十七条 根据《行政许可法》第六十九条第一款的规定,利害关系人提出撤销行政许可请求的,司法行政机关应当自收到请求材料之日起三十日内完成核查,作出是否予以撤销该行政许可的书面决定,并将决定送达利害关系人和被许可人。

司法行政机关发现有可以撤销行政许可情形的,可以依据职权作出撤销该行政许可的决定,并将决定送达被许可人。

撤销行政许可,被许可人合法权益受到损害的赔偿及相关可取得利益的保护,依照《行政许可法》第六十九条第四款的规定执行。

第二十八条 司法行政机关在对被许可人实施监督检查中发现有《行政许可法》第七十条规定情形的,应当依法办理有关行政许可的注销手续,并将注销的理由和依据书面告知被许可人,收回行政许可证件,必要时予以公告。

第二十九条 有下列情形之一的,司法行政机关可以依法变更或者撤回行政许可:

(一)行政许可依据的法律、法规、规章修改或者废止的;

(二)行政许可依据的客观情况发生重大变化的。

依法变更或者撤回行政许可,司法行政机关应当作出书面决定,说明理由和依据,并送达被许可人。

依法变更或者撤回行政许可,给当事人造成财产损失的,依照《行政许可法》第八条第二款的规定处理。

第六章 法律责任

第三十条 上级司法行政机关发现下级司法行政机关有违反《行政许可法》第十七条规定设定行政许可情形的,应当责令其限期改正,下级司法行政机关应当在限期届满前将改正情况报上级司法行政机关;或者由上级司法行政机关依法予以撤销。

第三十一条 司法行政机关发现本机关内设业务机构及其工作人员或者上级司法行政机关发现下级司法行政机关及其工作人员有《行政许可法》第七十二条、第七十三条、第七十四条、第七十五条、第七十七条规定情形的,由本机关或者上级司法行政机关,或者提请监察机关分别情况责令其改正;情节严重的,对直接负责的主管人员和其他直接责任人员依法给予行政处分；构成犯罪的，依法追究刑事责任。

第三十二条 司法行政机关违法实施行政许可，给当事人的合法权益造成损害的，应当依照《中华人民共和国国家赔偿法》的规定给予赔偿。

司法行政机关因违法实施行政许可承担赔偿责任的，可以依照《中华人民共和国国家赔偿法》第十四条第一款的规定，责令有故意或者重大过失的工作人员承担部分或者全部赔偿费用。

第三十三条 行政许可申请人有《行政许可法》第七十八条规定情形的，被许可人有《行政许可法》第七十九条、第八十条规定情形的，司法行政机关应当依法处理。

第三十四条 公民、法人或者其他组织未经行政许可，擅自从事依法应当取得司法行政机关行政许可的活动的，司法行政机关应当依法采取措施予以制止，并依法给予行政处罚，或者提请有关机关依法处理。

第七章 附 则

第三十五条 各省、自治区、直辖市司法行政机关应当根据《行政许可法》和有关法律、法规、规章以及本规则的规定，建立健全行政许可实施与监督工作制度。有关规范性文件报司法部备案。

第三十六条 本规则由司法部解释。

第三十七条 本规则自发布之日起施行。

司法行政机关行政处罚听证程序规定

· 1998年2月11日司法部令第53号公布
· 自公布之日起施行

第一章 总 则

第一条 为规范司法行政机关行政处罚听证程序，保障司法行政机关依法实施行政处罚，保护公民、法人或者其他组织的合法权益，根据《中华人民共和国行政处罚法》和有关法律法规，制定本规定。

第二条 司法行政机关对依法应当进行听证的行政处罚案件在作出行政处罚决定之前，依照本规定进行听证。

第三条 本规定适用于依法享有行政处罚权的县级以上司法行政机关和依法要求听证的行政处罚当事人和其他听证参加人。

第四条 司法行政机关行政处罚听证由法制工作部门或者承担法制工作的部门负责。

第五条 司法行政机关对依法应当进行听证的行政处罚案件不组织听证，行政处罚不能成立。

第六条 司法行政机关举行听证，应当遵循公开、公正原则。

第二章 听证主持人和听证参加人

第七条 司法行政机关的听证主持人、听证记录员由法制工作部门或者由承担法制工作的部门的公务员担任。

案件调查人员不得担任听证主持人。

第八条 听证主持人有下列情形之一的，应当自行回避，当事人有权以口头或者书面方式申请其回避：

（一）本案当事人或者委托代理人的近亲属；

（二）与本案有利害关系；

（三）与案件当事人有其他关系，可能影响听证公正进行的。

第九条 当事人提出回避申请，应当说明理由。听证主持人应当将当事人的回避申请报告本部门负责人，由本部门负责人决定其是否回避；本部门负责人担任听证主持人的，由本机关负责人决定其是否回避。

第十条 听证主持人在听证活动中依法行使下列职权：

（一）决定举行听证的时间和地点；

（二）决定听证的延期、中止或者终结；

（三）询问听证参加人；

（四）接收并审核有关证据；

（五）维护听证秩序，对违反听证秩序的人员进行警告，对情节严重者可以责令其退场；

（六）提出案件听证之后的处理意见；

（七）司法行政规章赋予的其他职权。

第十一条 听证主持人在听证活动中依法承担下列义务：

（一）将听证通知书依法及时送达当事人及其他有关人员；

（二）应当公开、公正地履行主持听证的职责，保证当事人行使陈述权、申辩权和质证权；

（三）保守听证案件涉及的国家秘密、商业秘密和个人隐私；

（四）不得徇私枉法，包庇纵容违法行为。

听证记录员应当认真、如实制作听证笔录，并承担本条第（三）项的义务。

第十二条 听证主持人有违反行政处罚法行为的，视情节轻重，给予行政处分。

第十三条 听证参加人是指案件调查人员、当事人、第三人、委托代理人、证人、鉴定人、勘验人、翻译人员。

第十四条 听证当事人是指要求举行听证的公民、法人或者其他组织。听证当事人依法享有下列权利：

（一）依法申请听证主持人回避；

（二）当事人可以亲自参加听证，也可以委托1至2人代理参加听证；

（三）就案件调查人员提出的案件的事实、证据和行政处罚建议进行申辩；

（四）对案件的证据向调查人员及其证人进行质证；

（五）听证结束前进行最后陈述；

（六）审核听证笔录。

第十五条 听证案件的当事人依法承担下列义务：

（一）按时参加听证；

（二）依法举证；

（三）如实回答听证主持人的询问；

（四）遵守听证秩序。

第十六条 第三人是指与听证案件有利害关系的其他公民、法人或者其他组织。听证主持人可以通知其参加听证。

第十七条 听证当事人委托他人代理参加听证的，应当向司法行政机关提交由委托人签名或者盖章的授权委托书。

授权委托书应当载明委托事项及权限。

授权委托书应经听证主持人确认。

第十八条 案件调查人员应当参加听证，向听证主持人提出当事人违法的事实、证据和行政处罚建议。

第十九条 听证主持人可以通知与听证案件有关的证人、鉴定人、勘验人、翻译人员参加听证。

第三章 听证的受理

第二十条 司法行政机关在作出下列行政处罚之前，案件调查部门应当告知当事人在3日内有要求举行听证的权利：

（一）责令停业；

（二）吊销许可证或者执业证书；

（三）对个人处以3000元以上罚款，对法人或者其他组织处以2万元以上罚款；

（四）法律法规以及规章规定的其他行政处罚。

第二十一条 案件调查部门可以直接将听证告知书送达当事人，也可以邮寄送达或者委托当事人住所地的司法行政机关代为送达。

第二十二条 当事人要求听证的，应当在接到听证告知书之日起3日内以书面或者口头形式提出，案件调查部门应当在当事人要求听证之日起3日内告知法制工作部门，并将案卷一并移送给法制工作部门。

第二十三条 当事人因不可抗力或者其他正当理由无法提出听证要求的，在障碍消除后3日以内，可以申请延长听证期限。案件调查部门对其申请和事实核实无误后，应当批准其申请。

第四章 听证举行

第二十四条 法制工作部门应当在接到案件调查部门移送的当事人要求听证的材料之后确定听证主持人，并应当于举行听证7日前给当事人、听证参加人送达听证通知书，并通知案件调查人员。

第二十五条 公开举行听证的，司法行政机关应当先期公告当事人姓名或者名称，案由，听证时间、地点。

对涉及国家秘密、商业秘密或者个人隐私不公开举行听证的案件，司法行政机关应当向听证参加人说明不公开听证的理由。

第二十六条 听证开始前，听证记录员应当查明听证参加人是否到场，并宣布以下听证纪律：

（一）未经听证主持人允许不得发言、提问；

（二）未经听证主持人允许不得录音、录相和摄影；

（三）未经听证主持人允许听证参加人不得退场；

（四）旁听人员不得大声喧哗，不得鼓掌、哄闹或者进行其他妨碍听证秩序的活动。

第二十七条 听证主持人核对听证参加人，宣布听证主持人、听证记录员名单，告知听证参加人在听证中的权利义务，询问当事人是否申请回避。

当事人申请回避的，由听证主持人宣布暂停听证，按本规定第八条、第九条处理。

第二十八条 听证应当按照下列程序进行：

（一）听证主持人宣布听证开始，宣布案由；

（二）案件调查人员提出当事人违法的事实、证据和行政处罚的建议；

（三）当事人及其委托代理人就调查人员提出的违法的事实、证据和行政处罚建议进行申辩和质证，并可以出示无违法事实、违法事实较轻，或者减轻、免除行政处罚的证据材料；

（四）案件调查人员和当事人经听证主持人允许，可以就有关证据进行质问，也可以向到场的证人、鉴定人、勘验人发问；

（五）当事人作最后陈述；

（六）听证主持人宣布听证结束。

第二十九条 听证主持人根据下列情形，决定延期举行听证：

（一）当事人因不可抗拒的事由无法到场的；

（二）当事人临时申请回避的；

（三）其他应当延期的情形。

第三十条　听证主持人根据下列情形,可以中止听证：

（一）需要通知新的证人到场或者需要重新鉴定、勘验的；

（二）当事人因不可抗拒的事由,无法继续参加听证的；

（三）当事人死亡或者解散,需要等待权利义务继承人的；

（四）其他应当中止听证的情形。

第三十一条　延期、中止听证的情形消失后,由听证主持人决定恢复听证并将听证的时间、地点通知听证参加人。

第三十二条　听证主持人根据下列情形,应当终止听证：

（一）当事人撤回听证要求的；

（二）当事人无正当理由不参加听证的,或者未经听证主持人允许中途退场的；

（三）当事人死亡或者解散满3个月后,未确定权利义务继承人的；

（四）拟作出的行政处罚决定改变,依法不应举行听证的；

（五）其他应当终止听证的情形。

第三十三条　听证记录员应当将听证的全部活动记入笔录,由听证主持人和听证记录员签名。

听证笔录应当由当事人当场签名或者盖章。当事人拒绝签名或者盖章的,听证主持人在听证笔录上应当记明情况。

第三十四条　听证结束后,由法制工作部门写出听证报告,连同听证笔录、案件材料一并上报本机关负责人审批。

听证报告应当包括以下内容：

（一）听证案由；

（二）听证主持人和听证参加人的姓名、名称及其他情况；

（三）听证的时间、地点、方式；

（四）听证的过程；

（五）案件事实和认定的证据；

（六）对拟实施行政处罚的意见及处理意见。

第五章　附　则

第三十五条　司法行政机关组织听证所需的费用由司法业务经费支出。

第三十六条　本规定由司法部解释。

第三十七条　本规定自公布之日起施行。

司法行政机关行政处罚程序规定

·1997年2月13日司法部令第51号发布

·自发布之日起施行

第一章　总　则

第一条　为促进司法行政机关依法行政水平,保障行政管理相对人的合法权益,规范司法行政机关行政处罚程序,根据《中华人民共和国行政处罚法》和有关法律法规,制定本规定。

第二条　司法行政机关对公民、法人或者其他组织有违反律师管理、法律服务管理以及其他司法行政管理秩序的行为,有权依照本规定进行处罚。

第三条　司法行政机关实施行政处罚,必须在职权范围内严格按照《中华人民共和国行政处罚法》的规定以及有关法律、法规、规章的规定进行。

违法事实不清楚的,不得给予行政处罚。

第四条　司法行政机关行政处罚的种类有：

（一）警告；

（二）罚款；

（三）没收违法所得；

（四）停业；

（五）吊销执业证书；

（六）法律法规以及规章规定的其他行政处罚。

司法行政机关实施行政处罚时,应当责令当事人改正或者限期改正违法行为。

第五条　司法行政机关实施行政处罚,必须以事实为根据,以法律为准绳,坚持责任处罚相当的原则。

第六条　司法行政机关实施行政处罚,应当充分保障当事人陈述权、申辩权等权利的行使。

当事人对行政处罚不服的,有权依法申请行政复议或者提起行政诉讼。

当事人因司法行政机关违法给予行政处罚受到损害的,有权提出国家赔偿要求。

第七条　司法行政机关实施行政处罚,实行社会监督的工作原则,对于公民投诉或者反映的案件,应当在作出是否立案决定后告知投诉人；对立案处理的投诉案件,应当办结后将处罚决定告知投诉人。

对于应当给予行政处罚的案件,必须立案处理。

第二章 管 辖

第八条 司法行政机关行政处罚案件,由违法行为发生地的司法行政机关管辖。法律、行政法规另有规定的除外。

第九条 对同一违法行为,两个以上的司法行政机关都有管辖权的,由先立案的司法行政机关管辖。

司法行政机关之间对管辖权有争议的,由共同的上级司法行政机关指定管辖。

第十条 对于触犯刑律构成犯罪的案件,应当移送有关司法机关追究刑事责任。

第三章 处罚程序

第十一条 司法行政机关实施行政处罚,根据情况分别适用简易程序和一般程序。

第十二条 适用简易程序当场实施行政处罚时,执法人员应当向当事人出示执法身份证件,并填写符合《中华人民共和国行政处罚法》第三十四条规定的行政处罚决定书。行政处罚决定书当场交付当事人。

第十三条 适用一般程序查处违法行为,业务工作部门应当立案并依法进行调查取证。必要时,应当对现场进行勘验和技术鉴定;对重要的书证,可以进行复制。

第十四条 案件调查终结后,业务工作部门应当根据案件的情况,分别作出如下处理:

(一)违法事实不清或者证据不足的,报经机关负责人审批后作出不予处罚决定;

(二)违法事实清楚,证据确实,按规定不需要听证的,提出处罚意见报机关负责人审批后作出予以处罚决定;

(三)违法事实清楚,证据确实,应当予以处罚,但按照规定需要举行听证会的,提出处罚意见后送法制工作部门,由法制工作部门举行听证会。

第十五条 对当事人拟作出责令停业、吊销执业证书、对个人处以3000元以上罚款、对机构处以2万元以上罚款等行政处罚的,业务工作部门应即告知当事人在3日内有要求举行听证的权利。

第十六条 司法行政机关行政处罚听证会由法制工作部门(人员)主持。当事人要求听证的,业务工作部门应当在3日内告知法制工作部门,法制工作部门应当在10日内组织听证,并将举行听证的时间、地点于举行听证会7日前通知当事人。

第十七条 当事人超过3日提出听证要求的,司法行政机关可以根据情况决定是否组织听证。

当事人要求听证后,又无故不出席听证会的,司法行政机关可以宣布听证终止。

第十八条 听证按照下列程序进行:

(一)听证主持人宣布实施行政处罚的行政机关、当事人名称以及案由;

(二)听证主持人宣布当事人的申请回避权、陈述权、申辩权、质证权以及申请复议、提起诉讼等权利;

(三)行政机关的具体调查人员就当事人的违法行为提出证据材料、处罚的法律依据和处罚意见;

(四)当事人就调查人员提出的事实和有关问题陈述意见、出示证据材料,进行申辩;

(五)行政机关调查人员与当事人就各自出具的证据材料的真实性和处罚的法律依据进行辩论;

(六)当事人进行最后陈述。

听证时双方的意见应当制作笔录,经核查无误后由当事人或者其代理人、行政机关调查人员和听证主持人签字。

第十九条 听证主持人有权对听证过程中听证参加人不当的发言予以制止。

第二十条 听证结束后,法制工作部门应当在充分听取业务工作部门的意见后提出对该案的处理意见,连同听证笔录一并送交行政机关负责人审批。

法制工作部门的意见与业务工作部门的意见不一致时,在提交时应当附上业务工作部门的详细意见。

第二十一条 吊销执业证书的行政处罚决定,应当由机关负责人集体讨论决定。

第二十二条 司法行政机关应当在听证后的15日内,将处罚决定结果书面通知当事人。决定不予处罚的,制作不予处罚决定书;决定予以处罚的,制作处罚决定书。

第二十三条 司法行政机关实施行政处罚必须出具行政处罚决定书。行政处罚决定书的内容必须符合《中华人民共和国行政处罚法》第三十九条规定的要求。

第二十四条 对当事人处以罚款的,在行政处罚决定书中应当载明缴纳罚款的银行。当事人应当自收到行政处罚决定书之日起15日内,到指定的银行缴纳罚款。

当场执行的,应当出具统一收据,并应当及时向本机关报告。

第二十五条 凡需作出责令停业、吊销执业证书行政处罚的,如果办案机关与原核发执业证书机关不是同一机关的,由办案机关建议或者上级司法行政机关责成原核发执业证书机关实施处罚。

第二十六条　行政处罚决定书的送达,依照《民事诉讼法》规定的方式送达。

第二十七条　决定不予处罚的,如无新的证据,不得再就同一事项重新作出予以处罚的决定。

第二十八条　司法行政机关行政处罚的执行,应当严格按照《中华人民共和国行政处罚法》的规定进行。

第二十九条　上一级司法行政机关可以委托下一级司法行政机关代执行。

第三十条　行政处罚案件统一由司法行政机关的法制工作部门负责综合统计,业务工作部门办理的行政处罚案件应当及时向法制工作部门备案。

下一级司法行政机关应当于每年一月份向上一级司法行政机关报送本机关上一年度行政处罚工作情况。

第三十一条　司法行政机关作出行政处罚后,发现行政处罚错误或者不当的,应当及时纠正。

上一级司法行政机关发现下一级司法行政机关作出的行政处罚错误或者不当,应当通知下一级司法行政机关纠正。

第四章　行政责任

第三十二条　司法行政机关及其工作人员在行政处罚工作中,有违反《中华人民共和国行政处罚法》第七章规定的,必须依法承担法律责任。

第三十三条　单位或者个人在办理行政处罚案件中有下列行为之一的,对直接责任人员应当进行批评教育,情节严重的,给予行政处分:

（一）不允许当事人行使合法权利的;
（二）办案中故意歪曲事实、曲解法律的;
（三）严重违反处罚程序,导致处罚错误的;
（四）办案中收取当事人财物的;
（五）故意包庇应予追究刑事责任的当事人,不移交司法机关处理的;
（六）应当给予行政处分的其他行为。

第五章　附　则

第三十四条　司法行政机关实施行政处罚的文书格式,由司法部统一制定。

第三十五条　本规定由司法部解释。

第三十六条　本规定自发布之日起实施。

人民警察抚恤优待办法

- 2014年4月30日
- 民发〔2014〕101号

第一章　总　则

第一条　为了做好人民警察的抚恤优待工作,激励人民警察的奉献精神,根据《中华人民共和国人民警察法》和国家有关优抚法规、政策,制定本办法。

第二条　本办法所称人民警察,是指公安机关(含铁路、交通、民航、森林公安机关和海关缉私部门)、国家安全机关、司法行政机关的人民警察和人民法院、人民检察院的司法警察。

伤残人民警察、人民警察烈士遗属、因公牺牲人民警察遗属、病故人民警察遗属是本办法规定的抚恤优待对象,依照本办法的规定享受抚恤优待。

第三条　人民警察抚恤优待经费列入财政预算,专款专用,接受财政部门、审计机关的监督。

国家鼓励社会组织和个人对人民警察抚恤优待事业提供捐助。

第四条　各级人民政府民政部门要充分发挥政府职能部门的作用,认真履行职责,严格执行现行优抚法规、政策,根据人民警察的工作性质,准确、及时办理人民警察的伤亡抚恤事宜。

第五条　各级人民政府公安机关、国家安全机关、司法行政机关和各级人民法院、人民检察院(以下简称各级政法机关)要做好抚恤优待政策的执行、宣传工作,关心抚恤优待对象的工作和生活,依据国家有关规定,帮助解决困难和问题。

第六条　各级政法机关的政治工作部门负责办理人民警察抚恤优待的具体工作。

各级政法机关的政治工作部门应当严格管理伤亡人民警察的有关材料,按烈士、因公牺牲、病故、伤残分类建立档案,长期保存。

第二章　死亡抚恤

第七条　人民警察死亡被评定为烈士、被确认为因公牺牲或者病故的,其遗属依照本办法规定享受抚恤。

第八条　人民警察死亡,符合下列情形之一的,评定为烈士:

（一）在依法查处违法犯罪行为、执行国家安全工作任务、执行反恐怖任务和处置突发事件中牺牲的;
（二）抢险救灾或者其他为了抢救、保护国家财产、集体财产、公民生命财产牺牲的;

(三)在执行外交任务或者国家派遣的对外援助、维持国际和平任务中牺牲的;

(四)在执行武器装备科研试验任务中牺牲的;

(五)其他牺牲情节特别突出,堪为楷模的。

人民警察在处置突发事件、执行边海防执勤或者抢险救灾任务中失踪,经法定程序宣告死亡的,按照烈士对待。

第九条 人民警察死亡后,申报烈士的,按照《烈士褒扬条例》有关规定办理。

第十条 人民警察死亡,符合下列情形之一的,确认为因公牺牲:

(一)在执行任务或者在上下班途中,由于意外事件死亡的;

(二)被认定为因战、因公致残后因旧伤复发死亡的;

(三)因患职业病死亡的;

(四)在执行任务中或者在工作岗位上因病猝然死亡,或者因医疗事故死亡的;

(五)其他因公死亡的。

人民警察在处置突发事件、执行边海防执勤或者执行抢险救灾以外的其他任务中失踪,经法定程序宣告死亡的,按照因公牺牲对待。

第十一条 人民警察因公牺牲,由所在单位的县级以上政法机关审查确认,由同级人民政府民政部门复核,实施监督。

国家安全机关人民警察因公牺牲,由省级以上国家安全机关审查确认,由同级人民政府民政部门复核,实施监督。

省(自治区、直辖市)直属监狱和司法行政戒毒场所人民警察因公牺牲,由省(自治区、直辖市)司法行政机关审查确认,由同级人民政府民政部门复核,实施监督。

第十二条 人民警察除第十条第一款第三项、第四项规定情形以外,因其他疾病死亡的,确认为病故。

人民警察非执行任务死亡,或者失踪经法定程序宣告死亡的,按照病故对待。

人民警察病故,由所在单位的县级以上政法机关确认。

第十三条 对烈士遗属,由县级人民政府民政部门发给《中华人民共和国烈士证明书》。对因公牺牲和病故人民警察的遗属,由所在单位的县级以上政法机关分别发给《中华人民共和国人民警察因公牺牲证明书》和《中华人民共和国人民警察病故证明书》。

证明书的持证人应由烈士、因公牺牲、病故人民警察的父母(抚养人)、配偶、子女协商确定,协商不通的,按照下列顺序确定一名持证人:

(一)父母(抚养人);

(二)配偶;

(三)子女。有多个子女的,发给长子女。无上述对象,发给兄弟姐妹,有多个兄弟姐妹的,发给其中的长者。没有遗属的,由证明书发放机关存档。

确定持证遗属后,原则上不再更改持证人和更换证明书。

第十四条 人民警察死亡被评定为烈士的,依照《烈士褒扬条例》的规定发给遗属烈士褒扬金,其标准为烈士牺牲时上一年度全国城镇居民人均可支配收入的30倍。

第十五条 人民警察死亡,根据其死亡性质和死亡时的月工资标准(基本工资和警衔津贴),发给其遗属一次性抚恤金,标准是:

烈士、因公牺牲的,为上一年度全国城镇居民人均可支配收入的20倍加本人40个月的工资;

病故的,为上一年度全国城镇居民人均可支配收入的2倍加本人40个月的工资。

第十六条 获得荣誉称号和立功(含死亡后追记、追认功勋)的人民警察死亡后,按以下比例增发一次性抚恤金:

(一)获得党中央、国务院授予英雄模范荣誉称号的,增发35%;

(二)获得中央政法机关或省级党委、政府授予英雄模范荣誉称号的,增发30%;

(三)立一等功的,增发25%;

(四)立二等功的,增发15%;

(五)立三等功的,增发5%。

多次获得荣誉称号或者立功的,按照其中最高等级奖励的增发比例,增发一次性抚恤金。

离退休人民警察死亡,增发一次性抚恤金按上述规定执行。

第十七条 烈士的一次性抚恤金、增发一次性抚恤金,由颁发烈士证书的县级人民政府民政部门发放;因公牺牲、病故人民警察的一次性抚恤金、增发一次性抚恤金,由所在单位的县级以上政法机关发放。

第十八条 一次性抚恤金发给烈士、因公牺牲、病故人民警察的父母(抚养人)、配偶、子女;没有父母(抚养人)、配偶、子女的,发给未满18周岁的兄弟姐妹和已满18周岁但无生活费来源且由该人民警察生前供养的兄弟姐妹。

第十九条 对符合享受定期抚恤金条件的烈士遗属,由遗属户籍所在地的县级人民政府民政部门发给定期抚恤金。

对符合享受遗属生活困难补助条件的因公牺牲和病故人民警察遗属,由人民警察所在单位的县级以上政法机关按照因公牺牲、病故军人遗属定期抚恤金标准发给生活困难补助费。

第二十条 享受定期抚恤金或遗属生活困难补助费的人员死亡,停发定期抚恤金或遗属生活困难补助费,并由原发放单位另外增发6个月的定期抚恤金或遗属生活困难补助费,作为丧葬补助费。

第二十一条 对生前作出特殊贡献的因公牺牲、病故人民警察,除按照本办法规定发给其遗属一次性抚恤金外,政法机关可以按照有关规定发给其遗属一次性特别抚恤金。

第二十二条 人民警察失踪,经法定程序宣告死亡的,在其被评定为烈士、确认为因公牺牲或者病故后,又经法定程序撤销对其死亡宣告的,由原评定或者确认机关取消烈士、因公牺牲人民警察或者病故人民警察资格,并由发证机关收回有关证件,终止其家属原享受的抚恤优待待遇。

第二十三条 《中华人民共和国烈士证明书》《中华人民共和国人民警察因公牺牲证明书》《中华人民共和国人民警察病故证明书》由民政部统一印制。证明书的管理,按照民政部的规定执行。

第三章 伤残抚恤和优待

第二十四条 人民警察伤残,按致残性质分为:
(一)因战致残;
(二)因公致残。

第二十五条 因第八条第一款规定的情形之一导致伤残的,认定为因战致残;因第十条第一款规定的情形之一导致伤残的,认定为因公致残。

第二十六条 伤残的等级,根据劳动功能障碍程度和生活自理障碍程度确定,由重到轻分为一级至十级。伤残等级的具体评定标准,参照《军人残疾等级评定标准》执行。

第二十七条 人民警察因战、因公负伤,符合评定伤残等级条件的,应当在因战、因公负伤3年内提出申请。

伤残人民警察的残情医学鉴定,由设区的市级以上人民政府民政部门指定的伤残医学鉴定机构作出;职业病的残情医学鉴定由省级人民政府民政部门指定的鉴定机构作出。

第二十八条 人民警察伤残等级评定程序按照《伤残抚恤管理办法》有关规定办理。

申请评残的人民警察所在单位应把评残情况逐级报至省级政法机关政治工作部门备案。

第二十九条 人民警察符合评残条件,并经省级人民政府民政部门审批通过的,由省级人民政府民政部门办理《中华人民共和国伤残人民警察证》,并通过县级人民政府民政部门将《中华人民共和国伤残人民警察证》发给本人所在单位,由所在单位转交本人。

第三十条 人民警察被评定伤残等级后,伤残情况发生明显变化,原定伤残等级与现伤残情况明显不符的,应按规定调整伤残等级。

第三十一条 伤残人民警察,按照伤残等级享受伤残抚恤金。伤残抚恤金由发给其伤残证件的县级人民政府民政部门发给,其标准按照《军人抚恤优待条例》规定执行。

第三十二条 伤残人民警察旧伤复发住院治疗期间的伙食补助费,经批准到外地就医的交通食宿费用,已经参加工伤保险的,按照工伤保险有关规定执行;未参加工伤保险的,由所在单位负责解决。

伤残人民警察需要配制假肢、轮椅等辅助器械的,已经参加工伤保险的,按照工伤保险有关规定执行;未参加工伤保险的,按照规定的标准,由其所在单位负责解决。

第三十三条 对符合相关规定的一级至四级伤残人民警察按月发给护理费,护理费的标准为:
(一)一级、二级伤残的,为上年度当地职工月平均工资的50%;
(二)三级、四级伤残的,为上年度当地职工月平均工资的40%。

伤残人民警察的护理费,已经参加工伤保险的,按照工伤保险有关规定执行;未参加工伤保险的,由所在单位负责解决。

第三十四条 伤残抚恤优待关系转移时,当年的伤残抚恤金由迁出地民政部门发给,从第二年起,由迁入地民政部门发给。

第三十五条 伤残人民警察凭《中华人民共和国伤残人民警察证》优先购票乘坐境内运行的火车、轮船、长途公共汽车以及民航班机,享受减收正常票价50%的优待。

伤残人民警察凭《中华人民共和国伤残人民警察证》免费乘坐市内公共汽车、电车和轨道交通工具。

第三十六条 伤残人民警察本人、烈士子女、因公牺牲人民警察子女、一级至四级伤残人民警察子女按照有关规定享受教育优待。

第四章 附 则

第三十七条 未列入行政编制的人民警察的抚恤优待，参照本办法执行，其抚恤费由所在单位按规定发放。

第三十八条 公安机关边防、消防、警卫等现役编制人民警察抚恤优待待遇，按照《军人抚恤优待条例》和有关政策规定执行。

第三十九条 本办法规定的抚恤优待对象被判处有期徒刑、剥夺政治权利或者被通缉期间，中止其抚恤优待待遇；被判处死刑、无期徒刑的，取消其抚恤优待资格。

第四十条 各省、自治区、直辖市政法机关可以根据本地区实际情况，会同同级民政等部门制定对伤亡人民警察及其遗属抚恤优待的具体办法。

第四十一条 本办法由民政部会同最高人民法院、最高人民检察院、公安部、国家安全部、司法部负责解释。

第四十二条 本办法自印发之日起施行。1996年11月19日公安部、民政部颁布的《公安机关人民警察抚恤办法》、1997年8月20日国家安全部、民政部颁布的《国家安全机关人民警察抚恤办法》、1998年5月14日最高人民法院、最高人民检察院、民政部颁布的《人民法院、人民检察院司法警察抚恤办法》、1999年11月16日司法部、民政部颁布的《司法行政系统人民警察抚恤办法》同时废止。

司法部关于起草司法行政法规（草案）和制定部颁规章的规定

· 2000年3月24日司法部令第58号发布
· 自发布之日起施行

第一章 总 则

第一条 为了依法规范司法部司法行政法规（草案）起草和部颁规章制定工作，根据有关法律、行政法规，制定本规定。

第二条 司法部起草司法行政法规（草案）和制定部颁规章工作，必须以宪法、法律和行政法规为根据，贯彻依法治国基本方略，结合司法行政工作实际，坚持科学、民主、公开的原则，促进司法行政机关依法行政水平的提高。

第三条 司法部起草司法行政法规（草案）和制定部颁规章工作，实行法制工作部门与业务司局相结合的工作原则，法制工作部门负责统一协商。

第二章 计划编制

第四条 司法部起草司法行政法规（草案）和制定部颁规章的工作计划，由法制工作部门组织业务司局草拟并提出，报部领导批准。

第五条 编制司法部起草司法行政法规（草案）和制定部颁规章工作计划，可以征求各省（区、市）司法行政部门的意见以及有关部门、专家的意见。

第六条 司法部起草司法行政法规（草案）和制定部颁规章工作计划，由法制工作部门负责统一协调实施。

第七条 司法部起草司法行政法规（草案）计划以部名义报送国务院。

第三章 起 草

第八条 司法行政法规（草案）、规章以及规范性文件的起草工作，由相关业务司局承担；必要时，法制工作部门也可以起草。

第九条 业务司局在起草司法行政法规（草案）、规章以及规范性文件送审稿时，应当根据国家有关现行法律、行政法规规定进行调查研究，并对起草中涉及的主要问题进行必要的论证和说明。

第十条 业务司局起草司法行政法规（草案）、规章以及规范性文件送审稿时，应当征求行政相对人、有关国家机关以及专家的意见。

业务司局根据前款规定征求意见或召开座谈会时，应当通知法制工作部门派员参加。

第四章 审 核

第十一条 业务司局在司法行政法规（草案）、规章以及规范性文件送审稿起草工作完成后，应当将送审稿、有关部门和专家意见以及起草说明送法制工作部门审核。

第十二条 法制工作部门审核送审稿，应当根据有关法律和政策，从有利于国家法制建设和司法行政工作发展的角度，进行审核，提出意见。

第十三条 法制工作部门审核送审稿时，根据审核的需要，可以征求有关行政相对人、有关国家机关、各省（区、市）司法行政部门以及专家的意见。必要时，经部领导批准，可以将审核修改稿在报刊上公布，公开征求意见。

第十四条 法制工作部门审核送审稿时，审核意见与原起草的业务司局意见不一致的，应当与原起草的业务司局进行协商。协商后意见仍不一致的，法制工作部门在签报审核意见时，应当如实汇报业务司局的意见。

主管法制工作的部领导认为有必要的，可以召集法制工作部门与有关业务司局进行协调,或直接与主管该业务司局的部领导进行协商;也可以直接提交部长办公会议决定。

第十五条 经法制工作部门审核修改形成的行政法规(草案)、规章以及规范性文件草案,由法制工作部门负责人签署审核意见后,报主管法制工作的部领导审查并决定提交部长办公会议审议。

第五章 审 议

第十六条 部长办公会议审议司法行政法规(草案)、规章以及规范性文件草案时,由法制工作部门负责人作审核报告;根据需要,原起草的业务司局负责人对草案作起草说明。

第十七条 部长办公会议审议时,根据需要可以邀请专家、行政相对人代表参加,听取其意见。

第十八条 对于部长办公会议一次审议未获通过的司法行政法规(草案)、规章以及规范性文件草案,法制工作部门应当会同原起草的业务司局根据部长办公会议提出的意见进行修改,重新上报部长办公会议审议。

第六章 送 审

第十九条 部长办公会议审议通过的司法行政法规(草案),应当以司法部送审稿的发文形式报送国务院。

第二十条 司法行政法规(草案)送审稿报送国务院后,由法制工作部门负责配合国务院法制工作机构进行审核修改工作。审核修改过程中,有关业务司局应当积极、主动地配合部法制工作部门的工作。

第七章 发 布

第二十一条 部长办公会议审议通过的司法行政规章,以司法部部令形式发布。司法部部令由部长签署,法制工作部门统一编制序号。

第二十二条 部长办公会议审议通过或部领导审定的规范性文件,由部长签署或主管法制工作的部领导和主管相关业务工作的部领导联名签署,发文形式以及编号由办公厅负责。

第二十三条 司法部与其他有关部门联合发布的规范性文件,由部长会签后发布实施。

第二十四条 司法部各业务司局不得以本司局名义发布面向全国适用的规范性文件。

第二十五条 司法行政规章、规范性文件可以通过报刊或新闻媒体公开发布。

第二十六条 司法行政规章的备案工作,由法制工作部门按照国务院有关规定办理。

第八章 参与国家立法工作

第二十七条 司法部受国务院委托起草司法行政法律草案的有关工作,适用本办法。

第二十八条 对于全国人大常委会法制工作委员会、国务院法制办公室以及国务院有关部委征求司法部意见的法律法规草案或草稿,由法制工作部门负责组织有关业务司局研究答复。

法制工作部门对于与业务司局工作关系密切的法律法规草案或草稿,应当即时复印送相关业务司局研究,业务司局应当在规定的时间内反馈修改意见。

第二十九条 法制工作部门与有关业务司局承办法律法规草案或草稿复函工作,应当从依法治国全局和司法行政工作的角度,及时高效、有理有据地提出意见。

对于重要的法律、法规草案或草稿的意见,法制工作部门应当向部领导汇报。

第三十条 法制工作部门与有关业务司局可以根据需要组织有关专家和法律实务工作者对有关部门征求司法部意见的法律法规草案或草稿研究,提出意见。

第九章 解 释

第三十一条 根据有关法律法规规定,涉及司法行政法律、行政法规的具体应用问题,由司法部进行解释。

司法行政规章需要明确界限或作补充规定的,由司法部进行解释。

第三十二条 业务司局在征求法制工作部门的意见后,可以就个案适用法律、行政法规以及规章问题提出指导性意见,但只限于对提出请求的省(区、市)司法行政部门的相应业务处室予以答复,不得以本司局名义发布面向全国适用的解释。

第三十三条 解释由有关业务司局起草,经法制工作部门审核后,报主管法制工作和相关业务工作的部领导审定。

法制工作部门也可以直接起草解释,但应当征求相关业务司局的意见。

上述解释,可以征求有关行政相对人的意见。

第三十四条 解释应当经部长决定或部办公会议审议通过,以规范性文件格式发布。

第三十五条 解释包括"解释"、"批复"两种形式。

第三十六条 解释需要修改或废止的,由原起草解释的业务司局提出具体意见,按照本章有关规定办理。

第十章 修改、废止、汇编

第三十七条 司法行政法规修改和废止的建议,以及规章、规范性文件的修改和废止,适用本规定。

第三十八条 司法行政法律、行政法规、规章以及规范性文件由法制工作部门负责按年度汇编出版,公开发行。

第三十九条 法制工作部门负责组织对司法行政法律、行政法规、规章以及规范性文件的实施情况进行调查研究,提出修改、废止意见,向部领导汇报。

第十一章 附 则

第四十条 本规定自发布之日起实施。一九八九年一月二十日司法部部令第一号《司法部关于起草司法行政法律、法规和制定规章的规定》同时废止。

人民监督员选任管理办法

· 2021 年 12 月 29 日
· 司发〔2021〕7 号

第一条 为了规范人民监督员选任和管理工作,完善人民监督员制度,健全检察权行使的外部监督制约机制,根据《中华人民共和国人民检察院组织法》和有关规定,制定本办法。

第二条 选任和管理人民监督员应当坚持依法民主、公开公正、科学高效的原则,建设一支具备较高政治素质,具有广泛代表性和扎实群众基础的人民监督员队伍,保障和促进人民监督员行使监督权,发挥人民监督员监督作用。

第三条 人民监督员的选任和培训、考核、奖惩等管理工作由司法行政机关负责,人民检察院予以配合协助。

司法行政机关、人民检察院应当建立工作协调机制,为人民监督员履职提供相应服务,确保人民监督员选任、管理和使用相衔接,保障人民监督员依法充分履行职责。

第四条 人民监督员由省级和设区的市级司法行政机关负责选任管理。县级司法行政机关按照上级司法行政机关的要求,协助做好本行政区域内人民监督员选任和管理具体工作。

司法行政机关应当安排专门工作机构,选配专职工作人员,完善制度机制,保障人民监督员选任和管理工作顺利开展。

第五条 人民监督员分为省级人民检察院人民监督员和设区的市级人民检察院人民监督员。

省级人民检察院人民监督员监督同级人民检察院及其分院、派出院办案活动。其中,直辖市人民检察院人民监督员监督直辖市各级人民检察院办案活动。

设区的市级人民检察院人民监督员监督同级和下级人民检察院办案活动。

第六条 人民监督员每届任期五年,连续担任人民监督员不超过两届。

人民监督员不得同时担任两个以上人民检察院人民监督员。

第七条 人民监督员依法行使监督权受法律保护。

人民监督员应当严格遵守法律、法规和有关纪律规定,按照规定的权限和程序,独立公正地对办案活动进行监督。不得有下列情形:

(一)妨碍办案活动正常进行;

(二)泄露办案活动涉及的国家秘密、商业秘密、个人隐私和未成年人信息;

(三)披露其他依照法律法规和有关规定不应当公开的办案活动信息。

第八条 拥护中华人民共和国宪法、品行良好、公道正派、身体健康的年满 23 周岁的中国公民,可以担任人民监督员。人民监督员应当具有高中以上文化学历。

第九条 下列人员不参加人民监督员选任:

(一)人民代表大会常务委员会组成人员,监察机关、人民法院、人民检察院、公安机关、国家安全机关、司法行政机关的在职工作人员;

(二)人民陪审员;

(三)其他因工作原因不适宜参加人民监督员选任的人员。

第十条 有下列情形之一的,不得担任人民监督员:

(一)受过刑事处罚的;

(二)被开除公职的;

(三)被吊销律师、公证员执业证书,或被仲裁委员会除名的;

(四)被纳入失信被执行人名单的;

(五)因受惩戒被免除人民陪审员职务的;

(六)存在其他严重违法违纪行为,可能影响司法公正的。

因在选任、履职过程中违法违规以及年度考核不合格等被免除人民监督员资格的,不得再次担任人民监督员。

第十一条 司法行政机关应当会同人民检察院,根据监督办案活动需要和本辖区人口、地域、民族等因素,合理确定人民监督员的名额及分布,每个县(市、区)人民监督员名额不少于三名。

第十二条 司法行政机关应当发布人民监督员选任公告,明确选任名额、条件、程序、申请和推荐期限及方式等事项,公告期不少于二十个工作日。

第十三条 人民监督员候选人通过下列方式产生:

(一)个人申请;

(二)单位和组织推荐。

支持工会、共青团、妇联等人民团体及其他社会组织推荐符合条件的人员成为人民监督员候选人。

第十四条 司法行政机关应当采取到候选人所在单位、社区实地走访了解、听取群众代表和基层组织意见、组织面谈等多种形式,考察确定人民监督员拟任人选。

确定人民监督员拟任人选,应当充分体现广泛性和代表性。

人民监督员拟任人选中具有公务员或者事业单位在编工作人员身份的人员,一般不超过选任名额的百分之五十。

第十五条 司法行政机关应当向社会公示拟任人民监督员名单,公示时间不少于五个工作日。

第十六条 人民监督员拟任人选经过公示无异议或者经审查异议不成立的,由司法行政机关作出人民监督员选任决定,颁发证书,通知人民监督员所在单位、推荐单位或组织,并向社会公布。

第十七条 根据监督办案活动需要,可以增选、补选人民监督员。

增选、补选人民监督员,依照本办法选任程序执行。

增选、补选的人民监督员任期与本届任期保持一致。

第十八条 司法行政机关应当建立人民监督员信息库,与人民检察院实现信息共享。

司法行政机关、人民检察院应当公开人民监督员的姓名和联系方式,畅通群众向人民监督员反映情况的渠道。

第十九条 人民检察院办案活动需要人民监督员监督的,人民检察院应当在开展监督活动五个工作日前将需要的人数、时间、地点以及其他有关事项通知司法行政机关。

案件情况特殊,经商司法行政机关同意的,人民检察院可以在开展监督活动三个工作日前将有关事项通知司法行政机关。

第二十条 司法行政机关从人民监督员信息库中随机抽选、联络确定参加监督活动的人民监督员,并通报人民检察院。

根据办案活动需要,可以在具有特定专业背景的人民监督员中随机抽选。

省级人民检察院及其分院、派出院组织监督办案活动,由省级司法行政机关抽选人民监督员。

设区的市级人民检察院和基层人民检察院组织监督办案活动,由设区的市级司法行政机关抽选人民监督员。

直辖市各级人民检察院组织监督办案活动,由直辖市司法行政机关抽选人民监督员。其中,直辖市区级人民检察院组织监督办案活动,也可由直辖市区级司法行政机关抽选人民监督员。

最高人民检察院组织监督办案活动,商司法部在省级人民检察院人民监督员中抽选。

第二十一条 人民监督员是监督办案活动所涉案件当事人近亲属、与案件有利害关系或者担任过案件诉讼参与人,以及有其他可能影响司法公正情形的,应当自行回避。

人民检察院发现人民监督员有需要回避情形,或者案件当事人向人民检察院提出回避申请且满足回避条件的,应当及时通知司法行政机关决定人民监督员回避,或者要求人民监督员自行回避。

第二十二条 司法行政机关应当建立人民监督员履职台账。

人民检察院应当在人民监督员参加监督办案活动结束后三个工作日内将履职情况通报司法行政机关。

人民检察院应当将人民监督员监督意见的采纳情况及时告知人民监督员。

第二十三条 司法行政机关会同人民检察院组织开展人民监督员初任培训和任期培训。

人民监督员应当按照要求参加培训。

第二十四条 司法行政机关应当对人民监督员进行年度考核和任期考核。考核结果作为对人民监督员表彰奖励、免除资格或者续任的重要依据。

第二十五条 对于在履职中有显著成绩的人民监督员,司法行政机关应当按照国家有关规定给予表彰奖励。

第二十六条 人民监督具有下列情形之一的,作出选任决定的司法行政机关应当免除其人民监督员资格:

(一)本人申请辞去担任的人民监督员的;

(二)丧失中华人民共和国国籍的;

(三)丧失行为能力的;

(四)在选任中弄虚作假,提供不实材料的;

(五)年度考核不合格的;

(六)有本办法第七条第二款、第十条第一款所列情形的。

第二十七条 人民监督员因工作变动不能担任人民监督员，或者因身体健康原因不能正常履职，或者出现其他影响正常履职情况的，应当及时向作出选任决定的司法行政机关辞去担任的人民监督员。

第二十八条 司法行政机关应当及时将考核结果、表彰奖励决定、免除资格决定书面通知人民监督员本人及其工作单位、推荐单位或组织，并通报人民检察院。

免除资格决定应当及时向社会公布。

第二十九条 司法行政机关、人民检察院应当加强人民监督员工作信息化建设，实现共享协同、便捷高效。

第三十条 司法行政机关、人民检察院应当协调人民监督员所在工作单位、推荐单位或组织，为人民监督员履职提供支持和帮助。

第三十一条 人民监督员经费应当列入同级政府预算，严格经费管理。人民检察院应当协助司法行政机关做好经费预算申报工作，每年书面向同级司法行政机关提供下一年度人民监督员监督办案活动计划。

人民监督员按照《人民检察院办案活动接受人民监督员监督的规定》履职和参加培训、会议等活动而支出的交通、就餐、住宿等相关费用以及劳务费用，由司法行政机关按相关规定予以补助。

第三十二条 军事检察院人民监督员选任管理工作，按照有关规定执行。

第三十三条 本办法自2022年1月1日起施行。

2016年最高人民检察院、司法部印发的《人民监督员选任管理办法》同时废止。

信访工作条例

· 2022年1月24日中共中央政治局会议审议批准
· 2022年2月25日中共中央、国务院发布

第一章 总 则

第一条 为了坚持和加强党对信访工作的全面领导，做好新时代信访工作，保持党和政府同人民群众的密切联系，制定本条例。

第二条 本条例适用于各级党的机关、人大机关、行政机关、政协机关、监察机关、审判机关、检察机关以及群团组织、国有企事业单位等开展信访工作。

第三条 信访工作是党的群众工作的重要组成部分，是党和政府了解民情、集中民智、维护民利、凝聚民心的一项重要工作，是各级机关、单位及其领导干部、工作人员接受群众监督、改进工作作风的重要途径。

第四条 信访工作坚持以马克思列宁主义、毛泽东思想、邓小平理论、"三个代表"重要思想、科学发展观、习近平新时代中国特色社会主义思想为指导，贯彻落实习近平总书记关于加强和改进人民信访工作的重要思想，增强"四个意识"、坚定"四个自信"、做到"两个维护"，牢记为民解难、为党分忧的政治责任，坚守人民情怀，坚持底线思维、法治思维，服务党和国家工作大局，维护群众合法权益，化解信访突出问题，促进社会和谐稳定。

第五条 信访工作应当遵循下列原则：

（一）坚持党的全面领导。把党的领导贯彻到信访工作各方面和全过程，确保正确政治方向。

（二）坚持以人民为中心。践行党的群众路线，倾听群众呼声，关心群众疾苦，千方百计为群众排忧解难。

（三）坚持落实信访工作责任。党政同责、一岗双责，属地管理、分级负责，谁主管、谁负责。

（四）坚持依法按政策解决问题。将信访纳入法治化轨道，依法维护群众权益、规范信访秩序。

（五）坚持源头治理化解矛盾。多措并举、综合施策，着力点放在源头预防和前端化解，把可能引发信访问题的矛盾纠纷化解在基层、化解在萌芽状态。

第六条 各级机关、单位应当畅通信访渠道，做好信访工作，认真处理信访事项，倾听人民群众建议、意见和要求，接受人民群众监督，为人民群众服务。

第二章 信访工作体制

第七条 坚持和加强党对信访工作的全面领导，构建党委统一领导、政府组织落实、信访工作联席会议协调、信访部门推动、各方齐抓共管的信访工作格局。

第八条 党中央加强对信访工作的统一领导：

（一）强化政治引领，确立信访工作的政治方向和政治原则，严明政治纪律和政治规矩；

（二）制定信访工作方针政策，研究部署信访工作中事关党和国家工作大局、社会和谐稳定、群众权益保障的重大改革措施；

（三）领导建设一支对党忠诚可靠、恪守为民之责、善做群众工作的高素质专业化信访工作队伍，为信访工作提供组织保证。

第九条 地方党委领导本地区信访工作，贯彻落实党中央关于信访工作的方针政策和决策部署，执行上级党组织关于信访工作的部署要求，统筹信访工作责任体系构建，支持和督促下级党组织做好信访工作。

地方党委常委会应当定期听取信访工作汇报，分析

形势、部署任务、研究重大事项、解决突出问题。

第十条 各级政府贯彻落实上级党委和政府以及本级党委关于信访工作的部署要求,科学民主决策、依法履行职责,组织各方力量加强矛盾纠纷排查化解,及时妥善处理信访事项,研究解决政策性、群体性信访突出问题和疑难复杂信访问题。

第十一条 中央信访工作联席会议在党中央、国务院领导下,负责全国信访工作的统筹协调、整体推进、督促落实,履行下列职责:

(一)研究分析全国信访形势,为中央决策提供参考;

(二)督促落实党中央关于信访工作的方针政策和决策部署;

(三)研究信访制度改革和信访法治化建设重大问题和事项;

(四)研究部署重点工作任务,协调指导解决具有普遍性的信访突出问题;

(五)领导组织信访工作责任制落实、督导考核等工作;

(六)指导地方各级信访工作联席会议工作;

(七)承担党中央、国务院交办的其他事项。

中央信访工作联席会议由党中央、国务院领导同志以及有关部门负责同志担任召集人,各成员单位负责同志参加。中央信访工作联席会议办公室设在国家信访局,承担联席会议的日常工作,督促检查联席会议议定事项的落实。

第十二条 中央信访工作联席会议根据工作需要召开全体会议或者工作会议。研究涉及信访工作改革发展的重大问题和重要信访事项的处理意见,应当及时向党中央、国务院请示报告。

中央信访工作联席会议各成员单位应当落实联席会议确定的工作任务和议定事项,及时报送落实情况;及时将本领域重大敏感信访问题提请联席会议研究。

第十三条 地方各级信访工作联席会议在本级党委和政府领导下,负责本地区信访工作的统筹协调、整体推进、督促落实,协调处理发生在本地区的重要信访问题,指导下级信访工作联席会议工作。联席会议召集人一般由党委和政府负责同志担任。

地方党委和政府应当根据信访工作形势任务,及时调整成员单位,健全规章制度,建立健全信访信息分析研判、重大信访问题协调处理、联合督查等工作机制,提升联席会议工作的科学化、制度化、规范化水平。

根据工作需要,乡镇党委和政府、街道党工委和办事处可以建立信访工作联席会议机制,或者明确党政联席会定期研究本地区信访工作,协调处理发生在本地区的重要信访问题。

第十四条 各级党委和政府信访部门是开展信访工作的专门机构,履行下列职责:

(一)受理、转送、交办信访事项;

(二)协调解决重要信访问题;

(三)督促检查重要信访事项的处理和落实;

(四)综合反映信访信息,分析研判信访形势,为党委和政府提供决策参考;

(五)指导本级其他机关、单位和下级的信访工作;

(六)提出改进工作、完善政策和追究责任的建议;

(七)承担本级党委和政府交办的其他事项。

各级党委和政府信访部门以外的其他机关、单位应当根据信访工作形势任务,明确负责信访工作的机构或者人员,参照党委和政府信访部门职责,明确相应的职责。

第十五条 各级党委和政府以外的其他机关、单位应当做好各自职责范围内的信访工作,按照规定及时受理办理信访事项,预防和化解政策性、群体性信访问题,加强对下级机关、单位信访工作的指导。

各级机关、单位应当拓宽社会力量参与信访工作的制度化渠道,发挥群团组织、社会组织和"两代表一委员"、社会工作者等作用,反映群众意见和要求,引导群众依法理性反映诉求、维护权益,推动矛盾纠纷及时有效化解。

乡镇党委和政府、街道党工委和办事处以及村(社区)"两委"应当全面发挥职能作用,坚持和发展新时代"枫桥经验",积极协调处理化解发生在当地的信访事项和矛盾纠纷,努力做到小事不出村、大事不出镇,矛盾不上交。

第十六条 各级党委和政府应当加强信访部门建设,选优配强领导班子,配备与形势任务相适应的工作力量,建立健全信访督查专员制度,打造高素质专业化信访干部队伍。各级党委和政府信访部门主要负责同志应当由本级党委或者政府副秘书长[办公厅(室)副主任]兼任。

各级党校(行政学院)应当将信访工作作为党性教育内容纳入教学培训,加强干部教育培训。

各级机关、单位应当建立健全年轻干部和新录用干部到信访工作岗位锻炼制度。

各级党委和政府应当为信访工作提供必要的支持和保障,所需经费列入本级预算。

第三章 信访事项的提出和受理

第十七条 公民、法人或者其他组织可以采用信息网络、书信、电话、传真、走访等形式，向各级机关、单位反映情况，提出建议、意见或者投诉请求，有关机关、单位应当依规依法处理。

采用前款规定的形式，反映情况，提出建议、意见或者投诉请求的公民、法人或者其他组织，称信访人。

第十八条 各级机关、单位应当向社会公布网络信访渠道、通信地址、咨询投诉电话、信访接待的时间和地点、查询信访事项处理进展以及结果的方式等相关事项，在其信访接待场所或者网站公布与信访工作有关的党内法规和法律、法规、规章，信访事项的处理程序，以及其他为信访人提供便利的相关事项。

各级机关、单位领导干部应当阅办群众来信和网上信访，定期接待群众来访、定期下访，包案化解群众反映强烈的突出问题。

市、县级党委和政府应当建立和完善联合接访工作机制，根据工作需要组织有关机关、单位联合接待，一站式解决信访问题。

任何组织和个人不得打击报复信访人。

第十九条 信访人一般应当采用书面形式提出信访事项，并载明其姓名（名称）、住址和请求、事实、理由。对采用口头形式提出的信访事项，有关机关、单位应当如实记录。

信访人提出信访事项，应当客观真实，对其所提供材料内容的真实性负责，不得捏造、歪曲事实，不得诬告、陷害他人。

信访事项已经受理或者正在办理的，信访人在规定期限内向受理、办理机关、单位的上级机关、单位又提出同一信访事项的，上级机关、单位不予受理。

第二十条 信访人采用走访形式提出信访事项的，应当到有权处理的本级或者上一级机关、单位设立或者指定的接待场所提出。

信访人采用走访形式提出涉及诉讼权利救济的信访事项，应当按照法律法规规定的程序向有关政法部门提出。

多人采用走访形式提出共同的信访事项的，应当推选代表，代表人数不得超过5人。

各级机关、单位应当落实属地责任，认真接待处理群众来访，把问题解决在当地，引导信访人就地反映问题。

第二十一条 各级党委和政府应当加强信访工作信息化、智能化建设，依规依法有序推进信访信息系统互联互通、信息共享。

各级机关、单位应当及时将信访事项录入信访信息系统，使网上信访、来信、来访、来电在网上流转，方便信访人查询、评价信访事项办理情况。

第二十二条 各级党委和政府信访部门收到信访事项，应当予以登记，并区分情况，在15日内分别按照下列方式处理：

（一）对依照职责属于本级机关、单位或者其工作部门处理决定的，应当转送有权处理的机关、单位；情况重大、紧急的，应当及时提出建议，报请本级党委和政府决定。

（二）涉及下级机关、单位或者其工作人员的，按照"属地管理、分级负责，谁主管、谁负责"的原则，转送有权处理的机关、单位。

（三）对转送信访事项中的重要情况需要反馈办理结果的，可以交由有权处理的机关、单位办理，要求其在指定办理期限内反馈结果，提交办结报告。

各级党委和政府信访部门对收到的涉法涉诉信件，应当转送同级政法部门依法处理；对走访反映涉诉问题的信访人，应当释法明理，引导其向有关政法部门反映问题。对属于纪检监察机关受理的检举控告类信访事项，应当按照管理权限转送有关纪检监察机关依规依纪依法处理。

第二十三条 党委和政府信访部门以外的其他机关、单位收到信访人直接提出的信访事项，应当予以登记；对属于本机关、单位职权范围的，应当告知信访人接收情况以及处理途径和程序；对属于本系统下级机关、单位职权范围的，应当转送、交办有权处理的机关、单位，并告知信访人转送、交办去向；对不属于本机关、单位或者本系统职权范围的，应当告知信访人向有权处理的机关、单位提出。

对信访人直接提出的信访事项，有关机关、单位能够当场告知的，应当当场书面告知；不能当场告知的，应当自收到信访事项之日起15日内书面告知信访人，但信访人的姓名（名称）、住址不清的除外。

对党委和政府信访部门或者本系统上级机关、单位转送、交办的信访事项，属于本机关、单位职权范围的，有关机关、单位应当自收到之日起15日内书面告知信访人接收情况以及处理途径和程序；不属于本机关、单位或者本系统职权范围的，有关机关、单位应当自收到之日起5个工作日内提出异议，并详细说明理由，经转送、交办的信访部门或者上级机关、单位核实同意后，交还相关材料。

政法部门处理涉及诉讼权利救济事项、纪检监察机关处理检举控告事项的告知按照有关规定执行。

第二十四条 涉及两个或者两个以上机关、单位的信访事项，由所涉及的机关、单位协商受理；受理有争议的，由其共同的上一级机关、单位决定受理机关；受理有争议且没有共同的上一级机关、单位的，由共同的信访工作联席会议协调处理。

应当对信访事项作出处理的机关、单位分立、合并、撤销的，由继续行使其职权的机关、单位受理；职责不清的，由本级党委和政府或者其指定的机关、单位受理。

第二十五条 各级机关、单位对可能造成社会影响的重大、紧急信访事项和信访信息，应当及时报告本级党委和政府，通报相关主管部门和本级信访工作联席会议办公室，在职责范围内依法及时采取措施，防止不良影响的产生、扩大。

地方各级党委和政府信访部门接到重大、紧急信访事项和信访信息，应当向上一级信访部门报告，同时报告国家信访局。

第二十六条 信访人在信访过程中应当遵守法律、法规，不得损害国家、社会、集体的利益和其他公民的合法权利，自觉维护社会公共秩序和信访秩序，不得有下列行为：

（一）在机关、单位办公场所周围、公共场所非法聚集、围堵、冲击机关、单位，拦截公务车辆，或者堵塞、阻断交通；

（二）携带危险物品、管制器具；

（三）侮辱、殴打、威胁机关、单位工作人员，非法限制他人人身自由，或者毁坏财物；

（四）在信访接待场所滞留、滋事，或者将生活不能自理的人弃留在信访接待场所；

（五）煽动、串联、胁迫、以财物诱使、幕后操纵他人信访，或者以信访为名借机敛财；

（六）其他扰乱公共秩序、妨害国家和公共安全的行为。

第四章　信访事项的办理

第二十七条 各级机关、单位及其工作人员应当根据各自职责和有关规定，按照诉求合理的解决问题到位、诉求无理的思想教育到位、生活困难的帮扶救助到位、行为违法的依法处理的要求，依法按政策及时就地解决群众合法合理诉求，维护正常信访秩序。

第二十八条 各级机关、单位及其工作人员办理信访事项，应当恪尽职守、秉公办事，查明事实、分清责任，加强教育疏导，及时妥善处理，不得推诿、敷衍、拖延。

各级机关、单位应当按照诉讼与信访分离制度要求，将涉及民事、行政、刑事等诉讼权利救济的信访事项从普通信访体制中分离出来，由有关政法部门依法处理。

各级机关、单位工作人员与信访事项或者信访人有直接利害关系的，应当回避。

第二十九条 对信访人反映的情况、提出的建议意见类事项，有权处理的机关、单位应当认真研究论证。对科学合理、具有现实可行性的，应当采纳或者部分采纳，并予以回复。

信访人反映的情况、提出的建议意见，对国民经济和社会发展或者对改进工作以及保护社会公共利益有贡献的，应当按照有关规定给予奖励。

各级党委和政府应当健全人民建议征集制度，对涉及国计民生的重要工作，主动听取群众的建议意见。

第三十条 对信访人提出的检举控告类事项，纪检监察机关或者有权处理的机关、单位应当依规依纪依法接收、受理、办理和反馈。

党委和政府信访部门应当按照干部管理权限向组织（人事）部门通报反映干部问题的信访情况，重大情况向党委主要负责同志和分管组织（人事）工作的负责同志报送。组织（人事）部门应当按照干部选拔任用监督的有关规定进行办理。

不得将信访人的检举、揭发材料以及有关情况透露或者转给被检举、揭发的人员或者单位。

第三十一条 对信访人提出的申诉求决类事项，有权处理的机关、单位应当区分情况，分别按照下列方式办理：

（一）应当通过审判机关诉讼程序或者复议程序、检察机关刑事立案程序或者法律监督程序、公安机关法律程序处理的，涉法涉诉信访事项未依法终结的，按照法律法规规定的程序处理。

（二）应当通过仲裁解决的，导入相应程序处理。

（三）可以通过党员申诉、申请复审等解决的，导入相应程序处理。

（四）可以通过行政复议、行政裁决、行政确认、行政许可、行政处罚等行政程序解决的，导入相应程序处理。

（五）属于申请查处违法行为、履行保护人身权或者财产权等合法权益职责的，依法履行或者答复。

（六）不属于以上情形的，应当听取信访人陈述事实和理由，并调查核实，出具信访处理意见书。对重大、复杂、疑难的信访事项，可以举行听证。

第三十二条 信访处理意见书应当载明信访人投诉请求、事实和理由、处理意见及其法律法规依据：

（一）请求事实清楚，符合法律、法规、规章或者其他有关规定的，予以支持；

（二）请求事由合理但缺乏法律依据的，应当作出解释说明；

（三）请求缺乏事实根据或者不符合法律、法规、规章或者其他有关规定的，不予支持。

有权处理的机关、单位作出支持信访请求意见的，应当督促有关机关、单位执行；不予支持的，应当做好信访人的疏导教育工作。

第三十三条 各级机关、单位在处理申诉求决类事项过程中，可以在不违反政策法规强制性规定的情况下，在裁量权范围内，经争议双方当事人同意进行调解；可以引导争议双方当事人自愿和解。经调解、和解达成一致意见的，应当制作调解协议书或者和解协议书。

第三十四条 对本条例第三十一条第六项规定的信访事项应当自受理之日起60日内办结；情况复杂的，经本机关、单位负责人批准，可以适当延长办理期限，但延长期限不得超过30日，并告知信访人延期理由。

第三十五条 信访人对信访处理意见不服的，可以自收到书面答复之日起30日内请求原办理机关、单位的上一级机关、单位复查。收到复查请求的机关、单位应当自收到复查请求之日起30日内提出复查意见，并予以书面答复。

第三十六条 信访人对复查意见不服的，可以自收到书面答复之日起30日内向复查机关、单位的上一级机关、单位请求复核。收到复核请求的机关、单位应当自收到复核请求之日起30日内提出复核意见。

复核机关、单位可以按照本条例第三十一条第六项的规定举行听证，经过听证的复核意见可以依法向社会公示。听证所需时间不计算在前款规定的期限内。

信访人对复核意见不服，仍然以同一事实和理由提出投诉请求的，各级党委和政府信访部门和其他机关、单位不再受理。

第三十七条 各级机关、单位应当坚持社会矛盾纠纷多元预防调处化解，人民调解、行政调解、司法调解联动，综合运用法律、政策、经济、行政等手段和教育、协商、疏导等办法，多措并举化解矛盾纠纷。

各级机关、单位在办理信访事项时，对生活确有困难的信访人，可以告知或者帮助其向有关机关或者机构依法申请社会救助。符合国家司法救助条件的，有关政法部门应当按照规定给予司法救助。

地方党委和政府以及基层党组织和基层单位对信访事项已经复查复核和涉法涉诉信访事项已经依法终结的相关信访人，应当做好疏导教育、矛盾化解、帮扶救助等工作。

第五章　监督和追责

第三十八条 各级党委和政府应当对开展信访工作、落实信访工作责任的情况组织专项督查。

信访工作联席会议及其办公室、党委和政府信访部门应当根据工作需要开展督查，就发现的问题向有关地方和部门进行反馈，重要问题向本级党委和政府报告。

各级党委和政府督查部门应当将疑难复杂信访问题列入督查范围。

第三十九条 各级党委和政府应当以依规依法及时就地解决信访问题为导向，每年对信访工作情况进行考核。考核结果应当在适当范围内通报，并作为对领导班子和有关领导干部综合考核评价的重要参考。

对在信访工作中作出突出成绩和贡献的机关、单位或者个人，可以按照有关规定给予表彰和奖励。

对在信访工作中履职不力、存在严重问题的领导班子和领导干部，视情节轻重，由信访工作联席会议进行约谈、通报、挂牌督办，责令限期整改。

第四十条 党委和政府信访部门发现有关机关、单位存在违反信访工作规定受理、办理信访事项，办理信访事项推诿、敷衍、拖延、弄虚作假或者拒不执行信访处理意见等情形的，应当及时督办，并提出改进工作的建议。

对工作中发现的有关政策性问题，应当及时向本级党委和政府报告，并提出完善政策的建议。

对在信访工作中推诿、敷衍、拖延、弄虚作假造成严重后果的机关、单位及其工作人员，应当向有管理权限的机关、单位提出追究责任的建议。

对信访部门提出的改进工作、完善政策、追究责任的建议，有关机关、单位应当书面反馈采纳情况。

第四十一条 党委和政府信访部门应当编制信访情况年度报告，每年向本级党委和政府、上一级党委和政府信访部门报告。年度报告应当包括下列内容：

（一）信访事项的数据统计、信访事项涉及领域以及被投诉较多的机关、单位；

（二）党委和政府信访部门转送、交办、督办情况；

（三）党委和政府信访部门提出改进工作、完善政策、追究责任建议以及被采纳情况；

（四）其他应当报告的事项。

根据巡视巡察工作需要，党委和政府信访部门应当向巡视巡察机构提供被巡视巡察地区、单位领导班子及其成员和下一级主要负责人有关信访举报，落实信访工作责任制，具有苗头性、倾向性的重要信访问题，需要巡视巡察工作关注的重要信访事项等情况。

第四十二条 因下列情形之一导致信访事项发生，造成严重后果的，对直接负责的主管人员和其他直接责任人员，依规依纪依法严肃处理；构成犯罪的，依法追究刑事责任：

（一）超越或者滥用职权，侵害公民、法人或者其他组织合法权益；

（二）应当作为而不作为，侵害公民、法人或者其他组织合法权益；

（三）适用法律、法规错误或者违反法定程序，侵害公民、法人或者其他组织合法权益；

（四）拒不执行有权处理机关、单位作出的支持信访请求意见。

第四十三条 各级党委和政府信访部门对收到的信访事项应当登记、转送、交办而未按照规定登记、转送、交办，或者应当履行督办职责而未履行的，由其上级机关责令改正；造成严重后果的，对直接负责的主管人员和其他直接责任人员依规依纪依法严肃处理。

第四十四条 负有受理信访事项职责的机关、单位有下列情形之一的，由其上级机关、单位责令改正；造成严重后果的，对直接负责的主管人员和其他直接责任人员依规依纪依法严肃处理：

（一）对收到的信访事项不按照规定登记；

（二）对属于其职权范围的信访事项不予受理；

（三）未在规定期限内书面告知信访人是否受理信访事项。

第四十五条 对信访事项有权处理的机关、单位有下列情形之一的，由其上级机关、单位责令改正；造成严重后果的，对直接负责的主管人员和其他直接责任人员依规依纪依法严肃处理：

（一）推诿、敷衍、拖延信访事项办理或者未在规定期限内办结信访事项；

（二）对事实清楚，符合法律、法规、规章或者其他有关规定的投诉请求未予支持；

（三）对党委和政府信访部门提出的改进工作、完善政策等建议重视不够、落实不力，导致问题长期得不到解决；

（四）其他不履行或者不正确履行信访事项处理职责的情形。

第四十六条 有关机关、单位及其领导干部、工作人员有下列情形之一的，由其上级机关、单位责令改正；造成严重后果的，对直接负责的主管人员和其他直接责任人员依规依纪依法严肃处理；构成犯罪的，依法追究刑事责任：

（一）对待信访人态度恶劣、作风粗暴，损害党群干群关系；

（二）在处理信访事项过程中吃拿卡要、谋取私利；

（三）对规模性集体访、负面舆情等处置不力，导致事态扩大；

（四）对可能造成社会影响的重大、紧急信访事项和信访信息隐瞒、谎报、缓报，或者未依法及时采取必要措施；

（五）将信访人的检举、揭发材料或者有关情况透露、转给被检举、揭发的人员或者单位；

（六）打击报复信访人；

（七）其他违规违纪违法的情形。

第四十七条 信访人违反本条例第二十条、第二十六条规定的，有关机关、单位工作人员应当对其进行劝阻、批评或者教育。

信访人滋事扰序、缠访闹访情节严重，构成违反治安管理行为的，或者违反集会游行示威相关法律法规的，由公安机关依法采取必要的现场处置措施、给予治安管理处罚；构成犯罪的，依法追究刑事责任。

信访人捏造歪曲事实、诬告陷害他人，构成违反治安管理行为的，依法给予治安管理处罚；构成犯罪的，依法追究刑事责任。

第六章 附　则

第四十八条 对外国人、无国籍人、外国组织信访事项的处理，参照本条例执行。

第四十九条 本条例由国家信访局负责解释。

第五十条 本条例自2022年5月1日起施行。

司法行政机关信访工作办法

· 2018年2月9日司法部令第139号公布
· 自2018年4月1日起施行

第一章 总　则

第一条 为规范司法行政机关信访工作，依法保障信访人的合法权益，维护信访工作秩序，根据《信访条例》和国家有关规定，结合司法行政工作实际，制定本办法。

第二条 本办法所称信访，是指公民、法人和其他非法人组织采取书信、电子邮件、传真、电话、走访等形式，向司法行政机关反映情况，提出建议、意见或者投诉请求，依法由司法行政机关处理的活动。

本办法所称信访人，是指采用前款规定的形式，向司法行政机关反映情况，提出建议、意见或者投诉请求的公民、法人和其他非法人组织。

第三条 司法行政机关应当成立司法行政机关信访工作领导小组，建立统一领导、分工协作、各负其责、齐抓共管的信访工作格局，及时有效化解矛盾纠纷。

第四条 司法行政机关信访工作应当遵循下列原则：

（一）公开便民、公平合理；

（二）属地管理、分级负责，谁主管、谁负责；

（三）实行诉讼、仲裁、行政复议、国家赔偿、法律服务执业投诉与信访相分离；

（四）依法、及时、就地解决问题与疏导教育相结合。

第五条 司法行政机关应当建立健全联系群众制度，负责人应当通过阅批重要来信、接待重要来访、定期听取信访工作汇报等方式，听取群众意愿，了解社情民意，研究解决信访工作中的突出问题。

第六条 司法行政机关应当科学、民主决策，依法履行职责，建立健全矛盾纠纷预防和化解机制，开展重大决策社会稳定风险评估，从源头预防导致信访事项的矛盾和纠纷。

第七条 司法行政机关应当建立信访事项办理与人民调解、行政调解、法律援助的衔接机制，协调有关部门、组织人民调解组织、法律援助机构或者相关专家学者、社会志愿者等共同参与，为符合条件的信访人提供法律援助，依法调解、化解信访事项。

第八条 司法行政机关应当建立律师参与信访工作机制，通过政府购买服务、公益加补助等方式，组织律师参与接待群众来访，办理复杂疑难信访事项。

第九条 司法行政机关应当建立信访工作责任制，将信访工作绩效纳入公务员考核体系，对信访工作中的失职、渎职行为，依法追究相关人员的责任，对做出优异成绩的单位或者个人给予奖励。

第二章　信访工作机构和人员

第十条 司法行政机关应当按照有利工作、方便信访人的原则，确定负责信访工作的机构，配备与信访工作需要相适应的信访工作人员。

第十一条 司法行政机关应当确定政治坚定、业务精通、作风优良，具有相应法律知识、政策水平和群众工作经验的人员从事信访工作。

司法行政机关应当建立健全信访工作人员培训、交流机制，提高信访工作人员的工作能力和水平。

第十二条 司法行政机关信访工作机构应当配备必要的安全防护设施、装备，提高信访工作人员的安全防护意识，建立健全突发事件应对处置机制。

第十三条 司法行政机关信访工作机构应当履行下列职责：

（一）登记信访事项，受理属于本机关职责范围的信访事项；

（二）向本机关有关内设机构或者所属单位、下级司法行政机关转办、交办信访事项；

（三）承办上级机关和本级人民政府转办、交办的信访事项；

（四）向信访人宣传有关法律、法规、规章和政策，解答信访咨询；

（五）协调、督促检查信访事项的办理；

（六）研究、分析信访工作情况，定期编写信访工作信息，提出完善制度或者改进工作的建议，向本机关报告；

（七）总结交流信访工作经验，指导下级司法行政机关信访工作机构工作；

（八）向本机关和上一级司法行政机关定期报送信访情况分析统计报告。

第三章　信访渠道

第十四条 司法行政机关应当在信访接待场所、门户网站或者通过其他方式向社会公开信访工作机构的网络信访工作平台、通信地址、电子邮箱、咨询投诉电话、信访接待的时间和地点，本机关信访事项受理范围和办理程序，以及查询信访事项办理进展和结果的方式等相关事项。

第十五条 司法行政机关应当建立负责人信访接待、处理信访事项制度，由司法行政机关负责人直接协调办理信访事项。

司法行政机关负责人或者其指定的人员，可以就信访人反映突出的问题到信访人居住地与信访人面谈沟通。

第十六条 司法行政机关应当充分利用政务信息网络资源，建立网络信访工作平台，运用信访信息系统，为信访人通过网络提出信访事项、查询信访事项办理情况提供便利，提高信访工作信息化水平。

第四章 信访事项的提出和受理

第十七条 信访人向司法行政机关提出信访事项，一般应当采用书信、电子邮件、传真等书面形式。信访人提出投诉请求的，还应当载明信访人的姓名（名称）、性别、身份证号码、联系方式、住址和请求、事实、理由。

对采用口头形式提出的投诉请求，司法行政机关应当记录信访人的姓名（名称）、性别、身份证号码、联系方式、住址和请求、事实、理由。

第十八条 信访人采用走访形式提出信访事项的，应当持本人有效身份证件到司法行政机关设立或者指定的接待场所提出。

多人采用走访形式提出共同的信访事项的，应当推选代表，代表人数不得超过5人。

第十九条 司法行政机关信访工作机构收到信访事项后，应当进行登记。登记内容包括：登记号、登记人、信访人姓名（名称）、性别、身份证号码、住址、收到信访事项的日期、信访事项摘要、联系方式等。

司法行政机关其他内设机构收到信访人提出的信访事项，应当及时转交本机关信访工作机构。

司法行政机关信访工作人员应当告知信访人提出信访事项需要采取的形式以及多人走访的相关要求等重点事项，做好耐心细致的沟通解释工作。

第二十条 司法行政机关信访工作的受理范围根据本机关的职责范围确定。

司法行政机关信访工作机构收到信访事项，在15日内按照下列方式处理：

（一）属于本级司法行政机关工作职责范围的信访事项，应当直接受理，并根据所反映问题的性质、内容确定办理机构。对于反映司法行政机关及其工作人员违法违纪行为的信访事项，转交有关纪检监察机关或者部门；

（二）信访事项涉及下级司法行政机关的，应当转送下级司法行政机关办理。对其中的重要信访事项，可以向下级司法行政机关进行交办，要求其在规定的期限内反馈结果，并提交办结报告；

（三）属于本级司法行政机关所属单位办理的信访事项，应当转送相关单位办理或者向相关单位进行交办；

（四）已经或者依法应当通过诉讼、仲裁、行政复议、国家赔偿、法律服务执业投诉等法定途径解决的事项，应当告知信访人按照有关规定向有关机关、单位提出；

（五）依法不属于司法行政机关职责范围的事项，应当告知信访人向有权处理的机关提出。

第二十一条 司法行政机关信访工作机构能够当场受理信访事项的，应当当场受理并出具受理通知；不能当场受理的，应当自收到信访事项之日起15日内决定是否受理，并书面告知信访人，但重复信访、信访人的姓名（名称）、住址和联系方式不清楚的除外。

第五章 信访事项的办理和督办

第二十二条 司法行政机关及其工作人员办理信访事项，应当恪尽职守、秉公办事，查明事实、分清责任，宣传法治、教育疏导，及时妥善办理，不得推诿、敷衍、拖延；不得将信访人的检举、揭发材料以及有关情况透露或者转给被检举、揭发的人员或者单位。

第二十三条 司法行政机关应当认真研究信访人提出的建议和意见，对于有利于改进工作的，应当积极采纳。

第二十四条 司法行政机关办理信访事项，应当听取信访人陈述事实和理由；可以要求信访人、有关组织和人员说明情况，提供有效证明材料；需要进一步核实有关情况的，可以依法向其他组织和人员调查。

参与信访工作的律师，可以依法对与信访事项有关的情况进行调查核实。

对重大、复杂、疑难信访事项，司法行政机关信访工作机构可以按照有关规定，举行听证。

第二十五条 司法行政机关对经调查核实的信访事项，应当依法分别作出以下处理，并书面答复信访人：

（一）请求事实清楚，符合或者部分符合法律、法规、规章及其他有关规定的，予以支持或者部分支持；

（二）请求合理但缺乏法律、法规、规章及其他有关规定依据的，向信访人做好解释工作；

（三）请求缺乏事实根据或者不符合法律、法规、规章及其他有关规定的，不予支持。

司法行政机关作出支持信访请求意见的，应当督促有关机关或者单位执行。

书面答复应当载明具体请求、事实认定情况、处理意见和依据以及不服处理意见的救济途径和期限。同时，一般应当采用电话沟通的方式作出必要的解释和说明。

第二十六条 司法行政机关办理信访事项应当自受理之日起60日内办结；情况复杂的，经本机关负责人批准，可以适当延长办理期限，但延长期限最多不超过30日，并告知信访人延期理由。

第二十七条 信访人对司法行政机关作出的信访事项处理意见不服的，可以自收到书面答复之日起 30 日内请求原办理司法行政机关的本级人民政府或者其上一级司法行政机关复查。

负责复查的司法行政机关应当自收到复查请求之日起 30 日内复查完毕，提出复查意见，书面答复信访人。

信访人对省级司法行政机关处理意见不服的，应当向省级人民政府提出复查请求。

第二十八条 信访人对司法行政机关复查意见不服的，可以自收到书面答复之日起 30 日内向作出复查意见的司法行政机关的本级人民政府或者其上一级司法行政机关请求复核。

负责复核的司法行政机关应当自收到复核请求之日起 30 日内复核完毕，提出复核意见，书面答复信访人。

信访人对省级司法行政机关复查意见不服的，应当向省级人民政府提出复核请求。

第二十九条 信访事项的处理意见、复查意见作出后，信访人在规定期限内未提出复查、复核申请的，或者信访人对复核意见不服，仍以同一事实和理由提出投诉请求的，司法行政机关不再受理，并告知信访人。信访人就同一信访事项提出新的事实和理由的，司法行政机关应当受理。

第三十条 原处理意见、复查意见认定事实清楚、证据确凿、适用依据正确、程序合法、结论适当的，负责复查、复核的司法行政机关应当予以维持，并书面答复信访人。

原处理意见、复查意见有下列情形之一的，负责复查、复核的司法行政机关应当予以撤销或者变更：

（一）主要事实不清、证据不足的；

（二）适用依据错误的；

（三）违反法定程序的；

（四）超越或者滥用职权的；

（五）结论明显不当的。

予以撤销的，应当责令原作出处理意见、负责复查的司法行政机关在指定期限内重新作出处理意见、复查意见。

第三十一条 对信访人不服司法行政机关作出的已经生效的结论，其救济权利已经充分行使、放弃行使或者已经丧失，反映的问题已经依法公正办理，信访人仍以同一事实和理由反复到司法行政机关信访的事项，司法行政机关可以按照有关规定予以审查终结，并告知信访人。

第三十二条 司法行政机关信访事项终结主要包括以下情形：

（一）信访人不服司法行政机关信访处理决定，其反映的问题已经按信访程序逐级办理、复查、复核完毕并答复，或者其拒不逐级提出信访复查、复核请求，且已超过规定时限的；

（二）信访人反映的问题已经依法按照程序办理，信访人同意接受处理意见后又反悔，且提不出新的事实和理由的；

（三）信访事项在办理过程中存在实体或者程序上的瑕疵，依法已经得到纠正，信访人的合法权益已经得到维护的。

对已经终结的信访事项，司法行政机关不再受理、转办、交办、统计、通报，但应当做好解释、疏导工作。

第三十三条 司法行政机关对简单明了的初次信访事项，可以简化程序，缩短时限，方便快捷地受理、办理，及时就地解决信访问题。

初次信访事项有下列情形之一的，可以适用简易办理程序：

（一）事实清楚、责任明确、争议不大、易于解决的；

（二）提出咨询或者意见建议，可以即时反馈的；

（三）涉及群众日常生产生活、时效性强，应当即时办理的；

（四）司法行政机关已有明确承诺或者结论，能够即时履行的；

（五）其他可以适用简易办理程序的。

第三十四条 适用简易办理程序的信访事项，可以即时受理并办结的，应当即时受理并办结；不能即时受理的，应当自收到之日起 3 个工作日内决定是否受理，并告知信访人；决定受理的，应当自受理之日起 10 日内办结。

适用简易办理程序的信访事项，除信访人要求出具纸质告知书和意见书的以外，可以通过网络系统、手机短信等方式告知和答复信访人。

司法行政机关信访工作机构在办理过程中，发现不宜适用简易办理程序的，应当经本机关负责人批准，按照普通信访程序办理，并告知信访人；办理期限自信访事项受理之日起计算。

第三十五条 本机关有关内设机构、所属单位和下级司法行政机关有下列情形之一的，司法行政机关信访工作机构应当及时督办，并提出改进建议：

（一）应当受理而未受理信访事项的；

（二）未按照规定程序办理信访事项的；
（三）未按照规定报告交办信访事项办理结果的；
（四）办理信访事项推诿、敷衍、拖延、造假的；
（五）不执行信访事项处理意见的；
（六）其他需要督办的情形。
收到改进建议的单位应当在 30 日内书面反馈情况；未采纳改进建议的，应当说明理由。

第六章 法律责任

第三十六条 因下列情形之一导致信访事项发生，造成严重后果的，对直接负责的主管人员和其他直接责任人员，依法给予行政处分；构成犯罪的，依法追究刑事责任：
（一）超越或者滥用职权，侵害信访人合法权益的；
（二）司法行政机关应当作为而不作为，侵害信访人合法权益的；
（三）适用法律、法规错误或者违反法定程序，侵害信访人合法权益的；
（四）拒不执行有权处理的行政机关作出的支持信访请求意见的。

第三十七条 司法行政机关在受理、办理信访事项过程中，有下列情形之一的，由其上级司法行政机关责令改正；造成严重后果的，对直接负责的主管人员和其他直接责任人员，依法给予行政处分：
（一）对收到的信访事项未按规定登记的；
（二）对属于其法定职权范围的信访事项不予受理的；
（三）未在规定期限内书面告知信访人是否受理信访事项的；
（四）推诿、敷衍、拖延信访事项办理或者未在规定期限内办结信访事项的；
（五）对事实清楚，符合法律、法规、规章或者其他有关规定的投诉请求未予支持的。

第三十八条 司法行政机关工作人员在办理信访事项过程中，有下列情形之一的，依法给予行政处分；构成犯罪的，依法追究刑事责任：
（一）将信访人的检举、揭发材料或者有关情况透露、转给被检举、揭发的人员或者单位的；
（二）对可能造成社会影响的重大、紧急信访事项和信访信息，隐瞒、谎报、缓报，或者授意他人隐瞒、谎报、缓报，造成严重后果的；
（三）作风粗暴，激化矛盾并造成严重后果的；
（四）打击报复信访人的。

第三十九条 信访人不遵守信访秩序，在信访过程中采取过激行为的，司法行政机关应当进行劝阻、批评或者教育；经劝阻、批评或者教育无效的，应当告知公安机关依法处置；构成犯罪的，依法追究刑事责任。

第七章 附则

第四十条 对外国人、无国籍人、外国组织向司法行政机关提出的信访事项的办理，参照本办法执行。

第四十一条 本办法由司法部负责解释。

第四十二条 本办法自 2018 年 4 月 1 日起施行。1991 年 1 月 24 日司法部公布的《司法行政机关信访工作办法(试行)》(司法部令第 14 号)同时废止。

司法部、国家信访局关于深入开展律师参与信访工作的意见

·2016 年 12 月 16 日
·司发通〔2016〕127 号

各省、自治区、直辖市司法厅(局)、信访局(办)，新疆生产建设兵团司法局、信访局：

为深入贯彻党的十八大和十八届三中、四中、五中、六中全会精神，充分发挥律师在维护群众合法权益、化解矛盾纠纷、促进社会和谐稳定中的重要作用，根据中央部署要求和《律师法》《信访条例》等法律法规规定，现就深入开展律师参与信访工作提出如下意见。

一、深入开展律师参与信访工作的重要意义

律师是社会主义法治工作者，是全面依法治国的重要力量。近年来，一些地方和部门积极引入律师参与信访工作，取得良好的社会效果。深入开展律师参与信访工作，有利于推进阳光信访、责任信访、法治信访建设，提高信访工作公信力；有利于充分发挥律师职业优势和第三方作用，引导信访群众通过法定程序表达诉求、依靠法律手段解决纠纷、运用法律武器维护自身合法权益；有利于提高相关部门运用法治思维和法治方式解决问题、化解矛盾的能力，增强依法办事的自觉性。各级司法行政机关和信访部门要从全面依法治国和推进信访工作法治化的高度，充分认识律师参与信访工作的重要意义，积极为律师参与信访工作创造条件，扎实推动此项工作的深入开展。

二、总体要求

（一）指导思想。全面贯彻落实党的十八大和十八届三中、四中、五中、六中全会精神，深入贯彻落实习近平

总书记系列重要讲话精神,按照中央关于信访工作制度改革和深化律师制度改革部署要求,深入开展律师参与信访工作,引导信访群众依法理性表达诉求,促进把信访纳入法治轨道解决,充分发挥律师在化解社会矛盾纠纷、维护社会和谐稳定中的重要作用,努力为实现"两个一百年"奋斗目标和中华民族伟大复兴的中国梦作出新的贡献。

(二)基本原则。

——坚持自愿平等。充分尊重信访群众意愿,不强制提供法律服务,不向信访群众收取任何费用。工作中不偏袒责任部门,不误导信访群众。

——坚持依法据理。严格依法按政策向信访群众讲清法理、讲明事理、讲通情理,向相关部门提出法律建议,引导信访群众和相关部门依法解决矛盾和纠纷。

——坚持实事求是。以事实为依据,以法律为准绳,依法维护信访群众的合法权益,尊重相关部门作出的合法合理处理意见,促进信访案件在法治的轨道上得到有效化解。

——坚持注重实效。以有利于解决信访事项、维护信访群众合法权益为出发点,坚持释法明理与解决纠纷、化解矛盾相结合,维护社会和谐稳定,实现法律效果与社会效果有机统一。

三、工作任务

律师参与信访工作的主要任务是:

(一)参与接待群众来访。在信访接待场所为信访群众特别是反映涉法涉诉信访事项的群众解答法律问题,提供咨询意见,引导信访群众通过法定程序表达诉求、运用法律手段解决纠纷、依靠法律途径维护自身合法权益。对信访事项于法有据的,要认真向信访部门反馈;对依法应当通过其他途径解决的,引导来访人向有关机关提出;对符合法律援助、司法救助条件的,依法指明申请程序;对于法无据、于理不合的,对信访人进行引导教育,协助相关部门做好息访解纷、化解矛盾工作。

(二)参与处理疑难复杂信访事项。参与疑难复杂信访事项的协调会商,提出依法分类处理的建议,为信访事项办理、复查、复核或者审核认定办结工作提供法律意见。参与信访积案、重复信访事项的化解,对信访人进行法治宣传教育。参与领导信访接待日群众来访接待工作,为接访领导提供法律意见。

(三)服务信访工作决策。为涉及信访工作的改革创新举措提供法律意见;参与对涉及信访工作的法律法规规章草案、规范性文件送审稿的论证。

(四)参与信访督查。根据信访部门工作要求,为督促检查信访事项的处理等提供法律意见和建议。

律师参与信访工作主要采用司法行政机关、律师协会选派或者推荐,信访部门聘任并提供工作场所和相关保障,律师值班或者根据需要提供法律服务等方式进行。

四、工作要求

(一)遵守工作程序。律师应当在信访接待场所接待群众来访。律师接待群众来访应当公示姓名和律师事务所名称,详细记录信访群众的信访事由和答复意见、处理办法,按照规范程序和要求对信访事项建档备查,接受信访部门和来访群众监督。

(二)依法处理信访事项。律师接待群众来访,应当坚持以事实为依据、以法律为准绳,全面了解信访事项基本情况,依法慎重提出法律意见。对重大、复杂、疑难信访事项,应提交律师事务所集体讨论;对信访群众反映的重大问题或者可能引发群体性事件等其他严重后果的问题,应当及时向有关部门报告;对信访人在信访活动中的违法言行,应当积极开展引导教育,告知其应承担的法律后果,协助有关部门做好疏导工作。

(三)遵守工作纪律。参与信访工作的律师应当遵守有关信访工作、律师工作的法律法规、规章制度和执业规范,恪守律师职业道德和执业纪律,不得明示、暗示或者组织信访人集体上访、越级上访;不得支持、参与信访人进行的妨碍社会秩序的各种活动;对所接触到的信访事项和党政机关涉密事项及信访人隐私,应当严格保密;不得利用在参与信访工作期间获得的非公开信息或者便利条件,为本人或者他人牟取不正当利益;不得在信访接待场所接受信访人的委托代理;不得接受其他当事人委托,办理与所参与信访工作的部门有利益冲突的法律事务。

五、组织领导

各级司法行政机关、各律师协会要高度重视律师参与信访工作,积极组织推荐、选派律师和律师事务所参与本级政府工作部门的信访工作,加强律师参与信访工作的指导和监督,努力为律师和律师事务所参与信访工作创造条件。

各级信访部门要研究制定律师参与本级政府信访工作的实施办法,明确律师参与信访工作的条件、内容、程序和工作措施,积极组织推动本级政府其他部门和基层深入开展律师参与信访工作。要高度重视律师在参与信访工作中提出的意见建议,对律师在参与接待群众来访、处理疑难复杂信访事项中提出的法律意见,要作为信访部门分流、处理信访事项的重要依据；对律师在参与信访督查、服务信访工作决策中提出的法律建议，要作为相关部门决策的重要参考。要结合信访工作实际，采取政府购买服务、公益加补助等方式引入律师参与信访工作，为律师参与信访工作提供必要的经费、场地、设施等，保障律师参与信访工作的深入开展。

各级司法行政机关和信访部门要建立工作沟通协调机制，及时研究解决律师参与信访工作中遇到的问题。要认真做好宣传工作，及时总结推广好的经验做法，对工作突出、成绩显著的律师和律师事务所要给予表彰奖励，为深入开展律师参与信访工作营造良好氛围。

中华人民共和国司法部公告第12号——《司法部现行有效行政规范性文件目录(截至2020年底)》和《司法部决定废止行政规范性文件目录》

·2020年12月30日

为了进一步完善司法行政法律制度体系，提高司法行政机关依法行政水平，司法部对截至2020年底制定的行政规范性文件进行了全面清理。现将《司法部现行有效行政规范性文件目录(截至2020年底)》和《司法部决定废止行政规范性文件目录》予以公布。

特此公告。

附件1

司法部现行有效行政规范性文件目录(截至2020年底)

序号	发文单位	文件名称	发布文号	发布日期
一、综合类行政规范性文件(5件)					
1	司法部	关于印发司法行政机关行政执法文书格式的通知	司发通〔1997〕085号	1997年8月19日
2	司法部	关于印发《司法行政机关行政许可文书格式文本(试行)》的通知	司发通〔2004〕167号	2004年11月29日
3	最高人民检察院、司法部	关于印发《人民监督员选任管理办法》的通知	司发〔2016〕9号	2016年7月5日
4	司法部、最高人民法院、公安部	关于印发《人民陪审员选任办法》的通知	司发〔2018〕6号	2018年8月22日
5	司法部	关于印发《法治建设与法学理论研究部级科研项目管理办法》的通知	司规〔2020〕7号	2020年11月26日
二、监狱工作行政规范性文件(13件)					
6	司法部	关于印发《罪犯离监探亲和特许离监规定》的通知	司发通〔2001〕094号	2001年9月4日
7	司法部	关于进一步推进监狱工作法制化科学化社会化建设的意见	司发〔2003〕21号	2003年12月10日
8	司法部	关于印发《教育改造罪犯纲要》的通知	司发通〔2007〕46号	2007年7月4日
9	司法部	关于进一步加强监狱教育改造罪犯工作考核的通知	司发通〔2008〕174号	2008年12月23日
10	最高人民法院、最高人民检察院、公安部、司法部、国家卫生计生委	关于印发《暂予监外执行规定》的通知	司发通〔2014〕112号	2014年10月24日
11	最高人民检察院、民政部、司法部	关于印发《监狱罪犯死亡处理规定》的通知	司发〔2015〕5号	2015年3月18日
12	司法部	关于印发《关于计分考核罪犯的规定》的通知	司发通〔2016〕68号	2016年7月22日

续表

序号	发文单位	文件名称	发布文号	发布日期
13	司法部	关于印发《监狱暂予监外执行程序规定》的通知	司发通〔2016〕78号	2016年8月22日
14	司法部	关于印发《罪犯会见通信规定》的通知	司发通〔2016〕118号	2016年12月5日
15	司法部	关于印发《关于深化监狱执法规范化建设的意见》的通知	司发通〔2017〕9号	2017年2月4日
16	司法部	关于印发《律师会见监狱在押罪犯规定》的通知	司发通〔2017〕124号	2017年11月27日
17	司法部	关于印发《〈罪犯会见通信规定〉的补充规定》的通知	司发通〔2019〕46号	2019年4月2日
18	最高人民法院、最高人民检察院、公安部、司法部	关于跨省异地执行刑罚的黑恶势力罪犯坦白检举构成自首立功若干问题的意见	司发〔2019〕5号	2019年10月21日
三、社区矫正工作行政规范性文件(4件)				
19	司法部	关于贯彻最高人民法院 最高人民检察院 公安部 司法部《关于对判处管制 宣告缓刑的犯罪分子适用禁止令有关问题的规定(试行)》做好禁止令执行工作的通知	司发通〔2011〕98号	2011年5月23日
20	司法部、中央综治办、教育部、民政部、财政部、人力资源社会保障部	关于组织社会力量参与社区矫正工作的意见	司发〔2014〕14号	2014年9月26日
21	最高人民法院、最高人民检察院、公安部、司法部	关于印发《关于进一步加强社区矫正工作衔接配合管理的意见》的通知	司发通〔2016〕88号	2016年8月30日
22	最高人民法院、最高人民检察院、公安部、司法部	关于印发《中华人民共和国社区矫正法实施办法》的通知	司发通〔2020〕59号	2020年6月18日
四、戒毒工作行政规范性文件(8件)				
23	司法部	关于印发《强制隔离戒毒人员教育矫治纲要》的通知	司发通〔2014〕75号	2014年7月31日
24	司法部	关于司法行政强制隔离戒毒所所务公开工作的指导意见	司发通〔2014〕118号	2014年10月14日
25	司法部	关于加强司法行政强制隔离戒毒场所吸食新型毒品戒毒人员教育戒治工作的意见	司发通〔2016〕89号	2016年9月1日
26	司法部	关于进一步加强司法行政戒毒工作规范化建设的意见	司发〔2017〕4号	2017年2月4日
27	司法部	关于印发《司法行政机关强制隔离戒毒所生活卫生管理规定》的通知	司发通〔2017〕135号	2017年12月27日
28	司法部	关于建立全国统一的司法行政戒毒工作基本模式的意见	司发〔2018〕3号	2018年5月7日
29	司法部、国家卫生健康委员会	关于加强司法行政戒毒场所医疗工作的通知	司发通〔2019〕12号	2019年1月16日
30	司法部	关于印发《司法行政机关强制隔离戒毒所医疗工作管理规定》的通知	司规〔2019〕2号	2019年12月24日

续表

序号	发文单位	文件名称	发布文号	发布日期
五、行政复议与应诉工作行政规范性文件(2件)					
31	国务院法制办公室	关于依法做好征地补偿安置争议行政复议工作的通知	国法〔2011〕35号	2011年5月18日
32	国务院法制办公室	关于认定被征地农民"知道"征收土地决定有关问题的意见	国法〔2014〕40号	2014年7月3日
六、普法工作行政规范性文件(2件)				
33	中组部、中宣部、司法部、人力资源和社会保障部	关于印发《关于完善国家工作人员学法用法制度的意见》的通知	司发〔2016〕4号	2016年3月22日
34	司法部、全国普法办、最高人民法院	印发《关于推动国家工作人员旁听庭审活动常态化制度化的意见》的通知	司发通〔2019〕66号	2019年2月21日
七、司法所工作行政规范性文件(1件)				
35	司法部	关于印发《司法所外观标识规范》的通知	司发通〔2019〕89号	2019年8月28日
八、调解工作行政规范性文件(6件)				
36	司法部办公厅	关于启用人民调解标识和徽章的通知	司办通〔2004〕第171号	2004年11月28日
37	司法部、卫生部、保监会	关于加强医疗纠纷人民调解工作的意见	司发通〔2010〕5号	2010年1月8日
38	司法部	关于印发人民调解文书格式和统计报表的通知	司发通〔2010〕239号	2010年12月31日
39	司法部、中央综治办、最高人民法院、民政部	关于推进行业性 专业性人民调解工作的指导意见	司发通〔2016〕1号	2016年1月5日
40	中央政法委、最高人民法院、司法部、民政部、财政部、人力资源和社会保障部	关于印发《关于加强人民调解员队伍建设的意见》的通知	司发〔2018〕2号	2018年4月19日
41	司法部	关于推进个人调解工作室建设的指导意见	司发通〔2018〕119号	2018年11月12日
九、公共法律服务体系和平台建设工作行政规范性文件(7件)				
42	司法部	关于推进公共法律服务体系建设的意见	司发〔2014〕5号	2014年1月20日
43	司法部	关于推进公共法律服务平台建设的意见	司发〔2017〕9号	2017年8月21日
44	司法部办公厅	关于印发《12348中国法网驻场法律服务机构和法律服务人员日常业务监督管理办法》的通知	司办通〔2018〕47号	2018年3月27日
45	司法部	关于印发《关于深入推进公共法律服务平台建设的指导意见》的通知	司发通〔2018〕103号	2018年9月11日
46	司法部办公厅	关于印发公共法律服务领域基层政务公开标准指引的通知	司办通〔2019〕57号	2019年5月20日

续表

序号	发文单位	文件名称	发布文号	发布日期
47	司法部	关于印发《公共法律服务事项清单》的通知	司发通〔2019〕97号	2019年9月27日
48	司法部	关于印发《公共法律服务网络平台 实体平台 热线平台融合发展实施方案》的通知	司发通〔2019〕126号	2019年12月31日
十、公证工作行政规范性文件(73件)					
49	司法部	关于停止办理日本孤儿证明的通知	(83)司发公字第253号	1983年7月14日
50	司法部	关于解释和公证婚姻状况问题的通知	(83)司发公字第257号	1983年7月16日
51	司法部	关于办理国际票据拒绝证书的通知	(83)司发公字第315号	1983年9月14日
52	司法部	关于印发《办理涉港雇员死亡赔偿公证办法(试行)》的通知	(87)司发公字第050号	1987年3月16日
53	司法部、国家档案局	关于发布《公证文书立卷归档办法》和《公证档案管理办法》的通知	(88)司发公字第062号	1988年3月18日
54	司法部	关于办理外文文书公证事的意见	(88)司发公函字第224号	1988年10月6日
55	司法部、建设部、外交部、国务院侨办	关于办理华侨、港澳同胞、台湾同胞以及外国人房屋产权事宜中如何确认公证文书效力的通知	(89)司发公字第024号	1989年2月24日
56	司法部	关于印发《赡养协议公证细则》的通知	司发〔1991〕048号	1991年4月2日
57	司法部	关于印发《遗赠扶养协议公证细则》的通知	司发〔1991〕047号	1991年4月3日
58	司法部	关于印发《企业租赁经营合同公证程序细则》的通知	司发〔1991〕077号	1991年9月20日
59	司法部	关于印发《企业承包经营合同公证程序细则》的通知	司发〔1991〕078号	1991年9月20日
60	司法部	关于印发《赠与公证细则》的通知	司发通〔1992〕008号	1992年1月24日
61	司法部	关于办理民间借贷合同公证的意见	司发通〔1992〕074号	1992年8月12日
62	司法部	关于印发《城市房屋拆迁补偿、安置协议公证细则》的通知	司发通〔1992〕098号	1992年10月9日
63	司法部	关于印发《招标投标公证程序细则》的通知	司发通〔1992〕101号	1992年10月19日
64	司法部	关于印发《海峡两岸公证书使用查证协议实施办法》的通知	司发〔1993〕006号	1993年5月11日
65	司法部	关于办理收养法实施前建立的事实收养关系公证的通知	司发〔1993〕125号	1993年12月29日
66	司法部、国家版权局	关于在查处著作权侵权案件中发挥公证作用的联合通知	司发〔1994〕070号	1994年8月29日
67	司法部	关于增加寄送公证书副本种类事宜的通知	司发〔1994〕091号	1994年12月17日
68	司法部办公厅	关于切实提高公证质量严防错证假证问题的通知	司办字〔1995〕12号	1995年4月18日
69	司法部、卫生部	关于出国护士执业证书办理公证的规定	司发〔1995〕088号	1995年7月25日
70	司法部	关于办理未婚(未再婚)保证书公证的通知	司发〔1998〕051号	1998年3月12日
71	司法部	关于严格办理与日本在华孤儿相关公证的通知	司发通〔1998〕147号	1998年12月1日

续表

序号	发文单位	文件名称	发布文号	发布日期
72	司法部	关于保全证据等三类公证书试行要素式格式的通知	司发通〔2000〕035号	2000年3月11日
73	司法部	关于进行主办公证员负责制试点的通知	司发通〔2000〕039号	2000年3月11日
74	司法部	关于印发《国务院办公厅关于深化公证工作改革有关问题的复函》和《关于深化公证工作改革的方案》的通知	司发通〔2000〕099号	2000年8月10日
75	最高人民法院、司法部	关于公证机关赋予强制执行效力的债权文书执行有关问题的联合通知	司发通〔2000〕107号	2000年9月1日
76	司法部	关于贯彻《关于深化公证工作改革的方案》的若干意见	司发通〔2000〕121号	2000年9月5日
77	司法部办公厅、国家发展计划委员会办公厅	关于认真做好依法必须进行招标项目招标投标公证有关问题的通知	司办字〔2000〕第89号	2000年12月15日
78	司法部	关于当前公证工作改革和发展若干问题的意见	司发通〔2002〕41号	2002年4月16日
79	司法部	关于印发《公证赔偿基金管理试行办法》的通知	司发通〔2002〕57号	2002年7月5日
80	司法部办公厅	关于将公证专用水印纸具体管理职责移交公证行业协会的通知	司办通〔2002〕第58号	2002年7月5日
81	司法部办公厅	关于公证书用纸改为A4型的通知	司办通〔2002〕第85号	2002年10月22日
82	司法部	关于进一步提高涉外公证质量的意见	司发通〔2002〕82号	2002年10月25日
83	司法部	关于拓展和规范公证工作的若干意见	司发〔2003〕16号	2003年9月1日
84	司法部	关于印发《开奖公证细则(试行)》的通知	司发通〔2004〕87号	2004年5月29日
85	司法部办公厅	关于严格规范公证处设立办证点有关问题的通知	司办通〔2005〕第25号	2005年4月6日
86	司法部、最高人民检察院、国家发展和改革委员会、中国银行业监督管理委员会	关于规范公证法律服务秩序有关问题的通知	司发通〔2005〕56号	2005年6月17日
87	司法部办公厅	关于严格规范公证员助理管理有关问题的通知	司办通〔2005〕第48号	2005年7月7日
88	司法部办公厅	关于进一步规范保全证据公证业务有关问题的通知	司办通〔2005〕第49号	2005年7月7日
89	司法部办公厅	关于公证机构印章和公证员签名章规格等事宜的通知	司办通〔2006〕第18号	2006年4月6日
90	司法部	关于做好公证机构设置调整工作应当注意的有关问题的通知	司发通〔2006〕59号	2006年9月15日
91	司法部	关于印发《公证机构年度考核办法(试行)》的通知	司发通〔2007〕67号	2007年10月30日
92	司法部	关于推行继承类 强制执行类要素式公证书和法律意见书格式的通知	司发通〔2008〕177号	2008年12月30日
93	司法部	关于印发《公证员考核任职工作实施办法》的通知	司发通〔2010〕6号	2010年1月15日
94	司法部	关于转发中国公证协会《公证员职业道德基本准则》的通知	司发通〔2011〕18号	2011年1月31日

续表

序号	发文单位	文件名称	发布文号	发布日期
95	司法部	关于推行新的定式公证书格式的通知	司发通〔2011〕32号	2011年3月11日
96	司法部办公厅	关于推进公证机构体制改革有关问题的通知	司办通〔2012〕8号	2012年2月1日
97	司法部、中国银行业监督管理委员会	关于在办理继承公证过程中查询被继承人名下存款等事宜的通知	司发通〔2013〕78号	2013年3月19日
98	司法部办公厅	关于做好学习贯彻《最高人民法院关于审理涉及公证活动相关民事案件的若干规定》工作的通知	司办通〔2014〕27号	2014年6月19日
99	司法部	关于进一步加强公证工作的意见	司发〔2014〕12号	2014年8月6日
100	司法部	关于进一步加强公证质量管理工作的通知	司发通〔2015〕24号	2015年3月24日
101	司法部	关于印发《关于加快解决部分地区公证员不足问题的意见》的通知	司发通〔2016〕66号	2016年7月14日
102	司法部	关于进一步加强公证便民利民工作的意见	司发通〔2016〕93号	2016年9月18日
103	司法部、中央编办、财政部	关于推进公证机构改革发展有关问题的通知	司发通〔2016〕140号	2016年12月30日
104	司法部	关于加强公证质量监管严防错证假证问题的紧急通知	司明电〔2017〕17号	2017年5月17日
105	司法部、国家工商行政管理总局、国家版权局、国家知识产权局	关于充分发挥公证职能作用加强公证服务知识产权保护工作的通知	司发〔2017〕7号	2017年6月16日
106	司法部办公厅	关于开展办理公证"最多跑一次"试点工作的通知	司办通〔2017〕70号	2017年7月3日
107	司法部	关于建立公证员宣誓制度的决定	司发〔2017〕69号	2017年7月4日
108	司法部	关于进一步拓展创新公证业务领域更好地服务经济社会发展的意见	司发〔2017〕72号	2017年7月5日
109	最高人民法院、司法部、中国银监会	关于充分发挥公证书的强制执行效力服务银行金融债权风险防控的通知	司发〔2017〕76号	2017年7月13日
110	司法部、中央编办、财政部、人力资源社会保障部	关于推进公证体制改革机制创新工作的意见	司发〔2017〕8号	2017年7月13日
111	司法部	关于公证执业"五不准"的通知	司发通〔2017〕83号	2017年8月14日
112	司法部	关于推进合作制公证机构试点工作的意见	司发通〔2017〕95号	2017年9月5日
113	司法部办公厅	关于发布公证执业指导案例的通知	司办通〔2017〕97号	2017年9月25日
114	司法部办公厅	关于发布第1批公证指导性案例(1-3号)的通知	司办通〔2017〕134号	2017年12月17日
115	司法部办公厅	关于发布第2批公证指导性案例(4-6号)的通知	司办通〔2018〕21号	2018年1月29日
116	司法部办公厅	关于调整公证机构执业区域的通知	司办通〔2018〕30号	2018年2月8日

续表

序号	发文单位	文件名称	发布文号	发布日期
117	司法部办公厅	关于加强和规范公证摇号工作的通知	司办通〔2018〕82号	2018年6月4日
118	司法部办公厅	关于发布第3批公证指导案例(7-8号)的通知	司办通〔2018〕91号	2018年6月21日
119	司法部、自然资源部	关于印发《关于推进公证与不动产登记领域信息查询共享机制建设的意见》的通知	司发通〔2018〕132号	2018年12月18日
120	最高人民法院、司法部	关于扩大公证参与人民法院司法辅助事务试点工作的通知	司发通〔2019〕70号	2019年6月25日
121	司法部办公厅	关于进一步完善公证机构收入分配管理机制的通知	司办通〔2020〕45号	2020年4月30日
十一、法律援助工作行政规范性文件(21件)				
122	司法部、共青团中央	关于保障未成年人合法权益做好未成年人法律援助工作的通知	司发通〔1996〕142号	1996年11月12日
123	司法部、共青团中央	关于实施法律援助志愿者服务计划的通知	司发通〔2002〕124号	2002年12月3日
124	司法部	关于印发《律师和基层法律服务工作者开展法律援助工作暂行管理办法》的通知	司发通〔2004〕132号	2004年9月8日
125	最高人民法院、司法部	关于印发《关于民事诉讼法律援助工作的规定》的通知	司发通〔2005〕77号	2005年9月23日
126	司法部、财政部	贯彻落实《国务院关于解决农民工问题的若干意见》的意见	司发通〔2006〕69号	2006年10月13日
127	司法部	关于认真贯彻落实中发7号文件精神进一步加强残疾人法制宣传 法律服务和法律援助工作的意见	司发通〔2008〕98号	2008年6月4日
128	最高人民法院、最高人民检察院、公安部、司法部	关于印发《关于刑事诉讼法律援助工作的规定》的通知	司发通〔2013〕18号	2013年2月4日
129	司法部	关于印发《法律援助文书格式》的通知	司发通〔2013〕34号	2013年3月19日
130	司法部	关于印发《法律援助投诉处理办法》的通知	司发通〔2013〕161号	2013年11月19日
131	最高人民法院、司法部	关于印发《关于加强国家赔偿法律援助工作的意见》的通知	司发通〔2014〕1号	2014年1月2日
132	司法部办公厅	关于印发法律援助投诉处理格式文书的通知	司办通〔2014〕2号	2014年1月17日
133	司法部	关于认真贯彻落实国发〔2014〕37号文件精神 进一步做好军人军属法律援助工作的通知	司发通〔2014〕124号	2014年11月6日
134	司法部	关于切实做好为农民工服务的意见	司发通〔2015〕12号	2015年2月6日
135	司法部、全国老龄工作委员会办公室	关于深入开展老年人法律服务和法律援助工作的通知	司发通〔2015〕29号	2015年3月11日
136	司法部、中央军委政法委员会	关于印发《军人军属法律援助工作实施办法》的通知	司发〔2016〕13号	2016年9月14日
137	司法部、财政部	印发《关于律师开展法律援助工作的意见》的通知	司发通〔2017〕15号	2017年2月17日

续表

序号	发文单位	文件名称	发布文号	发布日期
138	公安部办公厅、司法部办公厅	关于进一步加强和规范看守所法律援助值班律师工作的通知	司办通〔2018〕2号	2018年1月5日
139	司法部、财政部	印发《关于完善法律援助补贴标准的指导意见》的通知	司发通〔2019〕27号	2019年2月15日
140	司法部	关于印发《全国刑事法律援助服务规范》的通知	司发通〔2019〕29号	2019年2月25日
141	司法部	关于充分发挥职能作用 认真做好根治拖欠农民工工资有关工作的意见	司发〔2019〕2号	2019年4月1日
142	最高人民法院、最高人民检察院、公安部、国家安全部、司法部	关于印发《法律援助值班律师工作办法》的通知	司规〔2020〕6号	2020年8月20日
十二、司法鉴定工作行政规范性文件(48件)				
143	司法部	关于学习贯彻《全国人民代表大会常务委员会关于司法鉴定管理问题的决定》的通知	司发通〔2005〕30号	2005年4月28日
144	司法部	关于司法行政部门所属司法鉴定机构管理体制调整的意见	司发通〔2005〕58号	2005年7月18日
145	最高人民法院、最高人民检察院、公安部、国家安全部、司法部	关于做好《全国人民代表大会常务委员会关于司法鉴定管理问题的决定》施行前有关工作的通知	司发通〔2005〕62号	2005年7月27日
146	司法部办公厅	关于印发《司法行政机关司法鉴定登记管理文本格式（试行）》的通知	司办通〔2005〕第65号	2005年8月26日
147	司法部司法鉴定体制改革工作办公室	关于部批司法鉴定机构调整管理方式的通知	司鉴字〔2006〕7号	2006年3月22日
148	司法部	关于印发《司法鉴定教育培训规定》的通知	司发通〔2007〕72号	2007年11月1日
149	司法部	关于开展法医临床司法鉴定人转岗培训工作的通知	司发通〔2009〕95号	2009年6月10日
150	司法部	关于印发《司法鉴定职业道德基本规范》的通知	司发〔2009〕24号	2009年12月23日
151	最高人民法院、高人民检察院、公安部、国家安全部、司法部	关于印发《国家级司法鉴定机构遴选办法》和《国家级司法鉴定机构评审标准》的通知	司发通〔2009〕207号	2009年12月24日
152	司法部办公厅	关于推荐适用《文书鉴定通用规范》等25项司法鉴定技术规范的通知	司办通〔2010〕34号	2010年4月7日
153	司法部	关于印发《司法鉴定许可证和司法鉴定人执业证管理办法》的通知	司发通〔2010〕83号	2010年4月12日
154	司法部	关于印发《司法鉴定人和司法鉴定机构名册管理办法》的通知	司发通〔2010〕84号	2010年4月12日

续表

序号	发文单位	文件名称	发布文号	发布日期
155	司法部办公厅	关于印发《司法鉴定高级专业技术职务任职资格评审细则》的通知	司办通〔2010〕51号	2010年6月4日
156	司法部办公厅	关于推荐适用《法医临床检验规范》等8项司法鉴定技术规范的通知	司办通〔2011〕20号	2011年3月17日
157	司法部	关于印发《司法鉴定机构仪器设备配置标准》的通知	司发通〔2011〕323号	2011年12月27日
158	司法部	关于认真贯彻落实精神卫生法做好精神障碍医学鉴定工作的通知	司发通〔2013〕104号	2013年6月6日
159	司法部	关于认真做好贯彻落实《人体损伤程度鉴定标准》工作的通知	司发通〔2013〕146号	2013年10月9日
160	司法部	关于印发《司法鉴定机构内部管理规范》的通知	司发通〔2014〕49号	2014年4月22日
161	最高人民法院、最高人民检察院、司法部	关于将环境损害司法鉴定纳入统一登记管理范围的通知	司发通〔2015〕117号	2015年12月21日
162	司法部、环境保护部	关于规范环境损害司法鉴定管理工作的通知	司发通〔2015〕118号	2015年12月21日
163	司法部办公厅	关于做好司法鉴定收费标准制定相关工作的通知	司办通〔2016〕6号	2016年1月28日
164	司法部	关于认真学习贯彻执行修订后《司法鉴定程序通则》的通知	司发通〔2016〕27号	2016年3月22日
165	司法部	关于认真做好实施《人体损伤致残程度分级》相关工作的通知	司发通〔2016〕48号	2016年5月19日
166	司法部办公厅	关于规范司法鉴定机构开展亲子鉴定业务有关工作的通知	司办通〔2016〕40号	2016年6月21日
167	司法部办公厅	关于颁布《亲权鉴定技术规范》等8项司法鉴定技术规范(2016年修订版)的通知	司办通〔2016〕58号	2016年9月22日
168	最高人民法院、司法部	关于建立司法鉴定管理与使用衔接机制的意见	司发通〔2016〕98号	2016年10月9日
169	司法部、环境保护部	关于印发《环境损害司法鉴定机构登记评审办法》《环境损害司法鉴定机构登记评审专家库管理办法》的通知	司发通〔2016〕101号	2016年10月12日
170	司法部	关于印发司法鉴定文书格式的通知	司发通〔2016〕112号	2016年11月21日
171	司法部办公厅	关于统一换发新版《司法鉴定许可证》和《司法鉴定人执业证》的通知	司办通〔2016〕74号	2016年12月5日
172	司法部办公厅	关于进一步加强司法鉴定收费管理的通知	司办通〔2017〕22号	2017年3月22日
173	司法部办公厅	关于进一步加强司法鉴定收费行为监督管理工作的通知	司办通〔2017〕74号	2017年7月7日
174	司法部	关于严格准入 严格监管 提高司法鉴定质量和公信力的意见	司发〔2017〕11号	2017年11月22日
175	司法部	关于全面推动长江经济带司法鉴定协同发展的实施意见	司发〔2018〕4号	2018年6月13日

续表

序号	发文单位	文件名称	发布文号	发布日期
176	司法部、生态环境部	关于印发《环境损害司法鉴定机构登记评审细则》的通知	司发通〔2018〕54号	2018年6月14日
177	司法部、国家市场监管总局	关于规范和推进司法鉴定认证认可工作的通知	司发通〔2018〕89号	2018年8月22日
178	司法部办公厅	关于进一步做好环境损害司法鉴定机构和司法鉴定人准入登记有关工作的通知	司办通〔2018〕124号	2018年9月25日
179	司法部办公厅	关于严格依法做好司法鉴定人和司法鉴定机构登记工作的通知	司办通〔2018〕164号	2018年12月5日
180	司法部办公厅	关于组建国家资质认定司法鉴定行业评审组有关工作的通知	司办通〔2019〕5号	2019年1月16日
181	司法部办公厅	关于进一步加强司法鉴定人执业许可管理有关事项的通知	司办通〔2019〕8号	2019年1月21日
182	司法部、生态环境部	关于印发《环境损害司法鉴定执业分类规定》的通知	司发通〔2019〕56号	2019年5月6日
183	司法部办公厅	关于进一步做好环境损害司法鉴定管理有关工作的通知	司办通〔2019〕58号	2019年5月24日
184	司法部、国家市场监督管理总局	关于加快推进司法鉴定资质认定工作的指导意见	司规〔2019〕4号	2019年12月31日
185	司法部	关于进一步规范和完善司法鉴定人出庭作证活动的指导意见	司规〔2020〕2号	2020年5月14日
186	司法部	关于印发《法医类司法鉴定执业分类规定》的通知	司规〔2020〕3号	2020年5月14日
187	司法部	印发《关于〈司法鉴定机构登记管理办法〉第二十条、〈司法鉴定人登记管理办法〉第十五条的解释》的通知	司规〔2020〕4号	2020年6月5日
188	司法部办公厅	关于印发《司法鉴定机构鉴定人记录和报告干预司法鉴定活动的有关规定》的通知	司办通〔2020〕56号	2020年6月8日
189	司法部	关于印发《物证类司法鉴定执业分类规定》《声像资料司法鉴定执业分类规定》的通知	司规〔2020〕5号	2020年6月23日
190	司法部	关于进一步深化改革 强化监管 提高司法鉴定质量和公信力的意见	司发〔2020〕1号	2020年11月2日
十三、仲裁工作行政规范性文件(1件)					
191	司法部	关于印发《关于规范和加强仲裁机构登记管理的意见》的通知	司发通〔2016〕55号	2016年6月14日
十四、律师工作行政规范性文件(39件)					
192	司法部	关于严格执行委托公证人和证书转递制度的通知	司发通〔1996〕032号	1996年3月1日
193	司法部	关于下发《律师刑事诉讼格式文书》标准样式的通知	司发通〔2001〕051号	2001年5月14日
194	司法部	关于外国和香港律师事务所驻华(内地)代表处常驻代表执业证发放事项的通知	司发通〔2002〕38号	2002年4月9日

续表

序号	发文单位	文件名称	发布文号	发布日期
195	司法部	关于外国律师事务所驻华代表处变更有关登记事项办理程序的通知	司发通〔2003〕52号	2003年6月4日
196	司法部、商务部	关于认真落实内地与香港关于建立更紧密经贸关系的安排严格执行委托公证人制度的通知	司发通〔2003〕128号	2003年12月17日
197	司法部	关于颁发香港、澳门特别行政区律师事务所与内地律师事务所联营许可证有关事宜的通知	司发通〔2004〕22号	2004年2月23日
198	司法部	关于向获准在内地从事律师职业的香港特别行政区和澳门特别行政区居民颁发律师执业证有关事宜的通知	司发通〔2004〕90号	2004年6月3日
199	司法部办公厅	关于对违法违纪律师行政处罚追诉时效有关问题的通知	司发电〔2005〕第1号	2005年1月5日
200	司法部	关于进一步加强法律服务工作者违法违纪投诉查处工作的意见	司发通〔2006〕28号	2006年4月24日
201	司法部办公厅	关于印发法律服务机构法律服务工作者违法违纪投诉查处工作相关文件格式的通知	司办通〔2006〕第22号	2006年4月29日
202	司法部	关于修订后的《律师法》部分条文适用问题的通知	司发通〔2008〕85号	2008年5月28日
203	司法部办公厅	关于律师事务所从业资质有关问题的复函	司办函〔2010〕125号	2010年5月28日
204	司法部	关于加快解决有些地方没有律师和欠发达地区律师资源不足问题的意见	司发通〔2013〕111号	2013年7月3日
205	最高人民法院、最高人民检察院、公安部、国家安全部、司法部	印发《关于依法保障律师执业权利的规定》的通知	司发〔2015〕14号	2015年9月16日
206	司法部	关于印发《关于进一步加强律师协会建设的意见》的通知	司发通〔2016〕115号	2016年11月29日
207	司法部、国家信访局	关于深入开展律师参与信访工作的意见	司发通〔2016〕127号	2016年12月16日
208	司法部、外交部、商务部、国务院法制办公室	印发《关于发展涉外法律服务业的意见》的通知	司发通〔2016〕136号	2016年12月30日
209	司法部	关于加强律师违法违规行为投诉处理工作的通知	司发通〔2017〕23号	2017年3月3日
210	司法部	关于开展国内律师事务所聘请外籍律师担任外国法律顾问试点工作的通知	司发通〔2017〕32号	2017年3月27日
211	司法部	关于印发《关于建立律师专业水平评价体系和评定机制的试点方案》的通知	司发通〔2017〕33号	2017年3月30日
212	最高人民法院、最高人民检察院、公安部、国家安全部、司法部、中华全国律师协会	关于建立健全维护律师执业权利快速联动处置机制的通知	司发通〔2017〕40号	2017年4月14日

序号	发文单位	文件名称	发布文号	发布日期
213	司法部、中华全国律师协会	关于进一步加强律师惩戒工作的通知	司发通〔2017〕70号	2017年7月4日
214	司法部	关于放宽扩大台湾地区律师事务所在大陆设立代表处地域范围等三项开放措施的通知	司发通〔2017〕80号	2017年7月31日
215	司法部	中华人民共和国司法部公告	司法部公告〔2017〕176号	2017年9月21日
216	最高人民法院、司法部	关于开展律师调解试点工作的意见	司发通〔2017〕105号	2017年9月30日
217	最高人民法院、司法部	印发《关于开展刑事案件律师辩护全覆盖试点工作的办法》的通知	司发通〔2017〕106号	2017年10月9日
218	司法部、住房城乡建设部	关于开展律师参与城市管理执法工作的意见	司发通〔2017〕114号	2017年11月2日
219	司法部	关于扩大内地律师事务所与港澳律师事务所合伙联营地域范围的通知	司发通〔2017〕137号	2017年12月27日
220	最高人民法院、司法部	关于依法保障律师诉讼权利和规范律师参与庭审活动的通知	司发通〔2018〕36号	2018年4月21日
221	司法部	关于进一步加强和规范村(居)法律顾问工作的意见	司发〔2018〕5号	2018年6月15日
222	司法部、中华全国律师协会	关于印发《关于建立健全律师维权惩戒工作责任制的意见》的通知	司发通〔2018〕65号	2018年6月28日
223	司法部	关于印发《公职律师管理办法》《公司律师管理办法》的通知	司发通〔2018〕131号	2018年12月13日
224	最高人民法院、司法部	关于扩大律师调解试点工作的通知	司发通〔2018〕143号	2018年12月26日
225	最高人民法院、司法部	关于扩大刑事案件律师辩护全覆盖试点范围的通知	司发通〔2018〕149号	2018年12月27日
226	司法部	关于扩大内地律师事务所与港澳律师事务所合伙联营地域范围的通知	司发通〔2019〕10号	2019年1月16日
227	司法部	关于扩大律师专业水平评价体系和评定机制试点的通知	司发通〔2019〕35号	2019年3月14日
228	司法部办公厅	关于明确中国法律服务(澳门)公司业务范围的通知	司办通〔2019〕51号	2019年5月13日
229	司法部	关于印发《律师事务所境外分支机构备案管理规定》的通知	司规〔2019〕1号	2019年6月28日
230	司法部	印发《关于促进律师参与公益法律服务的意见》的通知	司发通〔2019〕105号	2019年10月17日
		十五、基层法律服务工作行政规范性文件(4件)		
231	司法部	关于严禁乡镇法律服务所直接以公证名义办证的通知	(89)司发基字第183号	1989年10月6日
232	司法部	关于印发《乡镇法律服务所业务档案管理办法》的通知	司发〔1991〕054号	1991年4月22日
233	司法部	关于印发《乡镇法律服务业务专用文书格式》的通知	司发通〔1992〕096号	1992年10月6日

续表

序号	发文单位	文件名称	发布文号	发布日期
234	司法部	关于印发《基层法律服务机构脱钩改制实施意见》的通知	司发通〔2000〕134号	2000年9月25日
十六、法律职业资格考试工作行政规范性文件(10件)				
235	司法部、国家保密局	关于切实做好国家司法考试保密工作有关问题的通知	司发通〔2002〕27号	2002年3月20日
236	司法部	国家司法考试监察工作暂行规定	司发通〔2002〕31号	2002年3月28日
237	司法部	关于《国家司法考试监察工作暂行规定》的补充通知	司发通〔2005〕65号	2005年8月19日
238	司法部、工业和信息化部、公安部	关于加强防范和打击非法利用无线电设备在国家司法考试中进行作弊活动的通知	司发通〔2008〕118号	2008年8月2日
239	最高人民法院、最高人民检察院、司法部	关于印发《国家司法考试实施办法》的通知	司发〔2008〕11号	2008年8月8日
240	司法部、国家保密局	关于印发《国家司法考试保密工作规定》的通知	司发通〔2008〕142号	2008年9月10日
241	司法部、工业和信息化部、公安部	关于进一步加强防范和打击利用互联网及无线电设备在国家司法考试中违法作弊活动的通知	司发通〔2012〕251号	2012年8月28日
242	司法部	关于国家统一法律职业资格考试考务费收费标准的通知	司发通〔2018〕123号	2018年6月21日
243	司法部	关于印发《国家统一法律职业资格考试工作规则》《国家统一法律职业资格考试应试规则》《国家统一法律职业资格考试监考规则》的通知	司发通〔2018〕86号	2018年8月21日
244	司法部办公厅	关于印发《国家统一法律职业资格考试应急预案》的通知	司办通〔2018〕123号	2018年9月12日

附件2

司法部决定废止行政规范性文件目录

序号	发文单位	文件名称	发布文号	发布日期
一、综合类行政规范性文件				
1	司法部	关于做好涉法涉诉信访工作的通知	司发通〔2006〕46号	2006年7月25日
2	司法部	关于印发《司法部政府信息公开实施办法》的通知	司发〔2008〕17号	2008年12月15日
二、监狱工作行政规范性文件				
1	司法部	关于坚决制止犯人纹身的通知	(87)司发劳改字第175号	1987年8月18日
2	司法部	关于印发《关于在监狱系统推行狱务公开的实施意见》的通知	司发通〔2001〕105号	2001年10月12日
3	司法部	关于印发《律师会见监狱在押罪犯暂行规定》的通知	司发通〔2004〕31号	2004年3月19日

续表

序号	发文单位	文件名称	发布文号	发布日期
	三、社区矫正工作行政规范性文件
1	最高人民法院、最高人民检察院、公安部、司法部	关于开展社区矫正试点工作的通知	司发〔2003〕12号	2003年7月10日
2	司法部	关于印发《司法行政机关社区矫正工作暂行办法》的通知	司发通〔2004〕88号	2004年5月9日
3	最高人民法院、最高人民检察院、公安部、司法部	关于扩大社区矫正试点范围的通知	司发〔2005〕3号	2005年1月20日
4	司法部	对吉林省社区矫正工作领导小组办公室《关于可否将检察院"定罪免诉"人员纳入社区矫正对象范围的请示》的答复	司办函〔2008〕236号	2008年11月26日
5	最高人民法院、最高人民检察院、公安部、司法部	关于在全国试行社区矫正工作的意见	司发通〔2009〕169号	2009年9月2日
6	司法部	关于认真贯彻落实最高人民法院、最高人民检察院、公安部、司法部《社区矫正实施办法》进一步做好社区矫正工作的通知	司发通〔2012〕33号	2012年2月15日
7	司法部	关于印发和使用《社区矫正执法文书格式》的通知	司发通〔2012〕126号	2012年5月30日
8	司法部	关于进一步加强社区矫正执法工作的通知	司发通〔2013〕95号	2013年5月9日
	四、公证工作行政规范性文件
1	司法部	关于统一继承在加拿大遗产委托书格式的通知	司发函〔1990〕256号	1990年7月21日
2	司法部	关于印发《批量办理赡养协议公证细则》的通知	司发通〔1992〕072号	1992年8月4日
3	司法部	关于印发《抵押贷款合同公证程序细则》的通知	司发〔1992〕015号	1992年12月31日
4	司法部	关于贯彻执行《公司法》为企业向公司制改造提供公证服务的若干意见	司发〔1994〕008号	1994年6月30日
5	司法部、中国人民建设银行	关于建设银行借款合同办理公证有关事宜的通知	司发通〔1996〕018号	1996年1月26日
6	司法部	关于贯彻执行《中华人民共和国收养法》若干问题的意见	司发通〔2000〕033号	2000年3月3日
7	司法部	关于转发《中国公证员协会关于深入开展公证行业文明创建工作的意见》的通知	司发通〔2003〕42号	2003年5月8日
8	司法部	关于做好全国首次公证员考核任职工作的通知	司发通〔2010〕33号	2010年3月8日
	五、法律援助工作行政规范性文件
1	司法部	关于2016年全国"敬老月"期间深入开展老年人法律服务和法律援助活动的通知	司发通〔2016〕96号	2016年9月20日

续表

序号	发文单位	文件名称	发布文号	发布日期
六、司法鉴定工作行政规范性文件				
1	司法部	关于贯彻执行《司法鉴定程序通则》的通知	司发通〔2007〕56号	2007年9月10日
2	司法部办公厅	关于贯彻执行《司法鉴定收费管理办法》的通知	司办通〔2009〕85号	2009年9月25日
3	司法部	司法部关于贯彻实施《司法鉴定执业活动投诉处理办法》进一步加强司法鉴定监督管理工作的通知	司发通〔2010〕126号	2010年8月20日
4	司法部	关于进一步加强司法鉴定投诉处理工作的通知	司发通〔2013〕126号	2013年8月27日
七、律师工作行政规范性文件				
1	司法部	关于律师事务所不应进行工商登记的通知	司发〔1990〕056号	1990年3月6日
2	司法部	关于认真受理当事人对律师投诉的通知	司发通〔1996〕148号	1996年11月14日
3	司法部	关于建立健全律师执业社会监督制度的通知	司发通〔1999〕033号	1999年5月10日
4	司法部	关于加快建立律师诚信制度的通知	司发通〔2002〕30号	2002年3月26日
5	司法部	关于开展公司律师试点工作的意见	司发通〔2002〕79号	2002年10月22日
6	司法部	关于开展公职律师试点工作的意见	司发通〔2002〕80号	2002年10月22日
7	司法部	关于进一步加强律师执业管理若干问题的通知	司发通〔2003〕51号	2003年5月30日
8	司法部	关于拓展和规范律师法律服务的意见	司发〔2003〕14号	2003年8月12日
9	司法部	关于颁发《香港法律顾问证》《澳门法律顾问证》有关事宜的通知	司发通〔2004〕11号	2004年1月12日
10	司法部	关于进一步加强律师监督和惩戒工作的意见	司发〔2004〕8号	2004年3月19日
11	司法部、国家信访局	关于进一步加强律师参与涉法信访工作的意见	司发通〔2004〕151号	2004年10月9日
12	司法部	关于进一步建立健全律师队伍建设长效机制的意见	司发通〔2005〕2号	2005年1月26日
13	司法部办公厅	关于重申办好法律服务投诉电话有关事宜的通知	司办通〔2005〕63号	2005年8月24日
14	司法部	关于加强律师队伍建设工作的意见	司发〔2006〕5号	2006年4月11日
15	司法部	关于加强律师培训工作的意见	司发〔2007〕11号	2007年9月5日
16	司法部	关于学习宣传贯彻修订后的《中华人民共和国律师法》的意见	司发〔2007〕14号	2007年10月30日
17	司法部	关于合作律师事务所调整工作的指导意见	司发〔2008〕12号	2008年8月14日
18	司法部	关于同意开展台湾地区律师事务所在福建省福州、厦门设立代表机构试点工作的通知	司发通〔2009〕108号	2009年7月14日
19	司法部	关于指导律师协会做好申请律师执业人员实习管理考核工作的通知	司发通〔2010〕115号	2010年7月5日
八、基层法律服务工作行政规范性文件				
1	司法部	关于贯彻实施《基层法律服务所管理办法》和《基层法律服务工作者管理办法》若干问题的意见	司发通〔2000〕066号	2000年6月7日

续表

序号	发文单位	文件名称	发布文号	发布日期
九、法律职业资格考试工作行政规范性文件				
1	司法部	关于印发《国家司法考试监考规则》的通知	司发通〔2008〕141号	2008年9月9日
2	司法部	关于印发《国家司法考试工作规则》的通知	司发通〔2008〕143号	2008年9月16日
3	司法部办公厅	关于印发《国家司法考试应急预案(试行)》的通知	司办通〔2008〕71号	2008年9月18日
4	司法部	关于印发《国家司法考试应试人员考场违纪行为处理程序》的通知	司发通〔2013〕130号	2013年9月10日
5	司法部办公厅	关于印发《国家司法考试应急预案》的通知	司办通〔2014〕34号	2014年9月15日
6	司法部	关于国家司法考试考务费收费标准的通知	司发通〔2017〕36号	2017年4月8日

二、法治建设

中华人民共和国立法法

- 2000年3月15日第九届全国人民代表大会第三次会议通过
- 根据2015年3月15日第十二届全国人民代表大会第三次会议《关于修改〈中华人民共和国立法法〉的决定》第一次修正
- 根据2023年3月13日第十四届全国人民代表大会第一次会议《关于修改〈中华人民共和国立法法〉的决定》第二次修正

第一章　总　则

第一条　为了规范立法活动，健全国家立法制度，提高立法质量，完善中国特色社会主义法律体系，发挥立法的引领和推动作用，保障和发展社会主义民主，全面推进依法治国，建设社会主义法治国家，根据宪法，制定本法。

第二条　法律、行政法规、地方性法规、自治条例和单行条例的制定、修改和废止，适用本法。

国务院部门规章和地方政府规章的制定、修改和废止，依照本法的有关规定执行。

第三条　立法应当坚持中国共产党的领导，坚持以马克思列宁主义、毛泽东思想、邓小平理论、"三个代表"重要思想、科学发展观、习近平新时代中国特色社会主义思想为指导，推进中国特色社会主义法治体系建设，保障在法治轨道上全面建设社会主义现代化国家。

第四条　立法应当坚持以经济建设为中心，坚持改革开放，贯彻新发展理念，保障以中国式现代化全面推进中华民族伟大复兴。

第五条　立法应当符合宪法的规定、原则和精神，依照法定的权限和程序，从国家整体利益出发，维护社会主义法制的统一、尊严、权威。

第六条　立法应当坚持和发展全过程人民民主，尊重和保障人权，保障和促进社会公平正义。

立法应当体现人民的意志，发扬社会主义民主，坚持立法公开，保障人民通过多种途径参与立法活动。

第七条　立法应当从实际出发，适应经济社会发展和全面深化改革的要求，科学合理地规定公民、法人和其他组织的权利与义务、国家机关的权力与责任。

法律规范应当明确、具体，具有针对性和可执行性。

第八条　立法应当倡导和弘扬社会主义核心价值观，坚持依法治国和以德治国相结合，铸牢中华民族共同体意识，推动社会主义精神文明建设。

第九条　立法应当适应改革需要，坚持在法治下推进改革和在改革中完善法治相统一，引导、推动、规范、保障相关改革，发挥法治在国家治理体系和治理能力现代化中的重要作用。

第二章　法　律
第一节　立法权限

第十条　全国人民代表大会和全国人民代表大会常务委员会根据宪法规定行使国家立法权。

全国人民代表大会制定和修改刑事、民事、国家机构的和其他的基本法律。

全国人民代表大会常务委员会制定和修改除应当由全国人民代表大会制定的法律以外的其他法律；在全国人民代表大会闭会期间，对全国人民代表大会制定的法律进行部分补充和修改，但是不得同该法律的基本原则相抵触。

全国人民代表大会可以授权全国人民代表大会常务委员会制定相关法律。

第十一条　下列事项只能制定法律：

（一）国家主权的事项；

（二）各级人民代表大会、人民政府、监察委员会、人民法院和人民检察院的产生、组织和职权；

（三）民族区域自治制度、特别行政区制度、基层群众自治制度；

（四）犯罪和刑罚；

（五）对公民政治权利的剥夺、限制人身自由的强制措施和处罚；

（六）税种的设立、税率的确定和税收征收管理等税收基本制度；

（七）对非国有财产的征收、征用；

（八）民事基本制度；

（九）基本经济制度以及财政、海关、金融和外贸的基本制度；

（十）诉讼制度和仲裁基本制度；

（十一）必须由全国人民代表大会及其常务委员会制定法律的其他事项。

第十二条 本法第十一条规定的事项尚未制定法律的，全国人民代表大会及其常务委员会有权作出决定，授权国务院可以根据实际需要，对其中的部分事项先制定行政法规，但是有关犯罪和刑罚、对公民政治权利的剥夺和限制人身自由的强制措施和处罚、司法制度等事项除外。

第十三条 授权决定应当明确授权的目的、事项、范围、期限以及被授权机关实施授权决定应当遵循的原则等。

授权的期限不得超过五年，但是授权决定另有规定的除外。

被授权机关应当在授权期限届满的六个月以前，向授权机关报告授权决定实施的情况，并提出是否需要制定有关法律的意见；需要继续授权的，可以提出相关意见，由全国人民代表大会及其常务委员会决定。

第十四条 授权立法事项，经过实践检验，制定法律的条件成熟时，由全国人民代表大会及其常务委员会及时制定法律。法律制定后，相应立法事项的授权终止。

第十五条 被授权机关应当严格按照授权决定行使被授予的权力。

被授权机关不得将被授予的权力转授给其他机关。

第十六条 全国人民代表大会及其常务委员会可以根据改革发展的需要，决定就特定事项授权在规定期限和范围内暂时调整或者暂时停止适用法律的部分规定。

暂时调整或者暂时停止适用法律的部分规定的事项，实践证明可行的，由全国人民代表大会及其常务委员会及时修改有关法律；修改法律的条件尚不成熟的，可以延长授权的期限，或者恢复施行有关法律规定。

第二节 全国人民代表大会立法程序

第十七条 全国人民代表大会主席团可以向全国人民代表大会提出法律案，由全国人民代表大会会议审议。

全国人民代表大会常务委员会、国务院、中央军事委员会、国家监察委员会、最高人民法院、最高人民检察院、全国人民代表大会各专门委员会，可以向全国人民代表大会提出法律案，由主席团决定列入会议议程。

第十八条 一个代表团或者三十名以上的代表联名，可以向全国人民代表大会提出法律案，由主席团决定是否列入会议议程，或者先交有关的专门委员会审议、提出是否列入会议议程的意见，再决定是否列入会议议程。

专门委员会审议的时候，可以邀请提案人列席会议，发表意见。

第十九条 向全国人民代表大会提出的法律案，在全国人民代表大会闭会期间，可以先向常务委员会提出，经常务委员会会议依照本法第二章第三节规定的有关程序审议后，决定提请全国人民代表大会审议，由常务委员会向大会全体会议作说明，或者由提案人向大会全体会议作说明。

常务委员会依照前款规定审议法律案，应当通过多种形式征求全国人民代表大会代表的意见，并将有关情况予以反馈；专门委员会和常务委员会工作机构进行立法调研，可以邀请有关的全国人民代表大会代表参加。

第二十条 常务委员会决定提请全国人民代表大会会议审议的法律案，应当在会议举行的一个月前将法律草案发给代表，并可以适时组织代表研读讨论，征求代表的意见。

第二十一条 列入全国人民代表大会会议议程的法律案，大会全体会议听取提案人的说明后，由各代表团进行审议。

各代表团审议法律案时，提案人应当派人听取意见，回答询问。

各代表团审议法律案时，根据代表团的要求，有关机关、组织应当派人介绍情况。

第二十二条 列入全国人民代表大会会议议程的法律案，由有关的专门委员会进行审议，向主席团提出审议意见，并印发会议。

第二十三条 列入全国人民代表大会会议议程的法律案，由宪法和法律委员会根据各代表团和有关的专门委员会的审议意见，对法律案进行统一审议，向主席团提出审议结果报告和法律草案修改稿，对涉及的合宪性问题以及重要的不同意见应当在审议结果报告中予以说明，经主席团会议审议通过后，印发会议。

第二十四条 列入全国人民代表大会会议议程的法律案，必要时，主席团常务主席可以召开各代表团团长会议，就法律案中的重大问题听取各代表团的审议意见，进行讨论，并将讨论的情况和意见向主席团报告。

主席团常务主席也可以就法律案中的重大的专门性问题，召集代表团推选的有关代表进行讨论，并将讨论的情况和意见向主席团报告。

第二十五条 列入全国人民代表大会会议议程的法律案，在交付表决前，提案人要求撤回的，应当说明理由，经主席团同意，并向大会报告，对该法律案的审议即行终止。

第二十六条 法律案在审议中有重大问题需要进一

步研究的,经主席团提出,由大会全体会议决定,可以授权常务委员会根据代表的意见进一步审议,作出决定,并将决定情况向全国人民代表大会下次会议报告;也可以授权常务委员会根据代表的意见进一步审议,提出修改方案,提请全国人民代表大会下次会议审议决定。

第二十七条 法律草案修改稿经各代表团审议,由宪法和法律委员会根据各代表团的审议意见进行修改,提出法律草案表决稿,由主席团提请大会全体会议表决,由全体代表的过半数通过。

第二十八条 全国人民代表大会通过的法律由国家主席签署主席令予以公布。

第三节 全国人民代表大会常务委员会立法程序

第二十九条 委员长会议可以向常务委员会提出法律案,由常务委员会会议审议。

国务院、中央军事委员会、国家监察委员会、最高人民法院、最高人民检察院、全国人民代表大会各专门委员会,可以向常务委员会提出法律案,由委员长会议决定列入常务委员会会议议程,或者先交有关的专门委员会审议、提出报告,再决定列入常务委员会会议议程。如果委员长会议认为法律案有重大问题需要进一步研究,可以建议提案人修改完善后再向常务委员会提出。

第三十条 常务委员会组成人员十人以上联名,可以向常务委员会提出法律案,由委员长会议决定是否列入常务委员会会议议程,或者先交有关的专门委员会审议、提出是否列入会议议程的意见,再决定是否列入常务委员会会议议程。不列入常务委员会会议议程的,应当向常务委员会会议报告或者向提案人说明。

专门委员会审议的时候,可以邀请提案人列席会议,发表意见。

第三十一条 列入常务委员会会议议程的法律案,除特殊情况外,应当在会议举行的七日前将法律草案发给常务委员会组成人员。

常务委员会会议审议法律案时,应当邀请有关的全国人民代表大会代表列席会议。

第三十二条 列入常务委员会会议议程的法律案,一般应当经三次常务委员会会议审议后再交付表决。

常务委员会会议第一次审议法律案,在全体会议上听取提案人的说明,由分组会议进行初步审议。

常务委员会会议第二次审议法律案,在全体会议上听取宪法和法律委员会关于法律草案修改情况和主要问题的汇报,由分组会议进一步审议。

常务委员会会议第三次审议法律案,在全体会议上听取宪法和法律委员会关于法律草案审议结果的报告,由分组会议对法律草案修改稿进行审议。

常务委员会审议法律案时,根据需要,可以召开联组会议或者全体会议,对法律草案中的主要问题进行讨论。

第三十三条 列入常务委员会会议议程的法律案,各方面的意见比较一致的,可以经两次常务委员会会议审议后交付表决;调整事项较为单一或者部分修改的法律案,各方面的意见比较一致,或者遇有紧急情形的,也可以经一次常务委员会会议审议即交付表决。

第三十四条 常务委员会分组会议审议法律案时,提案人应当派人听取意见,回答询问。

常务委员会分组会议审议法律案时,根据小组的要求,有关机关、组织应当派人介绍情况。

第三十五条 列入常务委员会会议议程的法律案,由有关的专门委员会进行审议,提出审议意见,印发常务委员会会议。

有关的专门委员会审议法律案时,可以邀请其他专门委员会的成员列席会议,发表意见。

第三十六条 列入常务委员会会议议程的法律案,由宪法和法律委员会根据常务委员会组成人员、有关的专门委员会的审议意见和各方面提出的意见,对法律案进行统一审议,提出修改情况的汇报或者审议结果报告和法律草案修改稿,对涉及的合宪性问题以及重要的不同意见应当在修改情况的汇报或者审议结果报告中予以说明。对有关的专门委员会的审议意见没有采纳的,应当向有关的专门委员会反馈。

宪法和法律委员会审议法律案时,应当邀请有关的专门委员会的成员列席会议,发表意见。

第三十七条 专门委员会审议法律案时,应当召开全体会议审议,根据需要,可以要求有关机关、组织派有关负责人说明情况。

第三十八条 专门委员会之间对法律草案的重要问题意见不一致时,应当向委员长会议报告。

第三十九条 列入常务委员会会议议程的法律案,宪法和法律委员会、有关的专门委员会和常务委员会工作机构应当听取各方面的意见。听取意见可以采取座谈会、论证会、听证会等多种形式。

法律案有关问题专业性较强,需要进行可行性评价的,应当召开论证会,听取有关专家、部门和全国人民代表大会代表等方面的意见。论证情况应当向常务委员会报告。

法律案有关问题存在重大意见分歧或者涉及利益关

系重大调整,需要进行听证的,应当召开听证会,听取有关基层和群体代表、部门、人民团体、专家、全国人民代表大会代表和社会有关方面的意见。听证情况应当向常务委员会报告。

常务委员会工作机构应当将法律草案发送相关领域的全国人民代表大会代表、地方人民代表大会常务委员会以及有关部门、组织和专家征求意见。

第四十条 列入常务委员会会议议程的法律案,应当在常务委员会会议后将法律草案及其起草、修改的说明等向社会公布,征求意见,但是经委员长会议决定不公布的除外。向社会公布征求意见的时间一般不少于三十日。征求意见的情况应当向社会通报。

第四十一条 列入常务委员会会议议程的法律案,常务委员会工作机构应当收集整理分组审议的意见和各方面提出的意见以及其他有关资料,分送宪法和法律委员会、有关的专门委员会,并根据需要,印发常务委员会会议。

第四十二条 拟提请常务委员会会议审议通过的法律案,在宪法和法律委员会提出审议结果报告前,常务委员会工作机构可以对法律草案中主要制度规范的可行性、法律出台时机、法律实施的社会效果和可能出现的问题等进行评估。评估情况由宪法和法律委员会在审议结果报告中予以说明。

第四十三条 列入常务委员会会议议程的法律案,在交付表决前,提案人要求撤回的,应当说明理由,经委员长会议同意,并向常务委员会报告,对该法律案的审议即行终止。

第四十四条 法律草案修改稿经常务委员会会议审议,由宪法和法律委员会根据常务委员会组成人员的审议意见进行修改,提出法律草案表决稿,由委员长会议提请常务委员会全体会议表决,由常务委员会全体组成人员的过半数通过。

法律草案表决稿交付常务委员会会议表决前,委员长会议根据常务委员会会议审议的情况,可以决定将个别意见分歧较大的重要条款提请常务委员会会议单独表决。

单独表决的条款经常务委员会会议表决后,委员长会议根据单独表决的情况,可以决定将法律草案表决稿交付表决,也可以决定暂不付表决,交宪法和法律委员会、有关的专门委员会进一步审议。

第四十五条 列入常务委员会会议审议的法律案,因各方面对制定该法律的必要性、可行性等重大问题存在较大意见分歧搁置审议满两年的,或者因暂不付表决经过两年没有再次列入常务委员会会议议程审议的,委员长会议可以决定终止审议,并向常务委员会报告;必要时,委员长会议也可以决定延期审议。

第四十六条 对多部法律中涉及同类事项的个别条款进行修改,一并提出法律案的,经委员长会议决定,可以合并表决,也可以分别表决。

第四十七条 常务委员会通过的法律由国家主席签署主席令予以公布。

第四节 法律解释

第四十八条 法律解释权属于全国人民代表大会常务委员会。

法律有以下情况之一的,由全国人民代表大会常务委员会解释:

(一)法律的规定需要进一步明确具体含义的;

(二)法律制定后出现新的情况,需要明确适用法律依据的。

第四十九条 国务院、中央军事委员会、国家监察委员会、最高人民法院、最高人民检察院、全国人民代表大会各专门委员会,可以向全国人民代表大会常务委员会提出法律解释要求或者提出相关法律案。

省、自治区、直辖市的人民代表大会常务委员会可以向全国人民代表大会常务委员会提出法律解释要求。

第五十条 常务委员会工作机构研究拟订法律解释草案,由委员长会议决定列入常务委员会会议议程。

第五十一条 法律解释草案经常务委员会会议审议,由宪法和法律委员会根据常务委员会组成人员的审议意见进行审议、修改,提出法律解释草案表决稿。

第五十二条 法律解释草案表决稿由常务委员会全体组成人员的过半数通过,由常务委员会发布公告予以公布。

第五十三条 全国人民代表大会常务委员会的法律解释同法律具有同等效力。

第五节 其他规定

第五十四条 全国人民代表大会及其常务委员会加强对立法工作的组织协调,发挥在立法工作中的主导作用。

第五十五条 全国人民代表大会及其常务委员会坚持科学立法、民主立法、依法立法,通过制定、修改、废止、解释法律和编纂法典等多种形式,增强立法的系统性、整体性、协同性、时效性。

第五十六条 全国人民代表大会常务委员会通过立法规划和年度立法计划、专项立法计划等形式,加强对立法工作的统筹安排。编制立法规划和立法计划,应当认真研究代表议案和建议,广泛征集意见,科学论证评估,根据经济社会发展和民主法治建设的需要,按照加强重点领域、新兴领域、涉外领域立法的要求,确定立法项目。立法规划和立法计划由委员长会议通过并向社会公布。

全国人民代表大会常务委员会工作机构负责编制立法规划、拟订立法计划,并按照全国人民代表大会常务委员会的要求,督促立法规划和立法计划的落实。

第五十七条 全国人民代表大会有关的专门委员会、常务委员会工作机构应当提前参与有关方面的法律草案起草工作;综合性、全局性、基础性的重要法律草案,可以由有关的专门委员会或者常务委员会工作机构组织起草。

专业性较强的法律草案,可以吸收相关领域的专家参与起草工作,或者委托有关专家、教学科研单位、社会组织起草。

第五十八条 提出法律案,应当同时提出法律草案文本及其说明,并提供必要的参阅资料。修改法律的,还应当提交修改前后的对照文本。法律草案的说明应当包括制定或者修改法律的必要性、可行性和主要内容,涉及合宪性问题的相关意见以及起草过程中对重大分歧意见的协调处理情况。

第五十九条 向全国人民代表大会及其常务委员会提出的法律案,在列入会议议程前,提案人有权撤回。

第六十条 交付全国人民代表大会及其常务委员会全体会议表决未获得通过的法律案,如果提案人认为必须制定该法律,可以按照法律规定的程序重新提出,由主席团、委员长会议决定是否列入会议议程;其中,未获得全国人民代表大会通过的法律案,应当提请全国人民代表大会审议决定。

第六十一条 法律应当明确规定施行日期。

第六十二条 签署公布法律的主席令载明该法律的制定机关、通过和施行日期。

法律签署公布后,法律文本以及法律草案的说明、审议结果报告等,应当及时在全国人民代表大会常务委员会公报和中国人大网以及在全国范围内发行的报纸上刊载。

在常务委员会公报上刊登的法律文本为标准文本。

第六十三条 法律的修改和废止程序,适用本章的有关规定。

法律被修改的,应当公布新的法律文本。

法律被废止的,除由其他法律规定废止该法律的以外,由国家主席签署主席令予以公布。

第六十四条 法律草案与其他法律相关规定不一致的,提案人应当予以说明并提出处理意见,必要时应当同时提出修改或者废止其他法律相关规定的议案。

宪法和法律委员会、有关的专门委员会审议法律案时,认为需要修改或者废止其他法律相关规定的,应当提出处理意见。

第六十五条 法律根据内容需要,可以分编、章、节、条、款、项、目。

编、章、节、条的序号用中文数字依次表述,款不编序号,项的序号用中文数字加括号依次表述,目的序号用阿拉伯数字依次表述。

法律标题的题注应当载明制定机关、通过日期。经过修改的法律,应当依次载明修改机关、修改日期。

全国人民代表大会常务委员会工作机构编制立法技术规范。

第六十六条 法律规定明确要求有关国家机关对专门事项作出配套的具体规定的,有关国家机关应当自法律施行之日起一年内作出规定,法律对配套的具体规定制定期限另有规定的,从其规定。有关国家机关未能在期限内作出配套的具体规定的,应当向全国人民代表大会常务委员会说明情况。

第六十七条 全国人民代表大会有关的专门委员会、常务委员会工作机构可以组织对有关法律或者法律中有关规定进行立法后评估。评估情况应当向常务委员会报告。

第六十八条 全国人民代表大会及其常务委员会作出有关法律问题的决定,适用本法的有关规定。

第六十九条 全国人民代表大会常务委员会工作机构可以对有关具体问题的法律询问进行研究予以答复,并报常务委员会备案。

第七十条 全国人民代表大会常务委员会工作机构根据实际需要设立基层立法联系点,深入听取基层群众和有关方面对法律草案和立法工作的意见。

第七十一条 全国人民代表大会常务委员会工作机构加强立法宣传工作,通过多种形式发布立法信息、介绍情况、回应关切。

第三章 行政法规

第七十二条 国务院根据宪法和法律,制定行政法规。

行政法规可以就下列事项作出规定:

(一)为执行法律的规定需要制定行政法规的事项;

(二)宪法第八十九条规定的国务院行政管理职权的事项。

应当由全国人民代表大会及其常务委员会制定法律

的事项,国务院根据全国人民代表大会及其常务委员会的授权决定先制定的行政法规,经过实践检验,制定法律的条件成熟时,国务院应当及时提请全国人民代表大会及其常务委员会制定法律。

第七十三条 国务院法制机构应当根据国家总体工作部署拟订国务院年度立法计划,报国务院审批。国务院年度立法计划中的法律项目应当与全国人民代表大会常务委员会的立法规划和立法计划相衔接。国务院法制机构应当及时跟踪了解国务院各部门落实立法计划的情况,加强组织协调和督促指导。

国务院有关部门认为需要制定行政法规的,应当向国务院报请立项。

第七十四条 行政法规由国务院有关部门或者国务院法制机构具体负责起草,重要行政管理的法律、行政法规草案由国务院法制机构组织起草。行政法规在起草过程中,应当广泛听取有关机关、组织、人民代表大会代表和社会公众的意见。听取意见可以采取座谈会、论证会、听证会等多种形式。

行政法规草案应当向社会公布,征求意见,但是经国务院决定不公布的除外。

第七十五条 行政法规起草工作完成后,起草单位应当将草案及其说明、各方面对草案主要问题的不同意见和其他有关资料送国务院法制机构进行审查。

国务院法制机构应当向国务院提出审查报告和草案修改稿,审查报告应当对草案主要问题作出说明。

第七十六条 行政法规的决定程序依照中华人民共和国国务院组织法的有关规定办理。

第七十七条 行政法规由总理签署国务院令公布。

有关国防建设的行政法规,可以由国务院总理、中央军事委员会主席共同签署国务院、中央军事委员会令公布。

第七十八条 行政法规签署公布后,及时在国务院公报和中国政府法制信息网以及在全国范围内发行的报纸上刊载。

在国务院公报上刊登的行政法规文本为标准文本。

第七十九条 国务院可以根据改革发展的需要,决定就行政管理等领域的特定事项,在规定期限和范围内暂时调整或者暂时停止适用行政法规的部分规定。

第四章 地方性法规、自治条例和单行条例、规章

第一节 地方性法规、自治条例和单行条例

第八十条 省、自治区、直辖市的人民代表大会及其常务委员会根据本行政区域的具体情况和实际需要,在不同宪法、法律、行政法规相抵触的前提下,可以制定地方性法规。

第八十一条 设区的市的人民代表大会及其常务委员会根据本市的具体情况和实际需要,在不同宪法、法律、行政法规和本省、自治区的地方性法规相抵触的前提下,可以对城乡建设与管理、生态文明建设、历史文化保护、基层治理等方面的事项制定地方性法规,法律对设区的市制定地方性法规的事项另有规定的,从其规定。设区的市的地方性法规须报省、自治区的人民代表大会常务委员会批准后施行。省、自治区的人民代表大会常务委员会对报请批准的地方性法规,应当对其合法性进行审查,认为同宪法、法律、行政法规和本省、自治区的地方性法规不抵触的,应当在四个月内予以批准。

省、自治区的人民代表大会常务委员会在对报请批准的设区的市的地方性法规进行审查时,发现其同本省、自治区的人民政府的规章相抵触的,应当作出处理决定。

除省、自治区的人民政府所在地的市,经济特区所在地的市和国务院已经批准的较大的市以外,其他设区的市开始制定地方性法规的具体步骤和时间,由省、自治区的人民代表大会常务委员会综合考虑本省、自治区所辖的设区的市的人口数量、地域面积、经济社会发展情况以及立法需求、立法能力等因素确定,并报全国人民代表大会常务委员会和国务院备案。

自治州的人民代表大会及其常务委员会可以依照本条第一款规定行使设区的市制定地方性法规的职权。自治州开始制定地方性法规的具体步骤和时间,依照前款规定确定。

省、自治区的人民政府所在地的市,经济特区所在地的市和国务院已经批准的较大的市已经制定的地方性法规,涉及本条第一款规定事项范围以外的,继续有效。

第八十二条 地方性法规可以就下列事项作出规定:

(一)为执行法律、行政法规的规定,需要根据本行政区域的实际情况作具体规定的事项;

(二)属于地方性事务需要制定地方性法规的事项。

除本法第十一条规定的事项外,其他事项国家尚未制定法律或者行政法规的,省、自治区、直辖市和设区的市、自治州根据本地方的具体情况和实际需要,可以先制定地方性法规。在国家制定的法律或者行政法规生效后,地方性法规同法律或者行政法规相抵触的规定无效,制定机关应当及时予以修改或者废止。

设区的市、自治州根据本条第一款、第二款制定地方性法规,限于本法第八十一条第一款规定的事项。

制定地方性法规,对上位法已经明确规定的内容,一般不作重复性规定。

第八十三条 省、自治区、直辖市和设区的市、自治州的人民代表大会及其常务委员会根据区域协调发展的需要,可以协同制定地方性法规,在本行政区域或者有关区域内实施。

省、自治区、直辖市和设区的市、自治州可以建立区域协同立法工作机制。

第八十四条 经济特区所在地的省、市的人民代表大会及其常务委员会根据全国人民代表大会的授权决定,制定法规,在经济特区范围内实施。

上海市人民代表大会及其常务委员会根据全国人民代表大会常务委员会的授权决定,制定浦东新区法规,在浦东新区实施。

海南省人民代表大会及其常务委员会根据法律规定,制定海南自由贸易港法规,在海南自由贸易港范围内实施。

第八十五条 民族自治地方的人民代表大会有权依照当地民族的政治、经济和文化的特点,制定自治条例和单行条例。自治区的自治条例和单行条例,报全国人民代表大会常务委员会批准后生效。自治州、自治县的自治条例和单行条例,报省、自治区、直辖市的人民代表大会常务委员会批准后生效。

自治条例和单行条例可以依照当地民族的特点,对法律和行政法规的规定作出变通规定,但不得违背法律或者行政法规的基本原则,不得对宪法和民族区域自治法的规定以及其他有关法律、行政法规专门就民族自治地方所作的规定作出变通规定。

第八十六条 规定本行政区域特别重大事项的地方性法规,应当由人民代表大会通过。

第八十七条 地方性法规案、自治条例和单行条例案的提出、审议和表决程序,根据中华人民共和国地方各级人民代表大会和地方各级人民政府组织法,参照本法第二章第二节、第三节、第五节的规定,由本级人民代表大会规定。

地方性法规草案由负责统一审议的机构提出审议结果的报告和草案修改稿。

第八十八条 省、自治区、直辖市的人民代表大会制定的地方性法规由大会主席团发布公告予以公布。

省、自治区、直辖市的人民代表大会常务委员会制定的地方性法规由常务委员会发布公告予以公布。

设区的市、自治州的人民代表大会及其常务委员会制定的地方性法规报经批准后,由设区的市、自治州的人民代表大会常务委员会发布公告予以公布。

自治条例和单行条例报经批准后,分别由自治区、自治州、自治县的人民代表大会常务委员会发布公告予以公布。

第八十九条 地方性法规、自治条例和单行条例公布后,其文本以及草案的说明、审议结果报告等,应当及时在本级人民代表大会常务委员会公报和中国人大网、本地方人民代表大会网站以及在本行政区域范围内发行的报纸上刊载。

在常务委员会公报上刊登的地方性法规、自治条例和单行条例文本为标准文本。

第九十条 省、自治区、直辖市和设区的市、自治州的人民代表大会常务委员会根据实际需要设立基层立法联系点,深入听取基层群众和有关方面对地方性法规、自治条例和单行条例草案的意见。

第二节 规 章

第九十一条 国务院各部、委员会、中国人民银行、审计署和具有行政管理职能的直属机构以及法律规定的机构,可以根据法律和国务院的行政法规、决定、命令,在本部门的权限范围内,制定规章。

部门规章规定的事项应当属于执行法律或者国务院的行政法规、决定、命令的事项。没有法律或者国务院的行政法规、决定、命令的依据,部门规章不得设定减损公民、法人和其他组织权利或者增加其义务的规范,不得增加本部门的权力或者减少本部门的法定职责。

第九十二条 涉及两个以上国务院部门职权范围的事项,应当提请国务院制定行政法规或者由国务院有关部门联合制定规章。

第九十三条 省、自治区、直辖市和设区的市、自治州的人民政府,可以根据法律、行政法规和本省、自治区、直辖市的地方性法规,制定规章。

地方政府规章可以就下列事项作出规定:

(一)为执行法律、行政法规、地方性法规的规定需要制定规章的事项;

(二)属于本行政区域的具体行政管理事项。

设区的市、自治州的人民政府根据本条第一款、第二款制定地方政府规章,限于城乡建设与管理、生态文明建设、历史文化保护、基层治理等方面的事项。已经制定的地方政府规章,涉及上述事项范围以外的,继续有效。

除省、自治区的人民政府所在地的市,经济特区所在地的市和国务院已经批准的较大的市以外,其他设区的市、自治州的人民政府开始制定规章的时间,与本省、自治区人民代表大会常务委员会确定的本市、自治州开始制定地方性法规的时间同步。

应当制定地方性法规但条件尚不成熟的,因行政管理迫切需要,可以先制定地方政府规章。规章实施满两年需要继续实施规章所规定的行政措施的,应当提请本级人民代表大会或者其常务委员会制定地方性法规。

没有法律、行政法规、地方性法规的依据,地方政府规章不得设定减损公民、法人和其他组织权利或者增加其义务的规范。

第九十四条　国务院部门规章和地方政府规章的制定程序,参照本法第三章的规定,由国务院规定。

第九十五条　部门规章应当经部务会议或者委员会会议决定。

地方政府规章应当经政府常务会议或者全体会议决定。

第九十六条　部门规章由部门首长签署命令予以公布。

地方政府规章由省长、自治区主席、市长或者自治州州长签署命令予以公布。

第九十七条　部门规章签署公布后,及时在国务院公报或者部门公报和中国政府法制信息网以及在全国范围内发行的报纸上刊载。

地方政府规章签署公布后,及时在本级人民政府公报和中国政府法制信息网以及在本行政区域范围内发行的报纸上刊载。

在国务院公报或者部门公报和地方人民政府公报上刊登的规章文本为标准文本。

第五章　适用与备案审查

第九十八条　宪法具有最高的法律效力,一切法律、行政法规、地方性法规、自治条例和单行条例、规章都不得同宪法相抵触。

第九十九条　法律的效力高于行政法规、地方性法规、规章。

行政法规的效力高于地方性法规、规章。

第一百条　地方性法规的效力高于本级和下级地方政府规章。

省、自治区的人民政府制定的规章的效力高于本行政区域内的设区的市、自治州的人民政府制定的规章。

第一百零一条　自治条例和单行条例依法对法律、行政法规、地方性法规作变通规定的,在本自治地方适用自治条例和单行条例的规定。

经济特区法规根据授权对法律、行政法规、地方性法规作变通规定的,在本经济特区适用经济特区法规的规定。

第一百零二条　部门规章之间、部门规章与地方政府规章之间具有同等效力,在各自的权限范围内施行。

第一百零三条　同一机关制定的法律、行政法规、地方性法规、自治条例和单行条例、规章,特别规定与一般规定不一致的,适用特别规定;新的规定与旧的规定不一致的,适用新的规定。

第一百零四条　法律、行政法规、地方性法规、自治条例和单行条例、规章不溯及既往,但为了更好地保护公民、法人和其他组织的权利和利益而作的特别规定除外。

第一百零五条　法律之间对同一事项的新的一般规定与旧的特别规定不一致,不能确定如何适用时,由全国人民代表大会常务委员会裁决。

行政法规之间对同一事项的新的一般规定与旧的特别规定不一致,不能确定如何适用时,由国务院裁决。

第一百零六条　地方性法规、规章之间不一致时,由有关机关依照下列规定的权限作出裁决:

(一)同一机关制定的新的一般规定与旧的特别规定不一致时,由制定机关裁决;

(二)地方性法规与部门规章之间对同一事项的规定不一致,不能确定如何适用时,由国务院提出意见,国务院认为应当适用地方性法规的,应当决定在该地方适用地方性法规的规定;认为应当适用部门规章的,应当提请全国人民代表大会常务委员会裁决;

(三)部门规章之间、部门规章与地方政府规章之间对同一事项的规定不一致时,由国务院裁决。

根据授权制定的法规与法律规定不一致,不能确定如何适用时,由全国人民代表大会常务委员会裁决。

第一百零七条　法律、行政法规、地方性法规、自治条例和单行条例、规章有下列情形之一的,由有关机关依照本法第一百零八条规定的权限予以改变或者撤销:

(一)超越权限的;

(二)下位法违反上位法规定的;

(三)规章之间对同一事项的规定不一致,经裁决应当改变或者撤销一方的规定的;

(四)规章的规定被认为不适当,应当予以改变或者撤销的;

(五)违背法定程序的。

第一百零八条　改变或者撤销法律、行政法规、地方性法规、自治条例和单行条例、规章的权限是：

（一）全国人民代表大会有权改变或者撤销它的常务委员会制定的不适当的法律，有权撤销全国人民代表大会常务委员会批准的违背宪法和本法第八十五条第二款规定的自治条例和单行条例；

（二）全国人民代表大会常务委员会有权撤销同宪法和法律相抵触的行政法规，有权撤销同宪法、法律和行政法规相抵触的地方性法规，有权撤销省、自治区、直辖市的人民代表大会常务委员会批准的违背宪法和本法第八十五条第二款规定的自治条例和单行条例；

（三）国务院有权改变或者撤销不适当的部门规章和地方政府规章；

（四）省、自治区、直辖市的人民代表大会有权改变或者撤销它的常务委员会制定的和批准的不适当的地方性法规；

（五）地方人民代表大会常务委员会有权撤销本级人民政府制定的不适当的规章；

（六）省、自治区的人民政府有权改变或者撤销下一级人民政府制定的不适当的规章；

（七）授权机关有权撤销被授权机关制定的超越授权范围或者违背授权目的的法规，必要时可以撤销授权。

第一百零九条　行政法规、地方性法规、自治条例和单行条例、规章应当在公布后的三十日内依照下列规定报有关机关备案：

（一）行政法规报全国人民代表大会常务委员会备案；

（二）省、自治区、直辖市的人民代表大会及其常务委员会制定的地方性法规，报全国人民代表大会常务委员会和国务院备案；设区的市、自治州的人民代表大会及其常务委员会制定的地方性法规，由省、自治区的人民代表大会常务委员会报全国人民代表大会常务委员会和国务院备案；

（三）自治州、自治县的人民代表大会制定的自治条例和单行条例，由省、自治区、直辖市的人民代表大会常务委员会报全国人民代表大会常务委员会和国务院备案；自治条例、单行条例报送备案时，应当说明对法律、行政法规、地方性法规作出变通的情况；

（四）部门规章和地方政府规章报国务院备案；地方政府规章应当同时报本级人民代表大会常务委员会备案；设区的市、自治州的人民政府制定的规章应当同时报省、自治区的人民代表大会常务委员会和人民政府备案；

（五）根据授权制定的法规应当报授权决定规定的机关备案；经济特区法规、浦东新区法规、海南自由贸易港法规报送备案时，应当说明变通的情况。

第一百一十条　国务院、中央军事委员会、国家监察委员会、最高人民法院、最高人民检察院和各省、自治区、直辖市的人民代表大会常务委员会认为行政法规、地方性法规、自治条例和单行条例同宪法或者法律相抵触，或者存在合宪性、合法性问题的，可以向全国人民代表大会常务委员会书面提出进行审查的要求，由全国人民代表大会有关的专门委员会和常务委员会工作机构进行审查、提出意见。

前款规定以外的其他国家机关和社会团体、企业事业组织以及公民认为行政法规、地方性法规、自治条例和单行条例同宪法或者法律相抵触的，可以向全国人民代表大会常务委员会书面提出进行审查的建议，由常务委员会工作机构进行审查；必要时，送有关的专门委员会进行审查、提出意见。

第一百一十一条　全国人民代表大会专门委员会、常务委员会工作机构可以对报送备案的行政法规、地方性法规、自治条例和单行条例等进行主动审查，并可以根据需要进行专项审查。

国务院备案审查工作机构可以对报送备案的地方性法规、自治条例和单行条例，部门规章和省、自治区、直辖市的人民政府制定的规章进行主动审查，并可以根据需要进行专项审查。

第一百一十二条　全国人民代表大会专门委员会、常务委员会工作机构在审查中认为行政法规、地方性法规、自治条例和单行条例同宪法或者法律相抵触，或者存在合宪性、合法性问题的，可以向制定机关提出书面审查意见；也可以由宪法和法律委员会与有关的专门委员会、常务委员会工作机构召开联合审查会议，要求制定机关到会说明情况，再向制定机关提出书面审查意见。制定机关应当在两个月内研究提出是否修改或者废止的意见，并向全国人民代表大会宪法和法律委员会、有关的专门委员会或者常务委员会工作机构反馈。

全国人民代表大会宪法和法律委员会、有关的专门委员会、常务委员会工作机构根据前款规定，向制定机关提出审查意见，制定机关按照所提意见对行政法规、地方性法规、自治条例和单行条例进行修改或者废止的，审查终止。

全国人民代表大会宪法和法律委员会、有关的专门委员会、常务委员会工作机构经审查认为行政法规、地方性法规、自治条例和单行条例同宪法或者法律相抵触，或者存在合宪性、合法性问题需要修改或者废止，而制定机关不予修改或者废止的,应当向委员长会议提出予以撤销的议案、建议,由委员长会议决定提请常务委员会会议审议决定。

第一百一十三条 全国人民代表大会有关的专门委员会、常务委员会工作机构应当按照规定要求,将审查情况向提出审查建议的国家机关、社会团体、企业事业组织以及公民反馈,并可以向社会公开。

第一百一十四条 其他接受备案的机关对报送备案的地方性法规、自治条例和单行条例、规章的审查程序,按照维护法制统一的原则,由接受备案的机关规定。

第一百一十五条 备案审查机关应当建立健全备案审查衔接联动机制,对应当由其他机关处理的审查要求或者审查建议,及时移送有关机关处理。

第一百一十六条 对法律、行政法规、地方性法规、自治条例和单行条例、规章和其他规范性文件,制定机关根据维护法制统一的原则和改革发展的需要进行清理。

第六章 附 则

第一百一十七条 中央军事委员会根据宪法和法律,制定军事法规。

中国人民解放军各战区、军兵种和中国人民武装警察部队,可以根据法律和中央军事委员会的军事法规、决定、命令,在其权限范围内,制定军事规章。

军事法规、军事规章在武装力量内部实施。

军事法规、军事规章的制定、修改和废止办法,由中央军事委员会依照本法规定的原则规定。

第一百一十八条 国家监察委员会根据宪法和法律、全国人民代表大会常务委员会的有关决定,制定监察法规,报全国人民代表大会常务委员会备案。

第一百一十九条 最高人民法院、最高人民检察院作出的属于审判、检察工作中具体应用法律的解释,应当主要针对具体的法律条文,并符合立法的目的、原则和原意。遇有本法第四十八条第二款规定情况的,应当向全国人民代表大会常务委员会提出法律解释的要求或者提出制定、修改有关法律的议案。

最高人民法院、最高人民检察院作出的属于审判、检察工作中具体应用法律的解释,应当自公布之日起三十日内报全国人民代表大会常务委员会备案。

最高人民法院、最高人民检察院以外的审判机关和检察机关,不得作出具体应用法律的解释。

第一百二十条 本法自 2000 年 7 月 1 日起施行。

规章制定程序条例

· 2001 年 11 月 16 日中华人民共和国国务院令第 322 号公布
· 根据 2017 年 12 月 22 日《国务院关于修改〈规章制定程序条例〉的决定》修订

第一章 总 则

第一条 为了规范规章制定程序,保证规章质量,根据立法法的有关规定,制定本条例。

第二条 规章的立项、起草、审查、决定、公布、解释,适用本条例。

违反本条例规定制定的规章无效。

第三条 制定规章,应当贯彻落实党的路线方针政策和决策部署,遵循立法法确定的立法原则,符合宪法、法律、行政法规和其他上位法的规定。

没有法律或者国务院的行政法规、决定、命令的依据,部门规章不得设定减损公民、法人和其他组织权利或者增加其义务的规范,不得增加本部门的权力或者减少本部门的法定职责。没有法律、行政法规、地方性法规的依据,地方政府规章不得设定减损公民、法人和其他组织权利或者增加其义务的规范。

第四条 制定政治方面法律的配套规章,应当按照有关规定及时报告党中央或者同级党委(党组)。

制定重大经济社会方面的规章,应当按照有关规定及时报告同级党委(党组)。

第五条 制定规章,应当切实保障公民、法人和其他组织的合法权益,在规定其应当履行的义务的同时,应当规定其相应的权利和保障权利实现的途径。

制定规章,应当体现行政机关的职权与责任相统一的原则,在赋予有关行政机关必要的职权的同时,应当规定其行使职权的条件、程序和应承担的责任。

第六条 制定规章,应当体现全面深化改革精神,科学规范行政行为,促进政府职能向宏观调控、市场监管、社会管理、公共服务、环境保护等方面转变。

制定规章,应当符合精简、统一、效能的原则,相同或者相近的职能应当规定由一个行政机关承担,简化行政管理手续。

第七条 规章的名称一般称"规定"、"办法",但不得称"条例"。

第八条 规章用语应当准确、简洁,条文内容应当明确、具体,具有可操作性。

法律、法规已经明确规定的内容,规章原则上不作重复规定。

除内容复杂的外,规章一般不分章、节。

第九条 涉及国务院两个以上部门职权范围的事项,制定行政法规条件尚不成熟,需要制定规章的,国务院有关部门应当联合制定规章。

有前款规定情形的,国务院有关部门单独制定的规章无效。

第二章 立 项

第十条 国务院部门内设机构或者其他机构认为需要制定部门规章的,应当向该部门报请立项。

省、自治区、直辖市和设区的市、自治州的人民政府所属工作部门或者下级人民政府认为需要制定地方政府规章的,应当向该省、自治区、直辖市或者设区的市、自治州的人民政府报请立项。

国务院部门,省、自治区、直辖市和设区的市、自治州的人民政府,可以向社会公开征集规章制定项目建议。

第十一条 报送制定规章的立项申请,应当对制定规章的必要性、所要解决的主要问题、拟确立的主要制度等作出说明。

第十二条 国务院部门法制机构,省、自治区、直辖市和设区的市、自治州的人民政府法制机构(以下简称法制机构),应当对制定规章的立项申请和公开征集的规章制定项目建议进行评估论证,拟订本部门、本级人民政府年度规章制定工作计划,报本部门、本级人民政府批准后向社会公布。

年度规章制定工作计划应当明确规章的名称、起草单位、完成时间等。

第十三条 国务院部门,省、自治区、直辖市和设区的市、自治州的人民政府,应当加强对执行年度规章制定工作计划的领导。对列入年度规章制定工作计划的项目,承担起草工作的单位应当抓紧工作,按照要求上报本部门或者本级人民政府决定。

法制机构应当及时跟踪了解本部门、本级人民政府年度规章制定工作计划执行情况,加强组织协调和督促指导。

年度规章制定工作计划在执行中,可以根据实际情况予以调整,对拟增加的规章项目应当进行补充论证。

第三章 起 草

第十四条 部门规章由国务院部门组织起草,地方政府规章由省、自治区、直辖市和设区的市、自治州的人民政府组织起草。

国务院部门可以确定规章由其一个或者几个内设机构或者其他机构具体负责起草工作,也可以确定由其法制机构起草或者组织起草。

省、自治区、直辖市和设区的市、自治州的人民政府可以确定规章由其一个部门或者几个部门具体负责起草工作,也可以确定由其法制机构起草或者组织起草。

第十五条 起草规章,应当深入调查研究,总结实践经验,广泛听取有关机关、组织和公民的意见。听取意见可以采取书面征求意见、座谈会、论证会、听证会等多种形式。

起草规章,除依法需要保密的外,应当将规章草案及其说明等向社会公布,征求意见。向社会公布征求意见的期限一般不少于30日。

起草专业性较强的规章,可以吸收相关领域的专家参与起草工作,或者委托有关专家、教学科研单位、社会组织起草。

第十六条 起草规章,涉及社会公众普遍关注的热点难点问题和经济社会发展遇到的突出矛盾,减损公民、法人和其他组织权利或者增加其义务,对社会公众有重要影响等重大利益调整事项的,起草单位应当进行论证咨询,广泛听取有关方面的意见。

起草的规章涉及重大利益调整或者存在重大意见分歧,对公民、法人或者其他组织的权利义务有较大影响,人民群众普遍关注,需要进行听证的,起草单位应当举行听证会听取意见。听证会依照下列程序组织:

(一)听证会公开举行,起草单位应当在举行听证会的30日前公布听证会的时间、地点和内容;

(二)参加听证会的有关机关、组织和公民对起草的规章,有权提问和发表意见;

(三)听证会应当制作笔录,如实记录发言人的主要观点和理由;

(四)起草单位应当认真研究听证会反映的各种意见,起草的规章在报送审查时,应当说明对听证会意见的处理情况及其理由。

第十七条 起草部门规章,涉及国务院其他部门的职责或者与国务院其他部门关系紧密的,起草单位应当充分征求国务院其他部门的意见。

起草地方政府规章,涉及本级人民政府其他部门的职责或者与其他部门关系紧密的,起草单位应当充分征求其他部门的意见。起草单位与其他部门有不同意见的,应当充分协商;经过充分协商不能取得一致意见的,起草单位应当在上报规章草案送审稿(以下简称规章送审稿)时说明情况和理由。

第十八条 起草单位应当将规章送审稿及其说明、对规章送审稿主要问题的不同意见和其他有关材料按规定报送审查。

报送审查的规章送审稿，应当由起草单位主要负责人签署；几个起草单位共同起草的规章送审稿，应当由该几个起草单位主要负责人共同签署。

规章送审稿的说明应当对制定规章的必要性、规定的主要措施、有关方面的意见及其协调处理情况等作出说明。

有关材料主要包括所规范领域的实际情况和相关数据、实践中存在的主要问题、汇总的意见、听证会笔录、调研报告、国内外有关立法资料等。

第四章 审 查

第十九条 规章送审稿由法制机构负责统一审查。法制机构主要从以下方面对送审稿进行审查：

（一）是否符合本条例第三条、第四条、第五条、第六条的规定；

（二）是否符合社会主义核心价值观的要求；

（三）是否与有关规章协调、衔接；

（四）是否正确处理有关机关、组织和公民对规章送审稿主要问题的意见；

（五）是否符合立法技术要求；

（六）需要审查的其他内容。

第二十条 规章送审稿有下列情形之一的，法制机构可以缓办或者退回起草单位：

（一）制定规章的基本条件尚不成熟或者发生重大变化的；

（二）有关机构或者部门对规章送审稿规定的主要制度存在较大争议，起草单位未与有关机构或者部门充分协商的；

（三）未按照本条例有关规定公开征求意见的；

（四）上报送审稿不符合本条例第十八条规定的。

第二十一条 法制机构应当将规章送审稿或者规章送审稿涉及的主要问题发送有关机关、组织和专家征求意见。

法制机构可以将规章送审稿或者修改稿及其说明等向社会公布，征求意见。向社会公布征求意见的期限一般不少于30日。

第二十二条 法制机构应当就规章送审稿涉及的主要问题，深入基层进行实地调查研究，听取基层有关机关、组织和公民的意见。

第二十三条 规章送审稿涉及重大利益调整的，法制机构应当进行论证咨询，广泛听取有关方面的意见。论证咨询可以采取座谈会、论证会、听证会、委托研究等多种形式。

规章送审稿涉及重大利益调整或者存在重大意见分歧，对公民、法人或者其他组织的权利义务有较大影响，人民群众普遍关注，起草单位在起草过程中未举行听证会的，法制机构经本部门或者本级人民政府批准，可以举行听证会。举行听证会的，应当依照本条例第十六条规定的程序组织。

第二十四条 有关机构或者部门对规章送审稿涉及的主要措施、管理体制、权限分工等问题有不同意见的，法制机构应当进行协调，力求达成一致意见。对有较大争议的重要立法事项，法制机构可以委托有关专家、教学科研单位、社会组织进行评估。

经过充分协调不能达成一致意见的，法制机构应当将主要问题、有关机构或者部门的意见和法制机构的意见及时报本部门或者本级人民政府领导协调，或者报本部门或者本级人民政府决定。

第二十五条 法制机构应当认真研究各方面的意见，与起草单位协商后，对规章送审稿进行修改，形成规章草案和对草案的说明。说明应当包括制定规章拟解决的主要问题、确立的主要措施以及有关部门的协调情况等。

规章草案和说明由法制机构主要负责人签署，提出提请本部门或者本级人民政府有关会议审议的建议。

第二十六条 法制机构起草或者组织起草的规章草案，由法制机构主要负责人签署，提出提请本部门或者本级人民政府有关会议审议的建议。

第五章 决定和公布

第二十七条 部门规章应当经部务会议或者委员会会议决定。

地方政府规章应当经政府常务会议或者全体会议决定。

第二十八条 审议规章草案时，由法制机构作说明，也可以由起草单位作说明。

第二十九条 法制机构应当根据有关会议审议意见对规章草案进行修改，形成草案修改稿，报请本部门首长或者省长、自治区主席、市长、自治州州长签署命令予以公布。

第三十条 公布规章的命令应当载明该规章的制定机关、序号、规章名称、通过日期、施行日期、部门首长或者省长、自治区主席、市长、自治州州长署名以及公布日期。

部门联合规章由联合制定的部门首长共同署名公布,使用主办机关的命令序号。

第三十一条 部门规章签署公布后,及时在国务院公报或者部门公报和中国政府法制信息网以及在全国范围内发行的报纸上刊载。

地方政府规章签署公布后,及时在本级人民政府公报和中国政府法制信息网以及在本行政区域范围内发行的报纸上刊载。

在国务院公报或者部门公报和地方人民政府公报上刊登的规章文本为标准文本。

第三十二条 规章应当自公布之日起30日后施行;但是,涉及国家安全、外汇汇率、货币政策的确定以及公布后不立即施行将有碍规章施行的,可以自公布之日起施行。

第六章 解释与备案

第三十三条 规章解释权属于规章制定机关。

规章有下列情形之一的,由制定机关解释:

(一)规章的规定需要进一步明确具体含义的;

(二)规章制定后出现新的情况,需要明确适用规章依据的。

规章解释由规章制定机关的法制机构参照规章送审稿审查程序提出意见,报请制定机关批准后公布。

规章的解释同规章具有同等效力。

第三十四条 规章应当自公布之日起30日内,由法制机构依照立法法和《法规规章备案条例》的规定向有关机关备案。

第三十五条 国家机关、社会团体、企业事业组织、公民认为规章同法律、行政法规相抵触的,可以向国务院书面提出审查的建议,由国务院法制机构研究并提出处理意见,按照规定程序处理。

国家机关、社会团体、企业事业组织、公民认为设区的市、自治州的人民政府规章同法律、行政法规相抵触或者违反其他上位法的规定的,也可以向本省、自治区人民政府书面提出审查的建议,由省、自治区人民政府法制机构研究并提出处理意见,按照规定程序处理。

第七章 附 则

第三十六条 依法不具有规章制定权的县级以上地方人民政府制定、发布具有普遍约束力的决定、命令,参照本条例规定的程序执行。

第三十七条 国务院部门,省、自治区、直辖市和设区的市、自治州的人民政府,应当根据全面深化改革、经济社会发展需要以及上位法规定,及时组织开展规章清理工作。对不适应全面深化改革和经济社会发展要求、不符合上位法规定的规章,应当及时修改或者废止。

第三十八条 国务院部门,省、自治区、直辖市和设区的市、自治州的人民政府,可以组织对有关规章或者规章中的有关规定进行立法后评估,并把评估结果作为修改、废止有关规章的重要参考。

第三十九条 规章的修改、废止程序适用本条例的有关规定。

规章修改、废止后,应当及时公布。

第四十条 编辑出版正式版本、民族文版、外文版本的规章汇编,由法制机构依照《法规汇编编辑出版管理规定》的有关规定执行。

第四十一条 本条例自2002年1月1日起施行。

行政法规制定程序条例

· 2001年11月16日中华人民共和国国务院令第321号公布
· 根据2017年12月22日《国务院关于修改〈行政法规制定程序条例〉的决定》修订

第一章 总 则

第一条 为了规范行政法规制定程序,保证行政法规质量,根据宪法、立法法和国务院组织法的有关规定,制定本条例。

第二条 行政法规的立项、起草、审查、决定、公布、解释,适用本条例。

第三条 制定行政法规,应当贯彻落实党的路线方针政策和决策部署,符合宪法和法律的规定,遵循立法法确定的立法原则。

第四条 制定政治方面法律的配套行政法规,应当按照有关规定及时报告党中央。

制定经济、文化、社会、生态文明等方面重大体制和重大政策调整的重要行政法规,应当将行政法规草案或者行政法规草案涉及的重大问题按照有关规定及时报告党中央。

第五条 行政法规的名称一般称"条例",也可以称"规定"、"办法"等。国务院根据全国人民代表大会及其常务委员会的授权决定制定的行政法规,称"暂行条例"或者"暂行规定"。

国务院各部门和地方人民政府制定的规章不得称"条例"。

第六条 行政法规应当备而不繁,逻辑严密,条文明确、具体，用语准确、简洁，具有可操作性。

行政法规根据内容需要，可以分章、节、条、款、项、目。章、节、条的序号用中文数字依次表述，款不编序号，项的序号用中文数字加括号依次表述，目的序号用阿拉伯数字依次表述。

第二章 立 项

第七条 国务院于每年年初编制本年度的立法工作计划。

第八条 国务院有关部门认为需要制定行政法规的，应当于国务院编制年度立法工作计划前，向国务院报请立项。

国务院有关部门报送的行政法规立项申请，应当说明立法项目所要解决的主要问题、依据的党的路线方针政策和决策部署，以及拟确立的主要制度。

国务院法制机构应当向社会公开征集行政法规制定项目建议。

第九条 国务院法制机构应当根据国家总体工作部署，对行政法规立项申请和公开征集的行政法规制定项目建议进行评估论证，突出重点，统筹兼顾，拟订国务院年度立法工作计划，报党中央、国务院批准后向社会公布。

列入国务院年度立法工作计划的行政法规项目应当符合下列要求：

（一）贯彻落实党的路线方针政策和决策部署，适应改革、发展、稳定的需要；

（二）有关的改革实践经验基本成熟；

（三）所要解决的问题属于国务院职权范围并需要国务院制定行政法规的事项。

第十条 对列入国务院年度立法工作计划的行政法规项目，承担起草任务的部门应当抓紧工作，按照要求上报国务院；上报国务院前，应当与国务院法制机构沟通。

国务院法制机构应当及时跟踪了解国务院各部门落实国务院年度立法工作计划的情况，加强组织协调和督促指导。

国务院年度立法工作计划在执行中可以根据实际情况予以调整。

第三章 起 草

第十一条 行政法规由国务院组织起草。国务院年度立法工作计划确定行政法规由国务院的一个部门或者几个部门具体负责起草工作，也可以确定由国务院法制机构起草或者组织起草。

第十二条 起草行政法规，应当符合本条例第三条、第四条的规定，并符合下列要求：

（一）弘扬社会主义核心价值观；

（二）体现全面深化改革精神，科学规范行政行为，促进政府职能向宏观调控、市场监管、社会管理、公共服务、环境保护等方面转变；

（三）符合精简、统一、效能的原则，相同或者相近的职能规定由一个行政机关承担，简化行政管理手续；

（四）切实保障公民、法人和其他组织的合法权益，在规定其应当履行的义务的同时，应当规定其相应的权利和保障权利实现的途径；

（五）体现行政机关的职权与责任相统一的原则，在赋予有关行政机关必要的职权的同时，应当规定其行使职权的条件、程序和应承担的责任。

第十三条 起草行政法规，起草部门应当深入调查研究，总结实践经验，广泛听取有关机关、组织和公民的意见。涉及社会公众普遍关注的热点难点问题和经济社会发展遇到的突出矛盾，减损公民、法人和其他组织权利或者增加其义务，对社会公众有重要影响等重大利益调整事项的，应当进行论证咨询。听取意见可以采取召开座谈会、论证会、听证会等多种形式。

起草行政法规，起草部门应当将行政法规草案及其说明等向社会公布，征求意见，但是经国务院决定不公布的除外。向社会公布征求意见的期限一般不少于30日。

起草专业性较强的行政法规，起草部门可以吸收相关领域的专家参与起草工作，或者委托有关专家、教学科研单位、社会组织起草。

第十四条 起草行政法规，起草部门应当就涉及其他部门的职责或者与其他部门关系紧密的规定，与有关部门充分协商，涉及部门职责分工、行政许可、财政支持、税收优惠政策的，应当征得机构编制、财政、税务等相关部门同意。

第十五条 起草行政法规，起草部门应当对涉及有关管理体制、方针政策等需要国务院决策的重大问题提出解决方案，报国务院决定。

第十六条 起草部门向国务院报送的行政法规草案送审稿（以下简称行政法规送审稿），应当由起草部门主要负责人签署。

起草行政法规，涉及几个部门共同职责需要共同起草的，应当共同起草，达成一致意见后联合报送行政法规送审稿。几个部门共同起草的行政法规送审稿，应当由该几个部门主要负责人共同签署。

第十七条 起草部门将行政法规送审稿报送国务院

审查时,应当一并报送行政法规送审稿的说明和有关材料。

行政法规送审稿的说明应当对立法的必要性、主要思路、确立的主要制度、征求有关机关、组织和公民意见的情况,各方面对送审稿主要问题的不同意见及其协调处理情况,拟设定、取消或者调整行政许可、行政强制的情况等作出说明。有关材料主要包括所规范领域的实际情况和相关数据、实践中存在的主要问题、国内外的有关立法资料、调研报告、考察报告等。

第四章 审 查

第十八条 报送国务院的行政法规送审稿,由国务院法制机构负责审查。

国务院法制机构主要从以下方面对行政法规送审稿进行审查:

(一)是否严格贯彻落实党的路线方针政策和决策部署,是否符合宪法和法律的规定,是否遵循立法法确定的立法原则;

(二)是否符合本条例第十二条的要求;

(三)是否与有关行政法规协调、衔接;

(四)是否正确处理有关机关、组织和公民对送审稿主要问题的意见;

(五)其他需要审查的内容。

第十九条 行政法规送审稿有下列情形之一的,国务院法制机构可以缓办或者退回起草部门:

(一)制定行政法规的基本条件尚不成熟或者发生重大变化的;

(二)有关部门对送审稿规定的主要制度存在较大争议,起草部门未征得机构编制、财政、税务等相关部门同意的;

(三)未按照本条例有关规定公开征求意见的;

(四)上报送审稿不符合本条例第十五条、第十六条、第十七条规定的。

第二十条 国务院法制机构应当将行政法规送审稿或者行政法规送审稿涉及的主要问题发送国务院有关部门、地方人民政府、有关组织和专家等各方面征求意见。国务院有关部门、地方人民政府应当在规定期限内反馈书面意见,并加盖本单位或者本单位办公厅(室)印章。

国务院法制机构可以将行政法规送审稿或者修改稿及其说明等向社会公布,征求意见。向社会公布征求意见的期限一般不少于30日。

第二十一条 国务院法制机构应当就行政法规送审稿涉及的主要问题,深入基层进行实地调查研究,听取基层有关机关、组织和公民的意见。

第二十二条 行政法规送审稿涉及重大利益调整的,国务院法制机构应当进行论证咨询,广泛听取有关方面的意见。论证咨询可以采取座谈会、论证会、听证会、委托研究等多种形式。

行政法规送审稿涉及重大利益调整或者存在重大意见分歧,对公民、法人或者其他组织的权利义务有较大影响,人民群众普遍关注的,国务院法制机构可以举行听证会,听取有关机关、组织和公民的意见。

第二十三条 国务院有关部门对行政法规送审稿涉及的主要制度、方针政策、管理体制、权限分工等有不同意见的,国务院法制机构应当进行协调,力求达成一致意见。对有较大争议的重要立法事项,国务院法制机构可以委托有关专家、教学科研单位、社会组织进行评估。

经过充分协调不能达成一致意见的,国务院法制机构、起草部门应当将争议的主要问题、有关部门的意见以及国务院法制机构的意见及时报国务院领导协调,或者报国务院决定。

第二十四条 国务院法制机构应当认真研究各方面的意见,与起草部门协商后,对行政法规送审稿进行修改,形成行政法规草案和对草案的说明。

第二十五条 行政法规草案由国务院法制机构主要负责人提出提请国务院常务会议审议的建议;对调整范围单一、各方面意见一致或者依据法律制定的配套行政法规草案,可以采取传批方式,由国务院法制机构直接提请国务院审批。

第五章 决定与公布

第二十六条 行政法规草案由国务院常务会议审议,或者由国务院审批。

国务院常务会议审议行政法规草案时,由国务院法制机构或者起草部门作说明。

第二十七条 国务院法制机构应当根据国务院对行政法规草案的审议意见,对行政法规草案进行修改,形成草案修改稿,报请总理签署国务院令公布施行。

签署公布行政法规的国务院令载明该行政法规的施行日期。

第二十八条 行政法规签署公布后,及时在国务院公报和中国政府法制信息网以及在全国范围内发行的报纸上刊载。国务院法制机构应当及时汇编出版行政法规的国家正式版本。

在国务院公报上刊登的行政法规文本为标准文本。

第二十九条 行政法规应当自公布之日起30日后

施行；但是，涉及国家安全、外汇汇率、货币政策的确定以及公布后不立即施行将有碍行政法规施行的，可以自公布之日起施行。

第三十条 行政法规在公布后的30日内由国务院办公厅报全国人民代表大会常务委员会备案。

第六章 行政法规解释

第三十一条 行政法规有下列情形之一的，由国务院解释：

（一）行政法规的规定需要进一步明确具体含义的；

（二）行政法规制定后出现新的情况，需要明确适用行政法规依据的。

国务院法制机构研究拟订行政法规解释草案，报国务院同意后，由国务院公布或者由国务院授权国务院有关部门公布。

行政法规的解释与行政法规具有同等效力。

第三十二条 国务院各部门和省、自治区、直辖市人民政府可以向国务院提出行政法规解释要求。

第三十三条 对属于行政工作中具体应用行政法规的问题，省、自治区、直辖市人民政府法制机构以及国务院有关部门法制机构请求国务院法制机构解释的，国务院法制机构可以研究答复；其中涉及重大问题的，由国务院法制机构提出意见，报国务院同意后答复。

第七章 附 则

第三十四条 拟订国务院提请全国人民代表大会或者全国人民代表大会常务委员会审议的法律草案，参照本条例的有关规定办理。

第三十五条 国务院可以根据全面深化改革、经济社会发展需要，就行政管理等领域的特定事项，决定在一定期限内在部分地方暂时调整或者暂时停止适用行政法规的部分规定。

第三十六条 国务院法制机构或者国务院有关部门应当根据全面深化改革、经济社会发展需要以及上位法规定，及时组织开展行政法规清理工作。对不适应全面深化改革和经济社会发展要求、不符合上位法规定的行政法规，应当及时修改或者废止。

第三十七条 国务院法制机构或者国务院有关部门可以组织对有关行政法规或者行政法规中的有关规定进行立法后评估，并把评估结果作为修改、废止有关行政法规的重要参考。

第三十八条 行政法规的修改、废止程序适用本条例的有关规定。

行政法规修改、废止后，应当及时公布。

第三十九条 行政法规的外文正式译本和民族语言文本，由国务院法制机构审定。

第四十条 本条例自2002年1月1日起施行。1987年4月21日国务院批准、国务院办公厅发布的《行政法规制定程序暂行条例》同时废止。

法规规章备案条例

· 2001年12月14日中华人民共和国国务院令第337号公布
· 自2002年1月1日起施行

第一条 为了维护社会主义法制的统一，加强对法规、规章的监督，根据立法法的有关规定，制定本条例。

第二条 本条例所称法规，是指省、自治区、直辖市和较大的市的人民代表大会及其常务委员会依照法定职权和程序制定的地方性法规，经济特区所在地的省、市的人民代表大会及其常务委员会依照法定职权和程序制定的经济特区法规，以及自治州、自治县的人民代表大会依照法定职权和程序制定的自治条例和单行条例。

本条例所称规章，包括部门规章和地方政府规章。部门规章，是指国务院各部、各委员会、中国人民银行、审计署和具有行政管理职能的直属机构（以下简称国务院部门）根据法律和国务院的行政法规、决定、命令，在本部门的职权范围内依照《规章制定程序条例》制定的规章。地方政府规章，是指省、自治区、直辖市和较大的市的人民政府根据法律、行政法规和本省、自治区、直辖市的地方性法规，依照《规章制定程序条例》制定的规章。

第三条 法规、规章公布后，应当自公布之日起30日内，依照下列规定报送备案：

（一）地方性法规、自治州和自治县的自治条例和单行条例由省、自治区、直辖市的人民代表大会常务委员会报国务院备案；

（二）部门规章由国务院部门报国务院备案，两个或者两个以上部门联合制定的规章，由主办的部门报国务院备案；

（三）省、自治区、直辖市人民政府规章由省、自治区、直辖市人民政府报国务院备案；

（四）较大的市的人民政府规章由较大的市的人民政府报国务院备案，同时报省、自治区人民政府备案；

（五）经济特区法规由经济特区所在地的省、市的人民代表大会常务委员会报国务院备案。

第四条 国务院部门，省、自治区、直辖市和较大的市的人民政府应当依法履行规章备案职责，加强对规章备案工作的组织领导。

国务院部门法制机构，省、自治区、直辖市人民政府和较大的市的人民政府法制机构，具体负责本部门、本地方的规章备案工作。

第五条 国务院法制机构依照本条例的规定负责国务院的法规、规章备案工作，履行备案审查监督职责。

第六条 依照本条例报送国务院备案的法规、规章，径送国务院法制机构。

报送法规备案，按照全国人民代表大会常务委员会关于法规备案的有关规定执行。

报送规章备案，应当提交备案报告、规章文本和说明，并按照规定的格式装订成册，一式十份。

报送法规、规章备案，具备条件的，应当同时报送法规、规章的电子文本。

第七条 报送法规、规章备案，符合本条例第二条和第六条第二款、第三款规定的，国务院法制机构予以备案登记；不符合第二条规定的，不予备案登记；符合第二条规定但不符合第六条第二款、第三款规定的，暂缓办理备案登记。

暂缓办理备案登记的，由国务院法制机构通知制定机关补充报送备案或者重新报送备案；补充或者重新报送备案符合规定的，予以备案登记。

第八条 经备案登记的法规、规章，由国务院法制机构按月公布目录。

编辑出版法规、规章汇编的范围，应当以公布的法规、规章目录为准。

第九条 国家机关、社会团体、企业事业组织、公民认为地方性法规同行政法规相抵触的，或者认为规章以及国务院各部门、省、自治区、直辖市和较大的市的人民政府发布的其他具有普遍约束力的行政决定、命令同法律、行政法规相抵触的，可以向国务院书面提出审查建议，由国务院法制机构研究并提出处理意见，按照规定程序处理。

第十条 国务院法制机构对报送国务院备案的法规、规章，就下列事项进行审查：

（一）是否超越权限；

（二）下位法是否违反上位法的规定；

（三）地方性法规与部门规章之间或者不同规章之间对同一事项的规定不一致，是否应当改变或者撤销一方的或者双方的规定；

（四）规章的规定是否适当；

（五）是否违背法定程序。

第十一条 国务院法制机构审查法规、规章时，认为需要有关的国务院部门或者地方人民政府提出意见的，有关的机关应当在规定期限内回复；认为需要法规、规章的制定机关说明有关情况的，有关的制定机关应当在规定期限内予以说明。

第十二条 经审查，地方性法规同行政法规相抵触的，由国务院提请全国人民代表大会常务委员会处理。

第十三条 地方性法规与部门规章之间对同一事项的规定不一致的，由国务院法制机构提出处理意见，报国务院依照立法法第八十六条第一款第（二）项的规定处理。

第十四条 经审查，规章超越权限，违反法律、行政法规的规定，或者其规定不适当的，由国务院法制机构建议制定机关自行纠正；或者由国务院法制机构提出处理意见报国务院决定，并通知制定机关。

第十五条 部门规章之间、部门规章与地方政府规章之间对同一事项的规定不一致的，由国务院法制机构进行协调；经协调不能取得一致意见的，由国务院法制机构提出处理意见报国务院决定，并通知制定机关。

第十六条 对《规章制定程序条例》第二条第二款、第八条第二款规定的无效规章，国务院法制机构不予备案，并通知制定机关。

规章在制定技术上存在问题的，国务院法制机构可以向制定机关提出处理意见，由制定机关自行处理。

第十七条 规章的制定机关应当自接到本条例第十四条、第十五条、第十六条规定的通知之日起30日内，将处理情况报国务院法制机构。

第十八条 根据本条例第十五条作出的处理结果，可以作为对最高人民法院依照行政诉讼法第五十三条送请国务院解释或者裁决的答复。

第十九条 法规、规章的制定机关应当于每年1月底前将上一年所制定的法规、规章目录报国务院法制机构。

第二十条 对于不报送规章备案或者不按时报送规章备案的，由国务院法制机构通知制定机关，限期报送；逾期仍不报送的，给予通报，并责令限期改正。

第二十一条 省、自治区、直辖市人民政府应当依法加强对下级行政机关发布的规章和其他具有普遍约束力的行政决定、命令的监督，依照本条例的有关规定，建立相关的备案审查制度，维护社会主义法制的统一，保证法律、法规的正确实施。

第二十二条 本条例自2002年1月1日起施行。1990年2月18日国务院发布的《法规、规章备案规定》同时废止。

政府督查工作条例

- 2020年12月1日国务院第116次常务会议通过
- 2020年12月26日中华人民共和国国务院令第733号公布
- 自2021年2月1日起施行

第一条 为了加强和规范政府督查工作,保障政令畅通,提高行政效能,推进廉政建设,健全行政监督制度,制定本条例。

第二条 本条例所称政府督查,是指县级以上人民政府在法定职权范围内根据工作需要组织开展的监督检查。

第三条 政府督查工作应当坚持和加强党的领导,以人民为中心,服务大局,实事求是,推进依法行政,推动政策落实和问题解决,力戒形式主义、官僚主义。

第四条 政府督查内容包括:
(一)党中央、国务院重大决策部署落实情况;
(二)上级和本级人民政府重要工作部署落实情况;
(三)督查对象法定职责履行情况;
(四)本级人民政府所属部门和下级人民政府的行政效能。

第五条 政府督查对象包括:
(一)本级人民政府所属部门;
(二)下级人民政府及其所属部门;
(三)法律、法规授权的具有管理公共事务职能的组织;
(四)受行政机关委托管理公共事务的组织。

上级人民政府可以对下一级人民政府及其所属部门开展督查,必要时可以对所辖各级人民政府及其所属部门开展督查。

第六条 国务院办公厅指导全国政府督查工作,组织实施国务院督查工作。国务院办公厅督查机构承担国务院督查有关具体工作。

县级以上地方人民政府督查机构组织实施本级人民政府督查工作。县级以上地方人民政府督查机构设置的形式和规格,按照机构编制管理有关规定办理。

国务院办公厅督查机构和县级以上地方人民政府督查机构统称政府督查机构。

第七条 县级以上人民政府可以指定所属部门按照指定的事项、范围、职责、期限开展政府督查。

县级以上人民政府所属部门未经本级人民政府指定,不得开展政府督查。

第八条 县级以上人民政府根据工作需要,可以派出督查组。督查组按照本级人民政府确定的督查事项、范围、职责、期限开展政府督查。督查组对本级人民政府负责。

督查组实行组长负责制,组长由本级人民政府确定。

可以邀请人大代表、政协委员、政府参事和专家学者等参加督查组。

第九条 督查人员应当具备与其从事的督查工作相适应的政治素质、工作作风、专业知识、业务能力和法律素养,遵守宪法和法律,忠于职守、秉公持正,清正廉洁、保守秘密,自觉接受监督。

政府督查机构应当对督查人员进行政治、理论和业务培训。

第十条 政府督查机构履行职责所必需的经费,应当列入本级预算。

第十一条 政府督查机构根据本级人民政府的决定或者本级人民政府行政首长在职权范围内作出的指令,确定督查事项。

政府督查机构根据党中央、国务院重大决策部署,上级和本级人民政府重要工作部署,以及掌握的线索,可以提出督查工作建议,经本级人民政府行政首长批准后,确定督查事项。

第十二条 政府督查可以采取以下方式:
(一)要求督查对象自查、说明情况;
(二)听取督查对象汇报;
(三)开展检查、访谈、暗访;
(四)组织座谈、听证、统计、评估;
(五)调阅、复制与督查事项有关的资料;
(六)通过信函、电话、媒体等渠道收集线索;
(七)约谈督查对象负责人或者相关责任人;
(八)运用现代信息技术手段开展"互联网+督查"。

第十三条 政府督查工作需要协助的,有关行政机关应当在职权范围内予以协助。

第十四条 县级以上人民政府可以组织开展综合督查、专项督查、事件调查、日常督办、线索核查等政府督查工作。

第十五条 开展政府督查工作应当制定督查方案,明确督查内容、对象和范围;应当严格控制督查频次和时限,科学运用督查方式,严肃督查纪律,提前培训督查人员。

政府督查工作应当严格执行督查方案,不得随意扩大督查范围、变更督查对象和内容,不得干预督查对象的正常工作,严禁重复督查、多头督查、越权督查。

第十六条 县级以上人民政府在政府督查工作结束后应当作出督查结论。与督查对象有关的督查结论应当向督查对象反馈。

督查结论应当事实清楚、证据充分、客观公正。

第十七条 督查对象对督查结论有异议的，可以自收到该督查结论之日起30日内，向作出该督查结论的人民政府申请复核。收到申请的人民政府应当在30日内作出复核决定。参与作出督查结论的工作人员在复核中应当回避。

第十八条 对于督查结论中要求整改的事项，督查对象应当按要求整改。政府督查机构可以根据工作需要，对整改情况进行核查。

第十九条 政府督查机构可以根据督查结论，提出改变或者撤销本级或者下级人民政府及其所属部门不适当的决定、命令等规范性文件的建议，报本级人民政府或者本级人民政府行政首长。

第二十条 政府督查机构可以针对督查结论中反映的突出问题开展调查研究，真实准确地向本级人民政府或者本级人民政府行政首长报告调查研究情况。

第二十一条 政府督查机构可以根据督查结论或者整改核查结果，提出对督查对象依法依规进行表扬、激励、批评等建议，经本级人民政府或者本级人民政府行政首长批准后组织实施。

政府督查机构可以根据督查结论或者整改核查结果，提出对督查对象依法依规追究责任的建议，经本级人民政府或者本级人民政府行政首长批准后，交有权机关调查处理。

第二十二条 政府督查应当加强与行政执法监督、备案审查监督等的协调衔接。

第二十三条 督查工作中发现公职人员涉嫌贪污贿赂、失职渎职等职务违法或者职务犯罪的问题线索，政府督查机构应当移送监察机关，由监察机关依法调查处置；发现涉嫌其他犯罪的问题线索，移送司法机关依法处理。

第二十四条 政府督查机构及督查人员违反本条例规定，滥用职权、徇私舞弊、玩忽职守的，泄露督查过程中所知悉的国家秘密、商业秘密、个人隐私的，或者违反廉政规定的，对负有责任的领导人员和直接责任人员依法依规给予处理；构成犯罪的，依法追究刑事责任。

第二十五条 督查对象及其工作人员不得阻碍督查工作，不得隐瞒实情、弄虚作假，不得伪造、隐匿、毁灭证据。有上述情形的，由政府督查机构责令改正；情节严重的，依法依规追究责任。

第二十六条 对督查人员或者提供线索、反映情况的单位和个人进行威胁、打击、报复、陷害的，依法依规追究责任。

第二十七条 县级以上人民政府及其所属部门依照有关法律法规开展的其他监督检查，按照有关法律法规规定执行。

第二十八条 本条例自2021年2月1日起施行。

国务院办公厅关于全面推行行政规范性文件合法性审核机制的指导意见

· 2018年12月4日
· 国办发〔2018〕115号

制定行政规范性文件（以下简称规范性文件）是行政机关或者经法律、法规授权的具有管理公共事务职能的组织（以下统称行政机关）依法履行职能的重要方式。对规范性文件进行合法性审核是确保行政机关出台的规范性文件合法有效的重要措施。全面推行规范性文件合法性审核机制，是推进依法行政、建设法治政府的必然要求，有利于维护国家法制统一、政令统一，有利于从源头上防止违法文件出台，促进行政机关严格规范公正文明执法，有利于保障公民、法人和其他组织的合法权益。《中共中央关于全面深化改革若干重大问题的决定》提出，要完善规范性文件合法性审核机制。中共中央、国务院印发的《法治政府建设实施纲要（2015—2020年）》要求完善规范性文件制定程序，落实合法性审核制度。为全面推行规范性文件合法性审核机制，经党中央、国务院同意，现提出以下意见。

一、总体要求

（一）指导思想。以习近平新时代中国特色社会主义思想为指导，全面贯彻党的十九大和十九届二中、三中全会精神，认真落实党中央、国务院决策部署，按照依法治国、依法执政、依法行政共同推进，法治国家、法治政府、法治社会一体建设的要求，全面推行规范性文件合法性审核机制，维护国家法制统一、尊严、权威，加快建设法治政府，提高政府治理能力。

（二）主要目标。进一步明确规范性文件合法性审核的范围、主体、程序、职责和责任，建立健全程序完备、权责一致、相互衔接、运行高效的合法性审核机制，落实审核工作要求，加大组织保障力度，确保所有规范性文件均经过合法性审核，保证规范性文件合法有效。

二、严格落实工作措施

（三）明确审核范围。各地区、各部门要结合工作实际，从制定主体、公文种类、管理事项等方面，确定纳入规范性文件合法性审核的标准和范围，编制规范性文件制定主体清单，明确规范性文件的公文种类，列明规范性文件管理事项类别。凡涉及公民、法人和其他组织权利义务的规范性文件，均要纳入合法性审核范围，确保实现全覆盖，做到应审必审。行政机关内部执行的管理规范、工作制度、机构编制、会议纪要、工作方案、请示报告及表彰奖惩、人事任免等文件，不纳入规范性文件合法性审核范围。

（四）确定审核主体。各级人民政府及其部门要明确具体承担规范性文件合法性审核工作的部门或者机构（以下统称审核机构）。以县级以上人民政府或者其办公机构名义印发的规范性文件，或者由县级以上人民政府部门起草、报请本级人民政府批准后以部门名义印发的规范性文件，由同级人民政府审核机构进行审核；起草部门已明确专门审核机构的，应当先由起草部门审核机构进行审核。国务院部门制定的规范性文件，由本部门审核机构进行审核。省、自治区、直辖市和设区的市人民政府部门制定的规范性文件，由本部门审核机构进行审核，也可以根据实际需要由本级人民政府确定的审核机构进行审核。县（市、区）人民政府部门、乡镇人民政府及街道办事处制定的规范性文件，已明确专门审核机构或者专门审核人员的，由本单位审核机构或者审核人员进行审核；未明确专门审核机构或者专门审核人员的，统一由县（市、区）人民政府确定的审核机构进行审核。

（五）规范审核程序。各地区、各部门要根据实际情况确定规范性文件合法性审核程序，明确起草单位、制定机关办公机构及审核机构的职责权限，严格执行材料报送、程序衔接、审核时限等工作要求。起草单位报送的审核材料，应当包括文件送审稿及其说明、制定文件所依据的法律、法规、规章和国家政策规定、征求意见及意见采纳情况、本单位的合法性审核意见，以及针对不同审核内容需要的其他材料等。起草单位直接将文件送审稿及有关材料报送制定机关办公机构的，制定机关办公机构要对材料的完备性、规范性进行审查。符合要求的，转送审核机构进行审核；不符合要求的，可以退回，或者要求起草单位在规定时间内补充材料或说明情况后转送审核机构进行审核。起草单位直接将文件送审稿及有关材料报送审核机构进行审核的，审核机构要对材料的完备性、规范性进行审核，不符合要求的，可以退回，或者要求起草单位在规定时间内补充材料或说明情况。除为了预防、应对和处置突发事件，或者执行上级机关的紧急命令和决定需要立即制定实施规范性文件等外，合法性审核时间一般不少于5个工作日，最长不超过15个工作日。

（六）明确审核职责。审核机构要认真履行审核职责，防止重形式、轻内容、走过场，严格审核以下内容：制定主体是否合法；是否超越制定机关法定职权；内容是否符合宪法、法律、法规、规章和国家政策规定；是否违法设立行政许可、行政处罚、行政强制、行政征收、行政收费等事项；是否存在没有法律、法规依据作出减损公民、法人和其他组织合法权益或者增加其义务的情形；是否存在没有法律、法规依据作出增加本单位权力或者减少本单位法定职责的情形；是否违反规范性文件制定程序。审核机构要根据不同情形提出合法、不合法、应当予以修改的书面审核意见。起草单位应当根据合法性审核意见对规范性文件作必要的修改或者补充；特殊情况下，起草单位未完全采纳合法性审核意见的，应当在提请制定机关审议时详细说明理由和依据。

（七）强化审核责任。要充分发挥合法性审核机制对确保规范性文件合法有效的把关作用，不得以征求意见、会签、参加审议等方式代替合法性审核。未经合法性审核或者经审核不合法的文件，不得提交集体审议。审核机构未严格履行审核职责导致规范性文件违法，造成严重后果的，依纪依法追究有关责任人员的责任；未经合法性审核或者不采纳合法性审核意见导致规范性文件违法，造成严重后果的，依纪依法追究有关责任人员的责任。

三、健全审核工作机制

（八）完善审核工作方式。审核机构可以根据工作需要，采用多种方式进行合法性审核，提高质量和效率。对影响面广、情况复杂、社会关注度高的规范性文件，如审核过程中遇到疑难法律问题，要在书面征求意见的基础上，采取召开座谈会、论证会等方式听取有关方面意见。要建立健全专家协助审核机制，充分发挥政府法律顾问、公职律师和有关专家作用。

（九）发挥审核管理信息平台作用。要积极探索利用信息化手段推进规范性文件合法性审核机制建设，完善合法性审核管理信息平台，制定建设标准，统一格式、文本等各项管理要求，做好与公文管理系统和政务信息公开平台的衔接，实现电子审核一体化和平台互联互通。

建立合法性审核台账,对已审核的规范性文件实行动态化、精细化管理。建立合法性审核信息共享机制,充分利用大数据技术和资源,加强对审核数据的统计分析,推动信息共享和整合,切实提高审核实效。

四、加大组织保障力度

(十)加强组织领导。各地区、各部门要充分认识全面推行规范性文件合法性审核机制的重要意义,主要负责同志作为本地区、本部门规范性文件合法性审核工作第一责任人,要切实加强对规范性文件合法性审核机制建设工作的领导,听取合法性审核工作情况汇报,及时研究解决工作中的重要问题。要结合本地区、本部门实际制定具体实施意见,进一步完善工作制度,明确责任分工和时间进度要求,细化具体措施,确保各项工作落实到位。

(十一)注重能力建设。各地区、各部门要高度重视规范性文件合法性审核能力建设,认真落实审核责任。要设立专门工作机构或者明确相关机构负责合法性审核工作,配齐配强审核工作力量,确保与审核工作任务相适应。要加强合法性审核人员正规化、专业化、职业化建设,建立健全定期培训和工作交流制度,多形式开展业务学习和经验交流,全面提升合法性审核人员的政治素质和业务能力。

(十二)强化指导监督。各地区、各部门要将规范性文件合法性审核机制建设情况纳入法治政府建设督察内容,将规范性文件合法性审核工作纳入法治政府建设考评指标体系,建立情况通报制度,对工作扎实、成效显著的予以表扬激励,对工作开展不力的及时督促整改,对工作中出现问题造成不良后果的依纪依法问责。各级人民政府对所属部门、上级人民政府对下级人民政府要加强指导监督,发现问题及时纠正。审核机构要建立健全统计分析、规范指导、沟通衔接、问题通报等机制,加强共性问题研究,定期向制定机关、起草单位通报本地区、本部门合法性审核情况和存在的问题,切实提高规范性文件质量。

司法部负责组织协调、统筹推进、督促指导本意见贯彻落实工作。要及时跟踪了解落实情况,督促检查指导规范性文件合法性审核机制建设,总结交流推广工作经验,研究协调解决共性问题。各地区、各部门要将本意见的贯彻落实情况和工作中遇到的重要事项及时报司法部。

---

① 该日期为新华社发文日期。

法治中国建设规划
(2020—2025 年)(节录)

·2021 年 1 月 10 日①

《法治中国建设规划(2020—2025 年)》主要内容如下。

法治是人类文明进步的重要标志,是治国理政的基本方式,是中国共产党和中国人民的不懈追求。法治兴则国兴,法治强则国强。为统筹推进法治中国建设各项工作,制定本规划。

一、坚定不移走中国特色社会主义法治道路,奋力建设良法善治的法治中国

党的十八大以来,以习近平同志为核心的党中央从坚持和发展中国特色社会主义的全局和战略高度定位法治、布局法治、厉行法治,将全面依法治国纳入"四个全面"战略布局,加强党对全面依法治国的集中统一领导,全面推进科学立法、严格执法、公正司法、全民守法,形成了习近平法治思想,开创了全面依法治国新局面,为在新的起点上建设法治中国奠定了坚实基础。

当今世界正经历百年未有之大变局,我国正处于实现中华民族伟大复兴关键时期,改革发展稳定任务艰巨繁重,全面对外开放深入推进,人民群众在民主、法治、公平、正义、安全、环境等方面的要求日益增长,需要更好发挥法治固根本、稳预期、利长远的保障作用。在统揽伟大斗争、伟大工程、伟大事业、伟大梦想,全面建设社会主义现代化国家新征程上,必须把全面依法治国摆在全局性、战略性、基础性、保障性位置,向着全面建成法治中国不断前进。

(一)指导思想

高举中国特色社会主义伟大旗帜,坚持以马克思列宁主义、毛泽东思想、邓小平理论、"三个代表"重要思想、科学发展观、习近平新时代中国特色社会主义思想为指导,全面贯彻党的十九大和十九届二中、三中、四中、五中全会精神,全面贯彻习近平法治思想,增强"四个意识"、坚定"四个自信"、做到"两个维护",坚持党的领导、人民当家作主、依法治国有机统一,坚定不移走中国特色社会主义法治道路,培育和践行社会主义核心价值观,以解决法治领域突出问题为着力点,建设中国特色社会主义法治体系,建设社会主义法治国家,在法治轨道上推进国家治理体系和治理能力现代化,提高党依法治国、依法执政能力,为全面建设社会主义现代化国家、实现中华民族伟大复兴的中国梦提供有力法治保障。

(二)主要原则

——坚持党的集中统一领导。牢牢把握党的领导是社会主义法治最根本的保证,坚持党领导立法、保证执法、支持司法、带头守法,充分发挥党总揽全局、协调各方的领导核心作用,确保法治中国建设的正确方向。

——坚持贯彻中国特色社会主义法治理论。深入贯彻习近平法治思想,系统总结运用新时代中国特色社会主义法治建设的鲜活经验,不断推进理论和实践创新发展。

——坚持以人民为中心。坚持法治建设为了人民、依靠人民,促进人的全面发展,努力让人民群众在每一项法律制度、每一个执法决定、每一宗司法案件中都感受到公平正义,加强人权法治保障,非因法定事由、非经法定程序不得限制、剥夺公民、法人和其他组织的财产和权利。

——坚持统筹推进。坚持依法治国、依法执政、依法行政共同推进,坚持法治国家、法治政府、法治社会一体建设,坚持依法治国和以德治国相结合,坚持依法治国和依规治党有机统一,全面推进科学立法、严格执法、公正司法、全民守法。

——坚持问题导向和目标导向。聚焦党中央关注、人民群众反映强烈的突出问题和法治建设薄弱环节,着眼推进国家治理体系和治理能力现代化,固根基、扬优势、补短板、强弱项,切实增强法治中国建设的时代性、针对性、实效性。

——坚持从中国实际出发。立足我国基本国情,统筹考虑经济社会发展状况、法治建设总体进程、人民群众需求变化等综合因素,汲取中华法律文化精华,借鉴国外法治有益经验,循序渐进、久久为功,确保各项制度设计行得通、真管用。

(三)总体目标

建设法治中国,应当实现法律规范科学完备统一,执法司法公正高效权威,权力运行受到有效制约监督,人民合法权益得到充分尊重保障,法治信仰普遍确立,法治国家、法治政府、法治社会全面建成。

到2025年,党领导全面依法治国体制机制更加健全,以宪法为核心的中国特色社会主义法律体系更加完备,职责明确、依法行政的政府治理体系日益健全,相互配合、相互制约的司法权运行机制更加科学有效,法治社会建设取得重大进展,党内法规体系更加完善,中国特色社会主义法治体系初步形成。

到2035年,法治国家、法治政府、法治社会基本建成,中国特色社会主义法治体系基本形成,人民平等参与、平等发展权利得到充分保障,国家治理体系和治理能力现代化基本实现。

二、全面贯彻实施宪法,坚定维护宪法尊严和权威

建设法治中国,必须高度重视宪法在治国理政中的重要地位和作用,坚持依宪治国、依宪执政,把全面贯彻实施宪法作为首要任务,健全保证宪法全面实施的体制机制,将宪法实施和监督提高到新水平。

(四)坚持把宪法作为根本活动准则。全国各族人民、一切国家机关和武装力量、各政党和各社会团体、各企业事业组织,都负有维护宪法尊严、保证宪法实施的职责,都不得有超越宪法法律的特权。坚持宪法法律至上,维护国家法制统一、尊严、权威,一切法律法规规章规范性文件都不得同宪法相抵触,一切违反宪法法律的行为都必须予以追究。党带头尊崇和执行宪法,把党领导人民制定和实施宪法法律同党坚持在宪法法律范围内活动统一起来,保障宪法法律的有效实施。

(五)加强宪法实施和监督。全国人大及其常委会要切实担负起宪法监督职责,加强宪法实施和监督,并将其作为全国人大常委会年度工作报告的重要事项。全国人大及其常委会通过的法律和作出的决定决议,应当确保符合宪法规定、宪法精神。推进合宪性审查工作,健全合宪性审查制度,明确合宪性审查的原则、内容、程序。建立健全涉及宪法问题的事先审查和咨询制度,有关方面拟出台的行政法规、军事法规、监察法规、地方性法规、经济特区法规、自治条例和单行条例、部门规章、地方政府规章、司法解释以及其他规范性文件和重要政策、重大举措,凡涉及宪法有关规定如何理解、实施、适用问题的,都应当依照有关规定向全国人大常委会书面提出合宪性审查请求。在备案审查工作中,应当注重审查是否存在不符合宪法规定和宪法精神的内容。加强宪法解释工作,落实宪法解释程序机制,回应涉及宪法有关问题的关切。

(六)推进宪法学习宣传教育。在全社会深入开展尊崇宪法、学习宪法、遵守宪法、维护宪法、运用宪法的宪法学习宣传教育活动,普及宪法知识,弘扬宪法精神。抓住领导干部这个"关键少数",把宪法法律学习列为党委(党组)理论学习中心组学习的重要内容,纳入党和国家工作人员培训教育体系。全面落实宪法宣誓制度。加强青少年宪法法律教育，增强青少年的规则意识、法治观念。在"五四宪法"历史资料陈列馆基础上建设国家宪法宣传教育馆。加强宪法理论研究和教材编写、修订、使用，凝练我国宪法的时代特色和实践特色，形成中国特色社会主义宪法理论和宪法话语体系。

三、建设完备的法律规范体系，以良法促进发展、保障善治

建设法治中国，必须加强和改进立法工作，深入推进科学立法、民主立法、依法立法，不断提高立法质量和效率，以高质量立法保障高质量发展、推动全面深化改革、维护社会大局稳定。

（七）完善立法工作格局。加强党对立法工作的领导，完善党委领导、人大主导、政府依托、各方参与的立法工作格局。党中央领导全国立法工作，研究决定国家立法工作中的重大问题，有立法权地方的党委按照党中央大政方针领导本地区立法工作。

完善人大主导立法工作的体制机制。加强人大对立法工作的组织协调，发挥人大及其常委会的审议把关作用。健全全国人大相关专门委员会、全国人大常委会工作机构牵头起草重要法律草案机制。更好发挥人大代表在起草和修改法律法规中的作用，人民代表大会会议一般都应当安排审议法律法规案。研究完善人大常委会会议制度，探索增加人大常委会审议法律法规案的会次安排。充分发挥人大常委会组成人员在立法中的作用，逐步提高人大常委会专职委员特别是有法治实践经验的专职委员比例。

注重发挥政府在立法工作中的重要作用。做好有关法律、地方性法规草案的起草工作，加强政府部门间立法协调。严格按照法定权限和程序制定行政法规、规章，保证行政法规、规章质量。

拓宽社会各方有序参与立法的途径和方式。加强立法协商，充分发挥政协委员、民主党派、工商联、无党派人士、人民团体、社会组织在立法协商中的作用。

（八）坚持立改废释并举。加强重点领域、新兴领域、涉外领域立法。推动贯彻新发展理念、构建新发展格局，加快完善深化供给侧结构性改革、促进创新驱动发展、防范化解金融风险等急需的法律法规。加强对权力运行的制约和监督，健全规范共同行政行为的法律法规，研究制定行政程序法。围绕加强社会主义文化建设，完善发展文化事业和文化产业、保护知识产权等方面的法律法规。加强保障和改善民生、创新社会治理方面的法律制度建设，为推进教育现代化、实施健康中国战略、维护社会治安等提供有力保障。加强疫情防控相关立法和配套制度建设，完善有关处罚程序，强化公共安全保障，构建系统完备、科学规范、运行有效的突发公共卫生事件应对法律体系。加强同民法典相关联、相配套的法律制度建设。加强国家安全领域立法。健全军民融合发展法律制度。加强信息技术领域立法，及时跟进研究数字经济、互联网金融、人工智能、大数据、云计算等相关法律制度，抓紧补齐短板。加强区域协调发展法律制度建设。制定和修改法律法规要着力解决违法成本过低、处罚力度不足问题。统筹解决食品药品、生态环境、安全生产等领域法律法规存在的该硬不硬、该严不严、该重不重问题。

针对法律规定之间不一致、不协调、不适应问题，及时组织清理。对某一领域有多部法律的，条件成熟时进行法典编纂。加强立法的协同配套工作，实行法律草案与配套规定同步研究、同步起草，增强法律规范整体功效。加强立法评估论证工作。加强法律法规解释工作。建设全国统一的法律、法规、规章、行政规范性文件、司法解释和党内法规信息平台。

坚持立法和改革相衔接相促进，做到重大改革于法有据，充分发挥立法的引领和推动作用。对改革急需、立法条件成熟的，抓紧出台；对立法条件还不成熟、需要先行先试的，依法及时作出授权决定或者改革决定。授权决定或者改革决定涉及的改革举措，实践证明可行的，及时按照程序制定修改相关法律法规。

完善弘扬社会主义核心价值观的法律政策体系，把社会主义核心价值观要求融入法治建设和社会治理。

加强京津冀协同发展、长江经济带发展、粤港澳大湾区建设、长三角一体化发展、黄河流域生态保护和高质量发展、推进海南全面深化改革开放等国家重大发展战略的法治保障。

（九）健全立法工作机制。健全立法立项、起草、论证、协调、审议机制，提高立法的针对性、及时性、系统性、可操作性。健全立法规划计划编制制度，充分发挥立法规划计划的统筹引领作用。健全立法征求意见机制，扩大公众参与的覆盖面和代表性，增强立法透明度。对与企业生产经营密切相关的立法项目，充分听取有关企业和行业协会商会意见。健全立法征求公众意见采纳反馈机制，对相对集中的意见未予采纳的，应当进行说明。充分利用大数据分析，为立法中的重大事项提供统计分析和决策依据。对立法涉及的重大利益调整事项加强论证咨询，推进对争议较大的重要立法事项引入第三方评估工作。建立健全重要立法争议事项协调机制，防止立法项目久拖不决。完善立法技术规范,加强立法指引。

(十)加强地方立法工作。有立法权的地方应当紧密结合本地发展需要和实际,突出地方特色和针对性、实效性,创造性做好地方立法工作。健全地方立法工作机制,提高立法质量,确保不与上位法相抵触,切实避免越权立法、重复立法、盲目立法。建立健全区域协同立法工作机制,加强全国人大常委会对跨区域地方立法的统一指导。2025年年底前,完成对全国地方立法工作人员的轮训。

四、建设高效的法治实施体系,深入推进严格执法、公正司法、全民守法

建设法治中国,必须深入推进严格执法、公正司法、全民守法,健全社会公平正义法治保障制度,织密法治之网,强化法治之力,不断增强人民群众的获得感、幸福感、安全感。

(十一)构建职责明确、依法行政的政府治理体系。各级政府必须坚持依法行政,恪守法定职责必须为、法无授权不可为,把政府活动全面纳入法治轨道。

依法全面履行政府职能,着力厘清政府和市场、政府和社会的关系,更加注重用法律和制度遏制不当干预经济活动的行为。深入推进简政放权,持续整治变相设置行政许可事项的违法违规行为。大力推行清单制度并实行动态管理,编制完成并公布中央层面设定的行政许可事项清单、备案管理事项清单,国务院部门权责清单于2022年上半年前编制完成并公布。

严格落实重大行政决策程序制度,切实防止违法决策、不当决策、拖延决策。充分发挥法律顾问、公职律师在重大行政决策中的作用。建立健全重大行政决策跟踪反馈和评估制度。全面推行行政规范性文件合法性审核机制,凡涉及公民、法人或其他组织权利和义务的行政规范性文件均应经过合法性审核。

深化行政执法体制改革,统筹配置行政执法职能和执法资源,最大限度减少不必要的行政执法事项。进一步整合行政执法队伍,继续探索实行跨领域跨部门综合执法。推动执法重心向市县两级政府下移,加大执法人员、经费、资源、装备等向基层倾斜力度。健全事前事中事后监管有效衔接、信息互联互通共享、协同配合工作机制。完善行政执法权限协调机制。健全行政执法和刑事司法衔接机制,全面推进"两法衔接"信息平台建设和应用。完善行政强制执行体制机制。建立健全军地联合执法机制。

坚持严格规范公正文明执法,全面推行行政执法公示制度、执法全过程记录制度、重大执法决定法制审核制度。加大食品药品、公共卫生、生态环境、安全生产、劳动保障、野生动物保护等关系群众切身利益的重点领域执法力度。推进统一的行政执法人员资格和证件管理、行政执法文书基本标准、行政执法综合管理监督信息系统建设。全面推行行政裁量权基准制度,规范执法自由裁量权。改进和创新执法方式,加强行政指导、行政奖励、行政和解等非强制行政手段的运用。建立行政执法案例指导制度。建立健全行政执法风险防控机制。严格执行突发事件应对有关法律法规,依法实施应急处置措施,全面提高依法应对突发事件能力和水平。

加强和创新事中事后监管,推进"双随机、一公开"跨部门联合监管,强化重点领域重点监管,探索信用监管、大数据监管、包容审慎监管等新型监管方式,努力形成全覆盖、零容忍、更透明、重实效、保安全的事中事后监管体系。持续开展"减证便民"行动,推行证明事项告知承诺制。

持续营造法治化营商环境,实施统一的市场准入负面清单制度,清理破除隐性准入壁垒,普遍落实"非禁即入"。全面清理、废止对非公有制经济的各种形式不合理规定,坚决纠正滥用行政权力排除、限制竞争行为。全面清理违法违规的涉企收费、检查、摊派事项和评比达标表彰活动。加强政务诚信建设,重点治理政府失信行为,加大惩处和曝光力度。实行知识产权侵权惩罚性赔偿制度,激励和保护科技创新。

加快推进"互联网+政务服务",政务服务重点领域和高频事项基本实现"一网、一门、一次"。2022年年底前建成全国一体化政务服务平台,除法律法规另有规定或涉及国家秘密等外,政务服务事项全部纳入平台办理,全面实现"一网通办"。

(十二)建设公正高效权威的中国特色社会主义司法制度。紧紧抓住影响司法公正、制约司法能力的深层次问题,坚持符合国情和遵循司法规律相结合,坚持和加强党对司法工作的绝对领导。健全公安机关、检察机关、审判机关、司法行政机关各司其职,侦查权、检察权、审判权、执行权相互配合、相互制约的体制机制。深化司法体制综合配套改革,全面落实司法责任制。

明确四级法院职能定位,充分发挥审级监督功能。完善民事再审程序,探索将具有普遍法律适用指导意义、关乎社会公共利益的案件交由较高层级法院审理。完善最高人民法院巡回法庭工作机制,健全综合配套措施。完善知识产权、金融、海事等专门法院建设,加强互联网

法院建设。深化与行政区划适当分离的司法管辖制度改革。健全未成年人司法保护体系。

坚持"让审理者裁判、由裁判者负责"，依法赋权独任庭、合议庭。健全重大、疑难、复杂案件由院庭长直接审理机制。坚持"谁办案谁负责、谁决定谁负责"，落实检察官办案主体地位。健全担任领导职务的检察官直接办案制度。加强办案团队建设，推动司法人员专业化分工、类案专业化办理。健全专业法官会议、检察官联席会议制度，切实发挥为办案组织提供法律咨询的功能。加强和完善指导性案例制度，确保法律适用统一。

深化以审判为中心的刑事诉讼制度改革。健全侦查机关调查收集证据制度，规范补充侦查、不起诉、撤回起诉制度。完善庭前会议、非法证据排除制度，规范法庭调查和庭审量刑程序，落实证人、鉴定人、侦查人员出庭作证制度，完善技术侦查证据的法庭调查和使用规则。完善认罪认罚从宽制度，落实宽严相济刑事政策。改革刑事申诉制度，对不服司法机关生效裁判和决定的申诉，逐步实行由律师代理制度。健全落实法律援助值班律师制度，实现刑事案件律师辩护、法律帮助全覆盖。健全有关工作机制，依法从严从快惩处妨碍突发事件应对的违法犯罪行为。

完善民事诉讼制度体系。探索扩大小额诉讼程序适用范围，完善其与简易程序、普通程序的转换适用机制。探索扩大独任制适用范围。优化司法确认程序适用。改革诉讼收费制度。全面建设集约高效、多元解纷、便民利民、智慧精准、开放互动、交融共享的现代化诉讼服务体系。加快推进跨域立案诉讼服务改革，2022年年底前实现诉讼服务就近能办、同城通办、异地可办。

深化执行体制改革，加强执行难综合治理、源头治理。深入推进审执分离，优化执行权配置，落实统一管理、统一指挥、统一协调的执行工作机制。完善刑罚执行制度，统一刑罚执行体制。深化监狱体制机制改革，实行罪犯分类、监狱分级制度。完善社区矫正制度。完善监狱、看守所与社区矫正和安置帮教机构之间的工作对接机制。

（十三）深入推进全民守法。全面依法治国需要全社会共同参与，必须大力弘扬社会主义法治精神，建设社会主义法治文化，引导全体人民做社会主义法治的忠实崇尚者、自觉遵守者、坚定捍卫者。

改进创新普法工作，加大全民普法力度，增强全民法治观念。建立健全立法工作宣传报道常态化机制，对立法热点问题主动发声、解疑释惑。全面落实"谁执法谁普法"普法责任制。深入开展法官、检察官、行政复议人员、行政执法人员、律师等以案释法活动。加强突发事件应对法治宣传教育和法律服务。

广泛推动人民群众参与社会治理，打造共建共治共享的社会治理格局。完善群众参与基层社会治理的制度化渠道。加快推进市域社会治理现代化。健全社会治理规范体系。发挥工会、共青团、妇联等群团组织引领联系群众参与社会治理的作用。加快推进社会信用立法，完善失信惩戒机制。规范失信惩戒对象名单制度，依法依规明确制定依据、适用范围、惩治标准和救济机制，在加大失信惩戒的同时保护公民、企业合法权益。加强对产权的执法司法保护，健全涉产权错案甄别纠正机制。完善对暴力袭警行为的刑事责任追究制度。加大对暴力伤害医务人员犯罪行为打击力度。

紧紧围绕人民日益增长的美好生活需要加强公共法律服务，加快整合律师、公证、调解、仲裁、法律援助、司法鉴定等公共法律服务资源，到2022年基本形成覆盖城乡、便捷高效、均等普惠的现代公共法律服务体系。构建公共法律服务评价指标体系，以群众满意度来检验公共法律服务工作成效。推动建设一支高素质涉外法律服务队伍、建设一批高水平涉外法律服务机构。

积极引导人民群众依法维权和化解矛盾纠纷，坚持和发展新时代"枫桥经验"。充分发挥人民调解的第一道防线作用，完善人民调解、行政调解、司法调解联动工作体系。全面开展律师调解工作。完善调解、信访、仲裁、行政裁决、行政复议、诉讼等社会矛盾纠纷多元预防调处化解综合机制，整合基层矛盾纠纷化解资源和力量，充分发挥非诉纠纷解决机制作用。深化法律援助制度改革，扩大法律援助覆盖面。有序推行政裁决工作，探索扩大行政裁决适用范围。

五、建设严密的法治监督体系，切实加强对立法、执法、司法工作的监督

建设法治中国，必须抓紧完善权力运行制约和监督机制，规范立法、执法、司法机关权力行使，构建党统一领导、全面覆盖、权威高效的法治监督体系。

（十四）推进对法治工作的全面监督。加强党对法治监督工作的集中统一领导，把法治监督作为党和国家监督体系的重要内容，保证行政权、监察权、审判权、检察权得到依法正确行使，保证公民、法人和其他组织合法权益得到切实保障。加强国家机关监督、民主监督、群众监督和舆论监督，形成法治监督合力，发挥整体监督效能。推进执纪执法贯通、有效衔接司法。完善人民监督员制度。坚持以公开为常态、不公开为例外,全面推进立法公开、执法公开、司法公开,逐步扩大公开范围,提升公开服务水平,主动接受新闻媒体舆论监督和社会监督。党委政法委应当指导、推动政法单位建立健全与执法司法权运行机制相适应的制约监督体系,构建权责清晰的执法司法责任体系,健全政治督察、综治督导、执法监督、纪律作风督查巡查等制度机制。

(十五)加强立法监督工作。建立健全立法监督工作机制,完善监督程序。推进法律法规规章起草征求人大代表、政协委员意见工作。依法处理国家机关和社会团体、企业事业组织、公民对法规规章等书面提出的审查要求或者审查建议。

加强备案审查制度和能力建设,实现有件必备、有备必审、有错必纠。完善备案审查程序,明确审查范围、标准和纠正措施。强化对地方各级政府和县级以上政府部门行政规范性文件、地方各级监察委员会监察规范性文件的备案审查。加强对司法解释的备案监督。将地方法院、检察院制定的规范性文件纳入本级人大常委会备案审查范围。加快建立全国统一的备案审查信息平台。建立健全党委、人大常委会、政府、军队之间的备案审查衔接联动机制。建立健全备案审查工作年度报告制度。

(十六)加强对执法工作监督。加强省市县乡四级全覆盖的行政执法协调监督工作体系建设,强化全方位、全流程监督,提高执法质量。加大对执法不作为、乱作为、选择性执法、逐利执法等有关责任人的追责力度,落实行政执法责任制和责任追究制度。完善行政执法投诉举报和处理机制。

加强和改进行政复议工作,强化行政复议监督功能,加大对违法和不当行政行为的纠错力度。推进行政复议体制改革,整合行政复议职责,畅通行政复议渠道,2022年前基本形成公正权威、统一高效的行政复议工作体制。健全行政复议案件审理机制,加强行政复议规范化、专业化、信息化建设。规范和加强行政应诉工作。

(十七)加强对司法活动监督。健全对法官、检察官办案的制约和监督制度,促进司法公正。全面推行法官、检察官办案责任制,统一规范法官、检察官办案权限。加强审判权、检察权运行监督管理,明确法院院长、庭长和检察院检察长、业务部门负责人监督管理权力和责任,健全审判人员、检察人员权责清单。完善对担任领导职务的法官、检察官办案情况的考核监督机制,配套建立内部公示、定期通报机制。健全落实司法机关内部人员过问案件记录追责、规范司法人员与律师和当事人等接触交往行为的制度。构建科学合理的司法责任认定和追究制度。完善司法人员惩戒制度,明确惩戒情形和程序。

完善民事、行政检察监督和检察公益诉讼案件办理机制。健全对最高人民法院巡回法庭、知识产权法院、金融法院、互联网法院等的法律监督机制。拓展公益诉讼案件范围,完善公益诉讼法律制度,探索建立民事公益诉讼惩罚性赔偿制度。完善检察建议制度。

完善刑事立案监督和侦查监督工作机制。健全刑事案件统一审核、统一出口工作机制,规范证据审查判断与运用。健全侦查机关办理重大案件听取检察机关意见建议制度。完善对查封、扣押、冻结等侦查措施的监督机制。健全刑事申诉案件受理、移送、复查机制。推动在市县公安机关建设执法办案管理中心。

加强人权司法保障。建立重大案件侦查终结前对讯问合法性进行核查制度。健全讯问犯罪嫌疑人、听取辩护人意见工作机制。建立对监狱、看守所的巡回检察制度。完善看守所管理制度。完善有效防范和及时发现、纠正冤假错案工作机制。健全辩护人、诉讼代理人行使诉讼权利保障机制。

六、建设有力的法治保障体系,筑牢法治中国建设的坚实后盾

建设法治中国,必须加强政治、组织、队伍、人才、科技、信息等保障,为全面依法治国提供重要支撑。

(十八)加强政治和组织保障。各级党委(党组)和领导干部要支持立法、执法、司法机关开展工作,支持司法机关依法独立公正行使职权。党的各级组织部门等要发挥职能作用,保障推进法治中国建设。中央和省级党政部门要明确负责本部门法治工作的机构。各级立法、执法、司法机关党组(党委)要加强领导、履职尽责,机关基层党组织和党员要充分发挥战斗堡垒和先锋模范作用,保障宪法法律实施。严格执行《领导干部干预司法活动、插手具体案件处理的记录、通报和责任追究规定》。

(十九)加强队伍和人才保障。牢牢把握忠于党、忠于国家、忠于人民、忠于法律的总要求,大力提高法治工作队伍思想政治素质、业务工作能力、职业道德水准,努力建设一支德才兼备的高素质法治工作队伍。

建设革命化、正规化、专业化、职业化的法治专门队伍。坚持把政治标准放在首位,加强科学理论武装,深入开展理想信念教育。完善法律职业准入、资格管理制度,建立法律职业人员统一职前培训制度和在职法官、检察官、警官、律师同堂培训制度。完善从符合条件的律师、法学专家中招录立法工作者、法官、检察官、行政复议人员制度。加强立法工作队伍建设。建立健全立法、执法、司法部门干部和人才常态化交流机制，加大法治专门队伍与其他部门具备条件的干部和人才交流力度。加强边疆地区、民族地区和基层法治专门队伍建设。健全法官、检察官员额管理制度，规范遴选标准、程序。加强执法司法辅助人员队伍建设。建立健全符合职业特点的法治工作人员管理制度，完善职业保障体系。健全执法司法人员依法履职免责、履行职务受侵害保障救济、不实举报澄清等制度。加强法治专门队伍教育培训。

加快发展律师、公证、司法鉴定、仲裁、调解等法律服务队伍。健全职业道德准则、执业行为规范，完善职业道德评价机制。把拥护中国共产党领导、拥护我国社会主义法治作为法律服务人员从业的基本要求。坚持和加强党对律师工作的领导，推动律师行业党的建设。完善律师执业权利保障制度机制。健全法官、检察官、律师等法律职业人员惩戒机制，建立律师不良执业信息记录披露和查询制度。发展公职律师、公司律师和党政机关、企事业单位、村（居）法律顾问队伍。

构建凸显时代特征、体现中国特色的法治人才培养体系。坚持以习近平新时代中国特色社会主义思想为指导，坚持立德树人、德法兼修，解决好为谁教、教什么、教给谁、怎样教的问题。推动以马克思主义为指导的法学学科体系、学术体系、教材体系、话语体系建设。深化高等法学教育改革，优化法学课程体系，强化法学实践教学，培养信念坚定、德法兼修、明法笃行的高素质法治人才。推进教师队伍法治教育培训。加强法学专业教师队伍建设。完善高等学校涉外法学专业学科设置。加大涉外法治人才培养力度，创新涉外法治人才培养模式。建立健全法学教育、法学研究工作者和法治实践工作者之间双向交流机制。

（二十）加强科技和信息化保障。充分运用大数据、云计算、人工智能等现代科技手段，全面建设"智慧法治"，推进法治中国建设的数据化、网络化、智能化。优化整合法治领域各类信息、数据、网络平台，推进全国法治信息化工程建设。加快公共法律服务实体平台、热线平台、网络平台有机融合，建设覆盖全业务、全时空的公共法律服务网络。

七、建设完善的党内法规体系，坚定不移推进依规治党

建设法治中国，必须坚持依法治国和依规治党有机统一，加快形成覆盖党的领导和党的建设各方面的党内法规体系，增强党依法执政本领，提高管党治党水平，确保党始终成为中国特色社会主义事业的坚强领导核心。

（二十一）健全党内法规体系。坚持和加强党的全面领导，坚持党要管党、全面从严治党，以党章为根本，以民主集中制为核心，不断完善党的组织法规、党的领导法规、党的自身建设法规、党的监督保障法规，构建内容科学、程序严密、配套完备、运行有效的党内法规体系。坚持立改废释并举，与时俱进做好党内法规制定修订工作，完善清理工作机制，加大解释力度，提高党内法规质量。健全党内法规备案审查制度，坚持有件必备、有备必审、有错必纠，维护党内法规体系统一性和权威性。注重党内法规同国家法律的衔接和协调，努力形成国家法律和党内法规相辅相成、相互促进、相互保障的格局。

（二十二）抓好党内法规实施。把提高党内法规执行力摆在更加突出位置，把抓"关键少数"和管"绝大多数"统一起来，以各级领导机关和党员领导干部带头尊规学规守规用规，带动全党遵规守纪。加强学习教育，把重要党内法规列为党委（党组）理论学习中心组学习的重要内容，列为党校（行政学院）、干部学院重要教学内容，列入法治宣传教育规划重要任务。加大党内法规公开力度，提高党内法规的普及度和知晓率。落实党内法规执行责任制，做到有规必执、执规必严。开展党内法规实施评估工作，推动党内法规实施。强化监督检查和追责问责，将党内法规执行情况作为各级党委督促检查、巡视巡察重要内容，严肃查处违反党内法规的各种行为。

（二十三）强化党内法规制度建设保障。加强党内法规专门工作队伍建设，突出政治标准，加强专业化建设，充实各级党内法规工作机构人员力量。加快补齐党内法规理论研究方面短板，重点建设一批党内法规研究高端智库和研究教育基地，推动形成一批高质量研究成果，引领和聚集一批党内法规研究人才。健全后备人才培养机制，继续推进在部分高校开展党内法规研究方向的研究生教育，加强学科建设，为党内法规事业持续发展提供人才支撑。

八、紧紧围绕新时代党和国家工作大局，依法维护国家主权、安全、发展利益

建设法治中国，必须高度重视依法保障"一国两制"实践、巩固和深化两岸关系和平发展，运用法治思维和法治方式处理好国际经济、政治、社会事务，深入推进依法治军从严治军，更好维护和实现我国和平发展的战略目标。

（二十四）依法保障"一国两制"实践和推进祖国统一。坚持宪法的最高法律地位和最高法律效力，坚定不移并全面准确贯彻"一国两制"、"港人治港"、"澳人治澳"、高度自治的方针,坚持依法治港治澳,维护宪法和基本法确定的特别行政区宪制秩序,把维护中央对特别行政区全面管治权和保障特别行政区高度自治权有机统一起来,完善特别行政区同宪法和基本法实施相关的制度和机制。支持特别行政区行政长官和政府依法施政、积极作为,履行维护国家主权、安全、发展利益的宪制责任。健全落实特别行政区维护国家安全的法律制度和执行机制,确保"一国两制"行稳致远。防范和反对外部势力干预香港、澳门事务,保持香港、澳门长期繁荣稳定。

探索"一国两制"台湾方案,推进祖国和平统一进程。推动两岸就和平发展达成制度性安排,完善促进两岸交流合作、深化两岸融合发展、保障台湾同胞福祉的制度安排和政策措施。支持两岸法学法律界交流交往。运用法治方式捍卫一个中国原则,坚决反对"台独",坚定维护国家主权、安全、发展利益。

依法保护港澳同胞、台湾同胞权益。全面推进内地同香港、澳门互利合作,完善便利香港、澳门居民在内地发展的政策措施。加强内地同香港和澳门、大陆同台湾的执法合作和司法协助,共同打击跨境违法犯罪活动。

(二十五)加强涉外法治工作。适应高水平对外开放工作需要,完善涉外法律和规则体系,补齐短板,提高涉外工作法治化水平。

积极参与国际规则制定,推动形成公正合理的国际规则体系。加快推进我国法域外适用的法律体系建设。围绕促进共建"一带一路"国际合作,推进国际商事法庭建设与完善。推动我国仲裁机构与共建"一带一路"国家仲裁机构合作建立联合仲裁机制。强化涉外法律服务,维护我国公民、法人在海外及外国公民、法人在我国的正当权益。建立涉外工作法务制度。引导对外经贸合作企业加强合规管理,提高法律风险防范意识。建立健全域外法律查明机制。推进对外法治宣传,讲好中国法治故事。加强国际法研究和运用。

加强多双边法治对话,推进对外法治交流。深化国际司法交流合作。完善我国司法协助体制机制,推进引渡、遣返犯罪嫌疑人和被判刑人移管等司法协助领域国际合作。积极参与执法安全国际合作,共同打击暴力恐怖势力、民族分裂势力、宗教极端势力和贩毒走私、跨国有组织犯罪。加强反腐国际合作,加大海外追逃追赃、遣返引渡力度。

(二十六)深入推进依法治军从严治军。深入贯彻习近平强军思想,坚持党对人民军队绝对领导,全面深入贯彻军委主席负责制,围绕实现党在新时代的强军目标,加快构建完善的中国特色军事法治体系,推动治军方式根本性转变。

加快推进改革急需、备战急用、官兵急盼重点立法项目。有力有序推进军事政策制度改革。完善军事立法计划管理制度。健全军事规范性文件审查和备案制度。完善军事法规制度定期清理机制。推动军事法制信息化建设,推进法规制度建设集成化、军事法规法典化。2020年年底前,完成国防和军队建设各系统各领域主干法规制度改革,构建起中国特色社会主义军事法规制度体系基本框架;到2022年,健全各领域配套法规制度,构建起比较完备的中国特色社会主义军事法规制度体系。

明确军事法规执行责任和程序,落实执法责任制。强化官兵法治信仰和法治思维,深化法治军营创建活动。持续实施军事法治理论研究工程,组织编写全军统一的军事法治理论教材。加强军事法治国际交流,积极参与国际军事规则创制。综合运用党内监督、层级监督、专门监督等方式,构建常态化规范化军事法治监督体系。

构建依法治军组织领导体系,成立军委依法治军组织领导机构及其办事机构。健全军事法制工作体制,建立和调整完善专门的军事法制工作机构。建立军事法律顾问制度。健全党领导军队政法工作机制,强化军委政法委功能作用。完善军事司法制度。

九、加强党对法治中国建设的集中统一领导,充分发挥党总揽全局、协调各方的领导核心作用

建设法治中国,必须始终把党的领导作为社会主义法治最根本的保证,把加强党的领导贯彻落实到全面依法治国全过程和各方面。

(二十七)深入学习宣传贯彻习近平法治思想。习近平法治思想是全面依法治国的根本遵循和行动指南。要加强部署安排,持续推动广大干部群众深入学习贯彻习近平法治思想,深刻领会蕴含其中的马克思主义立场观点方法,全面准确把握精神实质、丰富内涵和核心要义,增强学习贯彻的自觉性和坚定性。各级党委(党组)理论学习中心组要将习近平法治思想作为重点内容,党校(行政学院)和干部学院要作为重点课程。各地区各部门要组织党员、干部进行系统学习和培训。法治工作部门要开展全战线、全覆盖的培训轮训。要把习近平法治思想融入学校教育,纳入高校法治理论教学体系,做好进教材、进课堂、进头脑工作。要开展深入研究和宣传,拓展学习宣传的广度深度。运用新媒体新技术，加强网上宣讲。

（二十八）推进依法执政。健全党的全面领导制度。推进党的领导入法入规，着力实现党的领导制度化、法治化。完善党领导人大、政府、政协、监察机关、审判机关、检察机关、武装力量、人民团体、企事业单位、基层群众自治组织、社会组织等制度。将坚持党的全面领导的要求载入国家机构组织法，载入政协、民主党派、工商联、人民团体、国有企业、高等学校、有关社会组织等的章程。完善党委依法决策机制，健全议事规则和决策程序。

建立领导干部应知应会法律法规清单制度，推动领导干部做尊法学法守法用法的模范。把法治素养和依法履职情况纳入考核评价干部的重要内容。各级领导干部要全面提高运用法治思维和法治方式深化改革、推动发展、化解矛盾、维护稳定、应对风险能力，绝不允许以言代法、以权压法、逐利违法、徇私枉法。

（二十九）加强中国特色社会主义法治理论研究，加快中国特色社会主义法治体系建设。立足我国国情和实际，加强对社会主义法治建设的理论研究，尽快构建体现我国社会主义性质、具有鲜明中国特色、实践特色、时代特色的法治理论体系和话语体系。坚持和发展我国法律制度建设的显著优势，深入研究和总结我国法律制度体系建设的成功经验，推进中国特色社会主义法治体系创新发展。挖掘和传承中华优秀传统法律文化，研究、总结和提炼党领导人民推进法治建设实践和理论成果。组织和推动高等学校、科研院所以及法学专家学者加强中国特色社会主义法治理论研究，为建设法治中国提供学理支撑。

（三十）加强党对全面依法治国的统一领导、统一部署、统筹协调。健全党领导立法、保证执法、支持司法、带头守法的制度机制。党政主要负责人要切实履行推进法治建设第一责任人职责，将履行推进法治建设第一责任人职责情况列入年终述职内容。各级党委要将法治建设与经济社会发展同部署、同推进、同督促、同考核、同奖惩。研究制定法治建设指标体系和考核标准。加强对重大法治问题的法治督察。

中央全面依法治国委员会做好法治中国建设的顶层设计、总体布局、统筹协调、整体推进、督促落实，实现集中领导、高效决策、统一部署。地方各级党委法治建设议事协调机构要加强对本地区法治建设的牵头抓总、运筹谋划、督促落实等工作。

各地区各部门要全面准确贯彻落实本规划精神和要求，结合实际制定实施方案，明确分工、压实责任、狠抓落实、务求实效，力戒形式主义、官僚主义。中央依法治国办要强化统筹协调，加强督办，推进落实，确保规划各项任务措施落到实处。

法治政府建设实施纲要
（2021—2025 年）

·2021 年 8 月 2 日

法治政府建设是全面依法治国的重点任务和主体工程，是推进国家治理体系和治理能力现代化的重要支撑。为在新发展阶段持续深入推进依法行政，全面建设法治政府，根据当前法治政府建设实际，制定本纲要。

一、深入学习贯彻习近平法治思想，努力实现法治政府建设全面突破

党的十八大以来，特别是《法治政府建设实施纲要（2015—2020 年）》贯彻落实 5 年来，各地区各部门多措并举、改革创新，法治政府建设取得重大进展。党对法治政府建设的领导不断加强，责任督察和示范创建活动深入实施，法治政府建设推进机制基本形成，"放管服"改革纵深推进，营商环境大幅优化；依法行政制度体系日益健全，重大行政决策程序制度初步建立，行政决策公信力持续提升；行政执法体制机制改革大力推进，严格规范公正文明执法水平普遍提高；行政权力制约和监督全面加强，违法行政行为能够被及时纠正查处；社会矛盾纠纷依法及时有效化解，行政争议预防化解机制更加完善；各级公务员法治意识显著增强，依法行政能力明显提高。当前，我国已经开启全面建设社会主义现代化国家、向第二个百年奋斗目标进军的新征程，统筹中华民族伟大复兴战略全局和世界百年未有之大变局，推进国家治理体系和治理能力现代化，适应人民日益增长的美好生活需要，都对法治政府建设提出了新的更高要求，必须立足全局、着眼长远、补齐短板、开拓进取，推动新时代法治政府建设再上新台阶。

（一）指导思想。高举中国特色社会主义伟大旗帜，坚持以马克思列宁主义、毛泽东思想、邓小平理论、"三个代表"重要思想、科学发展观、习近平新时代中国特色社会主义思想为指导，全面贯彻党的十九大和十九届二中、三中、四中、五中全会精神，全面贯彻习近平法治思想，增强"四个意识"、坚定"四个自信"、做到"两个维护"，把法治政府建设放在党和国家事业发展全局中统筹谋划，加快构建职责明确、依法行政的政府治理体系，全面建设职能科学、权责法定、执法严明、公开公正、智能高效、廉洁诚信、人民满意的法治政府,为全面建设社会主义现代化国家、实现中华民族伟大复兴的中国梦提供有力法治保障。

(二)主要原则。坚持党的全面领导,确保法治政府建设正确方向;坚持以人民为中心,一切行政机关必须为人民服务、对人民负责、受人民监督;坚持问题导向,用法治给行政权力定规矩、划界限,切实解决制约法治政府建设的突出问题;坚持改革创新,积极探索具有中国特色的法治政府建设模式和路径;坚持统筹推进,强化法治政府建设的整体推动、协同发展。

(三)总体目标。到2025年,政府行为全面纳入法治轨道,职责明确、依法行政的政府治理体系日益健全,行政执法体制机制基本完善,行政执法质量和效能大幅提升,突发事件应对能力显著增强,各地区各层级法治政府建设协调并进,更多地区实现率先突破,为到2035年基本建成法治国家、法治政府、法治社会奠定坚实基础。

二、健全政府机构职能体系,推动更好发挥政府作用

坚持法定职责必须为、法无授权不可为,着力实现政府职能深刻转变,把该管的事务管好、管到位,基本形成边界清晰、分工合理、权责一致、运行高效、法治保障的政府机构职能体系。

(四)推进政府机构职能优化协同高效。坚持优化政府组织结构与促进政府职能转变、理顺部门职责关系统筹结合,使机构设置更加科学、职能更加优化、权责更加协同。完善经济调节、市场监管、社会管理、公共服务、生态环境保护等职能,厘清政府和市场、政府和社会关系,推动有效市场和有为政府更好结合。强化制定实施发展战略、规划、政策、标准等职能,更加注重运用法律和制度遏制不当干预微观经济活动的行为。构建简约高效的基层管理体制,实行扁平化和网格化管理。推进编制资源向基层倾斜,鼓励、支持从上往下跨层级调剂使用行政和事业编制。

全面实行政府权责清单制度,推动各级政府高效履职尽责。2022年上半年编制完成国务院部门权责清单,建立公开、动态调整、考核评估、衔接规范等配套机制和办法。调整完善地方各级政府部门权责清单,加强标准化建设,实现同一事项的规范统一。严格执行市场准入负面清单,普遍落实"非禁即入"。

(五)深入推进"放管服"改革。分级分类推进行政审批制度改革。依托全国一体化政务服务平台等渠道,全面推行审批服务"马上办、网上办、就近办、一次办、自助办"。坚决防止以备案、登记、行政确认、征求意见等方式变相设置行政许可事项。推行行政审批告知承诺制。大力归并减少各类资质资格许可事项,降低准入门槛。有序推进"证照分离"改革全覆盖,将更多涉企经营许可事项纳入改革。积极推进"一业一证"改革,探索实现"一证准营"、跨地互认通用。深化投资审批制度改革,推进投资领域行政执法监督,全面改善投资环境。全面落实证明事项告知承诺制,新设证明事项必须有法律法规或者国务院决定依据。

推动政府管理依法进行,把更多行政资源从事前审批转到事中事后监管上来。健全以"双随机、一公开"监管和"互联网+监管"为基本手段、以重点监管为补充、以信用监管为基础的新型监管机制,推进线上线下一体化监管,完善与创新创造相适应的包容审慎监管方式。根据不同领域特点和风险程度确定监管内容、方式和频次,提高监管精准化水平。分领域制定全国统一、简明易行的监管规则和标准,做到标准公开、规则公平、预期合理、各负其责。

加快建设服务型政府,提高政务服务效能。全面提升政务服务水平,完善首问负责、一次告知、一窗受理、自助办理等制度。加快推进政务服务"跨省通办",到2021年年底前基本实现高频事项"跨省通办"。大力推行"一件事一次办",提供更多套餐式、主题式集成服务。推进线上线下深度融合,增强全国一体化政务服务平台服务能力,优化整合提升各级政务大厅"一站式"功能,全面实现政务服务事项全城通办、就近能办、异地可办。坚持传统服务与智能创新相结合,充分保障老年人基本服务需要。

(六)持续优化法治化营商环境。紧紧围绕贯彻新发展理念、构建新发展格局,打造稳定公平透明、可预期的法治化营商环境。深入实施《优化营商环境条例》。及时总结各地优化营商环境可复制可推广的经验做法,适时上升为法律法规制度。依法平等保护各种所有制企业产权和自主经营权,切实防止滥用行政权力排除、限制竞争行为。健全外商投资准入前国民待遇加负面清单管理制度,推动规则、规制、管理、标准等制度型开放。加强政企沟通,在制定修改行政法规、规章、行政规范性文件过程中充分听取企业和行业协会商会意见。加强和改进反垄断与反不正当竞争执法。强化公平竞争审查制度刚性约束,及时清理废除妨碍统一市场和公平竞争的各种规定和做法,推动形成统一开放、竞争有序、制度完备、治理完善的高标准市场体系。

三、健全依法行政制度体系，加快推进政府治理规范化程序化法治化

坚持科学立法、民主立法、依法立法，着力实现政府立法质量和效率并重并进，增强针对性、及时性、系统性、可操作性，努力使政府治理各方面制度更加健全、更加完善。

（七）加强重要领域立法。积极推进国家安全、科技创新、公共卫生、文化教育、民族宗教、生物安全、生态文明、防范风险、反垄断、涉外法治等重要领域立法，健全国家治理急需的法律制度、满足人民日益增长的美好生活需要必备的法律制度。制定修改传染病防治法、突发公共卫生事件应对法、国境卫生检疫法等法律制度。及时跟进研究数字经济、互联网金融、人工智能、大数据、云计算等相关法律制度，抓紧补齐短板，以良法善治保障新业态新模式健康发展。

加强规范共同行政行为立法，推进机构、职能、权限、程序、责任法定化。修改国务院组织法、地方各级人民代表大会和地方各级人民政府组织法。修改行政复议法、行政许可法，完善行政程序法律制度。研究制定行政备案条例、行政执法监督条例。

（八）完善立法工作机制。增强政府立法与人大立法的协同性，统筹安排相关联相配套的法律法规规章的立改废释工作。聚焦实践问题和立法需求，提高立法精细化精准化水平。完善立法论证评估制度，加大立法前评估力度，认真论证评估立法项目必要性、可行性。建立健全立法风险防范机制，将风险评估贯穿立法全过程。丰富立法形式，注重解决实际问题。积极运用新媒体新技术拓宽立法公众参与渠道，完善立法听证、民意调查机制。修改法规规章备案条例，推进政府规章层级监督，强化省级政府备案审查职责。推进区域协同立法，强化计划安排衔接、信息资源共享、联合调研论证、同步制定修改。

（九）加强行政规范性文件制定监督管理。依法制定行政规范性文件，严禁越权发文、严控发文数量、严格制发程序。建立健全行政规范性文件制定协调机制，防止政出多门、政策效应相互抵消。健全行政规范性文件动态清理工作机制。加强对行政规范性文件制定和管理工作的指导监督，推动管理制度化规范化。全面落实行政规范性文件合法性审核机制，明确审核范围，统一审核标准。严格落实行政规范性文件备案审查制度。

四、健全行政决策制度体系，不断提升行政决策公信力和执行力

坚持科学决策、民主决策、依法决策，着力实现行政决策程序规定严格落实、决策质量和效率显著提高，切实避免因决策失误产生矛盾纠纷、引发社会风险、造成重大损失。

（十）强化依法决策意识。各级行政机关负责人要牢固树立依法决策意识，严格遵循法定权限和程序作出决策，确保决策内容符合法律法规规定。行政机关主要负责人作出重大决策前，应当听取合法性审查机构的意见，注重听取法律顾问、公职律师或者有关专家的意见。把是否遵守决策程序制度、做到依法决策作为对政府部门党组（党委）开展巡视巡察和对行政机关主要负责人开展考核督察、经济责任审计的重要内容，防止个人专断、搞"一言堂"。

（十一）严格落实重大行政决策程序。严格执行《重大行政决策程序暂行条例》，增强公众参与实效，提高专家论证质量，充分发挥风险评估功能，确保所有重大行政决策都严格履行合法性审查和集体讨论决定程序。推行重大行政决策事项年度目录公开制度。涉及社会公众切身利益的重要规划、重大公共政策和措施、重大公共建设项目等，应当通过举办听证会等形式加大公众参与力度，深入开展风险评估，认真听取和反映利益相关群体的意见建议。建立健全决策过程记录和材料归档制度。

（十二）加强行政决策执行和评估。完善行政决策执行机制，决策机关应当在决策中明确执行主体、执行时限、执行反馈等内容。建立健全重大行政决策跟踪反馈制度。依法推进决策后评估工作，将决策后评估结果作为调整重大行政决策的重要依据。重大行政决策一经作出，未经法定程序不得随意变更或者停止执行。严格落实重大行政决策终身责任追究制度和责任倒查机制。

五、健全行政执法工作体系，全面推进严格规范公正文明执法

着眼提高人民群众满意度，着力实现行政执法水平普遍提升，努力让人民群众在每一个执法行为中都能看到风清气正、从每一项执法决定中都能感受到公平正义。

（十三）深化行政执法体制改革。完善权责清晰、运转顺畅、保障有力、廉洁高效的行政执法体制机制，大力提高执法执行力和公信力。继续深化综合行政执法体制改革，坚持省（自治区）原则上不设行政执法队伍，设区市与市辖区原则上只设一个行政执法层级，县（市、区、旗）一般实行"局队合一"体制，乡镇（街道）逐步实现"一支队伍管执法"的改革原则和要求。加强综合执法、联合执法、协作执法的组织指挥和统筹协调。在行政许可权、行政处罚权改革中，健全审批、监管、处罚衔接机制，防止

相互脱节。稳步将基层管理迫切需要且能有效承接的行政执法事项下放给基层，坚持依法下放、试点先行，坚持权随事转、编随事转、钱随事转，确保放得下、接得住、管得好、有监督。建立健全乡镇（街道）与上一级相关部门行政执法案件移送及协调协作机制。大力推进跨领域跨部门联合执法，实现违法线索互联、执法标准互通、处理结果互认。完善行政执法与刑事司法衔接机制，加强"两法衔接"信息平台建设，推进信息共享机制化、案件移送标准和程序规范化。加快制定不同层级行政执法装备配备标准。

（十四）加大重点领域执法力度。加大食品药品、公共卫生、自然资源、生态环境、安全生产、劳动保障、城市管理、交通运输、金融服务、教育培训等关系群众切身利益的重点领域执法力度。分领域梳理群众反映强烈的突出问题，开展集中专项整治。对潜在风险大、可能造成严重不良后果的，加强日常监管和执法巡查，从源头上预防和化解违法风险。建立完善严重违法惩罚性赔偿和巨额罚款制度，终身禁入机制，让严重违法者付出应有代价。畅通违法行为投诉举报渠道，对举报严重违法违规行为和重大风险隐患的有功人员依法予以奖励和严格保护。

（十五）完善行政执法程序。全面严格落实行政执法公示、执法全过程记录、重大执法决定法制审核制度。统一行政执法人员资格管理，除中央垂直管理部门外由省级政府统筹本地区行政执法人员资格考试、证件制发、在岗轮训等工作，国务院有关业务主管部门加强对本系统执法人员的专业培训，完善相关规范标准。统一行政执法案卷、文书基本标准，提高执法案卷、文书规范化水平。完善行政执法文书送达制度。全面落实行政裁量权基准制度，细化量化本地区各行政执法行为的裁量范围、种类、幅度等并对外公布。全面梳理、规范和精简执法事项，凡没有法律法规章依据的一律取消。规范涉企行政检查，着力解决涉企现场检查事项多、频次高、随意检查等问题。按照行政执法类型，制定完善行政执法程序规范。全面严格落实告知制度，依法保障行政相对人陈述、申辩、提出听证申请等权利。除有法定依据外，严禁地方政府采取要求特定区域或者行业、领域的市场主体普遍停产停业的措施。行政机关内部会议纪要不得作为行政执法依据。

（十六）创新行政执法方式。广泛运用说服教育、劝导示范、警示告诫、指导约谈等方式，努力做到宽严相济、法理相融，让执法既有力度又有温度。全面推行轻微违法行为依法免予处罚清单。建立行政执法案例指导制度，国务院有关部门和省级政府要定期发布指导案例。全面落实"谁执法谁普法"普法责任制，加强以案释法。

六、健全突发事件应对体系，依法预防处置重大突发事件

坚持运用法治思维和法治方式应对突发事件，着力实现越是工作重要、事情紧急越要坚持依法行政，严格依法实施应急举措，在处置重大突发事件中推进法治政府建设。

（十七）完善突发事件应对制度。修改突发事件应对法，系统梳理和修改应急管理相关法律法规，提高突发事件应对法治化规范化水平。健全国家应急预案体系，完善国家突发公共事件总体和专项应急预案，以及与之相衔接配套的各级各类突发事件应急预案。加强突发事件监测预警、信息报告、应急响应、恢复重建、调查评估等机制建设。健全突发事件应对征收、征用、救助、补偿制度，规范相关审批、实施程序和救济途径。完善特大城市风险治理机制，增强风险管控能力。健全规范应急处置收集、使用个人信息机制制度，切实保护公民个人信息。加快推进突发事件行政手段应用的制度化规范化，规范行政权力边界。

（十八）提高突发事件依法处置能力。增强风险防范意识，强化各地区各部门防范化解本地区本领域重大风险责任。推进应急管理综合行政执法改革，强化执法能力建设。强化突发事件依法分级分类施策，增强应急处置的针对性实效性。按照平战结合原则，完善各类突发事件应急响应处置程序和协调联动机制。定期开展应急演练，注重提升依法预防突发事件、先期处置和快速反应能力。加强突发事件信息公开和危机沟通，完善公共舆情应对机制。依法严厉打击利用突发事件哄抬物价、囤积居奇、造谣滋事、制假售假等扰乱社会秩序行为。加强突发事件应急处置法律法规教育培训，增强应急处置法治意识。

（十九）引导、规范基层组织和社会力量参与突发事件应对。完善乡镇（街道）、村（社区）应急处置组织体系，推动村（社区）依法参与预防、应对突发事件。明确社会组织、慈善组织、社会工作者、志愿者等参与突发事件应对的法律地位及其权利义务，完善激励保障措施。健全社会应急力量备案登记、调用补偿、保险保障等方面制度。

七、健全社会矛盾纠纷行政预防调处化解体系，不断促进社会公平正义

坚持将矛盾纠纷化解在萌芽状态、化解在基层，着力实现人民群众权益受到公平对待、尊严获得应有尊重，推动完善信访、调解、仲裁、行政裁决、行政复议、诉讼等社会矛盾纠纷多元预防调处化解综合机制。

（二十）加强行政调解工作。依法加强消费者权益保护、交通损害赔偿、治安管理、环境污染、社会保障、房屋土地征收、知识产权等方面的行政调解，及时妥善推进矛盾纠纷化解。各职能部门要规范行政调解范围和程序，组织做好教育培训，提升行政调解工作水平。坚持"三调"联动，推进行政调解与人民调解、司法调解有效衔接。

（二十一）有序推进行政裁决工作。发挥行政裁决化解民事纠纷的"分流阀"作用，建立体系健全、渠道畅通、公正便捷、裁诉衔接的裁决机制。推行行政裁决权利告知制度，规范行政裁决程序，推动有关行政机关切实履行行政裁决职责。全面梳理行政裁决事项，明确行政裁决适用范围，稳妥推进行政裁决改革试点。强化案例指导和业务培训，提升行政裁决能力。研究推进行政裁决法律制度建设。

（二十二）发挥行政复议化解行政争议主渠道作用。全面深化行政复议体制改革，整合地方行政复议职责，按照事编匹配、优化节约、按需调剂的原则，合理调配编制资源，2022年年底前基本形成公正权威、统一高效的行政复议体制。全面推进行政复议规范化、专业化、信息化建设，不断提高办案质量和效率。健全优化行政复议审理机制。县级以上各级政府建立行政复议委员会，为重大、疑难、复杂的案件提供咨询意见。建立行政复议决定书以及行政复议意见书、建议书执行监督机制，实现个案监督纠错与倒逼依法行政的有机结合。全面落实行政复议决定书网上公开制度。

（二十三）加强和规范行政应诉工作。认真执行行政机关负责人出庭应诉制度。健全行政争议实质性化解机制，推动诉源治理。支持法院依法受理和审理行政案件，切实履行生效裁判。支持检察院开展行政诉讼监督工作和行政公益诉讼，积极主动履行职责或者纠正违法行为。认真做好司法建议、检察建议落实和反馈工作。

八、健全行政权力制约和监督体系，促进行政权力规范透明运行

坚持有权必有责、有责要担当、失责必追究，着力实现行政决策、执行、组织、监督既相互制约又相互协调，确保对行政权力制约和监督全覆盖、无缝隙，使党和人民赋予的权力始终用来为人民谋幸福。

（二十四）形成监督合力。坚持将行政权力制约和监督体系纳入党和国家监督体系全局统筹谋划，突出党内监督主导地位。推动党内监督与人大监督、民主监督、行政监督、司法监督、群众监督、舆论监督等各类监督有机贯通、相互协调。积极发挥审计监督、财会监督、统计监督、执法监督、行政复议等监督作用。自觉接受纪检监察机关监督，对行政机关公职人员违法行为严格追究法律责任，依规依法给予处分。

坚持严管和厚爱结合、激励和约束并重，做到依规依纪依法严肃问责、规范问责、精准问责、慎重问责，既要防止问责不力，也要防止问责泛化、简单化。落实"三个区分开来"要求，建立健全担当作为的激励和保护机制，切实调动各级特别是基层政府工作人员的积极性，充分支持从实际出发担当作为、干事创业。

（二十五）加强和规范政府督查工作。县级以上政府依法组织开展政府督查工作，重点对党中央、国务院重大决策部署落实情况、上级和本级政府重要工作部署落实情况、督查对象法定职责履行情况、本级政府所属部门和下级政府的行政效能开展监督检查，保障政令畅通，督促提高行政效能、推进廉政建设、健全行政监督制度。积极发挥政府督查的激励鞭策作用，坚持奖惩并举，对成效明显的按规定加大表扬和政策激励力度，对不作为乱作为的依规依法严肃问责。进一步明确政府督查的职责、机构、程序和责任，增强政府督查工作的科学性、针对性、实效性。

（二十六）加强对行政执法制约和监督。加强行政执法监督机制和能力建设，充分发挥行政执法监督统筹协调、规范保障、督促指导作用，2024年年底前基本建成省市县乡全覆盖的比较完善的行政执法协调监督工作体系。全面落实行政执法责任，严格按照权责事项清单分解执法职权、确定执法责任。加强和完善行政执法案卷管理和评查、行政执法机关处理投诉举报、行政执法考核评议等制度建设。大力整治重点领域行政执法不作为乱作为、执法不严格不规范不文明不透明等突出问题，围绕中心工作部署开展行政执法监督专项行动。严禁下达或者变相下达罚没指标，严禁将罚没收入同作出行政处罚的行政机关及其工作人员的考核、考评直接或者变相挂钩。建立并实施行政执法监督员制度。

（二十七）全面主动落实政务公开。坚持以公开为常态、不公开为例外，用政府更加公开透明赢得人民群众更多理解、信任和支持。大力推进决策、执行、管理、服务和结果公开，做到法定主动公开内容全部公开到位。加强公开制度化、标准化、信息化建设，提高政务公开能力和水平。全面提升政府信息公开申请办理工作质量,依法保障人民群众合理信息需求。鼓励开展政府开放日、网络问政等主题活动,增进与公众的互动交流。加快构建具有中国特色的公共企事业单位信息公开制度。

(二十八)加快推进政务诚信建设。健全政府守信践诺机制。建立政务诚信监测治理机制,建立健全政务失信记录制度,将违约毁约、拖欠账款、拒不履行司法裁判等失信信息纳入全国信用信息共享平台并向社会公开。建立健全政府失信责任追究制度,加大失信惩戒力度,重点治理债务融资、政府采购、招标投标、招商引资等领域的政府失信行为。

九、健全法治政府建设科技保障体系,全面建设数字法治政府

坚持运用互联网、大数据、人工智能等技术手段促进依法行政,着力实现政府治理信息化与法治化深度融合,优化革新政府治理流程和方式,大力提升法治政府建设数字化水平。

(二十九)加快推进信息化平台建设。各省(自治区、直辖市)统筹建成本地区各级互联、协同联动的政务服务平台,实现从省(自治区、直辖市)到村(社区)网上政务全覆盖。加快推进政务服务向移动端延伸,实现更多政务服务事项"掌上办"。分级分类推进新型智慧城市建设,促进城市治理转型升级。加强政府信息平台建设的统筹规划,优化整合各类数据、网络平台,防止重复建设。

建设法规规章行政规范性文件统一公开查询平台,2022年年底前实现现行有效的行政法规、部门规章、国务院及其部门行政规范性文件的统一公开查询;2023年年底前各省(自治区、直辖市)实现本地区现行有效地方性法规、规章、行政规范性文件统一公开查询。

(三十)加快推进政务数据有序共享。建立健全政务数据共享协调机制,进一步明确政务数据提供、使用、管理等各相关方的权利和责任,推动数据共享和业务协同,形成高效运行的工作机制,构建全国一体化政务大数据体系,加强政务信息系统优化整合。加快推进身份认证、电子印章、电子证照等统一认定使用,优化政务服务流程。加强对大数据的分析、挖掘、处理和应用,善于运用大数据辅助行政决策、行政立法、行政执法工作。建立健全运用互联网、大数据、人工智能等技术手段进行行政管理的制度规则。在依法保护国家安全、商业秘密、自然人隐私和个人信息的同时,推进政府和公共服务机构数据开放共享,优先推动民生保障、公共服务、市场监管等领域政府数据向社会有序开放。

(三十一)深入推进"互联网+"监管执法。加强国家"互联网+监管"系统建设,2022年年底前实现各方面监管平台数据的联通汇聚。积极推进智慧执法,加强信息化技术、装备的配置和应用。推行行政执法APP掌上执法。探索推行以远程监管、移动监管、预警防控为特征的非现场监管,解决人少事多的难题。加快建设全国行政执法综合管理监督信息系统,将执法基础数据、执法程序流转、执法信息公开等汇聚一体,建立全国行政执法数据库。

十、加强党的领导,完善法治政府建设推进机制

党的领导是全面依法治国、建设法治政府的根本保证,必须坚持党总揽全局、协调各方,发挥各级党委的领导作用,把法治政府建设摆到工作全局更加突出的位置。

(三十二)加强党对法治政府建设的领导。各级党委和政府要深入学习领会习近平法治思想,把习近平法治思想贯彻落实到法治政府建设全过程和各方面。各级党委要切实履行推进法治建设领导职责,安排听取有关工作汇报,及时研究解决影响法治政府建设重大问题。各级政府要在党委统一领导下,履行法治政府建设主体责任,谋划落实好法治政府建设各项任务,主动向党委报告法治政府建设中的重大问题。各级政府及其部门主要负责人要切实履行推进本地区本部门法治政府建设第一责任人职责,作为重要工作定期部署推进、抓实抓好。各地区党委法治建设议事协调机构及其办事机构要加强法治政府建设的协调督促推动。

(三十三)完善法治政府建设推进机制。深入推进法治政府建设督察工作,2025年前实现对地方各级政府督察全覆盖。扎实做好法治政府建设示范创建活动,以创建促提升、以示范带发展,不断激发法治政府建设的内生动力。严格执行法治政府建设年度报告制度,按时向社会公开。建立健全法治政府建设指标体系,强化指标引领。加大考核力度,提升考核权重,将依法行政情况作为对地方政府、政府部门及其领导干部综合绩效考核的重要内容。

(三十四)全面加强依法行政能力建设。推动行政机关负责人带头遵守执行宪法法律,建立行政机关工作人员应知应会法律法规清单。坚持把民法典作为行政决策、行政管理、行政监督的重要标尺,不得违背法律法规随意作出减损公民、法人和其他组织合法权益或增加其义务的决定。健全领导干部学法用法机制,国务院各部门根据职能开展本部门本系统法治专题培训,县级以上地方各级政府负责本地区领导干部法治专题培训,地方各级政府领导班子每年应当举办两期以上法治专题讲座。市县政府承担行政执法职能的部门负责人任期内至少接受一次法治专题脱产培训。加强各部门和市县政府法治机构建设,优化基层司法所职能定位,保障人员力量、经费等与其职责任务相适应。把法治教育纳入各级政府工作人员初任培训、任职培训的必训内容。对在法治政府建设中作出突出贡献的单位和个人,按规定给予表彰奖励。

加强政府立法能力建设,有计划组织开展专题培训,做好政府立法人才培养和储备。加强行政执法队伍专业化职业化建设,在完成政治理论教育和党性教育学时的基础上,确保每人每年接受不少于60学时的业务知识和法律法规培训。加强行政复议工作队伍专业化职业化建设,完善管理办法。加强行政复议能力建设,制定行政复议执业规范。加强法律顾问和公职律师队伍建设,提升法律顾问和公职律师参与重大决策的能力水平。加强行政裁决工作队伍建设。

(三十五)加强理论研究和舆论宣传。加强中国特色社会主义法治政府理论研究。鼓励、推动高等法学院校成立法治政府建设高端智库和研究教育基地。建立法治政府建设评估专家库,提升评估专业化水平。加大法治政府建设成就经验宣传力度,传播中国政府法治建设的时代强音。

各地区各部门要全面准确贯彻本纲要精神和要求,压实责任、狠抓落实,力戒形式主义、官僚主义。中央依法治国办要抓好督促落实,确保纲要各项任务措施落到实处。

法治社会建设实施纲要
(2020—2025年)

· 2020年12月7日①

法治社会是构筑法治国家的基础,法治社会建设是实现国家治理体系和治理能力现代化的重要组成部分。建设信仰法治、公平正义、保障权利、守法诚信、充满活力、和谐有序的社会主义法治社会,是增强人民群众获得感、幸福感、安全感的重要举措。党的十九大把法治社会基本建成确立为到2035年基本实现社会主义现代化的重要目标之一,意义重大,影响深远,任务艰巨。为加快推进法治社会建设,制定本纲要。

---

① 该日期为新华社发文日期。

一、总体要求

(一)指导思想。高举中国特色社会主义伟大旗帜,坚持以马克思列宁主义、毛泽东思想、邓小平理论、"三个代表"重要思想、科学发展观、习近平新时代中国特色社会主义思想为指导,全面贯彻党的十九大和十九届二中、三中、四中、五中全会精神,全面贯彻习近平法治思想,增强"四个意识"、坚定"四个自信"、做到"两个维护",坚定不移走中国特色社会主义法治道路,坚持法治国家、法治政府、法治社会一体建设,培育和践行社会主义核心价值观,弘扬社会主义法治精神,建设社会主义法治文化,增强全社会厉行法治的积极性和主动性,推动全社会尊法学法守法用法,健全社会公平正义法治保障制度,保障人民权利,提高社会治理法治化水平,为全面建设社会主义现代化国家、实现中华民族伟大复兴的中国梦筑牢坚实法治基础。

(二)主要原则。坚持党的集中统一领导;坚持以中国特色社会主义法治理论为指导;坚持以人民为中心;坚持尊重和维护宪法法律权威;坚持法律面前人人平等;坚持权利与义务相统一;坚持法治、德治、自治相结合;坚持社会治理共建共治共享。

(三)总体目标。到2025年,"八五"普法规划实施完成,法治观念深入人心,社会领域制度规范更加健全,社会主义核心价值观要求融入法治建设和社会治理成效显著,公民、法人和其他组织合法权益得到切实保障,社会治理法治化水平显著提高,形成符合国情、体现时代特征、人民群众满意的法治社会建设生动局面,为2035年基本建成法治社会奠定坚实基础。

二、推动全社会增强法治观念

全民守法是法治社会的基础工程。树立宪法法律至上、法律面前人人平等的法治理念,培育全社会法治信仰,增强法治宣传教育针对性和实效性,引导全体人民做社会主义法治的忠实崇尚者、自觉遵守者、坚定捍卫者,使法治成为社会共识和基本原则。

(四)维护宪法权威。深入宣传宪法,弘扬宪法精神,增强宪法意识,推动形成尊崇宪法、学习宪法、遵守宪法、维护宪法、运用宪法的社会氛围。切实加强对国家工作人员特别是各级领导干部的宪法教育,组织推动国家工作人员原原本本学习宪法文本。全面落实宪法宣誓制度,国家工作人员就职时应当依照法律规定进行宪法宣誓。持续开展全国学生"学宪法讲宪法"活动。推动"12·4"国家宪法日和"宪法宣传周"集中宣传活动制度化，实现宪法宣传教育常态化。

（五）增强全民法治观念。深入学习宣传习近平法治思想，深入宣传以宪法为核心的中国特色社会主义法律体系，广泛宣传与经济社会发展和人民群众利益密切相关的法律法规，使人民群众自觉尊崇、信仰和遵守法律。广泛开展民法典普法工作，让民法典走到群众身边、走进群众心里。积极组织疫病防治、野生动物保护、公共卫生安全等方面法律法规和相关知识的宣传教育活动。引导全社会尊重司法裁判，维护司法权威。充分发挥领导干部带头尊法学法守法用法对全社会的示范带动作用，进一步落实国家工作人员学法用法制度，健全日常学法制度，强化法治培训，完善考核评估机制，不断增强国家工作人员特别是各级领导干部依法办事的意识和能力。加强青少年法治教育，全面落实《青少年法治教育大纲》，把法治教育纳入国民教育体系。加强对教师的法治教育培训，配齐配强法治课教师、法治辅导员队伍，完善法治副校长制度，健全青少年参与法治实践机制。引导企业树立合规意识，切实增强企业管理者和职工的法治观念。加强对社会热点案（事）件的法治解读评论，传播法治正能量。运用新媒体新技术普法，推进"智慧普法"平台建设。研究制定法治宣传教育法。

（六）健全普法责任制。坚持法治宣传教育与法治实践相结合。认真落实"谁执法谁普法"普法责任制，2020年年底前基本实现国家机关普法责任制清单全覆盖，把案（事）件依法处理的过程变成普法公开课。完善法官、检察官、行政复议人员、行政执法人员、律师等以案释法制度，注重加强对诉讼参与人、行政相对人、利害关系人等的法律法规和政策宣讲。引导社会各方面广泛参与立法，把立法过程变为宣传法律法规的过程。创新运用多种形式，加强对新出台法律法规规章的解读。充分发挥法律服务队伍在普法宣传教育中的重要作用，为人民群众提供专业、精准、高效的法治宣传。健全媒体公益普法制度，引导报社、电台、电视台、网站、融媒体中心等媒体自觉履行普法责任。培育壮大普法志愿者队伍，形成人民群众广泛参与普法活动的实践格局。

（七）建设社会主义法治文化。弘扬社会主义法治精神，传播法治理念，恪守法治原则，注重对法治理念、法治思维的培育，充分发挥法治文化的引领、熏陶作用，形成守法光荣、违法可耻的社会氛围。丰富法治文化产品，培育法治文化精品，扩大法治文化的覆盖面和影响力。

利用重大纪念日、传统节日等契机开展群众性法治文化活动，组织各地青年普法志愿者、法治文艺团体开展法治文化基层行活动，推动法治文化深入人心。大力加强法治文化阵地建设，有效促进法治文化与传统文化、红色文化、地方文化、行业文化、企业文化融合发展。2020年年底前制定加强社会主义法治文化建设的意见。

三、健全社会领域制度规范

加快建立健全社会领域法律制度，完善多层次多领域社会规范，强化道德规范建设，深入推进诚信建设制度化，以良法促进社会建设、保障社会善治。

（八）完善社会重要领域立法。完善教育、劳动就业、收入分配、社会保障、医疗卫生、食品药品、安全生产、道路交通、扶贫、慈善、社会救助等领域和退役军人、妇女、未成年人、老年人、残疾人正当权益保护等方面的法律法规，不断保障和改善民生。完善疫情防控相关立法，全面加强公共卫生领域相关法律法规建设。健全社会组织、城乡社区、社会工作等方面的法律制度，进一步加强和创新社会治理。完善弘扬社会主义核心价值观的法律政策体系，加强见义勇为、尊崇英烈、志愿服务、孝老爱亲等方面立法。

（九）促进社会规范建设。充分发挥社会规范在协调社会关系、约束社会行为、维护社会秩序等方面的积极作用。加强居民公约、村规民约、行业规章、社会组织章程等社会规范建设，推动社会成员自我约束、自我管理、自我规范。深化行风建设，规范行业行为。加强对社会规范制订和实施情况的监督，制订自律性社会规范的示范文本，使社会规范制订和实施符合法治原则和精神。

（十）加强道德规范建设。坚持依法治国和以德治国相结合，把法律规范和道德规范结合起来，以道德滋养法治精神。倡导助人为乐、见义勇为、诚实守信、敬业奉献、孝老爱亲等美德善行，完善激励机制，褒奖善行义举，形成好人好报、德者有得的正向效应。推进社会公德、职业道德建设，深入开展家庭美德和个人品德教育，增强法治的道德底蕴。强化道德规范的教育、评价、监督等功能，努力形成良好的社会风尚和社会秩序。深入开展道德领域突出问题专项教育和治理，依法惩处公德失范的违法行为。大力倡导科学健康文明的生活方式，革除滥食野生动物陋习，增强公民公共卫生安全和疫病防治意识。依法规范捐赠、受赠行为。注重把符合社会主义核心价值观要求的基本道德规范转化为法律规范，用法律的权威来增强人们培育和践行社会主义核心价值观的自觉性。

(十一)推进社会诚信建设。加快推进社会信用体系建设,提高全社会诚信意识和信用水平。完善企业社会责任法律制度,增强企业社会责任意识,促进企业诚实守信、合法经营。健全公民和组织守法信用记录,建立以公民身份证号码和组织机构代码为基础的统一社会信用代码制度。完善诚信建设长效机制,健全覆盖全社会的征信体系,建立完善失信惩戒制度。结合实际建立信用修复机制和异议制度,鼓励和引导失信主体主动纠正违法失信行为。加强行业协会商会诚信建设,完善诚信管理和诚信自律机制。完善全国信用信息共享平台和国家企业信用信息公示系统,进一步强化和规范信用信息归集共享。加强诚信理念宣传教育,组织诚信主题实践活动,为社会信用体系建设创造良好环境。推动出台信用方面的法律。

四、加强权利保护

切实保障公民基本权利,有效维护各类社会主体合法权益。坚持权利与义务相统一,社会主体要履行法定义务和承担社会责任。

(十二)健全公众参与重大公共决策机制。制定与人民生产生活和现实利益密切相关的经济社会政策和出台重大改革措施,要充分体现公平正义和社会责任,畅通公众参与重大公共决策的渠道,采取多种形式广泛听取群众意见,切实保障公民、法人和其他组织合法权益。没有法律和行政法规依据,不得设定减损公民、法人和其他组织权利或者增加其义务的规范。落实法律顾问、公职律师在重大公共决策中发挥积极作用的制度机制。健全企业、职工、行业协会商会等参与涉企法律法规及政策制定机制,依法平等保护企业、职工合法权益。

(十三)保障行政执法中当事人合法权益。规范执法行为,完善执法程序,改进执法方式,尊重和维护人民群众合法权益。建立人民群众监督评价机制,促进食品药品、公共卫生、生态环境、安全生产、劳动保障、野生动物保护等关系群众切身利益的重点领域执法力度和执法效果不断提高。建立健全产权保护统筹协调工作机制,持续加强政务诚信和营商环境建设,将产权保护列为专项治理、信用示范、城市创建、营商环境建设的重要内容。推进政府信息公开,涉及公民、法人或其他组织权利和义务的行政规范性文件、行政许可决定、行政处罚决定、行政强制决定、行政征收决定等,依法予以公开。

(十四)加强人权司法保障。加强对公民合法权益的司法保护。加大涉民生案件查办力度,通过具体案件办理,保障人民群众合法权益。探索建立消费者权益保护集体诉讼制度。完善律师制度。强化诉讼参与人诉讼权利制度保障。加强对非法取证行为的源头预防,严格执行非法证据排除规则,建立健全案件纠错机制,有效防范和纠正冤假错案。健全执行工作长效机制,依法保障胜诉当事人及时实现合法权益。加强检察机关对民事、行政、刑事诉讼活动的法律监督,维护司法公正。在司法调解、司法听证等司法活动中保障人民群众参与。落实人民陪审员制度,完善人民监督员制度。推动大数据、人工智能等科技创新成果同司法工作深度融合,完善"互联网+诉讼"模式,加强诉讼服务设施建设,全面建设集约高效、多元解纷、便民利民、智慧精准、开放互动、交融共享的现代化诉讼服务体系。

(十五)为群众提供便捷高效的公共法律服务。到2022年,基本形成覆盖城乡、便捷高效、均等普惠的现代公共法律服务体系,保证人民群众获得及时有效的法律帮助。加强对欠发达地区专业法律服务人才和社会工作者、志愿者的政策扶持,大力推广运用远程网络等法律服务模式,促进城市优质法律服务资源向农村辐射,有效缓解法律服务专业力量不足问题。健全公民权利救济渠道和方式,完善法律援助制度和国家司法救助制度,制定出台法律援助法,保障困难群体、特殊群众的基本公共法律服务权益。加快律师、公证、仲裁、司法鉴定等行业改革发展,完善公共法律服务管理体制和工作机制,推进公共法律服务标准化、规范化、精准化,有效满足人民群众日益增长的高品质、多元化法律服务需求。健全村(居)法律顾问制度,充分发挥村(居)法律顾问作用。加强公共法律服务实体、热线、网络三大平台建设,推动公共法律服务与科技创新手段深度融合,尽快建成覆盖全业务、全时空的公共法律服务网络。

(十六)引导社会主体履行法定义务承担社会责任。公民、法人和其他组织享有宪法和法律规定的权利,同时必须履行宪法和法律规定的义务。强化规则意识,倡导契约精神,维护公序良俗,引导公民理性表达诉求,自觉履行法定义务、社会责任、家庭责任。引导和推动企业和其他组织履行法定义务、承担社会责任,促进社会健康有序运行。强化政策引领作用,为企业更好履行社会责任营造良好环境,推动企业与社会建立良好的互助互信关系。支持社会组织建立社会责任标准体系,引导社会资源向积极履行社会责任的社会组织倾斜。

五、推进社会治理法治化

全面提升社会治理法治化水平,依法维护社会秩序、解决社会问题、协调利益关系、推动社会事业发展,培育全社会办事依法、遇事找法、解决问题用法、化解矛盾靠法的法治环境，促进社会充满活力又和谐有序。

（十七）完善社会治理体制机制。完善党委领导、政府负责、民主协商、社会协同、公众参与、法治保障、科技支撑的社会治理体系，打造共建共治共享的社会治理格局。健全地方党委在本地区发挥总揽全局、协调各方领导作用的机制，完善政府社会治理考核问责机制。引领和推动社会力量参与社会治理，建设人人有责、人人尽责、人人享有的社会治理共同体，确保社会治理过程人民参与、成效人民评判、成果人民共享。加强社会治理制度建设，推进社会治理制度化、规范化、程序化。

（十八）推进多层次多领域依法治理。推进市域治理创新，依法加快市级层面实名登记、社会信用管理、产权保护等配套制度建设，开展市域社会治理现代化试点，使法治成为市域经济社会发展的核心竞争力。深化城乡社区依法治理，在党组织领导下实现政府治理和社会调节、居民自治良性互动。区县职能部门、乡镇政府（街道办事处）按照减负赋能原则，制定和落实在社区治理方面的权责清单。健全村级议事协商制度，鼓励农村开展村民说法、民情恳谈等活动。实施村级事务阳光工程，完善党务、村务、财务"三公开"制度，梳理村级事务公开清单，推广村级事务"阳光公开"监管平台。开展法治乡村创建活动。加强基层群众性自治组织规范化建设，修改城市居民委员会组织法和村民委员会组织法。全面推进基层单位依法治理，企业、学校等基层单位普遍完善业务和管理活动各项规章制度，建立运用法治方式解决问题的平台和机制。广泛开展行业依法治理，推进业务标准程序完善、合法合规审查到位、防范化解风险及时和法律监督有效的法治化治理方式。依法妥善处置涉及民族、宗教等因素的社会问题，促进民族关系、宗教关系和谐。

（十九）发挥人民团体和社会组织在法治社会建设中的作用。人民团体要在党的领导下，教育和组织团体成员和所联系群众依照宪法和法律的规定，通过各种途径和形式参与管理国家事务，管理经济文化事业，管理社会事务。促进社会组织健康有序发展，推进社会组织明确权责、依法自治、发挥作用。坚持党对社会组织的领导，加强社会组织党的建设，确保社会组织发展的正确政治方向。加大培育社会组织力度，重点培育、优先发展行业协会商会类、科技类、公益慈善类、城乡社区服务类社会组织。推动和支持志愿服务组织发展，开展志愿服务标准化建设。发挥行业协会商会自律功能，探索建立行业自律组织。发挥社区社会组织在创新基层社会治理中的积极作用。完善政府购买公共服务机制，促进社会组织在提供公共服务中发挥更大作用。

（二十）增强社会安全感。加快对社会安全体系的整体设计和战略规划，贯彻落实加快推进社会治理现代化开创平安中国建设新局面的意见。完善平安中国建设协调机制、责任分担机制，健全平安建设指标体系和考核标准。2020年年底前制定"互联网+公共安全"行动计划。推动扫黑除恶常态化，依法严厉打击和惩治暴力伤害医务人员、破坏野生动物资源、暴力恐怖、黄赌毒黑拐骗、高科技犯罪、网络犯罪等违法犯罪活动，遏制和预防严重犯罪行为的发生。强化突发事件应急体系建设，提升疫情防控、防灾减灾救灾能力。依法强化危害食品药品安全、影响生产安全、破坏交通安全等重点问题治理。健全社会心理服务体系和疏导机制、危机干预机制，建立健全基层社会心理服务工作站，发展心理工作者、社会工作者等社会心理服务人才队伍，加强对贫困人口、精神障碍患者、留守儿童、妇女、老年人等的人文关怀、精神慰藉和心理健康服务。健全执法司法机关与社会心理服务机构的工作衔接，加强对执法司法所涉人群的心理疏导。推进"青少年维权岗"、"青少年零犯罪零受害社区（村）"创建，强化预防青少年犯罪工作的基层基础。

（二十一）依法有效化解社会矛盾纠纷。坚持和发展新时代"枫桥经验"，畅通和规范群众诉求表达、利益协调、权益保障通道，加强矛盾排查和风险研判，完善社会矛盾纠纷多元预防调处化解综合机制，努力将矛盾纠纷化解在基层。全面落实诉讼与信访分离制度，深入推进依法分类处理信访诉求。充分发挥人民调解的第一道防线作用，完善人民调解、行政调解、司法调解联动工作体系。充分发挥律师在调解中的作用，建立健全律师调解经费保障机制。县（市、区、旗）探索在矛盾纠纷多发领域建立"一站式"纠纷解决机制。加强农村土地承包经营纠纷调解仲裁、劳动人事争议调解仲裁工作。加强行政复议、行政调解、行政裁决工作，发挥行政机关化解纠纷的"分流阀"作用。推动仲裁委员会积极参与基层社会纠纷解决，支持仲裁融入基层社会治理。

六、依法治理网络空间

网络空间不是法外之地。推动社会治理从现实社会向网络空间覆盖，建立健全网络综合治理体系，加强依法管网、依法办网、依法上网，全面推进网络空间法治化，营造清朗的网络空间。

（二十二）完善网络法律制度。通过立改废释并举等方式，推动现有法律法规延伸适用到网络空间。完善网络信息服务方面的法律法规,修订互联网信息服务管理办法,研究制定互联网信息服务严重失信主体信用信息管理办法,制定完善对网络直播、自媒体、知识社区问答等新媒体业态和算法推荐、深度伪造等新技术应用的规范管理办法。完善网络安全法配套规定和标准体系,建立健全关键信息基础设施安全保护、数据安全管理和网络安全审查等网络安全管理制度,加强对大数据、云计算和人工智能等新技术研发应用的规范引导。研究制定个人信息保护法。健全互联网技术、商业模式、大数据等创新成果的知识产权保护方面的法律法规。修订预防未成年人犯罪法,制定未成年人网络保护条例。完善跨境电商制度,规范跨境电子商务经营者行为。积极参与数字经济、电子商务、信息技术、网络安全等领域国际规则和标准制定。

(二十三)培育良好的网络法治意识。坚持依法治网和以德润网相结合,弘扬时代主旋律和社会正能量。加强和创新互联网内容建设,实施社会主义核心价值观、中华文化新媒体传播等工程。提升网络媒介素养,推动互联网信息服务领域严重失信"黑名单"制度和惩戒机制,推动网络诚信制度化建设。坚决依法打击谣言、淫秽、暴力、迷信、邪教等有害信息在网络空间传播蔓延,建立健全互联网违法和不良信息举报一体化受理处置体系。加强全社会网络法治和网络素养教育,制定网络素养教育指南。加强青少年网络安全教育,引导青少年理性上网。深入实施中国好网民工程和网络公益工程,引导网民文明上网、理性表达,营造风清气正的网络环境。

(二十四)保障公民依法安全用网。牢固树立正确的网络安全观,依法防范网络安全风险。落实网络安全责任制,明确管理部门和网信企业的网络安全责任。建立完善统一高效的网络安全风险报告机制、研判处置机制,健全网络安全检查制度。加强对网络空间通信秘密、商业秘密、个人隐私以及名誉权、财产权等合法权益的保护。严格规范收集使用用户身份、通信内容等个人信息行为,加大对非法获取、泄露、出售、提供公民个人信息的违法犯罪行为的惩处力度。督促网信企业落实主体责任,履行法律规定的安全管理责任。健全网络与信息突发安全事件应急机制,完善网络安全和信息化执法联动机制。加强网络违法犯罪监控和查处能力建设,依法查处网络金融犯罪、网络诽谤、网络诈骗、网络色情、攻击窃密等违法犯罪行为。建立健全信息共享机制,积极参与国际打击互联网违法犯罪活动。

七、加强组织保障

坚持党对法治社会建设的集中统一领导,凝聚全社会力量,扎实有序推进法治社会建设。

(二十五)强化组织领导。党的领导是全面推进依法治国、加快建设社会主义法治国家最根本的保证。地方各级党委要落实推进本地区法治社会建设的领导责任,推动解决法治社会建设过程中的重点难点问题。地方各级政府要在党委统一领导下,将法治社会建设摆在重要位置,纳入经济社会发展总体规划,落实好法治社会建设各项任务。充分发挥基层党组织在法治社会建设中的战斗堡垒作用。

(二十六)加强统筹协调。坚持法治社会与法治国家、法治政府建设相协调,坚持法治社会建设与新时代经济社会发展、人民日益增长的美好生活需要相适应。地方各级党委法治建设议事协调机构要加强对本地区法治社会建设统筹谋划,形成上下协调、部门联动的工作机制。充分调动全社会各方力量采取多种形式参与法治社会建设,进一步发挥公民、企事业单位、人民团体、社会组织等在推进法治社会建设中的积极作用,形成法治社会建设最大合力。

(二十七)健全责任落实和考核评价机制。建立健全对法治社会建设的督促落实机制,确保党中央关于法治社会建设各项决策部署落到实处。充分发挥考核评价对法治社会建设的重要推动作用,制定法治社会建设评价指标体系。健全群众满意度测评制度,将群众满意度作为检验法治社会建设工作成效的重要指标。

(二十八)加强理论研究和舆论引导。加强中国特色社会主义法治理论与实践研究,为法治社会建设提供学理支撑和智力支持。充分发挥高等学校、科研院所等智库作用,大力打造法治社会建设理论研究基地。加强舆论引导,充分发挥先进典型的示范带动作用,凝聚社会共识,营造全民关心、支持和参与法治社会建设的良好氛围。适时发布法治社会建设白皮书。

各地区各部门要全面贯彻本纲要精神和要求,结合实际制定落实举措。中央依法治国办要抓好督促落实,确保纲要各项任务措施落到实处。

中央全面依法治国委员会办公室关于开展法治政府建设示范创建活动的意见

·2019年5月4日

党中央、国务院高度重视法治政府建设。党的十八大确立了到2020年法治政府基本建成的奋斗目标,党的十八届四中全会对建设法治政府作出全面部署。党的十九大和十九届二中、三中全会进一步对建设法治政府作出部署安排。在中央全面依法治国委员会第一次会议上,习近平总书记强调指出:"建设法治政府是全面推进依法治国的重点任务和主体工程。"开展法治政府建设示范创建活动,是深入贯彻落实党中央、国务院关于法治政府建设决策部署,不断把法治政府建设向纵深推进的重要抓手,对各地区各部门找差距、补短板、激发内生动力具有重要的引领、带动作用。2015年12月,中共中央、国务院发布的《法治政府建设实施纲要(2015—2020年)》明确提出:"积极开展建设法治政府示范创建活动,大力培育建设法治政府先进典型。"为开展好法治政府建设示范创建活动,现提出以下意见。

一、总体要求

(一)指导思想。坚持以习近平新时代中国特色社会主义思想为指导,全面贯彻党的十九大和十九届二中、三中全会精神,深入贯彻习近平总书记全面依法治国新理念新思想新战略,增强"四个意识",坚定"四个自信",坚决做到"两个维护",紧紧围绕全面依法治国总目标,以创建促提升,以示范带发展,以点带面、辐射全国,为基本建成法治政府提供典型引领,为建设社会主义法治国家作出积极探索。

(二)基本原则。坚持党的领导。党政主要负责人按照有关规定履行推进法治建设第一责任人职责。地方各级党委要加强对法治政府建设的领导;地方各级政府要切实承担推进法治政府建设的主体责任,对开展法治政府建设示范创建工作中的重大问题,要及时向本级党委请示报告。

坚持以人民为中心。努力把体现人民利益、反映人民愿望、维护人民权益、增进人民福祉落实到示范创建活动中,切实增强人民群众的获得感、幸福感、安全感。

坚持改革引领。鼓励大胆探索、先行先试,深化法治政府建设重点领域和关键环节改革,形成一批可复制、可推广的做法和经验,着力实现示范创建与深化改革的有效衔接。

坚持实事求是。注重工作实绩,聚焦实际问题,不急功近利、拔苗助长,不增加基层不必要的工作负担,杜绝"形象工程""政绩工程",客观公正、公开透明,防止弄虚作假和形式主义。

坚持严格规范。突出质量,严控数量,努力做到高标准、严要求,建立健全准入与退出机制,既要严把"入口

关",也要避免"终身制",确保示范创建活动的权威性、针对性、实效性。

(三)创建目标。从2019年启动第一批法治政府建设示范地区评估认定开始,每两年开展一次,梯次推进,树立一批批新时代法治政府建设的新标杆,形成样板效应,营造法治政府建设创优争先的浓厚氛围,开创法治政府建设新局面;创造最能聚人聚财、最有利于发展的法治化营商环境,激发市场主体活力,增进人民群众便利,为统筹推进"五位一体"总体布局、协调推进"四个全面"战略布局提供坚实法治保障;深化依法治国实践,加快建设社会主义法治国家,推动到2035年实现法治国家、法治政府、法治社会基本建成的奋斗目标。

二、范围对象

全国范围的法治政府建设示范创建活动由中央全面依法治国委员会办公室(以下简称中央依法治国办)组织开展,前期主要面向市(地、州、盟)政府、县(市、区、旗)政府(以下简称市县政府),适时扩展到国务院各部门和各省级政府。各地区根据实际情况,可以开展综合示范创建或者单项示范创建活动。

(一)综合示范创建。综合示范创建要求在推进法治政府建设上具有全面性、系统性、整体性,符合市县法治政府建设示范指标体系(以下简称指标体系)90%以上指标。综合示范创建命名为"全国法治政府建设示范市(地、州、盟)"或者"全国法治政府建设示范县(市、区、旗)"。

(二)单项示范创建。单项示范创建要求在推进法治政府建设某一方面工作上具有创新性、引领性、典型性,在全国范围内居于领先地位,可复制、可推广。单项示范创建的项目,由各市县政府结合本地区实际,在优化法治化营商环境、加强事中事后监管、完善依法行政制度、全面推行行政执法"三项制度"、健全行政复议体制机制以及其他法治政府建设工作中自主确定、从严把握。单项示范创建命名为"全国　　示范市(地、州、盟)"或者"全国　　示范县(市、区、旗)"。各市县政府要以单项工作的示范创建为突破口,引领、带动本地区法治政府建设全面发展。

三、认定程序

(一)自愿申报。各市县政府按照指标体系进行自查自评,认为达到示范要求的,可以向本地区党委全面依法治省(区、市)委员会办公室(以下简称依法治省办)进行申报。申报时应当提供充分体现本地区法治政府建设工作举措、成效和亮点等内容的自评报告。

(二)初审推荐。各地区依法治省办按照指标体系,

组织对本地区申报的市县政府进行初审,择优提出推荐名单,并附推荐意见,报送中央依法治国办。

(三)第三方评估。中央依法治国办委托科研院校、专业机构、社会组织等第三方机构,或者组织专家成立第三方评估组,按照指标体系对申报地区进行评估并提出意见。

(四)人民群众满意度测评。在开展第三方评估的同时,中央依法治国办委托统计调查专业机构,对申报地区法治政府建设情况进行人民群众满意度测评。

(五)实地核查。中央依法治国办根据第三方评估和人民群众满意度测评结果,组织力量对排在前列的申报地区进行实地核查。实地核查可以邀请国务院或者省级政府的有关部门、人大代表、政协委员、专家学者、新闻记者、律师等方面的代表参加。

(六)媒体公示。中央依法治国办根据实地核查结果,提出示范地区候选名单,在中央新闻媒体进行公示。

(七)批准命名。中央依法治国办综合公示情况,对符合要求的示范地区予以命名。

四、监督管理

中央依法治国办和各省(区、市)党委、政府对示范地区要加强监督管理,完善工作机制,推动示范地区法治政府建设始终走在全国前列。

(一)年度报告制度。示范地区应当于每年1月底前将上一年度推进法治政府建设情况,经依法治省办报中央依法治国办,并向社会公布,接受社会监督。

(二)回访抽查制度。中央依法治国办每年按照一定比例,组织或者委托有关依法治省办对示范地区进行抽查,了解法治政府建设进展,核查有关材料、信息和数据,密切跟踪评估,确保示范地区始终符合指标体系各项要求。

(三)摘牌退出制度。示范地区有下列情形之一的,中央依法治国办应当撤销其示范命名:1.发生严重违法行政行为,或者因行政不作为、乱作为造成恶劣社会影响的;2.通过提供虚假材料、隐瞒事实真相或者其他不正当手段获取示范命名的;3.在回访抽查中证实已经达不到示范指标体系中的条件和要求的;4.其他应当撤销示范命名的情形。

五、组织保障

(一)提高思想认识。各地区要高度重视法治政府建设,深刻认识示范创建活动对加快法治政府建设的重要意义,以开展示范创建活动为契机,深入总结本地区法治政府建设的成绩和问题,摸清制约法治政府建设进程的"难点""痛点"和"堵点",既要尽快补齐短板、改善薄弱环节,也要精准发力、重点突破,努力成为全国法治政府建设的示范样板。

(二)加强组织领导。各地区要认真抓好示范创建活动的动员部署、督促落实、监督检查,制定创建方案,明确目标方向,切实避免示范创建活动的盲目性、随意性。党政主要负责人要切实履行推进法治建设第一责任人职责,将法治政府建设示范创建活动纳入重要议事日程。中央依法治国办加强对示范创建活动的统筹指导,推动示范创建活动达到预期效果。

(三)促进经验交流。中央依法治国办通过开展业务培训、组织现场考察、建立信息平台等多种形式,建立示范创建交流合作机制,及时总结、推广示范地区的好做法、好经验。各地区要充分发挥先进典型的示范引领作用,促进相互学习、取长补短,形成"先进带后进"的创建机制,促进法治政府建设区域协同推进。

(四)强化支持保障。各地区要加大对示范地区的支持力度,在经济社会发展政策上给予倾斜,在有关督察考核中简化任务要求,在相同条件下优先提拔使用法治素养好、依法办事能力强的干部,并可以视情对示范地区以及作出突出贡献的人员进行表彰。中央依法治国办在开展重要改革试点、干部培训交流、先进单位或者人员表彰等方面工作时,优先考虑示范地区,加强支持和保障。

(五)注重新闻宣传。各地区要充分利用报刊、网站、微博、微信等新闻媒体,广泛宣传法治政府建设示范创建的动态、成效和经验。中央依法治国办积极搭建宣传平台,与主流媒体深化合作,深入报道各地区示范创建的新思路、新举措、新经验,努力营造良好的社会舆论氛围。

六、其他规定

各省(区、市)党委和政府、国务院各部门可以参照本意见制定示范创建实施办法,在本地区、本部门开展法治政府建设示范创建活动。中央依法治国办将抓紧制定开展法治政府建设示范创建活动的实施方案,做好组织实施工作。

附件:市县法治政府建设示范指标体系(略)

法治政府建设与责任落实督察工作规定

·2019年4月15日

第一章 总 则

第一条 为了加强党对法治政府建设的集中统一领

导，充分发挥督察工作对法治政府建设与责任落实的督促推动作用，根据《中共中央关于全面推进依法治国若干重大问题的决定》《法治政府建设实施纲要（2015—2020年）》和其他有关规定，制定本规定。

第二条 法治政府建设与责任落实督察工作（以下简称督察工作）坚持以习近平新时代中国特色社会主义思想为指导，增强"四个意识"，坚定"四个自信"，做到"两个维护"，紧紧围绕建设中国特色社会主义法治体系、建设社会主义法治国家的总目标，坚持党的领导、人民当家作主、依法治国有机统一，坚持依宪执政、依法行政，坚持问题导向、真督实察、逐层传导、强化问责，努力形成从党政主要负责人到其他领导干部直至全体党政机关工作人员的闭环责任体系，保证党中央、国务院关于法治政府建设的决策部署落到实处，不断把法治政府建设向纵深推进。

第三条 本规定适用于对地方各级党委和政府、县级以上政府部门推进法治政府建设与责任落实情况的督察工作。

第四条 督察工作坚持以下原则：

（一）服务大局、突出重点。根据党和国家中心任务和重点工作部署督察工作，使法治政府建设始终在大局下推进、处处为大局服务。

（二）依法依规、实事求是。严格遵循有关规定开展督察，深入一线、聚焦问题，什么问题突出就督察什么问题，不做表面文章，对不同地区、不同层级的督察因地制宜，不搞上下一般粗。

（三）以督促干、注重实效。综合运用多种督察方式，既督任务、督进度、督成效，也察认识、察责任、察作风，把法治政府建设的任务抓牢、责任压实、效果抓实。

（四）控制总量、计划管理。贯彻落实党中央关于统筹规范督查检查考核工作的要求，增强督察工作的权威性、科学性、针对性、有效性，不搞层层加码、不增加基层不必要的工作负担。

第五条 中央全面依法治国委员会办公室组织开展对各省（自治区、直辖市）和国务院各部门法治政府建设与责任落实情况的督察工作。

地方各级党委法治建设议事协调机构的办事机构组织开展对本地区法治政府建设与责任落实情况的督察工作。

中央全面依法治国委员会办公室、地方各级党委法治建设议事协调机构的办事机构在本规定中统称"督察单位"。

第二章 督察对象和内容

第六条 地方各级党委履行推进本地区法治建设领导职责。地方各级政府和县级以上政府部门履行推进本地区、本部门法治政府建设主体职责。地方各级政府以及政府部门的党组织领导和监督本单位做好法治政府建设工作。

地方党政主要负责人履行推进法治建设第一责任人职责，将建设法治政府摆在工作全局的重要位置；地方各级党政领导班子其他成员在其分管工作范围内履行推进法治政府建设职责。

第七条 对地方各级党委履行推进本地区法治建设领导职责，加强法治政府建设，主要督察以下工作：

（一）认真学习贯彻习近平新时代中国特色社会主义思想，全面落实党中央、国务院关于法治政府建设的决策部署，充分发挥党委在推进本地区法治政府建设中的领导作用，及时研究解决有关重大问题，每年专题听取上一年度本地区法治政府建设情况汇报；

（二）将法治政府建设纳入本地区经济社会发展总体规划和年度工作计划，与经济社会发展同部署、同推进、同督促、同考核、同奖惩，把法治政府建设成效作为衡量下级党政领导班子及其主要负责人推进法治建设工作实绩的重要内容，纳入政绩考核指标体系；

（三）自觉运用法治思维和法治方式深化改革、推动发展、化解矛盾、维护稳定，指导本级政府推进法治政府建设工作，支持本级人大、政协、法院、检察院对政府依法行政工作加强监督；

（四）坚持重视法治素养和法治能力的用人导向，把遵守法律、依法办事情况作为考察干部的重要内容，相同条件下优先提拔使用法治素养好、依法办事能力强的干部，加强法治工作队伍建设；

（五）建立党委理论学习中心组集体学法制度，每年至少举办2次法治专题讲座，加强对党委工作人员的法治教育培训和法治能力考查测试；

（六）其他依法依规应当履行的法治政府建设有关职责。

对地方各级党委重点督察主要负责人履行推进法治建设第一责任人职责，加强法治政府建设的情况，以及党委其他负责人在其分管工作范围内履行相关职责情况。地方各级党委主要负责人应当坚持以身作则、以上率下，带头抓好推进本地区法治建设，加强法治政府建设的各项工作。

第八条 对地方各级政府履行推进本地区法治政府

建设主体职责，主要督察以下工作：

（一）认真学习贯彻习近平新时代中国特色社会主义思想，全面落实党中央、国务院关于法治政府建设的决策部署，制订本地区法治政府建设实施规划、年度计划并组织实施，研究解决本地区法治政府建设有关重大问题并及时向本级党委请示汇报；

（二）全面正确履行政府职能，推进政府职能转变和简政放权、放管结合、优化服务，激发市场活力和社会创造力，推动经济社会持续健康发展；

（三）依法制定地方政府规章或者行政规范性文件，加强地方政府规章或者行政规范性文件备案审查和清理工作，全面推行行政规范性文件合法性审核机制；

（四）严格执行重大行政决策法定程序，认真落实政府法律顾问制度、公职律师制度，加强对重大行政决策的合法性审查，切实推进政务公开；

（五）深化行政执法体制改革，推进综合执法，全面推行行政执法公示制度、执法全过程记录制度、重大执法决定法制审核制度，严格执法责任，加强执法监督，支持执法机关依法公正行使职权，推进严格规范公正文明执法；

（六）自觉接受党内监督、人大监督、民主监督、司法监督、社会监督、舆论监督，推动完善政府内部层级监督和专门监督，加强行政复议和行政应诉工作，尊重并执行生效行政复议决定和法院生效裁判；

（七）建立政府常务会议定期学法制度，每年至少举办2次法治专题讲座，加强对政府工作人员的法治教育培训和法治能力考查测试；

（八）积极开展推进依法行政、建设法治政府宣传工作，大力培育法治政府建设先进典型，营造全社会关心、支持和参与法治政府建设的良好氛围；

（九）统筹推进对本地区法治政府建设情况的考核评价和督促检查，对工作不力、问题较多的部门或者下级政府，应当及时约谈、责令整改、通报批评；

（十）其他依法依规应当履行的法治政府建设有关职责。

对地方各级政府重点督察主要负责人履行推进法治政府建设第一责任人职责情况，以及政府其他负责人在其分管工作范围内履行相关职责情况。地方各级政府主要负责人应当坚持以身作则、以上率下，带头抓好推进本地区法治政府建设各项工作。

第九条 对县级以上政府部门履行推进本部门法治政府建设主体职责，主要督察以下工作：

（一）认真学习贯彻习近平新时代中国特色社会主义思想，全面落实党中央、国务院关于法治政府建设的决策部署，制订本部门法治政府建设实施规划、年度计划并组织实施，研究解决本部门法治政府建设重大问题并及时向本级党委和政府请示汇报；

（二）全面正确履行部门职能，推进政府职能转变和简政放权、放管结合、优化服务，激发市场活力和社会创造力，推动经济社会持续健康发展；

（三）依法制定部门规章或者行政规范性文件，加强部门规章或者行政规范性文件备案审查和清理工作，全面推行行政规范性文件合法性审核机制；

（四）严格执行重大行政决策法定程序，认真落实政府法律顾问制度、公职律师制度，加强对重大行政决策的合法性审查，依法依规履行信息发布和政策解读责任，切实推进政务公开；

（五）依法惩处各类违法行为，落实执法人员持证上岗和资格管理制度，全面推行行政执法公示制度、执法全过程记录制度、重大执法决定法制审核制度，完善执法程序，创新执法方式，严格执法责任，加强执法监督，推进严格规范公正文明执法；

（六）加强和改进行政复议工作，纠正违法、不当的行政行为，尊重并执行生效行政复议决定，努力将行政争议化解在基层、化解在行政机关内部；

（七）自觉接受党内监督、人大监督、民主监督、司法监督、社会监督、舆论监督，推动完善部门内部层级监督，加强对重点岗位的制约和监督；

（八）维护司法权威，支持法院依法受理和审理行政案件，落实行政机关负责人依法出庭应诉制度，严格执行法院生效裁判；

（九）建立部门领导班子定期学法制度，每年至少举办2次法治专题讲座，加强对部门工作人员的法治教育培训和法治能力考查测试；

（十）认真落实"谁执法谁普法"普法责任制，加强本部门法治政府建设宣传教育工作，积极总结宣传本部门法治政府建设成功经验和创新做法，大力培育法治政府建设先进典型；

（十一）统筹推进对本部门法治政府建设情况的考核评价和督促检查，对工作不力、问题较多的，应当及时约谈、责令整改、通报批评；

（十二）其他依法依规应当履行的法治政府建设有关职责。

对县级以上政府部门重点督察主要负责人履行推进

法治政府建设第一责任人职责情况,以及部门其他负责人在其分管工作范围内履行相关职责情况。县级以上政府部门主要负责人应当坚持以身作则、以上率下、带头抓好本部门推进法治政府建设各项工作。

第十条　对国务院部门和地方各级党政机关工作人员履行推进法治政府建设职责,主要督察以下工作:

(一)认真学习贯彻习近平新时代中国特色社会主义思想,增强"四个意识",坚定"四个自信",做到"两个维护",切实执行党中央、国务院关于法治政府建设的决策部署;

(二)认真学习以宪法为核心的中国特色社会主义法律体系,熟练掌握与本职工作密切相关的法律法规,积极参加法治教育培训;

(三)注重提高法治思维和依法行政能力,想问题、作决策、办事情必须守法律、重程序、受监督,不得以言代法、以权压法、逐利违法、徇私枉法;

(四)依法全面履行岗位职责,严守法定程序,无正当理由不得拖延或者拒绝履行法定职责,不得滥用职权侵犯公民、法人或者其他组织的合法权益;

(五)自觉尊法学法守法用法,大力弘扬社会主义法治精神,认真落实"谁执法谁普法"普法责任制,积极在工作中向人民群众普法,做法律法规的遵守者、执行者、宣传者;

(六)其他依法依规应当履行的法治政府建设有关职责。

第三章　督察组织实施

第十一条　督察单位应当制订督察工作年度计划并按照规定报批,建立督察任务台账,加强督察工作的统筹协调。

第十二条　督察工作主要采取书面督察、实地督察等方式进行。

督察单位组织开展书面督察,应当要求被督察单位进行全面自查,并限期书面报告情况。

督察单位组织开展实地督察,应当深入被督察单位,通过多种形式明察暗访,了解被督察单位实际情况。

第十三条　督察可以采取下列措施:

(一)听取被督察单位以及有关负责人情况汇报;

(二)查阅、复制有关制度文件、会议纪要、执法案卷等;

(三)询问、约谈有关单位和个人;

(四)实地走访、暗访;

(五)对收到的重大违法行政问题线索进行调查、核实或者转交有关部门,必要时可请有关部门予以协助;

(六)其他必要的措施。

第十四条　督察单位可以委托科研院校、专业机构、人民团体、社会组织等对被督察单位开展第三方评估,提出意见建议。

第十五条　督察单位可以就重要指示批示落实、重大行政决策事项、重点领域行政执法等某一方面情况开展专项督察。

专项督察可以根据具体情况选择相应的督察方式或者措施。

第十六条　督察单位开展实地督察,可以成立督察组。督察组进驻后,应当向被督察单位主要负责人通报开展督察工作的目的、安排和要求。

督察组可以邀请人大代表、政协委员、专家学者、新闻记者等方面的代表参加。

第十七条　督察结束后,督察组应当撰写督察报告,客观真实反映被督察单位法治政府建设的进展、成效、责任落实情况以及存在的问题和困难。对存在的问题和困难,应当分析原因、找出症结,提出有针对性的意见建议,并帮助推动解决。

第十八条　督察结束后,督察单位应当向被督察单位反馈督察结果,对存在的问题督促其限期整改。被督察单位应当按照要求整改并及时报告整改情况。

第十九条　督察单位可以通过简报、专报等形式向上级机关和本级纪检监察机关、组织人事等部门通报督察情况或者发现的问题,作为对被督察单位及其领导人员考核评价的重要参考或者监督问责的重要依据。

第二十条　督察单位应当充分运用大数据、云计算等现代信息技术手段,探索推进"互联网+督察",提升督察工作精细化和信息化水平,提高督察工作效能。

第二十一条　督察工作人员应当严格履行职责,如实评价被督察单位,不得故意隐瞒或者夸大督察发现的问题;严格遵守中央八项规定及其实施细则精神和各项廉政规定,做到厉行节约、廉洁自律、公开透明,严防形式主义、官僚主义,自觉接受监督。

第二十二条　对在法治政府建设中工作成绩突出的地区、部门以及作出重要贡献的个人,可以按照国家有关规定给予表彰或者奖励。

第四章　年度报告

第二十三条　每年4月1日之前,各省(自治区、直辖市)党委和政府、国务院各部门应当向党中央、国务院报告上一年度法治政府建设情况,同时抄送中央全面依法治国委员会办公室。

每年3月1日之前，县级以上地方各级政府部门应当向本级党委和政府、上一级政府有关部门报告上一年度法治政府建设情况，同时抄送本级督察单位；县级以上地方各级政府应当向同级党委、人大常委会报告上一年度法治政府建设情况；省级以下地方各级党委和政府应当向上一级党委和政府报告上一年度法治政府建设情况，同时抄送上一级督察单位。

第二十四条　每年4月1日之前，地方各级政府和县级以上政府部门的法治政府建设年度报告，除涉及党和国家秘密的，应当通过报刊、网站等新闻媒体向社会公开，接受人民群众监督。

第二十五条　法治政府建设年度报告主要包括以下内容：

（一）上一年度推进法治政府建设的主要举措和成效；

（二）上一年度推进法治政府建设存在的不足和原因；

（三）上一年度党政主要负责人履行推进法治建设第一责任人职责，加强法治政府建设的有关情况；

（四）下一年度推进法治政府建设的主要安排；

（五）其他需要报告的情况。

第二十六条　督察单位应当督促下一级地方党委和政府、本级政府部门按时报送和公开年度报告，对未按照要求报送、公开的，应当通报批评。

第二十七条　督察单位可以邀请人大代表、政协委员、专家学者、新闻记者、政府法律顾问或者委托第三方机构对已公开的法治政府建设年度报告提出意见或者进行评议，有关意见、评议结果应当向被督察单位反馈，并可以向社会公开。

第五章　责任追究

第二十八条　法治政府建设责任追究应当根据《中国共产党问责条例》、《中华人民共和国监察法》、《行政机关公务员处分条例》以及相关党内法规、国家法律法规规定的权限和程序执行。

第二十九条　督察工作中发现被督察单位及其工作人员有下列情形之一的，督察单位应当移送有关单位依纪依法进行责任追究：

（一）对党中央、国务院的法治政府建设决策部署懈怠拖延、落实不力，影响中央政令畅通，造成严重后果的；

（二）制定的规章、行政规范性文件违反宪法、法律、行政法规，破坏国家法制统一的；

（三）违纪违法决策或者依法应当作出决策而久拖不决，造成重大损失或者恶劣影响的；

（四）执法不作为或者乱执法、执法牟利、粗暴执法等，侵犯公民、法人或者其他组织合法权益造成损害的；

（五）违纪违法干预监察工作、行政执法、行政复议或者司法活动，或者拒不执行生效行政复议决定、法院生效裁判的；

（六）在行政复议工作中失职渎职、徇私舞弊、违法违规的；

（七）其他不履行或者不正确履行法治政府建设职责，依法依规需要追责的情形。

第三十条　督察单位可以建立重大责任事项约谈制度、挂牌督办制度，对存在第二十九条规定情形的地方或者部门，督促其限期完成有关查处、整改任务。

第三十一条　督察单位可以建立典型案例通报、曝光制度，除涉及党和国家秘密的，在一定范围内进行通报或者向社会曝光。

第三十二条　被督察单位及其工作人员违反本规定，有下列行为之一的，依纪依法予以责任追究；涉嫌犯罪的，移送有关机关依法处理：

（一）以各种借口拒绝、阻碍或者干扰督察工作的；

（二）拖延或者拒绝提供与督察工作有关的资料，或者伪造相关情况、提供虚假资料的；

（三）未按照要求进行整改或者拖延、拒不整改的；

（四）打击、报复、陷害、刁难督察工作人员或者反映情况的单位和个人的；

（五）其他妨碍督察工作的行为。

第三十三条　督察工作人员违反廉洁自律规定，或者滥用职权、徇私舞弊、玩忽职守的，依纪依法给予处分；涉嫌犯罪的，移送有关机关依法处理。

第六章　附　则

第三十四条　本规定由中央全面依法治国委员会办公室负责解释。

第三十五条　本规定自2019年4月15日起施行。

关于进一步加强市县法治建设的意见

·2022年8月11日

全面依法治国基础在基层，工作重点在基层。加强市县法治建设，是确保全面依法治国各项部署要求落地落实的关键，是推进基层治理体系和治理能力现代化的重要保障。为夯实全面依法治国基础,提升市县法治建设水平,制定如下意见。

一、总体要求

(一)指导思想。以习近平新时代中国特色社会主义思想为指导,深入学习贯彻习近平法治思想,全面贯彻落实党的十九大和十九届历次全会精神,深刻认识"两个确立"的决定性意义,增强"四个意识"、坚定"四个自信"、做到"两个维护",坚持党的领导、人民当家作主、依法治国有机统一,大力弘扬社会主义核心价值观,坚持系统观念、法治思维、强基导向,以加强党对市县法治建设的领导为根本,以深化落实法治领域顶层设计为抓手,以解决当前市县法治建设存在的突出问题为重点,健全完善党领导市县法治建设体制机制,提升市县法治工作能力和保障水平,增强人民群众在法治领域的获得感幸福感安全感,为2035年法治国家、法治政府、法治社会基本建成奠定坚实基础。

(二)工作原则。坚持党的领导,牢牢把握市县法治建设正确方向,更好发挥法治建设对市县经济社会高质量发展的引领、规范和保障作用。坚持以人民为中心,把体现人民利益、反映人民愿望、维护人民权益、增进人民福祉落实到市县法治建设全过程和各方面。坚持强基导向,推动重心下移、力量下沉、保障下倾,实现基层法治建设协同推进。坚持改革创新,尊重基层首创精神,运用法治思维和法治方式促进提升基层治理体系和治理能力现代化水平。

(三)主要目标。力争通过5年时间的努力,党领导市县法治建设的制度和工作机制更加完善,市级立法质量明显提高,市县政府行为全面纳入法治轨道,执法司法公信力进一步提升,领导干部运用法治思维和法治方式深化改革、推动发展、化解矛盾、维护稳定、应对风险的意识和能力明显增强,市县法治工作队伍思想政治素质、业务工作能力、职业道德水准明显提高,群众法治素养和基层社会治理法治化水平显著提升,全社会尊法学法守法用法的浓厚氛围进一步形成。

二、完善党领导市县法治建设制度和工作机制

(四)牢牢把握市县法治建设正确方向。加强理论武装,把习近平法治思想作为市县党委理论学习中心组集体学习重点内容,作为市县党校(行政学院)和干部学院重点课程,开展市县法治工作部门全战线、全覆盖培训轮训,切实筑牢思想根基。市县党委要将法治建设纳入地区经济社会发展规划和重点工作,将党政主要负责人履行推进法治建设第一责任人职责情况纳入年终述职内容,将法治建设情况纳入市县党政领导班子和领导干部考核内容,在推进法治建设中切实发挥把方向、管大局、作决策、保落实作用。立足市县经济社会发展实际、区位优势特点、基层治理实践,找准法治建设服务构建新发展格局、推动高质量发展、促进共同富裕的切入点、着力点,将全面依法治国顶层设计转化为推进市县法治建设的制度规范、政策措施和实际行动,确保党中央关于全面依法治国的决策部署落实到"最后一公里"。

(五)进一步发挥依法治市、县委员会作用。依法治市(地、州、盟)委员会、依法治县(市、区、旗)委员会要在市县党委及其常委会领导下,履行对本地区法治建设牵头抓总、运筹谋划、督促落实的职能。及时研究制定本地区法治建设工作计划、实施意见、落实举措,统一部署法治建设重要工作任务,协调辖区内跨部门跨领域法治工作重大问题。建立健全统筹协调、法治督察、考核评价机制,加强对协调小组、部门法治工作指导,推进工作制度化、规范化、程序化,确保各项任务部署落到实处。

(六)规范依法治市、县委员会协调小组运行。依法治市(地、州、盟)委员会协调小组、依法治县(市、区、旗)委员会协调小组要立足专门领域法治工作协调职责,整合优化力量和资源,推动委员会决定事项和工作部署在本领域的落实,谋划本领域法治建设工作思路和重点任务,协调解决跨部门法治工作重要问题,协调推动相关法治措施制定和实施。强化协调小组成员单位职责,落实责任分工,加强信息沟通、工作联动、协调会商,形成工作合力。强化协调小组工作力量,立足专门领域主要协调职能,明确具体工作部门承担协调小组日常工作。建立健全协调小组定期会议、审议文件、工作协调、信息通报、请示报告、联络员等制度机制。优化协调小组运行,统筹考虑内部协调和工作指导需要,法治专门领域职责相近或交叉的协调小组、领导小组等工作机构可以合并,确保高效有序开展工作。

(七)加强依法治市、县委员会办公室建设。依法治市(地、州、盟)委员会办公室、依法治县(市、区、旗)委员会办公室要协调法治工作部门研究本地区法治建设重大问题,研究处理有关方面向委员会提出的重要法治工作事项及相关请示,组织推动法治政府建设,开展法治督察检查,统筹、协调、督促、推动有关方面落实委员会决定事项和工作部署。建立健全办公室工作运行、组织协调、请示报告、推动落实等制度机制。统筹法治工作部门编制,充实加强办公室专门工作力量,确保有专人干事、高效规范运转,切实发挥职能作用。

（八）建立乡镇（街道）法治建设领导体制和工作机制。乡镇（街道）党（工）委要加强组织领导和统筹协调，将乡镇（街道）法治建设作为重点任务纳入基层治理总体格局，建立健全推进工作任务落实的制度机制。依托乡镇（街道）司法所具体负责协调推进、督促检查乡镇（街道）法治建设工作。优化司法所职能定位，保障人员力量、经费等与其职责任务相适应，有效调动、整合相关部门力量和资源，确保乡镇（街道）依法治理各项工作有效开展。乡镇（街道）党政主要负责人要切实履行推进法治建设第一责任人职责，将法治建设与经济社会发展同部署、同推进、同督促、同考核、同奖惩，带头依法办事，带头推动形成办事依法、遇事找法、解决问题用法、化解矛盾靠法的法治环境。

三、全面深化市县法治建设工作

（九）着力服务市县经济高质量发展。围绕优化营商环境、推动"放管服"改革落地，全面实施市场准入负面清单制度，落实公平竞争审查制度，维护良好市场秩序和市场主体合法权益。落实"双随机、一公开"监管，加强和规范事前、事中、事后全链条监管，全面推行轻微违法行为依法免予处罚清单和告知承诺制度。鼓励有条件的民营企业探索设立公司律师，常态化开展企业"法治体检"服务，加强对中小企业创新发展的法律扶持。提高市县司法机关依法平等保护各类市场主体产权和知识产权能力，严格把握罪与非罪、经济纠纷与刑事犯罪的界限，完善刑事立案监督机制，依法审慎适用查封、扣押、冻结、拘留、逮捕等强制性措施，深化涉产权刑事申诉案件专项清理工作。依法严惩非法集资、电信网络诈骗、恶意逃废金融债务、破坏金融管理秩序、职务侵占等违法犯罪活动。加强乡村振兴法律服务和法治保障，规范涉农行政执法行为，依法妥善处理"三农"领域传统纠纷、乡村旅游等新业态纠纷，持续深入开展"乡村振兴 法治同行"活动。

（十）着力维护基层安全稳定。坚持和发展新时代"枫桥经验"，发挥公证、人民调解、法律顾问、特邀调解等制度机制作用，强化社会治理法律风险预警防范，在市县法治工作布局和力量调配上更多向引导和疏导端用力。依法建立健全基层调解组织网络，整合社区工作者、网格员、群防群治力量，发挥人民调解在化解基层矛盾纠纷中的主渠道作用，深化矛盾纠纷排查预警工作，主动开展心理疏导和干预。强化诉源治理，把非诉讼纠纷解决机制挺在前面，加快推进人民法院调解平台进乡村、进社区、进网格，推动将民事、行政案件万人起诉率纳入地方平安建设工作考核，依靠基层、发动群众实现矛盾纠纷就地发现、就地调处、就地化解。做好和解、调解、信访、仲裁、行政裁决、行政复议、诉讼有机衔接的多元纠纷化解工作。依法严厉打击危及社会公共安全和扰乱市场秩序的违法犯罪行为，常态化开展扫黑除恶斗争。依法加强基层禁毒工作。加强网络综合治理，网上网下一体排查调解矛盾纠纷，防范化解打击网络犯罪，营造清朗网络空间。

（十一）着力服务保障和改善民生。围绕群众在就业、教育、医疗、社保、养老、扶幼等民生领域的法治需求，市县执法司法部门要开通"绿色通道"，优先办（受）理，快速办结。推进基层政务服务、诉讼服务、检务服务、公共法律服务平台建设，制定完善适应基层实际的办事指南和工作规程，让群众寻求法律帮助更加方便快捷。推进公共法律服务网络全覆盖、公共法律服务流程全规范，更好满足群众多元化法律服务需求。加大对农民工、下岗失业人员、妇女、未成年人、老年人、残疾人、军人军属等群体法律援助和法律服务力度。充分发挥审判、检察职能作用，加强生态环境和资源保护、安全生产、食品药品安全、未成年人保护、个人信息保护等领域关系群众切身利益的案件办理工作。依法实施惩罚性赔偿制度，加大重点领域执法力度，让严重违法者付出应有代价。

（十二）提升地方立法和规范性文件制定科学化水平。坚持依法立法，严格遵守地方立法权限。按照有特色、可操作的要求，推进设区的市立法精细化建设，发挥地方立法实施性、补充性、探索性作用。依法治市（州）委员会做好对同级人大常委会立法计划、政府立法计划的审议工作。完善立法调研论证、意见征集、风险评估、立法听证等制度，发挥立法联系点作用，拓宽人大代表、政协委员、社会公众参与立法的渠道。立足地方特色和解决突出问题，灵活运用"小切口"、"小快灵"式立法。市县政府要加强行政规范性文件制定和监督管理，及时公布规范性文件制定主体清单、文件目录清单，完善评估论证、公开征求意见、合法性审核、集体审议决定程序，加强备案审查工作，坚决杜绝乱发文、发"奇葩文件"。

（十三）提高市县政府依法决策、依法行政水平。市县政府要根据《法治政府建设实施纲要（2021－2025年）》及省（区、市）实施方案，对照市县法治政府建设示范指标体系，制定细化法治政府建设目标任务、步骤安排和具体举措。全面落实重大行政决策程序，有效开展社会稳定风险评估，依法制定市县政府重大行政决策事项年度目录并予以公开。明确市县党政机关应当听取公职律师、法律顾问意见的决策事项，健全保障公职律师、法律顾问有效参与决策论证、提供法律意见的机制，"十四五"时期实现市县党政机关公职律师工作全覆盖。推进乡镇(街道)决策事项合法性审查全覆盖。健全守信践诺机制,深入治理债务融资、政府采购、招标投标、招商引资等领域的失信行为。市县执法部门制定执法细则和工作指南,推广"教科书式"执法案例,为一线执法人员提供健全完善、操作性强的执法指引。加强市县政府行政复议与行政应诉工作,通过严格依法办理行政复议案件、监督行政复议意见书和建议书落实情况,纠正违法或不当行政行为。将行政复议决定履行情况、行政机关负责人出庭应诉情况、行政裁判执行情况、司法建议和检察建议反馈与落实情况纳入法治政府建设考核范围,促进基层政府依法行政。

(十四)深化执法体制机制改革。持续推进综合行政执法体制改革,推进县(市、区、旗)"局队合一"体制改革,乡镇(街道)逐步实现"一支队伍管执法"。积极稳妥、因地制宜、科学合理地将基层治理迫切需要且能够有效承接的行政执法事项依法下放给乡镇(街道)。依法委托或授予乡镇(街道)行政执法权的同时,在编制、人员、资金、技术等方面同步予以配套保障,确保权力放得下、接得住、管得好、有监督。进一步明确综合行政执法部门与业务主管部门职责范围,完善审批、监管、处罚等衔接机制。推动具备条件的地区探索跨部门跨领域综合执法。强化乡镇(街道)在执法中统一指挥和统筹协调职责,赋予其在工作考核、人员管理等方面更大权限。加强行政执法协调监督,通过行政执法主体和人员资格管理、执法案卷评查、受理投诉举报、行政执法考核评议等方式,整治执法不严格不规范不公正不文明等突出问题。

(十五)深入推进公正司法。严格落实立案登记制度,对依法应当受理的案件,做到有案必立、有诉必理,从源头保障当事人诉权。深化司法公开,积极推进市县人民法院庭审直播、人民检察院公开听证工作。严格规范推进公开裁判文书工作,进一步规范市县人民法院、人民检察院司法文书制作。健全适应基层特点的有序放权与依法监督相结合的监督管理机制,完善法官、检察官办案责任清单,健全案件评查、司法责任认定和追究机制。加强人民法庭建设,探索符合人民法庭审判工作特点的审判团队组建和运行模式。加强市县人民法院执行工作,健全执行工作部门协作联动机制,强化督察考核和监督检查,确保执行联动责任落实落地,执行案件应执尽执、执行案款应发尽发。深化诉讼收费制度改革。深入推进跨行政区划检察工作,完善跨行政区划司法管辖制度。充分发挥检察一体化制度优势,完善统一调用检察人员办理案件机制。加强市县人民检察院监督能力建设,深入推进看守所、监狱巡回检察试点工作,健全完善侦查监督与协作配合机制。市县社区矫正委员会要依法统筹协调和指导本行政区域的社区矫正工作。有序扩大民事、行政法律援助范围,推进刑事案件律师辩护、值班律师法律帮助全覆盖。

(十六)深化普法和依法治理。将学习宣传习近平法治思想作为基层普法工作首要任务,推动习近平法治思想深入人心。持续深入开展宪法宣传教育活动,深入开展民法典、乡村振兴促进法等与群众生产生活密切相关法律法规普及工作,大力弘扬社会主义法治精神。广泛开展群众性法治文化活动,实现每个村(社区)至少有一个法治文化阵地,发挥好各类基层普法阵地作用,让法治文化有形呈现、生动表达。创新普法形式和载体,依托大数据等信息技术加强对群众法治需求分析,开展对象化、分众化普法宣传,推动普法工作由"大水漫灌"向"精准滴灌"转变。深化法治乡村建设,加强和规范村(居)法律顾问工作,实施农村学用法示范户培育、乡村"法律明白人"培养工程,建设更高水平的"民主法治示范村(社区)"。深化基层依法治理,按照合法合规、贴近基层、发扬民主、便于执行的原则,乡镇(街道)指导村(社区)进一步规范村规民约、居民公约,推行村级重大事项"四议两公开",完善基层群众诉求表达和利益协调机制。建立"两代表一委员"定期联系社区制度。

四、加强组织保障

(十七)加强市县法治建设组织领导。各级党委和政府要从推进基层治理体系和治理能力现代化高度,充分认识市县法治建设在全面依法治国中的基础性作用,切实扛起政治责任,研究解决法治建设重大问题。各级组织、编制、财政、人力资源社会保障等部门要健全完善人员保障、经费支持向基层一线倾斜的政策措施。加快制定不同层级行政执法装备配备标准,为基层严格规范公正文明执法提供保障条件。市县要制定并落实党政主要负责人履行推进法治建设第一责任人职责清单,乡镇(街道)参照制定职责清单。实现市县党政主要负责人述法全覆盖。建立健全基层党政干部学法用法制度。加大法治建设在政绩考核指标体系中的权重,制定细化考核评分标准,将考核结果作为干部奖惩、晋升、调整职务职级的重要依据。在相同条件下,优先提拔使用法治素养好、依法办事能力强的干部。开展市县法治建设考核评估工作,从法定职责履行、法定程序执行、法治实施效果等方面制定可量化、可操作的评估指标体系,加强对评估结果的运用。

（十八）强化市县法治建设力量保障。加强设区的市、自治州立法工作队伍建设，适当增加具有法治实践经验的专职常委比例，配齐配强必要的工作力量，通过全员轮训、跟班学习、工作交流等提升立法工作人员业务能力。结合本地区执法任务量、辖区范围、执法对象等实际情况，统筹调配执法人员和资源力量，推动人员编制向基层和一线倾斜。加强市县行政复议能力建设，确保行政复议机关人员配备与工作任务相适应。完善司法人员分类管理制度，探索实施员额、编制省级统筹和动态调配机制，确保员额配置向案多人少的办案一线倾斜。依法加强社区矫正、法律援助机构和队伍建设。优化人民法庭、检察室、公安派出所、司法所等派出机构建设，确保中央政法专项编制专编专用、用足用好。通过政府购买服务、公开招聘等方式，加强市县法治工作力量。完善执法司法人员依法履职免予追责机制，做好容错纠错工作。落实执法司法人员职业保障制度，完善人身安全保护机制。推进基层执法司法人员挂职工作，开展市县法治工作部门人员交流。加强市、县、乡法治工作人员培训轮训，开展适应基层特点的统一职前培训、执法司法人员同堂培训工作，统一执法司法理念和标准。

（十九）加大信息技术在市县法治建设中的应用。推动行政执法平台和执法监督平台应用向县乡延伸，服务功能向村（社区）拓展，实现执法事项网上运行、监管信息网上可查，促进乡镇（街道）与县级部门执法数据互联互通、信息共享、业务协同。推进市县人民法院、人民检察院、公安机关、司法行政机关工作运行网络化，逐步实现立案、侦查、审查起诉、庭审、判决、执行等全程网上运行。加强"微法院"、"微检务"、"微警务"、"微法律顾问"集群建设，加大远程视频、电子卷宗、智能辅助等科技创新手段的应用力度。整合执法司法数据资源，充分发挥大数据在精准把握群众需求、矛盾纠纷分析、社会风险评估、信息动态研判等方面的优势，提升市县法治建设质效。

（二十）强化法治工作统筹联动。统筹市县执法司法部门力量，建立健全部门工作联动机制。健全行政执法和刑事司法衔接机制，完善证据认定保全、信息共享和工作协助等机制，统筹解决涉案物品出口处置和检验鉴定等问题，推动"两法衔接"信息平台建设和应用向市县延伸。将普法宣传与立法、执法、司法、法律服务紧密融合，市县法治工作部门制定"谁执法谁普法"、"谁服务谁普法"普法责任清单，健全法官、检察官、行政复议人员、行政执法人员、律师等以案释法制度。有条件的市县探索建立法治建设综合平台，加强信息共享和工作互通。

各地区各有关部门贯彻落实中的重大情况及时报告。中央依法治国办要加强统筹协调，督促抓好市县法治建设各项任务落实。

关于推动国家工作人员旁听庭审活动常态化制度化的意见

· 2019年2月21日
· 司发通〔2019〕66号

为贯彻党的十九大关于各级党组织和全体党员要带头尊法学法守法用法的要求，落实中共中央办公厅、国务院办公厅印发的《关于实行国家机关"谁执法谁普法"普法责任制的意见》，根据《关于完善国家工作人员学法用法制度的意见》，抓住领导干部这一"关键少数"开展生动的以案释法工作，健全完善日常学法制度，现就推动国家工作人员旁听庭审活动常态化、制度化提出如下意见。

一、开展国家工作人员旁听庭审活动是提高领导干部运用法治思维和法治方式能力的重要举措，各地各部门要把国家工作人员旁听庭审作为落实"谁执法谁普法"普法责任制的重要步骤，纳入国家工作人员学法用法制度的重要内容，高度重视、系统安排，建立长效工作机制，推动旁听庭审工作常态化、制度化。

二、各地各部门要结合实际，建立本地本部门国家工作人员旁听庭审制度，制定参加旁听庭审活动计划，把旁听庭审活动作为党委（党组）中心组学法的重要形式，计入国家工作人员法治培训学时学分。国家工作人员每年至少旁听庭审一次。

三、旁听庭审活动可采用网上观看庭审视频或到法院现场旁听等形式，以网上观看庭审视频为主。人民法院、司法部、全国普法办同时在中国庭审公开网（网址：tingshen.court.gov.cn）、中国普法网（网址：www.legalinfo.gov.cn）、中国法律服务网（网址：www.12348.gov.cn）上开设专区（专栏），遴选适合国家工作人员观看的行政案件、刑事案件等，在平台上予以推荐发布，供各级国家机关选择安排旁听庭审工作。

四、各级普法依法治理职能部门可根据实际情况，集中组织本级国家机关工作人员代表到现场旁听庭审活动。现场旁听庭审活动应提前与本级人民法院进行沟通联系。

五、建立国家工作人员旁听庭审工作固定联系机制。省、市、县级普法依法治理职能部门和同级人民法院分别确定旁听庭审工作联络员,负责共同协调安排旁听庭审事宜。

六、各地各部门要结合实际,创新旁听庭审活动形式,扩大覆盖范围,把旁听庭审活动与法律进机关(单位)、机关(单位)法治文化建设、法治创建工作密切结合,增强法治教育效果。

七、要认真落实国务院办公厅《关于加强和改进行政应诉工作的意见》(国办发〔2016〕54号),把旁听庭审与行政应诉工作有机结合,推动落实被诉行政机关负责人出庭应诉制度。对于涉及重大公共利益、社会高度关注或者可能引发群体性事件的行政案件,相关部门可商案件审理法院组织工作人员现场旁听庭审。

八、行政复议机关审理的重大、疑难、复杂或社会关注度较高的行政复议案件,也作为国家机关工作人员旁听庭审的重要内容。行政复议机关可参照本意见有关规定,通过网上观看视频或现场旁听形式,安排国家工作人员对听证程序进行旁听。

九、落实普法责任制部际联席会议成员单位要带头开展国家工作人员旁听庭审工作,加快建立和落实全系统旁听庭审制度,组织开展本部门旁听庭审活动。

十、各级普法依法治理职能部要将国家工作人员旁听庭审工作情况纳入普法依法治理工作评比表彰,以及法治城市、法治县(市、区)、依法行政示范单位创建指标体系,加大工作督查指导力度,加强相关工作情况交流。

各地各部门可根据本意见制定旁听庭审的具体办法。各省(区、市)、各中央国家机关每年底将本地本部门的旁听庭审情况(法院系统为旁听庭审服务保障工作情况)报全国普法办公室。

关于建立领导干部应知应会党内法规和国家法律清单制度的意见

· 2023年8月2日①

为深入贯彻落实党的二十大精神,推动领导干部带头尊规学规守规用规、带头尊法学法守法用法,根据《法治中国建设规划(2020—2025年)》等要求,现就建立领导干部应知应会党内法规和国家法律清单制度提出如下意见。

一、总体要求

坚持以习近平新时代中国特色社会主义思想为指导,深入学习贯彻习近平法治思想,抓住领导干部这个"关键少数",以增强法治观念、提升法治思维能力、遵守党规国法为目标,建立健全领导干部应知应会党内法规和国家法律清单制度,推动领导干部深刻领悟"两个确立"的决定性意义,做到"两个维护";牢固树立党章意识,更加自觉地学习党内法规,用党章党规党纪约束自己的一言一行;牢固树立宪法法律至上、法律面前人人平等、权由法定、权依法使等基本法治观念,做到在法治之下想问题、作决策、办事情。

二、学习重点

(一)习近平法治思想

把学习掌握习近平法治思想作为重要必修课程,深入系统学习习近平总书记《论坚持全面依法治国》、《习近平关于全面依法治国论述摘编》、《习近平关于依规治党论述摘编》,学习《习近平法治思想学习纲要》,吃透基本精神、把握核心要义、明确工作要求,深刻理解习近平法治思想是习近平新时代中国特色社会主义思想的重要组成部分,是新时代全面依法治国的根本遵循和行动指南,带头做习近平法治思想的坚定信仰者、积极传播者、模范实践者。

(二)党内法规

1. 认真学习党章。把学习党章作为必修课、基本功,深刻理解党章是党的根本大法,是全党必须共同遵守的根本行为规范。用党章规范自己的言行,按党章要求规规矩矩办事,始终在政治立场、政治方向、政治原则、政治道路上同党中央保持高度一致。凡是党章规定党员必须做的,领导干部要首先做到;凡是党章规定党员不能做的,领导干部要带头不做。

2. 认真学习党的组织法规。根据工作需要,深入学习中国共产党中央委员会工作条例、地方委员会工作条例、纪律检查委员会工作条例、党组工作条例、工作机关条例(试行)、组织工作条例、支部工作条例(试行)、党领导干部选拔任用工作条例、推进领导干部能上能下规定等,熟悉掌握党的组织结构、组织体系以及各级各类组织的设置定位、产生运行、职权职责。

3. 认真学习党的领导法规。根据工作需要,深入学习中国共产党农村工作条例、统一战线工作条例、政治协商工作条例、政法工作条例、机构编制工作条例、宣传工作条例、中国共产党领导国家安全工作条例、信访工作条

---

① 该日期为新华社发文日期。

例、地方党政领导干部安全生产责任制规定等，深刻理解坚持和加强党的全面领导的丰富内涵，增强做到"两个维护"的自觉性和坚定性。

4. 认真学习党的自身建设法规。根据工作需要，深入学习关于新形势下党内政治生活的若干准则、中国共产党廉洁自律准则、重大事项请示报告条例、党政机关厉行节约反对浪费条例、中央八项规定及其实施细则、党委（党组）落实全面从严治党主体责任规定、党委（党组）理论学习中心组学习规则等，深刻理解推进新时代党的建设新的伟大工程的重大意义，时刻保持永远在路上的坚韧和执着，增强坚定不移全面从严治党的政治定力。

5. 认真学习党的监督保障法规。根据工作需要，深入学习中国共产党党内监督条例、巡视工作条例、党政领导干部考核工作条例、问责条例、纪律处分条例、党员权利保障条例、组织处理规定（试行）、党内法规执行责任制规定（试行）、纪律检查机关监督执纪工作规则等，坚决贯彻党的自我革命战略部署，不断强化党的意识、纪律意识、规矩意识。

（三）国家法律

1. 认真学习宪法。深刻把握宪法原则和宪法确立的国家根本制度、根本任务、大政方针，坚持宪法确定的中国共产党领导地位不动摇，坚持宪法确定的人民民主专政的国体和人民代表大会制度的政体不动摇，强化宪法意识，弘扬宪法精神，推动宪法实施，更好发挥宪法在治国理政中的重要作用。根据工作需要，学习全国人民代表大会组织法、国务院组织法、监察法、地方各级人民代表大会和地方各级人民政府组织法、人民法院组织法、人民检察院组织法、民族区域自治法、立法法等宪法相关法，熟悉掌握国家机构的产生、组织、职权和基本工作制度，增强依照法定职责、限于法定范围、遵守法定程序推进国家各项工作的意识和能力。

2. 认真学习总体国家安全观和国家安全法。根据工作需要，学习保守国家秘密法、网络安全法、生物安全法、突发事件应对法、反恐怖主义法、反间谍法、数据安全法等，统筹发展和安全，提高领导干部运用法律武器防范化解重大风险的能力，增强依法斗争本领。

3. 认真学习推动高质量发展相关法律。根据工作需要，学习循环经济促进法、乡村振兴促进法、预算法、科学技术进步法、中小企业促进法、外商投资法、著作权法等，学习与建设现代化产业体系、优化营商环境、全面推进乡村振兴、推进高水平对外开放、实施科教兴国战略、推动绿色发展等相关的法律，增强领导干部推动高质量发展本领。

4. 认真学习民法典。深刻把握平等、自愿、公平、诚信、公序良俗、绿色等民事活动基本原则和坚持主体平等、保护财产权利、便利交易流转、维护人格尊严、促进家庭和谐、追究侵权责任等基本要求。把民法典作为决策、管理、监督的重要标尺，提高运用民法典维护人民权益、化解矛盾纠纷、促进社会和谐稳定的能力和水平。根据工作需要，学习其他民事法律。

5. 认真学习刑法和公职人员政务处分法。深刻把握罪刑法定、对任何人犯罪在适用法律上一律平等、罪责刑相适应等刑法基本原则，推动依法打击犯罪和保障人权。学习关于职务犯罪的刑法规定、公职人员政务处分法，牢固树立底线思维，不触碰法律红线。根据工作需要，学习反有组织犯罪法等其他刑事法律。

6. 认真学习行政法律。根据工作需要，学习行政许可法、行政处罚法、行政强制法、行政复议法、行政诉讼法、国家赔偿法、公务员法等，深刻把握合法行政、合理行政、程序正当、高效便民、诚实守信、权责统一等行政法基本原则，牢固树立职权法定、法定职责必须为、法无授权不可为等法治理念，强化依法行政意识。

7. 认真学习与履职密切相关的其他法律。根据工作需要，学习社会治理、"一国两制"、涉外法治、反腐败斗争等领域的法律；学习与我国司法制度相关的法律，支持和维护公正司法；学习重大行政决策程序、政府信息公开等行政法规和军事法规、监察法规等，善于运用法治思维和法治方式谋划和推进工作。

三、工作措施

（一）分级分类制定领导干部应知应会党内法规和国家法律清单。各地区各部门要从实际出发，区分不同层级、不同岗位，准确理解把握应知应会要求，抓住关键、突出重点，充分考虑工作需要和学习效果，合理编制应知应会党内法规和国家法律清单，提升学习的精准性、科学性、实效性。中央和国家机关要带头制定本单位或本行业本系统的领导干部应知应会党内法规和国家法律清单，发挥引领示范作用。建立健全清单动态调整机制，党中央对学习贯彻新制定修订的党内法规和国家法律作出部署安排的，要及时将有关党内法规和国家法律纳入清单，认真组织领导干部进行学习。

（二）把领导干部应知应会党内法规和国家法律学习纳入干部教育体系。党政主要负责人要带头学习掌握应知应会党内法规和国家法律，做尊规学规守规用规、尊法学法守法用法的模范，充分发挥示范作用。把应知应会党内法规和国家法律纳入各级党委（党组）理论学习中心组学习内容，纳入各级党校（行政学院）教学内容和领导干部任职培训、在职培训的必训课程，确保培训课时数量和培训质量；结合工作实际，纳入政府常务会议学规学法、单位领导班子会前学规学法、重大决策前学规学法等重要内容，把学习成果转化为依法决策、依法办事的自觉行动。

（三）建立健全领导干部学法用法激励机制。落实并完善有关领导干部年终述法制度，用好领导干部在线学法平台，推动学法用法常态化、规范化。加强督促检查评估，进一步把领导干部学法用法情况纳入考核评价干部和精神文明创建内容，列入法治创建考核指标，推动考核结果运用，增强学法用法示范效应，防止形式主义。

关于完善国家工作人员学法用法制度的意见

·2016年3月22日

为全面贯彻党的十八大和十八届三中、四中、五中全会精神，深入贯彻习近平总书记系列重要讲话精神，推动国家工作人员学法用法工作进一步制度化、规范化，切实提高国家工作人员法治素养和依法办事的能力，现就完善国家工作人员学法用法制度提出如下意见。

一、完善国家工作人员学法用法制度的重要性

国家工作人员学法用法是全面依法治国的基础性工作，是深入推进社会主义核心价值观建设的重要内容，是切实加强干部队伍建设的有效途径。党中央、国务院历来高度重视国家工作人员学法用法工作。党的十八大以来，习近平总书记多次对国家工作人员学法用法工作作出重要指示、提出明确要求，为国家工作人员学法用法工作指明了方向。各地各部门认真贯彻落实中央决策部署，采取有力措施，大力推进国家工作人员学法用法工作，取得显著成效。国家工作人员的学法自觉性不断提高，法律意识和法治素养明显增强，依法决策、依法行政、依法管理的能力普遍提高，在推进国家法治建设中发挥了重要作用。但同时也要看到，与全面依法治国的新要求相比，国家工作人员在学法用法方面还存在一些问题。有的领导干部对国家工作人员学法用法重视不够，有的地方和部门学法用法制度不够健全，有的国家工作人员法治观念淡薄，有的甚至知法犯法、以言代法、以权压法、徇私枉法。各地各部门一定要从全面依法治国的战略高度，充分认识国家工作人员学法用法的重要性，进一步健全完善学法用法各项制度，大力推动国家工作人员带头尊法学法守法用法，切实提高运用法治思维和法治方式解决问题的能力，不断促进全社会树立法治意识、厉行法治，为建设社会主义法治国家作出应有贡献。

二、国家工作人员学法用法的指导思想和主要内容

（一）指导思想

全面贯彻党的十八大和十八届三中、四中、五中全会精神，坚持以马克思列宁主义、毛泽东思想、邓小平理论、"三个代表"重要思想、科学发展观为指导，深入学习贯彻习近平总书记系列重要讲话精神，贯彻落实中央关于法治宣传教育工作的决策部署，适应全面依法治国和全面从严治党的新要求，坚持学法用法相结合，进一步完善国家工作人员学法用法各项制度，健全考核评估机制，创新工作方式方法，不断推进国家工作人员学法用法工作持续深入开展，努力提高国家工作人员法治素养，增强运用法治思维和法治方式推动发展的能力水平，充分发挥在建设社会主义法治国家中的重要作用，为全面建成小康社会，实现"两个一百年"奋斗目标，实现中华民族伟大复兴的中国梦创造良好的法治环境。

（二）主要内容

国家工作人员学法用法要紧密结合实际，认真学习以宪法为核心的各项法律法规，牢固树立社会主义法治理念，努力提高法治素养，不断增强在法治轨道上深化改革、推动发展、化解矛盾、维护稳定的能力。各级领导干部要做尊法学法守法用法的模范，带头学习宪法和法律、带头厉行法治、依法办事。党员干部要深入学习党章和党内法规，尊崇党章，增强党章党规党纪意识，做党章党规党纪和国家法律的自觉尊崇者、模范遵守者、坚定捍卫者。

1.突出学习宪法。坚持把学习宪法放在首位，深入学习宪法确立的基本原则、国家的根本制度和根本任务、国体和政体、公民的基本权利和义务等内容，培养宪法意识，树立宪法至上理念，自觉遵守宪法，维护宪法实施。

2.学习国家基本法律。认真学习宪法相关法、民商法、行政法、经济法、社会法、刑法、诉讼与非诉讼程序法、国防法以及国际法等方面的法律，认真学习党的十八大以来制定修改的法律，努力掌握法律基本知识，不断提高法律素养。

3.学习与经济社会发展和人民生产生活密切相关的法律法规。认真学习社会主义市场经济法律法规、文化建设法律法规、生态环境保护法律法规，以及教育、就业、收入分配、社会保障、医疗卫生等保障和改善民生方面的法律法规，不断提高运用法律手段管理经济社会事务的水平。

4.学习与履行岗位职责密切相关的法律法规。坚持干什么学什么、缺什么补什么，有针对性地加强与履职相关法律知识的学习，切实提高依法办事能力。

5. 深入推进法治实践。坚持与法治实践相结合，把法治实践成效作为检验国家工作人员学法用法工作的重要标准，积极推进国家工作人员结合岗位需求开展用法活动，严格按照法律规定履行职责，不断提高社会治理法治化水平。

三、进一步健全完善国家工作人员学法用法制度

（一）健全完善党委（党组）中心组学法制度。坚持领导干部带头尊法学法，把宪法法律和党内法规列入各级党委（党组）中心组年度学习计划，组织开展集体学法。党委（党组）书记认真履行第一责任人职责，带头讲法治课，做学法表率。坚持重大决策前专题学法，凡是涉及经济发展、社会稳定和人民群众切身利益等重大问题，决策前应先行学习相关法律法规。逐步建立和完善领导干部学法考勤、学法档案、学法情况通报等制度，把领导干部学法各项要求落到实处。

（二）健全完善日常学法制度。结合国家工作人员岗位需要，推动学法经常化。坚持以自学为主的方法，联系实际制定学习计划，明确学习任务，保证学习时间和效果。定期组织法治讲座、法治论坛、法治研讨等，利用国家宪法日、宪法宣誓、法律颁布实施纪念日等开展学法活动，推动经常性学法不断深入。依托全国党员干部现代远程教育系统、各级政府网站、专门普法网等资源，建设网络学法学校、网络学法课堂，搭建和完善学法平台。注重微博、微信、微视、移动客户端等新技术在学法中的运用，组织开展以案释法、旁听庭审、警示教育等，不断拓宽学法渠道，推进学法形式创新。

（三）加强法治培训。把法治教育纳入干部教育培训总体规划，明确法治教育的内容和要求。把宪法法律列为各级党校、行政学院、干部学院、社会主义学院和其他相关培训机构的培训必修课，进一步加强法治课程体系建设，不断提高法治教育的系统性和实效性。把法治教育纳入国家工作人员入职培训、晋职培训的必训内容，确保法治培训课时数量和培训质量。根据实际需要组织开展专题法治培训，加大各类在职业务培训中法治内容的比重。在组织调训中增加设置法治类课程，明确法治类课程的最低课时要求。

（四）坚持依法决策。严格遵守宪法和法律规定决策，做到法定职责必须为、法无授权不可为。落实重大决策合法性审查机制，对重大事项的决策权限、内容和程序等进行合法性审查，未经合法性审查或经审查不合法的，

不得提交讨论。积极推进政府法律顾问制度，为政府重大决策提供法律意见，预防和减少违法决策行为的发生。各级党政机关和人民团体要普遍设立公职律师，参与决策论证，提高决策质量。推动在国有企业设立公司律师，防范经营风险，实现国有资产保值增值。落实重大决策终身责任追究制度及责任倒查机制，对于违法决策以及滥用职权、怠于履职造成重大损失、恶劣影响的，都要严格依法追究法律责任。

（五）严格依法履职。牢固树立权由法定、权依法使等基本法治观念，严格按照法律规定和法定程序履行职责，把学到的法律知识转化为依法办事的能力。严格实行执法人员持证上岗和资格管理制度，未取得执法资格的，不得从事执法活动。严格执行重大执法决定法制审核制度，对重大执法决定未经法制审核或者审核未通过的，不得作出决定。落实信息公开制度，依法公开职责权限、法律依据、实施主体、流程进度、办理结果等事项，自觉接受社会各方面监督。落实执法案卷评查、案件质量跟踪评判工作，努力提高执法质量和执法水平。执法、司法机关领导干部要以更高的标准和要求学法用法，忠于法律、捍卫法治。落实执法责任制，严格责任追究。

（六）完善考核评估机制。加强国家工作人员录用、招聘中法律知识的考察测试，增加公务员录用考试中法律知识的比重。定期组织开展国家工作人员法律考试，健全完善国家工作人员任职法律考试制度，推动以考促学、以考促用。对拟从事行政执法人员组织专门的法律考试，经考试合格方可授予行政执法资格。把学法用法情况列入公务员年度考核重要内容。领导班子和领导干部在年度考核述职中要围绕法治学习情况、重大事项依法决策情况、依法履职情况等进行述法。把法治观念、法治素养作为干部德才的重要内容，把能不能遵守法律、依法办事作为考察干部的重要依据。探索建立领导干部法治素养和法治能力测评指标体系，将测评结果作为提拔使用的重要参考。把国家工作人员学法用法情况纳入精神文明创建内容，列入法治城市、法治县（市、区）创建考核指标，增加考核的分值权重。

四、切实加强组织领导

各地各部门要把国家工作人员学法用法工作摆在重要位置，切实加强领导。主要领导负总责，分管领导具体抓，并明确专门机构和人员负责学法用法工作的具体落实。把国家工作人员学法用法作为一项长期性、经常性工作来抓，纳入本部门、本单位工作总体布局中，做到与业务工作同部署、同检查、同落实，细化各项制度措施，体

现不同岗位特点,并为国家工作人员学法用法创造条件、提供保障。把国家工作人员学法用法工作纳入"法律进机关(单位)"、学习型党组织建设、学习型机关建设、机关(单位)法治文化建设的重要内容,推动学法用法向纵深发展。积极探索建立激励机制,按照国家有关规定表彰奖励先进单位和个人,充分调动国家工作人员学法用法的积极性和自觉性。注重总结宣传学法用法工作的成功经验和做法,充分发挥典型示范作用。

各有关部门要在党委的统一领导下,明确职责分工,加强协调配合,完善国家工作人员学法用法工作机制,进一步形成各司其职、各负其责、齐抓共管的工作格局。党委组织部门要对国家工作人员学法用法工作进行宏观指导和监督,把国家工作人员学法用法列入干部培训计划,协调培训院校落实宪法法律必修课,把学法用法情况作为考察干部的重要内容。党委宣传部门要协助落实党委(党组)中心组学法制度,加强对学法用法工作的舆论宣传。公务员主管部门要把法治知识纳入公务员录用考试、培训和年度考核范围。司法行政部门要具体承担国家工作人员学法用法的组织协调、指导和检查。

各地各部门要按照本意见的精神,研究制定符合本地本部门实际的国家工作人员学法用法制度,认真组织实施。

法治建设与法学理论研究部级科研项目管理办法

· 2020年11月26日

第一章 总 则

第一条 为了切实履行国务院赋予司法部指导法学研究工作的职能,加强对司法部法治建设与法学理论研究部级科研项目(以下简称部级科研项目)的规范管理,制定本办法。

第二条 部级科研项目工作必须坚持以马克思列宁主义、毛泽东思想、邓小平理论、"三个代表"重要思想、科学发展观、习近平新时代中国特色社会主义思想为指导,坚持党的基本理论、基本路线、基本方略,贯彻落实习近平法治思想,坚定不移走中国特色社会主义法治道路,坚持中国特色社会主义法治理论,坚持理论联系实际的研究方法,坚持以人民为中心的发展思想,贯彻为人民服务、为社会主义服务和"百花齐放、百家争鸣"的方针。

第三条 部级科研项目聚焦全面依法治国过程中的重大理论和实践问题,为推进法治国家、法治政府、法治社会一体建设提供有效理论支持。部级科研项目坚持以应用对策研究为主、基础理论研究为辅,注重网络法学、人工智能法学、数据法学等新兴学科研究和跨学科综合研究,推动法学理论的进一步发展和完善。

第四条 部级科研项目管理应坚持公开、公平、公正原则,强化工作监督制约,面向全国高等院校、科研机构、政府部门、司法机关及法学类社团,竞争择优立项。

第五条 部级科研项目实行项目主持人负责制。项目申请人(批准立项后为项目主持人)所在单位负责对本单位申报部级科研项目申请人资格和申报材料的审核工作,负责项目的组织实施、经费使用及相关管理工作。

第六条 部级科研项目设重点项目、一般项目、青年项目和专项任务项目。

第二章 组织机构

第七条 部级科研项目实行专家评审和行政管理相结合的管理方式。日常工作由司法部政府法制研究中心负责,其职责如下:

(一)拟订部级科研项目管理相关规章制度;

(二)拟订部级科研项目中长期规划及年度部级科研项目课题指南或指引;

(三)组织部级科研项目的申报、评审、审批、管理及成果验收,指导部级科研项目的成果鉴定和科研项目成果推广;

(四)负责部级科研项目经费的申报、评审、拨付及监督管理;

(五)承办与部级科研项目相关的学术交流活动;

(六)其他相关事宜。

第八条 司法部设立部级科研项目专家咨询与评审委员会。专家咨询与评审委员会由各领域法学专家和相关法治实务部门、业务主管部门人员共同组成。参与评审的专家从专家库中随机选择。其职责如下:

(一)参与草拟部级科研项目中长期规划;

(二)参与起草年度部级科研项目课题指南或指引;

(三)对部级科研项目进行评审立项,对项目经费额度提出建议;

(四)参与部级科研项目重点项目的成果鉴定及推广工作。

专家咨询与评审委员会专家应当坚持马克思列宁主义、毛泽东思想、邓小平理论、"三个代表"重要思想、科学发展观、习近平新时代中国特色社会主义思想,拥护党的基本理论、基本路线、基本方略,贯彻落实习近平法治思想。

第三章 项目申请与受理

第九条 拟订部级科研项目指南或指引,应向社会广泛征集意见建议，注重听取司法部部内相关单位及相关法治实务部门的意见建议，将征集的项目建议提交专家会议进行评议。

根据专家会议评议建议，结合年度全面依法治国重点热点难点问题，政府法制研究中心拟订年度课题指南或指引，按程序报司法部分管部领导批准后，以司法部公告形式向社会发布。

司法部研究建立课题管理信息化平台，逐步实现网上发布课题指南、网上申请、网上受理、网上评审。

第十条 全国高等院校、科研机构、政府部门、司法机关及法学类社团中符合下列条件的人员经所在单位同意后，可以申请部级科研项目：

（一）遵守宪法和法律，坚持马克思列宁主义、毛泽东思想、邓小平理论、"三个代表"重要思想、科学发展观、习近平新时代中国特色社会主义思想，拥护党的基本理论、基本路线、基本方略，贯彻落实习近平法治思想；

（二）高等院校、科研机构的人员须具有副高以上职称或已取得博士学位；政府部门、司法机关和法学类社团的人员应具有副高以上职称或处级以上职务，本科以上学历；

（三）原则上有不少于三人参加的课题组。

第十一条 有下列情形之一的，不符合申报部级科研项目的条件：

（一）因病不能坚持正常工作的人员；

（二）近三年内存在严重违反学术道德行为的；

（三）近三年内受过纪律处分、刑事处罚的。

第十二条 部级科研项目申请人提出申请时，应向司法部提交《法治建设与法学理论研究部级科研项目申请评审书》（以下简称《申请评审书》）一式六份和成果概要。

第十三条 申请人所在单位应对《申请评审书》签署审核意见，并加盖科研管理部门公章。

第十四条 对于不符合本办法第十二条、第十三条规定，申请材料不齐全的，不予受理。

第四章 项目评议与审批

第十五条 部级科研项目的评审分为形式审和实质审。

形式审指对申报材料的真实性和完整性，以及项目申请人的资格条件进行审查，即资格审查，由政府法制研究中心进行。

实质审指将已通过形式审的申报材料提交专家会议，由专家对课题设计方案的可行性、创新性，以及是否对完善中国特色社会主义法治体系，推进法治国家、法治政府、法治社会一体建设具有实际价值，经费预算的合理性，预期目标完成的可能性及社会效益等进行评审。实质审又分为初审和复审两个程序。

实质审过程中，应当有相关法治实务部门或者业务主管部门的专家参加。

第十六条 实质审应当经过公布候选项目背景材料、专家打分等评审步骤。

参加评审工作的专家遇到评审本人申请或本单位申请的项目时，应当回避。

第十七条 部级科研项目申请的评审工作按照以下标准进行：

（一）课题对推进全面依法治国具有重要理论价值或实践意义；

（二）课题选题方向正确，内容充实，论证充分，拟突破的难点明确，研究思路清晰，研究方法科学、可行；

（三）课题组成人员合理，申请人及课题组成员对课题有一定的研究基础，有一定数量的相关研究成果和一定的资料准备；

（四）经费申请比较合理。

第十八条 根据专家会议提交的立项建议，在核定项目经费额度后，并经司法部部长办公会审议通过后，司法部批准立项并向申请人发出《法治建设与法学理论研究部级科研项目立项通知书》（以下简称《项目合同书》）。

申请人应当在规定的时间内签署《项目合同书》并报送司法部。申请人在规定时间内未办理立项手续的，视为自动放弃。

第十九条 《项目合同书》经双方签署后，即为正式立项。司法部对立项结果予以公告。

第二十条 部级科研项目的研究期限一般为两年。项目起始时间从立项公布之日计算，至次年此日的前一日为一个项目管理年度。

部级科研项目主持人应当按照要求，有序开展部级科研项目研究工作，不得无故拖延。

第五章 课题结项与成果推广

第二十一条 部级科研项目成果通过鉴定验收为结项。如不能及时完成项目者可提出书面延期申请，详细说明申请延长研究期限的理由，报司法部同意。延期申请最多可提出两次，每次延期时限为半年。

遇有项目主持人亡故等情况，可由项目主持人所在单位提出变更项目主持人申请，报司法部核准备案。变更项目主持人的项目研究期限仍以立项公布之日计算。

部级科研项目成果形式有：学术专著、编著、译著、教材、教学参考书、学术论文、研究报告、调查咨询报告、工具书。

第二十二条 课题成果发表或出版时,应统一注明"法治建设与法学理论研究部级科研项目"字样。发表或出版后,应向司法部提供成果一式三份。

著作类成果要求为正式出版物,学术论文要求在中文核心期刊发表,研究报告类成果要求具有省部级单位采用证明。

第二十三条 重点项目完成后,项目主持人应当如实填写《法治建设与法学理论研究部级科研项目鉴定结项报告书》(以下简称《结项报告书》),经所在单位或委托单位审验盖章后,将《结项报告书》、待鉴定成果一式三份报送司法部。

第二十四条 部级科研项目的成果鉴定,由申报单位在司法部指导下组织专家进行。

专家应具有正高职称,且不少于5人,其中外单位专家不少于五分之三,应当有相关法治实务部门或者业务主管部门的专家参加。

重点项目成果鉴定应以会议形式进行,其他项目成果鉴定可以会议或者书面形式进行。

第二十五条 部级科研项目鉴定结果分为三个等级:一级在80分(含80分)以上;二级在60分(含60分)以上;三级为未通过鉴定。

第二十六条 专家咨询与评审委员会形成的部级科研项目鉴定结果应按程序报司法部分管部领导确定,重点项目的鉴定结果必要时可提请司法部部长办公会审议。

第二十七条 部级科研项目通过鉴定后,项目主持人应如实填写《结项报告书》并报其所在单位,项目主持人所在单位应将《结项报告书》、三套最终成果报送司法部。

第二十八条 鉴定验收结果为不通过的,可限期修改补正。经限期修改补正后仍未能通过鉴定验收的,部级科研项目合同终止,剩余经费应按原渠道收回,项目主持人3年内不得申报部级科研项目。

第二十九条 通过鉴定验收并提供最终成果后,由司法部统一颁发《法治建设与法学理论研究部级科研项目结项证书》。

第三十条 司法部不定期公布部级科研项目结项情况。

第三十一条 加强对部级科研项目成果绩效评价的运用,注重课题成果的转化运用、宣传推广,提高财政资金的利用效益。

具有重要实践指导意义和决策参考价值科研项目成果可通过简报等形式摘报有关领导和部门,或送司法部部内相关单位参考。

第六章 经费管理

第三十二条 部级科研项目经费来源分为中央财政预算安排资金、委托单位资助及申报单位自筹等渠道。

中央财政预算安排资金项目经费由司法部统一拨付,一次核定经费总额,分两次拨付,包干使用,超支不予增补。

委托单位资助项目和申报单位自筹经费项目参照上款办理。

第三十三条 项目经费由项目主持人所在单位管理,实行专款专用,项目主持人具体负责经费的各项开支,并对不当开支承担赔偿责任。项目经费开支需符合课题承担单位相关财务规定。

第七章 监督与责任

第三十四条 司法部对部级科研项目进行全程跟踪管理,对开题和课题进展情况实施抽查。

第三十五条 司法部装备财务保障部门加强对部级科研项目经费管理的指导、跟踪和审计。

第三十六条 司法部对部级科研项目进行年度清理,对于立项5年以上仍未结项的,作撤销项目处理,并向项目主持人所在单位进行通报,在司法部官网进行公示。被撤销项目的项目主持人3年内不得申请部级科研项目。

第三十七条 部级科研项目主持人、参与者违反本办法规定,有下列行为之一的,由司法部暂缓拨付资助经费,并责令限期改正;逾期不改正的,由司法部作出撤销项目决定,追回已拨付的资助经费;情节特别严重的,3年内不得申请或者参与申请部级科研项目:

(一)不按照部级科研项目申请书的承诺开展研究的;

(二)擅自变更研究内容或者研究计划的;

(三)提交虚假的原始记录或者相关材料的;

(四)违规使用、侵占、挪用资助经费的;

(五)存在造假、抄袭、剽窃等学术不端行为的。

第三十八条 部级科研项目评审中,有关工作人员违反本办法规定,有下列行为之一的,视情节轻重,给予批评教育、诫勉谈话或者纪律处分:

(一)未依照本办法规定申请回避的;

(二)披露未公开的与评审有关的信息的;

(三)干预评审专家评审工作的;

（四）利用评审工作中的便利谋取不正当利益的。

第三十九条 部级科研项目评审中，参与评审的专家违反本办法规定，有下列行为之一的，视情节轻重，对其进行谈话提醒、不再聘请或者通报其所在单位：

（一）未履行本办法规定的职责的；

（二）未依照本办法规定申请回避的；

（三）披露未公开的与评审有关的信息的；

（四）未公正评审项目申请的；

（五）利用评审工作便利谋取不当利益的。

第八章 附 则

第四十条 本办法由司法部负责解释。

第四十一条 根据全面依法治国及司法行政工作实际需要，司法部可设立重大委托课题，具体管理办法另行规定。

第四十二条 本办法自印发之日起实施。《法治建设与法学理论研究部级科研项目管理办法（试行）》同时废止。

三、司法保障

1. 监狱管理

中华人民共和国监狱法

- 1994年12月29日第八届全国人民代表大会常务委员会第十一次会议通过
- 根据2012年10月26日第十一届全国人民代表大会常务委员会第二十九次会议《关于修改〈中华人民共和国监狱法〉的决定》修正

第一章 总 则

第一条 为了正确执行刑罚,惩罚和改造罪犯,预防和减少犯罪,根据宪法,制定本法。

第二条 监狱是国家的刑罚执行机关。

依照刑法和刑事诉讼法的规定,被判处死刑缓期二年执行、无期徒刑、有期徒刑的罪犯,在监狱内执行刑罚。

第三条 监狱对罪犯实行惩罚和改造相结合、教育和劳动相结合的原则,将罪犯改造成为守法公民。

第四条 监狱对罪犯应当依法监管,根据改造罪犯的需要,组织罪犯从事生产劳动,对罪犯进行思想教育、文化教育、技术教育。

第五条 监狱的人民警察依法管理监狱、执行刑罚、对罪犯进行教育改造等活动,受法律保护。

第六条 人民检察院对监狱执行刑罚的活动是否合法,依法实行监督。

第七条 罪犯的人格不受侮辱,其人身安全、合法财产和辩护、申诉、控告、检举以及其他未被依法剥夺或者限制的权利不受侵犯。

罪犯必须严格遵守法律、法规和监规纪律,服从管理,接受教育,参加劳动。

第八条 国家保障监狱改造罪犯所需经费。监狱的人民警察经费、罪犯改造经费、罪犯生活费、狱政设施经费及其他专项经费,列入国家预算。

国家提供罪犯劳动必需的生产设施和生产经费。

第九条 监狱依法使用的土地、矿产资源和其他自然资源以及监狱的财产,受法律保护,任何组织或者个人不得侵占、破坏。

第十条 国务院司法行政部门主管全国的监狱工作。

第二章 监 狱

第十一条 监狱的设置、撤销、迁移,由国务院司法行政部门批准。

第十二条 监狱设监狱长一人、副监狱长若干人,并根据实际需要设置必要的工作机构和配备其他监狱管理人员。

监狱的管理人员是人民警察。

第十三条 监狱的人民警察应当严格遵守宪法和法律,忠于职守,秉公执法,严守纪律,清正廉洁。

第十四条 监狱的人民警察不得有下列行为:
(一)索要、收受、侵占罪犯及其亲属的财物;
(二)私放罪犯或者玩忽职守造成罪犯脱逃;
(三)刑讯逼供或者体罚、虐待罪犯;
(四)侮辱罪犯的人格;
(五)殴打或者纵容他人殴打罪犯;
(六)为谋取私利,利用罪犯提供劳务;
(七)违反规定,私自为罪犯传递信件或者物品;
(八)非法将监管罪犯的职权交予他人行使;
(九)其他违法行为。

监狱的人民警察有前款所列行为,构成犯罪的,依法追究刑事责任;尚未构成犯罪的,应当予以行政处分。

第三章 刑罚的执行

第一节 收 监

第十五条 人民法院对被判处死刑缓期二年执行、无期徒刑、有期徒刑的罪犯,应当将执行通知书、判决书送达羁押该罪犯的公安机关,公安机关应当自收到执行通知书、判决书之日起一个月内将该罪犯送交监狱执行刑罚。

罪犯在被交付执行刑罚前,剩余刑期在三个月以下的,由看守所代为执行。

第十六条 罪犯被交付执行刑罚时,交付执行的人民法院应当将人民检察院的起诉书副本、人民法院的判决书、执行通知书、结案登记表同时送达监狱。监狱没有收到上述文件的,不得收监;上述文件不齐全或者记载有误的,作出生效判决的人民法院应当及时补充齐全或者作出更正;对其中可能导致错误收监的,不予收监。

第十七条 罪犯被交付执行刑罚,符合本法第十六条规定的,应当予以收监。罪犯收监后,监狱应当对其进行身体检查。经检查,对于具有暂予监外执行情形的,监狱可以提出书面意见,报省级以上监狱管理机关批准。

第十八条 罪犯收监,应当严格检查其人身和所携带的物品。非生活必需品,由监狱代为保管或者征得罪犯同意退回其家属,违禁品予以没收。

女犯由女性人民警察检查。

第十九条 罪犯不得携带子女在监内服刑。

第二十条 罪犯收监后,监狱应当通知罪犯家属。通知书应当自收监之日起五日内发出。

第二节 对罪犯提出的申诉、控告、检举的处理

第二十一条 罪犯对生效的判决不服,可以提出申诉。

对于罪犯的申诉,人民检察院或者人民法院应当及时处理。

第二十二条 对罪犯提出的控告、检举材料,监狱应当及时处理或者转送公安机关或者人民检察院处理,公安机关或者人民检察院应当将处理结果通知监狱。

第二十三条 罪犯的申诉、控告、检举材料,监狱应当及时转递,不得扣压。

第二十四条 监狱在执行刑罚过程中,根据罪犯的申诉,认为判决可能有错误的,应当提请人民检察院或者人民法院处理,人民检察院或者人民法院应当自收到监狱提请处理意见书之日起六个月内将处理结果通知监狱。

第三节 监外执行

第二十五条 对于被判处无期徒刑、有期徒刑在监内服刑的罪犯,符合刑事诉讼法规定的监外执行条件的,可以暂予监外执行。

第二十六条 暂予监外执行,由监狱提出书面意见,报省、自治区、直辖市监狱管理机关批准。批准机关应当将批准的暂予监外执行决定通知公安机关和原判人民法院,并抄送人民检察院。

人民检察院认为对罪犯适用暂予监外执行不当的,应当自接到通知之日起一个月内将书面意见送交批准暂予监外执行的机关,批准暂予监外执行的机关接到人民检察院的书面意见后,应当立即对该决定进行重新核查。

第二十七条 对暂予监外执行的罪犯,依法实行社区矫正,由社区矫正机构负责执行。原关押监狱应当及时将罪犯在监内改造情况通报负责执行的社区矫正机构。

第二十八条 暂予监外执行的罪犯具有刑事诉讼法规定的应当收监的情形的,社区矫正机构应当及时通知监狱收监;刑期届满的,由原关押监狱办理释放手续。罪犯在暂予监外执行期间死亡的,社区矫正机构应当及时通知原关押监狱。

第四节 减刑、假释

第二十九条 被判处无期徒刑、有期徒刑的罪犯,在服刑期间确有悔改或者立功表现的,根据监狱考核的结果,可以减刑。有下列重大立功表现之一的,应当减刑:

(一)阻止他人重大犯罪活动的;

(二)检举监狱内外重大犯罪活动,经查证属实的;

(三)有发明创造或者重大技术革新的;

(四)在日常生产、生活中舍己救人的;

(五)在抗御自然灾害或者排除重大事故中,有突出表现的;

(六)对国家和社会有其他重大贡献的。

第三十条 减刑建议由监狱向人民法院提出,人民法院应当自收到减刑建议书之日起一个月内予以审核裁定;案情复杂或者情况特殊的,可以延长一个月。减刑裁定的副本应当抄送人民检察院。

第三十一条 被判处死刑缓期二年执行的罪犯,在死刑缓期执行期间,符合法律规定的减为无期徒刑、有期徒刑条件的,二年期满时,所在监狱应当及时提出减刑建议,报经省、自治区、直辖市监狱管理机关审核后,提请高级人民法院裁定。

第三十二条 被判处无期徒刑、有期徒刑的罪犯,符合法律规定的假释条件的,由监狱根据考核结果向人民法院提出假释建议,人民法院应当自收到假释建议书之日起一个月内予以审核裁定;案情复杂或者情况特殊的,可以延长一个月。假释裁定的副本应当抄送人民检察院。

第三十三条 人民法院裁定假释的,监狱应当按期假释并发给假释证明书。

对被假释的罪犯,依法实行社区矫正,由社区矫正机构负责执行。被假释的罪犯,在假释考验期限内有违反法律、行政法规或者国务院有关部门关于假释的监督管理规定的行为,尚未构成新的犯罪的,社区矫正机构应当向人民法院提出撤销假释的建议,人民法院应当自收到撤销假释建议书之日起一个月内予以审核裁定。人民法院裁定撤销假释的,由公安机关将罪犯送交监狱收监。

第三十四条 对不符合法律规定的减刑、假释条件

的罪犯,不得以任何理由将其减刑、假释。

人民检察院认为人民法院减刑、假释的裁定不当,应当依照刑事诉讼法规定的期间向人民法院提出书面纠正意见。对于人民检察院提出书面纠正意见的案件,人民法院应当重新审理。

第五节 释放和安置

第三十五条 罪犯服刑期满,监狱应当按期释放并发给释放证明书。

第三十六条 罪犯释放后,公安机关凭释放证明书办理户籍登记。

第三十七条 对刑满释放人员,当地人民政府帮助其安置生活。

刑满释放人员丧失劳动能力又无法定赡养人、扶养人和基本生活来源的,由当地人民政府予以救济。

第三十八条 刑满释放人员依法享有与其他公民平等的权利。

第四章 狱政管理

第一节 分押分管

第三十九条 监狱对成年男犯、女犯和未成年犯实行分开关押和管理,对未成年犯和女犯的改造,应当照顾其生理、心理特点。

监狱根据罪犯的犯罪类型、刑罚种类、刑期、改造表现等情况,对罪犯实行分别关押,采取不同方式管理。

第四十条 女犯由女性人民警察直接管理。

第二节 警戒

第四十一条 监狱的武装警戒由人民武装警察部队负责,具体办法由国务院、中央军事委员会规定。

第四十二条 监狱发现在押罪犯脱逃,应当即时将其抓获,不能即时抓获的,应当立即通知公安机关,由公安机关负责追捕,监狱密切配合。

第四十三条 监狱根据监管需要,设立警戒设施。监狱周围设警戒隔离带,未经准许,任何人不得进入。

第四十四条 监区、作业区周围的机关、团体、企业事业单位和基层组织,应当协助监狱做好安全警戒工作。

第三节 戒具和武器的使用

第四十五条 监狱遇有下列情形之一的,可以使用戒具:

(一)罪犯有脱逃行为的;
(二)罪犯有使用暴力行为的;
(三)罪犯正在押解途中的;
(四)罪犯有其他危险行为需要采取防范措施的。

前款所列情形消失后,应当停止使用戒具。

第四十六条 人民警察和人民武装警察部队的执勤人员遇有下列情形之一,非使用武器不能制止的,按照国家有关规定,可以使用武器:

(一)罪犯聚众骚乱、暴乱的;
(二)罪犯脱逃或者拒捕的;
(三)罪犯持有凶器或者其他危险物,正在行凶或者破坏,危及他人生命、财产安全的;
(四)劫夺罪犯的;
(五)罪犯抢夺武器的。

使用武器的人员,应当按照国家有关规定报告情况。

第四节 通信、会见

第四十七条 罪犯在服刑期间可以与他人通信,但是来往信件应当经过监狱检查。监狱发现有碍罪犯改造内容的信件,可以扣留。罪犯写给监狱的上级机关和司法机关的信件,不受检查。

第四十八条 罪犯在监狱服刑期间,按照规定,可以会见亲属、监护人。

第四十九条 罪犯收受物品和钱款,应当经监狱批准、检查。

第五节 生活、卫生

第五十条 罪犯的生活标准按实物量计算,由国家规定。

第五十一条 罪犯的被服由监狱统一配发。

第五十二条 对少数民族罪犯的特殊生活习惯,应当予以照顾。

第五十三条 罪犯居住的监舍应当坚固、通风、透光、清洁、保暖。

第五十四条 监狱应当设立医疗机构和生活、卫生设施,建立罪犯生活、卫生制度。罪犯的医疗保健列入监狱所在地区的卫生、防疫计划。

第五十五条 罪犯在服刑期间死亡的,监狱应当立即通知罪犯家属和人民检察院、人民法院。罪犯因病死亡的,由监狱作出医疗鉴定。人民检察院对监狱的医疗鉴定有疑义的,可以重新对死亡原因作出鉴定。罪犯家属有疑义的,可以向人民检察院提出。罪犯非正常死亡的,人民检察院应当立即检验,对死亡原因作出鉴定。

第六节 奖惩

第五十六条 监狱应当建立罪犯的日常考核制度,考核的结果作为对罪犯奖励和处罚的依据。

第五十七条　罪犯有下列情形之一的,监狱可以给予表扬、物质奖励或者记功:
(一)遵守监规纪律,努力学习,积极劳动,有认罪服法表现的;
(二)阻止违法犯罪活动的;
(三)超额完成生产任务的;
(四)节约原材料或者爱护公物,有成绩的;
(五)进行技术革新或者传授生产技术,有一定成效的;
(六)在防止或者消除灾害事故中作出一定贡献的;
(七)对国家和社会有其他贡献的。

被判处有期徒刑的罪犯有前款所列情形之一,执行原判刑期二分之一以上,在服刑期间一贯表现好,离开监狱不致再危害社会的,监狱可以根据情况准其离监探亲。

第五十八条　罪犯有下列破坏监管秩序情形之一的,监狱可以给予警告、记过或者禁闭:
(一)聚众哄闹监狱,扰乱正常秩序的;
(二)辱骂或者殴打人民警察的;
(三)欺压其他罪犯的;
(四)偷窃、赌博、打架斗殴、寻衅滋事的;
(五)有劳动能力拒不参加劳动或者消极怠工,经教育不改的;
(六)以自伤、自残手段逃避劳动的;
(七)在生产劳动中故意违反操作规程,或者有意损坏生产工具的;
(八)有违反监规纪律的其他行为的。

依照前款规定对罪犯实行禁闭的期限为七天至十五天。

罪犯在服刑期间有第一款所列行为,构成犯罪的,依法追究刑事责任。

第七节　对罪犯服刑期间犯罪的处理

第五十九条　罪犯在服刑期间故意犯罪的,依法从重处罚。

第六十条　对罪犯在监狱内犯罪的案件,由监狱进行侦查。侦查终结后,写出起诉意见书,连同案卷材料、证据一并移送人民检察院。

第五章　对罪犯的教育改造

第六十一条　教育改造罪犯,实行因人施教、分类教育、以理服人的原则,采取集体教育与个别教育相结合、狱内教育与社会教育相结合的方法。

第六十二条　监狱应当对罪犯进行法制、道德、形势、政策、前途等内容的思想教育。

第六十三条　监狱应当根据不同情况,对罪犯进行扫盲教育、初等教育和初级中等教育,经考试合格的,由教育部门发给相应的学业证书。

第六十四条　监狱应当根据监狱生产和罪犯释放后就业的需要,对罪犯进行职业技术教育,经考核合格的,由劳动部门发给相应的技术等级证书。

第六十五条　监狱鼓励罪犯自学,经考试合格的,由有关部门发给相应的证书。

第六十六条　罪犯的文化和职业技术教育,应当列入所在地区教育规划。监狱应当设立教室、图书阅览室等必要的教育设施。

第六十七条　监狱应当组织罪犯开展适当的体育活动和文化娱乐活动。

第六十八条　国家机关、社会团体、部队、企业事业单位和社会各界人士以及罪犯的亲属,应当协助监狱做好对罪犯的教育改造工作。

第六十九条　有劳动能力的罪犯,必须参加劳动。

第七十条　监狱根据罪犯的个人情况,合理组织劳动,使其矫正恶习,养成劳动习惯,学会生产技能,并为释放后就业创造条件。

第七十一条　监狱对罪犯的劳动时间,参照国家有关劳动工时的规定执行;在季节性生产等特殊情况下,可以调整劳动时间。

罪犯有在法定节日和休息日休息的权利。

第七十二条　监狱对参加劳动的罪犯,应当按照有关规定给予报酬并执行国家有关劳动保护的规定。

第七十三条　罪犯在劳动中致伤、致残或者死亡的,由监狱参照国家劳动保险的有关规定处理。

第六章　对未成年犯的教育改造

第七十四条　对未成年犯应当在未成年犯管教所执行刑罚。

第七十五条　对未成年犯执行刑罚应当以教育改造为主。未成年犯的劳动,应当符合未成年人的特点,以学习文化和生产技能为主。

监狱应当配合国家、社会、学校等教育机构,为未成年犯接受义务教育提供必要的条件。

第七十六条　未成年犯年满十八周岁时,剩余刑期不超过二年的,仍可以留在未成年犯管教所执行剩余刑期。

第七十七条　对未成年犯的管理和教育改造,本章未作规定的,适用本法的有关规定。

第七章 附 则

第七十八条 本法自公布之日起施行。

未成年犯管教所管理规定

- 1999年12月18日司法部令第56号公布
- 自公布之日起施行

第一章 总 则

第一条 为了正确执行刑罚,加强对未成年犯管教所的管理,根据《中华人民共和国监狱法》(以下简称《监狱法》)、《中华人民共和国未成年人保护法》和有关法律法规,结合未成年犯管教所工作实际,制定本规定。

第二条 未成年犯管教所是监狱的一种类型,是国家的刑罚执行机关。

由人民法院依法判处有期徒刑、无期徒刑未满十八周岁的罪犯应当在未成年犯管教所执行刑罚、接受教育改造。

第三条 未成年犯管教所贯彻"惩罚和改造相结合,以改造人为宗旨"和"教育、感化、挽救"的方针,将未成年犯改造成为具有一定文化知识和劳动技能的守法公民。

第四条 对未成年犯的改造,应当根据其生理、心理、行为特点,以教育为主,坚持因人施教、以理服人、形式多样的教育改造方式;实行依法、科学、文明、直接管理。未成年犯的劳动,应当以学习、掌握技能为主。

第五条 未成年犯管教所应当依法保障未成年犯的合法权益,尊重未成年犯的人格,创造有益于未成年犯身心健康、积极向上的改造环境。

在日常管理中,可以对未成年犯使用"学员"称谓。

第六条 未成年犯管教所应当加强同未成年人保护组织、教育、共青团、妇联、工会等有关部门的联系,共同做好对未成年犯的教育改造工作。

第七条 未成年犯管教所所需经费由国家保障。未成年犯的教育改造费、生活费应高于成年犯。

第二章 组织机构

第八条 各省、自治区、直辖市根据需要设置未成年犯管教所,由司法部批准。

第九条 未成年犯管教所设置管理、教育、劳动、生活卫生、政治工作等机构。

根据对未成年犯的管理需要,实行所、管区两级管理。管区押犯不超过一百五十名。

第十条 未成年犯管教所和管区的人民警察配备比例应当分别高于成年犯监狱和监区。

第十一条 未成年犯管教所的人民警察须具备大专以上文化程度。其中具有法学、教育学、心理学等相关专业学历的应达到百分之四十。

第十二条 未成年犯管教所的人民警察应当忠于职守,秉公执法,文明管理,为人师表。

第三章 管理制度

第十三条 未成年犯管教所除依据《监狱法》第十六条、第十七条的规定执行收监外,对年满十八周岁的罪犯不予收监。

第十四条 收监后,未成年犯管教所应当在五日内通知未成年犯的父母或者其他监护人。

第十五条 对未成年男犯、女犯,应当分别编队关押和管理。未成年女犯由女性人民警察管理。少数民族未成年犯较多的,可单独编队关押和管理。

第十六条 未成年犯管教所按照未成年犯的刑期、犯罪类型,实行分别关押和管理。根据未成年犯的改造表现,在活动范围、通信、会见、收受物品、离所探亲、考核奖惩等方面给予不同的处遇。

第十七条 未成年犯管教所建立警卫机构,负责警戒、看押工作。

第十八条 未成年犯管教所监管区的围墙,可以安装电网。在重要部位安装监控、报警装置。

第十九条 未成年犯管教所应当配备必要的通讯设施、交通工具和警用器材。

第二十条 对未成年犯原则上不使用戒具。如遇有监狱法第四十五条规定的情形之一时,可以使用手铐。

第二十一条 经批准,未成年犯可以与其亲属或者其他监护人通电话,必要时由人民警察监听。

第二十二条 未成年犯会见的时间和次数,可以比照成年犯适当放宽。对改造表现突出的,可准许其与亲属一同用餐或者延长会见时间,最长不超过二十四小时。

第二十三条 未成年犯遇有直系亲属病重、死亡以及家庭发生其他重大变故时,经所长批准,可以准许其回家探望及处理,在家期限最多不超过七天,必要时由人民警察护送。

第二十四条 对未成年犯的档案材料应当严格管理,不得公开和传播,不得向与管理教育或办案无关的人员泄漏。

对未成年犯的采访、报道,须经省、自治区、直辖市监狱管理局批准,且不得披露其姓名、住所、照片及可能推断出该未成年犯的资料。任何组织和个人不得披露未成年犯的隐私。

第二十五条 未成年犯管教所应当依法保障未成年犯的申诉、控告、检举权利。

第二十六条 未成年犯服刑期满，未成年犯管教所应当按期释放，发给释放证明书及路费，通知其亲属接回或者由人民警察送回。

第二十七条 刑满释放的未成年人具备复学、就业条件的，未成年犯管教所应当积极向有关部门介绍情况，提出建议。

第四章 教育改造

第二十八条 对未成年犯的教育采取集体教育与个别教育相结合，课堂教育与辅助教育相结合，所内教育与社会教育相结合的方法。

第二十九条 对未成年犯应当进行思想教育，其内容包括法律常识、所规纪律、形势政策、道德修养、人生观、爱国主义、劳动常识等，所用教材由司法部监狱管理局统编。

第三十条 未成年犯的文化教育列入当地教育发展的总体规划，未成年犯管教所应与当地教育行政部门联系，争取在教育经费、师资培训、业务指导、考试及颁发证书等方面得到支持。

第三十一条 未成年犯管教所应当配备符合国家规定学历的人民警察担任教师，按押犯数百分之四的比例配备。教师实行专业技术职务制度。

禁止罪犯担任教师。

第三十二条 未成年犯管教所应当设立教学楼、实验室、图书室、运动场馆等教学设施，配置教学仪器、图书资料和文艺、体育器材。各管区应当设立谈话室、阅览室、活动室。

第三十三条 对未成年犯进行思想、文化、技术教育的课堂化教学时间，每周不少于二十课时，每年不少于一千课时，文化、技术教育时间不低于总课时数的百分之七十。

第三十四条 对未成年犯的文化教育应当根据其文化程度，分别进行扫盲教育、小学教育、初中教育。采取分年级编班施教，按规定的课程开课，使用经国务院教育行政部门审定的教材。有条件的可以进行高中教育。鼓励完成义务教育的未成年犯自学，组织参加各类自学考试。

第三十五条 对未成年犯的技术教育应当根据其刑期、文化程度和刑满释放后的就业需要，重点进行职业技术教育和技能培训，其课程设置和教学要求可以参照社会同类学校。

第三十六条 对参加文化、技术学习的未成年犯，经考试合格的，由当地教育、劳动行政部门发给相应的毕业或者结业证书及技术证书。

第三十七条 对新入所的未成年犯，应当进行入所教育，其内容包括认罪服法、行为规范和所规纪律教育等；对即将刑满的罪犯在形势、政策、遵纪守法等方面进行出所教育，并在就业、复学等方面给予指导，提供必要的技能培训。入所、出所教育时间各不得少于两个月。

第三十八条 根据未成年犯的案情、刑期、心理特点和改造表现进行有针对性的个别教育，实行教育转化责任制。

第三十九条 未成年犯管教所应当建立心理矫治机构，对未成年犯进行生理、心理健康教育，进行心理测试、心理咨询和心理矫治。

未成年犯管教所应当对未成年犯进行生活常识教育，培养其生活自理能力。

第四十条 未成年犯管教所应当开展文化、娱乐、体育活动，办好报刊、黑板报、广播站、闭路电视等。

第四十一条 定期举行升国旗仪式，开展成人宣誓活动。

第四十二条 根据需要，设立适合未成年犯特点的习艺劳动场所及其设施。

第四十三条 组织未成年犯劳动，应当在工种、劳动强度和保护措施等方面严格执行国家有关规定，不得安排未成年犯从事过重的劳动或者危险作业，不得组织未成年犯从事外役劳动。未满十六周岁的未成年犯不参加生产劳动。

未成年犯的劳动时间，每天不超过四小时，每周不超过二十四小时。

第四十四条 未成年犯管教所应当加强与社会各界的联系，争取更多的社会力量参与对未成年犯的教育帮助。

第四十五条 对未成年犯的社会教育，采取到社会上参观或者参加公益活动，邀请社会各界人士及未成年犯的父母或者其他监护人来所帮教的方法。

未成年犯管教所可以聘请社会知名人士或者有影响的社会志愿者担任辅导员。

第四十六条 未成年犯的父母或者其他监护人应当依法履行监护职责和义务，协助未成年犯管教所做好对未成年犯的教育改造，不得遗弃或者歧视。

第五章 生活卫生

第四十七条 未成年犯的生活水平，应当以保证其身体健康发育为最低标准。

第四十八条 未成年犯管教所应当合理配膳,保证未成年犯吃饱、吃得卫生。对有特殊饮食习惯的少数民族罪犯,应当单独设灶配膳;对生病者,在伙食上给予照顾。

第四十九条 未成年犯的被服,须依照规定按时发放。

第五十条 未成年犯以班组为单位住宿,不得睡通铺。人均居住面积不得少于三平方米。

第五十一条 未成年犯管教所应当合理安排作息时间,保证未成年犯每天的睡眠时间不少于八小时。

第五十二条 未成年犯管教所定期安排未成年犯洗澡、理发、洗晒被服。

禁止未成年犯吸烟、喝酒。

第五十三条 经检查批准,未成年犯可以收受学习、生活用品以及钱款,现金由未成年犯管教所登记保管。

第五十四条 对未成年犯的私人财物,未成年犯管教所应当登记、造册,并发给本人收据。

第五十五条 未成年犯管教所在当地卫生主管部门指导下开展医疗、防病工作,设立医疗机构,保证未成年犯有病得到及时治疗,按照"预防为主,防治结合"的要求,做好未成年犯的防疫保健工作,每年进行一次健康检查。

第五十六条 未成年犯管教所设立生活物资供应站,由人民警察负责管理,保证未成年犯日常生活用品的供应。供应站所得收入,用于改善未成年犯的生活。

第六章 考核奖惩

第五十七条 对未成年犯的减刑、假释,可以比照成年犯依法适度放宽。

对被判处无期徒刑确有悔改表现的未成年犯,一般在执行一年六个月以上即可提出减刑建议。

对被判处有期徒刑确有悔改表现的未成年犯,一般在执行一年以上即可提出减刑建议。

未成年犯两次减刑的间隔时间应在六个月以上。

对未成年犯有《监狱法》第二十九条规定的重大立功表现情形之一的,可以不受前三款所述时间的限制,及时提出减刑建议。

第五十八条 对未成年犯的日常考核,采用日记载、周评议、月小结的方法,由人民警察直接考核。考核的结果应当作为对未成年犯奖惩的依据。

第五十九条 未成年犯有《监狱法》第五十七条情形之一的,未成年犯管教所应当给予表扬、物质奖励或者记功。

第六十条 对被判处有期徒刑的未成年犯在执行原判刑期三分之一以上,服刑期间一贯表现良好,离所后不致再危害社会的,未成年犯管教所可以根据情况准其离所探亲。

第六十一条 未成年犯被批准离所探亲的时间为五至七天(不包括在途时间),两次探亲的间隔时间至少在六个月以上。离所探亲的未成年犯必须由其父母或者其他监护人接送。

第六十二条 未成年犯有《监狱法》第五十八条规定的破坏监管秩序情形之一的,未成年犯管教所可以给予警告、记过或者禁闭处分;构成犯罪的,依法追究刑事责任。

第六十三条 对未成年犯实行禁闭的期限为三至七天。未成年犯禁闭期间,每天放风两次,每次不少于一小时。

第七章 附则

第六十四条 对于年满十八周岁,余刑不满二年继续留在未成年犯管教所服刑的罪犯,仍适用本规定。

第六十五条 本规定自公布之日起实施,1986年颁布的《少年管教所暂行管理办法(试行)》同时废止。

监狱服刑人员行为规范

- 2004年3月19日司法部令第88号公布
- 自2004年5月1日起施行

第一章 基本规范

第一条 拥护宪法,遵守法律法规规章和监规纪律。

第二条 服从管理,接受教育,参加劳动,认罪悔罪。

第三条 爱祖国,爱人民,爱集体,爱学习,爱劳动。

第四条 明礼诚信,互助友善,勤俭自强。

第五条 依法行使权利,采用正当方式和程序维护个人合法权益。

第六条 服刑期间严格遵守下列纪律:

(一)不超越警戒线和规定区域、脱离监管擅自行动;

(二)不私藏现金、刀具等违禁品;

(三)不私自与外界人员接触,索取、借用、交换、传递钱物;

(四)不在会见时私传信件、现金等物品;

(五)不擅自使用绝缘、攀援、挖掘物品;

(六)不偷窃、赌博;

(七)不打架斗殴、自伤自残;

(八)不拉帮结伙、欺压他人;

(九)不传播犯罪手段、怂恿他人犯罪；

(十)不习练、传播有害气功、邪教。

第二章 生活规范

第七条 按时起床，有秩序洗漱、如厕，衣被等个人物品摆放整齐。

第八条 按要求穿着囚服，佩戴统一标识。

第九条 按时清扫室内外卫生，保持环境整洁。

第十条 保持个人卫生，按时洗澡、理发、剃须、剪指甲，衣服、被褥定期换洗。

第十一条 按规定时间、地点就餐，爱惜粮食，不乱倒剩余饭菜。

第十二条 集体行进时，听从警官指挥，保持队形整齐。

第十三条 不饮酒，不违反规定吸烟。

第十四条 患病时向警官报告，看病时遵守纪律，配合治疗。不私藏药品。

第十五条 需要进入警官办公室时，在门外报告，经允许后进入。

第十六条 在野外劳动现场需要向警官反映情况时，在三米以外报告。

第十七条 遇到问题，主动向警官汇报。与警官交谈时，如实陈述、回答问题。

第十八条 在指定铺位就寝，就寝时保持安静，不影响他人休息。

第三章 学习规范

第十九条 接受法制、道德、形势、政策等思想教育，认清犯罪危害，矫治恶习。

第二十条 接受心理健康教育，配合心理测试，养成健康心理。

第二十一条 尊重教师，遵守学习纪律，爱护教学设施、设备。

第二十二条 接受文化教育，上课认真听讲，按时完成作业，争取良好成绩。

第二十三条 接受技术教育，掌握实用技能，争当劳动能手，增强就业能力。

第二十四条 阅读健康有益书刊，按规定收听、收看广播电视。

第二十五条 参加文娱活动，增强体质，陶冶情操。

第四章 劳动规范

第二十六条 积极参加劳动。因故不参加劳动，须经警官批准。

第二十七条 遵守劳动纪律，坚守岗位，服从生产管理和技术指导。

第二十八条 严格遵守操作规程和安全生产规定，不违章作业。

第二十九条 爱护设备、工具。厉行节约，减少损耗，杜绝浪费。

第三十条 保持劳动现场卫生整洁，遵守定置管理规定，工具、材料、产品摆放整齐。

第三十一条 不将劳动工具和危险品、违禁品带进监舍。

第三十二条 完成劳动任务，保证劳动质量，珍惜劳动成果。

第五章 文明礼貌规范

第三十三条 爱护公共环境。不随地吐痰，不乱扔杂物，不损坏花草树木。

第三十四条 言谈举止文明。不讲脏话、粗话。

第三十五条 礼貌称谓他人。对人民警察称"警官"，对其他人员采用相应礼貌称谓。

第三十六条 服刑人员之间互称姓名，不起(叫)绰号。

第三十七条 来宾、警官进入监舍时，除患病和按规定就寝外，起立致意。

第三十八条 与来宾、警官相遇时，文明礼让。

监狱教育改造工作规定

· 2003年6月13日司法部令第79号公布
· 自2003年8月1日起施行

第一章 总 则

第一条 为了规范监狱教育改造工作，提高教育改造质量，根据《中华人民共和国监狱法》和有关法律、法规的规定，结合监狱教育改造工作实际，制定本规定。

第二条 监狱教育改造工作是刑罚执行活动的重要组成部分，是改造罪犯的基本手段之一，是监狱工作法制化、科学化、社会化的重要体现，贯穿于监狱工作的全过程。

第三条 监狱教育改造工作的任务，是通过各种有效的途径和方法，教育罪犯认罪悔罪，自觉接受改造，增强法律意识和道德素养，掌握一定的文化知识和劳动技能，将其改造成为守法公民。

第四条 监狱教育改造工作，应当根据罪犯的犯罪类型、犯罪原因、恶性程度及其思想、行为、心理特征，坚持因人施教、以理服人、循序渐进、注重实效的原则。

第五条 监狱教育改造工作主要包括:入监教育;个别教育;思想、文化、技术教育;监区文化建设;社会帮教;心理矫治;评选罪犯改造积极分子;出监教育等。

第六条 监狱教育改造工作,应当坚持集体教育与个别教育相结合,课堂教育与辅助教育相结合,常规教育与专题教育相结合,狱内教育与社会教育相结合。

第七条 监狱应当设立教育改造场所,包括教室、谈话室、文体活动室、图书室、阅览室、电化教育室、心理咨询室等,并配备相应的设施。

第八条 监狱用于罪犯教育改造的经费,按照国家规定的有关标准执行。少数民族罪犯、未成年犯的教育改造经费应予提高。

第二章 入监教育

第九条 对新入监的罪犯,应当将其安排在负责新收分流罪犯的监狱或者监区,集中进行为期两个月的入监教育。

第十条 新收罪犯入监后,监狱(监区)应当向其宣布罪犯在服刑期间享有的权利和应当履行的义务:

(一)罪犯在服刑期间享有下列权利:人格不受侮辱,人身安全和合法财产不受侵犯,享有辩护、申诉、控告、检举以及其他未被依法剥夺或限制的权利。

(二)罪犯在服刑期间应当履行下列义务:遵守国家法律、法规和监规纪律,服从管理,接受教育改造,按照规定参加劳动。

第十一条 监狱(监区)对新收罪犯,应当进行法制教育和监规纪律教育,引导其认罪悔罪,明确改造目标,适应服刑生活。

第十二条 监狱(监区)应当了解和掌握新收罪犯的基本情况、认罪态度和思想动态,进行个体分析和心理测验,对其危险程度、恶性程度、改造难度进行评估,提出关押和改造的建议。

第十三条 入监教育结束后,监狱(监区)应当对新收罪犯进行考核验收。对考核合格的,移送相应类别的监狱(监区)服刑改造;对考核不合格的,应当延长入监教育,时限为一个月。

第三章 个别教育

第十四条 监狱应当根据每一名罪犯的具体情况,安排监狱人民警察对其进行有针对性的个别教育。

第十五条 个别教育应当坚持法制教育与道德教育相结合,以理服人与以情感人相结合,戒之以规与导之以行相结合,内容的针对性与形式的灵活性相结合,解决思想问题与解决实际问题相结合。

第十六条 监狱各监区的人民警察对所管理的罪犯,应当每月至少安排一次个别谈话教育。

第十七条 罪犯有下列情形之一的,监狱人民警察应当及时对其进行个别谈话教育:

(一)新入监或者服刑监狱、监区变更时;

(二)处遇变更或者劳动岗位调换时;

(三)受到奖励或者惩处时;

(四)罪犯之间产生矛盾或者发生冲突时;

(五)离监探亲前后或者家庭出现变故时;

(六)无人会见或者家人长时间不与其联络时;

(七)行为反常、情绪异常时;

(八)主动要求谈话时;

(九)暂予监外执行、假释或者刑满释放出监前;

(十)其他需要进行个别谈话教育的。

第十八条 监狱人民警察对罪犯进行个别谈话教育,应当认真做好记录,并根据罪犯的思想状况和动态,采取有针对性的教育改造措施。

第十九条 监狱应当建立罪犯思想动态分析制度,并根据分析情况,组织开展有针对性的专题教育。

分监区每周分析一次,监区每半月分析一次,监狱每月分析一次;遇有重大事件,应当随时收集、分析罪犯的思想动态。分析的情况应当逐级上报。

第二十条 监狱应当根据罪犯的犯罪类型,结合罪犯的危险程度、恶性程度、接受能力,对罪犯进行分类,开展分类教育。

第二十一条 监狱应当建立对顽固型罪犯(简称顽固犯)和危险型罪犯(简称危险犯)的认定和教育转化制度。

有下列情形之一的,认定为顽固犯:

(一)拒不认罪、无理缠诉的;

(二)打击先进、拉拢落后、经常散布反改造言论的;

(三)屡犯监规、经常打架斗殴、抗拒管教的;

(四)无正当理由经常逃避学习和劳动的;

(五)其他需要认定为顽固犯的。

有下列情形之一的,认定为危险犯:

(一)有自伤、自残、自杀危险的;

(二)有逃跑、行凶、破坏等犯罪倾向的;

(三)有重大犯罪嫌疑的;

(四)隐瞒真实姓名、身份的;

(五)其他需要认定为危险犯的。

第二十二条 监狱应当对顽固犯、危险犯制定有针对性的教育改造方案,建立教育转化档案,指定专人负责教育转化工作。必要时,可以采取集体攻坚等方式。

第二十三条 顽固犯和危险犯的认定与撤销,由监区或者直属分监区集体研究,提出意见,分别报监狱教育改造、狱政管理部门审核,由主管副监狱长审定。

第四章 思想、文化、技术教育

第二十四条 监狱应当办好文化技术学校,对罪犯进行思想、文化、技术教育。

成年罪犯的教学时间,每年不少于500课时;未成年犯的教学时间,每年不少于1000课时。

第二十五条 罪犯必须接受监狱组织的思想教育。思想教育包括以下内容:

(一)认罪悔罪教育;
(二)法律常识教育;
(三)公民道德教育;
(四)劳动常识教育;
(五)时事政治教育。

第二十六条 监狱组织的文化教育,应当根据罪犯不同的文化程度,分别开展扫盲、小学、初中文化教育,有条件的可以开展高中(中专)教育。鼓励罪犯自学,参加电大、函大、高等教育自学考试,并为他们参加学习和考试提供必要的条件。

尚未完成国家规定的九年制义务教育,年龄不满45周岁,能够坚持正常学习的罪犯,应当接受义务教育;已完成义务教育或者年龄在45周岁以上的罪犯,鼓励其参加其他文化学习。

第二十七条 监狱应当根据罪犯在狱内劳动的岗位技能要求和刑满释放后就业的需要,组织罪犯开展岗位技术培训和职业技能教育。

年龄不满50周岁,没有一技之长,能够坚持正常学习的罪犯,应当参加技术教育;有一技之长,可以按照监狱的安排,选择学习其他技能。

第二十八条 监狱组织开展思想、文化、技术教育,其教员可以从本监狱的人民警察中选任,也可以从社会上符合条件的人员中聘任。

对罪犯的文化、技术教育,可以在本监狱选择服刑表现较好、有文化技术专长的罪犯协助。

第二十九条 监狱应当积极与当地教育、劳动和社会保障行政部门以及就业培训机构联系,在狱内文化、技术教育的专业设置、教学安排、师资培训、外聘教师、教研活动、考试(考核)和颁发学历、学位(资格)证书等方面取得支持和帮助。

第三十条 监狱应当积极利用社会资源,开展罪犯文化、技术教育,根据罪犯刑满释放后的就业需要,开设不同内容、种类的培训班。

第三十一条 监狱对罪犯开展的思想教育和扫盲、小学、初中文化教育,使用司法部监狱管理局统一编写的教材。

第五章 监区文化建设

第三十二条 监狱应当组织罪犯开展丰富多彩的文化、体育等活动,加强监区文化建设,创造有益于罪犯身心健康和发展的改造环境。

第三十三条 监狱应当办好图书室、阅览室、墙报、黑板报,组织开展经常性的读书、评报活动。

监狱图书室藏书人均不少于10本。

第三十四条 监狱应当根据自身情况,成立多种形式的文艺表演队、体育运动队等,组织罪犯开展文艺、体育活动。

第三十五条 监狱应当根据条件,组织罪犯学习音乐、美术、书法等,开展艺术和美育教育。

第三十六条 监狱应当建立电化教育系统、广播室,各分监区要配备电视,组织罪犯收听、收看新闻及其他有益于罪犯改造的广播、影视节目。

第三十七条 监狱应当根据教育改造罪犯的需要,美化监区环境,规范监区环境布置。

第三十八条 监狱应当在国庆节、国际劳动节、元旦、春节和重大庆祝、纪念活动,以及每月的第一天,组织罪犯参加升挂国旗仪式。

第六章 社会帮教

第三十九条 监狱应当积极争取社会各个方面和社会各界人士的支持,配合监狱开展有益于罪犯改造的各种社会帮教活动。

第四十条 监狱应当与罪犯原所在地的政府、原单位(学校)、亲属联系,签订帮教协议,适时邀请有关单位和人士来监狱开展帮教工作;监狱也可以组织罪犯到社会上参观学习,接受教育。

第四十一条 监狱应当鼓励和支持社会志愿者参与对罪犯进行思想、文化、技术教育等方面的帮教活动,并为其帮教活动提供便利。

第四十二条 监狱应当为罪犯获得法律援助提供帮助,联系、协调当地法律援助机构为罪犯提供法律援助服务。

第七章 心理矫治

第四十三条 监狱应当开展对罪犯的心理矫治工作。心理矫治工作包括：心理健康教育、心理测验、心理咨询和心理疾病治疗。

第四十四条 监狱应当建立心理矫治室，配置必要的设备，由专业人员对罪犯进行心理矫治。

第四十五条 监狱应当对罪犯进行心理健康教育，宣传心理健康知识，使罪犯对心理问题学会自我调节、自我矫治。

第四十六条 监狱应当在罪犯入监教育、服刑改造中期、出监教育期间对罪犯进行心理测验，建立心理档案，为开展有针对性的思想教育和心理矫治提供参考，对重新犯罪的倾向进行预测。

第四十七条 监狱应当配备专门人员，对罪犯提供心理咨询服务，解答罪犯提出的心理问题。

第四十八条 监狱对有心理疾病的罪犯，应当实施治疗；对病情严重的，应当组织有关专业人员会诊，进行专门治疗。

第四十九条 监狱从事心理测验、心理咨询工作的人员应当具备以下条件：

（一）取得心理咨询员、心理咨询师、高级心理咨询师等国家职业资格证书；

（二）具有强烈的事业心和高度的责任感；

（三）具有良好的品行和职业道德。

监狱可以聘请社会专业人员参与对罪犯的心理矫治工作。

第八章 激励措施

第五十条 监狱应当采取措施，激励罪犯接受改造，在教育改造工作中注重发挥改造积极分子的典型示范作用。

第五十一条 监狱和省、自治区、直辖市监狱管理局应当每年分别组织评选本监狱和本地区的改造积极分子。

改造积极分子的条件：认罪悔罪，积极改造；自觉遵守法律、法规、规章和监规纪律；讲究文明礼貌，乐于助人；认真学习文化知识和劳动技能，成绩突出；积极参加劳动，完成劳动任务；达到计分考核奖励条件。

第五十二条 监狱评选改造积极分子，应当在完成年终评审的基础上，由分监区召集罪犯集体评议推荐，全体警察集体研究，报监区长办公会审议，确定人选。直属分监区或者未设分监区的监区，其人选由分监区或者监区召集罪犯集体评议推荐，全体警察集体研究确定。

监区或者直属分监区确定人选后，填写《改造积极分子审批表》，报监狱教育改造部门审核，在本监狱内履行公示程序后，提交监狱长办公会审定。

第五十三条 监狱对改造积极分子人选实行公示的期限为七个工作日。公示期内，如有监狱人民警察或者罪犯对人选提出异议，由监狱教育改造部门进行复核，并告知复核结果。

第五十四条 省、自治区、直辖市监狱管理局评选本地区改造积极分子，由监狱根据下达的名额，从连续两年被评为监狱改造积极分子的罪犯中提出人选，报监狱管理局教育改造部门审核，由局长办公会审定。

第九章 出监教育

第五十五条 监狱对即将服刑期满的罪犯，应当集中进行出监教育，时限为三个月。

第五十六条 监狱组织出监教育，应当对罪犯进行形势、政策、前途教育，遵纪守法教育和必要的就业指导，开展多种类型、比较实用的职业技能培训，增强罪犯回归社会后适应社会、就业谋生的能力。

第五十七条 监狱应当邀请当地公安、劳动和社会保障、民政、工商、税务等部门，向罪犯介绍有关治安、就业、安置、社会保障等方面的政策和情况，教育罪犯做好出监后应对各方面问题的思想准备，使其顺利回归社会。

第五十八条 监狱应当根据罪犯在服刑期间的考核情况、奖惩情况、心理测验情况，对其改造效果进行综合评估，具体评价指标、评估方法，另行规定。

第五十九条 监狱应当在罪犯刑满前一个月，将其在监狱服刑改造的评估意见、刑满释放的时间、本人职业技能特长和回归社会后的择业意向，以及对地方做好安置帮教工作的建议，填入《刑满释放人员通知书》，寄送服刑人员原户籍所在地的县级公安机关和司法行政机关。

第六十条 监狱应当对刑满释放人员回归社会后的情况进行了解，评估教育改造工作的质量和效果，总结推广教育改造工作的成功经验，不断提高监狱教育改造工作的质量。

第十章 附则

第六十一条 对未成年犯的教育改造工作，依照《未成年犯管教所管理规定》（司法部令第56号）的有关规定执行；未作规定的，依照本规定执行。

第六十二条 本规定由司法部解释。

第六十三条 本规定自2003年8月1日起施行。

外国籍罪犯会见通讯规定

- 2003年1月1日司法部令第76号公布
- 自公布之日起施行

第一章 总 则

第一条 根据《中华人民共和国监狱法》和我国参加的有关国际公约及对外缔结的双边领事条约的有关规定,制定本规定。

第二条 本规定所称外国籍罪犯,是指经我国人民法院依法判处刑罚,在我国监狱内服刑的外国公民。

在监狱内服刑的无国籍罪犯,比照外国籍罪犯执行。

第三条 外国籍罪犯经批准可以与所属国驻华使、领馆外交、领事官员,亲属或者监护人会见、通讯。

第四条 办理外交、领事官员与本国籍罪犯的会见、通讯,应当遵照以下原则:与我国缔结领事条约的,按照条约并结合本规定办理;未与我国缔结领事条约但参加《维也纳领事关系公约》的,按照《维也纳领事关系公约》并结合本规定办理;未与我国缔结领事条约,也未参加《维也纳领事关系公约》,但与我国有外交关系的,应当按照互惠对等原则,根据本规定并参照国际惯例办理。

第五条 外交、领事官员或者亲属、监护人索要有关法律、法规、规章的,省、自治区、直辖市监狱管理局或者监狱应当提供。

第二章 会 见

第一节 会见的申请

第六条 外交、领事官员要求会见正在服刑的本国公民,应当向省、自治区、直辖市监狱管理局提出书面申请。申请应当说明:驻华使、领馆名称,参与会见的人数、姓名及职务,会见人的证件名称、证件号码,被会见人的姓名、罪名、刑期、服刑地点,申请会见的日期,会见所用语言。

第七条 外国籍罪犯的非中国籍亲属或者监护人首次要求会见的,应当通过驻华使、领馆向省、自治区、直辖市监狱管理局提出书面申请。申请应当说明:亲属或者监护人的姓名和身份证件名称、证件号码,与被会见人的关系,被会见人的姓名、罪名、刑期、服刑地点,申请会见的日期、会见所用语言,并应同时提交与被会见人关系的证明材料。

第八条 外国籍罪犯的中国籍亲属或者监护人首次要求会见的,应当向省、自治区、直辖市监狱管理局提出书面申请,同时提交本人身份和与被会见人关系的证明材料。

第九条 外国籍罪犯的亲属或者监护人再次要求会见的,可以直接向监狱提出申请。

第二节 会见的答复

第十条 省、自治区、直辖市监狱管理局收到外交、领事官员要求会见的书面申请后,应当在五个工作日内作出准予或者不准予会见的决定,并书面答复。准予会见的,应当在答复中确认:收到申请的时间,被会见人的姓名、服刑地点,会见人的人数及其姓名,会见的时间、地点安排,并告知应当携带的证件。

外国籍罪犯拒绝与外交、领事官员会见的,应当由本人写出书面声明,由省、自治区、直辖市监狱管理局通知驻华使、领馆,并附书面声明复印件。通知及附件同时抄送地方外事办公室备案。

第十一条 省、自治区、直辖市监狱管理局收到外国籍罪犯的亲属或者监护人首次要求会见的书面申请后,应当在五个工作日内作出准予或者不准予会见的决定,并书面答复。准予会见的,应当在答复中确认:会见人和被会见人的姓名,会见的时间、地点安排,并告知应当携带的证件。

外国籍罪犯的亲属或者监护人再次要求会见,直接向监狱提出申请的,监狱应当在两个工作日内予以答复。

第三节 会见的安排

第十二条 外交、领事官员会见正在服刑的本国公民,一般每月可以安排一至二次,每次前来会见的人员一般不超过三人。要求增加会见次数或者人数的,应当提出书面申请,省、自治区、直辖市监狱管理局可以酌情安排。

亲属或者监护人会见外国籍罪犯,一般每月可以安排一至二次,每次前来会见的人员一般不超过三人。要求增加会见次数或者人数的,监狱可以酌情安排。

第十三条 每次会见的时间不超过一小时。要求延时的,经监狱批准,可以适当延长。

第十四条 会见一般安排在监狱会见室。

第四节 会见的执行

第十五条 会见人应当按照省、自治区、直辖市管理局或者监狱的安排到监狱会见。

外交、领事官员因故变更会见时间或者会见人的,应当提前提出申请,由省、自治区、直辖市监狱管理局重新安排。

亲属或者监护人因故变更会见时间的,应当提前提出申请,由省、自治区、直辖市监狱管理局或者监狱重新安排;变更会见人的,应当重新办理申请手续。

第十六条 会见时应当遵守中国籍罪犯会见的有关规定。

第十七条 会见开始前,监狱警察应当向会见人通报被会见人近期的服刑情况和健康状况,告知会见有关事项。

第十八条 会见可以使用本国语言,也可以使用中国语言。

第十九条 会见人和被会见人需要相互转交信件、物品,应当提前向监狱申明,并按规定将信件、物品提交检查,经批准后方可交会见人或者被会见人。

第二十条 会见人向被会见人提供药品,应当同时提供中文或者英文药品使用说明,经审查后,由监狱转交被会见人。

第二十一条 会见人或者被会见人违反会见规定,经警告无效的,监狱可以中止会见。

第二十二条 监狱应当安排监狱警察陪同会见。

第三章 通 讯

第二十三条 监狱对外国籍罪犯与所属国驻华使、领馆外交、领事官员的往来信件,应当按照《维也纳领事关系公约》以及我国缔结的双边领事条约的规定,及时转交。

监狱对外国籍罪犯与亲属或者监护人的往来信件要进行检查。对正常的往来信件,应当及时邮寄转交;对有违反监狱管理规定内容的信件,可以将其退回,同时应当书面或者口头说明理由,并记录备案。

第二十四条 外国籍罪犯的申诉、控告、检举信以及写给监狱的上级机关和司法机关的信件,不受监狱检查。监狱应当及时转交。

第二十五条 经监狱批准,外国籍罪犯可以与所属国驻华使、领馆外交、领事官员或者亲属、监护人拨打电话。通话时应当遵守中国籍罪犯通话的有关规定。通话费用由本人承担。

第四章 附 则

第二十六条 在司法部直属监狱服刑的外国籍罪犯的会见、通讯,由司法部监狱管理机构和直属监狱根据本规定办理。

第二十七条 本规定由司法部解释。

第二十八条 本规定自发布之日起施行。

罪犯离监探亲和特许离监规定

· 2001年9月4日

· 司发通〔2001〕094号

第一条 根据《中华人民共和国监狱法》的有关规定,为全面贯彻"惩罚与改造相结合、以改造人为宗旨"的监狱工作方针,调动罪犯改造积极性,维护监所稳定,提高改造质量,结合监狱工作实际,制定本规定。

第二条 对具有《中华人民共和国监狱法》第五十七条第一款规定的情形之一,同时具备下列条件的罪犯,可以批准其离监探亲:

(一)原判有期徒刑以及原判死刑缓期二年执行、无期徒刑减为有期徒刑,执行有期徒刑二分之一以上;

(二)宽管级处遇;

(三)服刑期间一贯表现好,离监后不致再危害社会;

(四)探亲对象的常住地在监狱所在的省(区、市)行政区域范围内。

第三条 离监探亲的对象限于父母、子女、配偶。

第四条 符合条件的罪犯每年只准离监探亲一次,时间为3至7天(不含路途时间)。

第五条 监狱每年可分批准予罪犯离监探亲。每年离监探亲罪犯的比例不得超过监狱押犯总数的2%。女子监狱和未成年犯监狱的离监探亲比例可以适当提高。

第六条 批准罪犯离监探亲,应当按照以下程序进行:

(一)监区根据离监探亲的条件组织罪犯按条件申请或推荐;

(二)监区对申请或推荐出的罪犯进行认真审查,对符合条件的,填写《罪犯离监探亲审批表》,经狱政科审核报主管监狱长批准。

(三)对列为重点管理的罪犯离监探亲,须报经省(区、市)监狱管理局批准。

第七条 监狱必须对被批准离监探亲的罪犯开展一次集中教育,并进行个别谈话,明确其离监探亲期间应当遵守的纪律,强化其守法意识。

第八条 罪犯回到探亲地后,必须持《罪犯离监探亲证明》及时向当地公安派出所报到,主动接受公安机关的监督。

罪犯离监探亲期间,必须严格遵守国家法律法规和探亲纪律,不得参与和离监探亲无关的活动。

第九条 离监探亲的费用由罪犯自理。

第十条 对逾期不归的罪犯,以脱逃论处,但因不可抗拒的原因未能按期归监的除外。

第十一条 对于同时具有下列情形的罪犯,可以特许其离监回家看望或处理:

(一)剩余刑期10年以下,改造表现较好的;

（二）配偶、直系亲属或监护人病危、死亡，或家中发生重大变故、确需本人回去处理的；

（三）有县级以上医院出具的病危或死亡证明，及当地村民（居民）委员会和派出所签署的意见；

（四）特许离监的去处在监狱所在的省（区、市）行政区域范围内。

罪犯特许离监的时间为1天。

办理特许离监，应由罪犯本人或其亲属提出申请，监狱依照本办法第六条规定的罪犯离监探亲审批程序批准。

对特许离监的罪犯，监狱必须派干警押解并予以严密监管。当晚不能返回监狱的，必须羁押于当地监狱或看守所。

第十二条 本规定由司法部解释。

第十三条 本规定自发布之日起施行。

最高人民法院、最高人民检察院、公安部、司法部关于监狱办理刑事案件有关问题的规定

- 2014年8月11日
- 司发通〔2014〕80号

为依法惩治罪犯在服刑期间的犯罪活动，确保监狱持续安全稳定，根据有关法律规定，结合工作实际，现就监狱办理刑事案件有关问题规定如下：

一、对监狱在押罪犯与监狱工作人员（监狱警察、工人）或者狱外人员共同犯罪案件，涉案的在押罪犯由监狱立案侦查，涉案的监狱工作人员或者狱外人员由人民检察院或者公安机关立案侦查，在侦查过程中，双方应当相互协作。侦查终结后，需要追究刑事责任的，由侦查机关分别向当地人民检察院移送审查起诉。如果案件适宜合并起诉的，有关人民检察院可以并案向人民法院提起公诉。

二、罪犯在监狱内犯罪，办理案件期间该罪犯原判刑期即将届满需要逮捕的，在侦查阶段由监狱在刑期届满前提请人民检察院审查批准逮捕，在审查起诉阶段由人民检察院决定逮捕，在审判阶段由人民法院决定逮捕；批准或者决定逮捕后，监狱将被逮捕人送监狱所在地看守所羁押。

三、罪犯在监狱内犯罪，假释期间被发现的，由审判新罪的人民法院撤销假释，并书面通知原裁定假释的人民法院和社区矫正机构。撤销假释的决定作出前，根据案件情况需要逮捕的，由人民检察院或者人民法院批准或者决定逮捕，公安机关执行逮捕，并将被逮捕人送监狱所在地看守所羁押，同时通知社区矫正机构。

刑满释放后被发现，需要逮捕的，由监狱提请人民检察院审查批准逮捕，公安机关执行逮捕后，将被逮捕人送监狱所在地看守所羁押。

四、在押罪犯脱逃后未实施其他犯罪的，由监狱立案侦查，公安机关抓获后通知原监狱押回，监狱所在地人民检察院审查起诉。罪犯脱逃期间又实施其他犯罪，在捕回监狱前发现的，由新罪犯罪地公安机关侦查新罪，并通知监狱；监狱对脱逃罪侦查终结后移送管辖新罪的公安机关，由公安机关一并移送当地人民检察院审查起诉，人民法院判决后，送当地监狱服刑，罪犯服刑的原监狱应当配合。

五、监狱办理罪犯在监狱内犯罪案件，需要相关刑事技术支持的，由监狱所在地公安机关提供协助。需要在监狱外采取侦查措施的，应当通报当地公安机关，当地公安机关应当协助实施。

狱内刑事案件立案标准

- 2001年3月9日司法部令第64号发布
- 自发布之日起施行

第一条 为了及时打击狱内在押罪犯的又犯罪活动，确保监狱的安全稳定，根据中华人民共和国《刑法》、《刑事诉讼法》、《监狱法》的有关规定，针对狱内又犯罪活动的特点，制定本标准。

第二条 监狱发现罪犯有下列犯罪情形的，应当立案侦查：

（一）煽动分裂国家、破坏国家统一的（煽动分裂国家案）。

（二）以造谣、诽谤或其他方式煽动颠覆国家政权、推翻社会主义制度的（煽动颠覆国家政权案）。

（三）故意放火破坏监狱监管设施、生产设施、生活设施，危害监狱安全的（放火案）。

（四）爆炸破坏监狱监管设施、生产设施、生活设施，危害监狱安全的（爆炸案）。

（五）投毒破坏生活设施，危害监狱安全的（投毒案）。

（六）非法制作、储存或藏匿枪支的（非法制造、储存枪支案）。

（七）以各种手段窃取枪支、弹药、爆炸物的（盗窃枪支、弹药、爆炸物案）。

（八）抢夺枪支、弹药、爆炸物的（抢夺枪支、弹药、爆

(九)故意非法剥夺他人生命的(故意杀人案)。

(十)过失致人死亡的(过失致人死亡案)。

(十一)故意伤害他人身体的(故意伤害案)。

(十二)过失伤害他人致人重伤的(过失致人重伤案)。

(十三)以暴力、胁迫或者其他手段强奸妇女的(强奸案)。

(十四)奸淫不满14周岁幼女的(奸淫幼女案)。

(十五)以暴力、胁迫或者其他方法强制猥亵妇女或者侮辱妇女的(强制猥亵、侮辱妇女案)。

(十六)煽动民族分裂、民族歧视,情节严重的(煽动民族仇恨、民族歧视案)。

(十七)盗窃公私财物,数额在500元至2000元以上的;盗窃数额不足500元至2000元,但一年内盗窃三次以上的(盗窃案)。

(十八)诈骗公私财物,数额在500元至2000元以上的(诈骗案)。

(十九)抢夺公私财物,数额在500元至2000元以上的(抢夺案)。

(二十)敲诈勒索他人财物,数额在500元至2000元以上的(敲诈勒索案)。

(二十一)由于泄愤报复或者其他个人目的,毁坏机器设备、残害耕畜或者以其他方法破坏生产经营的(破坏生产经营案)。

(二十二)聚众斗殴,情节严重的。聚众斗殴,致人重伤、死亡的,依照故意伤害罪、故意杀人罪论处(聚众斗殴案)。

(二十三)有下列破坏监管秩序行为之一,情节严重的:①殴打监管人员的;②组织其他被监管人员破坏监管秩序的;③聚众闹事,扰乱正常监管秩序的;④殴打、体罚或者指使他人殴打、体罚其他被监管人的(破坏监管秩序案)。

(二十四)狱内在押罪犯以各种方式逃离监狱警戒区域的(脱逃案)。

(二十五)罪犯使用各种暴力手段,聚众逃跑的(暴动越狱案)。

(二十六)罪犯组织、策划、指挥其他罪犯集体逃跑的,或者积极参加集体逃跑的(组织越狱案)。

(二十七)罪犯在服刑期间明知是毒品而非法销售或者以贩卖为目的而非法收买毒品的(贩卖毒品案)。

(二十八)非法持有鸦片200克以上、海洛因或者甲基苯丙胺10克以上或者其他毒品数量较大的(非法持有毒品案)。

(二十九)为牟取不正当利益,向监狱警察赠送财物,价值人民币2000元以上的(行贿案)。

(三十)以语言、文字、动作或者其他手段,向他人传授实施犯罪的具体经验、技能的(传授犯罪方法案)。

(三十一)其他需要立案侦查的案件。

第三条 情节、后果严重的下列案件,列为重大案件:

(一)组织从事危害国家安全活动的犯罪集团,情节严重的。

(二)放火、决水、爆炸、投毒或以其他危险方法危害监狱安全,造成人员伤亡或者直接经济损失5000元至30000元的。

(三)非法制造、储存枪支、弹药、爆炸物的。

(四)故意杀人致死或致重伤的。

(五)故意伤害他人致死的。

(六)强奸妇女既遂,或者奸淫幼女的。

(七)以挟持人质等暴力手段脱逃,造成人员重伤的。

(八)煽动民族仇恨、民族歧视,情节特别严重的。

(九)盗窃、诈骗、抢夺、敲诈勒索,数额在5000元至30000元的。

(十)十人以上聚众斗殴或者聚众斗殴致三名以上罪犯重伤的。

(十一)破坏监管秩序,情节恶劣,后果严重的。

(十二)罪犯三人以上集体脱逃的。

(十三)尚未减刑的死缓犯、无期徒刑犯脱逃的;剩余执行刑期15年以上的罪犯脱逃的;其他被列为重要案犯的罪犯脱逃的。

(十四)暴动越狱的。

(十五)贩卖鸦片200克以上不满1000克、海洛因或者甲基苯丙胺10克以上不满50克或者其他毒品数量较大的。

(十六)非法持有鸦片1000克以上、海洛因或甲基苯丙胺50克以上或者其他毒品数量较大的。

(十七)省、自治区、直辖市司法厅(局)认为需要列为重大案件的。

第四条 情节恶劣、后果特别严重的下列案件,列为特别重大案件:

(一)组织从事危害国家安全活动的犯罪集团,或进行其他危害国家安全的犯罪活动,影响恶劣,情节特别严重的。

（二）案件中一次杀死二名以上罪犯，或者重伤四名以上罪犯，或者杀害监狱警察、武装警察、工人及其家属的。

（三）暴动越狱，造成死亡一人以上，或者重伤三人以上的，或者影响恶劣的。

（四）盗窃、抢夺、抢劫枪支弹药的。

（五）放火、爆炸、投毒，致死二人以上或者造成直接经济损失30000元以上的。

（六）盗窃、诈骗、抢夺、敲诈勒索、故意毁坏公私财物，数额在30000元以上的。

（七）强奸妇女，致人重伤、死亡或者其他严重后果的，或者轮奸妇女的。

（八）挟持人质，造成人质死亡的。

（九）贩卖鸦片1000克以上、海洛因或者甲基苯丙胺50克以上或者其他毒品数量大的。

（十）司法部认为需要列为特别重大案件的。

第五条 本规定中的公私财物价值数额、直接经济损失数额以及毒品数量，可在规定的数额、数量幅度内，执行本省（自治区、直辖市）高级人民法院确定的标准。

第六条 本标准由司法部解释。

第七条 本标准自发布之日起施行。司法部于1987年发布的《司法部关于狱内案件立案标准的规定（试行）》同日废止。

监狱暂予监外执行程序规定

- 2016年8月22日
- 司发通〔2016〕78号

第一章 总 则

第一条 为规范监狱办理暂予监外执行工作程序，根据《中华人民共和国刑事诉讼法》、《中华人民共和国监狱法》、《暂予监外执行规定》等有关规定，结合刑罚执行工作实际，制定本规定。

第二条 监狱办理暂予监外执行，应当遵循依法、公开、公平、公正的原则，严格实行办案责任制。

第三条 省、自治区、直辖市监狱管理局和监狱分别成立暂予监外执行评审委员会，由局长和监狱长任主任，分管暂予监外执行工作的副局长和副监狱长任副主任，刑罚执行、狱政管理、教育改造、狱内侦查、生活卫生、劳动改造等有关部门负责人为成员，监狱管理局、监狱暂予监外执行评审委员会成员不得少于9人。

监狱成立罪犯生活不能自理鉴别小组，由监狱长任组长，分管暂予监外执行工作的副监狱长任副组长，刑罚执行、狱政管理、生活卫生等部门负责人及2名以上医疗专业人员为成员，对因生活不能自理需要办理暂予监外执行的罪犯进行鉴别，鉴别小组成员不得少于7人。

第四条 监狱办理暂予监外执行，应当由监区人民警察集体研究，监区长办公会议审核，监狱刑罚执行部门审查，监狱暂予监外执行评审委员会评审，监狱长办公会议决定。

省、自治区、直辖市监狱管理局刑罚执行部门审查监狱依法定程序提请的暂予监外执行建议并出具意见，报请局长召集暂予监外执行评审委员会审核，必要时可以召开局长办公会议决定。

第五条 违反法律规定和本规定办理暂予监外执行，涉嫌违纪的，依照有关处分规定追究相关人员责任；涉嫌犯罪的，移送司法机关追究刑事责任。

第二章 暂予监外执行的诊断、检查、鉴别程序

第六条 对在监狱服刑的罪犯需要暂予监外执行的，监狱应当组织对罪犯进行病情诊断、妊娠检查或者生活不能自理的鉴别。罪犯本人或者其亲属、监护人也可以向监狱提出书面申请。

第七条 监狱组织诊断、检查或者鉴别，应当由监区提出意见，经监狱刑罚执行部门审查，报分管副监狱长批准后进行诊断、检查或者鉴别。

对于患有严重疾病或者怀孕需要暂予监外执行的罪犯，委托省级人民政府指定的医院进行病情诊断或者妊娠检查。

对于生活不能自理需要暂予监外执行的罪犯，由监狱罪犯生活不能自理鉴别小组进行鉴别。

第八条 对罪犯的病情诊断或妊娠检查证明文件，应当由两名具有副高以上专业技术职称的医师共同作出，经主管业务院长审核签名，加盖公章，并附化验单、影像学资料和病历等有关医疗文书复印件。

第九条 对于生活不能自理的鉴别，应当由监狱罪犯生活不能自理鉴别小组审查下列事项：

（一）调取并核查罪犯经六个月以上治疗、护理和观察，生活自理能力仍不能恢复的材料；

（二）查阅罪犯健康档案及相关材料；

（三）询问主管人民警察，并形成书面材料；

（四）询问护理人员及其同一监区2名以上罪犯，并形成询问笔录；

（五）对罪犯进行现场考察，观察其日常生活行为，并形成现场考察书面材料；

(六)其他能够证明罪犯生活不能自理的相关材料。

审查结束后,鉴别小组应当及时出具意见并填写《罪犯生活不能自理鉴别书》,经鉴别小组成员签名以后,报监狱长审核签名,加盖监狱公章。

第十条 监狱应当向人民检察院通报对罪犯进行病情诊断、妊娠检查和生活不能自理鉴别工作情况。人民检察院可以派员监督。

第三章 暂予监外执行的提请程序

第十一条 罪犯需要保外就医的,应当由罪犯本人或其亲属、监护人提出保证人。无亲属、监护人的,可以由罪犯居住地的村(居)委会、原所在单位或者县级司法行政机关社区矫正机构推荐保证人。监狱刑罚执行部门对保证人的资格进行审查,填写《保证人资格审查表》,并告知保证人在罪犯暂予监外执行期间应当履行的义务,由保证人签署《暂予监外执行保证书》。

第十二条 对符合办理暂予监外执行条件的罪犯,监区人民警察应当集体研究,提出提请暂予监外执行建议,经监区长办公会议审核同意后,报送监狱刑罚执行部门审查。

第十三条 监区提出提请暂予监外执行建议的,应当报送下列材料:

(一)《暂予监外执行审批表》;

(二)终审法院裁判文书、执行通知书、历次刑罚变更执行法律文书;

(三)《罪犯病情诊断书》、《罪犯妊娠检查书》及相关诊断、检查的医疗文书复印件,《罪犯生活不能自理鉴别书》及有关证明罪犯生活不能自理的治疗、护理和现场考察、询问笔录等材料;

(四)监区长办公会议记录;

(五)《保证人资格审查表》、《暂予监外执行保证书》及相关材料。

第十四条 监狱刑罚执行部门收到监区对罪犯提请暂予监外执行的材料后,应当就下列事项进行审查:

(一)提交的材料是否齐全、完备、规范;

(二)罪犯是否符合法定暂予监外执行的条件;

(三)提请暂予监外执行的程序是否符合规定。

经审查,对材料不齐全或者不符合提请条件的,应当通知监区补充有关材料或者退回;对相关材料有疑义的,应当进行核查。对材料齐全、符合提请条件的,应当出具审查意见,由科室负责人在《暂予监外执行审批表》上签署意见,连同监区报送的材料一并提交监狱暂予监外执行评审委员会评审。

第十五条 监狱刑罚执行部门应当核实暂予监外执行罪犯拟居住地,对需要调查评估其对所居住社区影响或核实保证人具保条件的,填写《拟暂予监外执行罪犯调查评估委托函》,附带原刑事判决书、减刑裁定书复印件以及罪犯在服刑期间表现情况材料,委托居住地县级司法行政机关进行调查,并出具调查评估意见书。

第十六条 监狱暂予监外执行评审委员会应当召开会议,对刑罚执行部门审查提交的提请暂予监外执行意见进行评审,提出评审意见。

监狱可以邀请人民检察院派员列席监狱暂予监外执行评审委员会会议。

第十七条 监狱暂予监外执行评审委员会评审后同意对罪犯提请暂予监外执行的,应当在监狱内进行公示。公示内容应当包括罪犯的姓名、原判罪名及刑期、暂予监外执行依据等。

公示期限为三个工作日。公示期内,罪犯对公示内容提出异议的,监狱暂予监外执行评审委员会应当进行复核,并告知其复核结果。

对病情严重必须立即保外就医的,可以不公示,但应当在保外就医后三个工作日内在监狱公告。

第十八条 公示无异议或者经复核异议不成立的,监狱应当将提请暂予监外执行相关材料送人民检察院征求意见。

征求意见后,监狱刑罚执行部门应当将监狱暂予监外执行评审委员会暂予监外执行建议和评审意见连同人民检察院意见,一并报请监狱长办公会议审议。

监狱对人民检察院意见未予采纳的,应当予以回复,并说明理由。

第十九条 监狱长办公会议决定提请暂予监外执行的,由监狱长在《暂予监外执行审批表》上签署意见,加盖监狱公章,并将有关材料报送省、自治区、直辖市监狱管理局。

人民检察院对提请暂予监外执行提出的检察意见,监狱应当一并移送办理暂予监外执行的省、自治区、直辖市监狱管理局。

决定提请暂予监外执行的,监狱应当将提请暂予监外执行书面意见的副本和相关材料抄送人民检察院。

第二十条 监狱决定提请暂予监外执行的,应当向省、自治区、直辖市监狱管理局提交提请暂予监外执行书面意见及下列材料:

(一)《暂予监外执行审批表》;

(二)终审法院裁判文书、执行通知书、历次刑罚变更执行法律文书；

（三）《罪犯病情诊断书》《罪犯妊娠检查书》及相关诊断、检查的医疗文书复印件，《罪犯生活不能自理鉴别书》及有关证明罪犯生活不能自理的治疗、护理和现场考察、询问笔录等材料；

（四）监区长办公会议、监狱评审委员会会议、监狱长办公会议记录；

（五）《保证人资格审查表》《暂予监外执行保证书》及相关材料；

（六）公示情况；

（七）根据案件情况需要提交的其他材料。

已委托县级司法行政机关进行核实、调查的，应当将调查评估意见书一并报送。

第四章 暂予监外执行的审批程序

第二十一条 省、自治区、直辖市监狱管理局收到监狱报送的提请暂予监外执行的材料后，应当进行审查。

对病情诊断、妊娠检查或者生活不能自理情况的鉴别是否符合暂予监外执行条件，由生活卫生部门进行审查；对上报材料是否符合法定条件、法定程序及材料的完整性等，由刑罚执行部门进行审查。

审查中发现监狱报送的材料不齐全或者有疑义的，刑罚执行部门应当通知监狱补交有关材料或者作出说明，必要时可派员进行核实；对诊断、检查、鉴别有疑义的，生活卫生部门应当组织进行补充鉴定或者重新鉴定。

审查无误后，应当由刑罚执行部门出具审查意见，报请局长召集评审委员会进行审核。

第二十二条 监狱管理局局长认为案件重大或者有其他特殊情况的，可以召开局办公会议审议决定。

监狱管理局对罪犯办理暂予监外执行作出决定的，由局长在《暂予监外执行审批表》上签署意见，加盖监狱管理局公章。

第二十三条 对于病情严重需要立即保外就医的，省、自治区、直辖市监狱管理局收到监狱报送的提请暂予监外执行材料后，应当由刑罚执行部门、生活卫生部门审查，报经分管副局长审核后报局长决定，并在罪犯保外就医后三日内召开暂予监外执行评审委员会予以确认。

第二十四条 监狱管理局应当自收到监狱提请暂予监外执行材料之日起十五个工作日内作出决定。

批准暂予监外执行的，应当在五个工作日内，将《暂予监外执行决定书》送达监狱，同时抄送同级人民检察院、原判人民法院和罪犯居住地县级司法行政机关社区矫正机构。

不予批准暂予监外执行的，应当在五个工作日内将《不予批准暂予监外执行决定书》送达监狱。

人民检察院认为暂予监外执行不当提出书面意见的，监狱管理局应当在接到书面意见后十五日内对决定进行重新核查，并将核查结果书面回复人民检察院。

第二十五条 监狱管理局批准暂予监外执行的，应当在十个工作日内，将暂予监外执行决定上网公开。

第五章 暂予监外执行的交付程序

第二十六条 省、自治区、直辖市监狱管理局批准暂予监外执行后，监狱应当核实罪犯居住地，书面通知罪犯居住地县级司法行政机关社区矫正机构并协商确定交付时间，对罪犯进行出监教育，书面告知罪犯在暂予监外执行期间应当遵守的法律和有关监督管理规定。

罪犯应当在《暂予监外执行告知书》上签名，如果因特殊原因无法签名的，可由其保证人代为签名。

监狱将《暂予监外执行告知书》连同《暂予监外执行决定书》交予罪犯本人或保证人。

第二十七条 监狱应当派员持《暂予监外执行决定书》及有关文书材料，将罪犯押送至居住地，与县级司法行政机关社区矫正机构办理交接手续。

罪犯因病情严重需要送入居住地的医院救治的，监狱可与居住地县级司法行政机关协商确定在居住地的医院交付并办理交接手续，暂予监外执行罪犯的保证人应当到场。

罪犯交付执行后，监狱应当在五个工作日内将罪犯交接情况通报人民检察院。

第二十八条 罪犯原服刑地与居住地不在同一省、自治区、直辖市，需要回居住地暂予监外执行的，监狱应当及时办理出监手续并将交接情况通报罪犯居住地的监狱管理局，原服刑地的监狱管理局应当自批准暂予监外执行三个工作日内将《罪犯档案转递函》《暂予监外执行决定书》以及罪犯档案等材料送达罪犯居住地的监狱管理局。

罪犯居住地的监狱管理局应当在十个工作日内指定一所监狱接收罪犯档案，负责办理该罪犯的收监、刑满释放等手续，并书面通知罪犯居住地县级司法行政机关社区矫正机构。

第六章 暂予监外执行的收监和释放程序

第二十九条 对经县级司法行政机关审核同意的社区矫正机构提出的收监建议，批准暂予监外执行的监狱管理局应当进行审查。

决定收监执行的,将《暂予监外执行收监决定书》送达罪犯居住地县级司法行政机关和原服刑或接收其档案的监狱,并抄送同级人民检察院、公安机关和原判人民法院。

第三十条 监狱收到《暂予监外执行收监决定书》后,应当立即赴羁押地将罪犯收监执行,并将《暂予监外执行收监决定书》交予罪犯本人。

罪犯收监后,监狱应当将收监执行的情况报告批准收监执行的监狱管理局,并告知罪犯居住地县级人民检察院和原判人民法院。

被决定收监执行的罪犯在逃的,由罪犯居住地县级司法行政机关通知罪犯居住地县级公安机关负责追捕。

第三十一条 被收监执行的罪犯有法律规定的不计入执行刑期情形的,县级司法行政机关社区矫正机构应当在收监执行建议书中说明情况,并附有关证明材料。

监狱管理局应当对前款材料进行审核,对材料不齐全的,应当通知县级司法行政机关社区矫正机构在五个工作日内补送;对不符合法律规定的不计入执行刑期情形的或者逾期未补送材料的,应当将结果告知县级司法行政机关社区矫正机构;对材料齐全、符合法律规定的不计入执行刑期情形的,应当通知监狱向所在地中级人民法院提出不计入刑期的建议书。

第三十二条 暂予监外执行罪犯刑期即将届满的,监狱收到县级司法行政机关社区矫正机构书面通知后,应当按期办理刑满释放手续。

第三十三条 罪犯在暂予监外执行期间死亡的,县级司法行政机关社区矫正机构应当自发现其死亡之日起五日以内,书面通知批准暂予监外执行的监狱管理局,并将有关死亡证明材料送达该罪犯原服刑或者接收其档案的监狱,同时抄送罪犯居住地同级人民检察院。

第七章 附 则

第三十四条 监区人民警察集体研究会议、监区长办公会议、监狱暂予监外执行评审委员会会议、监狱长办公会议、监狱管理局暂予监外执行评审委员会会议、监狱管理局局长办公会议的记录和本规定第二十条规定的材料,应当存入档案并永久保存。会议记录应当载明不同意见,并由与会人员签名。

第三十五条 监狱办理职务犯罪罪犯暂予监外执行案件,应当按照有关规定报请备案审查。

第三十六条 司法部直属监狱办理暂予监外执行工作程序,参照本规定办理。

第三十七条 本规定自2016年10月1日起施行。

监狱罪犯死亡处理规定

- 2015年3月18日
- 司发〔2015〕5号

第一章 总 则

第一条 为规范监狱罪犯死亡处理工作,保障罪犯合法权益,维护监狱安全和社会和谐稳定,根据《中华人民共和国刑事诉讼法》《中华人民共和国国家赔偿法》《中华人民共和国监狱法》等有关法律、法规,结合监狱工作实际,制定本规定。

第二条 罪犯死亡分为正常死亡和非正常死亡。

正常死亡是指因人体衰老或者疾病等原因导致的自然死亡。

非正常死亡是指自杀死亡,或者由于自然灾害、意外事故、他杀、体罚虐待、击毙以及其他外部原因作用于人体造成的死亡。

第三条 罪犯死亡处理,监狱、人民检察院、民政部门应当分工负责,加强协作,坚持依法、公正、及时、人道的原则。

第四条 人民检察院依法对罪犯死亡处理情况实施法律监督。

第二章 死亡报告、通知

第五条 罪犯死亡后,监狱应当立即通知死亡罪犯的近亲属,报告所属监狱管理机关,通报承担检察职责的人民检察院和原审人民法院。

死亡的罪犯无近亲属或者无法通知其近亲属的,监狱应当通知死亡罪犯户籍所在地或者居住地的村(居)民委员会或者公安派出所。

第六条 罪犯死亡后,监狱、人民检察院应当按照有关规定分别层报司法部、最高人民检察院。

第三章 死亡调查、检察

第七条 罪犯死亡后,对初步认定为正常死亡的,监狱应当立即开展以下调查工作:

(一)封存、查看罪犯死亡前十五日内原始监控录像,对死亡现场进行保护、勘验并拍照、录像;

(二)必要时,分散或者异地分散关押同监室罪犯并进行询问;

(三)对收押、监控、管教等岗位可能了解死亡罪犯相关情况的民警以及医生等进行询问调查;

(四)封存、查阅收押登记、入监健康和体表检查登记、管教民警谈话教育记录、禁闭或者戒具使用审批表、就医记录等可能与死亡有关的台账、记录等;

（五）登记、封存死亡罪犯的遗物；
（六）查验尸表，对尸体进行拍照并录像；
（七）组织进行死亡原因鉴定。

第八条 监狱调查工作结束后，应当作出调查结论，并通报承担检察职责的人民检察院，通知死亡罪犯的近亲属。人民检察院应当对监狱的调查结论进行审查，并将审查结果通知监狱。

第九条 人民检察院接到监狱罪犯死亡报告后，应当立即派员赶赴现场，开展相关工作。具有下列情形之一的，由人民检察院进行调查：
（一）罪犯非正常死亡的；
（二）死亡罪犯的近亲属对监狱的调查结论有疑义，向人民检察院提出，人民检察院审查后认为需要调查的；
（三）人民检察院对监狱的调查结论有异议的；
（四）其他需要由人民检察院调查的。

第十条 人民检察院在调查期间，监狱应当积极配合，并提供便利条件。

第十一条 人民检察院调查结束后，应当将调查结论书面通知监狱和死亡罪犯的近亲属。

第十二条 监狱或者人民检察院组织进行尸检的，应当通知死亡罪犯的近亲属到场，并让其在《解剖尸体通知书》上签名或者盖章。对死亡罪犯无近亲属或者无法通知其近亲属，以及死亡罪犯的近亲属无正当理由拒不到场或者拒绝签名或者盖章的，不影响尸检，但是监狱或者人民检察院应当在《解剖尸体通知书》上注明，并对尸体解剖过程进行全程录像，并邀请与案件无关的人员或者死者近亲属聘请的律师到场见证。

第十三条 监狱、人民检察院委托其他具有司法鉴定资质的机构进行尸检的，应当征求死亡罪犯的近亲属的意见；死亡罪犯的近亲属提出另行委托具有司法鉴定资质的机构进行尸检的，监狱、人民检察院应当允许。

第十四条 监狱或者死亡罪犯的近亲属对人民检察院作出的调查结论有异议、疑义的，可以在接到通知后三日内书面要求作出调查结论的人民检察院进行复议。监狱或者死亡罪犯的近亲属对人民检察院的复议结论有异议、疑义的，可以向上一级人民检察院提请复核。人民检察院应当及时将复议、复核结论通知监狱和死亡罪犯的近亲属。

第十五条 鉴定费用由组织鉴定的监狱或者人民检察院承担。死亡罪犯的近亲属要求重新鉴定且重新鉴定意见与原鉴定意见一致的，重新鉴定费用由死亡罪犯的近亲属承担。

第十六条 罪犯死亡原因确定后，由监狱出具《死亡证明》。

第四章 尸体、遗物处理

第十七条 人民检察院、死亡罪犯的近亲属对监狱的调查结论无异议、疑义的，监狱应当及时火化尸体。

监狱、死亡罪犯的近亲属对人民检察院调查结论或者复议、复核结论无异议、疑义的，监狱应当及时火化尸体。对经上一级人民检察院复核后，死亡罪犯的近亲属仍不同意火化尸体的，监狱可以按照国家有关规定火化尸体。

第十八条 除法律、法规另有特别规定外，罪犯尸体交由就近的殡仪馆火化处理。

监狱负责办理罪犯尸体火化的相关手续。殡仪馆应当凭监狱出具的《死亡证明》和《火化通知书》火化尸体，并将《死亡证明》和《火化通知书》存档。

第十九条 尸体火化自死亡原因确定之日起十五日内进行。

死亡罪犯的近亲属要求延期火化的，应当向监狱提出申请。监狱根据实际情况决定是否延期。尸体延长保存期限不得超过十日。

第二十条 尸体火化前，监狱应当将火化时间、地点通知死亡罪犯的近亲属，并允许死亡罪犯的近亲属探视。死亡罪犯的近亲属拒绝到场的，不影响尸体火化。

尸体火化时，监狱应当到场监督，并固定相关证据。

第二十一条 尸体火化后，骨灰由死亡罪犯的近亲属在骨灰领取文书上签字后领回。对尸体火化时死亡罪犯的近亲属不在场的，监狱应当通知其领回骨灰；逾期六个月不领回的，由监狱按照国家有关规定处理。

第二十二条 死亡罪犯的近亲属无法参与罪犯死亡处理活动的，可以书面委托律师或者其他公民代为参与。

第二十三条 死亡罪犯尸体接运、存放、火化和骨灰寄存等殡葬费用由监狱支付，与殡仪馆直接结算。

第二十四条 死亡罪犯系少数民族的，尸体处理应当尊重其民族习惯，按照有关规定妥善处置。

死亡罪犯系港澳台居民、外国籍及无国籍人的，尸体处理按照国家有关法律、法规的规定执行。

第二十五条 死亡罪犯的遗物由其近亲属领回或者由监狱寄回。死亡罪犯的近亲属接通知后十二个月内不领取或者无法投寄的，按照国家有关规定处理。

第二十六条 监狱应当将死亡罪犯尸体和遗物处理情况记录在案，并通报承担检察职责的人民检察院。

第五章 法律责任

第二十七条 在调查处理罪犯死亡工作中,人民警察、检察人员以及从事医疗、鉴定等相关工作人员应当严格依照法律和规定履行职责。对有玩忽职守、滥用职权、徇私舞弊等违法违纪行为的,依法依纪给予处分;构成犯罪的,依法追究刑事责任。

第二十八条 监狱及其工作人员在行使职权时,违法使用武器、警械,殴打、虐待罪犯,或者唆使、放纵他人以殴打、虐待等行为造成罪犯死亡的,依法依纪给予处分;构成犯罪的,依法追究刑事责任,并由监狱按照《中华人民共和国国家赔偿法》予以赔偿。

对不属于赔偿范围但死亡罪犯家庭确实困难、符合相关救助条件的,死亡罪犯的近亲属可以按照国家有关规定向民政部门申请救助。

第二十九条 死亡罪犯的近亲属及相关人员因罪犯死亡无理纠缠、聚众闹事,影响监狱正常工作秩序和社会稳定的,监狱应当报告当地公安机关依法予以处置;构成犯罪的,依法追究刑事责任。

第六章 附 则

第三十条 本规定由司法部、最高人民检察院、民政部负责解释。

第三十一条 本规定自印发之日起施行。

暂予监外执行规定

- 2014年10月24日
- 司发通〔2014〕112号

第一条 为了规范暂予监外执行工作,严格依法适用暂予监外执行,根据刑事诉讼法、监狱法等有关规定,结合刑罚执行工作实际,制定本规定。

第二条 对罪犯适用暂予监外执行,分别由下列机关决定或者批准:

(一)在交付执行前,由人民法院决定;
(二)在监狱服刑的,由监狱审查同意后提请省级以上监狱管理机关批准;
(三)在看守所服刑的,由看守所审查同意后提请设区的市一级以上公安机关批准。

对有关职务犯罪罪犯适用暂予监外执行的,还应当依照有关规定逐案报请备案审查。

第三条 对暂予监外执行的罪犯,依法实行社区矫正,由其居住地的社区矫正机构负责执行。

第四条 罪犯在暂予监外执行期间的生活、医疗和护理等费用自理。

罪犯在监狱、看守所服刑期间因参加劳动致伤、致残被暂予监外执行的,其出监、出所后的医疗补助、生活困难补助等费用,由其服刑所在的监狱、看守所按照国家有关规定办理。

第五条 对被判处有期徒刑、拘役或者已经减为有期徒刑的罪犯,有下列情形之一,可以暂予监外执行:

(一)患有属于本规定所附《保外就医严重疾病范围》的严重疾病,需要保外就医的;
(二)怀孕或者正在哺乳自己婴儿的妇女;
(三)生活不能自理的。

对被判处无期徒刑的罪犯,有前款第二项规定情形的,可以暂予监外执行。

第六条 对需要保外就医或者属于生活不能自理,但适用暂予监外执行可能有社会危险性,或者自伤自残,或者不配合治疗的罪犯,不得暂予监外执行。

对职务犯罪、破坏金融管理秩序和金融诈骗犯罪、组织(领导、参加、包庇、纵容)黑社会性质组织犯罪的罪犯适用保外就医应当从严审批,对患有高血压、糖尿病、心脏病等严重疾病,但经诊断短期内没有生命危险的,不得暂予监外执行。

对在暂予监外执行期间因违法违规被收监执行或者因重新犯罪被判刑的罪犯,需要再次适用暂予监外执行的,应当从严审批。

第七条 对需要保外就医或者属于生活不能自理的累犯以及故意杀人、强奸、抢劫、绑架、放火、爆炸、投放危险物质或者有组织的暴力性犯罪的罪犯,原被判处死刑缓期二年执行或者无期徒刑的,应当在减为有期徒刑后执行有期徒刑七年以上方可适用暂予监外执行;原被判处十年以上有期徒刑的,应当执行原判刑期三分之一以上方可适用暂予监外执行。

对未成年罪犯、六十五周岁以上的罪犯、残疾人罪犯,适用前款规定可以适度从宽。

对患有本规定所附《保外就医严重疾病范围》的严重疾病,短期内有生命危险的罪犯,可以不受本条第一款规定关于执行刑期的限制。

第八条 对在监狱、看守所服刑的罪犯需要暂予监外执行的,监狱、看守所应当组织对罪犯进行病情诊断、妊娠检查或者生活不能自理的鉴别。罪犯本人或者其亲属、监护人也可以向监狱、看守所提出书面申请。

监狱、看守所对拟提请暂予监外执行的罪犯,应当核实其居住地。需要调查其对所居住社区影响的，可以委托居住地县级司法行政机关进行调查。

监狱、看守所应当向人民检察院通报有关情况。人民检察院可以派员监督有关诊断、检查和鉴别活动。

第九条 对罪犯的病情诊断或者妊娠检查，应当委托省级人民政府指定的医院进行。医院出具的病情诊断或者检查证明文件，应当由两名具有副高以上专业技术职称的医师共同作出，经主管业务院长审核签名，加盖公章，并附化验单、影像学资料和病历等有关医疗文书复印件。

对罪犯生活不能自理情况的鉴别，由监狱、看守所组织有医疗专业人员参加的鉴别小组进行。鉴别意见由组织鉴别的监狱、看守所出具，参与鉴别的人员应当签名，监狱、看守所的负责人应当签名并加盖公章。

对罪犯进行病情诊断、妊娠检查或者生活不能自理的鉴别，与罪犯有亲属关系或者其他利害关系的医师、人员应当回避。

第十条 罪犯需要保外就医的，应当由罪犯本人或者其亲属、监护人提出保证人，保证人由监狱、看守所审查确定。

罪犯没有亲属、监护人的，可以由其居住地的村（居）民委员会、原所在单位或者社区矫正机构推荐保证人。

保证人应当向监狱、看守所提交保证书。

第十一条 保证人应当同时具备下列条件：

（一）具有完全民事行为能力，愿意承担保证人义务；

（二）人身自由未受到限制；

（三）有固定的住处和收入；

（四）能够与被保证人共同居住或者居住在同一市、县。

第十二条 罪犯在暂予监外执行期间，保证人应当履行下列义务：

（一）协助社区矫正机构监督被保证人遵守法律和有关规定；

（二）发现被保证人擅自离开居住的市、县或者变更居住地，或者有违法犯罪行为，或者需要保外就医情形消失，或者被保证人死亡的，立即向社区矫正机构报告；

（三）为被保证人的治疗、护理、复查以及正常生活提供帮助；

（四）督促和协助被保证人按照规定履行定期复查病情和向社区矫正机构报告的义务。

第十三条 监狱、看守所应当就是否对罪犯提请暂予监外执行进行审议。经审议决定对罪犯提请暂予监外执行的，应当在监狱、看守所内进行公示。对病情严重必须立即保外就医的，可以不公示，但应当在保外就医后三个工作日以内在监狱、看守所内公告。

公示无异议或者经审异议不成立的，监狱、看守所应当填写暂予监外执行审批表，连同有关诊断、检查、鉴别材料、保证人的保证书，提请省级以上监狱管理机关或者设区的市一级以上公安机关批准。已委托进行核实、调查的，还应当附县级司法行政机关出具的调查评估意见书。

监狱、看守所审议暂予监外执行前，应当将相关材料抄送人民检察院。决定提请暂予监外执行的，监狱、看守所应当将提请暂予监外执行书面意见的副本和相关材料抄送人民检察院。人民检察院可以向决定或者批准暂予监外执行的机关提出书面意见。

第十四条 批准机关应当自收到监狱、看守所提请暂予监外执行材料之日起十五个工作日以内作出决定。批准暂予监外执行的，应当在五个工作日以内将暂予监外执行决定书送达监狱、看守所，同时抄送同级人民检察院、原判人民法院和罪犯居住地社区矫正机构。暂予监外执行决定书应当上网公开。不予批准暂予监外执行的，应当在五个工作日以内将不予批准暂予监外执行决定书送达监狱、看守所。

第十五条 监狱、看守所应当向罪犯发放暂予监外执行决定书，及时为罪犯办理出监、出所相关手续。

在罪犯离开监狱、看守所之前，监狱、看守所应当核实其居住地，书面通知其居住地社区矫正机构，并对其进行出监、出所教育，书面告知其在暂予监外执行期间应当遵守的法律和有关监督管理规定。罪犯应当在告知书上签名。

第十六条 监狱、看守所应当派员持暂予监外执行决定书及有关文书材料，将罪犯押送至居住地，与社区矫正机构办理交接手续。监狱、看守所应当及时将罪犯交接情况通报人民检察院。

第十七条 对符合暂予监外执行条件的，被告人及其辩护人有权向人民法院提出暂予监外执行的申请，看守所可以将有关情况通报人民法院。对被告人、罪犯的病情诊断、妊娠检查或者生活不能自理的鉴别，由人民法院依照本规定程序组织进行。

第十八条 人民法院应当在执行刑罚的有关法律文书依法送达前，作出是否暂予监外执行的决定。

人民法院决定暂予监外执行的，应当制作暂予监外执行决定书，写明罪犯基本情况、判决确定的罪名和刑罚、决定暂予监外执行的原因、依据等，在判决生效后七日以内将暂予监外执行决定书送达看守所或者执行取保候审、监视居住的公安机关和罪犯居住地社区矫正机构，并抄送同级人民检察院。

人民法院决定不予暂予监外执行的，应当在执行刑罚的有关法律文书依法送达前，通知看守所或者执行取保候审、监视居住的公安机关，并告知同级人民检察院。监狱、看守所应当依法接收罪犯，执行刑罚。

人民法院在作出暂予监外执行决定前，应当征求人民检察院的意见。

第十九条　人民法院决定暂予监外执行，罪犯被羁押的，应当通知罪犯居住地社区矫正机构，社区矫正机构应当派员持暂予监外执行决定书及时与看守所办理交接手续，接收罪犯档案；罪犯被取保候审、监视居住的，由社区矫正机构与执行取保候审、监视居住的公安机关办理交接手续。

第二十条　罪犯原服刑地与居住地不在同一省、自治区、直辖市，需要回居住地暂予监外执行的，原服刑地的省级以上监狱管理机关或者设区的市一级以上公安机关监所管理部门应当书面通知罪犯居住地的监狱管理机关、公安机关监所管理部门，由其指定一所监狱、看守所接收罪犯档案，负责办理罪犯收监、刑满释放等手续，并及时书面通知罪犯居住地社区矫正机构。

第二十一条　社区矫正机构应当及时掌握暂予监外执行罪犯的身体状况以及疾病治疗等情况，每三个月审查保外就医罪犯的病情复查情况，并根据需要向批准、决定机关或者有关监狱、看守所反馈情况。

第二十二条　罪犯在暂予监外执行期间因犯新罪或者发现判决宣告以前还有其他罪没有判决的，侦查机关应当在对罪犯采取强制措施后二十四小时以内，将有关情况通知罪犯居住地社区矫正机构；人民法院应当在判决、裁定生效后，及时将判决、裁定的结果通知罪犯居住地社区矫正机构和罪犯原服刑或者接收其档案的监狱、看守所。

罪犯按前款规定被判处监禁刑罚后，应当由原服刑的监狱、看守所收监执行；原服刑的监狱、看守所与接收其档案的监狱、看守所不一致的，应当由接收其档案的监狱、看守所收监执行。

第二十三条　社区矫正机构发现暂予监外执行罪犯依法应当收监执行的，应当提出收监执行的建议，经县级司法行政机关审核同意后，报决定或者批准机关。决定或者批准机关应当进行审查，作出收监执行决定的，将有关的法律文书送达罪犯居住地县级司法行政机关和原服刑或者接收其档案的监狱、看守所，并抄送同级人民检察院、公安机关和原判人民法院。

人民检察院发现暂予监外执行罪犯依法应当收监执行而未收监执行的，由决定或者批准机关同级的人民检察院向决定或者批准机关提出收监执行的检察建议。

第二十四条　人民法院对暂予监外执行罪犯决定收监执行的，决定暂予监外执行时剩余刑期在三个月以下的，由居住地公安机关送交看守所收监执行；决定暂予监外执行时剩余刑期在三个月以上的，由居住地公安机关送交监狱收监执行。

监狱管理机关对暂予监外执行罪犯决定收监执行的，原服刑或者接收其档案的监狱应当立即赴羁押地将罪犯收监执行。

公安机关对暂予监外执行罪犯决定收监执行的，由罪犯居住地看守所将罪犯收监执行。

监狱、看守所将罪犯收监执行后，应当将收监执行的情况报告决定或者批准机关，并告知罪犯居住地县级人民检察院和原判人民法院。

第二十五条　被决定收监执行的罪犯在逃的，由罪犯居住地县级公安机关负责追捕。公安机关将罪犯抓捕后，依法送交监狱、看守所执行刑罚。

第二十六条　被收监执行的罪犯有法律规定的不计入执行刑期情形的，社区矫正机构应当在收监执行建议书中说明情况，并附有关证明材料。批准机关进行审核后，应当及时通知监狱、看守所向所在地的中级人民法院提出不计入执行刑期的建议书。人民法院应当自收到建议书之日起一个月以内依法对罪犯的刑期重新计算作出裁定。

人民法院决定暂予监外执行的，在决定收监执行的同时应当确定不计入刑期的期间。

人民法院应当将有关的法律文书送达监狱、看守所，同时抄送同级人民检察院。

第二十七条　罪犯暂予监外执行后，刑期即将届满的，社区矫正机构应当在罪犯刑期届满前一个月以内，书面通知罪犯原服刑或者接收其档案的监狱、看守所按期办理刑满释放手续。

人民法院决定暂予监外执行罪犯刑期届满的，社区矫正机构应当及时解除社区矫正，向其发放解除社区矫正证明书，并将有关情况通报原判人民法院。

第二十八条　罪犯在暂予监外执行期间死亡的，社区矫正机构应当自发现之日起五日以内，书面通知决定或者批准机关,并将有关死亡证明材料送达罪犯原服刑或者接收其档案的监狱、看守所,同时抄送罪犯居住地同级人民检察院。

第二十九条　人民检察院发现暂予监外执行的决定或者批准机关、监狱、看守所、社区矫正机构有违法情形的,应当依法提出纠正意见。

第三十条　人民检察院认为暂予监外执行不当的,应当自接到决定书之日起一个月以内将书面意见送交决定或者批准暂予监外执行的机关,决定或者批准暂予监外执行的机关接到人民检察院的书面意见后,应当立即对该决定进行重新核查。

第三十一条　人民检察院可以向有关机关、单位调阅有关材料、档案,可以调查、核实有关情况,有关机关、单位和人员应当予以配合。

人民检察院认为必要时,可以自行组织或者要求人民法院、监狱、看守所对罪犯重新组织进行诊断、检查或者鉴别。

第三十二条　在暂予监外执行执法工作中,司法工作人员或者从事诊断、检查、鉴别等工作的相关人员有玩忽职守、徇私舞弊、滥用职权等违法违纪行为的,依法给予相应的处分;构成犯罪的,依法追究刑事责任。

第三十三条　本规定所称生活不能自理,是指罪犯因患病、身体残疾或者年老体弱,日常生活行为需要他人协助才能完成的情形。

生活不能自理的鉴别参照《劳动能力鉴定—职工工伤与职业病致残等级分级》(GB/T16180-2006)执行。进食、翻身、大小便、穿衣洗漱、自主行动等五项日常生活行为中有三项需要他人协助才能完成,且经过六个月以上治疗、护理和观察,自理能力不能恢复的,可以认定为生活不能自理。六十五周岁以上的罪犯,上述五项日常生活行为有一项需要他人协助才能完成即可视为生活不能自理。

第三十四条　本规定自2014年12月1日起施行。最高人民检察院、公安部、司法部1990年12月31日发布的《罪犯保外就医执行办法》同时废止。

附件:

保外就医严重疾病范围

罪犯有下列严重疾病之一,久治不愈,严重影响其身心健康的,属于适用保外就医的疾病范围:

一、严重传染病

1. 肺结核伴空洞并反复咯血;肺结核合并多脏器并发症;结核性脑膜炎。

2. 急性、亚急性或慢性重型病毒性肝炎。

3. 艾滋病病毒感染者和病人伴有需要住院治疗的机会性感染。

4. 其他传染病,如Ⅲ期梅毒并发主要脏器病变的,流行性出血热、狂犬病、流行性脑脊髓膜炎及新发传染病等监狱医院不具备治疗条件的。

二、反复发作的、无服刑能力的各种精神病,如脑器质性精神障碍、精神分裂症、心境障碍、偏执性精神障碍等,但有严重暴力行为或倾向,对社会安全构成潜在威胁的除外。

三、严重器质性心血管疾病

1. 心脏功能不全:心脏功能在NYHA三级以上,经规范治疗未见好转。(可由冠状动脉粥样硬化性心脏病、高血压性心脏病、风湿性心脏病、肺源性心脏病、先天性心脏病、心肌病、重度心肌炎、心包炎等引起。)

2. 严重心律失常:如频发多源室性期前收缩或有R on T表现,导致血流动力学改变的心房纤颤、二度以上房室传导阻滞、阵发性室性心动过速、病态窦房结综合征等。

3. 急性冠状动脉综合征(急性心肌梗死及重度不稳定型心绞痛),冠状动脉粥样硬化性心脏病有严重心绞痛反复发作,经规范治疗仍有严重冠状动脉供血不足表现。

4. 高血压病达到很高危程度的,合并靶器官受损。具体参见注释中靶器官受损相应条款。

5. 主动脉瘤、主动脉夹层动脉瘤等需要手术的心血管动脉瘤和粘液瘤等需要手术的心脏肿瘤;或者不需要、难以手术治疗,但病情严重危及生命或者存在严重并发症,且监狱医院不具备治疗条件的心血管疾病。

6. 急性肺栓塞。

四、严重呼吸系统疾病

1. 严重呼吸功能障碍:由支气管、肺、胸膜疾病引起的中度以上呼吸功能障碍,经规范治疗未见好转。

2. 支气管扩张反复咯血,经规范治疗未见好转。

3. 支气管哮喘持续状态,反复发作,动脉血氧分压低于60mmHg,经规范治疗未见好转。

五、严重消化系统疾病

1. 肝硬化失代偿期(肝硬化合并上消化道出血、腹水、肝性脑病、肝肾综合征等)。

2. 急性出血性坏死性胰腺炎。

3. 急性及亚急性肝衰竭、慢性肝衰竭加急性发作或慢性肝衰竭。

4. 消化道反复出血,经规范治疗未见好转且持续重度贫血。

5. 急性梗阻性化脓性胆管炎,经规范治疗未见好转。

6. 肠道疾病:如克隆病、肠伤寒合并肠穿孔、出血坏死性小肠炎、全结肠切除、小肠切除四分之三等危及生命的。

六、各种急、慢性肾脏疾病引起的肾功能不全失代偿期,如急性肾衰竭、慢性肾小球肾炎、慢性肾盂肾炎、肾结核、肾小动脉硬化、免疫性肾病等。

七、严重神经系统疾病及损伤

1. 严重脑血管疾病、颅内器质性疾病并有昏睡以上意识障碍、肢体瘫痪、视力障碍等经规范治疗未见好转。如脑出血、蛛网膜下腔出血、脑血栓形成、脑栓塞、脑脓肿、乙型脑炎、结核性脑膜炎、化脓性脑膜炎及严重的脑外伤等。

2. 各种脊髓疾病及周围神经疾病与损伤所致的肢体瘫痪、大小便失禁经规范治疗未见好转,生活难以自理。如脊髓炎、高位脊髓空洞症、脊髓压迫症、运动神经元疾病(包括肌萎缩侧索硬化、进行性脊肌萎缩症、原发性侧索硬化和进行性延髓麻痹)等;周围神经疾病,如多发性神经炎、周围神经损伤等;急性炎症性脱髓鞘性多发性神经病;慢性炎症性脱髓鞘性多发性神经病。

3. 癫痫大发作,经规范治疗未见好转,每月发作仍多于两次。

4. 重症肌无力或进行性肌营养不良等疾病,严重影响呼吸和吞咽功能。

5. 锥体外系疾病所致的肌张力障碍(肌张力过高或过低)和运动障碍(包括震颤、手足徐动、舞蹈样动作、扭转痉挛等出现生活难以自理)。如帕金森病及各类帕金森综合症、小舞蹈病、慢性进行性舞蹈病、肌紧张异常、秽语抽动综合症、迟发性运动障碍、投掷样舞动、阵发性手足徐动症、阵发性运动源性舞蹈手足徐动症、扭转痉挛等。

八、严重内分泌代谢性疾病合并重要脏器功能障碍,经规范治疗未见好转。如脑垂体瘤需要手术治疗、肢端肥大症、尿崩症、柯兴氏综合征、原发性醛固酮增多症、嗜铬细胞瘤、甲状腺机能亢进危象、甲状腺机能减退症出现严重心脏损害或出现粘液性水肿昏迷、甲状旁腺机能亢进及甲状旁腺机能减退症出现高钙危象或低钙血症。

糖尿病合并严重并发症:糖尿病并发心、脑、肾、眼严重并发症或伴发症,或合并难以控制的严重继发感染、严重酮症酸中毒或高渗性昏迷,经规范治疗未见好转。

心:诊断明确的冠状动脉粥样硬化性心脏,出现以下情形之一的:1. 有心绞痛反复发作,经规范治疗未见好转仍有明显的冠状动脉供血不足的表现;2. 心功能三级;3. 心律失常(频发或多型性室早、新发束支传导阻滞、交界性心动过速、心房纤颤、心房扑动、二度及以上房室传导阻滞、阵发性室性心动过速、窦性停搏等)。

脑:诊断明确的脑血管疾病,出现痴呆、失语、肢体肌力达Ⅳ级以下。

肾:诊断明确的糖尿病肾病,肌酐达到177mmol/L以上水平。

眼:诊断明确的糖尿病视网膜病变,达到增殖以上。

九、严重血液系统疾病

1. 再生障碍性贫血。

2. 严重贫血并有贫血性心脏病、溶血危象、脾功能亢进其中一项,经规范治疗未见好转。

3. 白血病、骨髓增生异常综合征。

4. 恶性组织细胞病、嗜血细胞综合征。

5. 淋巴瘤、多发性骨髓瘤。

6. 严重出血性疾病,有重要器官、体腔出血的,如原发性血小板减少性紫癜、血友病等,经规范治疗未见好转。

十、严重脏器损伤和术后并发症,遗有严重功能障碍,经规范治疗未见好转

1. 脑、脊髓损伤治疗后遗有中度以上智能障碍,截瘫或偏瘫,大小便失禁,功能难以恢复。

2. 胸、腹腔重要脏器及气管损伤或手术后,遗有严重功能障碍,胸腹腔内慢性感染、重度粘连性梗阻、肠瘘、胰瘘、胆瘘、肛瘘等内外瘘形成反复发作;严重循环或呼吸功能障碍,如外伤性湿肺不易控制。

3. 肺、肾、肾上腺等器官一侧切除,对侧仍有病变或有明显功能障碍。

十一、各种严重骨、关节疾病及损伤

1. 双上肢,双下肢,一侧上肢和一侧下肢因伤、病在腕或踝关节以上截肢或失去功能不能恢复。双手完全失去功能或伤、病致手指缺损6个以上,且6个缺损的手指中有半数以上在掌指关节处离断,且必须包括两个拇指缺失。

2. 脊柱并一个主要关节或两个以上主要关节(肩、膝、髋、肘)因伤、病发生强直畸形,经规范治疗未见好转,脊柱伸屈功能完全丧失。

3. 严重骨盆骨折合并尿道损伤,经治疗后遗有运动功能障碍或遗有尿道狭窄、闭塞或感染,经规范治疗未见好转。

4. 主要长骨的慢性化脓性骨髓炎,反复急性发作,

病灶内出现大块死骨或合并病理性骨折,经规范治疗未见好转。

十二、五官伤、病后,出现严重的功能障碍,经规范治疗未见好转

1. 伤、病后双眼矫正视力<0.1,经影像检查证实患有白内障、眼外伤、视网膜剥离等需要手术治疗。内耳伤、病所致的严重前庭功能障碍、平衡失调,经规范治疗未见好转。

2. 咽、喉损伤后遗有严重疤痕挛缩,造成呼吸道梗阻受阻,严重影响呼吸功能和吞咽功能。

3. 上下颌伤、病经治疗后二度张口困难、严重咀嚼功能障碍。

十三、周围血管病经规范治疗未见好转,患肢有严重肌肉萎缩或干、湿性坏疽,如进展性脉管炎,高位深静脉栓塞等。

十四、非临床治愈期的各种恶性肿瘤。

十五、暂时难以确定性质的肿瘤,有下列情形之一的:

1. 严重影响机体功能而不能进行彻底治疗。

2. 身体状况进行性恶化。

3. 有严重后遗症,如偏瘫、截瘫、胃瘘、支气管食管瘘等。

十六、结缔组织疾病及其他风湿性疾病造成两个以上脏器严重功能障碍或单个脏器功能障碍失代偿,经规范治疗未见好转,如系统性红斑狼疮、硬皮病、皮肌炎、结节性多动脉炎等。

十七、寄生虫侵犯脑、肝、肺等重要器官或组织,造成继发性损害,伴有严重功能障碍者,经规范治疗未见好转。

十八、经职业病诊断机构确诊的以下职业病:

1. 尘肺病伴严重呼吸功能障碍,经规范治疗未见好转。

2. 职业中毒,伴有重要脏器功能障碍,经规范治疗未见好转。

3. 其他职业病并有瘫痪、中度智能障碍、双眼矫正视力<0.1、严重血液系统疾病、严重精神障碍等其中一项,经规范治疗未见好转。

十九、年龄在六十五周岁以上同时患有两种以上严重疾病,其中一种病情必须接近上述一项或几项疾病程度。

注释:

1. 本范围所列严重疾病诊断标准应符合省级以上卫生行政部门、中华医学会制定并下发的医学诊疗常规、诊断标准、规范和指南。

2. 凡是确定诊断和确定脏器、肢体功能障碍必须具有诊疗常规所明确规定的相应临床症状、体征和客观医技检查依据。

3. 本范围所称"经规范治疗未见好转",是指临床上经常规治疗至少半年后病情恶化或未见好转。

4. 本范围所称"反复发作",是指发作间隔时间小于一个月,且至少发作三次及以上。

5. 本范围所称"严重心律失常",是指临床上可引起严重血流动力学障碍,预示危及生命的心律失常。一般出现成对室性期前收缩、多形性室性期前收缩、阵发性室性心动过速、室性期前收缩有 R on T 现象、病态窦房结综合征、心室扑动或心室颤动等。

6. 本范围所称"意识障碍",是指各种原因导致的迁延性昏迷1个月以上和植物人状态。

7. 本范围所称"视力障碍",是指各种原因导致的患眼低视力2级。

8. 艾滋病和艾滋病机会性感染诊断依据应符合《艾滋病和艾滋病病毒感染诊断标准》(WS293-2008)、《艾滋病诊疗指南》(中华医学会感染病分会,2011年)等技术规范。其中,艾滋病合并肺孢子菌肺炎、活动性结核病、巨细胞病毒视网膜炎、马尔菲青霉菌病、细菌性肺炎、新型隐球菌脑膜炎等六种艾滋病机会性感染的住院标准应符合《卫生部办公厅关于印发艾滋病合并肺孢子菌肺炎等六个艾滋病机会感染病种临床路径的通知》(卫办医政发[2012]107号)。上述六种以外的艾滋病机会性感染住院标准可参考《艾滋病诊疗指南》(中华医学会感染病分会,2011年)及《实用内科学》(第13版)等。

9. 精神病的危险性按照《卫生部关于印发〈重性精神疾病管理治疗工作规范(2012年版)〉的通知》(卫疾控发[2012]20号)进行评估。

10. 心功能判定:心功能不全,表现出心悸、心律失常、低血压、休克,甚至发生心搏骤停。按发生部位和发病过程分为左侧心功能不全(急性、慢性)、右侧心功能不全(急性、慢性)和全心功能不全(急性、慢性)。出现心功能不全症状后,其心功能可分为四级。

Ⅰ级:体力活动不受限制。

Ⅱ级:静息时无不适,但稍重于日常生活活动量即致乏力、心悸、气促或者心绞痛。

Ⅲ级:体力活动明显受限,静息时无不适,但低于日常活动量即致乏力、心悸、气促或心绞痛。

Ⅳ级:任何体力活动均引起症状,静息时亦可有心力衰竭或者心绞痛。

11. 高血压判定:按照《中国高血压防治指南2010》执行。

血压水平分类和定义(mmHg)

分级	收缩压(SBP)		舒张压(DBP)
正常血压	<120	和	<80
正常高值血压	120~139	和/或	80~89
高血压1级(轻度)	140~159	和/或	90~99
高血压2级(中度)	160~179	和/或	100~109
高血压3级(重度)	≥180	和/或	≥110
单纯性收缩期高血压	≥140	和	<90

高血压危险分层

其他危险因素和病史	血压(mmHg)		
	1级 SBP140-159 或 DBP90-99	2级 SBP160-179 或 DBP100-109	3级 SBP≥180 或 DBP≥110
无其他CVD危险因素	低危	中危	高危
1-2个CVD危险因素	中危	中危	很高危
≥3个CVD危险因素或靶器官损伤	高危	高危	很高危
临床并发症或合并糖尿病	很高危	很高危	很高危

注:*CVD为心血管危险因素

影响高血压患者心血管预后的重要因素

心血管危险因素	靶器官损害	伴临床疾患
·高血压(1-3级) ·男性>55岁;女性>65岁 ·吸烟 ·糖耐量受损(餐后2h血糖7.8-11.0mmol/L)和(或)空腹血糖受损(6.1-6.9mmol/L) ·血脂异常TC≥5.7mmol/L(220mg/dl)或LDL_C>3.3mmol/L(130mg/dl)或HDL_C<1.0mmol/L(4.mg/dl) ·早发心血管病家族史(一般亲属发病年龄男性<55岁;女性<65岁) ·腹型肥胖(腰围:男性≥90cm,女性≥85cm)或肥胖(BMI≥28kg/m²) ·血同型半胱氨酸升高(≥10μmol/L)	·左心室肥厚 心电图:Sokolow_Lyon>38mm 或 Cornell>2440mm·ms;超声心动图LVMI:男≥125g/m²,女≥120 g/m² ·颈动脉超声IMT≥0.9mm或动脉粥样斑块 ·颈-股动脉脉搏波速度≥12m/s ·踝/臂血压指数<0.9 ·eGFR降低(eGFR<60ml·min1.73⁻¹·m⁻²)或血清肌酐轻度升高:男性115-133μmol/L(1.3-1.5 mg/dl),女性107-124μmol/L(1.2-1.4mg/dl) ·微量白蛋白尿:30-300 mg/24h或白蛋白/肌酐比:≥30mg/g(3.5 mg/mmol)	·脑血管病:脑出血,缺血性脑卒中短暂性脑缺血发作 ·心脏疾病:心肌梗死史,心绞痛,冠状动脉血动重建史,慢性心力衰竭 ·肾脏疾病:糖尿病肾病,肾功能受损,血肌酐:男性≥133μmol/L(1.5 mg/dl),女性≥124μmol/L(1.4mg/dl),蛋白尿(≥300mg/24h) ·外周血管疾病 ·视网膜病变:出血或渗出,视乳头水肿 ·糖尿病:空腹血糖≥7.0 mmol/L(126mg/dl),餐后2h血糖≥11.1 mmol/L(200mg/dl),糖化血红蛋白≥6.5%

注:TC:总胆固醇;LDL_C:低密度脂蛋白胆固醇;HDL_C:高密度脂蛋白胆固醇;BMI:体质指数;LVMI:左心室质量指数;IMT:颈动脉内中膜厚度;eGFR:估算的肾小球滤过率

12. 呼吸功能障碍判定:参照《道路交通事故受伤人员伤残评定》(GB 18667-2002)和《劳动能力鉴定——职工工伤与职业病致残程度鉴定标准》(GBT16180-2006),结合医学实践执行。症状:自觉气短、胸闷不适、呼吸费力。体征:呼吸频率增快,幅度加深或者变浅,或者伴周期节律异常、鼻翼扇动、紫绀等。实验室检查提示肺功能损害。在保外就医诊断实践中,判定呼吸功能障碍必须综合产生呼吸功能障碍的病理基础、临床表现和相关医技检查结果如血气分析,全面分析。

呼吸困难分级

Ⅰ级(轻度):平路快步行走、登山或上楼梯时气短明显。

Ⅱ级(中度):一般速度平路步行100米即有气短,体力活动大部分受限。

Ⅲ级(重度):稍活动如穿衣、谈话即有气短,体力活动完全受限。

Ⅳ级(极重度):静息时亦有气短。

肺功能损伤分级

	FVC	FEV1	MVV	FEV1/FVC	RV/TLC	DLco
正常	>80	>80	>80	>70	<35	>80%
轻度损伤	60-79	60-79	60-79	55-69	36-45	60-79
中度损伤	40-59	40-59	40-59	35-54	46-55	45-59
重度损伤	<40	<40	<40	<35	>55	<45

注:FVC、FEV1、MVV、DLco均为占预计值百分数,单位为%。

FVC:用力肺活量;FEV1:1秒钟用力呼气容积;MVV:分钟最大通气量;RV/TLC:残气量/肺总量;DLco:一氧化碳弥散量。

低氧血症分级

正常:Po_2 为 13.3kPa~10.6kPa(100 mmHg~80 mmHg);

轻度:Po_2 为 10.5kPa~8.0kPa(79 mmHg~60 mmHg);

中度:Po_2 为 7.9kPa~5.3kPa(59 mmHg~40 mmHg);

重度:Po_2<5.3kPa(<40 mmHg)。

13. 肝功能损害程度判定

A. 肝功能损害分度

分度	中毒症状	血浆白蛋白	血内胆红质	腹水	脑症	凝血酶原时间	谷丙转氨酶
重度	重度	<2.5g%	>10mg%	顽固性	明显	明显延长	供参考
中度	中度	2.5-3.0g%	5-10mg%	无或者少量,治疗后消失	无或者轻度	延长	供参考
轻度	轻度	3.0-3.5g%	1.5-5mg%	无	无	稍延长(较对照组>3s)	供参考

B. 肝衰竭:肝衰竭的临床诊断需要依据病史、临床表现和辅助检查等综合分析而确定,参照中华医学会《肝衰竭诊治指南(2012年版)》执行。

(1)急性肝衰竭(急性重型肝炎):急性起病,2周内出现Ⅱ度及以上肝性脑病并有以下表现:①极度乏力,并有明显厌食、腹胀、恶心、呕吐等严重消化道症状。②短期内黄疸进行性加深。③出血倾向明显,PTA≤40%,且排除其他原因。④肝脏进行性缩小。

(2)亚急性肝衰竭(亚急性重型肝炎):起病较急,15天-26周出现以下表现者:①极度乏力,有明显的消化道症状。②黄疸迅速加深,血清总胆红素大于正常值上限10倍或每日上升≥17.1μmol/L。③凝血酶原时间明显延长,PTA≤40%并排除其他原因者。

(3)慢加急性(亚急性)肝衰竭(慢性重型肝炎):在

慢性肝病基础上,短期内发生急性肝功能失代偿的主要临床表现。

(4)慢性肝衰竭:在肝硬化基础上,肝功能进行性减退和失代偿。诊断要点为:①有腹水或其他门静脉高压表现。②可有肝性脑病。③血清总胆红素升高,白蛋白明显降低。④有凝血功能障碍,PTA≤40%。

C. 肝性脑病

肝性脑病 West-Haven 分级标准

肝性脑病分级	临床要点
0级	没有能觉察的人格或行为变化
	无扑翼样震颤
1级	轻度认知障碍
	欣快或抑郁
	注意时间缩短
	加法计算能力降低
	可引出扑翼样震颤
2级	倦怠或淡漠
	轻度定向异常(时间和空间定向)
	轻微人格改变
	行为错乱,语言不清
	减法计算能力异常
	容易引出扑翼样震颤
3级	嗜睡到半昏迷*,但是对语言刺激有反应
	意识模糊
	明显的定向障碍
	扑翼样震颤可能无法引出
4级	昏迷**(对语言和强刺激无反应)

注:1-4级即Ⅰ-Ⅳ度。

按照意识障碍以觉醒度改变为主分类,*半昏迷即中度昏迷,**昏迷即深昏迷。

14. 急、慢性肾功能损害程度判定:参照《实用内科学》(第十三版)和《内科学》(第七版)进行综合判定。急性肾损伤的原因有肾前性、肾实质性及肾后性三类。每类又有少尿型和非少尿型两种。慢性肾脏病患者肾功能损害分期与病因、病变进展程度、部位、转归以及诊断时间有关。分期:

慢性肾脏病肾功能损害程度分期

CKD 分期	肾小球滤过率(GFR)或 eGFR	主要临床症状
Ⅰ期	≥90 毫升/分	无症状
Ⅱ期	60-89 毫升/分	基本无症状
Ⅲ期	30-59 毫升/分	乏力;轻度贫血;食欲减退
Ⅳ期	15-29 毫升/分	贫血;代谢性酸中毒;水电解质紊乱
Ⅴ期	<15 毫升/分	严重酸中毒和全身各系统症状

注:eGFR:基于血肌酐估计的肾小球滤过率。

15. 肢体瘫痪的判定：参照《神经病学》（第2版）判定。肢体瘫，以肌力测定判断肢体瘫痪程度。在保外就医诊断实践中，判定肢体瘫痪须具备疾病的解剖（病理）基础，0级、1级、2级肌力可认定为肢体瘫痪。

0%；0级：肌肉完全瘫痪，毫无收缩。

10%；1级：可看到或者触及肌肉轻微收缩，但不能产生动作。

25%；2级：肌肉在不受重力影响下，可进行运动，即肢体能在床面上移动，但不能抬高。

50%；3级：在和地心引力相反的方向中尚能完成其动作，但不能对抗外加的阻力。

75%；4级：能对抗一定的阻力，但较正常人为低。

100%；5级：正常肌力。

16. 生活难以自理的判定：参照《劳动能力鉴定——职工工伤与职业病致残程度鉴定标准》（GBT 16180-2006），结合医学实践执行。

17. 视力障碍判定：眼伤残鉴定依据为眼球或视神经器质性损伤所致的视力、视野、立体视功能障碍及其他解剖结构和功能的损伤或破坏。

（1）主观检查：凡损伤眼裸视或者加用矫正镜片（包括接触镜、针孔镜等）远视力<0.3为视力障碍。

（2）客观检查：眼底照相、视觉电生理、眼底血管造影，眼科影像学检查如相干光断层成像（OCT）等以明确视力残疾实际情况，并确定对应的具体疾病状态。

视力障碍标准：

低视力：1级：矫正视力<0.3；2级：矫正视力<0.1。

盲：矫正视力<0.05。

关于进一步规范暂予监外执行工作的意见

- 2023年5月28日
- 司发通〔2023〕24号

为进一步依法准确适用暂予监外执行，确保严格规范公正文明执法，根据《中华人民共和国刑事诉讼法》《中华人民共和国监狱法》《中华人民共和国社区矫正法》等有关法律和《暂予监外执行规定》，结合工作实际，提出如下意见：

一、进一步准确把握相关诊断检查鉴别标准

1.《暂予监外执行规定》中的"短期内有生命危险"，是指罪犯所患疾病病情危重，有临床生命体征改变，并经临床诊断和评估后确有短期内发生死亡可能的情形。诊断医院在《罪犯病情诊断书》注明"短期内有死亡风险"或者明确出具病危通知书，视为"短期内有生命危险"。临床上把某种疾病评估为"具有发生猝死的可能"一般不作为"短期内有生命危险"的情形加以使用。

罪犯就诊的医疗机构七日内出具的病危通知书可以作为诊断医院出具《罪犯病情诊断书》的依据。

2.《保外就医严重疾病范围》中的"久治不愈"是指所有范围内疾病均应有规范治疗过程，仍然不能治愈或好转者，才符合《保外就医严重疾病范围》医学条件。除《保外就医严重疾病范围》明确规定需经规范治疗的情形外，"久治不愈"是指经门诊治疗和/或住院治疗并经临床评估后仍病情恶化或未见好转的情形。在诊断过程中，经评估确认短期内有生命危险，即符合保外就医医学条件。

3.《保外就医严重疾病范围》关于"严重功能障碍"中的"严重"，一般对应临床上实质脏器（心、肺、肝、肾、脑、胰腺等）功能障碍"中度及以上的"的分级标准。

4.《保外就医严重疾病范围》关于患精神疾病罪犯"无服刑能力"的评估，应当以法医精神病司法鉴定意见为依据。精神疾病的发作和控制、是否为反复发作，应当以省级人民政府指定医院的诊断结果为依据。

5.《暂予监外执行规定》中"生活不能自理"的鉴别参照《劳动能力鉴定 职工工伤与职业病致残等级》（GB/T 16180-2014）》执行。进食、翻身、大小便、穿衣洗漱、自主行动等五项日常生活行为中有三项需要他人协助才能完成，且经过六个月以上治疗、护理和观察，自理能力不能恢复的，可以认定为生活不能自理。六十五周岁以上的罪犯，上述五项日常生活行为有一项需要他人协助才能完成即可视为生活不能自理。

二、进一步规范病情诊断和妊娠检查

6. 暂予监外执行病情诊断和妊娠检查应当在省级人民政府指定的医院进行，病情诊断由两名具有副高以上专业技术职称的医师负责，妊娠检查由两名具有中级以上专业技术职称的医师负责。

罪犯被送交监狱执行刑罚前，人民法院决定暂予监外执行的，组织诊断工作由人民法院负责。

7. 医院应当在收到人民法院、公安机关、监狱管理机关、监狱委托书后五个工作日内组织医师进行诊断检查，并在二十个工作日内完成并出具《罪犯病情诊断书》。对于罪犯病情严重必须立即保外就医的，受委托医院应当在三日内完成诊断并出具《罪犯病情诊断书》。

8. 医师应当认真查看医疗文件，亲自诊查病人，进行合议并出具意见，填写《罪犯病情诊断书》或《罪犯妊娠检查书》，并附三个月内的客观诊断依据。《罪犯病情诊断

书》《罪犯妊娠检查书》由两名负责诊断检查的医师签名,并经主管业务院长审核签名后,加盖诊断医院公章。

《罪犯病情诊断书》或《罪犯妊娠检查书》应当包括罪犯基本情况、医学检查情况、诊断检查意见等内容,诊断依据应当包括疾病诊断结果、疾病严重程度评估等。罪犯病情诊断意见关于病情的表述应当符合《保外就医严重疾病范围》相应条款。

《罪犯病情诊断书》自出具之日起三个月内可以作为人民法院、公安机关、监狱管理机关决定或批准暂予监外执行的依据。超过三个月的,人民法院、公安机关、监狱应当委托医院重新进行病情诊断,并出具《罪犯病情诊断书》。

9. 医师对诊断检查意见有分歧的,应当在《罪犯病情诊断书》或《罪犯妊娠检查书》中写明分歧内容和理由,分别签名或者盖章。因意见分歧无法作出一致结论的,人民法院、公安机关、监狱应当委托其他同等级或者以上等级的省级人民政府指定的医院重新组织诊断检查。

10. 在暂予监外执行工作中,司法工作人员或者参与诊断检查的医师与罪犯有近亲属关系或者其他利害关系的应当回避。

三、进一步严格决定批准审查和收监执行审查

11. 人民法院、公安机关、监狱管理机关决定或批准暂予监外执行时,采取书面审查方式进行。审查过程中,遇到涉及病情诊断、妊娠检查或生活不能自理鉴别意见专业疑难问题时,可以委托法医技术人员或省级人民政府指定医院具有副高以上职称的医师审核并出具意见,审核意见作为是否暂予监外执行的参考。

12. 对于病情严重适用立即保外就医程序的,公安机关、监狱管理机关应当在罪犯保外就医后三个工作日内召开暂予监外执行评审委员会予以确认。

13. 对在公示期间收到不同意见,或者在社会上有重大影响、社会关注度高的罪犯,或者其他有听证审查必要的,监狱、看守所提请暂予监外执行,人民法院、公安机关、监狱管理机关决定或批准暂予监外执行,可以组织听证。听证意见作为是否提请或批准、决定暂予监外执行的参考。

听证时,应当通知罪犯、其他申请人、公示期间提出不同意见的人等有关人员参加。人民法院、公安机关、监狱管理机关、监狱或者看守所组织听证,还应当通知同级人民检察院派员参加。

人民检察院经审查认为需要以听证方式办理暂予监外执行案件和收监执行监督案件的,人民法院、公安机关、监狱管理机关、监狱或者看守所应当予以协同配合提供支持。

14. 人民法院、人民检察院、公安机关、监狱管理机关审查社区矫正机构收监执行的建议,一般采取书面审查方式,根据工作需要也可以组织核查。社区矫正机构应当同时提交罪犯符合收监情形、有不计入执行刑期情形等相关证明材料,在《收监执行建议书》中注明并提出明确意见。人民法院、公安机关、监狱管理机关经审查认为符合收监情形的,应当出具收监执行决定书,送社区矫正机构并抄送同级人民检察院;不符合收监情形的,应当作出不予收监执行决定书并抄送同级人民检察院。公安机关、监狱应当在收到收监执行决定书之日起三日内将罪犯收监执行。

对于人民法院、公安机关、监狱管理机关经审查认为需要补充材料并向社区矫正机构提出的,社区矫正机构应当在十五个工作日内补充完成。

15. 对暂予监外执行期间因犯新罪或者发现判决宣告以前还有其他罪没有判决,被侦查机关采取强制措施的罪犯,社区矫正机构接到侦查机关通知后,应当通知罪犯原服刑或接收其档案的监狱、看守所。对被判处监禁刑罚的,应当由原服刑的监狱、看守所收监执行;原服刑的监狱、看守所与接收其档案的监狱、看守所不一致的,应当由接收其档案的监狱、看守所收监执行。对没有被判处监禁刑罚,社区矫正机构认为符合收监情形的,应当提出收监执行建议,并抄送执行地县级人民检察院。

16. 对不符合暂予监外执行条件的罪犯通过贿赂等非法手段被暂予监外执行的,应当由原暂予监外执行决定或批准机关作出收监执行的决定并抄送同级人民检察院,将罪犯收监执行。罪犯收监执行后,监狱或者看守所应当向所在地中级人民法院提出不计入执行刑期的建议书。人民法院应当自收到建议书之日起一个月内依法对罪犯的刑期重新计算作出裁定。

人民检察院发现不符合暂予监外执行条件的罪犯通过贿赂等非法手段被暂予监外执行的,应当向原暂予监外执行决定或批准机关提出纠正意见并附相关材料。原暂予监外执行决定或批准机关应当重新进行核查,并将相关情况反馈人民检察院。

原暂予监外执行决定或批准机关作出收监执行的决定后,对刑期已经届满的,罪犯原服刑或接收其档案的监狱或者看守所应当向所在地中级人民法院提出不计入执行刑期的建议书,人民法院审核裁定后,应当将罪犯收监执行。人民法院决定收监执行的,应当一并作出重新计算刑期的裁定,通知执行地公安机关将罪犯送交原服刑或接收其档案的监狱或者看守所收监执行。罪犯收监执行后应当继续执行的刑期自收监之日起计算。

被决定收监执行的罪犯在逃的,由罪犯社区矫正执行地县级公安机关负责追捕。原暂予监外执行决定或批准机关作出的收监执行决定可以作为公安机关追逃依据。

四、进一步强化全过程监督制约

17. 人民检察院应当对暂予监外执行进行全程法律监督。罪犯病情诊断、妊娠检查前,人民法院、监狱、看守所应当将罪犯信息、时间和地点至少提前一个工作日向人民检察院通报。对具有"短期内有生命危险"情形的应当立即通报。人民检察院可以派员现场监督诊断检查活动。

人民法院、公安机关、监狱应当在收到病情诊断意见、妊娠检查结果后三个工作日内将《罪犯病情诊断书》或者《罪犯妊娠检查书》及诊断检查依据抄送人民检察院。

人民检察院可以依法向有关单位和人员调查核实情况,调阅复制案卷材料,并可以参照本意见第6至11条重新组织对被告人、罪犯进行诊断、检查或者鉴别等。

18. 人民法院、公安机关、监狱管理机关、监狱、看守所、社区矫正机构等应依法接受检察机关的法律监督,认真听取检察机关的意见、建议。

19. 人民法院、人民检察院、公安机关、监狱管理机关、监狱、看守所应当邀请人大代表、政协委员或者有关方面代表作为监督员对暂予监外执行工作进行监督。

20. 人民法院、公安机关、监狱管理机关办理暂予监外执行案件,除病情严重必须立即保外就医的,应当在立案或收到监狱、看守所提请暂予监外执行建议后五个工作日内将罪犯基本情况、原判认定的罪名和刑期、申请或者启动暂予监外执行的事由,以及病情诊断、妊娠检查、生活不能自理鉴别的结果向社会公示。依法不予公开的案件除外。

公示应当载明提出意见的方式,期限为三日。对提出异议的,人民法院、公安机关、监狱管理机关应当在调查核实后五个工作日内予以回复。

21. 人民法院、公安机关、监狱管理机关应当在决定或批准之日起十个工作日内,将暂予监外执行决定书在互联网公开。对在看守所、监狱羁押或服刑的罪犯,因病情严重适用立即保外就医程序的,应当在批准之日起三个工作日内在看守所、监狱进行为期五日的公告。

22. 各省、自治区、直辖市高级人民法院、人民检察院、公安厅(局)、司法厅(局)、卫生健康委应当共同建立暂予监外执行诊断检查医院名录,并在省级人民政府指定的医院相关文件中及时向社会公布并定期更新。

23. 罪犯暂予监外执行决定书有下列情形之一的,不予公开:

(一)涉及国家秘密的;
(二)未成年人犯罪的;
(三)人民法院、公安机关、监狱管理机关认为不宜公开的其他情形。

人民法院、公安机关、监狱管理机关、监狱应当对拟公开的暂予监外执行决定书中涉及罪犯家庭住址、身份证号码等个人隐私的信息作技术处理,但应当载明暂予监外执行的情形。

五、进一步加强社区矫正衔接配合和监督管理

24. 社区矫正机构应当加强与人民法院、人民检察院、公安机关、监狱管理机关以及存放或者接收罪犯档案的监狱、看守所的衔接配合,建立完善常态化联系机制。需要对社区矫正对象采取限制出境措施的,应当按有关规定办理。

25. 社区矫正机构应当加强暂予监外执行罪犯定期身体情况报告监督和记录,对保外就医的,每三个月审查病情复查情况,并根据需要向人民法院、人民检察院、公安机关、监狱管理机关,存放或者接收罪犯档案的监狱、看守所反馈。对属于患严重疾病、久治不愈的,社区矫正机构可以结合具保情况、家庭状况、经济条件等,延长罪犯复查期限,并通报执行地县级人民检察院。

26. 社区矫正机构根据工作需要,组织病情诊断、妊娠检查或者生活不能自理的鉴别,应当通报执行地县级人民检察院,并可以邀请人民法院、人民检察院、公安机关、监狱管理机关、监狱、看守所参加。人民法院、人民检察院、公安机关、监狱管理机关、监狱、看守所依法配合社区矫正工作。

27. 社区矫正工作中,对暂予监外执行罪犯组织病情诊断、妊娠检查或者生活不能自理的鉴别应当参照本意见第6至11条执行。

六、进一步严格工作责任

28. 暂予监外执行组织诊断检查、决定批准和执行工作,实行"谁承办谁负责、谁主管谁负责、谁签字谁负责"的办案责任制。

29. 在暂予监外执行工作中,司法工作人员或者从事病情诊断检查等工作的相关人员有玩忽职守、徇私舞弊等行为的,一律依法依纪追究责任;构成犯罪的,依法追究刑事责任。在案件办理中,发现司法工作人员相关职务犯罪线索的,及时移送检察机关。

30. 在暂予监外执行工作中，司法工作人员或者从事病情诊断检查等工作的相关人员依法履行职责，没有故意或重大过失，不能仅以罪犯死亡、丧失暂予监外执行条件、违反监督管理规定或者重新犯罪而被追究责任。

31. 国家安全机关办理危害国家安全的刑事案件，涉及暂予监外执行工作的，适用本意见。

32. 本意见自2023年7月1日起施行。此前有关规定与本意见不一致的，以本意见为准。

监狱提请减刑假释工作程序规定

- 2003年4月2日司法部令第77号公布
- 2014年10月11日司法部令第130号修订
- 自2014年12月1日起施行

第一章 总 则

第一条 为规范监狱提请减刑、假释工作程序，根据《中华人民共和国刑法》、《中华人民共和国刑事诉讼法》、《中华人民共和国监狱法》等有关规定，结合刑罚执行工作实际，制定本规定。

第二条 监狱提请减刑、假释，应当根据法律规定的条件和程序进行，遵循公开、公平、公正的原则，严格实行办案责任制。

第三条 被判处有期徒刑和被减刑为有期徒刑的罪犯的减刑、假释，由监狱提出建议，提请罪犯服刑地的中级人民法院裁定。

第四条 被判处死刑缓期二年执行的罪犯的减刑，被判处无期徒刑的罪犯的减刑、假释，由监狱提出建议，经省、自治区、直辖市监狱管理局审核同意后，提请罪犯服刑地的高级人民法院裁定。

第五条 省、自治区、直辖市监狱管理局和监狱分别成立减刑假释评审委员会，由分管领导及刑罚执行、狱政管理、教育改造、狱内侦查、生活卫生、劳动改造、政工、监察等有关部门负责人组成，分管领导任主任。监狱管理局、监狱减刑假释评审委员会成员不得少于9人。

第六条 监狱提请减刑、假释，应当由分监区或者未设分监区的监区人民警察集体研究，监区长办公会议审核，监狱刑罚执行部门审查，监狱减刑假释评审委员会评审，监狱长办公会议决定。

省、自治区、直辖市监狱管理局刑罚执行部门审查监狱依法定程序提请的减刑、假释建议并出具意见，报请分管副局长召集减刑假释评审委员会审核后，报局长审定。必要时可以召开局长办公会议决定。

第二章 监狱提请减刑、假释的程序

第七条 提请减刑、假释，应当根据法律规定的条件，结合罪犯服刑表现，由分监区人民警察集体研究，提出提请减刑、假释建议，报经监区长办公会议审核同意后，由监区报送监狱刑罚执行部门审查。

直属分监区或者未设分监区的监区，由直属分监区或者监区人民警察集体研究，提出提请减刑、假释建议，报送监狱刑罚执行部门审查。

分监区、直属分监区或者未设分监区的监区人民警察集体研究以及监区长办公会议审核情况，应当有书面记录，并由与会人员签名。

第八条 监区或者直属分监区提请减刑、假释，应当报送下列材料：

（一）《罪犯减刑（假释）审核表》；

（二）监区长办公会议或者直属分监区、监区人民警察集体研究会议的记录；

（三）终审法院裁判文书、执行通知书、历次减刑裁定书的复印件；

（四）罪犯计分考核明细表、罪犯评审鉴定表、奖惩审批表和其他有关证明材料；

（五）罪犯确有悔改表现或者立功、重大立功表现的具体事实的书面证明材料。

第九条 监狱刑罚执行部门收到监区或者直属分监区对罪犯提请减刑、假释的材料后，应当就下列事项进行审查：

（一）需提交的材料是否齐全、完备、规范；

（二）罪犯确有悔改或者立功、重大立功表现的具体事实的书面证明材料是否来源合法；

（三）罪犯是否符合法定减刑、假释的条件；

（四）提请减刑、假释的建议是否适当。

经审查，对材料不齐全或者不符合提请条件的，应当通知监区或者直属分监区补充有关材料或者退回；对相关材料有疑义的，应当提讯罪犯进行核查；对材料齐全、符合提请条件的，应当出具审查意见，连同监区或者直属分监区报送的材料一并提交监狱减刑假释评审委员会评审。提请罪犯假释的，还应当委托县级司法行政机关对罪犯假释后对所居住社区影响进行调查评估，并将调查评估报告一并提交。

第十条 监狱减刑假释评审委员会应当召开会议，对刑罚执行部门审查提交的提请减刑、假释建议进行评审，提出评审意见。会议应当有书面记录，并由与会人员签名。

监狱可以邀请人民检察院派员列席减刑假释评审委

员会会议。

　　第十一条　监狱减刑假释评审委员会经评审后,应当将提请减刑、假释的罪犯名单以及减刑、假释意见在监狱内公示。公示内容应当包括罪犯的个人情况、原判罪名及刑期、历次减刑情况、提请减刑假释的建议及依据等。公示期限为5个工作日。公示期内,如有监狱人民警察或者罪犯对公示内容提出异议,监狱减刑假释评审委员会应当进行复核,并告知复核结果。

　　第十二条　监狱应当在减刑假释评审委员会完成评审和公示程序后,将提请减刑、假释建议送人民检察院征求意见。征求意见后,监狱减刑假释评审委员会应当将提请减刑、假释建议和评审意见连同人民检察院意见,一并报请监狱长办公会议审议决定。监狱对人民检察院意见未予采纳的,应当予以回复,并说明理由。

　　第十三条　监狱长办公会议决定提请减刑、假释的,由监狱长在《罪犯减刑(假释)审核表》上签署意见,加盖监狱公章,并由监狱刑罚执行部门根据法律规定制作《提请减刑建议书》或者《提请假释建议书》,连同有关材料一并提请人民法院裁定。人民检察院对提请减刑、假释提出的检察意见,应当一并移送受理减刑、假释案件的人民法院。

　　对本规定第四条所列罪犯决定提请减刑、假释的,监狱应当将《罪犯减刑(假释)审核表》连同有关材料报送省、自治区、直辖市监狱管理局审核。

　　第十四条　监狱在向人民法院提请减刑、假释的同时,应当将提请减刑、假释的建议书副本抄送人民检察院。

　　第十五条　监狱提请人民法院裁定减刑、假释,应当提交下列材料:
　　(一)《提请减刑建议书》或者《提请假释建议书》;
　　(二)终审法院裁判文书、执行通知书、历次减刑裁定书的复印件;
　　(三)罪犯计分考核明细表、评审鉴定表、奖惩审批表;
　　(四)罪犯确有悔改或者立功、重大立功表现的具体事实的书面证明材料;
　　(五)提请假释的,应当附有县级司法行政机关关于罪犯假释后对所居住社区影响的调查评估报告;
　　(六)根据案件情况需要提交的其他材料。

　　对本规定第四条所列罪犯提请减刑、假释的,应当同时提交省、自治区、直辖市监狱管理局签署意见的《罪犯减刑(假释)审核表》。

　　第三章　监狱管理局审核提请减刑、假释建议的程序

　　第十六条　省、自治区、直辖市监狱管理局刑罚执行部门收到监狱报送的提请减刑、假释建议的材料后,应当进行审查。审查中发现监狱报送的材料不齐全或者有疑义的,应当通知监狱补充有关材料或者作出说明。审查无误后,应当出具审查意见,报请分管副局长召集评审委员会进行审核。

　　第十七条　监狱管理局分管副局长主持完成审核后,应当将审核意见报请局长审定;分管副局长认为案件重大或者有其他特殊情况的,可以建议召开局长办公会议审议决定。

　　监狱管理局审核同意对罪犯提请减刑、假释的,由局长在《罪犯减刑(假释)审核表》上签署意见,加盖监狱管理局公章。

　　第四章　附　则

　　第十八条　人民法院开庭审理减刑、假释案件的,监狱应当派员参加庭审,宣读提请减刑、假释建议书并说明理由,配合法庭核实相关情况。

　　第十九条　分监区、直属分监区或者未设分监区的监区人民警察集体研究会议、监区长办公会议、监狱评审委员会会议、监狱长办公会议、监狱管理局评审委员会会议、监狱管理局局长办公会议的记录和本规定第十五条所列的材料,应当存入档案并永久保存。

　　第二十条　违反法律规定和本规定提请减刑、假释,涉嫌违纪的,依照有关处分规定追究相关人员责任;涉嫌犯罪的,移送司法机关依法追究刑事责任。

　　第二十一条　监狱办理职务犯罪罪犯减刑、假释案件,应当按照有关规定报请备案审查。

　　第二十二条　本规定自2014年12月1日起施行。

最高人民法院关于办理减刑、假释案件具体应用法律的规定

- 2016年9月19日最高人民法院审判委员会第1693次会议通过
- 2016年11月14日最高人民法院公告公布
- 自2017年1月1日起施行
- 法释〔2016〕23号

　　为确保依法公正办理减刑、假释案件,依据《中华人民共和国刑法》《中华人民共和国刑事诉讼法》《中华人民共和国监狱法》和其他法律规定,结合司法实践,制定

本规定。

第一条 减刑、假释是激励罪犯改造的刑罚制度，减刑、假释的适用应当贯彻宽严相济刑事政策，最大限度地发挥刑罚的功能，实现刑罚的目的。

第二条 对于罪犯符合刑法第七十八条第一款规定"可以减刑"条件的案件，在办理时应当综合考察罪犯犯罪的性质和具体情节、社会危害程度、原判刑罚及生效裁判中财产性判项的履行情况、交付执行后的一贯表现等因素。

第三条 "确有悔改表现"是指同时具备以下条件：
（一）认罪悔罪；
（二）遵守法律法规及监规，接受教育改造；
（三）积极参加思想、文化、职业技术教育；
（四）积极参加劳动，努力完成劳动任务。

对职务犯罪、破坏金融管理秩序和金融诈骗犯罪、组织（领导、参加、包庇、纵容）黑社会性质组织犯罪等罪犯，不积极退赃、协助追缴赃款赃物、赔偿损失，或者服刑期间利用个人影响力和社会关系等不正当手段意图获得减刑、假释的，不认定其"确有悔改表现"。

罪犯在刑罚执行期间的申诉权利应当依法保护，对其正当申诉不能不加分析地认为是不认罪悔罪。

第四条 具有下列情形之一的，可以认定为有"立功表现"：
（一）阻止他人实施犯罪活动的；
（二）检举、揭发监狱内外犯罪活动，或者提供重要的破案线索，经查证属实的；
（三）协助司法机关抓捕其他犯罪嫌疑人的；
（四）在生产、科研中进行技术革新，成绩突出的；
（五）在抗御自然灾害或者排除重大事故中，表现积极的；
（六）对国家和社会有其他较大贡献的。

第（四）项、第（六）项中的技术革新或者其他较大贡献应当由罪犯在刑罚执行期间独立或者为主完成，并经省级主管部门确认。

第五条 具有下列情形之一的，应当认定为有"重大立功表现"：
（一）阻止他人实施重大犯罪活动的；
（二）检举监狱内外重大犯罪活动，经查证属实的；
（三）协助司法机关抓捕其他重大犯罪嫌疑人的；
（四）有发明创造或者重大技术革新的；
（五）在日常生产、生活中舍己救人的；
（六）在抗御自然灾害或者排除重大事故中，有突出表现的；
（七）对国家和社会有其他重大贡献的。

第（四）项中的发明创造或者重大技术革新应当是罪犯在刑罚执行期间独立或者为主完成并经国家主管部门确认的发明专利，且不包括实用新型专利和外观设计专利；第（七）项中的其他重大贡献应当由罪犯在刑罚执行期间独立或者为主完成，并经国家主管部门确认。

第六条 被判处有期徒刑的罪犯减刑起始时间为：不满五年有期徒刑的，应当执行一年以上方可减刑；五年以上不满十年有期徒刑的，应当执行一年六个月以上方可减刑；十年以上有期徒刑的，应当执行二年以上方可减刑。有期徒刑减刑的起始时间自判决执行之日起计算。

确有悔改表现或者有立功表现的，一次减刑不超过九个月有期徒刑；确有悔改表现并有立功表现的，一次减刑不超过一年有期徒刑；有重大立功表现的，一次减刑不超过一年六个月有期徒刑；确有悔改表现并有重大立功表现的，一次减刑不超过二年有期徒刑。

被判处不满十年有期徒刑的罪犯，两次减刑间隔时间不得少于一年；被判处十年以上有期徒刑的罪犯，两次减刑间隔时间不得少于一年六个月。减刑间隔时间不得低于上次减刑减去的刑期。

罪犯有重大立功表现的，可以不受上述减刑起始时间和间隔时间的限制。

第七条 对符合减刑条件的职务犯罪罪犯，破坏金融管理秩序和金融诈骗犯罪罪犯，组织、领导、参加、包庇、纵容黑社会性质组织犯罪罪犯，危害国家安全犯罪罪犯，恐怖活动犯罪罪犯，毒品犯罪集团的首要分子及毒品再犯，累犯，确有履行能力而不履行或者不全部履行生效裁判中财产性判项的罪犯，被判处十年以下有期徒刑的，执行二年以上方可减刑，减刑幅度应当比照本规定第六条从严掌握，一次减刑不超过一年有期徒刑，两次减刑之间应当间隔一年以上。

对被判处十年以上有期徒刑的前款罪犯，以及因故意杀人、强奸、抢劫、绑架、放火、爆炸、投放危险物质或者有组织的暴力性犯罪被判处十年以上有期徒刑的罪犯，数罪并罚且其中两罪以上被判处十年以上有期徒刑的罪犯，执行二年以上方可减刑，减刑幅度应当比照本规定第六条从严掌握，一次减刑不超过一年有期徒刑，两次减刑之间应当间隔一年六个月以上。

罪犯有重大立功表现的，可以不受上述减刑起始时间和间隔时间的限制。

第八条 被判处无期徒刑的罪犯在刑罚执行期间，

符合减刑条件的，执行二年以上，可以减刑。减刑幅度为：确有悔改表现或者有立功表现的，可以减为二十二年有期徒刑；确有悔改表现并有立功表现的，可以减为二十一年以上二十二年以下有期徒刑；有重大立功表现的，可以减为二十年以上二十一年以下有期徒刑；确有悔改表现并有重大立功表现的，可以减为十九年以上二十年以下有期徒刑。无期徒刑罪犯减为有期徒刑后再减刑时，减刑幅度依照本规定第六条的规定执行。两次减刑间隔时间不得少于二年。

罪犯有重大立功表现的，可以不受上述减刑起始时间和间隔时间的限制。

第九条 对被判处无期徒刑的职务犯罪罪犯，破坏金融管理秩序和金融诈骗犯罪罪犯，组织、领导、参加、包庇、纵容黑社会性质组织犯罪罪犯，危害国家安全犯罪罪犯，恐怖活动犯罪罪犯，毒品犯罪集团的首要分子及毒品再犯，累犯以及因故意杀人、强奸、抢劫、绑架、放火、爆炸、投放危险物质或者有组织的暴力性犯罪的罪犯，确有履行能力而不履行或者不全部履行生效裁判中财产性判项的罪犯，数罪并罚被判处无期徒刑的罪犯，符合减刑条件的，执行三年以上方可减刑，减刑幅度应当比照本规定第八条从严掌握，减刑后的刑期最低不得少于二十年有期徒刑；减为有期徒刑后再减刑时，减刑幅度比照本规定第六条从严掌握，一次不超过一年有期徒刑，两次减刑之间应当间隔二年以上。

罪犯有重大立功表现的，可以不受上述减刑起始时间和间隔时间的限制。

第十条 被判处死刑缓期执行的罪犯减为无期徒刑后，符合减刑条件的，执行三年以上方可减刑。减刑幅度为：确有悔改表现或者有立功表现的，可以减为二十五年有期徒刑；确有悔改表现并有立功表现的，可以减为二十四年以上二十五年以下有期徒刑；有重大立功表现的，可以减为二十三年以上二十四年以下有期徒刑；确有悔改表现并有重大立功表现的，可以减为二十二年以上二十三年以下有期徒刑。

被判处死刑缓期执行的罪犯减为有期徒刑后再减刑时，比照本规定第八条的规定办理。

第十一条 对被判处死刑缓期执行的职务犯罪罪犯，破坏金融管理秩序和金融诈骗犯罪罪犯，组织、领导、参加、包庇、纵容黑社会性质组织犯罪罪犯，危害国家安全犯罪罪犯，恐怖活动犯罪罪犯，毒品犯罪集团的首要分子及毒品再犯，累犯以及因故意杀人、强奸、抢劫、绑架、放火、爆炸、投放危险物质或者有组织的暴力性犯罪的罪犯，确有履行能力而不履行或者不全部履行生效裁判中财产性判项的罪犯，数罪并罚被判处死刑缓期执行的罪犯，减为无期徒刑后，符合减刑条件的，执行三年以上方可减刑，一般减为二十五年有期徒刑，有立功表现或者重大立功表现的，可以比照本规定第十条减为二十三年以上二十五年以下有期徒刑；减为有期徒刑后再减刑时，减刑幅度比照本规定第六条从严掌握，一次不超过一年有期徒刑，两次减刑之间应当间隔二年以上。

第十二条 被判处死刑缓期执行的罪犯经过一次或者几次减刑后，其实际执行的刑期不得少于十五年，死刑缓期执行期间不包括在内。

死刑缓期执行罪犯在缓期执行期间不服从监管、抗拒改造，尚未构成犯罪的，在减为无期徒刑后再减刑时应当适当从严。

第十三条 被限制减刑的死刑缓期执行罪犯，减为无期徒刑后，符合减刑条件的，执行五年以上方可减刑。减刑间隔时间和减刑幅度依照本规定第十一条的规定执行。

第十四条 被限制减刑的死刑缓期执行罪犯，减为有期徒刑后再减刑时，一次减刑不超过六个月有期徒刑，两次减刑间隔时间不得少于二年。有重大立功表现的，间隔时间可以适当缩短，但一次减刑不超过一年有期徒刑。

第十五条 对被判处终身监禁的罪犯，在死刑缓期执行期满依法减为无期徒刑的裁定中，应当明确终身监禁，不得再减刑或者假释。

第十六条 被判处管制、拘役的罪犯，以及判决生效后剩余刑期不满二年有期徒刑的罪犯，符合减刑条件的，可以酌情减刑，减刑起始时间可以适当缩短，但实际执行的刑期不得少于原判刑期的二分之一。

第十七条 被判处有期徒刑罪犯减刑时，对附加剥夺政治权利的期限可以酌减。酌减后剥夺政治权利的期限，不得少于一年。

被判处死刑缓期执行、无期徒刑的罪犯减为有期徒刑时，应当将附加剥夺政治权利的期限减为七年以上十年以下，经过一次或者几次减刑后，最终剥夺政治权利的期限不得少于三年。

第十八条 被判处拘役或者三年以下有期徒刑，并宣告缓刑的罪犯，一般不适用减刑。

前款规定的罪犯在缓刑考验期内有重大立功表现的，可以参照刑法第七十八条的规定予以减刑，同时应当依法缩减其缓刑考验期。缩减后，拘役的缓刑考验期限不得少于二个月,有期徒刑的缓刑考验期限不得少于一年。

第十九条 对在报请减刑前的服刑期间不满十八周岁,且所犯罪行不属于刑法第八十一条第二款规定情形的罪犯,认罪悔罪,遵守法律法规及监规,积极参加学习、劳动,应当视为确有悔改表现。

对上述罪犯减刑时,减刑幅度可以适当放宽,或者减刑起始时间、间隔时间可以适当缩短,但放宽的幅度和缩短的时间不得超过本规定中相应幅度、时间的三分之一。

第二十条 老年罪犯、患严重疾病罪犯或者身体残疾罪犯减刑时,应当主要考察其认罪悔罪的实际表现。

对基本丧失劳动能力,生活难以自理的上述罪犯减刑时,减刑幅度可以适当放宽,或者减刑起始时间、间隔时间可以适当缩短,但放宽的幅度和缩短的时间不得超过本规定中相应幅度、时间的三分之一。

第二十一条 被判处有期徒刑、无期徒刑的罪犯在刑罚执行期间又故意犯罪,新罪被判处有期徒刑的,自新罪判决确定之日起三年内不予减刑;新罪被判处无期徒刑的,自新罪判决确定之日起四年内不予减刑。

罪犯在死刑缓期执行期间又故意犯罪,未被执行死刑的,死刑缓期执行的期间重新计算,减为无期徒刑后,五年内不予减刑。

被判处死刑缓期执行罪犯减刑后,在刑罚执行期间又故意犯罪的,依照第一款规定处理。

第二十二条 办理假释案件,认定"没有再犯罪的危险",除符合刑法第八十一条规定的情形外,还应当根据犯罪的具体情节、原判刑罚情况、在刑罚执行中的一贯表现,罪犯的年龄、身体状况、性格特征,假释后生活来源以及监管条件等因素综合考虑。

第二十三条 被判处有期徒刑的罪犯假释时,执行原判刑期二分之一的时间,应当从判决执行之日起计算,判决执行以前先行羁押的,羁押一日折抵刑期一日。

被判处无期徒刑的罪犯假释时,刑法中关于实际执行刑期不得少于十三年的时间,应当从判决生效之日起计算。判决生效以前先行羁押的时间不予折抵。

被判处死刑缓期执行的罪犯减为无期徒刑或者有期徒刑后,实际执行十五年以上,方可假释,该实际执行时间应当从死刑缓期执行期满之日起计算。死刑缓期执行期间不包括在内,判决确定以前先行羁押的时间不予折抵。

第二十四条 刑法第八十一条第一款规定的"特殊情况",是指有国家政治、国防、外交等方面特殊需要的情况。

第二十五条 对累犯以及因故意杀人、强奸、抢劫、绑架、放火、爆炸、投放危险物质或者有组织的暴力性犯罪被判处十年以上有期徒刑、无期徒刑的罪犯,不得假释。

因前款情形和犯罪被判处死刑缓期执行的罪犯,被减为无期徒刑、有期徒刑后,也不得假释。

第二十六条 对下列罪犯适用假释时可以依法从宽掌握:

(一)过失犯罪的罪犯、中止犯罪的罪犯、被胁迫参加犯罪的罪犯;

(二)因防卫过当或者紧急避险过当而被判处有期徒刑以上刑罚的罪犯;

(三)犯罪时未满十八周岁的罪犯;

(四)基本丧失劳动能力、生活难以自理,假释后生活确有着落的老年罪犯、患严重疾病罪犯或者身体残疾罪犯;

(五)服刑期间改造表现特别突出的罪犯;

(六)具有其他可以从宽假释情形的罪犯。

罪犯既符合法定减刑条件,又符合法定假释条件的,可以优先适用假释。

第二十七条 对于生效裁判中有财产性判项,罪犯确有履行能力而不履行或者不全部履行的,不予假释。

第二十八条 罪犯减刑后又假释的,间隔时间不得少于一年;对一次减去一年以上有期徒刑后,决定假释的,间隔时间不得少于一年六个月。

罪犯减刑后余刑不足二年,决定假释的,可以适当缩短间隔时间。

第二十九条 罪犯在假释考验期内违反法律、行政法规或者国务院有关部门关于假释的监督管理规定的,作出假释裁定的人民法院,应当在收到报请机关或者检察机关撤销假释建议书后及时审查,作出是否撤销假释的裁定,并送达报请机关,同时抄送人民检察院、公安机关和原刑罚执行机关。

罪犯在逃的,撤销假释裁定书可以作为对罪犯进行追捕的依据。

第三十条 依照刑法第八十六条规定被撤销假释的罪犯,一般不得再假释。但依照该条第二款被撤销假释的罪犯,如果罪犯对漏罪曾作如实供述但原判未予认定,或者漏罪系其自首,符合假释条件的,可以再假释。

被撤销假释的罪犯,收监后符合减刑条件的,可以减刑，但减刑起始时间自收监之日起计算。

第三十一条 年满八十周岁、身患疾病或者生活难以自理、没有再犯罪危险的罪犯，既符合减刑条件，又符合假释条件的，优先适用假释；不符合假释条件的，参照本规定第二十条有关的规定从宽处理。

第三十二条 人民法院按照审判监督程序重新审理的案件，裁定维持原判决、裁定的，原减刑、假释裁定继续有效。

再审裁判改变原判决、裁定的，原减刑、假释裁定自动失效，执行机关应当及时报请有管辖权的人民法院重新作出是否减刑、假释的裁定。重新作出减刑裁定时，不受本规定有关减刑起始时间、间隔时间和减刑幅度的限制。重新裁定时应综合考虑各方面因素，减刑幅度不得超过原裁定减去的刑期总和。

再审改判为死刑缓期执行或者无期徒刑的，在新判决减为有期徒刑之时，原判决已经实际执行的刑期一并扣减。

再审裁判宣告无罪的，原减刑、假释裁定自动失效。

第三十三条 罪犯被裁定减刑后，刑罚执行期间因故意犯罪而数罪并罚时，经减刑裁定减去的刑期不计入已经执行的刑期。原判死刑缓期执行减为无期徒刑、有期徒刑，或无期徒刑减为有期徒刑的裁定继续有效。

第三十四条 罪犯被裁定减刑后，刑罚执行期间因发现漏罪而数罪并罚的，原减刑裁定自动失效。如漏罪系罪犯主动交代的，对其原减去的刑期，由执行机关报请有管辖权的人民法院重新作出减刑裁定，予以确认；如漏罪系有关机关发现或者他人检举揭发的，由执行机关报请有管辖权的人民法院，在原减刑裁定减去的刑期总和之内，酌情重新裁定。

第三十五条 被判处死刑缓期执行的罪犯，在死刑缓期执行期内被发现漏罪，依据刑法第七十条规定数罪并罚，决定执行死刑缓期执行的，死刑缓期执行期间自新判决确定之日起计算，已经执行的死刑缓期执行期间计入新判决的死刑缓期执行期间内，但漏罪被判处死刑缓期执行的除外。

第三十六条 被判处死刑缓期执行的罪犯，在死刑缓期执行期满后被发现漏罪，依据刑法第七十条规定数罪并罚，决定执行死刑缓期执行的，交付执行时对罪犯实际执行无期徒刑，死缓考验期不再执行，但漏罪被判处死刑缓期执行的除外。

在无期徒刑减为有期徒刑时，前罪死刑缓期执行减为无期徒刑之日起至新判决生效之日止已经实际执行的刑期，应当计算在减刑裁定决定执行的刑期以内。

原减刑裁定减去的刑期依照本规定第三十四条处理。

第三十七条 被判处无期徒刑的罪犯在减为有期徒刑后因发现漏罪，依据刑法第七十条规定数罪并罚，决定执行无期徒刑的，前罪无期徒刑生效之日起至新判决生效之日止已经实际执行的刑期，应当在新判决的无期徒刑减为有期徒刑时，在减刑裁定决定执行的刑期内扣减。

无期徒刑罪犯减为有期徒刑后因发现漏罪判处三年有期徒刑以下刑罚，数罪并罚决定执行无期徒刑的，在新判决生效后执行一年以上，符合减刑条件的，可以减为有期徒刑，减刑幅度依照本规定第八条、第九条的规定执行。

原减刑裁定减去的刑期依照本规定第三十四条处理。

第三十八条 人民法院作出的刑事判决、裁定发生法律效力后，在依照刑事诉讼法第二百五十三条、第二百五十四条的规定将罪犯交付执行刑罚时，如果生效裁判中有财产性判项，人民法院应当将反映财产性判项执行、履行情况的有关材料一并随案移送刑罚执行机关。罪犯在服刑期间本人履行或者其亲属代为履行生效裁判中财产性判项的，应当及时向刑罚执行机关报告。刑罚执行机关申请减刑时应随案移送以上材料。

人民法院办理减刑、假释案件时，可以向原一审人民法院核实罪犯履行财产性判项的情况。原一审人民法院应当出具相关证明。

刑罚执行期间，负责办理减刑、假释案件的人民法院可以协助原一审人民法院执行生效裁判中的财产性判项。

第三十九条 本规定所称"老年罪犯"，是指报请减刑、假释时年满六十五周岁的罪犯。

本规定所称"患严重疾病罪犯"，是指因患有重病，久治不愈，而不能正常生活、学习、劳动的罪犯。

本规定所称"身体残疾罪犯"，是指因身体有肢体或者器官残缺、功能不全或者丧失功能，而基本丧失生活、学习、劳动能力的罪犯，但是罪犯犯罪后自伤致残的除外。

对刑罚执行机关提供的证明罪犯患有严重疾病或者有身体残疾的证明文件，人民法院应当审查，必要时可以委托有关单位重新诊断、鉴定。

第四十条 本规定所称"判决执行之日"，是指罪犯实际送交刑罚执行机关之日。

本规定所称"减刑间隔时间",是指前一次减刑裁定送达之日起至本次减刑报请之日止的期间。

第四十一条 本规定所称"财产性判项"是指判决罪犯承担的附带民事赔偿义务判项,以及追缴、责令退赔、罚金、没收财产等判项。

第四十二条 本规定自 2017 年 1 月 1 日起施行。以前发布的司法解释与本规定不一致的,以本规定为准。

最高人民法院关于办理减刑、假释案件具体应用法律的补充规定

· 2019 年 3 月 25 日最高人民法院审判委员会第 1763 次会议通过
· 2019 年 4 月 24 日最高人民法院公告公布
· 自 2019 年 6 月 1 日起施行
· 法释〔2019〕6 号

为准确把握宽严相济刑事政策,严格执行《最高人民法院关于办理减刑、假释案件具体应用法律的规定》,现对《中华人民共和国刑法修正案(九)》施行后,依照刑法分则第八章贪污贿赂罪判处刑罚的原具有国家工作人员身份的罪犯的减刑、假释补充规定如下:

第一条 对拒不认罪悔罪的,或者确有履行能力而不履行或者不全部履行生效裁判中财产性判项的,不予假释,一般不予减刑。

第二条 被判处十年以上有期徒刑,符合减刑条件的,执行三年以上方可减刑;被判处不满十年有期徒刑,符合减刑条件的,执行二年以上方可减刑。

确有悔改表现或者有立功表现的,一次减刑不超过六个月有期徒刑;确有悔改表现并有立功表现的,一次减刑不超过九个月有期徒刑;有重大立功表现的,一次减刑不超过一年有期徒刑。

被判处十年以上有期徒刑的,两次减刑之间应当间隔二年以上;被判处不满十年有期徒刑的,两次减刑之间应当间隔一年六个月以上。

第三条 被判处无期徒刑,符合减刑条件的,执行四年以上方可减刑。

确有悔改表现或者有立功表现的,可以减为二十三年以上二十四年以下有期徒刑;确有悔改表现并有立功表现的,可以减为二十二年以上二十三年以下有期徒刑;有重大立功表现的,可以减为二十一年以上二十二年以下有期徒刑。

无期徒刑减为有期徒刑后再减刑时,减刑幅度比照本规定第二条的规定执行。两次减刑之间应当间隔二年以上。

第四条 被判处死刑缓期执行的,减为无期徒刑后,符合减刑条件的,执行四年以上方可减刑。

确有悔改表现或者有立功表现的,可以减为二十五年有期徒刑;确有悔改表现并有立功表现的,可以减为二十四年六个月以上二十五年以下有期徒刑;有重大立功表现的,可以减为二十四年以上二十四年六个月以下有期徒刑。

减为有期徒刑后再减刑时,减刑幅度比照本规定第二条的规定执行。两次减刑之间应当间隔二年以上。

第五条 罪犯有重大立功表现的,减刑时可以不受上述起始时间和间隔时间的限制。

第六条 对本规定所指贪污贿赂罪犯适用假释时,应当从严掌握。

第七条 本规定自 2019 年 6 月 1 日起施行。此前发布的司法解释与本规定不一致的,以本规定为准。

关于加强减刑、假释案件实质化审理的意见

· 2021 年 12 月 1 日
· 法发〔2021〕31 号

减刑、假释制度是我国刑罚执行制度的重要组成部分。依照我国法律规定,减刑、假释案件由刑罚执行机关提出建议书,报请人民法院审理裁定,人民检察院依法进行监督。为严格规范减刑、假释工作,确保案件审理公平、公正,现就加强减刑、假释案件实质化审理提出如下意见。

一、准确把握减刑、假释案件实质化审理的基本要求

1. 坚持全面依法审查。审理减刑、假释案件应当全面审查刑罚执行机关报送的材料,既要注重审查罪犯交付执行后的一贯表现,同时也要注重审查罪犯犯罪的性质、具体情节、社会危害程度、原判刑罚及生效裁判中财产性判项的履行情况等,依法作出公平、公正的裁定,切实防止将考核分数作为减刑、假释的唯一依据。

2. 坚持主客观改造表现并重。审理减刑、假释案件既要注重审查罪犯劳动改造、监管改造等客观方面的表现,也要注重审查罪犯思想改造等主观方面的表现,综合判断罪犯是否确有悔改表现。

3. 坚持严格审查证据材料。审理减刑、假释案件应当充分发挥审判职能作用,坚持以审判为中心,严格审查各项证据材料。认定罪犯是否符合减刑、假释法定条件,

应当有相应证据予以证明；对于没有证据证实或者证据不确实、不充分的，不得裁定减刑、假释。

4. 坚持区别对待。审理减刑、假释案件应当切实贯彻宽严相济刑事政策，具体案件具体分析，区分不同情形，依法作出裁定，最大限度地发挥刑罚的功能，实现刑罚的目的。

二、严格审查减刑、假释案件的实体条件

5. 严格审查罪犯服刑期间改造表现的考核材料。对于罪犯的计分考核材料，应当认真审查考核分数的来源及其合理性等，如果存在考核分数与考核期不对应、加扣分与奖惩不对应、奖惩缺少相应事实和依据等情况，应当要求刑罚执行机关在规定期限内作出说明或者补充。对于在规定期限内不能作出合理解释的考核材料，不作为认定罪犯确有悔改表现的依据。

对于罪犯的认罪悔罪书、自我鉴定等自书材料，要结合罪犯的文化程度认真进行审查，对于无特殊原因非本人书写或者自书材料内容虚假的，不认定罪犯确有悔改表现。

对于罪犯存在违反监规纪律行为的，应当根据行为性质、情节等具体情况，综合分析判断罪犯的改造表现。罪犯服刑期间因违反监规纪律被处以警告、记过或者禁闭处罚的，可以根据案件具体情况，认定罪犯是否确有悔改表现。

6. 严格审查罪犯立功、重大立功的证据材料，准确把握认定条件。对于检举、揭发监狱内外犯罪活动，或者提供重要破案线索的，应当注重审查线索的来源。对于揭发线索来源存疑的，应当进一步核查，如果查明线索系通过贿买、暴力、威胁或者违反监规等非法手段获取的，不认定罪犯具有立功或者重大立功表现。

对于技术革新、发明创造，应当注重审查罪犯是否具备该技术革新、发明创造的专业能力和条件，对于罪犯明显不具备相应专业能力及条件、不能说明技术革新或者发明创造原理及过程的，不认定罪犯具有立功或者重大立功表现。

对于阻止他人实施犯罪活动，协助司法机关抓捕其他犯罪嫌疑人，在日常生产、生活中舍己救人，在抗御自然灾害或者排除重大事故中有积极或者突出表现的，除应当审查有关部门出具的证明材料外，还应当注重审查能够证明上述行为的其他证据材料，对于罪犯明显不具备实施上述行为能力和条件的，不认定罪犯具有立功或者重大立功表现。

严格把握"较大贡献"或者"重大贡献"的认定条件。该"较大贡献"或者"重大贡献"，是指对国家、社会具有积极影响，而非仅对个别人员、单位有贡献和帮助。对于罪犯在警示教育活动中现身说法的，不认定罪犯具有立功或者重大立功表现。

7. 严格审查罪犯履行财产性判项的能力。罪犯未履行或者未全部履行财产性判项，具有下列情形之一的，不认定罪犯确有悔改表现：

（1）拒不交代赃款、赃物去向；
（2）隐瞒、藏匿、转移财产；
（3）有可供履行的财产拒不履行。

对于前款罪犯，无特殊原因狱内消费明显超出规定额度标准的，一般不认定罪犯确有悔改表现。

8. 严格审查反映罪犯是否有再犯罪危险的材料。对于报请假释的罪犯，应当认真审查刑罚执行机关提供的反映罪犯服刑期间现实表现和生理、心理状况的材料，并认真审查司法行政机关或者有关社会组织出具的罪犯假释后对所居住社区影响的材料，同时结合罪犯犯罪的性质、具体情节、社会危害程度、原判刑罚及生效裁判中财产性判项的履行情况等，综合判断罪犯假释后是否具有再犯罪危险性。

9. 严格审查罪犯身份信息、患有严重疾病或者身体有残疾的证据材料。对于上述证据材料有疑问的，可以委托有关单位重新调查、诊断、鉴定。对原判适用《中华人民共和国刑事诉讼法》第一百六十条第二款规定判处刑罚的罪犯，在刑罚执行期间不真心悔罪，仍不讲真实姓名、住址，且无法调查核实清楚的，除具有重大立功表现等特殊情形外，一律不予减刑、假释。

10. 严格把握罪犯减刑后的实际服刑期。正确理解法律和司法解释规定的最低服刑期限，严格控制减刑起始时间、间隔时间及减刑幅度，并根据罪犯前期减刑情况和效果，对其后续减刑予以总体掌握。死刑缓期执行、无期徒刑罪犯减为有期徒刑后再减刑时，在减刑间隔时间及减刑幅度上，应当从严把握。

三、切实强化减刑、假释案件办理程序机制

11. 充分发挥庭审功能。人民法院开庭审理减刑、假释案件，应当围绕罪犯实际服刑表现、财产性判项执行履行情况等，认真进行法庭调查。人民检察院应当派员出庭履行职务，并充分发表意见。人民法院对于有疑问的证据材料，要重点进行核查，必要时可以要求有关机关或者罪犯本人作出说明，有效发挥庭审在查明事实、公正裁判中的作用。

12. 健全证人出庭作证制度。人民法院审理减刑、假释案件，应当通知罪犯的管教干警、同监室罪犯、公示期间提出异议的人员以及其他了解情况的人员出庭作证。开庭审理前，刑罚执行机关应当提供前述证人名单，人民法院根据需要从名单中确定相应数量的证人出庭作证。证人到庭后，应当对其进行详细询问，全面了解被报请减刑、假释罪犯的改造表现等情况。

13. 有效行使庭外调查核实权。人民法院、人民检察院对于刑罚执行机关提供的罪犯确有悔改表现、立功表现等证据材料存有疑问的，根据案件具体情况，可以采取讯问罪犯、询问证人、调取相关材料、与监所人民警察座谈、听取派驻监所检察人员意见等方式，在庭外对相关证据材料进行调查核实。

14. 强化审判组织的职能作用。人民法院审理减刑、假释案件，合议庭成员应当对罪犯是否符合减刑或者假释条件、减刑幅度是否适当、财产性判项是否执行履行等情况，充分发表意见。对于重大、疑难、复杂的减刑、假释案件，合议庭必要时可以提请院长决定提交审判委员会讨论，但提请前应当先经专业法官会议研究。

15. 完善财产性判项执行衔接机制。人民法院刑事审判部门作出具有财产性判项内容的刑事裁判后，应当及时按照规定移送负责执行的部门执行。刑罚执行机关对罪犯报请减刑、假释时，可以向负责执行财产性判项的人民法院调取罪犯财产性判项执行情况的有关材料，负责执行的人民法院应当予以配合。刑罚执行机关提交的关于罪犯财产性判项执行情况的材料，可以作为人民法院认定罪犯财产性判项执行情况和判断罪犯是否具有履行能力的依据。

16. 提高信息化运用水平。人民法院、人民检察院、刑罚执行机关要进一步提升减刑、假释信息化建设及运用水平，充分利用减刑、假释信息化协同办案平台、执行信息平台及大数据平台等，采用远程视频开庭等方式，不断完善案件办理机制。同时，加强对减刑、假释信息化协同办案平台和减刑、假释、暂予监外执行信息网的升级改造，不断拓展信息化运用的深度和广度，为提升减刑、假释案件办理质效和加强权力运行制约监督提供科技支撑。

四、大力加强减刑、假释案件监督指导及工作保障

17. 不断健全内部监督。人民法院、人民检察院、刑罚执行机关要进一步强化监督管理职责，严格落实备案审查、专项检查等制度机制，充分发挥层级审核把关作用。人民法院要加强文书的释法说理，进一步提升减刑、假释裁定公信力。对于发现的问题及时责令整改，对于确有错误的案件，坚决依法予以纠正，对于涉嫌违纪违法的线索，及时移交纪检监察部门处理。

18. 高度重视外部监督。人民法院、人民检察院要自觉接受同级人民代表大会及其常委会的监督，主动汇报工作，对于人大代表关注的问题，认真研究处理并及时反馈，不断推进减刑、假释工作规范化开展；人民法院、刑罚执行机关要依法接受检察机关的法律监督，认真听取检察机关的意见、建议，支持检察机关巡回检察等工作，充分保障检察机关履行检察职责；人民法院、人民检察院、刑罚执行机关均要主动接受社会监督，积极回应人民群众关切。

19. 着力强化对下指导。人民法院、人民检察院、刑罚执行机关在减刑、假释工作中，遇到法律适用难点问题或者其他重大政策问题，应当及时向上级机关请示报告。上级机关应当准确掌握下级机关在减刑、假释工作中遇到的突出问题，加强研究和指导，并及时收集辖区内减刑、假释典型案例层报。最高人民法院、最高人民检察院应当适时发布指导性案例，为下级人民法院、人民检察院依法办案提供指导。

20. 切实加强工作保障。人民法院、人民检察院、刑罚执行机关应当充分认识减刑、假释工作所面临的新形势、新任务、新要求，坚持各司其职、分工负责、相互配合、相互制约的原则，不断加强沟通协作。根据工作需要，配足配强办案力量，加强对办案人员的业务培训，提升能力素质，建立健全配套制度机制，确保减刑、假释案件实质化审理公正、高效开展。

2. 社区矫正

中华人民共和国社区矫正法

- 2019年12月28日第十三届全国人民代表大会常务委员会第十五次会议通过
- 2019年12月28日中华人民共和国主席令第40号公布
- 自2020年7月1日起施行

第一章 总 则

第一条 为了推进和规范社区矫正工作，保障刑事判决、刑事裁定和暂予监外执行决定的正确执行，提高教育矫正质量，促进社区矫正对象顺利融入社会，预防和减少犯罪，根据宪法，制定本法。

第二条 对被判处管制、宣告缓刑、假释和暂予监外执行的罪犯，依法实行社区矫正。

对社区矫正对象的监督管理、教育帮扶等活动，适用本法。

第三条 社区矫正工作坚持监督管理与教育帮扶相结合，专门机关与社会力量相结合，采取分类管理、个别化矫正，有针对性地消除社区矫正对象可能重新犯罪的因素，帮助其成为守法公民。

第四条 社区矫正对象应当依法接受社区矫正，服从监督管理。

社区矫正工作应当依法进行，尊重和保障人权。社区矫正对象依法享有的人身权利、财产权利和其他权利不受侵犯，在就业、就学和享受社会保障等方面不受歧视。

第五条 国家支持社区矫正机构提高信息化水平，运用现代信息技术开展监督管理和教育帮扶。社区矫正工作相关部门之间依法进行信息共享。

第六条 各级人民政府应当将社区矫正经费列入本级政府预算。

居民委员会、村民委员会和其他社会组织依法协助社区矫正机构开展工作所需的经费应当按照规定列入社区矫正机构本级政府预算。

第七条 对在社区矫正工作中做出突出贡献的组织、个人，按照国家有关规定给予表彰、奖励。

第二章 机构、人员和职责

第八条 国务院司法行政部门主管全国的社区矫正工作。县级以上地方人民政府司法行政部门主管本行政区域内的社区矫正工作。

人民法院、人民检察院、公安机关和其他有关部门依照各自职责，依法做好社区矫正工作。人民检察院依法对社区矫正工作实行法律监督。

地方人民政府根据需要设立社区矫正委员会，负责统筹协调和指导本行政区域内的社区矫正工作。

第九条 县级以上地方人民政府根据需要设置社区矫正机构，负责社区矫正工作的具体实施。社区矫正机构的设置和撤销，由县级以上地方人民政府司法行政部门提出意见，按照规定的权限和程序审批。

司法所根据社区矫正机构的委托，承担社区矫正相关工作。

第十条 社区矫正机构应当配备具有法律等专业知识的专门国家工作人员（以下称社区矫正机构工作人员），履行监督管理、教育帮扶等执法职责。

第十一条 社区矫正机构根据需要，组织具有法律、教育、心理、社会工作等专业知识或者实践经验的社会工作者开展社区矫正相关工作。

第十二条 居民委员会、村民委员会依法协助社区矫正机构做好社区矫正工作。

社区矫正对象的监护人、家庭成员，所在单位或者就读学校应当协助社区矫正机构做好社区矫正工作。

第十三条 国家鼓励、支持企业事业单位、社会组织、志愿者等社会力量依法参与社区矫正工作。

第十四条 社区矫正机构工作人员应当严格遵守宪法和法律，忠于职守，严守纪律，清正廉洁。

第十五条 社区矫正机构工作人员和其他参与社区矫正工作的人员依法开展社区矫正工作，受法律保护。

第十六条 国家推进高素质的社区矫正工作队伍建设。社区矫正机构应当加强对社区矫正工作人员的管理、监督、培训和职业保障，不断提高社区矫正工作的规范化、专业化水平。

第三章 决定和接收

第十七条 社区矫正决定机关判处管制、宣告缓刑、裁定假释、决定或者批准暂予监外执行时应当确定社区矫正执行地。

社区矫正执行地为社区矫正对象的居住地。社区矫正对象在多个地方居住的，可以确定经常居住地为执行地。

社区矫正对象的居住地、经常居住地无法确定或者不适宜执行社区矫正的，社区矫正决定机关应当根据有利于社区矫正对象接受矫正、更好地融入社会的原则，确定执行地。

本法所称社区矫正决定机关，是指依法判处管制、宣告缓刑、裁定假释、决定暂予监外执行的人民法院和依法批准暂予监外执行的监狱管理机关、公安机关。

第十八条 社区矫正决定机关根据需要，可以委托社区矫正机构或者有关社会组织对被告人或者罪犯的社会危险性和对所居住社区的影响，进行调查评估，提出意见，供决定社区矫正时参考。居民委员会、村民委员会等组织应当提供必要的协助。

第十九条 社区矫正决定机关判处管制、宣告缓刑、裁定假释、决定或者批准暂予监外执行，应当按照刑法、刑事诉讼法等法律规定的条件和程序进行。

社区矫正决定机关应当对社区矫正对象进行教育，告知其在社区矫正期间应当遵守的规定以及违反规定的法律后果，责令其按时报到。

第二十条 社区矫正决定机关应当自判决、裁定或者决定生效之日起五日内通知执行地社区矫正机构，并在十日内送达有关法律文书，同时抄送人民检察院和执行地公安机关。社区矫正决定地与执行地不在同一地方的，由执行地社区矫正机构将法律文书转送所在地的人民检察院、公安机关。

第二十一条 人民法院判处管制、宣告缓刑、裁定假释的社区矫正对象，应当自判决、裁定生效之日起十日内到执行地社区矫正机构报到。

人民法院决定暂予监外执行的社区矫正对象，由看守所或者执行取保候审、监视居住的公安机关自收到决定之日起十日内将社区矫正对象移送社区矫正机构。

监狱管理机关、公安机关批准暂予监外执行的社区矫正对象，由监狱或者看守所自收到批准决定之日起十日内将社区矫正对象移送社区矫正机构。

第二十二条 社区矫正机构应当依法接收社区矫正对象，核对法律文书、核实身份、办理接收登记、建立档案，并宣告社区矫正对象的犯罪事实、执行社区矫正的期限以及应当遵守的规定。

第四章 监督管理

第二十三条 社区矫正对象在社区矫正期间应当遵守法律、行政法规，履行判决、裁定、暂予监外执行决定等法律文书确定的义务，遵守国务院司法行政部门关于报告、会客、外出、迁居、保外就医等监督管理规定，服从社区矫正机构的管理。

第二十四条 社区矫正机构应当根据裁判内容和社区矫正对象的性别、年龄、心理特点、健康状况、犯罪原因、犯罪类型、犯罪情节、悔罪表现等情况，制定有针对性的矫正方案，实现分类管理、个别化矫正。矫正方案应当根据社区矫正对象的表现等情况相应调整。

第二十五条 社区矫正机构应当根据社区矫正对象的情况，为其确定矫正小组，负责落实相应的矫正方案。

根据需要，矫正小组可以由司法所、居民委员会、村民委员会的人员，社区矫正对象的监护人、家庭成员，所在单位或者就读学校的人员以及社会工作者、志愿者等组成。社区矫正对象为女性的，矫正小组中应有女性成员。

第二十六条 社区矫正机构应当了解掌握社区矫正对象的活动情况和行为表现。社区矫正机构可以通过通信联络、信息化核查、实地查访等方式核实有关情况，有关单位和个人应当予以配合。

社区矫正机构开展实地查访等工作时，应当保护社区矫正对象的身份信息和个人隐私。

第二十七条 社区矫正对象离开所居住的市、县或者迁居，应当报经社区矫正机构批准。社区矫正机构对于有正当理由的，应当批准；对于因正常工作和生活需要经常性跨市、县活动的，可以根据情况，简化批准程序和方式。

因社区矫正对象迁居等原因需要变更执行地的，社区矫正机构应当按照有关规定作出变更决定。社区矫正机构作出变更决定后，应当通知社区矫正决定机关和变更后的社区矫正机构，并将有关法律文书抄送变更后的社区矫正机构。变更后的社区矫正机构应当将法律文书转送所在地的人民检察院、公安机关。

第二十八条 社区矫正机构根据社区矫正对象的表现，依照有关规定对其实施考核奖惩。社区矫正对象认罪悔罪、遵守法律法规、服从监督管理、接受教育表现突出的，应当给予表扬。社区矫正对象违反法律法规或者监督管理规定的，应当视情节依法给予训诫、警告、提请公安机关予以治安管理处罚，或者依法提请撤销缓刑、撤销假释、对暂予监外执行的收监执行。

对社区矫正对象的考核结果，可以作为认定其是否确有悔改表现或者是否严重违反监督管理规定的依据。

第二十九条 社区矫正对象有下列情形之一的，经县级司法行政部门负责人批准，可以使用电子定位装置，加强监督管理：

（一）违反人民法院禁止令的；

（二）无正当理由，未经批准离开所居住的市、县的；

（三）拒不按照规定报告自己的活动情况，被给予警告的；

（四）违反监督管理规定，被给予治安管理处罚的；

（五）拟提请撤销缓刑、假释或者暂予监外执行收监执行的。

前款规定的使用电子定位装置的期限不得超过三个月。对于不需要继续使用的，应当及时解除；对于期限届满后，经评估仍有必要继续使用的，经过批准，期限可以延长，每次不得超过三个月。

社区矫正机构对通过电子定位装置获得的信息应当严格保密，有关信息只能用于社区矫正工作，不得用于其他用途。

第三十条 社区矫正对象失去联系的，社区矫正机构应当立即组织查找，公安机关等有关单位和人员应当予以配合协助。查找到社区矫正对象后，应当区别情形依法作出处理。

第三十一条 社区矫正机构发现社区矫正对象正在实施违反监督管理规定的行为或者违反人民法院禁止令等违法行为的，应当立即制止；制止无效的，应当立即通知公安机关到场处置。

第三十二条 社区矫正对象有被依法决定拘留、强制隔离戒毒、采取刑事强制措施等限制人身自由情形的，有关机关应当及时通知社区矫正机构。

第三十三条　社区矫正对象符合刑法规定的减刑条件的，社区矫正机构应当向社区矫正执行地的中级以上人民法院提出减刑建议，并将减刑建议书抄送同级人民检察院。

人民法院应当在收到社区矫正机构的减刑建议书后三十日内作出裁定，并将裁定书送达社区矫正机构，同时抄送人民检察院、公安机关。

第三十四条　开展社区矫正工作，应当保障社区矫正对象的合法权益。社区矫正的措施和方法应当避免对社区矫正对象的正常工作和生活造成不必要的影响；非依法律规定，不得限制或者变相限制社区矫正对象的人身自由。

社区矫正对象认为其合法权益受到侵害的，有权向人民检察院或者有关机关申诉、控告和检举。受理机关应当及时办理，并将办理结果告知申诉人、控告人和检举人。

第五章　教育帮扶

第三十五条　县级以上地方人民政府及其有关部门应当通过多种形式为教育帮扶社区矫正对象提供必要的场所和条件，组织动员社会力量参与教育帮扶工作。

有关人民团体应当依法协助社区矫正机构做好教育帮扶工作。

第三十六条　社区矫正机构根据需要，对社区矫正对象进行法治、道德等教育，增强其法治观念，提高其道德素质和悔罪意识。

对社区矫正对象的教育应当根据其个体特征、日常表现等实际情况，充分考虑其工作和生活情况，因人施教。

第三十七条　社区矫正机构可以协调有关部门和单位，依法对就业困难的社区矫正对象开展职业技能培训、就业指导，帮助社区矫正对象中的在校学生完成学业。

第三十八条　居民委员会、村民委员会可以引导志愿者和社区群众，利用社区资源，采取多种形式，对有特殊困难的社区矫正对象进行必要的教育帮扶。

第三十九条　社区矫正对象的监护人、家庭成员、所在单位或者就读学校应当协助社区矫正机构做好对社区矫正对象的教育。

第四十条　社区矫正机构可以通过公开择优购买社区矫正社会工作服务或者其他社会服务，为社区矫正对象在教育、心理辅导、职业技能培训、社会关系改善等方面提供必要的帮扶。

社区矫正机构也可以通过项目委托社会组织等方式开展上述帮扶活动。国家鼓励有经验和资源的社会组织跨地区开展帮扶交流和示范活动。

第四十一条　国家鼓励企业事业单位、社会组织为社区矫正对象提供就业岗位和职业技能培训。招用符合条件的社区矫正对象的企业，按照规定享受国家优惠政策。

第四十二条　社区矫正机构可以根据社区矫正对象的个人特长，组织其参加公益活动，修复社会关系，培养社会责任感。

第四十三条　社区矫正对象可以按照国家有关规定申请社会救助、参加社会保险、获得法律援助，社区矫正机构应当给予必要的协助。

第六章　解除和终止

第四十四条　社区矫正对象矫正期满或者被赦免的，社区矫正机构应当向社区矫正对象发放解除社区矫正证明书，并通知社区矫正决定机关、所在地的人民检察院、公安机关。

第四十五条　社区矫正对象被裁定撤销缓刑、假释，被决定收监执行，或者社区矫正对象死亡的，社区矫正终止。

第四十六条　社区矫正对象具有刑法规定的撤销缓刑、假释情形的，应当由人民法院撤销缓刑、假释。

对于在考验期限内犯新罪或者发现判决宣告以前还有其他罪没有判决的，应当由审理该案件的人民法院撤销缓刑、假释，并书面通知原审人民法院和执行地社区矫正机构。

对于有第二款规定以外的其他需要撤销缓刑、假释情形的，社区矫正机构应当向原审人民法院或者执行地人民法院提出撤销缓刑、假释建议，并将建议书抄送人民检察院。社区矫正机构提出撤销缓刑、假释建议时，应当说明理由，并提供有关证据材料。

第四十七条　被提请撤销缓刑、假释的社区矫正对象可能逃跑或者可能发生社会危险的，社区矫正机构可以在提出撤销缓刑、假释建议的同时，提请人民法院决定对其予以逮捕。

人民法院应当在四十八小时内作出是否逮捕的决定。决定逮捕的，由公安机关执行。逮捕后的羁押期限不得超过三十日。

第四十八条　人民法院应当在收到社区矫正机构撤销缓刑、假释建议书后三十日内作出裁定，将裁定书送达社区矫正机构和公安机关，并抄送人民检察院。

人民法院拟撤销缓刑、假释的，应当听取社区矫正对象的申辩及其委托的律师的意见。

人民法院裁定撤销缓刑、假释的，公安机关应当及时将社区矫正对象送交监狱或者看守所执行。执行以前被逮捕、羁押一日折抵刑期一日。

人民法院裁定不予撤销缓刑、假释的，对被逮捕的社区矫正对象，公安机关应当立即予以释放。

第四十九条 暂予监外执行的社区矫正对象具有刑事诉讼法规定的应当予以收监情形的，社区矫正机构应当向执行地或者原社区矫正决定机关提出收监执行建议，并将建议书抄送人民检察院。

社区矫正决定机关应当在收到建议书后三十日内作出决定，将决定书送达社区矫正机构和公安机关，并抄送人民检察院。

人民法院、公安机关对暂予监外执行的社区矫正对象决定收监执行的，由公安机关立即将社区矫正对象送交监狱或者看守所收监执行。

监狱管理机关对暂予监外执行的社区矫正对象决定收监执行的，监狱应当立即将社区矫正对象收监执行。

第五十条 被裁定撤销缓刑、假释和被决定收监执行的社区矫正对象逃跑的，由公安机关追捕，社区矫正机构、有关单位和个人予以协助。

第五十一条 社区矫正对象在社区矫正期间死亡的，其监护人、家庭成员应当及时向社区矫正机构报告。社区矫正机构应当及时通知社区矫正决定机关、所在地的人民检察院、公安机关。

第七章 未成年人社区矫正特别规定

第五十二条 社区矫正机构应当根据未成年社区矫正对象的年龄、心理特点、发育需要、成长经历、犯罪原因、家庭监护教育条件等情况，采取针对性的矫正措施。

社区矫正机构为未成年社区矫正对象确定矫正小组，应当吸收熟悉未成年人身心特点的人员参加。

对未成年人的社区矫正，应当与成年人分别进行。

第五十三条 未成年社区矫正对象的监护人应当履行监护责任，承担抚养、管教等义务。

监护人怠于履行监护职责的，社区矫正机构应当督促、教育其履行监护责任。监护人拒不履行监护职责的，通知有关部门依法作出处理。

第五十四条 社区矫正机构工作人员和其他依法参与社区矫正工作的人员对履行职责过程中获得的未成年人身份信息应当予以保密。

除司法机关办案需要或者有关单位根据国家规定查询外，未成年社区矫正对象的档案信息不得提供给任何单位或者个人。依法进行查询的单位，应当对获得的信息予以保密。

第五十五条 对未完成义务教育的未成年社区矫正对象，社区矫正机构应当通知并配合教育部门为其完成义务教育提供条件。未成年社区矫正对象的监护人应当依法保证其按时入学接受并完成义务教育。

年满十六周岁的社区矫正对象有就业意愿的，社区矫正机构可以协调有关部门和单位为其提供职业技能培训，给予就业指导和帮助。

第五十六条 共产主义青年团、妇女联合会、未成年人保护组织应当依法协助社区矫正机构做好未成年人社区矫正工作。

国家鼓励其他未成年人相关社会组织参与未成年人社区矫正工作，依法给予政策支持。

第五十七条 未成年社区矫正对象在复学、升学、就业等方面依法享有与其他未成年人同等的权利，任何单位和个人不得歧视。有歧视行为的，应当由教育、人力资源和社会保障等部门依法作出处理。

第五十八条 未成年社区矫正对象在社区矫正期间年满十八周岁的，继续按照未成年社区矫正有关规定执行。

第八章 法律责任

第五十九条 社区矫正对象在社区矫正期间有违反监督管理规定行为的，由公安机关依照《中华人民共和国治安管理处罚法》的规定给予处罚；具有撤销缓刑、假释或者暂予监外执行收监情形的，应当依法作出处理。

第六十条 社区矫正对象殴打、威胁、侮辱、骚扰、报复社区矫正机构工作人员和其他依法参与社区矫正工作的人员及其近亲属，构成犯罪的，依法追究刑事责任；尚不构成犯罪的，由公安机关依法给予治安管理处罚。

第六十一条 社区矫正机构工作人员和其他国家工作人员有下列行为之一的，应当给予处分；构成犯罪的，依法追究刑事责任：

（一）利用职务或者工作便利索取、收受贿赂的；

（二）不履行法定职责的；

（三）体罚、虐待社区矫正对象，或者违反法律规定限制或者变相限制社区矫正对象的人身自由的；

（四）泄露社区矫正工作秘密或者其他依法应当保密的信息的；

（五）对依法申诉、控告或者检举的社区矫正对象进行打击报复的；

（六）有其他违纪违法行为的。

第六十二条 人民检察院发现社区矫正工作违反法律规定的，应当依法提出纠正意见、检察建议。有关单位应当将采纳纠正意见、检察建议的情况书面回复人民检察院，没有采纳的应当说明理由。

第九章 附 则

第六十三条 本法自2020年7月1日起施行。

中华人民共和国社区矫正法实施办法

- 2020年6月18日
- 司发通〔2020〕59号

第一条 为了推进和规范社区矫正工作，根据《中华人民共和国刑法》《中华人民共和国刑事诉讼法》《中华人民共和国社区矫正法》等有关法律规定，制定本办法。

第二条 社区矫正工作坚持党的绝对领导，实行党委政府统一领导、司法行政机关组织实施、相关部门密切配合、社会力量广泛参与、检察机关法律监督的领导体制和工作机制。

第三条 地方人民政府根据需要设立社区矫正委员会，负责统筹协调和指导本行政区域内的社区矫正工作。

司法行政机关向社区矫正委员会报告社区矫正工作开展情况，提请社区矫正委员会协调解决社区矫正工作中的问题。

第四条 司法行政机关依法履行以下职责：

（一）主管本行政区域内社区矫正工作；

（二）对本行政区域内设置和撤销社区矫正机构提出意见；

（三）拟定社区矫正工作发展规划和管理制度，监督检查社区矫正法律法规和政策的执行情况；

（四）推动社会力量参与社区矫正工作；

（五）指导支持社区矫正机构提高信息化水平；

（六）对在社区矫正工作中作出突出贡献的组织、个人，按照国家有关规定给予表彰、奖励；

（七）协调推进高素质社区矫正工作队伍建设；

（八）其他依法应当履行的职责。

第五条 人民法院依法履行以下职责：

（一）拟判处管制、宣告缓刑、决定暂予监外执行的，可以委托社区矫正机构或者有关社会组织对被告人或者罪犯的社会危险性和对所居住社区的影响，进行调查评估，提出意见，供决定社区矫正时参考；

（二）对执行机关报请假释的，审查执行机关移送的罪犯假释后对所居住社区影响的调查评估意见；

（三）核实并确定社区矫正执行地；

（四）对被告人或者罪犯依法判处管制、宣告缓刑、裁定假释、决定暂予监外执行；

（五）对社区矫正对象进行教育，及时通知并送达法律文书；

（六）对符合撤销缓刑、撤销假释或者暂予监外执行收监执行条件的社区矫正对象，作出判决、裁定和决定；

（七）对社区矫正机构提请逮捕的，及时作出是否逮捕的决定；

（八）根据社区矫正机构提出的减刑建议作出裁定；

（九）其他依法应当履行的职责。

第六条 人民检察院依法履行以下职责：

（一）对社区矫正决定机关、社区矫正机构或者有关社会组织的调查评估活动实行法律监督；

（二）对社区矫正决定机关判处管制、宣告缓刑、裁定假释、决定或者批准暂予监外执行活动实行法律监督；

（三）对社区矫正法律文书及社区矫正对象交付执行活动实行法律监督；

（四）对监督管理、教育帮扶社区矫正对象的活动实行法律监督；

（五）对变更刑事执行、解除矫正和终止矫正的活动实行法律监督；

（六）受理申诉、控告和举报，维护社区矫正对象的合法权益；

（七）按照刑事诉讼法的规定，在对社区矫正实行法律监督中发现司法工作人员相关职务犯罪，可以立案侦查直接受理的案件；

（八）其他依法应当履行的职责。

第七条 公安机关依法履行以下职责：

（一）对看守所留所服刑罪犯拟暂予监外执行的，可以委托开展调查评估；

（二）对看守所留所服刑罪犯拟暂予监外执行的，核实并确定社区矫正执行地；对符合暂予监外执行条件的，批准暂予监外执行；对符合收监执行条件的，作出收监执行的决定；

（三）对看守所留所服刑罪犯批准暂予监外执行的，进行教育，及时通知并送达法律文书；依法将社区矫正对象交付执行；

（四）对社区矫正对象予以治安管理处罚；到场处置经社区矫正机构制止无效，正在实施违反监督管理规定或者违反人民法院禁止令等违法行为的社区矫正对象；协助社区矫正机构处置突发事件；

（五）协助社区矫正机构查找失去联系的社区矫正

对象;执行人民法院作出的逮捕决定;被裁定撤销缓刑、撤销假释和被决定收监执行的社区矫正对象逃跑的,予以追捕;

(六)对裁定撤销缓刑、撤销假释,或者对人民法院、公安机关决定暂予监外执行收监的社区矫正对象,送交看守所或者监狱执行;

(七)执行限制社区矫正对象出境的措施;

(八)其他依法应当履行的职责。

第八条 监狱管理机关以及监狱依法履行以下职责:

(一)对监狱关押罪犯拟提请假释的,应当委托进行调查评估;对监狱关押罪犯拟暂予监外执行的,可以委托进行调查评估;

(二)对监狱关押罪犯拟暂予监外执行的,依法核实并确定社区矫正执行地;对符合暂予监外执行条件的,监狱管理机关作出暂予监外执行决定;

(三)对监狱关押罪犯批准暂予监外执行的,进行教育,及时通知并送达法律文书;依法将社区矫正对象交付执行;

(四)监狱管理机关对暂予监外执行罪犯决定收监执行的,原審判或者接收其档案的监狱应当立即将罪犯收监执行;

(五)其他依法应当履行的职责。

第九条 社区矫正机构是县级以上地方人民政府根据需要设置的,负责社区矫正工作具体实施的执行机关。社区矫正机构依法履行以下职责:

(一)接受委托进行调查评估,提出评估意见;

(二)接收社区矫正对象,核对法律文书、核实身份、办理接收登记,建立档案;

(三)组织入矫和解矫宣告,办理入矫和解矫手续;

(四)建立矫正小组、组织矫正小组开展工作,制定和落实矫正方案;

(五)对社区矫正对象进行监督管理,实施考核奖惩;审批会客、外出、变更执行地等事项;了解掌握社区矫正对象的活动情况和行为表现;组织查找失去联系的社区矫正对象,查找后依情形作出处理;

(六)提出治安管理处罚建议,提出减刑、撤销缓刑、撤销假释、收监执行等变更刑事执行建议,依法提请逮捕;

(七)对社区矫正对象进行教育帮扶,开展法治道德等教育,协调有关方面开展职业技能培训、就业指导,组织公益活动等事项;

(八)向有关机关通报社区矫正对象情况,送达法律文书;

(九)对社区矫正工作人员开展管理、监督、培训,落实职业保障;

(十)其他依法应当履行的职责。

设置和撤销社区矫正机构,由县级以上地方人民政府司法行政部门提出意见,按照规定的权限和程序审批。社区矫正日常工作由县级社区矫正机构具体承担;未设置县级社区矫正机构的,由上一级社区矫正机构具体承担。省、市两级社区矫正机构主要负责监督指导、跨区域执法的组织协调以及与同级社区矫正决定机关对接的案件办理工作。

第十条 司法所根据社区矫正机构的委托,承担社区矫正相关工作。

第十一条 社区矫正机构依法加强信息化建设,运用现代信息技术开展监督管理和教育帮扶。

社区矫正工作相关部门之间依法进行信息共享,人民法院、人民检察院、公安机关、司法行政机关依法建立完善社区矫正信息交换平台,实现业务协同、互联互通,运用现代信息技术及时准确传输交换有关法律文书,根据需要实时查询社区矫正对象交付接收、监督管理、教育帮扶、脱离监管、被治安管理处罚、被采取强制措施、变更刑事执行、办理再犯罪案件等情况,共享社区矫正工作动态信息,提高社区矫正信息化水平。

第十二条 对拟适用社区矫正的,社区矫正决定机关应当核实社区矫正对象的居住地。社区矫正对象在多个地方居住的,可以确定经常居住地为执行地。没有居住地,居住地、经常居住地无法确定或者不适宜执行社区矫正的,应当根据有利于社区矫正对象接受矫正、更好地融入社会的原则,确定社区矫正执行地。被确定为执行地的社区矫正机构应当及时接收。

社区矫正对象的居住地是指其实际居住的县(市、区)。社区矫正对象的经常居住地是指其经常居住的、有固定住所、固定生活来源的县(市、区)。

社区矫正对象应如实提供其居住、户籍等情况,并提供必要的证明材料。

第十三条 社区矫正决定机关对拟适用社区矫正的被告人、罪犯,需要调查其社会危险性和对所居住社区影响的,可以委托拟确定为执行地的社区矫正机构或者有关社会组织进行调查评估。社区矫正机构或者有关社会组织收到委托文书后应当及时通知执行地县级人民检察院。

第十四条 社区矫正机构、有关社会组织接受委托后,应当对被告人或者罪犯的居所情况、家庭和社会关系、犯罪行为的后果和影响、居住地村(居)民委员会和被害人意见、拟禁止的事项、社会危险性、对所居住社区的影响等情况进行调查了解,形成调查评估意见,与相关材料一起提交委托机关。调查评估时,相关单位、部门、村(居)民委员会等组织、个人应当依法为调查评估提供必要的协助。

社区矫正机构、有关社会组织应当自收到调查评估委托函及所附材料之日起十个工作日内完成调查评估,提交评估意见。对于适用刑事案件速裁程序的,应当在五个工作日内完成调查评估,提交评估意见。评估意见同时抄送执行地县级人民检察院。需要延长调查评估时限的,社区矫正机构、有关社会组织应当与委托机关协商,并在协商确定的期限内完成调查评估。因被告人或者罪犯的姓名、居住地不真实、身份不明等原因,社区矫正机构、有关社会组织无法进行调查评估的,应当及时向委托机关说明情况。社区矫正决定机关对调查评估意见的采信情况,应当在相关法律文书中说明。

对调查评估意见以及调查中涉及的国家秘密、商业秘密、个人隐私等信息,应当保密,不得泄露。

第十五条 社区矫正决定机关应当对社区矫正对象进行教育,书面告知其到执行地县级社区矫正机构报到的时间期限以及逾期报到或者未报到的后果,责令其按时报到。

第十六条 社区矫正决定机关应当自判决、裁定或者决定生效之日起五日内通知执行地县级社区矫正机构,并在十日内将判决书、裁定书、决定书、执行通知书等法律文书送达执行地县级社区矫正机构,同时抄送人民检察院。收到法律文书后,社区矫正机构应当在五日内送达回执。

社区矫正对象前来报到时,执行地县级社区矫正机构未收到法律文书或者法律文书不齐全,应当先记录在案,为其办理登记接收手续,并通知社区矫正决定机关在五日内送达或者补齐法律文书。

第十七条 被判处管制、宣告缓刑、裁定假释的社区矫正对象到执行地县级社区矫正机构报到时,社区矫正机构应当核对法律文书、核实身份,办理登记接收手续。对社区矫正对象存在因行动不便、自行报到确有困难等特殊情况的,社区矫正机构可以派员到其居住地等场所办理登记接收手续。

暂予监外执行的社区矫正对象,由公安机关、监狱或者看守所依法移送至执行地县级社区矫正机构,办理交付接收手续。罪犯原服刑地与居住地不在同一省、自治区、直辖市,需要回居住地暂予监外执行的,原服刑地的省级以上监狱管理机关或者设区的市一级以上公安机关应当书面通知罪犯居住地的监狱管理机关、公安机关,由其指定一所监狱、看守所接收社区矫正对象档案,负责办理其收监、刑满释放等手续。对看守所留所服刑罪犯暂予监外执行,原服刑地与居住地在同一省、自治区、直辖市的,可以不移交档案。

第十八条 执行地县级社区矫正机构接收社区矫正对象后,应当建立社区矫正档案,包括以下内容:

(一)适用社区矫正的法律文书;

(二)接收、监管审批、奖惩、收监执行、解除矫正、终止矫正等有关社区矫正执行活动的法律文书;

(三)进行社区矫正的工作记录;

(四)社区矫正对象接受社区矫正的其他相关材料。

接受委托对社区矫正对象进行日常管理的司法所应当建立工作档案。

第十九条 执行地县级社区矫正机构、受委托的司法所应当为社区矫正对象确定矫正小组,与矫正小组签订矫正责任书,明确矫正小组成员的责任和义务,负责落实矫正方案。

矫正小组主要开展下列工作:

(一)按照矫正方案,开展个案矫正工作;

(二)督促社区矫正对象遵纪守法,遵守社区矫正规定;

(三)参与对社区矫正对象的考核评议和教育活动;

(四)对社区矫正对象走访谈话,了解其思想、工作和生活情况,及时向社区矫正机构或者司法所报告;

(五)协助对社区矫正对象进行监督管理和教育帮扶;

(六)协助社区矫正机构或者司法所开展其他工作。

第二十条 执行地县级社区矫正机构接收社区矫正对象后,应当组织或者委托司法所组织入矫宣告。

入矫宣告包括以下内容:

(一)判决书、裁定书、决定书、执行通知书等有关法律文书的主要内容;

(二)社区矫正期限;

(三)社区矫正对象应当遵守的规定、被剥夺或者限制行使的权利、被禁止的事项以及违反规定的法律后果;

(四)社区矫正对象依法享有的权利;

(五)矫正小组人员组成及职责;

(六)其他有关事项。

宣告由社区矫正机构或者司法所的工作人员主持,

矫正小组成员及其他相关人员到场，按照规定程序进行。宣告后，社区矫正对象应当在书面材料上签字，确认已经了解所宣告的内容。

第二十一条 社区矫正机构应当根据社区矫正对象被判处管制、宣告缓刑、假释和暂予监外执行的不同裁判内容和犯罪类型、矫正阶段、再犯罪风险等情况，进行综合评估，划分不同类别，实施分类管理。

社区矫正机构应当把社区矫正对象的考核结果和奖惩情况作为分类管理的依据。

社区矫正机构对不同类别的社区矫正对象，在矫正措施和方法上应当有所区别，有针对性地开展监督管理和教育帮扶工作。

第二十二条 执行地县级社区矫正机构、受委托的司法所要根据社区矫正对象的性别、年龄、心理特点、健康状况、犯罪原因、悔罪表现等具体情况，制定矫正方案，有针对性地消除社区矫正对象可能重新犯罪的因素，帮助其成为守法公民。

矫正方案应当包括社区矫正对象基本情况、对社区矫正对象的综合评估结果、对社区矫正对象的心理状态和其他特殊情况的分析、拟采取的监督管理、教育帮扶措施等内容。

矫正方案应当根据分类管理的要求、实施效果以及社区矫正对象的表现等情况，相应调整。

第二十三条 执行地县级社区矫正机构、受委托的司法所应当根据社区矫正对象的个人生活、工作及所处社区的实际情况，有针对性地采取通信联络、信息化核查、实地查访等措施，了解掌握社区矫正对象的活动情况和行为表现。

第二十四条 社区矫正对象应当按照有关规定和社区矫正机构的要求，定期报告遵纪守法、接受监督管理、参加教育学习、公益活动和社会活动等情况。发生居所变化、工作变动、家庭重大变故以及接触对其矫正可能产生不利影响人员等情况时，应当及时报告。被宣告禁止令的社区矫正对象应当定期报告遵守禁止令的情况。

暂予监外执行的社区矫正对象应当每个月报告本人身体情况。保外就医的，应当到省级人民政府指定的医院检查，每三个月向执行地县级社区矫正机构、受委托的司法所提交病情复查情况。执行地县级社区矫正机构根据社区矫正对象的病情及保证人等情况，可以调整报告身体情况和提交复查情况的期限。延长一个月至三个月以下的，报上一级社区矫正机构批准；延长三个月以上的，逐级上报省级社区矫正机构批准。批准延长的，执行地县级社区矫正机构应当及时通报同级人民检察院。

社区矫正机构根据工作需要，可以协调对暂予监外执行的社区矫正对象进行病情诊断、妊娠检查或者生活不能自理的鉴别。

第二十五条 未经执行地县级社区矫正机构批准，社区矫正对象不得接触其犯罪案件中的被害人、控告人、举报人，不得接触同案犯等可能诱发其再犯罪的人。

第二十六条 社区矫正对象未经批准不得离开所居住市、县。确有正当理由需要离开的，应当经执行地县级社区矫正机构或者受委托的司法所批准。

社区矫正对象外出的正当理由是指就医、就学、参与诉讼、处理家庭或者工作重要事务等。

前款规定的市是指直辖市的城市市区、设区的市的城市市区和县级市的辖区。在设区的同一市内跨区活动的，不属于离开所居住的市、县。

第二十七条 社区矫正对象确需离开所居住的市、县的，一般应当提前三日提交书面申请，并如实提供诊断证明、单位证明、入学证明、法律文书等材料。

申请外出时间在七日内的，经执行地县级社区矫正机构委托，可以由司法所批准，并报执行地县级社区矫正机构备案；超过七日的，由执行地县级社区矫正机构批准。执行地县级社区矫正机构每次批准外出的时间不超过三十日。

因特殊情况确需外出超过三十日的，或者两个月内外出时间累计超过三十日的，应报上一级社区矫正机构审批。上一级社区矫正机构批准社区矫正对象外出的，执行地县级社区矫正机构应当及时通报同级人民检察院。

第二十八条 在社区矫正对象外出期间，执行地县级社区矫正机构、受委托的司法所应当通过电话通讯、实时视频等方式实施监督管理。

执行地县级社区矫正机构根据需要，可以协商外出目的地社区矫正机构协助监督管理，并要求社区矫正对象在到达和离开时向当地社区矫正机构报告，接受监督管理。外出目的地社区矫正机构在社区矫正对象报告后，可以通过电话通讯、实地查访等方式协助监督管理。

社区矫正对象应在外出期限届满前返回居住地，并向执行地县级社区矫正机构或者司法所报告，办理手续。因特殊原因无法按期返回的，应及时向社区矫正机构或者司法所报告情况。发现社区矫正对象违反外出管理规定的，社区矫正机构应当责令其立即返回，并视情节依法予以处理。

第二十九条 社区矫正对象确因正常工作和生活需

要经常性跨市、县活动的,应当由本人提出书面申请,写明理由、经常性去往市县名称、时间、频次等,同时提供相应证明,由执行地县级社区矫正机构批准,批准一次的有效期为六个月。在批准的期限内,社区矫正对象到批准市、县活动的,可以通过电话、微信等方式报告活动情况。到期后,社区矫正对象仍需要经常性跨市、县活动的,应当重新提出申请。

第三十条 社区矫正对象因工作、居所变化等原因需要变更执行地的,一般应当提前一个月提出书面申请,并提供相应证明材料,由受委托的司法所签署意见后报执行地县级社区矫正机构审批。

执行地县级社区矫正机构收到申请后,应当在五日内书面征求新执行地县级社区矫正机构的意见。新执行地县级社区矫正机构接到征求意见函后,应当在五日内核实有关情况,作出是否同意接收的意见并书面回复。执行地县级社区矫正机构根据回复意见,作出决定。执行地县级社区矫正机构对新执行地县级社区矫正机构的回复意见有异议的,可以报上一级社区矫正机构协调解决。

经审核,执行地县级社区矫正机构不同意变更执行地的,应在决定作出之日起五日内告知社区矫正对象。同意变更执行地的,应对社区矫正对象进行教育,书面告知其到新执行地县级社区矫正机构报到的时间期限以及逾期报到或者未报到的后果,责令其按时报到。

第三十一条 同意变更执行地的,原执行地县级社区矫正机构应当在作出决定之日起五日内,将有关法律文书和档案材料移交新执行地县级社区矫正机构,并将有关法律文书抄送社区矫正决定机关和原执行地县级人民检察院、公安机关。新执行地县级社区矫正机构收到法律文书和档案材料后,在五日内送达回执,并将有关法律文书抄送所在地县级人民检察院、公安机关。

同意变更执行地的,社区矫正对象应当自收到变更执行地决定之日起七日内,到新执行地县级社区矫正机构报到。新执行地县级社区矫正机构应当核实身份、办理登记接收手续。发现社区矫正对象未按规定时间报到的,新执行地县级社区矫正机构应当立即通知原执行地县级社区矫正机构,由原执行地县级社区矫正机构组织查找。未及时办理交付接收,造成社区矫正对象脱管漏管的,原执行地社区矫正机构会同新执行地社区矫正机构妥善处置。

对公安机关、监狱管理机关批准暂予监外执行的社区矫正对象变更执行地的,公安机关、监狱管理机关在收到社区矫正机构送达的法律文书后,应与新执行地同级公安机关、监狱管理机关办理交接。新执行地的公安机关、监狱管理机关应指定一所看守所、监狱接收社区矫正对象档案,负责办理其收监、刑满释放等手续。看守所、监狱在接收档案之日起五日内,应当将有关情况通报新执行地县级社区矫正机构。对公安机关批准暂予监外执行的社区矫正对象在同一省、自治区、直辖市变更执行地的,可以不移交档案。

第三十二条 社区矫正机构应当根据有关法律法规、部门规章和其他规范性文件,建立内容全面、程序合理、易于操作的社区矫正对象考核奖惩制度。

社区矫正机构、受委托的司法所应当根据社区矫正对象认罪悔罪、遵守有关规定、服从监督管理、接受教育等情况,定期对其考核。对于符合表扬条件、具备训诫、警告情形的社区矫正对象,经执行地县级社区矫正机构决定,可以给予其相应奖励或者处罚,作出书面决定。对于涉嫌违反治安管理行为的社区矫正对象,执行地县级社区矫正机构可以向同级公安机关提出建议。社区矫正机构奖励或者处罚的书面决定应当抄送人民检察院。

社区矫正对象的考核结果与奖惩应当书面通知其本人,定期公示,记入档案,做到准确及时、公开公平。社区矫正对象对考核奖惩提出异议的,执行地县级社区矫正机构应当及时处理,并将处理结果告知社区矫正对象。社区矫正对象对处理结果仍有异议的,可以向人民检察院提出。

第三十三条 社区矫正对象认罪悔罪、遵守法律法规、服从监督管理、接受教育表现突出的,应当给予表扬。

社区矫正对象接受社区矫正六个月以上并且同时符合下列条件的,执行地县级社区矫正机构可以给予表扬:

(一)服从人民法院判决,认罪悔罪;

(二)遵守法律法规;

(三)遵守关于报告、会客、外出、迁居等规定,服从社区矫正机构的管理;

(四)积极参加教育学习等活动,接受教育矫正的。

社区矫正对象接受社区矫正期间,有见义勇为、抢险救灾等突出表现,或者帮助他人、服务社会等突出事迹的,执行地县级社区矫正机构可以给予表扬。对于符合法定减刑条件的,由执行地县级社区矫正机构依照本办法第四十二条的规定,提出减刑建议。

第三十四条 社区矫正对象具有下列情形之一的,执行地县级社区矫正机构应当给予训诫:

(一)不按规定时间报到或者接受社区矫正期间脱离监管,未超过十日的;

(二)违反关于报告、会客、外出、迁居等规定,情节轻微的;

(三)不按规定参加教育学习等活动,经教育仍不改正的;

(四)其他违反监督管理规定,情节轻微的。

第三十五条 社区矫正对象具有下列情形之一的,执行地县级社区矫正机构应当给予警告:

(一)违反人民法院禁止令,情节轻微的;

(二)不按规定时间报到或者接受社区矫正期间脱离监管,超过十日的;

(三)违反关于报告、会客、外出、迁居等规定,情节较重的;

(四)保外就医的社区矫正对象无正当理由不按时提交病情复查情况,经教育仍不改正的;

(五)受到社区矫正机构两次训诫,仍不改正的;

(六)其他违反监督管理规定,情节较重的。

第三十六条 社区矫正对象违反监督管理规定或者人民法院禁止令,依法应予治安管理处罚的,执行地县级社区矫正机构应当及时提请同级公安机关依法给予处罚,并向执行地同级人民检察院抄送治安管理处罚建议书副本,及时通知处理结果。

第三十七条 电子定位装置是指运用卫星等定位技术,能对社区矫正对象进行定位等监管,并具有防拆、防爆、防水等性能的专门的电子设备,如电子定位腕带等,但不包括手机等设备。

对社区矫正对象采取电子定位装置进行监督管理的,应当告知社区矫正对象监管的期限、要求以及违反监管规定的后果。

第三十八条 发现社区矫正对象失去联系的,社区矫正机构应当立即组织查找,可以采取通信联络、信息化核查、实地查访等方式查找,查找时要做好记录,固定证据。查找不到的,社区矫正机构应当及时通知公安机关,公安机关应当协助查找。社区矫正机构应当及时将查找的情况通报人民检察院。

查找到社区矫正对象后,社区矫正机构应当根据其脱离监管的情形,给予相应处置。虽能查找到社区矫正对象下落但其拒绝接受监督管理的,社区矫正机构应当视情节依法提请公安机关予以治安管理处罚,或者依法提请撤销缓刑、撤销假释、对暂予监外执行的收监执行。

第三十九条 社区矫正机构根据执行禁止令的需要,可以协调有关的部门、单位、场所、个人协助配合执行禁止令。

对禁止令确定需经批准才能进入的特定区域或者场所,社区矫正对象需进入的,应当经执行地县级社区矫正机构批准,并通知原审人民法院和执行地县级人民检察院。

第四十条 发现社区矫正对象有违反监督管理规定或者人民法院禁止令等违法情形的,执行地县级社区矫正机构应当调查核实情况,收集有关证据材料,提出处理意见。

社区矫正机构发现社区矫正对象有撤销缓刑、撤销假释或者暂予监外执行收监执行的法定情形的,应当组织开展调查取证工作,依法向社区矫正决定机关提出撤销缓刑、撤销假释或者暂予监外执行收监执行建议,并将建议书抄送同级人民检察院。

第四十一条 社区矫正对象被依法决定行政拘留、司法拘留、强制隔离戒毒等或者因涉嫌犯新罪、发现判决宣告前还有其他罪没有判决被采取强制措施的,决定机关应当自作出决定之日起三日内将有关情况通知执行地县级社区矫正机构和执行地县级人民检察院。

第四十二条 社区矫正对象符合法定减刑条件的,由执行地县级社区矫正机构提出减刑建议书并附相关证据材料,报经地(市)社区矫正机构审核同意后,由地(市)社区矫正机构提请执行地的中级人民法院裁定。

依法应由高级人民法院裁定的减刑案件,由执行地县级社区矫正机构提出减刑建议书并附相关证据材料,逐级上报省级社区矫正机构审核同意后,由省级社区矫正机构提请执行地的高级人民法院裁定。

人民法院应当自收到减刑建议书和相关证据材料之日起三十日内依法裁定。

社区矫正机构减刑建议书和人民法院减刑裁定书副本,应当同时抄送社区矫正执行地同级人民检察院、公安机关及罪犯原服刑或者接收其档案的监狱。

第四十三条 社区矫正机构、受委托的司法所应当充分利用地方人民政府及其有关部门提供的教育帮扶场所和有关条件,按照因人施教的原则,有针对性地对社区矫正对象开展教育矫正活动。

社区矫正机构、司法所应当根据社区矫正对象的矫正阶段、犯罪类型、现实表现等实际情况,对其实施分类教育;应当结合社区矫正对象的个体特征、日常表现等具体情况,进行个别教育。

社区矫正机构、司法所根据需要可以采用集中教育、网上培训、实地参观等多种形式开展集体教育;组织社区矫正对象参加法治、道德等方面的教育活动;根据社区矫正对象的心理健康状况,对其开展心理健康教育、实施心理辅导。

社区矫正机构、司法所可以通过公开择优购买服务或者委托社会组织执行项目等方式,对社区矫正对象开展教育活动。

第四十四条 执行地县级社区矫正机构、受委托的司法所按照符合社会公共利益的原则,可以根据社区矫正对象的劳动能力、健康状况等情况,组织社区矫正对象参加公益活动。

第四十五条 执行地县级社区矫正机构、受委托的司法所依法协调有关部门和单位,根据职责分工,对遇到暂时生活困难的社区矫正对象提供临时救助;对就业困难的社区矫正对象提供职业技能培训和就业指导;帮助符合条件的社区矫正对象落实社会保障措施;协助在就学、法律援助等方面遇到困难的社区矫正对象解决问题。

第四十六条 社区矫正对象在缓刑考验期内,有下列情形之一的,由执行地同级社区矫正机构提出撤销缓刑建议:

(一)违反禁止令,情节严重的;

(二)无正当理由不按规定时间报到或者接受社区矫正期间脱离监管,超过一个月的;

(三)因违反监督管理规定受到治安管理处罚,仍不改正的;

(四)受到社区矫正机构两次警告,仍不改正的;

(五)其他违反有关法律、行政法规和监督管理规定,情节严重的情形。

社区矫正机构一般向原审人民法院提出撤销缓刑建议。如果原审人民法院与执行地同级社区矫正机构不在同一省、自治区、直辖市的,可以向执行地人民法院提出建议,执行地人民法院作出裁定,裁定书同时抄送原审人民法院。

社区矫正机构撤销缓刑建议书和人民法院的裁定书副本同时抄送社区矫正执行地同级人民检察院。

第四十七条 社区矫正对象在假释考验期内,有下列情形之一的,由执行地同级社区矫正机构提出撤销假释建议:

(一)无正当理由不按规定时间报到或者接受社区矫正期间脱离监管,超过一个月的;

(二)受到社区矫正机构两次警告,仍不改正的;

(三)其他违反有关法律、行政法规和监督管理规定,尚未构成新的犯罪的。

社区矫正机构一般向原审人民法院提出撤销假释建议。如果原审人民法院与执行地同级社区矫正机构不在同一省、自治区、直辖市的,可以向执行地人民法院提出建议,执行地人民法院作出裁定,裁定书同时抄送原审人民法院。

社区矫正机构撤销假释的建议书和人民法院的裁定书副本同时抄送社区矫正执行地同级人民检察院、公安机关、罪犯原服刑或者接收其档案的监狱。

第四十八条 被提请撤销缓刑、撤销假释的社区矫正对象具备下列情形之一的,社区矫正机构在提出撤销缓刑、撤销假释建议书的同时,提请人民法院决定对其予以逮捕:

(一)可能逃跑的;

(二)具有危害国家安全、公共安全、社会秩序或者他人人身安全现实危险的;

(三)可能对被害人、举报人、控告人或者社区矫正机构工作人员等实施报复行为的;

(四)可能实施新的犯罪的。

社区矫正机构提请人民法院决定逮捕社区矫正对象时,应当提供相应证据,移送人民法院审查决定。

社区矫正机构提请逮捕、人民法院作出是否逮捕决定的法律文书,应当同时抄送执行地县级人民检察院。

第四十九条 暂予监外执行的社区矫正对象有下列情形之一的,由执行地县级社区矫正机构提出收监执行建议:

(一)不符合暂予监外执行条件的;

(二)未经社区矫正机构批准擅自离开居住的市、县,经警告拒不改正,或者拒不报告行踪,脱离监管的;

(三)因违反监督管理规定受到治安管理处罚,仍不改正的;

(四)受到社区矫正机构两次警告的;

(五)保外就医期间不按规定提交病情复查情况,经警告拒不改正的;

(六)暂予监外执行的情形消失后,刑期未满的;

(七)保证人丧失保证条件或者因不履行义务被取消保证人资格,不能在规定期限内提出新的保证人的;

(八)其他违反有关法律、行政法规和监督管理规定,情节严重的情形。

社区矫正机构一般向执行地社区矫正决定机关提出收监执行建议。如果原社区矫正决定机关与执行地县级社区矫正机构在同一省、自治区、直辖市的,可以向原社区矫正决定机关提出建议。

社区矫正机构的收监执行建议书和决定机关的决定书,应当同时抄送执行地县级人民检察院。

第五十条 人民法院裁定撤销缓刑、撤销假释或者决定暂予监外执行收监执行的,由执行地县级公安机关本着就近、便利、安全的原则,送交社区矫正对象执行地所属的省、自治区、直辖市管辖范围内的看守所或者监狱执行刑罚。

公安机关决定暂予监外执行收监执行的,由执行地县级公安机关送交存放或者接收罪犯档案的看守所收监执行。

监狱管理机关决定暂予监外执行收监执行的,由存放或者接收罪犯档案的监狱收监执行。

第五十一条 撤销缓刑、撤销假释的裁定和收监执行的决定生效后,社区矫正对象下落不明的,应当认定为在逃。

被裁定撤销缓刑、撤销假释和被决定收监执行的社区矫正对象在逃的,由执行地县级公安机关负责追捕。撤销缓刑、撤销假释裁定书和对暂予监外执行罪犯收监执行决定书,可以作为公安机关追逃依据。

第五十二条 社区矫正机构应当建立突发事件处置机制,发现社区矫正对象非正常死亡、涉嫌实施犯罪、参与群体性事件的,应当立即与公安机关等有关部门协调联动、妥善处置,并将有关情况及时报告上一级社区矫正机构,同时通报执行地人民检察院。

第五十三条 社区矫正对象矫正期限届满,且在社区矫正期间没有应当撤销缓刑、撤销假释或者暂予监外执行收监执行情形的,社区矫正机构依法办理解除矫正手续。

社区矫正对象一般应当在社区矫正期满三十日前,作出个人总结,执行地县级社区矫正机构应当根据其在接受社区矫正期间的表现等情况作出书面鉴定,与安置帮教工作部门做好衔接工作。

执行地县级社区矫正机构应当向社区矫正对象发放解除社区矫正证明书,并书面通知社区矫正决定机关,同时抄送执行地县级人民检察院和公安机关。

公安机关、监狱管理机关决定暂予监外执行的社区矫正对象刑期届满的,由看守所、监狱依法为其办理刑满释放手续。

社区矫正对象被赦免的,社区矫正机构应当向社区矫正对象发放解除社区矫正证明书,依法办理解除矫正手续。

第五十四条 社区矫正对象矫正期满,执行地县级社区矫正机构或者受委托的司法所可以组织解除矫正宣告。

解矫宣告包括以下内容:

(一)宣读对社区矫正对象的鉴定意见;

(二)宣布社区矫正期限届满,依法解除社区矫正;

(三)对判处管制的,宣布执行期满,解除管制;对宣告缓刑的,宣布缓刑考验期满,原判刑罚不再执行;对裁定假释的,宣布考验期满,原判刑罚执行完毕。

宣告由社区矫正机构或者司法所工作人员主持,矫正小组成员及其他相关人员到场,按照规定程序进行。

第五十五条 社区矫正机构、受委托的司法所应当根据未成年社区矫正对象的年龄、心理特点、发育需要、成长经历、犯罪原因、家庭监护教育条件等情况,制定适应未成年人特点的矫正方案,采取有益于其身心健康发展、融入正常社会生活的矫正措施。

社区矫正机构、司法所对未成年社区矫正对象的相关信息应当保密。对未成年社区矫正对象的考核奖惩和宣告不公开进行。对未成年社区矫正对象进行宣告或者处罚时,应通知其监护人到场。

社区矫正机构、司法所应选任熟悉未成年人身心特点,具有法律、教育、心理等专业知识的人员负责未成年人社区矫正工作,并通过加强培训、管理,提高专业化水平。

第五十六条 社区矫正工作人员的人身安全和职业尊严受法律保护。

对任何干涉社区矫正工作人员执法的行为,社区矫正工作人员有权拒绝,并按照规定如实记录和报告。对于侵犯社区矫正工作人员权利的行为,社区矫正工作人员有权提出控告。

社区矫正工作人员因依法履行职责遭受不实举报、诬告陷害、侮辱诽谤,致使名誉受到损害的,有关部门或者个人应当及时澄清事实,消除不良影响,并依法追究相关单位或者个人的责任。

对社区矫正工作人员追究法律责任,应当根据其行为的危害程度、造成的后果、以及责任大小予以确定,实事求是,过罚相当。社区矫正工作人员依法履职的,不能仅因社区矫正对象再犯罪而追究其法律责任。

第五十七条 有关单位对人民检察院的书面纠正意见在规定的期限内没有回复纠正情况的,人民检察院应当督促回复。经督促被监督单位仍不回复或者没有正当理由不纠正的,人民检察院应当向上一级人民检察院报告。

有关单位对人民检察院的检察建议在规定的期限内

经督促无正当理由不予整改或者整改不到位的,检察机关可以将相关情况报告上级人民检察院,通报被建议单位的上级机关、行政主管部门或者行业自律组织等,必要时可以报告同级党委、人大,通报同级政府、纪检监察机关。

第五十八条 本办法所称"以上""内",包括本数;"以下""超过",不包括本数。

第五十九条 本办法自 2020 年 7 月 1 日起施行。最高人民法院、最高人民检察院、公安部、司法部 2012 年 1 月 10 日印发的《社区矫正实施办法》(司发通〔2012〕12 号)同时废止。

中华人民共和国预防未成年人犯罪法

- 1999 年 6 月 28 日第九届全国人民代表大会常务委员会第十次会议通过
- 根据 2012 年 10 月 26 日第十一届全国人民代表大会常务委员会第二十九次会议《关于修改〈中华人民共和国预防未成年人犯罪法〉的决定》修正
- 2020 年 12 月 26 日第十三届全国人民代表大会常务委员会第二十四次会议修订
- 2020 年 12 月 26 日中华人民共和国主席令第 64 号公布
- 自 2021 年 6 月 1 日起施行

第一章 总 则

第一条 为了保障未成年人身心健康,培养未成年人良好品行,有效预防未成年人违法犯罪,制定本法。

第二条 预防未成年人犯罪,立足于教育和保护未成年人相结合,坚持预防为主、提前干预,对未成年人的不良行为和严重不良行为及时进行分级预防、干预和矫治。

第三条 开展预防未成年人犯罪工作,应当尊重未成年人人格尊严,保护未成年人的名誉权、隐私权和个人信息等合法权益。

第四条 预防未成年人犯罪,在各级人民政府组织下,实行综合治理。

国家机关、人民团体、社会组织、企业事业单位、居民委员会、村民委员会、学校、家庭等各负其责、相互配合,共同做好预防未成年人犯罪工作,及时消除滋生未成年人违法犯罪行为的各种消极因素,为未成年人身心健康发展创造良好的社会环境。

第五条 各级人民政府在预防未成年人犯罪方面的工作职责是:

(一)制定预防未成年人犯罪工作规划;

(二)组织公安、教育、民政、文化和旅游、市场监督管理、网信、卫生健康、新闻出版、电影、广播电视、司法行政等有关部门开展预防未成年人犯罪工作;

(三)为预防未成年人犯罪工作提供政策支持和经费保障;

(四)对本法的实施情况和工作规划的执行情况进行检查;

(五)组织开展预防未成年人犯罪宣传教育;

(六)其他预防未成年人犯罪工作职责。

第六条 国家加强专门学校建设,对有严重不良行为的未成年人进行专门教育。专门教育是国民教育体系的组成部分,是对有严重不良行为的未成年人进行教育和矫治的重要保护处分措施。

省级人民政府应当将专门教育发展和专门学校建设纳入经济社会发展规划。县级以上地方人民政府成立专门教育指导委员会,根据需要合理设置专门学校。

专门教育指导委员会由教育、民政、财政、人力资源社会保障、公安、司法行政、人民检察院、人民法院、共产主义青年团、妇女联合会、关心下一代工作委员会、专门学校等单位,以及律师、社会工作者等人员组成,研究确定专门学校教学、管理等相关工作。

专门学校建设和专门教育具体办法,由国务院规定。

第七条 公安机关、人民检察院、人民法院、司法行政部门应当由专门机构或者经过专业培训、熟悉未成年人身心特点的专门人员负责预防未成年人犯罪工作。

第八条 共产主义青年团、妇女联合会、工会、残疾人联合会、关心下一代工作委员会、青年联合会、学生联合会、少年先锋队以及有关社会组织,应当协助各级人民政府及其有关部门、人民检察院和人民法院做好预防未成年人犯罪工作,为预防未成年人犯罪培育社会力量,提供支持服务。

第九条 国家鼓励、支持和指导社会工作服务机构等社会组织参与预防未成年人犯罪相关工作,并加强监督。

第十条 任何组织或者个人不得教唆、胁迫、引诱未成年人实施不良行为或者严重不良行为,以及为未成年人实施上述行为提供条件。

第十一条 未成年人应当遵守法律法规及社会公共道德规范,树立自尊、自律、自强意识,增强辨别是非和自我保护的能力,自觉抵制各种不良行为以及违法犯罪行为的引诱和侵害。

第十二条 预防未成年人犯罪,应当结合未成年人不同年龄的生理、心理特点,加强青春期教育、心理关爱、心理矫治和预防犯罪对策的研究。

第十三条 国家鼓励和支持预防未成年人犯罪相关

学科建设、专业设置、人才培养及科学研究，开展国际交流与合作。

第十四条 国家对预防未成年人犯罪工作有显著成绩的组织和个人，给予表彰和奖励。

第二章 预防犯罪的教育

第十五条 国家、社会、学校和家庭应当对未成年人加强社会主义核心价值观教育，开展预防犯罪教育，增强未成年人的法治观念，使未成年人树立遵纪守法和防范违法犯罪的意识，提高自我管控能力。

第十六条 未成年人的父母或者其他监护人对未成年人的预防犯罪教育负有直接责任，应当依法履行监护职责，树立优良家风，培养未成年人良好品行；发现未成年人心理或者行为异常的，应当及时了解情况并进行教育、引导和劝诫，不得拒绝或者怠于履行监护职责。

第十七条 教育行政部门、学校应当将预防犯罪教育纳入学校教学计划，指导教职员工结合未成年人的特点，采取多种方式对未成年学生进行有针对性的预防犯罪教育。

第十八条 学校应当聘任从事法治教育的专职或者兼职教师，并可以从司法和执法机关、法学教育和法律服务机构等单位聘请法治副校长、校外法治辅导员。

第十九条 学校应当配备专职或者兼职的心理健康教育教师，开展心理健康教育。学校可以根据实际情况与专业心理健康机构合作，建立心理健康筛查和早期干预机制，预防和解决学生心理、行为异常问题。

学校应当与未成年学生的父母或者其他监护人加强沟通，共同做好未成年学生心理健康教育；发现未成年学生可能患有精神障碍的，应当立即告知其父母或者其他监护人送相关专业机构诊治。

第二十条 教育行政部门应当会同有关部门建立学生欺凌防控制度。学校应当加强日常安全管理，完善学生欺凌发现和处置的工作流程，严格排查并及时消除可能导致学生欺凌行为的各种隐患。

第二十一条 教育行政部门鼓励和支持学校聘请社会工作者长期或者定期进驻学校，协助开展道德教育、法治教育、生命教育和心理健康教育，参与预防和处理学生欺凌等行为。

第二十二条 教育行政部门、学校应当通过举办讲座、座谈、培训等活动，介绍科学合理的教育方法，指导教职员工、未成年学生的父母或者其他监护人有效预防未成年人犯罪。

学校应当将预防犯罪教育计划告知未成年学生的父母或者其他监护人。未成年学生的父母或者其他监护人应当配合学校对未成年学生进行有针对性的预防犯罪教育。

第二十三条 教育行政部门应当将预防犯罪教育的工作效果纳入学校年度考核内容。

第二十四条 各级人民政府及其有关部门、人民检察院、人民法院、共产主义青年团、少年先锋队、妇女联合会、残疾人联合会、关心下一代工作委员会等应当结合实际，组织、举办多种形式的预防未成年人犯罪宣传教育活动。有条件的地方可以建立青少年法治教育基地，对未成年人开展法治教育。

第二十五条 居民委员会、村民委员会应当积极开展有针对性的预防未成年人犯罪宣传活动，协助公安机关维护学校周围治安，及时掌握本辖区内未成年人的监护、就学和就业情况，组织、引导社区社会组织参与预防未成年人犯罪工作。

第二十六条 青少年宫、儿童活动中心等校外活动场所应当把预防犯罪教育作为一项重要的工作内容，开展多种形式的宣传教育活动。

第二十七条 职业培训机构、用人单位在对已满十六周岁准备就业的未成年人进行职业培训时，应当将预防犯罪教育纳入培训内容。

第三章 对不良行为的干预

第二十八条 本法所称不良行为，是指未成年人实施的不利于其健康成长的下列行为：

（一）吸烟、饮酒；

（二）多次旷课、逃学；

（三）无故夜不归宿、离家出走；

（四）沉迷网络；

（五）与社会上具有不良习性的人交往，组织或者参加实施不良行为的团伙；

（六）进入法律法规规定未成年人不宜进入的场所；

（七）参与赌博、变相赌博，或者参加封建迷信、邪教等活动；

（八）阅览、观看或者收听宣扬淫秽、色情、暴力、恐怖、极端等内容的读物、音像制品或者网络信息等；

（九）其他不利于未成年人身心健康成长的不良行为。

第二十九条 未成年人的父母或者其他监护人发现未成年人有不良行为的，应当及时制止并加强管教。

第三十条 公安机关、居民委员会、村民委员会发现本辖区内未成年人有不良行为的，应当及时制止，并督促其父母或者其他监护人依法履行监护职责。

第三十一条 学校对有不良行为的未成年学生，应

当加强管理教育,不得歧视;对拒不改正或者情节严重的,学校可以根据情况予以处分或者采取以下管理教育措施:

(一)予以训导;
(二)要求遵守特定的行为规范;
(三)要求参加特定的专题教育;
(四)要求参加校内服务活动;
(五)要求接受社会工作者或者其他专业人员的心理辅导和行为干预;
(六)其他适当的管理教育措施。

第三十二条 学校和家庭应当加强沟通,建立家校合作机制。学校决定对未成年学生采取管理教育措施的,应当及时告知其父母或者其他监护人;未成年学生的父母或者其他监护人应当支持、配合学校进行管理教育。

第三十三条 未成年学生偷窃少量财物,或者有殴打、辱骂、恐吓、强行索要财物等学生欺凌行为,情节轻微的,可以由学校依照本法第三十一条规定采取相应的管理教育措施。

第三十四条 未成年学生旷课、逃学的,学校应当及时联系其父母或者其他监护人,了解有关情况;无正当理由的,学校和未成年学生的父母或者其他监护人应当督促其返校学习。

第三十五条 未成年人无故夜不归宿、离家出走的,父母或者其他监护人、所在的寄宿制学校应当及时查找,必要时向公安机关报告。

收留夜不归宿、离家出走未成年人的,应当及时联系其父母或者其他监护人、所在学校;无法取得联系的,应当及时向公安机关报告。

第三十六条 对夜不归宿、离家出走或者流落街头的未成年人,公安机关、公共场所管理机构等发现或者接到报告后,应当及时采取有效保护措施,并通知其父母或者其他监护人、所在的寄宿制学校,必要时应当护送其返回住所、学校;无法与其父母或者其他监护人、学校取得联系的,应当护送未成年人到救助保护机构接受救助。

第三十七条 未成年人的父母或者其他监护人、学校发现未成年人组织或者参加实施不良行为的团伙,应当及时制止;发现该团伙有违法犯罪嫌疑的,应当立即向公安机关报告。

第四章 对严重不良行为的矫治

第三十八条 本法所称严重不良行为,是指未成年人实施的有刑法规定、因不满法定刑事责任年龄不予刑事处罚的行为,以及严重危害社会的下列行为:

(一)结伙斗殴,追逐、拦截他人,强拿硬要或者任意损毁、占用公私财物等寻衅滋事行为;
(二)非法携带枪支、弹药或者弩、匕首等国家规定的管制器具;
(三)殴打、辱骂、恐吓,或者故意伤害他人身体;
(四)盗窃、哄抢、抢夺或者故意损毁公私财物;
(五)传播淫秽的读物、音像制品或者信息等;
(六)卖淫、嫖娼,或者进行淫秽表演;
(七)吸食、注射毒品,或者向他人提供毒品;
(八)参与赌博赌资较大;
(九)其他严重危害社会的行为。

第三十九条 未成年人的父母或者其他监护人、学校、居民委员会、村民委员会发现有人教唆、胁迫、引诱未成年人实施严重不良行为的,应当立即向公安机关报告。公安机关接到报告或者发现有上述情形的,应当及时依法查处;对人身安全受到威胁的未成年人,应当立即采取有效保护措施。

第四十条 公安机关接到举报或者发现未成年人有严重不良行为的,应当及时制止,依法调查处理,并可以责令其父母或者其他监护人消除或者减轻违法后果,采取措施严加管教。

第四十一条 对有严重不良行为的未成年人,公安机关可以根据具体情况,采取以下矫治教育措施:

(一)予以训诫;
(二)责令赔礼道歉、赔偿损失;
(三)责令具结悔过;
(四)责令定期报告活动情况;
(五)责令遵守特定的行为规范,不得实施特定行为、接触特定人员或者进入特定场所;
(六)责令接受心理辅导、行为矫治;
(七)责令参加社会服务活动;
(八)责令接受社会观护,由社会组织、有关机构在适当场所对未成年人进行教育、监督和管束;
(九)其他适当的矫治教育措施。

第四十二条 公安机关在对未成年人进行矫治教育时,可以根据需要邀请学校、居民委员会、村民委员会以及社会工作服务机构等社会组织参与。

未成年人的父母或者其他监护人应当积极配合矫治教育措施的实施,不得妨碍阻挠或者放任不管。

第四十三条 对有严重不良行为的未成年人,未成年人的父母或者其他监护人、所在学校无力管教或者管教无效的，可以向教育行政部门提出申请，经专门教育指导委员会评估同意后，由教育行政部门决定送入专门学校接受专门教育。

第四十四条　未成年人有下列情形之一的，经专门教育指导委员会评估同意，教育行政部门会同公安机关可以决定将其送入专门学校接受专门教育：

（一）实施严重危害社会的行为，情节恶劣或者造成严重后果；

（二）多次实施严重危害社会的行为；

（三）拒不接受或者配合本法第四十一条规定的矫治教育措施；

（四）法律、行政法规规定的其他情形。

第四十五条　未成年人实施刑法规定的行为、因不满法定刑事责任年龄不予刑事处罚的，经专门教育指导委员会评估同意，教育行政部门会同公安机关可以决定对其进行专门矫治教育。

省级人民政府应当结合本地的实际情况，至少确定一所专门学校按照分校区、分班级等方式设置专门场所，对前款规定的未成年人进行专门矫治教育。

前款规定的专门场所实行闭环管理，公安机关、司法行政部门负责未成年人的矫治工作，教育行政部门承担未成年人的教育工作。

第四十六条　专门学校应当在每个学期适时提请专门教育指导委员会对接受专门教育的未成年学生的情况进行评估。对经评估适合转回普通学校就读的，专门教育指导委员会应当向原决定机关提出书面建议，由原决定机关决定是否将未成年学生转回普通学校就读。

原决定机关决定将未成年学生转回普通学校的，其原所在学校不得拒绝接收；因特殊情况，不适宜转回原所在学校的，由教育行政部门安排转学。

第四十七条　专门学校应当对接受专门教育的未成年人分级分类进行教育和矫治，有针对性地开展道德教育、法治教育、心理健康教育，并根据实际情况进行职业教育；对没有完成义务教育的未成年人，应当保证其继续接受义务教育。

专门学校的未成年学生的学籍保留在原学校，符合毕业条件的，原学校应当颁发毕业证书。

第四十八条　专门学校应当与接受专门教育的未成年人的父母或者其他监护人加强联系，定期向其反馈未成年人的矫治和教育情况，为父母或者其他监护人、亲属等看望未成年人提供便利。

第四十九条　未成年人及其父母或者其他监护人对本章规定的行政决定不服的，可以依法提起行政复议或者行政诉讼。

第五章　对重新犯罪的预防

第五十条　公安机关、人民检察院、人民法院办理未成年人刑事案件，应当根据未成年人的生理、心理特点和犯罪的情况，有针对性地进行法治教育。

对涉及刑事案件的未成年人进行教育，其法定代理人以外的成年亲属或者教师、辅导员等参与有利于感化、挽救未成年人的，公安机关、人民检察院、人民法院应当邀请其参加有关活动。

第五十一条　公安机关、人民检察院、人民法院办理未成年人刑事案件，可以自行或者委托有关社会组织、机构对未成年犯罪嫌疑人或者被告人的成长经历、犯罪原因、监护、教育等情况进行社会调查；根据实际需要并经未成年犯罪嫌疑人、被告人及其法定代理人同意，可以对未成年犯罪嫌疑人、被告人进行心理测评。

社会调查和心理测评的报告可以作为办理案件和教育未成年人的参考。

第五十二条　公安机关、人民检察院、人民法院对于无固定住所、无法提供保证人的未成年人适用取保候审的，应当指定合适成年人作为保证人，必要时可以安排取保候审的未成年人接受社会观护。

第五十三条　对被拘留、逮捕以及在未成年犯管教所执行刑罚的未成年人，应当与成年人分别关押、管理和教育。对未成年人的社区矫正，应当与成年人分别进行。

对有上述情形且没有完成义务教育的未成年人，公安机关、人民检察院、人民法院、司法行政部门应当与教育行政部门相互配合，保证其继续接受义务教育。

第五十四条　未成年犯管教所、社区矫正机构应当对未成年犯、未成年社区矫正对象加强法治教育，并根据实际情况对其进行职业教育。

第五十五条　社区矫正机构应当告知未成年社区矫正对象安置帮教的有关规定，并配合安置帮教工作部门落实或者解决未成年社区矫正对象的就学、就业等问题。

第五十六条　对刑满释放的未成年人，未成年犯管教所应当提前通知其父母或者其他监护人按时接回，并协助落实安置帮教措施。没有父母或者其他监护人、无法查明其父母或者其他监护人的，未成年犯管教所应当提前通知未成年人原户籍所在地或者居住地的司法行政部门安排人员按时接回，由民政部门或者居民委员会、村民委员会依法对其进行监护。

第五十七条 未成年人的父母或者其他监护人和学校、居民委员会、村民委员会对接受社区矫正、刑满释放的未成年人,应当采取有效的帮教措施,协助司法机关以及有关部门做好安置帮教工作。

居民委员会、村民委员会可以聘请思想品德优秀,作风正派,热心未成年人工作的离退休人员、志愿者或其他人员协助做好前款规定的安置帮教工作。

第五十八条 刑满释放和接受社区矫正的未成年人,在复学、升学、就业等方面依法享有与其他未成年人同等的权利,任何单位和个人不得歧视。

第五十九条 未成年人的犯罪记录依法被封存的,公安机关、人民检察院、人民法院和司法行政部门不得向任何单位或者个人提供,但司法机关因办案需要或者有关单位根据国家有关规定进行查询的除外。依法进行查询的单位和个人应当对相关记录信息予以保密。

未成年人接受专门矫治教育、专门教育的记录,以及被行政处罚、采取刑事强制措施和不起诉的记录,适用前款规定。

第六十条 人民检察院通过依法行使检察权,对未成年人重新犯罪预防工作等进行监督。

第六章 法律责任

第六十一条 公安机关、人民检察院、人民法院在办理案件过程中发现实施严重不良行为的未成年人的父母或者其他监护人不依法履行监护职责的,应当予以训诫,并可以责令其接受家庭教育指导。

第六十二条 学校及其教职员工违反本法规定,不履行预防未成年人犯罪工作职责,或者虐待、歧视相关未成年人的,由教育行政等部门责令改正,通报批评;情节严重的,对直接负责的主管人员和其他直接责任人员依法给予处分。构成违反治安管理行为的,由公安机关依法予以治安管理处罚。

教职员工教唆、胁迫、引诱未成年人实施不良行为或者严重不良行为,以及品行不良、影响恶劣的,教育行政部门、学校应当依法予以解聘或者辞退。

第六十三条 违反本法规定,在复学、升学、就业等方面歧视相关未成年人的,由所在单位或者教育、人力资源社会保障等部门责令改正;拒不改正的,对直接负责的主管人员或者其他直接责任人员依法给予处分。

第六十四条 有关社会组织、机构及其工作人员虐待、歧视接受社会观护的未成年人,或者出具虚假社会调查、心理测评报告的,由民政、司法行政等部门对直接负责的主管人员和其他直接责任人员依法给予处分,构成违反治安管理行为的,由公安机关予以治安管理处罚。

第六十五条 教唆、胁迫、引诱未成年人实施不良行为或者严重不良行为,构成违反治安管理行为的,由公安机关依法予以治安管理处罚。

第六十六条 国家机关及其工作人员在预防未成年人犯罪工作中滥用职权、玩忽职守、徇私舞弊的,对直接负责的主管人员和其他直接责任人员,依法给予处分。

第六十七条 违反本法规定,构成犯罪的,依法追究刑事责任。

第七章 附 则

第六十八条 本法自 2021 年 6 月 1 日起施行。

最高人民法院、最高人民检察院、公安部、司法部关于对判处管制、宣告缓刑的犯罪分子适用禁止令有关问题的规定(试行)

· 2011 年 4 月 28 日
· 法发〔2011〕9 号

为正确适用《中华人民共和国刑法修正案(八)》,确保管制和缓刑的执行效果,根据刑法和刑事诉讼法的有关规定,现就判处管制、宣告缓刑的犯罪分子适用禁止令的有关问题规定如下:

第一条 对判处管制、宣告缓刑的犯罪分子,人民法院根据犯罪情况,认为从促进犯罪分子教育矫正、有效维护社会秩序的需要出发,确有必要禁止其在管制执行期间、缓刑考验期限内从事特定活动,进入特定区域、场所,接触特定人的,可以根据刑法第三十八条第二款、第七十二条第二款的规定,同时宣告禁止令。

第二条 人民法院宣告禁止令,应当根据犯罪分子的犯罪原因、犯罪性质、犯罪手段、犯罪后的悔罪表现、个人一贯表现等情况,充分考虑与犯罪分子所犯罪行的关联程度,有针对性地决定禁止其在管制执行期间、缓刑考验期限内"从事特定活动,进入特定区域、场所,接触特定的人"的一项或者几项内容。

第三条 人民法院可以根据犯罪情况,禁止判处管制、宣告缓刑的犯罪分子在管制执行期间、缓刑考验期限内从事以下一项或者几项活动:

(一)个人为进行违法犯罪活动而设立公司、企业、事业单位或者在设立公司、企业、事业单位后以实施犯罪为主要活动的,禁止设立公司、企业、事业单位;

（二）实施证券犯罪、贷款犯罪、票据犯罪、信用卡犯罪等金融犯罪的，禁止从事证券交易、申领贷款、使用票据或者申领、使用信用卡等金融活动；

（三）利用从事特定生产经营活动实施犯罪的，禁止从事相关生产经营活动；

（四）附带民事赔偿义务未履行完毕，违法所得未追缴、退赔到位，或者罚金尚未足额缴纳的，禁止从事高消费活动；

（五）其他确有必要禁止从事的活动。

第四条 人民法院可以根据犯罪情况，禁止判处管制、宣告缓刑的犯罪分子在管制执行期间、缓刑考验期限内进入以下一类或者几类区域、场所：

（一）禁止进入夜总会、酒吧、迪厅、网吧等娱乐场所；

（二）未经执行机关批准，禁止进入举办大型群众性活动的场所；

（三）禁止进入中小学校区、幼儿园园区及周边地区，确因本人就学、居住等原因，经执行机关批准的除外；

（四）其他确有必要禁止进入的区域、场所。

第五条 人民法院可以根据犯罪情况，禁止判处管制、宣告缓刑的犯罪分子在管制执行期间、缓刑考验期限内接触以下一类或者几类人员：

（一）未经对方同意，禁止接触被害人及其法定代理人、近亲属；

（二）未经对方同意，禁止接触证人及其法定代理人、近亲属；

（三）未经对方同意，禁止接触控告人、批评人、举报人及其法定代理人、近亲属；

（四）禁止接触同案犯；

（五）禁止接触其他可能遭受其侵害、滋扰的人或者可能诱发其再次危害社会的人。

第六条 禁止令的期限，既可以与管制执行、缓刑考验的期限相同，也可以短于管制执行、缓刑考验的期限，但判处管制的，禁止令的期限不得少于三个月，宣告缓刑的，禁止令的期限不得少于二个月。

判处管制的犯罪分子在判决执行以前先行羁押以致管制执行的期限少于三个月的，禁止令的期限不受前款规定的最短期限的限制。

禁止令的执行期限，从管制、缓刑执行之日起计算。

第七条 人民检察院在提起公诉时，对可能判处管制、宣告缓刑的被告人可以提出宣告禁止令的建议。当事人、辩护人、诉讼代理人可以就应否对被告人宣告禁止令提出意见，并说明理由。

公安机关在移送审查起诉时，可以根据犯罪嫌疑人涉嫌犯罪的情况，就应否宣告禁止令及宣告何种禁止令，向人民检察院提出意见。

第八条 人民法院对判处管制、宣告缓刑的被告人宣告禁止令的，应当在裁判文书主文部分单独作为一项予以宣告。

第九条 禁止令由司法行政机关指导管理的社区矫正机构负责执行。

第十条 人民检察院对社区矫正机构执行禁止令的活动实行监督。发现有违反法律规定的情况，应当通知社区矫正机构纠正。

第十一条 判处管制的犯罪分子违反禁止令，或者被宣告缓刑的犯罪分子违反禁止令尚不属情节严重的，由负责执行禁止令的社区矫正机构所在地的公安机关依照《中华人民共和国治安管理处罚法》第六十条的规定处罚。

第十二条 被宣告缓刑的犯罪分子违反禁止令，情节严重的，应当撤销缓刑，执行原判刑罚。原作出缓刑裁判的人民法院应当自收到当地社区矫正机构提出的撤销缓刑建议书之日起一个月内依法作出裁定。人民法院撤销缓刑的裁定一经作出，立即生效。

违反禁止令，具有下列情形之一的，应当认定为"情节严重"：

（一）三次以上违反禁止令的；

（二）因违反禁止令被治安管理处罚后，再次违反禁止令的；

（三）违反禁止令，发生较为严重危害后果的；

（四）其他情节严重的情形。

第十三条 被宣告禁止令的犯罪分子被依法减刑时，禁止令的期限可以相应缩短，由人民法院在减刑裁定中确定新的禁止令期限。

司法部、中央综治办、教育部、民政部、财政部、人力资源社会保障部关于组织社会力量参与社区矫正工作的意见

- 2014年9月26日
- 司发〔2014〕14号

各省、自治区、直辖市司法厅（局）、综治办、教育厅（教委）、民政厅（局）、财政厅（局）、人力资源社会保障厅（局），新疆生产建设兵团司法局、综治办、教育局、民政局、财务局、人力资源社会保障局：

社区矫正是我国的一项重要法律制度,是将管制、缓刑、假释、暂予监外执行的罪犯置于社区内,由专门的国家机关在相关人民团体、社会组织和社会志愿者的协助下,在判决、裁定或决定确定的期限内,矫正其犯罪心理和行为恶习,促进其顺利回归社会的刑罚执行活动。社区矫正是深化司法体制改革和社会体制改革的重要内容,是法治中国建设的重要方面,社会力量的参与则是健全社区矫正制度、落实社区矫正任务的内在要求。为认真贯彻党的十八届三中、四中全会关于健全社区矫正制度的要求,根据中央领导同志的指示和社区矫正工作全面推进的实际,现就组织社会力量参与社区矫正工作提出如下意见。

一、充分认识社会力量参与社区矫正工作的重要性

我国的社区矫正从2003年起经过试点、扩大试点、全面试行两个阶段,目前已进入全面推进阶段。社区矫正把符合法定条件的罪犯放在社会上监督管理和教育改造,社会力量广泛参与是其显著特征。在工作力量上,既要有专职执法队伍,也要广泛动员社会工作者、志愿者以及社会组织、所在单位学校、家庭成员等各种社会力量,共同做好社区矫正工作;在工作方法上,需要充分发挥专业组织、专业人员的作用,综合运用社会学、心理学、教育学、法学、社会工作等专业知识,实现科学矫正;在工作体系和工作机制上,需要依托村居,依靠基层组织,充分发挥各有关部门的职能作用,落实相关政策和措施,为社区服刑人员顺利回归社会创造条件。社区矫正工作开展以来,各地始终坚持紧紧依靠基层组织,广泛发动人民群众参与社区矫正工作,从实际出发,积极研究探索采取政府购买服务的方式,充实社区矫正机构工作人员,发展壮大社会工作者、志愿者队伍,专群结合开展社区矫正工作,取得了良好效果。目前全国从事社区矫正工作的社会工作者7.9万人,社会志愿者64.2万人。我国社会力量参与社区矫正工作取得了明显成效,但还存在着制度不健全、政策不完善、规模范围小、人员力量不足等问题,与社区矫正工作全面推进的要求相比尚不适应。新形势下,进一步鼓励引导社会力量参与社区矫正,是完善我国非监禁刑罚执行制度,健全社区矫正制度的客观需要;是提高教育矫正质量,促进社区服刑人员更好地融入社会的客观需要;是创新特殊人群管理服务,充分发挥社会主义制度优越性,预防和减少重新犯罪,维护社会和谐稳定的客观需要。我们要切实增强责任感和紧迫感,从政策制度上研究采取措施,充分发挥社会力量参与社区矫正工作的积极作用。

二、进一步鼓励引导社会力量参与社区矫正工作

(一)引导政府向社会力量购买社区矫正社会工作服务。司法行政部门、民政部门可根据职责分工,按照有利于转变政府职能、有利于降低服务成本、有利于提升服务质量和资金效益的原则,公开择优向社会力量购买社区矫正社会工作服务。要明确购买服务的数量、质量要求以及服务期限、资金支付方式、违约责任等,加强购买服务资金管理,指导督促服务承接机构履行合同义务,保证服务数量、质量和效果。

(二)鼓励引导社会组织参与社区矫正工作。鼓励社区矫正机构将需疏导心理情绪、纠正行为偏差、修复与家庭和社区关系、恢复和发展社会功能、引导就学就业等项目,通过多种方式向具有社区矫正服务能力的社会组织购买服务。提供社区矫正服务的社会组织符合规定条件的可以享受相应的税收优惠政策。要引导其完善内部治理结构,加强服务队伍建设,提升在社区矫正领域提供社会工作专业服务的水平。鼓励热心于社区矫正事业的社会组织参与社区矫正工作,为社区服刑人员提供社会工作专业服务。司法行政部门通过建立完善社会组织参与社区矫正工作的机制和渠道,及时提供需求信息,为社会组织参与社区矫正创造条件、提供便利。

(三)发挥基层群众性自治组织的作用。村(居)民委员会是协助开展社区矫正工作的重要力量。村(居)民委员会应发挥其贴近社区服刑人员日常工作、生活的优势,及时掌握社区服刑人员的思想动向和行为表现,积极协助社区矫正机构做好社区服刑人员的困难帮扶、社区服务等工作,及时向社区矫正机构反映社区服刑人员情况,发动引导社会组织、志愿者和居民群众广泛参与社区矫正工作,扩大交往融合,促进社区服刑人员融入社区、回归社会。要按照"权随责走、费随事转"的要求,为村(居)民委员会落实协助开展社区矫正工作的经费。各级民政部门要将社区矫正工作纳入社区服务体系建设规划,加强城乡社区综合服务设施建设和社区公共服务综合信息平台建设,指导村(居)民委员会协助、参与社区矫正工作。

(四)鼓励企事业单位参与社区矫正工作。积极动员企事业单位参与社区矫正工作,通过捐赠物资、提供工作岗位、提供技能培训、提供专业服务等方式,为社区服刑人员回归社会提供帮助。录用符合条件社区服刑人员的企业按规定享受国家普惠政策。

(五)切实加强社区矫正志愿者队伍建设。社区矫正志愿者是热心社区矫正工作,自愿无偿协助对社区服刑人员开展法制教育、心理辅导、社会认知教育、技能培训等工作的人员。要广泛宣传、普及社区矫正志愿服务理念，切实发挥志愿者在社区矫正工作中的作用，建立社会工作者引领志愿者开展服务机制，扎实推进社区矫正志愿者注册和志愿服务记录工作，有计划、分层次、多形式地开展知识与技能培训，提升社区矫正志愿者服务的专业化水平，着力培育有一定专业特长、参与面广、服务功能强、作用发挥好的社区矫正志愿者队伍。对工作成绩显著的社区矫正志愿者，依国家规定给予表彰，形成有利于志愿者开展工作的良好氛围。鼓励企事业单位、公益慈善组织和公民个人对社区矫正志愿服务活动进行资助，形成多渠道、多元化的筹资机制。

（六）进一步加强矫正小组建设。矫正小组是组织动员社会力量参与社区矫正工作的重要平台。社区矫正机构按照规定为每一名社区服刑人员建立矫正小组，组织有关部门、村（居）民委员会、社会工作者、志愿者、社区服刑人员所在单位、就读学校、家庭成员或者监护人、保证人以及其他有关人员共同参与，落实社区矫正措施。矫正小组要因案制宜，因人制宜，融法律约束、道德引导、亲情感化为一体，促进社区服刑人员顺利融入社会。

三、做好政府已公开招聘的社区矫正社会工作者的保障工作

对于社区矫正工作试点以来已由政府有关部门公开招聘的社区矫正社会工作者，可依据国家有关规定享受相应的工作待遇，按照社会保险制度规定，按时足额缴纳社会保险费，实现应保尽保，保障其合法权益，并通过政府购买服务方式实行规范管理。鼓励其参加人力资源和社会保障部、民政部组织的全国社会工作者职业水平评价，用人单位可以根据需要对已取得全国社会工作者职业水平证书的人员通过竞聘上岗聘任相应级别专业技术职务。人力资源和社会保障部门支持民政部门、司法行政部门为其提供公益性和示范性业务培训平台，以实施专业技术人才知识更新工程为契机，进一步加大教育培训力度，完善教育培训政策。工作表现突出的，由主办单位按程序报批进行表彰，人力资源和社会保障部门积极配合做好表彰工作。

四、着力解决社区服刑人员就业就学和社会救助、社会保险等问题

（一）促进就业。人力资源和社会保障部门负责对有需求的社区服刑人员进行职业技能培训，并将其纳入本地职业技能培训总体规划。符合条件的社区服刑人员可以申请享受相关就业扶持政策，接受公共就业服务机构提供的职业指导和职业介绍等服务。

（二）帮助接受教育。对于未完成义务教育的未成年社区服刑人员，司法行政部门应当配合教育部门，协调并督促其法定监护人，帮助其接受义务教育。对于非义务教育阶段有就学意愿的社区服刑人员，地方教育部门应当对其予以鼓励和支持。

（三）做好基本生活救助。民政部门对基本生活暂时出现严重困难、确实需要救助的社区服刑人员依法给予临时救助。将生活困难、符合最低生活保障条件的社区服刑人员家庭依法纳入最低生活保障范围。

（四）落实社会保险。已参加企业职工基本养老保险并实现再就业或已参加城乡居民基本养老保险的，按规定继续参保缴费，达到法定退休年龄或养老保险待遇领取年龄的，可按规定领取相应基本养老金，但服刑期间不参与基本养老金调整。社区服刑人员可按规定执行基本医疗保险等有关医疗保障政策，享受相应待遇。符合申领失业保险金条件的社区服刑人员，可按规定享受失业保险待遇。

五、进一步加强对社会力量参与社区矫正工作的组织领导

各地要把进一步鼓励引导社会力量参与社区矫正提上重要议事日程，立足实际建立完善社会力量参与社区矫正的政策措施和制度办法。要紧紧依靠党委政府的领导，加强部门之间的沟通协调和衔接配合，做到各负其责、齐抓共管，落实社会力量参与社区矫正工作的各项政策措施。要将政府购买服务参与社区矫正工作的资金列入地方财政预算。各级综治组织要按照中央要求，进一步健全基层综合服务管理平台，进一步组织社会力量，整合各方资源，积极参与社区矫正工作。司法行政部门要充分发挥职能作用，主动协调各有关部门完善政策，健全制度，引导社会力量更多地投入社区矫正工作。要总结推广社会力量参与社区矫正的成功经验。积极发挥各类新闻媒体作用，加强对社会力量参与社区矫正工作成就的宣传，按照国家有关规定表彰社会力量参与社区矫正工作中涌现出来的先进事迹和先进典型，为全面推进社区矫正工作，维护社会和谐稳定做出积极贡献。

最高人民法院、最高人民检察院、公安部、司法部关于进一步加强社区矫正工作衔接配合管理的意见

· 2016年8月30日
· 司发通〔2016〕88号

为进一步加强社区矫正工作衔接配合，确保社区矫

正依法适用、规范运行,根据刑法、刑事诉讼法以及最高人民法院、最高人民检察院、公安部、司法部《社区矫正实施办法》等有关规定,结合工作实际,制定本意见。

一、加强社区矫正适用前的衔接配合管理

1. 人民法院、人民检察院、公安机关、监狱对拟适用或者提请适用社区矫正的被告人、犯罪嫌疑人或者罪犯,需要调查其对所居住社区影响的,可以委托其居住地县级司法行政机关调查评估。对罪犯提请假释的,应当委托其居住地县级司法行政机关调查评估。对拟适用社区矫正的被告人或者罪犯,裁定或者决定机关应当核实其居住地。

委托调查评估时,委托机关应当发出调查评估委托函,并附下列材料:

(1)人民法院委托时,应当附带起诉书或者自诉状;
(2)人民检察院委托时,应当附带起诉意见书;
(3)看守所、监狱委托时,应当附带判决书、裁定书、执行通知书、减刑裁定书复印件以及罪犯在服刑期间表现情况材料。

2. 调查评估委托函应当包括犯罪嫌疑人、被告人、罪犯及其家属等有关人员的姓名、住址、联系方式、案由以及委托机关的联系人、联系方式等内容。

调查评估委托函不得通过案件当事人、法定代理人、诉讼代理人或者其他利害关系人转交居住地县级司法行政机关。

3. 居住地县级司法行政机关应当自收到调查评估委托函及所附材料之日起10个工作日内完成调查评估,提交评估意见。对于适用刑事案件速裁程序的,居住地县级司法行政机关应当在5个工作日内完成调查评估,提交评估意见。评估意见同时抄送居住地县级人民检察院。

需要延长调查评估时限的,居住地县级司法行政机关应当与委托机关协商,并在协商确定的期限内完成调查评估。

调查评估意见应当客观公正反映被告人、犯罪嫌疑人、罪犯适用社区矫正对其所居住社区的影响。委托机关应当认真审查调查评估意见,作为依法适用或者提请适用社区矫正的参考。

4. 人民法院在作出暂予监外执行决定前征求人民检察院意见时,应当附罪犯的病情诊断、妊娠检查或者生活不能自理的鉴别意见等有关材料。

二、加强对社区服刑人员交付接收的衔接配合管理

5. 对于被判处管制、宣告缓刑、假释的罪犯,人民法院、看守所、监狱应当书面告知其到居住地县级司法行政机关报到的时间期限以及逾期报到的后果,并在规定期限内将有关法律文书送达居住地县级司法行政机关,同时抄送居住地县级人民检察院和公安机关。

社区服刑人员前来报到时,居住地县级司法行政机关未收到法律文书或者法律文书不齐全,可以先记录在案,并通知人民法院、监狱或者看守所在5日内送达或者补齐法律文书。

6. 人民法院决定暂予监外执行或者公安机关、监狱管理机关批准暂予监外执行的,交付时应当将罪犯的病情诊断、妊娠检查或者生活不能自理的鉴别意见等有关材料复印件一并送达居住地县级司法行政机关。

7. 人民法院、公安机关、司法行政机关在社区服刑人员交付接收工作中衔接脱节,或者社区服刑人员逃避监管、未按规定时间期限报到,造成没有及时执行社区矫正的,属于漏管。

8. 居住地社区矫正机构发现社区服刑人员漏管,应当及时组织查找,并由居住地县级司法行政机关通知有关人民法院、公安机关、监狱、居住地县级人民检察院。

社区服刑人员逃避监管、不按规定时间期限报到导致漏管的,居住地县级司法行政机关应当给予警告;符合收监执行条件的,依法提出撤销缓刑、撤销假释或者对暂予监外执行收监执行的建议。

9. 人民检察院应当加强对社区矫正交付接收中有关机关履职情况的监督,发现有下列情形之一的,依法提出纠正意见:

(1)人民法院、公安机关、监狱未依法送达交付执行法律文书,或者未向社区服刑人员履行法定告知义务;
(2)居住地县级司法行政机关依法应当接收社区服刑人员而未接收;
(3)社区服刑人员未在规定时间期限报到,居住地社区矫正机构未及时组织查找;
(4)人民法院决定暂予监外执行,未通知居住地社区矫正机构与有关公安机关,致使未办理交接手续;
(5)公安机关、监狱管理机关批准罪犯暂予监外执行,罪犯服刑的看守所、监狱未按规定与居住地社区矫正机构办理交接手续;
(6)其他未履行法定交付接收职责的情形。

三、加强对社区服刑人员监督管理的衔接配合

10. 社区服刑人员在社区矫正期间脱离居住地社区矫正机构的监督管理下落不明,或者虽能查找到其下落但拒绝接受监督管理的,属于脱管。

11. 居住地社区矫正机构发现社区服刑人员脱管,

应当及时采取联系本人、其家属亲友、走访有关单位和人员等方式组织追查,做好记录,并由县级司法行政机关视情形依法给予警告、提请治安管理处罚、提请撤销缓刑、撤销假释或者对暂予监外执行的提请收监执行。

12. 人民检察院应当加强对社区矫正监督管理活动的监督,发现有下列情形之一的,依法提出纠正意见:

(1)社区服刑人员报到后,居住地县级司法行政机关未向社区服刑人员履行法定告知义务,致使其未按照有关规定接受监督管理;

(2)居住地社区矫正机构违反规定批准社区服刑人员离开所居住的市、县,或者违反人民法院禁止令的内容批准社区服刑人员进入特定区域或者场所;

(3)居住地县级司法行政机关对违反社区矫正规定的社区服刑人员,未依法给予警告、提请治安管理处罚;

(4)其他未履行法定监督管理职责的情形。

13. 司法行政机关应当会同人民法院、人民检察院、公安机关健全完善联席会议制度、情况通报制度,每月通报核对社区服刑人员人数变动、漏管脱管等数据信息,及时协调解决工作中出现的问题。

14. 司法行政机关应当建立完善社区服刑人员的信息交换平台,推动与人民法院、人民检察院、公安机关互联互通,利用网络及时准确传输交换有关法律文书,根据需要查询社区服刑人员脱管漏管、被治安管理处罚、犯罪等情况,共享社区矫正工作动态信息,实现网上办案、网上监管、网上监督。对社区服刑人员采用电子定位方式实施监督,应当采用相应技术,防止发生人机分离,提高监督管理的有效性和安全性。

15. 社区服刑人员被依法决定行政拘留、司法拘留、收容教育、强制隔离戒毒等或者因涉嫌犯新罪、发现判决宣告前还有其他罪没有判决被采取强制措施的,决定机关应当自作出决定之日起3日内将有关情况通知居住地县级司法行政机关和居住地县级人民检察院。

四、加强对社区服刑人员收监执行的衔接配合管理

16. 社区服刑人员符合收监执行条件的,居住地社区矫正机构应当及时按照规定,向原裁判人民法院或者公安机关、监狱管理机关送达撤销缓刑、撤销假释建议书或者对暂予监外执行的收监执行建议书并附相关证明材料。人民法院、公安机关、监狱管理机关应当在规定期限内依法作出裁定或者决定,并将法律文书送达居住地县级司法行政机关,同时抄送居住地县级人民检察院、公安机关。

17. 社区服刑人员因违反监督管理规定被依法撤销缓刑、撤销假释或者暂予监外执行被决定收监执行的,应当本着就近、便利、安全的原则,送交其居住地所属的省(区、市)的看守所、监狱执行刑罚。

18. 社区服刑人员被裁定撤销缓刑的,居住地社区矫正机构应当向看守所、监狱移交撤销缓刑裁定书和执行通知书、撤销缓刑建议书以及原判决书、裁定书和执行通知书、起诉书副本、结案登记表以及社区矫正期间表现情况等文书材料。

社区服刑人员被裁定撤销假释的,居住地社区矫正机构应当向看守所、监狱移交撤销假释裁定书和执行通知书、撤销假释建议书、社区矫正期间表现情况材料,原判决书、裁定书和执行通知书、起诉书副本、结案登记表复印件等文书材料。罪犯收监后,居住地社区矫正机构通知罪犯原服刑看守所、监狱将罪犯假释前的档案材料移交撤销假释后的服刑看守所、监狱。

暂予监外执行社区服刑人员被人民法院决定收监执行的,居住地社区矫正机构应当向看守所、监狱移交收监执行决定书和执行通知书以及原判决书、裁定书和执行通知书、起诉书副本、结案登记表、社区矫正期间表现等文书材料。

暂予监外执行社区服刑人员被公安机关、监狱管理机关决定收监执行的,居住地社区矫正机构应当向看守所、监狱移交社区服刑人员在接受矫正期间的表现情况等文书材料。

19. 撤销缓刑、撤销假释裁定书或者对暂予监外执行罪犯收监执行决定书应当在居住地社区矫正机构教育场所公示。属于未成年或者犯罪的时候不满十八周岁被判处五年有期徒刑以下刑罚的社区服刑人员除外。

20. 被裁定、决定收监执行的社区服刑人员在逃的,居住地社区矫正机构应当在收到人民法院、公安机关、监狱管理机关的裁定、决定后,立即通知居住地县级公安机关,由其负责实施追捕。

撤销缓刑、撤销假释裁定书和对暂予监外执行罪犯收监执行决定书,可以作为公安机关网上追逃依据。公安机关根据案情决定是否实施网上追逃。

21. 社区服刑人员被行政拘留、司法拘留、收容教育、强制隔离戒毒等行政处罚或者强制措施期间,人民法院、公安机关、监狱管理机关依法作出对其撤销缓刑、撤销假释的裁定或者收监执行决定的,居住地社区矫正机构应当将人民法院、公安机关、监狱管理机关的裁定书、决定书送交作出上述决定的机关,由有关部门依法收监执行刑罚。

22. 人民检察院应当加强对社区矫正收监执行活动的监督,发现有下列情形之一的,依法提出纠正意见:

(1)居住地县级司法行政机关未依法向人民法院、公安机关、监狱管理机关提出撤销缓刑、撤销假释建议或者对暂予监外执行的收监执行建议;

(2)人民法院、公安机关、监狱管理机关未依法作出裁定、决定,或者未依法送达;

(3)居住地县级司法行政机关、公安机关未依法将罪犯送交看守所、监狱,或者未依法移交被收监执行罪犯的文书材料;

(4)看守所、监狱未依法收监执行;

(5)公安机关未依法协助送交收监执行罪犯,或者未依法对在逃的收监执行罪犯实施追捕;

(6)其他违反收监执行规定的情形。

23. 对社区服刑人员实行社区矫正,本意见未明确的程序和事项,按照有关法律法规以及最高人民法院、最高人民检察院、公安部、司法部《社区矫正实施办法》,最高人民法院、最高人民检察院、公安部、司法部、国家卫生计生委《暂予监外执行规定》等执行。

24. 本意见自发布之日起施行。

四、公共法律服务

基层法律服务所管理办法

- 2000年3月30日司法部令第59号公布
- 2017年12月25日司法部令第137号修订
- 自2018年2月1日起施行

第一章 总 则

第一条 为加强对基层法律服务所的监督和管理,保障基层法律服务所依法执业,根据有关法律法规,结合基层法律服务工作实际和发展需要,制定本办法。

第二条 基层法律服务所是在乡镇和街道设立的法律服务组织,是基层法律服务工作者的执业机构。

第三条 基层法律服务所按照司法部规定的业务范围和执业要求,面向基层的政府机关、基层群众性自治组织、企业事业单位、社会组织和承包经营户、个体工商户、合伙组织以及公民提供法律服务,维护当事人合法权益,维护法律正确实施,促进社会稳定、经济发展和法治建设。

第四条 基层法律服务所依法执业受法律保护,任何组织和个人不得侵害其合法权益。

第五条 基层法律服务所应当把拥护中国共产党领导、拥护社会主义法治作为从业的基本要求。

第六条 司法行政机关依据本办法对基层法律服务所进行管理和指导。

第二章 执业管理

第七条 基层法律服务所应当有规范的名称和章程;有三名以上符合司法部规定条件、能够专职执业的基层法律服务工作者;有所和必要的资产。

事业体制基层法律服务所除应当符合第一款规定外,还应当持有事业单位登记管理机关颁发的《事业单位法人证书》。

普通合伙制基层法律服务所除应当符合第一款规定外,还应当至少有两名具有三年以上执业经历、能够专职执业的基层法律服务工作者作为合伙人,并有经全体合伙人协商一致并签名的合伙协议。

基层法律服务所的人员、财务、职能应当与司法所分离。

第八条 基层法律服务所只能使用一个名称。名称应当由以下三部分内容依次排列组成:县级行政区划名称,乡镇、街道行政区划名称或者字号,法律服务所。

第九条 基层法律服务所章程应当载明下列事项:
(一)名称、住所;
(二)本所法定代表人或者负责人的职责;
(三)执业工作制度;
(四)基层法律服务工作者及辅助工作人员的聘用、管理办法;
(五)财务管理制度、分配制度;
(六)其他内部管理制度;
(七)停办、解散及清算办法;
(八)章程修改的程序;
(九)其他需要载明的事项。

第十条 基层法律服务所变更名称、法定代表人或者负责人、合伙人、住所和修改章程的,应当由所在地县级司法行政机关审查同意后报设区的市级司法行政机关批准,或者由直辖市的区(县)司法行政机关批准。

第十一条 基层法律服务所有下列情形之一的,应当终止:
(一)不符合本办法第七条规定的基层法律服务所应当具备的条件,经限期整改仍不符合相关规定的;
(二)停办或者决定解散的;
(三)法律、行政法规规定应当终止的其他情形。

基层法律服务所无正当理由停止业务活动满一年的,视为自行停办、解散,应当终止。

第十二条 基层法律服务所在终止事由发生后,应当向社会公告,按照有关规定进行清算,并不得受理新的业务。

基层法律服务所应当在清算结束后十五日内,经所在地县级司法行政机关审查后报设区的市级司法行政机关办理注销手续,或者由直辖市的区(县)司法行政机关办理注销手续。基层法律服务所拒不履行公告、清算义务的,可以由县级司法行政机关向社会公告后报设区的市级司法行政机关办理注销手续,或者由直辖市的区(县)司法行政机关向社会公告后办理注销手续。

第十三条 《基层法律服务所执业证》分正本和副本。正本应当悬挂于执业场所，副本用于接受查验。正本和副本具有同等的法律效力。执业证不得伪造、涂改、抵押、出租、出借。

第十四条 设区的市级或者直辖市的区（县）司法行政机关应当按年度将本地区基层法律服务所变更、注销的情况报省、自治区、直辖市司法行政机关备案。

第三章 工作制度

第十五条 基层法律服务所应当依据本办法建立健全各项管理制度，完善工作运行机制。

第十六条 基层法律服务所设主任一名，根据需要可以设副主任。基层法律服务所主任，除应当取得基层法律服务工作者执业证外，还应当有三年以上从事基层法律服务工作或者基层司法行政工作的经历。

第十七条 基层法律服务所主任，应当经基层法律服务所民主推选或者按有关规定产生。

第十八条 基层法律服务所主任为该所的法定代表人或者负责人，负责管理本所行政事务和组织开展业务工作，负责向所在地县级司法行政机关或者直辖市的区（县）司法行政机关报告工作。

第十九条 基层法律服务所应当建立基层法律服务工作者会议制度，民主管理本所重大事务，行使下列职权：

（一）制定本所发展规划和年度工作计划；
（二）制定本所管理规章制度；
（三）审议本所年度工作总结报告；
（四）审议本所年度预决算报告和重大财务开支项目；
（五）决定对本所基层法律服务工作者和辅助工作人员的奖惩；
（六）审议其他重要事项。

第二十条 基层法律服务所应当依法与在本所执业的基层法律服务工作者签订聘用合同或者劳动合同。

第二十一条 基层法律服务所应当建立健全执业管理、业务培训、投诉查处、人员奖惩等内部管理制度，对基层法律服务工作者加强职业道德和执业纪律教育，加强业务知识和技能的培训，加强执业活动的检查、监督。

第二十二条 基层法律服务所对违反职业道德、执业纪律，司法行政机关管理规定和本所章程、制度或者有其他违法行为的基层法律服务工作者，可以依有关规定予以处分或者处理。

第二十三条 基层法律服务所根据工作需要，可以按照有关规定聘用文秘、财务、行政等辅助工作人员，依法签订聘用合同或者劳动合同。

辅助工作人员的聘用、变更情况，应当报所在地县级司法行政机关或者直辖市的区（县）司法行政机关备案。

第二十四条 基层法律服务所组织基层法律服务工作者开展业务活动，应当遵守下列要求：

（一）严格执行司法部关于基层法律服务业务范围、工作原则和服务程序的规定，建立统一收案、统一委派、疑难法律事务集体讨论、重要案件报告等制度；
（二）建立对基层法律服务工作者遵守职业道德、执业纪律和服务质量、效率的检查、监督、考评制度；
（三）接受国家、社会和委托人的监督；
（四）由基层法律服务所按照有关规定统一收取服务费，公开收费项目和收费标准，严格遵守基层法律服务收费管理制度；
（五）对符合规定条件的当事人提供法律援助；
（六）建立健全基层法律服务业务档案管理制度。

第二十五条 基层法律服务所应当按照规定建立健全财务管理制度，建立和实行合理的分配制度以及激励机制。

第二十六条 基层法律服务所应当根据本所收支情况和实际需要，留存用于事业发展、社会保障和奖励等事项的费用。

第二十七条 基层法律服务所应当按照国家和地方有关社会保障的政策和规定，为基层法律服务工作者和辅助工作人员办理社会保险。

第二十八条 基层法律服务所应当积极创造条件，加强办公用房、办公设施、办公装备的建设，不断改善执业条件，提高服务质量，提升工作效率。

第四章 检查监督

第二十九条 设区的市级或者直辖市的区（县）司法行政机关应当每年对基层法律服务所进行年度考核。

对基层法律服务所进行年度考核的具体办法，由省、自治区、直辖市司法行政机关依据本办法和有关规定制定。

第三十条 基层法律服务所接受年度考核，应当提交下列材料：

（一）上年度本所工作总结报告和本年度工作计划；
（二）上年度本所财务报表；
（三）《基层法律服务所执业证》副本；
（四）司法行政机关要求提交的其他材料。

第三十一条 基层法律服务所的年度考核材料，经所在地县级司法行政机关审查后报送设区的市级司法行政机关审核，或者由直辖市的区（县）司法行政机关审核。

第三十二条 设区的市级或者直辖市的区（县）司法行政机关在年度考核中，对有本办法第三十六条所列行为、尚未处理的基层法律服务所，按照本办法第三十六条至第三十九条的规定进行处理。

在年度考核中，不符合本办法规定条件的基层法律服务所，应当在所在地县级司法行政机关或者直辖市的区（县）司法行政机关监督下，限期整改。期满后仍不符合本办法相关规定的，应当办理注销手续。

第三十三条 省、自治区、直辖市司法行政机关应当建立基层法律服务所和基层法律服务工作者信息管理系统，按照有关规定向社会公开基层法律服务所、基层法律服务工作者基本信息和年度考核结果、奖惩情况，并将基层法律服务所、基层法律服务工作者信用记录纳入本省、自治区、直辖市信用信息共享平台。

第三十四条 县级司法行政机关或者直辖市的区（县）司法行政机关对基层法律服务所的日常执业活动和内部管理工作进行指导和监督，可以按照有关规定对基层法律服务所进行检查，要求基层法律服务所报告工作、说明情况、提交有关材料。司法所可以根据县级司法行政机关或者直辖市的区（县）司法行政机关要求，承担对基层法律服务所进行指导监督的具体工作。

第三十五条 司法行政机关对工作成绩显著、队伍建设良好、管理制度完善的基层法律服务所，按照有关规定给予表彰奖励。

第三十六条 基层法律服务所有下列行为之一的，由所在地县级司法行政机关或者直辖市的区（县）司法行政机关予以警告；有违法所得的，依照法律、法规的规定没收违法所得，并由设区的市级或者直辖市的区（县）司法行政机关处以违法所得三倍以下的罚款，罚款数额最高为三万元：

（一）超越业务范围和诉讼代理执业区域的；

（二）违反规定不以基层法律服务所名义统一接受委托、统一收取服务费，不向委托人出具有效收费凭证的；

（三）冒用律师事务所名义执业的；

（四）以贬损他人、抬高自己、虚假承诺或者支付介绍费等不正当手段争揽业务的；

（五）伪造、涂改、抵押、出租、出借本所执业证的；

（六）违反规定变更本所名称、法定代表人或者负责人、合伙人、住所和章程的；

（七）不按规定接受年度考核，或者在年度考核中弄虚作假的；

（八）违反财务管理规定，私分、挪用或者以其他方式非法处置本所资产的；

（九）聘用未获准基层法律服务工作者执业的人员以基层法律服务工作者名义承办业务的；

（十）放纵、包庇本所基层法律服务工作者的违法违纪行为的；

（十一）内部管理混乱，无法正常开展业务的；

（十二）法律、法规、规章规定应予处罚的其他行为。

第三十七条 司法行政机关对基层法律服务所实施行政处罚，应当依照《中华人民共和国行政处罚法》和司法部有关规定进行。

第三十八条 基层法律服务所对行政处罚不服的，可以依照《中华人民共和国行政复议法》和司法部有关规定申请行政复议。

第三十九条 司法行政机关对基层法律服务所实施行政处罚的，应当按照有关规定追究其法定代表人或者负责人的责任。

第四十条 司法行政机关对基层法律服务所实施行政处罚的同时，应当责令其限期整改。期满后仍不能改正，不宜继续执业的，由设区的市级或者直辖市的区（县）司法行政机关予以注销。

第四十一条 司法行政机关应当建立对基层法律服务所的投诉监督制度，设立投诉电话、投诉信箱，受理公民、法人和其他非法人组织对基层法律服务所及其从业人员的投诉。

涉及委托人与基层法律服务所发生争议的投诉，由基层法律服务所所在地县级司法行政机关或者直辖市的区（县）司法行政机关予以调解处理；涉及基层法律服务所及其从业人员违法违纪的投诉，司法行政机关应当立案调查处理，并将查处结果告知投诉人。

第四十二条 上级司法行政机关认为下级司法行政机关在年度考核和行政处罚工作中有错误或者不当的，应当及时责令其改正。

司法行政机关及其工作人员不履行管理职责或者侵犯基层法律服务所合法权益的，应当追究主管人员和直接责任人员的行政责任。

第五章 附 则

第四十三条 《基层法律服务所执业证》由司法部统一制作。

第四十四条 本办法由司法部负责解释。

第四十五条 本办法自 2018 年 2 月 1 日起施行。司法部此前制定的有关基层法律服务所管理的规章、规范性文件与本办法相抵触的，以本办法为准。

基层法律服务工作者管理办法

- 2000 年 3 月 30 日司法部令第 60 号公布
- 2017 年 12 月 25 日司法部令第 138 号修订
- 自 2018 年 2 月 1 日起施行

第一章 总 则

第一条 为加强对基层法律服务工作者的监督和管理，保障基层法律服务工作者依法执业，根据有关法律法规，制定本办法。

第二条 符合本办法规定的执业条件，经司法行政机关核准取得《基层法律服务工作者执业证》，在基层法律服务所执业，为社会提供法律服务的人员，是基层法律服务工作者。

第三条 基层法律服务工作者的职责是按照司法部规定的业务范围和执业要求，开展法律服务，维护当事人合法权益，维护法律正确实施，促进社会稳定、经济发展和法治建设。

基层法律服务工作者依法执业受法律保护，任何组织和个人不得侵害其合法权益。

第四条 基层法律服务工作者应当把拥护中国共产党领导、拥护社会主义法治作为从业的基本要求。

第五条 司法行政机关依据本办法对基层法律服务工作者进行管理和指导。

第二章 执业条件

第六条 申请基层法律服务工作者执业，应当具备下列条件：

（一）拥护中华人民共和国宪法；

（二）高等学校法律专业本科毕业，参加省、自治区、直辖市司法行政机关组织的考试合格；

（三）品行良好；

（四）身体健康；

（五）在基层法律服务所实习满一年，但具有二年以上其他法律职业经历的除外。

各省、自治区、直辖市的自治县（旗）、国务院审批确定的国家扶贫开发工作重点县，西部地区省、自治区、直辖市所辖县，可以将前款第二项规定的学历专业条件放宽为高等学校法律专业专科毕业，或者非法律专业本科毕业并具有法律专业知识。

第七条 具有法律职业资格或者曾经取得基层法律服务工作者执业资格的人员，符合本办法第六条第一款第一、三、四、五项规定的，也可以申请基层法律服务工作者执业核准。

第八条 有下列情形之一的人员，不得参加本办法第六条第一款第二项规定的考试或者申请执业核准：

（一）因故意犯罪受到刑事处罚的；

（二）被开除公职的；

（三）无民事行为能力或者限制民事行为能力的。

第三章 执业核准

第九条 设区的市级或者直辖市的区（县）司法行政机关负责基层法律服务工作者执业核准，颁发《基层法律服务工作者执业证》。

第十条 申请基层法律服务工作者执业核准的，应当填写申请执业登记表，并提交下列材料：

（一）符合本办法第六条规定的学历证书和考试合格证明，或者第七条规定的资格证书；

（二）基层法律服务所对申请人实习表现的鉴定意见，或者具有二年以上其他法律职业经历的证明；

（三）基层法律服务所出具的同意接收申请人的证明；

（四）申请人的身份证明。

第十一条 申请执业核准材料，由拟聘用申请人的基层法律服务所提交所在地县级司法行政机关审查，由其出具审查意见后报设区的市级司法行政机关审核，或者由拟聘用申请人的基层法律服务所报所在地直辖市的区（县）司法行政机关审核。

第十二条 执业核准机关应当自决定受理申请之日起二十日内完成审核，作出准予执业核准或者不准予执业核准的书面决定。不准予执业核准的，应当在决定中说明理由。

对准予执业核准的申请人，由执业核准机关颁发《基层法律服务工作者执业证》。

申请人对不准予执业核准决定有异议的，可以依照《中华人民共和国行政复议法》和司法部有关规定申请行政复议。

第十三条 对有下列情形之一的申请执业核准的人员，司法行政机关应当作出不准予执业核准的决定：

（一）具有本办法第八条规定情形之一的；

（二）曾因严重违法违纪违规行为被基层法律服务所解除聘用合同或者劳动合同的；

（三）曾被吊销律师执业证书或者受到停止执业处

罚期限未满的；

（四）具有法律职业资格或者律师资格、公证员资格并已在律师事务所或者公证机构执业的。

第十四条　符合本办法第六条或者第七条规定的条件，在教育科研部门工作、民营企业工作或者务农的人员，经基层法律服务所聘用，可以兼职从事基层法律服务工作，但在教育科研部门工作的人员按照有关规定不得兼职的除外。申请兼职基层法律服务者执业核准，按照本办法规定的条件和程序办理。

基层法律服务所聘用兼职基层法律服务工作者的人数，不得超过专职基层法律服务工作者的人数。

第十五条　基层法律服务工作者变更执业机构的，持与原执业的基层法律服务所解除聘用关系、劳动关系的证明和拟变更的基层法律服务所同意接收的证明，按照本办法规定的程序，申请更换《基层法律服务工作者执业证》。

有下列情形之一的，基层法律服务工作者不得变更执业机构：

（一）本人承办的业务或者工作交接手续尚未办结；

（二）本人与所在基层法律服务所尚存在债权债务关系；

（三）本人有正在接受调查处理的违反执业纪律的行为。

第十六条　基层法律服务工作者有下列情形之一的，由执业核准机关注销并收回《基层法律服务工作者执业证》：

（一）因严重违法违纪违规行为被基层法律服务所解除聘用合同或者劳动合同的；

（二）因与基层法律服务所解除聘用合同、劳动合同或者所在的基层法律服务所被注销，在六个月内未被其他基层法律服务所聘用的；

（三）因本人申请注销的；

（四）因其他原因停止执业的。

第十七条　基层法律服务工作者应当妥善保管《基层法律服务工作者执业证》，不得伪造、涂改、抵押、出借、出租。

《基层法律服务工作者执业证》遗失或者损坏无法使用的，持证人应当立即向所在地县级司法行政机关或者直辖市的区(县)司法行政机关申请办理补发或更换手续。

第四章　人员管理

第十八条　基层法律服务所应当依法与在本所执业的基层法律服务工作者签订聘用合同或者劳动合同。

第十九条　基层法律服务所应当为基层法律服务工作者执业提供必要的工作条件，维护其在执业活动和本所管理工作中应享有的合法权利，保障其应享有的劳动报酬、保险和福利待遇。

第二十条　基层法律服务所应当建立对基层法律服务工作者执业实绩和遵守职业道德、执业纪律情况的年度考核制度。

年度考核结果分为优秀、称职、基本称职、不称职四个等次。年度考核结果应当作为对基层法律服务工作者奖惩的依据。

第二十一条　基层法律服务所对年度考核被评为优秀或者在平时执业中有突出事迹或者显著贡献的基层法律服务工作者，应当给予奖励。

对事迹特别突出的，可以报请有关司法行政机关给予表彰。

第二十二条　基层法律服务所对违反职业道德和执业纪律，违反司法行政机关管理规定和本所章程、制度或者有其他违法行为的基层法律服务工作者，可以按照有关规定予以处分或者处理。

第二十三条　基层法律服务工作者有下列情形之一的，基层法律服务所可以按照有关规定解除聘用合同或者劳动合同：

（一）在年度考核中连续两年被评为不称职的；

（二）严重违反本所规章制度，经多次教育仍不改正的；

（三）无正当理由连续停止执业满三个月的；

（四）因患病或者非因公负伤，在规定的医疗期满后不能从事基层法律服务工作的。

基层法律服务所按照前款规定与基层法律服务工作者解除聘用合同或者劳动合同的，应当报所在地县级司法行政机关备案，并按照规定程序办理注销手续。

第二十四条　基层法律服务所和基层法律服务工作者对履行聘用合同发生争议的，可以提请所在地的县级司法行政机关或者直辖市的区(县)司法行政机关进行调解处理。

第五章　执业权利和义务

第二十五条　基层法律服务工作者应当遵守宪法和法律，恪守职业道德和执业纪律，做到依法执业、诚信执业、规范执业。

基层法律服务工作者执业应当以事实为依据，以法律为准绳。

基层法律服务工作者应当接受国家、社会和当事人的监督。

第二十六条　基层法律服务工作者可以从事下列业务：

（一）担任法律顾问；

（二）代理参加民事、行政诉讼活动；

（三）代理非诉讼法律事务；

（四）接受委托，参加调解、仲裁活动；

（五）解答法律咨询；

（六）代写法律事务文书。

第二十七条　基层法律服务工作者办理本办法第二十六条第二项规定的业务，应当符合下列条件之一：

（一）至少有一方当事人的住所位于其执业的基层法律服务所所在的县级行政区划辖区或者直辖市的区（县）行政区划辖区内。

（二）案件由其执业的基层法律服务所所在的县级行政区划辖区或者直辖市的区（县）行政区划辖区内的基层人民法院审理；该案进入二审、审判监督程序的，可以继续接受原当事人的委托，担任诉讼代理人。

省、自治区、直辖市司法行政机关根据本地实际，认为确有必要的，可以适当调整前款第一项规定的条件。

第二十八条　基层法律服务工作者持基层法律服务所出具的介绍信、当事人的委托书和《基层法律服务工作者执业证》，经有关单位或者个人同意，可以依法向其调查、收集与承办法律事务有关的证据材料；依法查阅所代理案件有关材料。

第二十九条　基层法律服务工作者对坚持非法要求、故意隐瞒重大事实、提供虚假证据或者严重违反委托合同约定义务的当事人，可以拒绝为其代理或者解除委托关系。

第三十条　基层法律服务工作者在执业中发现本地区政府机关、基层群众性自治组织、企业事业单位、社会组织在执行法律、法规和规章方面存在问题的，可以向其提出法律服务建议。

第三十一条　基层法律服务工作者在执业期间，有权获得执业所需的工作条件，参加政治学习和业务培训，参与本所民主管理，获得劳动报酬和享受保险、福利待遇。

第三十二条　基层法律服务工作者对违反本办法第三十一条规定，或者侵犯其执业权利的行为，可以请求司法行政机关、基层法律服务行业协会依法予以保障其合法权益。

第三十三条　基层法律服务工作者应当遵守基层法律服务所统一收案、统一委派、统一收费的相关规定。

第三十四条　基层法律服务工作者应当按照有关规定履行法律援助义务。

第三十五条　基层法律服务工作者在执业过程中应当遵守司法、仲裁和行政执法活动的有关制度，尊重司法机关、仲裁委员会和行政执法机关及其工作人员依法行使职权。

曾担任法官的基层法律服务工作者，不得担任原任职法院办理案件的诉讼代理人。

第三十六条　基层法律服务工作者应当尊重同行，同业互助，公平竞争，共同提高执业水平。

第三十七条　基层法律服务工作者应当保守在执业活动中知悉的国家秘密、商业秘密和个人隐私。

第三十八条　基层法律服务工作者应当爱岗敬业、坚持原则、诚实守信、举止文明、廉洁自律，自觉维护执业声誉和社会形象。

第三十九条　基层法律服务工作者应当勤奋学习，加强职业修养，积极参加司法行政机关组织的业务培训，不断提高专业水平和服务技能。

第六章　检查监督

第四十条　设区的市级或者直辖市的区（县）司法行政机关应当对基层法律服务工作者进行年度考核。

对基层法律服务工作者进行年度考核的具体办法，由省、自治区、直辖市司法行政机关依据本办法和有关规定确定。

第四十一条　基层法律服务工作者参加年度考核，应当提交下列材料：

（一）上年度执业情况和遵守职业道德、执业纪律情况的个人总结；

（二）基层法律服务所出具的执业表现年度考核意见；

（三）《基层法律服务工作者执业证》。

第四十二条　基层法律服务工作者年度考核材料，由基层法律服务所报经所在地县级司法行政机关审查后报设区的市级司法行政机关审核，或者由基层法律服务所报所在地直辖市的区（县）司法行政机关审核。

第四十三条　设区的市级或者直辖市的区（县）司法行政机关在年度考核中，对有本办法第四十六条所列行为、尚未处理的基层法律服务工作者，按照本办法第四十六条至第四十八条的规定进行处理。

第四十四条　县级司法行政机关或者直辖市的区（县）司法行政机关对基层法律服务工作者的日常执业

活动和遵守职业道德、执业纪律的情况进行指导和监督，可以按照有关规定对基层法律服务工作者的执业情况进行检查，要求有关人员报告工作、说明情况、提交有关材料。司法所可以根据县级司法行政机关或者直辖市的区（县）司法行政机关要求，承担对基层法律服务工作者进行指导监督的具体工作。

第四十五条　司法行政机关对有突出事迹或者显著贡献的基层法律服务工作者，按照有关规定给予表彰奖励。

第四十六条　基层法律服务工作者有下列行为之一的，由所在地县级司法行政机关或者直辖市的区（县）司法行政机关予以警告；有违法所得的，依照法律、法规的规定没收违法所得，并由设区的市级或者直辖市的区（县）司法行政机关处以违法所得三倍以下的罚款，罚款数额最高为三万元：

（一）超越业务范围和诉讼代理执业区域的；

（二）以贬损他人、抬高自己、虚假承诺或者支付介绍费等不正当手段争揽业务的；

（三）曾担任法官的基层法律服务工作者，担任原任职法院办理案件的诉讼代理人的；

（四）冒用律师名义执业的；

（五）同时在基层法律服务所和律师事务所或者公证机构执业，或者同时在两个以上基层法律服务所执业的；

（六）无正当理由拒绝履行法律援助义务的；

（七）明知委托人的要求是非法的、欺诈性的，仍为其提供帮助的；

（八）在代理活动中超越代理权限或者滥用代理权，侵犯被代理人合法利益的；

（九）在同一诉讼、仲裁、行政裁决中，为双方当事人或者有利害关系的第三人代理的；

（十）不遵守与当事人订立的委托合同，拒绝或者疏怠履行法律服务义务，损害委托人合法权益的；

（十一）在调解、代理、法律顾问等执业活动中压制、侮辱、报复当事人，造成恶劣影响的；

（十二）不按规定接受年度考核，或者在年度考核中弄虚作假的；

（十三）泄露在执业活动中知悉的商业秘密或者个人隐私的；

（十四）以影响案件审判、仲裁或者行政裁定结果为目的，违反规定会见有关司法、仲裁或者行政执法人员，或者向其请客送礼的；

（十五）私自接受委托承办法律事务，或者私自收取费用，或者向委托人索要额外报酬的；

（十六）在代理活动中收受对方当事人、利害关系人财物或者与其恶意串通，损害委托人合法权益的；

（十七）违反司法、仲裁、行政执法工作有关制度规定，干扰或者阻碍司法、仲裁、行政执法工作正常进行的；

（十八）泄露在执业活动中知悉的国家秘密的；

（十九）伪造、隐匿、毁灭证据或者故意协助委托人伪造、隐匿、毁灭证据的；

（二十）向有关司法人员、仲裁员或者行政执法人员行贿、介绍贿赂，或者指使、诱导委托人向其行贿的；

（二十一）法律、法规、规章规定应予处罚的其他行为。

司法行政机关对基层法律服务工作者实施上述行政处罚的同时，应当责令其改正。

第四十七条　司法行政机关对基层法律服务工作者实施行政处罚，应当依照《中华人民共和国行政处罚法》和司法部有关规定进行。

第四十八条　基层法律服务工作者对行政处罚不服的，可以依照《中华人民共和国行政复议法》和司法部有关规定申请行政复议。

第四十九条　基层法律服务工作者有下列情形之一的，基层法律服务所可以按照有关规定解除聘用合同或者劳动合同：

（一）有本办法第四十六条第一款第十三至第十七项规定行为，情节严重的；

（二）有本办法第四十六条第一款第十八、十九、二十项规定行为之一的；

（三）因故意犯罪受到刑事处罚的。

第五十条　司法行政机关应当建立对基层法律服务工作者执业的投诉监督制度，设立投诉电话、投诉信箱，受理当事人和其他公民对基层法律服务工作者违法违纪行为的投诉，将调查处理结果告知投诉人。

第五十一条　上级司法行政机关认为下级司法行政机关在执业核准、年度考核和行政处罚工作中有错误或者不当的，应当及时责令其纠正。

司法行政机关不履行管理职责或者干涉基层法律服务工作者执业、侵犯其合法权益的，应当追究主管人员和直接责任人员的行政责任。

第七章　附　则

第五十二条　省、自治区、直辖市司法行政机关应当从解决乡镇和欠发达地区律师资源不足问题、满足基层人民群众的法律服务需求出发，制定本地区基层法律服务队伍发展方案。

第五十三条 《基层法律服务工作者执业证》由司法部统一制作。

第五十四条 本办法由司法部负责解释。

第五十五条 本办法自 2018 年 2 月 1 日起施行。司法部此前制定的有关基层法律服务工作者管理的规章、规范性文件与本办法相抵触的，以本办法为准。

乡镇法律服务业务工作细则

· 1991 年 9 月 20 日司法部令第 19 号发布
· 自发布之日起施行

第一章 总 则

第一条 为促进乡镇法律服务所开展各项法律服务业务，进一步提高工作质量，结合乡镇法律服务工作实际，制定本细则。

第二条 乡镇法律服务所通过开展各项业务，维护当事人的合法权益，维护法律、法规的正确实施，保障和促进社会主义民主法制建设和经济建设。

第三条 乡镇法律服务所的业务范围：

(一) 应聘担任法律顾问；
(二) 代理参加民事、经济、行政诉讼活动；
(三) 代理非诉讼法律事务；
(四) 主持调解纠纷；
(五) 解答法律询问；
(六) 代写法律事务文书；
(七) 协助办理公证事项；
(八) 协助司法助理员开展法制宣传教育和其他有关业务工作。

第四条 乡镇法律服务所办理各项法律服务业务，应当在本乡镇人民政府及其司法助理员(司法所)的领导下进行。

第五条 乡镇法律服务所办理各项法律服务业务，必须以事实为根据，以法律为准绳，恪守职业纪律和职业道德，不得超越职责权限。

第六条 乡镇法律服务所应立足基层，主要面向本辖区内的政府机关、群众自治组织、企业事业单位、社会团体和承包经营户、个体工商户、个人合伙组织以及公民提供法律服务，服务方式力求便民利民，及时有效。

第七条 法律服务业务由乡镇法律服务所统一受理，并指派一至两名乡镇法律工作者承办；重大、疑难的法律服务业务，由乡镇法律服务所主任主持集体研究，确定工作方案，也可以商请当地律师事务所联合办理。

不同地区的乡镇法律服务所，根据需要可以进行业务协作。

第八条 乡镇法律服务所的业务收费标准，按照各省、自治区、直辖市司法厅(局)会同物价、财政部门制定的有关收费管理办法执行；收费手续由乡镇法律服务所统一办理；对规定未及的法律服务收费，可参照律师有关收费项目和标准执行；对规定可以酌情减免收费或者缓收费用的，由乡镇法律服务所主任决定。

乡镇法律服务所与律师事务所联合办理业务和协助办理公证的收费分成比例，按各省、自治区、直辖市司法厅(局)有关规定办理。

第九条 乡镇法律工作者办结法律服务业务后，应当按照《乡镇法律服务所业务档案管理办法》的规定，及时将有关业务材料立卷归档；重大、疑难的法律服务业务，还应写出书面小结，以积累总结经验和教训。

第十条 乡镇法律工作者承办各项法律服务业务，享有下列权利：

(一) 办理法律服务业务，不受非法干涉；
(二) 经人民法院同意，查阅案件有关材料；
(三) 根据承办事项的需要，持乡镇法律服务所证明和乡镇法律工作者证进行调查，向有关单位和个人查询，索取有关材料；
(四) 对坚持无理要求、故意隐瞒重大情节、提供虚假证据或者严重违反委托、聘应合同的当事人，可以拒绝接受或者解除委托、聘应关系。

第十一条 乡镇法律工作者承办各项法律服务业务，应当承担下列义务：

(一) 不得私自接受委托和聘请办理法律服务业务，不得私自收取报酬和其他费用；
(二) 不得泄露国家秘密、在工作中得知的个人隐私和当事人提供的不宜公开的情况；
(三) 出庭代理，应遵守审判、仲裁和调解活动的正常秩序；
(四) 不得进行任何有损乡镇法律工作者名誉和当事人合法权益的活动。

第十二条 乡镇法律服务所办理各项法律服务业务，受司法行政机关和乡镇人民政府的管理和监督。当地律师事务所和公证处，应当在业务上给予法律服务所必要的指导和帮助。

第二章 担任法律顾问

第十三条 乡镇法律工作者受乡镇法律服务所的指

派,可接受聘请,担任本辖区内乡镇人民政府及其各行政管理部门,村民委员会,乡镇企业、事业单位,农村承包经营户、个体工商户、个人合伙组织以及公民的法律顾问。

法律顾问工作的重点是协助聘请方依法管理、依法经营、依法办事。

第十四条 聘请法律顾问,由聘请方以书面或者口头形式向乡镇法律服务所提出,并提供有关证件和基本情况;乡镇法律服务所接到聘请后,根据聘请方的情况和本所的情况,决定是否应聘。

乡镇法律服务所决定应聘的,应当指派一至两名乡镇法律工作者担任法律顾问;聘请方对法律顾问有指名要求的,应尽可能予以满足。

乡镇法律服务所独自应聘有困难的,可以商请当地律师事务所联合应聘。

第十五条 乡镇法律服务所与聘请方应当协商订立法律顾问聘应合同。聘应合同采用书面形式。

聘应合同应当包括以下主要内容:

(一)双方名称,法律顾问的人数和姓名;

(二)法律顾问的具体任务、职责范围和工作方式;

(三)双方的权利和义务;

(四)法律顾问报酬数额及给付方式;

(五)违约责任;

(六)合同生效日期和有效期限;

(七)双方约定的其他事项。

第十六条 担任乡镇人民政府及其各行政管理部门、村民委员会的法律顾问,办理下列法律服务业务:

(一)就较重大的行政、经济决策进行法律论证,提供法律意见;

(二)对行政规范性文件的拟定从法律角度提出修改、补充建议;

(三)协助修改、审查经济合同、协议、章程等重要法律事务文书;

(四)参与处理尚未形成诉讼的民事、经济、行政纠纷和其他较重大的纠纷;

(五)代理参加行政、经济案件的调解、仲裁和诉讼活动;

(六)协助进行法制宣传教育;

(七)提供有关法律、法规资料和信息,对依法行政、建章立制方面的问题提出建议;

(八)受托办理的其他法律服务业务。

第十七条 担任乡镇企业、事业单位、承包经营户、个体工商户、个人合伙组织以及公民的法律顾问,办理下列法律服务业务:

(一)参与生产、经营活动决策,就其中较重大的问题进行法律论证,提供法律意见;

(二)协助起草、审查、订立经济合同等法律事务文书,代理参与经济法律事务谈判;

(三)协助建立健全各项管理制度,特别是经济合同管理制度;

(四)参与处理尚未形成诉讼的民事、经济、行政纠纷和其他较重大的纠纷;

(五)代理参加行政、经济、民事纠纷、案件的调解、仲裁和诉讼活动;

(六)代理工商登记、联营、租赁、承包、担保、税务、信贷、保险等业务活动中的法律事务;

(七)协助对职工进行法制宣传教育;

(八)受托办理的其他法律服务业务。

第十八条 聘请方根据需要,可以聘请提供全面服务的常年法律顾问,也可以聘请专项法律顾问,具体形式由双方协商确定。

担任法律顾问,应当在聘应合同中明确规定法律顾问履行职务的方式和时间,法律顾问因故不能按时履行职务时,应及时通知聘请方。

第十九条 乡镇法律工作者担任法律顾问,有权查阅聘请方的有关文件和资料,列席有关业务会议,进行调查取证,获得必要的工作条件和方便,并有权拒绝办理与法律顾问工作无关的事务。

担任法律顾问,应当在聘请方委托授权的范围内进行活动,不得参与和干预与执行职务无关或者未经委托的其他事务,不得泄露聘请方要求保密的事项。

第二十条 担任法律顾问,应当建立工作计划制度、工作档案制度、集体讨论制度以及与聘请方的业务联系制度。

第二十一条 乡镇法律服务所应当对法律顾问的工作加强检查和监督,定期听取聘请方的意见;发现不称职的,及时与聘请方协商撤换。

第二十二条 法律顾问聘应合同终止后,聘请方要求续聘的,可与乡镇法律服务所协商订立新的聘应合同。

法律顾问聘应合同履行期间,一方提出变更或者解除合同的,应当与对方协商一致,否则应承担违约责任。

第三章 代理民事、经济、行政诉讼

第二十三条 乡镇法律工作者受乡镇法律服务所指派,接受民事、经济、行政诉讼一方当事人的委托,担任代理人参加诉讼活动的,应当支持委托人提出的合理要求,维护委托人的合法权益,促使案件得到依法公正解决。

第二十四条　乡镇法律工作者受托代理的民事、经济、行政案件,应当具备下列条件:
(一)委托人必须是与本案有利害关系的公民、法人或者其他组织;
(二)有明确的对方当事人,具体的诉讼请求和事实根据;
(三)本案属于人民法院管辖范围;
(四)当事人一方位于本辖区内。

第二十五条　乡镇法律服务所对有激化可能的民事案件,对严重影响正常经济秩序的经济案件,应当优先受托代理;对法律规定须经行政复议后才能提起诉讼的行政争议,应当告知或者协助委托人按照有关规定执行。

第二十六条　乡镇法律工作者接受委托后,代表乡镇法律服务所与委托人订立委托代理合同,并由委托人出具委托书。

委托代理合同应当包括以下主要内容:
(一)双方名称,代理人人数和姓名;
(二)代理的事项;
(三)代理的权限(包括一般代理和特别代理);
(四)双方的权利和义务;
(五)代理的报酬数额及给付方式;
(六)违约责任;
(七)合同的有效期限;
(八)双方约定的其他事项。

委托人的特别授权包括:接受部分或者全部诉讼请求;变更或者放弃诉讼请求;进行和解、反诉、上诉或者申请撤回上诉。

委托书主要写明:被委托人的单位和姓名,委托代理的事项及代理权限。委托书一式三份,正本一份提交受诉法院,副本两份分别由委托人和乡镇法律服务所保存。

第二十七条　代理人凭委托书和乡镇法律工作者证,经人民法院同意,查阅本案有关材料。阅卷应做好记录,掌握当事人起诉、反诉或者答辩的有关事实和理由,分析、判断证据是否合法、确实、充分。

第二十八条　代理人持乡镇法律服务所证明和乡镇法律工作者证,向有关单位和个人进行调查取证。调查一般应由两人进行,并制作笔录。调查笔录经被调查人核对无误后,由调查人、记录人、被调查人签字或者盖章。

第二十九条　代理人在开庭审理前,应当在分析、判断案情和证据的基础上,拟定代理方案,并与委托人协商交换意见。

第三十条　委托人除特殊原因外,应当与代理人共同出庭;代理离婚案件,必须有委托人共同出庭。

第三十一条　在法庭审理过程中,代理人应当遵守法庭规则,尊重审判人员,态度谦虚严肃,发言文明通俗,说理透彻有据,请求合法合理。

第三十二条　在法庭调查阶段,经法庭允许,代理人就本案的疑点和关键事实,向证人、鉴定人和勘验人发问,核实案情和证据;必要时可向法庭申请新的证人到庭,申请重新鉴定、勘验或提交新的证据。

第三十三条　在法庭辩论阶段,代理人应当依据事实和证据,提出正确适用法律、维护委托人合法权益的意见,反驳对方当事人的错误主张。

第三十四条　法庭对案件进行调解,其调解方案合法合理的,代理人应当予以配合,说服委托人接受。

第三十五条　代理民事、经济、行政案件一审诉讼,人民法院的裁决合法合理的,应当说服委托人服判并自觉执行;认为裁决在认定事实、适用法律方面有不当之处的,或者严重违反审判程序的,应当向委托人详细说明,委托人决定上诉并继续委托代理的,应当接受委托,为其上诉提供法律帮助。

第三十六条　代理民事、经济、行政案件二审诉讼,人民法院的裁决合法合理的,应当说服委托人服判并自觉执行;认为裁决不当的,应当告知并协助委托人按照审判监督程序提出申诉。

第四章　代理非诉讼法律事务

第三十七条　乡镇法律工作者受乡镇法律服务所指派,可以接受非诉讼法律事务当事人的委托,为当事人提供法律帮助,协助当事人办理有关法律事务。

第三十八条　乡镇法律工作者接受当事人委托,代理下列非诉讼法律事务:
(一)无争议的民事、经济和行政法律事务;
(二)有争议的,但依法可以经非诉讼程序解决的法律事务;
(三)不服行政裁决要求申请行政复议的法律事务。

第三十九条　乡镇法律工作者代理非诉讼法律事务,在当事人授权委托的权限内行使职务;对法律、法规明确规定须经诉讼程序解决或者其他法定程序办理的法律事务,不得接受委托以非诉讼方式办理。

第四十条　乡镇法律工作者接受委托后,应当代表乡镇法律服务所与委托人订立委托代理合同,并由委托人出具委托书。委托代理合同和委托书的格式参照本细则第二十六条的规定,由双方协商订立。

受托代理简易非诉讼法律事务的,也可由双方协商采用其他方式建立委托代理关系。

第四十一条 乡镇法律工作者代理非诉讼法律事务,除采用解答法律询问、代写法律事务文书等一般服务方式外,还可以根据当事人的需求和授权以及承办事项的具体情况,分别采用下列条款规定的服务方式办理。

第四十二条 乡镇法律服务所办理法律事务,可以根据掌握的事实和材料,依据法律、法规进行阐述和论证,指出解决争议的途径和办法,出具法律意见书。

第四十三条 乡镇法律服务所协助审查合同、协议、章程等法律事务文书,应当审查合同主体资格是否合法,合同双方当事人的意思表示是否真实,合同内容是否符合法律规定,合同形式、条款是否完备,合同双方当事人是否具有履约能力,合同可能带来的经济效益和法律后果,并向委托人提出完善合同的意见或者终止订立合同的建议。

第四十四条 乡镇法律服务所代理参与协商和谈判,应当支持委托人提出的合理要求,说服委托人接受对方当事人的合理意见,协助订立有关设立、变更、终止民事、经济等法律关系的法律事务文书,必要时受托代办公证。

代理参与解决涉及债权债务等争议法律事务的协商和谈判,协商成功的,应当及时协助订立书面和解协议,并尽可能即时清结;不能即时清结的,应当在协议中订明清结的具体方法和期限;协商无效的,应当告知或者受托协助委托人提交有关机关调解、仲裁或者向人民法院提起诉讼。

对另一方当事人距离较远又不是急需办理的非诉讼法律事务,可以采用发函协商的方式办理。

第四十五条 乡镇法律服务所代理参与调解、仲裁活动,应当运用事实和证据材料,支持委托人提出的合理要求,促成与对方当事人在协商一致的基础上达成调解协议;协商、调解无效时,应当说服委托人接受合法合理的仲裁决定。

调解协议达成后发现确有不当的,应当告知并协助委托人在调解书送达前向有关机关和对方当事人声明翻悔;委托人对仲裁不服的,可以受托代理在规定期限内向人民法院起诉;对方当事人期满不起诉又不执行的,可以受托代理申请人民法院强制执行。

第四十六条 乡镇法律服务所代理申请行政复议,应当就有关行政行为及裁决认定事实是否清楚、定性是否准确、处理是否得当,依法提出代理意见,供受理机关重新复查、审定时参考,支持和维护委托人的合理要求与合法权益。

第四十七条 乡镇法律服务所代理工商企业登记、联营、合作、租赁、承包、税务、信贷、保险、担保、鉴证、公民遗产继承、分家析产、赠与等单项经济、民事法律事务,应当协助委托人实现依法办事,依法经营,维护委托人的合法权益。

第四十八条 乡镇法律服务所以调解人的身份主持有关经济、民事纠纷的调解,按照本细则第五章的规定办理。

第五章 主持调解纠纷

第四十九条 乡镇法律工作者受乡镇法律服务所的指派,接受纠纷当事人的申请,运用说服疏导的方式,主持对纠纷进行非诉讼调解,应当促使双方自愿协商,达成协议,解决纠纷,维护双方当事人的合法权益,维护基层正常的生产、生活和社会秩序。

第五十条 乡镇法律服务所受理调解下列纠纷:

(一)乡镇企业及其他集体、私营经济组织在生产、经营和管理过程中发生的各种经济纠纷和劳动争议纠纷;

(二)承包经营户、个体工商户、个人合伙组织及农村村民在生产和经营过程中发生的各种涉及经济、财产权益的生产经营性纠纷;

(三)农村公民之间发生的涉及遗产继承、分家析产、赡养扶养抚育、债权债务、民间赠与、侵权索赔等具有财产权益性质的民事纠纷;

法律、法规和规章规定必须由专门机关管辖处理的纠纷,人民法院、公安机关及其他部门已经受理或者解决的纠纷,乡镇法律服务所不得受理调解。

第五十一条 乡镇法律工作者必须在查明事实、分清是非的基础上,依据法律、法规和政策进行调解;必须在双方当事人自愿、平等的基础上进行调解;不得因未经调解或者调解不成而阻止当事人向其他组织、机关投诉或者向人民法院起诉。

第五十二条 乡镇法律工作者在主持调解中,有权决定调解的开始、中止、延期和终止,有权调查有关证据材料,批评、制止当事人干扰调解秩序的行为,有权拒绝非法干预。

第五十三条 参加调解活动的各方当事人、代理人,有不受压制强迫、真实表达意愿、提出合理要求的权利,有提供、要求鉴定证据的权利,有进行答辩和反驳的权利,有申请中止、延期和终止调解的权利;同时必须履行如实提供纠纷事实和证据、服从调解主持人的指挥、遵守调解活动秩序的义务。

第五十四条 乡镇法律工作者主持调解的纠纷,自当事人书面或者口头申请调解之日起,一般应当在两个月内调结,最长不得超过三个月。到期未调结的,视为调解不成。

第五十五条 乡镇法律服务所受理纠纷,必须由纠纷一方当事人提出书面或者口头申请,并征得另一方当事人的同意。

调解申请应当符合下列条件:

(一)申请调解的纠纷属于乡镇法律服务所调解的范围;

(二)有明确的调解申请人和被申请人;

(三)有明确的调解请求和纠纷的事实、证据材料。

第五十六条 乡镇法律服务所接到调解申请后,经审查符合条件的,应当及时受理,指派调解主持人,并填写受理纠纷登记表;对于有可能激化或者严重影响正常生产、经营秩序的纠纷,应当优先受理;对于涉及面广或者跨地区、跨单位的疑难纠纷,应当积极争取有关部门、单位的配合与协作,或者商请有关部门、单位联合调解。

对于不符合受理条件的纠纷,应当告知当事人按照法律规定请求有关机关处理或者向人民法院起诉;随时有激化可能的,应当在采取必要的缓解疏导措施后,交由有关机关处理。

第五十七条 调解主持人在调解开始前,应当进行下列准备工作:

(一)分别向各方当事人询问纠纷的事实和情节,审查有关证据材料,了解双方的要求及其理由,并制作询问笔录;

(二)持乡镇法律服务所证明和乡镇法律工作者证进行必要的调查,向有关单位和个人查询、索取纠纷情况和证据,或者进行实地勘验,并制作调查、勘验笔录;必要时还可以请有关部门进行损伤(害)鉴定,出具鉴定结论;

(三)在分析、判断纠纷事实和证据材料的基础上,拟定调解方案,确定调解的时间、地点和方式,通知当事人。

第五十八条 调解纠纷可以召集双方当事人到乡镇法律服务所进行,或者到纠纷发生地进行,也可以在双方当事人同意的其他地点进行。

调解主持人根据实际需要,可以邀请当事人的亲属及有关单位和个人协助调解。

第五十九条 主持调解纠纷一般按照下列步骤进行:

(一)向双方当事人说明乡镇法律服务所调解纠纷的性质、原则和效力,告知在调解活动中享有的权利和承担的义务;

(二)由双方当事人陈述纠纷事实,提出证据,说明各自对纠纷责任的看法和解决纠纷的具体意见;

(三)引导双方当事人就纠纷事实和责任的认定交换意见;

(四)依据有关法律、法规和政策规定,对双方当事人进行说服、教育和疏导,促使双方在分清责任、协商一致的基础上,自行达成调解协议,或者在调解主持人提出的调解意见基础上,经协商同意达成调解协议;

(五)调解达成协议的,除简易纠纷和即时清结的纠纷外,应当制作调解协议书。

一次调解不成的,可以中止调解,延期继续进行。

第六十条 调解协议书应当包括下列内容:

(一)双方当事人的自然情况,纠纷受理单位和调解主持人的姓名;

(二)经调解认定的纠纷基本事实和各方应承担的责任;

(三)协议的具体内容。即双方当事人各自应当享有的权利和承担的义务,以及履行的具体期限、方式和违约责任;

(四)调解协议书的生效期限;

(五)由双方当事人和调解主持人签名盖章,并加盖乡镇法律服务所印章;有协助调解人的也应当签名盖章;注明制作日期。

调解协议书一式三份,分别由双方当事人和乡镇法律服务所收存。

第六十一条 乡镇法律服务所在调解协议履行期限内发现调解协议不当的,应当在征得双方当事人同意后,变更协议内容或者撤销原协议,主持协商订立新的调解协议。

第六十二条 乡镇法律工作者主持下达成的调解协议,双方当事人应当自觉全面履行。

当事人一方或者双方无故不履行或者拖延履行的,应当进行说服教育、督促履行;当事人一方或双方确有困难或者因意外原因不能按期履行的,应当促使双方协商一致,缓期履行;当事人一方无故拒不履行并经说服无效的,可以告知、协助或者受托代理另一方当事人向人民法院起诉。

第六十三条 当事人拒绝调解或者调解不成的,应当依据有关法律、法规,根据纠纷情况,告知当事人分别通过下列途径处理:

(一)依法向有关机关提请仲裁;

(二)依法向人民法院提起诉讼;

(三)属于疑难民间纠纷的,提请乡镇人民政府处理。

第六章 解答法律询问

第六十四条 乡镇法律工作者对机关、法人和公民提出的有关法律事务方面的各种询问,应当做出解释和回答,并提供解决问题的具体途径、方法和依据,为询问人提供法律咨询服务,并通过这项业务进行法制宣传教育。

第六十五条 乡镇法律工作者解答法律询问的范围,主要是有关民事、刑事、经济、行政实体法和程序法方面的问题,以及办理各项具体法律事务的方法和途径;对于有关政策问题的询问,可以依据所了解的有关政策规定进行解答。

第六十六条 乡镇法律工作者解答法律询问,应当做到弄清问题、依法解答、查有实据、客观准确、耐心细致、通俗易懂。

第六十七条 乡镇法律工作者针对询问的不同方式,可以分别予以口头解答或者书面解答。

乡镇法律工作者可以利用广播、板报等各种形式,定期或者不定期到机关、企业、田间、农贸集市、学校上门服务,开展解答法律询问活动。

第六十八条 口头解答法律询问,应当按照下列步骤进行:

(一)接待来访的询问人,问清并登记询问人的基本情况和询问事项;

(二)听取询问人对问题和事实的陈述,查看询问人提供的有关证据和材料,进行必要的提问,弄清有关的事实情节和主要问题,并认真进行综合分析,酝酿解答方案;

(三)依据有关法律、法规和政策规定,就询问事项做出有针对性的、准确无误的解释和回答,提供解决问题的具体方法及其依据;对于不能立即解答的疑难询问,应当在查阅有关规定或者提交乡镇法律服务所集体研究后,另约时间解答;

(四)做好询问和解答笔录,解答结束后按规定项目填写法律咨询登记表。

第六十九条 书面解答法律询问,应当在认真阅读和分析询问人来信所提问题和所叙述事实的基础上,对叙述事实清楚的,可以依法做出明确的解答;对叙述含糊不清的,一般只做原则性的解答。

第七十条 乡镇法律工作者解答法律询问,应当注意下列事项:

(一)对于涉及正在处理过程中的具体纠纷、具体案件中应判刑期和应赔偿数额等问题的询问,一般不应做出具体回答,不应就具体期限和数额发表意见;

(二)对于现行法律、法规和政策都没有明文规定难以回答的询问,或者不属解答范围的询问,应当向询问人做出说明,或者告知询问人向有关部门进行咨询;

(三)不得公开引用内部规定;

(四)对于涉及纠纷事务的询问,如询问人情绪异常,可能作出不理智行为的,应尽可能采取必要的缓解和防范措施。

第七章 代写法律事务文书

第七十一条 乡镇法律工作者可以接受公民和法人的委托,代表委托人的合法意志,以委托人的名义,根据事实和法律,代为书写各种法律事务文书,为委托人办理各项法律事务提供帮助。

第七十二条 乡镇法律工作者可以代写下列法律事务文书:

(一)起诉书、控告书、答辩书、上诉书、申诉书、执行申请书等民事、经济、刑事、行政诉讼法律事务文书;

(二)合同、协议、章程、遗嘱、申请书、赠与书、声明书等民事、经济、行政非诉讼法律事务文书;

(三)其他具有法律意义的文书。

第七十三条 代写法律事务文书,对请求合法、正当的,应当予以支持;对请求非法、不当的,应当劝说委托人放弃请求,或者拒绝予以代书;对不涉及法律事务的代书请求,一般不予受理。

第七十四条 代写法律事务文书,应当做到目的观点明确,如实反映委托人提供的客观事实和证据材料,准确引用法律条文、语言规范精炼、逻辑严谨、通俗易懂;有法定标准格式的应当严格按照规定书写。

第七十五条 代写法律事务文书,应当按照下列步骤进行:

(一)接受来访人的代书委托,问清并登记委托人的基本情况和代书项目;

(二)听取委托人对代书内容和有关事实的陈述,查看委托人提供的有关证据和材料,进行必要的提问,然后对有关事实、证据进行分析判断,酝酿代书方案;

(三)代书请求合法、正当,事实清楚和证据齐全的,

根据代书的繁简程度,可以当场代书,也可以在双方约定的期限内完成代书;

（四）代书完成后,征求委托人的意见进行修改、定稿,正式打印或者誊写。

代写的法律事务文书,应当根据需要复制若干份,由委托人签字盖章,并加盖乡镇法律服务所代书专用章和代书承办人印章。乡镇法律服务所留存一份,其余交给委托人；

（五）代写法律事务文书完结后,应当按照规定项目填写代书业务登记表。

第八章　协助办理公证

第七十六条　乡镇法律服务所可以在本地区公证处指导下,协助办理有关公证事项,为本乡镇的公民、法人和其他组织申办公证提供帮助。

第七十七条　乡镇法律服务所可以协助办理下列与公证有关的事项：

（一）协助开展证前服务；

（二）协助办理公证申请；

（三）协助办理公证过程中的有关事项；

（四）协助开展证后服务。

第七十八条　乡镇法律服务所协助办理公证,必须遵守有关公证的法律、法规和政策规定,严禁以乡镇法律服务所名义为当事人出具公证证明。

第七十九条　乡镇法律服务所应当与本地区公证处协商建立公证协作和联系制度,可以在乡镇法律服务所内设置公证联络员。

第八十条　乡镇法律工作者可以协助开展下列证前服务：

（一）面向基层,采取多种形式,广泛深入地宣传公证制度的重要作用以及申请办理公证的有关知识；

（二）协助收集、传递证源信息,做好介绍、联络公证工作；

（三）解答公证法律询问,代写公证申请书以及与申办公证有关的其他法律事务文书；

（四）授权交办的其他证前服务工作。

第八十一条　乡镇法律工作者协助办理公证申请,应当按照下列步骤和方法进行：

（一）接到当事人的口头或者书面公证申请后,应当协助对申办事项是否属于公证业务范围和由本地区公证处管辖,申请人的身份是否符合有关公证法规,申办的手续、有关文书和证明材料是否完备等问题进行初步审查；

（二）经初步审查,对符合规定的公证申请应当移送公证处正式受理,对不符合规定的应当向申请人做出说明并指出解决办法,对申办手续和有关文书及材料不完备的应当告知并协助申请人补齐,对申办事项明显违背法律、法规和社会公共利益的应当拒绝协助办理；

（三）对不符合规定的申请或违背法律、法规和社会公共利益的申请,决定不予协助时,应明确告知申请人有权申请公证处重新审查。

第八十二条　乡镇法律工作者根据公证处的具体授权委托,可以协助办理公证过程中的下列有关事项：

（一）协助审查申请公证的事实、文书及有关证明材料是否真实、合法,当事人的身份和行使权利、履行义务的能力；

（二）公证处认为申办事项的证明材料不完备或者有疑义的,可以协助通知当事人按要求进行补充,或者协助向有关单位和个人调查、索取有关材料；

（三）对规定必须由当事人亲自申办的公证事项,当事人确有困难的,可以协助公证员到当事人所在地办理；

（四）协助向当事人送达公证文书；对公证处拒绝公证的,应当协助向当事人说明拒办的理由和对拒办不服的申诉程序；

（五）协助当事人向公证处交纳公证费。

第八十三条　乡镇法律工作者可以协助开展下列证后服务：

（一）协助进行公证事务的证后回访,重点回访和检查经公证的合同、协议等民事、经济法律事务文书的履行情况；

（二）对经协助办理的公证事务在证后发生纠纷的,根据当事人的申请,协助或者独自进行调解；

（三）其他证后服务工作。

第八十四条　乡镇法律工作者完成协助办理公证事务后,应当按规定项目填写协助办理公证登记表。

第八十五条　乡镇法律服务所可以接受当事人的委托,代理申办公证。代理申办公证,应当依照本细则第四章规定的程序办理。但法律规定不能委托代办的公证事务,不得接受委托代为申办。

第九章　附　则

第八十六条　本细则规定的各项法律服务业务专用文书格式,由司法部统一制定。

第八十七条　城市街道法律服务所办理各项法律服务业务,参照本细则执行。

第八十八条　本细则由司法部负责解释。

第八十九条　本细则自发布之日起试行。

司法部关于推进公共法律服务体系建设的意见

- 2014年1月20日
- 司发〔2014〕5号

各省、自治区、直辖市司法厅（局），新疆生产建设兵团司法局、监狱管理局：

为认真贯彻党的十八大和十八届三中全会关于创新社会治理、加强公共服务体系建设、推进基本公共服务均等化的决策部署，贯彻落实《国务院关于印发国家基本公共服务体系"十二五"规划的通知》（国发〔2012〕29号）精神，全面提升法律服务能力和水平，更好地满足人民群众日益增长的法律服务需求，维护社会大局稳定，促进社会公平正义，保障人民安居乐业，现就推进公共法律服务体系建设提出如下意见。

一、总体要求

公共法律服务，是指由司法行政机关统筹提供，旨在保障公民基本权利，维护人民群众合法权益，实现社会公平正义和保障人民安居乐业所必需的法律服务，是公共服务的重要组成部分。具体包括：为全民提供法律知识普及教育和法治文化活动；为经济困难和特殊案件当事人提供法律援助；开展公益性法律顾问、法律咨询、辩护、代理、公证、司法鉴定等法律服务；预防和化解民间纠纷的人民调解活动等。

（一）指导思想

以邓小平理论、"三个代表"重要思想、科学发展观为指导，深入贯彻落实党的十八大和党的十八届二中全会、三中全会精神，深入学习贯彻习近平总书记系列重要讲话精神，不断健全公共法律服务网络，有效整合公共法律服务资源，大力拓展公共法律服务领域，不断提高公共法律服务能力和水平，加快建立健全符合国情、覆盖城乡、惠及全民的公共法律服务体系，不断满足人民群众基本法律服务需求，努力推进平安中国、法治中国建设，维护社会和谐稳定，促进社会公平正义，保障人民安居乐业。

（二）主要目标

建设公共法律服务体系的主要目标是：

1. 覆盖城乡的公共法律服务网络进一步健全完善。各类法律服务资源有效整合，布局更趋合理，经济欠发达地区法律服务资源短缺问题有效缓解，公共法律服务均等化取得明显进展，公民公共法律服务需求和权益得到基本满足和实现。

2. 公共法律服务能力显著提升。各类公共法律服务全面发展，服务领域进一步拓展，服务标准化、规范化、专业化水平明显提高，信息化网络平台全面覆盖，服务的经费保障机制基本建立，城乡居民能够方便快捷地获得优质高效公共法律服务。

3. 群众满意度明显提高。公共法律服务需求调查和反馈工作机制基本建立，服务监督评价机制更加完善，以群众满意度为导向的公共法律服务评价体系不断健全完善，服务的社会公信力和群众满意度稳步提升。

（三）基本原则

1. 服务为民，保障权益。着眼于维护最广大人民根本利益，为人民群众提供公益性、均等性、便利性的法律服务，有效满足人民群众基本法律服务需求。

2. 统筹城乡，强化基层。加快推进公共法律服务体系城乡一体化建设，促进公共法律服务资源向农村和基层延伸，实现城乡公共法律服务广泛覆盖，逐步实现公共法律服务均等化。

3. 改革创新，提高质量。创新公共法律服务体制机制和供给模式，引入竞争激励机制，实现公共法律服务资源合理配置和高效利用，形成保障公共法律服务体系有效运行的长效机制，不断提高公共法律服务的质量和效率。

4. 因地制宜、分类指导。立足我国基本国情，根据当地经济社会发展水平和法律服务工作实际，坚持尽力而为、量力而行，既要实行分类指导，加强示范带动，又要整合各类法律服务职能，实现整体协同，促进资源共建共享。

二、主要任务

（一）进一步健全法律服务网络。健全覆盖城乡的公共法律服务网络，将公共法律服务延伸到城市社区和农村基层，不断增强公共法律服务的广泛性、可及性、便利性。

1. 加快解决欠发达地区律师资源短缺问题，加大政策扶持力度，通过组建国资律师事务所，鼓励支持有条件的律师事务所到欠发达地区设立分支机构或便民服务点，选派志愿者到欠发达地区执业等多种形式，解决县域内无律师事务所和律师资源不足问题，推进律师资源合理分布、均衡发展。进一步健全基层法律服务所和基层法律服务工作者准入机制，引导基层法律服务所主要为乡镇（街道）、村居（社区）提供公益性法律服务。

2. 大力发展县域公证工作，扩大公证机构规模，充实公证人员力量，增强县域公证机构辐射乡镇的能力。开展巡回办证、蹲点办证，组织公证人员定期或不定期深入乡镇（街道）、村居（社区）开展公证咨询、受理公证业务。充分运用考核任命公证员制度，解决经济欠发达地区公证机构缺员问题。

3.推进城乡社区法律援助工作站建设和村居联络点建设,着力打造"一小时(半小时)法律援助服务圈"。加强法律援助机构便民服务窗口建设,普遍在临街、一层等方便人员往来的地点设立专门接待场所。

4.加强城乡公共场所及基层村(居)普法阵地建设,推动每个行政村、居委会、社区建立一个法制宣传书架、一个法制宣传长廊或一个法制宣传橱窗、一个法制宣传电子显示屏。依托图书馆、博物馆、展览馆、文化馆、农家书屋、社区文化中心等阵地,建立完善基层法制宣传教育公共设施体系,建立健全普法讲师团、普法志愿者等普法工作者队伍。倡导各类媒体履行公益法制宣传社会责任,充分利用互联网、微博、微信等新兴媒体开展法制宣传教育,形成面向社会传播法律知识和法治理念的媒体普法载体体系。

5.按照一乡镇(街道)、村(居)一调委会的原则,巩固和规范乡镇(街道)、村(居)人民调解委员会。积极推进行业性、专业性人民调解组织建设。在城乡社区、自然村、车间、小区、楼院,普遍设立人民调解小组。

6.采取依托优质资源设立一批高资质、高水平公共鉴定机构,优化布局结构,支持规模大、实力强的鉴定机构将服务网络向基层和经济欠发达地区延伸,满足基层和经济欠发达地区司法机关和人民群众的鉴定需求。

(二)进一步整合法律服务资源。坚持统筹兼顾和"一盘棋"思想,整合司法行政内部资源,建立健全各项法律服务业务工作之间有机协调的工作机制;充分动员和引导社会力量参与公共法律服务,进一步形成推进公共法律服务体系建设的合力。

1.进一步建立健全县(市、区)司法行政法律服务中心、乡镇(街道)法律服务工作站、村(社区)法律服务点(窗口),在政府已设立的政务服务平台设立法律服务窗口等方式,集中受理和解决群众的法律服务事项,提供综合性、"一站式"服务。

2.全面加强司法所规范化建设,充分发挥司法所在人民调解、法制宣传、法律服务、法律援助等方面的职能作用,将司法所真正打造成化解矛盾、宣传法治、服务群众的一线综合平台,实现公共法律服务乡镇、街道全覆盖。

3.鼓励、引导社会力量参与法律援助、法制宣传、人民调解等公共法律服务,发展壮大法律服务志愿者队伍,完善法律志愿服务管理制度和服务方式,实现公共法律服务提供主体和提供方式多元化。

(三)进一步拓展法律服务领域。围绕《国家基本公共服务体系"十二五"规划》确立的重点公共服务领域,加强工作引导和政策调控,大力拓展教育、就业、社会保障、医疗卫生、住房保障、文化体育等领域的法律服务,促进基本民生工程建设,维护和实现人民群众权益。

1.引导广大律师、公证员和基层法律服务工作者自觉履行社会责任,积极参与公益性法律服务,进一步做好弱势群体、困难群众的法律服务和法律援助工作。积极探索建立乡村(社区)法律顾问制度,通过政府购买方式,向乡村(社区)选派律师或基层法律服务工作者担任法律顾问,逐步实现"一村(社区)一顾问"。深化政府法律顾问工作,推动在省、市、县三级普遍建立政府律师法律顾问团,协助政府运用法律手段管理经济和社会事务。通过政府购买等方式,引导律师积极参与信访、调解、群体性案(事)件处置和社区工作等公益法律服务,服务群众,维护社会和谐稳定。

2.进一步放宽法律援助经济困难标准,逐步降低法律援助门槛,使法律援助覆盖人群逐步拓展至低收入群体。积极推动地方政府将就业、就医、就学、社会保障等与民生问题紧密相关的事项,纳入法律援助补充事项范围,使更多的困难群众获得法律援助。

3.适应新形势下化解矛盾纠纷的新需求,切实做好婚姻、家庭、继承、相邻关系、合同债务、房屋宅基地、人身损害赔偿等常见性、多发性纠纷调解工作,积极参与企业改制、征地拆迁、劳动争议、医疗卫生、环境保护、安全生产、食品药品安全、知识产权、交通事故、电子商务等领域矛盾纠纷的调解工作。

4.全面实施"六五"普法规划,深入开展"法律六进"活动,不断深化法治城市、法治县(市、区)和"民主法治示范村(社区)"、"依法诚信示范企业"等法治创建活动。

5.拓展司法鉴定业务范围和服务领域,及时将与保障和服务民生密切相关的鉴定事项纳入统一登记管理的范围。为人民调解、公证、仲裁等非诉讼纠纷解决活动,以及交通事故、保险理赔、医疗损害、职工工伤、房屋拆迁等争议解决提供公益性司法鉴定服务。

(四)进一步提升法律服务质量。加大公共法律服务的规范化、标准化、便利化建设,提升公共法律服务质量和水平,努力为人民群众提供优质、高效、便捷的公共法律服务。

1.大力加强公共法律服务标准化建设,制定各类法律服务机构资质认定、设施建设、人员配备、业务规范、工作流程等具体标准,加快建立健全公共法律服务标准体系。

2.建立健全公共服务质量评价机制、监督机制、失信惩戒机制,推行岗位责任制、服务承诺制、首问负责制、限时办结制、服务公开制等服务制度,积极开展法律服务评查、服务质量检查公布、质量跟踪检查等工作,促进公共法律服务机构和人员依法诚信执业,提高服务质量。

3.加强便民利民服务建设。普遍设立法律服务便民服务窗口、联系点、工作站、信息员,开展巡回、蹲点、上门服务。拓展公共法律服务申请受理渠道,简化受理程序,推行网络受理、邮寄受理、代理受理。加强各地司法行政机关横向配合,积极搭建公共法律服务的跨区域协作平台,方便异地获得服务。

(五)大力加强法律服务信息化建设。积极推进司法行政工作与智慧城市建设迅速、深度的融合,努力把公共法律服务网络平台纳入本地区公共服务网络平台。依托本地区公共服务网络,尽快建成公共法律服务网络,逐步完成连接省、市、县、乡四级地方公共法律服务网络信息通道。加快建设公共法律服务网上管理新平台,把信息流与业务流、管理流有机结合起来,广泛实行网上咨询、网上办理、网上审核、网上监督,提供在线法律服务和落地法律服务。加强"12348"法律服务热线平台基础设施建设,使"12348"法律服务热线成为接受群众法律咨询、宣传法律知识、疏导群众情绪、指导群众维权的综合平台。

(六)切实落实保障措施。积极协调有关部门推动将公共法律服务经费列入财政预算,予以保障。争取将公共法律服务事项纳入政府购买项目,探索编制公共法律服务产品"政府采购目录",推动政府购买公共法律服务,促进基本公共法律服务常态化、可持续。推动建立公益性法律服务补偿机制,对积极参与公共法律服务的机构和人员,通过奖励、表彰、培训等方式加以补偿和激励。加大对中西部地区和贫困地区政策支持力度,逐步缩小地区差距,有序推进公共法律服务协调发展。

三、组织领导

(一)提高认识,加强领导。建设公共法律服务体系对于维护人民群众合法权益,保障和改善民生,促进法律服务工作全面发展,进一步提升服务群众能力水平,发挥司法行政在创新社会治理体制中的职能作用,具有十分重要的意义。各级司法行政机关要把推进公共法律服务体系建设,作为落实党的十八大精神和习近平总书记系列重要讲话精神的重要举措,作为履行维护社会大局稳定、促进社会公平正义、保障人民安居乐业职责中的大事,高度重视,切实加强领导。要积极争取当地党委政府的重视支持,将公共法律服务体系建设纳入本地区经济社会发展总体规划,纳入公共服务体系建设规划,作为政府为民办实事项目,作为财政予以扶持保障的重要工程。

(二)科学规划,统筹推进。各省、自治区、直辖市司法厅(局),要结合当地经济社会发展实际和人民群众对公共法律服务的需求,做好调查研究,广泛听取意见,及时制定本地区公共法律服务体系建设实施意见和建设标准,为构建公共法律服务体系奠定良好基础。要加强内部沟通协调,统筹好司法行政各个职能、各项业务和各支队伍,形成工作合力。要加强与其他部门的沟通协调和衔接配合,形成部门间的有效联动协作。

(三)加强宣传,督导落实。要采取多种形式,加强对推进公共法律服务体系建设的宣传,提高社会各界和人民群众的知晓率,赢得支持、接受监督,为构建公共法律服务体系营造良好的社会氛围。要定期对公共法律服务体系建设进展情况和成效进行督促检查和考核评估,促进工作任务落实到位。

关于加快推进公共法律服务体系建设的意见

·2019年7月10日

公共法律服务是政府公共职能的重要组成部分,是保障和改善民生的重要举措,是全面依法治国的基础性、服务性和保障性工作。推进公共法律服务体系建设,对于更好满足广大人民群众日益增长的美好生活需要,提高国家治理体系和治理能力现代化水平具有重要意义。为加快推进公共法律服务体系建设,全面提升公共法律服务能力和水平,现提出如下意见。

一、总体要求

(一)指导思想。以习近平新时代中国特色社会主义思想为指导,深入贯彻落实党的十九大和十九届二中、三中全会精神,坚持以人民为中心的发展思想,按照统筹推进"五位一体"总体布局、协调推进"四个全面"战略布局要求,大力弘扬社会主义核心价值观,围绕更好满足人民群众对美好生活的向往和日益增长的法律服务需求,加快建设覆盖城乡、便捷高效、均等普惠的现代公共法律服务体系,切实增强人民群众的获得感、幸福感、安全感。

(二)基本原则。坚持党的领导,把党的领导贯穿到公共法律服务体系建设的全过程和各方面;坚持人民主体地位,使公共法律服务体系建设成果更多更公平惠及全体人民;坚持政府主导、社会参与,落实政府推进公共法律服务体系建设的主体责任,激发各类社会主体参与公共法律服务的积极性；坚持改革创新、统筹协调，创新公共法律服务内容、形式和供给模式，整合优化各类法律服务资源，促进资源共建共享。

（三）主要目标。到2022年，基本形成覆盖城乡、便捷高效、均等普惠的现代公共法律服务体系。公共法律服务体制机制不断完善，服务平台功能有效发挥，服务网络设施全面覆盖、互联互通，公共法律服务标准化规范化体系基本形成，城乡基本公共法律服务均等化持续推进，人民群众享有的基本公共法律服务质量和水平日益提升。

到2035年，基本形成与法治国家、法治政府、法治社会基本建成目标相适应的公共法律服务体系。公共法律服务网络全面覆盖、服务机制更加健全、服务供给优质高效、服务保障坚实有力，基本公共法律服务均衡发展基本实现，法律服务的群众满意度和社会公信力显著提升，人民群众共享公共法律服务成果基本实现。

二、推进基本公共法律服务均衡发展

（四）均衡配置城乡基本公共法律服务资源。降低法律援助门槛，扩大法律援助范围，加强公共法律服务实体平台、热线平台、网络平台等基础设施建设，改善服务条件。加强基层普法阵地、人民调解组织建设，健全服务网络。充分发挥司法所统筹矛盾纠纷化解、法治宣传、基层法律服务、法律咨询等功能，发挥律师、基层法律服务工作者的作用，健全村（居）法律顾问制度，加快推进村（居）法律顾问全覆盖。大力发展县域公证法律服务，组织公证人员采取巡回办证、网上办证、蹲点办证等多种形式，深入基层开展公证咨询和业务办理。

（五）加强欠发达地区公共法律服务建设。统筹利用中央财政转移支付资金等资金渠道，加强公共法律服务经费保障，并对欠发达地区特别是革命老区、民族地区、边疆地区、贫困地区予以倾斜。以公共法律服务平台建设、法律服务人才培养和村（居）法律顾问建设等为重点，集中实施一批法律服务扶贫项目，将其中属于政府职责范围且适宜通过市场化方式提供的服务事项纳入政府购买服务范围，引导社会力量参与提供。建立健全法律服务资源依法跨区域流动制度机制，支持欠发达地区律师事务所建设，鼓励律师事务所等法律服务机构到欠发达地区设立分支机构。鼓励发达地区法律服务机构通过对口援建、挂职锻炼、交流培训等形式支持欠发达地区法律服务机构发展。加强对欠发达地区引进法律服务专业人才和志愿者的政策扶持，持续推进"1+1"法律服务志愿者活动，支持利用互联网等方式开展远程法律服务。

（六）保障特殊群体的基本公共法律服务权益。将低收入群体、残疾人、农民工、老年人、青少年、单亲困难母亲等特殊群体和军人军属、退役军人及其他优抚对象作为公共法律服务的重点对象。进一步放宽经济困难标准，使法律援助覆盖人群逐步拓展至低收入群体。推进公共法律服务场所无障碍环境建设。引导律师、公证员、司法鉴定人、基层法律服务工作者自觉履行社会责任，积极参与公益性法律服务。积极开展面向青少年的法治宣传教育活动，建设多功能青少年法治教育基地。推动完善国家司法救助制度，明确特定案件当事人司法救助的条件、标准和范围。逐步完善公证机构、司法鉴定机构依法减免相关费用制度，加强法律援助工作与公证、司法鉴定工作的衔接。

三、促进公共法律服务多元化专业化

（七）积极为促进经济高质量发展提供法律服务。围绕国家重大发展战略，鼓励和支持律师广泛参与重大工程、重大项目全过程，出具法律意见，为营造法治化营商环境提供全方位法律服务。围绕加强供给侧结构性改革，通过组织法律服务团、开展专项法律服务活动等，积极为加快建设制造强国、发展现代服务业等提供综合性法律服务。围绕实施创新驱动发展战略，鼓励律师、公证员认真做好商标、专利、版权等知识产权法律服务工作。围绕防范化解重大风险，健全企业法律顾问、公司律师制度机制，加强法律风险评估，把律师专业意见作为特定市场经济活动的必备法律文书。围绕污染防治，开展环境公益诉讼代理，进一步规范环境损害司法鉴定管理，提高鉴定质量和公信力，充分发挥司法鉴定在生态环境损害赔偿磋商和环境行政执法、环境资源审判等方面的证据支持作用。

（八）积极为促进党政机关依法全面履行职能提供法律服务。进一步扩大党政机关法律顾问、公职律师工作覆盖面，提高党委和政府工作法治化水平。完善党政机关讨论、决定重大事项前听取法律顾问、公职律师法律意见的工作机制，细化明确相应工作规则和流程。建立完善党政机关法律顾问、公职律师参与法律法规规章、党内法规和规范性文件的起草论证工作机制和参与重大决策、重大执法决定合法性审查工作机制。健全政府法律顾问、公职律师选聘机制，优化法律顾问队伍组成。引导支持政府法律顾问、公职律师积极参与行政应诉、行政复议、行政裁决、调解、仲裁等法律事务。

（九）积极为促进司法公正和社会公平正义提供法律服务。推进法律援助参与以审判为中心的刑事诉讼制度改革，健全依申请法律援助工作机制和办案机关通知辩护工作机制,加强法律援助值班律师工作,推进法律援助参与认罪认罚从宽案件办理工作,依法保障刑事诉讼当事人合法权益。充分发挥律师在刑事诉讼中的重要作用,探索建立律师专属辩护制度,完善死刑复核案件指定辩护制度,推进刑事案件律师辩护全覆盖试点。对不服司法机关生效裁判、决定的申诉,逐步实行由律师代理制度,完善律师参与化解和代理涉法涉诉信访案件的工作机制。深入推进律师参与信访工作,引导群众理性表达诉求,依法维护权益。探索推进对再审案件实行由律师代理制度。充分发挥公证作为预防性司法证明制度的优势,推动公证参与调解、取证、送达、保全、执行等司法活动中的辅助性事务。完善对债权文书赋予强制执行效力的公证程序,强化与公证债权文书有关执行程序的衔接。健全统一司法鉴定管理体制,加强司法鉴定管理与司法办案工作的衔接,健全鉴定人负责制,统一司法鉴定标准,为案件事实认定提供技术支持。

加强公共法律服务案例库建设,建立典型案例发布机制。进一步健全矛盾纠纷预防化解制度机制,积极打造新时代人民调解工作升级版。完善人民调解、行政调解、司法调解联动工作体系,推动构建大调解工作格局。推进人民调解参与化解信访矛盾,探索采用和解、调解等方式化解矛盾纠纷,通过司法确认保障调解的法律效果。加强行业性专业性人民调解工作,完善律师调解和商事调解制度,发挥公证、调解、仲裁、行政裁决、行政复议、信访等非诉讼方式积极作用,促进社会公平正义。

(十)积极为国家重大经贸活动和全方位对外开放提供法律服务。进一步扩大对外公证合作领域。建立完善涉外鉴定事项报告制度,提高涉外鉴定质量。整合仲裁优势资源,打造国际知名仲裁机构,促进和支持仲裁机构参与国际商事争端解决。充分发挥司法协助渠道作用,切实加强国际执法司法合作。推动建立国际商事调解组织。建立健全法律查明机制,建立涵盖我国法律、行政法规、地方性法规和规章的统一数据库,通过建立国别法律信息数据库以及专家库等形式提供域外法律查明服务。加强与"一带一路"国家法律事务的交流与合作。完善涉外法律服务机构建设,推出国家和地方涉外法律服务机构示范单位(项目),培养一批在业务领域、服务能力方面具有较强国际竞争力的涉外法律服务机构。

四、创新公共法律服务管理体制和工作机制

(十一)建立统筹协调机制。健全党委领导、政府主导、部门协同、社会参与的公共法律服务管理体制和工作机制。加大统筹力度,由司法行政部门牵头,充分发挥人民法院、人民检察院、人力资源社会保障、发展改革、财政、民政、农业农村、信访等部门职能作用和资源优势,在规划编制、政策衔接、标准制定实施、服务运行、财政保障等方面加强整体设计、协调推进。健全公共法律服务与诉讼服务、社会服务等领域的工作对接机制,实现公共法律服务资源整合和互联互通。培育和壮大社会、市场等各类公共法律服务提供主体,增强公众参与意识。鼓励和支持社会力量通过投资或捐助设施设备、资助项目、赞助活动、提供产品和服务等方式参与公共法律服务体系建设。鼓励支持各类社会组织在法治宣传、权益维护、矛盾纠纷化解等公共法律服务领域更好发挥作用。

(十二)健全管理机制。加强对公共法律服务体系建设的统一管理,明确公职律师、公司律师法律地位,完善法律顾问管理制度,加强对行业专业调解的统筹指导,提升服务综合效能。加强公共法律服务管理部门对法律服务秩序的监管,充分发挥法律服务行业协会的作用,完善行政管理与行业自律管理相结合的管理体制机制,明确各类法律服务机构资质认定、设施建设、人员配备、业务规范、工作流程等具体标准,统一场所标识、指引和功能设置,推进公共法律服务标准化规范化。

(十三)推进公共法律服务平台建设。依托法律援助组织、乡镇(街道)司法所等现有资源,推进公共法律服务实体平台建设。推进"12348"热线平台省级统筹,建立一体化呼叫中心系统。推进"互联网+公共法律服务",构建集"12348"电话热线、网站、微信、移动客户端为一体的中国法律服务网,提供覆盖全业务、全时空的高品质公共法律服务。加快推进中国法律服务网同业务系统对接,实现"一网通办"、资源共享。坚持平台建设和运行管理并重,健全平台运行管理和服务标准体系。

(十四)建立健全评价机制。构建公共法律服务评价指标体系,研究制定以业务规范指标、服务效果指标和社会评价指标为主要内容,以基础设施、人员配备、业务开展等方面量化考评指标及奖惩标准为重点的科学指标体系。建立健全律师行业专业水平评价体系和评定机制,促进律师专业化分工。加强司法鉴定人员能力考核。建立公共法律服务质量评价制度,探索引入第三方评估机制。开展群众满意度测评,以群众满意度来检验公共法律服务工作成效。

五、加大保障力度

(十五)推进制度建设。完善公共法律服务相关法律法规规章和规范性文件。研究制定国家法治宣传教育法,推动制定法律援助法、司法鉴定法,修改律师法、公证法、仲裁法等法律法规，完善政府购买公共法律服务制度。加强公共法律服务立法与法律服务相关改革政策的衔接，加快制定地方性公共法律服务法律规范。

（十六）加强队伍建设。大力推进公共法律服务队伍革命化、正规化、专业化、职业化建设。全面加强党的建设工作，不断扩大党的组织覆盖和工作覆盖，注重引导法律服务人员中的党员带头参与公共法律服务。加大教育培训力度，研究制定教育培训规划。完善职业道德规范制度体系，促进法律服务行风建设和诚信体系建设。优化公共法律服务队伍结构，稳步增加律师、公证员、法律援助人员、仲裁员数量，加快发展政府法律顾问队伍，适应需要发展司法鉴定人队伍，积极发展专职人民调解员队伍，增加有专业背景的人民调解员数量，规范发展基层法律服务工作者队伍。培养壮大擅长办理维护特殊群体合法权益及化解相关社会矛盾的专业公益法律服务机构和公益律师队伍。发展壮大涉外法律服务队伍，加快培养涉外律师领军人才，建立涉外律师人才库。鼓励、引导社会力量参与公共法律服务，实现公共法律服务提供主体多元化。

（十七）强化经费保障。将法律援助经费纳入同级财政预算，做好公共法律服务体系建设各项经费保障。将基本公共法律服务事项纳入政府购买服务指导性目录。建立公益性法律服务激励保障机制，对积极参与公共法律服务的机构和人员，按照国家有关规定进行表彰奖励，并提供必要支持。统筹研究律师行业税收政策和会计处理规定。不断拓宽公共法律服务资金筹集渠道，鼓励通过慈善捐赠、依法设立公益基金会等方式，引导社会资金投向公共法律服务领域。加大对欠发达地区财政支持力度，逐步缩小地区差距，有序推进公共法律服务协调发展。

（十八）加强科技保障。推动公共法律服务与科技创新手段深度融合，着力打造"智慧法律服务"。大力发展公共法律服务科技创新支撑技术，重点突破法律援助创新、律师执业保障与执业监管、电子公证、社会矛盾纠纷排查与预警、法律援助智能保障等关键技术。研发深度学习、智能交互技术，推广应用智能法律服务技术，以精准公共法律服务支撑技术与装备研究为突破，通过人群精准分类，动态评估不同人群的法律需求。研制关键系统和新型装备，研发面向亿级用户、处理海量数据的高效公共法律服务平台。

六、切实加强组织领导

（十九）强化责任担当。各有关部门和单位要根据本意见要求，抓紧制定完善相关配套政策，明确责任、统筹建设、协同推进、狠抓落实。各级党委和政府要将公共法律服务体系建设摆上重要议事日程，纳入本地区国民经济和社会发展总体规划，纳入经济社会发展综合考核体系，列入为民办实事项目。要制定切合实际的政策措施，明确责任和时间表、路线图，集中力量推进工作落实。

（二十）加强督查指导。各级公共法律服务管理部门和各法律服务行业协会要履行职责，加强工作指导，组织和引导法律服务人员积极参与公共法律服务体系建设。要定期对公共法律服务体系建设进展、成效及保障情况进行督促检查和考核评估，有关检查和考核评估结果作为本地区有关党政领导干部综合考核评价的参考。

（二十一）注重宣传引导。综合运用报刊、广播、电视、网络等媒体，宣传公共法律服务体系建设的重要意义，推广好做法好经验，宣介先进典型和创新举措。结合主题活动和创建活动，开展多种形式的宣传，营造良好社会氛围。进一步深化和拓展理论研究，为探索建立完备的公共法律服务体系提供坚实理论支撑。

司法部关于印发《公共法律服务事项清单》的通知

- 2019年9月27日
- 司发通〔2019〕97号

各省、自治区、直辖市司法厅（局），新疆生产建设兵团司法局：

为贯彻落实习近平总书记关于公共法律服务工作的重要指示精神，贯彻落实中共中央办公厅、国务院办公厅《关于加快推进公共法律服务体系建设的意见》的部署要求，保障人民群众基本公共法律服务需求，我部制定了《公共法律服务事项清单》，现印发给你们，请结合本地实际认真贯彻落实。

各地司法行政机关要认真贯彻落实党中央、国务院决策部署，加快推进公共法律服务体系建设，以"知晓率、首选率、满意率"为评价指标，加强公共法律服务实体平台、热线平台、网络平台等三大平台建设，整合法律服务资源，加快构建覆盖全业务、全时空的法律服务网络。要不断增加公共法律服务供给，简化优化办事流程，创新服务模式，不断提升服务质量和水平，推进基本公共法律服务均等化，更好地满足新时代人民群众的法律服务需求，让人民群众有更多的法治获得感。

公共法律服务事项清单

序号	服务项目	服务对象	服务内容	服务提供/获取方式	服务提供主体	依据
1	法治文化设施	社会公众	设立以法治为主题的广场、公园、场馆、长廊、街区、宣传栏等社会主义法治文化阵地。	免费开放	司法行政机关及相关部门	中央宣传部、司法部《关于在公民中开展法治宣传教育的第七个五年规划(2016-2020年)》
2	法治文化作品	社会公众	制作、发布普法公益广告、法治栏目剧、动漫、歌曲、曲艺、舞蹈、微电影等法治文化作品。	公共法律服务中心(站、室),中国法律服务网、中国普法网、"两微一端"等	司法行政机关	中央宣传部、司法部《关于在公民中开展法治宣传教育的第七个五年规划(2016-2020年)》
3	法治宣传教育活动	社会公众	在"国家宪法日""宪法宣传周"期间,广泛开展以宪法为主题的集中法治宣传教育。深化法律进机关、进乡村、进社区、进学校、进企业、进单位的"法律六进"等主题活动,开展多种形式的经常性法治宣传教育。	主动提供	司法行政机关及相关部门	中央宣传部、司法部《关于在公民中开展法治宣传教育的第七个五年规划(2016-2020年)》
4	法律咨询服务	社会公众	解答基本法律问题、导引相关服务、提供专业法律意见。	公共法律服务中心(站、室),政务服务大厅公共法律服务窗口;"12348"热线;中国法律服务网及各省级法律服务网	司法行政机关	中共中央办公厅、国务院办公厅《关于加快推进公共法律服务体系建设的意见》
5	法律法规查询	社会公众	建立法律法规数据库,提供法律、行政法规、国务院部门规章、地方性法规、地方政府规章、司法解释等检索查询服务。	中国法律服务网	司法部	中共中央办公厅、国务院办公厅《关于加快推进公共法律服务体系建设的意见》
6	司法行政(法律服务)典型案例查询	社会公众	建立司法行政(法律服务)案例库,提供典型案例检索查询服务。	中国法律服务网	司法部	中共中央办公厅、国务院办公厅《关于加快推进公共法律服务体系建设的意见》
7	法律服务机构和人员信息查询	社会公众	提供法律服务机构及从业人员的基本信息以及职业、奖惩、业务、社会服务、信用等信息查询服务。	中国法律服务网及各省级法律服务网、移动客户端	司法行政机关	中共中央办公厅、国务院办公厅《关于加快推进公共法律服务体系建设的意见》

续表

序号	服务项目	服务对象	服务内容	服务提供/获取方式	服务提供主体	依据
8	法律便利服务	社会公众	提供法律服务办事指南。	公共法律服务中心（站、室）；中国法律服务网及各省级法律服务网	司法行政机关	中共中央办公厅、国务院办公厅《关于加快推进公共法律服务体系建设的意见》
9	法律援助（申请类）	法律援助申请人	法律援助机构负责受理、审查法律援助申请，对符合条件的人员，指派或者安排人员提供法律咨询、代理、刑事辩护等无偿法律服务。	向法律援助机构提出申请	法律援助机构	《法律援助条例》
10	法律援助（通知辩护、通知代理类）	司法机关通知辩护、通知代理的犯罪嫌疑人、刑事被告人、强制医疗被申请人	法律援助机构指派律师提供刑事辩护、刑事代理等无偿法律服务。	法律援助机构指派	法律援助机构	《中华人民共和国刑事诉讼法》《法律援助条例》，最高人民法院、最高人民检察院、公安部、司法部《关于刑事诉讼法律援助工作的规定》，最高人民法院、司法部《关于开展刑事案件律师辩护全覆盖试点工作的办法》，最高人民法院、司法部《关于扩大刑事案件律师辩护全覆盖试点范围的通知》
11	值班律师法律帮助	没有辩护人的犯罪嫌疑人、刑事被告人	法律援助机构在人民法院、看守所派驻或安排值班律师，为没有辩护人的犯罪嫌疑人、刑事被告人提供法律咨询、申请法律援助、代理申诉、控告等法律帮助。	法律援助机构派驻或安排值班律师	法律援助机构	《中华人民共和国刑事诉讼法》，最高人民法院、最高人民检察院、公安部、国家安全部、司法部《关于开展法律援助值班律师工作的意见》，最高人民法院、司法部《关于开展刑事案件律师辩护全覆盖试点工作的办法》，最高人民法院、司法部《关于扩大刑事案件律师辩护全覆盖试点范围的通知》

续表

序号	服务项目	服务对象	服务内容	服务提供/获取方式	服务提供主体	依据
12	军人军属法律援助	军人军属	对军人军属法律援助申请,法律援助机构优先受理、优先审查,适当放宽经济困难标准,扩大法律援助事项范围,优先指派或者安排人员提供法律咨询、代理、刑事辩护等无偿法律服务。	向法律援助机构、军人军属法律援助工作站提出申请	法律援助机构	国务院、中央军委《关于进一步加强军人军属法律援助工作的意见》,司法部、中央军委政法委员会《军人军属法律援助工作实施办法》
13	公证、司法鉴定法律援助	符合法律援助条件的当事人	法律援助受援人办理公证、司法鉴定,按照规定减免费用。	向法律援助机构提出申请	法律援助机构	《中华人民共和国公证法》,中共中央办公厅、国务院办公厅《关于加快推进公共法律服务体系建设的意见》,司法部、财政部《关于完善法律援助补贴标准的指导意见》
14	人民调解	矛盾纠纷当事人	人民调解组织依申请进行调解,或主动调解,对民间纠纷当事人进行说服、疏导,促使当事人自愿达成调解协议。	当事人向人民调解组织提出申请,或人民调解组织主动提供	人民调解组织	《中华人民共和国人民调解法》
15	律师调解	符合条件的民商事纠纷当事人	律师调解工作室(中心)对符合条件的纠纷进行调解,协助纠纷各方当事人通过自愿协商达成协议,解决争议。	当事人向律师调解工作室(中心)提出申请	在公共法律服务中心(站)设立的律师调解工作室,在律师协会设立的律师调解中心,在人民法院设立律师调解工作室	最高人民法院、司法部《关于开展律师调解试点工作的意见》,最高人民法院、司法部《关于扩大律师调解试点工作的通知》
16	村(居)法律顾问	村(居)民	每个村(居)配备法律顾问,参与矛盾纠纷化解,服务村(居)依法治理,为村(居)民提供法律咨询和法律服务,开展普法宣传。	村(居)民通过电话、微信等多种方式直接联系法律顾问;法律顾问主动提供普法宣传等服务	村(居)法律顾问	中共中央办公厅、国务院办公厅《关于加快推进公共法律服务体系建设的意见》,司法部《关于进一步加强和规范村(居)法律顾问工作的意见》

人力资源社会保障部、司法部关于深化公共法律服务专业人员职称制度改革的指导意见

- 2021年7月27日
- 人社部发〔2021〕59号

各省、自治区、直辖市及新疆生产建设兵团人力资源社会保障厅(局)、司法厅(局)，国务院各部委、各直属机构人事部门，各中央企业人事部门：

为贯彻落实中共中央办公厅、国务院办公厅印发的《关于深化职称制度改革的意见》，进一步加强公共法律服务队伍建设，为公共法律服务事业改革发展提供有力人才支撑，现就深化公共法律服务专业人员职称制度改革提出如下指导意见。

一、总体要求

（一）指导思想

以习近平新时代中国特色社会主义思想为指导，全面贯彻落实党的十九大和十九届二中、三中、四中、五中全会精神，认真落实党中央、国务院决策部署，围绕全面依法治国建设总目标，坚持党管人才，遵循公共法律服务人才队伍建设规律，完善公共法律服务专业人员职称制度，科学、客观、公正地评价公共法律服务专业人员业务能力和服务水平，更好地满足公共法律服务需求，充分发挥公共法律服务专业人员在全面依法治国中的重要作用，为实现"两个一百年"奋斗目标和中华民族伟大复兴的中国梦提供优质高效的公共法律服务。

（二）基本原则

1. 坚持遵循规律。遵循公共法律服务人才成长规律，统筹设计公共法律服务专业人员职称制度，建立适应发展需要的动态调整机制，引导公共法律服务专业人员提升理论水平，拓展专业能力。

2. 坚持科学评价。突出评价职业道德、能力素质和工作业绩，分级分类完善评价标准，创新评价机制，丰富评价方式，科学客观公正评价公共法律服务专业人员。

3. 注重评用结合。将公共法律服务专业人员评价与培养、使用相结合，鼓励用人单位将选人用人制度与公共法律服务专业人员职称制度有机衔接，促进公共法律服务专业人员职业发展。

二、主要内容

（一）健全职称体系

1. 完善专业类别。公共法律服务专业人员职称专业类别分为公证员和司法鉴定人。公证员是指符合法定条件，在公证机构从事公证业务的执业人员；司法鉴定人是指在司法鉴定机构从事司法鉴定业务的专业技术人员。

2. 健全职称层级。公共法律服务专业人员职称设初级、中级、高级，其中高级分设副高级和正高级。公证员初级、中级、副高级、正高级职称的名称分别为四级公证员、三级公证员、二级公证员、一级公证员。司法鉴定人初级、中级、副高级、正高级职称的名称为初级司法鉴定人、中级司法鉴定人、副高级司法鉴定人、正高级司法鉴定人。司法鉴定人职称按司法鉴定执业类别分为四个专业方向，分别为法医类、物证类、声像资料、环境损害。其中，法医类的职称名称为法医师、主检法医师、副主任法医师、主任法医师。其他专业方向在职称名称后标注，如初级司法鉴定人(物证类)等。

原司法鉴定人职称与统一后的司法鉴定人职称对应关系为：原助理工程师对应初级司法鉴定人，原工程师对应中级司法鉴定人，原高级工程师对应副高级司法鉴定人，原正高级工程师对应正高级司法鉴定人。法医类司法鉴定人职称名称不变。

3. 动态调整专业设置。各地、各有关部门可根据公共法律服务工作实际，动态调整职称专业设置。对从业人员数量较大、评价需求稳定、发展良好的专业，持续稳定开展评价工作；对发展势头良好、评价需求旺盛的新兴公共法律服务行业，如法律援助、仲裁等，符合条件的增设为新的职称专业；对未来评价需求缩减、从业人员减少的专业，及时调整或取消。

4. 公共法律服务专业人员职称分别与事业单位专业技术岗位等级相对应。正高级对应专业技术岗位一至四级，副高级对应专业技术岗位五至七级，中级对应专业技术岗位八至十级，初级对应专业技术岗位十一级至十三级。

（二）完善评价标准

1. 坚持德才兼备，以德为先。把政治品德和职业道德放在评价标准的首位，要求公共法律服务专业人员坚决拥护中国共产党领导、拥护社会主义法治。遵守宪法和法律，恪守公共法律服务人员职业道德和执业纪律，爱岗敬业，科学公正，勤勉尽责。通过个人述职、年度考核等方式加强对职业道德、从业操守等方面的评价，强化公共法律服务专业人员的社会责任，对学术和执业不端行为实行"零容忍"。

2. 突出对能力水平和实际贡献的评价。充分体现公共法律服务职业特点，突出评价公共法律服务专业人员的专业能力、业绩和贡献。破除唯论文、唯学历、唯资历、唯奖项倾向，分类完善公共法律服务人才评价标准。改

变在成果评价中过分依赖论文、论著的局面,推行代表作制度,各地区可结合实际建立成果代表作清单,注重代表性成果的质量、贡献和影响力。对于公证员,探索引入公证书、理论文章、指导案例、创新业务等成果形式,重点考察成果质量,注重公证员的实际贡献。对于司法鉴定人,司法鉴定意见书、指导案例、标准规范制定等可作为业绩,重点评价司法鉴定实务、解决疑难复杂司法鉴定案件、新技术新方法运用、科技成果转化等方面的能力。引导公共法律服务专业人员不断更新知识,创新思路,提高专业素养,积极投身法治建设。

3. 实行国家标准、地区标准和单位标准相结合。以公共法律服务专业人员职业属性和岗位需求为基础,人力资源社会保障部会同司法部负责制定《公证员职称评价基本标准》和《司法鉴定人职称评价基本标准》。各地区可根据实际制定本地区标准,具有自主评审权的用人单位可根据本单位实际制定单位标准。地区标准和单位标准不得低于国家标准。

(三)创新评价机制

1. 丰富职称评价方式。建立以同行专家评议为基础、个人评价和团队评价相结合的评价机制,通过考试考核、个人述职、面试答辩、业绩展示、案卷抽样评估等多种评价方式开展评价。为涉密部门和特殊技术人才开辟特殊通道,采取特殊评价办法。

2. 畅通职称申报渠道。进一步打破户籍、地域、身份、档案等限制,畅通各类公共法律服务专业人才的职称申报渠道,民办机构与公立机构的公共法律服务人才,公立机构中各种方式使用的公共法律服务人才,在职称评审等方面享有平等待遇。建立职称评审绿色通道,对在促进法治建设中作出重大贡献、长期在艰苦边远地区工作的公共法律服务人才,适当放宽学历、科研能力要求,重点考察工作业绩。对引进的海外高层次人才和急需紧缺人才,放宽资历和任职年限要求,可直接申报评审高级职称。公务员(含参照公务员法管理人员)不得参加公共法律服务人才职称评审。对在公证机构改革中由行政编制转为事业编制的公证员,可不受职称层级限制,依据学历资历条件和业绩成果直接申报评审相应级别职称。职称评审工作一般每年度组织开展一次。

3. 明确职称评审权限。省级司法行政机关组建公证员职称评审委员会,并可根据需要将中级和初级公证员职称评审工作交由地市或直辖市的区司法行政机关组织实施,不具备条件的省级司法行政机关可委托相邻省级司法行政机关进行评审。有条件的省级司法行政机关可以组建司法鉴定人高级职称评审委员会,对本地区司法鉴定人进行评审。司法部组建司法鉴定人高级职称评审委员会,可接受不具备高级职称评审条件的地区委托评审。各级职称评审委员会按规定程序报人力资源社会保障部门核准备案。

(四)促进职称制度与人才培养使用有效衔接

1. 促进职称制度与人才使用相衔接。各类公共法律服务机构应结合用人需求,根据职称评价结果合理使用公共法律服务专业人才。全面实行岗位管理的事业体制公共法律服务机构,一般应在岗位结构比例内,推荐符合条件的公共法律服务专业人员参加职称评审。不实行事业单位岗位管理的公共法律服务机构,可根据工作需要,择优聘任具有相应职称的公共法律服务专业人员。用人单位应结合用人需求,根据职称评价结果合理使用公共法律服务专业人员,实现职称评价结果与公共法律服务专业人员聘用、考核、晋升、待遇等有效结合。加强聘后管理,在岗位聘用中实现人员能上能下。

2. 促进职称制度与公共法律服务专业人才培养相结合。充分发挥职称评价对提高公共法律服务专业人才培养质量的导向作用,结合公共法律服务事业发展需求,加快人才培养。推进职称评审与公共法律服务人才继续教育制度相衔接,创新和丰富继续教育的内容和形式,促进公共法律服务人才更新知识,提升能力。

(五)加强职称评审监督和服务

1. 加强职称评审委员会建设。完善评审委员的组织管理办法,健全工作程序和评审规则,合理确定评审委员会组成人员范围,明确评审委员会工作人员和评审专家责任,强化评审考核,建立倒查追责机制。加强评审委员会专家库建设,注重遴选高水平的公共法律服务专家,定期对专家库进行更新,形成专家库动态优化机制。

2. 严肃职称评审工作纪律。探索建立职称申报评审诚信档案和失信黑名单制度,健全诚信承诺和失信惩戒机制,对通过弄虚作假、暗箱操作等违纪违规行为取得的职称,一律予以撤销。建立职称评审公开制度,实行政策公开、标准公开、程序公开、结果公开。建立职称评审回避制度、公示制度和评审结果备案制度。建立复查、投诉机制,加强对评审全过程的监督管理,构建机关、行业协会监管,公共法律服务机构自律,社会监督的公共法律服务专业人员职称评审综合监管体系。

3. 优化职称评审服务。加强职称评审信息化建设,探索建立职称评审信息系统,逐步实现职称网上申报、网上审核、网上评审、网上公示和查询。进一步简化职称申报渠道和审核环节，精减申报材料。加强职称评审信息库建设，探索推行职称电子证书，逐步实现职称证书网上查询验证。加强人才评价、机构评估等相关业务统筹，加强申报材料和业绩成果信息共享，实行材料一次报送、一表多用，减少重复提供材料和重复审核。

三、组织实施

（一）提高认识，加强领导

各地区要充分认识公共法律服务专业人员职称制度改革的重大意义，加强组织领导，狠抓工作落实，确保各项改革措施落到实处。各级人力资源社会保障部门会同司法行政部门具体负责公共法律服务专业人员职称制度改革的政策制定、组织实施和监督检查等工作。各部门要高度重视，密切配合，确保公共法律服务专业人员职称制度改革工作顺利推进。

（二）结合实际，周密部署

各地区要根据本指导意见，紧密结合实际，落实好各项改革措施，妥善做好新旧政策衔接工作，按照改革前后的职称对应关系做好过渡。在推进改革过程中，各地要深入开展调查研究，充分掌握本地区公共法律服务专业人员队伍现状，全面考虑改革推进工作中可能遇到的各种情况和问题，及时研究解决，妥善处理改革、发展和稳定的关系。

（三）加强宣传，营造环境

各地区要加强宣传引导，鼓励公共法律服务专业人员争当公共法律服务领域创新的推动者和实践者，充分调动公共法律服务专业人员的积极性，激发创新活力和潜力，为公共法律服务专业人员参加职称评审提供便利，引导公共法律服务专业人员支持和参与改革，营造有利于公共法律服务专业人员职称制度改革的良好氛围。

附件：
1. 公证员职称评价基本标准
2. 司法鉴定人职称评价基本标准

附件1

公证员职称评价基本标准

一、忠于祖国，忠于人民，忠于宪法和法律，拥护中国共产党领导，拥护社会主义法治。

二、热爱本职工作，认真履行岗位职责，依法、规范、诚信执业。

三、恪守公证员职业道德和执业纪律，勇于担当，勤勉敬业，廉洁自律，作风端正，按照要求参加继续教育。

四、公证员申报各层级职称，除必须达到上述基本条件外，还应分别具备以下条件：

（一）四级公证员

1. 基本掌握公证相关法学理论和专业知识，认真执行相关法律、法规、政策和工作制度。

2. 初步掌握公证员执业技能，能够独立承办基本的公证事项和公证事务。

3. 具备硕士学位或第二学士学位；或具备大学本科学历或学士学位，担任公证员满1年；或具备大学专科学历，担任公证员满3年。

（二）三级公证员

1. 熟练掌握公证相关法学理论和专业知识，能够准确理解、熟练运用相关法律、法规、政策和工作制度。

2. 具有较丰富的公证业务经验，熟悉办证流程，能够独立承办公证事项和事务，近三年内在质量检查中无不合格卷。

3. 具有较丰富的公证管理经验，能够独立负责某领域公证工作，在推动公证机构依法决策、依法经营、依法管理方面作出一定贡献。

4. 具备博士学位；或具备硕士学位、第二学士学位，担任四级公证员满2年；或具备大学本科学历、学士学位或大学专科学历，担任四级公证员满4年。

（三）二级公证员

1. 全面系统掌握相关法学理论和专业知识，熟悉与公证业务相关的其他学科知识，全面了解掌握相关法律、法规、政策和工作制度。

2. 具有丰富的公证业务经验，办理过一定数量的有较大影响的公证法律事务，能够组织和协调处理较为重大、复杂、疑难公证法律事务，业务办理质量良好，近三年内在质量检查中无不合格卷。

3. 工作业绩较为突出，能够指导三级公证员、四级公证员开展公证工作。具有丰富的公证管理工作经验，在推动公证机构依法决策、依法运营、依法管理方面作出较大贡献。

4. 有较强的理论研究能力，能够开展公证法律事务政策、实务研究，主持完成公证法律事务相关课题研究、调研报告，或参与公证法律事务相关重大课题研究、重大调研报告，有较高水平的代表性成果。

5. 具备博士学位，担任三级公证员满2年；或具备硕士学位、第二学士学位，或具备大学本科学历、学士学位或大学专科学历，担任三级公证员满5年。

（四）一级公证员

1. 具备系统、深厚的法学理论功底，精通本领域相关法规、政策及本单位相关制度，并掌握同本职工作相适应的其他学科知识。

2. 具有丰富的公证业务经验和公证管理工作经验，办理过一定数量的本专业领域有重大影响的公证法律事务，业务办理质量良好，近五年内在质量检查中无不合格卷。

3. 能够独立负责某领域的公证员管理工作，能够有效地组织和协调处理重大、复杂、疑难公证法律事务，能够办理、指导开拓新兴公证业务。

4. 工作业绩突出，能够指导二级公证员、三级公证员、四级公证员开展公证工作，在推动公证机构依法决策、依法运营、依法管理方面作出较大贡献。

5. 理论研究能力强，能够组织领导公证事务理论、政策和实务重大课题研究，取得重大研究成果，在推动公证制度改革发展方面发挥了重要作用；具有较高影响力的代表性成果。

6. 具备大学本科及以上学历或学士及以上学位，担任二级公证员满5年。

附件2

司法鉴定人职称评价基本标准

一、忠于祖国，忠于人民，忠于宪法和法律，拥护中国共产党领导，拥护社会主义法治。

二、热爱本职工作，恪守司法鉴定人员职业道德和执业纪律，科学公正，勤勉敬业，廉洁自律，作风端正。

三、取得《司法鉴定人执业证》，认真履行岗位职责，按照要求参加继续教育。

四、司法鉴定人申报各层级职称，除必须达到上述基本条件外，还应分别具备以下条件：

（一）初级司法鉴定人、法医师

1. 基本掌握本专业领域基础理论和专业知识，认真执行本专业领域相关法规、政策和制度。

2. 具备从事司法鉴定相关工作的能力，能够胜任基础性工作，参与完成的司法鉴定业务符合质量要求。

3. 具有大学本科及以上学历或学士及以上学位，从事司法鉴定相关工作满1年；或具备大学专科学历，从事司法鉴定相关工作满3年。

（二）中级司法鉴定人、主检法医师

1. 熟练掌握本专业领域基础理论知识和专业知识，认真执行本专业领域相关法规、政策和制度，了解本专业领域技术现状和发展趋势。

2. 具有承担较复杂司法鉴定工作的能力，能准确理解、熟练运用本专业领域技术标准和规范，能够独立出具司法鉴定意见文书。

3. 具有一定的技术研究能力，能够撰写为解决复杂技术问题的研究报告或发表论文，取得有实用价值的技术成果。

4. 具备博士学位，从事司法鉴定相关工作满1年；或具备硕士学位，从事司法鉴定相关工作满3年，或取得初级司法鉴定人职称或其他相关的初级及以上职称后从事司法鉴定相关工作满2年；或具备大学本科学历或学士学位，从事司法鉴定相关工作满5年，或取得初级司法鉴定人职称或其他相关的初级及以上职称后从事司法鉴定相关工作满4年；或具备大学专科学历，取得初级司法鉴定人职称或其他相关的初级及以上职称后从事司法鉴定相关工作满4年。

（三）副高级司法鉴定人、副主任法医师

1. 系统掌握本专业领域基础理论知识和专业知识，认真执行本专业领域相关法规、政策和制度，具有跟踪本专业领域科技发展动态的能力，能够吸取最新科研成果应用于实际工作，是本专业的技术业务骨干。

2. 具有丰富的司法鉴定工作经验，能深刻理解和熟练运用本专业领域技术标准和规范，业绩突出，能主持或独立完成复杂疑难司法鉴定工作。

3. 有较强的技术研究能力，能够承担或参与较高水平的技术研究项目，独立完成的较高水平研究报告或发表的较高学术价值论文或研制发布的技术标准规范等技术成果，受到同行专家认可。

4. 具备博士学位，取得中级司法鉴定人职称或其他相关的副高级及以上职称后，从事司法鉴定工作满2年；或具备硕士学位、大学本科学历或学士学位，取得中级司法鉴定人职称或其他相关的副高级及以上职称后，从事司法鉴定工作满5年；或具备大学专科学历，取得中级司法鉴定人职称或其他相关的副高级及以上职称后，从事司法鉴定工作满10年。

（四）正高级司法鉴定人、主任法医师

1. 具备全面系统深厚的专业理论和实践功底，精通本专业领域相关法规、政策及制度，全面掌握本专业领域国内外前沿发展动态，具有引领本专业领域科技发展前沿水平的能力，学术造诣深，学术影响力大，是本专业领域的学术和技术带头人。

2.具有丰富的司法鉴定工作经验,能深刻理解和研究制定本专业领域技术标准和规范,有效地组织和处理本专业领域有重大影响的复杂疑难司法鉴定工作,能够解决重大技术问题或掌握关键核心技术,业绩显著。

3.具有主持完成省部级以上研究项目的能力和经历,在突破关键核心技术和自主创新方面作出突出贡献,取得重大研究成果,有高水平、高影响力的代表性研究报告、学术论文和著作、技术标准规范。

4.具备大学本科及以上学历或学士及以上学位,取得副高级司法鉴定人职称后,从事司法鉴定工作满5年。

五、人民调解

中华人民共和国人民调解法

- 2010年8月28日第十一届全国人民代表大会常务委员会第十六次会议通过
- 2010年8月28日中华人民共和国主席令第34号公布
- 自2011年1月1日起施行

第一章 总则

第一条 【立法目的和立法根据】为了完善人民调解制度,规范人民调解活动,及时解决民间纠纷,维护社会和谐稳定,根据宪法,制定本法。

第二条 【人民调解定义】本法所称人民调解,是指人民调解委员会通过说服、疏导等方法,促使当事人在平等协商基础上自愿达成调解协议,解决民间纠纷的活动。

第三条 【人民调解工作基本原则】人民调解委员会调解民间纠纷,应当遵循下列原则:
(一)在当事人自愿、平等的基础上进行调解;
(二)不违背法律、法规和国家政策;
(三)尊重当事人的权利,不得因调解而阻止当事人依法通过仲裁、行政、司法等途径维护自己的权利。

第四条 【人民调解不收费】人民调解委员会调解民间纠纷,不收取任何费用。

第五条 【对人民调解工作的指导】国务院司法行政部门负责指导全国的人民调解工作,县级以上地方人民政府司法行政部门负责指导本行政区域的人民调解工作。

基层人民法院对人民调解委员会调解民间纠纷进行业务指导。

第六条 【鼓励和支持人民调解工作】国家鼓励和支持人民调解工作。县级以上地方人民政府对人民调解工作所需经费应当给予必要的支持和保障,对有突出贡献的人民调解委员会和人民调解员按照国家规定给予表彰奖励。

第二章 人民调解委员会

第七条 【人民调解委员会的性质】人民调解委员会是依法设立的调解民间纠纷的群众性组织。

第八条 【人民调解委员会的组织形式与人员构成】村民委员会、居民委员会设立人民调解委员会。企业事业单位根据需要设立人民调解委员会。

人民调解委员会由委员三至九人组成,设主任一人,必要时,可以设副主任若干人。

人民调解委员会应当有妇女成员,多民族居住的地区应当有人数较少民族的成员。

第九条 【人民调解委员会委员产生方式及任期】村民委员会、居民委员会的人民调解委员会委员由村民会议或者村民代表会议、居民会议推选产生;企业事业单位设立的人民调解委员会委员由职工大会、职工代表大会或者工会组织推选产生。

人民调解委员会委员每届任期三年,可以连选连任。

第十条 【人民调解委员会有关情况的统计与通报】县级人民政府司法行政部门应当对本行政区域内人民调解委员会的设立情况进行统计,并且将人民调解委员会以及人员组成和调整情况及时通报所在地基层人民法院。

第十一条 【健全工作制度与密切群众关系】人民调解委员会应当建立健全各项调解工作制度,听取群众意见,接受群众监督。

第十二条 【为人民调解委员会开展工作提供保障】村民委员会、居民委员会和企业事业单位应当为人民调解委员会开展工作提供办公条件和必要的工作经费。

第三章 人民调解员

第十三条 【人民调解员的构成】人民调解员由人民调解委员会委员和人民调解委员会聘任的人员担任。

第十四条 【人民调解员的任职条件与业务培训】人民调解员应当由公道正派、热心人民调解工作,并具有一定文化水平、政策水平和法律知识的成年公民担任。

县级人民政府司法行政部门应当定期对人民调解员进行业务培训。

第十五条 【罢免或者解聘人民调解员的情形】人民调解员在调解工作中有下列行为之一,由其所在的人民调解委员会给予批评教育、责令改正,情节严重的,由推选或者聘任单位予以罢免或者解聘：

（一）偏袒一方当事人的；

（二）侮辱当事人的；

（三）索取、收受财物或者牟取其他不正当利益的；

（四）泄露当事人的个人隐私、商业秘密的。

第十六条　【人民调解员待遇】人民调解员从事调解工作，应当给予适当的误工补贴；因从事调解工作致伤致残，生活发生困难的，当地人民政府应当提供必要的医疗、生活救助；在人民调解工作岗位上牺牲的人民调解员，其配偶、子女按照国家规定享受抚恤和优待。

第四章　调解程序

第十七条　【人民调解的启动方式】当事人可以向人民调解委员会申请调解；人民调解委员会也可以主动调解。当事人一方明确拒绝调解的，不得调解。

第十八条　【告知当事人申请人民调解】基层人民法院、公安机关对适宜通过人民调解方式解决的纠纷，可以在受理前告知当事人向人民调解委员会申请调解。

第十九条　【人民调解员的确定】人民调解委员会根据调解纠纷的需要，可以指定一名或者数名人民调解员进行调解，也可以由当事人选择一名或者数名人民调解员进行调解。

第二十条　【邀请、支持有关人员参与调解】人民调解员根据调解纠纷的需要，在征得当事人的同意后，可以邀请当事人的亲属、邻里、同事等参与调解，也可以邀请具有专门知识、特定经验的人员或者有关社会组织的人员参与调解。

人民调解委员会支持当地公道正派、热心调解、群众认可的社会人士参与调解。

第二十一条　【人民调解员调解工作要求】人民调解员调解民间纠纷，应当坚持原则，明法析理，主持公道。

调解民间纠纷，应当及时、就地进行，防止矛盾激化。

第二十二条　【调解程序与调解方式】人民调解员根据纠纷的不同情况，可以采取多种方式调解民间纠纷，充分听取当事人的陈述，讲解有关法律、法规和国家政策，耐心疏导，在当事人平等协商、互谅互让的基础上提出纠纷解决方案，帮助当事人自愿达成调解协议。

第二十三条　【人民调解活动中的当事人权利】当事人在人民调解活动中享有下列权利：

（一）选择或者接受人民调解员；

（二）接受调解、拒绝调解或者要求终止调解；

（三）要求调解公开进行或者不公开进行；

（四）自主表达意愿、自愿达成调解协议。

第二十四条　【人民调解活动中的当事人义务】当事人在人民调解活动中履行下列义务：

（一）如实陈述纠纷事实；

（二）遵守调解现场秩序，尊重人民调解员；

（三）尊重对方当事人行使权利。

第二十五条　【调解过程中预防纠纷激化工作的措施】人民调解员在调解纠纷过程中，发现纠纷有可能激化的，应当采取有针对性的预防措施；对有可能引起治安案件、刑事案件的纠纷，应当及时向当地公安机关或者其他有关部门报告。

第二十六条　【调解终止】人民调解员调解纠纷，调解不成的，应当终止调解，并依据有关法律、法规的规定，告知当事人可以依法通过仲裁、行政、司法等途径维护自己的权利。

第二十七条　【人民调解材料立卷归档】人民调解员应当记录调解情况。人民调解委员会应当建立调解工作档案，将调解登记、调解工作记录、调解协议书等材料立卷归档。

第五章　调解协议

第二十八条　【达成调解协议的方式】经人民调解委员会调解达成调解协议的，可以制作调解协议书。当事人认为无需制作调解协议书的，可以采取口头协议方式，人民调解员应当记录协议内容。

第二十九条　【调解协议书的制作、生效及留存】调解协议书可以载明下列事项：

（一）当事人的基本情况；

（二）纠纷的主要事实、争议事项以及各方当事人的责任；

（三）当事人达成调解协议的内容，履行的方式、期限。

调解协议书自各方当事人签名、盖章或者按指印，人民调解员签名并加盖人民调解委员会印章之日起生效。调解协议书由当事人各执一份，人民调解委员会留存一份。

第三十条　【口头调解协议的生效】口头调解协议自各方当事人达成协议之日起生效。

第三十一条　【调解协议效力】经人民调解委员会调解达成的调解协议，具有法律约束力，当事人应当按约定履行。

人民调解委员会应当对调解协议的履行情况进行监督，督促当事人履行约定的义务。

第三十二条 【当事人对调解协议的内容或履行发生争议的救济】经人民调解委员会调解达成调解协议后,当事人之间就调解协议的履行或者调解协议的内容发生争议的,一方当事人可以向人民法院提起诉讼。

第三十三条 【对调解协议的司法确认】经人民调解委员会调解达成调解协议后,双方当事人认为有必要的,可以自调解协议生效之日起三十日内共同向人民法院申请司法确认,人民法院应当及时对调解协议进行审查,依法确认调解协议的效力。

人民法院依法确认调解协议有效,一方当事人拒绝履行或者未全部履行的,对方当事人可以向人民法院申请强制执行。

人民法院依法确认调解协议无效的,当事人可以通过人民调解方式变更原调解协议或者达成新的调解协议,也可以向人民法院提起诉讼。

第六章 附 则

第三十四条 【参照设立人民调解委员会】乡镇、街道以及社会团体或者其他组织根据需要可以参照本法有关规定设立人民调解委员会,调解民间纠纷。

第三十五条 【施行日期】本法自2011年1月1日起施行。

最高人民法院关于人民法院
民事调解工作若干问题的规定

- 2004年8月18日最高人民法院审判委员会第1321次会议通过
- 根据2008年12月16日公布的《最高人民法院关于调整司法解释等文件中引用〈中华人民共和国民事诉讼法〉条文序号的决定》第一次修正
- 根据2020年12月23日最高人民法院审判委员会第1823次会议通过的《最高人民法院关于修改〈最高人民法院关于人民法院民事调解工作若干问题的规定〉等十九件民事诉讼类司法解释的决定》第二次修正
- 2020年12月29日最高人民法院公告公布
- 自2021年1月1日起施行
- 法释〔2020〕20号

为了保证人民法院正确调解民事案件,及时解决纠纷,保障和方便当事人依法行使诉讼权利,节约司法资源,根据《中华人民共和国民事诉讼法》等法律的规定,结合人民法院调解工作的经验和实际情况,制定本规定。

第一条 根据民事诉讼法第九十五条的规定,人民法院可以邀请与当事人有特定关系或者与案件有一定联系的企业事业单位、社会团体或者其他组织,和具有专门知识、特定社会经验、与当事人有特定关系并有利于促成调解的个人协助调解工作。

经各方当事人同意,人民法院可以委托前款规定的单位或者个人对案件进行调解,达成调解协议后,人民法院应当依法予以确认。

第二条 当事人在诉讼过程中自行达成和解协议的,人民法院可以根据当事人的申请依法确认和解协议制作调解书。双方当事人申请庭外和解的期间,不计入审限。

当事人在和解过程中申请人民法院对和解活动进行协调的,人民法院可以委派审判辅助人员或者邀请、委托有关单位和个人从事协调活动。

第三条 人民法院应当在调解前告知当事人主持调解人员和书记员姓名以及是否申请回避等有关诉讼权利和诉讼义务。

第四条 在答辩期满前人民法院对案件进行调解,适用普通程序的案件在当事人同意调解之日起15天内,适用简易程序的案件在当事人同意调解之日起7天内未达成调解协议的,经各方当事人同意,可以继续调解。延长的调解期间不计入审限。

第五条 当事人申请不公开进行调解的,人民法院应当准许。

调解时当事人各方应当同时在场,根据需要也可以对当事人分别作调解工作。

第六条 当事人可以自行提出调解方案,主持调解的人员也可以提出调解方案供当事人协商时参考。

第七条 调解协议内容超出诉讼请求的,人民法院可以准许。

第八条 人民法院对于调解协议约定一方不履行协议应当承担民事责任的,应予准许。

调解协议约定一方不履行协议,另一方可以请求人民法院对案件作出裁判的条款,人民法院不予准许。

第九条 调解协议约定一方提供担保或者案外人同意为当事人提供担保的,人民法院应当准许。

案外人提供担保的,人民法院制作调解书应当列明担保人,并将调解书送交担保人。担保人不签收调解书的,不影响调解书生效。

当事人或者案外人提供的担保符合民法典规定的条件时生效。

第十条 调解协议具有下列情形之一的,人民法院不予确认:
(一)侵害国家利益、社会公共利益的;
(二)侵害案外人利益的;
(三)违背当事人真实意思的;
(四)违反法律、行政法规禁止性规定的。

第十一条 当事人不能对诉讼费用如何承担达成协议的,不影响调解协议的效力。人民法院可以直接决定当事人承担诉讼费用的比例,并将决定记入调解书。

第十二条 对调解书的内容既不享有权利又不承担义务的当事人不签收调解书的,不影响调解书的效力。

第十三条 当事人以民事调解书与调解协议的原意不一致为由提出异议,人民法院审查后认为异议成立的,应当根据调解协议裁定补正民事调解书的相关内容。

第十四条 当事人就部分诉讼请求达成调解协议的,人民法院可以就此先行确认并制作调解书。

当事人就主要诉讼请求达成调解协议,请求人民法院对未达成协议的诉讼请求提出处理意见并表示接受该处理结果的,人民法院的处理意见是调解协议的一部分内容,制作调解书的记入调解书。

第十五条 调解书确定的担保条款条件或者承担民事责任的条件成就时,当事人申请执行的,人民法院应当依法执行。

不履行调解协议的当事人按照前款规定承担了调解书确定的民事责任后,对方当事人又要求其承担民事诉讼法第二百五十三条规定的迟延履行责任的,人民法院不予支持。

第十六条 调解书约定给付特定标的物,调解协议达成前该物上已经存在的第三人的物权和优先权不受影响。第三人在执行过程中对执行标的物提出异议的,应当按照民事诉讼法第二百二十七条规定处理。

第十七条 人民法院对刑事附带民事诉讼案件进行调解,依照本规定执行。

第十八条 本规定实施前人民法院已经受理的案件,在本规定施行后尚未审结的,依照本规定执行。

第十九条 本规定实施前最高人民法院的有关司法解释与本规定不一致的,适用本规定。

第二十条 本规定自2004年11月1日起实施。

最高人民法院关于人民调解协议
司法确认程序的若干规定

- 2011年3月21日最高人民法院审判委员会第1515次会议通过
- 2011年3月23日最高人民法院公告公布
- 自2011年3月30日起施行
- 法释〔2011〕5号

为了规范经人民调解委员会调解达成的民事调解协议的司法确认程序,进一步建立健全诉讼与非诉讼相衔接的矛盾纠纷解决机制,依照《中华人民共和国民事诉讼法》和《中华人民共和国人民调解法》的规定,结合审判实际,制定本规定。

第一条 当事人根据《中华人民共和国人民调解法》第三十三条的规定共同向人民法院申请确认调解协议的,人民法院应当依法受理。

第二条 当事人申请确认调解协议的,由主持调解的人民调解委员会所在地基层人民法院或者它派出的法庭管辖。

人民法院在立案前委派人民调解委员会调解并达成调解协议,当事人申请司法确认的,由委派的人民法院管辖。

第三条 当事人申请确认调解协议,应当向人民法院提交司法确认申请书、调解协议和身份证明、资格证明,以及与调解协议相关的财产权利证明等证明材料,并提供双方当事人的送达地址、电话号码等联系方式。委托他人代为申请的,必须向人民法院提交由委托人签名或者盖章的授权委托书。

第四条 人民法院收到当事人司法确认申请,应当在三日内决定是否受理。人民法院决定受理的,应当编立"调确字"案号,并及时向当事人送达受理通知书。双方当事人同时到法院申请司法确认的,人民法院可以当即受理并作出是否确认的决定。

有下列情形之一的,人民法院不予受理:
(一)不属于人民法院受理民事案件的范围或者不属于接受申请的人民法院管辖的;
(二)确认身份关系的;
(三)确认收养关系的;
(四)确认婚姻关系的。

第五条 人民法院应当自受理司法确认申请之日起十五日内作出是否确认的决定。因特殊情况需要延长的,经本院院长批准,可以延长十日。

在人民法院作出是否确认的决定前,一方或者双方当事人撤回司法确认申请的,人民法院应当准许。

第六条 人民法院受理司法确认申请后,应当指定一名审判人员对调解协议进行审查。人民法院在必要时可以通知双方当事人同时到场,当面询问当事人。当事人应当向人民法院如实陈述申请确认的调解协议的有关情况,保证提交的证明材料真实、合法。人民法院在审查中,认为当事人的陈述或者提供的证明材料不充分、不完备或者有疑义的,可以要求当事人补充陈述或者补充证明材料。当事人无正当理由未按时补充或者拒不接受询问的,可以按撤回司法确认申请处理。

第七条 具有下列情形之一的,人民法院不予确认调解协议效力:
(一)违反法律、行政法规强制性规定的;
(二)侵害国家利益、社会公共利益的;
(三)侵害案外人合法权益的;
(四)损害社会公序良俗的;
(五)内容不明确,无法确认的;
(六)其他不能进行司法确认的情形。

第八条 人民法院经审查认为调解协议符合确认条件的,应当作出确认决定书;决定不予确认调解协议效力的,应当作出不予确认决定书。

第九条 人民法院依法作出确认决定后,一方当事人拒绝履行或者未全部履行的,对方当事人可以向作出确认决定的人民法院申请强制执行。

第十条 案外人认为经人民法院确认的调解协议侵害其合法权益的,可以自知道或者应当知道权益被侵害之日起一年内,向作出确认决定的人民法院申请撤销确认决定。

第十一条 人民法院办理人民调解协议司法确认案件,不收取费用。

第十二条 人民法院可以将调解协议不予确认的情况定期或者不定期通报同级司法行政机关和相关人民调解委员会。

第十三条 经人民法院建立的调解员名册中的调解员调解达成协议后,当事人申请司法确认的,参照本规定办理。人民法院立案后委托他人调解达成的协议的司法确认,按照《最高人民法院关于人民法院民事调解工作若干问题的规定》(法释〔2004〕12号)的有关规定办理。

最高人民法院关于人民法院特邀调解的规定

- 2016年5月23日最高人民法院审判委员会第1684次会议通过
- 2016年6月28日最高人民法院公告公布
- 自2016年7月1日起施行
- 法释〔2016〕14号

为健全多元化纠纷解决机制,加强诉讼与非诉讼纠纷解决方式的有效衔接,规范人民法院特邀调解工作,维护当事人合法权益,根据《中华人民共和国民事诉讼法》《中华人民共和国人民调解法》等法律及相关司法解释,结合人民法院工作实际,制定本规定。

第一条 特邀调解是指人民法院吸纳符合条件的人民调解、行政调解、商事调解、行业调解等调解组织或者个人成为特邀调解组织或者特邀调解员,接受人民法院立案前委派或者立案后委托依法进行调解,促使当事人在平等协商基础上达成调解协议、解决纠纷的一种调解活动。

第二条 特邀调解应当遵循以下原则:
(一)当事人平等自愿;
(二)尊重当事人诉讼权利;
(三)不违反法律、法规的禁止性规定;
(四)不损害国家利益、社会公共利益和他人合法权益;
(五)调解过程和调解协议内容不公开,但是法律另有规定的除外。

第三条 人民法院在特邀调解工作中,承担以下职责:
(一)对适宜调解的纠纷,指导当事人选择名册中的调解组织或者调解员先行调解;
(二)指导特邀调解组织和特邀调解员开展工作;
(三)管理特邀调解案件流程并统计相关数据;
(四)提供必要场所、办公设施等相关服务;
(五)组织特邀调解员进行业务培训;
(六)组织开展特邀调解业绩评估工作;
(七)承担其他与特邀调解有关的工作。

第四条 人民法院应当指定诉讼服务中心等部门具体负责指导特邀调解工作,并配备熟悉调解业务的工作人员。

人民法庭根据需要开展特邀调解工作。

第五条 人民法院开展特邀调解工作应当建立特邀调解组织和特邀调解员名册。建立名册的法院应当为入册的特邀调解组织或者特邀调解员颁发证书,并对名册进行管理。上级法院建立的名册,下级法院可以使用。

第六条 依法成立的人民调解、行政调解、商事调解、行业调解及其他具有调解职能的组织,可以申请加入特邀调解组织名册。品行良好、公道正派、热心调解工作并具有一定沟通协调能力的个人可以申请加入特邀调解员名册。

人民法院可以邀请符合条件的调解组织加入特邀调解组织名册,可以邀请人大代表、政协委员、人民陪审员、专家学者、律师、仲裁员、退休法律工作者等符合条件的个人加入特邀调解员名册。

特邀调解组织应当推荐本组织中适合从事特邀调解工作的调解员加入名册,并在名册中列明;在名册中列明的调解员,视为人民法院特邀调解员。

第七条 特邀调解员在入册前和任职期间,应当接受人民法院组织的业务培训。

第八条 人民法院应当在诉讼服务中心等场所提供特邀调解组织和特邀调解员名册,并在法院公示栏、官方网站等平台公开名册信息,方便当事人查询。

第九条 人民法院可以设立家事、交通事故、医疗纠纷等专业调解委员会,并根据特定专业领域的纠纷特点,设定专业调解委员会的入册条件,规范专业领域特邀调解程序。

第十条 人民法院应当建立特邀调解组织和特邀调解员业绩档案,定期组织开展特邀调解评估工作,并及时更新名册信息。

第十一条 对适宜调解的纠纷,登记立案前,人民法院可以经当事人同意委派给特邀调解组织或者特邀调解员进行调解;登记立案后或者在审理过程中,可以委托给特邀调解组织或者特邀调解员进行调解。

当事人申请调解的,应当以口头或者书面方式向人民法院提出;当事人口头提出的,人民法院应当记入笔录。

第十二条 双方当事人应当在名册中协商确定特邀调解员;协商不成的,由特邀调解组织或者人民法院指定。当事人不同意指定的,视为不同意调解。

第十三条 特邀调解一般由一名调解员进行。对于重大、疑难、复杂或者当事人要求由两名以上调解员共同调解的案件,可以由两名以上调解员调解,并由特邀调解组织或者人民法院指定一名调解员主持。当事人有正当理由的,可以申请更换特邀调解员。

第十四条 调解一般应当在人民法院或者调解组织所在地进行,双方当事人也可以在征得人民法院同意的情况下选择其他地点进行调解。

特邀调解组织或者特邀调解员接受委派或者委托调解后,应当将调解时间、地点等相关事项及时通知双方当事人,也可以通知与纠纷有利害关系的案外人参加调解。

调解程序开始之前,特邀调解员应当告知双方当事人权利义务、调解规则、调解程序、调解协议效力、司法确认申请等事项。

第十五条 特邀调解员有下列情形之一的,当事人有权申请回避:
(一)是一方当事人或者其代理人近亲属的;
(二)与纠纷有利害关系的;
(三)与纠纷当事人、代理人有其他关系,可能影响公正调解的。

特邀调解员有上述情形的,应当自行回避;但是双方当事人同意由该调解员调解的除外。

特邀调解员的回避由特邀调解组织或者人民法院决定。

第十六条 特邀调解员不得在后续的诉讼程序中担任该案的人民陪审员、诉讼代理人、证人、鉴定人以及翻译人员等。

第十七条 特邀调解员应当根据案件具体情况采用适当的方法进行调解,可以提出解决争议的方案建议。特邀调解员为促成当事人达成调解协议,可以邀请对达成调解协议有帮助的人员参与调解。

第十八条 特邀调解员发现双方当事人存在虚假调解可能的,应当中止调解,并向人民法院或者特邀调解组织报告。

人民法院或者特邀调解组织接到报告后,应当及时审查,并依据相关规定作出处理。

第十九条 委派调解达成调解协议,特邀调解员应当将调解协议送达双方当事人,并提交人民法院备案。

委派调解达成的调解协议,当事人可以依照民事诉讼法、人民调解法等法律申请司法确认。当事人申请司法确认的,由调解组织所在地或者委派调解的基层人民法院管辖。

第二十条 委托调解达成调解协议,特邀调解员应当向人民法院提交调解协议,由人民法院审查并制作调解书结案。达成调解协议后,当事人申请撤诉的,人民法院应当依法作出裁定。

第二十一条 委派调解未达成调解协议的,特邀调解员应当将当事人的起诉状等材料移送人民法院;当事人坚持诉讼的,人民法院应当依法登记立案。

委托调解未达成调解协议的,转入审判程序审理。

第二十二条 在调解过程中,当事人为达成调解协议作出妥协而认可的事实,不得在诉讼程序中作为对其不利的根据,但是当事人均同意的除外。

第二十三条 经特邀调解组织或者特邀调解员调解达成调解协议的,可以制作调解协议书。当事人认为无需制作调解协议书的,可以采取口头协议方式,特邀调解员应当记录协议内容。

第二十四条 调解协议书应当记载以下内容:

(一)当事人的基本情况;

(二)纠纷的主要事实、争议事项;

(三)调解结果。

双方当事人和特邀调解员应当在调解协议书或者调解笔录上签名、盖章或者捺印;由特邀调解组织主持达成调解协议的,还应当加盖调解组织印章。

委派调解达成调解协议,自双方当事人签名、盖章或者捺印后生效。委托调解达成调解协议,根据相关法律规定确定生效时间。

第二十五条 委派调解达成调解协议后,当事人就调解协议的履行或者调解协议的内容发生争议的,可以向人民法院提起诉讼,人民法院应当受理。一方当事人以原纠纷向人民法院起诉,对方当事人对调解协议提出抗辩的,应当提供调解协议书。

经司法确认的调解协议,一方当事人拒绝履行或者未全部履行的,对方当事人可以向人民法院申请执行。

第二十六条 有下列情形之一的,特邀调解员应当终止调解:

(一)当事人达成调解协议的;

(二)一方当事人撤回调解请求或者明确表示不接受调解的;

(三)特邀调解员认为双方分歧较大且难以达成调解协议的;

(四)其他导致调解难以进行的情形。

特邀调解员终止调解的,应当向委派、委托的人民法院书面报告,并移送相关材料。

第二十七条 人民法院委派调解的案件,调解期限为 30 日。但是双方当事人同意延长调解期限的,不受此限。

人民法院委托调解的案件,适用普通程序的调解期限为 15 日,适用简易程序的调解期限为 7 日。但是双方当事人同意延长调解期限的,不受此限。延长的调解期限不计入审理期限。

委派调解和委托调解的期限自特邀调解组织或者特邀调解员签字接收法院移交材料之日起计算。

第二十八条 特邀调解员不得有下列行为:

(一)强迫调解;

(二)违法调解;

(三)接受当事人请托或收受财物;

(四)泄露调解过程或调解协议内容;

(五)其他违反调解员职业道德的行为。

当事人发现存在上述情形的,可以向人民法院投诉。经审查属实的,人民法院应当予以纠正并作出警告、通报、除名等相应处理。

第二十九条 人民法院应当根据实际情况向特邀调解员发放误工、交通等补贴,对表现突出的特邀调解组织和特邀调解员给予物质或者荣誉奖励。补贴经费应当纳入人民法院专项预算。

人民法院可以根据有关规定向有关部门申请特邀调解专项经费。

第三十条 本规定自 2016 年 7 月 1 日起施行。

人民调解委员会组织条例

· 1989 年 5 月 5 日国务院第 40 次常务会议通过
· 1989 年 6 月 17 日中华人民共和国国务院令第 37 号发布
· 自发布之日起施行

第一条 为了加强人民调解委员会的建设,及时调解民间纠纷,增进人民团结,维护社会安定,以利于社会主义现代化建设,制定本条例。

第二条 人民调解委员会是村民委员会和居民委员会下设的调解民间纠纷的群众性组织,在基层人民政府和基层人民法院指导下进行工作。

基层人民政府及其派出机关指导人民调解委员会的日常工作由司法助理员负责。

第三条 人民调解委员会由委员 3 至 9 人组成,设主任 1 人,必要时可以设副主任。

人民调解委员会委员除由村民委员会成员或者居民委员会成员兼任的以外由群众选举产生,每 3 年改选一次,可以连选连任。

多民族居住地区的人民调解委员会中,应当有人数较少的民族的成员。

人民调解委员会委员不能任职时,由原选举单位补选。

人民调解委员会委员严重失职或者违法乱纪的,由原选举单位撤换。

第四条 为人公正,联系群众,热心人民调解工作,并有一定法律知识和政策水平的成年公民,可以当选为人民调解委员会委员。

第五条 人民调解委员会的任务为调解民间纠纷,并通过调解工作宣传法律、法规、规章和政策,教育公民遵纪守法,尊重社会公德。

人民调解委员会应当向村民委员会或者居民委员会反映民间纠纷和调解工作的情况。

第六条 人民调解委员会的调解工作应当遵守以下原则:

(一)依据法律、法规、规章和政策进行调解,法律、法规、规章和政策没有明确规定的,依据社会公德进行调解;

(二)在双方当事人自愿平等的基础上进行调解;

(三)尊重当事人的诉讼权利,不得因未经调解或者调解不成而阻止当事人向人民法院起诉。

第七条 人民调解委员会根据当事人的申请及时调解纠纷;当事人没有申请的,也可以主动调解。

人民调解委员会调解纠纷可以由委员1人或数人进行;跨地区、跨单位的纠纷,可以由有关的各方调解组织共同调解。

人民调解委员会调解纠纷,可以邀请有关单位和个人参加,被邀请的单位和个人应当给予支持。

第八条 人民调解委员会调解纠纷,应当在查明事实、分清是非的基础上,充分说理,耐心疏导,消除隔阂,帮助当事人达成协议。

调解纠纷应当进行登记,制作笔录,根据需要或者当事人的请求,可以制作调解协议书。调解协议书应当有双方当事人和调解人员的签名,并加盖人民调解委员会的印章。

第九条 人民调解委员会主持下达成的调解协议,当事人应当履行。

经过调解,当事人未达成协议或者达成协议后又反悔的,任何一方可以请求基层人民政府处理,也可以向人民法院起诉。

第十条 基层人民政府对于人民调解委员会主持下达成的调解协议,符合法律、法规、规章和政策的,应当予以支持;违背法律、法规、规章和政策的,应当予以纠正。

第十一条 人民调解委员会调解民间纠纷不收费。

第十二条 人民调解委员会委员必须遵守以下纪律:

(一)不得徇私舞弊;

(二)不得对当事人压制、打击报复;

(三)不得侮辱、处罚当事人;

(四)不得泄露当事人的隐私;

(五)不得吃请受礼。

第十三条 各级人民政府对成绩显著的人民调解委员会和调解委员应当予以表彰和奖励。

第十四条 对人民调解委员会委员,根据情况可以给予适当补贴。

人民调解委员会的工作经费和调解委员的补贴经费,由村民委员会或者居民委员会解决。

第十五条 企业、事业单位根据需要设立的人民调解委员会,参照本条例执行。

第十六条 本条例由司法部负责解释。

第十七条 本条例自发布之日起施行。1954年3月22日原中央人民政府政务院公布的《人民调解委员会暂行组织通则》同时废止。

关于充分发挥人民调解基础性作用推进诉源治理的意见

·2023年9月27日
·司发〔2023〕1号

为深入贯彻落实习近平总书记关于调解工作的重要指示精神和党中央决策部署,坚持把非诉讼纠纷解决机制挺在前面,抓前端、治未病,充分发挥人民调解在矛盾纠纷预防化解中的基础性作用,深入推进诉源治理,从源头上减少诉讼增量,提出以下意见。

一、总体要求

(一)指导思想

坚持以习近平新时代中国特色社会主义思想为指导,全面贯彻落实党的二十大精神,深入学习贯彻习近平法治思想,认真贯彻落实习近平总书记关于调解工作的重要指示精神,坚持党的领导,坚持以人民为中心,坚持和发展新时代"枫桥经验",进一步加强人民调解工作,健全完善诉调对接工作机制,强化工作保障,推动源头预防、就地实质化解纠纷,为建设更高水平的平安中国、法治中国作出积极贡献。

(二)工作原则

坚持党的领导。坚持党对人民调解工作的全面领导,牢牢把握人民调解工作正确政治方向,确保党中央决策部署得到全面贯彻落实。

坚持人民至上。坚持人民调解为了人民、依靠人民，以维护人民群众合法权益为出发点和落脚点，为人民群众提供更加优质高效智能的调解服务。

坚持预防为主。坚持抓早抓小抓苗头，引导基层群众优先选择人民调解等非诉讼方式，夯实诉源治理，切实把矛盾纠纷解决在基层、化解在诉前。

坚持协调联动。加强资源统筹，广泛引导和发动社会各方面力量参与矛盾纠纷化解，促进矛盾纠纷有效分流、及时调处、形成合力。

坚持实质化解。不断提升调解能力，提高调解协议自动履行率，保证调解协议效力，依法维护人民调解权威，促进矛盾纠纷就地实质化解。

坚持创新发展。总结有益经验，从实际出发，不断推进工作理念、平台载体、制度机制、方式方法创新，丰富和完善人民调解制度，提高诉源治理水平。

二、夯实人民调解"第一道防线"

（一）加强矛盾纠纷排查预防。切实把矛盾纠纷排查作为一项基础性、日常性工作，采取普遍排查与重点排查、日常排查与集中排查相结合等方式，不断提高矛盾纠纷排查的针对性、有效性。加强与网格员、平安志愿者等群防群治力量和派出所、综治中心等基层维稳单位的信息共享、联排联动，做到排查全覆盖、无盲区。聚焦矛盾纠纷易发多发的重点地区、重点领域、重点人群、重点时段，开展有针对性的重点排查。围绕服务乡村振兴等国家重大战略，围绕开展重大活动、应对重大事件等，组织开展形式多样的矛盾纠纷专项排查。对排查出的矛盾纠纷风险隐患，建立工作台账，分类梳理，采取相应的防范处置措施，努力做到早发现、早报告、早控制、早解决。

（二）加强基层矛盾纠纷化解。加强乡镇（街道）、村（社区）人民调解组织规范化建设，做到依法普遍设立、人员充实、制度健全、工作规范、保障有力。完善覆盖县乡村组的人民调解组织网络，推进形式多样的个人、特色调解工作室建设，探索创设更多契合需要的新型人民调解组织。加大对婚姻家事、邻里、房屋宅基地、山林土地等基层常见多发的矛盾纠纷调解力度，坚持抓早抓小、应调尽调、法理情相结合，防止因调解不及时、不到位引发"民转刑""刑转命"等恶性案件。对可能激化的矛盾纠纷，要在稳定事态的基础上及时报告，协助党委、政府和有关部门化解。

（三）加强重点领域矛盾纠纷化解。以社会需求为导向，对矛盾纠纷易发多发的重点领域，鼓励社会团体或其他组织依法设立行业性专业性人民调解组织。已经设立行业性专业性人民调解组织的，要在司法行政机关的指导下，全面加强规范化建设，确保中立性、公正性，防止商业化、行政化。进一步加强医疗、道路交通、劳动争议、物业等领域人民调解工作，积极向消费、旅游、金融、保险、知识产权等领域拓展。加强新业态领域矛盾纠纷化解，切实维护灵活就业和新就业形态劳动者合法权益。针对重点领域矛盾纠纷特点规律，建立完善人民调解咨询专家库，注重运用专业知识、借助专业力量化解矛盾纠纷，提高调解工作的权威性和公信力。

（四）加强重大疑难复杂矛盾纠纷化解。依托现有的公共法律服务中心，整合人民调解、律师调解、商事调解、行业调解、行政调解等力量，设立市、县两级"一站式"非诉讼纠纷化解中心（或矛盾纠纷调解中心），统筹律师、基层法律服务、公证、法律援助、司法鉴定等法律服务资源，联动仲裁、行政复议等非诉讼纠纷化解方式，合力化解市、县域范围内重大疑难复杂矛盾纠纷。

三、加强诉调对接工作

（一）加强诉前引导。在诉讼服务、法治宣传等工作中提供非诉讼纠纷解决方式指引，增强当事人及律师等法律服务工作者非诉讼纠纷解决意识。人民法院加强诉前引导，对诉至人民法院的案件，适宜通过人民调解解决的，向当事人释明人民调解的特点优势，引导当事人向属地或相关人民调解组织申请调解。经释明后当事人仍不同意调解的，及时登记立案。

（二）及时分流案件。人民法院对适宜通过人民调解方式解决的案件，在征得双方当事人同意后，可以先行在立案前委派或诉中委托人民调解。委派委托的人民调解组织，可以由当事人在司法行政机关公布的人民调解组织名册中选定，也可以由人民法院在特邀调解组织名册中指定。对基层矛盾纠纷，充分发挥村（社区）、乡镇（街道）人民调解委员会作用，及时就地予以化解。对行业专业领域矛盾纠纷，注重发挥相关行业性专业性人民调解组织优势，提升专业化解水平。鼓励非诉讼纠纷化解中心（或矛盾纠纷调解中心）与人民法院诉讼服务中心实行直接对接，统一接收人民法院委派委托调解的案件，组织、协调、督促辖区内人民调解组织开展调解。

（三）依法受理调解。人民调解组织收到委派委托调解的案件后，应当按照《中华人民共和国人民调解法》和《全国人民调解工作规范》要求及时受理调解。经调解达成协议的，人民调解组织可以制作调解协议书，督促双方当事人按约履行，并向人民法院反馈调解结果。双方当事人认为有必要的，可以共同向有管辖权的人民法院申请司法确认。经调解不能达成调解协议的，人民调解组织应当及时办理调解终结手续，将案件材料退回委派委托的人民法院。人民法院接收案件材料后，应当及时登记立案或者恢复审理。对各方当事人同意用书面形式记载的调解过程中没有争议的事实，在诉讼程序中，除涉及国家利益、社会公共利益和他人合法权益的外，当事人无需举证。

四、强化调解工作保障

（一）加强人民调解员队伍建设。注重吸纳律师、公证员、仲裁员、基层法律服务工作者、心理咨询师、医生、教师、专家学者等社会专业人士和退休政法干警以及信访、工会、妇联等部门群众工作经验丰富的退休人员担任人民调解员，不断壮大人民调解员队伍，优化人员结构。大力加强专职人民调解员队伍建设，行业性专业性人民调解委员会应当配备3名以上专职人民调解员，乡镇（街道）人民调解委员会和派驻有关单位和部门的人民调解工作室应当配备2名以上专职人民调解员，有条件的村（社区）和企（事）业单位人民调解委员会可以配备1名以上专职人民调解员。建立青年律师参与人民调解机制，组织青年律师特别是新入职律师到司法所、公共法律服务中心等机构锻炼，充分发挥律师精通法律的专业优势，广泛参与矛盾纠纷排查预防、基层矛盾纠纷化解、行业专业领域矛盾纠纷化解等工作，提升矛盾纠纷化解专业化水平。落实以县级司法行政机关为主的培训制度，采取集中授课、交流研讨、案例评析、现场观摩、旁听庭审、实训演练等灵活多样、生动有效的形式，加强对人民调解员的培训，不断提高人民调解员化解新形势下矛盾纠纷的能力和水平。

（二）加强经费保障。推动落实将人民调解工作指导经费、人民调解委员会补助经费、人民调解员补贴经费、专职人民调解员聘用经费、人民调解办案补贴和专家咨询费等列入同级财政预算足额保障。加强与财政部门沟通协调，建立人民调解工作经费动态增长机制，加大政府购买人民调解服务力度，用足用好中央和省级转移支付资金，补充人民调解工作经费不足。人民调解组织的设立单位和相关行业主管部门应当提供场所、设施等办公条件和必要的工作经费。探索建立相关基金会，鼓励为人民调解组织提供捐赠资助等，多渠道保障人民调解工作有效开展。

（三）强化信息化平台对接。最高人民法院与司法部建立"总对总"对接机制，司法部加快推进矛盾纠纷非诉化解平台建设，实现与最高人民法院的业务协同和数据共享，确保纠纷案件网上流转顺畅，信息数据互通共享。人民调解信息化平台依托司法部矛盾纠纷非诉化解平台，实现与最高人民法院相关系统平台的对接，开展矛盾纠纷在线咨询、在线分流、在线调解、在线反馈、在线司法确认。积极运用大数据、云计算、人工智能等信息化手段，通过信息化平台对接汇聚纠纷数据，实现对矛盾风险的动态感知、精准分析，提高预测预警预防风险的能力，为党委、政府科学研判社会矛盾纠纷形势提供参考依据。

五、加强组织领导

（一）加强协作配合。各级人民法院和司法行政机关要积极争取党委、政府对人民调解工作的重视和支持，推进诉源治理，提高人民调解工作在平安建设考核中的比重。建立民间纠纷成诉情况通报机制和重大矛盾纠纷预警双向通报机制，定期分析辖区矛盾纠纷特点，共同做好纠纷预防化解工作。加强调查研究，共同研究解决工作中遇到的困难和问题。强化工作督导，确保各项工作落实到位。

（二）加强工作指导。司法行政机关要加强对人民调解工作的全面指导，提升人民调解工作规范化水平，建立健全人民调解组织和人民调解员名册，做好依法设立的人民调解组织备案工作，完善人民调解工作考核评价标准，并将考核情况与调解员等级评定、办案补贴挂钩。人民法院要加强对人民调解委员会调解民间纠纷的业务指导，会同司法行政机关做好人民调解宣传推广和业务培训等工作，完善委派委托人民调解和人民调解协议司法确认机制，优化工作流程。

（三）加强宣传表彰。要充分运用传统媒体和网络、微信、微博等新媒体，加大对人民调解工作的宣传力度，不断扩大人民群众对人民调解的知晓度和首选率。广泛宣传人民调解组织和人民调解员的先进事迹，联合发布相关典型案例，讲好"人民调解故事"，为人民调解工作开展营造良好社会环境。采取多种形式，加大对人民调解组织和人民调解员的表彰表扬力度，增强其职业荣誉感和自豪感，激发人民调解员的工作热情。

司法部关于推进个人调解工作室建设的指导意见

- 2018年11月12日
- 司发通〔2018〕119号

各省、自治区、直辖市司法厅（局），新疆生产建设兵团司法局：

为坚持发展"枫桥经验"，深入贯彻落实《关于加强人民调解员队伍建设的意见》，充分发挥人民调解维护社会和谐稳定"第一道防线"作用，完善人民调解组织网络，创新人民调解组织形式，及时就地化解矛盾纠纷，努力实现矛盾不上交，现就推进个人调解工作室建设提出如下意见。

一、充分认识推进个人调解工作室建设的重要意义

个人调解工作室是以人民调解员姓名或特有名称命名设立的调解组织。近年来，各地充分发挥调解能手的引领示范作用，推动建立以个人命名的人民调解工作室，有效化解了大量矛盾纠纷。实践证明，个人调解工作室是传统调解组织形式的创新发展，是基层调解组织触角的有效延伸，对于增强人民调解员的积极性、主动性，扩大人民调解工作的权威性、影响力，提升人民调解工作质量水平具有重要意义。当前，中国特色社会主义进入新时代。随着我国社会主要矛盾的变化，矛盾纠纷呈现出一些新情况和新特点，人民群众对调解工作也提出了新的更高要求。各级司法行政机关要切实提高政治站位，充分认识推进个人调解工作室建设的重要意义，采取有效措施，努力打造一批"做得好、信得过、叫得响"的调解工作品牌，不断推动新时代人民调解工作创新发展，实现矛盾就地化解，不上交、不激化，保障人民群众合法权益，促进社会公平正义，维护国家安全和社会和谐稳定。

二、总体要求

（一）指导思想

坚持以习近平新时代中国特色社会主义思想为指导，全面贯彻落实党的十九大和十九届二中、三中全会精神，深入贯彻实施《人民调解法》，坚持发展"枫桥经验"，以组织形式创新和队伍素质提升为着力点，积极推进个人调解工作室建设，依法规范个人调解工作室的设立、命名、管理、保障，充分发挥个人调解工作室在排查化解矛盾纠纷中的重要作用，切实维护人民群众合法权益和社会和谐稳定，为平安中国、法治中国建设作出积极贡献。

（二）基本原则

——坚持党的领导。认真贯彻落实中央关于加强人民调解工作的决策部署，把党的领导贯彻到人民调解工作的全过程、各方面，确保个人调解工作室建设的正确方向。

——坚持以人民为中心。坚持人民调解为人民，把群众满意作为衡量人民调解工作的根本标准，努力为当事人提供优质高效的调解服务，维护双方当事人合法权益。

——坚持依法设立，规范管理。遵守《人民调解法》的基本规定，完善个人调解工作室设立程序，健全管理制度，规范工作流程，不断提高调解工作质量和水平。

——坚持因地制宜，突出特色。立足本地矛盾纠纷实际状况和调解员擅长领域、专业特长，从实际出发，"成熟一个、发展一个"，积极打造各具特色的调解工作品牌，确保个人调解工作室的权威性和公信力。

三、主要任务

（一）加强组织建设

1. 申请设立个人调解工作室的条件。人民调解员具备以下条件的，可以申请设立个人调解工作室：具有较高的政治素质，为人公道正派，在群众中有较高威信；热心人民调解工作，有较为丰富的调解工作经验，调解成功率较高；具有一定的文化水平、政策水平和法律知识，形成有特点、有成效的调解方式方法；获得过县级以上党委政府、有关部门或司法行政机关表彰奖励。

2. 规范个人调解工作室的命名。个人调解工作室全称由"所属人民调解委员会名称"、"个人姓名或特有名称"和"调解工作室"三部分内容依次组成，简称由"个人姓名或特有名称"和"调解工作室"两部分内容依次组成，由县级以上司法行政机关负责命名。

（二）加强队伍建设

3. 个人调解工作室组成。个人调解工作室可以由一名调解员组成，也可以由多名调解员组成。鼓励专职人民调解员和退休政法干警、律师等社会专业人士、基层德高望重的人士等建立个人调解工作室，推动形成一支结构合理、优势互补的调解工作团队。

4. 加强对调解员的业务培训。各级司法行政机关要采取开设调解大讲堂、集中授课、交流研讨、案例评析、现场观摩、旁听庭审等形式，加强对个人调解工作室调解员的培训，不断增强调解员的法律素养、政策水平、专业知识和调解技能。

（三）加强业务建设

5. 个人调解工作室职责。开展辖区内一般矛盾纠纷排查调解，参与当地重大疑难复杂矛盾纠纷调解；开展法治宣传教育；参与承担人民调解员培训授课任务；主动向所属人民调解委员会报告工作情况，做好调解统计和文书档案管理等工作；自觉接受司法行政机关指导和基层人民法院业务指导，认真完成司法行政机关和所属人民调解委员会交办的其他工作任务。

6. 依法开展调解工作。个人调解工作室应当遵守人民调解法的各项规定，坚持人民调解的基本原则，不得收取任何费用。个人调解工作室开展调解活动应接受所属人民调解委员会的指导，制作的调解协议书加盖所属人民调解委员会的印章。

7. 加强信息化建设。个人调解工作室要充分利用中国法律服务网和人民调解信息系统，开展人民调解在线咨询、受理、调解等。积极运用人民调解移动终端、手机APP、微信群等开展调解工作，创新在线调解、视频调解等方式方法。

（四）加强制度建设

8. 建立健全工作制度。个人调解工作室应当依法建立健全岗位责任、学习培训、纠纷登记、排查调解、回访、信息反馈、考核奖惩、统计报送、文书档案等制度。县级以上司法行政机关要建立名册制度，定期向社会公布个人调解工作室情况；完善绩效评价制度，加强对个人调解工作室的动态管理。

9. 建立退出机制。被命名的人民调解员具有下列情形之一的，由命名的司法行政机关撤销其个人调解工作室命名，并定期向社会公告：弄虚作假，虚报申请资料获得个人调解工作室命名的；因身体、工作变动等个人原因申请不再担任人民调解员的；因严重违法违纪不适合继续从事调解工作的；因调解工作不力导致矛盾纠纷激化，造成恶劣社会影响的；其他应予撤销命名的情形。

四、组织保障

（一）组织领导

各级司法行政机关要高度重视个人调解工作室建设，加强指导，督促落实。要主动汇报个人调解工作室建设情况和工作成效，积极争取党委、政府和有关部门的政策支持和工作保障。要加强调查研究，及时协调解决个人调解工作室建设中遇到的新情况、新问题。要认真总结个人调解工作室建设经验，推动形成一批可复制、可借鉴、可推广的做法。

（二）工作保障

个人调解工作室的调解员享受与所属人民调解委员会的调解员在补贴、培训、表彰等方面同等待遇。个人调解工作室应有相对独立的办公场所和必要的办公设备，不具备条件的可以与所属人民调解委员会共用办公场所，但应有固定的调解场所。支持个人调解工作室登记为民办非企业组织，或通过当地人民调解协会承接政府购买服务项目，促进工作有效开展。

（三）宣传表彰

要充分利用传统媒体和网络、微信、微博等新媒体，大力宣传个人调解工作室的优势特点、工作成效和典型案例，不断扩大个人调解工作室的社会影响力。要加大对个人调解工作室及其调解员的表彰奖励力度，为个人调解工作室开展工作营造良好社会氛围。

各地可结合实际，按照本意见精神制定具体实施意见。

关于加强人民调解员队伍建设的意见

- 2018年4月19日
- 司发〔2018〕2号

为认真落实党的十九大精神，深入贯彻党的十八届四中全会关于发展人民调解员队伍的决策部署，全面贯彻实施人民调解法，现就加强人民调解员队伍建设提出如下意见。

一、充分认识加强人民调解员队伍建设的重要意义

人民调解是在继承和发扬我国民间调解优良传统基础上发展起来的一项具有中国特色的法律制度，是公共法律服务体系的重要组成部分，在矛盾纠纷多元化解机制中发挥着基础性作用。人民调解员是人民调解工作的具体承担者，肩负着化解矛盾、宣传法治、维护稳定、促进和谐的职责使命。加强人民调解员队伍建设，对于提高人民调解工作质量，充分发挥人民调解维护社会和谐稳定"第一道防线"作用，推进平安中国、法治中国建设，实现国家治理体系与治理能力现代化具有重要意义。党中央、国务院历来高度重视人民调解工作。党的十八大以来，习近平总书记多次对人民调解工作作出重要指示批示，为做好人民调解工作和加强人民调解员队伍建设指明了方向。广大人民调解员牢记使命、扎根基层、无私奉献，积极开展矛盾纠纷排查调解工作，切实把矛盾纠纷化解在基层，消除在萌芽状态，为维护社会和谐稳定、服务保障和改善民生作出了积极贡献。当前，中国特色社会主义进入新时代。社会主要矛盾已经转化为人民日益增长的美好生活需要和不平衡不充分的发展之间的矛盾。人民不仅对物质文化生活提出了更高要求，而且在民主、法治、公平、正义、安全、环境等方面的要求日益增长。党的十九大强调，要加强预防和化解社会矛盾机制建设，正确处理人民内部矛盾。这些都对人民调解、行业专业调解和调解员队伍建设提出了新的更高要求。各地各有关部门一定要充分认识加强人民调解员队伍建设的重要性、紧迫性，切实增强责任感和使命感，采取有效措施，大力推进人民调解员队伍建设，不断提高人民调解工作水平，全力维护社会和谐稳定。

二、加强人民调解员队伍建设的指导思想和基本原则

(一)指导思想

深入贯彻落实党的十九大精神,坚持以习近平新时代中国特色社会主义思想为指导,按照"五位一体"总体布局和"四个全面"战略布局,全面贯彻实施人民调解法,优化队伍结构,着力提高素质,完善管理制度,强化工作保障,努力建设一支政治合格、熟悉业务、热心公益、公道正派、秉持中立的人民调解员队伍,为平安中国、法治中国建设作出积极贡献。

(二)基本原则

——坚持党的领导。认真贯彻落实中央关于人民调解工作的决策部署,确保人民调解员队伍建设的正确方向。

——坚持依法推动。贯彻落实人民调解法、民事诉讼法等法律规定,不断提高人民调解员队伍建设的规范化、法治化水平。

——坚持择优选聘。按照法定条件和公开公平公正的原则,吸收更多符合条件的社会人士和专业人员参与人民调解工作。

——坚持专兼结合。在积极发展兼职人民调解员队伍的同时,大力加强专职人民调解员队伍建设,不断优化人民调解员队伍结构。

——坚持分类指导。根据各地实际情况和专兼职人民调解员队伍的不同特点,完善管理制度,创新管理方式,不断提高人民调解工作质量。

三、加强人民调解员队伍建设的主要任务

(一)认真做好人民调解员选任工作

1. 严格人民调解员选任条件。人民调解员由人民调解委员会委员和人民调解委员会聘任的人员担任,既可以兼职,也可以专职。人民调解员应由公道正派、廉洁自律、热心人民调解工作,并具有一定文化水平、政策水平和法律知识的成年公民担任。乡镇(街道)人民调解委员会的调解员一般应具有高中以上学历,行业性、专业性人民调解委员会的调解员一般应具有大专以上学历,并具有相关行业、专业知识或工作经验。

2. 依法推选人民调解委员会委员。人民调解委员会委员通过推选产生。村民委员会、社区居民委员会的人民调解委员会委员由村民会议或者村民代表会议、居民会议或者居民代表会议推选产生。企业事业单位设立的人民调解委员会委员由职工大会、职工代表大会或者工会组织推选产生。乡镇(街道)人民调解委员会委员由行政区域内村(居)民委员会、有关单位、社会团体、其他组织推选产生。行业性、专业性人民调解委员会委员由有关单位、社会团体或者其他组织推选产生。人民调解委员会委员任期届满,应及时改选,可连选连任。任期届满的原人民调解委员会主任应向推选单位报告工作,听取意见。新当选的人民调解委员会委员应及时向社会公布。

3. 切实做好人民调解员聘任工作。人民调解委员会根据需要可以聘任一定数量的专兼职人民调解员,并颁发聘书。要注重从德高望重的人士中选聘基层人民调解员。要注重选聘律师、公证员、仲裁员、基层法律服务工作者、医生、教师、专家学者等社会专业人士和退休法官、检察官、民警、司法行政干警以及相关行业主管部门退休人员担任人民调解员,不断提高人民调解员的专业化水平。要积极发展专职人民调解员队伍,行业性、专业性人民调解委员会应有3名以上专职人民调解员,乡镇(街道)人民调解委员会应有2名以上专职人民调解员,有条件的村(居)和企事业单位人民调解委员会应有1名以上专职人民调解员,派驻有关单位和部门的人民调解工作室应有2名以上专职人民调解员。

(二)明确人民调解员职责任务

4. 人民调解员的职责任务。积极参与矛盾纠纷排查,对排查发现的矛盾纠纷线索,采取有针对性的措施,预防和减少矛盾纠纷的发生;认真开展矛盾纠纷调解,在充分听取当事人陈述和调查了解有关情况的基础上,通过说服、教育、规劝、疏导等方式方法,促进当事人平等协商、自愿达成调解协议,督促当事人及时履行协议约定的义务,人民调解员对当事人主动申请调解的,无正当理由不得推诿不受理;做好法治宣传教育工作,注重通过调解工作宣传法律、法规、规章和政策,教育公民遵纪守法,弘扬社会公德、职业道德和家庭美德;发现违法犯罪以及影响社会稳定和治安秩序的苗头隐患,及时报告辖区公安机关;主动向所在的人民调解委员会报告矛盾纠纷排查调解情况,认真做好纠纷登记、调解统计、案例选报和文书档案管理等工作;自觉接受司法行政部门指导和基层人民法院业务指导,严格遵守人民调解委员会制度规定,积极参加各项政治学习和业务培训;认真完成司法行政部门和人民调解委员会交办的其他工作任务。

(三)加强人民调解员思想作风建设

5. 加强思想政治建设。组织广大人民调解员认真学习宣传贯彻党的十九大精神,坚持以习近平新时代中国特色社会主义思想武装头脑、指导工作。教育引导人民调解员牢固树立政治意识、大局意识、核心意识、看齐意

识,自觉在思想上政治上行动上同以习近平同志为核心的党中央保持高度一致。加强人民调解员职业道德教育,深入开展社会主义核心价值观和社会主义法治理念教育,弘扬调解文化,增强人民调解员的社会责任感和职业荣誉感。

6.加强纪律作风建设。完善人民调解员行为规范,教育人民调解员严格遵守和执行职业道德和工作纪律,树立廉洁自律良好形象,培养优良作风。建立投诉处理机制,及时查处人民调解员违法违纪行为,不断提高群众满意度。

7.加强党建工作。党员人民调解员应积极参加所属党支部的组织生活,加强党性修养,严守党员标准,自觉接受党内外群众的监督,发挥党员在人民调解工作中的先锋模范作用。支持具备条件的人民调解委员会单独建立党组织,落实基层党建基本制度,严格党内政治生活,突出政治功能,发挥战斗堡垒作用。

(四)加强人民调解员业务培训

8.落实培训责任。开展人民调解员培训是司法行政部门的重要职责。要坚持分级负责、以县(市、区)为主,加大对人民调解员的培训力度。县(市、区)司法行政部门主要负责辖区内人民调解委员会主任、骨干调解员的岗前培训和年度培训,指导和组织司法所培训辖区内人民调解员;市(地、州)司法行政部门主要负责辖区内大中型企业、乡镇(街道)和行业性、专业性人民调解委员会主任、骨干调解员的岗前培训和年度培训;省(区、市)司法行政部门负责制定本地区人民调解员培训规划,组织人民调解员骨干示范培训,建立培训师资库;司法部负责组织编写培训教材,规范培训内容,开展人民调解员师资培训。司法行政部门要积极吸纳律师、公证员、司法鉴定人、专职人民调解员等作为培训师资力量,提高培训质量和水平。基层人民法院要结合审判工作实际和人民调解员队伍状况,积极吸纳人民调解委员会进入人民法院特邀调解组织名册,通过委派调解、委托调解、选任符合条件的人民调解员担任人民陪审员,加强司法确认工作等灵活多样的形式,加大对人民调解员进行业务培训的力度。

9.丰富培训内容和形式。司法行政部门和人民调解员协会要根据本地和行业、专业领域矛盾纠纷特点设置培训课程,重点开展社会形势、法律政策、职业道德、专业知识和调解技能等方面的培训。创新培训方式和载体,采取集中授课、研讨交流、案例评析、实地考察、现场观摩、旁听庭审、实训演练等形式,提高培训的针对性、有效

性。顺应"互联网+"发展趋势,建立完善人民调解员网络培训平台,推动信息技术与人民调解员培训深度融合。依托有条件的高校、培训机构开展培训工作,开发人民调解员培训课程和教材,建立完善人民调解员培训质量评估体系。

(五)加强对人民调解员的管理

10.健全管理制度。人民调解委员会应当建立健全人民调解员聘用、学习、培训、考评、奖惩等各项管理制度,加强对人民调解员的日常管理。建立人民调解员名册制度,县(市、区)司法行政部门定期汇总人民调解员基本信息,及时向社会公开并通报人民法院,方便当事人选择和监督。建立岗位责任和绩效评价制度,完善评价指标体系。

11.完善退出机制。人民调解员调解民间纠纷,应当坚持原则、明法析理、主持公道。对偏袒一方当事人,侮辱当事人,索取、收受财物或者牟取其他不正当利益,或泄露当事人的个人隐私、商业秘密的人民调解员,由其所在的人民调解委员会给予批评教育、责令改正;情节严重的,由推选或者聘任单位予以罢免或者解聘。对因违法违纪不适合继续从事调解工作;严重违反管理制度、怠于履行职责造成恶劣社会影响;不能胜任调解工作;因身体原因无法正常履职;自愿申请辞职的人民调解员,司法行政部门应及时督促推选或者聘任单位予以罢免或者解聘。

(六)积极动员社会力量参与人民调解工作

12.发动社会力量广泛参与。切实发挥村(居)民小组长、楼栋长、网格员的积极作用,推动在村(居)民小组、楼栋(院落)等建立纠纷信息员队伍,帮助了解社情民意,排查发现矛盾纠纷线索隐患。发展调解志愿者队伍,积极邀请"两代表一委员"(党代表、人大代表、政协委员)、"五老人员"(老党员、老干部、老教师、老知识分子、老政法干警)、专家学者、专业技术人员、城乡社区工作者、大学生村官等参与矛盾纠纷化解。充分发挥律师、公证员、司法鉴定人、基层法律服务工作者、法律援助工作者等司法行政系统资源优势,形成化解矛盾纠纷工作合力。

13.建立人民调解咨询专家库。县级以上司法行政部门可以根据调解纠纷需要,会同相关行业主管部门设立人民调解咨询专家库,由法学、心理学、社会工作和相关行业、专业领域的专业人员组成,相关专家负责向人民调解委员会提供专家咨询意见和调解建议。人民调解咨询专家库可以是包含多领域专业人才的区域性综合型专家库,也可以是某一特定行业、专业领域的专家库。

（七）强化对人民调解员的工作保障

14. 落实人民调解员待遇。地方财政根据当地经济社会发展水平和财力状况，适当安排人民调解员补贴经费。人民调解员补贴经费的安排和发放应考虑调解员调解纠纷的数量、质量、难易程度、社会影响大小以及调解的规范化程度。补贴标准由县级以上司法行政部门商同级财政部门确定，明令禁止兼职取酬的人员，不得领取人民调解员补贴。对财政困难地区，省级要统筹现有资金渠道，加强人民调解工作经费保障。人民调解委员会设立单位和相关行业主管部门应依法为人民调解员开展工作提供场所、设施等办公条件和必要的工作经费。省（区、市）司法行政部门或人民调解员协会应通过报纸、网络等形式，每半年或一年向社会公开人民调解经费使用情况和工作开展情况，接受社会监督。

15. 通过政府购买服务推进人民调解工作。司法行政部门应当会同有关部门做好政府购买人民调解服务工作，完善购买方式和程序，积极培育人民调解员协会、相关行业协会等社会组织，鼓励其聘请专职人民调解员，积极参与承接政府购买人民调解服务。

16. 落实人民调解员抚恤政策。司法行政部门应及时了解掌握人民调解员需要救助的情况，协调落实相关政策待遇。符合条件的人民调解员因从事调解工作致伤致残，生活发生困难的，当地人民政府应当按照有关规定提供必要的医疗、生活救助；在人民调解工作岗位上因工作原因死亡的，其配偶、子女按照国家规定享受相应的抚恤等相关待遇。探索多种资金渠道为在调解工作中因工作原因死亡、伤残的人民调解员或其亲属提供帮扶。

17. 加强对人民调解员的人身保护。人民调解员依法调解民间纠纷，受到非法干涉、打击报复或者本人及其亲属人身财产安全受到威胁的，当地司法行政部门和人民调解员协会应当会同有关部门采取措施予以保护，维护其合法权益。探索建立人民调解员人身保障机制，鼓励人民调解委员会设立单位和人民调解员协会等为人民调解员购买人身意外伤害保险等。

四、加强对人民调解员队伍建设的组织领导

（一）加强组织领导

司法行政机关负责指导人民调解工作，要把人民调解员队伍建设摆上重要位置，列入重要议事日程，切实加强指导。要主动向党委和政府汇报人民调解工作，积极争取有关部门重视和支持，着力解决人民调解员开展工作遇到的困难和问题。要完善相关制度，提高人民调解员队伍管理水平。人民调解员协会要发挥行业指导作用，积极做好对人民调解员的教育培训、典型宣传、权益维护等工作，加强对人民调解员队伍的服务和管理。

（二）落实部门职责

各有关部门要明确自身职责，加强协调配合，共同做好人民调解工作。各级政法委要将人民调解员队伍建设纳入综治工作（平安建设）考核评价体系。人民法院要通过各种形式，加强对人民调解员调解纠纷的业务指导，提高人民调解工作水平。财政部门要落实财政保障责任，会同司法行政部门确定经费保障标准，建立动态调整机制。民政部门要对符合条件的人民调解员落实相关社会救助和抚恤政策，会同人力资源社会保障部门把符合条件的人民调解员纳入社会工作专业人才培养和职业水平评价体系。各相关行业主管部门要从各方面对人民调解员开展工作提供支持和保障。

（三）加强表彰宣传

认真贯彻落实人民调解法，加大对人民调解员的表彰力度，对有突出贡献的人民调解员按照国家有关规定给予表彰奖励。要充分运用传统媒体和网络、微信、微博等新媒体，积极宣传人民调解工作典型人物和先进事迹，扩大人民调解工作社会影响力，增强广大人民调解员的职业荣誉感和自豪感，为人民调解员开展工作创造良好社会氛围。

各地要结合实际，按照本意见精神制定具体实施意见。

关于进一步加强劳动人事争议协商调解工作的意见

· 2022年10月13日
· 人社部发〔2022〕71号

各省、自治区、直辖市人力资源社会保障厅（局）、党委政法委、高级人民法院、中小企业主管部门、司法厅（局）、财政厅（局）、总工会、工商联、企业联合会/企业家协会，新疆生产建设兵团人力资源社会保障局、党委政法委、新疆维吾尔自治区高级人民法院生产建设兵团分院、工业和信息化局、司法局、财政局、总工会、工商联、企业联合会/企业家协会：

劳动人事争议协商调解是社会矛盾纠纷多元预防调处化解综合机制的重要组成部分。通过协商调解等方式柔性化解劳动人事争议，对于防范化解劳动关系风险、维护劳动者合法权益、构建和谐劳动关系、维护社会稳定具有重要意义。为深入贯彻党的二十大精神，落实党中央、国务院关于"防范化解重大风险""坚持把非诉讼纠纷解决机制挺在前面"的重要决策部署，进一步强化劳动人事争议源头治理，现就加强劳动人事争议协商调解工作，提出如下意见：

一、总体要求

（一）指导思想。以习近平新时代中国特色社会主义思想为指导，深入贯彻习近平法治思想，坚持系统观念、目标导向和问题导向，着力强化风险防控，加强源头治理，健全多元处理机制，提升协商调解能力，促进中国特色和谐劳动关系高质量发展。

（二）基本原则

1. 坚持人民至上，把为民服务理念贯穿协商调解工作全过程，拓展服务领域，优化服务方式，提升服务能力，打造协商调解服务优质品牌。

2. 坚持源头治理，充分发挥协商调解的前端性、基础性作用，做到关口前移、重心下沉，最大限度地把劳动人事争议解决在基层和萌芽状态。

3. 坚持创新发展，尊重基层首创精神，积极探索新理念、新机制、新举措，促进各类调解联动融合，推动社会协同共治，形成体现中国特色、符合劳动人事争议多元处理规律、满足时代需求的协商调解工作格局。

4. 坚持灵活高效，充分发挥协商调解柔性高效、灵活便捷的优势，运用法治思维和法治方式，推动案结事了人和，促进劳动关系和谐与社会稳定。

（三）目标任务。从 2022 年 10 月开始，持续加强协商调解制度机制和能力建设，力争用 5 年左右时间，基本实现组织机构进一步健全、队伍建设进一步强化、制度建设进一步完善、基础保障进一步夯实，党委领导、政府负责、人力资源社会保障部门牵头和有关部门参与、司法保障、科技支撑的劳动人事争议多元处理机制更加健全，部门联动质效明显提升，协商调解解决的劳动人事争议案件数量在案件总量中的比重显著提高，劳动人事争议诉讼案件稳步下降至合理区间，协商调解工作的规范化、标准化、专业化、智能化水平显著提高。

二、加强源头治理

（四）强化劳动人事争议预防指导。充分发挥用人单位基层党组织在劳动关系治理、协商调解工作中的重要作用，以党建引领劳动关系和谐发展。完善民主管理制度，保障劳动者对用人单位重大决策和重大事项的知情权、参与权、表达权、监督权。推行典型案例发布、工会劳动法律监督提示函和意见书、调解建议书、仲裁建议书、司法建议书、信用承诺书等制度，引导用人单位依法合规用工、劳动者依法理性表达诉求。发挥中小企业服务机构作用，通过培训、咨询等服务，推动中小企业完善劳动管理制度、加强劳动人事争议预防，具备相应资质的服务机构可开展劳动关系事务托管服务。把用人单位建立劳动人事争议调解组织、开展协商调解工作情况作为和谐劳动关系创建等评选表彰示范创建的重要考虑因素。发挥律师、法律顾问职能作用，推进依法治企，强化劳动用工领域合规管理，减少劳动人事争议。

（五）健全劳动人事争议风险监测预警机制。建立健全劳动人事争议风险监测机制，通过税费缴纳、社保欠费、案件受理、投诉举报、信访处理、社会舆情等反映劳动关系运行的重要指标变化情况，准确研判劳动人事争议态势。完善重大劳动人事争议风险预警机制，聚焦重要时间节点，突出农民工和劳务派遣、新就业形态劳动者等重点群体，围绕确认劳动关系、追索劳动报酬、工作时间、解除和终止劳动合同等主要劳动人事争议类型，强化监测预警，建立风险台账，制定应对预案。

（六）加强劳动人事争议隐患排查化解工作。建立重点区域、重点行业、重点企业联系点制度，以工业园区和互联网、建筑施工、劳动密集型加工制造行业以及受客观经济情况发生重大变化、突发事件等影响导致生产经营困难的企业为重点，全面开展排查，及时发现苗头性、倾向性问题，妥善化解因欠薪、不规范用工等引发的风险隐患。加强劳动人事争议隐患协同治理，完善调解仲裁机构与劳动关系、劳动保障监察机构以及工会劳动法律监督组织信息共享、协调联动，共同加强劳动用工指导，履行好"抓前端、治未病"的预防功能。

三、强化协商和解

（七）指导建立内部劳动人事争议协商机制。培育用人单位和劳动者的劳动人事争议协商意识，推动用人单位以设立负责人接待日、召开劳资恳谈会、开通热线电话或者电子邮箱、设立意见箱、组建网络通讯群组等方式，建立健全沟通对话机制，畅通劳动者诉求表达渠道。指导用人单位完善内部申诉、协商回应制度，优化劳动人事争议协商流程，认真研究制定解决方案，及时回应劳动者协商诉求。

（八）协助开展劳动人事争议协商。工会组织统筹劳动法律监督委员会和集体协商指导员、法律援助志愿者队伍等资源力量，推动健全劳动者申诉渠道和争议协商平台，帮助劳动者与用人单位开展劳动人事争议协商，做好咨询解答、释法说理、劝解疏导、促成和解等工作。各级地方工会可设立劳动人事争议协商室，做好劳动人事争议协商工作。企业代表组织指导企业加强协商能力建设,完善企业内部劳动争议协商程序。鼓励、支持社会力量开展劳动人事争议协商咨询、代理服务工作。

（九）强化和解协议履行和效力。劳动者与用人单位就劳动人事争议协商达成一致的,工会组织要主动引导签订和解协议,并推动和解协议履行。劳动者或者用人单位未按期履行和解协议的,工会组织要主动做好引导申请调解等工作。经劳动人事争议仲裁委员会审查,和解协议程序和内容合法有效的,可在仲裁办案中作为证据使用;但劳动者或者用人单位为达成和解目的作出的妥协认可的事实,不得在后续的仲裁、诉讼中作为对其不利的根据,但法律另有规定或者劳动者、用人单位均同意的除外。

四、做实多元调解

（十）推进基层劳动人事争议调解组织建设。人力资源社会保障部门会同司法行政、工会、企业代表组织和企事业单位、社会团体,推动用人单位加大调解组织建设力度。推动大中型企业普遍建立劳动争议调解委员会,建立健全以乡镇(街道)、工会、行业商(协)会、区域性等调解组织为支撑、调解员(信息员)为落点的小微型企业劳动争议协商调解机制。推动事业单位、社会团体加强调解组织建设,规范劳动人事管理和用工行为。

（十一）建设市、县级劳动人事争议仲裁院调解中心和工会法律服务工作站。推动在有条件的市、县级劳动人事争议仲裁院(以下简称仲裁院)内设劳动人事争议调解中心(以下简称调解中心),通过配备工作人员或者购买服务等方式提供劳动人事争议调解服务。调解中心负责办理仲裁院、人民法院委派委托调解的案件,协助人力资源社会保障部门指导辖区内的乡镇(街道)、工会、行业商(协)会、区域性等调解组织做好工作。探索推进工会组织在劳动人事争议案件较多、劳动者诉求反映集中的仲裁院、人民法院设立工会法律服务工作站,具备条件的地方工会可安排专人入驻开展争议协商、调解和法律服务工作,建立常态化调解与仲裁、诉讼对接机制。

（十二）加强调解工作规范化建设。人力资源社会保障部门会同司法行政、工会、企业代表组织等部门,落实调解组织和调解员名册制度,指导各类劳动人事争议调解组织建立健全调解受理登记、调解办理、告知引导、回访反馈、档案管理、统计报告等制度,提升调解工作规范化水平。加大督促调解协议履行力度,加强对当事人履约能力评估,达成调解协议后向当事人发放履行告知书。总结、推广调解组织在实践中形成的成熟经验和特色做法,发挥典型引领作用。

（十三）发挥各类调解组织特色优势。企业劳动争议调解委员会发挥熟悉内部运营规则和劳动者情况的优势,引导当事人优先通过调解方式解决劳动争议。人民调解组织发挥扎根基层、贴近群众、熟悉社情民意的优势,加大劳动人事争议调处工作力度。乡镇(街道)劳动人事争议调解组织发挥专业性优势,积极推进标准化、规范化、智能化建设,帮助辖区内用人单位做好劳动人事争议预防化解工作。行业性、区域性劳动人事争议调解组织发挥具有行业影响力、区域带动力的优势,帮助企业培养调解人员、开展调解工作。商(协)会调解组织发挥贴近企业的优势,积极化解劳动争议,协同社会治理。人力资源社会保障部门、司法行政部门、工会、企业代表组织引导和规范有意向的社会组织及律师、专家学者等社会力量,积极有序参与调解工作,进一步增加调解服务供给。

五、健全联动工作体系

（十四）健全劳动人事争议调解与人民调解、行政调解、司法调解联动工作体系。人力资源社会保障部门在党委政法委的统筹协调下,加强与司法行政、法院、工会、企业代表组织等部门的工作沟通,形成矛盾联调、力量联动、信息联通的工作格局,建立健全重大劳动人事争议应急联合调处机制。有条件的地区,可建立"一窗式"劳动人事争议受理和流转办理机制,通过联通各类网上调解平台、设立实体化联调中心等方式,强化各类调解资源整合。可根据实际情况建立调解员、专家库共享机制,灵活调配人员,提高案件办理专业性。

（十五）参与社会矛盾纠纷调处中心建设。各相关部门主动融入地方党委、政府主导的社会矛盾纠纷多元预防调处化解综合机制,发挥职能优势,向社会矛盾纠纷调处中心派驻调解仲裁工作人员,办理劳动人事争议案件、参与联动化解、提供业务支持,做好人员、经费、场所、设备等保障工作。

（十六）强化调解与仲裁、诉讼衔接。完善调解与仲裁的衔接,建立仲裁员分片联系调解组织制度。双方当事人经调解达成一致的,调解组织引导双方提起仲裁审查申请或者司法确认申请,及时巩固调解成果。仲裁机构通过建议调解、委托调解等方式,积极引导未经调解的当事人到调解组织先行调解。加强调解与诉讼的衔接,对追索劳动报酬、经济补偿等适宜调解的纠纷,先行通过诉前调解等非诉讼方式解决。推进劳动人事争议"总对总"在线诉调对接,开展全流程在线委派委托调解、音视频调解、申请调解协议司法确认等工作。建立省级劳动人事争议调解专家库,并将符合条件的调解组织和人员纳入特邀调解名册，参与调解化解重大疑难复杂劳动人事争议。依法落实支付令制度。

六、提升服务能力

（十七）加强调解员队伍建设。通过政府购买服务等方式提升劳动人事争议协商调解能力。扩大兼职调解员来源渠道，广泛吸纳法学专家、仲裁员、律师、劳动关系协调员（师）、退休法官、退休检察官等专业力量参与调解。加强对调解员的培训指导，开发国家职业技能标准，切实提高调解员职业道德、增强服务意识，提升办案能力。

（十八）加强智慧协商调解建设。推动信息化技术与协商调解深度融合，建立部门间数据信息互通共享机制，整合运用各类大数据开展劳动人事争议情况分析研判。完善网络平台和手机APP、微信小程序、微信公众号等平台的调解功能，推进"网上办""掌上办"，实现协商调解向智能化不断迈进。

（十九）保障工作经费。人力资源社会保障部门将协商调解纳入政府购买服务指导性目录。地方财政部门结合当地实际和财力可能，合理安排经费，对协商调解工作经费给予必要的支持和保障，加强硬件保障，为调解组织提供必要的办公办案设施设备。

（二十）落实工作责任。构建和谐劳动关系，是增强党的执政基础、巩固党的执政地位的必然要求，是加强和创新社会治理、保障和改善民生的重要内容，是促进经济高质量发展、社会和谐稳定的重要基础。各地要把做好协商调解工作作为构建和谐劳动关系的一项重要任务，切实增强责任感、使命感、紧迫感，积极争取党委、政府支持，将这项工作纳入当地经济社会发展总体规划和政府目标责任考核体系，推动工作扎实有效开展。各级党委政法委要将劳动人事争议多元处理机制建设工作纳入平安建设考核，推动相关部门细化考评标准，完善督导检查、考评推动等工作。人力资源社会保障部门要发挥在劳动人事争议多元处理中的牵头作用，会同有关部门统筹推进调解组织、制度和队伍建设，完善调解成效考核评价机制。人民法院要发挥司法引领、推动和保障作用，加强调解与诉讼有机衔接。司法行政部门要指导调解组织积极开展劳动人事争议调解工作，加强对调解员的劳动法律政策知识培训，鼓励、引导律师参与法律援助和社会化调解。财政部门要保障协商调解工作经费，督促有关部门加强资金管理，发挥资金使用效益。中小企业主管部门要进一步健全服务体系，指导中小企业服务机构帮助企业依法合规用工，降低用工风险，构建和谐劳动关系。工会要积极参与劳动人事争议多元化解，引导劳动者依法理性表达利益诉求，帮助劳动者协商化解劳动人事争议，依法为劳动者提供法律服务，切实维护劳动者合法权益，竭诚服务劳动者。工商联、企业联合会等要发挥代表作用，引导和支持企业守法诚信经营、履行社会责任，建立健全内部劳动人事争议解决机制。

各省级人力资源社会保障部门要会同有关部门，按照本意见精神，制定切实可行的实施方案，明确任务、明确措施、明确责任、明确要求，定期对本意见落实情况进行督促检查，及时向人力资源社会保障部报送工作进展情况。

司法部、卫生部、保监会关于加强医疗纠纷人民调解工作的意见

- 2010年1月8日
- 司发通〔2010〕5号

各省、自治区、直辖市司法厅（局）、卫生厅（局），新疆生产建设兵团司法局、卫生局，各保监局：

为进一步发挥新时期人民调解工作在化解医疗纠纷、和谐医患关系、促进平安医院建设、构建社会主义和谐社会中的重要作用，现就加强医疗纠纷人民调解工作提出如下意见：

一、高度重视人民调解工作的重要作用，积极构建和谐医患关系

构建和谐的医患关系，维护医患双方的合法权益，维持正常的医疗秩序，实现病有所医，是以改善民生为重点的社会建设的重要内容，是构建社会主义和谐社会的需要。近年来，随着我国经济、社会、文化等各项事业的快速发展，人民群众不断增长的医疗服务需求与医疗服务能力、医疗保障水平的矛盾日益突出，人民群众对疾病的诊治期望与医学技术的客观局限性之间的矛盾日益突出，因医疗产生的医患纠纷呈频发态势，严重影响医疗秩序，一些地方甚至出现了因医疗纠纷引发的群体性事件，成为影响社会稳定的突出问题。贯彻"调解优先"原则，引入人民调解工作机制，充分发挥人民调解工作预防和化解矛盾纠纷的功能，积极参与医疗纠纷的化解工作，对于建立和谐的医患关系，最大限度地消除不和谐因素，最大限度地增加和谐因素，更好地维护社会稳定具有十分重要的意义。

加强医疗纠纷人民调解工作要以邓小平理论和"三个代表"重要思想为指导，深入贯彻落实科学发展观，坚持围绕中心、服务大局，发挥人民调解扎根基层、贴近群

众、熟悉民情的特点和优势,坚持合理合法、平等自愿、不妨碍当事人诉讼权利的原则,及时妥善、公平公正地化解医疗纠纷,构建和谐医患关系,维护社会和谐稳定。

二、加强医疗纠纷人民调解组织建设

医疗纠纷人民调解委员会是专业性人民调解组织。各级司法行政部门、卫生行政部门要积极与公安、保监、财政、民政等相关部门沟通,指导各地建立医疗纠纷人民调解委员会,为化解医疗纠纷提供组织保障。

要积极争取党委、政府支持,建立由党委、政府领导的,司法行政部门和卫生行政部门牵头,公安、保监、财政、民政等相关部门参加的医疗纠纷人民调解工作领导小组,明确相关部门在化解医疗纠纷、维护医疗机构秩序、保障医患双方合法权益等方面的职责和任务,指导医疗纠纷人民调解委员会的工作。

医疗纠纷人民调解委员会原则上在县(市、区)设立。各地应结合本地实际,循序渐进,有计划、有步骤开展,不搞一刀切。

三、加强医疗纠纷人民调解员队伍建设

医疗纠纷人民调解委员会人员组成,要注重吸纳具有较强专业知识和较高调解技能、热心调解事业的离退休医学专家、法官、检察官、警官,以及律师、公证员、法律工作者和人民调解员。原则上每个医疗纠纷人民调解委员会至少配备3名以上专职人民调解员;涉及保险工作的,应有相关专业经验和能力的保险人员;要积极发挥人大代表、政协委员、社会工作者等各方面的作用,逐步建立起专兼职相结合的医疗纠纷人民调解员队伍。

要重视和加强对医疗纠纷人民调解员的培训,把医疗纠纷人民调解员培训纳入司法行政队伍培训计划,坚持统一规划、分级负责、分期分批实施,不断提高医疗纠纷人民调解员的法律知识、医学专业知识、业务技能和调解工作水平。

四、建立健全医疗纠纷人民调解委员会的保障机制

医疗纠纷人民调解委员会调解医疗纠纷不收费。其办公场所、工作经费应当由设立单位解决。经费不足的,各级司法行政部门按照财政部、司法部《关于进一步加强人民调解工作经费保障的意见》(财行〔2007〕179号)的要求,争取补贴。鼓励医疗纠纷人民调解委员会通过吸纳社会捐赠、公益赞助等符合国家法律法规规定的渠道筹措工作经费。

各地要按照规范化人民调解委员会建设的标准,建设医疗纠纷人民调解委员会。医疗纠纷人民调解委员会的办公场所,应设置办公室、接待室、调解室、档案室等,悬挂人民调解工作标识和"医疗纠纷人民调解委员会"标牌,配备必要的办公设施。要建立健全各项规章制度,规范工作流程,并将工作制度、工作流程和人民调解委员会组成人员加以公示。

五、规范医疗纠纷人民调解委员会的业务工作

医疗纠纷人民调解委员会受理本辖区内医疗机构与患者之间的医疗纠纷。受理范围包括患者与医疗机构及其医务人员就检查、诊疗、护理等过程中发生的行为、造成的后果及原因、责任、赔偿等问题,在认识上产生分歧而引起的纠纷。

医疗纠纷人民调解委员会调解医疗纠纷应当按照国务院《人民调解委员会组织条例》、司法部《人民调解工作若干规定》的要求,采取说服、教育、疏导等方法,促使医患双方当事人消除隔阂,在平等协商、互谅互让的基础上达成调解协议。要善于根据矛盾纠纷的性质、难易程度和当事人的具体情况,充分利用便民利民的方式,因地制宜地开展调解工作,切实提高人民调解工作质量。需要进行相关鉴定以明确责任的,经双方同意,医疗纠纷人民调解委员会可以委托有法定资质的专业鉴定机构进行鉴定。调解成功的一般应当制作人民调解协议书,人民调解委员会应当督促当事人履行协议。

六、加强医疗纠纷人民调解工作的指导管理

各级司法行政部门和卫生行政部门应当加强沟通与协作,通过医疗纠纷人民调解工作领导小组加强对医疗纠纷人民调解工作的指导。要建立健全联席会议制度,定期召开会议,通报工作情况,共同研究和解决工作中遇到的困难和问题。

司法行政部门要会同卫生、保监、财政、民政等部门加强对医疗纠纷人民调解委员会的监督指导,建立医学、法学专家库,提供专业咨询指导,帮助医疗纠纷人民调解委员会做到依法、规范调解。要对医疗纠纷人民调解员的工作进行定期评估,帮助他们不断改进工作。

卫生行政部门要指导各级各类医疗机构坚持"以病人为中心",提高医疗质量,注重人文关怀,加强医患沟通,正确处理事前防范与事后调处的关系,通过分析典型医疗纠纷及其特点进行针对性改进,预防和减少医疗纠纷的发生。各省、自治区、直辖市卫生行政部门可根据本地实际情况,对公立医疗机构就医疗纠纷与患者自行和解的经济补偿、赔偿最高限额等予以规定。

七、进一步健全和完善医疗责任保险制度

各地要积极推进医疗责任保险工作。司法行政部门要指导医疗纠纷人民调解组织加强与卫生行政部门、保险部门的沟通,建立信息共享、互动合作的长效工作机制。各级卫生行政部门要组织公立医疗机构参加医疗责任保险,鼓励和支持其他各级各类医疗机构参加医疗责任保险。保监部门要鼓励、支持和引导保险公司积极依托医疗纠纷人民调解机制,处理涉及医疗责任保险的有关保险赔案,在医疗纠纷调解委员会主持下达成的调解协议,是医疗责任保险理赔的依据。形成医疗纠纷人民调解和保险理赔互为补充、互相促进的良好局面。

八、加大医疗纠纷人民调解工作宣传表彰力度

要引导新闻单位坚持正面宣传报道为主,大力宣传医疗卫生工作者为维护人民群众的身体健康和生命安全所作出的不懈努力和无私奉献;宣传医德高尚、医术精湛的正面典型,弘扬正气,增强医患之间的信任感;客观宣传生命科学和临床医学的特殊性、高科技性和高风险性,引导群众理性对待可能发生的医疗风险和医疗损害纠纷,优化医疗执业环境,增进社会各界对医学和医疗卫生工作的尊重、理解和支持。要加强对医疗纠纷人民调解工作的宣传,通过多种形式,借助有关媒体大力宣传医疗纠纷人民调解工作的特点、优势、方法、程序以及调解协议的效力,引导纠纷当事人尽可能地通过调解的方式解决纠纷。对于在医疗纠纷人民调解工作中表现突出的先进集体和先进个人应当予以大力表彰和宣传。

六、人民陪审员

中华人民共和国人民陪审员法

- 2018年4月27日第十三届全国人民代表大会常务委员会第二次会议通过
- 2018年4月27日中华人民共和国主席令第4号公布
- 自公布之日起施行

第一条 为了保障公民依法参加审判活动，促进司法公正，提升司法公信，制定本法。

第二条 公民有依法担任人民陪审员的权利和义务。

人民陪审员依照本法产生，依法参加人民法院的审判活动，除法律另有规定外，同法官有同等权利。

第三条 人民陪审员依法享有参加审判活动、独立发表意见、获得履职保障等权利。

人民陪审员应当忠实履行审判职责，保守审判秘密，注重司法礼仪，维护司法形象。

第四条 人民陪审员依法参加审判活动，受法律保护。

人民法院应当依法保障人民陪审员履行审判职责。

人民陪审员所在单位、户籍所在地或者经常居住地的基层群众性自治组织应当依法保障人民陪审员参加审判活动。

第五条 公民担任人民陪审员，应当具备下列条件：

（一）拥护中华人民共和国宪法；
（二）年满二十八周岁；
（三）遵纪守法、品行良好、公道正派；
（四）具有正常履行职责的身体条件。

担任人民陪审员，一般应当具有高中以上文化程度。

第六条 下列人员不能担任人民陪审员：

（一）人民代表大会常务委员会的组成人员，监察委员会、人民法院、人民检察院、公安机关、国家安全机关、司法行政机关的工作人员；
（二）律师、公证员、仲裁员、基层法律服务工作者；
（三）其他因职务原因不适宜担任人民陪审员的人员。

第七条 有下列情形之一的，不得担任人民陪审员：

（一）受过刑事处罚的；
（二）被开除公职的；
（三）被吊销律师、公证员执业证书的；
（四）被纳入失信被执行人名单的；
（五）因受惩戒被免除人民陪审员职务的；
（六）其他有严重违法违纪行为，可能影响司法公信的。

第八条 人民陪审员的名额，由基层人民法院根据审判案件的需要，提请同级人民代表大会常务委员会确定。

人民陪审员的名额数不低于本院法官数的三倍。

第九条 司法行政机关会同基层人民法院、公安机关，从辖区内的常住居民名单中随机抽选拟任命人民陪审员数五倍以上的人员作为人民陪审员候选人，对人民陪审员候选人进行资格审查，征求候选人意见。

第十条 司法行政机关会同基层人民法院，从通过资格审查的人民陪审员候选人名单中随机抽选确定人民陪审员人选，由基层人民法院院长提请同级人民代表大会常务委员会任命。

第十一条 因审判活动需要，可以通过个人申请和所在单位、户籍所在地或者经常居住地的基层群众性自治组织、人民团体推荐的方式产生人民陪审员候选人，经司法行政机关会同基层人民法院、公安机关进行资格审查，确定人民陪审员人选，由基层人民法院院长提请同级人民代表大会常务委员会任命。

依照前款规定产生的人民陪审员，不得超过人民陪审员名额数的五分之一。

第十二条 人民陪审员经人民代表大会常务委员会任命后，应当公开进行就职宣誓。宣誓仪式由基层人民法院会同司法行政机关组织。

第十三条 人民陪审员的任期为五年，一般不得连任。

第十四条 人民陪审员和法官组成合议庭审判案件，由法官担任审判长，可以组成三人合议庭，也可以由法官三人与人民陪审员四人组成七人合议庭。

第十五条 人民法院审判第一审刑事、民事、行政案

件,有下列情形之一的,由人民陪审员和法官组成合议庭进行:

(一)涉及群体利益、公共利益的;

(二)人民群众广泛关注或者其他社会影响较大的;

(三)案情复杂或者有其他情形,需要由人民陪审员参加审判的。

人民法院审判前款规定的案件,法律规定由法官独任审理或者由法官组成合议庭审理的,从其规定。

第十六条　人民法院审判下列第一审案件,由人民陪审员和法官组成七人合议庭进行:

(一)可能判处十年以上有期徒刑、无期徒刑、死刑,社会影响重大的刑事案件;

(二)根据民事诉讼法、行政诉讼法提起的公益诉讼案件;

(三)涉及征地拆迁、生态环境保护、食品药品安全,社会影响重大的案件;

(四)其他社会影响重大的案件。

第十七条　第一审刑事案件被告人、民事案件原告或者被告、行政案件原告申请由人民陪审员参加合议庭审判的,人民法院可以决定由人民陪审员和法官组成合议庭审判。

第十八条　人民陪审员的回避,适用审判人员回避的法律规定。

第十九条　基层人民法院审判案件需要由人民陪审员参加合议庭审判的,应当在人民陪审员名单中随机抽取确定。

中级人民法院、高级人民法院审判案件需要由人民陪审员参加合议庭审判的,在其辖区内的基层人民法院的人民陪审员名单中随机抽取确定。

第二十条　审判长应当履行与案件审判相关的指引、提示义务,但不得妨碍人民陪审员对案件的独立判断。

合议庭评议案件,审判长应当对本案中涉及的事实认定、证据规则、法律规定等事项及应当注意的问题,向人民陪审员进行必要的解释和说明。

第二十一条　人民陪审员参加三人合议庭审判案件,对事实认定、法律适用,独立发表意见,行使表决权。

第二十二条　人民陪审员参加七人合议庭审判案件,对事实认定,独立发表意见,并与法官共同表决;对法律适用,可以发表意见,但不参加表决。

第二十三条　合议庭评议案件,实行少数服从多数的原则。人民陪审员同合议庭其他组成人员意见分歧的,应当将其意见写入笔录。

合议庭组成人员意见有重大分歧的,人民陪审员或者法官可以要求合议庭将案件提请院长决定是否提交审判委员会讨论决定。

第二十四条　人民法院应当结合本辖区实际情况,合理确定每名人民陪审员年度参加审判案件的数量上限,并向社会公告。

第二十五条　人民陪审员的培训、考核和奖惩等日常管理工作,由基层人民法院会同司法行政机关负责。

对人民陪审员应当有计划地进行培训。人民陪审员应当按照要求参加培训。

第二十六条　对于在审判工作中有显著成绩或者有其他突出事迹的人民陪审员,依照有关规定给予表彰和奖励。

第二十七条　人民陪审员有下列情形之一,经所在基层人民法院会同司法行政机关查证属实的,由院长提请同级人民代表大会常务委员会免除其人民陪审员职务:

(一)本人因正当理由申请辞去人民陪审员职务的;

(二)具有本法第六条、第七条所列情形之一的;

(三)无正当理由,拒绝参加审判活动,影响审判工作正常进行的;

(四)违反与审判工作有关的法律及相关规定,徇私舞弊,造成错误裁判或者其他严重后果的。

人民陪审员有前款第三项、第四项所列行为的,可以采取通知其所在单位、户籍所在地或者经常居住地的基层群众性自治组织、人民团体,在辖区范围内公开通报等措施进行惩戒;构成犯罪的,依法追究刑事责任。

第二十八条　人民陪审员的人身和住所安全受法律保护。任何单位和个人不得对人民陪审员及其近亲属打击报复。

对报复陷害、侮辱诽谤、暴力侵害人民陪审员及其近亲属的,依法追究法律责任。

第二十九条　人民陪审员参加审判活动期间,所在单位不得克扣或者变相克扣其工资、奖金及其他福利待遇。

人民陪审员所在单位违反前款规定的,基层人民法院应当及时向人民陪审员所在单位或者所在单位的主管部门、上级部门提出纠正意见。

第三十条　人民陪审员参加审判活动期间,由人民法院依照有关规定按实际工作日给予补助。

人民陪审员因参加审判活动而支出的交通、就餐等费用,由人民法院依照有关规定给予补助。

第三十一条 人民陪审员因参加审判活动应当享受的补助,人民法院和司法行政机关为实施人民陪审员制度所必需的开支,列入人民法院和司法行政机关业务经费,由相应政府财政予以保障。具体办法由最高人民法院、国务院司法行政部门会同国务院财政部门制定。

第三十二条 本法自公布之日起施行。2004年8月28日第十届全国人民代表大会常务委员会第十一次会议通过的《全国人民代表大会常务委员会关于完善人民陪审员制度的决定》同时废止。

中华人民共和国人民陪审员宣誓规定(试行)

· 2015年5月20日
· 法〔2015〕133号

第一条 为推进司法民主,增强人民陪审员履行职务的使命感、责任感和荣誉感,制定本规定。

第二条 人民陪审员经人民代表大会常务委员会任命后,应当公开进行宣誓。

第三条 人民陪审员宣誓仪式由人民法院会同同级司法行政机关组织实施。

第四条 人民陪审员宣誓誓词为:我是中华人民共和国人民陪审员,我宣誓:忠于国家,忠于人民,忠于宪法和法律,依法参加审判活动,忠实履行陪审职责,廉洁诚信,秉公判断,维护社会公平正义!

第五条 领誓人由人民法院院长或其委托的资深法官担任。

第六条 宣誓场地须悬挂国旗;宣誓开始时奏(唱)《中华人民共和国国歌》,宣誓人面向国旗,立正站姿,举起右手,握拳过肩;领誓人持相同站姿位于宣誓人前方,逐句领读誓词,宣誓人齐声复诵;誓词宣读完毕,在领誓人读出"宣誓人"后,报出自己姓名。

第七条 本规定由最高人民法院、司法部负责解释。

第八条 本规定自发布之日起施行。

人民陪审员选任办法

· 2018年8月22日
· 司发〔2018〕6号

第一条 为规范人民陪审员选任工作,保障人民陪审员制度有效实施,根据《中华人民共和国人民陪审员法》(以下简称人民陪审员法),制定本办法。

第二条 人民陪审员选任工作应当坚持依法民主、公开公正、协同高效的原则。

第三条 人民陪审员主要通过随机抽选方式产生。因审判活动需要,可以通过个人申请和所在单位、户籍所在地或者经常居住地的基层群众性自治组织、人民团体推荐(以下简称组织推荐)方式产生。

第四条 人民陪审员选任工作由司法行政机关会同基层人民法院、公安机关组织开展。

省级和设区的市级司法行政机关负责人民陪审员选任工作的指导监督,县级司法行政机关负责人民陪审员选任工作的具体实施。

司法行政机关应当按照职责需要,健全工作机构,配备工作人员,建立完善工作制度。

司法行政机关、基层人民法院、公安机关应当加强沟通联系,建立协调配合机制。

第五条 基层人民法院根据审判案件的需要以及本辖区人口数量、地域面积、民族状况等因素,并结合上级人民法院随机抽取人民陪审员的需要,提出不低于本院法官数三倍的人民陪审员名额数的意见,提请同级人民代表大会常务委员会确定。

第六条 人民陪审员的名额数意见在提请同级人民代表大会常务委员会确定之前,基层人民法院应当先报上一级人民法院审核,上一级人民法院可以对本辖区内人民陪审员名额数进行适当调整。上一级人民法院审核确认后,报省(市、区)高级人民法院备案。

第七条 人民陪审员的名额数可以根据实际情况进行调整。调整应当由基层人民法院按照确定人民陪审员名额数的程序进行。

第八条 通过个人申请和组织推荐产生的人民陪审员,不得超过所在基层人民法院人民陪审员名额数的五分之一。

第九条 基层人民法院应当将人民陪审员名额数及时通报同级司法行政机关。基层人民法院应当会同司法行政机关分别确定随机抽选以及需要通过个人申请和组织推荐的拟任命人民陪审员数。

第十条 司法行政机关会同基层人民法院、公安机关,向社会发布选任人民陪审员公告,内容包括选任名额、选任条件、选任程序等有关事项,公告期为三十日。

需要通过个人申请和组织推荐方式产生人民陪审员的,还应当在公告中明确申请和推荐期限。

第十一条 司法行政机关会同基层人民法院、公安机关,从辖区内年满二十八周岁的常住居民名单中,随机抽选拟任命人民陪审员数五倍以上的人员作为人民陪审员候选人。

第十二条 司法行政机关会同基层人民法院、公安机关，开展人民陪审员候选人信息采集工作，建立人民陪审员候选人信息库。

基层人民法院、公安机关应当将人民陪审员候选人相关信息及时提供给司法行政机关。

第十三条 司法行政机关会同基层人民法院、公安机关，依照人民陪审员法第五条、第六条、第七条、第十三条规定对人民陪审员候选人进行资格审查。

必要时，司法行政机关会同基层人民法院、公安机关到候选人所在单位、户籍所在地或者经常居住地的基层群众性自治组织、人民团体进行走访调查，或者对候选人进行当面考察。

第十四条 司法行政机关应当会同基层人民法院、公安机关向符合选任条件的人民陪审员候选人告知人民陪审员的权利义务，并征求其对担任人民陪审员的意见。

第十五条 司法行政机关会同基层人民法院，从通过资格审查的人民陪审员候选人名单中随机抽选确定人民陪审员拟任命人选。

第十六条 公民申请担任人民陪审员的，应当按选任公告要求，向本人户籍所在地或者经常居住地的县级司法行政机关提交身份、学历证明等书面材料，并填写人民陪审员候选人申请表。

组织推荐人民陪审员的，需征得公民本人同意后，向县级司法行政机关提交被推荐人简历、学历证明等书面材料，并填写人民陪审员候选人推荐表。

第十七条 司法行政机关会同基层人民法院、公安机关依照本办法第十三条规定，对人民陪审员申请人和被推荐人进行资格审查。

第十八条 司法行政机关会同基层人民法院，从通过资格审查的人民陪审员申请人和被推荐人中确定人民陪审员拟任命人选。个人申请或者组织推荐人数超过拟选任人数的，可以在通过资格审查的申请人和被推荐人中随机抽选确定拟任命人选。

确定人民陪审员拟任命人选，应当充分体现人民陪审员的广泛性和代表性。

第十九条 司法行政机关应当会同基层人民法院、公安机关向社会公示拟任命人民陪审员名单。公示期不少于五个工作日。

第二十条 经公示后确定的人民陪审员人选，由基层人民法院院长提请同级人民代表大会常务委员会任命。

基层人民法院提请同级人民代表大会常务委员会任命人民陪审员，应当提交提请任命人民陪审员的议案、人选名单以及同级人民代表大会常务委员会要求提供的其他材料。

司法行政机关应当配合基层人民法院提供有关材料。

第二十一条 基层人民法院应当会同司法行政机关向社会公告人民陪审员名单。

第二十二条 人民法院应当会同司法行政机关及时将任命决定通知人民陪审员本人及其所在单位、户籍所在地或经常居住地的基层群众性自治组织、人民团体，并通报公安机关。

第二十三条 司法行政机关、基层人民法院应当将人民陪审员名单逐级报省级司法行政机关、高级人民法院备案。

第二十四条 人民陪审员的任期为五年，一般不得连任。公民担任人民陪审员不得超过两次。

第二十五条 公民不得同时在两个以上的基层人民法院担任人民陪审员。

第二十六条 人民陪审员缺额数超过基层人民法院人民陪审员名额数十分之一的，或者因审判工作需要，可以适时增补人民陪审员。

增补人民陪审员人选从通过资格审查的人民陪审员候选人名单中随机抽选确定。公示与任命程序依照本办法第十九条、第二十条、第二十一条、第二十二条规定进行。

第二十七条 人民陪审员经人民代表大会常务委员会任命后，应当公开进行就职宣誓。

人民陪审员宣誓誓词为：我是中华人民共和国人民陪审员，我宣誓：忠于国家，忠于人民，忠于宪法和法律，依法参加审判活动，忠实履行审判职责，廉洁诚信，秉公判断，维护社会公平正义！

第二十八条 人民陪审员就职宣誓仪式由基层人民法院会同司法行政机关组织。

第二十九条 海事法院、知识产权法院、铁路运输法院等没有对应同级人民代表大会的法院一般不单独进行人民陪审员选任，需要由人民陪审员参加合议庭审判案件的，在其所在地级市辖区内的基层人民法院或案件管辖区内的人民陪审员名单中随机抽取确定。

第三十条 本办法由司法部、最高人民法院、公安部共同负责解释。

第三十一条 本办法自公布之日起施行。本办法施行前司法部、最高人民法院、公安部制定的有关人民陪审员选任的规定，与本办法不符的，以本办法为准。

人民陪审员培训、考核、奖惩工作办法

- 2019年4月24日
- 法发〔2019〕12号

第一章 总 则

第一条 为规范人民陪审员的培训、考核、奖惩等工作，根据人民陪审员法的相关规定，制定本办法。

第二条 人民陪审员的培训、考核和奖惩等日常管理工作，由基层人民法院会同司法行政机关负责。

人民法院和司法行政机关应当加强沟通联系，建立协调配合机制。

第三条 人民法院、司法行政机关应当确定机构或者指定专人负责人民陪审员的培训、考核和奖惩等工作，其他相关部门予以配合。

第四条 开庭通知、庭前阅卷、调查询问、参与调解、评议安排、文书签名等与人民陪审员参加审判活动密切相关事宜由各审判部门负责，其他管理工作包括随机抽取、协调联络、补助发放、送交裁判文书等事宜由人民法院根据本院实际情况确定负责部门。

第五条 最高人民法院和司法部应当完善配套机制，根据各自职责搭建技术平台，研发人民陪审员管理系统，加强系统对接和信息数据共享，为完善人民陪审员的信息管理、随机抽取、均衡参审、履职信息、业绩评价、考核培训和意见反馈等提供技术支持。

第六条 基层人民法院应当为人民陪审员颁发《人民陪审员工作证》。《人民陪审员工作证》由最高人民法院政治部制发统一样式，各地法院自行印制。人民陪审员任期届满或依法免除职务后，人民法院应当收回或注销其持有的《人民陪审员工作证》。

第七条 除法律规定外，人民法院、司法行政机关不得公开人民陪审员的通讯方式、家庭住址等个人信息。

第八条 人民陪审员依法履行审判职责期间，应当遵守《中华人民共和国法官职业道德基本准则》。

第二章 培 训

第九条 人民陪审员的培训分为岗前培训和任职期间培训。人民法院应当会同司法行政机关有计划、有组织地对人民陪审员进行培训，培训应当符合人民陪审员参加审判活动的实际需要。培训内容包括政治理论、陪审职责、法官职业道德、审判纪律和法律基础知识等，也可以结合本地区案件特点与类型安排培训内容。

第十条 最高人民法院、司法部教育培训主管部门和相关业务部门负责制定统一的人民陪审员培训大纲和培训教材，提出明确的培训教学要求，定期对人民陪审员培训工作进行督促、检查。必要时，可以举办人民陪审员培训示范班和人民陪审员师资培训班。

第十一条 高级人民法院教育培训主管部门和法官教育培训机构负责本辖区人民陪审员培训规划和相关管理、协调工作。高级人民法院教育培训主管部门和法官教育培训机构承担本辖区人民陪审员岗前培训工作任务时，可以采取远程视频等信息化手段，基层人民法院会同司法行政机关组织配合。

高级人民法院应当会同同级司法行政机关制定本辖区人民陪审员培训工作的年度培训方案和实施意见，并分别报最高人民法院、司法部备案。

第十二条 任职期间培训主要由人民陪审员所在的基层人民法院会同同级司法行政机关承担，培训教学方案由中级人民法院负责审定，直辖市地区的培训教学方案由高级人民法院负责审定。

必要时，有条件的中级人民法院教育培训主管部门和法官培训机构可受委托承担人民陪审员培训任务。

第十三条 基层人民法院应当会同同级司法行政机关及时提出接受岗前培训的人员名单和培训意见，报上级人民法院教育培训主管部门、法官培训机构和司法行政机关相关业务部门。

第十四条 人民陪审员培训以脱产集中培训与在职自学相结合的方式进行，也可结合实际采取分段培训、累计学时的方式。

培训形式除集中授课外，可采取庭审观摩、专题研讨、案例教学、模拟演示、电化教学、巡回教学等多种形式。

岗前培训时间一般不少于40学时，任职期间的培训时间由人民法院根据实际情况和需要合理确定。

第十五条 人民法院和司法行政机关应当提供人民陪审员参加培训的场所、培训设施和其他必要的培训条件。

第三章 考核与奖励

第十六条 基层人民法院会同同级司法行政机关对人民陪审员履行审判职责的情况进行考核。

第十七条 对人民陪审员的考核实行平时考核和年终考核相结合。

平时考核由基层人民法院会同同级司法行政机关根

据实际情况确定考核时间和方式。

年终考核由基层人民法院会同同级司法行政机关在每年年终进行。年终考核应对人民陪审员履职情况按照优秀、称职、基本称职、不称职评定等次。

第十八条 基层人民法院制定人民陪审员履行审判职责的考核办法，应当征求同级司法行政机关的意见。

第十九条 对人民陪审员的考核内容包括思想品德、陪审工作实绩、工作态度、审判纪律、审判作风和参加培训情况等方面。

第二十条 中级人民法院、高级人民法院在其辖区内的基层人民法院的人民陪审员名单中随机抽取人民陪审员参与本院审判工作的，海事法院、知识产权法院、铁路运输法院等没有对应同级人民代表大会的法院，在其所在地级市辖区内的基层人民法院或案件管辖区内的人民陪审员名单中随机抽取人民陪审员参加案件审判的，应将人民陪审员在本院履行审判职责的情况通报其所在的基层人民法院，作为对人民陪审员的考核依据之一。履职情况通报时间及方式由上述法院与人民陪审员所在法院具体协调。

第二十一条 基层人民法院应及时将年终考核结果书面通知人民陪审员本人及其所在单位、户籍所在地或者经常居住地的基层群众性自治组织、人民团体。

人民陪审员对考核结果有异议的，可以在收到考核结果书面通知后五日内向所在基层人民法院申请复核，基层人民法院在收到复核申请后十五日内作出复核决定，并书面通知人民陪审员本人及其所在单位、户籍所在地或者经常居住地的基层群众性自治组织、人民团体。

第二十二条 考核结果作为对人民陪审员进行表彰和奖励的依据。

第二十三条 对于审判工作中有显著成绩或者有其他突出事迹的人民陪审员，由基层人民法院会同同级司法行政机关依照有关规定给予表彰和奖励。

表彰和奖励应当坚持依法、公平、公开、公正的原则。

第二十四条 人民陪审员有下列表现之一的，可认定为在审判工作中有显著成绩或者有其他突出事迹：

（一）对审判工作提出改革建议被采纳，效果显著的；

（二）对参加审判的案件提出司法建议，被有关部门采纳的；

（三）在陪审工作中，积极发挥主观能动作用，维护社会稳定，事迹突出的；

（四）有其他显著成绩或者突出事迹的。

第二十五条 基层人民法院应及时将对人民陪审员的表彰和奖励决定书面通知人民陪审员本人及其所在单位、户籍所在地或者经常居住地的基层群众性自治组织、人民团体。

第四章 免除职务与惩戒

第二十六条 人民陪审员任期届满后职务自动免除，基层人民法院应当会同司法行政机关在其官方网站或者当地主流媒体上予以公告，无须再提请同级人民代表大会常务委员会免除其人民陪审员职务。

人民陪审员任期届满时，其参加审判的案件尚未审结的，可以履行审判职责到案件审结之日。

第二十七条 人民陪审员有人民陪审员法第二十七条规定情形之一的，经所在基层人民法院会同司法行政机关查证属实的，由院长提请同级人民代表大会常务委员会免除其人民陪审员职务。

第二十八条 人民陪审员被免除职务的，基层人民法院应当书面通知被免职者本人及其所在单位、户籍所在地或者经常居住地的基层群众性自治组织、人民团体，同时将免职名单抄送同级司法行政机关，基层人民法院、司法行政机关应将免职名单逐级报高级人民法院、省级司法行政机关备案。

第二十九条 人民陪审员有人民陪审员法第二十七条第一款第三项、第四项所列行为，经所在基层人民法院会同同级司法行政机关查证属实的，可以采取通知其所在单位、户籍所在地或者经常居住地的基层群众性自治组织、人民团体，在辖区范围内公开通报等措施进行惩戒。

第三十条 人民陪审员有人民陪审员法第二十七条第一款第四项所列行为，由所在基层人民法院会同同级司法行政机关进行查证；构成犯罪的，依法追究刑事责任。

第五章 附则

第三十一条 本办法由最高人民法院、司法部共同负责解释。

第三十二条 本办法自2019年5月1日起施行。本办法施行前最高人民法院、司法部制定的有关人民陪审员培训、考核、奖惩等管理工作的规定，与本办法不一致的，以本办法为准。

《中华人民共和国人民陪审员法》实施中若干问题的答复

- 2020年8月11日
- 法发〔2020〕29号

在《中华人民共和国人民陪审员法》（以下简称《人民陪审员法》）及配套规范性文件实施过程中，部分地方就有关问题进行请示，经研究，现答复如下：

1. 新疆维吾尔自治区生产建设兵团法院如何选任人民陪审员？

答：没有对应同级人民代表大会的兵团基层人民法院人民陪审员的名额由兵团分院确定，经公示后确定的人民陪审员人选，由基层人民法院院长提请兵团分院任命。在未设立垦区司法局的垦区，可以由师（市）司法局会同垦区人民法院、公安机关组织开展人民陪审员选任工作。

2.《人民陪审员法》第六条第一项所指的监察委员会、人民法院、人民检察院、公安机关、国家安全机关、司法行政机关的工作人员是否包括行政编制外人员？

答：上述工作人员包括占用行政编制和行政编制外的所有工作人员。

3. 乡镇人民代表大会主席团的成员能否担任人民陪审员？

答：符合担任人民陪审员条件的乡镇人民代表大会主席团成员，不是上级人民代表大会常务委员会组成人员的，可以担任人民陪审员，法律另有禁止性规定的除外。

4. 人民代表大会常务委员会的工作人员能否担任人民陪审员？

答：人民代表大会常务委员会的工作人员，符合担任人民陪审员条件的，可以担任人民陪审员，法律另有禁止性规定的除外。

5. 人民代表大会常务委员会的组成人员、法官、检察官，以及人民法院、人民检察院的其他工作人员，监察委员会、公安机关、国家安全机关、司法行政机关的工作人员离任后能否担任人民陪审员？

答：（1）人民代表大会常务委员会的组成人员，监察委员会、人民法院、人民检察院、公安机关、国家安全机关、司法行政机关的工作人员离任后，符合担任人民陪审员条件的，可以担任人民陪审员。上述人员担任人民陪审员的比例应当与其他人员的比例适当平衡。

（2）法官、检察官从人民法院、人民检察院离任后二年内，不得担任人民陪审员。

（3）法官从人民法院离任后，曾在基层人民法院工作的，不得在原任职的基层人民法院担任人民陪审员；检察官从人民检察院离任后，曾在基层人民检察院工作的，不得在与原任职的基层人民检察院同级、同辖区的人民法院担任人民陪审员。

（4）法官从人民法院离任后，担任人民陪审员的，不得参与原任职人民法院的审判活动；检察官从人民检察院离任后，担任人民陪审员的，不得参与原任职人民检察院同级、同辖区的人民法院的审判活动。

6. 劳动争议仲裁委员会的仲裁员能否担任人民陪审员？

答：劳动争议仲裁委员会的仲裁员不能担任人民陪审员。

7. 被纳入失信被执行人名单的公民能否担任人民陪审员？

答：公民被纳入失信被执行人名单期间，不得担任人民陪审员。人民法院撤销或者删除失信信息后，公民符合法定条件的，可以担任人民陪审员。

8. 公民担任人民陪审员不得超过两次，是否包括《人民陪审员法》实施前以及在不同人民法院任职的情形？

答：公民担任人民陪审员总共不得超过两次，包括《人民陪审员法》实施前任命以及在不同人民法院任职的情形。

9. 有独立请求权的第三人是否可以申请由人民陪审员参加合议庭审判案件？

答：有独立请求权的第三人可以依据《人民陪审员法》相关规定申请由人民陪审员参加合议庭审判案件。

10. 人民法院可否吸收人民陪审员参加减刑、假释案件的审理？

答：人民法院可以结合案件情况，吸收人民陪审员参加减刑、假释案件审理，但不需要开庭审理的除外。

11. 人民陪审员是否可以参加案件执行工作？

答：根据《人民陪审员法》，人民陪审员参加第一审刑事、民事、行政案件的审判。人民法院不得安排人民陪审员参加案件执行工作。

12. 人民法院可以根据案件审判需要，从人民陪审员名单中随机抽取一定数量的候补人民陪审员，并确定递补顺序，一并告知当事人。如果原定人民陪审员因故无法到庭，由候补人民陪审员参与案件审理，是否需要就变更合议庭成员另行告知双方当事人？候补人民陪审员的递补顺序，应如何确定？

答：人民法院已一并告知候补人民陪审员名单的，如变更由候补人民陪审员参加庭审的，无需另行告知当事人。确定候补人民陪审员的递补顺序，可按照姓氏笔画排序等方式确定。

13. 根据《最高人民法院关于适用〈中华人民共和国人民陪审员法〉若干问题的解释》，七人合议庭开庭前和评议时，应当制作事实认定问题清单。审判实践中，如何制作事实认定问题清单？

答：事实认定问题清单应当立足全部案件事实，重点针对案件难点和争议的焦点内容。刑事案件中，可以以犯罪构成要件事实为基础，主要包括构成犯罪的事实、不构成犯罪的事实，以及有关量刑情节的事实等。民事案件中，可以根据不同类型纠纷的请求权规范基础，归纳出当事人争议的要件事实。行政案件中，主要包括审查行政行为合法性所必须具备的事实。

14. 合议庭评议案件时，人民陪审员和法官可否分组分别进行评议、表决？

答：合议庭评议案件时，人民陪审员和法官应当共同评议、表决，不得分组进行。

15. 案件审结后，人民法院将裁判文书副本送交参加该案审判的人民陪审员时，能否要求人民陪审员在送达回证上签字？

答：人民陪审员不是受送达对象，不能要求人民陪审员在送达回证上签字。人民法院将裁判文书副本送交人民陪审员时，可以以适当方式请人民陪审员签收后存档。

16. 如何把握人民陪审员年度参审数上限一般不超过30件的要求？对于人民陪审员参与审理批量系列案件的，如何计算案件数量？

答：个别案件量大的人民法院可以结合本院实际情况，提出参审数上限在30件以上设置的意见，层报高级人民法院备案后实施。高级人民法院应统筹辖区整体情况从严把握。

人民陪审员参加审理批量系列案件的，可以按一定比例折算案件数以核定是否超出参审数上限。具体折算比例，由高级人民法院确定。

17. 对于人民陪审员参审案件数占第一审案件数的比例即陪审率，是否可以设定考核指标？

答：《人民陪审员法》及相关司法解释规定了人民陪审员参审案件范围和年度参审数上限，要严格执行相关规定。人民法院不得对第一审案件总体陪审率设定考核指标，但要对第一审案件总体陪审率、人民陪审员参加七人合议庭等情况进行统计监测。

18. 人民陪审员是否适用法官法中法官任职回避的规定？

答：人民陪审员适用民事、刑事、行政诉讼法中诉讼回避的规定，不适用法官法中法官任职回避的规定。

19. 人民陪审员在参加庭审等履职过程中，着装有何要求？

答：人民陪审员在参加庭审等履职过程中，着装应当端庄、得体，但不得配发、穿着统一制服。

最高人民法院关于具有专门知识的人民陪审员参加环境资源案件审理的若干规定

- 2023年4月17日最高人民法院审判委员会第1885次会议通过
- 2023年7月27日最高人民法院公告公布
- 自2023年8月1日起施行
- 法释〔2023〕4号

为依法妥善审理环境资源案件，规范和保障具有专门知识的人民陪审员参加环境资源案件审判活动，根据《中华人民共和国刑事诉讼法》《中华人民共和国民事诉讼法》《中华人民共和国行政诉讼法》《中华人民共和国人民陪审员法》等法律的规定，结合环境资源案件特点和审判实际，制定本规定。

第一条 人民法院审理的第一审环境资源刑事、民事、行政案件，符合人民陪审员法第十五条规定，且案件事实涉及复杂专门性问题的，由不少于一名具有专门知识的人民陪审员参加合议庭审理。

前款规定外的第一审环境资源案件，人民法院认为有必要的，可以由具有专门知识的人民陪审员参加合议庭审理。

第二条 符合下列条件的人民陪审员，为本规定所称具有专门知识的人民陪审员：

（一）具有环境资源领域专门知识；

（二）在环境资源行政主管部门、科研院所、高等院校、企业、社会组织等单位从业三年以上。

第三条 人民法院参与人民陪审员选任，可以根据环境资源审判活动需要，结合案件类型、数量等特点，协商司法行政机关确定一定数量具有专门知识的人民陪审员候选人。

第四条 具有专门知识的人民陪审员任期届满后，人民法院认为有必要的，可以商请本人同意后协商司法行政机关经法定程序再次选任。

第五条　需要具有专门知识的人民陪审员参加案件审理的，人民法院可以根据环境资源案件的特点和具有专门知识的人民陪审员选任情况，在符合专业需求的人民陪审员名单中随机抽取确定。

第六条　基层人民法院可以根据环境资源案件审理的需要，协商司法行政机关选任具有专门知识的人民陪审员。

设立环境资源审判专门机构的基层人民法院，应当协商司法行政机关选任具有专门知识的人民陪审员。

设立环境资源审判专门机构的中级人民法院，辖区内基层人民法院均未设立环境资源审判专门机构的，应当指定辖区内不少于一家基层人民法院协商司法行政机关选任具有专门知识的人民陪审员。

第七条　基层人民法院审理的环境资源案件，需要具有专门知识的人民陪审员参加合议庭审理的，组成不少于一名具有专门知识的人民陪审员参加的三人合议庭。

基层人民法院审理的可能判处十年以上有期徒刑且社会影响重大的环境资源刑事案件，以及环境行政公益诉讼案件，需要具有专门知识的人民陪审员参加合议庭审理的，组成不少于一名具有专门知识的人民陪审员参加的七人合议庭。

第八条　中级人民法院审理的环境民事公益诉讼案件、环境行政公益诉讼案件、生态环境损害赔偿诉讼案件以及其他具有重大社会影响的环境污染防治、生态保护、气候变化应对、资源开发利用、生态环境治理与服务等案件，需要具有专门知识的人民陪审员参加合议庭审理的，组成不少于一名具有专门知识的人民陪审员参加的七人合议庭。

第九条　实行环境资源案件跨区域集中管辖的中级人民法院审理第一审环境资源案件，需要具有专门知识的人民陪审员参加合议庭审理的，可以从环境资源案件集中管辖区域内基层人民法院具有专门知识的人民陪审员名单中随机抽取确定。

第十条　铁路运输法院等没有对应同级人民代表大会的法院审理第一审环境资源案件，需要具有专门知识的人民陪审员参加合议庭审理的，在其所在地级市辖区或案件管辖区域内基层人民法院具有专门知识的人民陪审员名单中随机抽取确定。

第十一条　符合法律规定的审判人员应当回避的情形，或所在单位与案件有利害关系的，具有专门知识的人民陪审员应当自行回避。当事人也可以申请具有专门知识的人民陪审员回避。

第十二条　审判长应当依照人民陪审员法第二十条的规定，对具有专门知识的人民陪审员参加的下列工作，重点进行指引和提示：

（一）专门性事实的调查；

（二）就是否进行证据保全、行为保全提出意见；

（三）庭前会议、证据交换和勘验；

（四）就是否委托司法鉴定，以及鉴定事项、范围、目的和期限提出意见；

（五）生态环境修复方案的审查；

（六）环境民事公益诉讼案件、生态环境损害赔偿诉讼案件的调解、和解协议的审查。

第十三条　具有专门知识的人民陪审员参加环境资源案件评议时，应当就案件事实涉及的专门性问题发表明确意见。

具有专门知识的人民陪审员就该专门性问题发表的意见与合议庭其他成员不一致的，合议庭可以将案件提请院长决定是否提交审判委员会讨论决定。有关情况应当记入评议笔录。

第十四条　具有专门知识的人民陪审员可以参与监督生态环境修复、验收和修复效果评估。

第十五条　具有专门知识的人民陪审员参加环境资源案件的审理，本规定没有规定的，适用《最高人民法院关于适用〈中华人民共和国人民陪审员法〉若干问题的解释》的规定。

第十六条　本规定自2023年8月1日起施行。

七、律　师

1. 律师和律师事务所

中华人民共和国律师法

- 1996年5月15日第八届全国人民代表大会常务委员会第十九次会议通过
- 根据2001年12月29日第九届全国人民代表大会常务委员会第二十五次会议《关于修改〈中华人民共和国律师法〉的决定》第一次修正
- 2007年10月28日第十届全国人民代表大会常务委员会第三十次会议修订
- 根据2012年10月26日第十一届全国人民代表大会常务委员会第二十九次会议《关于修改〈中华人民共和国律师法〉的决定》第二次修正
- 根据2017年9月1日第十二届全国人民代表大会常务委员会第二十九次会议《关于修改〈中华人民共和国法官法〉等八部法律的决定》第三次修正

第一章　总　则

第一条　为了完善律师制度，规范律师执业行为，保障律师依法执业，发挥律师在社会主义法制建设中的作用，制定本法。

第二条　本法所称律师，是指依法取得律师执业证书，接受委托或者指定，为当事人提供法律服务的执业人员。

律师应当维护当事人合法权益，维护法律正确实施，维护社会公平和正义。

第三条　律师执业必须遵守宪法和法律，恪守律师职业道德和执业纪律。

律师执业必须以事实为根据，以法律为准绳。

律师执业应当接受国家、社会和当事人的监督。

律师依法执业受法律保护，任何组织和个人不得侵害律师的合法权益。

第四条　司法行政部门依照本法对律师、律师事务所和律师协会进行监督、指导。

第二章　律师执业许可

第五条　申请律师执业，应当具备下列条件：

（一）拥护中华人民共和国宪法；

（二）通过国家统一法律职业资格考试取得法律职业资格；

（三）在律师事务所实习满一年；

（四）品行良好。

实行国家统一法律职业资格考试前取得的国家统一司法考试合格证书、律师资格凭证，与国家统一法律职业资格证书具有同等效力。

第六条　申请律师执业，应当向设区的市级或者直辖市的区人民政府司法行政部门提出申请，并提交下列材料：

（一）国家统一法律职业资格证书；

（二）律师协会出具的申请人实习考核合格的材料；

（三）申请人的身份证明；

（四）律师事务所出具的同意接收申请人的证明。

申请兼职律师执业的，还应当提交所在单位同意申请人兼职从事律师职业的证明。

受理申请的部门应当自受理之日起二十日内予以审查，并将审查意见和全部申请材料报送省、自治区、直辖市人民政府司法行政部门。省、自治区、直辖市人民政府司法行政部门应当自收到报送材料之日起十日内予以审核，作出是否准予执业的决定。准予执业的，向申请人颁发律师执业证书；不准予执业的，向申请人书面说明理由。

第七条　申请人有下列情形之一的，不予颁发律师执业证书：

（一）无民事行为能力或者限制民事行为能力的；

（二）受过刑事处罚的，但过失犯罪的除外；

（三）被开除公职或者被吊销律师、公证员执业证书的。

第八条　具有高等院校本科以上学历，在法律服务人员紧缺领域从事专业工作满十五年，具有高级职称或者同等专业水平并具有相应的专业法律知识的人员，申请专职律师执业的，经国务院司法行政部门考核合格，准予执业。具体办法由国务院规定。

第九条　有下列情形之一的，由省、自治区、直辖市人民政府司法行政部门撤销准予执业的决定，并注销被

准予执业人员的律师执业证书:
(一)申请人以欺诈、贿赂等不正当手段取得律师执业证书的;
(二)对不符合本法规定条件的申请人准予执业的。
第十条 律师只能在一个律师事务所执业。律师变更执业机构的,应当申请换发律师执业证书。
律师执业不受地域限制。
第十一条 公务员不得兼任执业律师。
律师担任各级人民代表大会常务委员会组成人员的,任职期间不得从事诉讼代理或者辩护业务。
第十二条 高等院校、科研机构中从事法学教育、研究工作的人员,符合本法第五条规定条件的,经所在单位同意,依照本法第六条规定的程序,可以申请兼职律师执业。
第十三条 没有取得律师执业证书的人员,不得以律师名义从事法律服务业务;除法律另有规定外,不得从事诉讼代理或者辩护业务。

第三章 律师事务所

第十四条 律师事务所是律师的执业机构。设立律师事务所应当具备下列条件:
(一)有自己的名称、住所和章程;
(二)有符合本法规定的律师;
(三)设立人应当是具有一定的执业经历,且三年内未受过停止执业处罚的律师;
(四)有符合国务院司法行政部门规定数额的资产。
第十五条 设立合伙律师事务所,除应当符合本法第十四条规定的条件外,还应当有三名以上合伙人,设立人应当是具有三年以上执业经历的律师。
合伙律师事务所可以采用普通合伙或者特殊的普通合伙形式设立。合伙律师事务所的合伙人按照合伙形式对该律师事务所的债务依法承担责任。
第十六条 设立个人律师事务所,除应当符合本法第十四条规定的条件外,设立人还应当是具有五年以上执业经历的律师。设立人对律师事务所的债务承担无限责任。
第十七条 申请设立律师事务所,应当提交下列材料:
(一)申请书;
(二)律师事务所的名称、章程;
(三)律师的名单、简历、身份证明、律师执业证书;
(四)住所证明;
(五)资产证明。

设立合伙律师事务所,还应当提交合伙协议。
第十八条 设立律师事务所,应当向设区的市级或者直辖市的区人民政府司法行政部门提出申请,受理申请的部门应当自受理之日起二十日内予以审查,并将审查意见和全部申请材料报送省、自治区、直辖市人民政府司法行政部门。省、自治区、直辖市人民政府司法行政部门应当自收到报送材料之日起十日内予以审核,作出是否准予设立的决定。准予设立的,向申请人颁发律师事务所执业证书;不准予设立的,向申请人书面说明理由。
第十九条 成立三年以上并具有二十名以上执业律师的合伙律师事务所,可以设立分所。设立分所,须经拟设立分所所在地的省、自治区、直辖市人民政府司法行政部门审核。申请设立分所的,依照本法第十八条规定的程序办理。
合伙律师事务所对其分所的债务承担责任。
第二十条 国家出资设立的律师事务所,依法自主开展律师业务,以该律师事务所的全部资产对其债务承担责任。
第二十一条 律师事务所变更名称、负责人、章程、合伙协议的,应当报原审核部门批准。
律师事务所变更住所、合伙人的,应当自变更之日起十五日内报原审核部门备案。
第二十二条 律师事务所有下列情形之一的,应当终止:
(一)不能保持法定设立条件,经限期整改仍不符合条件的;
(二)律师事务所执业证书被依法吊销的;
(三)自行决定解散的;
(四)法律、行政法规规定应当终止的其他情形。
律师事务所终止的,由颁发执业证书的部门注销该律师事务所的执业证书。
第二十三条 律师事务所应当建立健全执业管理、利益冲突审查、收费与财务管理、投诉查处、年度考核、档案管理等制度,对律师在执业活动中遵守职业道德、执业纪律的情况进行监督。
第二十四条 律师事务所应当于每年的年度考核后,向设区的市级或者直辖市的区人民政府司法行政部门提交本所的年度执业情况报告和律师执业考核结果。
第二十五条 律师承办业务,由律师事务所统一接受委托,与委托人签订书面委托合同,按照国家规定统一收取费用并如实入账。
律师事务所和律师应当依法纳税。

第二十六条 律师事务所和律师不得以诋毁其他律师事务所、律师或者支付介绍费等不正当手段承揽业务。

第二十七条 律师事务所不得从事法律服务以外的经营活动。

第四章 律师的业务和权利、义务

第二十八条 律师可以从事下列业务：

（一）接受自然人、法人或者其他组织的委托，担任法律顾问；

（二）接受民事案件、行政案件当事人的委托，担任代理人，参加诉讼；

（三）接受刑事案件犯罪嫌疑人、被告人的委托或者依法接受法律援助机构的指派，担任辩护人，接受自诉案件自诉人、公诉案件被害人或者其近亲属的委托，担任代理人，参加诉讼；

（四）接受委托，代理各类诉讼案件的申诉；

（五）接受委托，参加调解、仲裁活动；

（六）接受委托，提供非诉讼法律服务；

（七）解答有关法律的询问、代写诉讼文书和有关法律事务的其他文书。

第二十九条 律师担任法律顾问的，应当按照约定为委托人就有关法律问题提供意见，草拟、审查法律文书，代理参加诉讼、调解或者仲裁活动，办理委托的其他法律事务，维护委托人的合法权益。

第三十条 律师担任诉讼法律事务代理人或者非诉讼法律事务代理人的，应当在受委托的权限内，维护委托人的合法权益。

第三十一条 律师担任辩护人的，应当根据事实和法律，提出犯罪嫌疑人、被告人无罪、罪轻或者减轻、免除其刑事责任的材料和意见，维护犯罪嫌疑人、被告人的诉讼权利和其他合法权益。

第三十二条 委托人可以拒绝已委托的律师为其继续辩护或者代理，同时可以另行委托律师担任辩护人或者代理人。

律师接受委托后，无正当理由的，不得拒绝辩护或者代理。但是，委托事项违法、委托人利用律师提供的服务从事违法活动或者委托人故意隐瞒与案件有关的重要事实的，律师有权拒绝辩护或者代理。

第三十三条 律师担任辩护人的，有权持律师执业证书、律师事务所证明和委托书或者法律援助公函，依照刑事诉讼法的规定会见在押或者被监视居住的犯罪嫌疑人、被告人。辩护律师会见犯罪嫌疑人、被告人时不被监听。

第三十四条 律师担任辩护人的，自人民检察院对案件审查起诉之日起，有权查阅、摘抄、复制本案的案卷材料。

第三十五条 受委托的律师根据案情的需要，可以申请人民检察院、人民法院收集、调取证据或者申请人民法院通知证人出庭作证。

律师自行调查取证的，凭律师执业证书和律师事务所证明，可以向有关单位或者个人调查与承办法律事务有关的情况。

第三十六条 律师担任诉讼代理人或者辩护人的，其辩论或者辩护的权利依法受到保障。

第三十七条 律师在执业活动中的人身权利不受侵犯。

律师在法庭上发表的代理、辩护意见不受法律追究。但是，发表危害国家安全、恶意诽谤他人、严重扰乱法庭秩序的言论除外。

律师在参与诉讼活动中涉嫌犯罪的，侦查机关应当及时通知其所在的律师事务所或者所属的律师协会；被依法拘留、逮捕的，侦查机关应当依照刑事诉讼法的规定通知该律师的家属。

第三十八条 律师应当保守在执业活动中知悉的国家秘密、商业秘密，不得泄露当事人的隐私。

律师对在执业活动中知悉的委托人和其他人不愿泄露的有关情况和信息，应当予以保密。但是，委托人或者其他人准备或者正在实施危害国家安全、公共安全以及严重危害他人人身安全的犯罪事实和信息除外。

第三十九条 律师不得在同一案件中为双方当事人担任代理人，不得代理与本人或者其近亲属有利益冲突的法律事务。

第四十条 律师在执业活动中不得有下列行为：

（一）私自接受委托、收取费用，接受委托人的财物或者其他利益；

（二）利用提供法律服务的便利牟取当事人争议的权益；

（三）接受对方当事人的财物或者其他利益，与对方当事人或者第三人恶意串通，侵害委托人的权益；

（四）违反规定会见法官、检察官、仲裁员以及其他有关工作人员；

（五）向法官、检察官、仲裁员以及其他有关工作人员行贿，介绍贿赂或者指使、诱导当事人行贿，或者以其他不正当方式影响法官、检察官、仲裁员以及其他有关工作人员依法办理案件；

（六）故意提供虚假证据或者威胁、利诱他人提供虚

假证据,妨碍对方当事人合法取得证据;

(七)煽动、教唆当事人采取扰乱公共秩序、危害公共安全等非法手段解决争议;

(八)扰乱法庭、仲裁庭秩序,干扰诉讼、仲裁活动的正常进行。

第四十一条 曾经担任法官、检察官的律师,从人民法院、人民检察院离任后二年内,不得担任诉讼代理人或者辩护人。

第四十二条 律师、律师事务所应当按照国家规定履行法律援助义务,为受援人提供符合标准的法律服务,维护受援人的合法权益。

第五章 律师协会

第四十三条 律师协会是社会团体法人,是律师的自律性组织。

全国设立中华全国律师协会,省、自治区、直辖市设立地方律师协会,设区的市根据需要可以设立地方律师协会。

第四十四条 全国律师协会章程由全国会员代表大会制定,报国务院司法行政部门备案。

地方律师协会章程由地方会员代表大会制定,报同级司法行政部门备案。地方律师协会章程不得与全国律师协会章程相抵触。

第四十五条 律师、律师事务所应当加入所在地的地方律师协会。加入地方律师协会的律师、律师事务所,同时是全国律师协会的会员。

律师协会会员享有律师协会章程规定的权利,履行律师协会章程规定的义务。

第四十六条 律师协会应当履行下列职责:

(一)保障律师依法执业,维护律师的合法权益;

(二)总结、交流律师工作经验;

(三)制定行业规范和惩戒规则;

(四)组织律师业务培训和职业道德、执业纪律教育,对律师的执业活动进行考核;

(五)组织管理申请律师执业人员的实习活动,对实习人员进行考核;

(六)对律师、律师事务所实施奖励和惩戒;

(七)受理对律师的投诉或者举报,调解律师执业活动中发生的纠纷,受理律师的申诉;

(八)法律、行政法规、规章以及律师协会章程规定的其他职责。

律师协会制定的行业规范和惩戒规则,不得与有关法律、行政法规、规章相抵触。

第六章 法律责任

第四十七条 律师有下列行为之一的,由设区的市级或者直辖市的区人民政府司法行政部门给予警告,可以处五千元以下的罚款;有违法所得的,没收违法所得;情节严重的,给予停止执业三个月以下的处罚:

(一)同时在两个以上律师事务所执业的;

(二)以不正当手段承揽业务的;

(三)在同一案件中为双方当事人担任代理人,或者代理与本人及其近亲属有利益冲突的法律事务的;

(四)从人民法院、人民检察院离任后二年内担任诉讼代理人或者辩护人的;

(五)拒绝履行法律援助义务的。

第四十八条 律师有下列行为之一的,由设区的市级或者直辖市的区人民政府司法行政部门给予警告,可以处一万元以下的罚款;有违法所得的,没收违法所得;情节严重的,给予停止执业三个月以上六个月以下的处罚:

(一)私自接受委托、收取费用,接受委托人财物或者其他利益的;

(二)接受委托后,无正当理由,拒绝辩护或者代理,不按时出庭参加诉讼或者仲裁的;

(三)利用提供法律服务的便利牟取当事人争议的权益的;

(四)泄露商业秘密或者个人隐私的。

第四十九条 律师有下列行为之一的,由设区的市级或者直辖市的区人民政府司法行政部门给予停止执业六个月以上一年以下的处罚,可以处五万元以下的罚款;有违法所得的,没收违法所得;情节严重的,由省、自治区、直辖市人民政府司法行政部门吊销其律师执业证书;构成犯罪的,依法追究刑事责任:

(一)违反规定会见法官、检察官、仲裁员以及其他有关工作人员,或者以其他不正当方式影响依法办理案件的;

(二)向法官、检察官、仲裁员以及其他有关工作人员行贿,介绍贿赂或者指使、诱导当事人行贿的;

(三)向司法行政部门提供虚假材料或者有其他弄虚作假行为的;

(四)故意提供虚假证据或者威胁、利诱他人提供虚假证据,妨碍对方当事人合法取得证据的;

(五)接受对方当事人财物或者其他利益,与对方当事人或者第三人恶意串通,侵害委托人权益的;

(六)扰乱法庭、仲裁庭秩序,干扰诉讼、仲裁活动的正常进行的；

（七）煽动、教唆当事人采取扰乱公共秩序、危害公共安全等非法手段解决争议的；

（八）发表危害国家安全、恶意诽谤他人、严重扰乱法庭秩序的言论的；

（九）泄露国家秘密的。

律师因故意犯罪受到刑事处罚的，由省、自治区、直辖市人民政府司法行政部门吊销其律师执业证书。

第五十条 律师事务所有下列行为之一的，由设区的市级或者直辖市的区人民政府司法行政部门视其情节给予警告、停业整顿一个月以上六个月以下的处罚，可以处十万元以下的罚款；有违法所得的，没收违法所得；情节特别严重的，由省、自治区、直辖市人民政府司法行政部门吊销律师事务所执业证书：

（一）违反规定接受委托、收取费用的；

（二）违反法定程序办理变更名称、负责人、章程、合伙协议、住所、合伙人等重大事项的；

（三）从事法律服务以外的经营活动的；

（四）以诋毁其他律师事务所、律师或者支付介绍费等不正当手段承揽业务的；

（五）违反规定接受有利益冲突的案件的；

（六）拒绝履行法律援助义务的；

（七）向司法行政部门提供虚假材料或者有其他弄虚作假行为的；

（八）对本所律师疏于管理，造成严重后果的。

律师事务所因前款违法行为受到处罚的，对其负责人视情节轻重，给予警告或者处二万元以下的罚款。

第五十一条 律师因违反本法规定，在受到警告处罚后一年内又发生应当给予警告处罚情形的，由设区的市级或者直辖市的区人民政府司法行政部门给予停止执业三个月以上一年以下的处罚；在受到停止执业处罚期满后二年内又发生应当给予停止执业处罚情形的，由省、自治区、直辖市人民政府司法行政部门吊销其律师执业证书。

律师事务所因违反本法规定，在受到停业整顿处罚期满后二年内又发生应当给予停业整顿处罚情形的，由省、自治区、直辖市人民政府司法行政部门吊销律师事务所执业证书。

第五十二条 县级人民政府司法行政部门对律师和律师事务所的执业活动实施日常监督管理，对检查发现的问题，责令改正；对当事人的投诉，应当及时进行调查。县级人民政府司法行政部门认为律师和律师事务所的违法行为应当给予行政处罚的，应当向上级司法行政部门提出处罚建议。

第五十三条 受到六个月以上停止执业处罚的律师，处罚期满未逾三年的，不得担任合伙人。

被吊销律师执业证书的，不得担任辩护人、诉讼代理人，但系刑事诉讼、民事诉讼、行政诉讼当事人的监护人、近亲属的除外。

第五十四条 律师违法执业或者因过错给当事人造成损失的，由其所在的律师事务所承担赔偿责任。律师事务所赔偿后，可以向有故意或者重大过失行为的律师追偿。

第五十五条 没有取得律师执业证书的人员以律师名义从事法律服务业务的，由所在地的县级以上地方人民政府司法行政部门责令停止非法执业，没收违法所得，处违法所得一倍以上五倍以下的罚款。

第五十六条 司法行政部门工作人员违反本法规定，滥用职权、玩忽职守，构成犯罪的，依法追究刑事责任；尚不构成犯罪的，依法给予处分。

第七章 附 则

第五十七条 为军队提供法律服务的军队律师，其律师资格的取得和权利、义务及行为准则，适用本法规定。军队律师的具体管理办法，由国务院和中央军事委员会制定。

第五十八条 外国律师事务所在中华人民共和国境内设立机构从事法律服务活动的管理办法，由国务院制定。

第五十九条 律师收费办法，由国务院价格主管部门会同国务院司法行政部门制定。

第六十条 本法自2008年6月1日起施行。

律师执业管理办法

- 2008年7月18日司法部令第112号发布
- 2016年9月18日司法部令第134号修订
- 自2016年11月1日起施行

第一章 总 则

第一条 为了规范律师执业许可，保障律师依法执业，加强对律师执业行为的监督和管理，根据《中华人民共和国律师法》（以下简称《律师法》）和其他有关法律、法规的规定，制定本办法。

第二条 律师应当把拥护中国共产党领导、拥护社会主义法治作为从业的基本要求。

律师通过执业活动,应当维护当事人合法权益,维护法律正确实施,维护社会公平和正义。

第三条　律师依法执业受法律保护,任何组织和个人不得侵害律师的合法权益。

司法行政机关和律师协会应当依法维护律师的执业权利。

第四条　司法行政机关依照《律师法》和本办法的规定对律师执业进行监督、指导。

律师协会依照《律师法》、协会章程和行业规范对律师执业实行行业自律。

第五条　司法行政机关、律师协会应当建立健全律师表彰奖励制度,根据有关规定设立综合性和单项表彰项目,对为维护人民群众合法权益、促进经济社会发展和国家法治建设作出突出贡献的律师进行表彰奖励。

第二章　律师执业条件

第六条　申请律师执业,应当具备下列条件:

(一)拥护中华人民共和国宪法;

(二)通过国家统一司法考试取得法律职业资格证书;

(三)在律师事务所实习满一年;

(四)品行良好。

实行国家统一司法考试前取得的律师资格证书,在申请律师执业时,与法律职业资格证书具有同等效力。

享受国家统一司法考试有关报名条件、考试合格优惠措施,取得法律职业资格证书的,其申请律师执业的地域限制,按照有关规定办理。

申请律师执业的人员,应当按照规定参加律师协会组织的实习活动,并经律师协会考核合格。

第七条　申请兼职律师执业,除符合本办法第六条规定的条件外,还应当具备下列条件:

(一)在高等院校、科研机构中从事法学教育、研究工作;

(二)经所在单位同意。

第八条　申请特许律师执业,应当符合《律师法》和国务院有关条例规定的条件。

第九条　有下列情形之一的人员,不予颁发律师执业证书:

(一)无民事行为能力或者限制民事行为能力的;

(二)受过刑事处罚的,但过失犯罪的除外;

(三)被开除公职或者被吊销律师执业证书的。

第三章　律师执业许可程序

第十条　律师执业许可,由设区的市级或者直辖市的区(县)司法行政机关受理执业申请并进行初审,报省、自治区、直辖市司法行政机关审核,作出是否准予执业的决定。

第十一条　申请律师执业,应当向设区的市级或者直辖市的区(县)司法行政机关提交下列材料:

(一)执业申请书;

(二)法律职业资格证书或者律师资格证书;

(三)律师协会出具的申请人实习考核合格的材料;

(四)申请人的身份证明;

(五)律师事务所出具的同意接收申请人的证明。

申请执业许可时,申请人应当如实填报《律师执业申请登记表》。

第十二条　申请兼职律师执业,除按照本办法第十一条的规定提交有关材料外,还应当提交下列材料:

(一)在高等院校、科研机构从事法学教育、研究工作的经历及证明材料;

(二)所在单位同意申请人兼职律师执业的证明。

第十三条　设区的市级或者直辖市的区(县)司法行政机关对申请人提出的律师执业申请,应当根据下列情况分别作出处理:

(一)申请材料齐全、符合法定形式的,应当受理。

(二)申请材料不齐全或者不符合法定形式的,应当当场或者自收到申请材料之日起五日内一次告知申请人需要补正的全部内容。申请人按要求补正的,予以受理;逾期不告知的,自收到申请材料之日起即为受理。

(三)申请事项明显不符合法定条件或者申请人拒绝补正、无法补正有关材料的,不予受理,并向申请人书面说明理由。

第十四条　受理申请的司法行政机关应当自决定受理之日起二十日内完成对申请材料的审查。

在审查过程中,可以征求申请执业地的县级司法行政机关的意见;对于需要调查核实有关情况的,可以要求申请人提供有关的证明材料,也可以委托县级司法行政机关进行核实。

经审查,应当对申请人是否符合法定条件、提交的材料是否真实齐全出具审查意见,并将审查意见和全部申请材料报送省、自治区、直辖市司法行政机关。

第十五条　省、自治区、直辖市司法行政机关应当自收到受理申请机关报送的审查意见和全部申请材料之日起十日内予以审核,作出是否准予执业的决定。

准予执业的,应当自决定之日起十日内向申请人颁发律师执业证书。

不准予执业的,应当向申请人书面说明理由。

第十六条 申请特许律师执业,需要提交的材料以及受理、考核、批准的程序,依照国务院有关条例的规定办理。

第十七条 申请人有本办法第九条规定情形之一的,不得准予其律师执业。

第十八条 律师执业证书是律师依法获准执业的有效证件。

律师执业证书应当载明的内容、制作的规格、证号编制办法,由司法部规定。执业证书由司法部统一制作。

第十九条 有下列情形之一的,由作出准予该申请人执业决定的省、自治区、直辖市司法行政机关撤销原准予执业的决定:

(一)申请人以欺诈、贿赂等不正当手段取得准予执业决定的;

(二)对不符合法定条件的申请人准予执业或者违反法定程序作出准予执业决定的。

第二十条 律师变更执业机构,应当向拟变更的执业机构所在地设区的市级或者直辖市的区(县)司法行政机关提出申请,并提交下列材料:

(一)原执业机构所在地县级司法行政机关出具的申请人不具有本办法第二十一条规定情形的证明;

(二)与原执业机构解除聘用关系或者合伙关系以及办结业务、档案、财务等交接手续的证明;

(三)拟变更的执业机构同意接收申请人的证明;

(四)申请人的执业经历证明材料。

受理机关应当对变更申请及提交的材料出具审查意见,并连同全部申请材料报送省、自治区、直辖市司法行政机关审核。对准予变更的,由审核机关为申请人换发律师执业证书;对不准予变更的,应当向申请人书面说明理由。有关审查、核准、换证的程序和期限,参照本办法第十四条、第十五条的规定办理。

准予变更的,申请人在领取新的执业证书前,应将原执业证书上交原审核颁证机关。

律师跨设区的市或者省、自治区、直辖市变更执业机构的,原执业机构所在地和变更的执业机构所在地的司法行政机关之间应当交接该律师执业档案。

第二十一条 律师受到停止执业处罚期间或者受到投诉正在调查处理的,不得申请变更执业机构;律师事务所受到停业整顿处罚期限未满的,该所负责人、合伙人和对律师事务所受到停业整顿处罚负有直接责任的律师不得申请变更执业机构;律师事务所应当终止的,在完成清算、办理注销前,该所负责人、合伙人和对律师事务所被吊销执业许可证负有直接责任的律师不得申请变更执业机构。

第二十二条 律师被所在的律师事务所派驻分所执业的,其律师执业证书的换发及管理办法,按照司法部有关规定办理。

第二十三条 律师有下列情形之一的,由其执业地的原审核颁证机关收回、注销其律师执业证书:

(一)受到吊销律师执业证书处罚的;

(二)原准予执业的决定被依法撤销的;

(三)因本人不再从事律师职业申请注销的;

(四)因与所在律师事务所解除聘用合同或者所在的律师事务所被注销,在六个月内未被其他律师事务所聘用的;

(五)因其他原因终止律师执业的。

因前款第(三)项、第(四)项、第(五)项规定情形被注销律师执业证书的人员,重新申请律师执业的,按照本办法规定的程序申请律师执业。

律师正在接受司法机关、司法行政机关、律师协会立案调查期间,不得申请注销执业证书。

第四章 律师执业行为规范

第二十四条 律师执业必须遵守宪法和法律,恪守律师职业道德和执业纪律,做到依法执业、诚信执业、规范执业。

律师执业必须以事实为根据,以法律为准绳。

律师执业应当接受国家、社会和当事人的监督。

第二十五条 律师可以从事下列业务:

(一)接受自然人、法人或者其他组织的委托,担任法律顾问;

(二)接受民事案件、行政案件当事人的委托,担任代理人,参加诉讼;

(三)接受刑事案件犯罪嫌疑人、被告的委托或者依法接受法律援助机构的指派,担任辩护人,接受自诉案件自诉人、公诉案件被害人或者其近亲属的委托,担任代理人,参加诉讼;

(四)接受委托,代理各类诉讼案件的申诉;

(五)接受委托,参加调解、仲裁活动;

(六)接受委托,提供非诉讼法律服务;

(七)解答有关法律的询问、代写诉讼文书和有关法律事务的其他文书。

第二十六条 律师承办业务,应当由律师事务所统一接受委托,与委托人签订书面委托合同,并服从律师事务所对受理业务进行的利益冲突审查及其决定。

第二十七条 律师担任各级人民代表大会常务委员会组成人员的,任职期间不得从事诉讼代理或者辩护业务。

律师明知当事人已经委托两名诉讼代理人、辩护人的,不得再接受委托担任诉讼代理人、辩护人。

第二十八条 律师不得在同一案件中为双方当事人担任代理人,或者代理与本人及其近亲属有利益冲突的法律事务。律师接受犯罪嫌疑人、被告人委托后,不得接受同一案件或者未同案处理但实施的犯罪存在关联的其他犯罪嫌疑人、被告人的委托担任辩护人。

曾经担任法官、检察官的律师从人民法院、人民检察院离任后,二年内不得以律师身份担任诉讼代理人或者辩护人;不得担任原任职人民法院、人民检察院办理案件的诉讼代理人或者辩护人,但法律另有规定的除外。

律师不得担任所在律师事务所其他律师担任仲裁员的案件的代理人。曾经或者仍在担任仲裁员的律师,不得承办与本人担任仲裁员办理过的案件有利益冲突的法律事务。

第二十九条 律师担任法律顾问的,应当按照约定为委托人就有关法律问题提供意见,草拟、审查法律文书,代理参加诉讼、调解或者仲裁活动,办理委托的其他法律事务,维护委托人的合法权益。

第三十条 律师担任诉讼法律事务代理人或者非诉讼法律事务代理人的,应当在受委托的权限内代理法律事务,维护委托人的合法权益。

第三十一条 律师担任辩护人的,应当根据事实和法律,提出犯罪嫌疑人、被告人无罪、罪轻或者减轻、免除其刑事责任的材料和意见,维护犯罪嫌疑人、被告人的诉讼权利和其他合法权益。

律师担任辩护人的,其所在律师事务所应当在接受委托后三日以内,向办案机关提交接受委托告知函,告知委托事项、承办律师及联系方式。

第三十二条 律师出具法律意见,应当严格依法履行职责,保证其所出具意见的真实性、合法性。

律师提供法律咨询、代写法律文书,应当以事实为根据,以法律为准绳,并符合法律咨询规则和法律文书体例、格式的要求。

第三十三条 律师承办业务,应当告知委托人该委托事项办理可能出现的法律风险,不得用明示或者暗示方式对办理结果向委托人作出不当承诺。

律师承办业务,应当及时向委托人通报委托事项办理进展情况;需要变更委托事项、权限的,应当征得委托人的同意和授权。

律师接受委托后,无正当理由的,不得拒绝辩护或者代理,但是,委托事项违法,委托人利用律师提供的服务从事违法活动或者委托人故意隐瞒与案件有关的重要事实的,律师有权拒绝辩护或者代理。

第三十四条 律师承办业务,应当维护当事人合法权益,不得利用提供法律服务的便利牟取当事人争议的权益或者不当利益。

第三十五条 律师承办业务,应当诚实守信,不得接受对方当事人的财物及其他利益,与对方当事人、第三人恶意串通,向对方当事人、第三人提供不利于委托人的信息、证据材料,侵害委托人的权益。

第三十六条 律师与法官、检察官、仲裁员以及其他有关工作人员接触交往,应当遵守法律及相关规定,不得违反规定会见法官、检察官、仲裁员以及其他有关工作人员,向其行贿、许诺提供利益、介绍贿赂,指使、诱导当事人行贿,或者向法官、检察官、仲裁员以及其他工作人员打探办案机关内部对案件的办理意见、承办其介绍的案件,利用与法官、检察官、仲裁员以及其他有关工作人员的特殊关系,影响依法办理案件。

第三十七条 律师承办业务,应当引导当事人通过合法的途径、方式解决争议,不得采取煽动、教唆和组织当事人或者其他人员到司法机关或者其他国家机关静坐、举牌、打横幅、喊口号、声援、围观等扰乱公共秩序、危害公共安全的非法手段,聚众滋事,制造影响,向有关部门施加压力。

第三十八条 律师应当依照法定程序履行职责,不得以下列不正当方式影响依法办理案件:

(一)未经当事人委托或者法律援助机构指派,以律师名义为当事人提供法律服务、介入案件,干扰依法办理案件;

(二)对本人或者其他律师正在办理的案件进行歪曲、有误导性的宣传和评论,恶意炒作案件;

(三)以串联组团、联署签名、发表公开信、组织网上聚集、声援等方式或者借个案研讨之名,制造舆论压力,攻击、诋毁司法机关和司法制度;

(四)违反规定披露、散布不公开审理案件的信息、材料,或者本人、其他律师在办案过程中获悉的有关案件重要信息、证据材料。

第三十九条 律师代理参与诉讼、仲裁或者行政处理活动,应当遵守法庭、仲裁庭纪律和监管场所规定、行政处理规则，不得有下列妨碍、干扰诉讼、仲裁或者行政处理活动正常进行的行为：

（一）会见在押犯罪嫌疑人、被告人时，违反有关规定，携带犯罪嫌疑人、被告人的近亲属或者其他利害关系人会见，将通讯工具提供给在押犯罪嫌疑人、被告人使用，或者传递物品、文件的；

（二）无正当理由，拒不按照人民法院通知出庭参与诉讼，或者违反法庭规则，擅自退庭的；

（三）聚众哄闹、冲击法庭，侮辱、诽谤、威胁、殴打司法工作人员或者诉讼参与人，否定国家认定的邪教组织的性质，或者有其他严重扰乱法庭秩序的行为；

（四）故意向司法机关、仲裁机构或者行政机关提供虚假证据或者威胁、利诱他人提供虚假证据，妨碍对方当事人合法取得证据；

（五）法律规定的妨碍、干扰诉讼、仲裁或者行政处理活动正常进行的其他行为。

第四十条 律师对案件公开发表言论，应当依法、客观、公正、审慎，不得发表、散布否定宪法确立的根本政治制度、基本原则和危害国家安全的言论，不得利用网络、媒体挑动对党和政府的不满，发起、参与危害国家安全的组织或者支持、参与、实施危害国家安全的活动，不得以歪曲事实真相、明显违背社会公序良俗等方式，发表恶意诽谤他人的言论，或者发表严重扰乱法庭秩序的言论。

第四十一条 律师应当按照有关规定接受业务，不得为争揽业务哄骗、唆使当事人提起诉讼，制造、扩大矛盾，影响社会稳定。

第四十二条 律师应当尊重同行，公平竞争，不得诋毁其他律师事务所、律师，支付介绍费，向当事人明示或者暗示与办案机关、政府部门及其工作人员有特殊关系，或者在司法机关、监管场所周边违规设立办公场所、散发广告、举牌等不正当手段承揽业务。

第四十三条 律师应当保守在执业活动中知悉的国家秘密、商业秘密，不得泄露当事人和其他人的个人隐私。

律师对在执业活动中知悉的委托人和其他人不愿泄露的有关情况和信息，应当予以保密。但是，委托人或者其他人准备或者正在实施危害国家安全、公共安全以及严重危害他人人身安全的犯罪事实和信息除外。

第四十四条 律师承办业务，应当按照规定由律师事务所向委托人统一收取律师费和有关办案费用，不得私自收费，不得接受委托人的财物或者其他利益。

第四十五条 律师应当按照国家规定履行法律援助义务，为受援人提供符合标准的法律服务，维护受援人的合法权益，不得拖延、懈怠履行或者擅自停止履行法律援助职责，或者未经律师事务所、法律援助机构同意，擅自将法律援助案件转交其他人员办理。

第四十六条 律师承办业务，应当妥善保管与承办事项有关的法律文书、证据材料、业务文件和工作记录。在法律事务办结后，按照有关规定立卷建档，上交律师事务所保管。

第四十七条 律师只能在一个律师事务所执业。

律师在从业期间应当专职执业，但兼职律师或者法律、行政法规另有规定的除外。

律师执业，应当遵守所在律师事务所的执业管理制度，接受律师事务所的指导和监督，参加律师执业年度考核。

第四十八条 律师应当妥善使用和保管律师执业证书，不得变造、抵押、出借、出租。如有遗失或者损毁的，应当及时报告所在地县级司法行政机关，经所在地设区的市级或者直辖市区（县）司法行政机关向原审核颁证机关申请补发或者换发。律师执业证书遗失的，应当在省级以上报刊或者发证机关指定网站上刊登遗失声明。

律师受到停止执业处罚的，应当自处罚决定生效后至处罚期限届满前，将律师执业证书缴存其执业机构所在地县级司法行政机关。

第四十九条 律师应当按照规定参加司法行政机关和律师协会组织的职业培训。

第五章　司法行政机关的监督管理

第五十条 县级司法行政机关对其执业机构在本行政区域的律师的执业活动进行日常监督管理，履行下列职责：

（一）检查、监督律师在执业活动中遵守法律、法规、规章和职业道德、执业纪律的情况；

（二）受理对律师的举报和投诉；

（三）监督律师履行行政处罚和实行整改的情况；

（四）掌握律师事务所对律师执业年度考核的情况；

（五）司法部和省、自治区、直辖市司法行政机关规定的其他职责。

县级司法行政机关在开展日常监督管理过程中，发现、查实律师在执业活动中存在问题的，应当对其进行警示谈话，责令改正，并对其整改情况进行监督；对律师的违法行为认为依法应当给予行政处罚的，应当向上一级司法行政机关提出处罚建议;认为需要给予行业惩戒的,移送律师协会处理。

第五十一条 设区的市级司法行政机关履行下列监督管理职责:

(一)掌握本行政区域律师队伍建设和发展情况,制定加强律师队伍建设的措施和办法;

(二)指导、监督下一级司法行政机关对律师执业的日常监督管理工作,组织开展对律师执业的专项检查或者专项考核工作,指导对律师重大投诉案件的查处工作;

(三)对律师进行表彰;

(四)依法定职权对律师的违法行为实施行政处罚;对依法应当给予吊销律师执业证书处罚的,向上一级司法行政机关提出处罚建议;

(五)对律师事务所的律师执业年度考核结果实行备案监督;

(六)受理、审查律师执业、变更执业机构、执业证书注销申请事项;

(七)建立律师执业档案,负责有关律师执业许可、变更、注销等信息的公开工作;

(八)法律、法规、规章规定的其他职责。

直辖市的区(县)司法行政机关负有前款规定的有关职责。

第五十二条 省、自治区、直辖市司法行政机关履行下列监督管理职责:

(一)掌握、评估本行政区域律师队伍建设情况和总体执业水平,制定律师队伍的发展规划和有关政策,制定加强律师执业管理的规范性文件;

(二)监督、指导下级司法行政机关对律师执业的监督管理工作,组织、指导对律师执业的专项检查或者专项考核工作;

(三)组织对律师的表彰活动;

(四)依法对律师的严重违法行为实施吊销律师执业证书的处罚,监督、指导下一级司法行政机关的行政处罚工作,办理有关行政复议和申诉案件;

(五)办理律师执业核准、变更执业机构核准和执业证书注销事项;

(六)负责有关本行政区域律师队伍、执业情况、管理事务等重大信息的公开工作;

(七)法律、法规、规章规定的其他职责。

第五十三条 律师违反本办法有关规定的,依照《律师法》和有关法规、规章规定追究法律责任。

律师违反本办法第二十八条、第四十一条、第四十二条规定的,司法行政机关应当依照《律师法》第四十七条相关规定予以行政处罚;违反第三十四条规定的,依照《律师法》第四十八条相关规定予以行政处罚;违反第三十五条至第四十条规定的,依照《律师法》第四十九条相关规定予以行政处罚。

第五十四条 各级司法行政机关及其工作人员对律师执业实施监督管理,不得妨碍律师依法执业,不得侵害律师的合法权益,不得索取或者收受律师的财物,不得谋取其他利益。

第五十五条 司法行政机关应当加强对实施律师执业许可和日常监督管理活动的层级监督,按照规定建立有关工作的统计、请示、报告、督办等制度。

负责律师执业许可实施、律师执业年度考核结果备案或者奖励、处罚的司法行政机关,应当及时将有关许可决定、备案情况、奖惩情况通报下级司法行政机关,并报送上一级司法行政机关。

第五十六条 司法行政机关、律师协会应当建立律师和律师事务所信息管理系统,按照有关规定向社会公开律师基本信息和年度考核结果、奖惩情况。

第五十七条 司法行政机关应当加强对律师协会的指导、监督,支持律师协会依照《律师法》和协会章程、行业规范对律师执业活动实行行业自律,建立健全行政管理与行业自律相结合的协调、协作机制。

第五十八条 各级司法行政机关应当定期将本行政区域律师队伍建设、执业活动情况的统计资料、年度管理工作总结报送上一级司法行政机关。

第五十九条 人民法院、人民检察院、公安机关、国家安全机关或者其他有关部门对律师的违法违规行为向司法行政机关、律师协会提出予以处罚、处分建议的,司法行政机关、律师协会应当自作出处理决定之日起七日内通报建议机关。

第六十条 司法行政机关工作人员在律师执业许可和实施监督管理活动中,滥用职权、玩忽职守,构成犯罪的,依法追究刑事责任;尚不构成犯罪的,依法给予行政处分。

第六章 附 则

第六十一条 军队律师的执业管理,按照国务院和中央军事委员会有关规定执行。

第六十二条 本办法自2016年11月1日起施行。此前司法部制定的有关律师执业管理的规章、规范性文件与本办法相抵触的,以本办法为准。

关于依法保障律师执业权利的十条意见

· 2023 年 3 月 1 日
· 高检发办字〔2023〕28 号

为深入学习贯彻党的二十大精神，全面贯彻习近平法治思想，认真落实《中共中央关于加强新时代检察机关法律监督工作的意见》，依法保障律师执业权利，进一步为律师会见、阅卷、听取意见等提供便利，根据《中华人民共和国刑事诉讼法》《中华人民共和国律师法》《人民检察院刑事诉讼规则》等规定，结合工作实际，制定如下工作意见。

一、加强接待律师平台建设

人民检察院 12309 检察服务中心统一接收律师提交的案件材料，集中受理律师提出的阅卷、约见案件承办人、调取证据、查询等事项，为律师执业提供便利。律师可以直接拨打 12309 检察服务热线、登陆 12309 中国检察网或者到 12309 检察服务中心现场提出上述事项。人民检察院应当及时办理，并将办理情况或结果告知律师，做到"件件有回复"。

二、充分保障律师对案件办理重要程序性事项的知情权

人民检察院受理公安机关提请批准逮捕、作出退回补充侦查、改变管辖、提起公诉等重要程序性决定的，应当通过电话、短信、手机 APP 信息推送等方式及时告知辩护律师。办案人员的姓名及联系方式也应向辩护律师提供。

三、充分保障律师查阅案卷的权利

人民检察院在律师提出阅卷申请后，一般应当提供电子卷宗，便于律师查阅、复制。律师提出调阅案件纸质卷宗的，人民检察院了解具体原因后，认为应予支持的，应当及时安排。各级人民检察院应当进一步规范电子卷宗制作标准，提高制作效率，确保电子卷宗完整、清晰、准确，便于查阅。对于符合互联网阅卷要求的，应当在三日内完成律师互联网阅卷申请的办理和答复。

四、充分保障律师反映意见的权利

人民检察院听取律师意见，应当坚持"能见尽见、应听尽听"原则，充分保障律师向办案部门反映意见的权利。人民检察院拟决定或者批准逮捕犯罪嫌疑人的，应当在作出决定前征询辩护律师意见。拟当面听取律师意见的，应当由检察官或者检察官助理在专门的律师会见室进行，并配备记录人员，完整记录律师意见和工作过程。当面听取律师意见有困难的，可以通过书面、电话、视频等方式进行并记录在案。

五、及时向律师反馈意见采纳情况

人民检察院应当全面审查律师就办案工作提出的意见，有事实和法律依据的意见应当吸收。在案件办结前，应当通过约见、书面、电话、视频等方式向律师反馈意见采纳情况及不予采纳的理由，并记录在案。制作法律文书时，应当写明律师相关信息，并载明律师意见、检察机关采纳情况及不予采纳的理由。

六、认真听取律师对认罪认罚案件的意见

人民检察院办理认罪认罚案件，应当认真听取辩护律师或者值班律师的意见。已委托辩护律师的，应当提前通知辩护律师，确保犯罪嫌疑人签署认罪认罚具结书时在场并有明确的意见，不得绕开辩护律师安排值班律师代为见证具结。辩护律师确因客观原因无法到场的，可以通过远程视频方式见证具结；确有不便的，经辩护律师同意，可以安排值班律师在场履职。

七、加强对律师会见权的监督保障

人民检察院应当在看守所、监狱等律师会见场所公布派驻监管场所检察人员姓名及办公电话。律师提出会见在押的犯罪嫌疑人、被告人、罪犯，认为受到相关部门工作人员阻碍的，可以向检察机关提出控告申诉。对相关部门工作人员阻碍律师会见，派驻监管场所检察人员能够当场处理的，应当及时监督相关部门依法保障律师行使会见权；不能当场处理的，应当在五个工作日内审查办理完毕。经审查，认为不符合会见条件的，要及时向律师说明情况，取得理解。派驻监管场所检察室应当与看守所、监狱建立及时畅通的沟通交流机制，促进律师会见问题解决。

八、畅通权利救济渠道

律师认为人民检察院及其工作人员未严格执行本意见的，可以向该检察院或者上一级人民检察院提出控告申诉，也可以向所属律师协会反映，律师协会要及时将问题线索转交检察机关。人民检察院收到相关控告申诉或问题线索后，应当作为阻碍律师执业权利监督案件在第一时间受理，并于十日内办结并书面答复律师。对于律师提出的情况紧急、需要尽快办理的控告申诉，人民检察院一般应当在三个工作日内办理并答复律师。中华全国律师协会维护律师执业权利中心公布各地维权联系电话、联系人姓名，方便律师查询联系。

九、严肃责任落实

人民检察院应当将依法保障律师执业权利工作情况纳入检察人员业绩考评体系，引导检察人员全面履行依法保障律师执业权利的司法责任。人民检察院调查核实后认为律师控告申诉情况属实的，应当及时通知本院有关部门、下级人民检察院予以纠正。本院有关部门、下级人民检察院未予纠正或者纠正不到位的，应当及时了解情况予以通报或移送相关线索。对于检察人员违反职责阻碍律师依法执业需要追究司法责任的，应当按照《人民检察院司法责任追究条例》的规定，严格依法处理。

十、强化沟通协调

人民检察院、司法行政机关和律师协会应加强沟通协调，切实发挥维护律师执业权利快速联动处置机制作用，及时发现和解决不能保证律师依法行使执业权利问题，做好相关组织、协调和落实工作。地方各级人民检察院、司法行政机关、律师协会每半年召开一次联席会议，相互通报保障律师依法执业工作情况。建立健全检律同堂培训机制，常态化组织开展检律同堂培训。围绕律师执业权利保障、检律互动亲清有度，联合开展专项调研工作，不断提高保障律师依法执业的法治化水平。

最高人民法院关于依法切实保障律师诉讼权利的规定

- 2015年12月29日
- 法发〔2015〕16号

为深入贯彻落实全面推进依法治国战略，充分发挥律师维护当事人合法权益、促进司法公正的积极作用，切实保障律师诉讼权利，根据中华人民共和国刑事诉讼法、民事诉讼法、行政诉讼法、律师法和《最高人民法院、最高人民检察院、公安部、国家安全部、司法部关于依法保障律师执业权利的规定》，作出如下规定：

一、依法保障律师知情权。人民法院要不断完善审判流程公开、裁判文书公开、执行信息公开"三大平台"建设，方便律师及时获取诉讼信息。对诉讼程序、诉权保障、调解和解、裁判文书等重要事项及相关进展情况，应当依法及时告知律师。

二、依法保障律师阅卷权。对律师申请阅卷的，应当在合理时间内安排。案卷材料被其他诉讼主体查阅的，应当协调安排各方阅卷时间。律师依法查阅、摘抄、复制有关卷宗材料或者查看庭审录音录像的，应当提供场所和设施。有条件的法院，可提供网上卷宗查阅服务。

三、依法保障律师出庭权。确定开庭日期时，应当为律师预留必要的出庭准备时间。因特殊情况更改开庭日期的，应当提前三日告知律师。律师因正当理由请求变更开庭日期的，法官可在征询其他当事人意见后准许。律师带助理出庭的，应当准许。

四、依法保障律师辩论、辩护权。法官在庭审过程中应合理分配诉讼各方发问、质证、陈述和辩论、辩护的时间，充分听取律师意见。除律师发言过于重复、与案件无关或者相关问题已在庭前达成一致等情况外，不应打断律师发言。

五、依法保障律师申请排除非法证据的权利。律师申请排除非法证据并提供相关线索或者材料，法官经审查对证据收集合法性有疑问的，应当召开庭前会议或者进行法庭调查。经审查确认存在法律规定的以非法方法收集证据情形的，对有关证据应当予以排除。

六、依法保障律师申请调取证据的权利。律师因客观原因无法自行收集证据的，可以依法向人民法院书面申请调取证据。律师申请调取证据符合法定条件的，法官应当准许。

七、依法保障律师的人身安全。案件审理过程中出现当事人矛盾激化，可能危及律师人身安全情形的，应当及时采取必要措施。对在法庭上发生的殴打、威胁、侮辱、诽谤律师等行为，法官应当及时制止，依法处置。

八、依法保障律师代理申诉的权利。对律师代理当事人对案件提出申诉的，要依照法律规定的程序认真处理。认为原案件处理正确的，要支持律师向申诉人做好释法析理、息诉息访工作。

九、为律师依法履职提供便利。要进一步完善网上立案、缴费、查询、阅卷、申请保全、提交代理词、开庭排期、文书送达等功能。有条件的法院要为参加庭审的律师提供休息场所，配备桌椅、饮水及其他必要设施。

十、完善保障律师诉讼权利的救济机制。要指定专门机构负责处理律师投诉，公开联系方式，畅通投诉渠道。对投诉要及时调查，依法处理，并将结果及时告知律师。对司法行政机关、律师协会就维护律师执业权利提出的建议，要及时予以答复。

最高人民法院、最高人民检察院、公安部、国家安全部、司法部关于依法保障律师执业权利的规定

- 2015年9月16日
- 司发〔2015〕14号

第一条 为切实保障律师执业权利，充分发挥律师维护当事人合法权益、维护法律正确实施、维护社会公平和正义的作用，促进司法公正，根据有关法律法规，制定

本规定。

第二条 人民法院、人民检察院、公安机关、国家安全机关、司法行政机关应当尊重律师，健全律师执业权利保障制度，依照刑事诉讼法、民事诉讼法、行政诉讼法及律师法的规定，在各自职责范围内依法保障律师知情权、申请权、申诉权，以及会见、阅卷、收集证据和发问、质证、辩论等方面的执业权利，不得阻碍律师依法履行辩护、代理职责，不得侵害律师合法权利。

第三条 人民法院、人民检察院、公安机关、国家安全机关、司法行政机关和律师协会应当建立健全律师执业权利救济机制。

律师因依法执业受到侮辱、诽谤、威胁、报复、人身伤害的，有关机关应当及时制止并依法处理，必要时对律师采取保护措施。

第四条 人民法院、人民检察院、公安机关、国家安全机关、司法行政机关应当建立和完善诉讼服务中心、立案或受案场所、律师会见室、阅卷室，规范工作流程，方便律师办理立案、会见、阅卷、参与庭审、申请执行等事务。探索建立网络信息系统和律师服务平台，提高案件办理效率。

第五条 办案机关在办理案件中应当依法告知当事人有权委托辩护人、诉讼代理人。对于符合法律援助条件而没有委托辩护人或者诉讼代理人的，办案机关应当及时告知当事人有权申请法律援助，并按照相关规定向法律援助机构转交申请材料。办案机关发现犯罪嫌疑人、被告人属于依法应当提供法律援助的情形的，应当及时通知法律援助机构指派律师为其提供辩护。

第六条 辩护律师接受犯罪嫌疑人、被告人委托或者法律援助机构的指派后，应当告知办案机关，并可以依法向办案机关了解犯罪嫌疑人、被告人涉嫌或者被指控的罪名及当时已查明的该罪的主要事实，犯罪嫌疑人、被告人被采取、变更、解除强制措施的情况，侦查机关延长侦查羁押期限等情况，办案机关应当依法及时告知辩护律师。

办案机关作出移送审查起诉、退回补充侦查、提起公诉、延期审理、二审不开庭审理、宣告判决等重大程序性决定的，以及人民检察院将直接受理立案侦查案件报请上一级人民检察院审查决定逮捕的，应当依法及时告知辩护律师。

第七条 辩护律师到看守所会见在押的犯罪嫌疑人、被告人，看守所在查验律师执业证书、律师事务所证明和委托书或者法律援助公函后，应当及时安排会见。能当时安排的，应当当时安排；不能当时安排的，看守所应当向辩护律师说明情况，并保证辩护律师在四十八小时以内会见到在押的犯罪嫌疑人、被告人。

看守所安排会见不得附加其他条件或者变相要求辩护律师提交法律规定以外的其他文件、材料，不得以未收到办案机关通知为由拒绝安排辩护律师会见。

看守所应当设立会见预约平台，采取网上预约、电话预约等方式为辩护律师会见提供便利，但不得以未预约会见为由拒绝安排辩护律师会见。

辩护律师会见在押的犯罪嫌疑人、被告人时，看守所应当采取必要措施，保障会见顺利和安全进行。律师会见在押的犯罪嫌疑人、被告人的，看守所应当保障律师履行辩护职责需要的时间和次数，并与看守所工作安排和办案机关侦查工作相协调。辩护律师会见犯罪嫌疑人、被告人时不被监听，办案机关不得派员在场。在律师会见室不足的情况下，看守所经辩护律师书面同意，可以安排在讯问室会见，但应当关闭录音、监听设备。犯罪嫌疑人、被告人委托两名律师担任辩护人的，两名辩护律师可以共同会见，也可以单独会见。辩护律师可以带一名律师助理协助会见。助理人员随同辩护律师参加会见的，应当出示律师事务所证明和律师执业证书或申请律师执业人员实习证。办案机关应当核实律师助理的身份。

第八条 在押的犯罪嫌疑人、被告人提出解除委托关系的，办案机关应当要求其出具或签署书面文件，并在三日以内转交受委托的律师或者律师事务所。辩护律师可以要求会见在押的犯罪嫌疑人、被告人，当面向其确认解除委托关系，看守所应当安排会见；但犯罪嫌疑人、被告人书面拒绝会见的，看守所应当将有关书面材料转交辩护律师，不予安排会见。

在押的犯罪嫌疑人、被告人的监护人、近亲属解除代为委托辩护律师关系的，经犯罪嫌疑人、被告人同意的，看守所应当允许新代为委托的辩护律师会见，由犯罪嫌疑人、被告人确认新的委托关系；犯罪嫌疑人、被告人不同意解除原辩护律师的委托关系的，看守所应当终止新代为委托的辩护律师会见。

第九条 辩护律师在侦查期间要求会见危害国家安全犯罪、恐怖活动犯罪、特别重大贿赂犯罪案件在押的犯罪嫌疑人的，应当向侦查机关提出申请。侦查机关应当依法及时审查辩护律师提出的会见申请，在三日以内将是否许可的决定书面答复辩护律师，并明确告知负责与辩护律师联系的部门及工作人员的联系方式。对许可会见的，应当向辩护律师出具许可决定文书；因有碍侦查或者可能泄露国家秘密而不许可会见的，应当向辩护律师说明理由。有碍侦查或者可能泄露国家秘密的情形消失后，应当许可会见，并及时通知看守所和辩护律师。对特别重大贿赂案件在侦查终结前，侦查机关应当许可辩护律师至少会见一次犯罪嫌疑人。

侦查机关不得随意解释和扩大前款所述三类案件的范围，限制律师会见。

第十条 自案件移送审查起诉之日起，辩护律师会见犯罪嫌疑人、被告人，可以向其核实有关证据。

第十一条 辩护律师会见在押的犯罪嫌疑人、被告人，可以根据需要制作会见笔录，并要求犯罪嫌疑人、被告人确认无误后在笔录上签名。

第十二条 辩护律师会见在押的犯罪嫌疑人、被告人需要翻译人员随同参加的，应当提前向办案机关提出申请，并提交翻译人员身份证明及其所在单位出具的证明。办案机关应当及时审查并在三日以内作出是否许可的决定。许可翻译人员参加会见的，应当向辩护律师出具许可决定文书，并通知看守所。不许可的，应当向辩护律师书面说明理由，并通知其更换。

翻译人员应当持办案机关许可决定文书和本人身份证明，随同辩护律师参加会见。

第十三条 看守所应当及时传递辩护律师同犯罪嫌疑人、被告人的往来信件。看守所可以对信件进行必要的检查，但不得截留、复制、删改信件，不得向办案机关提供信件内容，但信件内容涉及危害国家安全、公共安全、严重危害他人人身安全以及涉嫌串供、毁灭证据等情形的除外。

第十四条 辩护律师自人民检察院对案件审查起诉之日起，可以查阅、摘抄、复制本案的案卷材料，人民检察院检察委员会的讨论记录、人民法院合议庭、审判委员会的讨论记录以及其他依法不能公开的材料除外。人民检察院、人民法院应当为辩护律师查阅、摘抄、复制案卷材料提供便利，有条件的地方可以推行电子化阅卷，允许刻录、下载材料。侦查机关应当在案件移送审查起诉后三日以内，人民检察院应当在提起公诉后三日以内，将案件移送情况告知辩护律师。案件提起公诉后，人民检察院对案卷所附证据材料有调整或者补充的，应当及时告知辩护律师。辩护律师对调整或者补充的证据材料，有权查阅、摘抄、复制。辩护律师办理申诉、抗诉案件，在人民检察院、人民法院经审查决定立案后，可以持律师执业证书、律师事务所证明和委托书或者法律援助公函到案卷档案管理部门，持有案卷档案的办案部门查阅、摘抄、复制已经审理终结案件的案卷材料。

辩护律师提出阅卷要求的，人民检察院、人民法院应当当时安排辩护律师阅卷，无法当时安排的，应当向辩护律师说明并安排其在三个工作日以内阅卷，不得限制辩护律师阅卷的次数和时间。有条件的地方可以设立阅卷预约平台。

人民检察院、人民法院应当为辩护律师阅卷提供场所和便利，配备必要的设备。因复制材料发生费用的，只收取工本费用。律师办理法律援助案件复制材料发生的费用，应当予以免收或者减收。辩护律师可以采用复印、拍照、扫描、电子数据拷贝等方式复制案卷材料，可以根据需要带律师助理协助阅卷。办案机关应当核实律师助理的身份。

辩护律师查阅、摘抄、复制的案卷材料属于国家秘密的，应当经过人民检察院、人民法院同意并遵守国家保密规定。律师不得违反规定，披露、散布案件重要信息和案卷材料，或者将其用于本案辩护、代理以外的其他用途。

第十五条 辩护律师提交与案件有关材料的，办案机关应当在工作时间和办公场所予以接待，当面了解辩护律师提交材料的目的、材料的来源和主要内容等有关情况并记录在案，与相关材料一并附卷，并出具回执。辩护律师应当提交原件，提交原件确有困难的，经办案机关准许，也可以提交复印件，经与原件核对无误后由辩护律师签名确认。辩护律师通过服务平台网上提交相关材料的，办案机关应当在网上出具回执。辩护律师应当及时向办案机关提供原件核对，并签名确认。

第十六条 在刑事诉讼审查起诉、审判期间，辩护律师书面申请调取公安机关、人民检察院在侦查、审查起诉期间收集但未提交的证明犯罪嫌疑人、被告人无罪或者罪轻的证据材料的，人民检察院、人民法院应当依法及时审查。经审查，认为辩护律师申请调取的证据材料已收集并且与案件事实有联系的，应当及时调取。相关证据材料提交后，人民检察院、人民法院应当及时通知辩护律师查阅、摘抄、复制。经审查决定不予调取的，应当书面说明理由。

第十七条 辩护律师申请向被害人或者其近亲属、被害人提供的证人收集与本案有关的材料的，人民检察院、人民法院应当在七日以内作出是否许可的决定，并通知辩护律师。辩护律师书面提出有关申请时，办案机关不许可的，应当书面说明理由；辩护律师口头提出申请的，办案机关可以口头答复。

第十八条 辩护律师申请人民检察院、人民法院收集、调取证据的，人民检察院、人民法院应当在三日以内作出是否同意的决定，并通知辩护律师。辩护律师书面提出有关申请时，办案机关不同意的，应当书面说明理由；辩护律师口头提出申请，办案机关可以口头答复。

第十九条　辩护律师申请向正在服刑的罪犯收集与案件有关的材料的，监狱和其他监管机关在查验律师执业证书、律师事务所证明和犯罪嫌疑人、被告人委托书或法律援助公函后，应当及时安排并提供合适的场所和便利。

正在服刑的罪犯属于辩护律师所承办案件的被害人或者其近亲属、被害人提供的证人的，应当经人民检察院或者人民法院许可。

第二十条　在民事诉讼、行政诉讼过程中，律师因客观原因无法自行收集证据的，可以依法向人民法院申请调取。经审查符合规定的，人民法院应当予以调取。

第二十一条　侦查机关在案件侦查终结前，人民检察院、人民法院在审查批准、决定逮捕期间，最高人民法院在复核死刑案件期间，辩护律师提出要求的，办案机关应当听取辩护律师的意见。人民检察院审查起诉、第二审人民法院决定不开庭审理的，应当充分听取辩护律师的意见。

辩护律师要求当面反映意见或者提交证据材料的，办案机关应当依法办理，并制作笔录附卷。辩护律师提出的书面意见和证据材料，应当附卷。

第二十二条　辩护律师书面申请变更或者解除强制措施的，办案机关应当在三日以内作出处理决定。辩护律师的申请符合法律规定的，办案机关应当及时变更或者解除强制措施；经审查认为不应当变更或者解除强制措施的，应当告知辩护律师，并书面说明理由。

第二十三条　辩护律师在侦查、审查起诉、审判期间发现案件有关证据存在刑事诉讼法第五十四条规定的情形的，可以向办案机关申请排除非法证据。

辩护律师在开庭以前申请排除非法证据，人民法院对证据收集合法性有疑问的，应当依照刑事诉讼法第一百八十二条第二款的规定召开庭前会议，就非法证据排除问题了解情况，听取意见。

辩护律师申请排除非法证据的，办案机关应当听取辩护律师的意见，按照法定程序审查核实相关证据，并依法决定是否予以排除。

第二十四条　辩护律师在开庭以前提出召开庭前会议、回避、补充鉴定或者重新鉴定以及证人、鉴定人出庭等申请的，人民法院应当及时审查作出处理决定，并告知辩护律师。

第二十五条　人民法院确定案件开庭日期时，应当为律师出庭预留必要的准备时间并书面通知律师。律师因开庭日期冲突等正当理由申请变更开庭日期的，人民法院应当在不影响案件审理期限的情况下，予以考虑并调整日期，决定调整日期的，应当及时通知律师。

律师可以根据需要，向人民法院申请带律师助理参加庭审。律师助理参加庭审仅能从事相关辅助工作，不得发表辩护、代理意见。

第二十六条　有条件的人民法院应当建立律师参与诉讼专门通道，律师进入人民法院参与诉讼确需安全检查的，应当与出庭履行职务的检察人员同等对待。有条件的人民法院应当设置专门的律师更衣室、休息室或者休息区域，并配备必要的桌椅、饮水及上网设施等，为律师参与诉讼提供便利。

第二十七条　法庭审理过程中，律师对审判人员、检察人员提出回避申请的，人民法院、人民检察院应当依法作出处理。

第二十八条　法庭审理过程中，经审判长准许，律师可以向当事人、证人、鉴定人和有专门知识的人发问。

第二十九条　法庭审理过程中，律师可以就证据的真实性、合法性、关联性，从证明目的、证明效果、证明标准、证明过程等方面，进行法庭质证和相关辩论。

第三十条　法庭审理过程中，律师可以就案件事实、证据和适用法律等问题，进行法庭辩论。

第三十一条　法庭审理过程中，法官应当注重诉讼权利平等和控辩平衡。对于律师发问、质证、辩论的内容、方式、时间等，法庭应当依法公正保障，以便律师充分发表意见，查清案件事实。

法庭审理过程中，法官可以对律师的发问、辩论进行引导，除发言过于重复、相关问题已在庭前会议达成一致、与案件无关或者侮辱、诽谤、威胁他人，故意扰乱法庭秩序的情况外，法官不得随意打断或者制止律师按程序进行的发言。

第三十二条　法庭审理过程中，律师可以提出证据材料，申请通知新的证人、有专门知识的人出庭，申请调取新的证据，申请重新鉴定或者勘验、检查。在民事诉讼中，申请有专门知识的人出庭，应当在举证期限届满前向人民法院申请，经法庭许可后才可以出庭。

第三十三条　法庭审理过程中，遇有被告人供述发生重大变化、拒绝辩护等重大情形，经审判长许可，辩护律师可以与被告人进行交流。

第三十四条　法庭审理过程中，有下列情形之一的，律师可以向法庭申请休庭：

（一）辩护律师因法定情形拒绝为被告人辩护的；

（二）被告人拒绝辩护律师为其辩护的；

（三）需要对新的证据作辩护准备的；

（四）其他严重影响庭审正常进行的情形。

第三十五条 辩护律师作无罪辩护的，可以当庭就量刑问题发表辩护意见，也可以庭后提交量刑辩护意见。

第三十六条 人民法院适用普通程序审理案件，应当在裁判文书中写明律师依法提出的辩护、代理意见，以及是否采纳的情况，并说明理由。

第三十七条 对于诉讼中的重大程序信息和送达当事人的诉讼文书，办案机关应当通知辩护、代理律师。

第三十八条 法庭审理过程中，律师就回避、案件管辖、非法证据排除、申请通知证人、鉴定人、有专门知识的人出庭、申请通知新的证人到庭、调取新的证据、申请重新鉴定、勘验等问题当庭提出申请，或者对法庭审理程序提出异议，法庭原则上应当休庭进行审查，依照法定程序作出决定。其他律师有相同异议的，应一并提出，法庭一并休庭审查。法庭决定驳回申请或者异议的，律师可当庭提出复议。经复议后，律师应当尊重法庭的决定，服从法庭的安排。

律师不服法庭决定保留意见的内容应当详细记入法庭笔录，可以作为上诉理由，或者向同级或者上一级人民检察院申诉、控告。

第三十九条 律师申请查阅人民法院录制的庭审过程的录音、录像的，人民法院应当准许。

第四十条 侦查机关依法对在诉讼活动中涉嫌犯罪的律师采取强制措施后，应当在四十八小时以内通知其所在的律师事务所或者所属的律师协会。

第四十一条 律师认为办案机关及其工作人员明显违反法律规定，阻碍律师依法履行辩护、代理职责，侵犯律师执业权利的，可以向该办案机关或者其上一级机关投诉。

办案机关应当畅通律师反映问题和投诉的渠道，明确专门部门负责处理律师投诉，并公开联系方式。

办案机关应当对律师的投诉及时调查，律师要求当面反映情况的，应当当面听取律师的意见。经调查情况属实的，应当依法立即纠正，及时答复律师，做好说明解释工作，并将处理情况通报其所在地司法行政机关或者所属的律师协会。

第四十二条 在刑事诉讼中，律师认为办案机关及其工作人员的下列行为阻碍律师依法行使诉讼权利的，可以向同级或者上一级人民检察院申诉、控告：

（一）未依法向律师履行告知、转达、通知和送达义务的；

（二）办案机关认定律师不得担任辩护人、代理人的情形有误的；

（三）对律师依法提出的申请，不接收、不答复的；

（四）依法应当许可律师提出的申请未许可的；

（五）依法应当听取律师的意见未听取的；

（六）其他阻碍律师依法行使诉讼权利的行为。

律师依照前款规定提出申诉、控告的，人民检察院应当在受理后十日以内进行审查，并将处理情况书面答复律师。情况属实的，通知有关机关予以纠正。情况不属实的，做好说明解释工作。

人民检察院应当依法严格履行保障律师依法执业的法律监督职责，处理律师申诉控告。在办案过程中发现有阻碍律师依法行使诉讼权利行为的，应当依法、及时提出纠正意见。

第四十三条 办案机关或者其上一级机关、人民检察院对律师提出的投诉、申诉、控告，经调查核实后要求有关机关予以纠正，有关机关拒不纠正或者累纠累犯的，应当由相关机关的纪检监察部门依照有关规定调查处理，相关责任人构成违纪的，给予纪律处分。

第四十四条 律师认为办案机关及其工作人员阻碍其依法行使执业权利的，可以向其所执业律师事务所所在地的市级司法行政机关、所属的律师协会申请维护执业权利。情况紧急的，可以向事发地的司法行政机关、律师协会申请维护执业权利。事发地的司法行政机关、律师协会应当给予协助。

司法行政机关、律师协会应当建立维护律师执业权利快速处置机制和联动机制，及时安排专人负责协调处理。律师的维权申请合法有据的，司法行政机关、律师协会应当建议有关办案机关依法处理，有关办案机关应当将处理情况及时反馈司法行政机关、律师协会。

司法行政机关、律师协会持有关证明调查核实律师权益保障或者违纪有关情况的，办案机关应当予以配合、协助，提供相关材料。

第四十五条 人民法院、人民检察院、公安机关、国家安全机关、司法行政机关和律师协会应当建立联席会议制度，定期沟通保障律师执业权利工作情况，及时调查处理侵犯律师执业权利的突发事件。

第四十六条 依法规范法律服务秩序，严肃查处假冒律师执业和非法从事法律服务的行为。对未取得律师执业证书或者已经被注销、吊销执业证书的人员以律师名义提供法律服务或者从事相关活动的，或者利用相关法律关于公民代理的规定从事诉讼代理或者辩护业务非法牟利，依法追究责任，造成严重后果的，依法追究刑事责任。

第四十七条 本规定所称"办案机关"，是指负责侦查、审查逮捕、审查起诉和审判工作的公安机关、国家安全机关、人民检察院和人民法院。

第四十八条 本规定所称"律师助理"，是指辩护、代理律师所在律师事务所的其他律师和申请律师执业实习人员。

第四十九条 本规定自发布之日起施行。

最高人民检察院关于依法保障律师执业权利的规定

- 2014年12月16日最高人民检察院第十二届检察委员会第三十二次会议通过
- 2014年12月23日最高人民检察院公布
- 高检发〔2014〕21号
- 自公布之日起施行

第一条 为了切实保障律师依法行使执业权利，严肃检察人员违法行使职权行为的责任追究，促进人民检察院规范司法，维护司法公正，根据《中华人民共和国刑事诉讼法》、《中华人民共和国民事诉讼法》、《中华人民共和国行政诉讼法》和《中华人民共和国律师法》等有关法律规定，结合工作实际，制定本规定。

第二条 各级人民检察院和全体检察人员应当充分认识律师在法治建设中的重要作用，认真贯彻落实各项法律规定，尊重和支持律师依法履行职责，依法为当事人委托律师和律师履职提供相关协助和便利，切实保障律师依法行使执业权利，共同维护国家法律统一、正确实施，维护社会公平正义。

第三条 人民检察院应当依法保障当事人委托权的行使。人民检察院在办理案件中应当依法告知当事人有权委托辩护人、诉讼代理人。对于在押或者被指定居所监视居住的犯罪嫌疑人提出委托辩护人要求的，人民检察院应当及时转达其要求。犯罪嫌疑人的监护人、近亲属代为委托辩护律师的，应当由犯罪嫌疑人确认委托关系。

人民检察院应当及时查验接受委托的律师是否具有辩护资格，发现有不得担任辩护人情形的，应当及时告知当事人、律师或者律师事务所解除委托关系。

第四条 人民检察院应当依法保障当事人获得法律援助的权利。对于符合法律援助情形而没有委托辩护人或者诉讼代理人的，人民检察院应当及时告知当事人有权申请法律援助，并依照相关规定向法律援助机构转交申请材料。人民检察院发现犯罪嫌疑人属于法定通知辩护情形的，应当及时通知法律援助机构指派律师为其提供辩护，对于犯罪嫌疑人拒绝法律援助的，应当查明原因，依照相关规定处理。

第五条 人民检察院应当依法保障律师在刑事诉讼中的会见权。人民检察院办理直接受理立案侦查案件，除特别重大贿赂犯罪案件外，其他案件依法不需要经过许可会见。律师在侦查阶段提出会见特别重大贿赂案件犯罪嫌疑人的，人民检察院应当严格按照法律和相关规定及时审查决定是否许可，并在三日以内答复；有碍侦查的情形消失后，应当通知律师，可以不经许可会见犯罪嫌疑人；侦查终结前，应当许可律师会见犯罪嫌疑人。人民检察院在会见时不得派员在场，不得通过任何方式监听律师会见的谈话内容。

第六条 人民检察院应当依法保障律师的阅卷权。自案件移送审查起诉之日起，人民检察院应当允许辩护律师查阅、摘抄、复制本案的案卷材料；经人民检察院许可，诉讼代理人也可以查阅、摘抄、复制本案的案卷材料。人民检察院应当及时受理并安排律师阅卷，无法及时安排的，应当向律师说明并安排其在三个工作日以内阅卷。人民检察院应当依照检务公开的相关规定，完善互联网等律师服务平台，并配备必要的速拍、复印、刻录等设施，为律师阅卷提供尽可能的便利。律师查阅、摘抄、复制案卷材料应当在人民检察院设置的专门场所进行。必要时，人民检察院可以派员在场协助。

第七条 人民检察院应当依法保障律师在刑事诉讼中的申请收集、调取证据权。律师收集到有关犯罪嫌疑人不在犯罪现场、未达到刑事责任年龄、属于依法不负刑事责任的精神病人的证据，告知人民检察院的，人民检察院相关办案部门应当及时进行审查。

案件移送审查逮捕或者审查起诉后，律师依据刑事诉讼法第三十九条申请人民检察院调取侦查部门收集但未提交的证明犯罪嫌疑人无罪或者罪轻的证据材料的，人民检察院应当及时进行审查，决定是否调取。经审查，认为律师申请调取的证据未收集或者与案件事实没有联系决定不予调取的，人民检察院应当向律师说明理由。人民检察院决定调取后，侦查机关移送相关证据材料的，人民检察院应当在三日以内告知律师。

案件移送审查起诉后，律师依据刑事诉讼法第四十一条第一款的规定申请人民检察院收集、调取证据，人民检察院认为需要收集、调取证据的，应当决定收集、调取并制作笔录附卷；决定不予收集、调取的，应当书面说明理由。人民检察院根据律师的申请收集、调取证据时，律师可以在场。

律师向被害人或者其近亲属、被害人提供的证人收集与本案有关的材料，向人民检察院提出申请的，人民检察院应当在七日以内作出是否许可的决定。人民检察院没有许可的，应当书面说明理由。

第八条 人民检察院应当依法保障律师在诉讼中提出意见的权利。人民检察院应当主动听取并高度重视律师意见。法律未作规定但律师要求听取意见的，也应当及时安排听取。听取律师意见应当制作笔录，律师提出的书面意见应当附卷。对于律师提出不构成犯罪，罪轻或者减轻、免除刑事责任，无社会危险性，不适宜羁押，侦查活动有违法情形等书面意见的，办案人员必须进行审查，在相关工作文书中叙明律师提出的意见并说明是否采纳的情况和理由。

第九条 人民检察院应当依法保障律师在刑事诉讼中的知情权。律师在侦查期间向人民检察院了解犯罪嫌疑人涉嫌的罪名以及当时已查明的涉嫌犯罪的主要事实，犯罪嫌疑人被采取、变更、解除强制措施等情况的，人民检察院应当依法及时告知。办理直接受理立案侦查案件报请上一级人民检察院审查逮捕时，人民检察院应当将报请情况告知律师。案件侦查终结移送审查起诉时，人民检察院应当将案件移送情况告知律师。

第十条 人民检察院应当依法保障律师在民事、行政诉讼中的代理权。在民事行政检察工作中，当事人委托律师代理的，人民检察院应当尊重律师的权利，依法听取律师意见，认真审查律师提交的证据材料。律师根据当事人的委托要求参加人民检察院案件听证的，人民检察院应当允许。

第十一条 人民检察院应当切实履行对妨碍律师依法执业的法律监督职责。律师根据刑事诉讼法第四十七条的规定，认为公安机关、人民检察院、人民法院及其工作人员阻碍其依法行使诉讼权利，向同级或者上一级人民检察院申诉或者控告的，接受申诉或者控告的人民检察院控告检察部门应当在受理后十日以内进行审查，情况属实的，通知有关机关或者本院有关部门、下级人民检察院予以纠正，并将处理情况书面答复律师；情况不属实的，应当将办理情况书面答复律师，并做好说明解释工作。人民检察院在办案过程中发现有阻碍律师依法行使诉讼权利行为的，应当依法提出纠正意见。

第十二条 建立完善检察机关办案部门和检察人员违法行使职权行为记录、通报和责任追究制度。对检察机关办案部门或者检察人员在诉讼活动中阻碍律师依法行使会见权、阅卷权等诉讼权利的申诉或者控告，接受申诉或者控告的人民检察院控告检察部门应当立即进行调查核实，情节较轻的，应当提出纠正意见；具有违反规定扩大经许可会见案件的范围、不按规定时间答复是否许可会见等严重情节的，应当发出纠正通知书。通知后仍不纠正或者屡纠屡犯的，应当向纪检监察部门通报并报告检察长，由纪检监察部门依照有关规定调查处理，相关责任人构成违纪的给予纪律处分，并记入执法档案，予以通报。

第十三条 人民检察院应当主动加强与司法行政机关、律师协会和广大律师的工作联系，通过业务研讨、情况通报、交流会商、定期听取意见等形式，分析律师依法行使执业权利中存在的问题，共同研究解决办法，共同提高业务素质。

第十四条 本规定自发布之日起施行。2004年2月10日最高人民检察院发布的《关于人民检察院保障律师在刑事诉讼中依法执业的规定》、2006年2月23日最高人民检察院发布的《关于进一步加强律师执业权利保障工作的通知》同时废止。最高人民检察院以前发布的有关规定与本规定不一致的，以本规定为准。

最高人民法院、司法部关于依法保障律师诉讼权利和规范律师参与庭审活动的通知

- 2018年4月21日
- 司发通〔2018〕36号

各省、自治区、直辖市高级人民法院、司法厅（局），新疆维吾尔自治区高级人民法院生产建设兵团分院、新疆生产建设兵团司法局：

为进一步保障律师诉讼权利，规范律师参与庭审活动，充分发挥律师维护当事人合法权益、维护法律正确实施和司法公正的职能作用，现就有关事项通知如下。

一、各级人民法院及其工作人员要尊重和保障律师诉讼权利，严格执行法定程序，平等对待诉讼各方，合理分配各方发问、质证、陈述和辩论、辩护的时间，充分听取律师意见。对于律师在法庭上就案件事实认定和法律适用的正常发问、质证和发表的辩护代理意见，法官不随意打断或者制止；但是，攻击党和国家政治制度、法律制度

的、发表的意见已在庭前会议达成一致、与案件无关或者侮辱、诽谤、威胁他人、故意扰乱法庭秩序的，审判长或者独任审判员可以根据情况予以制止。律师明显以诱导方式发问，公诉人提出异议的，审判长或者独任审判员审查确认后，可以制止。

二、律师参加庭审不得对庭审活动进行录音、录像、拍照或使用移动通信工具等传播庭审活动，不得进行其他违反法庭规则和不服从法庭指令的行为。律师对庭审活动进行录音、录像、拍照或使用移动通信工具等传播庭审活动的，人民法院可以暂扣其使用的设备及存储介质，删除相关内容。

三、法庭审理过程中，法官应当尊重律师，不得侮辱、嘲讽律师。审判长或者独任审判员认为律师在法庭审理过程中违反法庭规则、法庭纪律的，应当依法给予警告、训诫等，确有必要时可以休庭处置，除当庭攻击党和国家政治制度、法律制度等严重扰乱法庭秩序的，不采取责令律师退出法庭或者强行带出法庭措施。确需司法警察当庭对律师采取措施维持法庭秩序的，有关执法行为要规范、文明，保持必要、合理限度。律师被依法责令退出法庭、强行带出法庭或者被处以罚款后，具结保证书，保证服从法庭指令，不再扰乱法庭秩序的，经法庭许可，可以继续担任同一案件的辩护人、诉讼代理人；具有擅自退庭、无正当理由不按时出庭参加诉讼、被拘留或者具结保证书后再次被依法责令退出法庭、强行带出法庭的，不得继续担任同一案件的辩护人、诉讼代理人。人民法院应当对庭审活动进行全程录像或录音，对律师在庭审活动中违反法定程序的情形应当记录在案。

四、律师认为法官在审判过程中有违法违规行为的，可以向相关人民法院或其上一级人民法院监察部门投诉、举报，人民法院应当依法作出处理并及时将处理情况答复律师本人，同时通报当地司法行政机关、律师协会。对社会高度关注的，应当公布结果。律师认为法官侵犯其诉讼权利的，应当在庭审结束后，向司法行政机关、律师协会申请维护执业权利，不得以维权为由干扰庭审的正常进行，不得通过网络以自己名义或通过其他人、媒体发表声明、公开信、敦促书等炒作案件。

五、人民法院认为律师有违法违规行为的，应当向司法行政机关、律师协会提出司法建议，并移交庭审录音录像、庭审记录等相关证据材料。对需要进一步调查核实的，应配合、协助司法行政机关、律师协会有关调查取证工作。司法行政机关、律师协会接到当事人投诉举报、人民法院司法建议书的，应当及时立案调查，对违法违规的，要依法依规作出行政处罚或行业惩戒。处理结果应当及时书面告知当事人、人民法院。对公开谴责以上行业惩戒和行政处罚的决定一律向社会公开披露。各地司法行政机关、律师协会主动发现律师违法违规行为的，要及时立案查处。

六、司法行政机关应当会同人民法院、律师协会建立分级分类处理机制。对于发生在当地的律师维权和违法违规事件，由所在地人民法院、司法行政机关按有关要求依法及时作出处理，能即时纠正的应当依法立即纠正。对于跨区域的律师维权和违法违规事件，行为发生地司法行政机关发现律师涉嫌违法违规执业的，应当向注册地司法行政机关提出处罚意见和建议，注册地司法行政机关收到意见建议后应当立案调查，并将查处结果反馈行为发生地司法行政机关。行为发生地司法行政机关不同意处罚意见的，应当报共同上级司法行政机关审查。上级司法行政机关应当对两地司法行政机关意见和相关证据材料进行审查，提出处理意见。跨省（区、市）的律师维权与违规交织等重大复杂事件，可以由司法部会同最高人民法院、全国律协，必要时商请事件发生地的省（区、市）党委政法委牵头组成联合调查组，负责事件调查处理工作。省（区、市）内跨区域重大复杂事件参照上述做法办理。

七、重大敏感复杂案件开庭审理时，根据人民法院通知，对律师具有管理监督职责的司法行政机关或律师协会应当派员旁听，进行现场指导监督。

八、各级人民法院、司法行政机关要注重发现宣传人民法院依法尊重、保障律师诉讼权利和律师尊重法庭权威、遵守庭审纪律的典型，大力表彰先进，发挥正面引领作用。同时，要通报人民法院、司法行政机关侵犯律师正当权利、处置律师违法违规行为不当以及律师违法违规执业受到处罚处分的典型，教育引导法官和律师自觉树立正确观念，彼此尊重、相互支持、相互监督，为法院依法审判、律师依法履职营造良好环境。

关于进一步规范法院、检察院离任人员从事律师职业的意见

- 2021年9月30日
- 司发通〔2021〕61号

第一条 为深入贯彻习近平法治思想，认真贯彻落实防止干预司法"三个规定"，进一步规范法院、检察院离任人员从事律师职业，防止利益输送和利益勾连，切实

维护司法廉洁和司法公正,依据《中华人民共和国公务员法》《中华人民共和国法官法》《中华人民共和国检察官法》《中华人民共和国律师法》等有关规定,结合实际情况,制定本意见。

第二条 本意见适用于从各级人民法院、人民检察院离任且在离任时具有公务员身份的工作人员。离任包括退休、辞去公职、开除、辞退、调离等。

本意见所称律师,是指在律师事务所执业的专兼职律师(包括从事非诉讼法律事务的律师)。本意见所称律师事务所"法律顾问",是指不以律师名义执业,但就相关业务领域或者个案提供法律咨询、法律论证,或者代表律师事务所开展协调、业务拓展等活动的人员。本意见所称律师事务所行政人员,是指律师事务所聘用的从事秘书、财务、行政、人力资源、信息技术、风险管控等工作的人员。

第三条 各级人民法院、人民检察院离任人员从事律师职业或者担任律师事务所"法律顾问"、行政人员,应当严格执行《中华人民共和国法官法》《中华人民共和国检察官法》《中华人民共和国律师法》和公务员管理相关规定。

各级人民法院、人民检察院离任人员在离任后二年内,不得以律师身份担任诉讼代理人或者辩护人。各级人民法院、人民检察院离任人员终身不得担任原任职人民法院、人民检察院办理案件的诉讼代理人或者辩护人,但是作为当事人的监护人或者近亲属代理诉讼或者进行辩护的除外。

第四条 被人民法院、人民检察院开除人员和从人民法院、人民检察院辞去公职、退休的人员除符合本意见第三条规定外,还应当符合下列规定:

(一)被开除公职的人民法院、人民检察院工作人员不得在律师事务所从事任何工作。

(二)辞去公职或者退休的人民法院、人民检察院领导班子成员,四级高级及以上法官、检察官,四级高级法官助理、检察官助理以上及相当职级层次的审判、检察辅助人员在离职三年内,其他辞去公职或退休的人民法院、人民检察院工作人员在离职二年内,不得到原任职人民法院、人民检察院管辖地区内的律师事务所从事律师职业或者担任"法律顾问"、行政人员等,不得以律师身份从事与原任职人民法院、人民检察院相关的有偿法律服务活动。

(三)人民法院、人民检察院退休人员在不违反前项从业限制规定的情况下,确因工作需要从事律师职业或者担任律师事务所"法律顾问"、行政人员的,应当严格执行中共中央组织部《关于进一步规范党政领导干部在企业兼职(任职)问题的意见》(中组发〔2013〕18号)规定和审批程序,并及时将行政、工资等关系转出人民法院、人民检察院,不再保留机关的各种待遇。

第五条 各级人民法院、人民检察院离任人员不得以任何形式,为法官、检察官与律师不正当接触交往牵线搭桥,充当司法掮客;不得采用隐名代理等方式,规避从业限制规定,违规提供法律服务。

第六条 人民法院、人民检察院工作人员拟在离任后从事律师职业或者担任律师事务所"法律顾问"、行政人员的,应当在离任时向所在人民法院、人民检察院如实报告从业去向,签署承诺书,对遵守从业限制规定、在从业限制期内主动报告从业变动情况等作出承诺。

人民法院、人民检察院离任人员向律师协会申请律师实习登记时,应当主动报告曾在人民法院、人民检察院工作的情况,并作出遵守从业限制的承诺。

第七条 律师协会应当对人民法院、人民检察院离任人员申请实习登记进行严格审核,就申请人是否存在不宜从事律师职业的情形征求原任职人民法院、人民检察院意见,对不符合相关条件的人员不予实习登记。司法行政机关在办理人民法院、人民检察院离任人员申请律师执业核准时,应当严格审核把关,对不符合相关条件的人员不予核准执业。

第八条 各级人民法院、人民检察院应当在离任人员离任前与本人谈话,提醒其严格遵守从业限制规定,告知违规从业应承担的法律责任,对不符合从业限制规定的,劝其调整从业意向。

司法行政机关在作出核准人民法院、人民检察院离任人员从事律师职业决定时,应当与本人谈话,提醒其严格遵守从业限制规定,告知违规从业应承担的法律责任。

第九条 各级人民法院、人民检察院在案件办理过程中,发现担任诉讼代理人、辩护人的律师违反人民法院、人民检察院离任人员从业限制规定情况的,应当通知当事人更换诉讼代理人、辩护人,并及时通报司法行政机关。

司法行政机关应当加强从人民法院、人民检察院离任后在律师事务所从业人员的监督管理,通过投诉举报调查、"双随机一公开"抽查等方式,及时发现离任人员违法违规问题线索并依法作出处理。

第十条 律师事务所应当切实履行对本所律师及工作人员的监督管理责任,不得接收不符合条件的人民法院、人民检察院离任人员到本所执业或者工作，不得指派本所律师违反从业限制规定担任诉讼代理人、辩护人。律师事务所违反上述规定的，由司法行政机关依法依规处理。

第十一条 各级人民法院、人民检察院应当建立离任人员信息库，并实现与律师管理系统的对接。司法行政机关应当依托离任人员信息库，加强对人民法院、人民检察院离任人员申请律师执业的审核把关。

各级司法行政机关应当会同人民法院、人民检察院，建立人民法院、人民检察院离任人员在律师事务所从业信息库和人民法院、人民检察院工作人员近亲属从事律师职业信息库，并实现与人民法院、人民检察院立案、办案系统的对接。人民法院、人民检察院应当依托相关信息库，加强对离任人员违规担任案件诉讼代理人、辩护人的甄别、监管，做好人民法院、人民检察院工作人员回避工作。

第十二条 各级人民法院、人民检察院和司法行政机关应当定期对人民法院、人民检察院离任人员在律师事务所违规从业情况开展核查，并按照相关规定进行清理。

对人民法院、人民检察院离任人员违规从事律师职业或者担任律师事务所"法律顾问"、行政人员的，司法行政机关应当要求其在规定时间内申请注销律师执业证书、与律所解除劳动劳务关系；对在规定时间内没有主动申请注销执业证书或者解除劳动劳务关系的，司法行政机关应当依法注销其执业证书或责令律所与其解除劳动劳务关系。

本意见印发前，已经在律师事务所从业的人民法院、人民检察院退休人员，按照中共中央组织部《关于进一步规范党政领导干部在企业兼职（任职）问题的意见》（中组发〔2013〕18号）相关规定处理。

关于建立健全禁止法官、检察官与律师不正当接触交往制度机制的意见

·2021年9月30日
·司发通〔2021〕60号

第一条 为深入贯彻习近平法治思想，认真贯彻落实防止干预司法"三个规定"，建立健全禁止法官、检察官与律师不正当接触交往制度机制，防止利益输送和利益勾连，切实维护司法廉洁和司法公正，依据《中华人民共和国法官法》《中华人民共和国检察官法》《中华人民共和国律师法》等有关规定，结合实际情况，制定本意见。

第二条 本意见适用于各级人民法院、人民检察院依法履行审判、执行、检察职责的人员和司法行政人员。

本意见所称律师，是指在律师事务所执业的专兼职律师（包括从事非诉讼法律事务的律师）和公职律师、公司律师。本意见所称律师事务所"法律顾问"，是指不以律师名义执业，但就相关业务领域或者个案提供法律咨询、法律论证，或者代表律师事务所开展协调、业务拓展等活动的人员。本意见所称律师事务所行政人员，是指律师事务所聘用的从事秘书、财务、行政、人力资源、信息技术、风险管控等工作的人员。

第三条 严禁法官、检察官与律师有下列接触交往行为：

（一）在案件办理过程中，非因办案需要且未经批准在非工作场所、非工作时间与辩护、代理律师接触。

（二）接受律师或者律师事务所请托，过问、干预或者插手其他法官、检察官正在办理的案件，为律师或者律师事务所请托说情、打探案情、通风报信；为案件承办法官、检察官私下会见案件辩护、代理律师牵线搭桥；非因工作需要，为律师或者律师事务所转递涉案材料；向律师泄露案情、办案工作秘密或者其他依法依规不得泄露的情况；违规为律师或律师事务所出具与案件有关的各类专家意见。

（三）为律师介绍案件；为当事人推荐、介绍律师作为诉讼代理人、辩护人；要求、建议或者暗示当事人更换符合代理条件的律师；索取或者收受案件代理费用或者其他利益。

（四）向律师或者其当事人索贿，接受律师或者当事人行贿；索取或者收受律师借礼尚往来、婚丧嫁娶等赠送的礼金、礼品、消费卡和有价证券、股权、其他金融产品等财物；向律师借款、租借房屋、借用交通工具、通讯工具或者其他物品；接受律师吃请、娱乐等可能影响公正履行职务的安排。

（五）非因工作需要且未经批准，擅自参加律师事务所或者律师举办的讲座、座谈、研讨、培训、论坛、学术交流、开业庆典等活动；以提供法律咨询、法律服务等名义接受律师事务所或者律师输送的相关利益。

（六）与律师以合作、合资、代持等方式，经商办企业或者从事其他营利性活动；本人配偶、子女及其配偶在律师事务所担任"隐名合伙人"；本人配偶、子女及其配偶显名或者隐名与律师"合作"开办企业或者"合作"投资；默许、纵容、包庇配偶、子女及其配偶或者其他特定关系

人在律师事务所违规取酬;向律师或律师事务所放贷收取高额利息。

（七）其他可能影响司法公正和司法权威的不正当接触交往行为。

严禁律师事务所及其律师从事与前款所列行为相关的不正当接触交往行为。

第四条 各级人民法院、人民检察院和司法行政机关探索建立法官、检察官与律师办理案件动态监测机制，依托人民法院、人民检察院案件管理系统和律师管理系统，对法官、检察官承办的案件在一定期限内由同一律师事务所或者律师代理达到规定次数的，启动预警机制，要求法官、检察官及律师说明情况，除非有正当理由排除不正当交往可能的，依法启动调查程序。各省、自治区、直辖市高级人民法院、人民检察院根据本地实际，就上述规定的需启动预警机制的次数予以明确。

第五条 各级人民法院、人民检察院在办理案件过程中发现律师与法官、检察官不正当接触交往线索的，应当按照有关规定将相关律师的线索移送相关司法行政机关或者纪检监察机关处理。各级司法行政机关、律师协会收到投诉举报涉及律师与法官、检察官不正当接触交往线索的，应当按照有关规定将涉及法官、检察官的线索移送相关人民法院、人民检察院或者纪检监察机关。

第六条 各级人民法院、人民检察院可以根据需要与司法行政机关组成联合调查组，对法官、检察官与律师不正当接触交往问题共同开展调查。

对查实的不正当接触交往问题，要坚持从严的原则，综合考虑行为性质、情节、后果、社会影响以及是否存在主动交代等因素，依规依纪依法对法官、检察官作出处分，对律师作出行政处罚、行业处分和党纪处分。律师事务所默认、纵容或者放任本所律师及"法律顾问"、行政人员与法官、检察官不正当接触交往的，要同时对律师事务所作出处罚处分，并视情况对律师事务所党组织跟进作出处理。法官、检察官和律师涉嫌违法犯罪的，依法按照规定移送相关纪检监察机关或者司法机关等。

第七条 各级人民法院、人民检察院和司法行政机关、律师协会要常态化开展警示教育，在人民法院、人民检察院、司法行政系统定期通报不正当接触交往典型案件，印发不正当接触交往典型案例汇编，引导法官、检察官与律师深刻汲取教训，心存敬畏戒惧，不碰底线红线。

第八条 各级人民法院、人民检察院和司法行政机关、律师协会要加强法官、检察官和律师职业道德培训，把法官、检察官与律师接触交往相关制度规范作为职前培训和继续教育的必修课和培训重点，引导法官、检察官和律师把握政策界限，澄清模糊认识，强化行动自觉。

第九条 各级人民法院、人民检察院要完善司法权力内部运行机制，充分发挥审判监督和检察监督职能，健全类案参考、裁判指引、指导性案例等机制，促进裁判尺度统一，防止法官、检察官滥用自由裁量权。强化内外部监督制约，将法官、检察官与律师接触交往，法官、检察官近亲属从事律师职业等问题，纳入司法巡查、巡视巡察和审务督察、检务督察范围。

各级人民法院、人民检察院要加强对法官、检察官的日常监管，强化法官、检察官工作时间之外监督管理，对发现的苗头性倾向性问题，早发现早提醒早纠正。严格落实防止干预司法"三个规定"月报告制度，定期分析处理记录报告平台中的相关数据，及时发现违纪违法线索。

第十条 各级司法行政机关要切实加强律师执业监管，通过加强律师和律师事务所年度考核、完善律师投诉查处机制等，强化日常监督管理。

完善律师诚信信息公示制度，加快律师诚信信息公示平台建设，及时向社会公开律师与法官、检察官不正当接触交往受处罚处分信息，强化社会公众监督，引导督促律师依法依规诚信执业。

完善律师收费管理制度，强化对统一收案、统一收费的日常监管，规范律师风险代理行为，限制风险代理适用范围，避免风险代理诱发司法腐败。

第十一条 律师事务所应当切实履行对本所律师及"法律顾问"、行政人员的监督管理责任，不得指使、纵容或者放任本所律师及"法律顾问"、行政人员与法官、检察官不正当接触交往。律师事务所违反上述规定的，由司法行政机关依法依规处理。

第十二条 各级人民法院、人民检察院要加强律师执业权利保障，持续推动审判流程公开和检务公开，落实听取律师辩护代理意见制度，完善便利律师参与诉讼机制，最大限度减少权力设租寻租和不正当接触交往空间。

各级人民法院、人民检察院和司法行政机关要建立健全法官、检察官与律师正当沟通交流机制，通过同堂培训、联席会议、学术研讨、交流互访等方式，为法官、检察官和律师搭建公开透明的沟通交流平台。探索建立法官、检察官与律师互评监督机制。

完善从律师中选拔法官、检察官制度，推荐优秀律师进入法官、检察官遴选和惩戒委员会，支持律师担任人民法院、人民检察院特邀监督员，共同维护司法廉洁和司法公正。

律师和律师事务所违法行为处罚办法

- 2010年4月8日司法部令第122号公布
- 自2010年6月1日起施行

第一章 总 则

第一条 为了加强对律师、律师事务所执业活动的监督，规范律师执业行为，维护正常的法律服务秩序，根据《中华人民共和国律师法》（以下简称《律师法》）、《中华人民共和国行政处罚法》（以下简称《行政处罚法》）的有关规定，制定本办法。

第二条 律师、律师事务所有违法行为，应当给予行政处罚的，由司法行政机关依照《律师法》、《行政处罚法》和有关法律、法规、规章以及本办法的规定实施行政处罚。

第三条 司法行政机关实施行政处罚，应当遵循公正、公开的原则；应当以事实为依据，与违法行为的性质、情节以及社会危害程度相当；应当坚持处罚与教育相结合，教育引导律师、律师事务所依法执业，恪守职业道德和执业纪律。

第四条 司法行政机关应当建立健全对行政处罚的监督制度。上一级司法行政机关应当加强对下一级司法行政机关实施行政处罚的监督和指导，发现行政处罚违法、不当的，应当及时责令纠正。

司法行政机关工作人员在实施行政处罚活动中，有违法违纪行为的，应当依法给予行政处分；构成犯罪的，依法追究刑事责任。

第二章 律师应予处罚的违法行为

第五条 有下列情形之一的，属于《律师法》第四十七条第一项规定的律师"同时在两个以上律师事务所执业的"违法行为：

（一）在律师事务所执业的同时又在其他律师事务所或者社会法律服务机构执业的；

（二）在获准变更执业机构前以拟变更律师事务所律师的名义承办业务，或者在获准变更后仍以原所在律师事务所律师的名义承办业务的。

第六条 有下列情形之一的，属于《律师法》第四十七条第二项规定的律师"以不正当手段承揽业务的"违法行为：

（一）以误导、利诱、威胁或者作虚假承诺等方式承揽业务的；

（二）以支付介绍费、给予回扣、许诺提供利益等方式承揽业务的；

（三）以对本人及所在律师事务所进行不真实、不适当宣传或者诋毁其他律师、律师事务所声誉等方式承揽业务的；

（四）在律师事务所住所以外设立办公室、接待室承揽业务的。

第七条 有下列情形之一的，属于《律师法》第四十七条第三项规定的律师"在同一案件中为双方当事人担任代理人，或者代理与本人及其近亲属有利益冲突的法律事务的"违法行为：

（一）在同一民事诉讼、行政诉讼或者非诉讼法律事务中同时为有利益冲突的当事人担任代理人或者提供相关法律服务的；

（二）在同一刑事案件中同时为被告人和被害人担任辩护人、代理人，或者同时为二名以上的犯罪嫌疑人、被告人担任辩护人的；

（三）担任法律顾问期间，为与顾问单位有利益冲突的当事人提供法律服务的；

（四）曾担任法官、检察官的律师，以代理人、辩护人的身份承办原任职法院、检察院办理过的案件的；

（五）曾经担任仲裁员或者仍在担任仲裁员的律师，以代理人身份承办本人原任职或者现任职的仲裁机构办理的案件的。

第八条 曾经担任法官、检察官的律师，从人民法院、人民检察院离任后二年内，担任诉讼代理人、辩护人或者以其他方式参与所在律师事务所承办的诉讼法律事务的，属于《律师法》第四十七条第四项规定的"从人民法院、人民检察院离任后二年内担任诉讼代理人或者辩护人的"违法行为。

第九条 有下列情形之一的，属于《律师法》第四十七条第五项规定的律师"拒绝履行法律援助义务的"违法行为：

（一）无正当理由拒绝接受律师事务所或者法律援助机构指派的法律援助案件的；

（二）接受指派后，懈怠履行或者擅自停止履行法律援助职责的。

第十条 有下列情形之一的，属于《律师法》第四十八条第一项规定的律师"私自接受委托、收取费用，接受委托人财物或者其他利益的"违法行为：

（一）违反统一接受委托规定或者在被处以停止执业期间，私自接受委托，承办法律事务的；

（二）违反收费管理规定，私自收取、使用、侵占律师服务费以及律师异地办案差旅费用的；

(三)在律师事务所统一收费外又向委托人索要其他费用、财物或者获取其他利益的；

(四)向法律援助受援人索要费用或者接受受援人的财物或者其他利益的。

第十一条　律师接受委托后，除有下列情形之外，拒绝辩护或者代理，不按时出庭参加诉讼或者仲裁的，属于《律师法》第四十八条第二项规定的违法行为：

(一)委托事项违法，或者委托人利用律师提供的法律服务从事违法活动的；

(二)委托人故意隐瞒与案件有关的重要事实或者提供虚假、伪造的证据材料的；

(三)委托人不履行委托合同约定义务的；

(四)律师因患严重疾病或者受到停止执业以上行政处罚的；

(五)其他依法可以拒绝辩护、代理的。

第十二条　有下列情形之一的，属于《律师法》第四十八条第三项规定的律师"利用提供法律服务的便利牟取当事人争议的权益的"违法行为：

(一)采用诱导、欺骗、胁迫、敲诈等手段获取当事人与他人争议的财物、权益的；

(二)指使、诱导当事人将争议的财物、权益转让、出售、租赁给他人，并从中获取利益的。

第十三条　律师未经委托人或者其他当事人的授权或者同意，在承办案件的过程中或者结束后，擅自披露、散布在执业中知悉的委托人或者其他当事人的商业秘密、个人隐私或者其他不愿泄露的情况和信息的，属于《律师法》第四十八条第四项规定的"泄露商业秘密或者个人隐私的"违法行为。

第十四条　有下列情形之一的，属于《律师法》第四十九条第一项规定的律师"违反规定会见法官、检察官、仲裁员以及其他有关工作人员，或者以其他不正当方式影响依法办理案件的"违法行为：

(一)在承办代理、辩护业务期间，以影响案件办理结果为目的，在非工作时间、非工作场所会见法官、检察官、仲裁员或者其他有关工作人员的；

(二)利用与法官、检察官、仲裁员或者其他有关工作人员的特殊关系，影响依法办理案件的；

(三)以对案件进行歪曲、不实、有误导性的宣传或者诋毁有关办案机关和工作人员以及对方当事人声誉等方式，影响依法办理案件的。

第十五条　有下列情形之一的，属于《律师法》第四十九条第二项规定的律师"向法官、检察官、仲裁员以及其他有关工作人员行贿，介绍贿赂或者指使、诱导当事人行贿的"违法行为：

(一)利用承办案件的法官、检察官、仲裁员以及其他工作人员或者其近亲属举办婚丧喜庆事宜等时机，以向其馈赠礼品、金钱、有价证券等方式行贿的；

(二)以装修住宅、报销个人费用、资助旅游娱乐等方式向法官、检察官、仲裁员以及其他工作人员行贿的；

(三)以提供交通工具、通讯工具、住房或者其他物品等方式向法官、检察官、仲裁员以及其他工作人员行贿的；

(四)以影响案件办理结果为目的，直接向法官、检察官、仲裁员以及其他工作人员行贿，介绍贿赂或者指使、诱导当事人行贿的。

第十六条　有下列情形之一的，属于《律师法》第四十九条第三项规定的律师"向司法行政部门提供虚假材料或者有其他弄虚作假行为的"违法行为：

(一)在司法行政机关实施检查、监督工作中，向其隐瞒真实情况，拒不提供或者提供不实、虚假材料，或者隐匿、毁灭、伪造证据材料的；

(二)在参加律师执业年度考核、执业评价、评先创优活动中，提供不实、虚假、伪造的材料或者有其他弄虚作假行为的；

(三)在申请变更执业机构、办理执业终止、注销等手续时，提供不实、虚假、伪造的材料的。

第十七条　有下列情形之一的，属于《律师法》第四十九条第四项规定的律师"故意提供虚假证据或者威胁、利诱他人提供虚假证据，妨碍对方当事人合法取得证据的"违法行为：

(一)故意向司法机关、行政机关或者仲裁机构提交虚假证据，或者指使、威胁、利诱他人提供虚假证据的；

(二)指示或者帮助委托人或者他人伪造、隐匿、毁灭证据，指使或者帮助犯罪嫌疑人、被告人串供，威胁、利诱证人不作证或者作伪证的；

(三)妨碍对方当事人及其代理人、辩护人合法取证的，或者阻止他人向案件承办机关或者对方当事人提供证据的。

第十八条　有下列情形之一的，属于《律师法》第四十九条第五项规定的律师"接受对方当事人财物或者其他利益，与对方当事人或者第三人恶意串通，侵害委托人权益的"违法行为：

(一)向对方当事人或者第三人提供不利于委托人的信息或者证据材料的；

(二)与对方当事人或者第三人恶意串通、暗中配合,妨碍委托人合法行使权利的;

(三)接受对方当事人财物或者其他利益,故意延误、懈怠或者不依法履行代理、辩护职责,给委托人及委托事项的办理造成不利影响和损失的。

第十九条　有下列情形之一的,属于《律师法》第四十九条第六项规定的律师"扰乱法庭、仲裁庭秩序,干扰诉讼、仲裁活动的正常进行的"违法行为:

(一)在法庭、仲裁庭上发表或者指使、诱导委托人发表扰乱诉讼、仲裁活动正常进行的言论的;

(二)阻止委托人或者其他诉讼参与人出庭,致使诉讼、仲裁活动不能正常进行的;

(三)煽动、教唆他人扰乱法庭、仲裁庭秩序的;

(四)无正当理由,当庭拒绝辩护、代理,拒绝签收司法文书或者拒绝在有关诉讼文书上签署意见的。

第二十条　有下列情形之一的,属于《律师法》第四十九条第七项规定的律师"煽动、教唆当事人采取扰乱公共秩序、危害公共安全等非法手段解决争议的"违法行为:

(一)煽动、教唆当事人采取非法集会、游行示威,聚众扰乱公共场所秩序、交通秩序,围堵、冲击国家机关等非法手段表达诉求,妨害国家机关及其工作人员依法履行职责,抗拒执法活动或者判决执行的;

(二)利用媒体或者其他方式,煽动、教唆当事人以扰乱公共秩序、危害公共安全等手段干扰诉讼、仲裁及行政执法活动正常进行的。

第二十一条　有下列情形之一的,属于《律师法》第四十九条第八项规定的律师"发表危害国家安全、恶意诽谤他人、严重扰乱法庭秩序的言论的"违法行为:

(一)在承办代理、辩护业务期间,发表、散布危害国家安全,恶意诽谤法官、检察官、仲裁员及对方当事人、第三人,严重扰乱法庭秩序的言论的;

(二)在执业期间,发表、制作、传播危害国家安全的言论、信息、音像制品或者支持、参与、实施以危害国家安全为目的的活动的。

第二十二条　律师违反保密义务规定,故意或者过失泄露在执业中知悉的国家秘密的,属于《律师法》第四十九条第九项规定的"泄露国家秘密的"违法行为。

第三章　律师事务所应予处罚的违法行为

第二十三条　有下列情形之一的,属于《律师法》第五十条第一项规定的律师事务所"违反规定接受委托、收取费用的"违法行为:

(一)违反规定不以律师事务所名义统一接受委托、统一收取律师服务费和律师异地办案差旅费,不向委托人出具有效收费凭证的;

(二)向委托人索要或者接受规定、合同约定之外的费用、财物或者其他利益的;

(三)纵容或者放任本所律师有本办法第十条规定的违法行为的。

第二十四条　有下列情形之一的,属于《律师法》第五十条第二项规定的律师事务所"违反法定程序办理变更名称、负责人、章程、合伙协议、住所、合伙人等重大事项的"违法行为:

(一)不按规定程序办理律师事务所名称、负责人、章程、合伙协议、住所、合伙人、组织形式等事项变更报批或者备案的;

(二)不按规定的条件和程序发展合伙人,办理合伙人退伙、除名或者推选律师事务所负责人的;

(三)不按规定程序办理律师事务所分立、合并,设立分所,或者终止、清算、注销事宜的。

第二十五条　有下列情形之一的,属于《律师法》第五十条第三项规定的律师事务所"从事法律服务以外的经营活动的"违法行为:

(一)以独资、与他人合资或者委托持股方式兴办企业,并委派律师担任企业法定代表人或者总经理职务的;

(二)从事与法律服务无关的中介服务或者其他经营性活动的。

第二十六条　律师事务所从事或者纵容、放任本所律师从事本办法第六条规定的违法行为的,属于《律师法》第五十条第四项规定的律师事务所"以诋毁其他律师事务所、律师或者支付介绍费等不正当手段承揽业务的"违法行为。

第二十七条　有下列情形之一的,属于《律师法》第五十条第五项规定的律师事务所"违反规定接受有利益冲突的案件的"违法行为:

(一)指派本所律师担任同一诉讼案件的原告、被告代理人,或者同一刑事案件被告人辩护人、被害人代理人的;

(二)未按规定对委托事项进行利益冲突审查,指派律师同时或者先后为有利益冲突的非诉讼法律事务各方当事人担任代理人或者提供相关法律服务的;

(三)明知本所律师及其近亲属同委托事项有利益冲突,仍指派该律师担任代理人、辩护人或者提供相关法律服务的;

（四）纵容或者放任本所律师有本办法第七条规定的违法行为的。

第二十八条　有下列情形之一的，属于《律师法》第五十条第六项规定的律师事务所"拒绝履行法律援助义务的"违法行为：

（一）无正当理由拒绝接受法律援助机构指派的法律援助案件的；

（二）接受指派后，不按规定及时安排本所律师承办法律援助案件或者拒绝为法律援助案件的办理提供条件和便利的；

（三）纵容或者放任本所律师有本办法第九条规定的违法行为的。

第二十九条　有下列情形之一的，属于《律师法》第五十条第七项规定的律师事务所"向司法行政部门提供虚假材料或者有其他弄虚作假行为的"违法行为：

（一）在司法行政机关实施检查、监督工作时，故意隐瞒真实情况，拒不提供有关材料或者提供不实、虚假的材料，或者隐匿、毁灭、伪造证据材料的；

（二）在参加律师事务所年度检查考核、执业评价、评先创优活动中，提供不实、虚假、伪造的材料或者有其他弄虚作假行为的；

（三）在办理律师事务所重大事项变更、设立分所、分立、合并或者终止、清算、注销的过程中，提供不实、虚假、伪造的证明材料或者有其他弄虚作假行为的。

第三十条　有下列情形之一，造成严重后果和恶劣影响，属于《律师法》第五十条第八项规定的律师事务所"对本所律师疏于管理，造成严重后果的"违法行为：

（一）不按规定建立健全内部管理制度，日常管理松懈、混乱，造成律师事务所无法正常运转的；

（二）不按规定对律师执业活动实行有效监督，或者纵容、袒护、包庇本所律师从事违法违纪活动，造成严重后果的；

（三）纵容或者放任律师在本所被处以停业整顿期间或者律师被处以停止执业期间继续执业的；

（四）不按规定接受年度检查考核，或者经年度检查考核被评定为"不合格"的；

（五）不按规定建立劳动合同制度，不依法为聘用律师和辅助人员办理失业、养老、医疗等社会保险的；

（六）有其他违法违规行为，造成严重后果的。

第四章　行政处罚的实施

第三十一条　司法行政机关对律师的违法行为给予警告、罚款、没收违法所得、停业处罚的，由律师执业机构所在地的设区的市级或者直辖市区（县）司法行政机关实施；给予吊销执业证书处罚的，由许可该律师执业的省、自治区、直辖市司法行政机关实施。

司法行政机关对律师事务所的违法行为给予警告、罚款、没收违法所得、停业整顿处罚的，由律师事务所所在地的设区的市级或者直辖市区（县）司法行政机关实施；给予吊销执业许可证书处罚的，由许可该律师事务所设立的省、自治区、直辖市司法行政机关实施。

第三十二条　律师有《律师法》第四十七条以及本办法第五条至第九条规定的违法行为的，由司法行政机关给予警告，可以处五千元以下的罚款；有违法所得的，没收违法所得；情节严重的，给予停止执业三个月以下的处罚。

律师有《律师法》第四十八条以及本办法第十条至第十三条规定的违法行为的，由司法行政机关给予警告，可以处一万元以下的罚款；有违法所得的，没收违法所得；情节严重的，给予停止执业三个月以上六个月以下的处罚。

律师有《律师法》第四十九条以及本办法第十四条至第二十二条规定的违法行为的，由司法行政机关给予停止执业六个月以上一年以下的处罚，可以处五万元以下的罚款；有违法所得的，没收违法所得；情节严重的，吊销其律师执业证书；构成犯罪的，依法追究刑事责任。

第三十三条　律师事务所有《律师法》第五十条以及本办法第二十三条至第三十条规定的违法行为的，由司法行政机关视其情节给予警告、停业整顿一个月以上六个月以下的处罚，可以处十万元以下的罚款；有违法所得的，没收违法所得；情节特别严重的，吊销律师事务所执业许可证书。

第三十四条　司法行政机关对律师、律师事务所的违法行为实施行政处罚，应当根据《行政处罚法》、《律师法》和司法部关于行政处罚程序的规定以及本办法的规定进行。

第三十五条　律师、律师事务所对司法行政机关给予的行政处罚，享有陈述权、申辩权、要求听证权；对行政处罚决定不服的，有权依法申请行政复议或者提起行政诉讼；因司法行政机关违法给予行政处罚受到损害的，有权依法提出赔偿要求。

第三十六条　司法行政机关实施行政处罚，应当对律师、律师事务所违法行为的事实、证据进行全面、客观、公正地调查、核实，必要时可以依法进行检查。

调查违法行为，可以要求被调查的律师、律师事务所说明情况、提交有关材料；可以调阅律师事务所有关业务案卷和档案材料；可以向有关单位、个人调查核实情况、收集证据；对可能灭失或者以后难以取得的证据，可以先行登记保存。

司法行政机关可以委托下一级司法行政机关或者违法行为发生地的司法行政机关进行调查，也可以委托律师协会协助进行调查。

第三十七条　行政处罚的具体适用，由司法行政机关依照《律师法》和本办法的有关规定，根据律师、律师事务所违法行为的事实、性质、情节以及危害程度，在法定的处罚种类及幅度的范围内进行裁量，作出具体处罚决定。

对律师给予警告、停止执业、吊销律师执业证书的处罚，对律师事务所给予警告、停业整顿、吊销律师事务所执业许可证书的处罚，可以酌情并处罚款；有违法所得的，没收违法所得。

第三十八条　律师、律师事务所有下列情形之一的，可以从轻或者减轻行政处罚：

（一）主动消除或者减轻违法行为危害后果的；

（二）主动报告，积极配合司法行政机关查处违法行为的；

（三）受他人胁迫实施违法行为的；

（四）其他依法应当从轻或者减轻处罚的。

违法行为轻微并及时纠正，没有造成危害后果的，不予行政处罚。

第三十九条　律师、律师事务所的违法行为有下列情形之一的，属于《律师法》规定的违法情节严重或者情节特别严重，应当在法定的行政处罚种类及幅度的范围内从重处罚：

（一）违法行为给当事人、第三人或者社会公共利益造成重大损失的；

（二）违法行为性质、情节恶劣，严重损害律师行业形象，造成恶劣社会影响的；

（三）同时有两项以上违法行为或者违法涉案金额巨大的；

（四）在司法行政机关查处违法行为期间，拒不纠正或者继续实施违法行为，拒绝提交、隐匿、毁灭证据或者提供虚假、伪造的证据的；

（五）其他依法应当从重处罚的。

第四十条　律师在受到警告处罚后一年内又发生应当给予警告处罚情形的，应当给予停止执业三个月以上一年以下的处罚；在受到停止执业处罚期限未满或者期满后二年内又发生应当给予停止执业处罚情形的，应当吊销律师执业证书。

律师事务所在受到停业整顿处罚期限未满或者期满后二年内又发生应当给予停业整顿处罚情形的，应当吊销其律师事务所执业许可证书。

第四十一条　律师事务所因违法行为受到处罚的，司法行政机关应当依照《律师法》第五十条第二款的规定，对该所负责人视其管理责任以及失职行为情节轻重，给予相应的行政处罚。

律师事务所因违法行为受到处罚的，应当同时追究负有直接责任的律师的法律责任，依法给予相应的行政处罚。

第四十二条　律师、律师事务所的违法行为构成犯罪，应当依法追究刑事责任的，司法行政机关应当将案件移送司法机关处理，不得以行政处罚代替刑事处罚。

律师因违法执业构成故意犯罪或者因非执业事由构成故意犯罪受到刑事处罚的，司法行政机关应当吊销其律师执业证书；因过失犯罪受到刑事处罚的，在其服刑或者执行缓刑期间应当停止履行律师职务，刑期届满后可再申请恢复执业。

第四十三条　司法行政机关实施行政处罚，应当经机关负责人审批，并依照《行政处罚法》的要求制作行政处罚决定书。

对情节复杂或者重大违法行为给予较重的行政处罚的，司法行政机关的负责人应当集体讨论决定；集体讨论决定时，可以邀请律师协会派员列席。

第四十四条　司法行政机关实施行政处罚，可以根据需要，采用适当方式，将有关行政处罚决定在律师行业内予以通报或者向社会公告。

第四十五条　被处罚的律师、律师事务所应当自觉、按时、全面地履行行政处罚决定，并向司法行政机关如实报告履行情况。

司法行政机关应当对律师、律师事务所履行行政处罚决定的情况实施监督，发现问题及时责令纠正或者依法采取相应的措施。

第四十六条　律师、律师事务所因违法执业受到行政处罚，其违法行为对当事人或者第三人造成损害的，应当依法承担相应的民事责任。

因律师违法行为造成律师事务所承担赔偿责任的，律师事务所赔偿后可以向有故意或者重大过失行为的律师追偿。

第四十七条　律师受到停止执业处罚期限未满的，不得申请变更执业机构；受到六个月以上停止执业处的,执行处罚的期间以及期满未愈三年的,不得担任合伙人。

律师事务所受到停业整顿处罚期限未满的,不得自行决定解散,不得申请变更名称,不得申请分立、合并,不得申请设立分所;该所负责人、合伙人和对律师事务所受到停业整顿处罚负有直接责任的律师不得申请变更执业机构。

第五章 附 则

第四十八条 对律师事务所分所及其律师的违法行为给予行政处罚,由分所所在地的司法行政机关依照《律师法》和本办法的规定实施。处罚决定应当抄送设立分所的律师事务所及其所在地设区的市级或者直辖市区(县)司法行政机关。

第四十九条 本办法所称的设区的市级司法行政机关,包括地区、州以及不设区的地级市司法行政机关。

第五十条 本办法自2010年6月1日起施行。司法部2004年3月19日发布的《律师和律师事务所违法行为处罚办法》(司法部令第86号)同时废止。

律师和律师事务所执业证书管理办法

- 2009年9月21日司法部令第119号发布
- 根据2019年3月16日《司法部关于修改〈律师和律师事务所执业证书管理办法〉的决定》修正

第一条 为了规范和加强律师执业证书和律师事务所执业许可证书(以下统称"执业证书")的管理,根据《中华人民共和国律师法》的有关规定,结合律师工作管理实际,制定本办法。

第二条 律师执业证书是律师依法获准执业的有效证件。

律师事务所执业证书是律师事务所依法获准设立并执业的有效证件。

第三条 律师执业证书包括适用于专职、兼职律师的"律师执业证"和适用于香港、澳门、台湾居民在内地(大陆)从事律师职业的"律师执业证"两种。

律师事务所执业证书包括律师事务所执业许可证书、律师事务所分所执业许可证书。律师事务所(含律师事务所分所,下同)执业证书分为正本和副本,正本和副本具有同等的法律效力。

第四条 律师和律师事务所执业证书应当载明的内容、制作的规格样、证号编制办法由司法部规定。执业证书由司法部统一制作。

律师和律师事务所执业证书制作时印制执业证书流水号。省、自治区、直辖市司法行政机关颁发、注销或者换发、补发执业证书,应当登记执业证书流水号。

第五条 省、自治区、直辖市司法行政机关领取空白执业证书,应当于每年年初向司法部提出申领报告,并提交《律师和律师事务所执业证书发放使用情况统计表》及相关登记表。

第六条 省、自治区、直辖市司法行政机关应当自作出准予律师执业决定或者准予律师事务所设立决定之日起十日内,向申请人颁发执业证书。

执业证书应当加盖发证机关印章。

第七条 律师、律师事务所应当妥善保管执业证书,不得变造、涂改、抵押、出借、出租和故意损毁。

第八条 律师、律师事务所应当依法使用执业证书。律师执业应当出示律师执业证书。律师事务所应当将执业证书正本悬挂于执业场所的醒目位置;执业证书副本用于接受查验。

第九条 律师申请变更执业机构的,变更审核机关应当自作出准予变更决定之日起十日内为申请人换发律师执业证书。

律师事务所变更名称、负责人、组织形式、住所等事项的,变更审核或者备案机关应当自作出准予变更决定或者备案之日起十日内,为律师事务所办理执业证书变更事项登记或者换发执业证书。

第十条 律师、律师事务所因执业证书损毁等原因,导致执业证书无法使用的,应当申请换发执业证书。

换发执业证书,应当向设区的市级或者直辖市的区(县)司法行政机关提出申请,由其在收到申请之日起五日内完成审查,并上报原发证机关。原发证机关应当自收到申请之日起十日内完成审查,符合规定的,为申请人换发执业证书;不符合规定的,不予换发执业证书,并向申请人说明理由。

准予换发执业证书的,申请人在领取新的执业证书时,应当将原执业证书交回原发证机关。

第十一条 执业证书遗失的,律师或者律师事务所应当及时报告所在地县(区)司法行政机关,并在省级以上报刊或者发证机关指定网站上刊登遗失声明。遗失声明应当载明遗失的执业证书的种类、持证人姓名(名称)、执业证号和执业证书流水号。

律师、律师事务所申请补发执业证书的,按照本办法第十条第二款规定的程序办理。申请时应当同时提交已刊登遗失声明的证明材料。

第十二条 设区的市级或者直辖市的区(县)司法行政机关于每年完成对律师事务所年度检查考核后,应当在律师事务所和律师执业证书相应栏目内填写考核年度、考核结果、考核(备案)机关、考核(备案)日期;在律师事务所执业证书副本上加盖"律师事务所年度检查考核"专用章,在律师执业证书上加盖"律师年度考核备案"专用章。

第十三条 律师受到停止执业处罚、律师事务所受到停业整顿处罚的,由作出处罚决定的司法行政机关或者由其委托的下一级司法行政机关在宣布或者送达处罚决定时扣缴被处罚律师、律师事务所的执业证书。处罚期满予以发还。

第十四条 司法行政机关依法对律师事务所违法行为给予行政处罚的,作出处罚决定的司法行政机关应当自决定之日起十五日内,将处罚的内容登记在该律师事务所执业证书副本上。

第十五条 律师、律师事务所被依法撤销执业许可或者被吊销执业证书的,由作出撤销或者处罚决定的司法行政机关或者由其委托的下一级司法行政机关在宣布或者送达撤销或者处罚决定时收缴该律师、律师事务所的执业证书,并依照规定程序予以注销。

律师、律师事务所因其他原因终止执业,需要注销执业证书的,该律师、律师事务所应当将执业证书上交其所在地县(区)司法行政机关,由其按照规定程序交原发证机关予以注销。

律师、律师事务所被撤销执业许可、被吊销执业证书或者因其他原因终止执业,拒不上交执业证书的,由原发证机关公告注销其执业证书。

第十六条 省、自治区、直辖市司法行政机关应当及时将注销、作废的执业证书销毁。

第十七条 省、自治区、直辖市司法行政机关应当将颁发、注销、换发、补发、作废和销毁执业证书的情况按年度登记造册,填制执业证书发放使用情况统计表,报司法部备案。

第十八条 律师、律师事务所对执业证书保管不善或者违法使用执业证书的,由所在地县(区)司法行政机关给予批评教育,责令改正;情节严重的,由设区的市级或者直辖市的区(县)司法行政机关依法给予相应的处罚。

第十九条 司法行政机关工作人员在发放、管理执业证书的工作中,违反《律师法》《律师执业管理办法》、《律师事务所管理办法》和本办法规定,滥用职权、玩忽职守的,应当依法给予行政处分;构成犯罪的,依法追究刑事责任。

第二十条 司法行政机关应当建立律师和律师事务所执业证书信息管理系统,根据执业证书颁发、注销及其他有关变更情况适时进行更新,为公民、法人、其他社会组织和国家机关提供有关执业证书信息查询服务。

第二十一条 对公职律师、公司律师、法律援助律师的律师工作证的管理,参照本办法执行。

军队律师工作证的管理办法,另行制定。

第二十二条 本办法自发布之日起施行。

律师事务所境外分支机构备案管理规定

- 2019年6月28日
- 司规[2019]1号

第一条 为规范律师事务所境外分支机构备案工作,根据《司法部 外交部 商务部 国务院法制办公室关于发展涉外法律服务业的意见》有关规定,制定本规定。

第二条 本规定所称的律师事务所境外分支机构是指我国律师事务所在境外投资设立,经境外有关国家和地区政府部门或有关组织批准或登记,人员、业务、财务受该律师事务所实际控制,在境外实质性开展法律服务业务的分支机构。

第三条 律师事务所设立境外分支机构的,在依照驻在国和地区规定获准执业后的三十日内,应当将该国(地区)律师监管机构的批准(登记)文件复印件,分支机构的名称、驻在地址、机构类型、设立方式、负责人、派驻律师及行政人员、聘请当地律师及雇员、业务范围、通讯方式等情况报所在地的省、自治区、直辖市司法行政机关备案。

第四条 律师事务所变更其境外分支机构设立形式、名称、负责人和其他派驻律师的,应当在驻在国和地区办结变更手续后的三十日内,将有关变更材料报所在地的省、自治区、直辖市司法行政机关备案。

第五条 律师事务所决定停办其境外分支机构的,应当在驻在国和地区办结注销手续后的三十日内,将有关材料报所在地的省、自治区、直辖市司法行政机关备案。

第六条 省、自治区、直辖市司法行政机关应当每季度向司法部报送备案情况。

第七条 司法部应当根据省、自治区、直辖市司法行政机关报送的备案情况，形成境外分支机构备案名单，定期通报商务部、国家外汇管理局、有关驻外使领馆。

已备案的律师事务所可以按规定向外汇管理部门办理外汇登记和购付汇手续。

第八条 律师事务所应当加强对其境外分支机构的人员、业务、财务等的监督管理，定期对境外分支机构进行检查，发现问题及时解决，确保境外分支机构在当地依法执业。

第九条 律师事务所应当每年向省、自治区、直辖市司法行政机关报送境外分支机构工作情况。

省、自治区、直辖市司法行政机关应当于每年十二月三十一日前向司法部报送本省律师事务所境外分支机构工作情况。

第十条 律师事务所境外分支机构违反我国法律、损害我国国家安全和社会公共利益，违反职业道德和执业纪律的，省、自治区、直辖市司法行政机关应当视情况责令其所属的律师事务所对其进行整顿或予以撤销。

第十一条 律师事务所境外分支机构中持有我国律师执业证书的律师有违反我国法律法规章行为的，依法给予处罚。

律师事务所对其境外分支机构律师疏于管理，造成重大影响的，依法对律师事务所给予处罚。

第十二条 本规定施行前已在境外设立分支机构的律师事务所，应当自本规定施行之日起三个月内补办备案手续。

第十三条 本规定自发布之日起施行。1996年4月17日发布的《司法部关于加强律师事务所驻国外分支机构管理的通知》(司发通〔1996〕057号)同时废止。

附件：律师事务所境外分支机构备案表(略)

关于推行法律顾问制度和
公职律师公司律师制度的意见

·2016年6月16日

为贯彻落实党的十八大和十八届三中、四中、五中全会精神，积极推行法律顾问制度和公职律师、公司律师制度，充分发挥法律顾问、公职律师、公司律师作用，现提出以下意见。

一、指导思想、基本原则和目标任务

(一)指导思想。认真贯彻落实党的十八大和十八届三中、四中、五中全会精神，以邓小平理论、"三个代表"重要思想、科学发展观为指导，深入学习贯彻习近平总书记系列重要讲话精神，坚定不移走中国特色社会主义法治道路，从我国国情出发，遵循法治建设规律和法律顾问、律师工作特点，积极推行法律顾问制度和公职律师、公司律师制度，提高依法执政、依法行政、依法经营、依法管理的能力水平，促进依法办事，为协调推进"四个全面"战略布局提供法治保障。

(二)基本原则。坚持正确政治方向。坚持党的领导，选拔政治素质高、拥护党的理论和路线方针政策的法律专业人才进入法律顾问和公职律师、公司律师队伍。

坚持分类规范实施。从实际出发，在党政机关、人民团体、国有企事业单位分类推行法律顾问制度和公职律师、公司律师制度，明确政策导向和基本要求，鼓励各地区各部门各单位综合考虑机构、人员情况和工作需要，选择符合实际的组织形式、工作模式和管理方式，积极稳妥实施。

坚持统筹衔接推进。着眼于社会主义法治工作队伍建设大局，处理好法律顾问与公职律师、公司律师之间的衔接，畅通公职律师、公司律师与社会律师、法官、检察官之间的交流渠道。实行老人老办法、新人新办法，国家统一法律职业资格制度实施后，党政机关、人民团体、国有企事业单位拟担任法律顾问的人员应当具有法律职业资格或者律师资格。

(三)目标任务。2017年底前，中央和国家机关各部委、县级以上地方各级党政机关普遍设立法律顾问、公职律师，乡镇党委和政府根据需要设立法律顾问、公职律师，国有企业深入推进法律顾问、公司律师制度，事业单位探索建立法律顾问制度，到2020年全面形成与经济社会发展和法律服务需求相适应的中国特色法律顾问、公职律师、公司律师制度体系。

二、建立健全党政机关法律顾问、公职律师制度

(四)积极推行党政机关法律顾问制度，建立以党内法规工作机构、政府法制机构人员为主体，吸收法学专家和律师参加的法律顾问队伍。

党政机关内部专门从事法律事务的工作人员和机关外聘的法学专家、律师，可以担任法律顾问。党内法规工作机构、政府法制机构以集体名义发挥法律顾问作用。

(五)在党政机关已担任法律顾问但未取得法律职业资格或者律师资格的人员，可以继续履行法律顾问职责。国家统一法律职业资格制度实施后，党政机关拟担任法律顾问的人员应当具有法律职业资格或者律师资格。

(六)县级以上地方党委和政府以及法律事务较多的工作部门应当配备与工作任务相适应的专职人员担任

法律顾问;法律事务较少的县级以上地方党委和政府工作部门可以配备兼职人员履行法律顾问职责。乡镇党委和政府可以根据工作需要,配备专职或者兼职人员履行法律顾问职责。

(七)党政机关法律顾问履行下列职责:

1. 为重大决策、重大行政行为提供法律意见;

2. 参与法律法规规章草案、党内法规草案和规范性文件送审稿的起草、论证;

3. 参与合作项目的洽谈,协助起草、修改重要的法律文书或者以党政机关为一方当事人的重大合同;

4. 为处置涉法涉诉案件、信访案件和重大突发事件等提供法律服务;

5. 参与处理行政复议、诉讼、仲裁等法律事务;

6. 所在党政机关规定的其他职责。

(八)外聘法律顾问应当具备下列条件:

1. 政治素质高,拥护党的理论和路线方针政策,一般应当是中国共产党党员;

2. 具有良好职业道德和社会责任感;

3. 在所从事的法学教学、法学研究、法律实践等领域具有一定影响和经验的法学专家,或者具有5年以上执业经验、专业能力较强的律师;

4. 严格遵纪守法,未受过刑事处罚,受聘担任法律顾问的律师还应当未受过司法行政部门的行政处罚或者律师协会的行业处分;

5. 聘任机关规定的其他条件。

(九)外聘法律顾问应当通过公开、公平、公正的方式遴选。被聘为法律顾问的,由聘任机关发放聘书。

(十)外聘法律顾问在履行法律顾问职责期间享有下列权利:

1. 依据事实和法律,提出法律意见;

2. 获得与履行职责相关的信息资料、文件和其他必需的工作条件;

3. 获得约定的工作报酬和待遇;

4. 与聘任机关约定的其他权利。

(十一)外聘法律顾问在履行法律顾问职责期间承担下列义务:

1. 遵守保密制度,不得泄露党和国家的秘密、工作秘密、商业秘密以及其他不应公开的信息,不得擅自对外透露所承担的工作内容;

2. 不得利用在工作期间获得的非公开信息或者便利条件,为本人及所在单位或者他人牟取利益;

3. 不得以法律顾问的身份从事商业活动以及与法律顾问职责无关的活动;

4. 不得接受其他当事人委托,办理与聘任单位有利益冲突的法律事务,法律顾问与所承办的业务有利害关系、可能影响公正履行职责的,应当回避;

5. 与聘任机关约定的其他义务。

(十二)市、县、乡同级党委和政府可以联合外聘法律顾问,为党政机关提供服务;党委和政府可以分别统一外聘法律顾问,为党委和政府及其工作部门提供服务。

(十三)各级党政机关根据本意见设立公职律师。公职律师是依照本意见第二十五条、第二十六条规定取得公职律师证书的党政机关公职人员。

(十四)公职律师履行党政机关法律顾问承担的职责,可以受所在单位委托,代表所在单位从事律师法律服务。公职律师在执业活动中享有律师法等规定的会见、阅卷、调查取证和发问、质证、辩论等方面的律师执业权利,以及律师法规定的其他权利。

(十五)公职律师不得从事有偿法律服务,不得在律师事务所等法律服务机构兼职,不得以律师身份办理所在单位以外的诉讼或者非诉讼法律事务。

(十六)党政机关法律顾问、公职律师玩忽职守、徇私舞弊的,依法依纪处理;属于外聘法律顾问的,予以解聘,并记入法律顾问工作档案和个人诚信档案,通报律师协会或者所在单位,依法追究责任。

三、建立健全国有企业法律顾问、公司律师制度

(十七)工商、金融、文化等行业的国有独资或者控股企业(以下简称国有企业)内部专门从事企业法律事务的工作人员和企业外聘的律师,可以担任法律顾问。

在国有企业已担任法律顾问但未取得法律职业资格或者律师资格的人员,可以继续履行法律顾问职责。国家统一法律职业资格制度实施后,国有企业拟担任法律顾问的工作人员或者外聘的其他人员,应当具有法律职业资格或者律师资格,但外聘其他国有企业现任法律顾问的除外。少数偏远地方国有企业难以聘任到具有法律职业资格或者律师资格的法律顾问的,可以沿用现行聘任法律顾问的做法。

法律顾问的辅助人员可不具有法律职业资格或者律师资格。

国有企业外聘法律顾问参照本意见第八条、第九条、第十条、第十一条规定办理。

(十八)国有企业可以根据企业规模和业务需要设立法律事务机构或者配备、聘请一定数量的法律顾问。

国有大中型企业可以设立总法律顾问,发挥总法律顾问对经营管理活动的法律审核把关作用，推进企业依法经营、合规管理。

（十九）国有企业法律顾问履行下列职责：

1. 参与企业章程、董事会运行规则的制定；

2. 对企业重要经营决策、规章制度、合同进行法律审核；

3. 为企业改制重组、并购上市、产权转让、破产重整、和解及清算等重大事项提出法律意见；

4. 组织开展合规管理、风险管理、知识产权管理、外聘律师管理、法治宣传教育培训、法律咨询；

5. 组织处理诉讼、仲裁案件；

6. 所在企业规定的其他职责。

（二十）国有企业法律顾问对企业经营管理行为的合法合规性负有监督职责，对企业违法违规行为提出意见，督促整改。法律顾问明知企业存在违法违规行为，不警示、不制止的，承担相应责任。

（二十一）国有企业根据需要设立公司律师。公司律师是与企业依法签订劳动合同，依照本意见第二十五条、第二十六条规定取得公司律师证书的员工。

（二十二）公司律师履行国有企业法律顾问承担的职责，可以受所在单位委托，代表所在单位从事律师法律服务。公司律师在执业活动中享有律师法等规定的会见、阅卷、调查取证和发问、质证、辩论等方面的律师执业权利，以及律师法规定的其他权利。

（二十三）公司律师不得从事有偿法律服务，不得在律师事务所等法律服务机构兼职，不得以律师身份办理所在单位以外的诉讼或者非诉讼法律事务。

四、完善管理体制

（二十四）党内法规工作机构、政府法制机构和国有企业法律事务部门，分别承担本单位法律顾问办公室职责，负责本单位法律顾问、公职律师、公司律师的日常业务管理，协助组织人事部门对法律顾问、公职律师、公司律师进行遴选、聘任、培训、考核、奖惩，以及对本单位申请公职律师、公司律师证书的工作人员进行审核等。

（二十五）在党政机关专门从事法律事务工作或者担任法律顾问、在国有企业担任法律顾问，并具有法律职业资格或者律师资格的人员，经所在单位同意可以向司法行政部门申请颁发公职律师、公司律师证书。经审查，申请人具有法律职业资格或者律师资格的，司法行政部门应当向其颁发公职律师、公司律师证书。

（二十六）国家统一法律职业资格制度实施前已担任法律顾问、未取得法律职业资格或者律师资格的人员，具备下列条件，经国务院司法行政部门考核合格的，由国务院司法行政部门向其颁发公职律师、公司律师证书：

1. 在党政机关、国有企业担任法律顾问满15年；

2. 具有高等学校法学类本科学历并获得学士及以上学位，或者高等学校非法学类本科及以上学历并获得法律硕士、法学硕士及以上学位或者获得其他相应学位；

3. 具有高级职称或者同等专业水平。

（二十七）公职律师、公司律师脱离原单位，可以申请转为社会律师，其担任公职律师、公司律师的经历计入社会律师执业年限。依照本意见第二十六条规定担任公职律师、公司律师，申请转为社会律师的，应当符合国家统一法律职业资格制度的相关规定。公职律师、公司律师依照有关程序遴选为法官、检察官的，确定法官、检察官等级应当考虑其从事公职律师、公司律师工作的年限、经历。

（二十八）律师协会承担公职律师、公司律师的业务交流指导、律师权益维护、行业自律等工作。

五、加强组织领导

（二十九）党政机关主要负责同志作为推进法治建设第一责任人，要认真抓好本地区本部门本单位法律顾问、公职律师、公司律师制度的实施。

（三十）党政机关要按照以下要求充分发挥法律顾问、公职律师的作用：

1. 讨论、决定重大事项之前，应当听取法律顾问、公职律师的法律意见；

2. 起草、论证有关法律法规规章草案、党内法规草案和规范性文件送审稿，应当请法律顾问、公职律师参加，或者听取其法律意见；

3. 依照有关规定应当听取法律顾问、公职律师的法律意见而未听取的事项，或者法律顾问、公职律师认为不合法不合规的事项，不得提交讨论、作出决定。

对应当听取法律顾问、公职律师的法律意见而未听取，应当请法律顾问、公职律师参加而未落实，应当采纳法律顾问、公职律师的法律意见而未采纳，造成重大损失或者严重不良影响的，依法依规追究党政机关主要负责人、负有责任的其他领导人员和相关责任人员的责任。

（三十一）国有企业要按照以下要求充分发挥法律顾问、公司律师的作用：

1. 讨论、决定企业经营管理重大事项之前，应当听取法律顾问、公司律师的法律意见；

2. 起草企业章程、董事会运行规则等，应当请法律顾问、公司律师参加，或者听取其法律意见；

3. 依照有关规定应当听取法律顾问、公司律师的法律意见而未听取的事项，或者法律顾问、公司律师认为不合法不合规的事项，不得提交讨论、作出决定。

对应当听取法律顾问、公司律师的法律意见而未听取，应当交由法律顾问、公司律师进行法律审核而未落实，应当采纳法律顾问、公司律师的法律意见而未采纳，造成重大损失或者严重不良影响的，依法依规追究国有企业主要负责人、负有责任的其他领导人员和相关责任人员的责任。

（三十二）各级党政机关要将法律顾问、公职律师、公司律师工作纳入党政机关、国有企业目标责任制考核。推动法律顾问、公职律师、公司律师力量建设，完善日常管理、业务培训、考评奖惩等工作机制和管理办法，促进有关工作科学化、规范化。

（三十三）党政机关要将法律顾问、公职律师经费列入财政预算，采取政府购买或者财政补贴的方式，根据工作量和工作绩效合理确定外聘法律顾问报酬，为法律顾问、公职律师开展工作提供必要保障。

（三十四）县级以上地方各级党委和政府以及教育、卫生等行政主管部门要加强指导、分类施策、重点推进、鼓励探索，有步骤地推进事业单位法律顾问制度建设。

（三十五）人民团体参照本意见建立法律顾问、公职律师制度。

（三十六）各地区各部门可结合实际，按照本意见制定具体办法。

司法部关于印发《公职律师管理办法》《公司律师管理办法》的通知

- 2018年12月13日
- 司发通〔2018〕131号

各省、自治区、直辖市司法厅（局），新疆生产建设兵团司法局：

《公职律师管理办法》《公司律师管理办法》已经司法部第39次部长办公会审议通过，现印发给你们，请认真遵照执行。

公职律师管理办法

第一章 总 则

第一条 为了加强公职律师队伍建设，规范公职律师管理，发挥公职律师在全面依法治国中的职能作用，根据《关于推行法律顾问制度和公职律师公司律师制度的意见》等有关规定，结合公职律师工作实际，制定本办法。

第二条 本办法所称公职律师，是指任职于党政机关或者人民团体，依法取得司法行政机关颁发的公职律师证书，在本单位从事法律事务工作的公职人员。

第三条 公职律师应当拥护中国共产党领导，拥护社会主义法治，模范遵守宪法和法律，忠于职守，勤勉尽责，恪守律师职业道德和执业纪律，维护法律正确实施，维护社会公平和正义。

第四条 司法行政机关对公职律师业务活动进行监督、指导。

公职律师所在单位对公职律师进行日常管理。

律师协会对公职律师实行行业自律。

第二章 任职条件和程序

第五条 申请颁发公职律师证书，应当具备下列条件：

（一）拥护中华人民共和国宪法；

（二）依法取得法律职业资格或者律师资格；

（三）具有公职人员身份；

（四）从事法律事务工作二年以上，或者曾经担任法官、检察官、律师一年以上；

（五）品行良好；

（六）所在单位同意其担任公职律师。

第六条 申请人有下列情形之一的，不予颁发公职律师证书：

（一）无民事行为能力或者限制民事行为能力的；

（二）曾被吊销律师、公证员执业证书的；

（三）涉嫌犯罪、司法程序尚未终结的，或者涉嫌违纪违法、正在接受审查的；

（四）上一年度公务员年度考核结果被确定为不称职的；

（五）正被列为失信联合惩戒对象的。

第七条 申请颁发公职律师证书，应当由申请人所在单位向司法行政机关提交下列材料：

（一）国家统一法律职业资格证书或者律师资格证书；

（二）申请人的居民身份证明和公职人员身份证明；

（三）申请人本人填写、经所在单位同意并签章的公职律师申请表；

（四）申请人符合本办法第五条第四项规定条件的工作经历、执业经历证明。

第八条 中央党政机关和人民团体公职人员申请担

任公职律师的,由所在单位审核同意后向司法部提出申请。实行垂直管理体制的中央党政机关在地方的各级直属管理单位和派出派驻单位的公职人员申请担任公职律师的,也可以由所在单位审核同意后向当地省、自治区、直辖市司法行政机关提出申请。

省级党政机关和人民团体公职人员申请担任公职律师的,由所在单位审核同意后向当地省、自治区、直辖市司法行政机关提出申请。

设区的市级或者直辖市的区(县)级及以下党政机关和人民团体公职人员申请担任公职律师的,由所在单位审核同意后向当地设区的市级或者直辖市的区(县)司法行政机关提出申请。

第九条　司法行政机关对收到的公职律师申请,应当进行审查。设区的市级或者直辖市的区(县)司法行政机关对收到的公职律师申请,应当提出初审意见后再报省、自治区、直辖市司法行政机关审查。

经审查,申请人符合公职律师任职条件、申请材料齐全的,司法部或者省、自治区、直辖市司法行政机关应当向申请人颁发公职律师证书。

探索实施公职律师职前培训制度。

第十条　公职律师有下列情形之一的,由原颁证机关收回、注销其公职律师证书:

(一)本人不愿意继续担任公职律师,经所在单位同意后向司法行政机关申请注销的;

(二)所在单位不同意其继续担任公职律师,向司法行政机关申请注销的;

(三)因辞职、调任、转任、退休或者辞退、开除等原因,不再具备担任公职律师条件的;

(四)连续两次公职律师年度考核被评定为不称职的;

(五)以欺诈、隐瞒、伪造材料等不正当手段取得公职律师证书的;

(六)其他不得继续担任公职律师的情形。

第十一条　担任公职律师满三年并且最后一次公职律师年度考核被评定为称职的人员,脱离原单位后申请社会律师执业的,可以经律师协会考核合格后直接向设区的市级或者直辖市的区(县)司法行政机关申请颁发社会律师执业证书,其担任公职律师的经历计入社会律师执业年限。

第十二条　国家统一法律职业资格制度实施前已担任法律顾问但未依法取得法律职业资格或者律师资格的人员,同时具备下列条件的,经司法部考核合格,可以向其颁发公职律师证书:

(一)在党政机关、人民团体担任法律顾问满十五年;

(二)具有高等学校法学类本科学历并获得学士及以上学位,或者高等学校非法学类本科及以上学历并获得法律硕士、法学硕士及以上学位或者获得其他相应学位;

(三)具有高级职称或者同等专业水平。

依照前款规定取得公职律师证书的人员,脱离原单位后申请社会律师执业的,应当符合国家统一法律职业资格制度的相关规定。

第三章　主要职责

第十三条　公职律师可以受所在单位委托或者指派从事下列法律事务:

(一)为所在单位讨论决定重大事项提供法律意见;

(二)参与法律法规规章草案、党内法规草案和规范性文件送审稿的起草、论证;

(三)参与合作项目洽谈、对外招标、政府采购等事务,起草、修改、审核重要的法律文书或者合同、协议;

(四)参与信访接待、矛盾调处、涉法涉诉案件化解、突发事件处置、政府信息公开、国家赔偿等工作;

(五)参与行政处罚审核、行政裁决、行政复议、行政诉讼等工作;

(六)落实"谁执法谁普法"的普法责任制,开展普法宣传教育;

(七)办理民事案件的诉讼和调解、仲裁等法律事务;

(八)所在单位委托或者指派的其他法律事务。

第十四条　公职律师依法享有会见、阅卷、调查取证和发问、质证、辩论、辩护等权利,有权获得与履行职责相关的信息、文件、资料和其他必须的工作职权、条件。

公职律师应当接受所在单位的管理、监督,根据委托或者指派办理法律事务,不得从事有偿法律服务,不得在律师事务所等法律服务机构兼职,不得以律师身份办理所在单位以外的诉讼或者非诉讼法律事务。

第十五条　公职律师所在单位应当按照国家有关规定,建立健全决策合法性审查机制,将公职律师参与决策过程、提出法律意见作为依法决策的重要程序。

公职律师所在单位讨论、决定重大事项之前,应当听取公职律师的法律意见。依照有关规定应当听取公职律师的法律意见而未听取的事项,或者公职律师认为不合法的事项,不得提交讨论、作出决定。

公职律师所在单位起草、论证有关法律法规规章草案、党内法规草案和规范性文件送审稿,应当安排公职律师参加,或者听取其法律意见。

第十六条 公职律师所在单位应当完善公职律师列席重要会议、查阅文件资料、出具法律意见、审签相关文书的工作流程和制度安排,提供必要的办公条件和经费支持,保障公职律师依法履行职责。

第十七条 公职律师应当加入律师协会,享有会员权利,履行会员义务。

中央党政机关和人民团体的公职律师加入全国律师协会。

省级及以下党政机关和人民团体的公职律师,中央党政机关和人民团体在地方的各级直属管理单位和派出派驻单位的公职律师,加入单位所在地的地方律师协会,同时是全国律师协会的会员。

第四章 监督和管理

第十八条 党政机关和人民团体负责本单位公职律师的遴选和管理工作。

第十九条 公职律师所在单位承担法律事务工作职能的部门负责本单位公职律师日常业务管理,根据需要统筹调配和使用本单位公职律师,制定并完善法律事务指派、承办、反馈、督办等工作流程。

党政机关和人民团体可以根据工作需要,加强对本系统公职律师工作的统一指导和管理,在所属各单位之间统筹调配和使用公职律师。

公职律师以律师身份代表所在单位从事诉讼、仲裁等法律事务工作时,负责调配和使用的单位应当根据需要为其出具委托公函。

第二十条 司法行政机关应当会同公职律师所在单位建立公职律师档案,将公职律师年度考核、表彰奖励、处罚惩戒、参加培训等情况记入档案。

第二十一条 公职律师所在单位应当对本单位公职律师进行年度考核,重点考核其遵守法律法规和职业道德、履行岗位职责、从事法律事务工作数量和质量等方面的情况,提出称职、基本称职或者不称职的考核等次意见,并报送司法行政机关备案。

第二十二条 公职律师所在单位、司法行政机关、律师协会应当建立公职律师业务培训制度,制定公职律师培训计划,对公职律师开展政策理论培训和法律实务技能培训。

第二十三条 公职律师所在单位、司法行政机关、律师协会应当建立健全公职律师表彰奖励制度,对勤勉尽责、表现优异、贡献突出的公职律师给予表彰,在绩效考评、评先评优、人才推荐、干部选拔等方面予以激励。

第五章 附 则

第二十四条 法律、法规授权的具有公共事务管理职能的事业单位、社会团体及其他组织,可以参照本办法设立公职律师。

第二十五条 省级司法行政机关可以结合当地工作实际,依据本办法制定具体的实施办法。

第二十六条 本办法由司法部负责解释。

第二十七条 本办法自2019年1月1日起施行。司法部以前制定的有关公职律师的规定与本办法不一致的,以本办法为准。

公司律师管理办法

第一章 总 则

第一条 为了加强公司律师队伍建设,规范公司律师管理,发挥公司律师在全面依法治国中的职能作用,根据《关于推行法律顾问制度和公职律师公司律师制度的意见》等有关规定,结合公司律师工作实际,制定本办法。

第二条 本办法所称公司律师,是指与国有企业订立劳动合同,依法取得司法行政机关颁发的公司律师证书,在本企业从事法律事务工作的员工。

第三条 公司律师应当拥护中国共产党领导,拥护社会主义法治,模范遵守宪法和法律,忠于职守,勤勉尽责,恪守律师职业道德和执业纪律,维护本企业合法权益,维护法律正确实施,维护社会公平和正义。

第四条 司法行政机关对公司律师业务活动进行监督、指导。

公司律师所在单位对公司律师进行日常管理。

律师协会对公司律师实行行业自律。

第二章 任职条件和程序

第五条 申请颁发公司律师证书,应当具备下列条件:

(一)拥护中华人民共和国宪法;

(二)依法取得法律职业资格或者律师资格;

(三)与国有企业依法订立劳动合同;

(四)从事法律事务工作二年以上,或者曾经担任法官、检察官、律师一年以上;

(五)品行良好;

(六)所在单位同意其担任公司律师。

第六条 申请人有下列情形之一的,不予颁发公司律师证书:

(一)无民事行为能力或者限制民事行为能力的;

(二)受过刑事处罚的,但过失犯罪的除外;

(三)曾被开除公职或者吊销律师、公证员执业证书的;

(四)涉嫌犯罪、司法程序尚未终结的,或者涉嫌违纪违法、正在接受审查的;

(五)正被列为失信联合惩戒对象的。

第七条　申请颁发公司律师证书,应当由申请人所在单位向司法行政机关提交下列材料:

(一)国家统一法律职业资格证书或者律师资格证书;

(二)申请人的居民身份证明和企业员工身份证明;

(三)申请人本人填写、经所在单位同意并签章的公司律师申请表;

(四)申请人符合本办法第五条第四项规定条件的工作经历、执业经历证明。

第八条　中央企业员工申请颁发公司律师证书的,由所在单位审核同意后向司法部提出申请。中央企业在地方的各级分支机构和子企业的员工申请颁发公司律师证书的,也可以由所在单位审核同意后向当地省、自治区、直辖市司法行政机关提出申请。

省属企业员工申请颁发公司律师证书的,由所在单位审核同意后向当地省、自治区、直辖市司法行政机关提出申请。

其他国有企业员工申请颁发公司律师证书的,由所在单位审核同意后向当地设区的市级或者直辖市的区(县)司法行政机关提出申请。

第九条　司法行政机关对收到的公司律师申请,应当进行审查。设区的市级或者直辖市的区(县)司法行政机关对收到的公司律师申请,应当提出初审意见后再报省、自治区、直辖市司法行政机关审查。

经审查,申请人符合公司律师任职条件、申请材料齐全的,司法部或者省、自治区、直辖市司法行政机关应当向申请人颁发公司律师证书。

探索实施公司律师岗前培训制度。

第十条　公司律师有下列情形之一的,由原颁证机关收回、注销其公司律师证书:

(一)本人不愿意继续担任公司律师,经所在单位同意后向司法行政机关申请注销的;

(二)所在单位不同意其继续担任公司律师,向司法行政机关申请注销的;

(三)因辞职、调离、转任、退休或者辞退、开除等原因,不再具备担任公司律师条件的;

(四)连续两次公司律师年度考核被评定为不称职的;

(五)以欺诈、隐瞒、伪造材料等不正当手段取得公司律师证书的;

(六)其他不得继续担任公司律师的情形。

第十一条　担任公司律师满三年并且最后一次公司律师年度考核被评定为称职的人员,脱离原单位后申请社会律师执业的,可以经律师协会考核合格后直接向设区的市级或者直辖市的区(县)司法行政机关申请颁发社会律师执业证书,其担任公司律师的经历计入社会律师执业年限。

第十二条　国家统一法律职业资格制度实施前已担任法律顾问但未依法取得法律职业资格或者律师资格的人员,同时具备下列条件的,经司法部考核合格,可以向其颁发公司律师证书:

(一)在国有企业担任法律顾问满十五年;

(二)具有高等学校法学类本科学历并获得学士及以上学位,或者高等学校非法学类本科及以上学历并获得法律硕士、法学硕士及以上学位或者获得其他相应学位;

(三)具有高级职称或者同等专业水平。

依照前款规定取得公司律师证书的人员,脱离原单位后申请社会律师执业的,应当符合国家统一法律职业资格制度的相关规定。

第三章　主要职责

第十三条　公司律师可以受所在单位委托或者指派从事下列法律事务:

(一)为企业改制重组、并购上市、产权转让、破产重整等重大经营决策提供法律意见;

(二)参与企业章程、董事会运行规则等企业重要规章制度的制定、修改;

(三)参与企业对外谈判、磋商,起草、审核企业对外签署的合同、协议、法律文书;

(四)组织开展合规管理、风险管理、知识产权管理、法治宣传教育培训、法律咨询等工作;

(五)办理各类诉讼和调解、仲裁等法律事务;

(六)所在单位委托或者指派的其他法律事务。

第十四条　公司律师依法享有会见、阅卷、调查取证和发问、质证、辩论、辩护等权利,有权获得与履行职责相关的信息、文件、资料和其他必须的工作职权、条件。

公司律师应当接受所在单位的管理、监督,根据委托或者指派办理法律事务,不得从事有偿法律服务,不得在律师事务所等法律服务机构兼职,不得以律师身份办理所在单位以外的诉讼或者非诉讼法律事务。

第十五条 公司律师所在单位应当建立健全决策合法性审查机制,将公司律师参与决策过程、提出法律意见作为依法决策的重要程序。

公司律师所在单位讨论、决定企业经营管理重大事项之前,应当听取公司律师的法律意见。依照有关规定应当听取公司律师的法律意见而未听取的事项,或者公司律师认为不合法的事项,不得提交讨论、作出决定。

公司律师所在单位制定、修改企业章程、董事会运行规则等规章制度,对外签署合同、协议,处理涉及本企业的诉讼、仲裁、调解等法律事务,应当安排公司律师参加或者审核。

第十六条 公司律师所在单位应当完善公司律师列席重要会议、查阅文件资料、出具法律意见、审签相关文书的工作流程和制度安排,提供必要的办公条件和经费支持,保障公司律师依法依规履行职责。

第十七条 公司律师应当加入律师协会,享有会员权利,履行会员义务。

中央企业的公司律师加入全国律师协会。

省属及以下国有企业的公司律师,中央企业在地方的各级分支机构和子企业的公司律师,加入单位所在地的地方律师协会,同时是全国律师协会的会员。

第四章 监督和管理

第十八条 国有企业负责本单位公司律师遴选工作,可以设置公司律师岗位,招录或者选任具备公司律师任职条件的人员,发展公司律师队伍。

根据国有企业法律专业技术人才特点和成长规律,研究建立评价科学、管理规范的公司律师职称制度。有条件的国有企业可以先行探索符合本单位实际的公司律师职称制度。

第十九条 公司律师所在单位承担法律事务工作职能的部门负责本单位公司律师日常业务管理,可以根据需要统筹调配和使用本单位公司律师,制定并完善法律事务指派、承办、反馈、评估、督办等工作流程。

国有企业可以根据工作需要,加强对所属企业公司律师工作的统一指导和管理,在所属各企业之间统筹调配和使用公司律师。

公司律师代表所在单位从事诉讼、仲裁等法律事务工作时,负责调配、使用的单位应当根据需要为其出具委托公函。

第二十条 司法行政机关应当会同公司律师所在单位建立公司律师档案,将公司律师年度考核、表彰奖励、处罚惩戒、参加培训等情况记入档案。

第二十一条 公司律师所在单位应当对本单位公司律师进行年度考核,重点考核其遵守法律和职业道德、履行岗位职责、从事法律事务工作数量和质量等方面的情况,提出称职、基本称职或者不称职的考核等次意见,并报送司法行政机关备案。

第二十二条 公司律师所在单位、司法行政机关、律师协会应当建立公司律师业务培训制度,制定公司律师培训计划,对公司律师开展政策理论培训和法律实务技能培训。

第二十三条 公司律师所在单位、司法行政机关、律师协会应当建立健全公司律师表彰奖励制度,对勤勉尽责、表现优异、贡献突出的公司律师给予表彰,在绩效考评、评先评优、人才推荐、干部选拔等方面予以激励。

第五章 附 则

第二十四条 探索开展民营企业公司律师试点的,参照适用本办法有关规定。

第二十五条 省级司法行政机关可以结合当地工作实际,依据本办法制定具体的实施办法。

第二十六条 本办法由司法部负责解释。

第二十七条 本办法自 2019 年 1 月 1 日起施行。司法部以前制定的有关公司律师的规定与本办法不一致的,以本办法为准。

取得内地法律职业资格的香港特别行政区和澳门特别行政区居民在内地从事律师职业管理办法

- 2003 年 11 月 30 日司法部令第 81 号公布
- 根据 2005 年 12 月 28 日《司法部关于修改〈取得内地法律职业资格的香港特别行政区和澳门特别行政区居民在内地从事律师职业管理办法〉的决定》第一次修正
- 根据 2006 年 12 月 22 日《司法部关于修改〈取得内地法律职业资格的香港特别行政区和澳门特别行政区居民在内地从事律师职业管理办法〉的决定》第二次修正
- 根据 2009 年 9 月 1 日《司法部关于修改〈取得内地法律职业资格的香港特别行政区和澳门特别行政区居民在内地从事律师职业管理办法〉的决定》第三次修正
- 根据 2013 年 8 月 7 日《司法部关于修改〈取得内地法律职业资格的香港特别行政区和澳门特别行政区居民在内地从事律师职业管理办法〉的决定》第四次修正

第一章 总 则

第一条 为了落实国务院批准的《内地与香港关于建立更紧密经贸关系的安排》和《内地与澳门关于建立

更紧密经贸关系的安排》,规范取得内地法律职业资格的香港、澳门居民在内地从事律师职业的活动及管理,根据《中华人民共和国律师法》(以下简称《律师法》)及有关规定,制定本办法。

第二条 参加内地举行的国家司法考试合格,取得《中华人民共和国法律职业资格证书》的香港、澳门居民,可以在内地申请律师执业。

第三条 取得内地法律职业资格的香港、澳门居民申请在内地律师事务所执业,应当依照司法部的有关规定参加实习,申请领取律师执业证。

第四条 取得内地律师执业证的香港、澳门居民在内地律师事务所执业,可以从事内地非诉讼法律事务,可以代理涉港澳民事案件,代理涉港澳民事案件的范围由司法部以公告方式作出规定。

取得内地律师执业证的香港、澳门居民在内地从事涉港澳民事案件的代理活动应当依据有关具体规定办理。

第五条 取得内地律师执业证的香港、澳门居民在内地律师事务所执业,应当遵守国家法律、法规和规章,恪守律师职业道德和执业纪律,接受内地司法行政机关的监督和管理,接受内地律师协会的行业管理。

第二章 实习管理

第六条 取得内地法律职业资格的香港、澳门居民申请在内地律师事务所执业的,除有本办法第十一条规定情形外,应当依照《律师法》、司法部和中华全国律师协会有关申请律师执业人员实习管理的规定,先在内地律师事务所参加为期1年的实习。香港居民参加实习,可以安排在内地律师事务所设在香港的分所进行。

第七条 取得内地法律职业资格的香港、澳门居民在内地律师事务所参加实习,应当向拟选择进行实习的内地律师事务所提出申请。拟选择在内地律师事务所设在香港的分所进行实习的,可直接向内地律师事务所分所提出申请。

香港、澳门居民申请实习,由拟接收其实习的内地律师事务所向所在地的地(市)级律师协会办理实习登记,并按规定向地(市)级司法行政机关备案。

第八条 在内地律师事务所或者内地律师事务所设在香港的分所实习的香港、澳门居民,应当按照内地实习管理的有关规定参加集中培训和实务训练,实务训练以办理非诉讼法律事务及代理有关涉港澳民事案件的训练为主,并遵守有关实习的规定和纪律。

接受香港、澳门居民实习的内地律师事务所或其分所,应当指派擅长办理非诉讼法律事务及代理涉港澳民事案件的律师指导实习人员进行实务训练。每名指导律师只能指导一名香港或者澳门的实习人员。

第九条 在内地律师事务所或者内地律师事务所设在香港的分所实习的香港、澳门居民,应当确保参加实习的时间。因故暂停实习的时间最长不得超过3个月,并应当由接收实习的内地律师事务所将其暂停实习的原因和时间报所在地的地(市)级律师协会备案。

第十条 取得内地法律职业资格的香港、澳门居民在内地律师事务所或者内地律师事务所设在香港的分所实习,由该内地律师事务所所在地的地(市)级律师协会依照规定予以监督和考核。

香港、澳门居民实习期满,由内地律师事务所出具实习鉴定意见,报所在地的地(市)级律师协会审查,并由其对实习人员进行考核。律师事务所的实习鉴定意见和律师协会的考核结果,由地(市)级律师协会报当地地(市)级司法行政机关备案。

第十一条 取得内地法律职业资格的香港、澳门居民属于具有5年以上执业经历的香港法律执业者、澳门律师的,在内地申请律师执业,应当参加由内地地方律师协会组织的不少于1个月的集中培训,并经考核合格。

前款规定的香港法律执业者、澳门律师应当通过拟聘其执业的内地律师事务所向住所地的地(市)级律师协会申请参加培训。申请培训,除按照实习管理规定提交相关材料外,应当同时提交由香港律师会、大律师公会或者澳门律师公会出具并经内地认可的公证人公证的申请人在香港、澳门执业经历、年限的证明。

第三章 执业管理

第十二条 取得内地法律职业资格的香港、澳门居民,在内地律师事务所或者内地律师事务所设在香港的分所实习期满,经律师事务所鉴定和律师协会考核合格的,可以在内地申请律师执业。

第十三条 获准在内地执业的香港、澳门居民,只能在一个内地律师事务所执业,不得同时受聘于外国律师事务所驻华代表机构或者香港、澳门律师事务所驻内地代表机构。

第十四条 取得内地法律职业资格的香港、澳门居民在内地申请律师执业,应当依照《律师法》和司法部制定的《律师执业管理办法》的规定,向拟聘其执业的内地律师事务所住所地设区的市级或者直辖市区(县)司法行政机关提出申请,由其出具审查意见后报省级司法行政机关审核,作出是否准予申请人在内地执业的决定。

申请人按规定提交的文件中,其身份证明复印件和未受过刑事处罚的证明材料须经内地认可的公证人公证,同时还须说明是否具有香港、澳门、台湾地区或者外国律师资格以及是否受聘于香港、澳门、台湾地区或者外国律师事务所的情况。符合本办法第十一条规定情形的申请人应当同时提交由香港律师会、大律师公会或者澳门律师公会出具并经内地认可的公证人公证的申请人在香港、澳门的执业经历、年限的证明。

省级司法行政机关经审核予以颁发律师执业证的,应当自颁证之日起 30 日内将获准在内地执业的香港、澳门居民名单及执业登记材料报司法部备案。

第十五条　获准在内地执业的香港、澳门居民,可以采取担任法律顾问、代理、咨询、代书等方式从事内地非诉讼法律事务,也可以采取担任诉讼代理人的方式代理涉港澳民事案件,享有相应的律师权利,履行相应的律师义务。

第十六条　获准在内地执业的香港、澳门居民,符合规定条件的,可以成为内地律师事务所的合伙人。

第十七条　获准在内地执业的香港、澳门居民,应当加入内地律师协会,享有会员的权利,履行会员的义务,参加内地律师协会组织的业务培训和交流活动。

第十八条　获准在内地执业的香港、澳门居民,有违反《律师法》、司法部有关律师执业管理规章和本办法规定的行为的,依法给予相应的行政处罚;有违反律师职业道德和执业纪律行为的,给予相应的行业处分。

第十九条　司法行政机关工作人员在行政管理活动中,有违反法律、法规和规章规定的行为的,依法给予行政处分。构成犯罪的,依法追究刑事责任。

第四章　附　则

第二十条　在内地实行国家司法考试前已考取内地律师资格的香港、澳门居民,申请在内地律师事务所实习和执业,依照本办法办理。

第二十一条　本办法由司法部解释。

第二十二条　本办法自 2004 年 1 月 1 日起施行。

香港法律执业者和澳门执业律师受聘于内地律师事务所担任法律顾问管理办法

- 2003 年 11 月 30 日司法部令第 82 号公布
- 自 2004 年 1 月 1 日起施行

第一条　为了落实国务院批准的《内地与香港关于建立更紧密经贸关系的安排》和《内地与澳门关于建立更紧密经贸关系的安排》,规范香港法律执业者、澳门执业律师受聘于内地律师事务所担任法律顾问的活动及管理,制定本办法。

第二条　本办法所称的香港法律执业者,是指具有香港永久性居民身份,依据香港有关法规在律师、大律师登记册上登记,并没有被暂时吊销执业资格的律师、大律师。

本办法所称的澳门执业律师,是指具有澳门永久性居民身份,在澳门律师公会有效注册的执业律师。

第三条　香港法律执业者、澳门执业律师受聘于内地律师事务所担任法律顾问,只能办理已获准从事律师执业业务的香港、澳门以及中国以外的其他国家的法律事务。

香港法律执业者、澳门执业律师受聘于内地律师事务所担任法律顾问,应当接受内地司法行政机关的监督和管理。

第四条　香港法律执业者受聘于内地律师事务所担任法律顾问,应当依照本办法申请领取香港法律顾问证。

澳门执业律师受聘于内地律师事务所担任法律顾问,应当依照本办法申请领取澳门法律顾问证。

第五条　香港法律执业者、澳门执业律师具备下列条件的,可以向内地司法行政机关申请领取香港、澳门法律顾问证:

(一)在香港或者澳门执业满 2 年;

(二)未受过刑事处罚及未因违反律师职业道德、执业纪律受过处罚;

(三)有内地律师事务所同意聘用。

第六条　内地律师事务所具备下列条件的,可以聘用香港法律执业者、澳门执业律师为本所香港、澳门法律顾问:

(一)成立满 3 年;

(二)专职律师不少于 10 人;

(三)最近 3 年内未受过行政处罚、行业处分。

内地律师事务所聘用香港法律执业者、澳门执业律师的数量合计不得超过本所专职律师总数的五分之一。

第七条　香港法律执业者、澳门执业律师申请领取香港、澳门法律顾问证,应当通过拟聘其担任法律顾问的内地律师事务所提交下列材料:

(一)申请书;

(二)申请人身份证明的复印件;

(三)申请人的香港法律执业者、澳门执业律师执业资格证书的复印件;

(四)申请人如有获准从事律师执业业务的外国律

师资格的,须提交其律师执业资格证书的复印件;

(五)申请人在香港或者澳门执业满2年的证明材料;

(六)申请人所在的香港、澳门律师事务所出具的同意其受聘于内地律师事务所的证明;

(七)香港、澳门律师监管机构出具的申请人未受过刑事处罚及未因违反律师职业道德、执业纪律受过处罚的证明材料;

(八)内地律师事务所出具的拟聘用申请人的证明及本所符合聘用条件的证明材料。

前款第二项、第三项、第四项、第五项所列证明材料,须经内地认可的公证人公证。

申请材料应当使用中文,一式三份。材料中如有使用外文的,应当附中文译文。

第八条 内地律师事务所所在地的地(市)级司法行政机关应当自收到香港法律执业者、澳门执业律师申请材料之日起10日内完成审查,出具审查意见,并连同申请材料上报省级司法行政机关。

第九条 省级司法行政机关应当自收到申请材料之日起20日内完成审核。对于符合本办法规定条件的,准予在内地受聘担任法律顾问,并办理登记,向其颁发香港、澳门法律顾问证;对于不符合本办法规定条件的,不准在内地受聘担任法律顾问,并书面通知申请人和拟聘其担任法律顾问的内地律师事务所。

省级司法行政机关应当自向申请人颁发香港、澳门法律顾问证之日起30日内,将有关登记材料及审核意见报司法部备案。

第十条 香港法律执业者、澳门执业律师,只能受聘于内地一个律师事务所担任法律顾问,不得同时受聘于外国律师事务所,不得同时在香港、澳门律师事务所驻内地代表机构担任代表。

第十一条 香港、澳门法律顾问不得办理内地法律事务。

第十二条 香港、澳门法律顾问在内地办理法律事务,应当由所在的内地律师事务所统一接受委托、统一收取费用,不得私自受理业务、私自收费。

第十三条 香港、澳门法律顾问应当遵守国家法律、法规和规章,恪守律师职业道德和执业纪律,不得损害国家安全和社会公共利益。

第十四条 香港、澳门法律顾问与内地律师事务所应当依法签订聘用协议,规定双方的权利、义务及违约责任。

第十五条 香港、澳门法律顾问证,每年须经省级司法行政机关年度注册。未经注册的无效。

第十六条 香港、澳门法律顾问有下列行为之一的,由地(市)级司法行政机关给予警告,责令限期改正;逾期不改正的,处1万元以下罚款;有违法所得的,处违法所得1倍以上3倍以下罚款,但罚款最高不得超过3万元:

(一)同时在内地两个以上律师事务所受聘的;

(二)同时在香港、澳门律师事务所驻内地代表机构担任代表的;

(三)同时在外国律师事务所受聘的;

(四)私自受理业务或者私自向当事人收取费用的;

(五)办理内地法律事务的;

(六)其他违反法律、法规和规章应当给予处罚的行为。

香港、澳门法律顾问违反前款规定情节严重的,内地律师事务所应当与其解除聘用关系。

第十七条 内地律师事务所有下列行为之一的,由地(市)级司法行政机关给予警告,责令限期改正;逾期不改正的,处1万元以下罚款;有违法所得的,处违法所得1倍以上3倍以下罚款,但罚款最高不得超过3万元:

(一)未经核准,擅自聘用香港法律执业者、澳门执业律师担任法律顾问的;

(二)对香港、澳门法律顾问的法律服务活动不实行统一接受委托、统一收取费用的;

(三)对香港、澳门法律顾问的违法行为负有管理失查责任的;

(四)其他违反法律、法规和规章应当给予处罚的行为。

第十八条 香港、澳门法律顾问因违法行为或者过错给当事人造成损失的,由聘其担任法律顾问的内地律师事务所承担赔偿责任。律师事务所赔偿后,可以向负有直接责任的香港、澳门法律顾问追偿部分或者全部赔偿费用。

香港、澳门法律顾问应当在内地办理保险。

第十九条 司法行政机关工作人员在行政管理活动中,有违反法律、法规和规章规定的行为的,依法给予行政处分。构成犯罪的,依法追究刑事责任。

第二十条 本办法由司法部解释。

第二十一条 本办法自2004年1月1日起施行。

取得国家法律职业资格的台湾居民在大陆从事律师职业管理办法

- 2008年12月12日司法部令第115号公布
- 根据2017年9月21日《司法部关于修改〈取得国家法律职业资格的台湾居民在大陆从事律师职业管理办法〉的决定》修正

第一条 为规范取得国家法律职业资格的台湾居民在大陆从事律师职业的活动及管理,根据《中华人民共和国律师法》(以下简称《律师法》)及《律师执业管理办法》的有关规定,制定本办法。

第二条 参加国家司法考试合格,取得《中华人民共和国法律职业资格证书》的台湾居民,可以依法在大陆申请律师执业。

台湾居民在大陆申请律师执业,还应当符合《律师法》规定的其他条件。

第三条 台湾居民获准在大陆律师事务所执业,可以担任法律顾问、代理、咨询、代书等方式从事大陆非诉讼法律事务,也可以担任诉讼代理人的方式代理涉台民事案件,代理涉台民事案件的范围由司法部以公告方式作出规定。

台湾居民在大陆律师事务所执业,应当遵守国家法律、法规和规章,恪守律师职业道德和执业纪律,接受大陆司法行政机关的监督和管理,接受大陆律师协会的行业管理。

第四条 台湾居民在大陆申请律师执业的,应当根据《律师法》、《律师执业管理办法》和中华全国律师协会制定的《申请律师执业人员实习管理规则》的规定,在大陆律师事务所参加为期一年的实习,并经当地地方律师协会考核合格。

台湾居民在大陆律师事务所实习,应当按照规定参加集中培训和实务训练,实务训练以办理非诉讼法律事务及代理有关涉台民事案件的训练为主,并遵守有关实习规定和纪律。

接收台湾居民实习的律师事务所应当指派擅长办理相关业务的律师指导实务训练。一名指导律师只能指导一名台湾居民实习。

台湾居民实习,应当确保参加实习的时间。因故暂停实习的时间最长不得超过三个月,并应当由接收实习的律师事务所将其暂停实习的原因和时间报所在地地市级律师协会备案。

第五条 台湾居民申请律师执业,应当根据《律师法》和《律师执业管理办法》的有关规定,向设区的市级或者直辖市的区(县)司法行政机关提出申请,并提交与申请执业相关的证明材料。

台湾居民申请律师执业,提交的身份证明和其他在台湾地区出具的证明材料应当经台湾地区的公证机构公证,同时还应当书面说明是否具有台湾、香港、澳门地区或者外国律师资格以及是否受聘于台湾、香港、澳门地区或者外国律师事务所的情况。

第六条 台湾居民申请律师执业,由设区的市级或者直辖市的区(县)司法行政机关受理申请,并进行初审,报省、自治区、直辖市司法行政机关审核,作出是否准予执业的决定。具体许可程序,根据《律师法》和《律师执业管理办法》的规定办理。

第七条 台湾居民获准在大陆执业的,由准予其执业的省、自治区、直辖市司法行政机关自颁发律师执业证书之日起三十日内,将准予执业的决定及相关材料报司法部备案。

第八条 台湾居民在大陆律师事务所执业,依法享有大陆律师相应的执业权利,履行相应的律师义务。

第九条 获准执业的台湾居民,只能在一个大陆律师事务所执业,不得同时受聘于外国律师事务所驻华代表机构或者香港、澳门律师事务所驻内地代表机构。

第十条 获准执业的台湾居民,符合规定条件的,可以成为大陆律师事务所的合伙人。

第十一条 获准执业的台湾居民,应当加入大陆律师协会,享有会员的权利,履行会员的义务,参加大陆律师协会组织的业务培训和交流活动。

第十二条 获准执业的台湾居民,有违反《律师法》、《律师执业管理办法》和本办法规定的行为的,依法给予相应的行政处罚;有违反律师职业道德和执业纪律行为的,给予相应的行业惩戒。

第十三条 在实行国家司法考试前已取得大陆资格的台湾居民,在大陆申请律师执业的,依照本办法办理。

第十四条 本办法自2009年1月1日起施行。

关于进一步规范律师服务收费的意见

- 2021年12月28日
- 司发通〔2021〕87号

为推进律师事业高质量发展,更好地满足新时代人民群众法律服务需求,现就进一步规范律师服务收费提出如下意见。

一、总体要求

坚持以习近平新时代中国特色社会主义思想为指导，深入学习贯彻习近平法治思想，深入贯彻落实习近平总书记关于律师工作的重要指示精神，坚持以人民为中心的发展思想，规范律师服务收费行为，健全律师事务所收费管理制度，强化律师服务收费监管，引导广大律师认真履行社会责任，促进律师行业健康有序发展，切实增强人民群众的法治获得感。

二、完善律师服务收费政策

（一）提升律师服务收费合理化水平。律师服务收费项目、收费方式、收费标准等原则上由律师事务所制定。在制定律师服务费标准时，律师事务所应当统筹考虑律师提供服务耗费的工作时间、法律事务的难易程度、委托人的承受能力、律师可能承担的风险和责任、律师的社会信誉和工作水平等因素。各省（区、市）律师协会指导设区的市或者直辖市的区（县）律师协会对律师事务所制定的律师服务费标准实施动态监测分析。

（二）提高律师服务收费公开化程度。律师事务所制定的律师服务费标准，应当每年向所在设区的市或者直辖市的区（县）律师协会备案，备案后一年内原则上不得变更。新设律师事务所在取得执业许可证书10个工作日内，应当制定律师服务费标准并向所在设区的市或者直辖市的区（县）律师协会备案。律师事务所不得超出该所在律师协会备案的律师服务费标准收费。律师事务所应当严格执行明码标价制度，将本所在律师协会备案的律师服务费标准在其执业场所显著位置进行公示，接受社会监督。

（三）扩大律师服务收费普惠化范围。律师事务所办理涉及农民工、残疾人等弱势群体或者与公益活动有关的法律服务事项，可以酌情减免律师服务费。对当事人符合法律援助条件的，律师事务所应当及时告知当事人可以申请法律援助。鼓励律师事务所和律师积极参与公益法律服务。

三、严格规范律师风险代理行为

（四）严格限制风险代理适用范围。禁止刑事诉讼案件、行政诉讼案件、国家赔偿案件、群体性诉讼案件、婚姻继承案件，以及请求给予社会保险待遇、最低生活保障待遇、赡养费、抚养费、扶养费、抚恤金、救济金、工伤赔偿、劳动报酬的案件实行或者变相实行风险代理。

（五）严格规范风险代理约定事项。律师事务所和律师不得滥用专业优势地位，对律师事务所与当事人各自承担的风险责任作出明显不合理的约定，不得在风险代理合同中排除或者限制当事人上诉、撤诉、调解、和解等诉讼权利，或者对当事人行使上述权利设置惩罚性赔偿等不合理的条件。

（六）严格限制风险代理收费金额。律师事务所与当事人约定风险代理收费的，可以按照固定的金额收费，也可以按照当事人最终实现的债权或者减免的债务金额（以下简称"标的额"）的一定比例收费。律师事务所在风险代理各个环节收取的服务费合计最高金额应当符合下列规定：标的额不足人民币100万元的部分，不得超过标的额的18%；标的额在人民币100万元以上不足500万元的部分，不得超过标的额的15%；标的额在人民币500万元以上不足1000万元的部分，不得超过标的额的12%；标的额在人民币1000万元以上不足5000万元的部分，不得超过标的额的9%；标的额在人民币5000万元以上的部分，不得超过标的额的6%。

（七）建立风险代理告知和提示机制。律师事务所应当与当事人签订专门的书面风险代理合同，并在风险代理合同中以醒目方式明确告知当事人风险代理的含义，禁止适用风险代理案件范围、风险代理最高收费金额限制等事项，并就当事人委托的法律服务事项可能发生的风险、双方约定的委托事项应达成的目标、双方各自担的风险和责任等进行提示。

四、健全律师事务所收费管理制度

（八）切实规范律师服务收费行为。律师事务所与当事人协商收费，应当遵循公开公平、平等自愿、诚实信用的原则，不得作出违背社会公序良俗或者显失公平的约定，不得采取欺骗、诱导等方式促使当事人接受律师服务价格，不得相互串通、操纵价格。律师事务所不得在协商收费时向当事人明示或者暗示与司法机关、仲裁机构及其工作人员有特殊关系，不得以签订"阴阳合同"等方式规避律师服务收费限制性规定。

律师事务所应当加强对收费合同或者委托合同中收费条款的审核把关，除律师服务费、代委托人支付的费用、异地办案差旅费外，严禁以向司法人员、仲裁员疏通关系等为由收取所谓的"办案费""顾问费"等任何其他费用。律师事务所在提供法律服务过程中代委托人支付的诉讼费、仲裁费、鉴定费、公证费、查档费、保全费、翻译费等费用，不属于律师服务费，由委托人另行支付。律师事务所应当向委托人提供律师服务收费清单，包括律师服务费、代委托人支付的费用以及异地办案差旅费，其中代委托人支付的费用及异地办案差旅费应当提供有效凭证。

（九）严格执行统一收案、统一收费规定。律师事务所应当建立健全收案管理、收费管理、财务管理、专用业务文书、档案管理等内部管理制度，确保律师业务全面登记、全程留痕。建立律师业务统一登记编码制度，加快推进律师管理信息系统业务数据采集，按照统一规则对律师事务所受理的案件进行编号，做到案件编号与收费合同、收费票据一一对应，杜绝私自收案收费。律师服务收费应当由财务人员统一收取、统一入账、统一结算，并及时出具合法票据，不得用内部收据等代替合法票据，不得由律师直接向当事人收取律师服务费。确因交通不便等特殊情况，当事人提出由律师代为收取律师服务费的，律师应当在代收后3个工作日内将代收的律师服务费转入律师事务所账户。

（十）压实对律师的教育管理责任。律师事务所应当加强对本所律师的教育管理，引导律师践行服务为民理念，树立正确的价值观、义利观，恪守职业道德和执业纪律，严格遵守律师服务收费各项管理规定。强化内部监督制约，确保律师服务收费全流程可控，认真办理涉及收费的投诉举报，及时纠正律师违法违规收费行为。

五、强化律师服务收费监督检查

（十一）加强律师服务收费常态化监管。司法行政部门、律师协会要把律师服务收费作为律师事务所年度检查考核和律师执业年度考核的重要内容，对上一年度有严重违法违规收费行为、造成恶劣社会影响的律师事务所和律师，应当依法依规评定为"不合格""不称职"。开展"双随机一公开"抽查，司法行政部门每年对不少于5%的律师事务所收费情况开展执法检查，对该所承办一定比例的案件倒查委托代理合同、收费票据等，及时发现违法违规收费问题。

（十二）加大违法违规收费查处力度。完善违法违规收费投诉处理机制，重点查处涉及群众切身利益的民生类律师服务收费投诉，确保有投诉必受理、有案必查、违法必究。依法依规严肃查处违法违规收费行为，对不按规定明码标价、价格欺诈等违反价格法律法规的行为，由市场监管部门依法作出行政处罚；对私自收费、违规风险代理收费、变相乱收费以及以向司法人员、仲裁员疏通关系为由收取所谓的"办案费""顾问费"等违法违规收费行为，由司法行政部门、律师协会依据《律师法》《律师和律师事务所违法行为处罚办法》等作出行政处罚、行业处分。市场监管部门、司法行政部门对律师事务所和律师违法违规收费行为作出行政处罚的，应当及时抄送同级司法行政部门、市场监管部门。健全律师服务收费诚信信息公示机制，司法行政部门及时在律师诚信信息公示平台公示律师事务所和律师因违法违规收费被处罚处分信息，定期通报违法违规收费典型案例，强化警示教育效果。

（十三）健全律师服务收费争议解决机制。因律师服务收费发生争议的，律师事务所和当事人可以协商解决。协商不成的，双方可以提请律师事务所所在设区的市或者直辖市的区（县）律师协会进行调解。设区的市或者直辖市的区（县）律师协会应当成立律师服务收费争议调解委员会，制定律师服务收费争议调解规则，依法依规开展调解。

六、加强组织实施

（十四）强化责任落实。各级司法行政、发展改革和市场监管部门要高度重视，加强工作指导，密切沟通配合，结合实际研究制定贯彻落实举措。

（十五）发挥行业自律作用。省级律师协会要在同级司法行政部门指导下，制定律师事务所服务费标准制定指引和示范文本，明确律师服务费标准应当载明的服务项目、制定服务费标准应当考虑的因素等事项，但不得直接制定律师服务费标准；制定律师事务所服务费标准备案管理办法，明确律师服务费标准在律师协会备案的程序和要求；制定律师风险代理书面告知书和风险代理收费合同示范文本，督促律师事务所严格规范风险代理收费行为。

（十六）本《意见》印发前国家发展改革委、司法部制定的律师服务收费规范性文件的规定与本《意见》规定相抵触的，以本《意见》为准。

律师事务所管理办法

- 2008年7月18日司法部令第111号发布
- 根据2012年11月30日《司法部关于修改〈律师事务所管理办法〉的决定》第一次修正
- 2016年9月6日司法部令第133号修订
- 根据2018年12月5日《司法部关于修改〈律师事务所管理办法〉的决定》第二次修正

第一章 总 则

第一条 为了规范律师事务所的设立，加强对律师事务所的监督和管理，根据《中华人民共和国律师法》（以下简称《律师法》）和其他有关法律、法规的规定，制定本办法。

第二条 律师事务所是律师的执业机构。律师事务所应当依法设立并取得执业许可证。

律师事务所的设立和发展,应当根据国家和地方经济社会发展的需要,实现合理分布、均衡发展。

第三条 律师事务所应当坚持以习近平新时代中国特色社会主义思想为指导,坚持和加强党对律师工作的全面领导,坚定维护以习近平同志为核心的党中央权威和集中统一领导,把拥护中国共产党领导、拥护社会主义法治作为从业的基本要求,增强广大律师走中国特色社会主义法治道路的自觉性和坚定性。

律师事务所应当依法开展业务活动,加强内部管理和对律师执业行为的监督,依法承担相应的法律责任。

任何组织和个人不得非法干预律师事务所的业务活动,不得侵害律师事务所的合法权益。

第四条 律师事务所应当加强党的建设,充分发挥党组织的战斗堡垒作用和党员律师的先锋模范作用。

律师事务所有三名以上正式党员的,应当根据《中国共产党章程》的规定,经上级党组织批准,成立党的基层组织,并按期进行换届。律师事务所正式党员不足三人的,应当通过联合成立党组织、上级党组织选派党建工作指导员等方式开展党的工作,并在条件具备时及时成立党的基层组织。

律师事务所应当建立完善党组织参与律师事务所决策、管理的工作机制,为党组织开展活动、做好工作提供场地、人员和经费等支持。

第五条 司法行政机关依照《律师法》和本办法的规定对律师事务所进行监督、指导。

律师协会依照《律师法》、协会章程和行业规范,对律师事务所实行行业自律。

司法行政机关、律师协会应当结合监督管理职责,加强对律师行业党的建设的指导。

第六条 司法行政机关、律师协会应当建立健全律师事务所表彰奖励制度,根据有关规定设立综合性和单项表彰项目,对为维护人民群众合法权益、促进经济社会发展和国家法治建设作出突出贡献的律师事务所进行表彰奖励。

第二章 律师事务所的设立条件

第七条 律师事务所可以由律师合伙设立、律师个人设立或者由国家出资设立。

合伙律师事务所可以采用普通合伙或者特殊的普通合伙形式设立。

第八条 设立律师事务所应当具备下列基本条件:
(一)有自己的名称、住所和章程;
(二)有符合《律师法》和本办法规定的律师;
(三)设立人应当是具有一定的执业经历并能够专职执业的律师,且在申请设立前三年内未受过停止执业处罚;
(四)有符合本办法规定数额的资产。

第九条 设立普通合伙律师事务所,除应当符合本办法第八条规定的条件外,还应当具备下列条件:
(一)有书面合伙协议;
(二)有三名以上合伙人作为设立人;
(三)设立人应当是具有三年以上执业经历并能够专职执业的律师;
(四)有人民币三十万元以上的资产。

第十条 设立特殊的普通合伙律师事务所,除应当符合本办法第八条规定的条件外,还应当具备下列条件:
(一)有书面合伙协议;
(二)有二十名以上合伙人作为设立人;
(三)设立人应当是具有三年以上执业经历并能够专职执业的律师;
(四)有人民币一千万元以上的资产。

第十一条 设立个人律师事务所,除应当符合本办法第八条规定的条件外,还应当具备下列条件:
(一)设立人应当是具有五年以上执业经历并能够专职执业的律师;
(二)有人民币十万元以上的资产。

第十二条 国家出资设立的律师事务所,除符合《律师法》规定的一般条件外,应当至少有二名符合《律师法》规定并能够专职执业的律师。

需要国家出资设立律师事务所的,由当地县级司法行政机关筹建,申请设立许可前须经所在地县级人民政府有关部门核拨编制、提供经费保障。

第十三条 省、自治区、直辖市司法行政机关可以根据本地经济社会发展状况和律师业发展需要,适当调整本办法规定的普通合伙律师事务所、特殊的普通合伙律师事务所和个人律师事务所的设立资产数额,报司法部批准后实施。

第十四条 设立律师事务所,其申请的名称应当符合司法部有关律师事务所名称管理的规定,并应当在申请设立许可前按规定办理名称检索。

第十五条 律师事务所负责人人选,应当在申请设立许可时一并报审核机关核准。

合伙律师事务所的负责人,应当从本所合伙人中经全体合伙人选举产生;国家出资设立的律师事务所的负责人,由本所律师推选,经所在地县级司法行政机关同意,个人律师事务所设立人是该所的负责人。

第十六条 律师事务所章程应当包括下列内容：

（一）律师事务所的名称和住所；

（二）律师事务所的宗旨；

（三）律师事务所的组织形式；

（四）设立资产的数额和来源；

（五）律师事务所负责人的职责以及产生、变更程序；

（六）律师事务所决策、管理机构的设置、职责；

（七）本所律师的权利与义务；

（八）律师事务所有关执业、收费、财务、分配等主要管理制度；

（九）律师事务所解散的事由、程序以及清算办法；

（十）律师事务所章程的解释、修改程序；

（十一）律师事务所党组织的设置形式、地位作用、职责权限、参与本所决策、管理的工作机制和党建工作保障措施等；

（十二）其他需要载明的事项。

设立合伙律师事务所的，其章程还应当载明合伙人的姓名、出资额及出资方式。

律师事务所章程的内容不得与有关法律、法规、规章相抵触。

律师事务所章程自省、自治区、直辖市司法行政机关作出准予设立律师事务所决定之日起生效。

第十七条 合伙协议应当载明下列内容：

（一）合伙人，包括姓名、居住地、身份证号、律师执业经历等；

（二）合伙人的出资额及出资方式；

（三）合伙人的权利、义务；

（四）合伙律师事务所负责人的职责以及产生、变更程序；

（五）合伙人会议的职责、议事规则等；

（六）合伙人收益分配及债务承担方式；

（七）合伙人入伙、退伙及除名的条件和程序；

（八）合伙人之间争议的解决方法和程序，违反合伙协议承担的责任；

（九）合伙协议的解释、修改程序；

（十）其他需要载明的事项。

合伙协议的内容不得与有关法律、法规、规章相抵触。

合伙协议由全体合伙人协商一致并签名，自省、自治区、直辖市司法行政机关作出准予设立律师事务所决定之日起生效。

第三章 律师事务所设立许可程序

第十八条 律师事务所的设立许可，由设区的市级或者直辖市的区（县）司法行政机关受理设立申请并进行初审，报省、自治区、直辖市司法行政机关进行审核，作出是否准予设立的决定。

第十九条 申请设立律师事务所，应当向所在地设区的市级或者直辖市的区（县）司法行政机关提交下列材料：

（一）设立申请书；

（二）律师事务所的名称、章程；

（三）设立人的名单、简历、身份证明、律师执业证书，律师事务所负责人人选；

（四）住所证明；

（五）资产证明。

设立合伙律师事务所，还应当提交合伙协议。

设立国家出资设立的律师事务所，应当提交所在地县级人民政府有关部门出具的核拨编制、提供经费保障的批件。

申请设立许可时，申请人应当如实填报《律师事务所设立申请登记表》。

第二十条 设区的市级或者直辖市的区（县）司法行政机关对申请人提出的设立律师事务所申请，应当根据下列情况分别作出处理：

（一）申请材料齐全、符合法定形式的，应当受理；

（二）申请材料不齐全或者不符合法定形式的，应当当场或者自收到申请材料之日起五日内一次告知申请人需要补正的全部内容。申请人按要求补正的，予以受理；逾期不告知的，自收到申请材料之日即为受理；

（三）申请事项明显不符合法定条件或者申请人拒绝补正、无法补正有关材料的，不予受理，并向申请人书面说明理由。

第二十一条 受理申请的司法行政机关应当在决定受理之日起二十日内完成对申请材料的审查。

在审查过程中，可以征求拟设立律师事务所所在地县级司法行政机关的意见；对于需要调查核实有关情况的，可以要求申请人提供有关证明材料，也可以委托县级司法行政机关进行核实。

经审查，应当对设立律师事务所的申请是否符合法定条件、材料是否真实齐全出具审查意见，并将审查意见和全部申请材料报送省、自治区、直辖市司法行政机关。

第二十二条 省、自治区、直辖市司法行政机关应当自收到受理申请机关报送的审查意见和全部申请材料之日起十日内予以审核,作出是否准予设立律师事务所的决定。

准予设立的,应当自决定之日起十日内向申请人颁发律师事务所执业许可证。

不准予设立的,应当向申请人书面说明理由。

第二十三条 律师事务所执业许可证分为正本和副本。正本用于办公场所悬挂,副本用于接受查验。正本和副本具有同等的法律效力。

律师事务所执业许可证应当载明的内容、制作的规格、证号编制办法,由司法部规定。执业许可证由司法部统一制作。

第二十四条 律师事务所设立申请人应当在领取执业许可证后的六十日内,按照有关规定刻制印章、开立银行账户、办理税务登记,完成律师事务所开业的各项准备工作,并将刻制的律师事务所公章、财务章印模和开立的银行账户报所在地设区的市级或者直辖市的区(县)司法行政机关备案。

第二十五条 有下列情形之一的,由作出准予设立律师事务所决定的省、自治区、直辖市司法行政机关撤销原准予设立的决定,收回并注销律师事务所执业许可证:

(一)申请人以欺骗、贿赂等不正当手段取得准予设立决定的;

(二)对不符合法定条件的申请或者违反法定程序作出准予设立决定的。

第四章 律师事务所的变更和终止

第二十六条 律师事务所变更名称、负责人、章程、合伙协议的,应当经所在地设区的市级或者直辖市的区(县)司法行政机关审查后报原审核机关批准。具体办法按律师事务所设立许可程序办理。

律师事务所变更住所、合伙人的,应当自变更之日起十五日内经所在地设区的市级或者直辖市的区(县)司法行政机关报原审核机关备案。

第二十七条 律师事务所跨县、不设区的市、市辖区变更住所,需要相应变更负责对其实施日常监督管理的司法行政机关的,应当在办理备案手续后,由其所在地设区的市级司法行政机关或者直辖市司法行政机关将有关变更情况通知律师事务所迁入地的县级司法行政机关。

律师事务所拟将住所迁移其他省、自治区、直辖市的,应当按注销原律师事务所、设立新的律师事务所的程序办理。

第二十八条 律师事务所变更合伙人,包括吸收新合伙人、合伙人退伙、合伙人因法定事由或者经合伙人会议决议被除名。

新合伙人应当从专职执业的律师中产生,并具有三年以上执业经历,但司法部另有规定的除外。受到六个月以上停止执业处罚的律师,处罚期满未逾三年的,不得担任合伙人。

合伙人退伙、被除名的,律师事务所应当依照法律、本所章程和合伙协议处理相关财产权益、债务承担等事务。

因合伙人变更需要修改合伙协议的,修改后的合伙协议应当按照本办法第二十六条第一款的规定报批。

第二十九条 律师事务所变更组织形式的,应当在自行依法处理好业务衔接、人员安排、资产处置、债务承担等事务并对章程、合伙协议作出相应修改后,方可按照本办法第二十六条第一款的规定申请变更。

第三十条 律师事务所因分立、合并,需要对原律师事务所进行变更或者注销原律师事务所、设立新的律师事务所的,应当在自行依法处理好相关律师事务所的业务衔接、人员安排、资产处置、债务承担等事务后,提交分立协议或者合并协议等申请材料,按照本办法的相关规定办理。

第三十一条 律师事务所有下列情形之一的,应当终止:

(一)不能保持法定设立条件,经限期整改仍不符合条件的;

(二)执业许可证被依法吊销的;

(三)自行决定解散的;

(四)法律、行政法规规定应当终止的其他情形。

律师事务所在取得设立许可后,六个月内未开业或者无正当理由停止业务活动满一年的,视为自行停办,应当终止。

律师事务所在受到停业整顿处罚期限未满前,不得自行决定解散。

第三十二条 律师事务所在终止事由发生后,不得受理新的业务。

律师事务所在终止事由发生后,应当向社会公告,依照有关规定进行清算,依法处置资产分割、债务清偿等事务。

律师事务所应当在清算结束后十五日内向所在地设区的市级或者直辖市的区(县)司法行政机关提交注销申请书、清算报告、本所执业许可证以及其他有关材料,由其出具审查意见后连同全部注销申请材料报原审核机关审核,办理注销手续。

律师事务所拒不履行公告、清算义务的,由设区的市级或者直辖市的区(县)司法行政机关向社会公告后,可以直接报原审核机关办理注销手续。律师事务所被注销后的债权、债务由律师事务所的设立人、合伙人承担。

律师事务所被注销的,其业务档案、财务账簿、本所印章的移管、处置,按照有关规定办理。

第五章 律师事务所分所的设立、变更和终止

第三十三条 成立三年以上并具有二十名以上执业律师的合伙律师事务所,根据业务发展需要,可以在本所所在地的市、县以外的地方设立分所。设在直辖市、设区的市的合伙律师事务所也可以在本所所在城区以外的区、县设立分所。

律师事务所及其分所受到停业整顿处罚期限未满的,该所不得申请设立分所;律师事务所的分所受到吊销执业许可证处罚的,该所自分所受到处罚之日起二年内不得申请设立分所。

第三十四条 分所应当具备下列条件:

(一)有符合《律师事务所名称管理办法》规定的名称;

(二)有自己的住所;

(三)有三名以上律师事务所派驻的专职律师;

(四)有人民币三十万元以上的资产;

(五)分所负责人应当是具有三年以上的执业经历并能够专职执业,且在担任负责人前三年内未受过停止执业处罚的律师。

律师事务所到经济欠发达的市、县设立分所的,前款规定的派驻律师条件可以降至一至二名;资产条件可以降至人民币十万元。具体适用地区由省、自治区、直辖市司法行政机关确定。

省、自治区、直辖市司法行政机关根据本地经济社会发展和律师业发展状况,需要提高第一款第(三)、(四)项规定的条件的,按照本办法第十三条规定的程序办理。

第三十五条 律师事务所申请设立分所,应当提交下列材料:

(一)设立分所申请书;

(二)本所基本情况,本所设立许可机关为其出具的符合《律师法》第十九条和本办法第三十三条规定条件的证明;

(三)本所执业许可证复印件,本所章程和合伙协议;

(四)拟在分所执业的律师的名单、简历、身份证明和律师执业证书复印件;

(五)拟任分所负责人的人选及基本情况,该人选执业许可机关为其出具的符合本办法第三十四条第一款第五项规定条件的证明;

(六)分所的名称,分所住所证明和资产证明;

(七)本所制定的分所管理办法。

申请设立分所时,申请人应当如实填报《律师事务所分所设立申请登记表》。

第三十六条 律师事务所申请设立分所,由拟设立分所所在地设区的市级或者直辖市区(县)司法行政机关受理并进行初审,报省、自治区、直辖市司法行政机关审核,决定是否准予设立分所。具体程序按照本办法第二十条、第二十一条、第二十二条的规定办理。

准予设立分所的,由设立许可机关向申请人颁发律师事务所分所执业许可证。

第三十七条 分所律师除由律师事务所派驻外,可以依照《律师执业管理办法》的规定面向社会聘用律师。

派驻分所律师,参照《律师执业管理办法》有关律师变更执业机构的规定办理,由准予设立分所的省、自治区、直辖市司法行政机关予以换发执业证书,原执业证书交回原颁证机关;分所聘用律师,依照《律师执业管理办法》规定的申请律师执业许可或者变更执业机构的程序办理。

第三十八条 律师事务所决定变更分所负责人的,应当经分所所在地设区的市级或者直辖市区(县)司法行政机关报分所设立许可机关批准;变更派驻分所律师的,参照《律师执业管理办法》有关律师变更执业机构的规定办理。

分所变更住所的,应当自变更之日起十五日内,经所所在地设区的市级或者直辖市区(县)司法行政机关报分所设立许可机关备案。

律师事务所变更名称的,应当自名称获准变更之日起三十日内,经分所所在地设区的市级或者直辖市区(县)司法行政机关向分所设立许可机关申请变更分所名称。

第三十九条 有下列情形之一的,分所应当终止:

(一)律师事务所依法终止的;

(二)律师事务所不能保持《律师法》和本办法规定设立分所的条件,经限期整改仍不符合条件的;

(三)分所不能保持本办法规定的设立条件,经限期整改仍不符合条件的;

(四)分所在取得设立许可后六个月内未开业或者无正当理由停止业务活动满一年的;

(五)律师事务所决定停办分所的;

(六)分所执业许可证被依法吊销的;

（七）法律、行政法规规定应当终止的其他情形。

分所终止的，由分所设立许可机关注销分所执业许可证。分所终止的有关事宜按照本办法第三十二条的规定办理。

第六章　律师事务所执业和管理规则

第四十条　律师事务所应当建立健全执业管理和其他各项内部管理制度，规范本所律师执业行为，履行监管职责，对本所律师遵守法律、法规、规章及行业规范，遵守职业道德和执业纪律的情况进行监督，发现问题及时予以纠正。

第四十一条　律师事务所应当保障本所律师和辅助人员享有下列权利：

（一）获得本所提供的必要工作条件和劳动保障；

（二）获得劳动报酬及享受有关福利待遇；

（三）向本所提出意见和建议；

（四）法律、法规、规章及行业规范规定的其他权利。

第四十二条　律师事务所应当监督本所律师和辅助人员履行下列义务：

（一）遵守宪法和法律，遵守职业道德和执业纪律；

（二）依法、诚信、规范执业；

（三）接受本所监督管理，遵守本所章程和规章制度，维护本所的形象和声誉；

（四）法律、法规、规章及行业规范规定的其他义务。

第四十三条　律师事务所应当建立违规律师辞退和除名制度，对违法违规执业、违反本所章程及管理制度或者年度考核不称职的律师，可以将其辞退或者经合伙人会议通过将其除名，有关处理结果报所在地县级司法行政机关和律师协会备案。

第四十四条　律师事务所应当在法定业务范围内开展业务活动，不得以独资、与他人合资或者委托持股方式兴办企业，并委派律师担任企业法定代表人、总经理职务，不得从事与法律服务无关的其他经营性活动。

第四十五条　律师事务所应当与其他律师事务所公平竞争，不得以诋毁其他律师事务所、律师或者支付介绍费等不正当手段承揽业务。

第四十六条　律师承办业务，由律师事务所统一接受委托，与委托人签订书面委托合同。

律师事务所受理业务，应当进行利益冲突审查，不得违反规定受理与本所承办业务及其委托人有利益冲突的业务。

第四十七条　律师事务所应当按照有关规定统一收取服务费用并如实入账，建立健全收费管理制度，及时查处有关违规收费的举报和投诉，不得在实行政府指导价的业务领域违反规定标准收取费用，或者违反风险代理管理规定收取费用。

律师事务所应当按照规定建立健全财务管理制度，建立和实行合理的分配制度及激励机制。

律师事务所应当依法纳税。

第四十八条　律师事务所应当依法履行法律援助义务，及时安排本所律师承办法律援助案件，为办理法律援助案件提供条件和便利，无正当理由不得拒绝接受法律援助机构指派的法律援助案件。

第四十九条　律师事务所应当建立健全重大疑难案件的请示报告、集体研究和检查督导制度，规范受理程序，指导监督律师依法办理重大疑难案件。

第五十条　律师事务所应当依法履行管理职责，教育管理本所律师依法、规范承办业务，加强对本所律师执业活动的监督管理，不得放任、纵容本所律师有下列行为：

（一）采取煽动、教唆和组织当事人或者其他人员到司法机关或者其他国家机关静坐、举牌、打横幅、喊口号、声援、围观等扰乱公共秩序、危害公共安全的非法手段，聚众滋事，制造影响，向有关部门施加压力；

（二）对本人或者其他律师正在办理的案件进行歪曲、有误导性的宣传和评论，恶意炒作案件；

（三）以串联组团、联署签名、发表公开信、组织网上聚集、声援等方式或者借个案研讨之名，制造舆论压力，攻击、诋毁司法机关和司法制度；

（四）无正当理由，拒不按照人民法院通知出庭参与诉讼，或者违反法庭规则，擅自退庭；

（五）聚众哄闹、冲击法庭，侮辱、诽谤、威胁、殴打司法工作人员或者诉讼参与人，否定国家认定的邪教组织的性质，或者有其他严重扰乱法庭秩序的行为；

（六）发表、散布否定宪法确立的根本政治制度、基本原则和危害国家安全的言论，利用网络、媒体挑动对党和政府的不满，发起、参与危害国家安全的组织或者支持、参与、实施危害国家安全的活动；以歪曲事实真相、明显违背社会公序良俗等方式，发表恶意诽谤他人的言论，或者发表严重扰乱法庭秩序的言论。

第五十一条　合伙律师事务所和国家出资设立的律师事务所应当按照规定为聘用的律师和辅助人员办理失业、养老、医疗等社会保险。

个人律师事务所聘用律师和辅助人员的，应当按前款规定为其办理社会保险。

第五十二条　律师事务所应当按照规定，建立执业风险、事业发展、社会保障等基金。

律师参加执业责任保险的具体办法另行规定。

第五十三条 律师违法执业或者因过错给当事人造成损失的,由其所在的律师事务所承担赔偿责任。律师事务所赔偿后,可以向有故意或者重大过失行为的律师追偿。

普通合伙律师事务所的合伙人对律师事务所的债务承担无限连带责任。特殊的普通合伙律师事务所一个合伙人或者数个合伙人在执业活动中因故意或者重大过失造成律师事务所债务的,应当承担无限责任或者无限连带责任,其他合伙人以其在律师事务所中的财产份额为限承担责任;合伙人在执业活动中非因故意或者重大过失造成的律师事务所债务,由全体合伙人承担无限连带责任。个人律师事务所的设立人对律师事务所的债务承担无限责任。国家出资设立的律师事务所以其全部资产对其债务承担责任。

第五十四条 律师事务所的负责人负责对律师事务所的业务活动和内部事务进行管理,对外代表律师事务所,依法承担对律师事务所违法行为的管理责任。

合伙人会议或者律师会议为合伙律师事务所或者国家出资设立的律师事务所的决策机构;个人律师事务所的重大决策应当充分听取聘用律师的意见。

律师事务所根据本所章程可以设立相关管理机构或者配备专职管理人员,协助本所负责人开展日常管理工作。

第五十五条 律师事务所应当加强对本所律师的职业道德和执业纪律教育,组织开展业务学习和经验交流活动,为律师参加业务培训和继续教育提供条件。

第五十六条 律师事务所应当建立律师表彰奖励制度,对依法、诚信、规范执业表现突出的律师予以表彰奖励。

第五十七条 律师事务所应当建立投诉查处制度,及时查处、纠正本所律师在执业活动中的违法违规行为,调处在执业中与委托人之间的纠纷;认为需要对被投诉律师给予行政处罚或者行业惩戒的,应当及时向所在地县级司法行政机关或者律师协会报告。

已担任合伙人的律师受到六个月以上停止执业处罚的,自处罚决定生效之日起至处罚期满后三年内,不得担任合伙人。

第五十八条 律师事务所应当建立律师执业年度考核制度,按照规定对本所律师的执业表现和遵守职业道德、执业纪律的情况进行考核,评定等次,实施奖惩,建立律师执业档案和诚信档案。

第五十九条 律师事务所应当于每年的一季度经所在地县级司法行政机关向设区的市级司法行政机关提交上一年度本所执业情况报告和律师执业考核结果,直辖市的律师事务所的执业情况报告和律师执业考核结果直接向所在地区(县)司法行政机关提交,接受司法行政机关的年度检查考核。具体年度检查考核办法,由司法部规定。

第六十条 律师事务所应当按照规定建立健全档案管理制度,对所承办业务的案卷和有关资料及时立卷归档,妥善保管。

第六十一条 律师事务所应当通过本所网站等,公开本所律师和辅助人员的基本信息和奖惩情况。

第六十二条 律师事务所应当妥善保管、依法使用本所执业许可证,不得变造、出借、出租。如有遗失或者损毁的,应当及时报告所在地县级司法行政机关,经所在地设区的市级或者直辖市区(县)司法行政机关向原审核机关申请补发或者换发。律师事务所执业许可证遗失的,应当在当地报刊上刊登遗失声明。

律师事务所被撤销许可、受到吊销执业许可证处罚的,由所在地县级司法行政机关收缴其执业许可证。

律师事务所受到停业整顿处罚的,应当自处罚决定生效后至处罚期限届满前,将执业许可证缴存其所在地县级司法行政机关。

第六十三条 律师事务所应当加强对分所执业和管理活动的监督,履行下列管理职责:

(一)任免分所负责人;

(二)决定派驻分所律师,核准分所聘用律师人选;

(三)审核、批准分所的内部管理制度;

(四)审核、批准分所的年度工作计划、年度工作总结;

(五)指导、监督分所的执业活动及重大法律事务的办理;

(六)指导、监督分所的财务活动,审核、批准分所的分配方案和年度财务预算、决算;

(七)决定分所重要事项的变更、分所停办和分所资产的处置;

(八)本所规定的其他由律师事务所决定的事项。

律师事务所应当依法对其分所的债务承担责任。

第七章 司法行政机关的监督管理

第六十四条 县级司法行政机关对本行政区域内的律师事务所的执业活动进行日常监督管理,履行下列职责:

（一）监督律师事务所在开展业务活动过程中遵守法律、法规、规章的情况；

（二）监督律师事务所执业和内部管理制度的建立和实施情况；

（三）监督律师事务所保持法定设立条件以及变更报批或者备案的执行情况；

（四）监督律师事务所进行清算、申请注销的情况；

（五）监督律师事务所开展律师执业年度考核和上报年度执业总结的情况；

（六）受理对律师事务所的举报和投诉；

（七）监督律师事务所履行行政处罚和实行整改的情况；

（八）司法部和省、自治区、直辖市司法行政机关规定的其他职责。

县级司法行政机关在开展日常监督管理过程中，对发现、查实的律师事务所在执业和内部管理方面存在的问题，应当对律师事务所负责人或者有关律师进行警示谈话，责令改正，并对其整改情况进行监督；对律师事务所的违法行为认为依法应当给予行政处罚的，应当向上一级司法行政机关提出处罚建议；认为需要给予行业惩戒的，移送律师协会处理。

第六十五条 设区的市级司法行政机关履行下列监督管理职责：

（一）掌握本行政区域律师事务所的执业活动和组织建设、队伍建设、制度建设的情况，制定加强律师工作的措施和办法；

（二）指导、监督下一级司法行政机关的日常监督管理工作，组织开展对律师事务所的专项监督检查工作，指导对律师事务所重大投诉案件的查处工作；

（三）对律师事务所进行表彰；

（四）依法定职权对律师事务所的违法行为实施行政处罚；对依法应当给予吊销执业许可证处罚的，向上一级司法行政机关提出处罚建议；

（五）组织开展对律师事务所的年度检查考核工作；

（六）受理、审查律师事务所设立、变更、设立分所、注销申请事项；

（七）建立律师事务所执业档案，负责有关律师事务所的许可、变更、终止及执业档案信息的公开工作；

（八）法律、法规、规章规定的其他职责。

直辖市的区（县）司法行政机关负有前款规定的有关职责。

第六十六条 省、自治区、直辖市司法行政机关履行下列监督管理职责：

（一）制定本行政区域律师事务所的发展规划和有关政策，制定律师事务所管理的规范性文件；

（二）掌握本行政区域律师事务所组织建设、队伍建设、制度建设和业务开展情况；

（三）监督、指导下级司法行政机关的监督管理工作，指导对律师事务所的专项监督检查和年度检查考核工作；

（四）组织对律师事务所的表彰活动；

（五）依法对律师事务所的严重违法行为实施吊销执业许可证的处罚，监督下一级司法行政机关的行政处罚工作，办理有关行政复议和申诉案件；

（六）办理律师事务所设立核准、变更核准或者备案、设立分所核准及执业许可证注销事项；

（七）负责本行政区域律师事务所有关重大信息的公开工作；

（八）法律、法规规定的其他职责。

第六十七条 律师事务所违反本办法有关规定的，依照《律师法》和有关法规、规章规定追究法律责任。

律师事务所违反本办法第四十四条、第四十五条、第四十七条、第四十八条、第五十条规定的，司法行政机关应当依照《律师法》第五十条相关规定予以行政处罚。

第六十八条 律师事务所管理分所的情况，应当纳入司法行政机关对该所年度检查考核的内容；律师事务所对分所及其律师疏于管理、造成严重后果的，由该所在地司法行政机关依法实施行政处罚。

律师事务所分所及其律师，应当接受分所所在地司法行政机关的监督、指导，接受分所所在地律师协会的行业管理。

第六十九条 跨省、自治区、直辖市设立分所的，分所所在地的省、自治区、直辖市司法行政机关应当将分所设立、变更、终止以及年度考核、行政处罚等情况及时抄送设立分所的律师事务所所在的省、自治区、直辖市司法行政机关。

第七十条 各级司法行政机关及其工作人员对律师事务所实施监督管理，不得妨碍律师事务所依法执业，不得侵害律师事务所的合法权益，不得索取或者收受律师事务所及其律师的财物，不得谋取其他利益。

第七十一条 司法行政机关应当加强对实施许可和管理活动的层级监督，按照规定建立有关工作的统计、请示、报告、督办等制度。

负责律师事务所许可实施、年度检查考核或者奖励、处罚的司法行政机关，应当及时将有关许可决定、考核结果或者奖惩情况通报下级司法行政机关,并报送上一级司法行政机关。

第七十二条 司法行政机关、律师协会应当建立律师和律师事务所信息管理系统,按照有关规定向社会公开律师事务所基本信息和年度检查考核结果、奖惩情况。

第七十三条 司法行政机关应当加强对律师协会的指导、监督,支持律师协会依照《律师法》和协会章程、行业规范对律师事务所实行行业自律,建立健全行政管理与行业自律相结合的协调、协作机制。

第七十四条 各级司法行政机关应当定期将本行政区域律师事务所的组织、队伍、业务情况的统计资料、年度管理工作总结报送上一级司法行政机关。

第七十五条 人民法院、人民检察院、公安机关、国家安全机关或者其他有关部门对律师事务所的违法违规行为向司法行政机关、律师协会提出予以处罚、处分建议的,司法行政机关、律师协会应当自作出处理决定之日起7日内通报建议机关。

第七十六条 司法行政机关工作人员在律师事务所设立许可和实施监督管理活动中,滥用职权、玩忽职守,构成犯罪的,依法追究刑事责任;尚不构成犯罪的,依法给予行政处分。

第八章 附 则

第七十七条 军队法律顾问处的管理,按照国务院和中央军事委员会有关规定执行。

第七十八条 本办法自2016年11月1日起施行。此前司法部制定的有关律师事务所管理的规章、规范性文件与本办法相抵触的,以本办法为准。

律师事务所年度检查考核办法

· 2010年4月8日司法部令第121号公布
· 自公布之日起施行

第一章 总 则

第一条 为了规范律师事务所年度检查考核工作,加强对律师事务所执业和管理活动的监督,根据《中华人民共和国律师法》(以下简称《律师法》)的规定,结合律师管理工作实际,制定本办法。

第二条 律师事务所年度检查考核,是指司法行政机关定期对律师事务所上一年度的执业和管理情况进行检查考核,对其执业和管理状况作出评价。

年度检查考核,应当引导律师事务所及其律师遵守宪法和法律,加强自律管理,依法、诚信、尽责执业,忠实履行中国特色社会主义法律工作者的职业使命,维护当事人合法权益,维护法律正确实施,维护社会公平和正义。

第三条 司法行政机关对律师事务所进行年度检查考核,应当坚持依法、公正、公开的原则。

第四条 省、自治区、直辖市司法行政机关负责指导、监督本行政区域律师事务所的年度检查考核工作。

设区的市级或者直辖市区(县)司法行政机关负责组织实施对本行政区域内律师事务所的年度检查考核工作。

县级司法行政机关负责年度检查考核的初审工作。

第五条 司法行政机关对律师事务所的年度检查考核应当与律师协会对律师执业的年度考核相结合。

第二章 检查考核内容

第六条 对律师事务所进行年度检查考核,主要检查考核律师事务所遵守宪法和法律、履行法定职责、实行自律管理的情况,具体包括下列内容:

(一)律师队伍建设情况;

(二)业务活动开展情况;

(三)律师执业表现情况;

(四)内部管理情况;

(五)受行政奖惩、行业奖惩的情况;

(六)履行律师协会会员义务的情况;

(七)省、自治区、直辖市司法行政机关根据需要认为应当检查考核的其他事项。

第七条 本办法第六条第一项规定的"律师队伍建设情况",主要包括并可分解为下列事项:

(一)律师人员的数量、素质、结构变化的情况;

(二)组织律师开展思想政治教育和律师职业道德、执业纪律教育的情况;

(三)组织律师开展业务学习和参加职业培训的情况;

(四)开展律师党建工作的情况。

第八条 本办法第六条第二项规定的"业务活动开展情况",主要包括并可分解为下列事项:

(一)办理业务的数量和类别、拓展服务领域、提高服务质量以及业务收入等方面的情况;

(二)在开展业务活动中遵守法律、法规、规章和行业规范的情况;

(三)指导和监督律师代理重大案件、群体性案件的情况;

(四)对律师执业实施监督和投诉查处的情况;

(五)履行法律援助义务、参加社会服务及其他社会公益活动的情况;

(六)因执业活动受到当事人、有关部门及社会公众表扬、投诉的情况。

第九条 本办法第六条第三项规定的"律师执业表现情况",主要包括并可分解为下列事项:

(一)律师在执业活动中遵守法律、法规和规章,遵守职业道德、执业纪律和执业行为规范的情况;

(二)律师履行法律援助义务、参加社会服务及其他社会公益活动的情况;

(三)律师受行政奖惩、行业奖惩的情况;

(四)律师执业年度考核的情况。

第十条 本办法第六条第四项规定的"内部管理情况",主要包括并可分解为下列事项:

(一)执业管理制度建立和实施的情况;

(二)收费管理、财务管理和分配管理制度建立和实施的情况;

(三)依法纳税的情况;

(四)建立执业风险、事业发展等基金及其使用的情况;

(五)管理聘用律师和辅助人员的情况;

(六)管理分支机构的情况;

(七)管理申请律师执业人员实习的情况;

(八)业务档案、律师执业档案建立和管理的情况;

(九)章程、合伙制度实施的情况。

第十一条 司法行政机关对律师事务所进行年度检查考核,应当同时对律师协会对律师执业年度考核的结果进行备案审查。

第三章 考核等次和评定标准

第十二条 律师事务所年度检查考核结果分为"合格"和"不合格"二个等次。

考核等次是司法行政机关对律师事务所上一年度执业和管理情况的总体评价。

第十三条 律师事务所的执业和管理活动符合下列标准的,考核等次为"合格":

(一)能够遵守宪法和法律,较好地履行法定职责;

(二)在律师队伍建设、开展业务活动、实行内部管理等方面符合法律、法规、规章和行业规范的要求;

(三)本所未因执业违法行为受到行政处罚,或者受到行政处罚已按要求完成整改。

第十四条 律师事务所有下列情形之一的,考核等次为"不合格":

(一)放任、纵容、袒护律师执业违法行为,造成严重后果的;

(二)不按规定建立健全内部管理制度,日常管理松懈、混乱,造成本所不能正常运转的;

(三)本所受到行政处罚未按要求进行整改或者整改未达标的;

(四)本所不能保持法定设立条件的;

(五)提交的年度执业情况报告和律师事务所年度考核情况存在严重弄虚作假行为的;

(六)有其他严重违法行为,造成恶劣社会影响的。

第四章 检查考核程序

第十五条 律师事务所年度检查考核工作,应当在每年的三月至五月集中办理。具体工作流程和时间安排,由省、自治区、直辖市司法行政机关规定。

第十六条 律师事务所接受年度检查考核,应当在完成对本所律师执业年度考核和本所执业、管理情况总结后,依据本办法规定的检查考核内容,按照规定时间,向所在地的县级司法行政机关报送本所上一年度执业情况报告和对本所律师执业年度考核的情况,并提交下列材料:

(一)年度财务审计报告;

(二)开展业务活动的统计报表;

(三)纳税凭证;

(四)年度内被获准的重大变更事项的批件;

(五)获得行政或者行业表彰奖励、受到行政处罚或者行业惩戒的证明材料;

(六)建立执业风险、事业发展等基金的证明材料;

(七)为聘用律师和辅助人员办理养老、失业、医疗等社会保险的证明材料;

(八)履行法律援助义务、参加社会服务及其他社会公益活动的证明材料;

(九)履行律师协会会员义务的证明材料;

(十)省、自治区、直辖市司法行政机关要求提供的其他材料。

第十七条 县级司法行政机关收到律师事务所报送的材料后,应当依照本办法的规定进行审查,发现报送的执业情况报告及有关材料不齐全或者有疑义的,应当要求律师事务所予以补充或者作出说明,必要时可以进行调查核实。

县级司法行政机关应当在规定的时间内完成审查,出具初审意见和考核等次评定建议,连同律师事务所报送的材料,一并报设区的市级司法行政机关。

第十八条 律师事务所在向县级司法行政机关报送年度检查考核材料的同时,应当将对本所律师执业年度考核的意见报所在地市级律师协会进行审查,由其确定考核结果。

律师协会应当将律师执业年度考核结果按规定时间报设区的市级或者直辖市区(县)司法行政机关备案。

第十九条 设区的市级司法行政机关收到县级司法行政机关报送的律师事务所的材料和初审意见后,应当依照本办法规定的考核内容和考核标准,对律师事务所上一年度的执业和管理情况进行审查,同时对市级律师协会报备的律师执业年度考核结果予以备案审查。根据审查结果,为律师事务所评定考核等次。

在审查中,发现律师事务所报送的材料以及县级司法行政机关的初审意见、律师协会对律师的考核结果与实际情况不符,或者收到相关投诉、举报的,可以进行调查核实或者责成县级司法行政机关、律师协会重新进行审查。

考核机关对律师事务所评定考核等次,应当征求市级律师协会的意见。

第二十条 直辖市区域内的律师事务所,由直辖市区(县)司法行政机关按照本办法第十六条、第十八条和第十九条的相关规定,直接进行年度检查考核。

第二十一条 律师事务所的考核等次评定后,设区的市级或者直辖市区(县)司法行政机关应当将考核结果在本地律师工作管理网站上予以公示。公示期不得少于七日。

律师事务所对考核结果有异议的,可以向考核机关申请复查。考核机关应当自收到申请之日起十日内进行复查,并将复查结果书面告知申请人。

第二十二条 设区的市级或者直辖市区(县)司法行政机关在年度考核结果确定后,应当在律师事务所执业许可证副本上加盖"律师事务所年度检查考核"专用章,并注明考核结果;在律师执业证书上加盖"律师年度考核备案"专用章。

第二十三条 律师事务所因涉嫌违法正在接受查处,或者受到停业整顿处罚且处罚期未满的,应当暂缓考核,待有查处结果或者处罚期满后再予考核。

第二十四条 对被评定为"合格"的律师事务所,经检查考核发现该所在律师队伍建设、开展业务活动、实行内部管理等方面存在问题的,由设区的市级或者直辖市区(县)司法行政机关责令其限期整改,并对其整改情况进行监督。

第二十五条 对被评定为"不合格"的律师事务所,由设区的市级或者直辖市区(县)司法行政机关根据其存在违法行为的性质、情节及危害程度,依法给予停业整顿一个月以上六个月以下的处罚,并责令其整改;同时对该所负责人和负有直接责任的律师依法给予相应的处罚;情节特别严重的,依法吊销其执业许可证。

律师事务所因有本办法第十四条第四项规定情形被评定为"不合格"的,考核机关应当责令其限期整改。经整改仍不符合法定设立条件的,应当终止。

第二十六条 律师事务所不按规定接受年度检查考核的,由设区的市级或者直辖市区(县)司法行政机关公告责令其限期接受年度检查考核;逾期仍未接受年度检查考核的,视为自行停办,由司法行政机关收回并注销其执业许可证。

第二十七条 律师事务所年度检查考核结果和律师执业年度考核结果,应当分别记入律师事务所和律师执业档案。

律师事务所年度检查考核结果应当记入该所负责人、合伙人的律师执业档案。

第五章 考核结果备案和公告

第二十八条 设区的市级或者直辖市区(县)司法行政机关在年度检查考核工作结束后,应当将本行政区域开展律师事务所年度检查考核的情况总结及考核结果报省、自治区、直辖市司法行政机关备案,同时抄送当地市级律师协会。

第二十九条 省、自治区、直辖市司法行政机关收到备案材料后应当及时进行审核,完成汇总,将本行政区域律师事务所年度检查考核的结果在指定的报刊和政府网站上予以公告。

公告的内容,应当同时包括律师事务所的名称、执业许可证号、组织形式、住所地址、邮编、电话、负责人、律师姓名及执业证号等内容。

第三十条 省、自治区、直辖市司法行政机关应当于每年的五月底将本行政区域开展律师事务所年度检查考核的情况总结及考核结果报告司法部,同时抄送省、自治区、直辖市律师协会。

第三十一条 司法部根据省、自治区、直辖市司法行政机关报送的律师事务所年度检查考核结果及相关资料,按年度编制全国律师事务所及律师名录,并向社会公布。

第六章 附 则

第三十二条 律师事务所分所由其所在地的设区的市级或者直辖市区(县)司法行政机关依照本办法的规定进行年度检查考核。考核结果应当报省、自治区、直辖市司法行政机关备案,同时抄送设立分所的律师事务所所在地的设区的市级或者直辖市区(县)司法行政机关。

第三十三条 本办法自发布之日起施行。

律师事务所名称管理办法

- 2010年1月4日司法部令第120号公布
- 自2010年3月1日起施行

第一章 总 则

第一条 为了加强律师事务所名称管理，规范律师事务所名称使用，根据《中华人民共和国律师法》（以下简称《律师法》）和有关法律、法规的规定，制定本办法。

第二条 律师事务所对经司法行政机关依法核准的律师事务所名称享有专用权。律师事务所依法使用名称，受法律保护。

第三条 设立律师事务所，应当在申请设立许可前，按照本办法的规定办理律师事务所名称预核准。

预核准的律师事务所名称，由省、自治区、直辖市司法行政机关在实施律师事务所设立许可时予以核准。

第二章 律师事务所名称规范

第四条 律师事务所只能选择、使用一个名称。

第五条 律师事务所名称应当使用符合国家规范的汉字。

民族自治地方律师事务所的名称，可以同时使用本民族自治地方通用的民族语言文字。

第六条 律师事务所名称应当由"省（自治区、直辖市）行政区划地名、字号、律师事务所"三部分内容依次组成。

合伙律师事务所的名称，可以使用设立人的姓名连缀或者姓氏连缀作字号。

第七条 律师事务所名称中的字号应当由两个以上汉字组成，并不得含有下列内容和文字：

（一）有损国家利益、社会公共利益或者有损社会主义道德风尚的，不尊重民族、宗教习俗的；

（二）政党名称、党政军机关名称、群众组织名称、社会团体名称及其简称；

（三）国家名称，重大节日名称，县（市辖区）以上行政区划名称或者地名；

（四）外国国家（地区）名称、国际组织名称及其简称；

（五）可能对公众造成欺骗或者误解的；

（六）汉语拼音字母、外文字母、阿拉伯数字、全部由中文数字组成或者带有排序性质的文字；

（七）"中国"、"中华"、"全国"、"国家"、"国际"、"中心"、"集团"、"联盟"等字样；

（八）带有"涉外"、"金融"、"证券"、"专利"、"房地产"等表明特定业务范围的文字或者与其谐音的文字；

（九）与已经核准或者预核准的其他律师事务所名称中的字号相同或者近似的；

（十）字号中包括已经核准或者预核准的其他律师事务所名称中的字号的；

（十一）与已经核准在中国内地（大陆）设立代表机构的香港、澳门、台湾地区律师事务所名称中的中文字号相同或者近似的；

（十二）与已经核准在中国境内设立代表机构的外国律师事务所名称中的中文译文字号相同或者近似的；

（十三）其他不适当的内容和文字。

第八条 律师事务所分所名称应当由"总所所在地省（自治区、直辖市）行政区划地名、总所字号、分所所在地的市（含直辖市、设区的市）或者县行政区划地名（地名加括号）、律师事务所"四部分内容依次组成。

第三章 律师事务所名称预核准

第九条 律师事务所名称预核准，由省、自治区、直辖市司法行政机关依设立人的申请予以办理。

第十条 申请律师事务所名称预核准，由设立人或者设立人指定的代表向省、自治区、直辖市司法行政机关提交《律师事务所名称预核准申请表》，提出五至十个备选名称，并标明拟选用的先后顺序。

在民族自治地方设立律师事务所的，申请名称预核准的材料，应当先提交所在地设区的市级司法行政机关，经其审核后报送省、自治区、直辖市司法行政机关。

第十一条 省、自治区、直辖市司法行政机关应当自收到名称预核准申请材料之日起十日内进行审核，对于符合规定的备选名称，提交司法部进行名称检索。

对于所有备选名称不符合规定或者符合规定的备选名称少于五个的，应当告知申请人重新选报或者补报备选名称。

第十二条 司法部自收到律师事务所备选名称材料之日起十日内完成名称检索，并将检索结果通知提交检索的省、自治区、直辖市司法行政机关。

第十三条 省、自治区、直辖市司法行政机关自收到检索结果之日起七日内，应当根据检索结果，向申请人发出《律师事务所名称预核准通知书》；对所有备选名称均不符合规定的，应当在通知中说明理由，并告知申请人重新选报名称。

第十四条 有两个或者两个以上的申请人申请预核准的律师事务所名称相同或者近似的，应当根据收到申请的先后顺序办理名称预核准。

第十五条 经预核准的律师事务所名称，自省、自治区、直辖市司法行政机关发出《律师事务所名称预核准通知书》之日起六个月内有效。有效期满，设立人未提交律师事务所设立申请的，预核准的律师事务所名称失效。

在有效期内，律师事务所未经司法行政机关许可设立的，不得使用预核准的律师事务所名称。

第十六条 申请律师事务所设立许可时，申请人应当提交《律师事务所名称预核准通知书》。

省、自治区、直辖市司法行政机关在作出准予设立律师事务所决定时，核准使用预核准的律师事务所名称，并在行政许可决定书和颁发的《律师事务所执业许可证》中予以载明。

律师事务所分所名称，由分所设立所在地的省、自治区、直辖市司法行政机关在作出准予分所设立决定时予以核准。

第十七条 律师事务所变更名称，应当按照本办法规定办理名称预核准。省、自治区、直辖市司法行政机关应当根据律师事务所变更名称的申请及已预核准的律师事务所名称，办理律师事务所名称变更手续。

律师事务所设立分所的，应当自总所名称获准变更之日起三十日内，向分所设立许可机关申请变更分所名称。

第四章 律师事务所名称的使用

第十八条 律师事务所应当在住所醒目位置标明律师事务所名称。

第十九条 律师事务所使用名称从事执业活动或者其他活动，应当遵循诚实信用的原则，不得违反法律、法规和规章的规定。

第二十条 律师事务所印章、银行账户、牌匾、信笺、对外推介材料以及本所律师名片使用的名称，应当使用司法行政机关核准的律师事务所名称。

律师事务所在其出具的法律文书及其他文件上使用的名称，应当与司法行政机关核准使用的名称相同。

律师事务所自本所名称获准变更之日起一年内，可以在本所推介材料、律师名片上使用新名称时加注变更前的名称。

第二十一条 律师事务所使用名称，不得在核准使用的名称中或者名称后使用或者加注"律师集团"、"律师联盟"等文字。

律师事务所可以根据业务需要，将本所名称译成外文。律师事务所外文名称，应当自决定使用之日起十五日内报省、自治区、直辖市司法行政机关备案。外文名称违反译文规则的，备案机关应当责令其纠正。

第二十二条 律师事务所有下列情形之一的，不得申请变更名称：

（一）受到停业整顿处罚，期限未满的；

（二）发生终止事由的；

（三）本所取得设立许可后不满一年的，但发生变更组织形式或者分立、合并情形的除外。

第五章 律师事务所名称的监督管理

第二十三条 省、自治区、直辖市司法行政机关应当依照《律师法》、《律师事务所管理办法》和本办法的规定，办理律师事务所名称预核准、律师事务所设立许可名称核准和律师事务所变更名称核准。

预核准的名称、设立许可核准的名称和核准变更的名称，应当自核准之日起三十日内报司法部备案。

律师事务所因终止被注销的，应当自注销之日起三十日内，将被注销的律师事务所名称报司法部备案。

分所的审核机关应当将核准分所名称或者注销分所名称的决定自核准之日或者注销之日起三十日内抄送设立分所的律师事务所的审核机关。

第二十四条 律师事务所获准变更名称，或者因终止被注销的，其变更或者被注销前使用的名称，自获准变更或者被注销之日起三年内，省、自治区、直辖市司法行政机关不得核准其他律师事务所使用。

第二十五条 律师事务所违反规定使用名称的，由县级司法行政机关给予批评教育，责令改正，并对其整改情况进行监督；情节严重的，由所在地设区的市级司法行政机关或者直辖市区(县)司法行政机关依据《律师法》等有关规定给予相应的行政处罚。

第二十六条 司法行政机关违反本办法规定办理律师事务所名称预核准或者核准的，上一级司法行政机关应当责令其改正。

第六章 附　则

第二十七条 本办法所称的行政区划地名，是指不包括"省"、"自治区"、"直辖市"、"市"、"县"、"区"等行政区划称谓的地方名称。

第二十八条 《律师事务所名称预核准申请表》、《律师事务所名称预核准通知书》和《律师事务所名称变更预核准申请表》、《律师事务所名称变更预核准通知书》的格式文本，由司法部规定。

第二十九条 司法部建立全国律师事务所名称检索系统，为各地办理律师事务所名称预核准提供名称检索服务。

第三十条 本办法自 2010 年 3 月 1 日起施行。司法部 1995 年 2 月 22 日发布的《律师事务所名称管理办法》(司法部令第 36 号) 同时废止。

本办法施行前律师事务所名称不符合本办法有关规定的, 应当自本办法施行后一年内按照本办法的有关规定予以变更。

律师事务所收费程序规则

·2004 年 3 月 19 日司法部令第 87 号公布
·自 2004 年 5 月 1 日起施行

第一条 为了规范律师事务所的收费行为, 根据有关法律、法规和律师收费管理规定, 制定本规则。

第二条 律师事务所收费的项目、标准和方式应当依照《律师服务收费管理暂行办法》和省、自治区、直辖市价格主管部门、司法行政机关制定的律师服务收费的有关规定执行。

第三条 律师事务所收取律师服务费, 应当遵循合法、公开、公平、协商一致的原则。

第四条 律师事务所采用协商收费、计时收费的, 应当按照《律师服务收费管理暂行办法》第四条、第七条规定的范围进行。

第五条 律师服务费由律师事务所统一收取。

律师不得私自向委托人收取任何费用。

第六条 律师事务所应当采取张贴、印制服务指南等方式, 公示律师服务收费项目、收费标准和收费方式, 接受委托人的监督。

第七条 律师事务所接受委托后, 应当与委托人签订收费合同或者在委托合同中载明收费条款。

收费合同应当包括下列内容: 收费项目、收费方式和标准、收费数额 (比例)、付款和结算方式、争议解决途径等内容。

第八条 律师事务所应当按照收费合同或者委托合同中的收费条款约定的收费方式和收费数额 (比例) 收取律师服务费。

第九条 律师事务所应当直接向委托人收取律师服务费。应委托人请求或者其他原因, 由承办律师代交费用的, 承办律师应当向律师事务所提供经委托人签字并载明交费数额的委托书。

第十条 律师事务所向委托人收取律师服务费, 应当及时向委托人开具合法票据。

第十一条 律师事务所应当统一管理委托合同、收费合同、收费票据、印章以及有关介绍信函等。

第十二条 根据《律师服务收费管理暂行办法》第八条的规定, 需要由委托人另行支付的办案费用, 律师事务所应当事先告知委托人, 具体项目和支付方式由双方协商确定。

第十三条 律师事务所代委托人支付鉴定费、评估费、翻译费、人民法院依法收取的费用等办案费用的, 应当凭有效凭证与委托人结算。

第十四条 律师事务所预收律师异地办案所需的差旅费用时, 应当向委托人提供费用概算, 经协商一致, 由双方签字确认。办案过程中, 因情况变化确需调整费用概算时, 律师事务所应当与委托人再行协商, 并由双方签字确认后执行。

承办律师不得私自向委托人收取异地办案差旅费用。

第十五条 律师事务所应当对承办律师使用预收的异地办案差旅费用的情况实施监督。

承办律师办结委托事项后, 应当向律师事务所提交费用使用清单及开支的有效凭证, 接受律师事务所的审核。

律师事务所经审核, 认定开支项目、标准不当的, 应当核减。被核减的费用由承办律师承担。

第十六条 律师事务所在办结委托事项后, 应当及时与委托人结算预收的律师异地办案差旅费用。结算时, 应当向委托人提交费用使用清单和开支的有效凭证, 由委托人审核确认。

第十七条 律师事务所经有关部门批准, 可以设立用于存放代委托人保管的合同资金、执行回款、履约保证金等款项的专用账户。

律师事务所应当严格管理专用账户, 防范风险。对专用账户资金的支付, 必须严格审核把关, 专款专用。严禁将专用账户的资金挪作他用。

第十八条 律师事务所对确有经济困难的委托人, 可以减收或者缓收律师服务费。承办律师不得自行决定对委托人减收或者缓收律师服务费。

第十九条 律师事务所不得采用不正当的收费方式招揽业务, 不得以任何方式和名目给委托人回扣或者向中介人支付介绍费。

第二十条 律师事务所与委托人因收费发生争议的, 应当协商解决。协商不成的, 可以提请所在地律师协会调解处理, 也可以向人民法院提起诉讼。

第二十一条 律师事务所的收费行为, 应当接受当地价格主管部门、司法行政机关的监督检查。

第二十二条 律师事务所及其律师违反本规则的,

由司法行政机关、律师协会依照有关规定,给予行政处分或者行业处分。

第二十三条 本规则自 2004 年 5 月 1 日起施行。

香港、澳门特别行政区律师事务所驻内地代表机构管理办法

- 2002 年 3 月 13 日司法部令第 70 号发布
- 根据 2003 年 11 月 30 日《司法部关于修改〈香港、澳门特别行政区律师事务所驻内地代表机构管理办法〉的决定》第一次修正
- 根据 2006 年 12 月 22 日《司法部关于修改〈香港、澳门特别行政区律师事务所驻内地代表机构管理办法〉的决定》第二次修正
- 根据 2015 年 4 月 27 日《司法部关于修改〈香港、澳门特别行政区律师事务所驻内地代表机构管理办法〉的决定》第三次修正

第一章 总 则

第一条 为规范香港、澳门特别行政区律师事务所(以下简称港澳律师事务所)驻内地代表机构(以下简称代表处)的设立及其法律服务活动,根据《外国律师事务所驻华代表机构管理条例》的规定,制定本办法。

第二条 港澳律师事务所设立代表处,从事法律服务活动,适用本办法。

第三条 代表处及其代表依照本办法规定从事法律服务活动,受国家法律保护。

第四条 代表处及其代表从事法律服务活动,应当遵守国家法律、法规和规章,恪守律师职业道德和执业纪律,不得损害国家安全和社会公共利益。

第五条 港澳律师事务所对其代表处及其代表在内地从事的法律服务活动承担民事责任。

第二章 代表处的设立、变更和注销

第六条 港澳律师事务所在内地设立代表处、派驻代表,应当经省、自治区、直辖市司法厅(局)许可。

港澳律师事务所、其他组织或者个人不得以咨询公司或者其他名义在内地从事法律服务活动。

第七条 港澳律师事务所申请在内地设立代表处、派驻代表,应当具备下列条件:

(一)该律师事务所已在港、澳特别行政区合法执业,并且没有因违反律师职业道德、执业纪律受到处罚;

(二)代表处的代表应当是执业律师和港、澳特别行政区律师协会会员,并且在内地以外执业不少于 2 年,没有受过刑事处罚或者没有因违反职业道德、执业纪律受过处罚;其中,首席代表已在内地以外执业不少于 3 年,并且是该律师事务所的合伙人或者是相同职位的人员;

(三)有在内地设立代表处开展法律服务业务的实际需要。

第八条 港澳律师事务所申请在内地设立代表处,应当向拟设立的代表处住所地的省、自治区、直辖市司法厅(局)提交下列文件材料:

(一)该律师事务所主要负责人签署的设立代表处、派驻代表的申请书。拟设立的代表处的名称应当为"××律师事务所(该律师事务所的中文名称)驻××(内地城市名)代表处";

(二)该律师事务所在其本特别行政区已经合法设立的证明文件;

(三)该律师事务所的合伙协议或者成立章程以及负责人、合伙人名单;

(四)该律师事务所给代表处各拟任代表的授权书,以及拟任首席代表系该律师事务所合伙人或者相同职位人员的确认书;

(五)代表处各拟任代表的律师执业资格以及拟任首席代表已在内地以外执业不少于 3 年、其他拟任代表已在内地以外执业不少于 2 年的证明文件;

(六)该律师事务所所在特别行政区的律师协会出具的该代表处各拟任代表为本地区律师协会会员的证明文件;

(七)该律师事务所所在特别行政区的律师管理机构出具的该律师事务所以及各拟任代表没有受过刑事处罚和没有因违反律师职业道德、执业纪律受过处罚的证明文件。

前款所列文件材料,应当有香港委托公证人或澳门公证机构的公证证明。

该律师事务所提交的文件材料应当一式三份,分别装订成册,文件材料如用外文书写的,应当附中文译文。

第九条 省、自治区、直辖市司法厅(局)应当自收到申请文件材料之日起 6 个月内审查完毕并作出决定,对许可设立的代表处发给执业执照,并对其代表发给执业证书,同时办理注册手续;对不予许可的,应当书面告知其理由。

第十条 代表处及其代表每年应当注册一次。

省、自治区、直辖市司法厅(局)应当自接到注册申请之日起 2 日内办理注册手续。

第十一条 代表处应当按照有关法律、行政法规的

规定,办理有关的税务、银行、外汇等手续。

第十二条 港澳律师事务所需要变更代表处名称、减少代表的,应当事先向代表处住所地的省、自治区、直辖市司法厅(局)提交其主要负责人签署的申请书和有关的文件材料,经省、自治区、直辖市司法厅(局)核准,并收回不再担任代表的人员的执业证书。

代表处合并、分立或者增加新任代表的,应当依照本办法有关代表处设立程序的规定办理许可手续。

第十三条 代表处的代表有下列情形之一的,由省、自治区、直辖市司法厅(局)撤回其执业许可、收回其执业证书,并注销其执业注册:

(一)按照本办法第八条第五项规定提供的律师执业资格失效的;

(二)被所属的港澳律师事务所取消代表资格的;

(三)执业证书或者所在的代表处的执业执照被依法吊销的。

第十四条 代表处有下列情形之一的,由省、自治区、直辖市司法厅(局)撤回其执业许可、收回其执业执照,并注销其执业注册:

(一)所属的港澳律师事务所已经解散或者被注销的;

(二)所属的港澳律师事务所申请将其注销的;

(三)已经丧失本办法第七条规定条件的;

(四)执业执照被依法吊销的。

依照前款规定注销的代表处,应当依法进行清算;债务清偿完毕前,其财产不得转移至内地以外。

第三章 业务范围和规则

第十五条 代表处及其代表,只能从事不包括内地法律事务的下列活动:

(一)向当事人提供该律师事务所律师已获准从事律师执业业务的香港特别行政区、澳门特别行政区以及中国以外的其他国家的法律咨询,有关国际条约、国际惯例的咨询;

(二)接受当事人或者内地律师事务所的委托,办理在该律师事务所律师已获准从事律师执业业务的地区的法律事务;

(三)代表港、澳特别行政区当事人,委托内地律师事务所办理内地法律事务;

(四)通过订立合同与内地律师事务所保持长期的委托关系办理法律事务;

(五)提供有关内地法律环境影响的信息。

代表处按照与内地律师事务所达成的协议约定,可以直接向受委托的内地律师事务所的律师提出要求。

代表处及其代表按照所属港澳律师事务所与内地律师事务所达成的联营协议,可以与联营的内地律师事务所的律师合作,办理有关联营业务。

代表处及其代表不得从事本条第一款、第二款、第三款规定以外的其他法律服务活动或者其他营利活动。

第十六条 代表处不得聘用内地执业律师;聘用的辅助人员不得为当事人提供法律服务。

第十七条 代表处及其代表在执业活动中,不得有下列行为:

(一)提供虚假证据、隐瞒事实或者威胁、利诱他人提供虚假证据、隐瞒事实以及妨碍对方当事人合法取得证据;

(二)利用法律服务的便利,收受当事人的财物或者其他好处;

(三)泄露当事人的商业秘密或者个人隐私。

第十八条 代表处的代表不得同时在两个以上代表处担任或者兼任代表。

第十九条 代表处的代表可以自行决定在内地居留的时间。

第二十条 代表处从事本办法规定的法律服务,可以向当事人收取费用。收取的费用必须在内地结算。

第四章 监督管理

第二十一条 司法部负责对代表处及其代表的监督管理。

省、自治区、直辖市司法厅(局)应当对设在本行政区域内的代表处及其代表是否依法开展法律服务活动进行监督管理。

第二十二条 代表处应当于每年3月31日前向住所地的省、自治区、直辖市司法厅(局)提交执业执照和代表执业证书的副本以及下列上一年度检验材料,接受年度检验:

(一)开展法律服务活动的情况,包括委托内地律师事务所办理法律事务的情况;

(二)经会计师事务所或审计事务所审计的代表处年度财务报表,以及在内地结算和依法纳税凭证;

(三)代表处的代表变动情况和雇用内地辅助人员情况;

(四)代表处的代表在内地的居留情况;

(五)代表处及其代表的注册情况;

(六)履行本办法规定义务的其他情况。

省、自治区、直辖市司法厅(局)对设在本行政区域内的代表处进行年度检验后,应当将年度检验情况报司法部。

第二十三条 省、自治区、直辖市司法厅（局）依法实施罚款的行政处罚，应当按照有关法律、行政法规的规定，实行罚款决定与罚款收缴分离；收缴的罚款以及依法没收的违法所得，必须全部上缴国库。

第五章 法律责任

第二十四条 代表处或者代表危害国家安全、公共安全或者社会管理秩序的，依照刑法有关规定，追究刑事责任，并由省、自治区、直辖市司法厅（局）吊销该代表处的执业执照或者该代表的执业证书；尚不够刑事处罚的，依法给予治安管理处罚，并由省、自治区、直辖市司法厅（局）吊销该代表处的执业执照或者该代表的执业证书。

第二十五条 代表处或者代表违反本办法第十五条的规定，非法从事法律服务活动或者其他营利活动的，由省、自治区、直辖市司法厅（局）对代表处给予停业整顿六个月以下的处罚或者对代表给予停止执业一年以下的处罚；情节严重的，吊销该代表处的执业执照或者该代表的执业证书。

有前款所列违法行为的，由省、自治区、直辖市司法厅（局）没收违法所得，对首席代表和其他负有直接责任的代表各处5万元以上20万元以下的罚款。

第二十六条 代表处有下列情形之一的，由省、自治区、直辖市司法厅（局）给予警告，责令限期改正；情节严重的，对代表处给予停业整顿六个月以下的处罚；逾期仍不改正的，吊销其执业执照：

（一）聘用内地执业律师，或者聘用的辅助人员从事法律服务的；

（二）开展法律服务收取费用未在内地结算的；

（三）未按时报送年度检验材料接受年度检验，或者未通过年度检验的。

有前款第（二）项所列违法行为的，由省、自治区、直辖市司法厅（局）对其处以应当在内地结算的金额1倍以上3倍以下的罚款。

第二十七条 代表处或者代表有下列情形之一的，由省、自治区、直辖市司法厅（局）给予警告，没收违法所得；情节严重的，对代表处给予停业整顿六个月以下的处罚或者对代表给予停止执业一年以下的处罚，并处2万元以上10万元以下的罚款：

（一）同时在两个以上代表处担任或者兼任代表的；

（二）泄露当事人的商业秘密或者个人隐私的；

（三）利用法律服务的便利，收受当事人财物或者其他好处的。

第二十八条 代表处注销，在债务清偿完毕前将财产转移至内地以外的，由省、自治区、直辖市司法厅（局）责令退回已转移的财产，用于清偿债务；严重损害他人利益，构成犯罪的，对其首席代表和其他直接责任人员依法追究刑事责任；尚不够刑事处罚的，由省、自治区、直辖市司法厅（局）对代表处处5万元以上30万元以下的罚款，对首席代表和其他直接责任人员处2万元以上10万元以下的罚款。

第二十九条 代表处的代表提供虚假证据、隐瞒事实或者威胁、利诱他人提供虚假证据、隐瞒事实的，依照刑法有关规定追究刑事责任，并由省、自治区、直辖市司法厅（局）吊销其执业证书。

第三十条 港澳律师事务所、律师或者其他组织、个人擅自在内地从事法律服务活动，或者已被撤销执业许可的代表处或代表继续在内地从事法律服务活动的，由省、自治区、直辖市司法厅（局）予以取缔，没收违法所得，并处5万元以上30万元以下的罚款。

第三十一条 代表处被依法吊销执业执照的，该代表处所属的港澳律师事务所5年内不得申请在内地设立代表处；代表处的代表被依法吊销执业证书的，该代表5年内不得在内地担任代表处的代表。

代表处的代表因危害国家安全、公共安全或者社会管理秩序，被依法判处刑罚的，该代表所在的代表处所属的律师事务所不得再申请在内地设立代表处，该代表终身不得在内地担任代表处的代表。

第三十二条 司法行政部门工作人员有下列违法行为之一的，对负有责任的主管人员和其他直接责任人员依法给予记过、记大过或者降级的行政处分：

（一）不按照本办法规定的条件对拟设代表处、拟任代表的证明文件、材料进行审查、审核的；

（二）不按照本办法的规定对代表处进行注册或者年度检验的。

第三十三条 司法行政部门工作人员有下列违法行为之一的，对负有责任的主管人员和其他直接责任人员依法给予降级、撤职或者开除的行政处分：

（一）对不符合本办法规定条件的拟设代表处或者拟任代表决定发给执业执照、执业证书的；

（二）利用职务上的便利收受财物、谋取私利的；

（三）违反本办法的规定，对应当撤销代表处或者代表执业许可，收回执业执照、执业证书的不予撤销、收回，或者对应当注销的执业注册不予注销的；

（四）依法收缴罚款不开具罚款收据或者不如实填

（五）不执行罚款收缴分离制度或者不按照规定将依法收取的费用、收缴的罚款及没收的违法所得全部上缴国库的；

（六）对代表处及其代表违反本办法规定的行为不及时查处的；

（七）有不严格执法或者滥用职权的其他行为，造成严重后果的。

有前款所列违法行为之一，致使公共财产、国家和人民利益遭受严重损失，构成犯罪的，依法追究刑事责任。

第六章 附 则

第三十四条 本办法自2002年4月1日起施行。本办法施行前经司法部许可已经试开业的代表处及其代表，应当自本办法施行之日起90日内按照本办法的规定重新申请办理审批手续。

香港特别行政区和澳门特别行政区律师事务所与内地律师事务所联营管理办法

- 2003年11月30日司法部令第83号公布
- 根据2005年12月28日《司法部关于修改〈香港特别行政区和澳门特别行政区律师事务所与内地律师事务所联营管理办法〉的决定》第一次修正
- 根据2006年12月22日《司法部关于修改〈香港特别行政区和澳门特别行政区律师事务所与内地律师事务所联营管理办法〉的决定》第二次修正
- 根据2008年3月6日《司法部关于修改〈香港特别行政区和澳门特别行政区律师事务所与内地律师事务所联营管理办法〉的决定》第三次修正
- 根据2009年9月1日《司法部关于修改〈香港特别行政区和澳门特别行政区律师事务所与内地律师事务所联营管理办法〉的决定》第四次修正
- 根据2012年11月21日《司法部关于修改〈香港特别行政区和澳门特别行政区律师事务所与内地律师事务所联营管理办法〉的决定》第五次修正

第一章 总 则

第一条 为了落实国务院批准的《内地与香港关于建立更紧密经贸关系的安排》和《内地与澳门关于建立更紧密经贸关系的安排》，规范香港、澳门律师事务所与内地律师事务所在内地进行联营的活动及管理，制定本办法。

第二条 本办法所称的联营，是由已在内地设立代表机构的香港、澳门律师事务所与一至三家内地律师事务所，按照协议约定的权利和义务，在内地进行联合经营，向委托人分别提供香港、澳门和内地法律服务。

第三条 香港、澳门律师事务所与内地律师事务所联营，不得采取合伙型联营和法人型联营。香港、澳门律师事务所与内地律师事务所在联营期间，双方的法律地位、名称和财务应当保持独立，各自独立承担民事责任。

第四条 香港、澳门律师事务所与内地律师事务所联营，应当遵守国家法律、法规和规章，恪守律师职业道德和执业纪律，不得损害国家安全和社会公共利益。

第二章 联营申请

第五条 符合下列条件的香港、澳门律师事务所，可以申请联营：

（一）根据香港、澳门有关法规登记设立；

（二）在香港、澳门拥有或者租用业务场所从事实质性商业经营满3年；

（三）独资经营者或者所有合伙人必须为香港、澳门注册执业律师；

（四）主要业务范围应为在香港、澳门提供本地法律服务；

（五）律师事务所及其独资经营者或者所有合伙人均须缴纳香港利得税、澳门所得补充税或者职业税；

（六）已获准在内地设立代表机构，且代表机构在申请联营前两年内未受过行政处罚；申请联营时代表机构设立未满两年的，自代表机构设立之日起未受过行政处罚。

第六条 符合下列条件的内地律师事务所，可以申请联营：

（一）成立满3年；

（二）申请联营前两年内未受过行政处罚、行业惩戒。

成立满1年并至少有1名设立人具有5年以上执业经历、住所地在广东省的内地律师事务所，也可以申请联营。

内地律师事务所分所不得作为联营一方申请联营。

第七条 香港、澳门律师事务所与内地律师事务所申请联营，应当共同向内地律师事务所所在地的省级司法行政机关提交下列申请材料：

（一）双方签署的联营申请书；

（二）双方签署的联营协议；

（三）香港、澳门律师事务所获准在香港、澳门设立的有效登记证件的复印件，独资经营者或者负责人、所有合伙人名单，驻内地代表机构执业许可证的复印件及代表名单；

（四）香港、澳门特别行政区政府有关部门出具的香港、澳门律师事务所符合香港、澳门法律服务提供者标准的证明书；

（五）内地律师事务所执业许可证的复印件，负责人、所有合伙人名单，地（市）级司法行政机关出具的该所符合本办法第六条规定条件的证明文件；

（六）香港、澳门律师事务所驻内地代表机构与内地律师事务所不在同一省、自治区、直辖市的，由香港、澳门律师事务所驻内地代表机构所在地的省级司法行政机关出具的香港、澳门律师事务所符合本办法第五条第（六）项规定条件的证明文件；

（七）省级司法行政机关要求提交的其他材料。

本条前款第三项所列有效登记证件的复印件，须经内地认可的公证人公证。

根据本办法第六条第二款规定申请联营的内地律师事务所，应当同时提交本所具有5年以上执业经历的设立人的证明材料。

申请材料应当使用中文，一式三份。材料中如有使用外文的，应当附中文译文。

第八条　省级司法行政机关应当自收到申请人联营申请材料之日起20日内作出准予或者不准联营的决定。20日内不能作出决定的，经本机关负责人批准，可以延长10日，并应当将延长期限的理由告知申请人。

对于符合本办法规定条件的，应当准予联营，颁发联营许可证；对于不符合本办法规定条件的，不准联营，并书面通知申请人。

对准予联营的，省级司法行政机关应当自颁发联营许可证之日起30日内，将准予联营的批件及有关材料报司法部备案。

香港、澳门律师事务所驻内地代表机构与内地律师事务所不在同一省、自治区、直辖市的，经内地律师事务所所在地的省级司法行政机关准予联营的，作出准予联营决定的省级司法行政机关还应当将准予联营批件同时抄送香港、澳门律师事务所驻内地代表机构所在地的省级司法行政机关。

第三章　联营规则

第九条　香港、澳门律师事务所与内地律师事务所联营，应当以书面形式订立联营协议。联营协议应当包括下列内容：

（一）联营双方各自的名称、住所地、独资经营者、合伙人姓名；

（二）联营名称、标识；

（三）联营期限；

（四）联营业务范围；

（五）共用办公场所和设备的安排；

（六）共用行政、文秘等辅助人员的安排；

（七）联营收费的分享及运营费用的分摊安排；

（八）联营双方律师的执业保险及责任承担方式的安排；

（九）联营的终止及清算；

（十）违约责任；

（十一）争议解决；

（十二）其他事项。

联营协议应当依照内地法律的有关规定订立。

联营协议经司法行政机关核准联营后生效。

第十条　香港、澳门律师事务所与内地律师事务所联营协议约定的联营期限不得少于1年。双方联营协议约定的联营期满，经双方协商可以续延。申请联营续延，应当依照本办法第七条、第八条规定的程序办理。

第十一条　香港、澳门律师事务所与内地律师事务所联营，可以使用双方商定并经核准的联营名称和联营标识。联营名称由香港或者澳门律师事务所名称与内地律师事务所名称加联营的字样组成。

第十二条　香港、澳门律师事务所与内地律师事务所联营，可以共同以联营的名义，接受当事人的委托或者其他律师事务所的委托，采取合作方式办理各自获准从事律师执业业务的香港、澳门、内地以及中国以外的其他国家的法律事务。

参与联营业务的香港、澳门律师，不得办理内地法律事务。

第十三条　联营双方受托办理法律事务，应当避免各自委托人之间的利益冲突。

第十四条　香港、澳门律师事务所与内地律师事务所以联营名义合作办理法律事务的，可以统一向委托人收费，双方再依照联营协议进行分配；也可以根据联营中各自办理的法律事务，分别向委托人收费，但须事先告知委托人。

第十五条　香港、澳门律师事务所与内地律师事务所联营，可以共同进行业务宣传推广活动。但在进行业务宣传推广时，应当披露下列事实：

（一）双方联营不是合伙型联营或者法人型联营；

（二）联营的香港、澳门律师事务所及其律师不能从事内地法律事务；

（三）进行宣传推广的律师须明示其所在律师事务所的名称。

第十六条　联营双方及其参与联营业务的律师,应当分别依照香港、澳门和内地的有关规定,以各自的名义参加律师执业保险。

第十七条　联营双方在开展联营业务中违法执业或者因过错给委托人造成损失的,双方应当依照联营协议,由过错方独自承担或者双方分担赔偿责任。

第十八条　香港、澳门律师事务所与内地律师事务所联营,可以共用办公场所、办公设备。联营双方决定共用办公场所的,应当选择香港、澳门律师事务所驻内地代表机构或者内地律师事务所的办公场所作为共用办公场所。共用办公场所或办公设备的费用分担由联营协议约定。

第十九条　香港、澳门律师事务所与内地律师事务所联营,可以共用行政、文秘等辅助人员。有关费用分担由联营协议约定。

第二十条　香港、澳门律师事务所与内地律师事务所联营,应当各自保持独立的财务制度和会计账簿。

第二十一条　香港、澳门律师事务所与内地律师事务所联营,有下列情形之一的,应当终止联营:

(一)联营期满双方不再申请续延的;

(二)联营双方按照协议的约定终止联营的;

(三)联营一方不再存续或者破产的;

(四)香港、澳门律师事务所驻内地代表机构被依法注销的;

(五)其他依法应当终止联营的情形。

终止联营的,由省级司法行政机关办理注销手续。

第四章　监督管理

第二十二条　香港、澳门律师事务所与内地律师事务所联营,应当在每年3月31日前,共同向内地律师事务所所在地的省级司法行政机关提交联营执业许可证副本以及下列年度检验材料,接受年度检验:

(一)香港、澳门律师事务所驻内地代表机构和内地律师事务所的有效执业许可证副本及复印件;

(二)上一年度的联营情况报告,内容包括以联营名义接受委托办理法律事务的情况,以联营名义办理法律事务的收费情况,联营收费的分享和运营费用的分摊情况,联营的收入和纳税情况,以联营名义开展业务过程中因违法执业或因过错给委托人造成损失的赔偿情况等;

(三)香港、澳门律师事务所驻内地代表机构和内地律师事务所所在地的省级司法行政机关或地(市)级司法行政机关出具的代表机构和内地律师事务所上一年度受到行政处罚或行业惩戒情况的文件。

无正当理由逾期不提交年检材料接受年度检验的,视为联营双方自行终止联营。

第二十三条　香港、澳门律师事务所与内地律师事务所联营,有违反内地法律、法规和规章及本办法规定的行为的,由省级司法行政机关给予警告,责令限期改正;逾期不改正的,处1万元以下罚款;有违法所得的,处违法所得1倍以上3倍以下罚款,但罚款最高不得超过3万元。

第二十四条　司法行政机关工作人员在行政管理活动中,有违反法律、法规和规章规定的行为的,依法给予行政处分。构成犯罪的,依法追究刑事责任。

第五章　附　则

第二十五条　本办法由司法部解释。

第二十六条　本办法自2004年1月1日起施行。

司法部办公厅关于明确中国法律服务(澳门)公司业务范围的通知

· 2019年5月13日
· 司办通〔2019〕51号

中国法律服务(澳门)公司:

为贯彻"一国两制"方针,服务粤港澳大湾区建设,加强内地与澳门法律服务交流合作,促进两地经济社会发展,经研究,明确中国法律服务(澳门)公司的业务范围如下:

一、内地法律咨询服务

为澳门居民、法人和其他组织及其他当事人提供涉及内地法律的咨询和其他法律服务。

二、公证业务

(一)根据当事人申请,直接办理《公证法》第十一条和第十二条规定范围内、发往内地使用的公证文书。

(二)核验中国委托公证人(澳门)出具的发往内地使用的公证文书。

(三)应澳门用证部门的要求,协助核查内地公证机构出具的发往澳门使用的公证文书。

(四)协助或代理澳门居民、法人和其他组织办理内地有关公证事务及其他法律事务。

(五)其他公证业务。

三、内地律师业务

律师业务由中澳律师事务所承担,主要业务有:

(一)代理在内地法院审理和内地仲裁机构仲裁的

包含涉澳因素的案件。

（二）为内地当事人在澳门办理商业登记、商标注册等商事法律事务提供协助。

（三）为内地有关单位特别是在澳中资企业提供法律咨询、培训等非诉讼服务,担任常年法律顾问。

（四）澳门法律允许的其他业务。

特此通知。

外国律师事务所驻华代表机构管理条例

· 2001年12月19日国务院第51次常务会议通过
· 2001年12月22日中华人民共和国国务院令第338号公布
· 自2002年1月1日起施行

第一章 总 则

第一条 为了规范外国律师事务所驻华代表机构的设立及其法律服务活动,根据《中华人民共和国律师法》的规定,制定本条例。

第二条 外国律师事务所设立驻华代表机构（以下简称代表机构）,从事法律服务活动,适用本条例。

第三条 代表机构及其代表从事法律服务活动,应当遵守中国的法律、法规和规章,恪守中国律师职业道德和执业纪律,不得损害中国国家安全和社会公共利益。

第四条 代表机构及其代表依照本条例规定从事法律服务活动,受中国法律保护。

第五条 外国律师事务所对其代表机构及其代表在中国境内从事的法律服务活动承担民事责任。

第二章 代表机构的设立、变更和注销

第六条 外国律师事务所在华设立代表机构、派驻代表,应当经国务院司法行政部门许可。

外国律师事务所、外国其他组织或者个人不得以咨询公司或者其他名义在中国境内从事法律服务活动。

第七条 外国律师事务所申请在华设立代表机构、派驻代表,应当具备下列条件：

（一）该外国律师事务所已在其本国合法执业,并且没有因违反律师职业道德、执业纪律受到处罚；

（二）代表机构的代表应当是执业律师和执业资格取得国律师协会会员,并且已在中国境外执业不少于2年,没有受过刑事处罚或者没有因违反律师职业道德、执业纪律受过处罚；其中,首席代表已在中国境外执业不少于3年,并且是该外国律师事务所的合伙人或者是相同职位的人员；

（三）有在华设立代表机构开展法律服务业务的实际需要。

第八条 外国律师事务所申请在华设立代表机构,应当向拟设立的代表机构住所地的省、自治区、直辖市人民政府司法行政部门提交下列文件材料：

（一）该外国律师事务所主要负责人签署的设立代表机构、派驻代表的申请书。拟设立的代表机构的名称应当为"××律师事务所（该律师事务所的中文译名）驻××（中国城市名）代表处"；

（二）该外国律师事务所在其本国已经合法设立的证明文件；

（三）该外国律师事务所的合伙协议或者成立章程以及负责人、合伙人名单；

（四）该外国律师事务所给代表机构各拟任代表的授权书,以及拟任首席代表系该律师事务所合伙人或者相同职位人员的确认书；

（五）代表机构各拟任代表的律师执业资格以及拟任首席代表已在中国境外执业不少于3年、其他拟任代表已在中国境外执业不少于2年的证明文件；

（六）该外国律师事务所所在国的律师协会出具的该代表机构各拟任代表为本国律师协会会员的证明文件；

（七）该外国律师事务所所在国的律师管理机构出具的该律师事务所以及各拟任代表没有受过刑事处罚和没有因违反律师职业道德、执业纪律受过处罚的证明文件。

前款所列文件材料,应当经申请人本国公证机构或者公证人的公证,其本国外交主管机关或者外交主管机关授权的机关认证,并经中国驻该国使（领）馆认证。

外国律师事务所提交的文件材料应当一式三份,外文材料应当附中文译文。

第九条 省、自治区、直辖市人民政府司法行政部门应当自收到申请文件材料之日起3个月内审查完毕,并将审查意见连同文件材料报送国务院司法行政部门审核。国务院司法行政部门应当在6个月内作出决定,对许可设立的代表机构发给执业执照,并对其代表发给执业证书；对不予许可的,应当书面告知其理由。

第十条 代表机构及其代表,应当持执业执照、执业证书在代表机构住所地的省、自治区、直辖市司法行政部门办理注册手续后,方可开展本条例规定的法律服务活动。代表机构及其代表每年应当注册一次。

省、自治区、直辖市人民政府司法行政部门应当自接到注册申请之日起2日内办理注册手续。

第十一条 代表机构应当按照有关法律、行政法规

的规定,办理有关的税务、银行、外汇等手续。

第十二条 外国律师事务所需要变更代表机构名称、减少代表的,应当事先向代表机构住所地的省、自治区、直辖市人民政府司法行政部门提交其主要负责人签署的申请书和有关的文件材料,经国务院司法行政部门核准,并收回不再担任代表的人员的执业证书。

代表机构合并、分立或者增加新任代表的,应当依照本条例有关代表机构设立程序的规定办理许可手续。

第十三条 代表机构的代表有下列情形之一的,由国务院司法行政部门撤销其执业许可并收回其执业证书,由省、自治区、直辖市人民政府司法行政部门相应注销其执业注册:

(一)在其本国的律师执业执照已经失效的;

(二)被所属的外国律师事务所取消代表资格的;

(三)执业证书或者所在的代表机构的执业执照被依法吊销的。

第十四条 代表机构有下列情形之一的,由国务院司法行政部门撤销其执业许可并收回其执业执照,由省、自治区、直辖市人民政府司法行政部门相应注销其执业注册:

(一)所属的外国律师事务所已经解散或者被注销的;

(二)所属的外国律师事务所申请将其注销的;

(三)已经丧失本条例第七条规定条件的;

(四)执业执照被依法吊销的。

依照前款规定注销的代表机构,应当依法进行清算;债务清偿完毕前,其财产不得转移至中国境外。

第三章 业务范围和规则

第十五条 代表机构及其代表,只能从事不包括中国法律事务的下列活动:

(一)向当事人提供该外国律师事务所律师已获准从事律师执业业务的国家法律的咨询,以及有关国际条约、国际惯例的咨询;

(二)接受当事人或者中国律师事务所的委托,办理在该外国律师事务所律师已获准从事律师执业业务的国家的法律事务;

(三)代表外国当事人,委托中国律师事务所办理中国法律事务;

(四)通过订立合同与中国律师事务所保持长期的委托关系办理法律事务;

(五)提供有关中国法律环境影响的信息。

代表机构按照与中国律师事务所达成的协议约定,可以直接向受委托的中国律师事务所的律师提出要求。

代表机构及其代表不得从事本条第一款、第二款规定以外的其他法律服务活动或者其他营利活动。

第十六条 代表机构不得聘用中国执业律师;聘用的辅助人员不得为当事人提供法律服务。

第十七条 代表机构及其代表在执业活动中,不得有下列行为:

(一)提供虚假证据、隐瞒事实或者威胁、利诱他人提供虚假证据、隐瞒事实以及妨碍对方当事人合法取得证据;

(二)利用法律服务的便利,收受当事人的财物或者其他好处;

(三)泄露当事人的商业秘密或者个人隐私。

第十八条 代表机构的代表不得同时在两个以上代表机构担任或者兼任代表。

第十九条 代表机构的代表每年在中国境内居留的时间不得少于6个月;少于6个月的,下一年度不予注册。

第二十条 代表机构从事本条例规定的法律服务,可以向当事人收取费用。收取的费用必须在中国境内结算。

第四章 监督管理

第二十一条 国务院司法行政部门和省、自治区、直辖市人民政府司法行政部门依据职责,负责对代表机构及其代表的监督管理。

第二十二条 代表机构应当于每年3月31日前向住所地的省、自治区、直辖市人民政府司法行政部门提交执业执照和代表执业证书的副本以及下列上一年度检验材料,接受年度检验:

(一)开展法律服务活动的情况,包括委托中国律师事务所办理法律事务的情况;

(二)经会计师事务所审计的代表机构年度财务报表,以及在中国境内结算和依法纳税凭证;

(三)代表机构的代表变动情况和雇用中国辅助人员情况;

(四)代表机构的代表在中国境内的居留情况;

(五)代表机构及其代表的注册情况;

(六)履行本条例规定义务的其他情况。

省、自治区、直辖市人民政府司法行政部门对设在本行政区域内的代表机构进行年度检验后,应当将检验意见报送国务院司法行政部门备案。

第二十三条 省、自治区、直辖市人民政府司法行政部门依法办理代表机构及其代表注册收取费用,以及对代表机构进行年度检验收取费用，必须严格执行国务院物价行政部门核定的同对中国律师事务所、执业律师相同的收费标准，所收取的费用必须全部上缴国库。

省、自治区、直辖市人民政府司法行政部门依法实施罚款的行政处罚，应当按照有关法律、行政法规的规定，实行罚款决定与罚款收缴分离；收缴的罚款以及依法没收的违法所得，必须全部上缴国库。

第五章 法律责任

第二十四条 代表机构或者代表危害中国国家安全、公共安全或者社会管理秩序的，依照刑法关于危害国家安全罪、危害公共安全罪或者妨害社会管理秩序罪的规定，依法追究刑事责任，并由国务院司法行政部门吊销该代表机构的执业执照或者该代表的执业证书；尚不够刑事处罚的，依法给予治安管理处罚，并由国务院司法行政部门吊销该代表机构的执业执照或者该代表的执业证书。

第二十五条 代表机构或者代表违反本条例第十五条的规定，非法从事法律服务活动或者其他营利活动的，由省、自治区、直辖市人民政府司法行政部门责令限期停业；情节严重的，由国务院司法行政部门吊销该代表机构的执业执照或者该代表的执业证书。

有前款所列违法行为的，由省、自治区、直辖市人民政府司法行政部门没收违法所得，对首席代表和其他负有直接责任的代表各处5万元以上20万元以下的罚款。

第二十六条 代表机构有下列情形之一的，由省、自治区、直辖市人民政府司法行政部门给予警告，责令限期改正；情节严重的，由省、自治区、直辖市人民政府司法行政部门责令限期停业；逾期仍不改正的，由国务院司法行政部门吊销其执业执照：

（一）聘用中国执业律师，或者聘用的辅助人员从事法律服务的；

（二）开展法律服务收取费用未在中国境内结算的；

（三）未按时报送年度检验材料接受年度检验，或者未通过年度检验的。

有前款第（二）项所列违法行为的，由省、自治区、直辖市人民政府司法行政部门对其处以应当在中国境内结算的金额1倍以上3倍以下的罚款。

第二十七条 代表机构或者代表有下列情形之一的，由省、自治区、直辖市人民政府司法行政部门给予警告，没收违法所得；情节严重的，责令限期停业，并处2万元以上10万元以下的罚款：

（一）同时在两个以上代表机构担任或者兼任代表的；

（二）泄露当事人的商业秘密或者个人隐私的；

（三）利用法律服务的便利，收受当事人财物或者其他好处的。

第二十八条 代表机构注销，在债务清偿完毕前将财产转移至中国境外的，由省、自治区、直辖市人民政府司法行政部门责令退回已转移的财产，用于清偿债务；严重损害他人利益的，对其首席代表和其他直接责任人员依照刑法关于藏匿财产罪的规定，依法追究刑事责任；尚不够刑事处罚的，由省、自治区、直辖市人民政府司法行政部门对代表机构处5万元以上30万元以下的罚款，对首席代表和其他直接责任人员各处2万元以上10万元以下的罚款。

第二十九条 代表机构的代表提供虚假证据、隐瞒事实或者威胁、利诱他人提供虚假证据、隐瞒事实的，依照刑法关于妨害作证罪的规定，依法追究刑事责任，并由国务院司法行政部门吊销其执业证书。

第三十条 外国律师事务所、外国律师或者外国其他组织、个人擅自在中国境内从事法律服务活动，或者已被撤销执业许可的代表机构或者代表继续在中国境内从事法律服务活动的，由省、自治区、直辖市人民政府司法行政部门予以取缔，没收违法所得，并处5万元以上30万元以下的罚款。

第三十一条 代表机构被依法吊销执业执照的，该代表机构所属的外国律师事务所5年内不得申请在华设立代表机构；代表机构的代表被依法吊销执业证书的，该代表5年内不得在华担任代表机构的代表。

代表机构的代表因危害中国国家安全、公共安全或者社会管理秩序，被依法判处刑罚的，该代表所在的代表机构所属的律师事务所不得再申请在华设立代表机构，该代表终身不得在华担任代表机构的代表。

第三十二条 司法行政部门工作人员有下列违法行为之一的，对负有责任的主管人员和其他直接责任人员依法给予记过、记大过或者降级的行政处分：

（一）不按照本条例规定的条件对拟设代表机构、拟任代表的证明文件、材料进行审查、审核的；

（二）不按照本条例的规定对代表机构进行注册或者年度检验的；

（三）不按照国家规定收费项目、收费标准收取费用的。

第三十三条 司法行政部门工作人员有下列违法行为之一的，对负有责任的主管人员和其他直接责任人员依法给予降级、撤职或者开除的行政处分：

（一）对不符合本条例规定条件的拟设代表机构或者拟任代表决定发给执业执照、执业证书的；

（二）利用职务上的便利收受财物、谋取私利的；

（三）违反本条例的规定，对应当撤销代表机构或者代表执业许可，收回执业执照、执业证书的不予撤销、收回，或者对应当注销的执业注册不予注销的；

（四）依法收缴罚款不开具罚款收据或者不如实填写罚款数额的；

（五）不执行罚款收缴分离制度或者不按照规定将依法收取的费用、收缴的罚款及没收的违法所得全部上缴国库的；

（六）对代表机构及其代表违反本条例规定的行为不及时查处的；

（七）有不严格执法或者滥用职权的其他行为，造成严重后果的。

有前款所列违法行为之一，致使公共财产、国家和人民利益遭受严重损失的，依照刑法关于滥用职权罪、玩忽职守罪或者受贿罪的规定，依法追究刑事责任。

第六章 附 则

第三十四条 中国的单独关税区的律师事务所在内地设立代表机构的管理办法，由国务院司法行政部门根据本条例的原则另行制定。

第三十五条 本条例自 2002 年 1 月 1 日起施行。本条例施行前经国务院司法行政部门许可已经试开业的外国律师事务所驻华办事处以及试执业的代表，应当自本条例施行之日起 90 日内依照本条例的规定重新申请办理审批手续。

司法部关于执行《外国律师事务所驻华代表机构管理条例》的规定

· 2002 年 7 月 4 日司法部令第 73 号公布
· 根据 2004 年 9 月 2 日《司法部关于修改〈司法部关于执行《外国律师事务所驻华代表机构管理条例》的规定〉的决定》修正

第一章 总 则

第一条 为执行《外国律师事务所驻华代表机构管理条例》（简称《条例》），履行司法行政部门对中国境内的外国法律服务活动的管理职责，制定本规定。

第二条 本规定所称外国律师事务所，是指在我国境外合法设立、由外国执业律师组成、从事中国法律事务以外的法律服务活动，并对外独立由其全部成员或部分成员承担民事责任的律师执业机构。但下列情形除外：

（一）外国政府、商业组织和其他机构中的法律服务部门；

（二）不共享利润、不共担风险的二个或二个以上外国执业律师或律师事务所的执业联合体。

第三条 本规定所称外国执业律师，是指合法取得外国律师执业资格、在执业资格取得国获得该国法定执业许可的人员。

第二章 代表处的设立和注册

第四条 《条例》第七条第三项规定的"有在华设立代表机构开展法律服务业务的实际需要"，应当根据下列因素认定：

（一）拟设代表处住所地的社会经济发展状况；

（二）拟设代表处住所地法律服务的发展需要；

（三）申请人的规模、成立时间、主要业务领域和专业特长、对拟设代表处业务前景的分析、未来业务发展规划；

（四）中国法律、法规对从事特定法律服务活动或事务的限制性规定。

第五条 《条例》第八条第一款第一项规定的"该外国律师事务所主要负责人签署的设立代表机构、派驻代表的申请书"，应当包括以下内容：

（一）拟设代表处的中文名称和外文名称，拟驻在城市名称；

（二）申请人的基本情况：包括开业时间、律师人数、合伙人人数、业务领域、主要业绩、在其他国家或地区设立分支机构或代表处情况、与中国有关的业务活动、总部地址和通讯方法等；

（三）申请人的组织形式和承担法律责任的形式；

（四）申请人购买执业风险保险的金额和范围；

（五）对拟设代表处业务前景的可行性分析和发展计划，拟设代表处的主要业务范围；

（六）对拟设代表处及其拟派驻代表在中国境内从事法律服务活动承担全部民事责任的承诺；

（七）对所提供的信息、材料的真实性、完整性和准确性及中文译文与原文一致的承诺；

（八）对申请获得批准后遵守中国法律、法规、规章的承诺；

（九）对申请获得批准后将为代表处及其派驻代表持续购买符合要求的执业风险保险的承诺。

第六条 提交《条例》第八条第一款第三项规定的"该外国律师事务所的合伙协议或者成立章程"确有困难的，可以提供由主要负责人签署的介绍合伙协议、股东协议或者章程中涉及签订时间、发起人、组织形式、法律责任形式等内容的文件材料。

第七条 按照《条例》第八条第三款规定提交的文件材料,应当附中文译文,按正、副本形式分别装帧成三份。

第八条 拟设代表处的外国律师事务所的中文译名不得使用中国法律、法规、规章禁止或限制的名称,不得使用可能使公众产生误解的文字。

第九条 申请设立代表处,应当有拟派驻的一名首席代表和拟派驻的若干代表。

第十条 申请增设代表处,应当符合下列条件:
(一)在华最近设立的代表处连续执业满3年;
(二)已经设立的各代表处及其代表遵守中国法律、法规、规章,遵守律师职业道德和执业纪律,没有被追究《条例》规定的各项法律责任。

前款第一项规定的连续执业时间,自代表处住所地的省、自治区、直辖市司法厅(局)首次办理开业注册之日起计算。

第十一条 申请增设代表处,除应当提交《条例》第八条规定的材料外,还应当提交下列材料:
(一)已设立的各代表处的基本情况;
(二)已设立的各代表处的《外国律师事务所驻华代表处执业许可证》(副本)复印件;
(三)已设立的各代表处住所地的省、自治区、直辖市司法厅(局)出具的符合本规定第十条第一款第一、二项规定的证明文件。

以上材料应当附中文译文,按正、副本形式分别装帧成三份。

第十二条 省、自治区、直辖市司法厅(局)收到申请人提交的申请设立代表处的材料后,应当根据下列情形予以处理:
(一)申请材料齐全的,按照《条例》第九条的规定办理;
(二)申请材料不齐全的,自收到申请材料之日起15日内通知申请人补充材料。申请人在首次提交申请材料之日起3个月内补齐材料的,按照前项规定办理;申请人在首次提交申请材料之日起满3个月未能补齐材料的,应当作出不予受理的决定,并于15日内书面通知申请人。

第十三条 司法部收到省、自治区、直辖市司法厅(局)报送的申请人申请材料和审查意见后,应当在6个月内作出决定,对许可设立的代表处发给执业许可证及副本,并通知省、自治区、直辖市司法厅(局)对其代表发给执业证书;对不予许可的,应当书面告知理由。

第十四条 申请人应当自执业许可证书签发之日起30日内,持副本到代表处住所地技术监督、公安、劳动、银行、税务和中国驻外使领馆等部门办理登记和代表工作签证等手续。

第十五条 申请人应当在办结本规定第十四条规定的手续后30日内,到住所地的省、自治区、直辖市司法厅(局)办理开业注册,并交纳注册费。

办理开业注册手续,应当提交下列材料的复印件:
(一)外国律师事务所驻华代表处执业许可证(副本);
(二)外国律师事务所代表处代表执业证;
(三)经过公证的办公场所证明,包括产权证明、房屋租赁协议(期限应当在1年以上)。

超过本条第一款规定的时间未办理开业注册的,外国律师事务所驻华代表处执业许可证和外国律师事务所代表处代表执业证自行失效。

第十六条 未办理开业注册手续,代表处不得开展法律服务。

第十七条 代表处办理年检注册,除提交《条例》第二十二条规定的各项材料外,还应当提供经公证、认证的派驻代表执业资格取得国的律师管理机构出具的下列文件材料:
(一)代表处代表上一年度没有受过刑事处罚和没有因违反律师职业道德、执业纪律受过处罚的证明材料;
(二)代表处及其代表有效的本年度执业责任风险保险文件复印件。

第十八条 代表处及其代表通过年度检验的,省、自治区、直辖市司法厅(局)应当办理代表处和派驻代表的年度注册,并收取注册费。

第三章 代表处的变更和注销

第十九条 设立代表处的外国律师事务所具有下列情形之一的,代表处应当向住所地的省、自治区、直辖市司法厅(局)备案:
(一)律师事务所名称、总部住所、主要负责人变更的;
(二)律师事务所合并、分立的。

第二十条 代表处变更中、英文名称的,外国律师事务所应当向代表处住所地的省、自治区、直辖市司法厅(局)提交其主要负责人签署的申请书和有关的文件材料。司法厅(局)应当在收到申请材料之日起15日内提出审查意见报司法部。司法部应当自收到审查意见之日起15日内办理核准手续。

代表处持司法部核准通知,到住所地的省、自治区、直辖市司法厅(局)和有关部门办理相关变更手续。

第二十一条 外国律师事务所申请注销代表处的,应当向代表处住所地的省、自治区、直辖市司法厅(局)提交其主要负责人签署的申请书。

省、自治区、直辖市司法厅(局)自收到申请之日起30日内将审查意见报司法部,司法部应当自收到审查意见之日起30日内办理核准手续。

第二十二条 代表处自收到司法部核准注销通知之日起,应当依法进行清算。债务清偿完毕前财产不得转移。

对被注销的代表处,应当收回其执业许可证及其副本和代表执业证,并由住所地的省、自治区、直辖市司法厅(局)予以公告。

第二十三条 代表处被注销后,债权人有权就尚未清偿的债权向外国律师事务所追偿。

第二十四条 具有《条例》第十四条第一款第一、三项情形之一的,代表处应当自所属的律师事务所解散或注销之日起3个月内报告住所地的省、自治区、直辖市司法厅(局),由司法厅(局)报司法部撤消其执业许可证,并根据本规定办理注销手续。

第二十五条 代表处因特殊情况需要休业的,所属的外国律师事务所应当向住所地的省、自治区、直辖市司法厅(局)提交其主要负责人签署的申请书,经核准后,公告休业。

代表处休业期限不超过1年。超过1年的,视为自行注销。

第二十六条 申请将代表处迁往其他城市的,由该外国律师事务所向拟迁往地的省、自治区、直辖市司法厅(局)提出申请,经审查后,报司法部核准。

代表处持核准通知,按规定办理相关注销和注册手续。

第四章 代表的派驻和变更

第二十七条 代表处派驻或变更首席代表、派驻代表,应当符合《条例》第七条第二项的规定。

执业资格取得国律师协会会员,是指执业资格取得国法定的全国性或地区性律师行业组织成员。未设立律师行业组织的,可以是在执业资格取得国律师管理机构登记注册的人员。

境外执业时间,是指在执业资格取得国获得律师执业许可后,在该国法定律师注册登记机构进行律师执业注册登记的时间,包括在中国单独关税区的执业时间。境外执业时间可以累计计算。

相同职位的人员,是指在事务所经营管理、利润分享和风险分担方面与合伙人具有相同权利义务的执业律师。

第二十八条 外国律师事务所派驻或变更首席代表、派驻代表,应当提交下列材料:

(一)该外国律师事务所主要负责人签署的申请书。申请书应当包括下列内容:

1. 拟派驻或变更首席代表、派驻代表的基本情况;
2. 拟任职务、期限;
3. 符合《条例》第七条第二项规定的承诺;
4. 对所提供的信息、材料的真实性、完整性、准确性及中文译文与原文的一致性的承诺;
5. 申请获得批准后遵守中国法律、法规、规章的承诺;
6. 申请获得批准后将为其持续购买符合要求的执业风险保险的承诺。

(二)《条例》第八条第四至七项规定的各项材料;

(三)拟任代表的执业风险保险文件复印件;

(四)拟任代表的身份证明。

前款第二、三项规定的材料,应当经公证、认证。

上述申请材料应当附中文译文,按正、副本形式分别装帧成三份。

第二十九条 省、自治区、直辖市司法厅(局)对外国律师事务所提交的拟任代表的申请材料,应当根据下列情形予以处理:

(一)申请材料齐全的,按照《条例》第九条的规定办理;

(二)申请材料不齐全的,自收到申请材料之日起15日内通知申请人补充材料。申请人在首次提交申请材料之日起3个月内补齐材料的,按照前项规定办理;申请人在首次提交申请材料之日起满3个月未能补齐材料的,应当作出不予受理的决定,并于15日内书面通知申请人。

第三十条 司法部收到省、自治区、直辖市司法厅(局)报送的外国律师事务所申请材料和审查意见后,应当在6个月内予以核准,不予核准的,书面告知理由。

代表处持核准通知,到住所地的省、自治区、直辖市司法厅(局)领取外国律师事务所代表处代表执业证,并到有关部门办理相关手续。

第三十一条 具有《条例》第十三条规定情形之一,司法部撤消代表执业证的,代表处住所地的省、自治区、直辖市司法厅(局)应当收回其执业证书,注销其执业注册,并予公告。

第五章 执业规则

第三十二条 下列行为,应当认定为《条例》第十五条规定的"中国法律事务":

(一)以律师身份在中国境内参与诉讼活动;

(二)就合同、协议、章程或其他书面文件中适用中国法律的具体问题提供意见或证明;

(三)就适用中国法律的行为或事件提供意见和证明;

(四)在仲裁活动中,以代理人身份对中国法律的适用发表代理意见;

(五)代表委托人向中国政府机关或其他法律法规授权的具有行政管理职能的组织办理登记、变更、申请、备案手续以及其他手续。

第三十三条 代表处及其代表根据《条例》第十五条第一款第五项的规定,提供有关中国法律环境影响的信息时,不得就中国法律的适用提供具体意见或判断。

第三十四条 根据《条例》第十一条的规定,代表处应当设立银行人民币账户和外汇账户,接受境内客户的汇入款项。

代表处应当按照中国税收法律法规的规定,依法办理税务登记,履行纳税义务,可以向当地主管税务机关申请领购发票。

第三十五条 代表处聘用中国籍辅助人员的,应当与住所地外国企业服务部门办理聘用关系,并到住所地的省、自治区、直辖市司法厅(局)领取雇员证。

第三十六条 代表处聘用外籍辅助人员的,应当按照外国人在华就业的有关规定,向住所地的省、自治区、直辖市司法厅(局)提出申请,经许可后,到有关部门办理就业和居留手续。

第三十七条 代表处进行宣传,应当遵守下列规则:

(一)向客户表明可以在中国境内从事业务的,应当同时表明其不具有从事中国法律服务的资格、执照或能力;

(二)向客户声明具有中国律师资格或曾经担任中国执业律师的,应当同时声明其现在不能作为中国律师执业;

(三)在信笺、名片上进行上述宣传,应当有本条第一、二项规定的声明。

第三十八条 代表处代表及其辅助人员不得以"中国法律顾问"名义为客户提供中国法律服务。

第三十九条 代表处及其所属的律师事务所不得实施下列行为:

(一)直接或间接地向中国律师事务所投资;

(二)与中国律师事务所或中国律师组成共享利润或共担风险的执业联合体;

(三)建立联合办公室或派员入驻中国律师事务所从事法律服务活动;

(四)管理、经营、控制或享有中国律师事务所的股权性权益。

第四十条 有下列情形之一的,应当认定为聘用中国执业律师:

(一)与中国执业律师达成雇佣或劳务协议;

(二)与中国执业律师形成事实上的雇佣或劳务关系;

(三)与中国执业律师达成共享利润、共担风险或参与管理的协议;

(四)向中国执业律师个人支付报酬、费用或业务分成;

(五)聘请中国执业律师以代表处所属的律师事务所或代表处的名义对外从事业务活动。

第四十一条 代表处应当就被投诉的行为进行澄清和说明。

第六章 附则

第四十二条 代表处应当在办公场所显著位置悬挂《外国律师事务所驻华代表处执业许可证》。

代表处应当在办公场所设置标牌,标牌上书写完整的中英文名称。

第四十三条 《外国律师事务所代表处执业许可证》由司法部印制、颁发。

《外国律师事务所代表处代表执业证》和《外国律师事务所代表处雇员证》由司法部印制,省、自治区、直辖市司法厅(局)发放。

第四十四条 《外国律师事务所代表处执业许可证》、《外国律师事务所代表处代表执业证》、《外国律师事务所代表处雇员证》,除发证机关依照法定程序可以扣留或吊销外,其他任何单位和个人不得收缴、扣押和损坏。

第四十五条 代表处执业许可证及其副本、代表执业证和雇员证不得伪造、涂改、出租、出借、转让、出卖。

违反前款规定的,依法追究相应的法律责任。

第四十六条 代表处执业许可证和代表执业证遗失的,经公告声明后,方可申请补领。

第四十七条 本规定自2002年9月1日起施行。

司法部关于扩大律师专业水平评价体系和评定机制试点的通知

- 2019年3月14日
- 司发通〔2019〕35号

各省、自治区、直辖市司法厅（局），新疆生产建设兵团司法局：

2017年3月，按照《司法部关于建立律师专业水平评价体系和评定机制的试点方案》（司发通〔2017〕33号，以下简称《试点方案》）要求，内蒙古、上海、安徽和陕西等4个省（自治区、直辖市）积极探索开展试点工作，取得了良好成效。各试点地区探索完善了配套制度措施，培育了一批评审工作力量，评选出一批专业律师，为开展律师专业水平评价工作积累了一些经验，在一定程度上提高了广大律师的专业化意识和专业服务水平。为推动律师专业水平评价体系和评定机制试点工作深入开展，经研究，决定把试点范围扩大到全国31个省（自治区、直辖市）和新疆生产建设兵团。现就有关事项通知如下：

一、充分认识开展律师专业水平评价体系和评定机制试点工作的重要意义

建立律师专业水平评价体系和评定机制，既是推进全面依法治国、落实中央关于深化律师制度改革部署的一项重要任务，也是进一步加强律师队伍建设的一项重要举措。随着中国特色社会主义进入新时代，特别是全面依法治国实践的深入推进，人民群众的法律服务需求日益增长，需要广大律师提供更加专业、精准、高效的法律服务。开展律师专业水平评价体系和评定机制试点工作，有利于探索形成律师队伍优胜劣汰的激励约束机制，推进律师专业化分工，引导律师依法、诚信、规范执业，不断提高专业能力和服务水平，为当事人和有关单位查询、选聘律师提供参考，更好地发挥律师在服务经济社会发展、保障人民群众合法权益、推进全面依法治国等方面的重要作用。

二、扩大律师专业水平评价体系和评定机制试点的主要任务和要求

首批试点的4个省（自治区、直辖市）要进一步扩大试点范围，在认真总结前期试点工作经验的基础上，坚持问题导向，进一步完善评价标准、评价方式方法、评价程序和配套措施，努力推动试点工作不断取得新成效，在全国发挥示范引领作用，为其他地区提供可复制、可借鉴、可推广的经验。

其他省（自治区、直辖市）和新疆生产建设兵团要加快各项准备工作，在2019年8月底前启动试点工作。要充分借鉴首批试点地方的经验做法，结合本地经济社会发展水平和律师业发展状况，合理确定试点范围。试点工作可以在本省（自治区、直辖市）全辖区范围内进行，也可以选择部分律师资源较为丰富、律师专业化分工条件较好的地区进行，积累经验，以点带面，逐步扩大试点范围。

各地在试点过程中，要认真落实《试点方案》相关要求，重点把握好以下几点：

（一）完善评价标准。坚持德才兼备、以德为先，突出考察申请人的政治表现和诚信状况，引导广大律师讲政治、守规矩、重品行、做表率，严格依法、规范、诚信、尽责执业。要优化评价指标体系，突出考察律师的专业能力、业务质量、业绩和贡献。各地可以根据需要，在《试点方案》确定的9个专业领域基础上，进一步细分专业方向，更精准评价申请人在相应专业领域的专业特长。

（二）创新评定机制。试点工作要牢牢把握提高评价工作的公信力这个关键因素，坚持公开、公平、公正，确保评价结果能够全面、客观、准确地反映律师专业能力水平。要建立评审专家遴选机制和动态管理机制，挑选政治坚定、品德良好、专业能力业绩突出、声望较高的同行专家进入评审专家库。在评价过程中要重视发挥律师协会专业委员会和相应专业领域优秀律师的作用。制定评审委员会委员遴选规则、工作程序和评审规则，加强评审委员会委员评价能力建设，明确评审委员会工作人员和评审专家责任，严肃评审纪律，加强对评价全过程的监督和评价结果的动态管理。要不断改进评价方式方法，合理设置评价流程。坚持业内评价与社会评价相结合，广泛听取广大律师和社会各界的意见和建议，特别是重视征求委托人的意见。推行个人诚信承诺制，适当精简申报材料、证明事项，优化申报、评审、颁证程序。各省（自治区、直辖市）律师协会可以自行开展专业能力考核，也可以指导设区的市级律师协会开展相关工作。为增强广大律师的荣誉感，专业律师证书由省（自治区、直辖市）律师协会统一制作、颁发。鼓励各地探索实行网上申报、网上评审、网上查询验证，利用大数据手段了解律师政治表现、诚信状况和专业能力等。

（三）健全激励措施。促进律师专业水平评价与发挥专业律师作用相衔接。各地要在司法行政机关、律师协会网站或者律师诚信信息查询平台及时公开律师专业水平评定结果，为有关单位、个人选聘律师等提供参考。

鼓励通过律师事务所网站、律师名片等方式宣传专业律师的专业特长。引导律师事务所根据发展需要引进专业律师，推进专业化建设。优先推荐专业律师进入律师协会相应的专业委员会。促进律师专业水平评价与律师人才培训、培养相衔接。根据律师专业化需求，有针对性地开展专业培训和人才培养，促进专业律师知识更新和能力提升。促进律师专业水平评价与评选表彰、宣传优秀专业律师活动相衔接，激励广大律师不断提升专业水平。

三、加强试点工作的组织实施

（一）高度重视，加强领导。律师专业水平评价工作涉及广大律师的切身利益。各地要从全面依法治国的战略高度，充分认识建立律师专业水平评价体系和评定机制的重要性、必要性，切实加强组织领导，细化任务分工，压实工作责任，精心动员部署，狠抓任务落实，确保各项措施落地见效。

（二）统筹谋划，稳妥推进。各地要在广泛调研、深入论证的基础上，遵循律师队伍建设规律，准确把握律师执业特点和律师专业化需求，结合本地实际，抓紧制定、完善实施办法、评价指标体系和各项配套措施，明确试点工作的具体步骤和时间节点等。要选配政治、业务素质过硬的干部从事试点工作，加强相关技能培训，确保广大干部尽快熟悉试点工作政策规定，掌握基本要求和操作规程。各相关部门要加强沟通协作，形成工作合力。在试点过程中，要坚持边推进、边探索、边研究、边完善，密切跟踪了解试点工作进展与成效，及时总结经验，妥善解决试点工作中遇到的各种矛盾和问题，确保试点工作稳步推进。

（三）加强宣传，正确引导。各地要充分利用传统媒体和新媒体，采取各种有效方式，搞好政策解读，宣传律师专业水平评价工作的重要意义、基本原则和主要内容，宣传试点工作好经验、好做法和取得的成效，不断扩大律师专业水平评价工作的影响力，为推进试点工作创造良好社会环境和舆论氛围。要针对广大律师关心的问题做好深入细致的思想政治工作，引导广大律师把思想和行动统一到司法部的工作部署要求上来，理解、支持并积极参与试点工作。

各地实施办法和评价指标体系请于6月30日前报司法部。试点工作开展情况及重大问题请及时上报。

附件：《司法部关于印发〈关于建立律师专业水平评价体系和评定机制的试点方案〉的通知》

司法部关于印发《关于建立律师专业水平评价体系和评定机制的试点方案》的通知

- 2017年3月30日
- 司发通〔2017〕33号

内蒙古、上海、安徽、陕西省（自治区、直辖市）司法厅（局）：

《关于建立律师专业水平评价体系和评定机制的试点方案》已经中央司法体制改革领导小组审议通过。现印发你们，请结合实际，认真抓好落实。

建立律师专业水平评价体系和评定机制，是贯彻落实中办、国办《关于深化律师制度改革的意见》，提高律师专业能力和服务水平，进一步加强律师队伍建设的重要举措。试点地区各级司法行政机关要高度重视这项改革试点工作，切实加强组织领导，准确把握试点要求，积极稳妥地推进试点工作。要在调研基础上抓紧研究制定具体实施办法，量化评价指标体系，切实加强指导监督，确保试点工作规范有序开展。实施办法和评价指标体系请于4月30日前报部。

关于建立律师专业水平评价体系和评定机制的试点方案

按照中央的部署要求，现就建立律师专业水平评价体系和评定机制，提出如下试点方案。

一、总体要求

（一）指导思想。

全面贯彻党的十八大和十八届三中、四中、五中、六中全会精神，以邓小平理论、"三个代表"重要思想、科学发展观为指导，深入贯彻习近平总书记系列重要讲话精神，围绕全面依法治国总目标，遵循律师队伍建设规律，建立健全律师专业水平评价体系和评定机制，科学、客观、公正地评价律师专业水平，促进律师专业化分工，提高广大律师专业能力和服务水平，更好地满足社会法律服务需求，充分发挥律师在全面依法治国中的重要作用，为实现"两个一百年"奋斗目标和中华民族伟大复兴的中国梦提供优质高效的法律服务。

（二）基本原则。

坚持党的领导。切实加强党对律师专业水平评价工作的领导，把拥护中国共产党领导、拥护社会主义法治作为律师从业的基本要求，践行社会主义核心价值观，通过开展律师专业水平评价，增强广大律师走中国特色社会主义法治道路的自觉性和坚定性。

坚持客观公正。严格按照规定的条件、方法和程序开展律师专业水平评价工作,全面、准确、客观反映律师专业水平。

坚持改革创新。在总结律师执业评价工作经验的基础上,创新工作方式方法,结合律师专业领域和律师执业年度考核制度开展律师专业水平评价工作。

注重评价实效。建立健全相关政策措施,形成优胜劣汰的激励约束机制,引导广大律师进一步提高思想政治素质、专业服务能力和职业道德水平。

二、主要内容

律师专业水平评价采取与律师执业年度考核工作相结合的方式,划分专业评定专业律师,不与律师职称制度挂钩。

(一)专业领域

选择刑事、婚姻家庭法、公司法、金融证券保险、建筑房地产、知识产权、劳动法、涉外法律服务、行政法9个专业开展评定工作。评定的律师分别称为相应的专业律师。

每名律师参评的专业不超过2个。被评为专业律师的,不影响其办理参评专业以外的其他律师业务;没有被评定为专业律师的,也可以从事该专业律师业务。

(二)参评条件

1. 政治表现。参评律师应当拥护中国共产党领导、拥护社会主义法治,遵守宪法和法律,恪守律师职业道德和执业纪律。

2. 诚信状况。参评律师应当依法、规范、诚信执业,参评前5年没有因执业行为受到党纪处分、行政处罚、行业惩戒和信用惩戒,律师执业年度考核称职。律师在接受刑事、行政案件立案调查和未执行生效民事法律文书期间,暂缓参评专业律师。

3. 执业年限。参评律师具有法学博士、法学(法律)硕士、法学学士学位的,应当在相关专业领域分别连续执业3年、5年、7年以上,其他参评律师应当在相关专业领域连续执业10年以上。

曾经从事审判、检察、立法等法律业务的律师,其实际从事审判、检察、立法等法律业务的时间应计算为相关专业领域的执业时间。

4. 执业能力。参评律师应当系统掌握法学基本理论、律师业务知识和相关专业知识,经省(自治区、直辖市)律师协会对其专业能力考核合格,在所申报的专业领域具有丰富的执业经验,办理过一定数量的本专业领域有较大影响的法律事务,业务办理质量良好,在服务经济社会发展、全面依法治国、履行社会责任等方面做出贡献。

(三)评定机构和工作程序

由律师事务所对申请人进行考核,设区的市或直辖市的区律师协会组织评审委员会进行评审。设区的市或直辖市的区没有设立律师协会的,由省(自治区、直辖市)律师协会组织评审委员会进行评审。评审委员会由相关专业领域的律师和人民法院、人民检察院、公安机关、国家安全机关、司法行政机关、法学教学科研单位等有关部门的专业人士组成。

律师协会在评审过程中,应当坚持发扬民主,充分听取人民法院、人民检察院、公安机关、国家安全机关、司法行政机关、广大律师以及委托人的意见,做到程序公正、条件公平、结果公开。

评定程序包括申报、评审、公示、颁证等环节。

申报。在每年律师执业年度考核时,由律师本人对照参评条件,自愿申报评审相应的专业律师,并按规定向律师事务所提交能够反映本人专业水平的证明材料。所在律师事务所对申请人的政治表现、诚信状况、执业年限和执业能力等参评条件进行考核后,提出考核意见。律师事务所对申请人的政治表现进行考核应当听取律师事务所党组织的意见。

评审。每年律师执业年度考核工作结束后,设区的市律师协会或直辖市的区律师协会组织评审。评审采用个人陈述、专业面试、答辩、案卷抽样评估、查阅律师执业档案、对申请人提交的证明材料进行审议等方式,可以量化积分考评。评审过程中,要着重考察律师的品德、能力、业绩。专业律师评定不作名额限制。

公示。评审通过,由负责组织评审的律师协会进行公示。

颁证。经公示无异议的,由负责组织评审的律师协会颁发专业律师证书。

专业律师每年应当参加律师协会组织的专业培训。结合律师执业年度考核工作,每3年对律师专业水平评定结果进行考评,并按照国家有关规定对优秀专业律师予以表彰;对因执业行为受到党纪处分、行政处罚、行业惩戒、信用惩戒或者经考评达不到原评定条件的,撤销其专业律师称谓,收回其原证书并公告。

(四)评定结果运用

专业律师评定结果应当在律师协会网站及时公开,方便社会、个人查询和选聘律师,作为有关部门从律师中选拔立法工作者、法官、检察官,选聘高等院校、科研机构教学、科研岗位职务,选拔培养律师行业领军人才,推荐律师担任党政机关和国有企业法律顾问、服务国家和地方重大工程、重大项目的参考。在总结试点工作经验的基础上，探索评定律师专业水平等级。

三、组织领导

试点地区的省(自治区、直辖市)司法行政机关、律师协会负责制定具体实施办法，细化评价指标。司法行政机关对评价工作全过程进行监督。律师协会组织专业律师评审不得向参评律师收取任何费用，并应当在律师协会网站公布可供下载的申报所需的表格、材料。

本方案在内蒙古、上海、安徽、陕西4省(自治区、直辖市)开展试点。

2. 律师业务

最高人民法院关于办理死刑复核案件听取辩护律师意见的办法

- 2014年12月29日
- 法〔2014〕346号

为切实保障死刑复核案件被告人的辩护律师依法行使辩护权，确保死刑复核案件质量，根据《中华人民共和国刑事诉讼法》《中华人民共和国律师法》和有关法律规定，制定本办法。

第一条 死刑复核案件的辩护律师可以向最高人民法院立案庭查询立案信息。辩护律师查询时，应当提供本人姓名、律师事务所名称、被告人姓名、案由，以及报请复核的高级人民法院的名称及案号。

最高人民法院立案庭能够立即答复的，应当立即答复，不能立即答复的，应当在二个工作日内答复，答复内容为案件是否立案及承办案件的审判庭。

第二条 律师接受被告人、被告人近亲属的委托或者法律援助机构的指派，担任死刑复核案件辩护律师的，应当在接受委托或者指派之日起三个工作日内向最高人民法院相关审判庭提交有关手续。

辩护律师应当在接受委托或者指派之日起一个半月内提交辩护意见。

第三条 辩护律师提交委托手续、法律援助手续及辩护意见、证据等书面材料的，可以经高级人民法院同意后代收并随案移送，也可以寄送至最高人民法院承办案件的审判庭或者在当面反映意见时提交；对尚未立案的案件，辩护律师可以寄送至最高人民法院立案庭，由立案庭在立案后随案移送。

第四条 辩护律师可以到最高人民法院办公场所查阅、摘抄、复制案卷材料。但依法不公开的材料不得查阅、摘抄、复制。

第五条 辩护律师要求当面反映意见的，案件承办法官应当及时安排。

一般由案件承办法官与书记员当面听取辩护律师意见，也可以由合议庭其他成员或者全体成员与书记员当面听取。

第六条 当面听取辩护律师意见，应当在最高人民法院或者地方人民法院办公场所进行。辩护律师可以携律师助理参加。当面听取意见的人员应当核实辩护律师和律师助理的身份。

第七条 当面听取辩护律师意见时，应当制作笔录，由辩护律师签名后附卷。辩护律师提交相关材料的，应当接收并开列收取清单一式二份，一份交给辩护律师，另一份附卷。

第八条 当面听取辩护律师意见时，具备条件的人民法院应当指派工作人员全程录音、录像。其他在场人员不得自行录音、录像、拍照。

第九条 复核终结后，受委托进行宣判的人民法院应当在宣判后五个工作日内将最高人民法院裁判文书送达辩护律师。

第十条 本办法自2015年2月1日起施行。

附：(略)

最高人民法院、司法部关于开展刑事案件律师辩护全覆盖试点工作的办法

- 2017年10月9日
- 司发通〔2017〕106号

为推进以审判为中心的刑事诉讼制度改革，加强人权司法保障，促进司法公正，充分发挥律师在刑事案件审判中的辩护作用，开展刑事案件审判阶段律师辩护全覆盖试点工作，根据刑事诉讼法等法律法规，结合司法工作实际，制定本办法。

第一条 被告人有权获得辩护。人民法院、司法行政机关应当保障被告人及其辩护律师依法享有的辩护权和其他诉讼权利。

第二条 被告人除自己行使辩护权外，有权委托律师作为辩护人。

被告人具有刑事诉讼法第三十四条、第二百六十七条规定应当通知辩护情形，没有委托辩护人的，人民法院应当通知法律援助机构指派律师为其提供辩护。

除前款规定外，其他适用普通程序审理的一审案件、二审案件、按照审判监督程序审理的案件，被告人没有委托辩护人的，人民法院应当通知法律援助机构指派律师为其提供辩护。

适用简易程序、速裁程序审理的案件，被告人没有辩护人的，人民法院应当通知法律援助机构派驻的值班律师为其提供法律帮助。

在法律援助机构指派的律师或者被告人委托的律师为被告人提供辩护前，被告人及其近亲属可以提出法律帮助请求，人民法院应当通知法律援助机构派驻的值班律师为其提供法律帮助。

第三条 人民法院自受理案件之日起三日内，应当告知被告人有权委托辩护人以及获得值班律师法律帮助。被告人具有本办法第二条第二款、第三款规定情形的，人民法院应当告知其如果不委托辩护人，将通知法律援助机构指派律师为其提供辩护。

第四条 人民法院通知辩护的，应当将通知辩护公函以及起诉书、判决书、抗诉书、申诉立案通知书副本或者复印件送交法律援助机构。

通知辩护公函应当载明被告人的姓名、指控的罪名、羁押场所或者住所、通知辩护的理由、审判人员姓名和联系方式等；已确定开庭审理的，通知辩护公函应当载明开庭的时间、地点。

第五条 法律援助机构应当自收到通知辩护公函或者作出给予法律援助决定之日起三日内，确定承办律师并函告人民法院。

法律援助机构出具的法律援助公函应当载明辩护律师的姓名、所属单位及联系方式。

人民法院通知辩护公函内容不齐全或者通知辩护材料不齐全的，法律援助机构应当商请人民法院予以补充；人民法院未在开庭十五日前将本办法第四条第一款规定的材料补充齐全，可能影响辩护律师履行职责的，法律援助机构可以商请人民法院变更开庭日期。

第六条 按照本办法第二条第二款规定应当通知辩护的案件，被告人拒绝法律援助机构指派的律师为其辩护的，人民法院应当查明拒绝的原因，有正当理由的，应当准许，同时告知被告人需另行委托辩护人。被告人未另行委托辩护人的，人民法院应当及时通知法律援助机构另行指派律师为其提供辩护。

按照本办法第二条第三款规定应当通知辩护的案件，被告人坚持自己辩护，拒绝法律援助机构指派的律师为其辩护的，人民法院准许的，法律援助机构应当作出终止法律援助的决定；对于有正当理由要求更换律师的，法律援助机构应当另行指派律师为其提供辩护。

第七条 司法行政机关和律师协会统筹调配律师资源，为法律援助工作开展提供保障。本地律师资源不能满足工作开展需要的，司法行政机关可以申请上一级司法行政机关给予必要支持。

有条件的地方可以建立刑事辩护律师库，为开展刑事案件律师辩护全覆盖试点工作提供支持。

第八条 建立多层次经费保障机制，加强法律援助经费保障，确保经费保障水平适应开展刑事案件律师辩护全覆盖试点工作需要。

司法行政机关协调财政部门根据律师承办刑事案件成本、基本劳务费用、服务质量、案件难易程度等因素，合理确定、适当提高办案补贴标准并及时足额支付。

有条件的地方可以开展政府购买法律援助服务。

第九条 探索实行由法律援助受援人分担部分法律援助费用。

实行费用分担法律援助的条件、程序、分担标准等，由省级司法行政机关综合当地经济发展水平、居民收入状况、办案补贴标准等因素确定。

第十条 司法行政机关、律师协会应当鼓励和支持律师开展刑事辩护业务，组织资深骨干律师办理刑事法律援助案件，发挥优秀律师在刑事辩护领域的示范作用，组织刑事辩护专项业务培训，开展优秀刑事辩护律师评选表彰活动，推荐优秀刑事辩护律师公开选拔为立法工作者、法官、检察官，建立律师开展刑事辩护业务激励机制，充分调动律师参与刑事辩护工作积极性。

第十一条 第二审人民法院发现第一审人民法院未履行通知辩护职责，导致被告人在审判期间未获得律师辩护的，应当认定符合刑事诉讼法第二百二十七条第三项规定的情形，裁定撤销原判，发回原审人民法院重新审判。

第十二条 人民法院未履行通知辩护职责，或者法律援助机构未履行指派律师等职责，导致被告人审判期间未获得律师辩护的，依法追究有关人员责任。

第十三条 人民法院应当依法保障辩护律师的知情权、申请权、申诉权，以及会见、阅卷、收集证据和发问、质证、辩论等方面的执业权利，为辩护律师履行职责，包括查阅、摘抄、复制案卷材料等提供便利。

第十四条 人民法院作出召开庭前会议、延期审理、二审不开庭审理、宣告判决等重大程序性决定的，应当依法及时告知辩护律师。人民法院应当依托中国审判流程信息公开网,及时向辩护律师公开案件的流程信息。

第十五条 辩护律师提出阅卷要求的,人民法院应当当时安排辩护律师阅卷,无法当时安排的,应当向辩护律师说明原因并在无法阅卷的事由消除后三个工作日以内安排阅卷,不得限制辩护律师合理的阅卷次数和时间。有条件的地方可以设立阅卷预约平台,推行电子化阅卷,允许刻录、下载材料。辩护律师复制案卷材料的,人民法院只收取工本费。法律援助机构指派的律师复制案卷材料的费用予以免收或者减少。

辩护律师可以带一至二名律师助理协助阅卷,人民法院应当核实律师助理的身份。律师发现案卷材料不完整、不清晰等情况时,人民法院应当及时安排核对、补充。

第十六条 辩护律师申请人民法院收集、调取证据的,人民法院应当在三日以内作出是否同意的决定,并通知辩护律师。人民法院同意的,应当及时收集、调取相关证据。人民法院不同意的,应当说明理由;辩护律师要求书面答复的,应当书面说明理由。

第十七条 被告人、辩护律师申请法庭通知证人、鉴定人、有专门知识的人出庭作证的,法庭认为必要的应当同意;法庭不同意的,应当书面向被告人及辩护律师说明理由。

第十八条 人民法院应当重视律师辩护意见,对于律师依法提出的辩护意见未予采纳的,应当作出有针对性的分析,说明不予采纳的理由。

第十九条 人民法院、司法行政机关和律师协会应当建立健全维护律师执业权利快速处置机制,畅通律师维护执业权利救济渠道。人民法院监察部门负责受理律师投诉。人民法院应当在官方网站、办公场所公开受理机构名称、电话、来信来访地址,及时反馈调查处理结果,切实提高维护律师执业权利的及时性和有效性,保障律师执业权利不受侵害。

第二十条 辩护律师应当坚持以事实为依据、以法律为准绳,依法规范诚信履行辩护代理职责,勤勉尽责,不断提高辩护质量和工作水平,切实维护当事人合法权益、促进司法公正。

在审判阶段,接受法律援助机构指派承办刑事法律援助案件的律师应当会见被告人并制作会见笔录,应当阅卷并复制主要的案卷材料。

对于人民法院开庭审理的案件,辩护律师应当做好开庭前的准备;参加全部庭审活动,充分质证、陈述;发表具体的、有针对性的辩护意见,并向人民法院提交书面辩护意见。对于人民法院不开庭审理的案件,辩护律师应当自收到人民法院不开庭通知之日起十日内向人民法院提交书面辩护意见。

第二十一条 辩护律师应当遵守法律法规、执业行为规范和法庭纪律,不得煽动、教唆和组织被告人监护人、近亲属等以违法方式表达诉求;不得恶意炒作案件,对案件进行歪曲、有误导性的宣传和评论;不得违反规定披露、散布不公开审理案件的信息、材料,或者在办案过程中获悉的案件重要信息、证据材料;不得违规会见被告人,教唆被告人翻供;不得帮助被告人隐匿、毁灭、伪造证据或者串供,威胁、引诱证人作伪证,以及其他干扰司法机关诉讼活动的行为。

第二十二条 司法行政机关和律师协会应当对律师事务所、律师开展刑事辩护业务进行指导监督,并根据律师事务所、律师履行法律援助义务情况实施奖励和惩戒。

法律援助机构、律师事务所应当对辩护律师开展刑事辩护活动进行指导监督,促进辩护律师依法履行辩护职责。

人民法院在案件办理过程中发现辩护律师有违法或者违反职业道德、执业纪律的行为,应当及时向司法行政机关、律师协会提出司法建议,并固定移交相关证据材料,提供必要的协助。司法行政机关、律师协会核查后,应当将结果及时通报建议机关。

第二十三条 人民法院和司法行政机关应当加强协调,做好值班律师、委托辩护要求转达、通知辩护等方面的衔接工作,探索建立工作对接网上平台,建立定期会商通报机制,及时沟通情况,协调解决问题,促进刑事案件律师辩护全覆盖试点工作有效开展。

第二十四条 办理刑事案件,本办法有规定的,按照本办法执行;本办法没有规定的,按照《中华人民共和国刑事诉讼法》《中华人民共和国律师法》《最高人民法院关于适用〈中华人民共和国刑事诉讼法〉的解释》《法律援助条例》《办理法律援助案件程序规定》《关于刑事诉讼法律援助工作的规定》《关于依法保障律师执业权利的规定》等法律法规、司法解释、规章和规范性文件执行。

第二十五条 本办法自发布之日起试行一年。

第二十六条 本办法在北京、上海、浙江、安徽、河南、广东、四川、陕西省(直辖市)试行。试点省(直辖市)可以在全省(直辖市)或者选择部分地区开展试点工作。

最高人民法院、司法部关于扩大刑事案件律师辩护全覆盖试点范围的通知

- 2018年12月27日
- 司发通〔2018〕149号

各省、自治区、直辖市高级人民法院、司法厅(局),新疆维吾尔自治区高级人民法院生产建设兵团分院、新疆生产建设兵团司法局:

2017年10月以来,按照《最高人民法院 司法部关于开展刑事案件律师辩护全覆盖试点工作的办法》,北京、上海、浙江、安徽、河南、广东、四川和陕西8个省(直辖市)积极探索开展刑事案件律师辩护全覆盖试点工作,取得了良好成效。各试点地区创新工作模式、组建律师队伍、加强经费保障、提高工作效率等有益尝试和成熟做法,值得肯定与推广。但试点过程中,也发现部分地方存在律师资源相对不足、经费保障还不到位、工作机制不够健全、案件质量尚需提高等困难问题,需要进一步解决完善。为推动刑事案件律师辩护全覆盖试点工作深入开展,确保试点工作取得实际效果,经研究,决定将试点期限延长,工作范围扩大到全国31个省(自治区、直辖市)和新疆生产建设兵团。现就有关事宜通知如下:

一、充分认识扩大刑事案件律师辩护全覆盖试点工作的重要意义

扩大刑事案件律师辩护全覆盖试点工作的范围,进一步推进和深化刑事案件律师辩护全覆盖工作,是落实全面依法治国的一项重要举措。党中央高度重视全面依法治国工作,组建中央全面依法治国委员会,加强对法治中国建设的统一领导。保障司法人权、促进司法公正是全面依法治国的应有之义,开展刑事案件律师辩护全覆盖试点工作,目的就在于让每一件刑事案件都有律师辩护和提供法律帮助,通过律师发挥辩护职责维护当事人合法权益、促进司法公正,彰显我国社会主义法治文明进步。人民法院和司法行政机关要进一步增强责任感,认真做好扩大刑事案件律师辩护全覆盖试点工作,最大限度地实现和维护人民群众的合法权益,促进社会公平正义。

扩大刑事案件律师辩护全覆盖试点工作的规模和范围,进一步推进和深化刑事案件律师辩护全覆盖工作,是推进以审判为中心的刑事诉讼制度改革的具体举措。提高律师辩护率,是审判为中心的刑事诉讼制度的内在要求。强化律师辩护权,是实现证据出示在法庭、事实查明在法庭、控辩意见发表在法庭等的重要保障。律师充分行使辩护权,有利于控辩双方有效开展平等对抗,审判发挥居中职能作用,避免庭审流于形式,促进刑事诉讼制度进一步完善。

扩大刑事案件律师辩护全覆盖试点工作的规模和范围,进一步推进和深化刑事案件律师辩护全覆盖工作,是深化律师制度改革的实际举措。全面依法治国对律师制度改革提出了新要求,要求律师队伍具有良好的职业素养和执业水平,要求律师辩护代理工作能更好地满足人民群众的需要。开展刑事案件律师辩护全覆盖试点工作,为所有刑事案件被告人提供律师辩护及法律帮助,丰富了刑辩律师的工作内容,提升了律师在刑事诉讼中的地位作用,是深化律师制度改革的实际步骤。

二、扩大刑事案件律师辩护全覆盖试点工作的主要任务和要求

第一批试点的8个省(直辖市)要增强工作的积极性和主动性,在总结前期试点经验基础上,结合本地实际情况,将试点范围扩大到整个辖区。要探索建设跨部门大数据办案平台,实现公检法机关和法律援助机构、律师管理部门之间信息系统对接,利用信息化手段加快法律文书流转、及时传递工作信息,努力提高工作效率。要坚持高标准、严要求,努力探索提高刑事案件律师辩护全覆盖工作的有效途径,确保试出经验,试出效果,在全国起到典型示范作用。

其他23个省(自治区、直辖市)和新疆生产建设兵团要加快各项准备工作,于2019年1月正式启动试点工作。要认真贯彻执行《最高人民法院 司法部关于开展刑事案件律师辩护全覆盖试点工作的办法》。要借鉴前期试点省(直辖市)的有益做法,研究制定本地试点工作方案。要根据实际情况确定试点范围,可以先在律师资源充足、经费保障到位的地方进行试点,以点带面、分步实施,逐步扩大试点范围,到2019年底,天津、江苏、福建、山东等省(直辖市)基本实现整个辖区全覆盖,其他省(自治区、直辖市)在省会城市和一半以上的县级行政区域基本实现全覆盖。要在现行法律制度框架内积极探索,大胆实践,边试点、边总结、边推广。要建立健全领导机构和工作机制,加强人民法院与人民检察院、公安机关、司法行政机关、法律援助机构等相互之间的协调配合,及时有效解决试点工作中出现的新情况、新问题。

各地在试点过程中,要进一步落实办案机关告知义务,办案机关应当告知犯罪嫌疑人、被告人有权委托辩护

人，对没有委托辩护人的被告人，要告知其享有免费法律援助和法律帮助的权利；有条件的可以使用专门告知单，口头告知的要在笔录里记录并让犯罪嫌疑人、被告人签字；应当告知而没有履行告知义务的，要加强监督，严肃追责，真正把告知义务落到实处。要注重衔接配合，人民法院要注意了解被告人及其家属是否委托辩护人以及是否同意指派律师的情况，及时决定是否通知法律援助机构指派律师；法律援助机构接到通知后应在3个工作日内指派律师，被告人明确拒绝的要书面记录；人民法院发现被告人及其家属已经另行委托辩护人的，应即时把有关情况反馈给法律援助机构，避免浪费资源。

三、加强对扩大刑事案件律师辩护全覆盖试点工作的组织领导

扩大刑事案件律师辩护全覆盖试点工作，要积极争取各级党委、政府的重视和支持，坚持在党委、政府的领导下，人民法院、司法行政机关负责组织实施，努力实现各相关单位紧密配合、广大律师积极参与的工作机制，确保试点工作在全国范围内顺利开展。

要统筹调配律师资源，落实经费保障。各地要针对刑事辩护律师需求大量增加的情况，原则上以地市州为单位，统筹调配律师资源，解决律师资源分布不均、部分地区律师资源不足的问题。要积极联系协调财政部门出台有关政策措施，增加法律援助经费，逐步提高律师办案补贴标准，同时要探索建立办案补贴动态调整机制，根据律师办理案件难易程度、服务质量等发放办案补贴，体现差异性，提高律师工作积极性。

要加强对试点工作的调查研究和情况统计，及时总结经验，推广典型。要深入广泛调研，对试点工作中遇到的新情况和新问题，研究制定切实可行的解决措施。各地司法行政机关要高度重视律师代理辩护案件质量，严格案件质量评估标准，建立刑事案件律师辩护跟踪制度，综合运用旁听庭审、回访受援人等方式，全面掌握律师办理案件质量情况，不断提高试点工作的质量和效果。

要加强对扩大刑事案件律师辩护全覆盖试点工作的宣传，灵活采取多种形式，充分运用传统媒体和网络、微信、微博等新媒体，宣传做好这项工作的重要意义。要适时在法制日报、人民法院报等新闻媒体上推广各地先进典型和经验做法，扩大影响，为刑事案件律师辩护全覆盖工作营造良好的社会环境和舆论氛围。

最高人民法院、最高人民检察院、公安部、司法部关于进一步深化刑事案件律师辩护全覆盖试点工作的意见

- 2022年10月12日
- 司发通〔2022〕49号

各省、自治区、直辖市高级人民法院、人民检察院、公安厅（局）、司法厅（局），新疆维吾尔自治区高级人民法院生产建设兵团分院、新疆生产建设兵团人民检察院、公安局、司法局：

2017年10月，最高人民法院、司法部印发《关于开展刑事案件律师辩护全覆盖试点工作的办法》，在北京等8个省（直辖市）开展刑事案件审判阶段律师辩护全覆盖试点工作。2018年12月，最高人民法院、司法部印发通知，将试点工作扩大至全国，对于审判阶段被告人没有委托辩护人的案件，由人民法院通知法律援助机构指派律师为其提供辩护或者由值班律师提供法律帮助，切实保障被告人合法权益。试点工作开展以来，各地加强统筹部署，理顺沟通衔接机制，加强法律援助质量监管，取得了积极成效。截至目前，全国共有2594个县（市、区）开展了审判阶段刑事案件律师辩护全覆盖试点工作，占县级行政区域总数的90%以上。2021年，各地因开展试点增加法律援助案件32万余件，占审判阶段刑事法律援助案件总数的63.6%，因开展试点值班律师提供法律帮助的案件55万余件，刑事案件律师辩护率大幅提高，刑事案件被告人人权司法保障进一步增强。但是，各地在工作中也暴露出律师资源不均、经费保障不足、工作衔接不畅等问题，需要通过深化试点加以解决。与此同时，认罪认罚从宽制度的广泛适用，也对审查起诉阶段律师辩护和值班律师法律帮助提出了更高要求。

2022年1月1日起，法律援助法正式施行，标志着我国法律援助事业进入了高质量发展的新阶段。法律援助法对扩大通知辩护范围、发挥值班律师法律帮助作用等作出明确规定，为深化刑事案件律师辩护全覆盖试点工作提供了依据。为贯彻落实法律援助法，进一步加强刑事案件犯罪嫌疑人、被告人人权司法保障，现就深化刑事案件律师辩护全覆盖试点工作提出如下意见。

一、充分认识深化刑事案件律师辩护全覆盖试点工作的重大意义

1. 深化刑事案件律师辩护全覆盖试点工作，是全面贯彻习近平法治思想，落实以人民为中心发展思想的必然要求。以人民为中心是习近平法治思想的根本立场。推进全面依法治国，根本目的是依法保障人民权益。在

刑事案件中,对犯罪嫌疑人、被告人权利的保障程度,不仅关系他们的切身利益,也体现了司法文明水平。深化刑事案件律师辩护全覆盖试点工作,在审判阶段全覆盖基础上,逐步把全覆盖延伸到审查起诉阶段,能更好发挥值班律师法律帮助作用,为犯罪嫌疑人、被告人提供更广泛、更深入、更有效的刑事辩护或法律帮助,让每一名犯罪嫌疑人、被告人都能在刑事诉讼中感受到公平正义。

2. 深化刑事案件律师辩护全覆盖试点工作,是贯彻落实法律援助法,不断健全完善法律援助制度的内在要求。2021年8月,全国人大常委会审议通过法律援助法,这是我国法律援助事业法治化制度化发展的里程碑。法律援助法提出了新时代法律援助工作的指导思想和基本原则,扩大了法律援助范围,明确了提高法律援助质量、加强法律援助保障的具体举措,对新时代法律援助工作提出了新的更高要求。深化刑事案件律师辩护全覆盖试点工作,不仅是落实法律援助法有关规定的具体举措,也是进一步扩大刑事法律援助覆盖范围、不断健全完善法律援助制度的现实需要。

3. 深化刑事案件律师辩护全覆盖试点工作,是全面贯彻宽严相济刑事政策,精准适用认罪认罚从宽制度的重要举措。推行认罪认罚从宽制度是司法领域推动国家治理体系和治理能力现代化的重要举措,在及时有效惩治犯罪、加强人权司法保障、优化司法资源配置、提高刑事诉讼效率等方面意义重大。深化刑事案件律师辩护全覆盖试点工作,在办理认罪认罚案件中,提高辩护律师参与率,能充分发挥辩护律师、值班律师在引导犯罪嫌疑人、被告人理解认罪认罚法律后果,就罪名认定、量刑建议、案件处理提出法律意见等方面的作用,为准确适用认罪认罚从宽制度创造积极条件。

二、巩固审判阶段刑事案件律师辩护全覆盖试点工作成效

4. 抓紧实现县域工作全覆盖。尚未实现审判阶段律师辩护全覆盖的省(自治区)司法厅要切实克服律师资源、经费保障等方面的困难,加快工作进度,尽快实现县级行政区域试点工作全覆盖,年底前基本实现审判阶段律师辩护全覆盖。

5. 从有形覆盖转向有效覆盖。各地要对照法律援助法和最高人民法院、司法部《关于扩大刑事案件律师辩护全覆盖试点范围的通知》等文件要求,及时总结审判阶段律师辩护全覆盖试点工作,找准工作中的薄弱环节,加强重要业务数据统计分析,提炼好经验好做法,充分发挥辩护律师、值班律师在审判阶段的职能作用,不断提高审判阶段律师辩护全覆盖试点工作质效。

三、开展审查起诉阶段律师辩护全覆盖试点工作

6. 确定试点区域。各司法厅(局)根据本地工作实际,商检察机关于今年11月底前确定2至3个地市(直辖市的区县)开展审查起诉阶段律师辩护全覆盖试点。已先行开展此项工作的地区,可以根据原工作方案进行。

7. 确定通知辩护范围。犯罪嫌疑人没有委托辩护人,且具有可能判处三年以上有期徒刑、本人或其共同犯罪嫌疑人拒不认罪、案情重大复杂、可能造成重大社会影响情形之一的,人民检察院应当通知法律援助机构指派律师为其提供辩护。已先行开展试点的地区,可以结合本地实际扩大通知辩护案件范围。

8. 确定工作程序。人民检察院自收到移送审查起诉的案件材料之日起三日内,应当告知犯罪嫌疑人有权委托辩护人。犯罪嫌疑人具有本意见第七条规定情形的,人民检察院应当告知其如果不委托辩护人,将通知法律援助机构指派律师为其提供辩护。犯罪嫌疑人决定不自行委托辩护人的,人民检察院应当记录在案并将通知辩护公函送交法律援助机构。通知辩护公函应当载明犯罪嫌疑人的姓名、涉嫌的罪名、羁押场所或者住所、通知辩护的理由、检察人员姓名和联系方式等。法律援助机构应当自收到通知辩护公函之日起三日内,确定承办律师并将辩护律师姓名、所属单位及联系方式函告人民检察院。

9. 辩护律师职责。辩护律师依照刑事诉讼法、律师法等规定,依法履行辩护职责。在审查起诉阶段,辩护律师应当向犯罪嫌疑人释明认罪认罚从宽的法律规定和法律后果,依法向犯罪嫌疑人提供法律咨询、程序选择建议、申请变更强制措施、提出羁押必要性审查申请等法律帮助。犯罪嫌疑人自愿认罪认罚的,辩护律师应当对刑事诉讼法第一百七十三条第二款规定的事项提出意见。法律援助机构指派的辩护律师应当自接到指派通知之日起及时阅卷、会见犯罪嫌疑人。对人民检察院拟建议适用速裁程序办理的犯罪嫌疑人认罪认罚案件,辩护律师应当在人民检察院办案期限内完成阅卷、会见。

10. 切实保障律师辩护权。人民检察院应当依法保障辩护律师会见、阅卷等诉讼权利,为辩护律师履行职责提供便利。人民检察院作出退回补充侦查、延长审查起诉期限、提起公诉、不起诉等重大程序性决定的,应当依法及时告知辩护律师,及时向辩护律师公开案件的流程信息。

11. 及时安排阅卷。辩护律师提出阅卷要求的，人民检察院应当及时安排阅卷，因工作等原因无法及时安排的，应当向辩护律师说明，并自即日起三个工作日内安排阅卷，不得限制辩护律师合理的阅卷次数和时间。有条件的地方可以设立阅卷预约平台，推行电子化阅卷，允许下载、刻录案卷材料。

12. 做好法律帮助衔接。犯罪嫌疑人没有委托辩护人的，也不属于本意见第七条规定由法律援助机构指派律师提供辩护情形的，人民检察院应当及时通知法律援助机构安排值班律师提供法律帮助。

13. 拒绝辩护处理。属于法律援助法第二十五条第一款、本意见第七条规定的应当通知辩护情形，犯罪嫌疑人拒绝法律援助机构指派的律师为其辩护的，人民检察院应当查明原因。理由正当的，应当准许，但犯罪嫌疑人必须另行委托辩护人；犯罪嫌疑人未另行委托辩护人的，应当书面通知法律援助机构另行指派律师为其提供辩护。犯罪嫌疑人拒绝法律援助机构指派的律师为其辩护，坚持自己行使辩护权，人民检察院准许的，法律援助机构应当作出终止法律援助的决定；对于有正当理由要求更换律师的，法律援助机构应当另行指派律师为其提供辩护。

四、实质发挥值班律师法律帮助作用

14. 完善值班律师派驻。人民法院、人民检察院、公安机关应当为法律援助工作站提供必要办公场所和设施，加快推进法律援助工作站建设。司法行政机关和法律援助机构应当根据当地律师资源状况、法律帮助需求灵活采用现场值班、电话值班、网络值班等多种形式，确保值班律师法律帮助全覆盖。

15. 落实权利告知。人民法院、人民检察院、公安机关应当在侦查、审查起诉、审判各阶段分别告知没有辩护人的犯罪嫌疑人、被告人有权约见值班律师获得法律帮助，并为犯罪嫌疑人、被告人约见值班律师提供便利。前一诉讼程序犯罪嫌疑人、被告人拒绝值班律师法律帮助的，后一诉讼程序的办案机关仍需告知其有权获得值班律师法律帮助，有关情况应当记录在案。

16. 及时通知值班律师。犯罪嫌疑人、被告人没有委托辩护人，法律援助机构也没有指派律师提供辩护的，犯罪嫌疑人、被告人申请约见值班律师的，人民法院、人民检察院、公安机关可以直接送达现场派驻的值班律师或即时通知电话、网络值班律师。不能直接安排或即时通知的，应当在二十四小时内将法律帮助通知书送达法律援助机构。法律援助机构在收到法律帮助通知书之日起两个工作日内确定值班律师，并将值班律师姓名、单位、联系方式告知办案机关。除通知值班律师到羁押场所提供法律帮助的情形外，人民检察院、人民法院可以商法律援助机构简化通知方式和通知手续。办案机关应当为值班律师与犯罪嫌疑人、被告人会见提供便利。

17. 切实保障值班律师权利。犯罪嫌疑人、被告人没有辩护人的，人民法院、人民检察院、公安机关应当在侦查、审查逮捕、审查起诉和审判阶段分别听取值班律师意见，充分发挥值班律师在各个诉讼阶段的法律帮助作用。人民法院、人民检察院、公安机关应当依法保障值班律师会见等诉讼权利。涉嫌危害国家安全犯罪、恐怖活动犯罪案件，在侦查期间，犯罪嫌疑人会见值班律师的，应当经侦查机关许可；侦查机关同意值班律师会见的，应当及时通知值班律师。值班律师会见犯罪嫌疑人、被告人时不被监听。案件移送审查起诉后，值班律师可以查阅案卷材料，了解案情，人民检察院、人民法院应当及时安排，并提供便利。已经实现卷宗电子化的地方，人民检察院、人民法院可以安排在线阅卷。对于值班律师数量有限、案件量较大的地区，值班律师可采取集中查阅案卷方式。

18. 值班律师依法履行职责。值班律师提供法律帮助应当充分了解案情，对于案情较为复杂的案件，应当在查阅案卷材料并向犯罪嫌疑人、被告人充分释明相关诉讼权利和程序规定后对案件处理提出意见。犯罪嫌疑人、被告人自愿认罪认罚的，值班律师应当结合案情向犯罪嫌疑人、被告人释明认罪认罚的性质和法律规定，对人民检察院指控的罪名、量刑建议、诉讼程序适用等提出意见，在犯罪嫌疑人签署具结书时在场。

19. 值班律师的控告申诉。值班律师在提供法律帮助过程中，认为人民法院、人民检察院、公安机关及其工作人员明显违反法律规定，阻碍其依法提供法律帮助，侵犯律师执业权利的，有权向同级或者上一级人民检察院申诉或者控告。人民检察院对申诉或者控告应当及时审查，情况属实的，通知有关机关予以纠正。

五、健全完善衔接配合机制

20. 健全协调会商机制。人民法院、人民检察院、公安机关、司法行政机关要加强协同配合，建立健全联席会议、定期会商通报等协调机制，明确刑事案件律师辩护全覆盖试点工作联络员，及时沟通工作进展情况，协调解决工作中的困难问题。

21. 建立信息共享机制。人民法院、人民检察院、公安机关、司法行政机关要及时共享重要业务数据，建立工作台账,统一统计口径,做好统计分析,加强业务指导。

22. 提高衔接效率。加强信息化建设,推动实现律师辩护全覆盖试点工作通知、指派等各项流程电子化,进一步提高工作效率,给律师开展工作留出必要充足时间,为辩护律师、值班律师履职创造积极条件。

23. 强化律师权利保障。人民法院、人民检察院、公安机关、司法行政机关要切实保障辩护律师、值班律师各项权利,不得阻碍或变相阻碍辩护律师、值班律师依法行使诉讼权利。

六、加强组织领导

24. 争取党委政府支持。各地要积极争取各级党委、政府的重视支持,主动向党委、政府汇报工作,切实落实党委、政府保障职责。

25. 解决律师资源不足问题。建立健全法律服务资源依法跨区域流动机制,鼓励和支持律师事务所、律师等到律师资源严重不足的地区服务。建立完善律师资源动态调配机制,律师资源不平衡问题突出的地方以省级司法行政机关为主统筹调配,其他地方原则上以地市司法行政机关为主统筹调配,采取对口支援等方式提高法律援助服务能力。引导和规范法律援助机构具有律师资格或者法律职业资格的工作人员、具有律师执业证书的法律援助志愿者参与刑事法律援助工作,深入挖掘刑事法律援助人员潜力,进一步充实队伍力量。加强法律援助志愿服务工作,深入开展"1+1"中国法律援助志愿者行动、"援藏律师服务团"等法律援助项目,选派法律援助志愿律师到没有律师和律师资源严重不足的地区服务。

26. 解决经费保障不足问题。人民法院、人民检察院、公安机关应当配合司法行政机关加强与财政部门沟通协调,共同推动落实法律援助法有关法律援助业务经费保障相关规定,增加法律援助办案经费,动态调整法律援助补贴标准,切实保障办案工作需要。加大中央补助地方法律援助办案专款总量,发挥好中央补助专款的示范导向作用。司法行政机关应当根据案件难易和参与案件程度,合理确定法律援助补贴标准,推行办案补贴与服务质量挂钩的差别补贴机制,提高法律援助经费使用效率。

27. 强化指导监督。各级司法行政机关律师工作部门牵头做好试点工作,统筹调配律师资源,组织引导律师积极履行法律援助义务,加强律师权利保障和执业监管。法律援助管理部门要做好相关保障工作,协调有关部门落实试点工作经费,建立完善法律援助工作异地协作机制,加强对法律援助质量的指导监督。律师协会要发挥行业协会自身优势,配合法律援助管理部门做好律师参与法律援助工作培训等工作。法律援助机构要严格依法做好受理、审查、指派律师等工作,综合运用案卷检查、征询司法机关意见等措施,督促法律援助人员提升服务质量。

最高人民法院关于规范法官和律师相互关系维护司法公正的若干规定

·2004年3月19日
·法发〔2004〕9号

为了加强对法官和律师在诉讼活动中的职业纪律约束,规范法官和律师的相互关系,维护司法公正,根据《中华人民共和国法官法》、《中华人民共和国律师法》等有关法律、法规,制定本规定。

第一条 法官和律师在诉讼活动中应当忠实于宪法和法律,依法履行职责,共同维护法律尊严和司法权威。

第二条 法官应当严格依法办案,不受当事人及其委托的律师利用各种关系、以不正当方式对案件审判进行的干涉或者施加的影响。

律师在代理案件之前及其代理过程中,不得向当事人宣称自己与受理案件法院的法官具有亲朋、同学、师生、曾经同事等关系,并不得利用这种关系或者以法律禁止的其他形式干涉或者影响案件的审判。

第三条 法官不得私自单方面会见当事人及其委托的律师。

律师不得违反规定单方面会见法官。

第四条 法官应当严格执行回避制度,如果与本案当事人委托的律师有亲朋、同学、师生、曾经同事等关系,可能影响案件公正处理的,应当自行申请回避,是否回避由本院院长或者审判委员会决定。

律师因法定事由或者根据相关规定不得担任诉讼代理人或者辩护人的,应当谢绝当事人的委托,或者解除委托代理合同。

第五条 法官应当严格执行公开审判制度,依法告知当事人及其委托的律师本案审判的相关情况,但是不得泄露审判秘密。

律师不得以各种非法手段打听案情,不得违法误导当事人的诉讼行为。

第六条 法官不得为当事人推荐、介绍律师作为其代理人、辩护人,或者暗示更换承办律师,或者为律师介绍代理、辩护等法律服务业务,并且不得违反规定向当事人及其委托的律师提供咨询意见或者法律意见。

律师不得明示或者暗示法官为其介绍代理、辩护等法律服务业务。

第七条 法官不得向当事人及其委托律师索取或者收取礼品、金钱、有价证券等；不得借婚丧喜庆事宜向律师索取或者收取礼品、礼金；不得接受当事人及其委托律师的宴请；不得要求或者接受当事人及其委托律师出资装修住宅、购买商品或者进行各种娱乐、旅游活动；不得要求当事人及其委托的律师报销任何费用；不得向当事人及其委托的律师借用交通工具、通讯工具或者其他物品。

当事人委托的律师不得借法官或者其近亲属婚丧喜庆事宜馈赠礼品、金钱、有价证券等；不得向法官请客送礼、行贿或者指使、诱导当事人送礼、行贿；不得为法官装修住宅、购买商品或者出资邀请法官进行娱乐、旅游活动；不得为法官报销任何费用；不得向法官出借交通工具、通讯工具或者其他物品。

第八条 法官不得要求或者暗示律师向当事人索取财物或者其他利益。

当事人委托的律师不得假借法官的名义或者以联络、酬谢法官为由，向当事人索取财物或者其他利益。

第九条 法官应当严格遵守法律规定的审理期限，合理安排审判事务，遵守开庭时间。

律师应当严格遵守法律规定的提交诉讼文书的期限及其他相关程序性规定，遵守开庭时间。

法官和律师均不得借故延迟开庭。法官确有正当理由不能按期开庭，或者律师确有正当理由不能按期出庭的，人民法院应当在不影响案件审理期限的情况下，另行安排开庭时间，并及时通知当事人及其委托的律师。

第十条 法官在庭审过程中，应当严格按照法律规定的诉讼程序进行审判活动，尊重律师的执业权利，认真听取诉讼双方的意见。

律师应当自觉遵守法庭规则，尊重法官权威，依法履行辩护、代理职责。

第十一条 法官和律师在诉讼活动中应当严格遵守司法礼仪，保持良好的仪表，举止文明。

第十二条 律师对于法官有违反本规定行为的，可以自行或者通过司法行政部门、律师协会向有关人民法院反映情况，或者署名举报，提出追究违纪法官党纪、政纪或者法律责任的意见。

法官对于律师有违反本规定行为的，可以直接或者通过人民法院向有关司法行政部门、律师协会反映情况，或者提出给予行业处分、行政处罚直至追究法律责任的司法建议。

第十三条 当事人、案外人发现法官或者律师有违反本规定行为的，可以向有关人民法院、司法行政部门、纪检监察部门、律师协会反映情况或者署名举报。

第十四条 人民法院、司法行政部门、律师协会对于法官、律师违反本规定的，应当视其情节，按照有关法律、法规或者规定给予处理；构成犯罪的，依法追究刑事责任。

第十五条 对法官和律师在案件执行过程中的纪律约束，按照本规定执行。

对人民法院其他工作人员和律师辅助人员的纪律约束，参照本规定的有关内容执行。

第十六条 本规定由最高人民法院、司法部负责解释。

第十七条 本规定自公布之日起实施。

律师会见监狱在押罪犯规定

·2017年11月27日
·司发通〔2017〕124号

第一条 为了依法保障律师执业及在押罪犯的权利，根据《中华人民共和国刑事诉讼法》、《中华人民共和国监狱法》和《中华人民共和国律师法》以及有关规定，制定本规定。

第二条 监狱依法保障律师会见在押罪犯的权利。律师会见在押罪犯应当遵守监狱管理的有关规定。

第三条 监狱应当公开律师会见预约方式，为律师会见提供便利。律师会见在押罪犯，应当在监狱内进行。监狱应当合理安排律师会见场所，方便律师会见、阅卷等事务。

第四条 有下列情形之一的，律师接受在押罪犯委托或者法律援助机构指派，可以会见在押罪犯：

（一）在刑事诉讼程序中，担任辩护人或者代理人；

（二）在民事、行政诉讼程序中，担任代理人；

（三）代理调解、仲裁；

（四）代理各类诉讼案件申诉；

（五）提供非诉讼法律服务；

（六）解答有关法律询问、代写诉讼文书和有关法律事务其他文书。

其他案件的代理律师，需要向监狱在押罪犯调查取证的，可以会见在押罪犯。

罪犯的监护人、近亲属可以代为委托律师。

第五条 律师需要会见在押罪犯,可以传真、邮寄或者直接提交的方式,向罪犯所在监狱提交下列材料的复印件,并于会见之日向监狱出示原件:

(一)律师执业证书;

(二)律师事务所证明;

(三)罪犯本人或者其监护人、近亲属的委托书或者法律援助公函或者另案调查取证的相关证明文件。

监狱应当留存律师事务所出具的律师会见在押罪犯证明原件。

罪犯的监护人、近亲属代为委托律师的,律师第一次会见时,应当向罪犯本人确认是否建立委托关系。

第六条 律师会见在押罪犯需要助理随同参加的,律师应当向监狱提交律师事务所出具的律师助理会见在押罪犯的证明和律师执业证书或者申请律师执业人员实习证。

第七条 律师会见在押罪犯需要翻译人员随同参加的,律师应当提前向监狱提出申请,并提交能够证明其翻译人员身份的证明文件。

监狱应当及时审查并在三日以内作出是否批准的决定。批准参加的,应当及时通知律师。不批准参加的,应当向律师书面说明理由。

随同律师参加会见的翻译人员,应当持监狱批准通知书和本人身份证明参加会见。

第八条 监狱收到律师提交的本规定第五条所列的材料后,对于符合本规定第四条规定情形的,应当及时安排会见。能当时安排的,应当当时安排;不能当时安排的,监狱应当说明情况,在四十八小时内安排会见。

第九条 在押罪犯可以委托一至两名律师。委托两名律师的,两名律师可以共同会见,也可以单独会见。律师可以带一名律师助理协助会见。

第十条 律师会见在押罪犯,应当遵守监狱的作息时间。监狱应当保障律师履行职责需要的会见时间和次数。

第十一条 律师会见在押罪犯时,监狱可以根据案件情况和工作需要决定是否派警察在场。

辩护律师会见被立案侦查、起诉、审判的在押罪犯时,不被监听,监狱不得派警察在场。

第十二条 律师会见在押罪犯,认为监狱及其工作人员阻碍其依法行使执业权利的,可以向监狱或者其上级主管机关投诉,也可以向其所执业律师事务所所在地的市级司法行政机关申请维护执业权利。情况紧急的,可以向事发地的司法行政机关申请维护执业权利。

第十三条 律师会见在押罪犯,应当遵守监狱管理的有关规定,恪守律师执业道德和执业纪律,不得有下列行为:

(一)传递违禁物品;

(二)私自为在押罪犯传递书信、钱物;

(三)将通讯工具提供给在押罪犯使用;

(四)未经监狱和在押罪犯同意对会见进行录音、录像和拍照;

(五)实施与受委托职责无关的行为;

(六)其他违反法律、法规、规章以及妨碍监狱管理秩序的行为。

第十四条 监狱发现律师会见在押罪犯过程中有第十三条规定行为的,应当警告并责令改正。警告无效的,应当中止会见。监狱可以向律师所在律师事务所的主管司法行政机关或者律师协会通报。

第十五条 本规定所称律师助理,是指辩护、代理律师所在律师事务所的其他律师或申请律师执业实习人员。所称近亲属,是指夫妻、父母、子女、同胞兄弟姊妹。

第十六条 本规定自发布之日起施行。司法部2004年3月19日印发的《律师会见监狱在押罪犯暂行规定》(司发通〔2004〕31号)同时废止。

公安部、司法部关于进一步保障和规范看守所律师会见工作的通知

· 2019年10月18日
· 公监管〔2019〕372号

各省、自治区、直辖市公安厅(局)、司法厅(局),新疆生产建设兵团公安局、司法局:

近年来,全国公安机关、司法行政机关切实加强协作配合,按照最高人民法院、最高人民检察院、公安部、国家安全部、司法部《关于依法保障律师执业权利的规定》(司发〔2015〕14号)要求,不断创新协作机制、完善保障制度、加强硬件建设,严格依法保障律师在看守所会见在押犯罪嫌疑人、被告人的权利,取得明显成效。但随着刑事案件律师辩护全覆盖、法律援助值班律师等新制度的实施,看守所律师会见量急剧增多,一些看守所律师会见排队时间过长,甚至出现个别变相限制律师会见的现象,影响了律师的正常执业。同时,个别律师违反会见管理相关规定,甚至发生假冒律师会见等问题,影响了监所安全。对此,公安部、司法部经共同协商研究,现就进一步

保障和规范看守所律师会见工作的相关要求通知如下：

一、依法安排及时会见，保障律师正常执业。辩护律师到看守所要求会见在押的犯罪嫌疑人、被告人，看守所在核验律师执业证书、律师事务所证明和委托书或者法律援助公函后，应当及时安排会见，能当时安排的应当时安排，不能当时安排的应向辩护律师说明情况，并保证辩护律师在48小时内会见到在押的犯罪嫌疑人、被告人。看守所安排会见不得附加其他条件或者变相要求辩护律师提交法律规定以外的其他文件、材料，不得以未收到办案部门通知为由拒绝安排辩护律师会见。在押犯罪嫌疑人、被告人提出解除委托关系的，辩护律师要求当面向其确认解除委托关系的，看守所应当安排会见；犯罪嫌疑人、被告人书面拒绝会见的，看守所应当将有关书面材料转交辩护律师。

二、加强制度硬件建设，满足律师会见需求。要加强制度建设，看守所应设立律师会见预约平台，在确保在押人员信息安全的前提下，通过网络、微信、电话等方式为律师预约会见，但不得以未预约为由拒绝安排律师会见，有条件的地方可以探索视频会见。要加强会见场所建设，新建看守所律师会见室数量要按照设计押量每百人4间的标准建设，老旧看守所要因地制宜、挖掘潜力，通过改建、扩建等办法，进一步增加律师会见室数量。在律师会见室不足的情况下，经书面征得律师同意，可以使用讯问室安排律师会见，但应当关闭录音、监听设备。律师会见量较大的看守所可设置快速会见室，对于会见时间不超过30分钟的会见申请，看守所应安排快速会见。要加强服务保障，有条件的看守所可设立律师等候休息区，并配备一些必要的服务设施及办公设备，最大限度为律师会见提供便利。律师可以携带个人电脑会见，但应当遵守相关法律法规的规定，确保会见安全。在正常工作时间内无法满足律师会见需求的，经看守所所长批准可适当延长工作时间，或利用公休日安排律师会见。

三、加强信息共享和协作配合，确保羁押秩序和安全。公安部、司法部建立全国律师信息共享机制，共享全国律师的执业资格、执业状态等相关信息，并进一步规范辩护委托书、会见介绍信和刑事法律援助辩护（代理）函等文书的格式。律师应当遵守看守所安全管理规定，严禁携带违禁物品进入会见区，严禁带经办案单位核实或许可的律师助理、翻译以外的其他人员参加会见，严禁将通讯工具提供给犯罪嫌疑人、被告人使用或者传递违禁物品、文件。发现律师在会见中有违规行为的，看守所应立即制止，并及时通报同级司法行政机关、律师协会。律师认为自己的会见权利受到侵害的，可以向看守所及所属公安机关、司法行政机关、律师协会或者检察机关投诉，公安机关应当公开受理律师投诉的机构名称和具体联系人、联系方式等。司法行政机关和律师协会要协同相关部门依法整治看守所周边违法设点执业的律师事务所，严肃查处违规执业、以不正当手段争揽业务和扰乱正常会见秩序等行为。

各地贯彻落实情况及工作中遇到的问题，请及时报公安部监所管理局、司法部律师工作局。

国有企业法律顾问管理办法

· 2004年5月11日国务院国有资产监督管理委员会令第6号公布
· 自2004年6月1日起施行

第一章 总 则

第一条 为进一步建立健全国有企业法律风险防范机制，规范企业法律顾问工作，保障企业法律顾问依法执业，促进企业依法经营，进一步加强企业国有资产的监督管理，依法维护企业国有资产所有者和企业的合法权益，根据《企业国有资产监督管理暂行条例》和国家有关规定，制定本办法。

第二条 国有及国有控股企业（以下简称企业）法律顾问管理工作适用本办法。

第三条 本办法所称所出资企业，是指国务院、省、自治区、直辖市人民政府，设区的市、自治州人民政府授权国有资产监督管理机构依法履行出资人职责的企业。

第四条 国有资产监督管理机构负责指导企业法律顾问管理工作。

上级政府国有资产监督管理机构依照本办法对下级政府国有资产监督管理机构负责的企业法律顾问管理工作进行指导和监督。

第五条 国有资产监督管理机构和企业应当建立防范风险的法律机制，建立健全企业法律顾问制度。

第六条 国有资产监督管理机构和企业应当建立健全企业法律顾问工作激励、约束机制。

第二章 企业法律顾问

第七条 本办法所称企业法律顾问，是指取得企业法律顾问执业资格，由企业聘任，专门从事企业法律事务工作的企业内部专业人员。

第八条 企业法律顾问执业，应当遵守国家有关规定，取得企业法律顾问执业资格证书。

企业法律顾问执业资格证书须通过全国企业法律顾问执业资格统一考试,成绩合格后取得。

企业法律顾问执业资格管理由国务院国有资产监督管理机构和省级国有资产监督管理机构按照国家有关规定统一负责。条件成熟的,应当委托企业法律顾问的协会组织具体办理。

第九条 企业应当支持职工学习和掌握与本职工作有关的法律知识,鼓励具备条件的人员参加全国企业法律顾问执业资格考试。

企业应当建立企业法律顾问业务培训制度,提高企业法律顾问的业务素质和执业水平。

第十条 企业法律顾问应当遵循以下工作原则:

(一)依据国家法律法规和有关规定执业;

(二)依法维护企业的合法权益;

(三)依法维护企业国有资产所有者和其他出资人的合法权益;

(四)以事前防范法律风险和事中法律控制为主、事后法律补救为辅。

第十一条 企业法律顾问享有下列权利:

(一)负责处理企业经营、管理和决策中的法律事务;

(二)对损害企业合法权益、损害出资人合法权益和违反法律法规的行为,提出意见和建议;

(三)根据工作需要查阅企业有关文件、资料,询问企业有关人员;

(四)法律、法规、规章和企业授予的其他权利。

企业对企业法律顾问就前款第(二)项提出的意见和建议不予采纳,造成重大经济损失,严重损害出资人合法权益的,所出资企业的子企业的法律顾问可以向所出资企业反映,所出资企业的法律顾问可以向国有资产监督管理机构反映。

第十二条 企业法律顾问应当履行下列义务:

(一)遵守国家法律法规和有关规定以及企业规章制度,恪守职业道德和执业纪律;

(二)依法履行企业法律顾问职责;

(三)对所提出的法律意见、起草的法律文书以及办理的其他法律事务的合法性负责;

(四)保守国家秘密和企业商业秘密;

(五)法律、法规、规章和企业规定的应当履行的其他义务。

第十三条 企业应当建立科学、规范的企业法律顾问工作制度和工作流程,规定企业法律顾问处理企业法律事务的权限、程序和工作时限等内容,确保企业法律顾问顺利开展工作。

第十四条 企业应当建立企业法律顾问专业技术等级制度。

企业法律顾问分为企业一级法律顾问、企业二级法律顾问和企业三级法律顾问。评定办法另行制定。

第十五条 企业法律事务机构可以配备企业法律顾问助理,协助企业法律顾问开展工作。

第三章 企业总法律顾问

第十六条 本办法所称企业总法律顾问,是指具有企业法律顾问执业资格,由企业聘任,全面负责企业法律事务工作的高级管理人员。企业总法律顾问对企业法定代表人或者总经理负责。

第十七条 大型企业设置企业总法律顾问。

第十八条 企业总法律顾问应当同时具备下列条件:

(一)拥护、执行党和国家的基本路线、方针和政策,秉公尽责,严守法纪;

(二)熟悉企业经营管理,具有较高的政策水平和较强的组织协调能力;

(三)精通法律业务,具有处理复杂或者疑难法律事务的工作经验和能力;

(四)具有企业法律顾问执业资格,在企业中层以上管理部门担任主要负责人满3年的;或者被聘任为企业一级法律顾问,并担任过企业法律事务机构负责人的。

第十九条 企业总法律顾问可以从社会上招聘产生。招聘办法另行制定。

第二十条 企业总法律顾问的任职实行备案制度。所出资企业按照企业负责人任免程序将所选聘的企业总法律顾问报送国有资产监督管理机构备案;所出资企业的子企业将所选聘的企业总法律顾问报送所出资企业备案。

第二十一条 企业总法律顾问履行下列职责:

(一)全面负责企业法律事务工作,统一协调处理企业决策、经营和管理中的法律事务;

(二)参与企业重大经营决策,保证决策的合法性,并对相关法律风险提出防范意见;

(三)参与企业重要规章制度的制定和实施,建立健全企业法律事务机构;

(四)负责企业的法制宣传教育和培训工作,组织建立企业法律顾问业务培训制度;

(五)对企业及下属单位违反法律、法规的行为提出纠正意见,监督或者协助有关部门予以整改;

（六）指导下属单位法律事务工作，对下属单位法律事务负责人的任免提出建议；

（七）其他应当由企业总法律顾问履行的职责。

第四章 企业法律事务机构

第二十二条 本办法所称的企业法律事务机构，是指企业设置的专门承担企业法律事务工作的职能部门，是企业法律顾问的执业机构。

第二十三条 大型企业设置专门的法律事务机构，其他企业可以根据需要设置法律事务机构。

企业应当根据工作需要为法律事务机构配备企业法律顾问。

第二十四条 企业法律事务机构履行下列职责：

（一）正确执行国家法律、法规，对企业重大经营决策提出法律意见；

（二）起草或者参与起草、审核企业重要规章制度；

（三）管理、审核企业合同，参加重大合同的谈判和起草工作；

（四）参与企业的分立、合并、破产、解散、投融资、担保、租赁、产权转让、招投标及改制、重组、公司上市等重大经济活动，处理有关法律事务；

（五）办理企业工商登记以及商标、专利、商业秘密保护、公证、鉴证等有关法律事务，做好企业商标、专利、商业秘密等知识产权保护工作；

（六）负责或者配合企业有关部门对职工进行法制宣传教育；

（七）提供与企业生产经营有关的法律咨询；

（八）受企业法定代表人的委托，参加企业的诉讼、仲裁、行政复议和听证等活动；

（九）负责选聘律师，并对其工作进行监督和评价；

（十）办理企业负责人交办的其他法律事务。

第二十五条 法律事务机构应当加强与企业财务、审计和监察等部门的协调和配合，建立健全企业内部各项监督机制。

第二十六条 企业应当支持企业法律事务机构及企业法律顾问依法履行职责，为开展法律事务工作提供必要的组织、制度和物质等保障。

第五章 监督检查

第二十七条 国有资产监督管理机构应当加强对所出资企业法制建设情况的监督和检查。

第二十八条 国有资产监督管理机构应当督促所出资企业依法决策、依法经营管理、依法维护自身合法权益。

第二十九条 所出资企业依据有关规定报送国有资产监督管理机构批准的分立、合并、破产、解散、增减资本、重大投融资等重大事项，应当由企业法律顾问出具法律意见书，分析相关的法律风险，明确法律责任。

第三十条 所出资企业发生涉及出资人重大权益的法律纠纷，应当在法律纠纷发生之日起一个月内向国有资产监督管理机构备案，并接受有关法律指导和监督。

第三十一条 所出资企业对其子企业法制建设情况的监督和检查参照本章规定执行。

第六章 奖励和处罚

第三十二条 国有资产监督管理机构和企业应当对在促进企业依法经营，避免或者挽回企业重大经济损失，实现国有资产保值增值等方面作出重大贡献的企业法律事务机构和企业法律顾问给予表彰和奖励。

第三十三条 企业法律顾问和总法律顾问玩忽职守、滥用职权、谋取私利，给企业造成较大损失的，应当依法追究其法律责任，并可同时依照有关规定，由其所在企业报请管理机关暂停执业或者吊销其企业法律顾问执业资格证书；有犯罪嫌疑的，依法移送司法机关处理。

第三十四条 企业未按照国家有关规定建立健全法律监督机制，发生重大经营决策失误的，由国有资产监督管理机构或者所出资企业予以通报批评或者警告；情节严重或者造成企业国有资产重大损失的，对直接负责的主管人员和其他直接责任人员依法给予纪律处分；有犯罪嫌疑的，依法移送司法机关处理。

第三十五条 企业有关负责人对企业法律顾问依法履行职责打击报复的，由国有资产监督管理机构或者所出资企业予以通报批评或者警告；情节严重的，依法给予纪律处分；有犯罪嫌疑的，依法移送司法机关处理。

第三十六条 国有资产监督管理机构的工作人员违法干预企业法律顾问工作，侵犯所出资企业和企业法律顾问合法权益的，对直接负责的主管人员和其他直接责任人员依法给予行政处分；有犯罪嫌疑的，依法移送司法机关处理。

第七章 附则

第三十七条 企业和企业法律顾问可以依法加入企业法律顾问的协会组织，参加协会组织活动。

第三十八条 地方国有资产监督管理机构可以依据本办法制定实施细则。

第三十九条 本办法自2004年6月1日起施行。

关于律师担任企业法律顾问的若干规定

· 1992 年 6 月 15 日司法部令第 20 号发布
· 自发布之日起施行

第一条 为加强对律师担任企业法律顾问工作的领导和管理，根据《中华人民共和国律师暂行条例》的规定，结合律师工作实际，制定本规定。

第二条 律师担任企业法律顾问的任务是：为企业依法治厂，按照《企业法》和其他有关的法律、法规进行生产、经营、管理或其他活动提供法律服务，受企业委托办理有关法律事务，维护企业的合法权益，促进企业深化改革，扩大开放，转换企业经营机制，提高企业经济效益，推进企业生产、经营的发展。

第三条 律师担任企业法律顾问，受企业委托办理下列法律事务：

（一）就企业生产、经营、管理方面的重大决策提出法律意见，从法律上进行论证，提供法律依据；

（二）草拟、修改、审查企业在生产、经营、管理及对外联系活动中的合同、协议以及其他有关法律事务文书和规章制度；

（三）办理企业的非诉讼法律事务；

（四）代理企业参加民事、经济、行政诉讼和仲裁，行政复议；

（五）参加经济项目谈判，审查或准备谈判所需的各类法律文件；

（六）提供与企业活动有关的法律信息；

（七）就企业深化改革、扩大开放，发展外向型经济，转换企业经营机制，提高企业经济效益，加强生产、经营、管理和对外联系中的有关问题，提出法律意见；

（八）协助企业对干部职工进行法制宣传教育和法律培训；

（九）对企业内部的法律工作人员的工作进行指导；

（十）其他法律事务。

第四条 企业聘请律师担任法律顾问，由企业与律师事务所（法律顾问处—下同）签订聘应合同、协议。

第五条 企业聘请律师担任法律顾问，由律师事务所指派本所律师担任，并尽可能满足企业对律师的指名要求。

必要时可以指派二名以上律师组成法律顾问团（组），法律顾问团（组）可以设首席法律顾问。

未经律师事务所指派，律师个人不得以任何形式或名义担任企业法律顾问。

律师助理人员不得独立担任企业法律顾问，但可以协助律师做法律顾问工作。

第六条 律师事务所与企业之间签订的聘应合同、协议，应包括以下主要内容：

（一）双方法定名称、指派律师姓名；

（二）法律顾问的具体工作范围、工作方式；

（三）双方的权利、义务；

（四）双方共同遵守的原则；

（五）法律顾问费数额、支付方法；

（六）合同、协议的中止、变更和解除；

（七）合同、协议有效期限；

（八）双方约定的其他事项。

律师担任企业法律顾问的聘应合同、协议必须加盖聘应双方公章，并由双方法定代表人签名或盖章。

第七条 律师担任企业法律顾问可以采取下列方式：

（一）常年法律顾问：法律事务所与企业签订以一年或一年以上的聘应协议，在协议期限内，受律师事务所指派的律师，以法律顾问的身份为企业提供协议范围内的法律服务。协议期满，法律顾问关系即终止，继续聘应的，重新签订协议。

（二）专项法律顾问：律师事务所可以与企业签订办理某一法律事项的聘应协议，该法律事项办结，法律顾问关系即终止。

律师担任企业法律顾问时，对外可称为律师，也可称为企业的法律顾问。

第八条 律师担任企业法律顾问的聘应合同、协议，应载明律师享有如下权利：

（一）查阅与承办法律事务有关的企业文件和资料；

（二）了解企业的生产、经营、管理和对外联系活动中的有关情况；

（三）列席企业领导人召集的生产、经营、管理和对外活动中的有关会议；

（四）获得履行企业法律顾问职责所必须的办公、交通及其他工作条件和便利。

第九条 律师担任企业法律顾问，由律师事务所依据《律师业务收费管理办法》和《律师业务收费标准》向企业收取费用。

第十条 担任企业法律顾问的律师应当及时承办顾问单位委托办理的有关法律事务，认真履行职责。

第十一条 律师担任企业法律顾问，应当坚持以事实为根据，以法律为准绳的原则，发现顾问单位有违法行为的，应当予以劝阻纠正。

第十二条 律师担任企业法律顾问,应根据合同、协议规定和企业的委托授权进行工作,不得超越委托代理权限。

第十三条 担任企业法律顾问的律师,不得从事有损于聘请单位合法权益的活动,不得在民事、经济、行政诉讼或仲裁活动中担任对立一方当事人的代理人。

第十四条 担任企业法律顾问的律师在其受聘的两个(或两个以上)的企业之间发生争议时,应当进行调解,但律师不得代理任何一方参加诉讼或仲裁。

第十五条 担任企业法律顾问的律师,对在工作中接触、了解到的有关企业生产、经营管理和对外联系活动中的业务秘密,负有保守秘密的责任。

第十六条 担任企业法律顾问的律师,应当建立律师事务所与聘请单位定期联系、律师与聘请单位法定代表人定期会见等制度。

第十七条 受聘律师因故不能履行企业法律顾问职责时,受聘律师事务所应当与聘请单位协商,另行指派律师接替。

第十八条 律师事务所对律师担任企业法律顾问工作,应定期进行检查和考核,以保证工作的质量。

第十九条 司法行政机关应当加强律师担任企业法律顾问工作的指导、管理和监督。对担任企业法律顾问的律师,成绩突出的,应予以表彰和奖励;不称职的应责成律师事务所予以调整;严重不称职,给聘请单位造成损失,或违反有关规定的,应当作出处理。

第二十条 本规定所指企业,包括全民所有制企业、集体所有制企业、私营企业、外资企业、中外合资企业、中外合作企业以及外商派驻机构。

事业单位、其他社会经济组织以及公民个人聘请律师担任法律顾问,参照本规定执行。

第二十一条 各省、自治区、直辖市司法厅(局)可依据本规定制定具体实施办法和工作细则。

第二十二条 本规定自发布之日起施行。

司法部关于律师担任政府法律顾问的若干规定

· 1989年12月23日司法部令第7号发布
· 自发布之日起施行

第一条 为适应政府法制建设的需要,加强对律师担任政府法律顾问工作的领导和管理,根据《中华人民共和国律师暂行条例》,结合律师工作实际,制定本规定。

第二条 律师担任政府法律顾问的任务,是为政府在法律规定的权限内行使管理职能提供法律服务,促进政府工作的法律化、制度化。

第三条 律师担任政府法律顾问,受政府委托办理下列法律事务:

(一)就政府的重大决策提供法律方面的意见,或者应政府要求,对决策进行法律论证;

(二)对政府起草或者拟发布的规范性文件,从法律方面提出修改和补充建议;

(三)参与处理涉及政府的尚未形成诉讼的民事纠纷、经济纠纷、行政纠纷和其他重大纠纷;

(四)代理政府参加诉讼,维护政府依法行使行政职权和维护政府机关的合法权益;

(五)协助政府审查重大的经济合同、经济项目以及重要的法律文书;

(六)协助政府进行法制宣传教育;

(七)向政府提供国家有关法律信息,就政府行政管理中的法律问题提出建议;

(八)办理政府委托办理的其他法律事务。

第四条 律师担任政府法律顾问,应当在协商一致的基础上,由政府与法律顾问处(律师事务所)签订聘应合同。聘应合同一般应采用书面形式。

法律顾问处(律师事务所)和政府也可以根据具体情况,协商采用其他方式建立法律顾问关系。

第五条 政府与法律顾问处(律师事务所)之间的聘应合同,应当包括以下主要内容:

(一)双方法定名称、指派律师姓名;

(二)法律顾问的具体职责范围、工作方式;

(三)双方的权利、义务;

(四)双方共同遵守的原则;

(五)报酬数额及给付方式;

(六)合同生效日期和有效期限;

(七)双方需约定或者写明的其他事项。

第六条 法律顾问处(律师事务所)应当指派具备较高的思想政治觉悟和政策业务水平的律师担任政府法律顾问。

第七条 律师担任政府法律顾问,应当根据合同规定和政府委托的权限进行活动,不得超越委托权限,也不得从事与履行法律顾问职责无关的事务。

第八条 为便于政府法律顾问开展工作,担任政府法律顾问的律师应当享有如下权利:

(一)查阅有关文件及资料;

(二)参加政府召开的有关会议；

(三)获得履行政府法律顾问职责所必需的其他工作条件和便利。

第九条 担任政府法律顾问的律师,对其工作中接触、了解到的机密和不宜公开的情况,负有保守秘密的责任。

第十条 担任政府法律顾问的律师,不得同时接受他人委托办理下列事务：

(一)在民事诉讼、经济诉讼和行政诉讼中,担任政府对方当事人的代理人；

(二)其他有损于政府利益或者违反政府决定的事务。

第十一条 律师担任政府法律顾问,不得利用政府法律顾问的身份,代理他人办理法律事务。

第十二条 政府聘请法律顾问,根据需要可以由法律顾问处(律师事务所)指派一名或者数名律师担任,也可以由同级政府司法行政机关负责人和律师组成的法律顾问团(组)担任。法律顾问团(组)可以设首席法律顾问。

第十三条 司法行政机关对律师担任政府法律顾问工作,应当加强指导、管理和监督,对不适宜承担这项工作的律师,应当及时予以撤换。

第十四条 本规定所称的政府包括各级人民政府。

各级人民政府的各行政主管部门聘请律师担任法律顾问,可以参照本规定执行。

第十五条 各省、自治区、直辖市司法厅(局),可以依照本规定制定实施办法。

第十六条 本规定自发布之日起施行。

关于反对律师行业不正当竞争行为的若干规定

· 1995年2月20日司法部令第37号发布
· 自发布之日起施行

第一条 为了鼓励和保护律师、律师事务所之间的公平竞争,维护律师行为的正常执业秩序,制定本规定。

第二条 律师及律师事务所的执业行为必须遵循公平、平等、诚实、信用的原则,遵守律师职业道德和执业纪律,遵守律师行业公认的执业准则。

第三条 鼓励和保护一切组织和个人对律师执业不正当竞争行为进行监督。

第四条 律师或律师事务所的下列行为,属不正当竞争行为：

(一)通过招聘启事、律师事务所简介、领导人题写名称或其他方式,对律师或律师事务所进行不符合实际的宣传；

(二)在律师名片上印有律师经历、专业技术职务或其他头衔的；

(三)借助行政机关或行业管理部门的权力,或通过与某机关、部门联合设立某种形式的机构而对某地区、某部门、某行业或某一种类的法律事务进行垄断的；

(四)故意诋毁其他律师或律师事务所声誉,争揽业务的；

(五)无正当理由,以在规定收费标准以下收费为条件吸引客户的；

(六)采用给予客户或介绍人提取"案件介绍费"或其他好处的方式承揽业务的；

(七)故意在当事人与其代理律师之间制造纠纷的；

(八)利用律师兼有的其他身份影响所承办业务正常处理和审理的。

第五条 律师有本规定第四条第一、二项所列行为之一的,应给予警告；情节严重的,应停止执业3至6个月,并责令其消除影响；

律师有本规定第四条第三、四、五、六、七、八项所列行为之一的,给予警告；情节严重的,应停止执业3至12个月。

第六条 律师事务所有本规定第四条第一、二项所列行为之一的,应给予警告；情节严重的,责令其公开澄清事实,消除影响；

律师事务所有第四条第三、四、五、六、七、八项所列行为之一的,应给予警告；情节严重的,可以停业整顿。

第七条 对于实施两种或两种以上的不正当竞争行为的律师或律师事务所,应当从重处罚,直至报请司法行政机关取消其律师资格或撤消该律师事务所。

第八条 律师惩戒委员会按照《律师惩戒规则》及本规定,负责对违反本规定的律师或律师事务所进行检查、监督和惩戒。

第九条 地、市(州)的律师惩戒委员会负责对本辖区的律师及律师事务所的不正当竞争行为进行惩戒。

依照本规定应给予停止执业6个月以上或停业整顿以上惩戒的,应报省(自治区、直辖市)律师惩戒委员会批准决定。

第十条 律师惩戒委员会受理投诉后,有权要求投诉人提供被投诉人的名称、地址,提供被投诉事项的书面材料和必要的证据；有权询问被投诉人,以及其他当事人、证人，并要求他们提供有关材料。

第十一条 律师和律师事务所应当互相监督，对于有不正当竞争行为的，应当向司法机关、律师协会和律师惩戒委员会反映。司法行政机关和律师协会接到投诉的，应及时转有管辖权的律师惩戒委员会处理。

第十二条 对律师或律师事务所进行的惩戒处分，应在全国或省级律师报刊上予以公告，所需费用由被惩戒的律师或律师事务所负担。

第十三条 外国律师事务所驻华办事机构及其人员有不正当竞争行为的，参照本规定处罚。

第十四条 本规定由司法部负责解释。

第十五条 本规定自发布之日起施行。

律师事务所从事商标代理业务管理办法

- 2012 年 11 月 6 日
- 工商标字〔2012〕192 号

第一章 总 则

第一条 为了规范律师事务所及其律师从事商标代理的执业行为，维护商标代理法律服务秩序，保障委托人的合法权益，根据《中华人民共和国商标法》《中华人民共和国律师法》等法律、法规、规章的规定，制定本办法。

第二条 律师事务所及其律师从事商标代理业务，适用本办法。

本办法所称律师事务所，是指律师的执业机构。

本办法所称律师，是指依法取得律师执业证书，受律师事务所指派为当事人提供法律服务的执业人员。

第三条 律师事务所及其律师从事商标代理业务，应当依法、诚信、尽责执业，恪守律师职业道德和执业纪律，接受当事人和社会的监督。

第四条 工商行政管理机关和司法行政机关依法对律师事务所及其律师从事商标代理业务活动进行监督管理。

第二章 业务范围及备案

第五条 律师事务所可以接受当事人委托，指派律师办理下列商标代理业务：

（一）代理商标注册申请、变更、续展、转让、补证、质权登记、许可合同备案、异议、注销、撤销以及马德里国际注册等国家工商行政管理总局商标局（以下简称商标局）主管的有关商标事宜；

（二）代理商标注册驳回复审、异议复审、撤销复审及注册商标争议案件等国家工商行政管理总局商标评审委员会（以下简称商评委）主管的有关商标事宜；

（三）代理其他商标国际注册有关事宜；

（四）代理商标侵权证据调查、商标侵权投诉；

（五）代理商标行政复议、诉讼案件；

（六）代理参加商标纠纷调解、仲裁等活动；

（七）担任商标法律顾问，提供商标法律咨询，代写商标法律事务文书；

（八）代理其他商标法律事务。

律师事务所从事前款第一项、第二项商标代理业务，应当向商标局办理备案。

第六条 律师事务所办理备案，应当向商标局提交下列材料：

（一）备案申请书，其中应当载明律师事务所名称、住所、组织形式、负责人、电话、传真、电子邮箱、邮政编码等信息；

（二）加盖本所印章的律师事务所执业许可证复印件。

申请材料齐备的，商标局应当自收到申请之日起 15 日内完成备案并予以公告；申请材料不齐备的，应当通知申请人补正后予以备案。

第七条 律师事务所名称、住所、负责人、联系方式等备案事项变更的，应当在变更后 30 日内向商标局办理变更备案。办理变更备案，应当提交下列材料：

（一）变更备案事项申请书；

（二）律师事务所所在地司法行政机关出具的该所变更事项证明文件；

（三）加盖本所印章的律师事务所执业许可证复印件。

变更除名称、住所、负责人以外备案事项的，可以不提交前款第二项规定的材料。

第八条 办理商标代理业务备案的律师事务所终止的，应当向商标局申请结算和注销备案。申请结算，应当提交下列材料（一式两份）：

（一）结算申请书，载明申请事项、开户银行、账号、收款人、经办人及联系方式等；

（二）该所已上报商标局和商评委的商标代理业务清单；

（三）该所出具的授权经办人办理结算手续的证明文件。

商标局应当自收到申请之日起三个月内办结律师事务所结算手续，出具结算证明，注销其从事商标代理业务的备案并予以公告。

第三章 业务规则

第九条 律师承办商标代理业务，应当由律师事务所统一接受委托，与委托人签订书面委托合同，按照国家规定统一收取费用并如实入账。

律师事务所受理商标代理业务，应该依照有关规定进行利益冲突审查，不得违反规定受理与本所承办的法律事务及其委托人有利益冲突的商标代理业务。

第十条 律师承办商标代理业务，应当按照委托合同约定，严格履行代理职责，及时向委托人通报委托事项办理进展情况，无正当理由不得拖延、拒绝代理。

委托事项违法，委托人利用律师提供的服务从事违法活动，委托人故意隐瞒重要事实、隐匿证据或者提供虚假、伪造证据的，律师有权拒绝代理。

第十一条 律师就商标代理出具的法律意见、提供的相关文件，应当符合有关法律、法规、规章的规定，符合商标局、商评委和地方工商行政管理机关的要求，应当真实、准确、完整，并经律师事务所审查无误后盖章出具。

第十二条 向商标局办理备案的律师事务所，应当按规定将商标规费预付款汇至商标局账户。

商标规费预付款余额不足的，由商标局或者商评委按照《商标法实施条例》第十八条第一款的规定，对律师事务所代理的商标申请不予受理。

第十三条 律师事务所及其律师承办商标代理业务，不得委托其他单位或者个人代为办理，不得与非法律服务机构、非商标代理组织合作办理。

第十四条 律师只能在一个律师事务所执业，不得同时在其他商标代理组织从事商标代理业务。

第十五条 律师事务所及其律师承办商标代理业务，应当遵守律师执业保密规定。未经委托人同意，不得将代理事项及相关信息泄露给其他单位或者个人。

第十六条 律师事务所及其律师不得以诋毁其他律师事务所和律师、商标代理组织和商标代理人或者支付介绍费等不正当手段承揽商标代理业务。

第十七条 律师事务所及其律师承办商标代理业务，不得利用提供法律服务的便利牟取当事人争议的权益，不得接受对方当事人的财物或者其他利益，不得与对方当事人或者第三人恶意串通，侵害委托人权益。

第十八条 律师事务所在终止事由发生后，有未办结的商标代理业务的，应当及时与委托人协商终止委托代理关系，或者告知委托人办理变更委托代理手续；委托人为外国人或者外国企业的，应当协助其办理变更委托代理手续。

律师变更执业机构、终止执业或者受到停止执业处罚的，应当在律师事务所安排下，及时办妥其承办但尚未办结的商标代理业务的交接手续。

第十九条 律师事务所应当加强对律师从事商标代理业务的监督，及时纠正律师在商标代理执业活动中的违法违规行为，调处律师在执业中与委托人之间的纠纷。

律师事务所应当组织律师参加商标业务培训，开展经验交流和业务研讨，提高律师商标代理业务水平。

第四章 监督管理

第二十条 律师事务所及其律师从事商标代理业务有违反法律、法规和规章行为，需要给予警告、罚款处罚的，由受理投诉、发现问题的工商行政管理机关、司法行政机关分别依据有关法律、法规和规章的规定实施处罚；需要对律师事务所给予停业整顿或者吊销执业许可证书处罚、对律师给予停止执业或者吊销律师执业证书处罚的，由司法行政机关依法实施处罚；有违反律师行业规范行为的，由律师协会给予相应的行业惩戒。

律师和律师事务所从事商标代理业务的违法行为涉嫌犯罪的，应当移送司法机关处理。

第二十一条 律师事务所及其律师违反本办法第七条、第八条、第十八条的规定，导致商标局或者商评委发出的文件无法按规定时限送达的，其法律后果由律师事务所及其律师承担。

律师事务所及其律师违反本办法第七条、第八条、第十八条的规定，导致送达文件被退回或者被委托人投诉的，经查实，商标局可以按照规定予以公开通报。

第二十二条 律师事务所依法受到停业整顿处罚的，在其停业整顿期间，商标局或者商评委可以暂停受理该律师事务所新的商标代理业务。

向商标局办理备案的律师事务所受到停业整顿处罚的，应当及时将受到处罚的情况及处罚期限报告商标局和商评委。

第二十三条 工商行政管理机关和司法行政机关在查处律师事务所和律师从事商标代理业务违法行为的工作中，应当相互配合，互通情况，建立协调协商机制。对于依法应当由对方实施处罚的，及时移送对方处理；一方实施处罚后，应当将处罚结果书面告知另一方。

第五章 附 则

第二十四条 本办法由国家工商行政管理总局和司法部负责解释。

第二十五条 本办法自2013年1月1日起施行。

律师事务所从事证券法律业务管理办法

- 2023年10月26日中国证券监督管理委员会令第223号公布
- 自2023年12月1日起施行

第一章 总 则

第一条 为了加强对律师事务所从事证券法律业务活动的监督管理,规范律师在证券发行、上市和交易等活动中的执业行为,完善法律风险防范机制,维护证券市场秩序,保护投资者的合法权益,根据《中华人民共和国证券法》(以下简称证券法)、《中华人民共和国证券投资基金法》(以下简称证券投资基金法)和《中华人民共和国律师法》(以下简称律师法)等相关规定,制定本办法。

第二条 律师事务所及其指派的律师从事证券法律业务,适用本办法。

前款所称证券法律业务,是指律师事务所接受当事人委托,为其证券发行、上市和交易等证券业务活动,提供的制作、出具法律意见书等文件的法律服务。

第三条 律师事务所从事证券法律业务,应当按照规定报中国证券监督管理委员会(以下简称中国证监会)和司法部备案。

第四条 律师事务所及其指派的律师从事证券法律业务,应当遵守法律、行政法规及相关规定,遵循诚实、守信、独立、勤勉、尽责的原则,恪守律师职业道德和执业纪律,严格履行法定职责,保证其所出具文件的真实性、准确性、完整性。

第五条 中国证监会及其派出机构、司法部及地方司法行政机关依法对律师事务所从事证券法律业务进行监督管理。

律师协会依照章程和律师行业规范对律师事务所从事证券法律业务进行自律管理。

第二章 业务范围

第六条 律师事务所从事证券法律业务,可以为下列事项出具法律意见:

(一)首次公开发行股票、存托凭证及上市;
(二)上市公司发行证券及上市;
(三)股份有限公司申请股票在全国中小企业股份转让系统挂牌并公开转让;
(四)股份有限公司向特定对象发行或转让股票导致股东累计超过二百人;
(五)非上市公众公司向特定对象发行股票;
(六)向不特定合格投资者公开发行股票并在北京证券交易所上市;
(七)上市公司、非上市公众公司的收购、重大资产重组及股份回购;
(八)上市公司合并、分立及分拆;
(九)上市公司、非上市公众公司实行股权激励计划、员工持股计划;
(十)上市公司、非上市公众公司召开股东大会;
(十一)上市公司、非上市公众公司的信息披露;
(十二)北京证券交易所上市公司转板;
(十三)公司(企业)债券的发行及交易、转让;
(十四)境内企业直接或者间接到境外发行证券或者将其证券在境外上市交易;
(十五)证券公司、证券投资基金管理公司及其分支机构的设立、变更、解散、终止;
(十六)证券投资基金的注册、清算;
(十七)资产支持专项计划的设立;
(十八)证券衍生品种的发行及上市;
(十九)中国证监会、司法部规定的其他事项。

第七条 律师事务所可以接受当事人的委托,组织起草招股说明书等与证券业务活动相关的法律文件。

鼓励律师事务所在组织起草招股说明书时,对招股说明书中对投资者作出投资决策有重大影响的信息进行验证,制作验证笔录。

第八条 律师被吊销执业证书的,不得再从事证券法律业务。

律师被中国证监会采取证券市场禁入措施或者被司法行政机关给予停止执业处罚的,在规定禁入或者停止执业的期间不得从事证券法律业务。

第九条 同一律师事务所不得同时为同一证券发行的发行人和保荐人、承销的证券公司出具法律意见,不得同时为同一收购行为的收购人和被收购的上市公司出具法律意见,不得在其他同一证券业务活动中为具有利害关系的不同当事人出具法律意见。

律师与当事人及其关联方具有利害关系,影响其执业独立性的,该律师所在律师事务所不得接受委托,提供证券法律服务。

第三章 业务规则

第十条 律师事务所从事证券法律业务应当建立健全分工合理、权责明确、相互制衡、有效监督的风险控制制度,覆盖证券法律业务的立项、利益冲突审查、内幕信息及未公开信息管理、核查和验证工作、法律意见复核、工作底稿管理等方面,加强对律师从事证券法律业务的管理，提高律师证券法律业务水平。

第十一条 律师事务所应当按照以下要求建立和执行风险控制制度：

（一）明确利益冲突审查的具体要求，建立贯穿执业全流程的审查机制，确保执业中不存在本办法第九条规定的情形；

（二）明确执业过程中知悉的内幕信息和未公开信息管理的具体要求，建立信息知情人登记管理制度，禁止泄露、利用内幕信息、未公开信息；

（三）明确对律师在执业过程中买卖证券的要求，确保律师在执业过程中不存在证券法第四十二条禁止的情形；

（四）明确廉洁从业的要求，加强对执业人员的管理，不得在执业过程中谋求或者输送不正当利益。

第十二条 律师事务所从事证券法律业务，应当设立风险控制委员会或者承担风险控制职能的内部机构，或者设置专门的风险控制岗位，负责证券法律业务的风险控制工作。

律师事务所从事证券法律业务时，应当将风险控制制度的执行情况记录在工作底稿中。

第十三条 律师事务所及其指派的律师从事证券法律业务，应当按照依法制定的业务规则，勤勉尽责，审慎履行核查和验证义务。

律师进行核查和验证，可以采用面谈、书面审查、实地调查、查询和函证、计算、复核等方法。

第十四条 律师事务所及其指派的律师从事证券法律业务，应当依法对所依据的文件资料内容的真实性、准确性、完整性进行核查和验证；在进行核查和验证前，应当编制核查和验证计划，明确需要核查和验证的具体事项和方式，并根据业务的进展情况，对其予以适当调整。

第十五条 律师在出具法律意见时，对与法律相关的业务事项应当履行法律专业人士特别的注意义务，对其他业务事项履行普通人一般的注意义务，其制作、出具的文件不得有虚假记载、误导性陈述或者重大遗漏。

第十六条 律师从国家机关、具有管理公共事务职能的组织、会计师事务所、资产评估机构、资信评级机构、公证机构直接取得的文书，可以作为出具法律意见的依据，但应当履行本办法第十五条规定的注意义务并加以说明；对于不是从上述机构直接取得的文书，经核查和验证后方可作为出具法律意见的依据。

律师从上述机构抄录、复制的材料，经该机构确认后，可以作为出具法律意见的依据，但应当履行本办法第十五条规定的注意义务并加以说明；未取得确认的，对相关内容进行核查和验证后方可作为出具法律意见的依据。

第十七条 律师进行核查和验证，需要会计师事务所、资产评估机构等证券服务机构作出判断的，应当直接委托或者要求委托人委托会计师事务所、资产评估机构等证券服务机构出具意见。

第十八条 律师在从事证券法律业务时，委托人应当向其提供真实、准确、完整的有关材料，不得拒绝、隐匿、谎报。

律师发现委托人提供的材料有虚假记载、误导性陈述、重大遗漏，或者委托人有重大违法行为的，应当要求委托人纠正、补充；委托人拒不纠正、补充的，律师可以拒绝继续接受委托，同时应当按照规定向有关方面履行报告义务。

第十九条 律师应当归类整理核查和验证中形成的工作记录和获取的材料，并对法律意见书等文件中各具体意见所依据的事实、国家相关规定以及律师的分析判断作出说明，形成真实完整、记录清晰的工作底稿。

第二十条 律师事务所应当在业务委托结束后60日内完成工作底稿归档工作，并妥善保存。工作底稿保存期限不得少于10年，自业务委托结束之日起算。

第二十一条 律师事务所从事证券法律业务，应当指派律师进行有关的核查和验证工作，未取得律师执业证书的工作人员只能从事相关的辅助工作。

第四章 法律意见

第二十二条 法律意见是律师事务所及其指派的律师针对委托人委托事项的合法性，出具的明确结论性意见，是委托人、投资者和中国证监会及其派出机构、证券交易场所确认相关事项是否合法的重要依据。法律意见应当由律师事务所及其指派的律师在核查和验证所依据的文件资料内容的真实性、准确性、完整性的基础上，依据法律、行政法规及相关规定作出。

第二十三条 法律意见书应当列明相关材料、事实、具体核查和验证结果、国家有关规定和结论性意见。

法律意见不得使用"基本符合"、"未发现"等含糊措辞。

第二十四条 有下列情形之一的，律师应当在法律意见中予以说明，并充分揭示其对相关事项的影响程度及其风险：

（一）委托人的全部或者部分事项不符合中国证监

会规定；

（二）事实不清楚，材料不充分，不能全面反映委托人情况；

（三）核查和验证范围受到客观条件的限制，无法取得应有证据；

（四）律师已要求委托人纠正、补充而委托人未予纠正、补充；

（五）律师已依法履行勤勉尽责义务，仍不能对全部或者部分事项作出准确判断；

（六）律师认为应当予以说明的其他情形。

第二十五条 律师从事本办法第六条规定的证券法律业务，其所出具的法律意见应当经所在律师事务所讨论复核，并制作相关记录作为工作底稿留存。

第二十六条 律师从事本办法第六条规定的证券法律业务，其所出具的法律意见应当由2名以上执业律师和所在律师事务所负责人签名，加盖该律师事务所印章，并签署日期。

第二十七条 法律意见书等文件的具体内容和格式，应当符合中国证监会的规定。

第二十八条 法律意见书等文件在按规定报送中国证监会及其派出机构、证券交易场所后，发生重大事项或者律师发现需要补充意见的，应当及时提出补充意见。

第五章 监督管理

第二十九条 律师从事证券法律业务期间，律师或者其所在律师事务所因涉嫌违法被有关机关立案调查的，该律师、律师事务所应当及时如实告知委托人，并明确提示可能的法律后果。

第三十条 律师事务所应当按照中国证监会的要求，定期报送从事证券法律业务的基本情况。

第三十一条 中国证监会及其派出机构、司法行政机关及律师协会建立律师从事证券法律业务的资料库、诚信档案和信息公示平台，记载律师、律师事务所从事证券法律业务的执业情况和所受处理处罚等情况，并按照规定予以公开。

第三十二条 中国证监会及其派出机构、证券交易场所在审核律师出具的法律意见时，对其真实性、准确性、完整性有疑义的，可以要求律师作出解释、补充，或者调阅其工作底稿。律师和律师事务所应当配合。

第三十三条 律师、律师事务所从事证券法律业务有下列情形之一的，中国证监会及其派出机构可以采取责令改正、监管谈话、出具警示函等措施：

（一）未按照本办法第三条、第三十条的规定进行备案、报送执业情况，或者报送的备案、执业情况材料中存在虚假记载、误导性陈述或者重大遗漏；

（二）未按照本办法第十条、第十一条、第十二条的规定建立、执行风险控制制度；

（三）未按照本办法第十三条的规定勤勉尽责，对所依据的文件资料内容的真实性、准确性、完整性进行核查和验证；

（四）未按照本办法第十四条的规定编制核查和验证计划；

（五）未按照本办法第十八条的规定要求委托人予以纠正、补充，或者履行报告义务；

（六）未按照本办法第十九条、第二十条的规定制作、保存工作底稿；

（七）未按照本办法第二十一条的规定完成核查和验证工作；

（八）未按照本办法第二十四条的规定在法律意见中作出说明；

（九）未按照本办法第二十五条的规定讨论复核法律意见；

（十）未按照本办法第二十九条的规定履行告知义务；

（十一）法律意见的依据不适当或者不充分，法律分析有明显失误；

（十二）法律意见的结论不明确或者与核查和验证的结果不对应；

（十三）法律意见书等文件不符合规定内容或者格式；

（十四）法律意见书等文件存在严重文字错误等文书质量问题；

（十五）违反中国证监会业务规则的其他情形。

第三十四条 中国证监会及其派出机构作出监管谈话决定的，应当将监管谈话的对象、原因、时间、地点等以书面形式通知律师或者律师事务所负责人。律师或者律师事务所负责人应当按照通知要求，接受监管谈话。

中国证监会及其派出机构对律师或者律师事务所负责人监管谈话，可以会同或者委托司法行政机关进行。

进行监管谈话，应当有2名以上工作人员在场，并对监管谈话的内容作出书面记录。

第三十五条 中国证监会及其派出机构或者司法行政机关对律师、律师事务所采取责令改正、监管谈话、出具警示函等措施的，律师、律师事务所应当按照要求改正所存在的问题，提高证券法律业务水平。

第三十六条　律师、律师事务所负责人未按照规定接受监管谈话，或者未按照要求改正所存在问题的，中国证监会及其派出机构或者司法行政机关可以责令其限期整改。

第六章　法律责任

第三十七条　律师事务所及其指派的律师从事证券法律业务，违反证券法、证券投资基金法和有关证券管理的行政法规，应当给予行政处罚的，由中国证监会及其派出机构依法实施处罚。

第三十八条　律师事务所从事证券法律业务，未按照中国证监会的规定进行备案的，由中国证监会依照证券法第二百一十三条的规定实施处罚。

第三十九条　律师事务所从事证券法律业务，未勤勉尽责，所制作、出具的文件有虚假记载、误导性陈述或者重大遗漏的，由中国证监会依照证券法第二百一十三条、证券投资基金法第一百四十三条的规定实施处罚。

第四十条　律师事务所从事证券法律业务，未按照本办法第二十条的规定保存工作底稿的，由中国证监会依照证券法第二百一十四条的规定实施处罚。

第四十一条　律师从事证券法律业务，违反证券法、证券投资基金法、有关行政法规和本办法规定，情节严重的，中国证监会可以依照证券法第二百二十一条、证券投资基金法第一百四十八条的规定，对其采取证券市场禁入的措施。

第四十二条　律师事务所及其指派的律师从事证券法律业务，违反律师法和有关律师执业管理规定的，由司法行政机关给予相应的行政处罚。

律师事务所及其指派的律师从事证券法律业务，违反律师行业规范的，由律师协会给予相应的行业惩戒。

第四十三条　律师事务所及其指派的律师违反规定从事证券法律业务，涉嫌犯罪的，依法移送司法机关处理。

第四十四条　中国证监会及其派出机构、司法行政机关在查处律师事务所、律师从事证券法律业务的违法行为的工作中，应当相互配合，互通情况，建立协调协商机制。对于依法应当由对方实施处罚的，及时移送对方处理；一方实施处罚后，应当将处罚结果书面告知另一方，并抄送证券交易场所、证券基金行业协会和律师协会。

第七章　附　则

第四十五条　律师事务所及其指派的律师从事期货法律业务，参照本办法执行。

第四十六条　本办法自2023年12月1日起施行。中国证监会、司法部2007年3月9日颁布的《律师事务所从事证券法律业务管理办法》（证监会令第41号）同时废止。

律师事务所证券法律业务执业规则（试行）

- 2010年10月20日
- 中国证券监督管理委员会、司法部公告〔2010〕33号

第一章　总　则

第一条　为了规范律师事务所及其指派的律师从事证券法律业务，保障执业质量，维护投资者的合法权益，根据《律师事务所从事证券法律业务管理办法》（证监会令第41号），制定本规则。

第二条　律师事务所及其指派的律师从事证券法律业务开展核查和验证（以下简称查验）、制作和出具法律意见书等执业活动，适用本规则。

第三条　律师事务所及其指派的律师，应当按照《律师事务所从事证券法律业务管理办法》（以下简称《管理办法》）和本规则的规定，进行尽职调查和审慎查验，对受托事项的合法性出具法律意见，并留存工作底稿。

第四条　律师事务所及其指派的律师从事证券法律业务，应当运用自己的专业知识和能力，依据自己的查验行为，独立作出查验结论，出具法律意见。对于收集证据材料等事项，应当亲自办理，不得交由委托人代为办理。使用委托人提供材料的，应当对其内容、性质和效力等进行必要的查验、分析和判断。

第五条　律师事务所及其指派的律师对有关事实、法律问题作出认定和判断，应当有适当的证据和理由。

第六条　律师从事证券法律业务，应当就业务事项是否与法律相关、是否应当履行法律专业人士特别注意义务作出分析、判断。需要履行法律专业人士特别注意义务的，应当拟订履行特别注意义务的具体方式、手段、措施，并予以落实。

第七条　律师事务所从事证券法律业务，应当建立、健全内部业务质量和执业风险控制机制，确保出具的法律意见书内容真实、准确、完整，逻辑严密、论证充分。

第二章　查验规则

第八条　律师事务所及其指派的律师对受托事项进行查验时，应当独立、客观、公正，遵循审慎性及重要性原则。

第九条　律师事务所及其指派的律师应当按照《管理办法》编制查验计划。查验计划应当列明需要查验的

具体事项、查验工作程序、查验方法等。

查验工作结束后，律师事务所及其指派的律师应当对查验计划的落实情况进行评估和总结；查验计划未完全落实的，应当说明原因或者采取的其他查验措施。

第十条　律师应当合理、充分地运用查验方法，除按本规则和有关细则规定必须采取的查验方法外，还应当根据实际情况予以补充。在有关查验方法不能实现验证目的时，应当对相关情况进行评判，以确定是否采取替代的查验方法。

第十一条　待查验事项只需书面凭证便可证明的，在无法获得凭证原件加以对照查验的情况下，律师应当采用查询、复核等方式予以确认；待查验事项没有书面凭证或者仅有书面凭证不足以证明的，律师应当采用实地调查、面谈等方式进行查验。

第十二条　律师进行查验，向有关国家机关、具有管理公共事务职能的组织、会计师事务所、资信评级机构、公证机构等查证、确认有关事实的，应当将查证、确认工作情况做成书面记录，并由经办律师签名。

第十三条　律师采用面谈方式进行查验的，应当制作面谈笔录。谈话对象和律师应当在笔录上签名。谈话对象拒绝签名的，应当在笔录中注明。

第十四条　律师采用书面审查方式进行查验的，应当分析相关书面信息的可靠性，对文件记载的事实内容进行审查，并对其法律性质、后果进行分析判断。

第十五条　律师采用实地调查方式进行查验的，应当将实地调查情况作成笔录，由调查律师、被调查事项相关的自然人或者单位负责人签名。该自然人或者单位负责人拒绝签名的，应当在笔录中注明。

第十六条　律师采用查询方式进行查验的，应当核查公告、网页或者其他载体相关信息，并就查询的信息内容、时间、地点、载体等有关事项制作查询笔录。

第十七条　律师采用函证方式进行查验的，应当以挂号信函或者特快专递的形式寄出，邮件回执、查询信函底稿和对方回函应当由经办律师签名。函证对方未签署回执、未予签收或者在函证规定的最后期限届满时未回复，由经办律师对相关情况作出书面说明。

第十八条　除本规则规定的查验方法之外，律师可以按照《管理办法》的规定，根据需要采用其他合理手段，以获取适当的证据材料，对被查验事项作出认定和判断。

第十九条　律师查验法人或者其分支机构有关主体资格以及业务经营资格的，应当就相关主管机关颁发的批准文件、营业执照、业务经营许可证及其他证照的原件进行查验。对上述原件的真实性、合法性存在疑问的，应当依法向该法人的设立登记机关、其他有关许可证颁发机关及相关登记机关进行查证、确认。

第二十条　对自然人有关资格或者一定期限内职业经历的查验，律师应当向其在相关期间工作过的单位人事等部门进行查询、函证。

第二十一条　对不动产、知识产权等依法需要登记的财产的查验，律师应当取得登记机关制作的财产权利证书原件，必要时应当采取适当方式，就该财产权利证书的真实性以及是否存在权利纠纷等，向该财产的登记机关进行查证、确认。

第二十二条　对生产经营设备、大宗产品或者重要原材料的查验，律师应当查验其购买合同和发票原件。购买合同和发票原件已经遗失的，应当由财产权利人或者其代表签字确认，并在工作底稿中注明；相关供应商尚存在的，应当向供应商进行查询和函证。必要时，应当进行现场查验，制作现场查验笔录，并由财产权利人或者其代表签字；财产权利人或者其代表拒绝签字的，应当在查验笔录中注明。

第二十三条　对依法需要评估才能确定财产价值的财产的查验，律师应当取得有证券、期货相关业务评估资格的资产评估机构（以下简称有资格的评估机构）出具的有效评估文书；未进行有效评估的，应当要求委托人委托有资格的评估机构出具有效评估文书予以确认。

第二十四条　对银行存款的查验，律师应当查验银行出具的存款证明原件；不能提供委托查验期银行存款证明的，应当会同委托人（存款人）向委托人的开户银行进行书面查询、函证。

第二十五条　对财产的查验，难以确定其是否存在被设定担保等权利负担的，律师应当以适当方式向有关财产抵押、质押登记部门进行查证、确认。

第二十六条　对委托人是否存在对外重大担保事项的查验，律师应当与委托人的财务负责人等相关人员及委托人聘请的会计师事务所的会计师面谈，并根据需要向该委托人的开户银行、公司登记机关、证券登记机构和委托人不动产、知识产权的登记部门等进行查证、确认。

向银行进行查证、确认，采取查询、函证等方式；向财产登记部门进行查证、确认，采取查询、函证或者查阅登记机关公告、网站等方式。

第二十七条　对有关自然人或者法人是否存在重大违法行为、是否受有关部门调查、是否受到行政处罚或者刑事处罚、是否存在重大诉讼或者仲裁等事实的查验，律师应当与有关自然人、法人的主要负责人及有关法人的合规管理等部门负责人进行面谈，并根据情况选取可能涉及的有关行政机关、司法机关、仲裁机构等公共机构进行查证、确认。

向有关公共机构查证、确认，可以采取查询、函证或者查阅其公告、网站等方式。

第二十八条　从不同来源获取的证据材料或者通过不同查验方式获取的证据材料，对同一事项所证明的结论不一致的，律师应当追加必要的程序，作进一步查证。

第三章　法律意见书

第二十九条　律师应当依据法律、行政法规和中国证监会的规定，在查验相关材料和事实的基础上，以书面形式对受托事项的合法性发表明确、审慎的结论性意见。

第三十条　法律意见书应当列明以下基本内容：

（一）标题；

（二）收件人；

（三）法律依据；

（四）声明事项；

（五）法律意见书正文；

（六）承办律师、律师事务所负责人签名及律师事务所盖章；

（七）律师事务所地址；

（八）法律意见书签署日期。

第三十一条　法律意见书的标题为《××律师事务所关于××的法律意见》。

第三十二条　法律意见书收件人为法律意见书的委托人。法律意见书应当载明收件人的全称。

第三十三条　法律意见书的法律依据是指出具此项法律意见书所依据的法律、行政法规、规章和相关规定。

第三十四条　法律意见书声明事项段应当载明以下内容：""本所及经办律师依据《证券法》、《律师事务所从事证券法律业务管理办法》和《律师事务所证券法律业务执业规则》等规定及本法律意见书出具日以前已经发生或者存在的事实，严格履行了法定职责，遵循了勤勉尽责和诚实信用原则，进行了充分的核查验证，保证本法律意见所认定的事实真实、准确、完整，所发表的结论性意见合法、准确，不存在虚假记载、误导性陈述或者重大遗漏，并承担相应法律责任。""

第三十五条　法律意见书正文应当载明相关事实材料、查验原则、查验方式、查验内容、查验过程、查验结果、国家有关规定、结论性意见以及所涉及的必要文件资料等。

第三十六条　法律意见书发表的所有结论性意见，都应当对所查验事项是否合法合规、是否真实有效给予明确说明，并应当对结论性意见进行充分论证、分析。

第三十七条　律师事务所对法律意见书进行讨论复核时，应当制作相关记录存入工作底稿，参与讨论复核的律师应当签名确认。

第三十八条　法律意见书随相关申请文件报送中国证监会及其派出机构后，律师事务所不得对法律意见书进行修改，但应当关注申请文件的修改和中国证监会及其派出机构的反馈意见。申请文件的修改和反馈意见对法律意见书有影响的，律师事务所应当按规定出具补充法律意见书。

第四章　工作底稿

第三十九条　律师事务所应当完整保存在出具法律意见书过程中形成的工作记录，以及在工作中获取的所有文件、资料，及时制作工作底稿。

工作底稿是判断律师是否勤勉尽责的重要证据。中国证监会及其派出机构可根据监管工作需要调阅、检查工作底稿。

第四十条　工作底稿应当包括以下内容：

（一）律师接受委托事项的基本情况，包括委托人名称、事项的名称；

（二）与委托人签订的委托协议；

（三）查验计划及其操作程序的记录；

（四）与查验相关的文件，如设立批准证书、营业执照、合同、章程等文件、变更文件或者上述文件的复印件；

（五）与查验相关的重大合同、协议及其他重要文件和会议记录的摘要或者副本；

（六）与政府有关部门、司法机关、中介机构、委托人等单位及相关人员相互沟通情况的记录，对委托人提供资料进行调查的访问记录、往来函件、现场查验记录、查阅文件清单等相关的资料及详细说明；

（七）委托人及相关人员的书面保证或者声明书的复印件；

（八）法律意见书草稿；

（九）内部讨论、复核的记录；

（十）其他与出具法律意见书相关的重要资料。

上述资料应当注明来源，按照本规则的规定签名、盖章，或者对未签名、盖章的情形予以注明。

第四十一条　工作底稿内容应当真实、完整，记录清晰，标明目录索引和页码，由律师事务所指派的律师签名，并加盖律师事务所公章。

第五章 附 则

第四十二条 律师事务所及其指派的律师从事期货法律业务，参照适用本规则。

第四十三条 本规则自 2011 年 1 月 1 日起施行。

律师事务所证券投资基金法律业务执业细则（试行）

- 2010 年 10 月 20 日
- 中国证券监督管理委员会、司法部公告〔2010〕34 号

第一章 总 则

第一条 为了规范律师事务所从事证券投资基金法律业务，根据《律师事务所从事证券法律业务管理办法》（证监会令第 41 号），制定本细则。

第二条 本细则所称证券投资基金法律业务（以下简称基金法律业务），是指律师事务所接受证券投资基金管理公司（以下简称基金管理公司）、证券投资基金（以下简称基金）销售机构、其他从事或者拟从事基金相关业务机构的委托，指派本所律师对基金管理公司、基金、基金销售机构相关事项进行核查和验证（以下简称查验），制作并出具法律意见书的法律服务业务。

第三条 律师事务所及其指派的律师从事基金法律业务，应当按照《律师事务所从事证券法律业务管理办法》和《律师事务所证券法律业务执业规则（试行）》（证监会公告〔2010〕33 号）的规定，对基金管理公司、基金、基金销售机构等相关行政许可事项是否符合法律、行政法规和中国证监会的规定进行查验，确认其真实性、准确性和完整性，在确保获得适当、有效证据并对证据进行综合分析的基础上，作出独立判断。

第二章 设立基金管理公司的查验内容

第四条 对拟设立基金管理公司的主要股东的资格，律师应当对照《证券投资基金法》第十三条、《证券投资基金管理公司管理办法》（证监会令第 22 号，以下简称《公司管理办法》）第七条规定的条件进行查验，内容主要包括：

（一）总体情况，具体包括：主要股东的名称、住所、成立时间、批准机关、法定代表人、股东构成、高级管理人员、财务负责人等情况。

（二）经营范围和股权投资情况，具体包括：是否从事证券经营、证券投资咨询、信托资产管理或者其他金融资产管理业务，参股基金管理公司等金融类企业、持有上市公司股份、控股其他企业等情况，持有基金管理公司的股权是否被出质、被人民法院采取财产保全或者强制执行措施，是否出让过基金管理公司股权以及出让股权是否已满 3 年。

（三）注册资本金额是否在 3 亿元人民币以上，具体包括：是否实缴出资，资金是否如数到账，出资是否合法，是否存在出资不实、虚假出资、抽逃出资等情况。

（四）是否具有较好经营业绩和资产质量情况，具体包括：股东资产情况、负债情况、税收情况，特别是最近 3 年盈利情况、净资本和净资产情况、拨备覆盖率和资本净额情况。

（五）最近 3 年是否存在违法违规行为，是否受到行政处罚或者刑事处罚，具体包括：最近 3 年是否存在违法违规行为，违法违规行为的具体情况，是否受到行政处罚或者刑事处罚，违法违规行为的不良后果是否已经消除。

（六）是否存在挪用客户资产等损害客户利益的行为，具体包括：是否存在挪用客户交易结算资金和客户信托财产行为，是否存在欺诈客户的行为，是否存在其他损害客户利益的行为。

（七）是否存在因违法违规行为被监管机构调查或者正处于整改期间；如被责令整改，整改完成情况。

（八）是否具有良好的社会信誉，最近 3 年是否在税务、工商等行政机关，以及金融监管、自律管理、商业银行等机构存在不良记录，具体包括：缴纳相关税费及合同履约情况，在开立基本账户商业银行等的信贷记录，公司重大诉讼、仲裁案件，高级管理人员重大诉讼、仲裁及行政处罚案件。

第五条 对拟设立基金管理公司的除主要股东外其他股东、境外股东的主体资格，律师应当对照《公司管理办法》第八条、第九条规定的条件，参照前条规定进行查验。

第六条 对股东之间的关联关系，律师应当查验的内容主要包括：确认股东实际控制人或者最终权益持有人，股东股权结构图的完整性和准确性，股东之间是否相互持股、是否同时持有第三方股权、是否同时被第三方控制，各股东的董事、主要管理人员是否有兼职现象，是否可能构成一致行动关系。

第七条 对拟设立基金管理公司的章程草案，律师应当查验的内容主要包括：章程草案是否已履行法定程序，章程内容是否符合法律、行政法规、规章、规范性文件等相关规定，必备条款是否已经具备，规定任意性条款的具体情况和理由。

第八条 对拟设立基金管理公司的注册资本，律师应当查验的内容主要包括：注册资本金额是否在 1 亿元人民币以上，股东关于出资额的安排，出资时间的安排，

是否承诺用自有资金出资和不代为持有出资。

第九条 对高级管理人员和业务人员,律师应当查验的内容主要包括:拟任高级管理人员是否符合规定的条件,是否已经履行法律规则和公司章程规定的程序,是否已经与主要业务人员签订劳动合同,主要业务人员是否具有基金从业资格,拟任高级管理人员和主要业务人员人数是否在15人以上,高级管理人员和主要业务人员是否存在在其他机构兼职的情形以及解决方案。

第十条 对拟设立基金管理公司的内部稽核监控和风险控制制度,律师应当查验的内容主要包括:是否有符合中国证监会规定的监察稽核、风险控制、合规管理等内部监控制度。

第三章 基金管理公司设立分支机构的查验内容

第十一条 对公司的治理内控以及经营财务状况,律师应当查验的内容主要包括:股东会、董事会、监事和经理层等相关机构之间是否分工明确、协调高效、相互制衡,股东会、董事会、监事会会议是否按照规定程序通知和召开;市场营销、研究投资、后台运营、风险控制、监察稽核和内部管理等内部控制是否完善;公司经营管理是否稳定,是否有较强的持续经营能力。

第十二条 对公司受处罚的记录,律师应当查验的内容主要包括:在最近1年是否存在违法违规行为,违法违规行为的具体情况,是否受到行政处罚或者刑事处罚,违法违规行为的不良后果是否已经消除。

第十三条 对公司被监管机构调查或者正处于整改期间的情况,律师应当按照本细则第四条第(七)项规定进行查验。

第十四条 对拟设立的分支机构的名称、场所、人员和设施等情况,律师应当查验的内容主要包括:拟设立的分支机构名称是否规范,办公场所是否已经购买或者租赁,办公场所是否经过消防验收,主要业务人员是否具有基金从业资格,公司是否已经与主要业务人员签订劳动合同。

第十五条 对拟设立的分支机构的职责和管理制度,律师应当查验的内容主要包括:拟设立的分支机构的具体职责是否明确,是否已经经公司章程规定的组织机构授权,公司是否已为该分支机构制定了相关业务、行政管理制度。

第十六条 对拟设立分支机构的事宜是否已经获得公司内部有权机构的批准,律师应当查验的内容主要包括:根据公司章程的规定,设立分支机构在公司内部应当由股东会、董事会还是经理层决定,是否已经经过公司内部有权机构批准。

第四章 基金管理公司修改章程的查验内容

第十七条 对修改章程的内容,律师应当查验的内容主要包括:修改章程的具体内容,其中哪些部分是因为与法律、行政法规和中国证监会规定不相符而修改的,哪些部分是根据公司的具体情况修改的;章程修改的内容是否符合法律、行政法规和中国证监会的规定,修改后的章程是否已经对法律、行政法规和中国证监会规定的必备条款作了规定。

第十八条 对修改章程的程序,律师应当查验的内容主要包括:修改章程的程序是否合法;修改章程提案提出的情况,公司股东会召开的情况,在股东会就修改章程进行表决时是否存在股东反对或者弃权的情形。

第五章 基金管理公司变更股东的查验内容

第十九条 对变更股东后新增股东的资格,根据新增股东属于基金管理公司的主要股东、其他股东还是境外股东,律师应当分别对照《公司管理办法》第七条、第八条、第九条规定的条件,参照本细则第四条、第五条规定进行查验。

第二十条 对新增股东是否以自有资金出资,律师应当查验的内容主要包括:新增股东是否以自有资金出资,是否存在为他人代为出资或者由他人代为出资的情况。

第二十一条 对公司变更股东后股东之间的关联关系,律师应当参照本细则第六条规定进行查验。

第六章 基金管理公司变更名称、住所和注册资本的查验内容

第二十二条 对变更名称,律师应当查验的内容主要包括:根据公司章程的规定,变更名称在公司内部应当由股东会还是董事会决定;是否已经经过公司内部有权机构批准;拟变更的公司名称是否已经在工商行政管理机关办理名称预登记手续;对公司所管理基金的名称的处理方案。

第二十三条 对变更住所,律师应当查验的内容主要包括:根据公司章程的规定,变更住所在公司内部应当由股东会还是董事会决定;变更住所是否已经经过公司内部有权机构批准;新的住所是否已经购置或者租赁。

第二十四条 对变更注册资本,律师应当查验的内容主要包括:公司变更注册资本的事宜是否已经经过公司股东会决议通过;各股东是否同比例变更注册资本;公司股东不同比例变更的,对公司治理结构可能产生的影响;股东承诺增资的,是否已经到位并经过法定机构的验资,是否以自有资金出资。

第七章 基金管理公司高级管理人员任职资格的查验内容

第二十五条 对基金从业资格,律师应当查验的内容主要包括:拟任高级管理人员是否已经取得基金从业资格,何时取得基金从业资格,所取得的基金从业资格是否在有效期内。

第二十六条 对法律知识考试,律师应当查验的内容主要包括:拟任高级管理人员是否已经通过中国证监会或者其授权机构组织的高级管理人员证券投资法律知识考试。

第二十七条 对相关工作经历和管理经历,律师应当查验的内容主要包括:拟任高级管理人员是否具有3年以上金融相关领域的工作经历(督察长拟任人选是否具有会计、监察、稽核等工作经历);拟任高级管理人员此前所从事的主要管理经历的具体内容,该具体工作内容是否与拟任职务相适应。

第二十八条 对不得担任高级管理人员的情形,律师应当查验的内容主要包括:拟任高级管理人员是否有《公司法》、《证券投资基金法》等法律、行政法规和中国证监会规定的不得担任高级管理人员的情形。

第二十九条 对申请人受处罚的记录,律师应当查验的内容主要包括:拟任高级管理人员在最近3年是否存在违法违规行为,违法行为的具体情况,是否受到证券、银行、工商和税务等部门的行政处罚,违法行为的不良后果是否已经消除。

第八章 募集基金的查验内容

第三十条 对拟任基金管理人的主体资格,律师应当查验的内容主要包括:

(一)业务资格,即是否为依法设立的基金管理公司;

(二)人员配备,即是否具备符合规定并与管理拟募集基金相适应的基金经理等业务人员。

(三)合规情况,具体包括:最近1年是否受到行政处罚或者刑事处罚,是否正在被监管机构立案调查或者正处于整改期间。

(四)前只基金的募集情况,具体包括:是否募集成功;募集失败的,投资人缴纳的全部款项及利息是否全部返还完毕并已满6个月。

第三十一条 对拟任基金托管人的主体资格,律师应当查验的内容主要包括:

(一)业务资格,即是否为取得基金托管资格的商业银行。

(二)人员配备,即是否具备符合规定并与托管拟募集基金相适应的业务人员。

(三)合规情况,具体包括:最近1年是否受到行政处罚或者刑事处罚,是否正在被监管机构立案调查或者正处于整改期间。

第三十二条 对拟募集基金的具体情况,律师应当查验的内容主要包括:

(一)投资方向是否明确、合法;

(二)运作方式是否明确;

(三)基金品种是否符合规定;

(四)基金合同、招募说明书等法律文件是否符合法律、行政法规和中国证监会的规定;

(五)基金名称是否表明基金的类别和投资特征,是否存在损害国家利益、社会公共利益,欺诈、误导投资人或者其他侵害他人合法权益的内容。

第三十三条 对授权程序,律师应当查验的内容主要包括:拟任基金管理人申请募集基金是否依法按照公司章程履行了必要的程序。

第三十四条 对基金管理人和基金托管人的关系,律师应当查验的内容主要包括:基金管理人和基金托管人是否为同一人、是否存在相互投资和持有股份。

第三十五条 对合格境内机构投资者的基金的募集设立,律师应当根据中国证监会的规定对拟任境外投资顾问、拟任境外资产托管人的主体资格进行查验。

第九章 基金销售业务资格的查验内容

第三十六条 对商业银行申请基金销售业务资格,律师应当查验的内容主要包括:

(一)内设机构,即是否设有专门负责基金销售业务的部门。

(二)合规情况,即最近3年是否因违法违规行为受到行政处罚或者刑事处罚。

(三)制度建设情况,即是否制定了完善的业务流程等基金销售业务管理制度,是否符合相关规定的要求。

(四)销售适用性情况,即是否建立了销售适用性管理制度。

(五)人员情况,即公司及其主要分支机构负责基金销售业务的部门取得基金从业资格人员的数量是否不低于该部门员工人数的1/2;部门的管理人员是否取得基金从业资格,熟悉基金销售业务,并具备从事两年以上基金业务或者5年以上证券、金融业务的工作经历。

第三十七条 对证券公司申请基金销售业务资格,

除了对本细则第三十六条所列内容进行查验外,律师还应当查验:是否因违法违规行为正在被监管机构立案调查,或者正处于整改期间;是否发生已经影响或者可能影响公司正常运行的诉讼、仲裁等重大事项。

第三十八条 对证券投资咨询机构申请基金销售业务资格,除了对本细则第三十六条、第三十七条所列内容进行查验外,律师还应当查验的内容主要包括:

(一)注册资本符合规定,不低于2000万元人民币,且为实缴货币资本;

(二)高级管理人员已经取得基金从业资格,熟悉基金销售业务,并具备从事两年以上基金业务或者5年以上证券、金融业务的工作经历;

(三)最近3年没有代理投资人从事证券买卖的行为。

第三十九条 对专业基金销售机构申请基金销售业务资格,除了对本细则第三十六条至第三十八条所列内容进行查验外,律师还应当查验的内容主要包括:主要出资人最近3年是否因违法违规行为受到行政处罚或者刑事处罚;取得基金从业资格的人员是否不少于30人,且不低于员工人数的1/2。

第十章 基金份额持有人大会决议的查验内容

第四十条 对审议事项,律师应当查验的内容主要包括:是否属于必须召开基金份额持有人大会审议事项;议案内容属于一般事项还是特别事项;议案内容是否符合法律、行政法规和中国证监会的规定以及基金合同的约定。

第四十一条 对召集人主体资格,律师应当查验的内容主要包括:是否为基金管理人、基金托管人或者代表基金份额10%以上的基金份额持有人。

第四十二条 对召集程序,律师应当查验的内容主要包括:召集人为基金托管人、代表基金份额10%以上的基金份额持有人的,是否已经履行相关前置程序;是否依法公告基金份额持有人大会的召开时间、会议形式、审议事项、议事程序和表决方式。

第四十三条 对参会人员情况,律师应当查验的内容主要包括:参加基金份额持有人大会的基金份额持有人及其代理人的数量是否符合法律、行政法规、中国证监会的规定和基金合同约定的比例;亲自或者委托他人参会的基金份额持有人是否为权益登记日持有基金份额的基金份额持有人。

第四十四条 对会议形式和议事程序,律师应当查验的内容主要包括:是否符合法律、行政法规和中国证监会的规定以及基金合同的约定。

第四十五条 对表决情况,律师应当查验的内容主要包括:表决程序、表决方式和表决结果是否符合法律、行政法规和中国证监会的规定以及基金合同的约定。

第十一章 附 则

第四十六条 律师事务所为基金管理公司、基金的非行政许可事项出具法律意见书的,参照本细则执行。

第四十七条 本细则自2011年1月1日起施行。

中央政法委关于建立律师参与化解和代理涉法涉诉信访案件制度的意见(试行)

·2015年6月8日

为认真贯彻党的十八届四中全会精神,充分发挥法律服务队伍在维护群众合法权益、化解矛盾纠纷、促进社会和谐稳定中的积极作用,深入推进涉法涉诉信访改革,现就建立律师参与化解和代理涉法涉诉信访案件制度,提出如下意见。

一、建立律师参与化解和代理涉法涉诉信访案件制度的意义

律师是社会主义法律工作者,在全面推进依法治国中具有重要作用。党的十八届四中全会作出了加强律师队伍建设、推动律师法律服务业发展的决策部署。要求广大律师积极参与城乡居民公共法律服务,提供及时有效的法律帮助;建立律师以案释法制度,加强普法宣传教育;实行律师代理司法申诉制度,保障当事人依法行使申诉权。这些举措对律师做好新形势下法律服务工作、履行好社会责任,提出了新要求,对增强全民法治观念,推进法治社会建设具有重要意义。律师参与涉法涉诉信访案件化解和代理工作,为信访群众提供良好法律服务,是落实党的十八届四中全会精神、全面推进依法治国的具体要求和实践。

随着涉法涉诉信访改革推进实施,依法处理涉法涉诉信访工作取得了积极效果,但涉法涉诉信访案件多发、重复访高发、久访不息的问题仍然突出,既加重了信访群众的诉累,又耗费了大量司法资源,影响正常信访秩序。律师以法律服务者身份参与涉法涉诉信访工作,容易取得信访群众信任,引导信访群众理性表达诉求、依法维护权益;律师是法律"明白人",既向信访群众讲法明理,又督促政法机关严格依法办案,有利于涉法涉诉信访案件得到依法解决;律师参与化解和代理涉法涉诉信访案件,既是为信访群众提供法律服务,也是提高自身能力素质、彰显社会责任的实践和锻炼。充分发挥律师的独特优势，动员律师积极参与化解和代理涉法涉诉信访案件工作，是推进涉法涉诉信访走向法治的重要途径，是形成良好信访秩序的制度保障。各级政法机关和律师协会要高度重视，积极为律师参与涉法涉诉信访工作创造条件，实现与政法机关的优势互补、良性互动，提高依法解决涉诉信访问题的能力和效果。

二、律师参与化解和代理涉法涉诉信访案件的任务和原则

律师参与化解和代理涉法涉诉信访案件是一项公益性法律服务工作。对不服政法机关法律处理意见，以信访形式表达诉求的，可由律师协会委派的律师，听取信访人诉求，评析信访事项，有针对性地做好释法析理、提出处理建议、引导申诉等工作，促进案件得到依法公正处理，实现息诉息访。具体任务是：对原案件处理正确的，帮助信访人准确理解政法机关依法作出的法律处理意见，劝导其服判息诉；对原案件处理可能存在错误或瑕疵的，向政法机关提出建议，促使问题进入法律程序解决；对信访人生活困难，符合相关救助规定的，协助申请人开展救助申请工作。

律师参与化解和代理涉法涉诉信访案件，应当遵循以下原则：

自愿平等。尊重信访人意愿，不强制化解，不偏袒政法办案单位、不误导信访群众。

依法据理。严格依照法律和政策，向信访人讲清法理、讲明事理、讲通情理，向政法机关提出法律意见。

实事求是。以事实为依据，以法律为准绳，依法维护信访群众合法权益，尊重政法机关依法作出的公正处理意见。

无偿公益。不以赢利为目的，向信访人提供无偿法律服务。

三、律师参与化解和代理涉法涉诉信访案件的运行模式

由律师协会选派律师到政法机关信访接待场所，向信访群众提供现场咨询服务。

由律师协会向信访人推荐律师或由信访人在涉法涉诉信访案件律师库中自愿选择律师，实行专案专人服务。

政法机关通过律师协会，委托律师事务所对涉法涉诉信访事项进行评析，提出法律意见和办理建议。

依托律师协会或法律援助中心，通过公益性涉法涉诉信访法律服务机构，直接面向群众开展涉法涉诉信访案件化解和代理工作。

各地可结合本地实际，按照方便易行、务实高效的原则，积极探索律师参与化解和代理涉法涉诉信访案件的其他模式。

四、律师参与化解和代理涉法涉诉信访案件的工作方法

根据信访人和信访案件实际，律师运用法律专业知识和化解矛盾纠纷的实践经验，灵活运用各种方法，促进涉法涉诉信访案件得到依法公正处理。

接谈信访人。认真听取信访人陈述，详细阅读信访材料，准确了解信访人诉求，疏导情绪，解疑释惑，提供法律咨询解答。

评析信访案件。依据案件事实和相关法律规定，在调查核实案情基础上，由律师事务所或涉法涉诉信访法律服务机构对信访人的信访事项和诉求作出评议分析，研究解决问题的方案。需要向办案机关了解案情的，及时与办案机关沟通。

做好释法劝导工作。经过分析、评议，认为原案件处理正确、信访人诉求不当的，通过摆事实、讲道理、析法理，耐心劝导信访人服判息诉。仍不息诉的，可邀请相关领域专家、对方当事人、群众代表、有信访经历的人员等，公开评议信访人的诉求是否有理合法，或建议办案机关举行听证。

提出处理建议。经过分析、评议，认为原案件处理存在执法错误或瑕疵的，及时向有管辖权的政法机关提出法律意见和工作建议。

引导信访人依法申诉。对信访诉求符合法律规定，需要向政法机关提出申诉的，律师可帮助信访人撰写申诉材料、收集证据、接受询问，引导信访人依法按程序进行申诉。信访人需委托律师代理申诉的，可自行决定是否委托原接待服务律师或另行委托其他律师。条件成熟时，对聘不起律师的，纳入法律援助范围。

帮助申请救助。对生活困难的信访人，符合国家司法救助条件的，可帮助其向政法机关申请国家司法救助；给予国家司法救助后仍有困难或不符合国家司法救助条件的，可帮助其向政府有关部门申请其他社会救助方式。

五、加强对律师参与化解和代理涉法涉诉信访案件的管理和保障

律师协会负责推荐参与化解和代理涉法涉诉信访案件的律师人选，并建立律师人才库和名录，报同级司法行政机关备案。参与化解和代理涉法涉诉信访案件的律师应当政治坚定、公道正派，具有较强的业务能力和社会责任感，热心公益事业，善于做群众工作。重视发挥党员律师、优秀律师的示范带动作用。

各政法接访单位要为律师参与化解和代理涉法涉诉信访案件提供必要的场地和设施，加强安全防范，保障律师人身安全；对律师阅卷、咨询了解案情等合理要求提供支持，对律师提出的处理建议认真研究，及时反馈意见；对确有错误或瑕疵的案件，应当及时导入法律程序予以解决。

律师参与化解和代理涉法涉诉信访案件，应当遵守相关法律规定、职业道德、工作原则。不得泄露化解和代理中知悉的案件信息以及依法不能公开的信息，不炒作有关敏感、复杂信访案件，严禁支持、唆使、组织信访人采取违法方式反映问题。与案件有利害关系的律师，应当回避相关信访案件的化解和代理工作。对违反执业纪律的律师，取消其参与化解和代理涉法涉诉信访案件的资格，并视情由主管部门依法依规做出相应处理。

六、强化对律师参与化解和代理涉法涉诉信访案件的组织领导

各级党委政法委要加强对这项工作的领导，及时协调解决好工作中遇到的困难和问题。司法行政机关负责律师参与化解和代理涉法涉诉信访案件工作的牵头组织和指导，律师协会负责日常工作管理，对参与化解和代理工作的律师、律师事务所、涉法涉诉信访法律服务机构，应当给予适当补助，但当事人自行聘请代理律师的除外。法院、检察、公安等机关立足本职，做好涉法涉诉信访案件依法处理工作，需要律师参与化解和代理涉法涉诉信访案件的，及时向司法行政机关提出需求，积极支持律师工作，破解息诉息访难问题。

各省、自治区、直辖市和新疆生产建设兵团要结合实际，制定律师参与化解和代理涉法涉诉信访案件的具体办法，力争 2015 年底前，以地市为重点全面推开实施。要建立健全律师参与化解和代理涉法涉诉信访案件的人员选拔、培训考核、日常管理、奖惩激励等办法，确保工作健康有序开展。要切实保障律师参与化解和代理涉法涉诉信访案件的必要经费。同时，积极鼓励倡导信访人自行聘请律师，为其代理申诉，依法维护自身权益。要积极动员具有业务专长、有群众威信的第三方人员参加涉法涉诉信访案件化解工作，逐步形成以律师等法律服务人员为主、社会力量共同参与的多元化解工作格局。注意总结工作、交流经验、宣传推广，不断健全、完善相关工作机制，努力让信访群众感受到法律服务的便捷和诉求解决的顺畅，着力提高依法解决涉法涉诉信访案件的法律效果和社会效果。

3. 律师协会行业规范

中华全国律师协会章程

- 1999 年 4 月 28 日第四次全国律师代表大会通过
- 2002 年 5 月 21 日第五次全国律师代表大会修订
- 2008 年 10 月 27 日第七次全国律师代表大会修订
- 2011 年 12 月 25 日第八次全国律师代表大会修订
- 2016 年 3 月 31 日第九次全国律师代表大会修订
- 2018 年 7 月 1 日第九届全国律师代表大会第二次会议修订
- 2021 年 10 月 14 日第十次全国律师代表大会修订

第一章 总 则

第一条 为完善律师协会管理，保障律师的合法权益，规范律师行业管理和律师执业行为，依据《中华人民共和国宪法》和《中华人民共和国律师法》的规定，制定本章程。

第二条 中华全国律师协会（以下简称"本会"）是由律师、律师事务所组成的社会团体法人，是全国性的律师自律组织，依法对律师行业实施管理。

第三条 本会宗旨：坚持以习近平新时代中国特色社会主义思想为指导，学习贯彻习近平法治思想，坚持中国共产党领导，团结带领会员高举中国特色社会主义伟大旗帜，增强政治意识、大局意识、核心意识、看齐意识，坚定中国特色社会主义道路自信、理论自信、制度自信、文化自信，坚决维护习近平总书记党中央的核心、全党的核心地位，坚决维护党中央权威和集中统一领导，坚持正确政治方向，忠实履行中国特色社会主义法治工作队伍的职责使命，加强律师队伍思想政治建设，把拥护中国共产党领导、拥护社会主义法治作为律师从业的基本要求，增强广大律师走中国特色社会主义法治道路的自觉性和坚定性，忠于宪法和法律，维护当事人合法权益，维护法律正确实施，维护社会公平和正义，依法依规诚信执业，认真履行社会责任，为深入推进全面依法治国、建设中国特色社会主义法治体系、建设社会主义法治国家，推进国家治理体系和治理能力现代化，把我国建设成为富强民主文明和谐美丽的社会主义现代化强国，实现中华民族伟大复兴的中国梦而奋斗。

本会遵守宪法、法律、法规和国家政策，自觉践行社会主义核心价值观，弘扬爱国主义精神，遵守社会道德风尚，自觉加强诚信自律建设。

第四条 本会坚持中国共产党的全面领导，根据中国共产党章程的规定，设立中国共产党的组织，开展党的活动，为党组织的活动提供必要条件。

第五条 本会接受中华人民共和国司法部的监督和指导。

本会接受中华人民共和国民政部的登记管理。

本会接受中国共产党全国律师行业委员会的领导，组织开展律师行业党的建设工作。

本会对地方律师协会进行指导。

第六条 本会中文名称：中华全国律师协会，简称：全国律协；英文名称：ALL CHINA LAWYERS ASSOCIATION，缩写：ACLA。

本会的住所设在北京。

第二章 职 责

第七条 本会履行下列职责：

（一）加强律师行业管理，规范律师执业行为；

（二）保障律师依法执业，维护律师的合法权益；

（三）总结、交流律师工作经验；

（四）制定行业规范和惩戒规则；

（五）组织律师业务培训和职业道德、执业纪律教育，对律师的执业活动进行考核；

（六）组织管理申请律师执业人员的实习活动，对实习人员进行考核；

（七）对律师、律师事务所实施奖励和惩戒；

（八）受理对律师的投诉或者举报，调解律师执业活动中发生的纠纷；

（九）法律、行政法规和规章规定的其他职责。

第三章 会 员

第八条 本会会员分为团体会员和个人会员。

依照律师法取得律师执业证书的律师，为本会个人会员；依法批准设立的律师事务所为本会团体会员。

个人会员是中国共产党党员的，应当履行党员义务，享有党员权利，自觉接受党组织的监督，弘扬伟大建党精神。符合设立党组织条件的团体会员应当根据中国共产党章程的规定，设立党的组织，开展党的活动，加强党的建设。

第九条 个人会员的权利：

（一）享有表决权、选举权和被选举权；

（二）享有依法执业保障权；

（三）参加本会组织的学习和培训；

（四）参加本会组织的专业研究和经验交流活动；

（五）享受本会举办的福利；

（六）使用律师协会的图书、资料、网络和信息资源；

（七）提出立法、司法和行政执法的意见和建议；

（八）对本会的工作进行监督，提出批评和建议；

（九）通过本会向有关部门反映意见。

第十条 个人会员的义务：

（一）遵守本会章程，执行本会决议；

（二）遵守律师执业行为规范，遵守本会行业规则和准则；

（三）接受本会的指导、监督和管理；

（四）承担本会委托的工作；

（五）承担律师协会委托的工作，履行律师协会规定的法律援助义务；

（六）自觉维护律师职业声誉，维护会员间的团结；

（七）按规定交纳会费。

第十一条 团体会员的权利：

（一）参加本会举办的会议和其他活动；

（二）使用本会的信息资源；

（三）对本会工作进行民主监督，提出意见和建议。

第十二条 团体会员的义务：

（一）遵守本会章程；

（二）遵守本会的行业规范，执行本会决议；

（三）教育律师遵守律师执业行为规范；

（四）组织律师参加本会的各项活动；

（五）制定、完善内部规章制度；

（六）为律师行使权利、履行义务提供必要条件；

（七）组织和参加律师执业责任保险；

（八）对实习律师加强管理；

（九）对律师的执业活动进行考核；

（十）按规定交纳会费；

（十一）承担本会委托的工作。

第十三条 个人会员应当在本人执业注册所在地的省、自治区、直辖市律师协会办理会员登记手续。

第四章 全国律师代表大会

第十四条 全国律师代表大会是本会的最高权力机构。代表由个人会员组成。

全国律师代表大会每届四年。因特殊情况需提前或延期换届的，须由常务理事会表决通过。全国律师代表大会必须有三分之二以上的代表出席方能召开，其决议须经到会代表半数以上表决通过方能生效。

第十五条 全国律师代表大会代表由省、自治区、直辖市律师协会从个人会员中选举或推举产生。各省、自治区、直辖市律师协会中担任会长的执业律师为全国律师代表大会的当然代表。

根据需要，本会可以邀请有关人士作为特邀代表参加全国律师代表大会。

全国律师代表大会代表应当出席代表大会,并行使下列职权:

(一)在代表大会上行使审议权、表决权、提案权、提议权、选举权和被选举权;

(二)联系会员、反映会员呼声、维护会员权益;

(三)章程规定的其他职权。

第十六条 全国律师代表大会的职权是:

(一)制定修改本会章程;

(二)讨论并决定本会的工作方针和任务;

(三)审议本会理事会的工作报告、财务报告和监事会工作报告;

(四)选举、罢免理事、监事;

(五)制定和修改会费标准;

(六)决定终止事宜;

(七)审议大会主席团提出的其他重大事宜。

第五章 理事会、常务理事会及负责人

第十七条 本会理事会由全国律师代表大会选举产生。理事会是全国律师代表大会的常设机构,对全国律师代表大会负责。理事会任期四年。

本会理事成员应从具有良好的政治素质和职业道德、较高的业务水平,执业三年以上,具有奉献精神,热心律师行业公益活动的执业律师代表中选举产生。

理事应当履行诚信和勤勉义务,维护本会利益,接受代表对其履行职责的监督和合理建议。

第十八条 理事会职责:

(一)执行全国律师代表大会的决议;

(二)选举和罢免会长、副会长、常务理事;

(三)筹备召开全国律师代表大会;

(四)向全国律师代表大会报告工作和财务状况;

(五)在全国律师代表大会闭会期间,讨论决定重大事项;

(六)增补或更换理事;

(七)审议、批准常务理事会的年度工作报告和财务报告;

(八)决定办事机构、分支机构、代表机构和实体机构的设立、变更和注销;

(九)根据工作需要,决定聘请名誉会长和顾问;

(十)其他应由理事会履行的职责。

第十九条 理事会全体会议选举会长、副会长及常务理事若干名组成常务理事会。常务理事人数不得超过理事人数的三分之一。每届常务理事的更新应不少于三分之一。

常务理事会在理事会闭会期间主持本会工作,按照理事会的决议研究、决定、部署本会的工作,行使第十八条第(一)、(三)、(五)、(六)、(八)、(九)项职责,对理事会负责。

第二十条 理事会会议每年至少举行一次,常务理事会会议一般三个月举行一次。情况特殊的,可采用通讯形式召开。

第二十一条 本会设会长一名,副会长若干名,每届任期四年。会长可以连选连任,但连续任期不得超过两届。副会长可以连选连任,但连任一般不超过两届。

会长、副会长应当具备下列条件:

(一)拥护中国共产党领导,拥护社会主义法治,坚持党的路线、方针、政策,具有良好的政治素质;

(二)执业十年以上,在业内具有较高的影响力;

(三)最高任职年龄一般不超过七十周岁;

(四)身体健康,能坚持正常工作;

(五)无法律法规规章和行业规范禁止任职的其他情形。

第二十二条 会长为本会法定代表人。

因特殊情况,经会长委托、理事会同意,报业务主管单位审查并经社团登记管理机关批准后,可以由副会长担任法定代表人。

法定代表人代表本会签署有关重要文件。

本会法定代表人不得兼任其他团体法定代表人。

第二十三条 会长行使下列职权:

(一)主持律师代表大会;

(二)召集和主持理事会、常务理事会;

(三)检查全国律师代表大会、理事会、常务理事会决议的落实情况;

(四)行使理事会授予的其他职权。

副会长协助会长开展工作。必要时,可受会长委托,召集、主持理事会、常务理事会会议。

第二十四条 本会实行会长办公会议制度,会长办公会议由会长、副会长组成,由会长定期召集开会。会长办公会议负责督促、落实理事会、常务理事会决议和决定。

第六章 监事会

第二十五条 本会监事会由全国律师代表大会选举产生。监事会是全国律师代表大会的监督机构,对全国律师代表大会负责。监事会与理事会任期相同。

监事会设监事长一名,副监事长若干名。监事应从具有良好的政治素质和职业道德,较高业务水平,执业十

年以上,年龄一般不超过七十周岁,坚持原则、公道正派的执业律师代表中选举产生。

监事应当遵守有关法律法规和本会章程,忠实、勤勉履行职责。

第二十六条 本会的会长、副会长、常务理事、理事和财务管理人员不得兼任监事。

第二十七条 监事会职责:

(一)监督理事会、常务理事会执行全国律师代表大会决议的情况;

(二)监督理事、常务理事履行职责的情况,对严重违反本会章程或者全国律师代表大会决议的人员提出罢免建议;

(三)检查本会财务报告,监督会费的收缴使用情况,监督预算执行及重大事项的财务收支情况;

(四)指派监事列席理事会、常务理事会会议,并对决议事项提出质询或建议;

(五)监督专门委员会、专业委员会履行职责的情况;

(六)对理事、常务理事、财务管理人员损害本会利益的行为,要求其及时予以纠正;

(七)全国律师代表大会授权其履行的其他监督职责。

第二十八条 监事会全体会议推举产生监事长、副监事长。

监事长和副监事长可以连选连任,但连任不得超过两届。

第二十九条 监事会每年至少举行一次会议。监事会由监事长召集和主持,监事长因特殊原因不能履行职务的,由监事长指定的副监事长召集和主持。监事会会议须有三分之二以上监事出席方能召开,其决议须经到会监事半数以上通过方为有效。

第七章 秘书处与专门委员会、专业委员会

第三十条 本会设秘书处,负责实施全国律师代表大会、理事会、常务理事会的各项决议、决定,承担本会日常工作。

第三十一条 本会秘书处设秘书长一名,副秘书长若干名。秘书长由常务理事会聘任,副秘书长由秘书长提名,常务理事会决定。

秘书长在常务理事会的授权范围内,领导秘书处开展工作。秘书长、副秘书长列席理事会议、常务理事会议、会长办公会议。

秘书长履行下列职责:

(一)主持秘书处日常工作;

(二)组织实施律师代表大会、理事会、常务理事会的各项决议;

(三)拟定秘书处机构设置方案;

(四)制定、实施秘书处各项规章制度;

(五)向常务理事会提请聘任或解聘副秘书长;

(六)完成律师代表大会、理事会、常务理事会、会长交办的其他工作;

(七)协调与司法行政等机关的关系。

第三十二条 专门委员会是本会履行职责的专门工作机构。本会设立维护律师执业合法权益委员会、律师纪律委员会、规章制度委员会、财务委员会等。经常务理事会决定,可以设立其他专门委员会。

第三十三条 本会设立若干专业委员会。各委员会设主任一名,副主任若干名和委员若干名。专业委员会的设置、调整和主任、副主任人选由常务理事会决定。

专业委员会按照专业委员会工作规则,组织开展理论研究和业务交流活动,起草律师有关业务规范。

常务理事会可以聘请专家、学者和有关领导担任专业委员会的顾问。

第八章 奖励、惩戒与纠纷调解

第三十四条 本会可以对团体会员、个人会员进行奖励和惩戒。

第三十五条 对会员的奖励和惩戒规则,由本会理事会制定。

第三十六条 会员有下列情形之一的,由本会给予奖励:

(一)在民主与法治建设中作出突出贡献的;

(二)在维护国家和人民利益方面作出重大贡献的;

(三)推进律师行业党建工作成绩突出的;

(四)成功办理在全国或本地区有重大影响的案件,成绩显著的;

(五)对完善立法和司法工作起到推动作用,为律师事业的改革发展作出突出贡献的;

(六)其他应予奖励的情形。

第三十七条 地方律师协会依据本会惩戒规则对会员有下列行为之一的,应当给予行业纪律处分:

(一)违反律师法和其他法律法规规定的;

(二)违反本章程和律师行业规范的;

(三)严重违反社会公共道德,损害律师职业形象和信誉的;

(四)违反律师职业道德和执业纪律的;

(五)其他应受处分的违纪行为。

对于会员的违法违纪行为,律师协会有权建议有处罚权的行政部门给予行政处罚;个人会员是中国共产党党员的,或者团体会员设立党的组织的,律师协会应当建议其所属党组织依纪依规处理。

第三十八条 律师协会作出处分决定前,应认真听取当事人的申辩。作出中止会员权利、取消会员资格的处分决定前,当事人有要求听证的权利。当事人要求听证的,律师协会应当组织听证。

第三十九条 会员因违法违纪受到司法行政部门停止执业处罚的,在停止执业期间,不享有本会的选举权、被选举权等会员权利。

第四十条 本会可以调解会员间的纠纷、会员与当事人的纠纷。

第九章 资产管理、使用

第四十一条 本会经费来源包括:
(一)会费;
(二)财政拨款;
(三)社会捐赠;
(四)其他合法收入。

第四十二条 会员必须履行交纳会费的义务。各省、自治区、直辖市律师协会收缴本地区会员的会费,本会向各省、自治区、直辖市律师协会收缴会费。

对截留、拖欠本会会费的各省、自治区、直辖市律师协会及其会员可给予通报批评。

第四十三条 地方律师协会确定的会费标准,应报本会备案。

第四十四条 各省、自治区、直辖市向本会交纳会费的数额,由本会理事会根据国家规定的标准和各地律师人数、业务发展状况、业务总收入等确定。

第四十五条 会费按年度收缴,会员必须于每年年度考核前交纳会费。各省、自治区、直辖市律师协会应于每年六月三十日前向本会交纳会费。

第四十六条 本会应加强对会费的收缴和管理,制定会费的预、决算计划,单独建立会费收支账目,每年将会费收支情况提交会计师事务所审计,并将审计结果向理事会报告,接受会员的监督。

第四十七条 会费应用于下列开支:
(一)工作和业务研讨会议支出;
(二)本会执行机构的各项支出;
(三)开展律师国内和国际交流活动;
(四)进行律师舆论宣传;
(五)律师专门委员会、专业委员会活动的开展;
(六)维护律师合法权益、奖惩会员;
(七)为会员提供学习资料和培训;
(八)对特殊困难会员给予补助;
(九)会员福利事业;
(十)党的建设工作;
(十一)经常务理事会通过的其他必要支出。

第四十八条 会费收支具体管理办法由本会制定,报有关部门备案。

第四十九条 本会建立严格的财务管理制度,保证会计资料合法、真实、准确、完整。

第五十条 本会配备具有专业资格的会计人员。会计不得兼任出纳。会计人员必须进行会计核算,实行会计监督。会计人员调动工作或者离职时,必须与接管人员办清交接手续。

第五十一条 本会的资产管理必须执行国家规定的财务管理制度,接受全国律师代表大会和有关部门的监督。资产来源属于国家拨款或者社会捐赠、资助的,必须接受审计机关的监督,并将有关情况以适当方式向社会公布。

第五十二条 本会换届或者更换法定代表人之前必须进行财务审计。

第五十三条 本会经费必须用于本章程规定的业务范围和事业的发展,不得在会员中分配。

本会的资产,任何单位、个人不得侵占、私分和挪用。

第五十四条 本会终止后的剩余财产,在业务主管单位和社团登记管理机关的监督下,按照国家有关规定,用于发展与本会宗旨相关的事业。

第十章 附 则

第五十五条 经中华人民共和国司法部批准在中华人民共和国设立办事机构的外国律师事务所常驻律师和在内地设立办事机构的香港、澳门律师事务所的常驻律师,应当受本会和所在地律师协会的监督、管理。具体规定由本会另行制定。

第五十六条 本会为加强交流合作,可以吸收香港法律执业者和澳门执业律师成为特邀会员。具体规定由本会另行制定。

第五十七条 本章程由全国律师代表大会修改。出现下列情形时,应当修改章程:
(一)章程的规定与宪法、律师法或有关法律、行政法规、规章规定相抵触的;
(二)全国律师代表大会决定修改章程。

章程的修改,必须有全体代表的三分之二以上(含本数)出席,并经出席代表的三分之二以上(含本数)通过。

本章程由常务理事会负责解释。

第五十八条　本章程经全国律师代表大会表决通过后,报中华人民共和国民政部核准之日起实施。

第五十九条　本章程报中华人民共和国司法部备案。

律师执业年度考核规则

- 2010年8月13日
- 律发通〔2010〕25号

第一章　总　则

第一条　为了规范律师执业年度考核工作,加强对律师执业活动的监督,根据《中华人民共和国律师法》《律师事务所年度检查考核办法》、《中华全国律师协会章程》的规定,结合律师行业自律实际,制定本规则。

第二条　律师执业年度考核,是指律师协会在律师事务所对本所律师上一年度执业活动进行考核的基础上,对律师的执业表现做出评价,并将考核结果报司法行政机关备案,记入律师执业档案。

律师执业年度考核,应当教育、引导和监督律师遵守宪法和法律,遵守律师职业道德和执业纪律,依法、诚信、尽责执业,忠实履行中国特色社会主义法律工作者的职业使命,维护当事人合法权益,维护法律正确实施,维护社会公平和正义。

第三条　对律师执业活动进行年度考核,应当坚持依法、公正、公开的原则。

第四条　律师执业年度考核,由设区的市级律师协会和直辖市律师协会负责组织实施;设区的市未建立律师协会的,可以由所在的省、自治区律师协会负责组织实施。

省、自治区、直辖市律师协会指导、监督本区域的律师执业年度考核工作。

第五条　律师事务所应当建立律师执业年度考核制度,负责组织对本所律师上一年度执业活动进行考核评议,出具考核意见。

律师协会应当建立律师执业年度考核结果评定机制,负责确定律师执业年度考核结果。

第六条　律师协会组织实施律师执业年度考核的工作,应当接受司法行政机关的指导、监督。

第二章　考核对象和考核内容

第七条　所有身为律师协会会员的执业律师,均应当按照本规则参加律师执业年度考核。但参加考核的律师有下列情形之一的,不评定考核等次:

(一)获准执业不满三个月的;

(二)上一年度参加脱产学习、培训的;

(三)上一年度因病暂停执业的。

第八条　律师执业年度考核,主要考核下列内容:

(一)律师在执业活动中遵守宪法、法律、法规和规章,遵守职业道德、执业纪律和行业规范,履行法定职责的情况;

(二)律师遵守律师协会章程,履行会员义务的情况;

(三)律师办理法律服务业务的数量、类别和服务质量,办理重大案件、群体性案件的情况;

(四)律师履行法律援助义务,参加社会服务及其他社会公益活动的情况;

(五)律师受行政奖惩、行业奖惩的情况;

(六)省、自治区、直辖市律师协会根据需要要求考核的其他事项。

第三章　考核等次和评定标准

第九条　律师执业年度考核结果分为"称职"、"基本称职"、"不称职"三个等次。

考核等次是律师协会对律师上一年度执业表现的总体评价。

第十条　律师执业活动符合下列标准的,考核等次为"称职":

(一)能够遵守宪法和法律,遵守职业道德、执业纪律和行业规范,较好地履行法定职责;

(二)能够依法、诚信、尽责地为当事人提供法律服务,未因执业违法违规行为受到行政处罚或者行业惩戒;

(三)能够履行法律援助义务,参加社会服务及其他社会公益活动;

(四)能够遵守律师协会章程,履行会员义务,遵守本所章程及管理制度。

第十一条　律师执业活动有下列情形之一的,考核等次为"基本称职":

(一)因执业不尽责、不诚信、不规范等行为受到律师事务所重点指导、监督或者受到当事人投诉被查实的;

(二)因违反职业道德、执业纪律或者行业规范受到行业惩戒,但已按要求改正的;

(三)因执业违法行为受到停止执业以下行政处罚的。

第十二条　律师执业活动有下列情形之一的,考核等次为"不称职":

(一)因违反职业道德、执业纪律或者行业规范受到行业惩戒,未按要求改正的;

(二)因执业违法行为受到停止执业行政处罚的;

(三)参加执业年度考核有弄虚作假行为或者拒不参加执业年度考核的;

(四)有其他违法违规、违反会员义务行为,造成恶劣社会影响的。

第四章 考核程序

第十三条 律师执业年度考核,应当在每年第一个季度集中办理,并与司法行政机关对律师事务所的年度检查考核工作相衔接。具体工作流程和时间安排,由省、自治区、直辖市律师协会规定。

第十四条 律师参加执业年度考核,应当按照规定的时间向律师事务所提交本人上一年度执业情况总结,并填报、提交下列材料:

(一)律师执业年度考核登记表;

(二)获得行政或者行业表彰奖励、受到行政处罚或者行业惩戒的证明材料;

(三)履行律师协会会员义务的证明材料;

(四)省、自治区、直辖市律师协会要求提供的其他材料。

上一年度因变更执业机构新转入的律师,应当同时提交变更前所在律师事务所对其执业表现的鉴定意见。

第十五条 律师事务所应当召开律师执业年度考核工作会议,听取律师个人总结,组织进行民主评议。根据考核评议情况,由律师事务所依据本规则规定的考核内容、考评标准,对律师上一年度的执业表现出具考核意见。

律师事务所的考核意见应当送交律师本人阅签意见。

规模较大的律师事务所可以成立律师执业年度考核工作委员会,负责组织开展律师执业年度考核工作。

第十六条 律师事务所完成律师执业年度考核工作后,应当按照规定的时间将对律师执业的年度考核意见及律师执业情况总结等相关材料报送所在地设区的市级律师协会或者直辖市律师协会。

第十七条 设区的市级律师协会和直辖市律师协会应当依据本规则规定的考核内容、考评标准,对律师事务所提交的律师执业年度考核意见及律师执业情况总结等相关材料进行审查,确定律师执业的年度考核结果。

在审查中发现律师执业年度考核意见与实际情况不符,或者收到相关投诉、举报的,可以进行调查核实,或者责成律师事务所对该律师重新进行考核。

第十八条 律师执业年度考核结果确定后,设区的市级律师协会和直辖市律师协会应当将考核结果在本地律师协会网站上予以公示。公示期不少于七日。

律师对考核结果有异议的,可以向出具考核结果的律师协会申请复核。出具考核结果的律师协会应当自收到申请之日起十日内进行复核,并将复核结果书面告知申请人及其所在的律师事务所。

第十九条 设区的市级律师协会和直辖市律师协会应当按照当地司法行政机关规定的时间将律师执业年度考核结果报所在地设区的市级或者直辖市区(县)司法行政机关备案;由其通过备案审查后,在律师执业证书上加盖"律师年度考核备案"专用章。

第二十条 律师因涉嫌违法违规正在接受查处的,或者律师所在的律师事务所受到停业整顿处罚且处罚期未满的,设区的市级律师协会和直辖市律师协会应当暂缓确定律师执业年度考核结果,待有查处结果或者停业整顿处罚期满后再予审查确定。

第二十一条 律师不按规定参加执业年度考核的,律师事务所应当如实报告,由设区的市级律师协会或者直辖市律师协会责令其限期参加执业年度考核;逾期仍不参加考核的,由律师协会直接出具"不称职"的考核结果。

第二十二条 律师经年度考核被评定为"不称职"的,设区的市级律师协会或者直辖市律师协会应当根据其存在的问题,书面责令其改正,并安排其参加律师协会组织的培训教育。律师连续两年被评定为"不称职"的,由律师协会给予通报批评或者公开谴责的行业惩戒;情节严重的,建议司法行政机关依法给予相应的行政处罚,也可以建议律师事务所与其解除聘用关系或者经合伙人会议通过将其除名。

第二十三条 在律师执业年度考核中,设区的市级律师协会或者直辖市律师协会发现律师有违反职业道德、执业纪律或者行业规范行为的,应当依照规定给予相应的行业惩戒;发现律师有违法行为的,应当移交司法行政机关依法给予相应的行政处罚。

第二十四条 设区的市级律师协会组织完成本区域律师执业年度考核工作后,应当将开展律师执业年度考核的情况总结及考核结果报省、自治区律师协会备案,同时抄送所在设区的市级司法行政机关。

省、自治区、直辖市律师协会应当于每年的4月30日前将本区域开展律师执业年度考核的情况总结报告中华全国律师协会,同时抄送省、自治区、直辖市司法行政机关。

中华全国律师协会按年度编制全国律师执业年度考核工作报告,报司法部备案。

第五章 附 则

第二十五条 律师事务所分所的律师，参加分所所在地设区的市级律师协会或者直辖市律师协会组织实施的执业年度考核。考核结果应当抄送设立分所的律师事务所及其所在地设区的市级律师协会或者直辖市律师协会。

第二十六条 省、自治区、直辖市律师协会可以根据本规则制定实施细则，报中华全国律师协会备案。

第二十七条 本规则自 2011 年 1 月 1 日起施行。

申请律师执业人员实习管理规则

- 2021 年 3 月 26 日
- 律发通〔2021〕3 号

第一章 总 则

第一条 为了规范申请律师执业人员的实习活动，完善律师执业准入制度，确保为律师队伍培养、输送合格人才，根据《中华人民共和国律师法》、司法部《律师执业管理办法》以及《中华全国律师协会章程》等有关规定，制定本规则。

第二条 为申请律师执业依法需要参加实习的人员（以下简称实习人员），其实习活动的管理适用本规则。

第三条 律师协会应当坚持以习近平新时代中国特色社会主义思想为指导，深入学习贯彻习近平法治思想，根据律师是中国特色社会主义法治工作队伍重要组成部分的定位，按照"政治坚定、精通法律、维护正义、恪守诚信"的培养目标和本规则规定，组织管理实习人员的实习活动，指导律师事务所和实习指导律师做好实习人员的教育、训练和管理工作，严格实习考核，确保实习质量。

律师协会对实习活动的管理，应当接受司法行政机关的指导和监督。

第四条 实习人员的实习期为一年，自《申请律师执业人员实习证》签发之日起计算。

实习人员在实习期间应当参加律师协会组织的集中培训和律师事务所安排的实务训练，遵守实习管理规定，实习期满接受律师协会的考核。

拟申请专职律师执业的实习人员为中国共产党党员的，实习期间应当按照规定转接组织关系。

第二章 实习登记

第五条 申请实习人员应当符合下列条件：

（一）拥护中国共产党领导，拥护社会主义法治，尊崇宪法；

（二）取得法律职业资格证书或者律师资格凭证；

（三）品行良好；

（四）具有完全民事行为能力。

第六条 有下列情形之一的，不符合本规则第五条规定的"品行良好"条件：

（一）因故意犯罪受过刑事处罚的；

（二）被开除公职的；

（三）因违法违纪行为被国家机关、事业单位辞退的；

（四）因违犯党纪受到撤销党内职务以上处分的；

（五）被吊销律师、公证员执业证书的；

（六）因违法违规行为被相关行业主管机关或者行业协会撤销其他职业资格或者吊销其他执业证书的；

（七）因违反治安管理行为被处以行政拘留的；

（八）因严重失信行为被国家有关单位确定为失信联合惩戒对象并纳入国家信用信息共享平台的；

（九）受到不得再次申请实习的处分，处分期限未满的；

（十）有其他产生严重不良社会影响行为的。

前款所列第（三）、（四）、（六）、（七）、（十）项情形发生在申请实习人员十八周岁以前或者发生在实习登记三年以前，且申请实习人员确已改正的，应当提交书面承诺及相关证明材料，经律师协会设立的专门委员会审核同意，可以准予实习登记。

申请实习人员在移出失信联合惩戒对象名单之前，不得准予实习登记。移出失信联合惩戒对象名单后，按照本条第二款的规定提交相应书面承诺，经律师协会设立的专门委员会审核同意的，可以准予实习登记。

第七条 拟申请实习的人员，应当通过同意接收其实习的律师事务所向该所住所地设区的市级律师协会申请实习登记，并提交下列材料：

（一）《实习申请表》；

（二）申请实习人员与律师事务所签订的《实习协议》；

（三）申请实习人员法律职业资格证书或者律师资格凭证复印件；

（四）申请实习人员身份证复印件，非实习地户籍人员应当提交实习地公安机关核发的居住证复印件或其他能够证明其在实习地居住的证明材料；

（五）申请实习人员出具的本人符合本规则第五条规定的申请实习条件且不具有本规则第六条规定情形的书面承诺；

（六）申请实习人员能够参加全部实习活动的书面承诺；

（七）申请实习人员近六个月内一寸免冠照片一张；

（八）同意接收申请实习人员实习的律师事务所出具的本所符合本规则第八条规定和不具有本规则第九条规定情形的书面承诺；

（九）拟任实习指导律师出具的本人符合本规则第十条规定条件的书面承诺；

（十）申请实习人员为中国共产党党员的，提交组织关系转接证明；

（十一）省、自治区、直辖市律师协会规定的其他材料。

拟兼职律师执业的人员申请实习登记的，除提交前款规定的相关材料外，还应当提交在高等院校、科研机构从事法学教育、研究工作的书面承诺和所在单位同意其实习的证明。

实习人员对提交的上述材料真实性承担责任；接收实习的律师事务所对实习人员提交的上述材料的真实性进行形式审查。

第八条　律师事务所接收实习人员实习应当符合下列条件：

（一）拥护中国共产党领导，拥护社会主义法治，尊崇宪法，遵守法律法规和律师行业规范；

（二）按照规定接受律师事务所年度检查考核，且考核结果合格；

（三）符合当地律师协会规定的接收实习人员的其他条件。

第九条　律师事务所有下列情形之一的，不得接收实习人员实习：

（一）无符合规定条件的实习指导律师的；

（二）受到警告、罚款、没收违法所得的行政处罚或者训诫、警告、通报批评、公开谴责的行业处分，自被处罚或者处分之日起未满一年的；

（三）受到停业整顿行政处罚或者律师协会中止会员权利的行业处分，处罚、处分期限未满或者期限届满后未满三年的；

（四）受到禁止接收实习人员实习的处分，处分期限未满的；

（五）律师事务所党组织因违反党章和其他党内法规，不履行或者不正确履行职责被问责后未满一年的；

（六）发生《律师事务所管理办法》第三十一条规定的终止事由的；

（七）未履行《律师事务所管理办法》第五十条规定的管理职责的；

（八）因严重失信行为被国家有关单位确定为失信联合惩戒对象并纳入相关国家信用信息共享平台的。

第十条　实习指导律师应当符合下列条件：

（一）具有较高的政治素质，拥护中国共产党领导，拥护社会主义法治，尊崇宪法，忠实履行中国特色社会主义法治工作者职责使命；

（二）具有较高的职业道德素质，严格遵守律师执业行为规范，勤勉敬业，责任心强；

（三）具有较高的业务素质和丰富的实务经验，具备五年以上的执业经历；

（四）按照规定参加当年律师执业年度考核并且连续三年考核结果为"称职"等次；

（五）五年内未受到过司法行政机关的行政处罚或者律师协会的行业处分，且执业过程中未受到过停止执业的行政处罚或者律师协会中止会员权利的行业处分；党员律师五年内未受到过党纪处分；

（六）五年内未受到过禁止指导实习人员实习的处分；

（七）未因严重失信行为被国家有关单位确定为失信联合惩戒对象并纳入国家信用信息共享平台的。

一名实习指导律师同时指导的实习人员不得超过二名；司法部另有规定的，从其规定。

第十一条　申请实习人员与同意接收其实习的律师事务所签订的《实习协议》，应当包括下列主要内容：

（一）申请实习人员姓名；

（二）律师事务所名称、住所；

（三）实习指导律师的姓名、律师执业证号、执业年限；

（四）拟安排实习的起止日期；

（五）申请实习人员和律师事务所双方的权利、义务及违约责任；

（六）律师事务所与实习人员约定的实习期间劳动报酬或者生活补助；劳动报酬或者生活补助标准不得低于所在地最低工资，不得变相转嫁由实习人员承担，不得违反《劳动合同法》的规定。

《实习协议》自设区的市级律师协会准予实习登记之日起生效。

第十二条　设区的市级律师协会应当自收到申请实习登记材料之日起二十日内予以审核，对于符合规定条件的，准予实习登记，并向申请实习人员颁发《申请律师执业人员实习证》；对于不符合规定条件的，不准予实习登记，并书面告知申请实习人员和拟接收其实习的律师事务所不准予实习登记的理由，同时将不准予实习登记的决定报省、自治区、直辖市律师协会备案，抄送当地设区的市级或者直辖市区（县）司法行政机关。

申请实习人员对不准予实习登记决定有异议的，可以自收到书面通知之日起十五日内，向作出决定的律师协会或者省、自治区、直辖市律师协会书面申请复核。律师协会应当自收到复核申请之日起十五日内进行复核，并将复核结果通知申请人。

第十三条 申请实习人员、拟接收其实习的律师事务所或者实习指导律师不符合本规则规定条件的，不准予其实习登记。因律师事务所或者实习指导律师不符合本规则规定条件而不准予实习登记的，律师协会应当告知申请实习人员另行选择接收其实习的律师事务所或者向律师事务所提出另行安排实习指导律师。

申请实习人员因涉嫌违法犯罪被立案查处的，应当暂缓实习登记，待案件查处有结果后再决定是否准予其实习登记。

第十四条 有下列情形之一的，可以由准予实习登记的律师协会撤销实习登记，收缴实习证，已进行的实习无效：

（一）律师协会工作人员滥用职权、玩忽职守作出准予申请实习登记的；

（二）超越法定职权作出准予实习登记的；

（三）违反法定程序作出准予实习登记的；

（四）对不具备申请资格或者不符合法定条件的申请人准予实习登记的；

（五）有其他不符合实习登记条件情形的。

申请实习人员以欺诈、贿赂等不正当手段取得实习登记的，应当予以撤销，并视情节给予其一到二年内不得再次申请实习的处分；情节严重的，给予其三年内不得再次申请实习的处分。

省、自治区、直辖市律师协会发现有本条第一款规定情形的，可以责令准予实习登记的律师协会撤销实习登记。

第三章 集中培训

第十五条 实习人员的集中培训，由省、自治区、直辖市律师协会或者设区的市级律师协会组织进行。每期集中培训的时间不得少于一个月。

集中培训大纲由中华全国律师协会制定。集中培训教材，由中华全国律师协会组织编写或者指定。

第十六条 集中培训包括下列内容：

（一）习近平新时代中国特色社会主义思想，特别是习近平法治思想；

（二）党的路线、方针、政策；

（三）中国共产党党史、国史教育；

（四）律师制度和律师的定位及其职责使命；

（五）律师执业管理规定；

（六）律师职业道德和执业纪律；

（七）律师实务知识和执业技能。

组织集中培训的律师协会可以根据本地实际情况增加培训内容，组织编写相关培训教材。

第十七条 律师协会可以自行组织集中培训，也可以与当地司法行政机关的培训机构或者高等法学院校合作组织集中培训。律师协会自行组建培训机构或者与其他单位合作组建培训机构的，应当报中华全国律师协会备案。

中华全国律师协会可以组织示范性集中培训，实习人员参加培训取得的结业证书在全国范围内有效。

第十八条 律师协会组织集中培训，应当选聘具有较高政治素质、职业道德素质、业务素质和丰富实务经验的执业律师担任授课教师，也可以根据培训需要选聘有关专家、学者和立法、司法、行政机关工作人员及律师行业党委委员、行业协会工作人员担任授课教师。

中华全国律师协会可以推荐授课教师人选名单，供组织集中培训的律师协会选聘。

第十九条 集中培训结束时，应当对参加集中培训的实习人员进行考核。实习人员经考核合格的，由组织培训的律师协会颁发《实习人员集中培训结业证书》；考核不合格的，应当再次参加集中培训，所需时间不计入实习时间。

第四章 实务训练

第二十条 实习人员的实务训练，由接收其实习的律师事务所负责组织实施。

律师事务所应当按照中华全国律师协会制定的实务训练指南，指派符合条件的律师指导实习人员进行实务训练，并为实习人员进行实务训练提供必要的条件和保障。

第二十一条 实习指导律师应当履行下列职责：

（一）对实习人员进行律师职业道德和执业纪律教育；

（二）指导实习人员学习掌握律师执业管理规定；

（三）指导实习人员学习掌握律师执业业务规则；

（四）指导实习人员进行律师执业基本技能训练；

（五）监督实习人员的实习表现，定期记录并作出评

估,发现问题及时纠正;

(六)在实习结束时对实习人员的政治素质、道德品行、执业素养以及完成集中培训和实务训练的情况、遵守律师职业道德和实习纪律的情况出具考评意见。

第二十二条 律师事务所应当对实习活动履行下列管理职责:

(一)制定实习指导计划,健全实习指导律师和实习人员管理制度;

(二)组织实习人员参加律师事务所政治、业务学习和实践活动;

(三)定期或者适时召开会议,通报实习人员的实习情况,研究改进实习工作的措施;

(四)对实习指导律师履行职责的情况进行监督,发现问题及时纠正,对严重违背规定职责的,应当停止其指导实习的工作;

(五)对实习人员在实习期间的表现及实习效果进行监督和考查,并在实习结束时为其出具《实习鉴定书》。

律师事务所党组织对实习人员在实习期间的政治表现进行考查;律师事务所为实习人员出具《实习鉴定书》应当征求律师事务所党组织意见。

第二十三条 律师事务所及实习指导律师不得指使或者放任实习人员有下列行为:

(一)独自承办律师业务;

(二)以律师名义在委托代理协议或者法律顾问协议上签字,对外签发法律文书;

(三)以律师名义在法庭、仲裁庭上发表辩护或者代理意见;

(四)以律师名义洽谈、承揽业务;

(五)以律师名义印制名片及其他相关资料,或者以其他方式公开宣称自己为律师;

(六)其他依法应当以律师名义从事的活动。

第二十四条 实习人员在实习期间有下列行为之一的,律师事务所应当给予批评教育,责令改正,并向准予其实习登记的律师协会报告。律师协会应当给予该实习人员警告处分;情节严重的,责令其停止实习,收缴实习证,并给予其二年内不得再次申请实习的处分:

(一)私自以律师名义从事本规则第二十三条所列违规行为的;

(二)不服从律师事务所及实习指导律师监督管理的;

(三)有其他违反实习管理规定或者损害律师职业形象行为的。

第二十五条 实习人员在实习期间被发现不符合本规则第五条规定或者有第六条第一款所列情形之一的,律师事务所应当及时向准予其实习登记的律师协会报告。经查证属实的,律师协会应当责令其停止或者中止实习,收缴实习证,并区别下列情况给予相应的处理:

(一)实习人员因不符合本规则第五条第(一)项,或因有本规则第六条第一款第(一)、(二)、(五)项规定情形之一被停止实习的,不得再次申请实习;

(二)实习人员因不符合本规则第五条第(二)、(四)项规定条件而停止实习的,在其取得法律职业资格证书或者具有完全民事行为能力之前,不得再次申请实习;

(三)实习人员因有本规则第六条第一款第(三)、(四)、(六)、(七)、(十)项规定情形之一被停止实习的,应当给予其三年内不得再次申请实习的处分;

(四)实习人员因有本规则第六条第一款第(八)项规定情形而被中止实习的,在移出失信联合惩戒对象名单并提交相应书面承诺后可以恢复实习。

实习人员对律师协会依据本规则规定作出的停止、中止其实习的决定有异议的,可以自收到处分决定之日起十五日内,向作出决定的律师协会或者省、自治区、直辖市律师协会申请复核。律师协会应当自收到复核申请之日起十五日内进行复核,并将复核结果通知申请人。

第二十六条 实习人员应当妥善保管、依规使用《申请律师执业人员实习证》。实习证损毁或者遗失的,应当通过律师事务所向准予其实习登记的律师协会申请换领或者补发。

第二十七条 实习人员因实习指导律师患病、离职或者不符合本规则第十条规定条件等非自身原因中断实习的,律师事务所应当在知情后十五日内为实习人员重新安排符合条件的实习指导律师,并将变更后的实习指导律师基本情况报准予其实习登记的律师协会审查,实习人员已进行的实习有效。

第二十八条 实习人员因接收其实习的律师事务所未能履行实习协议而被中断实习,或者因律师事务所不符合本规则第八条规定条件和发生本规则第九条规定的情形而被中断实习的,可以在六十日内向准予其实习登记的律师协会申请转到另一家律师事务所实习,已进行的实习有效。

律师协会同意实习人员转所实习的,应当为其办理实习变更登记。原律师事务所应当将转所人员的实习情况记录及评估意见移交新接收其实习的律师事务所。

第五章 实习考核

第二十九条 实习人员应当自实习期满之日起一年内，通过其实习的律师事务所向负责实习考核的律师协会提出实习考核申请，并提交下列材料：

（一）实习人员撰写的实习总结；

（二）实习指导律师出具的考评意见；

（三）律师事务所出具的《实习鉴定书》；

（四）律师协会颁发的《实习人员集中培训结业证书》；

（五）实习人员完成实务训练项目的证明材料；

（六）《申请律师执业人员实习证》；

（七）负责实习考核的律师协会规定的其他材料。

实习人员无正当理由未按时提出考核申请的，不得再就当期实习申请考核；拟申请律师执业的，应当重新进行为期一年的实习。

第三十条 律师协会应当自收到律师事务所提交的实习考核申请材料之日起二十日内，按照中华全国律师协会制定的《申请律师执业人员实习考核规程》，对实习人员进行考核。

因同一时期申请考核的人员过多或者有其他特殊情况的，律师协会可以推迟考核，但推迟的时间不得超过三十日。

实习人员因涉嫌违法违规正在接受查处的，实习考核应当暂停，待查处结果作出后再决定是否继续进行考核。

第三十一条 律师协会应当设立专门委员会，具体组织实施对实习人员的考核工作。

第三十二条 律师协会对实习人员进行考核，应当坚持依法、合规、公平、公正的原则，对实习人员的政治素质、道德品行、执业素养以及完成实习项目的情况、遵守律师行业规范和实习纪律的情况进行全面考核，据实出具考核意见。

第三十三条 对实习人员的考核，应当按照书面审查、面试考核、公示的程序依次进行。

负责实习考核的律师协会还可以采取实地考察、与实习指导律师访谈等方式，对实习人员的实习场所、实务训练档案等进行抽查了解，检查实习人员的实习情况。

第三十四条 实习人员经律师协会考核合格的，律师协会应当为其出具考核合格意见，在十日内书面通知被考核的实习人员及接收其实习的律师事务所，同时将考核结果报省、自治区、直辖市律师协会备案，抄送当地设区的市级或者直辖市区(县)司法行政机关。

第三十五条 实习人员考核不合格的，律师协会应当对其出具考核不合格的意见，并区别下列情况给予相应的处理：

（一）不符合本规则第五条第（一）项规定或者有本规则第六条第一款第（一）、（二）、（五）项所列情形之一的，应当出具考核不合格的意见，且该实习人员不得再次申请实习；

（二）有本规则第六条一款第（三）、（四）、（六）、（七）、（十）项所列情形之一的，应当出具考核不合格的意见，并给予三年内不得再次申请实习的处分；

（三）有本规则第二十四条规定的严重违反实习纪律的行为之一的，应当出具考核不合格的意见，并给予二年内不得再次申请实习的处分；

（四）不符合本规则第五条第（四）项规定条件的，应当出具考核不合格意见，实习人员恢复完全民事行为能力后可以再次申请实习。

对考核不合格的，律师协会应当将考核不合格的意见、理由及处理结果在十五日内书面通知被考核的实习人员及接收其实习的律师事务所，同时将考核结果报省、自治区、直辖市律师协会备案，抄送当地设区的市级或者直辖市区(县)司法行政机关。

实习人员对考核不合格的意见及处理结果有异议的，可以自收到书面通知之日起十五日内，向组织考核的律师协会或者省、自治区、直辖市律师协会申请复核。律师协会应当自收到复核申请之日起十五日内进行复核，并将复核结果通知申请人。

省、自治区、直辖市律师协会发现考核工作有违反规定情形的，应当责令组织考核的律师协会对实习人员重新进行考核。

除本条第一款第（一）、（二）、（三）、（四）项规定的情形外，实习人员未通过考核的，可以准予其再次进行实习考核。如果实习人员三次考核仍未通过，应重新申请实习登记。

第三十六条 律师协会出具的考核合格意见，是实习人员符合申请律师执业条件的有效证明文件。

经律师协会考核合格的实习人员，考核合格意见有效期为一年。逾期后实习人员申请重新出具考核意见的，区别下列情形予以处理：

（一）超过一年但未满三年的，应当由律师协会重新对其进行考核；

（二）超过三年的，原实习考核合格意见失效，实习人员应当重新进行为期一年的实习。

第六章 实习监督

第三十七条 实习指导律师或者律师事务所有下列情形之一的,律师协会应当责令其改正;情节严重或者拒不改正的,停止其实习指导或者实习管理工作,并分别给予实习指导律师五年内禁止指导实习人员实习或者律师事务所二年内禁止接收实习人员实习的处分:

(一)实习指导律师不履行或者懈怠履行实习指导职责的;

(二)律师事务所不履行或者懈怠履行管理职责的;

(三)指使或者放任实习人员违反实习纪律或者从事其他违法违规行为的;

(四)向实习人员收取费用或者对实习人员设定创收考核指标的;

(五)无正当理由拒绝为实习人员出具《实习鉴定书》、考评意见或者其他有关证明材料的;

(六)为实习人员出具不实、虚假的《实习鉴定书》、考评意见或者其他有关证明材料的;

(七)有违反本规则第七条第一款第(八)、(九)项,出具虚假书面承诺的;

(八)违反本规则第十一条第一款第(六)项规定的;

(九)有其他违反实习管理规定或违反社会公德,严重损害律师职业形象行为的。

实习指导律师有前款规定情形的,律师事务所应当在查证属实后五日内停止其实习指导工作,为实习人员重新安排符合条件的实习指导律师,并将有关情况向律师协会报告。律师事务所怠于处理的,律师协会可以对实习指导律师和律师事务所一并给予处分。

实习指导律师、律师事务所违反本规则规定的行为同时属于《律师协会会员违规行为处分规则》规定的违规情形的,律师协会除根据本规则给予处分外,可以依据该处分规则的规定另行给予行业处分。

第三十八条 实习人员凭不实、虚假的《实习鉴定书》、考评意见或者其他有关证明材料,或者采取欺诈、贿赂等不正当手段通过律师协会考核的,由负责实习考核的律师协会撤销对该实习人员出具的考核合格意见,该实习人员已进行的实习无效,并视情节给予一到二年内不得再次申请实习的处分;情节严重的,给予三年内不得再次申请实习的处分。处理决定应当在十五日内报省、自治区、直辖市律师协会备案,并抄送当地设区的市级或者直辖市区(县)司法行政机关。

前款规定情形的处理发生在实习人员已获准律师执业之后的,律师协会应当同时处理决定通报准予其执业的省、自治区、直辖市司法行政机关。

第三十九条 律师协会及其工作人员在实习组织、管理、考核工作中有违反本规则规定,滥用职权、玩忽职守行为的,应当追究主管负责人和直接责任人员的责任。

第四十条 设区的市级律师协会应当建立申请律师执业人员的实习档案,按照本规则的规定将实习人员的实习登记、实习考核、实习违规处理等有关材料报省、自治区、直辖市律师协会备案,并于每年1月底前将上一年度开展实习管理工作的情况书面报告省、自治区、直辖市律师协会。

第四十一条 省、自治区、直辖市律师协会应当于每年3月31日前将本地区上一年度开展实习管理工作的情况书面报告中华全国律师协会,并抄报省、自治区、直辖市司法行政机关。

中华全国律师协会将上一年度各地律师协会开展实习管理工作的情况汇总后,书面报告司法部。

第七章 附则

第四十二条 本规则所称的设区的市级律师协会,包括地区、州、盟、不设区的地级市以及直辖市的区(县)设立的律师协会。

设区的市以及前款规定的地方尚未建立律师协会或者有其他特殊情况的,申请律师执业人员实习的组织、管理和考核工作由省、自治区、直辖市律师协会承办。

第四十三条 香港、澳门、台湾地区居民在内地(大陆)申请律师执业的实习组织管理工作,依据本规则执行。

司法部对申请律师执业人员实习另有规定的,从其规定。

第四十四条 《申请律师执业人员实习证》由中华全国律师协会统一印制。

《实习申请表》《实习鉴定书》《实习人员集中培训结业证书》的样式,以及《实习协议》的示范文本,由中华全国律师协会规定。

第四十五条 各省、自治区、直辖市律师协会可以依据本规则,结合本地实际情况,制定具体实施办法,报中华全国律师协会备案。

第四十六条 本规则由中华全国律师协会常务理事会解释。

第四十七条 新疆生产建设兵团申请律师执业实习管理工作按照本规则执行。

第四十八条 本规则中二十日以内期限的规定指工作日,不含法定节假日。

第四十九条 本规则自 2021 年 5 月 1 日起施行。中华全国律师协会 2010 年 8 月 1 日发布的《申请律师执业人员实习管理规则》同时废止,此前已经颁布的有关申请律师执业人员实习及其他相关规定与本规则不一致的,以本规则为准。

中华全国律师协会律师服务收费争议调解规则(试行)

· 2007 年 1 月 25 日第六届常务理事会第七次会议审议通过

第一章 总 则

第一条 【宗旨】为及时、公正地调解律师服务收费争议(以下简称收费争议),保障收费争议双方当事人的合法权益,根据《中华人民共和国律师法》、《律师协会章程》和《律师服务收费管理办法》,制定本规则。

第二条 【适用范围】本规则适用于律师服务收费争议的调解。

本规则不适用于因律师、律师事务所违规执业行为引起的收费争议。委托人认为律师、律师事务所在办理法律事务中有违规行为的,可以向律师协会投诉。律师协会在审查投诉案件过程中,认为律师、律师事务所无违规行为的,应告知委托人,并可建议委托人就收费争议向律师协会申请调解。

第三条 【调解原则】收费争议的调解应当坚持自愿调解、及时便捷、遵循规则、公正公平的原则。

调解实行一事一理,同一争议一次调解终结,不得再次申请调解。

第二章 机构设置和职能

第四条 【机构设置和职能】中华全国律师协会、各省、自治区、直辖市律师协会成立律师收费争议调解指导委员会,负责指导律师收费争议调解工作。

直辖市律师协会、地市级律师协会设立律师收费争议调解委员会(以下简称"调解委员会"),依据本规则进行律师收费争议的调解。

第五条 【调解委员会】律师协会从律师、律师协会工作人员、司法行政机关工作人员以及相关机构人员中聘任调解员组成调解委员会。

第六条 【调解员条件】调解员必须具备以下条件:

(一)具有良好的道德品质,公道、正派;

(二)具有较高的专业水准;

(三)具有丰富的工作经验。

第七条 【调解员名册】调解员名册应当向社会公开。

第八条 【调解委员会日常工作机构】律师协会秘书处负责调解委员会日常工作,审查、受理收费争议的调解申请,指定调解员等组织、联络工作。

第九条 【调解员工作职责】调解员的工作职责:

(一)主持调解;

(二)有权要求争议调解当事人就案件提供进一步的说明及有关证据材料;

(三)提出调解方案;

(四)制作调解协议书;

(五)决定终止调解。

第十条 【调解员决定终止调解的情况】调解员认为有以下情况的,可以终止调解:

(一)收费争议双方有激化矛盾的行为;

(二)违反本规则第十三条规定的。

第十一条 【保密义务】调解员对于在调解过程中获悉的个人隐私、商业秘密应当保密。

第三章 收费争议双方当事人的权利与义务

第十二条 【收费争议双方的权利】调解过程中,收费争议双方当事人享有以下权利:

(一)申请回避;

(二)自由表达意愿,提出要求;

(三)自愿达成调解协议。

第十三条 【收费争议双方的义务】调解过程中,收费争议双方当事人应当履行以下义务:

(一)如实陈述事实,提供相关证据材料;

(二)尊重调解员,服从调解员的安排;

(三)遵守调解规则。

第四章 调解程序

第十四条 【调解的管辖】申请调解,应当向被申请人注册地的直辖市律师协会、地市级律师协会提出。

第十五条 【调解费用】申请收费争议调解,无须缴纳费用。

第十六条 【申请调解的条件】申请调解应具备以下条件:

(一)申请人应为收费争议的当事人,具有法律服务协议;

(二)有明确的请求事项;

(三)属于本规则第二条规定的适用范围。

第十七条 【排除条件】收费争议已被仲裁机构、人民法院或行政执法机关受理的,不得申请调解。

第十八条 【申请调解的时效及方式】收费争议的当事人应当在收费争议发生之日起一年内,以书面或口头的形式向律师协会申请调解。

第十九条 【调解申请的受理】调解委员会日常工作机构收到调解申请后,应及时审查,认为符合受理条件,并在获得被申请人书面确认同意调解后,以律师协会名义做出受理决定,同时将指定的调解员个人信息及调解时间、地点送达当事人。不符合受理条件或被申请人不同意调解的,应当及时告知申请人不予受理。

第二十条 【相关材料的提供】收费争议双方当事人须在律师协会秘书处做出受理决定之日起7个工作日内,向受理机构提供以下材料:

(一)申请人须提供的材料:

1. 法律服务协议;

2. 调解申请书(一式四份),其中应当写明:申请人(姓名)、地址、联系方式;被申请人的名称、地址、联系方式;申请的事实、理由以及要求;

3. 申请人要求所依据的证据材料。

(二)被申请人须提供的材料:

1. 法律服务协议;

2. 答辩书;

3. 相关证据材料。

第二十一条 【调解员的回避】收费争议一方当事人认为调解员可能影响调解公正的,有权申请回避,是否回避由律师协会秘书处决定。

第二十二条 【调解要求】调解过程中,调解员应尊重争议双方在收费方面的约定,依据事实、法律及行业规范、惯例,及时公正调解;双方没有约定或约定不明的,以公平原则为准。

第二十三条 【调解方式】调解可采取以下方式:

(一)在调解员主持下,争议双方当面商议;

(二)调解员与当事人分别商议;

(三)在调解员的安排下,当事人自行协商;

(四)调解员认为适当的其他方式。

第二十四条 【调解协议的达成】双方达成调解协议后,各方当事人和调解员在调解协议书上签字,加盖调解委员会公章。

第二十五条 【效力】收费争议双方当事人达成调解协议后,视为其对各自民事权利的处分,应当遵照执行。

第二十六条 【特定效力】律师事务所无正当理由不履行调解过程中所负义务或不履行已达成的调解协议的,律师协会有权依据律师职业道德基本准则,按照处分程序对该律师事务所进行处分。

第二十七条 【调解的期限】调解工作应当自受理之日起六十日内结案。

第二十八条 【调解的终结】有下列情形的,调解程序终结,终结决定应当书面通知双方当事人:

(一)双方经调解达成调解协议的;

(二)调解申请人明确表示撤销调解申请的;

(三)经调解后仍不能达成一致意见的;

(四)一方当事人就收费争议事项已向法院提起诉讼或申请仲裁的;

(五)一方或多方明确表示退出调解,致使调解无法进行的;

(六)调解员决定终止调解的。

第五章 附 则

第二十九条 各级律师协会可根据本规则,结合地方实际情况制定实施细则。

第三十条 本规则自2007年1月25日起试行。

第三十一条 本规则由中华全国律师协会常务理事会负责解释。

中华全国律师协会关于禁止违规炒作案件的规则(试行)

·2021年10月15日第十届全国律协常务理事会第二次(扩大)会议审议通过

第一条 为进一步加强律师职业道德和执业纪律建设,防止律师通过违规炒作等方式影响案件依法办理,维护诚信公平的良好执业环境,维护行业形象,维护司法公正,根据《中华人民共和国律师法》《中华全国律师协会章程》等,制定本规则。

第二条 案件承办律师在诉讼过程中发表代理、辩护等意见的权利受法律保护,但发表危害国家安全、恶意诽谤他人、严重扰乱诉讼及法庭秩序的言论除外。

第三条 律师发表代理、辩护等意见的权利受到不当阻碍或不法侵害的,有权要求办案机关予以纠正。办案机关不予纠正的,律师可以向律师协会申请维护执业权利,也可以向办案机关或者其上一级机关投诉。律师协会应当在调查核实基础上,协调有关部门依法依规处理,并将结果及时告知律师。针对妨碍律师依法行使执业权利的情况,律师也可根据相关规定,向负有法律监督职责的人民检察院申诉控告。

第四条 律师及其所在律师事务所应当依法依规履行职责,不得以下列方式违规炒作案件:

（一）通过联署签名、发表公开信、组织网上聚集、声援等方式或借个案研讨之名，制造舆论压力，影响案件依法办理；

（二）通过媒体、自媒体等平台就案件进行歪曲、有误导性的宣传、评论，以转发、评论等方式炒作误导性、虚假性、推测性的信息；

（三）侮辱、诽谤办案人员、对方当事人及其他诉讼参与人，或者通过披露有损办案人员、当事人及其他利害关系人隐私等不正当方式，歪曲、丑化办案人员、当事人及其他诉讼参与人形象；

（四）违规披露未成年人案件中涉案未成年人的个人信息，或者在非未成年人案件中以未成年人案件为噱头进行宣传、煽动舆论、制造影响；

（五）煽动、教唆当事人或其他人员通过网络等传播媒介对案件发表不当评论，制造影响，向办案机关施压；

（六）其他以不正当方式违规炒作案件的情形。

第五条 公开审理的案件，承办律师不得披露、散布通过会见、阅卷、调查取证等执业活动获取的可能影响案件依法办理的重要信息、证据材料。不公开审理的案件，承办律师不得披露、散布案件信息、材料，但法律准许公开的除外。

案件承办律师不得通过当事人、他人变相披露上述信息、材料。

案件承办律师所在律师事务所以及其他知晓案情的律师参照执行。

第六条 未经法庭许可，案件承办律师不得对庭审活动进行录音、录像、摄影，或者对外传（直）播庭审情况；不得通过接受采访、撰写文章、发表评论或者其他方式，对外披露未经公开的庭审细节和情况。

第七条 案件审理终结后，律师、律师事务所如认为生效判决确有错误，应当引导当事人依法通过法定程序解决。不得通过违规炒作案件，为后续可能产生的再审、抗诉、申诉等法律程序制造舆论压力。

第八条 律师、律师事务所对党和国家重大决策部署、公共事件和涉法问题等发表评论，应当依法、客观、公正、审慎，不得通过以下方式进行违规炒作：

（一）散布违背党的路线方针政策、否定中国共产党的领导、否定中国特色社会主义法治的言论，攻击、诋毁党和国家重大决策部署；

（二）制造舆论，煽动对党和政府的不满情绪，激化社会矛盾；

（三）明显违背社会公序良俗；

（四）发表与律师职业身份不符，严重损害律师职业形象的评论。

第九条 律师、律师事务所在媒体、自媒体等平台，以文字、音视频等方式发表评论意见时，应核查信息真实性，确保意见专业合法，不得损害律师职业尊严和律师行业形象。

第十条 律师事务所应当严格履行管理职责，建立健全内部管理制度，禁止本所律师违规炒作案件，发现问题及时予以纠正。

律师协会应当加强律师职业道德和执业纪律培训，教育引导律师明晰执业底线和红线，依法依规诚信执业，自觉抵制违规炒作案件行为。

律师、律师事务所违反本规则的，由其所属的地方律师协会通过主动调查或根据投诉进行调查处理等方式进行监督管理。

律师协会收到人民法院、人民检察院、公安机关等办案机关告知律师存在违规炒作行为的，应当开展调查，并及时反馈结果。

第十一条 律师、律师事务所违反本规则规定的，律师协会应当通知律师和律师事务所限期改正，并根据《律师执业行为规范》《律师协会会员违规行为处分规则（试行）》等行业规范给予相应的纪律处分。

律师、律师事务所有关违法行为应当予以行政处罚的，律师协会应当书面建议司法行政机关作出相应行政处罚，并移交相关证据材料。

第十二条 本规则由中华全国律师协会常务理事会负责解释。

第十三条 本规则自发布之日起试行。

八、公　证

1. 公证员和公证机构

中华人民共和国公证法

- 2005年8月28日第十届全国人民代表大会常务委员会第十七次会议通过
- 根据2015年4月24日第十二届全国人民代表大会常务委员会第十四次会议《关于修改〈中华人民共和国义务教育法〉等五部法律的决定》第一次修正
- 根据2017年9月1日第十二届全国人民代表大会常务委员会第二十九次会议《关于修改〈中华人民共和国法官法〉等八部法律的决定》第二次修正

第一章　总　则

第一条　为规范公证活动，保障公证机构和公证员依法履行职责，预防纠纷，保障自然人、法人或者其他组织的合法权益，制定本法。

第二条　公证是公证机构根据自然人、法人或者其他组织的申请，依照法定程序对民事法律行为、有法律意义的事实和文书的真实性、合法性予以证明的活动。

第三条　公证机构办理公证，应当遵守法律，坚持客观、公正的原则。

第四条　全国设立中国公证协会，省、自治区、直辖市设立地方公证协会。中国公证协会和地方公证协会是社会团体法人。中国公证协会章程由会员代表大会制定，报国务院司法行政部门备案。

公证协会是公证业的自律性组织，依据章程开展活动，对公证机构、公证员的执业活动进行监督。

第五条　司法行政部门依照本法规定对公证机构、公证员和公证协会进行监督、指导。

第二章　公证机构

第六条　公证机构是依法设立，不以营利为目的，依法独立行使公证职能、承担民事责任的证明机构。

第七条　公证机构按照统筹规划、合理布局的原则，可以在县、不设区的市、设区的市、直辖市或者市辖区设立；在设区的市、直辖市可以设立一个或者若干个公证机构。公证机构不按行政区划层层设立。

第八条　设立公证机构，应当具备下列条件：

（一）有自己的名称；
（二）有固定的场所；
（三）有二名以上公证员；
（四）有开展公证业务所必需的资金。

第九条　设立公证机构，由所在地的司法行政部门报省、自治区、直辖市人民政府司法行政部门按照规定程序批准后，颁发公证机构执业证书。

第十条　公证机构的负责人应当在有三年以上执业经历的公证员中推选产生，由所在地的司法行政部门核准，报省、自治区、直辖市人民政府司法行政部门备案。

第十一条　根据自然人、法人或者其他组织的申请，公证机构办理下列公证事项：

（一）合同；
（二）继承；
（三）委托、声明、赠与、遗嘱；
（四）财产分割；
（五）招标投标、拍卖；
（六）婚姻状况、亲属关系、收养关系；
（七）出生、生存、死亡、身份、经历、学历、学位、职务、职称、有无违法犯罪记录；
（八）公司章程；
（九）保全证据；
（十）文书上的签名、印鉴、日期，文书的副本、影印本与原本相符；
（十一）自然人、法人或者其他组织自愿申请办理的其他公证事项。

法律、行政法规规定应当公证的事项，有关自然人、法人或者其他组织应当向公证机构申请办理公证。

第十二条　根据自然人、法人或者其他组织的申请，公证机构可以办理下列事务：

（一）法律、行政法规规定由公证机构登记的事务；
（二）提存；
（三）保管遗嘱、遗产或者其他与公证事项有关的财产、物品、文书；
（四）代写与公证事项有关的法律事务文书；
（五）提供公证法律咨询。

第十三条　公证机构不得有下列行为：
（一）为不真实、不合法的事项出具公证书；
（二）毁损、篡改公证文书或者公证档案；
（三）以诋毁其他公证机构、公证员或者支付回扣、佣金等不正当手段争揽公证业务；
（四）泄露在执业活动中知悉的国家秘密、商业秘密或者个人隐私；
（五）违反规定的收费标准收取公证费；
（六）法律、法规、国务院司法行政部门规定禁止的其他行为。

第十四条　公证机构应当建立业务、财务、资产等管理制度，对公证员的执业行为进行监督，建立执业过错责任追究制度。

第十五条　公证机构应当参加公证执业责任保险。

第三章　公证员

第十六条　公证员是符合本法规定的条件，在公证机构从事公证业务的执业人员。

第十七条　公证员的数量根据公证业务需要确定。省、自治区、直辖市人民政府司法行政部门应当根据公证机构的设置情况和公证业务的需要核定公证员配备方案，报国务院司法行政部门备案。

第十八条　担任公证员，应当具备下列条件：
（一）具有中华人民共和国国籍；
（二）年龄二十五周岁以上六十五周岁以下；
（三）公道正派，遵纪守法，品行良好；
（四）通过国家统一法律职业资格考试取得法律职业资格；
（五）在公证机构实习二年以上或者具有三年以上其他法律职业经历并在公证机构实习一年以上，经考核合格。

第十九条　从事法学教学、研究工作，具有高级职称的人员，或者具有本科以上学历，从事审判、检察、法制工作、法律服务满十年的公务员、律师，已经离开原工作岗位，经考核合格的，可以担任公证员。

第二十条　有下列情形之一的，不得担任公证员：
（一）无民事行为能力或者限制民事行为能力的；
（二）因故意犯罪或者职务过失犯罪受过刑事处罚的；
（三）被开除公职的；
（四）被吊销公证员、律师执业证书的。

第二十一条　担任公证员，应当由符合公证员条件的人员提出申请，经公证机构推荐，由所在地的司法行政部门报省、自治区、直辖市人民政府司法行政部门审核同意后，报请国务院司法行政部门任命，并由省、自治区、直辖市人民政府司法行政部门颁发公证员执业证书。

第二十二条　公证员应当遵纪守法，恪守职业道德，依法履行公证职责，保守执业秘密。

公证员有权获得劳动报酬，享受保险和福利待遇；有权提出辞职、申诉或者控告；非因法定事由和非经法定程序，不被免职或者处罚。

第二十三条　公证员不得有下列行为：
（一）同时在二个以上公证机构执业；
（二）从事有报酬的其他职业；
（三）为本人及近亲属办理公证或者办理与本人及近亲属有利害关系的公证；
（四）私自出具公证书；
（五）为不真实、不合法的事项出具公证书；
（六）侵占、挪用公证费或者侵占、盗窃公证专用物品；
（七）毁损、篡改公证文书或者公证档案；
（八）泄露在执业活动中知悉的国家秘密、商业秘密或者个人隐私；
（九）法律、法规、国务院司法行政部门规定禁止的其他行为。

第二十四条　公证员有下列情形之一的，由所在地的司法行政部门报省、自治区、直辖市人民政府司法行政部门提请国务院司法行政部门予以免职：
（一）丧失中华人民共和国国籍的；
（二）年满六十五周岁或者因健康原因不能继续履行职务的；
（三）自愿辞去公证员职务的；
（四）被吊销公证员执业证书的。

第四章　公证程序

第二十五条　自然人、法人或者其他组织申请办理公证，可以向住所地、经常居住地、行为地或者事实发生地的公证机构提出。

申请办理涉及不动产的公证，应当向不动产所在地的公证机构提出；申请办理涉及不动产的委托、声明、赠与、遗嘱的公证，可以适用前款规定。

第二十六条　自然人、法人或者其他组织可以委托他人办理公证，但遗嘱、生存、收养关系等应当由本人办理公证的除外。

第二十七条　申请办理公证的当事人应当向公证机构如实说明申请公证事项的有关情况，提供真实、合法、充分的证明材料;提供的证明材料不充分的,公证机构可以要求补充。

公证机构受理公证申请后,应当告知当事人申请公证事项的法律意义和可能产生的法律后果,并将告知内容记录存档。

第二十八条 公证机构办理公证,应当根据不同公证事项的办证规则,分别审查下列事项:

(一)当事人的身份、申请办理该项公证的资格以及相应的权利;

(二)提供的文书内容是否完备,含义是否清晰,签名、印鉴是否齐全;

(三)提供的证明材料是否真实、合法、充分;

(四)申请公证的事项是否真实、合法。

第二十九条 公证机构对申请公证的事项以及当事人提供的证明材料,按照有关办证规则需要核实或者对其有疑义的,应当进行核实,或者委托异地公证机构代为核实,有关单位或者个人应当依法予以协助。

第三十条 公证机构经审查,认为申请提供的证明材料真实、合法、充分,申请公证的事项真实、合法的,应当自受理公证申请之日起十五个工作日内向当事人出具公证书。但是,因不可抗力、补充证明材料或者需要核实有关情况的,所需时间不计算在期限内。

第三十一条 有下列情形之一的,公证机构不予办理公证:

(一)无民事行为能力人或者限制民事行为能力人没有监护人代理申请办理公证的;

(二)当事人与申请公证的事项没有利害关系的;

(三)申请公证的事项属专业技术鉴定、评估事项的;

(四)当事人之间对申请公证的事项有争议的;

(五)当事人虚构、隐瞒事实,或者提供虚假证明材料的;

(六)当事人提供的证明材料不充分或者拒绝补充证明材料的;

(七)申请公证的事项不真实、不合法的;

(八)申请公证的事项违背社会公德的;

(九)当事人拒绝按照规定支付公证费的。

第三十二条 公证书应当按照国务院司法行政部门规定的格式制作,由公证员签名或者加盖签名章并加盖公证机构印章。公证书自出具之日起生效。

公证书应当使用全国通用的文字;在民族自治地方,根据当事人的要求,可以制作当地通用的民族文字文本。

第三十三条 公证书需要在国外使用,使用国要求先认证的,应当经中华人民共和国外交部或者外交部授权的机构和有关国家驻中华人民共和国使(领)馆认证。

第三十四条 当事人应当按照规定支付公证费。

对符合法律援助条件的当事人,公证机构应当按照规定减免公证费。

第三十五条 公证机构应当将公证文书分类立卷,归档保存。法律、行政法规规定应当公证的事项等重要的公证档案在公证机构保存期满,应当按照规定移交地方档案馆保管。

第五章 公证效力

第三十六条 经公证的民事法律行为、有法律意义的事实和文书,应当作为认定事实的根据,但有相反证据足以推翻该项公证的除外。

第三十七条 对经公证的以给付为内容并载明债务人愿意接受强制执行承诺的债权文书,债务人不履行或者履行不适当的,债权人可以依法向有管辖权的人民法院申请执行。

前款规定的债权文书确有错误的,人民法院裁定不予执行,并将裁定书送达双方当事人和公证机构。

第三十八条 法律、行政法规规定未经公证的事项不具有法律效力的,依照其规定。

第三十九条 当事人、公证事项的利害关系人认为公证书有错误的,可以向出具该公证书的公证机构提出复查。公证书的内容违法或者与事实不符的,公证机构应当撤销该公证书并予以公告,该公证书自始无效;公证书有其他错误的,公证机构应当予以更正。

第四十条 当事人、公证事项的利害关系人对公证书的内容有争议的,可以就该争议向人民法院提起民事诉讼。

第六章 法律责任

第四十一条 公证机构及其公证员有下列行为之一的,由省、自治区、直辖市或者设区的市人民政府司法行政部门给予警告;情节严重的,对公证机构处一万元以上五万元以下罚款,对公证员处一千元以上五千元以下罚款,并可以给予三个月以上六个月以下停止执业的处罚;有违法所得的,没收违法所得:

(一)以诋毁其他公证机构、公证员或者支付回扣、佣金等不正当手段争揽公证业务的;

(二)违反规定的收费标准收取公证费的;

(三)同时在二个以上公证机构执业的;

（四）从事有报酬的其他职业的；
（五）为本人及近亲属办理公证或者办理与本人及近亲属有利害关系的公证的；
（六）依照法律、行政法规的规定，应当给予处罚的其他行为。

第四十二条 公证机构及其公证员有下列行为之一的，由省、自治区、直辖市或者设区的市人民政府司法行政部门对公证机构给予警告，并处二万元以上十万元以下罚款，并可以给予一个月以上三个月以下停业整顿的处罚；对公证员给予警告，并处二千元以上一万元以下罚款，并可以给予三个月以上十二个月以下停止执业的处罚；有违法所得的，没收违法所得；情节严重的，由省、自治区、直辖市人民政府司法行政部门吊销公证员执业证书；构成犯罪的，依法追究刑事责任：
（一）私自出具公证书的；
（二）为不真实、不合法的事项出具公证书的；
（三）侵占、挪用公证费或者侵占、盗窃公证专用物品的；
（四）毁损、篡改公证文书或者公证档案的；
（五）泄露在执业活动中知悉的国家秘密、商业秘密或者个人隐私的；
（六）依照法律、行政法规的规定，应当给予处罚的其他行为。

因故意犯罪或者职务过失犯罪受刑事处罚的，应当吊销公证员执业证书。

被吊销公证员执业证书的，不得担任辩护人、诉讼代理人，但系刑事诉讼、民事诉讼、行政诉讼当事人的监护人、近亲属的除外。

第四十三条 公证机构及其公证员因过错给当事人、公证事项的利害关系人造成损失的，由公证机构承担相应的赔偿责任；公证机构赔偿后，可以向有故意或者重大过失的公证员追偿。

当事人、公证事项的利害关系人与公证机构因赔偿发生争议的，可以向人民法院提起民事诉讼。

第四十四条 当事人以及其他个人或者组织有下列行为之一，给他人造成损失的，依法承担民事责任；违反治安管理的，依法给予治安管理处罚；构成犯罪的，依法追究刑事责任：
（一）提供虚假证明材料，骗取公证书的；
（二）利用虚假公证书从事欺诈活动的；
（三）伪造、变造或者买卖伪造、变造的公证书、公证机构印章的。

第七章 附 则

第四十五条 中华人民共和国驻外使（领）馆可以依照本法的规定或者中华人民共和国缔结或者参加的国际条约的规定，办理公证。

第四十六条 公证费的收费标准由省、自治区、直辖市人民政府价格主管部门会同同级司法行政部门制定。

第四十七条 本法自2006年3月1日起施行。

最高人民法院关于审理涉及公证活动相关民事案件的若干规定

- 2014年4月28日最高人民法院审判委员会第1614次会议通过
- 根据2020年12月23日最高人民法院审判委员会第1823次会议通过的《最高人民法院关于修改〈最高人民法院关于人民法院民事调解工作若干问题的规定〉等十九件民事诉讼类司法解释的决定》修正
- 2020年12月29日最高人民法院公告公布
- 自2021年1月1日起施行
- 法释〔2020〕20号

为正确审理涉及公证活动相关民事案件，维护当事人的合法权益，根据《中华人民共和国民法典》《中华人民共和国公证法》《中华人民共和国民事诉讼法》等法律的规定，结合审判实践，制定本规定。

第一条 当事人、公证事项的利害关系人依照公证法第四十三条规定向人民法院起诉请求民事赔偿的，应当以公证机构为被告，人民法院应作为侵权责任纠纷案件受理。

第二条 当事人、公证事项的利害关系人起诉请求变更、撤销公证书或者确认公证书无效的，人民法院不予受理，告知其依照公证法第三十九条规定可以向出具公证书的公证机构提出复查。

第三条 当事人、公证事项的利害关系人对公证书所公证的民事权利义务有争议的，可以依照公证法第四十条规定就该争议向人民法院提起民事诉讼。

当事人、公证事项的利害关系人对具有强制执行效力的公证债权文书的民事权利义务有争议直接向人民法院提起民事诉讼的，人民法院依法不予受理。但是，公证债权文书被人民法院裁定不予执行的除外。

第四条 当事人、公证事项的利害关系人提供证据证明公证机构及其公证员在公证活动中具有下列情形之一的，人民法院应当认定公证机构有过错：

（一）为不真实、不合法的事项出具公证书的；
（二）毁损、篡改公证书或者公证档案的；
（三）泄露在执业活动中知悉的商业秘密或者个人隐私的；
（四）违反公证程序、办证规则以及国务院司法行政部门制定的行业规范出具公证书的；
（五）公证机构在公证过程中未尽到充分的审查、核实义务，致使公证书错误或者不真实的；
（六）对存在错误的公证书，经当事人、公证事项的利害关系人申请仍不予纠正或者补正的；
（七）其他违反法律、法规、国务院司法行政部门强制性规定的情形。

第五条 当事人提供虚假证明材料申请公证致使公证书错误造成他人损失的，当事人应当承担赔偿责任。公证机构依法尽到审查、核实义务的，不承担赔偿责任；未依法尽到审查、核实义务的，应当承担与其过错相应的补充赔偿责任；明知公证证明的材料虚假或者与当事人恶意串通的，承担连带赔偿责任。

第六条 当事人、公证事项的利害关系人明知公证机构所出具的公证书不真实、不合法而仍然使用造成自己损失，请求公证机构承担赔偿责任的，人民法院不予支持。

第七条 本规定施行后，涉及公证活动的民事案件尚未终审的，适用本规定；本规定施行前已经终审，当事人申请再审或者按照审判监督程序决定再审的，不适用本规定。

公证员考核任职工作实施办法

- 2010年1月15日
- 司发通〔2010〕6号

第一章 总则

第一条 为规范公证员考核任职工作，充分发挥公证员考核任职制度的作用，根据《中华人民共和国公证法》（以下简称《公证法》）、《公证员执业管理办法》的有关规定，制定本办法。

第二条 公证员考核任职，是指司法行政机关对于符合《公证法》第十九条规定条件的专业人员，按规定程序经考核合格，可以任命为公证员，在公证机构专职从事公证业务。

考核任职制度，是公证员基本准入制度的补充，目的是加强公证员队伍建设和解决欠发达地区公证员缺员问题。

第三条 公证员考核任职工作，应当遵循严格依法、总量控制、因地制宜、满足急需的原则。

第四条 公证员考核任职工作，采用按年度集中考核任命的方式办理。

省、自治区、直辖市司法行政机关应当于每年的九月份统一受理考核任职申请，在规定的时间内完成审核，报请司法部审查、任命。

第二章 考核任职条件

第五条 公证员考核任职制度适用于下列人员：
（一）曾在高等院校、法学研究机构从事法学教学、法学研究工作，并已取得高级职称的人员。
（二）具有大学本科以上学历，曾从事审判、检察、法制工作、法律服务满十年的公务员、律师。

第六条 申请考核任职的人员，除须符合本办法第五条规定的条件外，还应当符合《公证法》第十八条规定的下列条件：
（一）具有中华人民共和国国籍；
（二）年龄二十五周岁以上六十五周岁以下；
（三）公道正派，遵纪守法，品行良好。

第七条 有下列情形之一的，不得经考核程序担任公证员：
（一）无民事行为能力或者限制民事行为能力的；
（二）因故意犯罪或者职务过失犯罪受过刑事处罚的；
（三）被开除公职的；
（四）被吊销执业证书的。

第三章 考核任职程序

第八条 省、自治区、直辖市司法行政机关在每年度考核任职工作启动前，应当根据司法部对考核任职工作的部署和要求，按照本省、自治区、直辖市公证员配备方案及发展公证员队伍的实际需求，确定本年度拟按考核任职程序配备公证员的名额及其分配方案。

省、自治区、直辖市司法行政机关制定的年度公证员考核任职工作的方案，应当报司法部备案。

第九条 省、自治区、直辖市司法行政机关应当在集中受理考核任职申请三个月前，将开展考核任职工作方案通知本地区司法行政机关和公证机构，必要时向社会公布相关信息。

第十条 拟申请考核任职的人员，应当向需要选配公证员的公证机构提出申请，经公证机构审查，对于符合规定条件且为本机构所需要的人选，由其向所在地司法行政机关提交推荐书。

第十一条 经公证机构推荐参加考核任职的人员，应当按照规定的时间，由省、自治区、直辖市司法行政机关统一安排，参加中国公证协会组织的任职培训。

第十二条 申请考核任职的人员，经任职培训合格后，应当通过需要选配公证员的公证机构向所在地司法行政机关提交如下申请材料：

（一）考核任职申请书；
（二）公证机构推荐书；
（三）申请人的居民身份证复印件和个人简历；
（四）符合本办法第五条规定条件的证明；
（五）申请人原所在单位出具的申请人品行良好的鉴定材料；
（六）申请人已经离开原工作岗位的证明；
（七）中国公证协会出具的任职培训合格的证明；
（八）其他需要提交的材料。

第十三条 公证机构所在地司法行政机关收到申请材料后，应当依照规定对申请人及提交的材料进行审查，出具初审意见，按照当年考核任职工作方案规定的时间，将申请材料连同审查意见，逐级报送省、自治区、直辖市司法行政机关审核。

第十四条 省、自治区、直辖市司法行政机关应当按照规定的时间，集中受理考核任职申请材料，并于20日内完成审核。对符合规定条件和本年度公证员配备方案的，作出同意申请人担任公证员的审核意见，填制《公证员考核任职报审表》，连同本办法第十二条规定的第（三）、（四）、（五）、（六）项材料，报请司法部任命；对不符合规定条件或者本年度公证员配备方案的，作出不同意申请人担任公证员的决定，并书面通知申请人及其拟任职的公证机构所在地司法行政机关。

第十五条 司法部自收到省、自治区、直辖市司法行政机关报请任命公证员的材料之日起20日内完成审查，对符合规定条件和公证员配备方案的，制作并下达公证员任命决定。

司法部认为报请任命材料有疑义或者收到相关投诉、举报的，可以要求报请任命机关重新审核。

第十六条 省、自治区、直辖市司法行政机关应当自收到司法部公证员任命决定之日起10日内，向申请人颁发公证员执业证书，并书面通知其任职的公证机构所在地司法行政机关。

第四章 监督管理

第十七条 省、自治区、直辖市司法行政机关负责指导、监督下级司法行政机关依法开展公证员考核任职工作，确保考核任职工作依法有序进行。

第十八条 司法行政机关及其工作人员在考核任职工作中，有滥用职权、玩忽职守、徇私舞弊行为的，应当依法追究责任人员的行政责任；构成犯罪的，移送司法机关追究刑事责任。

第十九条 申请人以欺骗、贿赂等不正当手段通过考核被任命为公证员的，经查证属实，由省、自治区、直辖市司法行政机关提请司法部撤销原任命决定，并收缴、注销其公证员执业证书。

第五章 附 则

第二十条 省、自治区、直辖市司法行政机关可以依据本办法制定具体实施办法，报司法部备案。

第二十一条 《公证员考核任职报审表》的格式文本，由司法部制定。

第二十二条 本办法自2010年3月1日起施行。

公证员执业管理办法

·2006年3月14日司法部令第102号公布
·自公布之日起施行

第一章 总 则

第一条 为了加强对公证员的任职管理和执业监督，规范公证员的执业行为，根据《中华人民共和国公证法》（以下简称《公证法》）和有关法律、法规的规定，制定本办法。

第二条 公证员是符合《公证法》规定的条件，经法定任职程序，取得公证员执业证书，在公证机构从事公证业务的执业人员。

公证员的配备数量，根据公证机构的设置情况和公证业务的需要确定。公证员配备方案，由省、自治区、直辖市司法行政机关编制和核定，报司法部备案。

第三条 公证员依法执业，受法律保护，任何单位和个人不得非法干预。

公证员有权获得劳动报酬，享受保险和福利待遇；有权提出辞职、申诉或者控告；非因法定事由和非经法定程序，不被免职或者处罚。

第四条 公证员应当遵纪守法，恪守职业道德和执业纪律，依法履行公证职责，保守执业秘密。

公证员应当加入地方和全国的公证协会。

第五条 司法行政机关依照《公证法》和有关法律、法规、规章，对公证员进行监督、指导。

第六条 公证协会是公证业的自律性组织。公证协会依照《公证法》和章程,对公证员的执业活动进行监督。

第二章 公证员任职条件

第七条 担任公证员,应当具备下列条件:
(一)具有中华人民共和国国籍;
(二)年龄二十五周岁以上六十五周岁以下;
(三)公道正派,遵纪守法,品行良好;
(四)通过国家司法考试;
(五)在公证机构实习二年以上或者具有三年以上其他法律职业经历并在公证机构实习一年以上,经考核合格。

第八条 符合本办法第七条第(一)项、第(二)项、第(三)项规定,并具备下列条件之一,已经离开原工作岗位的,经考核合格,可以担任公证员:
(一)从事法学教学、研究工作,具有高级职称的人员;
(二)具有本科以上学历,从事审判、检察、法制工作、法律服务满十年的公务员、律师。

第九条 有下列情形之一的,不得担任公证员:
(一)无民事行为能力或者限制民事行为能力的;
(二)因故意犯罪或者职务过失犯罪受过刑事处罚的;
(三)被开除公职的;
(四)被吊销执业证书的。

第三章 公证员任职程序

第十条 符合本办法第七条规定条件的人员,由本人提出申请,经需要选配公证员的公证机构推荐,由所在地司法行政机关出具审查意见,逐级报请省、自治区、直辖市司法行政机关审核。

报请审核,应当提交下列材料:
(一)担任公证员申请书;
(二)公证机构推荐书;
(三)申请人的居民身份证复印件和个人简历,具有三年以上其他法律职业经历的,应当同时提交相应的经历证明;
(四)申请人的法律职业资格证书复印件;
(五)公证机构出具的申请人实习鉴定和所在地司法行政机关出具的实习考核合格意见;
(六)所在地司法行政机关对申请人的审查意见;
(七)其他需要提交的材料。

第十一条 符合本办法第八条规定条件的人员,由本人提出申请,经需要选配公证员的公证机构推荐,由所在地司法行政机关出具考核意见,逐级报请省、自治区、直辖市司法行政机关审核。

报请审核,应当提交下列材料:
(一)担任公证员申请书;
(二)公证机构推荐书;
(三)申请人的居民身份证复印件和个人简历;
(四)从事法学教学、研究工作并具有高级职称的证明,或者具有本科以上学历的证明和从事审判、检察、法制工作、法律服务满十年的经历及职务证明;
(五)申请人已经离开原工作岗位的证明;
(六)所在地司法行政机关对申请人的考核意见;
(七)其他需要提交的材料。

第十二条 省、自治区、直辖市司法行政机关应当自收到报审材料之日起二十日内完成审核。对符合规定条件和公证员配备方案的,作出同意申请人担任公证员的审核意见,填制公证员任职报审表,报请司法部任命;对不符合规定条件或者公证员配备方案的,作出不同意申请人担任公证员的决定,并书面通知申请人和所在地司法行政机关。

第十三条 司法部应当自收到省、自治区、直辖市司法行政机关报请任命公证员的材料之日起二十日内,制作并下达公证员任命决定。

司法部认为报请任命材料有疑义或者收到相关投诉、举报的,可以要求报请任命机关重新审核。

第十四条 省、自治区、直辖市司法行政机关应当自收到司法部下达的公证员任命决定之日起十日内,向申请人颁发公证员执业证书,并书面通知其所在地司法行政机关。

第十五条 公证员变更执业机构,应当经所在公证机构同意和拟任用该公证员的公证机构推荐,报所在地司法行政机关同意后,报省、自治区、直辖市司法行政机关办理变更核准手续。

公证员跨省、自治区、直辖市变更执业机构的,经所在的省、自治区、直辖市司法行政机关核准后,由拟任用该公证员的公证机构所在的省、自治区、直辖市司法行政机关办理变更核准手续。

第十六条 公证员有下列情形之一的,由所在地司法行政机关自确定该情形发生之日起三十日内,报告省、自治区、直辖市司法行政机关,由其提请司法部予以免职:

（一）丧失中华人民共和国国籍的；
（二）年满六十五周岁或者因健康原因不能继续履行职务的；
（三）自愿辞去公证员职务的。

被吊销公证员执业证书的，由省、自治区、直辖市司法行政机关直接提请司法部予以免职。

提请免职，应当提交公证员免职报审表和符合法定免职事由的相关证明材料。司法部应当自收到提请免职材料之日起二十日内，制作并下达公证员免职决定。

第十七条　省、自治区、直辖市司法行政机关对报请司法部予以任命、免职或者经核准变更执业机构的公证员，应当在收到任免决定或者作出准予变更决定后二十日内，在省级报刊上予以公告。

司法部对决定予以任命或者免职的公证员，应当定期在全国性报刊上予以公告，并定期编制全国公证员名录。

第四章　公证员执业证书管理

第十八条　公证员执业证书是公证员履行法定任职程序后在公证机构从事公证执业活动的有效证件。

公证员执业证书由司法部统一制作。证书编号办法由司法部制定。

第十九条　公证员执业证书由公证员本人持有和使用，不得涂改、抵押、出借或者转让。

公证员执业证书损毁或者遗失的，由本人提出申请，所在公证机构予以证明，提请所在地司法行政机关报省、自治区、直辖市司法行政机关申请换发或者补发。执业证书遗失的，由所在公证机构在省级报刊上声明作废。

第二十条　公证员变更执业机构的，经省、自治区、直辖市司法行政机关核准，予以换发公证员执业证书。

公证员受到停止执业处罚的，停止执业期间，应当将其公证员执业证书缴存所在地司法行政机关。

公证员受到吊销公证员执业证书处罚或者因其他法定事由予以免职的，应当收缴其公证员执业证书，由省、自治区、直辖市司法行政机关予以注销。

第五章　公证员执业监督检查

第二十一条　司法行政机关应当依法建立健全行政监督管理制度，公证协会应当依据章程建立健全行业自律制度，加强对公证员执业活动的监督，依法维护公证员的执业权利。

第二十二条　公证机构应当按照规定建立、完善各项内部管理制度，对公证员的执业行为进行监督，建立公证员执业过错责任追究制度，建立公证员执业年度考核制度。

公证机构应当为公证员依法执业提供便利和条件，保障其在任职期间依法享有的合法权益。

第二十三条　公证员应当依法履行公证职责，不得有下列行为：
（一）同时在两个以上公证机构执业；
（二）从事有报酬的其他职业；
（三）为本人及近亲属办理公证或者办理与本人及近亲属有利害关系的公证；
（四）私自出具公证书；
（五）为不真实、不合法的事项出具公证书；
（六）侵占、挪用公证费或者侵占、盗窃公证专用物品；
（七）毁损、篡改公证文书或者公证档案；
（八）泄露在执业活动中知悉的国家秘密、商业秘密或者个人隐私；
（九）法律、法规和司法部规定禁止的其他行为。

第二十四条　公证机构应当在每年的第一个月份对所属公证员上一年度办理公证业务的情况和遵守职业道德、执业纪律的情况进行年度考核。考核结果，应当书面告知公证员，并报所在地司法行政机关备案。

公证机构的负责人履行管理职责的情况，由所在地司法行政机关进行考核。考核结果，应当书面告知公证机构的负责人，并报上一级司法行政机关备案。

经年度考核，对公证员在执业中存在的突出问题，公证机构应当责令其改正；对公证机构的负责人在管理中存在的突出问题，所在地司法行政机关应当责令其改正。

第二十五条　公证员和公证机构的负责人被投诉和举报、执业中有不良记录或者经年度考核发现有突出问题的，所在地司法行政机关应当对其进行重点监督、指导。

对年度考核发现有突出问题的公证员和公证机构的负责人，由所在地或者设区的市司法行政机关组织专门的学习培训。

第二十六条　司法行政机关实施监督检查，可以对公证员办理公证业务的情况进行检查，要求公证员及其所在公证机构说明有关情况，调阅相关材料和公证档案，向相关单位和人员调查、核实有关情况。

公证员及其所在公证机构不得拒绝司法行政机关依法实施的监督检查，不得谎报、隐匿、伪造、销毁相关证据材料。

第二十七条　公证员应当接受司法行政机关和公证

协会组织开展的职业培训。公证员每年参加职业培训的时间不得少于四十学时。

司法行政机关制定开展公证员职业培训的规划和方案，公证协会按年度制定具体实施计划，负责组织实施。

公证机构应当为公证员参加职业培训提供必要的条件和保障。

第二十八条 公证员执业所在地司法行政机关应当建立公证员执业档案，将公证员任职审核任命情况、年度考核结果、监督检查掌握的情况以及受奖惩的情况记入执业档案。

公证员跨地区或者跨省、自治区、直辖市变更执业机构的，原执业所在地司法行政机关应当向变更后的执业所在地司法行政机关移交该公证员的执业档案。

第六章 法律责任

第二十九条 公证员有《公证法》第四十一条、第四十二条所列行为之一的，由省、自治区、直辖市或者设区的市司法行政机关依据《公证法》的规定，予以处罚。

公证员有依法应予吊销公证员执业证书情形的，由所在地司法行政机关逐级报请省、自治区、直辖市司法行政机关决定。

第三十条 司法行政机关对公证员实施行政处罚，应当根据有关法律、法规和司法部有关行政处罚程序的规定进行。

司法行政机关查处公证员的违法行为，可以委托公证协会对公证员的违法行为进行调查、核实。

第三十一条 司法行政机关在对公证员作出行政处罚决定之前，应当告知查明的违法行为事实、处罚的理由及依据，并告知其依法享有的权利。口头告知的，应当制作笔录。公证员有权进行陈述和申辩，有权依法申请听证。

公证员对行政处罚决定不服的，可以依法申请行政复议或者提起行政诉讼。

第三十二条 公证协会依据章程和有关行业规范，对公证员违反职业道德和执业纪律的行为，视其情节轻重，给予相应的行业处分。

公证协会在查处公证员违反职业道德和执业纪律行为的过程中，发现有依据《公证法》的规定应当给予行政处罚情形的，应当提交有管辖权的司法行政机关处理。

第三十三条 公证员因过错给当事人、公证事项的利害关系人造成损失的，公证机构依法赔偿后，可以向有故意或者重大过失的公证员追偿。

第三十四条 以欺骗、贿赂等不正当手段取得公证员任命和公证员执业证书的，经查证属实，由省、自治区、直辖市司法行政机关提请司法部撤销原任命决定，并收缴、注销其公证员执业证书。

第三十五条 司法行政机关及其工作人员在公证员职务任免、公证员执业证书管理、对公证员执业活动实施监督检查的过程中，有滥用职权、玩忽职守、徇私舞弊、干预公证员依法执业行为的，应当依法追究责任人员的行政责任；构成犯罪的，依法追究刑事责任。

第七章 附 则

第三十六条 公证员配备方案，应当遵照司法部有关公证业的总体发展规划和要求，根据当地公证机构设置、布局的安排、公证执业区域划分的安排、公证业务总体需求和地区分布情况，以及当地经济社会发展和人口状况，结合公证员年均办证数量和办证能力，予以编制和核定，并可以根据当地情况和公证需求的变化进行调整。

第三十七条 公证员执业年度考核的具体办法，由省、自治区、直辖市司法行政机关制定。考核办法应当包括考核工作的原则、考核的内容、考核的等次和标准、考核的程序和时间安排。

第三十八条 《公证法》和本办法施行前已担任公证员的，其公证员职务继续有效，适用《公证法》和本办法进行管理。

第三十九条 本办法所称公证员执业所在地司法行政机关，是指负责组建该公证员所属的公证机构，并承担对该公证机构及其公证员实施日常监督、指导职能的司法行政机关。

第四十条 本办法由司法部解释。

第四十一条 本办法自发布之日起施行。司法部1995年6月2日发布的《中华人民共和国公证员注册管理办法》(司法部令第39号)同时废止。

公证员职业道德基本准则

· 2002年2月28日中国公证员协会三届三次理事会会议通过
· 2010年12月28日中国公证协会六届二次理事会会议修订
· 2011年1月6日中国公证协会发布

为加强公证员职业道德建设，保证公证员依法履行公证职责，维护和增强公证公信力，根据《中华人民共和国公证法》，制定本准则。

一、忠于法律 尽职履责

第一条 公证员应当忠于宪法和法律，自觉践行社会主义法治理念。

第二条 公证员应当政治坚定、业务精通、维护公正、恪守诚信，坚定不移地做中国特色社会主义事业的建设者、捍卫者。

第三条 公证员应当依法办理公证事项，恪守客观、公正的原则，做到以事实为依据、法律为准绳。

第四条 公证员应当自觉遵守法定回避制度，不得为本人及近亲属办理公证或者办理与本人及近亲属有利害关系的公证。

第五条 公证员应当自觉履行执业保密义务，不得泄露在执业中知悉的国家秘密、商业秘密或个人隐私，更不能利用知悉的秘密为自己或他人谋取利益。

第六条 公证员在履行职责时，对发现的违法、违规或违反社会公德的行为，应当按照法律规定的权限，积极采取措施予以纠正、制止。

二、爱岗敬业 规范服务

第七条 公证员应当珍惜职业荣誉，强化服务意识，勤勉敬业、恪尽职守，为当事人提供优质高效的公证法律服务。

第八条 公证员在履行职责时，应当告知当事人、代理人和参与人的权利与义务，并就权利和义务的真实意思和可能产生的法律后果做出明确解释，避免形式上的简单告知。

第九条 公证员在执行职务时，应当平等、热情地对待当事人、代理人和参与人，要注重其民族、种族、国籍、宗教信仰、性别、年龄、健康状况、职业的差别，避免言行不慎使对方产生歧义。

第十条 公证员应当严格按照规定的程序和期限办理公证事项，注重提高办证质量和效率，杜绝疏忽大意、敷衍塞责和延误办证的行为。

第十一条 公证员应当注重礼仪，做到着装规范、举止文明，维护职业形象。

现场宣读公证词时，应当语言规范、吐字清晰，避免使用可能引起他人反感的语言表达方式。

第十二条 公证员如果发现已生效的公证文书存在问题或其他公证员有违法、违规行为，应当及时向有关部门反映。

第十三条 公证员不得利用媒体或采用其他方式，对正在办理或已办结的公证事项发表不当评论，更不得发表有损公证严肃性和权威性的言论。

三、加强修养 提高素质

第十四条 公证员应当牢固树立社会主义荣辱观，遵守社会公德，倡导良好社会风尚。

第十五条 公证员应当道德高尚、诚实信用、谦虚谨慎，具有良好的个人修养和品行。

第十六条 公证员应当忠于职守、不徇私情、弘扬正义，自觉维护社会公平和公众利益。

第十七条 公证员应当热爱集体，团结协作，相互支持、相互配合、相互监督，共同营造健康、有序、和谐的工作环境。

第十八条 公证员应当不断提高自身的业务能力和职业素养，保证自己的执业品质和专业技能满足正确履行职责的需要。

第十九条 公证员应当树立终身学习理念，勤勉进取，努力钻研，不断提高职业素质和执业水平。

四、廉洁自律 尊重同行

第二十条 公证员应当树立廉洁自律意识，遵守职业道德和执业纪律，不得从事有报酬的其他职业与公证员职务、身份不相符的活动。

第二十一条 公证员应当妥善处理个人事务，不得利用公证员的身份和职务为自己、亲属或他人谋取利益。

第二十二条 公证员不得索取或接受当事人及其代理人、利害关系人的答谢款待、馈赠财物或其他利益。

第二十三条 公证员应当相互尊重，与同行保持良好的合作关系，公平竞争，同业互助，共谋发展。

第二十四条 公证员不得以不正当方式或途径对其他公证员正在办理的公证事项进行干预或施加影响。

第二十五条 公证员不得从事以下不正当竞争行为：

（一）利用媒体或其他手段炫耀自己，贬损他人，排斥同行，为自己招揽业务；

（二）以支付介绍费、给予回扣、许诺提供利益等方式承揽业务；

（三）利用与行政机关、社会团体的特殊关系进行业务垄断；

（四）其他不正当竞争行为。

五、附 则

第二十六条 中国公证协会和地方公证协会监督公证员遵守本准则。

第二十七条 公证员助理和公证机构其他工作人员，参照执行本准则的有关规定。

第二十八条 本准则由中国公证协会负责解释。

第二十九条 本准则自发布之日起施行。

公证机构执业管理办法

· 2006年2月23日司法部令第101号公布
· 自2006年3月1日起施行

第一章 总 则

第一条 为了加强对公证机构的审批管理和执业监督,规范公证机构的执业行为,根据《中华人民共和国公证法》(以下简称《公证法》)和有关法律、法规的规定,制定本办法。

第二条 公证机构依照《公证法》和本办法设立。

设立公证机构,应当按照统筹规划、合理布局的原则,实行总量控制。

第三条 公证机构办理公证,应当遵守法律,坚持客观、公正的原则,遵守公证执业规范和执业纪律。

公证机构应当加入地方和全国的公证协会。

第四条 公证机构办理公证,不以营利为目的,独立行使公证职能,独立承担民事责任,任何单位和个人不得非法干预,其合法权益不受侵犯。

第五条 司法行政机关依照《公证法》和有关法律、法规、规章,对公证机构进行监督、指导。

第六条 公证协会是公证业的自律性组织。公证协会依照《公证法》和章程,对公证机构的执业活动进行监督。

第二章 公证机构设立审批

第七条 设立公证机构,由省、自治区、直辖市司法行政机关审核批准。

第八条 公证机构可以在县、不设区的市、设区的市、直辖市或者市辖区设立;在设区的市、直辖市可以设立一个或者若干个公证机构。公证机构不按行政区划层层设立。

第九条 省、自治区、直辖市司法行政机关应当按照公证机构设立原则,综合考虑当地经济社会发展程度、人口数量、交通状况和对公证业务的实际需求等情况,拟定本行政区域公证机构设置方案,并可以根据当地情况和公证需求的变化对设置方案进行调整。

公证机构设置方案包括:设置方案拟定的依据,公证机构设置和布局的安排,公证执业区域划分的安排,公证机构设置总量及地区分布的安排。

公证机构设置方案及其调整方案,应当报司法部核定。

第十条 公证执业区域可以下列区域为单位划分:
(一)县、不设区的市、市辖区的辖区;
(二)设区的市、直辖市的辖区或者所辖城区的全部市辖区。

公证机构的执业区域,由省、自治区、直辖市司法行政机关在办理该公证机构设立或者变更审批时予以核定。

第十一条 设立公证机构,应当具备下列条件:
(一)有自己的名称;
(二)有固定的场所;
(三)有二名以上公证员;
(四)有开展公证业务所必需的资金。

设立公证机构,应当符合经司法部核定的公证机构设置方案的要求。

第十二条 公证机构的负责人应当在有三年以上执业经历的公证员中推选产生,由所在地司法行政机关核准,并逐级报省、自治区、直辖市司法行政机关备案。

第十三条 公证机构的开办资金数额,由省、自治区、直辖市司法行政机关确定。

第十四条 设立公证机构,由所在地司法行政机关组建,逐级报省、自治区、直辖市司法行政机关审批。

申请设立公证机构,应当提交下列材料:
(一)设立公证机构的申请和组建报告;
(二)拟采用的公证机构名称;
(三)拟任公证员名单、简历、居民身份证复印件和符合担任公证员条件的证明材料;
(四)拟推选的公证机构负责人的情况说明;
(五)开办资金证明;
(六)办公场所证明;
(七)其他需要提交的材料。

设立公证机构需要配备新的公证员的,应当依照《公证法》和司法部规定的条件和程序,报请审核、任命。

第十五条 省、自治区、直辖市司法行政机关应当自收到申请材料之日起三十日内,完成审核,作出批准设立或者不予批准设立的决定。对准予设立的,颁发公证机构执业证书;对不准予设立的,应当在决定中告知不予批准的理由。

批准设立公证机构的决定,应当报司法部备案。

第十六条 公证机构变更名称、办公场所,根据当地公证机构设置调整方案予以分立、合并或者变更执业区域的,应当由所在地司法行政机关审核后,逐级报省、自治区、直辖市司法行政机关办理变更核准手续。核准变更的,应当报司法部备案。

公证机构变更负责人的,经所在地司法行政机关核准后，逐级报省、自治区、直辖市司法行政机关备案。

第十七条 省、自治区、直辖市司法行政机关对经批准设立的公证机构以及公证机构重要的变更事项，应当在作出批准决定后二十日内，在省级报刊上予以公告。

司法部定期编制全国公证机构名录。

第三章 公证机构名称和执业证书管理

第十八条 公证机构统称公证处。根据公证机构设置的不同情况，分别采用下列方式冠名：

（一）在县、不设区的市设立公证机构的，冠名方式为：省（自治区、直辖市）名称+本县、市名称+公证处；

（二）在设区的市或其市辖区设立公证机构的，冠名方式为：省（自治区）名称+本市名称+字号+公证处；

（三）在直辖市或其市辖区设立公证机构的，冠名方式为：直辖市名称+字号+公证处。

第十九条 公证机构的名称，应当使用全国通用的文字。民族自治地方的公证机构的名称，可以同时使用当地通用的民族文字。

公证机构名称中的字号，应当由两个以上文字组成，并不得与所在省、自治区、直辖市内设立的其他公证机构的名称中的字号相同或者近似。

公证机构名称的内容和文字，应当符合国家有关规定。

第二十条 公证机构的名称，由省、自治区、直辖市司法行政机关在办理该公证机构设立或者变更审批时予以核定。

公证机构对经核定的名称享有专用权。

第二十一条 公证机构执业证书是公证机构获准设立和执业的凭证。

公证机构执业证书应当载明下列内容：公证机构名称、负责人、办公场所、执业区域、证书编号、颁证日期、审批机关等。公证机构执业证书分为正本和副本。正本用于在办公场所悬挂，副本用于接受查验。正本和副本具有同等法律效力。

公证机构执业证书由司法部统一制作。证书编号办法由司法部制定。

第二十二条 公证机构执业证书不得涂改、出借、抵押或者转让。公证机构执业证书损毁或者遗失的，由该公证机构报经所在地司法行政机关，逐级向省、自治区、直辖市司法行政机关申请换发或者补发。

第二十三条 公证机构变更名称、办公场所、负责人、执业区域或者分立、合并的，应当在报请核准的同时，申请换发公证机构执业证书。

公证机构受到停业整顿处罚的，停业整顿期间，应当将该公证机构执业证书缴存所在地司法行政机关。

第四章 公证机构执业监督检查

第二十四条 司法行政机关依法对公证机构的组织建设、队伍建设、执业活动、质量控制、内部管理等情况进行监督。

第二十五条 省、自治区、直辖市司法行政机关对公证机构的下列事项实施监督：

（一）公证机构保持法定设立条件的情况；

（二）公证机构执行应当报批或者备案事项的情况；

（三）公证机构和公证员的执业情况；

（四）公证质量的监控情况；

（五）法律、法规和司法部规定的其他监督检查事项。

第二十六条 设区的市和公证机构所在地司法行政机关对本地公证机构的下列事项实施监督：

（一）组织建设情况；

（二）执业活动情况；

（三）公证质量情况；

（四）公证员执业年度考核情况；

（五）档案管理情况；

（六）财务制度执行情况；

（七）内部管理制度建设情况；

（八）司法部和省、自治区、直辖市司法行政机关要求进行监督检查的其他事项。

第二十七条 公证机构应当建立健全业务、公证档案、财务、资产等管理制度，对公证员的执业行为进行监督，建立执业过错责任追究制度。

公证机构应当严格执行国家制定的公证收费标准。

公证机构应当按照规定参加公证执业责任保险。

第二十八条 公证机构应当依法开展公证执业活动，不得有下列行为：

（一）为不真实、不合法的事项出具公证书；

（二）毁损、篡改公证文书或者公证档案；

（三）以诋毁其他公证机构、公证员或者支付回扣、佣金等不正当手段争揽公证业务；

（四）泄露在执业活动中知悉的国家秘密、商业秘密或者个人隐私；

（五）违反规定的收费标准收取公证费；

（六）法律、法规和司法部规定禁止的其他行为。

第二十九条 公证机构应当依照《公证法》第二十五条的规定，在省、自治区、直辖市司法行政机关核定的执业区域内受理公证业务。

第三十条　公证机构应当按照省、自治区、直辖市司法行政机关的规定,定期填报公证业务情况统计表,每年2月1日前向所在地司法行政机关提交本公证机构的年度工作报告。

年度工作报告应当真实、全面地反映本公证机构上一年度开展公证业务、公证质量监控、公证员遵守职业道德和执业纪律、公证收费、财务管理、内部制度建设等方面的情况。

公证业务情况统计表的统计项目及样式,由司法部制定。

第三十一条　公证机构由所在地司法行政机关在每年的第一季度进行年度考核。年度考核,应当依照《公证法》的要求和本办法第二十六条规定的监督事项,审查公证机构的年度工作报告,结合日常监督检查掌握的情况,由所在地司法行政机关对公证机构的年度执业和管理情况作出综合评估。考核等次及其标准,由司法部制定。

年度考核结果,应当书面告知公证机构,并报上一级司法行政机关备案。

第三十二条　公证机构应当对所属公证员的执业情况进行年度考核。

公证机构的负责人由所在地司法行政机关进行年度考核。

第三十三条　公证机构存在下列情形之一的,所在地司法行政机关应当进行重点监督检查:

(一)被投诉或者举报的;

(二)执业中有不良记录的;

(三)未保持法定设立条件的;

(四)年度考核发现内部管理存在严重问题的。

第三十四条　司法行政机关实施监督检查,可以对公证机构进行实地检查,要求公证机构和公证员说明有关情况,调阅公证机构相关材料和公证档案,向相关单位和人员调查、核实有关情况。

公证机构和公证员应当接受司法行政机关依法实施的监督检查,如实说明有关情况、提供相关资料,不得谎报、隐匿、伪造、销毁相关证据材料。

第三十五条　司法行政机关应当建立有关公证机构设立、变更、备案事项、年度考核、违法违纪行为处罚、奖励等方面情况的执业档案。

第五章　法律责任

第三十六条　公证机构有《公证法》第四十一条、第四十二条规定所列行为之一的,由省、自治区、直辖市司法行政机关或者设区的市司法行政机关依据《公证法》的规定,予以处罚。

公证机构违反《公证法》第二十五条规定,跨执业区域受理公证业务的,由所在地或者设区的市司法行政机关予以制止,并责令改正。

第三十七条　司法行政机关对公证机构违法行为实施行政处罚,应当根据有关法律、法规和司法部有关行政处罚程序的规定进行。

第三十八条　司法行政机关在对公证机构作出行政处罚决定之前,应当告知其查明的违法行为事实、处罚的理由及依据,并告知其依法享有的权利。口头告知的,应当制作笔录。公证机构有权进行陈述和申辩,有权依法申请听证。

公证机构对行政处罚不服的,可以依法申请行政复议或者提起行政诉讼。

第三十九条　司法行政机关在实施监督检查和年度考核过程中,发现公证机构存在违法行为或者收到相关投诉、举报的,应当及时立案调查,全面、客观、公正地查明事实,收集证据。被调查的公证机构应当向调查机关如实陈述事实,提供有关材料。

第四十条　司法行政机关查处公证机构的违法行为,可以委托公证协会对公证机构的违法行为进行调查、核实。

接受委托的公证协会应当查明事实、核实证据,并向司法行政机关提出实施行政处罚的建议。

第四十一条　公证协会依据章程和有关行业规范,对公证机构违反执业规范和执业纪律的行为,视其情节轻重,给予相应的行业处分。

公证协会在查处公证机构违反执业规范和执业纪律行为的过程中,发现有依据《公证法》的规定应当给予行政处罚情形的,应当提交有管辖权的司法行政机关处理。

第四十二条　公证机构及其公证员因过错给当事人、公证事项的利害关系人造成损失的,由公证机构承担相应的赔偿责任;公证机构赔偿后,可以向有故意或者重大过失的公证员追偿。

第四十三条　司法行政机关及其工作人员在公证机构设立审批、公证机构执业证书管理、对公证机构实施监督检查、年度考核的过程中,有滥用职权、玩忽职守、徇私舞弊、干预公证机构依法独立行使公证职能行为的,应当依法追究责任人员的行政责任;构成犯罪的,依法追究刑事责任。

第六章　附　则

第四十四条　本办法所称公证机构所在地司法行政

机关,是指根据当地公证机构设置方案的规定,负责组建该公证机构,并承担对其实施日常监督、指导职能的司法行政机关。

第四十五条 《公证法》和本办法施行前设立的公证机构,其设置、布局、名称、执业区域及管理体制不符合《公证法》和本办法规定的,由省、自治区、直辖市司法行政机关拟定调整方案,报司法部核定后组织实施。

第四十六条 本办法由司法部解释。

第四十七条 本办法自2006年3月1日起施行。

公证机构年度考核办法(试行)

- 2007年10月30日
- 司发通〔2007〕67号

第一章 总 则

第一条 为了规范对公证机构的年度考核工作,加强对公证机构的监督、指导,根据《中华人民共和国公证法》(以下简称《公证法》)和《公证机构执业管理办法》以及其他有关规定,制定本办法。

第二条 对公证机构实施年度考核(以下简称年度考核),应当坚持客观公正、民主公开、年度考核与日常检查相结合、注重实绩的原则。

第三条 年度考核,由公证机构所在地司法行政机关(以下简称考核机关)组织实施。

省、自治区、直辖市司法行政机关对本行政区域内公证机构的年度考核工作进行监督、指导。

第二章 考核内容

第四条 年度考核的内容为上一年度(以下称考核年度)公证机构在下列方面的情况,重点考核公证机构的执业情况、公证质量监控情况、遵守职业道德和执业纪律的情况:

(一)执业活动情况。包括公证机构及其公证员在执业活动中遵守法律、法规、规章、规范性文件和行业规范,遵守公证职业道德和执业纪律的情况;完成公证业务工作任务、拓展公证业务领域的情况;公证执业过错责任追究制度建立和执行的情况;接受司法行政机关和公证协会的监督以及当事人和社会的监督,及时查处和纠正执业中存在问题的情况等。

(二)公证质量情况。包括公证质量自我检查、评估的情况;公证质量自我监督、控制、审查和纠错等相关制度、机制的建立和执行情况;重大、复杂公证事项集体讨论制度的建立和执行情况;受理公证业务投诉、复查、过错赔偿的情况等。

(三)组织建设情况。包括公证机构党组织建设及活动情况;公证机构符合法定设立条件和机构性质、体制及其运行情况;公证机构负责人选任、履职及调整情况;公证员的配备数量及素质结构变化情况;开展公证员职业道德、执业纪律教育和公证业务知识、技能学习、培训的情况;其他工作人员配备及管理情况;办公设施和办公环境建设情况等。

(四)公证员执业年度考核情况。包括公证机构按照规定组织实施本机构公证员执业年度考核的情况及其考核结果。

(五)公证档案管理情况。包括公证机构执行有关公证档案管理各项规定的情况;本机构内部有关公证档案管理制度的建立和执行情况等。

(六)公证收费和财务管理情况。包括公证机构年度公证收费情况;执行国家有关公证收费管理规定的情况;年度财务收支、分配及执行有关财务管理制度的情况;本机构内部财务管理制度的建立和执行情况;依法纳税和按规定缴纳公证协会会费、公证赔偿基金及其他保险金、基金的情况;接受税务、物价、审计等部门检查、监督的情况等。

(七)内部管理制度建设情况。包括公证机构依照《公证法》和《公证机构执业管理办法》的有关规定,建立健全各项内部管理制度的总体情况、执行落实的情况和效果。

(八)司法部或者省、自治区、直辖市司法行政机关根据需要增加的其他考核事项。

第五条 公证机构在考核年度有下列情形之一、被司法行政机关责令改正的,考核机关应当将相关问题整改措施的实施、完成情况及其效果列入对该公证机构的考核内容:

(一)被投诉或者举报,经核查存在违法、违纪问题的;

(二)执业中有不良记录的;

(三)出现未能保持法定设立条件问题的;

(四)内部管理存在突出问题的。

第三章 考核程序及结果

第六条 公证机构应当于每年2月1日前向考核机关提交年度工作报告。年度工作报告应当真实、全面地反映本机构考核年度公证业务开展、公证质量监控、公证员遵守职业道德和执业纪律、公证收费、财务管理、档案管理、内部制度建设等方面的情况。

新设立的公证机构在考核年度执业不满三个月的，不参加年度考核。

第七条 考核机关应当依照有关法律、法规、规章和本办法的规定，对公证机构的年度工作报告进行审查，并结合考核年度日常监督、检查的情况，对该公证机构考核年度的工作情况做出综合评价。

对公证机构考核年度工作情况的综合评价，可以采取计分评估办法。各项考核内容所占分值及权重，由省、自治区、直辖市司法行政机关根据本办法，结合本行政区域内公证工作实际规定。

第八条 考核机关实施年度考核，可以对公证机构进行实地检查，要求公证机构、公证员及其他工作人员说明情况，可以调阅相关材料和公证案卷，向有关单位和人员调查、核实情况。

公证机构、公证员及其他工作人员应当如实说明有关情况、提供相关材料，不得谎报、隐匿、伪造、销毁有关材料。

第九条 考核结果包括以下内容：对公证机构年度工作情况的综合评价、主要成绩、存在的问题、整改要求或者建议，以及据此确定的考核等次。

公证机构年度考核等次分为优秀、合格、基本合格、不合格。具体评定方法和标准，由省、自治区、直辖市司法行政机关根据本办法制定。

第十条 公证机构在考核年度受到停业整顿处罚的或者未能保持法定设立条件经整改仍未达标的，该年度考核等次应当被评定为不合格。

公证机构所属公证员在考核年度受到吊销公证员执业证书处罚的，该公证机构的年度考核不得被评定为合格以上等次。

第十一条 考核机关在公布对公证机构的考核结果之前，应当将初步形成的考核结果向本行政区域内的公证机构公示并抄送地方公证协会。公示期不得少于7日。

公证机构对考核机关初步形成的考核结果有异议的，可以向考核机关申请复核，考核机关应当在10日内完成复核，并将复核结果书面答复申请人。

第十二条 考核机关应当于每年3月31日前，向公证机构书面公布考核结果，将考核等次填入公证机构执业证书副本，并将考核结果报上一级司法行政机关备案。

设区的市（自治州、地区、盟）司法行政机关应当将本行政区域内开展公证机构年度考核的情况以及针对存在的问题提出的改进公证工作的意见和建议形成书面报告，于每年4月15日前上报省、自治区司法行政机关。

第四章 考核结果的使用

第十三条 考核机关在年度考核中发现公证机构有违反《公证法》和《公证机构执业管理办法》的突出问题的，应当责令其立即纠改或者限期整改，并进行重点监督、检查。

第十四条 考核机关在年度考核中发现公证机构及其公证员有《公证法》第四十一条、第四十二条规定所列行为之一的，应当依法予以处罚或者提请上一级司法行政机关予以处罚。

第十五条 公证机构对司法行政机关的年度考核结果列明的问题以及责令整改的要求，应当查找、分析造成问题的原因，及时制定整改措施，并书面报告考核机关。

第十六条 上级司法行政机关可以对考核结果进行抽查，抽查结果与考核结果有明显差异的，可以要求考核机关就有关问题作出说明；必要时可以要求考核机关进行复核，并上报复核结果。

第十七条 年度考核结果应当存入设区的市（自治州、地区、盟）、直辖市司法行政机关建立的公证机构执业档案。

第十八条 公证机构年度考核被评定为优秀等次的，该公证机构及其负责人可以参加全国公证行业文明单位或者先进集体、先进个人的评选。

第十九条 公证机构年度考核被评定为不合格等次的，其所在地司法行政机关应当根据存在问题的不同情况，对该公证机构的负责人予以批评教育，提出整改要求，或者组织进行培训。

第二十条 公证机构在年度考核后被发现有隐瞒事实、弄虚作假行为的，考核机关应当追究公证机构负责人以及其他相关责任人员的责任，撤销原考核结果，重新进行考核。

第二十一条 省、自治区、直辖市司法行政机关应当于每年4月30日前，将公证机构年度考核结果在本行政区域内的司法行政机关和公证业内进行通报，并将通报和年度考核工作总结报告上报司法部，同时抄送中国公证协会。

第五章 附则

第二十二条 本办法所称考核机关，是指根据当地公证机构设置方案的规定，负责组建该公证机构，并承担对其实施日常监督、指导职能的司法行政机关。

第二十三条 省、自治区、直辖市司法行政机关可以根据本办法制定实施细则,报司法部备案。

第二十四条 本办法自 2007 年 12 月 1 日起施行。

中国委托公证人(香港)管理办法

- 2002 年 2 月 24 日司法部令第 69 号公布
- 自 2002 年 4 月 1 日起施行

第一章 总 则

第一条 为进一步健全委托公证人制度,加强对委托公证人的管理,提高委托公证的质量,维护当事人的合法权益,促进内地与香港社会经济的稳定发展,根据国务院有关规定,制定本办法。

第二条 委托公证人由司法部考试、考核合格后委托。委托期为 3 年,特殊情况可适当变更委托期限。委托期满,本人提出申请,经司法部考核合格并接受业务培训后,可连续委托。

第三条 委托公证人的业务范围是证明发生在香港地区的法律行为、有法律意义的事实和文书。证明的使用范围在内地。

第四条 委托公证人必须按照司法部规定或批准的委托业务范围、出证程序和文书格式出具公证文书。

第五条 委托公证人出具的委托公证文书,须经中国法律服务(香港)有限公司(以下简称公司)审核,对符合出证程序以及文书格式要求的加章转递,对不符合上述要求的不予转递。公司应定期(7 月 15 日前报上半年,1 月 15 日前报上年度)将加章转递情况报司法部。

第六条 委托公证人接受当事人委托后,应亲自办理委托公证事项。特殊情况下,需要内地公证机构或其他机构协助办理的,应征得当事人的同意,委托费用由委托公证人支付,或由委托公证人与当事人协商支付。

第七条 委托公证人应定期接受业务培训。

第二章 委托条件及程序

第八条 具备下列条件的香港律师,可向司法部提出成为委托公证人的申请:

(一)拥护《中华人民共和国宪法》,拥护《中华人民共和国香港特别行政区基本法》;

(二)在香港具有永久居留权的中国公民;

(三)担任香港律师 10 年以上;

(四)职业道德良好,未有因不名誉或违反职业道德受惩处的记录;

(五)掌握内地有关法律、法规和办证规则;

(六)能用中文书写公证文书,能用普通话进行业务活动。

第九条 具备本办法第八条规定条件的香港律师申请担任委托公证人,由本人向司法部提出书面申请;向公司申领并据实填写申请委托公证人登记表。申请书、登记表原件,学历、经历等证件的影印件经委托公证人公证后交由公司一并报司法部。

第十条 司法部接到有关申请后,对申请人资格进行审查并征求有关部门的意见,对符合申请条件的,集中组织进行法律知识和公证业务的培训,经培训后方可参加司法部组织的考试。

第十一条 司法部每 3 年举行一次委托公证人考试。

考试分为笔试、面试。重点测试申请人对内地有关法律和规定及委托公证业务、普通话的掌握程度。

通过考试的人员由司法部进行考核。

考核合格者,由司法部颁发委托书并予以首次注册。

第三章 注册条件及程序

第十二条 委托公证人应于每年 12 月 15 日前向司法部申请年度注册。未经注册的,不得办理委托公证业务。

司法部于每年一月份对注册的委托公证人进行年度公告。

第十三条 委托公证人符合下列条件的准予注册:

(一)在上一年度无违纪和判工行为;

(二)职业道德良好,无违反本办法及协会章程的行为;

(三)能按要求办理委托事宜。

第十四条 委托公证人注册程序:

(一)委托公证人向协会提出注册申请;

(二)填写协会发给的注册申请表,连同本人上年度办证情况及司法部规定需报的材料递交协会;

(三)协会理事会对委托公证人的注册申请签注意见后,将上述材料转交公司,公司将委托公证人所办公证加章转递情况签注意见后报司法部;

(四)司法部根据委托公证人的注册申请及有关材料并参考有关部门的意见,作出准予或不准予注册的书面决定。准予注册的,通知公司和协会,由协会代办注册手续。

第十五条 委托公证人受到本办法第十六条第二项处分期间应暂缓注册。

第四章 法律责任

第十六条 委托公证人有违反法律、法规、规章和执业纪律的行为分别给予以下处分：

（一）警告；

（二）中止委托；

（三）取消委托。

第十七条 委托公证人有下列行为之一的予以警告处分：

（一）发往内地使用的公证文书未按规定的时间送公司审核转递的；

（二）不按规定的程序、格式及要求出具公证书，经提示未及时改正的。

第十八条 委托公证人有下列行为之一的，根据不同情节，予以中止委托6至12个月的处分：

（一）发往内地使用的公证文书，不经加章转递的；

（二）因被投诉受到调查而不积极配合调查或经查实造成不良后果的；

（三）有判工行为但经提示及时改正的；

（四）不按规定的收费标准收费的；

（五）无正当理由不参加业务培训的；

（六）对协会理事会决议无正当理由不予执行的。

第十九条 委托公证人有下列行为之一的，取消委托：

（一）发往内地使用的公证文书不经加章转递，受警告或中止委托处分后仍不改正的；

（二）不按规定的程序要求出具公证书，经书面提示仍不改正的；

（三）被投诉业经查实，确已造成严重后果的；

（四）有判工行为经提示不及时改正的；

（五）受到两次中止委托处分的；

（六）在申请登记表及其他申请文书中做虚假陈述的；

（七）其他丧失第八条规定条件的。

第二十条 委托公证人接受委托1年内无正当理由不办理委托业务或不申请年度注册，经协会书面提示仍不改变，视为自动中止委托。自动中止委托期限为6个月，到期经协会再次书面提示不申请恢复委托，视为自动放弃委托。申请恢复委托者，应说明理由。

因特殊原因，不能办理委托业务的应向司法部报告，经审查批准后，可予以注册。

第二十一条 司法部设立委托公证人纪律监督委员会（以下简称委员会），受理当事人对委托公证人的投诉，直接或委托有关单位进行调查。委员会应将调查结果及时向司法部报告并提出处理意见。

第五章　委托公证人协会

第二十二条 委托公证人协会由委托公证人依法组成，是委托公证人的自律性组织。委托公证人协会接受司法部的委托，承办与委托公证人有关的具体事项。

委托公证人在任期内必须参加协会成为协会会员。

第二十三条 委托公证人协会的职责由其章程作出规定。

第六章　附　则

第二十四条 本办法由司法部解释。

第二十五条 本办法自2002年4月1日起施行。原司法部第34号令《中国委托公证人（香港）管理办法》同时废止。

公证执业活动投诉处理办法

· 2021年11月30日司法部令第147号公布
· 自2022年1月1日起施行

第一章　总　则

第一条 为了规范公证执业活动投诉处理工作，加强公证执业活动监督，维护投诉人的合法权益，根据《中华人民共和国公证法》等规定，结合公证管理工作实际，制定本办法。

第二条 司法行政机关开展公证执业活动投诉处理工作，适用本办法。

第三条 本办法所称投诉人，是指认为公证机构或者公证员违法违规执业侵犯其合法权益，向司法行政机关投诉的自然人、法人或者其他组织。

本办法所称被投诉人，是指被投诉的公证机构或者公证员。

第四条 司法行政机关开展公证执业活动投诉处理工作，应当遵循属地管理、依法公正、及时便民的原则。

第五条 司法部负责监督、指导全国公证执业活动投诉处理工作。省、自治区、直辖市司法行政机关负责监督、指导本行政区域内公证执业活动投诉处理工作。

公证机构所在地司法行政机关或者公证员执业所在地司法行政机关（以下称投诉处理机关），具体负责投诉处理工作。

第六条 公证协会应当根据司法行政机关要求，协助和配合开展公证执业活动投诉处理工作。

第七条 司法行政机关发现公证执业活动投诉涉及民事纠纷的，可以引导投诉人和被投诉人在自愿、平等的基础上，依法通过调解等方式解决。

第二章 投诉受理

第八条 自然人、法人或者其他组织认为公证机构或者公证员在执业活动中有下列违法违规行为侵犯其合法权益的,可以向投诉处理机关投诉:

(一)为不真实、不合法的事项出具公证书;

(二)私自出具公证书;

(三)毁损、篡改公证文书或者公证档案;

(四)违反规定的收费标准收取公证费;

(五)侵占、挪用公证费或者侵占、盗窃公证专用物品;

(六)以诋毁其他公证机构、公证员或者支付回扣、佣金等不正当手段争揽公证业务;

(七)同时在二个以上公证机构执业;

(八)从事有报酬的其他职业;

(九)为本人及近亲属办理公证或者办理与本人及近亲属有利害关系的公证;

(十)泄露在执业活动中知悉的国家秘密、商业秘密或者个人隐私;

(十一)其他违反法律法规以及司法部规定的行为。

第九条 投诉处理机关应当向社会公布公证执业活动投诉电话、传真、电子邮箱、通讯地址以及投诉事项范围、投诉处理程序等信息,并指定专人负责投诉接待和处理工作。

第十条 投诉人应当自知道或者应当知道被投诉人执业活动侵犯其合法权益之日起三年内,向司法行政机关投诉。法律另有规定的除外。

第十一条 投诉人向投诉处理机关提出投诉,一般应当采用书面形式,载明投诉人姓名(名称)、性别、身份证号码(统一社会信用代码)、住址、联系方式,被投诉人的姓名(名称),以及投诉事项、请求、事实、理由,并提交与投诉事项相关的证明材料。

采用书面形式投诉确有困难的,可以现场提出口头投诉,投诉处理机关应当场记录前款规定的相关信息,并由投诉人签字或者捺印。

第十二条 投诉人应当对其所提供材料内容的真实性负责,不得捏造、歪曲事实,不得诬告、陷害他人。

第十三条 投诉人或者其法定代理人委托他人代理投诉的,代理人应当提供投诉人或者其法定代理人的授权委托书、代理人的联系方式和投诉人、代理人的身份证明。

第十四条 投诉处理机关收到投诉材料后,应当及时登记,并进行审查。

其他司法行政机关收到投诉材料的,应当及时转送投诉处理机关,并书面告知投诉人。

第十五条 投诉人提供的信息不齐全或者无相关证明材料的,投诉处理机关应当在收到投诉材料之日起七个工作日内一次性书面告知投诉人补充。书面告知内容应当包括需要补充的信息或者证明材料和合理的补充期限。

投诉人经告知后无正当理由逾期不补充的,视为投诉人放弃投诉。

第十六条 投诉事项属于本办法第八条规定情形,投诉材料齐全的,投诉处理机关应当受理。

第十七条 有下列情形之一的,不予受理:

(一)投诉事项已经司法行政机关处理,且没有新的事实和证据的;

(二)对人民法院等单位是否采信公证书有异议的;

(三)投诉事项不属于本办法第八条规定情形的。

第十八条 投诉处理机关应当自收到投诉材料之日起七个工作日内,作出是否受理的决定,并书面告知投诉人。情况复杂的,可以适当延长作出决定的时间,但延长期限不得超过十五个工作日,并应当将延长的时间和理由书面告知投诉人。

投诉人补充投诉材料所需的时间,不计算在前款规定的期限内。

第三章 调查处理

第十九条 投诉处理机关受理投诉后,应当全面、客观、公正地进行调查。必要时,可以委托下级司法行政机关或者相关公证协会进行调查。

投诉处理机关进行调查,不得妨碍被投诉人开展正常的公证执业活动。

第二十条 在调查过程中,投诉人就同一投诉事项,以不同事实、理由和诉求对被投诉人多次提出投诉的,投诉处理机关可以合并办理。

第二十一条 投诉处理机关进行调查,可以对公证机构进行实地调查,要求被投诉人说明情况、提交有关材料,调阅被投诉人有关业务案卷和档案材料,向有关单位、个人核实情况、收集证据;并可以根据需要,组织专家论证或者听取有关部门的意见、建议。

调查应当由两名以上工作人员进行。必要时,应当制作调查笔录,并由相关人员签字或者盖章;不能或者拒绝签字、盖章的,应当在笔录中注明有关情况。

调查人员应当对被投诉人及有关单位、个人提供的证据和有关材料进行登记并妥善保管;不能保存原件的,应当保存复印件,并由被投诉人或者有关单位、个人在复印件上签名或者盖章。

第二十二条 被投诉人应当配合调查工作，在投诉处理机关要求的期限内如实陈述事实、提供有关材料，不得提供虚假、伪造的材料或者隐匿、毁损、涂改有关证据材料。

被投诉人为公证员的，其所在的公证机构应当配合调查。

第二十三条 投诉处理机关在调查过程中，对于投诉人认为公证书有错误的，应当告知其可以向公证机构提出复查；对于投诉人对公证机构作出撤销或者不予撤销公证书的决定有异议的，应当告知其可以向有关地方公证协会提出公证复查争议投诉。投诉人向公证机构提出复查或者向地方公证协会提出公证复查争议投诉的，投诉处理机关应当中止调查，并书面告知投诉人。

投诉处理机关发现在受理投诉前投诉人已经向公证机构提出复查或者向地方公证协会提出公证复查争议投诉，尚未处理完毕的，应当中止调查，并书面告知投诉人。

公证机构复查或者地方公证协会对复查投诉处理结束后，司法行政机关应当及时恢复调查。

第二十四条 投诉处理机关在调查过程中发现有本办法第十七条规定情形，或者投诉人书面申请撤回投诉的，可以终止投诉处理工作，并将终止决定和理由书面告知投诉人、被投诉人。

第二十五条 投诉处理机关在调查过程中，发现被投诉人的违法违规行为仍处于连续或者继续状态的，应当责令被投诉人立即停止违法违规行为。

第二十六条 公证协会接受委托开展投诉事项的调查工作，发现被投诉人有违反职业道德、执业纪律和行业规范行为的，应当依据行业规范对被投诉人实施行业惩戒。

第二十七条 投诉处理机关应当根据对投诉事项的调查结果，分别作出如下处理：

（一）被投诉人具有应当给予行政处罚的违法违规行为的，依法给予行政处罚或者移送有处罚权的司法行政机关依法给予行政处罚；

（二）被投诉人违法违规情节轻微，没有造成危害后果，依法可以不予行政处罚的，应当给予批评教育、责令限期整改等处理；

（三）投诉事项缺乏事实依据或者查证不实的，对投诉请求不予支持，并向投诉人说明情况。

被投诉人涉嫌违反职业道德、执业纪律和行业规范的，移交有关公证协会调查处理；涉嫌犯罪的，移送司法机关依法追究刑事责任。

第二十八条 投诉处理机关受理投诉的，应当自作出投诉受理决定之日起六十日内作出处理决定；情况复杂，不能在规定期限内作出处理的，经本机关负责人批准，可以适当延长办理期限，但延长期限不得超过三十日，并应当将延长的时间和理由书面告知投诉人。

投诉案件因本办法第二十条规定的情形合并办理的，办理期限自受理最后一次投诉的时间开始计算。投诉调查工作因本办法第二十三条规定的情形中止的，中止期间不计入投诉处理期限。

第二十九条 投诉处理机关应当自作出处理决定之日起七个工作日内，将处理决定书面告知投诉人、被投诉人。处理决定应当载明不服处理决定的法律救济途径和期限。

第三十条 对于被投诉人存在违法违规行为并被处罚、处理的，投诉处理机关应当及时将投诉处理决定记入被投诉人的公证执业档案，通报相关公证协会，并依法向社会公开。

第三十一条 投诉处理机关应当对被投诉人履行处罚、处理决定，纠正违法违规行为的情况进行监督、检查，发现问题应当责令其限期整改。

第四章 监 督

第三十二条 上级司法行政机关应当加强对下级司法行政机关投诉处理工作的监督、指导和检查，发现有违法、不当情形的，应当及时责令改正。下级司法行政机关应当及时上报纠正情况。

第三十三条 司法行政机关应当建立公证执业活动投诉处理工作档案，并按年度将公证执业活动投诉处理工作情况书面报告上一级司法行政机关。

对于涉及重大违法违规行为的投诉处理决定，应当及时报告上一级司法行政机关。

第三十四条 司法行政机关工作人员在投诉处理工作中有滥用职权、玩忽职守或者其他违法违规行为的，依法给予处分；构成犯罪的，依法追究刑事责任。

第五章 附 则

第三十五条 本办法所称公证机构所在地司法行政机关，是指根据当地公证机构设置方案的规定，负责组建该公证机构，并承担对其实施日常监督、指导职能的司法行政机关。公证员执业所在地司法行政机关，是指负责组建该公证员所属的公证机构，并承担对该公证机构及其公证员实施日常监督、指导职能的司法行政机关。

第三十六条 本办法由司法部解释。

第三十七条 本办法自2022年1月1日起施行。司法部此前制定的有关公证执业活动投诉处理规定与本办法不一致的，以本办法为准。

司法部关于公证执业"五不准"的通知

- 2017年8月14日
- 司发通〔2017〕83号

各省、自治区、直辖市司法厅(局)，新疆生产建设兵团司法局：

近期，全国各地发生数起公证机构、公证员为虚假的公证申请人和不真实的公证事项办理公证案件，有的涉及房产、金融诈骗等违法行为，严重损害了公证公信力，影响了公证机构社会形象。为严肃公证执业纪律，规范公证执业行为，加强公证工作管理，确保公证质量，现就公证执业有关具体规范通知如下：

一、不准为未查核真实身份的公证申请人办理公证。公证机构、公证员应严格审查公证申请人的身份，告知冒充他人、伪造证件、骗取公证书的法律责任后果，未经证件视读、单独谈话、交叉印证、身份证识别仪核验等程序，不得办理公证。申请人使用临时身份证，公证员未到公安部门核实的，不得受理公证申请。对涉及敏感、重大权益事项的公证申请，应当由有经验的公证人员认真审核。

二、不准办理非金融机构融资合同公证。在有关管理办法出台之前，公证机构不得办理自然人、法人、其他组织之间及其相互之间(经人民银行、银监会、证监会、保监会，商务主管部门、地方人民政府金融管理部门批准设立的从事资金融通业务的机构及其分支机构除外)融资合同公证及赋予强制执行效力公证。

三、不准办理涉及不动产处分的全项委托公证。公证机构、公证员办理涉及不动产处分的委托公证，应当按照"重大事项一次一委托"的原则，告知当事人委托抵押、解押、出售、代收房款等的法律意义和法律后果，不得办理一次性授权全部重要事项的委托公证，不得在公证书中设定委托不可撤销、受托人代为收取售房款等内容。

四、不准办理具有担保性质的委托公证。公证机构、公证员在办理涉及不动产处分的委托公证时，应当严格审查申请人的真实意思表示，审查其与受托人是否具有亲属关系，不得办理名为委托实为担保，或者可能存在担保性质的委托公证。

五、不准未经实质审查出具公证书。公证机构、公证员应当尽到更高标准的审查注意义务，不得片面依赖书面证据材料而忽视沟通交流，不得只重程序合规而轻实体内容审查。对涉及敏感、重大权益事项的公证事项，除通过交叉询问、分别谈话等形式进行审查外，还要综合使用仪器识别、联网查询等方式进行审查核实，全过程记录存档，必要时应当全程录音录像。公证员对"合理怀疑"的公证申请，应当及时提请公证机构进行会商研究，进一步核实有关情况，所需时间不计入法定办理期限。要严格审查申请人的真实目的和公证书的用途，不得以签名(印鉴)属实公证替代委托公证，以原件与复印件相符公证规避实质内容的审查。

各省(区、市)司法厅(局)要立即将本通知精神传达到每一个公证机构、公证员，切实履行监管职责，加大对本通知贯彻落实情况的督导检查力度，发现问题及时予以纠正。对公证机构、公证员违规公证，有令不行、有禁不止的，要严肃查处，绝不姑息。同时，要加快推进公证工作改革，大力拓展金融、知识产权、司法辅助等新型领域公证业务，深入开展公证便民利民活动，在确保公证质量的前提下精简公证办理手续，推进公证信息化建设，依法规范公证收费，提高公证服务质量，完善公证便民利民措施，为促进经济社会发展、维护人民群众权益提供优质高效的公证法律服务。

各地贯彻落实情况请及时报送司法部。

2. 公证业务

公证程序规则

- 2020年10月20日司法部令第145号公布
- 自2021年1月1日起施行

第一章 总 则

第一条 为了规范公证程序，保证公证质量，根据《中华人民共和国公证法》(以下简称《公证法》)和有关法律、行政法规的规定，制定本规则。

第二条 公证机构办理公证，应当遵守法律，坚持客观、公正、便民的原则，遵守公证执业规范和执业纪律。

第三条 公证机构依法独立行使公证职能，独立承担民事责任，任何单位、个人不得非法干预，其合法权益不受侵犯。

第四条 公证机构应当根据《公证法》的规定，受理公证申请，办理公证业务，以本公证机构的名义出具公证书。

第五条 公证员受公证机构指派，依照《公证法》和本规则规定的程序办理公证业务,并在出具的公证书上署名。

依照《公证法》和本规则的规定,在办理公证过程中须公证员亲自办理的事务,不得指派公证机构的其他工作人员办理。

第六条　公证机构和公证员办理公证,不得有《公证法》第十三条、第二十三条禁止的行为。

公证机构的其他工作人员以及依照本规则接触到公证业务的相关人员,不得泄露在参与公证业务活动中知悉的国家秘密、商业秘密或者个人隐私。

第七条　公证机构应当建立、健全公证业务管理制度和公证质量管理制度,对公证员的执业行为进行监督。

第八条　司法行政机关依照《公证法》和本规则规定,对公证机构和公证员的执业活动和遵守程序规则的情况进行监督、指导。

公证协会依据章程和行业规范,对公证机构和公证员的执业活动和遵守程序规则的情况进行监督。

第二章　公证当事人

第九条　公证当事人是指与公证事项有利害关系并以自己的名义向公证机构提出公证申请,在公证活动中享有权利和承担义务的自然人、法人或者其他组织。

第十条　无民事行为能力人或者限制民事行为能力人申办公证,应当由其监护人代理。

法人申办公证,应当由其法定代表人代表。

其他组织申办公证,应当由其负责人代表。

第十一条　当事人可以委托他人代理申办公证,但申办遗嘱、遗赠扶养协议、赠与、认领亲子、收养关系、解除收养关系、生存状况、委托、声明、保证及其他与自然人人身有密切关系的公证事项,应当由其本人亲自申办。

公证员、公证机构的其他工作人员不得代理当事人在本公证机构申办公证。

第十二条　居住在香港、澳门、台湾地区的当事人,委托他人代理申办涉及继承、财产权益处分、人身关系变更等重要公证事项,其授权委托书应当经其居住地的公证人(机构)公证,或者经司法部指定的机构、人员证明。

居住在国外的当事人,委托他人代理申办前款规定的重要公证事项,其授权委托书应当经其居住地的公证人(机构)、我驻外使(领)馆公证。

第三章　公证执业区域

第十三条　公证执业区域是指由省、自治区、直辖市司法行政机关,根据《公证法》第二十五条和《公证机构执业管理办法》第十条的规定以及当地公证机构设置方案,划定的公证机构受理公证业务的地域范围。

公证机构的执业区域,由省、自治区、直辖市司法行政机关在办理该公证机构设立或者变更审批时予以核定。

公证机构应当在核定的执业区域内受理公证业务。

第十四条　公证事项由当事人住所地、经常居住地、行为地或者事实发生地的公证机构受理。

涉及不动产的公证事项,由不动产所在地的公证机构受理;涉及不动产的委托、声明、赠与、遗嘱的公证事项,可以适用前款规定。

第十五条　二个以上当事人共同申办同一公证事项的,可以共同到行为地、事实发生地或者其中一名当事人住所地、经常居住地的公证机构申办。

第十六条　当事人向二个以上可以受理该公证事项的公证机构提出申请的,由最先受理申请的公证机构办理。

第四章　申请与受理

第十七条　自然人、法人或者其他组织向公证机构申请办理公证,应当填写公证申请表。公证申请表应当载明下列内容:

(一)申请人及其代理人的基本情况;

(二)申请公证的事项及公证书的用途;

(三)申请公证的文书的名称;

(四)提交证明材料的名称、份数及有关证人的姓名、住址、联系方式;

(五)申请的日期;

(六)其他需要说明的情况。

申请人应当在申请表上签名或者盖章,不能签名、盖章的由本人捺指印。

第十八条　自然人、法人或者其他组织申请办理公证,应当提交下列材料:

(一)自然人的身份证明,法人的资格证明及其法定代表人的身份证明,其他组织的资格证明及其负责人的身份证明;

(二)委托他人代为申请的,代理人须提交当事人的授权委托书,法定代理人或者其他代理人须提交有代理权的证明;

(三)申请公证的文书;

(四)申请公证的事项的证明材料,涉及财产关系的须提交有关财产权利证明;

（五）与申请公证的事项有关的其他材料。

对于前款第四项、第五项所规定的申请人应当提交的证明材料，公证机构能够通过政务信息资源共享方式获取的，当事人可以不提交，但应当作出有关信息真实合法的书面承诺。

第十九条 符合下列条件的申请，公证机构可以受理：

（一）申请人与申请公证的事项有利害关系；

（二）申请人之间对申请公证的事项无争议；

（三）申请公证的事项符合《公证法》第十一条规定的范围；

（四）申请公证的事项符合《公证法》第二十五条的规定和该公证机构在其执业区域内可以受理公证业务的范围。

法律、行政法规规定应当公证的事项，符合前款第一项、第二项、第四项规定条件的，公证机构应当受理。

对不符合本条第一款、第二款规定条件的申请，公证机构不予受理，并通知申请人。对因不符合本条第一款第四项规定不予受理的，应当告知申请人向可以受理该公证事项的公证机构申请。

第二十条 公证机构受理公证申请后，应当指派承办公证员，并通知当事人。当事人要求该公证员回避，经查属于《公证法》第二十三条第三项规定应当回避情形的，公证机构应当改派其他公证员承办。

第二十一条 公证机构受理公证申请后，应当告知当事人申请公证事项的法律意义和可能产生的法律后果，告知其在办理公证过程中享有的权利、承担的义务。告知内容、告知方式和时间，应当记录归档，并由申请人或其代理人签字。

公证机构受理公证申请后，应当在全国公证管理系统录入办证信息，加强公证办理流程管理，方便当事人查询。

第二十二条 公证机构受理公证申请后，应当按照规定向当事人收取公证费。公证办结后，经核定的公证费与预收数额不一致的，应当办理退还或者补收手续。

对符合法律援助条件的当事人，公证机构应当按照规定减收或者免收公证费。

第五章 审 查

第二十三条 公证机构受理公证申请后，应当根据不同公证事项的办证规则，分别审查下列事项：

（一）当事人的人数、身份、申请办理该项公证的资格及相应的权利；

（二）当事人的意思表示是否真实；

（三）申请公证的文书的内容是否完备，含义是否清晰，签名、印鉴是否齐全；

（四）提供的证明材料是否真实、合法、充分；

（五）申请公证的事项是否真实、合法。

第二十四条 当事人应当向公证机构如实说明申请公证的事项的有关情况，提交的证明材料应当真实、合法、充分。

公证机构在审查中，对申请公证的事项的真实性、合法性有疑义的，认为当事人的情况说明或者提供的证明材料不充分、不完备或者有疑义的，可以要求当事人作出说明或者补充证明材料。

当事人拒绝说明有关情况或者补充证明材料的，依照本规则第四十八条的规定处理。

第二十五条 公证机构在审查中，对当事人的身份、申请公证的事项以及当事人提供的证明材料，按照有关办证规则需要核实或者对其有疑义的，应当进行核实，或者委托异地公证机构代为核实。有关单位或者个人应当依法予以协助。

审查自然人身份，应当采取使用身份识别核验设备等方式，并记录附卷。

第二十六条 公证机构在审查中，应当询问当事人有关情况，释明法律风险，提出法律意见建议，解答当事人疑问；发现有重大、复杂情形的，应当由公证机构集体讨论。

第二十七条 公证机构可以采用下列方式，核实公证事项的有关情况以及证明材料：

（一）通过询问当事人、公证事项的利害关系人核实；

（二）通过询问证人核实；

（三）向有关单位或者个人了解相关情况或者核实、收集相关书证、物证、视听资料等证明材料；

（四）通过现场勘验核实；

（五）委托专业机构或者专业人员鉴定、检验检测、翻译。

第二十八条 公证机构进行核实，应当遵守有关法律、法规和有关办证规则的规定。

公证机构派员外出核实的，应当由二人进行，但核实、收集书证的除外。特殊情况下只有一人外出核实的，应当有一名见证人在场。

第二十九条 采用询问方式向当事人、公证事项的利害关系人或者有关证人了解、核实公证事项的有关情况以及证明材料的,应当告知被询问人享有的权利、承担的义务及其法律责任。询问的内容应当制作笔录。

询问笔录应当载明:询问日期、地点、询问人、记录人,询问事由,被询问人的基本情况,告知内容、询问谈话内容等。

询问笔录应当交由被询问人核对后签名或者盖章、捺指印。笔录中修改处应当由被询问人盖章或者捺指印认可。

第三十条 在向当事人、公证事项的利害关系人、证人或者有关单位、个人核实或者收集有关公证事项的证明材料时,需要摘抄、复印(复制)有关资料、证明原件、档案材料或者对实物证据照相并作文字描述记载的,摘抄、复印(复制)的材料或者物证照片及文字描述记载应当与原件或者物证相符,并由资料、原件、物证所有人或者档案保管人对摘抄、复印(复制)的材料或者物证照片及文字描述记载核对后签名或者盖章。

第三十一条 采用现场勘验方式核实公证事项及其有关证明材料的,应当制作勘验笔录,由核实人员及见证人签名或者盖章。根据需要,可以采用绘图、照相、录像或者录音等方式对勘验情况或者实物证据予以记载。

第三十二条 需要委托专业机构或者专业人员对申请公证的文书或者公证事项的证明材料进行鉴定、检验检测、翻译的,应当告知当事人由其委托办理,或者征得当事人的同意代为办理。鉴定意见、检验检测结论、翻译材料,应当由相关专业机构及承办鉴定、检验检测、翻译的人员盖章和签名。

委托鉴定、检验检测、翻译所需的费用,由当事人支付。

第三十三条 公证机构委托异地公证机构核实公证事项及其有关证明材料的,应当出具委托核实函,对需要核实的事项及内容提出明确的要求。受委托的公证机构收到委托函后,应当在一个月内完成核实。因故不能完成或者无法核实的,应当在上述期限内函告委托的公证机构。

第三十四条 公证机构在审查中,认为申请公证的文书内容不完备、表达不准确的,应当指导当事人补正或者修改。当事人拒绝补正、修改的,应当在工作记录中注明。

应当事人的请求,公证机构可以代为起草、修改申请公证的文书。

第六章 出具公证书

第三十五条 公证机构经审查,认为申请公证的事项符合《公证法》、本规则及有关办证规则规定的,应当自受理之日起十五个工作日内向当事人出具公证书。

因不可抗力、补充证明材料或者需要核实有关情况的,所需时间不计算在前款规定的期限内,并应当及时告知当事人。

第三十六条 民事法律行为的公证,应当符合下列条件:

(一)当事人具有从事该行为的资格和相应的民事行为能力;
(二)当事人的意思表示真实;
(三)该行为的内容和形式合法,不违背社会公德;
(四)《公证法》规定的其他条件。

不同的民事法律行为公证的办证规则有特殊要求的,从其规定。

第三十七条 有法律意义的事实或者文书的公证,应当符合下列条件:

(一)该事实或者文书与当事人有利害关系;
(二)事实或者文书真实无误;
(三)事实或者文书的内容和形式合法,不违背社会公德;
(四)《公证法》规定的其他条件。

不同的有法律意义的事实或者文书公证的办证规则有特殊要求的,从其规定。

第三十八条 文书上的签名、印鉴、日期的公证,其签名、印鉴、日期应当准确、属实;文书的副本、影印本等文本的公证,其文本内容应当与原本相符。

第三十九条 具有强制执行效力的债权文书的公证,应当符合下列条件:

(一)债权文书以给付为内容;
(二)债权债务关系明确,债权人和债务人对债权文书有关给付内容无疑义;
(三)债务履行方式、内容、时限明确;
(四)债权文书中载明当债务人不履行或者不适当履行义务时,债务人愿意接受强制执行的承诺;
(五)债权人和债务人愿意接受公证机构对债务履行情况进行核实;
(六)《公证法》规定的其他条件。

第四十条 符合《公证法》、本规则及有关办证规则规定条件的公证事项,由承办公证员拟制公证书,连同被证明的文书、当事人提供的证明材料及核实情况的材料、公证审查意见,报公证机构的负责人或其指定的公证员审批。但按规定不需要审批的公证事项除外。

公证机构的负责人或者被指定负责审批的公证员不得审批自己承办的公证事项。

第四十一条 审批公证事项及拟出具的公证书,应当审核以下内容:

(一)申请公证的事项及其文书是否真实、合法;

(二)公证事项的证明材料是否真实、合法、充分;

(三)办证程序是否符合《公证法》、本规则及有关办证规则的规定;

(四)拟出具的公证书的内容、表述和格式是否符合相关规定。

审批重大、复杂的公证事项,应当在审批前提交公证机构集体讨论。讨论的情况和形成的意见,应当记录归档。

第四十二条 公证书应当按照司法部规定的格式制作。公证书包括以下主要内容:

(一)公证书编号;

(二)当事人及其代理人的基本情况;

(三)公证证词;

(四)承办公证员的签名(签名章)、公证机构印章;

(五)出具日期。

公证证词证明的文书是公证书的组成部分。

有关办证规则对公证书的格式有特殊要求的,从其规定。

第四十三条 制作公证书应当使用全国通用的文字。在民族自治地方,根据当事人的要求,可以同时制作当地通用的民族文字文本。两种文字的文本,具有同等效力。

发往香港、澳门、台湾地区使用的公证书应当使用全国通用的文字。

发往国外使用的公证书应当使用全国通用的文字。根据需要和当事人的要求,公证书可以附外文译文。

第四十四条 公证书自出具之日起生效。

需要审批的公证事项,审批人的批准日期为公证书的出具日期;不需要审批的公证事项,承办公证员的签发日期为公证书的出具日期;现场监督类公证需要现场宣读公证证词的,宣读日期为公证书的出具日期。

第四十五条 公证机构制作的公证书正本,由当事人各方各收执一份,并可以根据当事人的需要制作若干份副本。公证机构留存公证书原本(审批稿、签发稿)和一份正本归档。

第四十六条 公证书出具后,可以由当事人或其代理人到公证机构领取,也可以应当事人的要求由公证机构发送。当事人或其代理人收到公证书应当在回执上签收。

第四十七条 公证书需要办理领事认证的,根据有关规定或者当事人的委托,公证机构可以代为办理公证书认证,所需费用由当事人支付。

第七章 不予办理公证和终止公证

第四十八条 公证事项有下列情形之一的,公证机构应当不予办理公证:

(一)无民事行为能力人或者限制民事行为能力人没有监护人代理申请办理公证的;

(二)当事人与申请公证的事项没有利害关系的;

(三)申请公证的事项属专业技术鉴定、评估事项的;

(四)当事人之间对申请公证的事项有争议的;

(五)当事人虚构、隐瞒事实,或者提供虚假证明材料的;

(六)当事人提供的证明材料不充分又无法补充,或者拒绝补充证明材料的;

(七)申请公证的事项不真实、不合法的;

(八)申请公证的事项违背社会公德的;

(九)当事人拒绝按照规定支付公证费的。

第四十九条 不予办理公证的,由承办公证员写出书面报告,报公证机构负责人审批。不予办理公证的决定应当书面通知当事人或其代理人。

不予办理公证的,公证机构应当根据不予办理的原因及责任,酌情退还部分或者全部收取的公证费。

第五十条 公证事项有下列情形之一的,公证机构应当终止公证:

(一)因当事人的原因致使该公证事项在六个月内不能办结的;

(二)公证书出具前当事人撤回公证申请的;

(三)因申请公证的自然人死亡、法人或者其他组织终止,不能继续办理公证或者继续办理公证已无意义的;

(四)当事人阻挠、妨碍公证机构及承办公证员按规定的程序、期限办理公证的;

(五)其他应当终止的情形。

第五十一条 终止公证的,由承办公证员写出书面报告,报公证机构负责人审批。终止公证的决定应当书面通知当事人或其代理人。

终止公证的,公证机构应当根据终止的原因及责任,酌情退还部分收取的公证费。

第八章 特别规定

第五十二条 公证机构办理招标投标、拍卖、开奖等现场监督类公证,应当由二人共同办理。承办公证员应当依照有关规定,通过事前审查、现场监督,对其真实性、合法性予以证明,现场宣读公证证词,并在宣读后七日内将公证书发送当事人。该公证书自宣读公证证词之日起生效。

办理现场监督类公证,承办公证员发现当事人有弄虚作假、徇私舞弊、违反活动规则、违反国家法律和有关规定行为的,应当即时要求当事人改正;当事人拒不改正的,应当不予办理公证。

第五十三条 公证机构办理遗嘱公证,应当由二人共同办理。承办公证员应当全程亲自办理,并对遗嘱人订立遗嘱的过程录音录像。

特殊情况下只能由一名公证员办理时,应当请一名见证人在场,见证人应当在询问笔录上签名或者盖章。

公证机构办理遗嘱公证,应当查询全国公证管理系统。出具公证书的,应当于出具当日录入办理信息。

第五十四条 公证机构派员外出办理保全证据公证的,由二人共同办理,承办公证员应当亲自外出办理。

办理保全证据公证,承办公证员发现当事人是采用法律、法规禁止的方式取得证据的,应当不予办理公证。

第五十五条 债务人不履行或者不适当履行经公证的具有强制执行效力的债权文书的,公证机构应当对履约情况进行核实后,依照有关规定出具执行证书。

债务人履约、公证机构核实、当事人就债权债务达成新的协议等涉及强制执行的情况,承办公证员应当制作工作记录附卷。

执行证书应当载明申请人、被申请执行人、申请执行标的和申请执行的期限。债务人已经履行的部分,应当在申请执行标的中予以扣除。因债务人不履行或者不适当履行而发生的违约金、滞纳金、利息等,可以应债权人的要求列入申请执行标的。

第五十六条 经公证的事项在履行过程中发生争议的,出具公证书的公证机构可以应当事人的请求进行调解。经调解后当事人达成新的协议并申请公证的,公证机构可以办理公证;调解不成的,公证机构应当告知当事人就该争议依法向人民法院提起民事诉讼或者向仲裁机构申请仲裁。

第九章 公证登记和立卷归档

第五十七条 公证机构办理公证,应当填写公证登记簿,建立分类登记制度。

登记事项包括:公证事项类别、当事人姓名(名称)、代理人(代表人)姓名、受理日期、承办人、审批人(签发人)、结案方式、办结日期、公证书编号等。

公证登记簿按年度建档,应当永久保存。

第五十八条 公证机构在出具公证书后或者作出不予办理公证、终止公证的决定后,应当依照司法部、国家档案局制定的有关公证文书立卷归档和公证档案管理的规定,由承办公证员将公证文书和相关材料,在三个月内完成汇总整理、分类立卷、移交归档。

第五十九条 公证机构受理公证申请后,承办公证员即应当着手立卷的准备工作,开始收集有关的证明材料,整理询问笔录和核实情况的有关材料等。

对不能附卷的证明原件或者实物证据,应当按照规定将其原件复印件(复制件)、物证照片及文字描述记载留存附卷。

第六十条 公证案卷应当根据公证事项的类别、内容,划分为普通卷、密卷,分类归档保存。

公证案卷应当根据公证事项的类别、用途及其证据价值确定保管期限。保管期限分短期、长期、永久三种。

涉及国家秘密、遗嘱的公证事项,列为密卷。立遗嘱人死亡后,遗嘱公证案卷转为普通卷保存。

公证机构内部对公证事项的讨论意见和有关请示、批复等材料,应当装订成副卷,与正卷一起保存。

第十章 公证争议处理

第六十一条 当事人认为公证书有错误的,可以在收到公证书之日起一年内,向出具该公证书的公证机构提出复查。

公证事项的利害关系人认为公证书有错误的,可以自知道或者应当知道该项公证之日起一年内向出具该公证书的公证机构提出复查,但能证明自己不知道的除外。提出复查的期限自公证书出具之日起最长不得超过二十年。

复查申请应当以书面形式提出,载明申请人认为公证书存在的错误及其理由,提出撤销或者更正公证书的具体要求,并提供相关证明材料。

第六十二条 公证机构收到复查申请后,应当指派原承办公证员之外的公证员进行复查。复查结论及处理意见,应当报公证机构的负责人审批。

第六十三条 公证机构进行复查,应当对申请人提出的公证书的错误及其理由进行审查、核实,区别不同情况,按照以下规定予以处理:

(一)公证书的内容合法、正确、办理程序无误的,作出维持公证书的处理决定;

(二)公证书的内容合法、正确,仅证词表述或者格

式不当的,应当收回公证书,更正后重新发给当事人;不能收回的,另行出具补正公证书;

(三)公证书的基本内容违法或者与事实不符的,应当作出撤销公证书的处理决定;

(四)公证书的部分内容违法或者与事实不符的,可以出具补正公证书,撤销对违法或者与事实不符部分的证明内容;也可以收回公证书,对违法或者与事实不符的部分进行删除、更正后,重新发给当事人;

(五)公证书的内容合法、正确,但在办理过程中有违反程序规定、缺乏必要手续的情形,应当补办缺漏的程序和手续;无法补办或者严重违反公证程序的,应当撤销公证书。

被撤销的公证书应当收回,并予以公告,该公证书自始无效。

公证机构撤销公证书或出具补正公证书的,应当于撤销决定作出或补正公证书出具当日报地方公证协会备案,并录入全国公证管理系统。

第六十四条 公证机构应当自收到复查申请之日起三十日内完成复查,作出复查处理决定,发给申请人。需要对公证书作撤销或者更正、补正处理的,应当在作出复查处理决定后十日内完成。复查处理决定及处理后的公证书,应当存入原公证案卷。

公证机构办理复查,因不可抗力、补充证明材料或者需要核实有关情况的,所需时间不计算在前款规定的期限内,但补充证明材料或者需要核实有关情况的,最长不得超过六个月。

第六十五条 公证机构发现出具的公证书的内容及办理程序有本规则第六十三条第二项至第五项规定情形的,应当通知当事人,按照本规则第六十三条的规定予以处理。

第六十六条 公证书被撤销的,所收的公证费按以下规定处理:

(一)因公证机构的过错撤销公证书的,收取的公证费应当全部退还当事人;

(二)因当事人的过错撤销公证书的,收取的公证费不予退还;

(三)因公证机构和当事人双方的过错撤销公证书的,收取的公证费酌情退还。

第六十七条 当事人、公证事项的利害关系人对公证机构作出的撤销或者不予撤销公证书的决定有异议的,可以向地方公证协会投诉。

投诉的处理办法,由中国公证协会制定。

第六十八条 当事人、公证事项的利害关系人对公证书涉及当事人之间或者当事人与公证事项的利害关系人之间实体权利义务的内容有争议的,公证机构应当告知其可以就该争议向人民法院提起民事诉讼。

第六十九条 公证机构及其公证员因过错给当事人、公证事项的利害关系人造成损失的,由公证机构承担相应的赔偿责任;公证机构赔偿后,可以向有故意或者重大过失的公证员追偿。

当事人、公证事项的利害关系人与公证机构因过错责任和赔偿数额发生争议,协商不成的,可以向人民法院提起民事诉讼,也可以申请地方公证协会调解。

第十一章 附 则

第七十条 有关办证规则对不同的公证事项的办证程序有特殊规定的,从其规定。

公证机构采取在线方式办理公证业务,适用本规则。司法部另有规定的,从其规定。

第七十一条 公证机构根据《公证法》第十二条规定受理的提存、登记、保管等事务,依照有关专门规定办理;没有专门规定的,参照本规则办理。

第七十二条 公证机构及其公证员在办理公证过程中,有违反《公证法》第四十一条、第四十二条以及本规则规定行为的,由司法行政机关依据《公证法》、《公证机构执业管理办法》、《公证员执业管理办法》给予相应的处罚;有违反公证行业规范行为的,由公证协会给予相应的行业处分。

第七十三条 本规则由司法部解释。

第七十四条 本规则自 2006 年 7 月 1 日起施行。司法部 2002 年 6 月 18 日发布的《公证程序规则》(司法部令第 72 号)同时废止。

开奖公证细则(试行)

· 2004 年 5 月 29 日
· 司发通〔2004〕87 号

第一条 为了规范开奖公证程序,发挥公证监督职能,维护有奖活动秩序和社会公众利益,根据《中华人民共和国公证暂行条例》、《公证程序规则》的有关规定,制定本细则。

第二条 开奖公证是公证处通过事前审查、现场监督的方式,依法证明面向社会发行彩票或者其他有奖活动的开奖行为真实、合法的活动。

第三条 公证处办理开奖公证,应当严格按照国家有关有奖活动的规定、有奖活动主办单位向社会公布的有奖活动规则和公证程序规定对开奖行为进行审查、监督。

司法行政机关、公证员协会应当加强对开奖公证活动的指导、监督。

第四条 开奖公证由有奖活动主办单位向开奖行为发生地或者其住所地的公证处提出申请。申请至迟应当在开奖活动举办七日前提出。

中奖人对中奖结果申请公证的,应当亲自向承办该次开奖公证的公证处提出。

第五条 有奖活动主办单位申办开奖公证,应当如实填写公证申请表,并提交下列材料:

(一)主办单位的资格证明;
(二)法定代表人的身份证件,或者代理人的身份证件和授权委托书;
(三)举办有奖活动的依据和有关批准文件;
(四)有奖活动规则、方案和有关公告、广告;
(五)奖金、奖品来源的说明材料;
(六)其他需要提交的材料。

第六条 中奖人申办中奖公证,应当如实填写公证申请表,并提交下列材料:

(一)本人身份证件;
(二)中奖凭证;
(三)有奖活动主办单位出具的中奖确认书;
(四)其他需要提交的材料。

第七条 对于符合《公证程序规则》第十七条和本细则第四条、第五条、第六条规定的申请,公证处应当予以受理。

对于不符合规定的申请,公证处应当在三日内作出不予受理的决定,并通知申请人。

第八条 公证处受理公证申请后,应当按照《公证程序规则》第二十三条和本细则的规定进行审查,重点审查以下内容:

(一)主办单位是否具备主办有奖活动的资质;
(二)申请人提交的材料是否真实、充分;
(三)有奖活动规则、方案是否合法、公平、合理;
(四)开奖器具是否符合规定标准、能否正常使用。

第九条 办理开奖公证,公证处应当派两名以上公证人员在开奖现场对开奖活动的全过程进行监督,对开奖活动的过程和结果予以证明,并在开奖活动结束时由公证员当场宣读公证词。现场情况及中奖结果应当记录并存档。

第十条 对采用从器具中抽取奖票确定中奖人及中奖等次的开奖活动,公证员应当对开奖器具和奖票的投放情况进行检查、监督;对提前投放奖票的,公证人员应当在投放结束后对开奖器具进行封存并予以监控,待开奖时启封。

对依据数据电文作为计奖基础数据的,公证人员应当采取有效方式对相关数据电文予以保全。

第十一条 在开奖现场,公证人员应当检查开奖器具及有关封存情况,并严格按照开奖规则监督开奖人员实施开奖行为。

第十二条 中奖结果产生后,公证人员对公证词中涉及的中奖号码、中奖凭证、中奖人姓名应当即时核对。中奖人的身份证件,应当复印存档。

第十三条 办理开奖公证,公证人员应当着公证制服,注重形象,举止文明。

第十四条 公证处发现有奖活动有下列情形之一的,应当拒绝公证:

(一)违反国家法律和规定的;
(二)损害社会公共利益或者违反社会公德的;
(三)违反向社会公布的活动规则的;
(四)申请人拒绝提供有关材料的;
(五)主办单位弄虚作假、徇私舞弊的;
(六)主办单位阻挠公证人员依法对开奖活动实施监督的。

第十五条 在开奖现场,公证员发现有下列情形之一的,应当要求主办单位妥善处理;无法当场解决的,应当建议主办单位中止开奖活动:

(一)发生开奖纷争或者秩序混乱的;
(二)开奖器具出现技术故障的;
(三)中奖的彩票或者奖票需要核实真伪而未进行核实的;
(四)中奖结果待确定的;
(五)公证词中涉及的中奖人未能提供有效身份证件的。

上述情形解决后,开奖活动继续进行的,应当给予公证;主办单位拒不解决的,应当拒绝公证;开奖活动中止后仍然无法解决的,应当终止公证。

第十六条 公证处应当在公证员宣读公证词后七日内出具公证书。宣读公证词的时间为公证书的生效时间。

第十七条 公证处可以应有奖活动主办单位的申

请,对未发出的彩票或者奖票销毁情况办理公证。

第十八条 承办开奖公证的公证处及公证人员不得以任何方式与主办单位串通,损害社会公众利益;不得购买或者收受本次有奖活动的彩票、奖票或者设奖物品。

第十九条 公证处及公证人员违反本细则和其他有关规定的,应当视情节给予纪律惩戒、行政处罚;构成犯罪的,依法追究刑事责任。

司法行政机关、公证员协会非法干预开奖公证活动的,应当依法对有关责任人员给予处分;构成犯罪的,依法追究刑事责任。

第二十条 本细则未作规定的,适用《公证程序规则》及其他有关规定。

第二十一条 本细则自2004年7月1日起施行。

公证赔偿基金管理试行办法

- 2002年7月5日
- 司发通[2002]57号

第一章 总 则

第一条 为适应公证工作改革的需要,建立公证风险保障体制,保证公证机构的赔偿能力,维护公证行业的信誉,根据国务院批转的《关于深化公证工作改革的方案》,制定本办法。

第二条 公证赔偿基金是用于偿付公证行业公证机构及工作人员在履行公证职务过程中因过错给当事人造成的直接损失,以及其他有关支出的专项基金。

第三条 中国公证员协会负责组织和领导公证赔偿基金的管理工作,并接受各级司法行政主管部门和财政部门的监督。

第四条 公证赔偿基金实行按规定筹集、分级管理、专款专用的原则,任何机构或个人不得挤占和挪用。

第二章 基金的筹集

第五条 公证赔偿基金的来源:
(一)各公证机构按国家规定提取、缴纳的费用;
(二)公证赔偿基金用于国家批准投资的收益;
(三)公证机构因违反本办法有关规定而缴纳的滞纳金、罚款;
(四)单位或个人捐赠等其他收入。

第六条 公证机构每年年初应按上一自然年度公证业务收入总额的3%一次性提取公证赔偿基金。

第七条 公证机构应于每年3月31日以前,将提取的公证赔偿基金的1/2上缴中国公证员协会。用于集中缴纳公证责任保险的基本保费;其余的1/2作为公证赔偿后备金(以下简称"后备金"),其中:1/3上缴中国公证员协会,1/3上缴省级公证员协会,1/3留在本公证机构。

第八条 中国公证员协会管理的后备金总额达到上年全国公证业务年收入的3%时,应停止收缴;省级公证员协会管理的后备金总额达到本省公证业务年收入的15%时,应停止收缴。

中国公证员协会收缴的后备金达到规定限额的,原应由其收缴的部分转由省级公证员协会收缴;中国公证员协会及省级公证员协会收缴的后备金均达到规定限额的,原应由其收缴的部分转由公证机构充实后备金。

第九条 为壮大基金而进行的投资仅限于用基金购买国债和国家批准发行的可贴现债券。投资收益首先用于支付为获得收益而支出的费用,剩余部分充实基金本金。

滞纳金、罚款首先用于支付有关追缴的必要开支,剩余部分充实基金本金。

第三章 基金的使用

第十条 公证赔偿基金的使用范围:
(一)支付公证责任保险合同规定的保险费;
(二)支付保险赔偿范围以外的公证责任理赔及赔偿费用;
(三)支付为减少公证赔偿案件的发生而建立公证质量监控系统的开发及使用维护费用;
(四)支付司法部核准的其他费用。

第十一条 公证责任保险是强制性全行业统一保险。由中国公证员协会代表全体公证机构向保险公司投以公证机构为被保险人的全行业公证责任保险。

公证责任保险的保险费实行浮动费率制。基本保费在中国公证员协会集中的公证赔偿基金中列支。因费率浮动致使保险费超过基本保费的部分,由中国公证员协会、各省级公证员协会及各公证机构按各负担1/3的原则从所管理的后备金中补足;因费率浮动致使保险费低于基本保费的部分,返回各公证机构用于补充其自管的后备金。

第十二条 后备金用于支付(含垫付)本办法第十条第(二)项的理赔费用,包括:法院诉讼费、律师费、公证责任赔偿委员会办案费及其他合理费用。

后备金用于本办法第十条第(三)项用途,不得超过当年提取的后备金总额的5%。

后备金用于本办法第十条(四)项用途,不得超过后备金总额的80%。

第十三条 用后备金支付本办法第十条第(二)项费用,首先从应负赔偿责任的公证机构的后备金中支出;不足部分(不含绝对免赔额)由该公证处所在的省级公证员协会管理的后备金垫付;仍不足的,由中国公证员协会管理的后备金垫付。

第十四条 公证机构向省级公证员协会申请使用省管后备金的,应当提交书面申请和相关材料,经省级公证责任赔偿委员会审核后由省级公证员协会批准使用。

省级公证员协会管理的后备金不足以支付的部分,由省级公证员协会向中国公证员协会提交书面申请和相关材料,经中国公证员协会公证责任赔偿委员会审核后由中国公证员协会批准使用。

第十五条 公证机构使用国家和省两级后备金的额度(限额)为其所缴纳后备金的总额减去该公证机构已使用费用的余额的10倍。

公证机构使用上述后备金用于公证责任赔偿后,对于超过该公证机构上缴后备金余额的部分,应于次年起分两年偿还,按中国人民银行公布的当时一年期贷款利率支付利息。公证机构偿还确有困难的,经批准可以延缓一至三年偿还。

第十六条 公证机构赔偿后,可责令有故意或重大过失的公证人员承担部分或全部赔偿费用。

第四章 监督管理

第十七条 各级公证员协会要建立健全内部管理制度,定期或不定期对公证赔偿基金收入、支出等进行检查,并接受财政、审计、司法行政等部门的监督检查。

第十八条 中国公证员协会、各省级公证员协会应根据需要配备专门的机构或人员负责管理公证赔偿基金。

第十九条 中国公证员协会、各省级公证员协会在基金的收付中应当使用财政部门统一印制的基金专用票据,并在银行设立专门账户。

公证机构应当对公证赔偿基金的自留部分单独核算。

第二十条 中国公证员协会的管理职责:

(一)领导和组织全国公证行业执行国家有关公证赔偿基金管理的规定;

(二)负责统一向保险公司投以公证机构为被保险人的全行业公证责任保险;

(三)负责由本会集中的公证赔偿基金的收缴、支付和管理;

(四)对各省级公证员协会及各公证机构的公证赔偿基金管理工作进行指导、监督。

第二十一条 省级公证员协会管理职责:

(一)领导和组织本地区公证机构执行国家有关公证赔偿基金管理的规定;

(二)负责由本会集中的后备金的收缴、支付和管理;

(三)对本地区公证机构的公证赔偿基金管理工作进行指导、监督。

第二十二条 公证机构每年应将自管的后备金使用情况向省级公证员协会报告。

中国公证员协会、省级公证员协会每年应将全国或本地区所管公证赔偿基金的使用情况向同级公证员协会理事会报告,并于每年3月10日前将上一年度公证赔偿基金的财务决算报同级司法行政部门。

第二十三条 公证机构应当按期如实缴纳公证赔偿基金。因延迟或不如实提取、缴纳公证赔偿基金所引起的法律后果由该公证机构自行承担。

第二十四条 公证机构无故不按时、足额缴纳公证赔偿基金的,按欠缴额收取每日千分之二的滞纳金。

第二十五条 公证机构有下列行为之一的,除责令其限期改正外,由公证员协会报请司法行政机关视情节给予行政处罚:

(一)无故不按时、足额提取、缴纳公证赔偿基金,经基金经办机构催缴无效的;

(二)挪用、挤占公证赔偿基金的;

(三)故意骗取公证赔偿基金的;

(四)其他违法行为。

第二十六条 负责基金管理的人员有挪用、滥用、贪污、违规发放公证赔偿基金等违法行为的,应当给予相应政纪处分;构成犯罪的,依法追究刑事责任。

第五章 附则

第二十七条 本办法实施前公证机构已经提取的用于公证责任赔偿的资金金额,自本办法实施之日起,转为公证机构自管的公证责任赔偿后备金。

第二十八条 中国公证员协会可根据本办法制定公证赔偿基金管理的实施细则,经司法部批准后实行。

第二十九条 本办法由司法部解释。

第三十条 本办法自发布之日起试行。

公证机构办理抵押登记办法

· 2002年2月20日司法部令第68号公布
· 自公布之日起施行

第一条 为规范公证机构的抵押登记活动,根据《中华人民共和国担保法》和《中华人民共和国公证暂行条例》等规定,制定本办法。

第二条 《中华人民共和国担保法》第四十三条第二款规定的公证部门为依法设立的公证机构。

第三条 《中华人民共和国担保法》第四十三条规定的"其他财产"包括下列内容:

(一)个人、事业单位、社会团体和其他非企业组织所有的机械设备、牲畜等生产资料;

(二)位于农村的个人私有房产;

(三)个人所有的家具、家用电器、金银珠宝及其制品等生活资料;

(四)其他除《中华人民共和国担保法》第三十七条和第四十二条规定之外的财产。

当事人以前款规定的财产抵押的,抵押人所在地的公证机构为登记部门,公证机构办理登记适用本办法规定。

第四条 以《中华人民共和国担保法》第四十二条第(二)项的规定的财产抵押,县级以上地方人民政府规定由公证机构登记的;以及法律、法规规定的抵押合同自公证机构办理登记之日起生效的,公证机构办理登记适用本办法规定。

第五条 以本办法第三条规定的财产抵押的,抵押权人自公证机构出具《抵押登记证书》之日起获得对抗第三人的权利。

以本办法第四条规定的财产抵押的,抵押合同自公证机构出具《抵押登记证书》之日起生效。

第六条 申办抵押登记,由抵押合同双方当事人共同提出申请,并填写《抵押登记申请表》。

《抵押登记申请表》应载明下列内容:

(一)申请人为个人的,应载明其姓名、性别、出生日期、身份证明号码、工作单位、住址、联系方式等;申请人为法人或其他组织的,应载明法人或其他组织的名称、地址、法定代表人或负责人和代理人的姓名、性别、职务、联系方式;

(二)主合同和抵押合同的名称;

(三)被担保的主债权的种类、数额;

(四)抵押物的名称、数量、质量、状况、所在地、所有权或者使用权权属;

(五)债务人履行债务的期限;

(六)抵押担保的范围;

(七)抵押物属再次抵押的,应载明再次抵押的情况;

(八)申请抵押登记的日期;

(九)其他需要说明的问题。

申请人应当在申请表上签名或盖章。

第七条 申请人应向公证机构提交下列材料:

(一)申请人和代理人的身份、资格证明;

(二)主合同、抵押合同及其他相关合同;

(三)以本办法第四条规定的财产抵押的,应提交抵押物所有权或者使用权证书;以本办法第三条规定的财产抵押的,应提交抵押物所有权或者使用权证书或其他证明材料;

(四)抵押物清单;

(五)与抵押登记事项有关的其他材料。

第八条 符合下列条件的申请,公证机构应予以受理:

(一)申请抵押登记的财产符合本办法第三条、第四条的规定;

(二)抵押登记事项属于本公证机构管辖;

(三)本办法第七条所列各项材料齐全。

公证机构不予受理的,应记录在案,并及时告知申请人。

第九条 公证机构应当在受理之日起5个工作日内审查完毕,并决定是否予以登记。

第十条 有下列情形之一的,公证机构不予办理抵押登记:

(一)申请人提交的材料无效;

(二)申请人对抵押物的名称、数量、质量、状况、所在地、所有权或者使用权权属存在争议;

(三)以法律、法规规定的不得抵押的财产设定抵押的。

对不予登记的,公证机构应记录在案,并书面告知申请人。

第十一条 公证机构决定予以登记的,应向当事人出具《抵押登记证书》。

《抵押登记证书》应载明下列内容:

(一)抵押人、抵押权人的姓名、身份证明号码或名称、单位代码、地址;

(二)抵押担保的主债权的种类、数额;

(三)抵押物的名称、数量、质量、状况、所在地、所有权或者使用权权属;

（四）债务人履行债务的期限；
（五）抵押担保的范围；
（六）再次抵押情况；
（七）抵押登记的日期；
（八）其他事项。

第十二条 公证机构办理房地产抵押登记的，应在出具《抵押登记证书》后告知房地产管理部门。

第十三条 办理抵押登记的公证机构应配备计算机，录入抵押登记信息，并设立书面登录簿，登录本公证机构办理抵押登记的资料。

办理抵押登记的公证机构应及时与其他公证机构交换抵押登记信息，信息的交换办法由各省、自治区、直辖市司法厅（局）制定。

第十四条 当事人变更抵押合同向公证机构申请变更登记，经审查符合抵押登记规定的，公证机构应予以办理变更抵押登记。

当事人变更抵押合同未办理变更抵押登记的，自行变更后的抵押不发生《中华人民共和国担保法》规定的抵押登记效力。

第十五条 当事人履行完毕主债务或提前终止、解除抵押合同向公证机构申请办理注销登记的，公证机构应予以办理注销抵押登记。

第十六条 公证机构办理抵押登记，按规定收取抵押登记费。抵押登记费由当事人双方共同承担或从约定。

第十七条 当事人及有关人员可以查阅、抄录或复印抵押登记的资料，但应按规定交纳费用。

第十八条 以承包经营权等合同权益、应收账款或未来可得权益进行物权担保的，公证机构办理登记可比照本办法执行。

第十九条 本办法由司法部解释。

第二十条 本办法自发布之日起施行。

遗嘱公证细则

- 2000年3月24日司法部令第57号发布
- 自2000年7月1日起施行

第一条 为规范遗嘱公证程序，根据《中华人民共和国继承法》、《中华人民共和国公证暂行条例》等有关规定，制定本细则。

第二条 遗嘱是遗嘱人生前在法律允许的范围内，按照法律规定的方式处分其个人财产或者处理其他事务，并在其死亡时发生效力的单方法律行为。

第三条 遗嘱公证是公证处按照法定程序证明遗嘱人设立遗嘱行为真实、合法的活动。经公证证明的遗嘱为公证遗嘱。

第四条 遗嘱公证由遗嘱人住所地或者遗嘱行为发生地公证处管辖。

第五条 遗嘱人申办遗嘱公证应当亲自到公证处提出申请。

遗嘱人亲自到公证处有困难的，可以书面或者口头形式请求有管辖权的公证处指派公证人员到其住所或者临时处所办理。

第六条 遗嘱公证应当由两名公证人员共同办理，由其中一名公证员在公证书上署名。因特殊情况由一名公证员办理时，应当有一名见证人在场，见证人应当在遗嘱和笔录上签名。

见证人、遗嘱代书人适用《中华人民共和国继承法》第十八条的规定。

第七条 申办遗嘱公证，遗嘱人应当填写公证申请表，并提交下列证件和材料：

（一）居民身份证或者其他身份证件；
（二）遗嘱涉及的不动产、交通工具或者其他有产权凭证的财产的产权证明；
（三）公证人员认为应当提交的其他材料。

遗嘱人填写申请表确有困难的，可由公证人员代为填写，遗嘱人应当在申请表上签名。

第八条 对于属于本公证处管辖，并符合前条规定的申请，公证处应当受理。

对于不符合前款规定的申请，公证处应当在三日内作出不予受理的决定，并通知申请人。

第九条 公证人员具有《公证程序规则（试行）》第十条规定情形的，应当自行回避，遗嘱人有权申请公证人员回避。

第十条 公证人员应当向遗嘱人讲解我国《民法通则》、《继承法》中有关遗嘱和公民财产处分权利的规定，以及公证遗嘱的意义和法律后果。

第十一条 公证处应当按照《公证程序规则（试行）》第二十三条的规定进行审查，并着重审查遗嘱人的身份及意思表示是否真实、有无受胁迫或者受欺骗等情况。

第十二条 公证人员询问遗嘱人，除见证人、翻译人员外，其他人员一般不得在场。公证人员应当按照《公证程序规则（试行）》第二十四条的规定制作谈话笔录。谈话笔录应当着重记录下列内容：

（一）遗嘱人的身体状况、精神状况；遗嘱人系老年人、间歇性精神病人、危重伤病人的，还应当记录其对事物的识别、反应能力；

（二）遗嘱人家庭成员情况，包括其配偶、子女、父母及与其共同生活人员的基本情况；

（三）遗嘱所处分财产的情况，是否属于遗嘱人个人所有，以前是否曾以遗嘱或者遗赠扶养协议等方式进行过处分，有无已设立担保、已被查封、扣押等限制所有权的情况；

（四）遗嘱人所提供的遗嘱或者遗嘱草稿的形成时间、地点和过程，是自书还是代书，是否本人的真实意愿，有无修改、补充，对遗产的处分是否附有条件；代书人的情况，遗嘱或者遗嘱草稿上的签名、盖章或者手印是否其本人所为；

（五）遗嘱人未提供遗嘱或者遗嘱草稿的，应当详细记录其处分遗产的意思表示；

（六）是否指定遗嘱执行人及遗嘱执行人的基本情况；

（七）公证人员认为应当询问的其他内容。

谈话笔录应当当场向遗嘱人宣读或者由遗嘱人阅读，遗嘱人无异议后，遗嘱人、公证人员、见证人应当在笔录上签名。

第十三条 遗嘱应当包括以下内容：

（一）遗嘱人的姓名、性别、出生日期、住址；

（二）遗嘱处分的财产状况（名称、数量、所在地点以及是否共有、抵押等）；

（三）对财产和其他事务的具体处理意见；

（四）有遗嘱执行人的，应当写明执行人的姓名、性别、年龄、住址等；

（五）遗嘱制作的日期以及遗嘱人的签名。

遗嘱中一般不得包括与处分财产及处理死亡后事宜无关的其他内容。

第十四条 遗嘱人提供的遗嘱，无修改、补充的，遗嘱人应当在公证人员面前确认遗嘱内容、签名及签署日期属实。

遗嘱人提供的遗嘱或者遗嘱草稿，有修改、补充的，经整理、誊清后，应当交遗嘱人核对，并由其签名。

遗嘱人未提供遗嘱或者遗嘱草稿的，公证人员可以根据遗嘱人的意思表示代为起草遗嘱。公证人员代拟的遗嘱，应当交遗嘱人核对，并由其签名。

以上情况应当记入谈话笔录。

第十五条 两个以上的遗嘱人申请办理共同遗嘱公证的，公证处应当引导他们分别设立遗嘱。

遗嘱人坚持申请办理共同遗嘱公证的，共同遗嘱中应当明确遗嘱变更、撤销及生效的条件。

第十六条 公证人员发现有下列情形之一的，公证人员在与遗嘱人谈话时应当录音或者录像：

（一）遗嘱人年老体弱；

（二）遗嘱人为危重伤病人；

（三）遗嘱人为聋、哑、盲人；

（四）遗嘱人为间歇性精神病患者、弱智者。

第十七条 对于符合下列条件的，公证处应当出具公证书：

（一）遗嘱人身份属实，具有完全民事行为能力；

（二）遗嘱人意思表示真实；

（三）遗嘱人证明或者保证所处分的财产是其个人财产；

（四）遗嘱内容不违反法律规定和社会公共利益，内容完备，文字表述准确，签名、制作日期齐全；

（五）办证程序符合规定。

不符合前款规定条件的，应当拒绝公证。

第十八条 公证遗嘱采用打印形式。遗嘱人根据遗嘱原稿核对后，应当在打印的公证遗嘱上签名。

遗嘱人不会签名或者签名有困难的，可以盖章方式代替在申请表、笔录和遗嘱上的签名；遗嘱人既不能签字又无印章的，应当以按手印方式代替签名或者盖章。

有前款规定情形的，公证人员应当在笔录中注明。以按手印代替签名或者盖章的，公证人员应当提取遗嘱人全部的指纹存档。

第十九条 公证处审批人批准遗嘱公证书之前，遗嘱人死亡或者丧失行为能力的，公证处应当终止办理遗嘱公证。

遗嘱人提供或者公证人员代书、录制的遗嘱，符合代书遗嘱条件或者经承办公证人员见证符合自书、录音、口头遗嘱条件的，公证处可以将该遗嘱发给遗嘱受益人，并将其复印件存入终止公证的档案。

公证处审批人批准之后，遗嘱人死亡或者丧失行为能力的，公证处应当完成公证遗嘱的制作。遗嘱人无法在打印的公证遗嘱上签名的，可依符合第十七条规定的遗嘱原稿的复印件制作公证遗嘱，遗嘱原稿留公证处存档。

第二十条 公证处可根据《中华人民共和国公证暂行条例》规定保管公证遗嘱或者自书遗嘱、代书遗嘱、录音遗嘱；也可根据国际惯例保管密封遗嘱。

第二十一条 遗嘱公证卷应当列为密卷保存。遗嘱人死亡后，转为普通卷保存。

公证遗嘱生效前，遗嘱卷宗不得对外借阅，公证人员亦不得对外透露遗嘱内容。

第二十二条 公证遗嘱生效前，非经遗嘱人申请并履行公证程序，不得撤销或者变更公证遗嘱。

遗嘱人申请撤销或者变更公证遗嘱的程序适用本规定。

第二十三条 公证遗嘱生效后，与继承权益相关的人员有确凿证据证明公证遗嘱部分违法的，公证处应当予以调查核实；经调查核实，公证遗嘱部分内容确属违法的，公证处应当撤销对公证遗嘱中违法部分的公证证明。

第二十四条 因公证人员过错造成错证的，公证处应当承担赔偿责任。有关公证赔偿的规定，另行制定。

第二十五条 本细则由司法部解释。

第二十六条 本细则自 2000 年 7 月 1 日起施行。

提存公证规则

· 1995 年 6 月 2 日司法部令第 38 号发布
· 自发布之日起施行

第一条 为维护经济流转秩序，预防和减少债务纠纷，保证提存公证质量，根据《中华人民共和国民法通则》、《中华人民共和国公证暂行条例》及有关规定，制订本规则。

第二条 提存公证是公证处依照法定条件和程序，对债务人或担保人为债权人的利益而交付的债之标的物或担保物(含担保物的替代物)进行寄托、保管，并在条件成就时交付债权人的活动。为履行清偿义务或担保义务而向公证处申请提存的人为提存人。提存之债的债权人为提存受领人。

第三条 以清偿为目的的提存公证具有债的消灭和债之标的物风险责任转移的法律效力。

以担保为目的的提存公证具有保证债务履行和替代其他担保形式的法律效力。

不符合法定条件的提存或提存人取回提存标的的，不具有提存公证的法律效力。

第四条 提存公证由债务履行地的公证处管辖。

以担保为目的的提存公证或在债务履行地申办提存公证有困难的，可由担保人住所地或债务人住所地的公证处管辖。

第五条 债务清偿期限届至，有下列情况之一使债务人无法按时给付的，公证处可以根据债务人申请依法办理提存：

(一)债权人无正当理由拒绝或延迟受领债之标的的；

(二)债权人不在债务履行地又不能到履行地受领的；

(三)债权人不清、地址不详，或失踪、死亡(消灭)其继承人不清，或无行为能力其法定代理人不清的。

第六条 有下列情况之一的，公证处可以根据当事人申请办理提存公证：

(一)债的双方在合同(协议)中约定以提存方式给付的；

(二)为了保护债权人利益，保证人、抵押人或质权人请求将担保物(金)或其替代物提存的。

当事人申办前款所列提存公证，必须列明提存物给付条件，公证处应按提存人所附条件给付提存标的物。

第七条 下列标的物可以提存：

(一)货币；

(二)有价证券、票据、提单、权利证书；

(三)贵重物品；

(四)担保物(金)或其替代物；

(五)其他适宜提存的标的物。

第八条 公证处应当在指定银行设立提存账户，并置备保管有价证券、贵重物品的专用设备或租用银行的保险箱。

第九条 提存申请人应当填写公证申请表，并提交下列材料：

(一)申请人的身份证明；法人应提交法人资格证明和法定代表人身份证明，法定代理人应提交与被代理人关系的证明，委托代理人应提交授权委托书；

(二)合同(协议)、担保书、赠与书、司法文书、行政决定等据以履行义务的依据；

(三)存在本规则第五条或第六条规定情况的有关证明材料；

(四)提存受领人姓名(名称)、地址、邮编、联系电话等；

(五)提存标的物种类、质量、数量、价值的明细表；

(六)公证员认为应当提交的其他材料。

第十条 符合下列条件的申请，公证处应当受理：

(一)申请人对提存受领人负有清偿或担保义务；

(二)具有本规则第五条或第六条规定的情况；

（三）申请事项属于本公证处管辖；
（四）本规则第九条规定的材料基本齐全。

公证处应在收到申请之日起三日内作出受理或不予受理的决定。不予受理的，公证处应当告知申请人对不予受理不服的复议程序。

第十一条　公证人员应按《公证程序规则（试行）》第二十四条规定制作谈话笔录，记录下列内容：
（一）提存理由和相关事实（如无法给付债的标的物的事由和经过）；
（二）有关提存受领人的详细情况；
（三）提存标的物的详细情况；
（四）提存人所作的特别说明等。

第十二条　公证员应当按《公证程序规则（试行）》第二十三条规定，审查下列内容：
（一）本规则第九条所列材料是否齐全，内容是否属实；
（二）提存人的行为能力和清偿依据；
（三）申请提存之债的真实性、合法性；
（四）请求提存的原因和事实是否属实；
（五）提存标的物与债的标的是否相符，是否适宜提存；
（六）提存标的物是否需要采取特殊的处理或保管措施。

第十三条　符合下列条件的，公证处应当予以提存：
（一）提存人具有行为能力，意思表示真实；
（二）提存之债真实、合法；
（三）符合本规则第五条或第六条以及第七条规定条件；
（四）提存标的与债的标的相符。

提存标的与债的标的不符或在提存时难以判明两者是否相符的，公证处应告知提存人如提存受领人因此原因拒绝受领提存物则不能产生提存的效力。提存人仍要求提存的，公证处可以办理提存公证，并记载上述条件。

不符合前两款规定的，公证处应当拒绝办理提存公证，并告知申请人对拒绝公证不服的复议程序。

第十四条　公证处应当验收提存标的物并登记存档。对不能提交公证处的提存物，公证处应当派公证员到现场实地验收。验收时，提存申请人（或其代理人）应当在场，公证员应当制作验收笔录。

验收笔录应当记录验收的时间、地点、方式、参加人员，物品的数量、种类、规格、价值以及存放地点、保管环境等内容。验收笔录应交提存人核对。公证员、提存人及其他参与人员应当在验收笔录上签名。

对难以验收的提存标的物，公证处可予以证据保全，并在公证笔录和公证书中注明。

经验收的提存标的物，公证处应当采用封存、委托代管等必要的保管措施。

对易腐易烂易燃易爆等物品，公证处应当在保全证据后，由债务人拍卖或变卖，提存其价款。

第十五条　对提存的贵重物品、有价证券、不动产或其他物品的价值难以确定的，公证处可以聘请专业机构或人员进行估价。

第十六条　提存货币的，以现金、支票交付公证处的日期或提存款划入公证处提存账户的日期为提存日期。

提存的物品需要验收的，以公证处验收合格的日期为提存日期。

提存的有价证券、提单、权利证书或无需验收的物品，以实际交付公证处的日期为提存日期。

第十七条　公证处应当从提存之日起三日内出具提存公证书。提存之债从提存之日即告清偿。

第十八条　提存人应将提存事实及时通知提存受领人。

以清偿为目的的提存或提存人通知有困难的，公证处应自提存之日起七日内，以书面形式通知提存受领人，告知其领取提存物的时间、期限、地点、方法。

提存受领人不清或下落不明、地址不详无法送达通知的，公证处应自提存之日起六十日内，以公告方式通知。公告应刊登在国家或债权人在国内住所地的法制报刊上，公告应在一个月内在同一报刊刊登三次。

第十九条　公证处有保管提存标的物的权利和义务。公证处应当采取适当的方法妥善保管提存标的，以防毁损、变质或灭失。

对不宜保存的、提存受领人到期不领取或超过保管期限的提存物品，公证处可以拍卖，保存其价款。

第二十条　下列物品的保管期限为六个月：
（一）不适于长期保管或长期保管将损害其价值的；
（二）六个月的保管费用超过物品价值5%的。

第二十一条　从提存之日起，超过二十年无人领取的提存标的物，视为无主财产；公证处应在扣除提存费用后将其余额上缴国库。

第二十二条　提存物在提存期间所产生的孳息归提存受领人所有。提存人取回提存物的，孳息归提存人所有。

提存的存款单、有价证券、奖券需要领息、承兑、领奖的,公证处应当代为承兑或领取,所获得的本金和孳息在不改变用途的前提下,按不损害提存受领人利益的原则处理。无法按原用途使用的,应以货币形式存入提存账户。

定期存款到期的,原则上按原来期限将本金和利息一并转存。股息红利除用于支付有关的费用外,剩余部分应当存入提存专用账户。

提存的不动产或其他物品的收益,除用于维护费用外剩余部分应当存入提存账户。

第二十三条 公证处应当按照当事人约定或法定的条件给付提存标的。本规则第六条第一项规定的以对待给付为条件的提存,在提存受领人未为对待给付之前,公证处不得给付提存标的物。

提存受领人领取提存标的物时,应提供身份证明、提存通知书或公告,以及有关债权的证明,并承担因提存所支出的费用。提存受领人负有对待给付义务的,应提供履行对待给付义务的证明。委托他人代领的,还应提供有效的授权委托书。由其继承人领取的,应当提交继承公证书或其他有效的法律文书。

第二十四条 因债权的转让、抵销等原因需要由第三人领取提存标的物的,该第三人应当提供已取得提存之债债权的有效法律文书。

第二十五条 除当事人另有约定外,提存费用由提存受领人承担。

提存费用包括:提存公证费、公告费、邮电费、保管费、评估鉴定费、代管费、拍卖变卖费、保险费,以及为保管、处理、运输提存标的物所支出的其他费用。

提存受领人未支付提存费用前,公证处有权留置价值相当的提存标的物。

第二十六条 提存人可以凭人民法院生效的判决、裁定或提存之债已经清偿的公证证明取回提存物。

提存受领人以书面形式向公证处表示抛弃提存受领权的,提存人得取回提存物。

提存人取回提存物的,视为未提存。因此产生的费用由提存人承担。提存人未支付提存费用前,公证处有权留置价值相当的提存标的物。

第二十七条 公证处不得挪用提存标的。公证处或公证人员挪用提存标的的,除应负相应的赔偿责任外,对直接责任人员要追究行政或刑事责任。

提存期间,提存物毁损灭失的风险责任由提存受领人负担;但因公证处过错造成毁损、灭失的,公证处有负赔偿责任。

公民、法人以不正当手段骗取提存标的的,负有赔偿责任;构成犯罪的,依法追究刑事责任。

公证处未按法定或当事人约定条件给付提存标的给当事人造成损失的,公证处负有连带赔偿责任。

第二十八条 符合法定或当事人约定的给付条件,公证处拒绝给付的,由其主管的司法行政机关责令限期给付;给当事人造成损失的,公证处负有赔偿责任。

根据人民法院、仲裁机构的裁决或司法行政机关决定给付的,由此产生的法律后果由作出决定的机构承担。

第二十九条 司法机关或行政机关因执行公务而申办提存公证的,参照本规则办理。

监护人、遗产管理人为保护被监护人、继承人利益,请求将所监护或管理的财产提存的,参照本规则办理。

遗嘱人或赠与人为保护遗嘱受益人或未成年的受赠人利益,请求将遗嘱所处分的财产或赠与财产提存的,参照本规则办理。

第三十条 外国人、无国籍人在中国境内申办提存公证,适用本规则。

第三十一条 本规则自发布之日起施行。由司法部负责解释。

房屋拆迁证据保全公证细则

· 1993年12月1日司法部令第29号发布
· 自1994年2月1日起施行

第一条 为规范城市房屋拆迁证据保全公证活动,根据《中华人民共和国公证暂行条例》、《城市房屋拆迁管理条例》、《公证程序规则(试行)》,制订本细则。

第二条 房屋拆迁证据保全公证是指在房屋拆迁之前,公证机关对房屋及附属物的现状依法采取勘测、拍照或摄像等保全措施,以确保其真实性和证明力的活动。

第三条 本细则适用于《城市房屋拆迁管理条例》规定的拆除依法代管的房屋,代管人是房屋主管部门的;拆除有产权纠纷的房屋,在房屋拆迁主管部门公布的规定期限内纠纷未解决的;拆除设有抵押权的房屋实行权调换,抵押权人和抵押人在房屋拆迁主管部门公布的规定期限内达不成抵押协议的;以及其他房屋拆迁证据保全的公证事项。

第四条 房屋拆迁证据保全公证,由被拆迁房屋所在地公证处管辖。

第五条 房屋拆迁证据保全公证申请人是拆迁人或

被拆迁人,房屋拆迁主管部门也可以作为申请人。上述申请人可以委托他人代为提出公证申请。

第六条 申请人应填写公证申请表,并提交下列材料:

(一)身份证明;申请人为法人的,应提交法人资格和法定代表人的身份证明;被拆迁人为公民个人的,应提交身份证明;

(二)资格证明;拆迁人应提交房屋拆迁主管部门核发的拆迁许可证明;接受拆迁委托的被委托人应提交房屋拆迁资格证书;被拆迁人应提交作为被拆除房屋及其附属物的所有人(包括代管人、国家授权的国有房屋及其附属物的管理人)和被拆除房屋及其附属物的使用人的证明;

(三)拆除有产权纠纷的房屋,提交由县级以上人民政府房屋拆迁主管部门批准的补偿安置方案的证明;

(四)实施强制拆迁的房屋,提交县级以上人民政府作出的限期拆迁的决定或人民法院院长签发的限期拆迁的公告;

(五)公证人员认为应当提交的其他有关材料。

第七条 符合下列条件的申请,公证处应予受理,并书面通知申请人:

(一)申请人符合本细则第五条的规定;

(二)申请公证事项属于本公证处管辖;

(三)提供本细则第六条所需材料。

不符合前款规定条件的申请,公证处应作出不予受理的决定,通知申请人,并告知对拒绝受理不服的复议程序。

受理或拒绝受理的决定,应在申请人依据本细则规定正式提出申请后的七日内作出。

第八条 公证人员应认真接待申请人,应按《公证程序规则(试行)》第二十四条的规定制作谈话笔录,并着重记录下列内容:

(一)申请证据保全的目的和理由;

(二)申请证据保全的种类、名称、地点和现存状况;

(三)证据保全的方式;

(四)公证人员认为应当记录的其他内容。

申请人也可以提交包含上述内容的书面材料。

第九条 符合证据保全公证条件的,公证处应派两名以上公证人员(其中至少有一名公证员)参与整个证据保全活动。

第十条 办理房屋拆迁证据保全公证,公证员应当客观、全面地记录被拆迁房屋的现场状况,收集、提取有关证据。应该根据被保全对象的不同特点,采取勘测、拍照、摄像等方式进行证据保全。

第十一条 对房屋进行勘测的,应当制作勘测记录,记明勘测时间、地点、测验人、记录人、被保全房屋的产权人、座落、四至、房屋性质、结构、层次、面积、新旧程度、屋面及地面质地、附属设施以及其他应当记明的事项;能够用图示标明的房屋长度、宽度应当图示;记录应当由勘测人、公证员签名或者盖章;拆迁活动当事人在场的,应请当事人签名或盖章;该当事人拒绝签名或盖章的,公证员应在记录中说明。

第十二条 对房屋进行拍照和摄像的,应当全面反映、记录房屋的全貌。房屋结构、门窗、厨房以及附属设施等,要有单独的图片显示。

第十三条 公证机关对保全事项认为需要勘测的,应当聘请专业技术部门或其他部门中有该项能力的人员进行勘测。

专业技术部门及其勘测人应当提出书面勘测结论,在勘测书上签名或者盖章。其他部门勘测人勘测的,应由勘测人所在单位加盖印章,证明勘测人身份。

第十四条 实施强制拆迁房屋证据保全时,公证机关应通知被拆迁人到场。如其拒不到场,公证员应在笔录中说明。

实施强制拆迁房屋中有物品的,公证员应当组织对所有物品逐一核对、清点、登记,分类造册。并记录上述活动的时间、地点,交两名有完全行为能力的在场人员核对后,由公证员和在场人在记录上签名。被拆迁人拒绝签名的,公证员应在记录中说明。

物品清点登记后,凡不能立即交与被拆迁人接收的,公证员要监督拆迁人将物品存放在其提供的仓库中,并对物品挂签标码,丢失损坏的,仓库保管人应承担赔偿责任。

拆迁人应制作通知书,通知当事人在一定期限内领取物品。逾期不领的,公证处可以接受拆迁人的提存申请,办理提存。

第十五条 公证员对房屋证据保全的活动结束后应出具公证书。公证书应当按照《公证程序规则(试行)》第三十八条的规定及《公证书格式(试行)》第四十八式保全证据公证书格式(之二)制作。公证词应当记明申请保全的理由及时间,公证员审查申请人主体资格及证据情况的内容,采取保全的时间、地点、方法,保全证据所制作的笔录、拍摄的照片、录像带的名称、数量及保存地点。

第十六条 本细则自1994年2月1日起施行。

招标投标公证程序细则

- 1992年10月19日
- 司发通〔1992〕101号

第一条 为规范招标公证活动,保证办证质量,根据《中华人民共和国公证暂行条例》、《公证程序规则(试行)》和国家有关招标投标的规定,制定本细则。

第二条 招标投标公证是国家公证机关依法证明招标投标行为的真实性、合法性的活动。

第三条 本细则适用于建设工程、申请进口机电设备、水运工程施工、建设工程设备招标公证。

第四条 招标投标公证由招标方所在地的公证处管辖。委托招标的,由受招标方所在地的公证处管辖。

第五条 招标投标公证申请由招标方提出。委托招标的,由受托招标方提出。

招标投标公证申请,应于招标通知(公告)或招标邀请函发出之前提出,特殊情况下,也必须于投标开始前提出。

第六条 申请人应填写公证申请表,并提交下列材料:

(一)法人资格证明和法定代表人身份证明及本人身份证件,代为申请的,应提交授权委托书和本人的身份证件;

(二)受委托招标的,应提交委托书和具有承办招标事项资格的证明;

(三)有关主管部门对招标项目、招标活动的批准文件;

(四)招标组织机构及组成人员名单;

(五)招标通知(公告)或招标邀请函;

(六)招标文件(主要包括:招标说明书、投标人须知、招标项目技术要求、投标书格式、投标保证文件、合同条件等);

(七)对投标人资格预审文件;

(八)评标组织机构及组成人员名单;

(九)公证人员认为应当提交的其他有关材料。

第七条 符合下列条件的申请,公证处应予受理,并书面通知申请人:

(一)申请人符合本细则第五条的规定;

(二)申请公证事项符合本细则第三条规定的范围;

(三)申请公证事项属于本公证处管辖;

(四)本细则第六条第(一)、(二)、(三)、(九)项所列材料基本齐全。

不符合前款规定条件的申请,公证处应作出不予受理的决定,通知当事人,并告知对不受理不服的复议程序。

受理或不受理的决定,一般应在本细则第六条第(一)、(二)、(三)、(九)项所列材料基本齐全后的七日内作出。

第八条 公证人员应认真接待申请人,按《公证程序规则(试行)》第二十四条的规定制作谈话笔录,并着重记录下列内容:

(一)招标项目的基本情况;

(二)招标活动准备情况和标底编制情况;

(三)对投标人的资格要求;

(四)公证费的负担和支付方式;

(五)公证人员认为需要询问的其他情况。

第九条 办理招标投标公证,公证员除应按《公证程序规则(试行)》第二十三条规定的内容审查外,还应着重审查以下内容:

(一)本细则第六条所列材料是否齐全、真实、合法;

(二)招标方是否具备规定的招标资格,受托招标方是否具有承办招标事项的资格并已获得合法授权;

(三)招标文件的内容是否完备,文字表述是否清楚、准确,审查的重点是招标、投标对当事人的效力规定,开标、评标、定标的办法,无效标书和招标不成的认定标准及处理办法;

(四)委托招标的,要审查委托书中权利义务的规定是否明确;

(五)标底的编制和审核是否符合规定的条件和程序,是否已得到有关主管部门的批准;

(六)评标组织机构的人员组成是否合理,评标人是否符合规定的条件,与投标人有无利害关系。

第十条 经审查,有下列情况之一者,应拒绝公证:

(一)招标方不具备招标资格的;

(二)受托招标方不具有承办招标事项的资格或未获得合法授权的;

(三)招标项目、招标活动未经有关主管部门批准的;

(四)招标文件及有关材料不真实或不合法的。

拒绝公证的,公证处应将拒绝的决定和理由书面通知申请人,并告知对拒绝不服的复议程序。

第十一条 符合办证条件的,公证处应派二名以上公证人员(其中应至少有一名公证员)参加整个招标投标活动,进行现场监督和证明。

第十二条 投标前,公证员应检查投标箱并加封。

第十三条　投标时,公证人员应查验投标人的身份,记录投标人投送标书的时间。检查并记录标书密封情况。

第十四条　投标截止时,公证员应封贴投标箱。

第十五条　公证员应监督招标方(受托招标方)按规定的时间和地点开标。

第十六条　开标前,公证员应查验投标方的法人资格证明及代表人或代理人的身份证明,审查投标方是否符合规定的投标条件。

第十七条　公证员应检查投标箱的密封情况,监督投标箱的启封。

第十八条　投标箱开启后,公证员应检查投标书的密封情况,监督投标书的启封。

第十九条　公证员应验明投标书是否有效。有下列情况之一者,应作无效标书处理:
（一）投标人不具备投标资格的;
（二）投标书未密封的;
（三）没有报价的;
（四）投标书未加盖本单位公章及法定代表人未签字的;
（五）投标书未按规定的格式、内容和要求填写的;
（六）投标书写潦草、字迹模糊不清难以辨认的;
（七）投标书逾期送达的;
（八）在一个招标项目中,投标单位投报两个或多个标书或有两个或多个报价,又未书面声明其中哪一个有效的;
（九）投标方未能按要求提交投标保函的;
（十）其他不符合招标文件要求的。

第二十条　唱标时,公证员应监督唱标,并作记录。如发现所唱投标书内容与正本不相符的,应予纠正。

第二十一条　开标结束后,公证员应当场口头证明开标活动真实、合法,并作出记录。

第二十二条　公证员应参加评价会议,对违反规定的,应予以纠正,但不得担任评价机构的成员。

第二十三条　公证员应当对评标、定标的情况进行记录,并在定标决议书上签名。

第二十四条　评标结束后,公证员应宣读公证词,对整个招标投标活动的真实性、合法性予以证明。

第二十五条　有下列情况之一者,公证员应终止现场监督的公证活动:
（一）招标方(受托招标方)擅自变更原定招标文件内容、违背招标程序、原则和其他有关规定,经指出不予纠正的;
（二）招标中出现舞弊行为的。

第二十六条　公证处应在公证员宣读公证词的七日内出具公证书。宣读现场公证词的时间为公证书的生效时间。

第二十七条　其他招标投标公证,参照本细则办理。

第二十八条　本细则自下发之日起施行。

城市房屋拆迁补偿、安置协议公证细则

·1992年10月9日
·司发通〔1992〕098号

第一条　为规范城市房屋拆迁补偿、安置协议公证程序,根据《中华人民共和国民法通则》、《城市私有房屋管理条例》、《城市房屋拆迁管理条例》、《中华人民共和国公证暂行条例》、《公证程序规则(试行)》,制订本细则。

第二条　拆迁补偿、安置协议是拆迁人与被拆迁人为明确拆迁补偿、安置中相互间权利义务关系所订立的协议。

第三条　拆迁补偿、安置协议公证是公证处依法证明当事人签订拆迁补偿、安置协议真实、合法的行为。

第四条　房屋拆迁补偿、安置协议公证的当事人是具有拆迁人和被拆迁人资格的人。

拆迁人是指取得房屋拆迁许可证的建设单位或个人;被拆迁人是指被拆除房屋及其附属物的所有人(包括代管人、国家授权的国有房屋及其附属物的管理人)和被拆除房屋及其附属物的使用人。

第五条　拆迁补偿、安置协议公证,由被拆迁物所在地公证处受理。

第六条　被拆迁物系共同共有或共同使用者,一般应由共有人共同申请,共有人可以委托一人为代理人,申办拆迁补偿、安置协议公证。

第七条　申办拆迁补偿、安置协议公证,申请人应向公证处提交以下证件和材料:
（一）公证申请表;
（二）身份证明;法人应提交法人资格和法定代表人的身份证明;代管人、管理人应提交代管权或管理权资格证明;
（三）代理人应提交本人身份证明的授权委托书或其他代理权资格的证明(含共同共有人的代理),委托行为不在本公证处辖区的,其委托书应经委托行为地的公证处公证;

（四）县以上（含县级）人民政府房屋拆迁主管部门发给的房屋拆迁许可证；房屋拆迁需要变更土地使用权的，还要提交土地使用权证；

（五）被拆迁物的产权和使用权证件、现状及登记表；

（六）补偿、安置协议草稿；

（七）公证人员认为应提交的其他材料。

第八条 符合下列条件的申请，公证处应予受理：

（一）申请人具有拆迁人和被拆迁人资格；

（二）申请人就拆迁补偿、安置达成了协议；

（三）申请人提交了本细则第七条规定的证件和材料；

（四）该公证事项属于本公证处管辖。

对不符合本条规定的申请，公证处应作出不予受理的决定，并通知申请人。

第九条 公证人员与当事人的谈话笔录除按《公证程序规则（试行）》第二十四条规定的内容制作外，还应记明下列内容：

（一）公证人员向当事人讲明的事项：

(1)签订拆迁补偿、安置协议的法律依据；

(2)双方享有的权利和应承担的义务；

(3)不履行义务承担的责任；

(4)双方应注意的事项。

（二）被拆迁物坐落地点和具体拆迁范围（包括：名称、产权人、使用人、产权或使用权的来由、种类、数量、面积、结构、价值及有无争议等）；

（三）协议是否是双方自愿签订的及签订的过程；

（四）协议中补偿、安置的依据和条件，有无争议；

（五）搬迁的具体时间、方法、违约责任和处理办法等；

（六）有无需要说明的问题；

（七）公证人员认为应记明的问题。

第十条 办理拆迁补偿、安置协议公证，要重点审查下列内容：

（一）提交的证件；

（二）当事人的人数、身份、资格和民事行为能力；

（三）被拆行物产权或使用权情况及现状；

（四）协议内容是双方当事人真实意思表示，条款完备，权利义务明确，具体可行，符合《城市房屋拆迁管理条例》及有关法律、法规、规章规定；

（五）公证人员认为应审查的其他问题。

第十一条 符合下列条例，公证处应出具公证书：

（一）拆迁人和被拆迁人主体资格合格；

（二）协议双方意思表示真实；

（三）协议的内容真实，符合法律、法规、规章规定；

（四）办证程序符合规定。

不符合前款规定条件的，应当拒绝公证，并在规定的期限内，将拒绝的理由通知当事人。

第十二条 被拆迁物的原产权人或使用权人变更，未办理产权或使用权过户手续的应依法先办理过户手续，再办理拆迁补偿、安置协议公证。

第十三条 国家征用农业用地发生的房屋拆迁补偿、安置协议公证，参照本细则办理。

第十四条 本细则由司法部负责解释。

第十五条 本细则自 1993 年 1 月 1 日起施行。

附件： 公证书格式（1）（略）

公证书格式（2）（略）

赠与公证细则

·1992 年 1 月 24 日
·司发通〔1992〕008 号

第一条 为规范赠与公证程序，根据《中华人民共和国民法通则》、《中华人民共和国公证暂行条例》制订本细则。

第二条 赠与是财产所有人在法律允许的范围内自愿将其所有的财产无偿赠送他人的法律行为。

将其所有财产赠与他人的人为赠与人，接受赠与的人为受赠人。

赠与人、受赠人可以分别为公民、法人或其他组织。

第三条 赠与公证是公证处依法证明赠与人赠与财产、受赠人收受赠与财产或赠与人与受赠人签订赠与合同真实、合法的行为。

第四条 办理赠与公证，可采取证明赠与人的赠与书，受赠人的受赠书或赠与合同的形式。赠与书是赠与人单方以书面形式将财产无偿赠与他人；受赠书是受赠人单方以书面形式表示接受赠与；赠与合同是赠与人与受赠人双方以书面形式，就财产无偿赠与而达成的一种协议。

第五条 赠与人赠与的财产必须是赠与人所有的合法财产。赠与人是公民的，必须具有完全民事行为能力。

第六条 赠与书公证应由赠与人的住所地或不动产所在地公证处受理。受赠书、赠与合同公证由不动产所在地公证处受理。

第七条 办理不动产赠与公证的，经公证后，应及时到有关部门办理所有权转移登记手续,否则赠与行为无效。

第八条 办理赠与书、受赠书、赠与合同公证,当事人应亲自到公证处提出申请,亲自到公证处确有困难的,公证人员可到其居住地办理。

第九条 申办赠与书、受赠书、赠与合同公证,当事人应向公证处提交的证件和材料:

(一)当事人办理赠与书、受赠书、赠与合同公证申请表;

(二)当事人的居民身份证或其他身份证明;

(三)被赠与财产清单和财产所有权证明;

(四)受赠人为法人或其他组织的,应提交资格证明、法定代表人身份证明,如需经有关部门批准才能受赠的事项,还需提交有关部门批准接受赠与的文件,代理人应提交授权委托书;受赠人为无民事行为能力或限制民事行为能力的,其代理人应提交有监护权的证明;

(五)赠与书、受赠书或赠与合同;

(六)赠与标的为共有财产的,共有人一致同意赠与的书面证明;

(七)公证人员认为应当提交的其他材料。

第十条 符合下列条件的申请,公证处应予受理:

(一)当事人身份明确,赠与人具有完全民事行为能力和赠与财产的所有权证明;

(二)赠与财产产权明确,当事人意思表示真实,赠与合同已达成协议;

(三)赠与财产为不动产的,不得违背有关房地产的政策、规定;

(四)当事人提交了本细则第九条规定的证件和材料;

(五)该公证事项属本公证处管辖。

对不符合前款规定条件的申请,公证处应作出不予受理的决定,并通知当事人。

第十一条 公证人员接待当事人,应按《公证程序规则(试行)》第二十四条规定制作笔录,并着重记录下列内容:

(一)赠与人与受赠人的关系,赠与意思表示及理由;

(二)赠与财产状况:名称、数量、质量、价值,不动产座落地点、结构;

(三)赠与财产产权来源,有无争议;

(四)赠与财产所有权状况,占有、使用情况及抵押、留置、担保情况;

(五)赠与形式;

(六)赠与书、受赠书或赠与合同的具体内容;

(七)赠与行为法律后果的表述;

(八)公证人员认为应当记录的其他内容。

公证人员接待当事人,须根据民法通则和有关房地产政策、规定,向当事人讲明赠与的法律依据和不动产权属转移须办理的登记手续以及当事人应承担的责任。

第十二条 赠与书的主要内容:

(一)赠与人与受赠人的姓名、性别、出生日期、家庭住址;

(二)赠与人与受赠人的关系,赠与的意思表示及理由;

(三)赠与财产状况:名称、数量、质量、价值,不动产座落地点、结构。

第十三条 受赠书的主要内容:

(一)受赠人与赠与人的姓名、性别、出生日期、家庭住址;

(二)受赠人与赠与人的关系,接受赠与的意思表示及理由;

(三)受赠财产状况:名称、数量、质量、价值,不动产座落地点、结构。

第十四条 赠与合同的主要内容:

(一)赠与人与受赠人的姓名、性别、出生日期、家庭住址;

(二)赠与人与受赠人的关系,赠与、接受赠与的意思表示及理由;

(三)赠与财产状况:名称、数量、质量、价值,不动产座落地点、结构;

(四)违约责任。

第十五条 赠与公证,除按《公证程序规则(试行)》第二十三条规定的内容审查外,应着重审查下列内容:

(一)赠与人的意思表示真实,行为合法;

(二)赠与人必须有赠与能力,不因赠与而影响其生活或居住;

(三)赠与财产的权属状况,有无争议;

(四)赠与书、受赠书、赠与合同真实、合法;

(五)公证人员认为应当查明的其他情况。

第十六条 符合下列条件的赠与,公证处应出具公证书:

(一)赠与人具有完全民事行为能力;

(二)赠与财产是赠与人所有的合法财产;

(三)赠与书、受赠书、赠与合同的意思表示真实、合法,条款完备、内容明确、文字表述准确;

（四）办证程序符合规定。

不符合前款规定条件的，应当拒绝公证，并在办证期限内将拒绝的理由通知当事人。

第十七条 根据司法部、财政部、物价局制定的《公证费收费规定》收取公证费用。办理赠与书公证，每件收公证费十元；办理受赠书公证、赠与合同书公证，按受赠人取得财产价值的金额总数，不满一万元的，收百分之一，最低十元；一万元以上的收百分之二。

第十八条 本细则由司法部负责解释。

第十九条 本细则自一九九二年四月一日起施行。

赡养协议公证细则

- 1991年4月2日
- 司发〔1991〕048号

第一条 为规范赡养协议公证程序，根据《中华人民共和国民法通则》、《中华人民共和国婚姻法》、《中华人民共和国继承法》、《中华人民共和国公证暂行条例》、《公证程序规则（试行）》，制定本细则。

第二条 赡养协议是赡养人就履行赡养义务与被赡养人订立的协议。或赡养人相互间为分担赡养义务订立的协议。

父母或祖父母、外祖父母为被赡养人，子女或孙子女、外孙子女为赡养人。

第三条 赡养协议公证是公证处依法证明当事人签订赡养协议真实、合法的行为。

第四条 赡养协议公证，由被赡养人或赡养人的住所地公证处受理。

第五条 申办赡养协议公证，当事人应向公证处提交以下证件和材料：

（一）赡养协议公证申请表；

（二）当事人的居民身份证或其他身份证明；

（三）委托代理申请，代理人应提交委托人的授权委托书和代理人的身份证明；

（四）当事人之间的亲属关系证明；

（五）赡养协议；

（六）公证处认为应当提交的其他材料。

第六条 符合下列条件的申请，公证处应予受理：

（一）当事人及其代理人身份明确，具有完全民事行为能力；

（二）当事人就赡养事宜已达成协议；

（三）当事人提交了本细则第五条规定的证件和材料；

（四）该公证事项属本公证处管辖。

对不符合前款规定条件的申请，公证处应作出不予受理的决定，并通知当事人。

第七条 赡养协议应包括下列主要内容：

（一）被赡养人和赡养人的姓名、性别、出生日期、家庭住址；

（二）被赡养人和赡养人之间的关系；

（三）赡养人应尽的具体义务。包括照顾被赡养人衣、食、住、行、病、葬的具体措施及对责任田、口粮田、自留地的耕、种、管、收等内容；

（四）赡养人提供赡养费和其他物质帮助的给付方式、给付时间；

（五）对被赡养人财产的保护措施；

（六）协议变更的条件和争议的解决方法；

（七）违约责任；

（八）如有履行协议的监督人，应到场并在协议上签字。

第八条 公证人员应认真接待当事人，按《公证程序规则（试行）》第二十四条规定制作笔录，并着重记录下列内容：

（一）被赡养人的健康、财产、工作状况，劳动和生活自理能力及子女情况，对赡养人的意见和要求；

（二）赡养人的工作、经济状况及赡养能力；

（三）赡养人与被赡养人之间的关系，签订赡养协议的原因和意思表示；

（四）赡养人应尽的具体义务；

（五）违约责任；

（六）设立赡养协议监督人的情况；

（七）公证人员认为应当记录的其他内容。

公证人员接待当事人，须根据民法通则、婚姻法和继承法等有关法律，向当事人说明签订赡养协议的法律依据，协议双方应承担的义务和享有的权利，以及不履行义务应承担的法律责任。

第九条 赡养协议公证，除按《公证程序规则（试行）》第二十三条规定的内容审查外，还应着重审查下列内容：

（一）赡养人必须是被赡养人的晚辈直系亲属；

（二）当事人的意思表示真实、协商一致；

（三）赡养协议条款完备，权利义务明确、具体、可行，协议中不得有处分被赡养人财产或以放弃继承权为条件不尽赡养义务等，侵害被赡养人合法权益的违反法律、政策的内容；

（四）协议监督人应自愿，并有承担监督义务的能力；

（五）公证人员认为应当查明的其他情况。

第十条 符合下列条件的赡养协议，公证处应出具公证书：

（一）当事人具有完全民事行为能力；

（二）委托代理人的代理行为合法；

（三）当事人意思表示真实、自愿；

（四）协议内容真实、合法，赡养人应尽的义务明确、具体、可行，协议条款完备，文字表述准确；

（五）办证程序符合规定。

不符合前款规定的，应当拒绝公证，并在办证期限内将拒绝的理由通知当事人。

第十一条 被赡养人不具有完全民事行为能力，应由赡养人之间共同签订赡养协议，并参照本细则规定办理公证。

第十二条 办理兄、姐与弟、妹之间的扶养协议公证，可参照本细则规定。

第十三条 本细则由司法部负责解释。

第十四条 本细则自一九九一年五月一日起施行。

附件：1. 公证书格式（1）（略）

　　　2. 公证书格式（2）（略）

司法部公共法律服务管理局、中国公证协会关于进一步做好公证证明材料清单管理工作的指导意见

· 2023年6月27日
· 司公通〔2023〕6号

各省、自治区、直辖市司法厅（局）公共法律服务管理处（局）、公证管理处，新疆生产建设兵团司法局公共法律服务管理处，各地方公证协会、新疆生产建设兵团公证协会：

为深入开展学习贯彻习近平新时代中国特色社会主义思想主题教育，持续提升公证利企便民服务质效，司法部公共法律服务管理局和中国公证协会在《高频公证事项证明材料清单》基础上，制定了《公证事项证明材料清单（2023年版）》（见附件，以下简称"本清单"），现予以公布。

一、请各地督促指导公证机构落实本指导意见。公证机构可以结合业务实际，进一步精简公证证明材料。按照《公证程序规则》，证明材料能够通过政务信息资源共享方式获取的，不得再让当事人提供。

二、各地已经公布的公证证明材料清单与本清单列明的证明材料要求不一致的，请以本清单为准。鼓励各地结合实际，就本清单之外的公证事项制定证明材料清单。

三、根据公证执业实际，需要在本清单之外补充证明材料的，公证机构应当根据当事人提供的线索主动收集。采取上述办法仍无法完成证明材料收集，导致不能满足出具公证书条件的，按照《公证程序规则》的相关规定办理。

四、本清单明确的是当事人应当提交公证证明材料的范围，是公证审查的基础材料，公证机构要依据相关规定切实履行审查责任。

附件

公证事项证明材料清单（2023年版）

一、委托

（一）（自然人申办）城市房屋所有权委托

1. 申请人身份证明；

2. 受托人身份证明影印件或者复印件；

3. 涉及不动产处分的，提交婚姻状况证明；

4. 不动产权利证明。

（二）（法人、非法人组织申办）城市房屋所有权委托

1. 申请人身份证明；

2. 受托人身份证明影印件或者复印件；

3. 法人、非法人组织章程（协议），涉及法律法规及章程（协议）规定需经权力机构决议或者有关部门批准的，提交决议或者批文；

4. 不动产权利证明。

（三）（法人、非法人组织申办）建设用地使用权委托

1. 申请人身份证明；

2. 受托人身份证明影印件或者复印件；

3. 法人、非法人组织章程（协议），涉及法律法规及章程（协议）规定需经权力机构决议或者有关部门批准的，提交决议或者批文；

4. 建设用地权利证明。

（四）（自然人申办）动产物权委托

1. 申请人身份证明；

2. 受托人身份证明影印件或者复印件；

3. 涉及动产物权处分的，提交婚姻状况证明；

4. 动产物权权利证明。

（五）（法人、非法人组织申办）动产物权委托

1. 申请人身份证明；

2. 受托人身份证明影印件或者复印件;
3. 法人、非法人组织章程(协议),涉及法律法规及章程(协议)规定需经权力机构决议或者有关部门批准的,提交决议或者批文;
4. 动产物权权利证明。
(六)一般事务性委托
1. 申请人身份证明;
2. 受托人身份证明影印件或者复印件;
3. 与事务性委托相关的证明。

二、声明
(一)放弃继承权声明
1. 申请人身份证明;
2. 被继承人等相关人员死亡证明影印件或者复印件;
3. 亲属关系证明影印件或者复印件;
4. 财产权利证明影印件或者复印件;
5. 有遗嘱的,需提交遗嘱。
(二)涉及法律事实的声明(出生、死亡、婚姻状况等)
1. 申请人身份证明;
2. 与声明的法律事实相关的证明。
(三)商标转让声明
1. 申请人身份证明;
2. 受让人身份证明影印件或者复印件;
3. 商标权利证明;
4. 申请人为法人、非法人组织的,提交章程(协议),涉及法律法规及章程(协议)规定需经权力机构决议或者有关部门批准的,提交决议或者批文。
(四)涉及其他法律行为的声明
1. 申请人身份证明;
2. 与声明的法律行为相关的证明。
3. 申请人为法人、非法人组织的,提交章程(协议),涉及法律法规及章程(协议)规定需经权力机构决议或者有关部门批准的,提交决议或者批文。

三、(自然人申办)赠与
1. 申请人身份证明;
2. 受赠人身份证明影印件或者复印件;
3. 赠与人的婚姻状况证明;
4. 涉及具体财产的,提交财产权利证明;
5. 赠与人与受赠人系亲属的,提交亲属关系证明。

四、(自然人申办)受赠
1. 申请人身份证明;
2. 涉及具体财产的,提交财产权利证明;
3. 经公证的赠与书,或者其他含有赠与意思表示的文书;
4. 赠与人与受赠人系亲属的,提交亲属关系证明。

五、遗嘱
(一)处分财产的遗嘱
1. 申请人身份证明;
2. 受益人身份证明影印件或者复印件;
3. 遗嘱涉及具体财产的,提交财产权利证明;
4. 指定遗嘱执行人的,提交身份证明影印件或者复印件。
(二)处理事务的遗嘱
1. 申请人身份证明;
2. 指定遗嘱执行人的,提交身份证明影印件或者复印件;
3. 与处理事务相关的证明。

六、公司章程
1. 申请人身份证明;
2. 公司章程文本;
3. 发起人协议或者股东名册;
4. 享有表决权的参会人员名册及身份证明;
5. 会议通知(或公告)及会议文件;
6. 事前经有关部门批准的,提交批文。

七、认领亲子
1. 申请人身份证明;
2. 被认领人身份证明;
3. 亲子鉴定报告;
4. 被认领人已经被收养的,提交收养关系解除证明。

八、出生(婚生子女)
1. 申请人身份证明;
2. 出生证明;
3. 生父母的身份证明、婚姻关系证明。

九、生存
1. 申请人身份证明。

十、死亡
1. 申请人身份证明;
2. 死亡证明;
3. 申请人与死者的关系证明。

十一、身份
(一)国籍
1. 申请人身份证明;
2. 申请人户籍证明。
(二)法定监护
1. 申请人身份证明;

2. 被监护人身份证明;
3. 申请人与被监护人关系证明;
4. 被监护人为成年人的,提交对被监护人民事行为能力确认的证明。
(三)指定监护
1. 申请人身份证明;
2. 人民法院的生效裁判文书或居民委员会、村民委员会、民政部门指定监护人的文书;
3. 被监护人为成年人的,提交对被监护人民事行为能力确认的证明。
(四)意定监护
1. 申请人身份证明;
2. 被监护人身份证明;
3. 申请人与被监护人形成监护关系的监护协议等证明;
4. 对被监护人民事行为能力确认的证明。
(五)因死亡户籍注销
1. 申请人身份证明;
2. 因死亡注销户籍的证明;
3. 申请人与死者的关系证明。
(六)因迁移户籍注销
1. 申请人身份证明;
2. 因迁移注销户籍的证明。
(七)未做过户籍登记
1. 申请人身份证明;
2. 查无户籍档案记载的证明;
3. 申请人为未成年人的,提交出生医学证明和父母身份证明。
(八)遗产管理人
1. 申请人身份证明;
2. 被继承人死亡证明;
3. 申请人取得遗产管理人身份的材料。
十二、曾用名
1. 申请人身份证明;
2. 公安机关出具的更名证明或者户籍证明。
十三、住所地(居住地)
1. 申请人身份证明;
2. 申请人户籍证明;
3. 户籍地与经常居所不一致的,如需证明住所地,提交一年以上的居住证明;如需证明居住地,提交居住证明。
十四、学历
1. 申请人身份证明;

2. 学历证明。
十五、学位
1. 申请人身份证明;
2. 学位证明。
十六、经历
1. 申请人身份证明;
2. 经历证明及关联性材料。
十七、职务
(一)职务
1. 申请人身份证明;
2. 职务证明及关联性材料。
(二)专业技术职务
1. 申请人身份证明;
2. 专业技术职务证明。
十八、资格
(一)法人资格
1. 申请人身份证明;
2. 法定代表人身份证明书。
(二)非法人组织资格
1. 申请人身份证明;
2. 负责人身份证明书。
十九、无(有)犯罪记录
(一)无犯罪记录
1. 申请人身份证明;
2. 公安机关出具的无犯罪记录证明。
(二)有犯罪记录
1. 申请人身份证明;
2. 公安机关出具的有犯罪记录证明或者人民法院作出的生效刑事判决书。
二十、婚姻状况
(一)未婚
1. 申请人身份证明。
(二)离婚未再婚
1. 申请人身份证明;
2. 离婚证明。
(三)丧偶未再婚
1. 申请人身份证明;
2. 结婚证明;
3. 配偶的死亡证明。
(四)已婚(初婚)
1. 申请人身份证明;
2. 结婚证明;

3. 要求证明婚姻关系终止的,提交死亡证明。
(五)已婚(再婚)
1. 申请人身份证明;
2. 结婚证明;
3. 原婚姻关系终止证明。
二十一、(非继承)亲属关系
1. 申请人身份证明;
2. 关系人身份证明影印件或者复印件;
3. 亲属关系证明。
二十二、收入状况
1. 申请人身份证明;
2. 收入证明及关联性材料。
二十三、(自然人申办)纳税状况
1. 申请人身份证明;
2. 纳税证明。
二十四、票据拒绝
1. 申请人身份证明;
2. 被拒绝承兑(付款)的票据。
二十五、选票
1. 申请人身份证明;
2. 选票。
二十六、指纹
1. 申请人身份证明。
二十七、不可抗力(意外事件)
1. 申请人身份证明;
2. 不可抗力(意外事件)证明。
二十八、查无档案记载
1. 申请人身份证明;
2. 查无档案记载证明。
二十九、证书(执照)
1. 申请人身份证明;
2. 申请公证的证书(执照、其他证明)。
三十、文本相符
1. 申请人身份证明;
2. 申请公证的文本原本。
三十一、保全证据
1. 申请人身份证明;
2. 申请人与保全事项存在利害关系的证明。
三十二、现场监督
(一)拍卖
1. 申请人身份证明;
2. 申请人资质证明;

3. 竞买人资格证明;
4. 拍卖师资格证明;
5. 拍卖标的物权利证明及委托拍卖合同;
6. 拍卖须知及拍卖规则;
7. 需审批或者公告的,提交批文或者公告;
8. 需要对结果一并监督的,提交结果确认文件。
(二)招标、投标
1. 申请人身份证明;
2. 根据相应阶段提供招标文件、评标报告(含评标委员会成员身份信息)、中标通知书及中标人身份证明;
3. 需审批或者公告的,提交批文或者公告。
(三)开奖(评奖)
1. 申请人身份证明;
2. 开奖(评奖)的活动规则、公告、通知;
3. 奖池的原始数据;
4. 需审批或者许可的,提交相关证明;
5. 需要对结果一并监督的,提交结果确认文件。
(四)有限责任公司股东会会议
1. 申请人身份证明;
2. 公司章程、股东名册;
3. 参会人员身份证明及现场签到名册;
4. 会议通知及送达凭证;
5. 股东会决议。
(五)商品房(经适房、两限房等)摇号
1. 申请人身份证明;
2. 摇号的规则、公告、通知;
3. 摇号的原始数据;
4. 购房者名册;
5. 商品房(经适房、两限房)的销售许可证、预售许可证;
6. 需要对结果一并监督的,提交结果确认文件。
(六)升学派位(摇号)
1. 申请人身份证明;
2. 派位(摇号)的规则、公告、通知;
3. 派位(摇号)的原始数据;
4. 生源名册;
5. 主管部门的批准或者许可文件;
6. 需要对结果一并监督的,提交结果确认文件。
(七)土地使用权出让招拍挂
1. 申请人身份证明;
2. 土地使用权的权利证明;
3. 土地招拍挂活动的公告;

4. 土地出让活动须知；
5. 竞买人身份证明及资格证明；
6. 需要对结果一并监督的，提交结果确认文件。

三十三、合同（协议）

（一）婚前财产约定协议
1. 申请人身份证明；
2. 协议涉及具体财产的，提交财产权利证明。

（二）夫妻财产约定协议
1. 申请人身份证明；
2. 申请人婚姻状况证明；
3. 协议涉及具体财产的，提交财产权利证明。

（三）离婚协议
1. 申请人身份证明；
2. 婚姻状况证明；
3. 财产权利证明；
4. 涉及子女抚养的，提交子女的身份证明、出生证明。

（四）离婚后财产分割及子女抚养协议
1. 申请人身份证明；
2. 婚姻状况证明；
3. 财产权利证明；
4. 涉及子女抚养的，提交子女的身份证明、父母与子女的关系证明。

（五）同居关系析产及子女抚养协议
1. 申请人身份证明；
2. 婚姻状况证明；
3. 财产权利证明；
4. 涉及子女抚养的，提交子女的身份证明、父母与子女的关系证明。

（六）收养协议
1. 申请人身份证明；
2. 被收养人身份证明；
3. 收养人婚姻状况证明；
4. 送养人、收养人、被收养人符合收养条件的证明。

（七）解除收养协议
1. 申请人身份证明；
2. 收养关系证明；
3. 被收养人未成年的，提交身份证明。

（八）抚养协议
1. 申请人身份证明；
2. 申请人婚姻状况证明；
3. 被抚养人身份证明；
4. 申请人之间以及与被抚养人关系证明。

（九）变更抚养权协议
1. 申请人身份证明；
2. 被抚养人身份证明；
3. 原抚养权证明。

（十）析产协议
1. 申请人身份证明；
2. 婚姻状况证明；
3. 财产权利证明。

（十一）（自然人申办）遗赠扶养协议
1. 申请人身份证明；
2. 申请人婚姻状况证明；
3. 协议涉及具体的财产的，提交财产权利证明。

（十二）监护协议
1. 申请人身份证明；
2. 被监护人身份证明；
3. 监护人与被监护人关系证明；
4. 监护资格证明；
5. 对被监护人民事行为能力确认的证明。

（十三）国有土地使用权转让合同
1. 申请人身份证明；
2. 转让方为自然人的，提交婚姻状况证明；
3. 申请人为法人、非法人组织的，提交章程（协议），涉及法律法规及章程（协议）规定需经权力机构决议或者有关部门批准的，提交决议或者批文；
4. 国有土地使用权权属证明。

（十四）房屋买卖合同
1. 申请人身份证明；
2. 卖方为自然人的，提交婚姻状况证明；
3. 申请人为法人、非法人组织的，提交章程（协议），涉及法律法规及章程（协议）规定需经权力机构决议或者有关部门批准的，提交决议或者批文；
4. 不动产权利证明。

（十五）知识产权使用许可（转让）合同
1. 申请人身份证明；
2. 知识产权权利证明；
3. 许可（转让）方为法人、非法人组织的，提交章程（协议），涉及法律法规及章程（协议）规定需经权力机构决议或者有关部门批准的，提交决议或者批文。

（十六）赠与合同
1. 申请人身份证明；
2. 赠与人为自然人的，提交婚姻状况证明；
3. 申请人为法人、非法人组织的，提交章程（协议），涉及法律法规及章程（协议）规定需经权力机构决议或者有关部门批准的，提交决议或者批文；

4. 涉及具体财产的，提交财产权利证明；

5. 赠与人与受赠人系亲属的，提交亲属关系证明。

（十七）房屋租赁合同

1. 申请人身份证明；

2. 不动产权利证明等有权出租房屋的证明；

3. 存在共有人的，房屋共有人同意出租的书面文件；

4. 申请人为法人、非法人组织的，提交章程（协议），涉及法律法规及章程（协议）规定需经权力机构决议或者有关部门批准的，提交决议或者批文。

（十八）金融贷款合同

1. 申请人身份证明；

2. 债权人经营金融业务许可证；

3. 涉及财产的，提交财产权利证明；

4. 债务人、担保人为自然人的，提交婚姻状况证明；

5. 债务人、担保人为法人、非法人组织的，提交章程（协议），涉及法律法规及章程（协议）规定需经权力机构决议或者有关部门批准的，提交决议或者批文。

（十九）融资租赁合同

1. 申请人身份证明；

2. 融资租赁业务许可证；

3. 融资租赁的基础合同；

4. 财产权利证明；

5. 申请人为自然人的，提交婚姻状况证明；

6. 承租人、担保人为法人、非法人组织的，提交章程（协议），涉及法律法规及章程（协议）规定需经权力机构决议或者有关部门批准的，提交决议或者批文。

（二十）股权转让协议

1. 申请人身份证明；

2. 目标公司身份证明；

3. 股权证明；

4. 公司章程；

5. 申请人为法人、非法人组织的，涉及法律法规及章程（协议）规定需经权力机构决议、有关部门批准或者其他股东同意放弃优先购买权的，提交决议、批文或者股东同意书。

清单所涉证明例举

本清单所涉证明包括但不限于以下例举材料，由公证机构根据所办公证事项的实际情况选择适用：

一、身份证明

（一）自然人

1. 境内自然人提供居民身份证、户口簿等；

2. 香港、澳门特别行政区自然人提供港澳居民来往内地通行证、港澳居民居住证，香港、澳门特别行政区居民身份证等；

3. 台湾地区自然人提供台湾居民来往大陆通行证、台湾居民居住证等；

4. 华侨提供中华人民共和国护照、国外长期居留身份证件等；

5. 外籍自然人提供所在国护照、中国政府主管机关签发的居留证件等。

（二）组织

1. 境内法人或非法人组织的，提供营业执照、统一社会信用代码证书、事业单位法人证书、社会团体法人登记证、基金会法人登记证书、民办非企业登记证书等；

2. 法定代表人或者负责人身份证明。

（三）代理

本清单中可以由代理人代为申办公证的，代理人按以下情况提供相关证明：

1. 监护人代为申办的，需要提交监护人身份证明和代理权证明；

2. 委托代理人代为申办的，需要提交委托代理人身份证明和授权委托书。

二、不动产权利证明

不动产权证书（房屋所有权证、国有土地使用证等）、不动产查档资料、购房合同、契税发票、生效裁判文书、公证书、拆迁安置协议等。

三、婚姻状况证明

结婚证、离婚证及离婚协议书、婚姻档案、夫妻关系证明书、离婚判决书、调解书等。

四、死亡证明

公安机关出具载明死亡日期的死亡户口注销证明、死亡证明，死亡医学证明，殡葬部门出具的火化证明，人民法院宣告死亡的民事判决书、死亡（继承）公证书、人事档案等。

五、亲属关系证明

生效裁判文书、公证书、户籍档案、人事档案、学籍档案、出生医学证明、亲子鉴定报告、婚姻状况证明、收养登记证、村（居）委会证明、单位人事部门证明等。

九、司法鉴定

1. 司法鉴定人和司法鉴定机构

全国人民代表大会常务委员会
关于司法鉴定管理问题的决定

· 2005年2月28日第十届全国人民代表大会常务委员会第十四次会议通过
· 根据2015年4月24日第十二届全国人民代表大会常务委员会第十四次会议《关于修改〈中华人民共和国义务教育法〉等五部法律的决定》修正

为了加强对鉴定人和鉴定机构的管理，适应司法机关和公民、组织进行诉讼的需要，保障诉讼活动的顺利进行，特作如下决定：

一、司法鉴定是指在诉讼活动中鉴定人运用科学技术或者专门知识对诉讼涉及的专门性问题进行鉴别和判断并提供鉴定意见的活动。

二、国家对从事下列司法鉴定业务的鉴定人和鉴定机构实行登记管理制度：
（一）法医类鉴定；
（二）物证类鉴定；
（三）声像资料鉴定；
（四）根据诉讼需要由国务院司法行政部门商最高人民法院、最高人民检察院确定的其他应当对鉴定人和鉴定机构实行登记管理的鉴定事项。

法律对前款规定事项的鉴定人和鉴定机构的管理另有规定的，从其规定。

三、国务院司法行政部门主管全国鉴定人和鉴定机构的登记管理工作。省级人民政府司法行政部门依照本决定的规定，负责对鉴定人和鉴定机构的登记、名册编制和公告。

四、具备下列条件之一的人员，可以申请登记从事司法鉴定业务：
（一）具有与所申请从事的司法鉴定业务相关的高级专业技术职称；
（二）具有与所申请从事的司法鉴定业务相关的专业执业资格或者高等院校相关专业本科以上学历，从事相关工作5年以上；
（三）具有与所申请从事的司法鉴定业务相关工作10年以上经历，具有较强的专业技能。

因故意犯罪或者职务过失犯罪受过刑事处罚的，受过开除公职处分的，以及被撤销鉴定人登记的人员，不得从事司法鉴定业务。

五、法人或者其他组织申请从事司法鉴定业务的，应当具备下列条件：
（一）有明确的业务范围；
（二）有在业务范围内进行司法鉴定所必需的仪器、设备；
（三）有在业务范围内进行司法鉴定所必需的依法通过计量认证或者实验室认可的检测实验室；
（四）每项司法鉴定业务有3名以上鉴定人。

六、申请从事司法鉴定业务的个人、法人或者其他组织，由省级人民政府司法行政部门审核，对符合条件的予以登记，编入鉴定人和鉴定机构名册并公告。

省级人民政府司法行政部门应当根据鉴定人或者鉴定机构的增加和撤销登记情况，定期更新所编制的鉴定人和鉴定机构名册并公告。

七、侦查机关根据侦查工作的需要设立的鉴定机构，不得面向社会接受委托从事司法鉴定业务。

人民法院和司法行政部门不得设立鉴定机构。

八、各鉴定机构之间没有隶属关系；鉴定机构接受委托从事司法鉴定业务，不受地域范围的限制。

鉴定人应当在一个鉴定机构中从事司法鉴定业务。

九、在诉讼中，对本决定第二条所规定的鉴定事项发生争议，需要鉴定的，应当委托列入鉴定人名册的鉴定人进行鉴定。鉴定人从事司法鉴定业务，由所在的鉴定机构统一接受委托。

鉴定人和鉴定机构应当在鉴定人和鉴定机构名册注明的业务范围内从事司法鉴定业务。

鉴定人应当依照诉讼法律规定实行回避。

十、司法鉴定实行鉴定人负责制度。鉴定人应当独立进行鉴定，对鉴定意见负责并在鉴定书上签名或者盖章。多人参加的鉴定，对鉴定意见有不同意见的，应当注明。

十一、在诉讼中,当事人对鉴定意见有异议的,经人民法院依法通知,鉴定人应当出庭作证。

十二、鉴定人和鉴定机构从事司法鉴定业务,应当遵守法律、法规,遵守职业道德和职业纪律,尊重科学,遵守技术操作规范。

十三、鉴定人或者鉴定机构有违反本决定规定行为的,由省级人民政府司法行政部门予以警告,责令改正。

鉴定人或者鉴定机构有下列情形之一的,由省级人民政府司法行政部门给予停止从事司法鉴定业务3个月以上1年以下的处罚;情节严重的,撤销登记:

(一)因严重不负责任给当事人合法权益造成重大损失的;

(二)提供虚假证明文件或者采取其他欺诈手段,骗取登记的;

(三)经人民法院依法通知,拒绝出庭作证的;

(四)法律、行政法规规定的其他情形。

鉴定人故意作虚假鉴定,构成犯罪的,依法追究刑事责任;尚不构成犯罪的,依照前款规定处罚。

十四、司法行政部门在鉴定人和鉴定机构的登记管理工作中,应当严格依法办事,积极推进司法鉴定的规范化、法制化。对于滥用职权、玩忽职守,造成严重后果的直接责任人员,应当追究相应的法律责任。

十五、司法鉴定的收费标准由省、自治区、直辖市人民政府价格主管部门会同同级司法行政部门制定。

十六、对鉴定人和鉴定机构进行登记、名册编制和公告的具体办法,由国务院司法行政部门制定,报国务院批准。

十七、本决定下列用语的含义是:

(一)法医类鉴定,包括法医病理鉴定、法医临床鉴定、法医精神病鉴定、法医物证鉴定和法医毒物鉴定。

(二)物证类鉴定,包括文书鉴定、痕迹鉴定和微量鉴定。

(三)声像资料鉴定,包括对录音带、录像带、磁盘、光盘、图片等载体上记录的声音、图像信息的真实性、完整性及其所反映的情况过程进行的鉴定和对记录的声音、图像中的语言、人体、物体作出种类或者同一认定。

十八、本决定自2005年10月1日起施行。

司法鉴定人登记管理办法

· 2005年9月30日司法部令第96号公布
· 自公布之日起施行

第一章 总 则

第一条 为了加强对司法鉴定人的管理,规范司法鉴定活动,建立统一的司法鉴定管理体制,适应司法机关和公民、组织的诉讼需要,保障当事人的诉讼权利,促进司法公正和效率,根据《全国人民代表大会常务委员会关于司法鉴定管理问题的决定》和其他相关法律、法规,制定本办法。

第二条 司法鉴定人从事《全国人民代表大会常务委员会关于司法鉴定管理问题的决定》第二条规定的司法鉴定业务,适用本办法。

第三条 本办法所称的司法鉴定人是指运用科学技术或者专门知识对诉讼涉及的专门性问题进行鉴别和判断并提出鉴定意见的人员。

司法鉴定人应当具备本办法规定的条件,经省级司法行政机关审核登记,取得《司法鉴定人执业证》,按照登记的司法鉴定执业类别,从事司法鉴定业务。

司法鉴定人应当在一个司法鉴定机构中执业。

第四条 司法鉴定管理实行行政管理与行业管理相结合的管理制度。

司法行政机关对司法鉴定人及其执业活动进行指导、管理和监督、检查,司法鉴定行业协会依法进行自律管理。

第五条 全国实行统一的司法鉴定机构及司法鉴定人审核登记、名册编制和名册公告制度。

第六条 司法鉴定人应当科学、客观、独立、公正地从事司法鉴定活动,遵守法律、法规的规定,遵守职业道德和职业纪律,遵守司法鉴定管理规范。

第七条 司法鉴定人执业实行回避、保密、时限和错鉴责任追究制度。

第二章 主管机关

第八条 司法部负责全国司法鉴定人的登记管理工作,依法履行下列职责:

(一)指导和监督省级司法行政机关对司法鉴定人的审核登记、名册编制和名册公告工作;

(二)制定司法鉴定人执业规则和职业道德、职业纪律规范;

(三)制定司法鉴定人诚信等级评估制度并指导实施;

(四)会同国务院有关部门制定司法鉴定人专业技术职称评聘标准和办法;

(五)制定和发布司法鉴定人继续教育规划并指导实施;

(六)法律、法规规定的其他职责。

第九条 省级司法行政机关负责本行政区域内司法

鉴定人的登记管理工作，依法履行下列职责：

（一）负责司法鉴定人的审核登记、名册编制和名册公告；

（二）负责司法鉴定人诚信等级评估工作；

（三）负责对司法鉴定人进行监督、检查；

（四）负责对司法鉴定人违法违纪执业行为进行调查处理；

（五）组织开展司法鉴定人专业技术职称评聘工作；

（六）组织司法鉴定人参加司法鉴定岗前培训和继续教育；

（七）法律、法规和规章规定的其他职责。

第十条 省级司法行政机关可以委托下一级司法行政机关协助办理本办法第九条规定的有关工作。

第三章 执业登记

第十一条 司法鉴定人的登记事项包括：姓名、性别、出生年月、学历、专业技术职称或者行业资格、执业类别、执业机构等。

第十二条 个人申请从事司法鉴定业务，应当具备下列条件：

（一）拥护中华人民共和国宪法，遵守法律、法规和社会公德，品行良好的公民；

（二）具有相关的高级专业技术职称；或者具有相关的行业执业资格或者高等院校相关专业本科以上学历，从事相关工作五年以上；

（三）申请从事经验鉴定型或者技能鉴定型司法鉴定业务的，应当具备相关专业工作十年以上经历和较强的专业技能；

（四）所申请从事的司法鉴定业务，行业有特殊规定的，应当符合行业规定；

（五）拟执业机构已经取得或者正在申请《司法鉴定许可证》；

（六）身体健康，能够适应司法鉴定工作需要。

第十三条 有下列情形之一的，不得申请从事司法鉴定业务：

（一）因故意犯罪或者职务过失犯罪受过刑事处罚的；

（二）受过开除公职处分的；

（三）被司法行政机关撤销司法鉴定人登记的；

（四）所在的司法鉴定机构受到停业处罚，处罚期未满的；

（五）无民事行为能力或者限制行为能力的；

（六）法律、法规和规章规定的其他情形。

第十四条 个人申请从事司法鉴定业务，应当由拟执业的司法鉴定机构向司法行政机关提交下列材料：

（一）申请表；

（二）身份证、专业技术职称、行业执业资格、学历、符合特殊行业要求的相关资格、从事相关专业工作经历、专业技术水平评价及业务成果等证明材料；

（三）应当提交的其他材料。

个人兼职从事司法鉴定业务的，应当符合法律、法规的规定，并提供所在单位同意其兼职从事司法鉴定业务的书面意见。

第十五条 司法鉴定人审核登记程序、期限参照《司法鉴定机构登记管理办法》中司法鉴定机构审核登记的相关规定办理。

第十六条 经审核符合条件的，省级司法行政机关应当作出准予执业的决定，颁发《司法鉴定人执业证》；不符合条件的，作出不予登记的决定，书面通知其所在司法鉴定机构并说明理由。

第十七条 《司法鉴定人执业证》由司法部统一监制。《司法鉴定人执业证》是司法鉴定人的执业凭证。

《司法鉴定人执业证》使用期限为五年，自颁发之日起计算。

《司法鉴定人执业证》应当载明下列内容：

（一）姓名；

（二）性别；

（三）身份证号码；

（四）专业技术职称；

（五）行业执业资格；

（六）执业类别；

（七）执业机构；

（八）使用期限；

（九）颁证机关和颁证时间；

（十）证书号码。

第十八条 司法鉴定人要求变更有关登记事项的，应当及时通过所在司法鉴定机构向原负责登记的司法行政机关提交变更登记申请书和相关材料，经审核符合本办法规定的，司法行政机关应当依法办理变更登记手续。

第十九条 《司法鉴定人执业证》使用期限届满后，需要继续执业的，司法鉴定人应当在使用期限届满三十日前通过所在司法鉴定机构，向原负责登记的司法行政机关提出延续申请，司法行政机关依法审核办理。延续申请的条件和需要提交的材料按照本办法第十二条、第十三条、第十四条、第十五条的规定执行。

不申请延续的司法鉴定人，《司法鉴定人执业证》使用期限届满后，由原负责登记的司法行政机关办理注销登记手续。

第二十条 司法鉴定人有下列情形之一的，原负责登记的司法行政机关应当依法办理注销登记手续：

（一）依法申请终止司法鉴定活动的；

（二）所在司法鉴定机构注销或者被撤销的；

（三）《司法鉴定人执业证》使用期限届满未申请延续的；

（四）法律、法规规定的其他情形。

第四章 权利和义务

第二十一条 司法鉴定人享有下列权利：

（一）了解、查阅与鉴定事项有关的情况和资料，询问与鉴定事项有关的当事人、证人等；

（二）要求鉴定委托人无偿提供鉴定所需要的鉴材、样本；

（三）进行鉴定所必需的检验、检查和模拟实验；

（四）拒绝接受不合法、不具备鉴定条件或者超出登记的执业类别的鉴定委托；

（五）拒绝解决、回答与鉴定无关的问题；

（六）鉴定意见不一致时，保留不同意见；

（七）接受岗前培训和继续教育；

（八）获得合法报酬；

（九）法律、法规规定的其他权利。

第二十二条 司法鉴定人应当履行下列义务：

（一）受所在司法鉴定机构指派按照规定时限独立完成鉴定工作，并出具鉴定意见；

（二）对鉴定意见负责；

（三）依法回避；

（四）妥善保管送鉴的鉴材、样本和资料；

（五）保守在执业活动中知悉的国家秘密、商业秘密和个人隐私；

（六）依法出庭作证，回答与鉴定有关的询问；

（七）自觉接受司法行政机关的管理和监督、检查；

（八）参加司法鉴定岗前培训和继续教育；

（九）法律、法规规定的其他义务。

第五章 监督管理

第二十三条 司法鉴定人应当在所在司法鉴定机构接受司法行政机关统一部署的监督、检查。

第二十四条 司法行政机关应当就下列事项，对司法鉴定人进行监督、检查：

（一）遵守法律、法规和规章的情况；

（二）遵守司法鉴定程序、技术标准和技术操作规范的情况；

（三）遵守执业规则、职业道德和职业纪律的情况；

（四）遵守所在司法鉴定机构内部管理制度的情况；

（五）法律、法规和规章规定的其他事项。

第二十五条 公民、法人和其他组织对司法鉴定人违反本办法规定的行为进行举报、投诉的，司法行政机关应当及时进行调查处理。

第二十六条 司法行政机关对司法鉴定人进行监督、检查或者根据举报、投诉进行调查时，可以依法查阅或者要求司法鉴定人报送有关材料。司法鉴定人应当如实提供有关情况和材料。

第二十七条 司法行政机关依法建立司法鉴定人诚信档案，对司法鉴定人进行诚信等级评估。评估结果向社会公开。

第六章 法律责任

第二十八条 未经登记的人员，从事已纳入本办法调整范围司法鉴定业务的，省级司法行政机关应当责令其停止司法鉴定活动，并处以违法所得一至三倍的罚款，罚款总额最高不得超过三万元。

第二十九条 司法鉴定人有下列情形之一的，由省级司法行政机关依法给予警告，并责令其改正：

（一）同时在两个以上司法鉴定机构执业的；

（二）超出登记的执业类别执业的；

（三）私自接受司法鉴定委托的；

（四）违反保密和回避规定的；

（五）拒绝接受司法行政机关监督、检查或者向其提供虚假材料的；

（六）法律、法规和规章规定的其他情形。

第三十条 司法鉴定人有下列情形之一的，由省级司法行政机关给予停止执业三个月以上一年以下的处罚；情节严重的，撤销登记；构成犯罪的，依法追究刑事责任：

（一）因严重不负责任给当事人合法权益造成重大损失的；

（二）具有本办法第二十九条规定的情形之一并造成严重后果的；

（三）提供虚假证明文件或者采取其他欺诈手段，骗取登记的；

（四）经人民法院依法通知，非法定事由拒绝出庭作证的；

（五）故意做虚假鉴定的；

（六）法律、法规规定的其他情形。

第三十一条 司法鉴定人在执业活动中，因故意或者重大过失行为给当事人造成损失的，其所在的司法鉴定机构依法承担赔偿责任后，可以向有过错行为的司法鉴定人追偿。

第三十二条 司法行政机关工作人员在管理工作中滥用职权、玩忽职守造成严重后果的，依法追究相应的法律责任。

第三十三条 司法鉴定人对司法行政机关的行政许可和行政处罚有异议的，可以依法申请行政复议。

第七章 附 则

第三十四条 本办法所称司法鉴定人不含《全国人民代表大会常务委员会关于司法鉴定管理问题的决定》第七条规定的鉴定机构中从事鉴定工作的鉴定人。

第三十五条 本办法自公布之日起施行。2000年8月14日公布的《司法鉴定人管理办法》（司法部令第63号）同时废止。

司法鉴定机构登记管理办法

- 2005年9月30日司法部令第95号公布
- 自公布之日起施行

第一章 总 则

第一条 为了加强对司法鉴定机构的管理，规范司法鉴定活动，建立统一的司法鉴定管理体制，适应司法机关和公民、组织的诉讼需要，保障当事人的诉讼权利，促进司法公正与效率，根据《全国人民代表大会常务委员会关于司法鉴定管理问题的决定》和其他相关法律、法规，制定本办法。

第二条 司法鉴定机构从事《全国人民代表大会常务委员会关于司法鉴定管理问题的决定》第二条规定的司法鉴定业务，适用本办法。

第三条 本办法所称的司法鉴定机构是指从事《全国人民代表大会常务委员会关于司法鉴定管理问题的决定》第二条规定的司法鉴定业务的法人或者其他组织。

司法鉴定机构是司法鉴定人的执业机构，应当具备本办法规定的条件，经省级司法行政机关审核登记，取得《司法鉴定许可证》，在登记的司法鉴定业务范围内，开展司法鉴定活动。

第四条 司法鉴定管理实行行政管理与行业管理相结合的管理制度。

司法行政机关对司法鉴定机构及其司法鉴定活动依法进行指导、管理和监督、检查。司法鉴定行业协会依法进行自律管理。

第五条 全国实行统一的司法鉴定机构及司法鉴定人审核登记、名册编制和名册公告制度。

第六条 司法鉴定机构的发展应当符合统筹规划、合理布局、优化结构、有序发展的要求。

第七条 司法鉴定机构开展司法鉴定活动应当遵循合法、中立、规范、及时的原则。

第八条 司法鉴定机构统一接受委托，组织所属的司法鉴定人开展司法鉴定活动，遵守法律、法规和有关制度，执行统一的司法鉴定实施程序、技术标准和技术操作规范。

第二章 主管机关

第九条 司法部负责全国司法鉴定机构的登记管理工作，依法履行下列职责：

（一）制定全国司法鉴定发展规划并指导实施；

（二）指导和监督省级司法行政机关对司法鉴定机构的审核登记、名册编制和名册公告工作；

（三）制定全国统一的司法鉴定机构资质管理评估制度和司法鉴定质量管理评估制度并指导实施；

（四）组织制定全国统一的司法鉴定实施程序、技术标准和技术操作规范等司法鉴定技术管理制度并指导实施；

（五）指导司法鉴定科学技术研究、开发、引进与推广，组织司法鉴定业务的中外交流与合作；

（六）法律、法规规定的其他职责。

第十条 省级司法行政机关负责本行政区域内司法鉴定机构的登记管理工作，依法履行下列职责：

（一）制定本行政区域司法鉴定发展规划并组织实施；

（二）负责司法鉴定机构的审核登记、名册编制和名册公告工作；

（三）负责司法鉴定机构资质管理评估和司法鉴定质量管理评估工作；

（四）负责对司法鉴定机构进行监督、检查；

（五）负责对司法鉴定机构违法违纪的执业行为进行调查处理；

（六）组织司法鉴定科学技术开发、推广和应用；

（七）法律、法规和规章规定的其他职责。

第十一条 省级司法行政机关可以委托下一级司法

行政机关协助办理本办法第十条规定的有关工作。

第十二条　司法行政机关负责监督指导司法鉴定行业协会及其专业委员会依法开展活动。

第三章　申请登记

第十三条　司法鉴定机构的登记事项包括：名称、住所、法定代表人或者鉴定机构负责人、资金数额、仪器设备和实验室、司法鉴定人、司法鉴定业务范围等。

第十四条　法人或者其他组织申请从事司法鉴定业务，应当具备下列条件：

（一）有自己的名称、住所；

（二）有不少于二十万至一百万元人民币的资金；

（三）有明确的司法鉴定业务范围；

（四）有在业务范围内进行司法鉴定必需的仪器、设备；

（五）有在业务范围内进行司法鉴定必需的依法通过计量认证或者实验室认可的检测实验室；

（六）每项司法鉴定业务有三名以上司法鉴定人。

第十五条　法人或者其他组织申请从事司法鉴定业务，应当提交下列申请材料：

（一）申请表；

（二）证明申请者身份的相关文件；

（三）住所证明和资金证明；

（四）相关的行业资格、资质证明；

（五）仪器、设备说明及所有权凭证；

（六）检测实验室相关资料；

（七）司法鉴定人申请执业的相关材料；

（八）相关的内部管理制度材料；

（九）应当提交的其他材料。

申请人应当对申请材料的真实性、完整性和可靠性负责。

第十六条　申请设立具有独立法人资格的司法鉴定机构，除应当提交本办法第十五条规定的申请材料外，还应当提交司法鉴定机构章程，按照司法鉴定机构名称管理的有关规定向司法行政机关报核其机构名称。

第十七条　司法鉴定机构在本省（自治区、直辖市）行政区域内设立分支机构的，分支机构应当符合本办法第十四条规定的条件，并经省级司法行政机关审核登记后，方可依法开展司法鉴定活动。

跨省（自治区、直辖市）设立分支机构的，除应当经拟设分支机构所在行政区域的省级司法行政机关审核登记外，还应当报经司法鉴定机构所在行政区域的省级司法行政机关同意。

第十八条　司法鉴定机构应当参加司法鉴定执业责任保险或者建立执业风险金制度。

第四章　审核登记

第十九条　法人或者其他组织申请从事司法鉴定业务，有下列情形之一的，司法行政机关不予受理，并出具不予受理决定书：

（一）法定代表人或者鉴定机构负责人受过刑事处罚或者开除公职处分的；

（二）法律、法规规定的其他情形。

第二十条　司法行政机关决定受理申请的，应当出具受理决定书，并按照法定的时限和程序完成审核工作。

司法行政机关应当组织专家，对申请人从事司法鉴定业务必需的仪器、设备和检测实验室进行评审，评审的时间不计入审核时限。

第二十一条　经审核符合条件的，省级司法行政机关应当作出准予登记的决定，颁发《司法鉴定许可证》；不符合条件的，作出不予登记的决定，书面通知申请人并说明理由。

第二十二条　《司法鉴定许可证》是司法鉴定机构的执业凭证，司法鉴定机构必须持有省级司法行政机关准予登记的决定及《司法鉴定许可证》，方可依法开展司法鉴定活动。

《司法鉴定许可证》由司法部统一监制，分为正本和副本。《司法鉴定许可证》正本和副本具有同等的法律效力。

《司法鉴定许可证》使用期限为五年，自颁发之日起计算。

《司法鉴定许可证》应当载明下列内容：

（一）机构名称；

（二）机构住所；

（三）法定代表人或者鉴定机构负责人姓名；

（四）资金数额；

（五）业务范围；

（六）使用期限；

（七）颁证机关和颁证时间；

（八）证书号码。

第二十三条　司法鉴定资源不足的地区，司法行政机关可以采取招标的方式审核登记司法鉴定机构。招标的具体程序、时限按照有关法律、法规的规定执行。

第五章　变更、延续和注销

第二十四条　司法鉴定机构要求变更有关登记事项

的，应当及时向原负责登记的司法行政机关提交变更登记申请书和相关材料，经审核符合本办法规定的，司法行政机关应当依法办理变更登记手续。

第二十五条　司法鉴定机构变更后的登记事项，应当在《司法鉴定许可证》副本上注明。在《司法鉴定许可证》使用期限内获准变更的事项，使用期限应当与《司法鉴定许可证》的使用期限相一致。

第二十六条　《司法鉴定许可证》使用期限届满后，需要延续的，司法鉴定机构应当在使用期限届满三十日前，向原负责登记的司法行政机关提出延续申请，司法行政机关依法审核办理。延续的条件和需要提交的申请材料按照本办法第三章申请登记的有关规定执行。

不申请延续的司法鉴定机构，《司法鉴定许可证》使用期限届满后，由原负责登记的司法行政机关办理注销登记手续。

第二十七条　司法鉴定机构有下列情形之一的，原负责登记的司法行政机关应当依法办理注销登记手续：

（一）依法申请终止司法鉴定活动的；
（二）自愿解散或者停业的；
（三）登记事项发生变化，不符合设立条件的；
（四）《司法鉴定许可证》使用期限届满未申请延续的；
（五）法律、法规规定的其他情形。

第六章　名册编制和公告

第二十八条　凡经司法行政机关审核登记的司法鉴定机构及司法鉴定人，必须统一编入司法鉴定人和司法鉴定机构名册并公告。

第二十九条　省级司法行政机关负责编制本行政区域的司法鉴定人和司法鉴定机构名册，报司法部备案后，在本行政区域内每年公告一次。司法部负责汇总省级司法行政机关编制的司法鉴定人和司法鉴定机构名册，在全国范围内每五年公告一次。

未经司法部批准，其他部门和组织不得以任何名义编制司法鉴定人和司法鉴定机构名册或者类似名册。

第三十条　司法鉴定人和司法鉴定机构名册分为电子版和纸质版。电子版由司法行政机关负责公告，纸质版由司法行政机关组织司法鉴定机构在有关媒体上公告并正式出版。

第三十一条　司法机关和公民、组织可以委托列入司法鉴定人和司法鉴定机构名册的司法鉴定机构及司法鉴定人进行鉴定。

在诉讼活动中，对《全国人民代表大会常务委员会关于司法鉴定管理问题的决定》第二条所规定的鉴定事项发生争议，需要鉴定的，司法机关和公民、组织应当委托列入司法鉴定人和司法鉴定机构名册的司法鉴定机构及司法鉴定人进行鉴定。

第三十二条　编制、公告司法鉴定人和司法鉴定机构名册的具体程序、内容和格式由司法部另行制定。

第七章　监督管理

第三十三条　司法行政机关应当按照统一部署，依法对司法鉴定机构进行监督、检查。

公民、法人和其他组织对司法鉴定机构违反本办法规定的行为进行举报、投诉的，司法行政机关应当及时进行监督、检查，并根据调查结果进行处理。

第三十四条　司法行政机关可以就下列事项，对司法鉴定机构进行监督、检查：

（一）遵守法律、法规和规章的情况；
（二）遵守司法鉴定程序、技术标准和技术操作规范的情况；
（三）所属司法鉴定人执业的情况；
（四）法律、法规和规章规定的其他事项。

第三十五条　司法行政机关对司法鉴定机构进行监督、检查时，可以依法查阅或者要求司法鉴定机构报送有关材料。司法鉴定机构应当如实提供有关情况和材料。

第三十六条　司法行政机关对司法鉴定机构进行监督、检查时，不得妨碍司法鉴定机构的正常业务活动，不得索取或者收受司法鉴定机构的财物，不得谋取其他不正当利益。

第三十七条　司法行政机关对司法鉴定机构进行资质评估，对司法鉴定质量进行评估。评估结果向社会公开。

第八章　法律责任

第三十八条　法人或者其他组织未经登记，从事已纳入本办法调整范围司法鉴定业务的，省级司法行政机关应当责令其停止司法鉴定活动，并处以违法所得一至三倍的罚款，罚款总额最高不得超过三万元。

第三十九条　司法鉴定机构有下列情形之一的，由省级司法行政机关依法给予警告，并责令其改正：

（一）超出登记的司法鉴定业务范围开展司法鉴定活动的；
（二）未经依法登记擅自设立分支机构的；
（三）未依法办理变更登记的；
（四）出借《司法鉴定许可证》的；
（五）组织未取得《司法鉴定人执业证》的人员从事

司法鉴定业务的；

（六）无正当理由拒绝接受司法鉴定委托的；

（七）违反司法鉴定收费管理办法的；

（八）支付回扣、介绍费，进行虚假宣传等不正当行为的；

（九）拒绝接受司法行政机关监督、检查或者向其提供虚假材料的；

（十）法律、法规和规章规定的其他情形。

第四十条 司法鉴定机构有下列情形之一的，由省级司法行政机关依法给予停止从事司法鉴定业务三个月以上一年以下的处罚；情节严重的，撤销登记：

（一）因严重不负责任给当事人合法权益造成重大损失的；

（二）具有本办法第三十九条规定的情形之一，并造成严重后果的；

（三）提供虚假证明文件或采取其他欺诈手段，骗取登记的；

（四）法律、法规规定的其他情形。

第四十一条 司法鉴定机构在开展司法鉴定活动中因违法和过错行为应当承担民事责任的，按照民事法律的有关规定执行。

第四十二条 司法行政机关的工作人员在管理工作中滥用职权、玩忽职守造成严重后果的，依法追究相应的法律责任。

第四十三条 司法鉴定机构对司法行政机关的行政许可和行政处罚有异议的，可以依法申请行政复议。

第九章 附 则

第四十四条 本办法所称司法鉴定机构不含《全国人民代表大会常务委员会关于司法鉴定管理问题的决定》第七条规定的鉴定机构。

第四十五条 本办法自公布之日起施行。2000年8月14日公布的《司法鉴定机构登记管理办法》（司法部令第62号）同时废止。

法医类 物证类 声像资料司法鉴定机构登记评审细则

· 2021年6月15日
· 司规〔2021〕2号

第一条 为进一步加强对司法鉴定机构和鉴定人准入登记的审核，规范专家评审工作，根据《全国人民代表大会常务委员会关于司法鉴定管理问题的决定》《司法鉴定机构登记管理办法》（司法部令第95号）、《司法鉴定人登记管理办法》（司法部令第96号）、《关于〈司法鉴定机构登记管理办法〉第二十条、〈司法鉴定人登记管理办法〉第十五条的解释》（司规〔2020〕4号）等规定，制定本细则。

第二条 省级司法行政机关应当按照《行政许可法》、司法部令第95号、第96号和司规〔2020〕4号等规定，对申请从事法医类、物证类、声像资料司法鉴定业务的法人或者其他组织（以下简称申请机构）、人员（以下简称申请人员）的申请材料进行认真审查，根据审查结果，按照法定时限出具书面受理决定书或者不予受理决定书。决定受理的，省级司法行政机关应当于十五个工作日内组织评审专家开展评审工作。

第三条 省级司法行政机关应当选取相关的评审专家，分别按法医类、物证类、声像资料司法鉴定的专业领域组建专家评审组，每个专业领域的专家评审组人数不少于5人且为单数。评审专家原则上应为具备高级职称的鉴定人，执业范围应包含被评审的专业领域。评审组专家的专业能力应覆盖被评审的所有专业分领域及项目。

法医类司法鉴定评审专业领域分为法医病理鉴定、法医临床鉴定、法医精神病鉴定、法医物证鉴定、法医毒物鉴定。物证类司法鉴定评审专业领域分为文书鉴定、痕迹鉴定（不含交通事故痕迹物证鉴定）、交通事故痕迹物证鉴定、微量物证鉴定。声像资料司法鉴定评审专业领域分为录音鉴定、图像鉴定、电子数据鉴定。各专业领域包含的鉴定分领域及项目见《法医类司法鉴定执业分类规定》（司规〔2020〕3号）、《物证类司法鉴定执业分类规定》《声像资料司法鉴定执业分类规定》（司规〔2020〕5号）。

第四条 专家评审组应当按照确定评审组长、制定评审方案、开展评审工作、对申请人员进行评价、对申请机构进行综合评价、形成专家评审意见书等流程开展评审工作。

第五条 评审组采取组内推荐方式确定一名评审组长，由评审组长主持评审工作。若未能推选出评审组长，则由省级司法行政机关指定评审组长。

第六条 评审组根据申请机构拟申请从事鉴定业务的要求制定有针对性的评审方案。明确评审依据、评审时限、评审流程、评审内容、成员分工等，并统一评审标准，作为开展评审工作的指南和参考。

第七条 评审组按照评审方案开展评审工作。评审工作包括:查阅有关申请材料,听取申请机构的汇报,实地查看工作场所和环境,审查申请机构的管理制度和运行情况,对申请人员的专业技术能力进行考核评价,对实验室的仪器设备配置、质量管理水平进行现场核查和评估,也可以根据需要增加其他评审内容。

第八条 评审组的每名专家分别按照本细则确定的评分标准,根据申请人员拟从事的专业领域和分领域及项目对其逐人进行打分,评审得分取所有专家评分的平均值。

评审组应当根据评审得分,结合申请人员的工作能力和工作成果中反映出的专业特长,对申请人员可以从事的该专业领域的分领域及项目提出建议:

(一)原则上,不得跨法医类、物证类、声像资料司法鉴定执业,一个司法鉴定人的执业专业领域不超过3个。

(二)经评审,申请人员申请的专业领域评审得分60分(不含)以下的,不予通过;申请的专业领域评审得分60~80分(含)的,执业专业领域不超过1个;评审得分80分(不含)以上的,执业专业领域不超过3个。

(三)申请的专业领域评审得分60~80分(含)的,申请法医类和物证类(不含交通事故痕迹物证鉴定)专业领域的,可以从事的该专业领域的分领域及项目一般不超过5个,申请声像资料和交通事故痕迹物证鉴定专业领域的,可以从事的该专业领域的分领域及项目一般不超过3个;申请的专业领域评审得分80分(不含)以上的,可以从事的该专业领域的分领域及项目数量可以适当放宽。

评审组的每名专家分别按照本细则确定的评分标准,根据申请机构拟从事的专业领域和分领域及项目,按照该专业领域和分领域及项目实验室和仪器设备配置要求,结合申请人员的评价结果,对申请机构进行综合评分,评审得分取所有专家评分的平均值。

第九条 评审组应根据申请机构的评审得分,结合申请机构的鉴定人构成、鉴定能力和实验室条件反映出的综合情况,对申请机构可以从事的该专业领域的分领域及项目提出意见:

(一)评审得分为70分(不含)以下或鉴定人构成、鉴定能力和实验室条件得分中有一项未达到该项总分60%的申请机构,应当给予"不具备设立申请专业领域司法鉴定机构的技术条件和技术能力"的评审意见。

(二)评审得分为70分(含)以上,且鉴定人构成(鉴定人数量达到3人及以上)、鉴定能力和实验室条件均达到该项总分60%的申请机构,应当给予"具备设立申请专业领域司法鉴定机构的技术条件和技术能力"的评审意见,并对鉴定机构可以从事的该专业领域的分领域及项目提出意见。

各地可以根据司法鉴定行业发展实际对某专业领域评审通过的分数值进行适当调整,上下幅度不得超过10分。

第十条 评审工作完成后,评审组应当根据对申请机构评审得分情况及评审专家意见,汇总并填写《专家评审意见书》。评审结论应当明确是否"具备设立申请专业领域司法鉴定机构的技术条件和技术能力",并明确通过评审的申请机构可以从事的该专业领域的分领域及项目。

每位评审专家应当在《专家评审意见书》上签名,并送交省级司法行政机关。评审结论应当经评审组三分之二以上专家同意,评审专家对评审结论有不同意见的,应当记录在《专家评审意见书》中。

第十一条 省级司法行政机关应当指定专人负责评审组的组织及联络沟通工作,并对评审过程进行见证和监督,同时做好相应的工作记录,将工作记录与专家评审材料一起作为工作档案留存。

评审专家产生的劳务费、差旅费等由司法行政机关承担,按照有关规定执行。

第十二条 省级司法行政机关应当按照《司法鉴定机构登记管理办法》《司法鉴定人登记管理办法》及有关规定,结合评审细则和《专家评审意见书》的评审结论,作出是否准予登记的决定。

第十三条 司法部组建国家级司法鉴定专家库,在全国范围内择优遴选政治素质高、业务能力强、工作业绩突出的司法鉴定专家入库。依托国家级司法鉴定专家库成立全国司法鉴定专家评审委员会(以下简称评审委员会)。省级司法行政机关组建省级司法鉴定专家库。

申请机构对省级司法行政机关组织的专家评审结果有异议,且能提出实质理由的,可以向评审委员会提出复审申请。经审查理由成立,确有必要进行复审的,从国家级司法鉴定专家库中抽取专家组成评审组进行复审。复审后的评审结论为专家评审的最终结果,交省级司法行政机关作为准入登记的参考。

第十四条 司法行政机关工作人员应当依法依规组织评审。

评审专家应当遵守法律、法规和有关保密、回避等要求,严格按照本细则所列的各个考核评审项目,独立、客观、公正地进行评审,并对评审意见负责。

司法行政机关工作人员或评审专家在评审工作中滥用职权、玩忽职守、弄虚作假、徇私舞弊的，按照有关规定承担相应责任；构成犯罪的，移送司法机关依法追究刑事责任。

第十五条 本细则适用于对申请从事法医类、物证类、声像资料司法鉴定业务的法人或者其他组织、人员的技术条件和专业能力进行评审的活动。

第十六条 本细则自发布之日起施行。原司法部颁布实施的《司法鉴定机构仪器设备配置标准》(司发通〔2011〕323号)同时废止。

附件：1.《法医类司法鉴定机构登记评审评分标准》(略)

2.《物证类司法鉴定机构登记评审评分标准》(略)

3.《声像资料司法鉴定机构登记评审评分标准》(略)

4.《司法鉴定机构登记专家评审意见书》(略)

司法鉴定机构内部管理规范

· 2014年4月22日
· 司发通〔2014〕49号

第一条 为加强司法鉴定机构内部管理，促进司法鉴定机构规范化建设，根据《全国人大常委会关于司法鉴定管理问题的决定》和有关法律、行政法规以及司法部规章的规定，制定本规范。

第二条 本规范适用于经司法行政机关依法审核登记的司法鉴定机构。

第三条 司法鉴定机构内部管理是规范司法鉴定执业活动的重要基础。司法鉴定机构应当根据法律法规规章和本规范，建立完善机构内部管理制度，加强专业化、职业化、规范化和科学化建设，提高从业人员的政治素质、业务素质和职业道德素质。

司法鉴定机构应当接受司法行政机关和司法鉴定行业协会的管理、监督和指导。

第四条 具有法人资格的司法鉴定机构应当制定机构章程，包括下列内容：

（一）司法鉴定机构的名称、住所和注册资金；
（二）司法鉴定机构的宗旨和组织形式；
（三）司法鉴定机构的业务范围；
（四）司法鉴定机构负责人的产生、变更程序和职责；
（五）司法鉴定人及其相关从业人员的权利和义务；
（六）司法鉴定机构内相关职能部门的设置和职责；
（七）司法鉴定机构章程变更、修改；
（八）司法鉴定机构内部执业管理、质量管理形式；
（九）司法鉴定机构资产来源、财务管理和使用分配形式；
（十）司法鉴定机构注销或者撤销后的终止程序及其资产处理；
（十一）其他需要载明的事项。

司法鉴定机构章程自省、自治区、直辖市司法行政机关作出准予设立司法鉴定机构决定之日起生效。

第五条 不具有法人资格的司法鉴定机构应当有设立主体的授权书，内容包括机构负责人任免及职责、重大仪器设备购置或使用、财务管理、人员管理等。

设立主体应当按照授权书的规定对司法鉴定机构进行监督，并保障其独立开展司法鉴定活动。

第六条 司法鉴定机构法定代表人和机构负责人可以为同一人。机构负责人可以依章程产生，也可以由法定代表人授权或者申请设立主体任命。

司法鉴定机构负责人根据章程或者授权，对内负责管理鉴定机构内部事务和执业活动，对外代表鉴定机构，依法履行法定义务，承担管理责任。

第七条 司法鉴定机构应当秉承依法、科学、规范、诚信、合作的原则，根据鉴定业务需要依法聘用人员并保障其合法权益，保障司法鉴定人依法独立执业，维护鉴定人合法权益，规范鉴定人执业行为。

司法鉴定机构可以根据鉴定业务需要聘用司法鉴定人助理，辅助司法鉴定人开展司法鉴定业务活动，但不得在鉴定意见书上签名。司法鉴定人助理应当经省级司法行政机关备案。

第八条 司法鉴定机构在领取《司法鉴定许可证》后的六十日内，应当按照有关规定刻制印章、办理与机构执业活动有关的收费许可、税务登记、机构代码证件等依法执业手续，并将相关情况报送审核登记的司法行政机关备案。

第九条 司法鉴定机构的执业场所应当根据业务范围和执业类别要求，合理划分接待鉴定委托、保管鉴定材料、实施鉴定活动、存放鉴定档案等区域。

司法鉴定机构的仪器设备和标准物质应当按照鉴定业务所需的配置标准，及时购置、维护和更新。

第十条 司法鉴定机构应当在执业场所的显著位置公示下列信息：

（一）司法鉴定机构的业务范围和《司法鉴定许可证（正本）》证书；
（二）司法鉴定人姓名、职称、执业类别和执业证号；
（三）委托、受理和鉴定流程；
（四）司法鉴定收费项目和收费标准；
（五）职业道德和执业纪律；
（六）执业承诺和风险告知；
（七）投诉监督电话和联系人姓名；
（八）其他需要公示的内容。

第十一条 司法鉴定机构应当建立完善业务管理制度，统一受理鉴定委托、统一签订委托协议、统一指派鉴定人员、统一收取鉴定费用、统一建立鉴定材料审核、接收、保管、使用、退还和存档等工作制度。

第十二条 司法鉴定机构应当建立完善质量管理体系，明确质量组织、管理体系和内部运转程序，加强质量管理，提高鉴定质量。

第十三条 司法鉴定机构应当建立完善外部信息管理制度。外部信息的使用应当根据程序进行核查、验证；因专业技术问题需要外聘专家的，应当依照有关规定执行。

司法鉴定依据的外部信息、外聘专家意见及签名应当存入同一鉴定业务档案，存档备查。

第十四条 司法鉴定机构应当建立完善内部讨论和复核制度。对于重大疑难和特殊复杂问题的鉴定或者有争议案件的鉴定，应当组织鉴定人研究讨论，并做好书面记录。

第十五条 司法鉴定机构应当建立重大事项报告制度，受理具有重大社会影响案件委托后的24小时内，向所在地及省级司法行政机关报告相关信息。

第十六条 司法鉴定机构应当指定专人对鉴定文书的制作、校对、复核、签发、送达、时效等环节进行有效监管。

第十七条 司法鉴定机构应当根据本机构司法鉴定业务档案的制作、存储要求，配备档案管理人员，切实做好档案管理工作。

第十八条 司法鉴定机构应当规范管理司法鉴定人出庭作证有关事务，为鉴定人出庭作证提供必要条件和便利，监督鉴定人依法履行出庭作证的义务。

第十九条 司法鉴定机构应当建立完善司法鉴定风险告知、鉴定质量评估办法，建立执业风险基金。

第二十条 司法鉴定机构应当依法建立完善财务管理制度，单独建立账册。对外统一收取鉴定等费用，依法出具票据；对内按劳计酬，合理确定分配形式，逐步建立教育培训基金、执业责任保险基金和机构发展基金。

第二十一条 司法鉴定机构应当建立完善印章和证书管理制度。司法鉴定机构红印、司法鉴定专用章、财务专用章以及司法鉴定许可证等，除需要公示的，应当由机构指定专人统一管理并按规定使用。

第二十二条 司法鉴定机构应当加强执业活动的监督管理，指定专人负责接待投诉、核查立案、调查处理工作，回复司法行政机关或者司法鉴定行业协会转交的涉及本机构投诉事项的调查办理意见。对投诉中发现的问题，要采取有效方式及时加以解决。

第二十三条 司法鉴定机构受到暂停执业或者撤销登记处罚的，应当终止鉴定；已受理的鉴定委托尚未办结的，应当主动通知委托人办理清结手续。

司法鉴定人受到暂停执业或者撤销登记处罚的，鉴定机构应当监督鉴定人终止鉴定并清结尚未办结的鉴定委托；经委托人同意的，鉴定机构也可以指派其他鉴定人完成尚未办结的鉴定委托。

第二十四条 司法鉴定人拟变更执业机构的，司法鉴定机构应当责成其清结以往受理的鉴定委托，收回司法鉴定人执业证，并及时向司法行政机关办理相关注销手续。本机构相关从业人员自行解除聘用合同或者被辞退的，司法鉴定机构应当及时办理清退手续。

第二十五条 司法鉴定机构应当建立完善教育培训和业务考评制度，支持和保障本机构人员参加在岗培训、继续教育和学术交流与科研活动，定期组织本机构人员开展业务交流和专题讨论。

第二十六条 司法鉴定机构应当建立完善人事管理制度，负责办理本机构从业人员的执业证书、聘用合同、职称评聘、社会保障、执业保险等相关事务。合理规划人员的专业结构、技术职称和年龄结构。对本机构人员遵守职业道德、执业纪律等执业情况进行年度绩效评价、考核和奖惩。

第二十七条 各省、自治区、直辖市司法行政机关可以依据本规范，结合本地实际制定实施办法。

第二十八条 本规范自颁布之日起施行。

司法鉴定机构资质认定评审准则

· 2012年9月14日

1. 总则

1.1 为贯彻落实《全国人民代表大会常务委员会关于司法鉴定管理问题的决定》，规范司法鉴定执业活动，指导司法鉴定机构建立并保持管理体系,有效实施司法鉴定机构资质认定评审,制定本准则。

1.2 本准则依据司法部、国家认监委关于司法鉴定管理、资质认定等规定制定,同时符合实验室和检查机构资质认定的通用要求。

1.3 司法鉴定机构建立并保持管理体系应当符合本准则要求。司法鉴定机构资质认定评审应当遵守本准则。

1.4 司法鉴定机构资质认定评审,应当遵循客观公正、科学准确、统一规范和避免不必要重复的原则。

2. **参考文件**

《实验室资质认定评审准则》

GB/T27025《检测和校准实验室能力的通用要求》(等同采用 ISO/IEC 17025)

GB/T18246《检查机构能力的通用要求》(等同采用ISO/IEC17020)

3. **术语和定义**

本准则使用《实验室和检查机构资质认定管理办法》、《检测和校准实验室能力的通用要求》(GB/T27025)、《检查机构能力的通用要求》(GB/18346)给出的相关术语和定义,以及司法鉴定通用术语。

司法鉴定:在诉讼活动中司法鉴定人运用科学技术或者专门知识对诉讼中涉及的专门性问题进行鉴别和判断,并提供鉴定意见的活动。

司法鉴定机构:经过司法行政机关审核登记并取得《司法鉴定许可证》,从事司法鉴定业务的法人或者其他组织。

司法鉴定人:经过司法行政机关审核登记并取得《司法鉴定人执业证》,从事司法鉴定业务的人员。

司法鉴定人员:直接参加司法鉴定活动的司法鉴定人和技术辅助人员。

授权签字人:由司法鉴定机构负责人指定,熟悉资质认定规定,经资质认定考核合格,负责授权范围内司法鉴定文书签发的司法鉴定人。

质量负责人:由司法鉴定机构负责人任命,负责管理体系的建立、实施和持续改进的人员。

技术管理者:由司法鉴定机构负责人任命的一人或者多人,负责机构的技术运作并提供相应资源。

鉴定材料:包括检材和鉴定资料。检材是指与鉴定事项有关的生物检材和非生物检材;鉴定资料是指存于各种载体上与鉴定事项有关的记录。

分支机构:是指司法鉴定机构依法设立的分部,该分部应当具有独立的办公场所、资金、人员、设备并经省级司法行政机关审核登记,司法鉴定机构承担其分部执业活动的法律责任。

外部信息:指可能被司法鉴定机构作为鉴定依据的外部检测、检查或者其他与鉴定相关的信息。

4. **管理要求**

4.1 组织

4.1.1 司法鉴定机构应当具有保证依法、客观、公正和独立地从事司法鉴定业务的法律地位,并持有省级司法行政机关颁发的《司法鉴定许可证》。

非独立设立的司法鉴定机构需要经所属法人授权,明确承担法律责任的主体,有独立帐目或者独立核算。

4.1.2 司法鉴定机构应当有固定的工作场所,具有符合司法行政机关规定的场地和设备。

司法鉴定机构应当独立对外开展业务活动。

4.1.3 司法鉴定机构的管理体系应当覆盖其所有鉴定场所;分支机构应当单独进行资质认定。

4.1.4 司法鉴定机构应当有与其所从事鉴定活动相适应的司法鉴定人员。

司法鉴定人只能在一个司法鉴定机构中执业。

4.1.5 司法鉴定机构及其人员不得以鉴定活动及其出具的数据和结果谋取不正当利益,不得参与任何有损于鉴定独立性和诚信度的活动。

司法鉴定机构应当有措施确保其人员不受任何来自内外部的不正当的行政、商业、财务和其他方面的压力和影响,并防止商业贿赂。

司法鉴定机构所在组织从事司法鉴定以外的业务活动,应当明确司法鉴定与该组织其他业务的关系。

司法鉴定机构和司法鉴定人员应当依法进行回避。

4.1.6 司法鉴定机构及其人员对其在鉴定中所知悉的国家秘密、商业秘密、技术秘密及个人隐私负有保密义务。

4.1.7 司法鉴定机构应当明确其组织和管理结构,以及质量管理、技术运作和支持服务之间的关系,包括其与外部组织的关系。

4.1.8 司法鉴定机构负责人应当有其上级主管部门或者其设立组织的任命文件,司法鉴定机构法定代表人兼任机构负责人的除外。

司法鉴定机构的技术管理者、质量负责人及各部门主管应当有任命文件。机构负责人和技术管理者的变更需报资质认定发证机关备案。

4.1.9 司法鉴定机构应当规定对鉴定质量有影响的

所有管理、操作和核查人员的职责、权力和相互关系，并指定机构负责人、技术管理者、质量负责人的代理人。

4.1.10 司法鉴定机构应当由熟悉鉴定方法、程序、目的和结果评价的人员对司法鉴定人员进行监督。

4.1.11 司法鉴定机构的技术运作由技术管理者全面负责。技术管理者应当具有司法鉴定机构运作方面相应的资格或者经历，是在编人员或者与司法鉴定机构签署聘用合同或者劳动合同的人员。

司法鉴定机构应当指定一名质量负责人，赋予其能够保证管理体系有效运行的职责和权力。

4.2 管理体系

司法鉴定机构应当按照本准则建立和保持与其鉴定活动相适应的管理体系。管理体系应当形成文件，阐明与鉴定质量相关的政策，包括质量方针、目标和承诺，使所有相关人员理解并有效实施。

4.3 文件控制

司法鉴定机构应当建立并保持文件编制、审核、批准、标识、发放、保管、修订和废止等的控制程序，包括描述如何更改和控制保存在计算机系统中文件的，确保在所有相关场所，相关人员均可以得到所需文件的有效版本。

4.4 外部信息

4.4.1 司法鉴定机构应当独立完成司法鉴定协议书中要求的鉴定工作。

4.4.2 司法鉴定机构应当有对外部信息的完整性和采用程度进行核查或者验证的程序。

4.4.3 司法鉴定机构使用并作为鉴定依据的外部信息，应当由委托人提供或者同意。

4.4.4 采用的外部信息应当在司法鉴定文书中注明。

4.5 服务和供应品的采购

司法鉴定机构应当建立并保持对鉴定质量有影响的服务和供应品的选择、购买、验收和储存等的程序，以确保服务和供应品的质量。

4.6 鉴定委托和司法鉴定协议书评审

4.6.1 司法鉴定机构应当建立并保持评审鉴定委托和司法鉴定协议书的程序。

4.6.2 司法鉴定机构决定受理鉴定委托的，应当与委托人签订司法鉴定协议书，协议书内容除司法行政机关要求外，应当包括鉴定选用的方法、标准，鉴定时限，鉴定结束后需退还的鉴定材料及退还方式，以及鉴定过程中的风险告知等。

4.6.3 修改已签订的司法鉴定协议书，应当重新进行评审；修改内容需双方书面确认，并通知本机构相关人员。

4.7 投诉

司法鉴定机构应当建立完善的投诉处理程序，保存所有投诉及处理结果的记录。

4.8 纠正措施、预防措施及改进

司法鉴定机构应当通过实施纠正措施、预防措施等持续改进其管理体系。

司法鉴定机构对发现的不符合工作应当采取纠正措施，以防止类似不符合事项的再次发生；对潜在不符合事项应当采取预防措施，以减少不符合事项发生的可能性并改进。

4.9 记录

4.9.1 司法鉴定机构应当建立和保持记录控制程序。

4.9.2 司法鉴定人员在鉴定过程中应当进行实时记录并签字。记录的内容应当真实、客观、准确、完整、清晰，有足够的信息以保证其能够再现或者对鉴定活动进行正确评价。

4.9.3 司法鉴定机构的内部审核、管理评审、纠正措施、预防措施等质量记录，原始观测记录、导出数据、鉴定文书副本等技术记录应当归档并按规定期限保存。记录的文本或者音像载体、电子存储介质应当妥善保存，避免原始信息或者数据的丢失或者改动，并为委托人保密。

4.10 内部审核

司法鉴定机构应当根据计划和程序，定期对其质量活动进行内部审核，以验证其运作持续符合管理体系和本准则的要求。内部审核每 12 个月不少于 1 次。在 12 个月内，内部审核活动应当覆盖到管理体系的全部要素、所有场所和所有活动，包括现场目击。

内部审核人员应当经过培训并确认其资格，资源允许时，内部审核人员应当独立于被审核的鉴定活动。

4.11 管理评审

司法鉴定机构负责人应当根据预定的计划和程序，每 12 个月对管理体系和鉴定活动进行 1 次评审，以确保其持续适用和有效，并进行必要的改进。

管理评审应当考虑到：总体目标，政策和程序的适应性；管理和监督人员的报告；近期内部审核的结果；纠正措施和预防措施；由外部机构进行的评审；司法鉴定机构间比对和能力验证、测量审核的结果；工作量和工作类型的变化；投诉及委托人反馈；改进的建议；质量控制活动、资源以及人员培训情况等。

5. 技术要求

5.1 人员

5.1.1 司法鉴定人员应当是在编人员或者与司法鉴定机构签署聘用合同或者劳动合同的人员。每项鉴定业务应当有3名以上司法鉴定人。

司法鉴定人应当具备相应的资格、培训、经验，熟知所从事鉴定的规则和要求，并有做出专业判断和出具司法鉴定文书的能力。

司法鉴定机构应当确保司法鉴定人员按照管理体系要求工作并受到监督，监督范围应当覆盖鉴定活动的关键环节。

5.1.2 鉴定活动需要外部专家提供技术支持时，司法鉴定机构应有评估与选择外部专家的程序，以确保外部专家有能力提供必要的咨询意见。

5.1.3 司法鉴定机构应当按照司法鉴定教育培训的规定，建立并保持人员培训程序和计划，保证司法鉴定人员经过与其承担的任务相适应的教育、培训，具有相应的专业知识和经验。

司法鉴定机构可以为司法鉴定人员制定必要的阶段性教育培训计划。其中可以包括：

a) 入门阶段；

b) 在资深司法鉴定人指导下工作的阶段；

c) 在整个聘用期间的教育培训，以便与技术发展保持同步。

5.1.4 司法鉴定机构应当保存司法鉴定人员的资格、培训、技能和经历等证明材料。

5.1.5 司法鉴定机构技术管理者、授权签字人应当具有司法鉴定人资格并同时具有副高级以上本专业领域的技术职称，或者取得司法鉴定人资格后在本专业领域从业5年以上。

5.2 设施和环境条件

5.2.1 司法鉴定机构的鉴定设施以及环境条件应当满足相关法律法规、技术规范或者标准的要求。

5.2.2 设施和环境条件对鉴定结果的质量有影响时，司法鉴定机构应当监测、控制和记录环境条件。在非固定场所进行检测时应当特别注意环境条件的影响。

5.2.3 司法鉴定机构应当建立并保持安全作业管理程序，确保化学危险品、毒品、有害生物、电离辐射、高温、高电压、撞击、以及水、气、火、电等危及安全的因素和环境得到有效控制，并有相应的应急处理措施。

5.2.4 司法鉴定机构应当建立并保持环境保护程序，具备相应的设施、设备，确保鉴定产生的废液、废物等的处理符合环境和健康的要求，并有相应的应急处理措施。

5.2.5 区域间的工作相互之间有不利影响时，应当采取有效的隔离措施。

5.2.6 对影响鉴定质量和涉及安全的区域和设施应当有效控制并正确标识。

5.3 鉴定方法

5.3.1 司法鉴定机构应当按照技术标准或者技术规范实施鉴定活动。

司法鉴定机构应当优先选择国家标准、行业标准、地方标准或者司法部批准使用的技术规范；无上述标准时应当优先选择经省级以上司法行政机关指定的组织确认的方法。

缺少作业指导书影响鉴定结果的，司法鉴定机构应当制定相应的作业指导书。

5.3.2 司法鉴定机构应当证实能否正确使用所选用的标准方法。标准方法发生变化应当重新进行证实。

5.3.3 司法鉴定机构自行制订的非标准方法，经省级以上司法行政机关指定的组织确认后，可以作为资质认定项目。

5.3.4 司法鉴定机构使用的标准应当现行有效，便于工作人员使用。

5.3.5 鉴定方法的偏离应当有文件规定，经技术判断，获得机构负责人批准和委托人确认。

5.3.6 司法鉴定机构利用计算机或者自动设备对鉴定数据进行采集、处理、记录、报告、存储、检索时，应当建立并实施数据保护的程序，包括数据输入、采集、存储、转移和处理的完整性和保密性。

5.4 仪器设备和标准物质

5.4.1 司法鉴定机构应当按照司法行政机关规定的仪器设备配置要求，配备鉴定所需仪器设备和标准物质，并对所有仪器设备进行维护。

依靠借用或者租用仪器设备进行的司法鉴定事项不予资质认定，司法行政机关另有规定的除外。

5.4.2 仪器设备有过载或者错误操作、或者显示的结果可疑、或者通过其他方式表明有缺陷时，应当立即停止使用，并加以标识；修复的仪器设备应当经检定、校准等方式证明其功能指标已经恢复后才能继续使用。司法鉴定机构应当检查这种缺陷对之前的鉴定活动所造成的影响。

5.4.3 司法鉴定机构在使用司法行政机关规定的必

备仪器设备之外的外部仪器设备前,应当验证其符合本准则的要求,保存验证和使用的记录。

5.4.4 设备应当由经过授权的人员操作。设备使用和维护的技术资料应当便于相关人员取用。

5.4.5 司法鉴定机构应当保存对鉴定结果具有直接影响的仪器设备及其软件的档案,至少应当包括:

a)仪器设备及其软件的名称,并对其进行唯一性标识;

b)制造商名称、型式标识、系列号;

c)对仪器设备符合规范的核查记录;

d)当前的位置;

e)制造商的说明书,或者指明说明书存放地点;

f)检定、校准报告或者证书;

g)仪器设备接收或者启用日期和验收记录;

h)仪器设备使用和维护记录;

i)仪器设备的任何损坏、故障、改装或者修理记录。

5.4.6 所有仪器设备和标准物质应当有表明其状态的标识。

5.4.7 仪器设备脱离司法鉴定机构直接控制,该机构应当确保仪器设备返回后,在使用前对其功能和校准状态进行核查并能显示满意结果。

5.4.8 当需要利用期间核查以保持鉴定设备校准状态的可信度时,应当按照规定的程序进行。

5.4.9 当校准产生了一组修正因子或者修正值时,司法鉴定机构应当确保其得到更新和备份。

5.5 量值溯源

5.5.1 司法鉴定机构的量值溯源应当符合《中华人民共和国计量法》的规定,确保量值能够溯源至国家计量基准标准。司法鉴定机构应当制定和实施仪器设备的校准、检定、验证、确认的总体要求。

5.5.2 检测量值不能溯源到国家计量基准标准的,司法鉴定机构应当溯源到有证标准物质或者提供能力验证结果满意的证据。

5.5.3 司法鉴定机构应当制定设备检定或者校准的计划。在使用对量值的准确性产生影响的检测设备之前,应当按照国家相关技术规范或者标准对其进行检定或者校准,以保证其准确性。对于规定应当强制检定的计量器具应当定期检定,对于会明显影响鉴定结果的仪器设备需定期进行检定或者校准。

5.5.4 适用时,司法鉴定机构应当有参考标准的检定或者校准计划。

参考标准在任何调整之前和之后均应当校准。司法鉴定机构持有的测量参考标准应当仅用于校准而不用于其他目的,除非能证明其作为参考标准的性能不会失效。

5.5.5 适用时,司法鉴定机构应当使用有证标准物质(参考物质)。没有有证标准物质(参考物质)时,应当确保量值的准确性。

5.5.6 适用时,司法鉴定机构应当根据规定的程序对参考标准和有证标准物质(参考物质)进行期间核查,以保持其校准状态的置信度。

5.5.7 适用时,司法鉴定机构应当有程序来安全处置、运输、存储和使用参考标准和有证标准物质(参考物质),以防止污染或者损坏,确保其完好性。

5.6 鉴定材料处置

5.6.1 司法鉴定机构应当制定鉴定材料的提取、运输、接收、处置、保护、存储、保留、清理的程序,确保鉴定材料的完整性。

5.6.2 司法鉴定机构应当记录接收鉴定材料的状态和相关信息,包括与正常或者规定条件的偏离。因鉴定需要耗尽或者可能损坏鉴定材料的,应当告知委托人并征得书面同意。

5.6.3 司法鉴定机构应当具有鉴定材料的标识系统,避免鉴定材料或者其记录的混淆。

5.6.4 司法鉴定机构应当具有适当的设备设施贮存、处理鉴定材料。对贮存鉴定材料的状态和条件进行定期检查并记录。司法鉴定机构应当保持鉴定材料的流转记录。

5.7 结果质量控制

5.7.1 司法鉴定机构应当具有质量控制程序和质量控制计划以监控鉴定结果的有效性,可以采用下列方式:

a)定期使用有证标准物质(参考物质)进行监控或者使用次级标准物质(参考物质)开展内部质量控制;

b)参加司法鉴定机构间的比对或者能力验证;

c)使用相同或者不同方法进行鉴定;

d)对存留鉴定材料进行再次鉴定;

e)分析同一个鉴定材料不同特性结果的相关性。

5.7.2 司法鉴定机构应当分析质量控制的数据,当发现质量控制数据可能超出预先确定的判断依据时,应当采取有计划的措施来纠正出现的问题,并防止报告错误结果。

5.8 司法鉴定文书

5.8.1 司法鉴定机构和司法鉴定人应当按照司法行政机关规定的要求和程序,及时出具司法鉴定文书,并保证其准确、客观、真实。

5.8.2 司法鉴定文书至少包含以下信息：
a) 标题；
b) 司法鉴定机构名称及许可证号；
c) 鉴定委托（鉴定要求与鉴定事项）；
d) 唯一性编号；
e) 委托人；
f) 鉴定材料；
g) 检验检测过程；
h) 鉴定方法和依据；
i) 检验检测结果和鉴定意见。适用时，形成对检验检测结果和鉴定意见的分析说明；
j) 司法鉴定人执业证号。

5.8.3 司法鉴定文书的附件应当包括与鉴定意见、检验结果有关的关键图表、照片等，包括有关音像资料、参考文献的目录。

5.8.4 司法鉴定人应当在司法鉴定文书上签名；多人参加司法鉴定，对鉴定意见有不同意见的，应当注明。

司法鉴定文书应当经授权签字人签发，并加盖司法鉴定专用章。

司法鉴定人和司法鉴定机构名册管理办法

· 2010年4月12日
· 司发通〔2010〕84号

第一条 为了规范司法鉴定人和司法鉴定机构名册编制和公告工作，方便司法机关、公民、法人和其他组织进行诉讼活动，根据《全国人民代表大会常务委员会关于司法鉴定管理问题的决定》和《司法鉴定机构登记管理办法》、《司法鉴定人登记管理办法》等有关法律、法规、规章，制定本办法。

第二条 经司法行政机关审核登记的司法鉴定人和司法鉴定机构的名册编制、公告和管理工作，适用本办法。

第三条 司法行政机关编制的司法鉴定人和司法鉴定机构名册的名称为《国家司法鉴定人和司法鉴定机构名册》。名册分为纸质版和电子版两种形式。

第四条 《国家司法鉴定人和司法鉴定机构名册》是司法鉴定人和司法鉴定机构接受委托从事司法鉴定活动的法定依据。

第五条 省级司法行政机关负责本行政区域《司法鉴定人和司法鉴定机构名册》的编制、公告和管理工作。

司法部负责指导、监督《国家司法鉴定人和司法鉴定机构名册》的编制、公告和管理工作，并按年度汇编、公布全国统一的《国家司法鉴定人和司法鉴定机构名册》。

第六条 省级司法行政机关根据上一年度截止到12月31日已登记的司法鉴定人和司法鉴定机构的情况，于每年3月底前完成本年度《国家司法鉴定人和司法鉴定机构名册》的编制工作。

各省级司法行政机关编制的纸质版《国家司法鉴定人和司法鉴定机构名册》封面应当注明本行政区域的名称和编制年份。

第七条 《国家司法鉴定人和司法鉴定机构名册》应当载明机构名称、许可证号、机构负责人、机构住所、邮政编码、电话、业务范围、执业司法鉴定人的姓名等。具有独立法人资格的司法鉴定机构应当注明法定代表人。同时载明省级司法行政机关司法鉴定管理机构的名称和查询、监督电话。

第八条 《国家司法鉴定人和司法鉴定机构名册》的印制格式和编排要求，包括开本、版式、使用标识、封面颜色、编辑体例、内容顺序、文字格式以及编制程序等，由司法部统一规定。司法鉴定机构的业务范围和司法鉴定人的执业类别的排列顺序，按照《全国人民代表大会常务委员会关于司法鉴定管理问题的决定》和司法部颁布的有关司法鉴定执业活动分类规范的顺序排列。

第九条 《国家司法鉴定人和司法鉴定机构名册》使用国家规范汉字和符合国家标准的数字、符号。

民族区域自治地方的省级司法行政部门，可以根据本地区实际情况，在编制的名册中同时使用本民族区域自治地方的民族文字。

第十条 省级司法行政机关编制完成本年度《国家司法鉴定人和司法鉴定机构名册》后，应当于每年4月15日前向司法部备案，并将纸质版名册分送本行政区域内司法机关和政府有关部门。

司法部按年度汇编全国统一的《国家司法鉴定人和司法鉴定机构名册》，并将纸质版名册分送中央、地方司法机关和政府有关部门。

第十一条 本年度《国家司法鉴定人和司法鉴定机构名册》编制完成后应当及时公告。公民、法人和其他组织可以通过公告或者政府网站查询《国家司法鉴定人和司法鉴定机构名册》。

第十二条 本年度《国家司法鉴定人和司法鉴定机构名册》编制完成后发生司法鉴定人或者司法鉴定机构新增、变更、撤销、注销等情形的，省级司法行政机关应当及时公告并更新电子版名册。

第十三条 在诉讼活动中,对《全国人民代表大会常务委员会关于司法鉴定管理问题的决定》第二条所规定的鉴定事项发生争议,需要鉴定的,应当委托列入《国家司法鉴定人和司法鉴定机构名册》的司法鉴定人和司法鉴定机构进行鉴定。

第十四条 司法行政机关编制、公告和管理《国家司法鉴定人和司法鉴定机构名册》所需费用向同级财政部门申请专项保障经费。

第十五条 未经省级以上司法行政机关批准或者委托,任何部门不得编制、公布和出版、印发《国家司法鉴定人和司法鉴定机构名册》或者类似名册。

第十六条 本办法自发布之日起施行。

司法鉴定机构和司法鉴定人退出管理办法(试行)

· 2021年12月28日
· 司规〔2021〕5号

第一章 总 则

第一条 为加强司法鉴定执业活动监督,规范司法鉴定机构和司法鉴定人退出管理工作,根据《行政许可法》《行政处罚法》《全国人民代表大会常务委员会关于司法鉴定管理问题的决定》《司法鉴定机构登记管理办法》《司法鉴定人登记管理办法》等规定,制定本办法。

第二条 本办法所称司法鉴定机构和司法鉴定人退出,是指经司法行政机关审核登记的司法鉴定机构和司法鉴定人因具有本办法规定的退出情形,由原负责登记的司法行政机关依法办理注销登记手续。

第三条 司法鉴定机构和司法鉴定人退出,应当按照法定权限、范围、条件和程序实施,遵循公开、公平、公正的原则。

第四条 省级司法行政机关应当建立健全工作机制,依法推动司法鉴定机构和司法鉴定人退出规范化、制度化,促进司法鉴定行业有序竞争、优胜劣汰。

第二章 退出情形和程序

第五条 司法鉴定机构或司法鉴定人有下列情形之一,情节严重的,由原负责登记的司法行政机关依法撤销登记:

(一)因严重不负责任给当事人合法权益造成重大损失的;

(二)提供虚假证明文件或采取其他欺诈手段,骗取登记的;

(三)司法鉴定机构具有《司法鉴定机构登记管理办法》第三十九条规定的情形之一,并造成严重后果的;

(四)司法鉴定人具有《司法鉴定人登记管理办法》第二十九条规定的情形之一,并造成严重后果的;

(五)司法鉴定人经人民法院依法通知,非法定事由拒绝出庭作证的;

(六)司法鉴定人故意作虚假鉴定的;

(七)法律、行政法规规定的其他情形。

第六条 司法鉴定机构或司法鉴定人有下列情形之一的,原负责登记的司法行政机关应当依法办理注销登记手续:

(一)依法申请终止司法鉴定活动的;

(二)《司法鉴定许可证》《司法鉴定人执业证》使用期限届满未申请延续登记,或未延续的;

(三)司法鉴定机构自愿解散、停业,或登记事项发生变化,不符合设立条件的;

(四)司法鉴定人因丧失行为能力或者死亡等身体健康原因,导致无法继续从事司法鉴定业务的;

(五)司法鉴定人所在司法鉴定机构注销或者被撤销登记的;

(六)法律、法规规定的其他情形。

第七条 司法鉴定机构或司法鉴定人有下列情形之一的,司法行政机关应当责令其限期整改,并加强监管:

(一)未经司法行政机关同意,擅自停止执业一年以上的;

(二)经第三方能力评估不具备相应执业能力的;

(三)司法鉴定诚信等级评估结果为D的;

(四)被列入严重失信主体名单的;

(五)司法鉴定机构无正当理由不组织司法鉴定人参加教育培训,或司法鉴定人拒绝参加继续教育培训,或岗位培训未达到学时要求的;

(六)未按规定检定校准计量仪器设备的;

(七)存在其他应当加强监管情形的。

司法鉴定机构整改完成后经审核不再符合设立条件的,原负责登记的司法行政机关应当依法办理注销登记手续;

第八条 司法行政机关撤销、注销登记的,应当作出书面决定,说明法律依据和理由。

司法鉴定机构和司法鉴定人对省级司法行政机关撤销、注销登记有异议的,可以依法申请行政复议或者提起行政诉讼。

第三章 监督管理

第九条 省级司法行政机关对司法鉴定机构、司法鉴定人依法办理注销登记手续的,应当将相关信息通过门户网站等方式,及时向社会公布,并通报监察机关、侦查机关、检察机关、审判机关等相关单位。

第十条 地市级司法行政机关应当落实属地监管职责,加强日常监督管理,定期开展执法检查,了解掌握司法鉴定机构人员、场地、仪器、设备和内部管理、执业情况。

第四章 附 则

第十一条 本办法涉及撤销、注销等行政行为,按照《全国人民代表大会常务委员会关于司法鉴定管理问题的决定》等规定执行。

第十二条 各省级司法行政机关可以结合本地实际,根据本办法制定实施细则。

第十三条 本办法自发布之日起施行。

司法鉴定机构诚信等级评估办法(试行)

· 2021年12月28日
· 司规〔2021〕4号

第一章 总 则

第一条 为加强对司法鉴定机构和司法鉴定人的监督管理,促进依法诚信执业,推动司法鉴定行业健康有序发展,根据《全国人民代表大会常务委员会关于司法鉴定管理问题的决定》等规定,制定本办法。

第二条 本办法所称诚信等级评估,是指司法行政机关依照本办法规定的评估内容和标准,对司法鉴定机构诚信执业状况等进行评估,并评定相应等级的活动。

第三条 经司法行政机关审核登记的司法鉴定机构的诚信等级评估工作,适用本办法。

第四条 司法鉴定机构诚信等级评估工作应当坚持正向激励、分级分类、综合评价、公开公正、动态管理的原则。

第五条 各地司法行政机关可以结合实际,根据本办法制定本地司法鉴定机构诚信等级评估实施细则。

司法行政机关可以委托并指导司法鉴定行业协会具体实施评估工作。

第六条 司法行政机关应当加强司法鉴定信息化建设,充分利用信息技术手段,提高司法鉴定机构诚信等级评估工作效率。

司法行政机关应当加强与监察机关、侦查机关、检察机关、审判机关等相关单位的沟通与协作,收集涉及司法鉴定机构和司法鉴定人的相关执业信息。

第七条 司法鉴定机构诚信等级按照综合评估情况分为A、B、C、D四个等级。

(一)分值在90分(含)以上的,确定为A;
(二)分值在80-90分(不含)的,确定为B;
(三)分值在70-80分(不含)的,确定为C;
(四)分值在70分(不含)以下的,确定为D。

第八条 司法鉴定机构诚信等级评估工作原则上每年进行一次,以司法鉴定机构上一年度执业等情况为依据。

司法鉴定机构出现影响诚信等级的重大事项的,司法行政机关应当及时组织重新评估,实时更新评估结果。

第二章 评估内容

第九条 司法鉴定机构诚信等级评估基础指标,包括以下内容:

(一)党的建设工作情况;
(二)遵守法律、法规、规章和规范性文件情况;
(三)遵守职业道德和执业纪律情况;
(四)执行司法鉴定程序、标准和技术规范情况;
(五)接受司法行政机关、行业协会管理监督情况;
(六)履行内部管理职责情况;
(七)执业公示情况;
(八)其他情况。

上述指标总分为85分。

第十条 司法鉴定机构诚信等级评估加分指标,包括以下内容:

(一)参加公益活动情况;
(二)司法鉴定科研活动情况;
(三)能力验证情况;
(四)信息化建设情况;
(五)业务案例入选采纳情况;
(六)获得省级及以上表彰奖励情况;
(七)其他情况。

上述指标总分为15分。

第十一条 司法鉴定机构出现不同扣分情形的,按不同情形分别扣分。

因同一情形,符合两个以上不同扣分项的,以最高值扣分。

因同一情形,符合两个以上不同加分项的,以最高值加分。

第三章 评估程序

第十二条 司法鉴定机构诚信等级评估工作按照司

法鉴定机构自查自评、地市级司法行政机关初评、省级司法行政机关综合评估并发布三个步骤进行。

司法鉴定机构诚信等级评估材料包括自查报告、评估量化表、相关证明材料复印件,以及司法行政机关要求提供的其他材料等。

司法行政机关可以邀请专家参与司法鉴定机构诚信等级评估工作。

第十三条 司法鉴定机构应当按照本办法确定的评估指标,参照评估量化表对本机构的诚信状况进行自查自评,并将自查报告及相关材料报地市级司法行政机关。

地市级司法行政机关应当对司法鉴定机构自查报告及相关材料进行初评,将初评意见及相关材料一并报省级司法行政机关。

第十四条 省级司法行政机关收到相关材料后,应当组织专家或以其他方式进行综合评估,确定相应的诚信等级,并公示七个工作日。

公示期内,任何单位或个人对评估结果有异议的,应当向省级司法行政机关提出书面复核申请,并提供相关证明材料。经审查确有必要进行复核的,省级司法行政机关应当组建复核组进行复核。复核结果应及时反馈申请人。

公示期满无异议或经审查异议不成立的,由省级司法行政机关公布评估结果。

第十五条 司法鉴定机构存在下列情形之一的,诚信等级直接确定为D:

(一)司法鉴定机构构成单位犯罪的,或司法鉴定人、其他工作人员在实施鉴定过程中构成犯罪的;

(二)被列为失信被执行人的;

(三)被司法行政机关处以停止从事司法鉴定业务行政处罚的;

(四)以欺骗、贿赂等不正当手段取得行政许可的;

(五)报送的评估材料经查实有虚假内容或瞒报的;

(六)拒不履行司法行政机关处罚决定的;

(七)除本办法第十六条外,未参加诚信等级评估的;

(八)有其他严重违反法律、法规、规章等规定情形的。

第十六条 司法鉴定机构有下列情形之一的,可以暂不予评定诚信等级:

(一)审核登记未满一年的;

(二)经司法行政机关同意,超过一年未开展司法鉴定业务的;

(三)存在其他特殊情形的。

司法行政机关应当公布暂时不参加诚信等级评估的司法鉴定机构名单并注明原因。

第四章 结果运用

第十七条 省级司法行政机关应当及时将评估结果通过《国家司法鉴定人和司法鉴定机构名册》、门户网站等方式向社会公布,并通报或共享给监察机关、侦查机关、检察机关、审判机关等相关单位。

司法鉴定机构应当在执业场所适当位置公示评估结果。

第十八条 地市级司法行政机关应当根据司法鉴定机构诚信等级评估情况,建立诚信执业档案。

第十九条 评估结果为A的司法鉴定机构,可优先被推荐参评表彰奖励、推送使用部门等。

评估结果为C的司法鉴定机构,属地司法行政机关应当对其主要负责人、直接责任人进行约谈,强化日常巡视检查。

评估结果为D的司法鉴定机构,司法行政机关应当责令其限期整改,并加强监管。整改完成后,司法行政机关应当对司法鉴定机构进行重新评估。经评估,司法鉴定机构评估结果仍然为D,不再符合设立条件的,原负责登记的司法行政机关应当依法办理注销登记手续。

第五章 附 则

第二十条 司法行政机关及其工作人员在诚信等级评估工作中滥用职权、玩忽职守、徇私舞弊的,按照有关规定承担相应责任;构成犯罪的,移送司法机关依法追究刑事责任。

第二十一条 本办法自发布之日起施行。

附件:司法鉴定机构诚信等级评估量化表(略)

司法鉴定许可证和司法鉴定人执业证管理办法

·2010年4月12日
·司发通〔2010〕83号

第一条 为了规范司法鉴定许可证和司法鉴定人执业证管理工作,保障司法鉴定机构和司法鉴定人依法执业,根据《全国人民代表大会常务委员会关于司法鉴定管理问题的决定》和《司法鉴定机构登记管理办法》、《司法鉴定人登记管理办法》等有关法律、法规、规章,制定本办法。

第二条 经司法行政机关审核登记的司法鉴定机构的《司法鉴定许可证》和司法鉴定人的《司法鉴定人执业

证》的颁发、使用和管理工作，适用本办法。

第三条 《司法鉴定许可证》和《司法鉴定人执业证》是司法鉴定机构和司法鉴定人获准行政许可依法开展司法鉴定执业活动的有效证件。

第四条 司法部指导、监督全国《司法鉴定许可证》和《司法鉴定人执业证》的管理工作。

省级司法行政机关负责本行政区域内《司法鉴定许可证》、《司法鉴定人执业证》颁发、使用等管理工作。根据需要可以委托下一级司法行政机关协助开展证书管理的有关工作。

第五条 《司法鉴定许可证》分为正本和副本。正本和副本具有同等法律效力。

《司法鉴定许可证》正本应当载明许可证号、机构名称、机构住所、法定代表人、机构负责人、业务范围、有效期限、颁证机关、颁证日期等。

《司法鉴定许可证》副本应当载明许可证号、机构名称、机构住所、法定代表人、机构负责人、资金数额、业务范围、颁证机关、颁证日期，以及司法鉴定机构登记事项变更记录等。

第六条 《司法鉴定人执业证》应当载明执业证号、鉴定人姓名、性别、身份证件号码、专业技术职称、行业执业资格、鉴定执业类别、所在鉴定机构、颁证机关、颁证日期，以及司法鉴定人登记事项变更记录等，同时贴附持证人2寸近期正面蓝底免冠彩色照片。

第七条 《司法鉴定许可证》和《司法鉴定人执业证》的证号是司法鉴定机构和司法鉴定人的执业代码，每证一号，不得重复，由省级司法行政机关按照经审核登记的先后顺序统一编号。

第八条 《司法鉴定许可证》的证号由九位数字构成，按以下规则排序：第一、二位为省、自治区、直辖市代码；第三、四位为省、自治区、直辖市所属市（地）代码；第五、六位为颁证年度的后两位数字；第七、八、九位为司法鉴定机构审核登记的先后顺序号码。

省、自治区、直辖市代码采用国家标准代码。

第九条 《司法鉴定人执业证》的证号由十二位数字构成，前六位数字的编制规则与《司法鉴定许可证》证号前六位数字的编制规则相同，第七、八、九位为持证人所在司法鉴定机构审核登记的顺序号码，第十、十一、十二位为持证人经审核登记的先后顺序号码。

第十条 《司法鉴定许可证》和《司法鉴定人执业证》由司法部监制。证书填写应当使用国家规范汉字和符合国家标准的数字、符号，字迹清晰、工整、规范。如有更正，应当在更正处加盖登记机关红印。

第十一条 《司法鉴定许可证》正本和副本"颁证机关"栏应当加盖登记机关红印。

《司法鉴定人执业证》"颁证机关"栏应当加盖登记机关红印，司法鉴定人照片右下角骑缝处应当加盖登记机关钢印。

第十二条 《司法鉴定许可证》和《司法鉴定人执业证》的使用有效期为五年，自颁发证书之日起计算。证书"有效期限"栏应当注明五年有效期限的起止时间。

证书填写的颁证日期为司法鉴定机构、司法鉴定人经登记机关审核登记的日期。

第十三条 《司法鉴定许可证》正本用于公开悬挂在司法鉴定机构执业场所的显著位置；副本用于接受查验。

《司法鉴定人执业证》由司法鉴定人本人在执业活动中使用，并用于接受查验。

司法鉴定机构、司法鉴定人应当妥善保管证书，不得变造、涂改、抵押、出租、转借或者故意损毁。

第十四条 司法鉴定机构、司法鉴定人的登记事项依法变更的，登记机关应当在《司法鉴定许可证》副本、《司法鉴定人执业证》的变更记录页中予以注明，并加盖登记机关红印。

司法鉴定机构变更名称或者鉴定执业类别，登记机关应当为其换发证书，并收回原证书。换发的新证书的证号、有效期限及载明的其他登记事项应当与原证书一致。司法鉴定人变更执业机构的，登记机关经审核登记后应当为其颁发新的证书，并收回、注销原证书。

第十五条 司法鉴定机构、司法鉴定人在证书使用有效期届满前按规定申请延续，经审核符合延续条件的，登记机关应当在证书有效期届满前为其换发证书，并收回原证书；因故延缓申请延续的，司法鉴定机构、司法鉴定人应当书面说明理由，待延缓情形消除后，登记机关可以为其换发证书。

换发的新证书的证号、颁证日期及载明的登记事项应当与原证书一致，在"有效期限"栏中应当注明新证书五年有效期限的起止时间。

第十六条 《司法鉴定许可证》、《司法鉴定人执业证》遗失或者损坏的，司法鉴定机构、司法鉴定人应当及时向登记机关书面说明情况并申请补发。证书遗失的，应当在省级以上报刊或者登记机关指定的网站上刊登遗失声明；证书损坏的，应当在申请补发时将损坏的证书上交登记机关。

登记机关收到补发申请后,应当核实情况,及时予以补发。补发的证书载明的内容应当与原证书一致。

第十七条 司法鉴定机构、司法鉴定人受到停止执业处罚的,由作出处罚决定的司法行政机关扣缴其《司法鉴定许可证》、《司法鉴定人执业证》。处罚期满后予以发还。

第十八条 司法鉴定机构、司法鉴定人被依法撤销登记的,由作出撤销登记决定的司法行政机关收缴其《司法鉴定许可证》、《司法鉴定人执业证》;不能收回的,由司法行政机关公告吊销。

第十九条 司法鉴定机构有《司法鉴定机构登记管理办法》第二十七条规定情形,司法鉴定人有《司法鉴定人登记管理办法》第二十条规定情形,被登记机关注销登记的,登记机关应当及时收回、注销其《司法鉴定许可证》、《司法鉴定人执业证》;不能收回的,由登记机关公告注销。

第二十条 登记机关对收回并作废的《司法鉴定许可证》和《司法鉴定人执业证》,应当统一销毁。

第二十一条 司法鉴定机构、司法鉴定人在使用《司法鉴定许可证》、《司法鉴定人执业证》的过程中有违法违规行为的,由司法行政机关给予批评教育,并责令改正;情节严重的,依法给予相应处罚。

第二十二条 司法行政机关工作人员在发放、管理《司法鉴定许可证》和《司法鉴定人执业证》工作中,违法违规、滥用职权、玩忽职守的,应当依法给予行政处分;构成犯罪的,依法追究刑事责任。

第二十三条 本办法自发布之日起施行。

司法鉴定高级专业技术职务任职资格评审细则

· 2010年6月4日
· 司办通〔2010〕51号

第一章 总则

第一条 为了客观、公正、科学地评价司法鉴定人的专业技术能力和水平,建设、培育高素质的司法鉴定专业技术人才队伍,根据《全国人民代表大会常务委员会关于司法鉴定管理问题的决定》和《关于法医技术人员套用〈卫生技术人员职务试行条例〉的实施细则》等有关规定,结合司法鉴定工作实际,制定本细则。

第二条 司法部司法鉴定高级专业技术职务任职资格评审委员会负责司法鉴定高级专业技术职务任职资格的评审工作。

第三条 司法鉴定高级专业技术职务任职资格评审遵循公开、公平、公正的原则。

第四条 司法鉴定高级专业技术职务分为司法鉴定研究和司法鉴定应用两种类型。

司法鉴定研究类高级专业技术职务名称为:副研究员、研究员。

司法鉴定应用类高级专业技术职务名称为:副主任法医师、主任法医师;高级工程师、高级工程师(正高级)。

第五条 司法鉴定高级专业技术职务任职资格的评审对象:

(一)在司法鉴定科研机构或者教学机构中从事司法鉴定技术研究和教学工作的具有中级以上专业技术职务的人员。

(二)在司法鉴定机构中从事司法鉴定工作的具有中级以上司法鉴定专业技术职务的人员;或者在司法鉴定机构中从事司法鉴定工作的具有相关专业高级专业技术职务的人员。

第二章 申报条件

第六条 申报司法鉴定研究类和司法鉴定应用类高级专业技术职务任职资格的,应当具备下列条件:

(一)拥护中华人民共和国宪法,遵守法律、法规和社会公德;

(二)熟练掌握一门外语,并取得相应专业技术人员职称外语等级考试合格证书;

(三)取得相应专业技术人员计算机应用能力考试合格证书。

第七条 申报司法鉴定研究类副研究员任职资格的,应当具备下列条件:

(一)具有大学本科或硕士研究生学历,任助理研究员5年以上;或者具有博士学位,任助理研究员或从事司法鉴定技术研究工作2年以上;

(二)系统掌握本专业基础理论和专业知识,了解本专业国内外现状和发展趋势,具有独立承担科研工作的能力,能解决本专业领域的重要技术问题;

(三)任助理研究员期间作为第一责任人主持并完成1项以上省部级以上科研课题;或者作为主要研究人员(限课题承担者前二位)至少参与完成2项省部级以上科研课题;

(四)任助理研究员期间以第一作者身份在省部级以上专业刊物上发表3篇以上不少于4000字的本专业学术论文。

第八条　申报司法鉴定研究类研究员任职资格的，应当具备下列条件：

（一）具有研究生以上学历或者硕士学位，任副研究员5年以上；

（二）精通本专业基础理论知识和相关学科的专业知识，掌握本专业国内外发展趋势，能够根据国家需要和专业发展确定本专业工作和科学研究方向；具有独立承担重要科研项目或有主持和组织科研工作的能力，能解决本专业领域的关键性技术问题；

（三）任副研究员期间作为第一责任人主持并完成2项以上省部级科研课题或1项国家级科研课题；

（四）任副研究员期间以第一作者身份在省部级以上专业刊物上发表4篇以上不少于4000字的本专业学术论文，其中至少有1篇发表在科学引文索引（SCI）收录的刊物上；

（五）任副研究员期间主编出版1部以上不少于15万字的本专业学术专著。

第九条　申报司法鉴定应用类副主任法医师任职资格的，应当具备下列条件：

（一）具有相关专业大学专科学历（含1970年至1976年高等院校普通班毕业），从事司法鉴定工作满10年，任主检法医师7年以上；或者具有大学本科或硕士研究生学历，任主检法医师5年以上；或者具有博士学位，任主检法医师或从事司法鉴定工作2年以上；

（二）系统掌握本专业基础理论和专业知识，了解本专业国内外现状和发展趋势，能够吸取最新科研成就应用于实际工作；具有较丰富的检案经验，能够完成疑难案件的鉴定；

（三）任主检法医师期间以第一作者身份在省部级以上专业刊物上发表2篇以上不少于4000字的本专业学术论文。

第十条　申报司法鉴定应用类主任法医师任职资格的，应当具备下列条件：

（一）具有相关专业大学本科以上学历，任副主任法医师5年以上；

（二）精通本专业基础理论知识和相关学科专业知识，掌握本专业国内外发展趋势，能够吸取最新科研成就应用于实际工作；具有丰富的检案经验，能够独立完成复杂疑难重大案件的鉴定；

（三）任副主任法医师期间以第一作者身份在省部级以上专业刊物上发表3篇以上不少于4000字的本专业学术论文；

（四）任副主任法医师期间主编1部以上不少于15万字的本专业学术专著，或者作为第一责任人主持并完成1项以上省部级以上科研课题。

第十一条　申报司法鉴定应用类高级工程师任职资格的，应当具备下列条件：

（一）具有相关专业大学专科学历（含1970年至1976年高等院校普通班毕业），任工程师7年以上；或者具有大学本科或硕士研究生学历，任工程师5年以上；或者具有博士学位，任工程师或从事司法鉴定工作2年以上；

（二）系统掌握本专业基础理论和专业知识，了解本专业国内外现状和发展趋势，能够吸取最新科研成就应用于实际工作；具有较丰富的检案经验，能够完成疑难案件的鉴定；

（三）任工程师期间以第一作者身份在省部级以上专业刊物上发表2篇以上不少于4000字的本专业学术论文。

第十二条　申报司法鉴定应用类高级工程师（正高级）任职资格的，应当具备下列条件：

（一）具有相关专业大学本科以上学历，任高级工程师5年以上；

（二）精通本专业基础理论知识和相关学科专业知识，掌握本专业国内外发展趋势，能够吸取最新科研成就应用于实际工作；具有丰富的检案经验，能够独立完成复杂疑难重大案件的鉴定；

（三）任高级工程师期间以第一作者身份在省部级以上专业刊物上发表3篇以上不少于4000字的本专业学术论文；

（四）任高级工程师期间主编1部以上不少于15万字的本专业学术专著，或者作为第一责任人主持并完成1项以上省部级以上科研课题。

第十三条　破格申报司法鉴定高级专业技术职务任职资格的，应当具备下列条件：

（一）获自然科学奖、国家发明奖、国家科技进步奖科研课题的主要完成人（限获奖项目的前三位完成人）或者获省部级科技进步一等奖科研课题的第一完成人；

（二）作为第一责任人主持并完成1项以上国家级科研项目，并在SCI或者EI收录刊物上发表2篇以上本专业学术论文；

（三）其他具有特殊专业技能、取得重大专业成就的鉴定人员。

申报人员任现职期间符合上述条件之一的，可以适当放宽本细则第七至十二条规定的学历、资历条件的限制。

第十四条 申报转评司法鉴定应用类副高级专业技术职务任职资格的,应当具备下列条件:
(一)具有相关专业大学专科以上学历;
(二)取得3年以上相关专业副高级以上职务任职资格(转评副主任法医师任职资格的,应当取得3年以上卫生系列副主任医师以上职务任职资格,或者取得3年以上自然科学研究系列相关专业副高级以上职务任职资格,或者取得3年以上高等学校教师系列相关专业副高级以上职务任职资格);
(三)取得《司法鉴定人执业证》,从事司法鉴定工作5年以上;
(四)具有承担本专业主要鉴定项目的鉴定能力,能够完成疑难案件的鉴定;
(五)作为第一鉴定人,完成200例以上案件的鉴定业务。

第十五条 申报转评司法鉴定应用类正高级专业技术职务任职资格的,应当具备下列条件:
(一)具有相关专业大学本科以上学历;
(二)取得3年以上自然科学研究系列相关专业正高级职务任职资格,或者取得3年以上高等学校教师系列相关专业正高级职务任职资格;
(三)取得《司法鉴定人执业证》,从事司法鉴定工作5年以上;
(四)具有承担本专业各鉴定项目的鉴定能力,能够独立完成复杂疑难重大案件的鉴定;
(五)作为第一鉴定人,完成200例以上案件的鉴定业务。

第十六条 从事法医临床或者法医病理专业工作的人员,申报司法鉴定高级专业技术职务任职资格的,应当具有医学专业学历。

第十七条 有下列情形之一的,不得申报司法鉴定高级专业技术职务任职资格:
(一)因故意犯罪或者职务过失犯罪受过刑事处罚的;
(二)受到行政处分或者行业处罚,处分或者处罚期未满的;
(三)被认定为重大技术事故的责任者且时间未满3年的;
(四)被认定为重大技术差错的责任者且时间未满1年的。

第十八条 申报人员已连续2年未通过司法鉴定高级专业技术职务任职资格评审的,应当暂停申报1年。

第三章 申报程序

第十九条 申报司法鉴定高级专业技术职务任职资格,应当由本人提出申请并提交相应材料,经所在单位审查同意,由省级人事(职改)部门或者其主管厅(局)审核后,向司法鉴定高级专业技术职务评审委员会(以下简称高评委)出具委托评审函。

第二十条 申报评审司法鉴定高级专业技术职务任职资格,应当提交下列材料:
(一)《专业技术职务任职资格评审表》一式3份;
(二)《推荐评审司法鉴定高级专业技术职务任职资格人员情况简表》一式2份;
(三)《司法鉴定高级专业技术职务任职资格申报人员信息简表》;
(四)《司法鉴定高级专业技术职务任职资格申报人员情况一览表》;
(五)申请人从事司法鉴定工作的时间(年限)、检案数量证明;
(六)反映申请人任现职以来的专业技术水平、能力和业绩的业务自传一式2份;
(七)申请人任现职期间以第一鉴定人身份承担并出具的司法鉴定文书10份(复印件);
(八)符合第七条至第十三条规定的评审相关高级专业技术职务任职资格条件的学术论文、著作等(复印件);
(九)专业技术成果及奖励证书、承担科研项目的证明材料(复印件);
(十)身份证、学历证书、专业技术职务任职资格证书、职业(执业)资格证书、接受继续教育证书等证明材料(复印件);
(十一)有效期内的职称外语等级考试、计算机应用能力考试合格证书(复印件)。
上述申报材料中,第(六)项需要加盖申报人所在单位公章,第(七)~(十一)项需要加盖呈报单位公章。
申报人及所在单位、上级主管部门应当确保申报材料的真实、合法、有效。

第二十一条 破格申报司法鉴定高级专业技术职务任职资格的,须由所在单位和上级主管部门出具破格推荐评审申请材料一式3份,并由呈报单位审核、签署意见并加盖公章。

第二十二条 申报转评司法鉴定应用类高级专业技

术职务任职资格的,除提交第二十条规定的相应材料外,还须提交反映鉴定业务范围和鉴定能力的以第一鉴定人身份承担并出具的司法鉴定文书20份(加盖呈报单位公章的复印件)。

第二十三条 司法鉴定高级专业技术职务任职资格评审工作于每年的下半年进行,具体申报材料时间另行通知。

第四章 评 审

第二十四条 高评委由具有较高学术水平和专业技能,公道正派,具有本专业高级专业技术职务的专家组成,每届评委不少于25人。高评委下设学科组和办事机构。

第二十五条 司法鉴定高级专业技术职务任职资格评审工作应当遵循以下程序:

(一)审核材料。高评委办事机构对接到的申报评审材料进行审核,对符合评审要求的申报材料进行分类整理,做好评审准备工作。

(二)学术评估。高评委各专业学科组组织同行专家对送审的论著和司法鉴定文书等评审材料进行量化分析和评价;组织对申报评审正高级专业技术职务任职资格和破格申报评审人员的答辩工作;对申报评审人员的专业技术水平和鉴定能力作出评估,向高评委提出初步评审意见;高评委办事机构将初步评审意见和相关材料分送各高评委成员审阅。

(三)评审。高评委召开评审会,参加年度评审的高评委委员不得少于总人数的三分之二。各学科组向评委报告对申报评审人员的初步评审意见和推荐意见,评委对申报人逐一进行评议后,采用无记名投票方式进行表决;经出席评审会三分之二以上评委同意的,为通过评审。

(四)审批。评审结果经司法部职称改革领导小组办公室审核批准。

(五)送达。高评委办事机构负责向各委托评审单位发送司法鉴定高级专业技术职务任职资格证书,并完成年度评审的相关工作。

第二十六条 司法鉴定高级专业技术职务任职资格取得时间自高评委评审会通过评审之日起计算。

第二十七条 评审过程中发现伪造、提供虚假证书、证明或者剽窃他人学术成果,情节严重,取消其当年参评资格,或者取消其已经获得的专业技术职务任职资格。

第二十八条 在通过评审之后两年内,对评审结果不准确,群众反映意见较大的,由呈报单位提出,司法部职称改革领导小组办公室责成高评委学科组或者办事机构查证后,提交下次高评委评审会复审。

第五章 附 则

第二十九条 本实施细则由司法部负责解释。

第三十条 本实施细则自发布之日起施行。

司法鉴定专家库管理办法(试行)

·2022年5月19日
·司办通〔2022〕66号

第一条 为深入学习贯彻习近平法治思想,规范司法鉴定专家库管理,充分发挥专家在司法鉴定政策咨询、准入评审、质量管理、行业监管等方面作用,加强专家队伍建设,提高司法鉴定质量和公信力,根据《全国人民代表大会常务委员会关于司法鉴定管理问题的决定》等规定,结合司法鉴定工作实际,制定本办法。

第二条 司法部负责组建、管理全国司法鉴定专家库(以下简称国家库)。

省级司法行政机关根据本地实际负责组建、管理省级司法鉴定专家库(以下简称地方库)。必要时,省级司法行政机关可以委托司法鉴定行业协会组建、管理专家库。

第三条 国家库专家按照政治统领、择优选聘、突出重点、兼顾平衡、满足需要、动态优化的原则聘任与管理。

第四条 国家库下设技术咨询类分库和决策咨询类分库。

技术咨询类分库下设法医类、物证类、声像资料、环境损害司法鉴定四个子库;决策咨询类分库下设政策研究、准入评审、质量管理与行业监管三个子库。技术咨询类各子库下设不同专业组。原则上一名专家只能被推荐参加一个分库中的一个专业组;确有需要的,可同时被推荐技术咨询类和决策咨询类分库。

第五条 国家库专家聘期为五年,可以连续聘任。聘期内,可以根据需要动态管理、调整优化专家库。

第六条 进入国家库的专家应当具备以下条件:

(一)坚持正确政治方向,拥护中国共产党领导、拥护社会主义法治,忠诚履行中国特色社会主义法律服务工作者的职责使命,热爱司法鉴定事业;

(二)熟悉司法鉴定相关法律、法规、规章和政策,有良好的法治素养;

(三)熟悉掌握司法鉴定相关标准和技术规范、评审规则,工作经验丰富;

（四）具有良好的职业道德和职业操守，坚守执业底线；

（五）司法鉴定人及技术专家应具有高级职称，从事司法鉴定相关工作十年以上，工作业绩突出；

（六）法律专家应具有扎实的专业功底，理论研究成果丰硕，在相关专业领域有一定的知名度、影响力；

（七）身体健康，能够履行工作职责，年龄一般不超过70周岁；

（八）法律、行政法规、规章规定的其他条件。

第七条 国家库专家应当在自愿基础上，通过省级司法行政机关推荐，经审核符合条件的，按照选聘方式入库。

已经建立地方库的省份，应当优先从地方库中推荐国家库人选。

根据工作需要，司法部可以根据入库条件，依规定程序，邀请一定数量的知名专家入库。

第八条 入库专家按照科学严谨、客观公正、实事求是、清正廉洁的原则开展工作。

第九条 入库专家在履行职责期间享有下列权利：

（一）了解委托事项相关信息；

（二）对委托事项进行论证、评议、表决；

（三）客观公正地提出专家咨询意见；

（四）与委托机关约定的其他权利。

第十条 入库专家在履行职责期间承担下列义务：

（一）遵守司法鉴定法律、法规、规章和政策；

（二）遵守司法鉴定标准和技术规范、评审规则；

（三）保守国家秘密、商业秘密、技术秘密和个人隐私；

（四）遵守法律、法规和规章关于回避的规定；

（五）与委托机关约定的其他义务。

第十一条 入库专家工作职责：

（一）为司法鉴定法律、法规、规章和政策的制定、修订提出意见建议；

（二）参加司法鉴定标准和技术规范的制定、修订；

（三）参加司法鉴定机构准入登记评审、司法鉴定人执业能力考核工作；

（四）参加"双随机、一公开"监督抽查、文书质量评查、能力验证等司法鉴定专项评查核查工作；

（五）参加涉及重大、疑难、复杂鉴定案件投诉举报的专家论证工作；

（六）通过适当途径和方式对引发社会广泛关注的鉴定事项向公众进行说明解释；

（七）接受办案机关或者其他行政机关邀请参加专家论证工作；

（八）参加与司法鉴定行业监管相关的其他工作。

第十二条 依托国家库成立全国司法鉴定准入登记专家评审委员会，按照《法医类 物证类 声像资料司法鉴定机构登记评审细则》《环境损害司法鉴定机构登记评审细则》规定的程序开展工作。

第十三条 司法部组织开展全国性司法鉴定专项评查核查的，优先从国家库中抽取专家参加。

第十四条 地方库专家可以接受司法鉴定行业协会邀请，参加涉及重大、疑难、复杂鉴定案件投诉举报的技术争议解决等专家论证工作，形成专家意见。难以形成明确一致意见的，国家库专家可以接受司法鉴定行业协会邀请参加专家论证工作，形成专家最终意见，作为处理投诉举报的参考。

第十五条 有下列情形之一的，入库专家将被调整出库：

（一）主动申请退出的；

（二）无法继续履行职责的；

（三）在履行职责过程中存在违法违规行为的；

（四）不履职尽责或者无正当理由拒不履行职责的；

（五）受到刑事处罚或者开除公职处分的；

（六）其他不适合担任专家库成员的情形。

因第（三）至（五）项情形被调整出库的人员，不得再次入库。

第十六条 入库专家在履行职责期间产生的劳务费、差旅费等按照有关规定执行。

第十七条 司法部通过官方网站等方式向社会公布入库专家名单，接受社会监督。

第十八条 入库专家在工作中存在滥用职权、玩忽职守、徇私舞弊等违法违规行为的，按照有关规定承担相应责任；构成犯罪的，移送司法机关依法追究刑事责任。

第十九条 省级司法行政机关参照本办法，制定司法鉴定地方专家库管理的具体规定。

第二十条 本办法自发布之日起施行。

国家级司法鉴定机构遴选办法

· 2009年12月24日
· 司发通〔2009〕207号

第一条 为保障国家级司法鉴定机构遴选工作顺利进行，依据《全国人民代表大会常务委员会关于司法鉴定管理问题的决定》以及中央政法委员会《关于进一步完善司法鉴定管理体制遴选国家级司法鉴定机构的意见》，制定本办法。

第二条 为完善鉴定争议解决机制，促进司法公正，提高司法效率，树立司法权威，国家级司法鉴定机构依照诉讼法律规定，接受委托进行鉴定。

第三条 遴选工作的原则是：严格依法办事、立足现有资源、统筹规划设计、合理调整布局、突出工作重点。

第四条 遴选工作应当坚持高起点、高标准，做到国家级司法鉴定机构区域布局合理、专业结构优化、鉴定功能齐全，保证诉讼机关依法履行职能，满足人民群众的诉讼需求。

第五条 国家级司法鉴定机构在从事法医类、物证类和声像资料类鉴定业务的司法鉴定机构中，按照法医病理鉴定、法医临床鉴定、法医精神病鉴定、法医物证鉴定、法医毒物鉴定、文书鉴定、痕迹鉴定、微量鉴定、声像资料鉴定等鉴定类别进行遴选。

第六条 在中央政法委员会领导下，由司法部牵头，会同最高人民法院、最高人民检察院、公安部、国家安全部和科技部等有关部门，组成国家级司法鉴定机构遴选委员会，履行遴选工作职责。遴选委员会办公室设在司法部司法鉴定管理局。

第七条 国家级司法鉴定机构应当符合下列基本条件：

（一）经司法行政机关审核登记或者备案登记；

（二）依法通过实验室认可或者检查机构认可；

（三）具备从事重大疑难和特殊复杂鉴定检案的能力，具有研发和采用新方法、新技术的技术创新能力；

（四）具有高素质专家型的鉴定人队伍，人员结构合理，人数达到一定规模；

（五）内部规章制度健全，鉴定质量管理体系完善，鉴定工作管理制度完备；

（六）具有先进、可靠的检测、检查设备和设施，工作场所、工作环境符合相关标准和规范的要求；

（七）具有满足鉴定工作需要的充足的运行费和设备更新费用；

（八）近10年内，司法鉴定机构及所属鉴定人没有因主观故意出具虚假鉴定意见等违法违纪行为，受到法律追究或者纪律处分的情形。

第八条 遴选国家级司法鉴定机构按以下程序进行：

（一）遴选委员会研究确定遴选数量、区域分布、专业类别等事宜，制定遴选工作方案，提出遴选工作要求；

（二）最高人民检察院、公安部、国家安全部司法部分别对本系统设立或者登记管理的司法鉴定机构进行考核，组织专家进行评审，向遴选委员会提交推荐机构名单及相应材料；

（三）遴选委员会对各部门的推荐材料进行研究，听取专家评审组的意见，在一致认可的基础上，确定国家级司法鉴定机构名单及其鉴定类别和鉴定事项，经中央政法委审定后，向社会公布。

第九条 国家级司法鉴定机构应加强科学管理，加强科研和人才培养，不断提高鉴定水平，确保鉴定质量，发挥行业示范作用。

第十条 最高人民检察院、公安部、国家安全部和司法部每年对设在本系统或登记管理的国家级司法鉴定机构进行年度考核，并向遴选委员会提交考核报告。

第十一条 最高人民法院、最高人民检察院、公安部、国家安全部和司法部对于已不符合规定条件的国家级司法鉴定机构，及时向遴选委员会提出暂停或者撤销的建议。公民、法人或者其他组织发现国家级司法鉴定机构违反本办法规定的，可以向其推荐机关投诉。

第十二条 遴选委员会审议考核报告，对各有关部门的建议和投诉处理情况，应当及时组织调查，并根据调查结果做出处理。

第十三条 本办法自印发之日起施行。

国家级司法鉴定机构评审标准

· 2009年12月24日
· 司发通〔2009〕207号

第一条 为确保科学、公正、统一、规范地遴选国家级司法鉴定机构，结合司法鉴定行业实际，根据《国家级司法鉴定机构遴选办法》制定本标准。

第二条 本标准规定了国家级司法鉴定机构应当具备的条件和能力。国家级司法鉴定机构的考核、评审等应依据本标准进行。

第三条 国家级司法鉴定机构按照法医病理鉴定、法医临床鉴定、法医精神病鉴定、法医物证鉴定、法医毒物鉴定、文书鉴定、痕迹鉴定、微量鉴定、声像资料鉴定等鉴定类别进行遴选。

第四条 国家级司法鉴定机构应是经司法行政机关审核登记或者备案登记的司法鉴定机构。

第五条 国家级司法鉴定机构或其所在组织应是能够承担法律责任的实体。一般应当具有独立法人资格。非独立法人的需经法人授权，能够独立对外开展业务活动。

第六条 国家级司法鉴定机构应当依法通过实验室认可或者检查机构认可，具有健全的组织结构、完善的管理体系和质量控制制度，且所申报的鉴定类别及鉴定事项均列入认可的能力范围。

第七条 国家级司法鉴定机构应当建立并有效运行投诉处理制度。

第八条 国家级司法鉴定机构应当具有从事重大疑难和特殊复杂鉴定检案的能力，能够独立完成鉴定工作，不得分包，且每年完成一定数量该鉴定类别的检案。

第九条 国家级司法鉴定机构应当具有足够的固定资产，充足的运行费和设备更新费。运行费和设备更新费至少达到每年1000万元。

第十条 国家级司法鉴定机构及所属司法鉴定人在近10年内，没有因主观故意出具虚假鉴定意见等违法违纪行为，受到法律追究或者纪律处分的情形。

第十一条 国家级司法鉴定机构应当具有专家型高素质的司法鉴定人队伍、合理的人员结构和适宜的人员规模。

（一）应当配备必需的司法鉴定人、技术人员和管理人员。司法鉴定人应占全体人员的60%以上，并且80%以上的司法鉴定人为所在司法鉴定机构的在编在岗人员，或签订5年以上的聘用协议；司法鉴定人应在一个鉴定机构中执业；

（二）所从事的鉴定类别中，应当拥有该专业领域同行公认的学术、技术权威和鉴定专家；

（三）从事法医病理、法医临床、法医精神病、法医毒物或者法医物证鉴定等鉴定类别的，每个鉴定类别应当具有5名以上专职司法鉴定人，其中具有该专业领域高级专业技术职称的不少于2名；从事文书鉴定、痕迹鉴定、微量鉴定和声像资料鉴定等鉴定类别的，每个鉴定类别应当具有3名以上专职司法鉴定人，其中具有该专业领域高级专业技术职称的不少于2名；

（四）具有完善的人才交流与培训制度，每名司法鉴定人每年参加不少于40学时的专业培训。

第十二条 国家级司法鉴定机构应当具备固定的工作场所，适宜的工作环境。实验室、样品室（物证室）、接案室、办公室、档案室、资料室等功能区域划分科学、设置合理，符合工作要求。

第十三条 国家级司法鉴定机构应当配备进行疑难复杂鉴定所需要的仪器设备及设施。

（一）仪器设备能够基本满足所申报鉴定类别内疑难复杂鉴定案件的需要；

（二）承担主要鉴定工作的大型检测设备应当是稳定性好、可靠性强及业内公认的先进设备；

（三）设备设施能够独立调配使用；

（四）定期进行仪器设备更新和补充，所用仪器设备应与当代的科学技术水平相一致。

第十四条 国家级司法鉴定机构应当采用先进、成熟的技术方法。使用的非标准方法应当经过确认。

国家级司法鉴定机构运用先进技术方法的能力，应当通过现场评审、能力验证、技术见证等方式予以证实。

第十五条 国家级司法鉴定机构应每年参加国家认可委认可的能力验证，对存在的问题进行整改。

第十六条 国家级司法鉴定机构应当具有自主研发和采用新方法、新技术的技术创新能力。

人民法院司法鉴定人名册制度实施办法

· 2004年2月9日
· 法发〔2004〕6号

第一章 总 则

第一条 为充分利用社会鉴定资源，保障人民法院司法鉴定工作的顺利进行，规范人民法院鉴定人名册制度，提高对外委托和组织鉴定工作的质量和效率，依据有关法律法规和《人民法院对外委托司法鉴定管理规定》制定本办法。

第二条 人民法院鉴定人名册制度，指人民法院经事前审查、批准、公示程序，将自愿接受人民法院委托鉴定的社会鉴定人（含自然人、法人）列入本级法院的鉴定人名册。人民法院审理案件需要鉴定时，统一移送专门机构，负责对外委托或组织鉴定，以尊重当事人主张和在名册中随机选定相结合的办法确定鉴定人，并负责协调、监督鉴定工作。

第三条 人民法院鉴定人名册制度的建立和实施，遵循属地管理、自愿申请、择优选录、资源共享、公开、公平的原则。

第四条 人民法院司法鉴定机构负责鉴定人名册制度的建立和实施，并根据对外委托和组织鉴定的情况，对鉴定人名册实施动态管理。

未设司法鉴定机构或者不需要建立鉴定人名册的基层人民法院，应当指定专门机构，并配备专门人员，按照本办法使用上级人民法院的鉴定人名册，负责对外委托和组织鉴定工作。

第二章 鉴定人名册的建立

第五条 各高级人民法院可根据审判工作的需要，

拟定本辖区建立几级鉴定人名册及各级鉴定人数量的计划,报最高人民法院批准后实施。

第六条 凡自愿申请进入人民法院鉴定人名册的社会鉴定、检测、评估等单位,应当填写《人民法院对外委托司法鉴定机构名册入册申请书》,并提交以下材料:

(一)企业或社团法人、营业执照副本及复印件;

(二)专业资质证书及复印件;

(三)专业技术人员名单、执业资格和主要业绩;

(四)年检文书及复印件;

(五)其他必要的文件、资料。

第七条 以个人名义自愿申请进入人民法院鉴定人名册的专业技术人员,应当填写《人民法院司法鉴定专家名册入册申请书》,并提交以下材料:

(一)专业资格证书及复印件;

(二)主要业绩证明及复印件;

(三)其他必要的文件、资料。

第八条 人民法院司法鉴定机构应当对提出申请的鉴定人进行全面审查,重点审查其执业资格,行业信誉,工作业绩,有无违规违纪行为。

第九条 为避免重复登记,鉴定人应向属地人民法院提出入册申请。上级人民法院可在下级人民法院报批的名册中挑选鉴定人,但须征得该鉴定人的同意,经批准后列入上级人民法院的鉴定人名册。

第十条 人民法院的鉴定人名册由最高人民法院统一编排后在《人民法院报》公告。各高级人民法院协助办理公告的相关事宜。

按照本办法从鉴定人名册中删除或增补鉴定人的,应当逐级上报最高人民法院办理公告事宜。

第十一条 列入名册的鉴定人应当接受相关人民法院司法鉴定机构的年度审核,并提交以下材料:

(一)年度业务工作报告书及行业年检情况;

(二)专业技术人员变更情况;

(三)仪器设备更新情况;

(四)其他变更情况和要求提交的材料。

年度审核变更事项需公告的,相关人民法院司法鉴定机构应当逐级报最高人民法院。

第十二条 自愿退出名册的鉴定人,应向人民法院司法鉴定机构递交书面材料,经上级人民法院司法鉴定机构批准,从名册中除名。不参加年审,视为自动退出。

第三章 鉴定人名册的应用

第十三条 人民法院司法鉴定机构受理本院或下级法院移送的鉴定案件后,应当指派一至两名鉴定督办人,负责协调、监督鉴定工作,协助解决有关问题,但不得干涉鉴定人独立做出鉴定结论。

第十四条 鉴定督办人的主要职责:

(一)组织当事人协商或随机选定鉴定人;

(二)负责办理委托鉴定手续;

(三)按规定落实鉴定的回避事项;

(四)协调、配合鉴定人勘察现场、收集鉴定材料;

(五)协调、监督鉴定的进度;

(六)对鉴定文书进行审核,必要时组织相关人员听取意见;

(七)通知并督促鉴定人依法出庭。

第十五条 鉴定督办人主持当事人共同参与选定鉴定人。当事人在规定的时间无故缺席的,由鉴定督办人随机选定鉴定人。

法律对鉴定人有规定的,或者可能损害国家、集体或第三人利益的诉讼证据鉴定,不适用当事人协商选定鉴定人。

第十六条 随机选定鉴定人是指采用抽签、摇号等随机的方法,从鉴定人名册中同一鉴定类别的鉴定人中确定鉴定人。

第十七条 当事人协商一致选定的鉴定人未纳入鉴定人名册时,鉴定督办人应当对该鉴定人进行审查,发现重大问题的,应当主持当事人重新选定鉴定人。

第十八条 司法鉴定所涉及的专业未纳入鉴定人名册时,人民法院司法鉴定机构可以从社会相关专业中,择优选定受委托单位或专业人员进行鉴定。如果被选定的鉴定人需要进入鉴定人名册的,按本办法规定程序办理。

第十九条 对外委托鉴定须选用外地法院或者上级法院的名册时,应当与建立该名册的人民法院司法鉴定机构联系,移送鉴定案件,或者及时告知协商、监督鉴定过程中的相关情况,由其提供必要的协助。

第四章 相关责任

第二十条 列入人民法院鉴定人名册的鉴定人对鉴定结论承担责任。具有下列情形之一的,人民法院司法鉴定机构可视情形责令纠正、暂停委托、建议鉴定人行业主管给予处分、在《人民法院报》公告从名册中除名。

(一)未按本办法规定受理司法鉴定业务的;

(二)在鉴定过程中私自会见当事人的;

(三)违反鉴定程序、或者工作不负责任导致鉴定结论严重错误的;

(四)未履行保密义务的;

(五)无正当理由未按规定时限完成鉴定的;

（六）无特殊事由，未履行出庭等义务的；

第二十一条 鉴定人违反法律、法规和有关规定，或者因主观故意造成鉴定结论错误导致严重后果的，依法追究法律责任。

第二十二条 人民法院鉴定督办人在对外委托司法鉴定及协调、监督鉴定的过程中，违反规定造成后果的，参照《人民法院违法审判责任追究办法（试行）》和《人民法院审判纪律处分办法（试行）》追究责任。

第五章 附 则

第二十三条 本办法由最高人民法院负责解释。

第二十四条 本办法自颁布之日起施行。

人民法院对外委托司法鉴定管理规定

· 2002年3月27日
· 法释〔2002〕8号

第一条 为规范人民法院对外委托和组织司法鉴定工作，根据《人民法院司法鉴定工作暂行规定》，制定本办法。

第二条 人民法院司法鉴定机构负责统一对外委托和组织司法鉴定。未设司法鉴定机构的人民法院，可在司法行政管理部门配备专职司法鉴定人员，并由司法行政管理部门代行对外委托司法鉴定的职责。

第三条 人民法院司法鉴定机构建立社会鉴定机构和鉴定人（以下简称鉴定人）名册，根据鉴定对象对专业技术的要求，随机选择和委托鉴定人进行司法鉴定。

第四条 自愿接受人民法院委托从事司法鉴定，申请进入人民法院司法鉴定人名册的社会鉴定、检测、评估机构，应当向人民法院司法鉴定机构提交申请书和以下材料：

（一）企业或社团法人营业执照副本；
（二）专业资质证书；
（三）专业技术人员名单、执业资格和主要业绩；
（四）年检文书；
（五）其他必要的文件、资料。

第五条 以个人名义自愿接受人民法院委托从事司法鉴定，申请进入人民法院司法鉴定人名册的专业技术人员，应当向人民法院司法鉴定机构提交申请书和以下材料：

（一）单位介绍信；
（二）专业资格证书；

（三）主要业绩证明；
（四）其他必要的文件、资料等。

第六条 人民法院司法鉴定机构应当对提出申请的鉴定人进行全面审查，择优确定对外委托和组织司法鉴定的鉴定人候选名单。

第七条 申请进入地方人民法院鉴定人名册的单位和个人，其入册资格由有关人民法院司法鉴定机构审核，报上一级人民法院司法鉴定机构批准，并报最高人民法院司法鉴定机构备案。

第八条 经批准列入人民法院司法鉴定人名册的鉴定人，在《人民法院报》予以公告。

第九条 已列入名册的鉴定人应当接受有关人民法院司法鉴定机构的年度审核，并提交以下材料：

（一）年度业务工作报告书；
（二）专业技术人员变更情况；
（三）仪器设备更新情况；
（四）其他变更情况和要求提交的材料。

年度审核有变更事项的，有关司法鉴定机构应当逐级报最高人民法院司法鉴定机构备案。

第十条 人民法院司法鉴定机构依据尊重当事人选择和人民法院指定相结合的原则，组织诉讼双方当事人进行司法鉴定的对外委托。

诉讼双方当事人协商不一致的，由人民法院司法鉴定机构在列入名册的、符合鉴定要求的鉴定人中，选择受委托人鉴定。

第十一条 司法鉴定所涉及的专业未纳入名册时，人民法院司法鉴定机构可以从社会相关专业中，择优选定受委托单位或专业人员进行鉴定。如果被选定的单位或专业人员需要进入鉴定人名册的，仍应当呈报上一级人民法院司法鉴定机构批准。

第十二条 遇有鉴定人应当回避等情形时，有关人民法院司法鉴定机构应当重新选择鉴定人。

第十三条 人民法院司法鉴定机构对外委托鉴定的，应当指派专人负责协调，主动了解鉴定的有关情况，及时处理可能影响鉴定的问题。

第十四条 接受委托的鉴定人认为需要补充鉴定材料时，如果由申请鉴定的当事人提供确有困难的，可以向有关人民法院司法鉴定机构提出请求，由人民法院决定依据职权采集鉴定材料。

第十五条 鉴定人应当依法履行出庭接受质询的义务。人民法院司法鉴定机构应当协调鉴定人做好出庭工作。

第十六条 列入名册的鉴定人有不履行义务、违反司法鉴定有关规定的，由有关人民法院视情节取消入册资格，并在《人民法院报》公告。

司法鉴定职业道德基本规范

- 2009年12月23日
- 司发〔2009〕24号

崇尚法治，尊重科学。

基本要求：树立法律意识，培养法治精神，遵守诉讼程序和法律规定；遵循科学原理、科学方法和技术规范。

服务大局，执业为民。

基本要求：坚持以人为本，牢固树立社会主义法治理念；保障司法，服务诉讼，化解矛盾纠纷，维护公民合法权益。

客观公正，探真求实。

基本要求：尊重规律，实事求是，依法独立执业，促进司法公正，维护公平正义；对法律负责，对科学负责，对案件事实负责，对执业行为负责。

严谨规范，讲求效率。

基本要求：认真负责，严格细致，一丝不苟，正确适用技术标准；运行有序，保证质量，及时有效，严格遵守实施程序和执业行为规则。

廉洁自律，诚信敬业。

基本要求：品行良好，行为规范，举止文明，恪守司法鉴定职业伦理；遵守保密规定，注重职业修养，注重社会效益，维护职业声誉。

相互尊重，持续发展。

基本要求：尊重同行，交流合作，公平竞争，维护司法鉴定执业秩序；更新观念，提高能力，继续教育，促进司法鉴定行业可持续发展。

最高人民法院、司法部关于建立司法鉴定管理与使用衔接机制的意见

- 2016年10月9日
- 司发通〔2016〕98号

各省、自治区、直辖市高级人民法院、司法厅（局），解放军军事法院，新疆维吾尔自治区高级人民法院生产建设兵团分院，新疆生产建设兵团司法局：

为贯彻落实党的十八届四中、五中全会精神，充分发挥司法鉴定在审判活动中的积极作用，最高人民法院、司法部根据《全国人民代表大会常务委员会关于司法鉴定管理问题的决定》（以下简称《决定》），就建立司法鉴定管理与使用衔接机制提出以下意见。

一、加强沟通协调，促进司法鉴定管理与使用良性互动

建立司法鉴定管理与使用衔接机制，规范司法鉴定工作，提高司法鉴定质量，是发挥司法鉴定作用，适应以审判为中心的诉讼制度改革的重要举措。人民法院和司法行政机关要充分认识司法鉴定管理与使用衔接机制对于促进司法公正、提高审判质量与效率的重要意义，立足各自职能定位，加强沟通协调，共同推动司法鉴定工作健康发展，确保审判活动的顺利进行。

司法行政机关要严格按照《决定》规定履行登记管理职能，切实加强对法医类、物证类、声像资料、环境损害司法鉴定以及根据诉讼需要由司法部商最高人民法院、最高人民检察院确定的其他应当实行登记管理的鉴定事项的管理，严格把握鉴定机构和鉴定人准入标准，加强对鉴定能力和质量的管理，规范鉴定行为，强化执业监管，健全淘汰退出机制，清理不符合规定的鉴定机构和鉴定人，推动司法鉴定工作依法有序进行。

人民法院要根据审判工作需要，规范鉴定委托，完善鉴定材料的移交程序，规范技术性证据审查工作，规范庭审质证程序，指导和保障鉴定人出庭作证，加强审查判断鉴定意见的能力，确保司法公正。

人民法院和司法行政机关要以问题为导向，进一步理顺司法活动与行政管理的关系，建立常态化的沟通协调机制，开展定期和不定期沟通会商，协调解决司法鉴定委托与受理、鉴定人出庭作证等实践中的突出问题，不断健全完善相关制度。

人民法院和司法行政机关要积极推动信息化建设，建立信息交流机制，开展有关司法鉴定程序规范、名册编制、公告等政务信息和相关资料的交流传递，加强鉴定机构和鉴定人执业资格、能力评估、奖惩记录、鉴定人出庭作证等信息共享，推动司法鉴定管理与使用相互促进。

二、完善工作程序，规范司法鉴定委托与受理

委托与受理是司法鉴定的关键环节，是保障鉴定活动顺利实施的重要条件。省级司法行政机关要适应人民法院委托鉴定需要，依法科学、合理编制鉴定机构和鉴定人名册，充分反映鉴定机构和鉴定人的执业能力和水平，在向社会公告的同时，提供多种获取途径和检索服务，方便人民法院委托鉴定。

人民法院要加强对委托鉴定事项特别是重新鉴定事项的必要性和可行性的审查，择优选择与案件审理要求相适应的鉴定机构和鉴定人。

司法行政机关要严格规范鉴定受理程序和条件，明确鉴定机构不得违规接受委托；无正当理由不得拒绝接受人民法院的鉴定委托；接受人民法院委托鉴定后，不得私自接收当事人提交而未经人民法院确认的鉴定材料；鉴定机构应规范鉴定材料的接收和保存，实现鉴定过程和检验材料流转的全程记录和有效控制；鉴定过程中需要调取或者补充鉴定材料的，由鉴定机构或者当事人向委托法院提出申请。

三、加强保障监督，确保鉴定人履行出庭作证义务

鉴定人出庭作证对于法庭通过质证解决鉴定意见争议具有重要作用。人民法院要加强对鉴定意见的审查，通过强化法庭质证解决鉴定意见争议，完善鉴定人出庭作证的审查、启动和告知程序，在开庭前合理期限以书面形式告知鉴定人出庭作证的相关事项。人民法院要为鉴定人出庭提供席位、通道等，依法保障鉴定人出庭作证时的人身安全及其他合法权益。经人民法院同意，鉴定人可以使用视听传输技术或者同步视频作证室等作证。刑事法庭可以配置同步视频作证室，供依法应当保护或其他确有保护必要的鉴定人作证时使用，并可采取不暴露鉴定人外貌、真实声音等保护措施。

鉴定人在人民法院指定日期出庭发生的交通费、住宿费、生活费和误工补贴，按照国家有关规定应当由当事人承担的，由人民法院代为收取。

司法行政机关要监督、指导鉴定人依法履行出庭作证义务。对于无正当理由拒不出庭作证的，要依法严格查处，追究鉴定人和鉴定机构及机构代表人的责任。

四、严处违法违规行为，维护良好司法鉴定秩序

司法鉴定事关案件当事人切身利益，对于司法鉴定违法违规行为必须及时处置，严肃查处。司法行政机关要加强司法鉴定监督，完善处罚规则，加大处罚力度，促进鉴定人和鉴定机构规范执业。监督信息应当向社会公开。鉴定人和鉴定机构对处罚决定有异议的，可依法申请行政复议或者提起行政诉讼。人民法院在委托鉴定和审判工作中发现鉴定机构或鉴定人存在违规受理、无正当理由不按照规定或约定时限完成鉴定、经人民法院通知无正当理由拒不出庭作证等违法违规情形的，可暂停委托其从事人民法院司法鉴定业务，并告知司法行政机关或发出司法建议书。司法行政机关按照规定的时限调查处理，并将处理结果反馈人民法院。鉴定人或者鉴定机构经依法认定有故意作虚假鉴定等严重违法行为的，由省级人民政府司法行政部门给予停止从事司法鉴定业务三个月至一年的处罚；情节严重的，撤销登记；构成犯罪的，依法追究刑事责任；人民法院可视情节不再委托其从事人民法院司法鉴定业务；在执业活动中因故意或者重大过失给当事人造成损失的，依法承担民事责任。

人民法院和司法行政机关要根据本地实际情况，切实加强沟通协作，根据本意见建立灵活务实的司法鉴定管理与使用衔接机制，发挥司法鉴定在促进司法公正、提高司法公信力、维护公民合法权益和社会公平正义中的重要作用。

司法部、国家市场监管总局关于规范和推进司法鉴定认证认可工作的通知

· 2018年8月22日
· 司发通〔2018〕89号

各省、自治区、直辖市司法厅（局）、质量技术监督局（市场监督管理部门），新疆生产建设兵团司法局、质量技术监督局：

为贯彻落实党中央、国务院关于健全统一司法鉴定管理体制的实施意见要求，严格司法鉴定登记管理、质量管理，依据《全国人民代表大会常务委员会关于司法鉴定管理问题的决定》（以下简称《决定》）的规定，在总结工作经验的基础上，经认真研究，就规范和推进司法鉴定认证认可工作通知如下：

一、范围与形式

（一）依据《决定》第五条第三项规定，对于法人或者其他组织申请从事的司法鉴定业务范围需要检测实验室的，申请人应当具备相应的检测实验室，并且该检测实验室应当通过资质认定（包括计量认证）或者实验室认可；对于申请从事的司法鉴定业务范围不是必需具备检测实验室的，可不必须通过资质认定或者实验室认可。

（二）结合司法鉴定管理和认证认可工作实践，法人或者其他组织申请从事法医物证、法医毒物、微量物证、环境损害鉴定业务的，应当具备相应的通过资质认定或者实验室认可的检测实验室。

二、工作要求

（三）已经司法行政机关审核登记的司法鉴定机构，业务范围包括法医物证、法医毒物、微量物证、环境损害鉴定的，其设立单位相应的检测实验室应当于2019年12月31日前通过资质认定或者实验室认可。司法行政机

关应当严格落实《司法部关于严格准入 严格监管 提高司法鉴定质量和公信力的意见》（司发〔2017〕11号）要求，对到期未达到要求的司法鉴定机构限期整改，限期整改后仍不符合要求的，依法注销其相应的业务范围。

（四）法人或者其他组织申请从事司法鉴定业务，或者已经审核登记的司法鉴定机构申请增加鉴定业务范围，所申请的鉴定业务范围包括法医物证、法医毒物、微量物证、环境损害鉴定的，其相应的检测实验室应当首先通过资质认定或者实验室认可。

（五）申请资质认定的检测实验室应当满足《检验检测机构资质认定管理办法》（质检总局令第163号）规定的条件。鉴于司法鉴定领域检测活动的特殊性，相关检测实验室申请资质认定或者实验室认可时，应当取得司法行政部门的推荐，且所申请的专业类别2年内应当参加过能力验证活动并取得"满意"结果，取得资质认定或者实验室认可后，证书有效期内所有项目应当按要求参加能力验证活动并取得"满意"结果。

（六）司法鉴定机构已经取得资质认定证书的，其设立单位相应的检测实验室申请资质认定时，国家认证认可监督管理委员会（以下简称认监委）和省级市场监督管理部门可采信相应的资质认定结果，简化许可程序。

（七）认监委和省级市场监督管理部门按照《关于实施〈检验检测机构资质认定管理办法〉的若干意见》（国认实〔2015〕49号）中分级实施的规定，受理相关检测实验室的资质认定申请，并优先选择熟悉司法鉴定业务工作的专家实施评审。

（八）司法鉴定机构可以按照中国合格评定国家认可委员会规定的有关程序和要求，申请司法鉴定机构实验室认可。

（九）司法部、认监委共同成立国家资质认定司法鉴定评审组，设在司法部司法鉴定管理局，负责协助开展国家认监委组织的司法鉴定行业检测实验室资质认定技术评审、司法鉴定行业资质认定评审员的继续教育培训、司法鉴定行业资质认定技术要求制定、司法鉴定行业检测实验室能力验证和日常监督工作。各地司法行政机关和市场监督管理部门应当加强沟通协调，建立工作机制，共同做好本地区司法鉴定行业检测实验室资质认定管理工作。

三、加强组织领导

（十）司法鉴定认证认可工作是保证司法鉴定质量的必要手段。各地司法行政机关和市场监督管理部门要从维护司法公正、促进社会公平正义的高度，提高认识，统一思想，加强沟通、密切协作，认真组织落实。

（十一）各地司法行政机关要及时将本文件传达至每一个司法鉴定机构及其设立单位，组织相关负责人认真学习。特别是对现有的、业务范围包括法医物证、法医毒物、微量物证、环境损害鉴定的司法鉴定机构及其设立单位，要明确相关工作要求和时间安排。

《司法部 国家认证认可监督管理委员会关于全面推进司法鉴定机构认证认可工作的通知》（司发通〔2012〕114号）及《检验检测机构资质认定 司法鉴定机构评审补充要求》同时废止。

本通知贯彻落实过程中遇到问题，请及时报司法部和国家市场监管总局。

2. 司法鉴定业务

司法鉴定程序通则

· 2016年3月2日司法部令第132号公布
· 自2016年5月1日起施行

第一章 总 则

第一条 为了规范司法鉴定机构和司法鉴定人的司法鉴定活动，保障司法鉴定质量，保障诉讼活动的顺利进行，根据《全国人民代表大会常务委员会关于司法鉴定管理问题的决定》和有关法律、法规的规定，制定本通则。

第二条 司法鉴定是指在诉讼活动中鉴定人运用科学技术或者专门知识对诉讼涉及的专门性问题进行鉴别和判断并提供鉴定意见的活动。司法鉴定程序是指司法鉴定机构和司法鉴定人进行司法鉴定活动的方式、步骤以及相关规则的总称。

第三条 本通则适用于司法鉴定机构和司法鉴定人从事各类司法鉴定业务的活动。

第四条 司法鉴定机构和司法鉴定人进行司法鉴定活动，应当遵守法律、法规、规章，遵守职业道德和执业纪律，尊重科学，遵守技术操作规范。

第五条 司法鉴定实行鉴定人负责制度。司法鉴定人应当依法独立、客观、公正地进行鉴定，并对自己作出的鉴定意见负责。司法鉴定人不得违反规定会见诉讼当事人及其委托的人。

第六条 司法鉴定机构和司法鉴定人应当保守在执业活动中知悉的国家秘密、商业秘密，不得泄露个人隐私。

第七条 司法鉴定人在执业活动中应当依照有关诉讼法律和本通则规定实行回避。

第八条　司法鉴定收费执行国家有关规定。

第九条　司法鉴定机构和司法鉴定人进行司法鉴定活动应当依法接受监督。对于有违反有关法律、法规、规章规定行为的，由司法行政机关依法给予相应的行政处罚；对于有违反司法鉴定行业规范行为的，由司法鉴定协会给予相应的行业处分。

第十条　司法鉴定机构应当加强对司法鉴定人执业活动的管理和监督。司法鉴定人违反本通则规定的，司法鉴定机构应当予以纠正。

第二章　司法鉴定的委托与受理

第十一条　司法鉴定机构应当统一受理办案机关的司法鉴定委托。

第十二条　委托人委托鉴定的，应当向司法鉴定机构提供真实、完整、充分的鉴定材料，并对鉴定材料的真实性、合法性负责。司法鉴定机构应当核对并记录鉴定材料的名称、种类、数量、性状、保存状况、收到时间等。

诉讼当事人对鉴定材料有异议的，应当向委托人提出。

本通则所称鉴定材料包括生物检材和非生物检材、比对样本材料以及其他与鉴定事项有关的鉴定资料。

第十三条　司法鉴定机构应当自收到委托之日起七个工作日内作出是否受理的决定。对于复杂、疑难或者特殊鉴定事项的委托，司法鉴定机构可以与委托人协商决定受理的时间。

第十四条　司法鉴定机构应当对委托鉴定事项、鉴定材料等进行审查。对属于本机构司法鉴定业务范围，鉴定用途合法，提供的鉴定材料能够满足鉴定需要的，应当受理。

对于鉴定材料不完整、不充分，不能满足鉴定需要的，司法鉴定机构可以要求委托人补充；经补充后能够满足鉴定需要的，应当受理。

第十五条　具有下列情形之一的鉴定委托，司法鉴定机构不得受理：

（一）委托鉴定事项超出本机构司法鉴定业务范围的；

（二）发现鉴定材料不真实、不完整、不充分或者取得方式不合法的；

（三）鉴定用途不合法或者违背社会公德的；

（四）鉴定要求不符合司法鉴定执业规则或者相关鉴定技术规范的；

（五）鉴定要求超出本机构技术条件或者鉴定能力的；

（六）委托人就同一鉴定事项同时委托其他司法鉴定机构进行鉴定的；

（七）其他不符合法律、法规、规章规定的情形。

第十六条　司法鉴定机构决定受理鉴定委托的，应当与委托人签订司法鉴定委托书。司法鉴定委托书应当载明委托人名称、司法鉴定机构名称、委托鉴定事项、是否属于重新鉴定、鉴定用途、与鉴定有关的基本案情、鉴定材料的提供和退还、鉴定风险，以及双方商定的鉴定时限、鉴定费用及收取方式、双方权利义务等其他需要载明的事项。

第十七条　司法鉴定机构决定不予受理鉴定委托的，应当向委托人说明理由，退还鉴定材料。

第三章　司法鉴定的实施

第十八条　司法鉴定机构受理鉴定委托后，应当指定本机构具有该鉴定事项执业资格的司法鉴定人进行鉴定。

委托人有特殊要求的，经双方协商一致，也可以从本机构中选择符合条件的司法鉴定人进行鉴定。

委托人不得要求或者暗示司法鉴定机构、司法鉴定人按其意图或者特定目的提供鉴定意见。

第十九条　司法鉴定机构对同一鉴定事项，应当指定或者选择二名司法鉴定人进行鉴定；对复杂、疑难或者特殊鉴定事项，可以指定或者选择多名司法鉴定人进行鉴定。

第二十条　司法鉴定人本人或者其近亲属与诉讼当事人、鉴定事项涉及的案件有利害关系，可能影响其独立、客观、公正进行鉴定的，应当回避。

司法鉴定人曾经参加过同一鉴定事项鉴定的，或者曾经作为专家提供过咨询意见的，或者曾被聘请为有专门知识的人参与过同一鉴定事项法庭质证的，应当回避。

第二十一条　司法鉴定人自行提出回避的，由其所属的司法鉴定机构决定；委托人要求司法鉴定人回避的，应当向该司法鉴定人所属的司法鉴定机构提出，由司法鉴定机构决定。

委托人对司法鉴定机构作出的司法鉴定人是否回避的决定有异议的，可以撤销鉴定委托。

第二十二条　司法鉴定机构应当建立鉴定材料管理制度，严格监控鉴定材料的接收、保管、使用和退还。

司法鉴定机构和司法鉴定人在鉴定过程中应当严格依照技术规范保管和使用鉴定材料，因严重不负责任造成鉴定材料损毁、遗失的，应当依法承担责任。

第二十三条　司法鉴定人进行鉴定，应当依下列顺序遵守和采用该专业领域的技术标准、技术规范和技术方法：

（一）国家标准；

（二）行业标准和技术规范；

（三）该专业领域多数专家认可的技术方法。

第二十四条 司法鉴定人有权了解进行鉴定所需要的案件材料，可以查阅、复制相关资料，必要时可以询问诉讼当事人、证人。

经委托人同意，司法鉴定机构可以派员到现场提取鉴定材料。现场提取鉴定材料应当由不少于二名司法鉴定机构的工作人员进行，其中至少一名应为该鉴定事项的司法鉴定人。现场提取鉴定材料时，应当有委托人指派或者委托的人员在场见证并在提取记录上签名。

第二十五条 鉴定过程中，需要对无民事行为能力人或者限制民事行为能力人进行身体检查的，应当通知其监护人或者近亲属到场见证；必要时，可以通知委托人到场见证。

对被鉴定人进行法医精神病鉴定的，应当通知委托人或者被鉴定人的近亲属或者监护人到场见证。

对需要进行尸体解剖的，应当通知委托人或者死者的近亲属或者监护人到场见证。

到场见证人员应当在鉴定记录上签名。见证人员未到场的，司法鉴定人不得开展相关鉴定活动，延误时间不计入鉴定时限。

第二十六条 鉴定过程中，需要对被鉴定人身体进行法医临床检查的，应当采取必要措施保护其隐私。

第二十七条 司法鉴定人应当对鉴定过程进行实时记录并签名。记录可以采取笔记、录音、录像、拍照等方式。记录应当载明主要的鉴定方法和过程，检查、检验、检测结果，以及仪器设备使用情况等。记录的内容应当真实、客观、准确、完整、清晰，记录的文本资料、音像资料等应当存入鉴定档案。

第二十八条 司法鉴定机构应当自司法鉴定委托书生效之日起三十个工作日内完成鉴定。

鉴定事项涉及复杂、疑难、特殊技术问题或者鉴定过程需要较长时间的，经本机构负责人批准，完成鉴定的时限可以延长，延长时限一般不得超过三十个工作日。鉴定时限延长的，应当及时告知委托人。

司法鉴定机构与委托人对鉴定时限另有约定的，从其约定。

在鉴定过程中补充或者重新提取鉴定材料所需的时间，不计入鉴定时限。

第二十九条 司法鉴定机构在鉴定过程中，有下列情形之一的，可以终止鉴定：

（一）发现有本通则第十五条第二项至第七项规定情形的；

（二）鉴定材料发生耗损，委托人不能补充提供的；

（三）委托人拒不履行司法鉴定委托书规定的义务、被鉴定人拒不配合或者鉴定活动受到严重干扰，致使鉴定无法继续进行的；

（四）委托人主动撤销鉴定委托，或者委托人、诉讼当事人拒绝支付鉴定费用的；

（五）因不可抗力致使鉴定无法继续进行的；

（六）其他需要终止鉴定的情形。

终止鉴定的，司法鉴定机构应当书面通知委托人，说明理由并退还鉴定材料。

第三十条 有下列情形之一的，司法鉴定机构可以根据委托人的要求进行补充鉴定：

（一）原委托鉴定事项有遗漏的；

（二）委托人就原委托鉴定事项提供新的鉴定材料的；

（三）其他需要补充鉴定的情形。

补充鉴定是原委托鉴定的组成部分，应当由原司法鉴定人进行。

第三十一条 有下列情形之一的，司法鉴定机构可以接受办案机关委托进行重新鉴定：

（一）原司法鉴定人不具有从事委托鉴定事项执业资格的；

（二）原司法鉴定机构超出登记的业务范围组织鉴定的；

（三）原司法鉴定人应当回避没有回避的；

（四）办案机关认为需要重新鉴定的；

（五）法律规定的其他情形。

第三十二条 重新鉴定应当委托原司法鉴定机构以外的其他司法鉴定机构进行；因特殊原因，委托人也可以委托原司法鉴定机构进行，但原司法鉴定机构应当指定原司法鉴定人以外的其他符合条件的司法鉴定人进行。

接受重新鉴定委托的司法鉴定机构的资质条件应当不低于原司法鉴定机构，进行重新鉴定的司法鉴定人中应当至少有一名具有相关专业高级专业技术职称。

第三十三条 鉴定过程中，涉及复杂、疑难、特殊技术问题的，可以向本机构以外的相关专业领域的专家进行咨询，但最终的鉴定意见应当由本机构的司法鉴定人出具。

专家提供咨询意见应当签名,并存入鉴定档案。

第三十四条 对于涉及重大案件或者特别复杂、疑难、特殊技术问题或者多个鉴定类别的鉴定事项,办案机关可以委托司法鉴定行业协会组织协调多个司法鉴定机构进行鉴定。

第三十五条 司法鉴定人完成鉴定后,司法鉴定机构应当指定具有相应资质的人员对鉴定程序和鉴定意见进行复核;对于涉及复杂、疑难、特殊技术问题或者重新鉴定的鉴定事项,可以组织三名以上的专家进行复核。

复核人员完成复核后,应当提出复核意见并签名,存入鉴定档案。

第四章 司法鉴定意见书的出具

第三十六条 司法鉴定机构和司法鉴定人应当按照统一规定的文本格式制作司法鉴定意见书。

第三十七条 司法鉴定意见书应当由司法鉴定人签名。多人参加的鉴定,对鉴定意见有不同意见的,应当注明。

第三十八条 司法鉴定意见书应当加盖司法鉴定机构的司法鉴定专用章。

第三十九条 司法鉴定意见书应当一式四份,三份交委托人收执,一份由司法鉴定机构存档。司法鉴定机构应当按照有关规定或者与委托人约定的方式,向委托人发送司法鉴定意见书。

第四十条 委托人对鉴定过程、鉴定意见提出询问的,司法鉴定机构和司法鉴定人应当给予解释或者说明。

第四十一条 司法鉴定意见书出具后,发现有下列情形之一的,司法鉴定机构可以进行补正:

(一)图像、谱图、表格不清晰的;

(二)签名、盖章或者编号不符合制作要求的;

(三)文字表达有瑕疵或者错别字,但不影响司法鉴定意见的。

补正应当在原司法鉴定意见书上进行,由至少一名司法鉴定人在补正处签名。必要时,可以出具补正书。

对司法鉴定意见书进行补正,不得改变司法鉴定意见的原意。

第四十二条 司法鉴定机构应当按照规定将司法鉴定意见书以及有关资料整理立卷、归档保管。

第五章 司法鉴定人出庭作证

第四十三条 经人民法院依法通知,司法鉴定人应当出庭作证,回答与鉴定事项有关的问题。

第四十四条 司法鉴定机构接到出庭通知后,应当及时与人民法院确认司法鉴定人出庭的时间、地点、人数、费用、要求等。

第四十五条 司法鉴定机构应当支持司法鉴定人出庭作证,为司法鉴定人依法出庭提供必要条件。

第四十六条 司法鉴定人出庭作证,应当举止文明,遵守法庭纪律。

第六章 附 则

第四十七条 本通则是司法鉴定机构和司法鉴定人进行司法鉴定活动应当遵守和采用的一般程序规则,不同专业领域对鉴定程序有特殊要求的,可以依据本通则制定鉴定程序细则。

第四十八条 本通则所称办案机关,是指办理诉讼案件的侦查机关、审查起诉机关和审判机关。

第四十九条 在诉讼活动之外,司法鉴定机构和司法鉴定人依法开展相关鉴定业务的,参照本通则规定执行。

第五十条 本通则自2016年5月1日起施行。司法部2007年8月7日发布的《司法鉴定程序通则》(司法部第107号令)同时废止。

司法鉴定执业活动投诉处理办法

· 2019年4月4日司法部令第144号公布
· 自2019年6月1日起施行

第一章 总 则

第一条 为了规范司法鉴定执业活动投诉处理工作,加强司法鉴定执业活动监督,维护投诉人的合法权益,根据《全国人民代表大会常务委员会关于司法鉴定管理问题的决定》等规定,结合司法鉴定工作实际,制定本办法。

第二条 投诉人对司法行政机关审核登记的司法鉴定机构或者司法鉴定人执业活动进行投诉,以及司法行政机关开展司法鉴定执业活动投诉处理工作,适用本办法。

第三条 本办法所称投诉人,是指认为司法鉴定机构或者司法鉴定人违法违规执业侵犯其合法权益,向司法行政机关投诉的与鉴定事项有利害关系的公民、法人和非法人组织。

本办法所称被投诉人,是指被投诉的司法鉴定机构或者司法鉴定人。

第四条 投诉人应当自知道或者应当知道被投诉人鉴定活动侵犯其合法权益之日起三年内,向司法行政机关投诉。法律另有规定的除外。

第五条 司法行政机关开展司法鉴定执业活动投诉处理工作,应当遵循属地管理、分级负责、依法查处、处罚与教育相结合的原则。

司法行政机关应当依法保障和维护投诉人、被投诉人的合法权益。

第六条 司法行政机关应当向社会公布投诉受理范围、投诉处理机构的通讯方式等事项,并指定专人负责投诉接待和处理工作。

第七条 司法部负责指导、监督全国司法鉴定执业活动投诉处理工作。

省级司法行政机关负责指导、监督本行政区域内司法鉴定执业活动投诉处理工作。

第八条 司法行政机关指导、监督司法鉴定协会实施行业惩戒;司法鉴定协会协助和配合司法行政机关开展投诉处理工作。

第九条 司法行政机关可以引导双方当事人在自愿、平等的基础上,依法通过调解方式解决涉及司法鉴定活动的民事纠纷。

第二章 投诉受理

第十条 公民、法人和非法人组织认为司法鉴定机构或者司法鉴定人在执业活动中有下列违法违规情形的,可以向司法鉴定机构住所地或者司法鉴定人执业机构住所地的县级以上司法行政机关投诉:

(一)司法鉴定机构组织未取得《司法鉴定人执业证》的人员违规从事司法鉴定业务的;

(二)超出登记的业务范围或者执业类别从事司法鉴定活动的;

(三)司法鉴定机构无正当理由拒绝接受司法鉴定委托的;

(四)司法鉴定人私自接受司法鉴定委托的;

(五)违反司法鉴定收费管理规定的;

(六)违反司法鉴定程序规则从事司法鉴定活动的;

(七)支付回扣、介绍费以及进行虚假宣传等不正当行为的;

(八)因不负责任给当事人合法权益造成损失的;

(九)司法鉴定人经人民法院通知,无正当理由拒绝出庭作证的;

(十)司法鉴定人故意做虚假鉴定的;

(十一)其他违反司法鉴定管理规定的行为。

第十一条 省级司法行政机关接到投诉的,可以交由设区的市级或者直辖市的区(县)司法行政机关处理。

设区的市级或者直辖市的区(县)司法行政机关以及县级司法行政机关接到投诉的,应当按照本办法的规定直接处理。

第十二条 投诉人应当向司法行政机关提交书面投诉材料。投诉材料内容包括:被投诉人的姓名或者名称、投诉事项、投诉请求、相关的事实和理由以及投诉人的联系方式,并提供投诉人身份证明、司法鉴定委托书或者司法鉴定意见书等与投诉事项相关的证明材料。投诉材料应当真实、合法、充分,并经投诉人签名或者盖章。

投诉人或者其法定代理人委托他人代理投诉的,代理人应当提供投诉人或者其法定代理人的授权委托书、代理人的联系方式和投诉人、代理人的身份证明。

第十三条 负责处理的司法行政机关收到投诉材料后,应当及时进行登记。登记内容应当包括投诉人及其代理人的姓名或者名称、性别、身份证号码、职业、住址、联系方式,被投诉人的姓名或者名称、投诉事项、投诉请求、投诉理由以及相关证明材料目录,投诉的方式和时间等信息。

第十四条 司法行政机关收到投诉材料后发现投诉人提供的信息不齐全或者无相关证明材料的,应当在收到投诉材料之日起七个工作日内一次性书面告知投诉人补充。书面告知内容应当包括需要补充的信息或者证明材料和合理的补充期限。

投诉人经告知后无正当理由逾期不补充的,视为投诉人放弃投诉。

第十五条 有下列情形之一的,不予受理:

(一)投诉事项已经司法行政机关处理,或者经行政复议、行政诉讼结案,且没有新的事实和证据的;

(二)对人民法院、人民检察院、公安机关以及其他行政执法机关等在执法办案过程中,是否采信鉴定意见有异议的;

(三)仅对鉴定意见有异议的;

(四)对司法鉴定程序规则及司法鉴定标准、技术操作规范的规定有异议的;

(五)投诉事项不属于违反司法鉴定管理规定的。

第十六条 司法行政机关应当及时审查投诉材料,对投诉材料齐全,属于本机关管辖范围并符合受理条件的投诉,应当受理;对不属于本机关管辖范围或者不符合受理条件的投诉,不予受理并说明理由。对于司法行政机关已经按照前款规定作出不予受理决定的投诉事项,投诉人重复投诉且未能提供新的事实和理由的,司法行政机关不予受理。

第十七条 投诉材料齐全的，司法行政机关应当自收到投诉材料之日起七个工作日内，作出是否受理的决定，并书面告知投诉人。情况复杂的，可以适当延长作出受理决定的时间，但延长期限不得超过十五个工作日，并应当将延长的时间和理由书面告知投诉人。

投诉人补充投诉材料所需的时间和投诉案件移送、转办的流转时间，不计算在前款规定期限内。

第三章 调查处理

第十八条 司法行政机关受理投诉后，应当全面、客观、公正地进行调查。调查工作不得妨碍被投诉人正常的司法鉴定执业活动。

上级司法行政机关认为有必要的，可以委托下一级司法行政机关进行调查。

第十九条 司法行政机关进行调查，应当要求被投诉人说明情况、提交有关材料，调阅被投诉人有关业务案卷和档案材料，向有关单位、个人核实情况、收集证据；并根据情况，可以组织专家咨询、论证或者听取有关部门的意见和建议。

调查应当由两名以上工作人员进行。必要时，应当制作调查笔录，并由相关人员签字或者盖章；不能或者拒绝签字、盖章的，应当在笔录中注明有关情况。

调查人员应当对被投诉人及有关单位、个人提供的证据和有关材料进行登记、审核并妥善保管；不能保存原件的，应当经调查人员和被投诉人或者有关单位、个人确认，并签字或者盖章后保留复制件。

第二十条 司法行政机关根据投诉处理工作需要，可以委托司法鉴定协会协助开展调查工作。

接受委托的司法鉴定协会可以组织专家对投诉涉及的相关专业技术问题进行论证，并提供论证意见；组织有关专家接待投诉人并提供咨询等。

第二十一条 被投诉人应当配合调查工作，在司法行政机关要求的期限内如实陈述事实、提供有关材料，不得提供虚假、伪造的材料或者隐匿、毁损、涂改有关证据材料。

被投诉人为司法鉴定人的，其所在的司法鉴定机构应当配合调查。

第二十二条 司法行政机关在调查过程中发现有本办法第十五条规定情形的，或者投诉人书面申请撤回投诉的，可以终止投诉处理工作，并将终止决定和理由书面告知投诉人、被投诉人。

投诉人书面申请撤回投诉的，不得再以同一事实和理由投诉。但是，投诉人能够证明撤回投诉违背其真实意思表示的除外。

第二十三条 司法行政机关在调查过程中，发现被投诉人的违法违规行为仍处在连续或者继续状态的，应当责令被投诉人立即停止违法违规行为。

第二十四条 司法行政机关应当根据对投诉事项的调查结果，分别作出以下处理：

（一）被投诉人有应当给予行政处罚的违法违规行为的，依法给予行政处罚或者移送有处罚权的司法行政机关依法给予行政处罚；

（二）被投诉人违法违规情节轻微，没有造成危害后果，依法可以不予行政处罚的，应当给予批评教育、训诫、通报、责令限期整改等处理；

（三）投诉事项查证不实或者无法查实的，对被投诉人不作处理，并向投诉人说明情况。

涉嫌违反职业道德、执业纪律和行业自律规范的，移交有关司法鉴定协会调查处理；涉嫌犯罪的，移送司法机关依法追究刑事责任。

第二十五条 司法行政机关受理投诉的，应当自作出投诉受理决定之日起六十日内作出处理决定；情况复杂，不能在规定期限内作出处理的，经本机关负责人批准，可以适当延长办理期限，但延长期限不得超过三十日，并应当将延长的时间和理由书面告知投诉人。

第二十六条 司法行政机关应当自作出处理决定之日起七个工作日内，将投诉处理结果以及不服处理结果的救济途径和期限等书面告知投诉人、被投诉人。

第二十七条 对于被投诉人存在违法违规行为并被处罚、处理的，司法行政机关应当及时将投诉处理结果通报委托办案机关和相关司法鉴定协会，并向社会公开。

司法行政机关应当将前款中的投诉处理结果记入被投诉人的司法鉴定执业诚信档案。

第二十八条 投诉人、被投诉人认为司法行政机关的投诉处理结果侵犯其合法权益的，可以依法申请行政复议或者提起行政诉讼。

第二十九条 司法行政机关应当建立司法鉴定执业活动投诉处理工作档案，并妥善保管和使用。

第三十条 司法行政机关应当对被投诉人履行处罚、处理决定，纠正违法违规行为的情况进行检查、监督，发现问题应当责令其限期整改。

第四章 监督

第三十一条 上级司法行政机关应当加强对下级司法行政机关投诉处理工作的指导、监督和检查，发现有违法、不当情形的，应当及时责令改正。下级司法行政机关应当及时上报纠正情况。

第三十二条 司法行政机关工作人员在投诉处理工作中有滥用职权、玩忽职守或者其他违法行为，构成犯罪的，依法追究刑事责任；尚不构成犯罪的，依法给予处分。

第三十三条 司法行政机关应当按年度将司法鉴定执业活动投诉处理工作情况书面报告上一级司法行政机关。

对于涉及重大违法违规行为的投诉处理结果，应当及时报告上一级司法行政机关。

第五章 附 则

第三十四条 与司法鉴定活动没有利害关系的公民、法人和非法人组织举报司法鉴定机构或者司法鉴定人违法违规执业的，司法行政机关应当参照本办法第十八条至第二十四条有关规定进行处理。

第三十五条 对司法鉴定机构或者司法鉴定人在诉讼活动之外开展的相关鉴定业务提出投诉的，参照本办法规定执行。

第三十六条 外国人、无国籍人、外国组织提出投诉的，适用本办法。

第三十七条 本办法由司法部解释。

第三十八条 本办法自2019年6月1日起施行。2010年4月8日发布的《司法鉴定执业活动投诉处理办法》（司法部令第123号）同时废止。

环境损害司法鉴定执业分类规定

· 2019年5月6日
· 司发通〔2019〕56号

第一章 总 则

第一条 为规范环境损害司法鉴定执业活动，明确界定环境损害司法鉴定机构的业务范围和鉴定人的执业类别，根据《全国人民代表大会常务委员会关于司法鉴定管理问题的决定》《生态环境损害赔偿制度改革方案》《司法部 环境保护部关于规范环境损害司法鉴定管理工作的通知》等法律和规范性文件，以及我国司法鉴定管理和环境损害司法鉴定的需求，制定本规定。

第二条 环境损害司法鉴定是指在诉讼活动中鉴定人运用环境科学的技术或者专门知识，采用监测、检测、现场勘察、实验模拟或者综合分析等技术方法，对环境污染或者生态破坏诉讼涉及的专门性问题进行鉴别和判断并提供鉴定意见的活动。

第三条 环境损害司法鉴定解决的专门性问题包括：确定污染物的性质；确定生态环境遭受损害的性质、范围和程度；评定因果关系；评定污染治理与运行成本以及防止损害扩大、修复生态环境的措施或方案等。

第二章 污染物性质鉴定

第四条 固体废物鉴定。包括通过溯源及固体废物鉴别标准判断待鉴定物质是否属于固体废物。

第五条 危险废物鉴定。包括依据《危险废物鉴别标准 通则》中规定的程序，判断固体废物是否属于列入《国家危险废物名录》的危险废物，以及鉴别固体废物是否具有危险特性；确定危险废物的合法、科学、合理的处置方式，制定处置方案建议，按照处理成本、收费标准等评估处置费用等。

第六条 有毒物质（不包括危险废物）鉴定。包括根据物质来源认定待鉴定物质是否属于法律法规和标准规范规定的有毒物质，或根据文献资料、实验数据等判断待鉴定物质是否具有环境毒性；确定有毒物质的合法、科学、合理的处置方式，制定处置方案建议，按照处理成本、收费标准等评估处置费用等。

第七条 放射性废物鉴定。包括认定待鉴定物质是否含有放射性核素或被放射性核素污染，其放射性水平是否符合国家规定的控制水平，是否属于预期不再使用的放射性物质等；确定放射性废物的合法、科学、合理的处置方式，制定处置方案建议，按照处理成本、收费标准等评估处置费用等。

第八条 含传染病病原体的废物（不包括医疗废物）鉴定。包括认定待鉴定物质是否含有细菌、衣原体、支原体、立克次氏体、螺旋体、放线菌、真菌、病毒、寄生虫等传染病病原体；确定含传染病病原体废物的合法、科学、合理的处置方式，制定处置方案建议，按照处理成本、收费标准等评估处置费用等。

第九条 污染物筛查及理化性质鉴定。包括通过现场勘察、生产工艺分析、实验室检测等方法综合分析确定废水、废气、固体废物中的污染物，鉴定污染物的理化性质参数等。

第十条 有毒物质、放射性废物致植物损害鉴定。包括确定植物（包括农作物、林草作物、景观或有用等种植物和野生植物）损害的时间、类型、程度和范围等，判定危险废物、有毒物质、放射性废物接触与植物损害之间的因果关系，制定植物恢复方案建议，评估植物损害数额，评估恢复效果等。

第十一条 有毒物质、放射性废物致动物损害鉴定。包括确定动物（包括家禽、家畜、水产、特种、娱乐或种用等养殖动物和野生动物)损害的时间、类型、程度和范围等,判定危险废物、有毒物质、放射性废物接触和动物损害之间的因果关系,制定动物恢复方案建议,评估动物损害数额,评估恢复效果等。

第三章 地表水与沉积物环境损害鉴定

第十二条 污染环境行为致地表水与沉积物环境损害鉴定。包括确定水功能,识别特征污染物,确定地表水和沉积物环境基线,确认地表水和沉积物环境质量是否受到损害,确定地表水和沉积物环境损害的时空范围和程度,判定污染环境行为与地表水和沉积物环境损害之间的因果关系,制定地表水和沉积物环境修复方案建议,评估地表水和沉积物环境损害数额,评估修复效果等。

第十三条 污染环境行为致水生态系统损害鉴定。包括确定水生态系统功能,识别濒危物种、优势物种、特有物种、指示物种等,确定水生态系统损害评价指标与基线水平,确认水生态系统功能是否受到损害,确定水生态系统损害的时空范围和程度,判定污染环境行为与水生态系统损害之间的因果关系,制定水生态系统恢复方案建议,评估水生态系统损害数额,评估恢复效果等。

第十四条 地表水和沉积物污染致植物损害鉴定。包括确定植物(包括农作物、林草作物、景观或种用等种植物和野生植物)损害的时间、类型、范围和程度,判定地表水和沉积物污染与植物损害之间的因果关系,制定植物恢复方案建议,评估植物损害数额,评估恢复效果等。

第十五条 地表水和沉积物污染致动物损害鉴定。包括确定动物(包括家禽、家畜、水产、特种、娱乐或种用等养殖动物和野生动物)损害的时间、类型、范围和程度,判定地表水和沉积物污染与动物损害之间的因果关系,制定动物恢复方案建议,评估动物损害数额,评估恢复效果等。

第四章 空气污染环境损害鉴定

第十六条 污染环境行为致环境空气损害鉴定。包括识别特征污染物,确定环境空气基线,确认环境空气质量与基线相比是否受到损害,确定环境空气损害的时空范围和程度,判定污染环境行为与环境空气损害之间的因果关系,制定废气治理方案建议,评估环境空气损害数额,评估治理效果等。

第十七条 环境空气污染致植物损害鉴定。包括确定植物(包括农作物、林草作物、景观或种用等种植物和野生植物)损害的时间、类型、范围和程度,判定环境空气污染与植物损害之间的因果关系,制定植物恢复方案建议,评估植物损害数额,评估恢复效果等。

第十八条 环境空气污染致动物损害鉴定。包括确定动物(包括家禽、家畜、特种、娱乐或种用等养殖动物和野生动物)损害的时间、类型、范围和程度,判定环境空气污染与动物损害之间的因果关系,制定动物恢复方案建议,评估动物损害数额,评估恢复效果等。

第十九条 室内空气污染损害鉴定。包括确认住宅、办公场所、公共场所等全封闭或半封闭室内环境空气质量与基线相比是否受到损害,确定室内空气污染损害的时空范围和程度,判定室内空气污染的原因,制定室内空气污染治理方案建议,评估室内空气污染损害数额,评估治理效果等。

第二十条 室内空气污染致人体健康损害鉴定。包括确定人体健康损害(如死亡、疾病、症状或体征等)的时间、类型、范围和程度,判定室内空气污染与人体健康损害之间的因果关系,评估人体健康损害数额等。

第五章 土壤与地下水环境损害鉴定

第二十一条 污染环境行为致土壤环境损害鉴定。包括确定土地利用类型,识别特征污染物,确定土壤(包括农用地、建设用地、矿区等土壤)环境基线,确认土壤环境质量(包括土壤肥力)是否受到损害,确定土壤环境损害的时空范围和程度,判定污染环境行为与土壤环境损害之间的因果关系,制定土壤风险管控和治理修复方案建议,评估土壤环境损害数额,评估修复效果等。

第二十二条 污染环境行为致地下水环境损害鉴定。包括确定地下水功能区,识别特征污染物,确定地下水环境基线,确认地下水环境质量是否受到损害,确定地下水环境损害的时空范围和程度,判定污染环境行为与地下水环境损害之间的因果关系,制定地下水风险管控和治理修复方案建议,评估地下水环境损害数额,评估修复效果等。

第二十三条 污染环境行为致土壤生态系统损害鉴定。包括识别土壤生态系统(含地上和地下部分)功能,确定土壤生态系统损害评价指标与基线水平,确认土壤生态系统功能是否受到损害,确定土壤生态系统损害的时空范围和程度,判定污染环境行为与土壤生态系统损害之间的因果关系,制定土壤生态系统恢复方案建议,评估土壤生态系统损害数额,评估恢复效果等。

第二十四条 土壤污染致植物损害鉴定。包括确定植物(包括农作物、林草作物、景观或种用等种植物和野生植物)损害的时间、类型、范围和程度,判定土壤污染与植物损害之间的因果关系,制定植物恢复方案建议,评估植物损害数额,评估恢复效果等。

第二十五条 地下水污染致植物损害鉴定。包括确定植物(包括农作物、林草作物、景观或种用等种植物和野生植物)损害的时间、类型、范围和程度,判定地下水污染与植物损害之间的因果关系,制定植物恢复方案建议,评估植物损害数额,评估恢复效果等。

第二十六条 土壤污染致动物损害鉴定。包括确定动物(包括家禽、家畜、特种、娱乐或种用等养殖动物和野生动物)损害的时间、类型、范围和程度,判定土壤污染与动物损害之间的因果关系,制定动物恢复方案建议,评估动物损害数额,评估恢复效果等。

第二十七条 地下水污染致动物损害鉴定。包括确定动物(包括家禽、家畜、特种、娱乐或种用等养殖动物和野生动物)损害的时间、类型、范围和程度,判定地下水污染与动物损害之间的因果关系,制定动物恢复方案建议,评估动物损害数额,评估恢复效果等。

第六章 近岸海洋与海岸带环境损害鉴定

第二十八条 污染环境行为致近岸海洋与海岸带环境损害鉴定。包括确定近岸海洋、海岸带和海岛功能,识别特征污染物,确定近岸海洋、海岸带和海岛环境基线,确认近岸海洋、海岸带和海岛环境质量是否受到损害,确定近岸海洋、海岸带和海岛环境损害的时空范围和程度,判定污染环境行为与近岸海洋、海岸带和海岛环境损害之间的因果关系,制定近岸海洋、海岸带和海岛环境修复方案建议,评估近岸海洋、海岸带和海岛环境损害数额,评估修复效果等。

第二十九条 污染环境行为致近岸海洋与海岸带生态系统损害鉴定。包括确定近岸海洋、海岸带和海岛生态系统功能(如珊瑚礁、海草床、滨海滩涂、盐沼地、红树林等),识别濒危物种、优势物种、特有物种、指示物种等,确定近岸海洋、海岸带和海岛生态系统损害评价指标与基线水平,确认近岸海洋、海岸带和海岛生态系统与基线相比是否受到损害,确定近岸海洋、海岸带和海岛生态系统损害的时空范围和程度,判定污染环境行为与近岸海洋、海岸带和海岛生态系统损害之间的因果关系,制定近岸海洋、海岸带和海岛生态系统恢复方案建议,评估近岸海洋、海岸带和海岛生态系统损害数额,评估恢复效果等。

第三十条 近岸海洋与海岸带环境污染致海洋植物损害鉴定。包括确定海洋养殖植物(包括食用、观赏、种用等海洋植物)、滨海湿地野生植物、海洋野生植物(包括藻类及种子植物等)损害的时间、类型、范围和程度,判定近岸海洋、海岸带和海岛环境污染与海洋植物损害之间的因果关系,制定海洋植物恢复方案建议,评估海洋植物损害数额,评估恢复效果等。

第三十一条 近岸海洋与海岸带环境污染致海洋动物损害鉴定。包括确定海洋养殖动物(包括食用、观赏、种用等海洋养殖动物)、滨海湿地野生动物(包括水禽、鸟类、两栖、爬行动物等)、海洋野生动物(包括浮游动物、底栖动物、鱼类、哺乳动物等)损害的时间、类型、范围和程度,判定近岸海洋、海岸带和海岛环境污染与海洋动物损害之间的因果关系,制定海洋动物恢复方案建议,评估海洋动物损害数额,评估恢复效果等。

第七章 生态系统环境损害鉴定

第三十二条 生态破坏行为致植物损害鉴定。包括鉴定藻类、地衣类、苔藓类、蕨类、裸子、被子等植物及植物制品物种及其濒危与保护等级、年龄、原生地;鉴定外来植物物种及入侵种;确定植物损害的时间、类型、范围和程度,判定滥砍滥伐、毁林、开垦林地、草原等生态破坏行为与植物物种损害之间的因果关系,制定植物损害生态恢复方案建议,评估植物损害数额,评估恢复效果等。

第三十三条 生态破坏行为致动物损害鉴定。包括鉴定哺乳纲、鸟纲、两栖纲、爬行纲、鱼类(圆口纲、盾皮鱼纲、软骨鱼纲、辐鳍鱼纲、棘鱼纲、肉鳍鱼纲等)、棘皮动物、昆虫纲、多足纲、软体动物、珊瑚纲等动物及动物制品物种及其濒危与保护等级、种类、年龄、原生地;鉴定外来动物物种及入侵种,确定动物损害的时间、类型、范围和程度,判定乱捕滥杀、栖息地破坏、外来种入侵等生态破坏行为与动物损害之间的因果关系,制定动物损害生态恢复方案建议,评估动物损害数额,评估恢复效果等。

第三十四条 生态破坏行为致微生物损害鉴定。包括确定食用菌、药用菌及其他真菌类等大型真菌物种及其濒危与保护等级;鉴定微生物损害的时间、类型、范围和程度,判定毁林、滥采等生态破坏行为与微生物损害之间的因果关系,制定微生物损害生态恢复方案建议,评估微生物损害数额,评估恢复效果等。

第三十五条 生态破坏行为致森林生态系统损害鉴定。包括确定森林类型与保护级别,确定森林生态系统损害评价指标与基线水平,确定森林生态系统损害的时间、类型(如指示性生物、栖息地、土壤、地下水等损害)、范围和程度,判定森林盗伐、滥砍滥伐珍稀保护物种、破坏种质资源、森林火灾、非法占用、工程建设、外来种引入、地下水超采等生态破坏行为与森林生态系统损害之间的因果关系,制定森林生态系统恢复方案建议,评估森林生态系统损害数额,评估恢复效果等。

第三十六条 生态破坏行为致草原生态系统损害鉴定。包括确定草原类型与保护级别；确定草原生态系统损害评价指标与基线水平，确定草原生态系统损害（如指示性生物、栖息地、土壤、地下水等损害）的时间、类型、范围和程度，判定超载放牧、滥采药材、毁草开荒、非法占用、工程建设、乱捕滥杀野生动物、外来种引入、地下水超采等生态破坏行为与草原生态系统损害之间的因果关系，制定草原生态系统恢复方案建议，评估草原生态系统损害数额，评估恢复效果等。

第三十七条 生态破坏行为致湿地生态系统损害鉴定。包括确定湿地类型与保护级别，确定湿地生态系统（河流、湖泊除外）损害评价指标和基线水平，确定湿地生态系统损害的时间、类型（如地表水、指示性生物、栖息地、土壤、地下水等损害）、范围和程度，判定农业围垦、城市开发、外来种引入、地下水超采等生态破坏行为与湿地生态系统损害之间的因果关系，制定湿地生态系统恢复方案建议，评估湿地生态系统损害数额，评估恢复效果等。

第三十八条 生态破坏行为致荒漠生态系统损害鉴定。包括确定荒漠性质及类别，确定荒漠生态系统损害评价指标和基线水平，确定荒漠生态系统损害的时间、类型（如土壤、地下水、指示性生物、栖息地等损害）、范围和程度，判定矿产开发、农业开垦、超载放牧、工程建设、珍稀濒危动植物种盗猎、盗采、外来种引入、地下水超采等生态破坏行为与荒漠生态系统损害之间的因果关系，制定荒漠生态系统恢复方案建议，评估荒漠生态系统损害数额，评估恢复效果等。

第三十九条 生态破坏行为致海洋生态系统损害鉴定。包括确定海洋类型与保护级别，确定海洋生态系统损害评价指标和基线水平，确定海洋生态系统损害的时间、类型（如海洋生物、渔业资源、珍稀物种、珊瑚礁及成礁生物、矿产资源、栖息地等损害）、范围和程度，判定过度捕捞、围填海、工程建设、外来种引入等生态破坏行为与海洋生态系统损害之间的因果关系，制定海洋生态系统恢复方案建议，评估海洋生态系统损害数额，评估恢复效果等。

第四十条 生态破坏行为致河流、湖泊生态系统损害鉴定。包括确定河流、湖泊类型及保护级别，确定河流、湖泊生态系统损害评价指标和基线水平，确定河流、湖泊、入海河口生态系统损害的时间、类型（如径流水量、水域岸线、水生生物、渔业资源、珍稀物种、栖息地等损害）、范围和程度，判定非法采砂、渔业滥捕超捕、侵占水域岸线、围湖造田、围垦河道、水域拦截、工程建设、外来种引入等生态破坏行为与河流、湖泊生态系统损害之间的因果关系，制定河流、湖泊生态系统恢复方案建议，评估河流、湖泊生态系统损害数额，评估恢复效果等。

第四十一条 生态破坏行为致冻原生态系统损害鉴定。包括确定冻原性质及类别，确定冻原生态系统损害评价指标和基线水平，确定冻原生态系统损害的时间、类型（如土壤、永冻层、冰川、地表水、地下水、指示性生物、栖息地等损害）、范围和程度，判定水资源开发、超载放牧、工程建设、珍稀濒危动植物盗猎盗采、外来种引入、地下水超采等生态破坏行为与冻原生态系统损害之间的因果关系，制定冻原生态系统恢复方案建议，评估冻原生态系统损害数额，评估恢复效果等。

第四十二条 生态破坏行为致农田生态系统损害鉴定。包括确定农田性质及类别，确定农田生态系统损害评价指标和基线水平，确定农田生态系统损害的时间、类型（如农田种植物、土壤、地下水等损害）、范围和程度，判定非法占用耕地、农区土地破坏、外来种引入、地下水超采等生态破坏行为与农田生态系统损害之间的因果关系，制定农田生态系统恢复方案建议，评估农田生态系统损害数额，评估恢复效果等。

第四十三条 生态破坏行为致城市生态系统损害鉴定。包括确定城市生态系统损害评价指标和基线水平，确定城市生态系统损害的时间、类型（如生物、城市景观、土壤、地下水等损害）、范围和程度，判定城市绿化用地侵占、植被破坏、外来种引入、地下水超采等生态破坏行为与城市生态系统损害之间的因果关系，制定城市生态系统恢复方案建议，评估城市生态系统损害数额，评估恢复效果等。

第四十四条 矿产资源开采行为致矿山地质环境破坏、土地损毁及生态功能损害鉴定。包括采矿引发的地貌塌陷、地裂缝、崩塌、滑坡、泥石流及隐患的规模、类型、危害，制定矿山地质灾害治理方案，评估损害数额，评估治理效果等；确定损毁土地的时间、类型、范围和程度，判定采矿活动与土地损毁之间的关系，制定土地功能恢复方案，评估损害数额，评估恢复效果等；确定采矿造成含水层水位下降的时间、程度、范围，井、泉水量减少（疏干）的程度，判定采矿活动与含水层水位下降、井（泉）水量减少的因果关系，制定含水层保护恢复方案，评估损害数额，评估恢复效果等；确定采矿改变地形条件造成山体破损、岩石裸露的时间、范围和程度，判定采矿活动与山体破损、岩石裸露的因果关系，制定地形地貌重塑方案建议、评估损害数额、评估治理效果等；确定矿产资源损失的时间、类型、范围和程度，判定采矿活动与矿产资源损失的因果关系；制定生态恢复方案建议，评估损害数额，评估恢复效果等。

第八章　其他环境损害鉴定

第四十五条　噪声损害鉴定。包括识别噪声源，评估噪声强度和影响范围；确定噪声致野生或养殖动物（包括家禽、家畜、水产、特种、娱乐或利用等养殖动物）及人体健康等损害（如死亡、减产、疾病等）数量和程度；判定噪声污染与野生或养殖动物及人体健康等损害之间的因果关系；制定噪声污染治理方案建议，评估损害数额，评估治理效果等。

第四十六条　振动损害鉴定。包括识别振动源，评估振动强度和影响范围；确定振动致野生或养殖动物及人体健康等损害的数量和程度；判定振动污染与野生或养殖动物及人体健康等损害之间的因果关系；制定振动污染治理方案建议，评估损害数额，评估治理效果等。

第四十七条　光损害鉴定。包括识别光污染源，评估光污染强度和影响范围；确定光污染致野生或养殖动物及人体健康等损害的数量和程度；判定光污染与野生或养殖动物及人体健康等损害之间的因果关系；制定光污染治理方案建议，评估损害数额，评估治理效果等。

第四十八条　热损害鉴定。包括识别热污染源，评估热污染强度和影响范围；确定热污染致野生或养殖动物及人体健康等损害的数量和程度；判定热污染与野生或养殖动物及人体健康等损害之间的因果关系；制定热污染治理方案建议，评估损害数额，评估治理效果等。

第四十九条　电磁辐射损害鉴定。包括识别电磁辐射源，评估电磁辐射强度和对环境的影响范围；确定电磁辐射致野生或养殖动物及人体健康等损害的数量和程度；判定电磁辐射与野生或养殖动物及人体健康等损害之间的因果关系；制定电磁辐射污染治理方案建议，评估损害数额，评估治理效果等。

第五十条　电离辐射损害鉴定。包括识别电离辐射源，评估电离辐射强度和对环境的影响范围；确定电离辐射致野生或养殖动物及人体健康等损害的数量和程度；判定电离辐射与野生或养殖动物及人体健康等损害之间的因果关系；制定电离辐射污染治理方案建议，评估损害数额，评估治理效果等。

第九章　附　则

第五十一条　本规定自发布之日起实施。

司法部、环境保护部关于印发《环境损害司法鉴定机构登记评审办法》《环境损害司法鉴定机构登记评审专家库管理办法》的通知

- 2016年10月12日
- 司发通〔2016〕101号

各省、自治区、直辖市司法厅（局）、环境保护厅（局）：

为贯彻落实《最高人民法院　最高人民检察院　司法部关于将环境损害司法鉴定纳入统一登记管理范围的通知》（司发通〔2015〕117号）、《司法部　环境保护部关于规范环境损害司法鉴定管理工作的通知》（司发通〔2015〕118号），司法部、环境保护部共同研究制定了《环境损害司法鉴定机构登记评审办法》、《环境损害司法鉴定机构登记评审专家库管理办法》，现印发给你们，请结合实际认真贯彻执行。

附件：1.《环境损害司法鉴定机构审核登记评审办法》
　　　2.《环境损害司法鉴定机构审核登记评审专家库管理办法》

附件1

环境损害司法鉴定机构审核登记评审办法

第一条　为规范司法行政机关登记环境损害司法鉴定机构的专家评审工作，根据《司法鉴定机构登记管理办法》（司法部令第95号）、《司法部、环境保护部关于规范环境损害司法鉴定管理工作的通知》（司发通〔2015〕118号）等有关规定，结合环境损害司法鉴定工作实际，制定本办法。

第二条　司法行政机关应当加强与人民法院、人民检察院、公安机关和环境保护、国土资源、水利、农业、林业、海洋、地质等有关部门的沟通协调，根据环境损害司法鉴定的实际需求、发展趋势和鉴定资源等情况，合理规划环境损害司法鉴定机构的布局、类别、规模、数量等，适应诉讼活动对环境损害司法鉴定的需要。

第三条　环境保护部会同司法部建立全国环境损害司法鉴定机构登记评审专家库，制定管理办法。

省、自治区、直辖市环境保护主管部门会同同级司法行政机关建立本省（区、市）环境损害司法鉴定机构登记评审专家库。

第四条　申请从事环境损害司法鉴定业务的法人或者其他组织（以下简称"申请人"），应当符合《司法鉴定

机构登记管理办法》规定的条件，同时还应当具备以下条件：

（一）每项鉴定业务至少有2名具有相关专业高级专业技术职称的鉴定人。

（二）有不少于一百万元人民币的资金。

第五条 申请人申请从事环境损害司法鉴定业务，应当向省（区、市）司法行政机关提交申请材料。司法行政机关决定受理的，应当按照法定的时限和程序进行审核并依照本办法及有关规定组织专家进行评审。

评审时间不计入审核时限。

第六条 省（区、市）司法行政机关应当根据申请人的申请执业范围，针对每个鉴定事项成立专家评审组。评审组专家应当从环境损害司法鉴定机构登记评审专家库中选取，人数不少于3人，其中国家库中专家不少于1人；必要时，可以从其他省（区、市）地方库中选取评审专家。

评审专家与申请人有利害关系的，应当回避。

评审专家不能履行评审工作职责的，司法行政机关应当更换专家。

第七条 专家评审组应当按照司法行政机关的统一安排，独立、客观地组织开展评审工作。

第八条 专家评审应当坚持科学严谨、客观公正、实事求是的原则，遵守有关法律、法规。

第九条 专家评审组开展评审前应当制定评审工作方案，明确评审的实施程序、主要内容、专家分工等事项。

评审的内容包括申请人的场地、仪器、设备等技术条件和专业人员的专业技术能力等。

评审的形式主要包括查阅有关申请材料、实地查看工作场所和环境、现场勘验和评估、听取申请人汇报、答辩、对专业人员的专业技术能力进行考核等。

第十条 评审专家组应当提交由评审专家签名的专家评审意见书，专家评审意见书应当包括评审基本情况、评审结论和主要依据等内容。

评审意见书应当明确申请人是否具备相应的技术条件、是否具有相应的专业技术能力、拟同意申请人的执业范围描述等。评审结论应当经专家组三分之二以上专家同意。

第十一条 评审专家和工作人员不得向申请人或者其他人员泄露专家的个人意见或者评审意见。

第十二条 多个申请人在同一时间段提出申请的，司法行政机关可以针对同一类鉴定事项组织集中评审，开展集中评审的专家评审组人数不得少于5人。

第十三条 司法行政机关应当按照《司法鉴定机构登记管理办法》及有关规定，结合专家评审意见，作出是否准予登记的决定。

第十四条 本办法发布前已经审核登记从事环境损害类司法鉴定业务的司法鉴定机构，应当按照《司法部 环境保护部关于规范环境损害司法鉴定管理工作的通知》（司发通〔2015〕118号）的规定申请重新登记。

第十五条 环境损害司法鉴定机构申请变更业务范围的，司法行政机关应当组织专家评审；申请延续的，由司法行政机关根据实际需要决定是否组织专家评审。

第十六条 开展专家评审工作所需的交通、食宿、劳务等费用应当按照《行政许可法》第五十八条规定，列入本行政机关的预算，由本级财政予以保障，不得向申请人收取任何费用。

第十七条 本办法自2016年12月1日起施行。

附件2

环境损害司法鉴定机构登记评审专家库管理办法

第一条 为充分发挥专家在环境损害司法鉴定机构登记评审工作中的作用，依据《司法部、环境保护部关于规范环境损害司法鉴定管理工作的通知》（司发通〔2015〕118号）的相关规定，制定本办法。

第二条 环境损害司法鉴定机构评审专家库由国家库和地方库组成。环境保护部会同司法部建立全国环境损害司法鉴定机构登记评审专家库。各省、自治区、直辖市环境保护主管部门会同同级司法行政机关建立本省（区、市）环境损害司法鉴定机构登记评审专家库。

第三条 国家库下设污染物性质鉴别、地表水和沉积物、环境大气、土壤与地下水、近岸海洋和海岸带、生态系统、环境经济、其他类（主要包括噪声、振动、光、热、电磁辐射、核辐射、环境法等）等8个领域的专家库。

各省（区、市）环境保护主管部门会同同级司法行政机关根据当地实际设立管理地方库。

第四条 入选国家库的专家应具备以下条件：

（一）具有高级专业技术职称或者从事审判、检察、公安等工作并熟悉相关鉴定业务；

（二）从事或参与相关专业工作十年以上；

（三）了解环境保护工作的有关法律、法规和政策，熟悉国家和地方环境损害鉴定评估相关制度与技术规范；

（四）具有良好的科学道德和职业操守；

(五)健康状况良好,可以参加有关评审、评估和培训等活动。

第五条 专家申请进入专家库应当提交申请表和相关证明材料。

环境保护主管部门会同司法行政机关组织开展入库专家遴选工作。

第六条 入库专家的工作内容包括:

(一)为环境损害司法鉴定机构的评审提供专家意见;

(二)参加相关技术培训;

(三)承担环境保护主管部门、司法行政机关委托的其他工作。

第七条 环境保护主管部门会同司法行政机关对专家库实行动态管理。

专家人数不能满足工作需要的,适时启动遴选工作,增补专家数额。

对不能履行职责的专家,及时调整出库。

第八条 环境保护部会同司法部建设环境损害司法鉴定专家库信息平台,统一提供国家库、地方库专家名单查询。

第九条 本办法自2016年12月1日起施行。

附件

申请表

姓名		性别		民族		照片
出生日期		健康状况				
学历		学位				
专业技术职称、职级		评聘时间				
行政职务、职级		任职时间				
工作单位(详至部门)						
通讯地址				邮政编码		
手机		座机		传真		
身份证号		电子信箱				
研究方向	1.		2.		3.	
研究特长[污染物性质鉴别、地表水和沉积物、环境大气、土壤与地下水、近岸海洋和海岸带、生态系统、环境经济、其他类(主要包括噪声、振动、光、热、电磁辐射、核辐射、环境法等)等8个领域中选]						
个人简介 (500字以内)						

续表

代表性成果	序言	成果名称	成果(论文、著作、研究报告等)名称及出版(发表)时间	本人贡献

项目情况	序言	项目名称	参与的环境损害评估项目或相关研究项目	本人贡献

获奖情况	序号	成果名称	获奖名称及等级	本人排名

其他需要说明的事项(从事环境损害鉴定评估工作的经验等)	

所在单位意见(可选)

(单位盖章)

申请人(签字):
　　年　月　日

负责人(签字):
　　年　月　日

注:相关证明材料附后

司法部关于进一步规范和完善司法鉴定人出庭作证活动的指导意见

- 2020年5月14日
- 司规〔2020〕2号

各省、自治区、直辖市司法厅（局），新疆生产建设兵团司法局：

为了规范和指导司法行政机关登记管理的司法鉴定人出庭作证活动，保障诉讼活动的顺利进行，根据《全国人民代表大会常务委员会关于司法鉴定管理问题的决定》和有关法律、法规的规定，制定本指导意见。

一、本指导意见所称的司法鉴定人出庭作证是指经司法行政机关审核登记，取得司法鉴定人执业证的司法鉴定人经人民法院依法通知，在法庭上对自己作出的鉴定意见，从鉴定依据、鉴定步骤、鉴定方法、可靠程度等方面进行解释和说明，并在法庭上当面回答质询和提问的行为。

二、人民法院出庭通知已指定出庭作证鉴定人的，要由被指定的鉴定人出庭作证；未指定出庭作证的鉴定人时，由鉴定机构指定一名或多名在司法鉴定意见书上签名的鉴定人出庭作证。

司法鉴定机构要为鉴定人出庭提供必要条件。

三、人民法院通知鉴定人到庭作证后，有下列情形之一的，鉴定人可以向人民法院提出不到庭书面申请：

（一）未按照法定时限通知到庭的；
（二）因健康原因不能到庭的；
（三）路途特别遥远，交通不便难以到庭的；
（四）因自然灾害等不可抗力不能到庭的；
（五）有其他正当理由不能到庭的。

经人民法院同意，未到庭的鉴定人可以提交书面答复或者说明，或者使用视频传输等技术作证。

四、鉴定人出庭前，要做好如下准备工作：

（一）了解、查阅与鉴定事项有关的情况和资料；
（二）了解出庭的相关信息和质证的争议焦点；
（三）准备需要携带的有助于说明鉴定的辅助器材和设备；
（四）其他需要准备的工作。

五、鉴定人出庭要做到：

（一）遵守法律、法规，恪守职业道德，实事求是，尊重科学，尊重事实；
（二）按时出庭，举止文明，遵守法庭纪律；
（三）配合法庭质证，如实回答与鉴定有关的问题；
（四）妥善保管出庭所需的鉴定材料、样本和鉴定档案资料；
（五）所回答问题涉及执业活动中知悉的国家秘密、商业秘密和个人隐私的，应当向人民法院阐明；经人民法院许可的，应当如实回答；
（六）依法应当做到的其他事项。

六、鉴定人到庭作证时，要按照人民法院的要求，携带本人身份证件、司法鉴定人执业证和人民法院出庭通知等材料，并在法庭指定的鉴定人席就座。

七、在出庭过程中，鉴定人遇有下列情形的，可以及时向人民法院提出请求：

（一）认为本人或者其近亲属的人身安全面临危险，需要请求保护的；
（二）受到诉讼参与人或者其他人以言语或者行为进行侮辱、诽谤，需要予以制止的。

八、鉴定人出庭作证时，要如实回答涉及下列内容的问题：

（一）与本人及其所执业鉴定机构执业资格和执业范围有关的问题；
（二）与鉴定活动及其鉴定意见有关的问题；
（三）其他依法应当回答的问题。

九、法庭质证中，鉴定人无法当庭回答质询或者提问的，经法庭同意，可以在庭后提交书面意见。

十、鉴定人退庭后，要对法庭笔录中鉴定意见的质证内容进行确认。

经确认无误的，应当签名；发现记录有差错的，可以要求补充或者改正。

十一、出庭结束后，鉴定机构要将鉴定人出庭作证相关材料归档。

十二、司法行政机关要监督、指导鉴定人依法履行出庭作证义务，定期或不定期了解掌握鉴定人履行出庭作证义务情况。

十三、司法行政机关要健全完善与人民法院的衔接机制，加强鉴定人出庭作证信息共享，及时研究解决鉴定人出庭作证中的相关问题，保障鉴定人依法履行出庭作证义务。

十四、司法行政机关接到人民法院有关鉴定人无正当理由拒不出庭的通报、司法建议，或公民、法人和其他组织有关投诉、举报的，要依法进行调查处理。

在调查中发现鉴定人存在经人民法院依法通知，拒绝出庭作证情形的，要依法给予其停止从事司法鉴定业务三个月以上一年以下的处罚；情节严重的，撤销登记。

十五、司法鉴定行业协会要根据本指导意见，制定鉴定人出庭作证的行业规范，加强鉴定人出庭作证行业自律管理。

十六、本指导意见自公布之日起实施。

法医类司法鉴定执业分类规定

- 2020年5月14日
- 司规〔2020〕3号

第一章 总 则

第一条 为规范法医类司法鉴定机构和鉴定人的执业活动，根据《全国人民代表大会常务委员会关于司法鉴定管理问题的决定》等规定，结合司法鉴定工作实际制定本规定。

第二条 法医类司法鉴定是指在诉讼活动中法医学各专业鉴定人运用科学技术或者专门知识，对诉讼涉及的专门性问题进行鉴别和判断并提供鉴定意见的活动。

第三条 法医类司法鉴定依据所解决的专门性问题分为法医病理鉴定、法医临床鉴定、法医精神病鉴定、法医物证鉴定、法医毒物鉴定等。

第二章 法医病理鉴定

第四条 法医病理鉴定是指鉴定人运用法医病理学的科学技术或者专门知识，对与法律问题有关的人身伤、残、病、死及死后变化等专门性问题进行鉴别和判断并提供鉴定意见的活动。

法医病理鉴定包括死亡原因鉴定，死亡方式判断，死亡时间推断，损伤时间推断，致伤物推断，成伤机制分析，医疗损害鉴定以及与死亡原因相关的其他法医病理鉴定等。

第五条 死亡原因鉴定。依据法医病理学尸体检验等相关标准，基于具体案件鉴定中的检材情况、委托人的要求以及死者的民族习惯等，按照所采用的检查方法进行死亡原因鉴定或分析。死亡原因鉴定通常有以下类型：

尸体解剖，死亡原因鉴定。通过进行系统尸体解剖检验（包括但不限于颅腔、胸腔、腹腔等）；提取病理检材，对各器官进行大体检验和显微组织病理学检验；提取尸体相关体液或组织进行毒、药物检验，或者其他实验室检验（必要时）。根据上述尸体解剖检验和必要的实验室检验结果，结合案情资料及其他书证材料，对死亡原因等进行鉴定。

尸表检验，死亡原因分析。通过对尸体衣着、体表进行检验，必要时进行尸体影像学检查或提取相关体液检材进行毒、药物检验等。根据上述检验结果，并结合案情资料等对死亡原因等进行分析。

器官/切片检验，死亡原因分析。因鉴定条件所限，缺少尸体材料时（如：再次鉴定时尸体已处理），可以通过对送检器官/组织切片进行法医病理学检验与诊断，并结合尸体检验记录和照片、毒物检验结果以及案情资料、书证材料等，进行死亡原因分析。

第六条 器官组织法医病理学检验与诊断。通过对人体器官/组织切片进行大体检验和(或)显微组织病理学检验，依法医病理学专业知识分析、判断，作出法医病理学诊断意见。

第七条 死亡方式判断。通过案情调查、现场勘验、尸体检验及相关实验室检验/检测等资料综合分析，判断死者的死亡方式是自然死亡还是他杀、自杀、意外死亡，或者死亡方式不确定。

第八条 死亡时间推断。依据尸体现象及其变化规律推断死亡时间；依据胃、肠内容物的量和消化程度推断死亡距最后一次用餐的经历时间；利用生物化学方法，检测体液内化学物质或大分子物质浓度变化等推断死亡时间；利用光谱学、基因组学等技术推断死亡时间；依据法医昆虫学嗜尸性昆虫的发育周期及其演替规律推断死亡时间等。

第九条 损伤时间推断。在鉴别生前伤与死后伤的基础上，通过对损伤组织的大体观察和镜下组织病理学检查，依据生前损伤组织修复、愈合、炎症反应等形态学改变，对损伤时间进行推断；利用免疫组织化学和分子生物学等技术，依据生前损伤组织大分子活性物质变化规律等，对伤后存活时间进行推断。

第十条 致伤物推断。依据人体损伤形态特征、微量物证及DNA分型检验结果等，结合案情、现场勘验及可疑致伤物特征，对致伤物的类型、大小、质地、重量及作用面形状等进行分析，推断致伤物。

第十一条 成伤机制分析。依据人体损伤的形态、大小、方向、分布等损伤特征，结合案情、现场勘验及可疑致伤物特征，对损伤是如何形成的进行分析、判断。

第十二条 医疗损害鉴定。应用法医病理学鉴定理论知识、临床医学理论知识和诊疗规范等，对涉及病理诊断和/或死亡后果等情形的医疗纠纷案件进行鉴定。判断诊疗行为有无过错；诊疗行为与死者死亡后果之间是否存在因果关系以及过错原因力大小等。

第十三条 与死亡原因相关的其他法医病理鉴定。

包括但不限于组织切片特殊染色、尸体影像学检查、组织器官硅藻检验、尸体骨骼的性别和年龄推断等。

第三章 法医临床鉴定

第十四条 法医临床鉴定是指鉴定人运用法医临床学的科学技术或者专门知识,对诉讼涉及的与法律有关的人体损伤、残疾、生理功能、病理生理状况及其他相关的医学问题进行鉴别和判断并提供鉴定意见的活动。

法医临床鉴定包括人体损伤程度鉴定,人体残疾等级鉴定,赔偿相关鉴定,人体功能评定,性侵犯与性别鉴定,诈伤、诈病、造作伤鉴定,医疗损害鉴定,骨龄鉴定及与损伤相关的其他法医临床鉴定等。

第十五条 人体损伤程度鉴定。依据相关标准规定的各类致伤因素所致人身损害的等级划分,对损伤伤情的严重程度进行鉴定。

第十六条 人体残疾等级鉴定。依据相关标准规定的各类损伤(疾病)后遗人体组织器官结构破坏或者功能障碍所对应的等级划分,对后遗症的严重程度及其相关的劳动能力等事项进行鉴定。

第十七条 赔偿相关鉴定。依据相关标准或者法医临床学的一般原则,对人体损伤、残疾有关的赔偿事项进行鉴定。包括医疗终结时间鉴定,人身损害休息(误工)期、护理期、营养期的鉴定,定残后护理依赖、医疗依赖、营养依赖的鉴定,后续诊疗项目的鉴定,诊疗合理性和相关性的鉴定。

第十八条 人体功能评定。依据相关标准,在活体检查与实验室检验的基础上,必要时结合伤(病)情资料,对视觉功能、听觉功能、男性性功能与生育功能、嗅觉功能及前庭平衡功能进行综合评定。

第十九条 性侵犯与性别鉴定。采用法医临床学及临床医学相关学科的理论与技术,对强奸、猥亵、性虐待等非法性侵犯和反常性行为所涉专门性问题进行鉴定,以及对性别(第二性征)进行鉴定。

第二十条 诈伤、诈病、造作伤鉴定。采用法医临床学的理论与技术,对诈称(夸大)损伤、诈称(夸大)疾病以及人为造成的身体损伤进行鉴定。

第二十一条 医疗损害鉴定。应用法医临床学与临床医学相关学科的理论与技术,对医疗机构实施的诊疗行为有无过错、诊疗行为与患者损害后果之间是否存在因果关系及其原因力大小的鉴定,还包括对医疗机构是否尽到了说明义务、取得患者或者患者近亲属书面同意义务的鉴定(不涉及病理诊断或死亡原因鉴定)。

第二十二条 骨龄鉴定。通过个体骨骼的放射影像学特征对青少年的骨骼年龄进行推断。

第二十三条 与人体损伤相关的其他法医临床鉴定。采用法医临床学及其相关自然科学学科的理论与技术,对人体损伤(疾病)所涉及的除上述以外其他专门性问题的鉴定。包括损伤判定、损伤时间推断、成伤机制分析与致伤物推断、影像资料的同一性认定,以及各种致伤因素造成的人身损害与疾病之间因果关系和原因力大小的鉴定等。

第四章 法医精神病鉴定

第二十四条 法医精神病鉴定是指运用法医精神病学的科学技术或者专门知识,对涉及法律问题的被鉴定人的精神状态、行为/法律能力、精神损伤及精神伤残等专门性问题进行鉴别和判断并提供鉴定意见的活动。

法医精神病鉴定包括精神状态鉴定、刑事类行为能力鉴定、民事类行为能力鉴定、其他类行为能力鉴定、精神损伤类鉴定、医疗损害鉴定、危险性评估、精神障碍医学鉴定以及与心理、精神相关的其他法医精神病鉴定等。

第二十五条 精神状态鉴定。对感知、思维、情感、行为、意志及智力等精神活动状态的评估。包括有无精神障碍(含智能障碍)及精神障碍的分类。

第二十六条 刑事类行为能力鉴定。对涉及犯罪嫌疑人或被告人、服刑人员以及强奸案件中被害人的行为能力进行鉴定。包括刑事责任能力、受审能力、服刑能力(含是否适合收监)、性自我防卫能力鉴定等。

第二十七条 民事类行为能力鉴定。对涉及民事诉讼活动中相关行为能力进行鉴定。包括民事行为能力、诉讼能力鉴定等。

第二十八条 其他类行为能力鉴定。对涉及行政案件的违法者(包括吸毒人员)、各类案件的证人及其他情形下的行为能力进行鉴定。包括受处罚能力,是否适合强制隔离戒毒,作证能力及其他行为能力鉴定等。

第二十九条 精神损伤类鉴定。对因伤或因病致劳动能力丧失及其丧失程度,对各类致伤因素所致人体损害后果的等级划分,及损伤伤情的严重程度进行鉴定。包括劳动能力,伤害事件与精神障碍间因果关系,精神损伤程度,伤残程度,休息期(误工期)、营养期、护理期及护理依赖程度等鉴定。

第三十条 医疗损害鉴定。对医疗机构实施的精神障碍诊疗行为有无过错、诊疗行为与损害后果间是否存在因果关系及原因力大小进行鉴定。

第三十一条 危险性评估。适用于依法不负刑事责任精神病人的强制医疗程序，包括对其被决定强制医疗前或解除强制医疗时的暴力危险性进行评估。

第三十二条 精神障碍医学鉴定。对疑似严重精神障碍患者是否符合精神卫生法规定的非自愿住院治疗条件进行评估。

第三十三条 与心理、精神相关的其他法医精神病鉴定或测试。包括但不限于强制隔离戒毒适合性评估、多道心理生理测试（测谎）、心理评估等。

第五章 法医物证鉴定

第三十四条 法医物证鉴定是指鉴定人运用法医物证学的科学技术或者专门知识，对各类生物检材进行鉴别和判断并提供鉴定意见的活动。

法医物证鉴定包括个体识别，三联体亲子关系鉴定，二联体亲子关系鉴定，亲缘关系鉴定，生物检材种属和组织来源鉴定，生物检材来源生物地理溯源，生物检材来源个体表型推断，生物检材来源个体年龄推断以及与非人源生物检材相关的其他法医物证鉴定等。

第三十五条 个体识别。对生物检材进行性别检测、常染色体 STR 检测、Y 染色体 STR 检测、X 染色体 STR 检测、线粒体 DNA 检测等，以判断两个或多个生物检材是否来源于同一个体。

第三十六条 三联体亲子关系鉴定。对生物检材进行常染色体 STR 检测、Y 染色体 STR 检测、X 染色体 STR 检测等，以判断生母、孩子与被检父或者生父、孩子与被检母之间的亲缘关系。

第三十七条 二联体亲子关系鉴定。对生物检材进行常染色体 STR 检测、Y 染色体 STR 检测、X 染色体 STR 检测、线粒体 DNA 检测等，以判断被检父与孩子或者被检母与孩子之间的亲缘关系。

第三十八条 亲缘关系鉴定。对生物检材进行 STR 检测、SNP 检测、线粒体 DNA 检测等，以判断被检个体之间的同胞关系、祖孙关系等亲缘关系。

第三十九条 生物检材种属和组织来源鉴定。对可疑血液、精液、唾液、阴道液、汗液、羊水、组织/器官等各类生物检材及其斑痕进行细胞学检测、免疫学检测、DNA 检测、RNA 检测等，以判断其种属、组织类型或来源。

第四十条 生物检材来源生物地理溯源。对生物检材进行祖先信息遗传标记检测，以推断被检个体的生物地理来源。

第四十一条 生物检材来源个体表型推断。对生物检材进行生物表型信息遗传标记检测，以推断被检个体容貌、身高等生物表型或其它个体特征信息。

第四十二条 生物检材来源个体年龄推断。对体液（斑）、组织等检材进行生物年龄标志物检测，以推断被检个体的生物学年龄。

第四十三条 与非人源生物检材相关的其他法医物证鉴定。包括但不限于对来自动物、植物、微生物等非人源样本进行同一性鉴识、种属鉴定以及亲缘关系鉴定等。

第六章 法医毒物鉴定

第四十四条 法医毒物鉴定是指鉴定人运用法医毒物学的科学技术或者专门知识，对体内外药毒物、毒品及代谢物进行定性、定量分析，并提供鉴定意见的活动。

法医毒物鉴定包括气体毒物鉴定，挥发性毒物鉴定，合成药毒物鉴定，天然药毒物鉴定，毒品鉴定，易制毒化学品鉴定，杀虫剂鉴定，除草剂鉴定，杀鼠剂鉴定，金属毒物类鉴定，水溶性无机毒物类鉴定以及与毒物相关的其他法医毒物鉴定等。

第四十五条 气体毒物鉴定。鉴定检材中是否含有一氧化碳、硫化氢、磷化氢、液化石油气等气体毒物或其体内代谢物；气体毒物及代谢物的定量分析。

第四十六条 挥发性毒物鉴定。鉴定检材中是否含有氢氰酸、氰化物、含氰苷类、醇类、苯及其衍生物等挥发性毒物或其体内代谢物；挥发性毒物及代谢物的定量分析。

第四十七条 合成药毒物鉴定。鉴定检材中是否含有苯二氮卓类药物、巴比妥类药物、吩噻嗪类药物、抗精神病药物、临床麻醉药、抗生素、甾体激素等化学合成或半合成的药物或其体内代谢物；合成药毒物及代谢物的定量分析。

第四十八条 天然药毒物鉴定。鉴定检材中是否含有乌头生物碱、颠茄生物碱、钩吻生物碱、雷公藤甲素、雷公藤酯甲等植物毒物成分或其体内代谢物，以及检材中是否含有斑蝥素、河豚毒素、蟾蜍毒素等动物毒物成分或其体内代谢物；天然药毒物及代谢物的定量分析。

第四十九条 毒品鉴定。鉴定检材中是否含有阿片类、苯丙胺类兴奋剂、大麻类、可卡因、氯胺酮、合成大麻素类、卡西酮类、芬太尼类、哌嗪类、色胺类等毒品或其体内代谢物；毒品及代谢物的定量分析。

第五十条 易制毒化学品鉴定。鉴定检材中是否含有 1-苯基-2-丙酮、苯乙酸、甲苯等易制毒化学品；易制毒化学品的定量分析。

第五十一条 杀虫剂鉴定。鉴定检材中是否含有有机磷杀虫剂、氨基甲酸酯类杀虫剂、拟除虫菊酯类杀虫剂等杀虫剂或其体内代谢物;杀虫剂及代谢物的定量分析。

第五十二条 除草剂鉴定。鉴定检材中是否含有百草枯、敌草快、草甘膦等除草剂或其体内代谢物,除草剂及代谢物的定量分析。

第五十三条 杀鼠剂鉴定。鉴定检材中是否含有香豆素类、茚满二酮类、有机氟类、有机磷类、氨基甲酸酯类等有机合成杀鼠剂、无机杀鼠剂、天然植物性杀鼠剂成分等杀鼠剂或其体内代谢物;杀鼠剂及代谢物的定量分析。

第五十四条 金属毒物鉴定。鉴定检材中是否含有砷、汞、钡、铅、铬、铊、镉等金属、类金属及其化合物;金属毒物的定量分析。

第五十五条 水溶性无机毒物鉴定。鉴定检材中是否含有亚硝酸盐、强酸、强碱等水溶性无机毒物,水溶性无机毒物的定量分析。

第五十六条 与毒物相关的其他法医毒物鉴定,包括但不限于定性、定量分析结果的解释,如对毒物在体内的存在形式、代谢过程、检出时限的解释等。

第七章 附 则

第五十七条 本规定自公布之日起施行。

附表 法医类司法鉴定执业分类目录

序号	领域	分领域及项目
01	法医病理鉴定	0101 死亡原因鉴定 010101 尸体解剖,死亡原因鉴定 010102 尸表检验,死亡原因分析 010103 器官/切片检验,死亡原因分析 0102 器官组织法医病理学检验与诊断 0103 死亡方式判断 0104 死亡时间推断 0105 损伤时间推断 0106 致伤物推断 0107 成伤机制分析 0108 医疗损害鉴定 0109 与死亡原因相关的其他法医病理鉴定

续 表

序号	领域	分领域及项目
02	法医临床鉴定	0201 人体损伤程度鉴定 0202 人体残疾等级鉴定 0203 赔偿相关鉴定 0204 人体功能评定 020401 视觉功能 020402 听觉功能 020403 男性性功能与生育功能 020404 嗅觉功能 020405 前庭平衡功能 0205 性侵犯与性别鉴定 0206 诈伤、诈病、造作伤鉴定 0207 医疗损害鉴定 0208 骨龄鉴定 0209 与人体损伤相关的其他法医临床鉴定
03	法医精神病鉴定	0301 精神状态鉴定 0302 刑事类行为能力鉴定 0303 民事类行为能力鉴定 0304 其他类行为能力鉴定 0305 精神损伤类鉴定 0306 医疗损害鉴定 0307 危险性评估 0308 精神障碍医学鉴定 0309 与心理、精神相关的其他法医精神病鉴定或测试
04	法医物证鉴定	0401 个体识别 0402 三联体亲子关系鉴定 0403 二联体亲子关系鉴定 0404 亲缘关系鉴定 0405 生物检材种属和组织来源鉴定 0406 生物检材来源生物地理溯源 0407 生物检材来源个体表型推断 0408 生物检材来源个体年龄推断 0409 与非人源生物检材相关的其他法医物证鉴定

续表

序号	领域	分领域及项目
05	法医毒物鉴定	0501 气体毒物鉴定
		0502 挥发性毒物鉴定
		0503 合成药毒物鉴定
		0504 天然药毒物鉴定
		0505 毒品鉴定
		0506 易制毒化学品鉴定
		0507 杀虫剂鉴定
		0508 除草剂鉴定
		0509 杀鼠剂鉴定
		0510 金属毒物鉴定
		0511 水溶性无机毒物鉴定
		0512 与毒物相关的其他法医毒物鉴定

关于《司法鉴定机构登记管理办法》第二十条、《司法鉴定人登记管理办法》第十五条的解释

·2020年6月5日
·司规〔2020〕4号

为贯彻落实中共中央办公厅、国务院办公厅《关于健全统一司法鉴定管理体制的实施意见》有关要求,根据《规章制定程序条例》第三十三条的规定,对《司法鉴定机构登记管理办法》第二十条和《司法鉴定人登记管理办法》第十五条中关于登记审核工作有关问题解释如下:

一、法人或者其他组织、个人申请从事司法鉴定业务的,司法行政机关在受理申请后,应当对其提交的申请材料是否齐全、是否符合法定形式进行审查,对法人或者其他组织是否符合准入条件、对个人是否具备执业能力等实质内容进行核实。核实的方式包括组织专家对法人或者其他组织进行评审,以及对个人进行考核等。

二、本解释自公布之日起实施。

司法鉴定机构 鉴定人记录和报告干预司法鉴定活动的有关规定

·2020年6月8日
·司办通〔2020〕56号

第一条 为深入贯彻落实中办、国办《关于健全统一司法鉴定管理体制的实施意见》,依法保障鉴定人独立开展鉴定工作,让人民群众在每一起鉴定案件中都能感受到公平正义,根据《全国人民代表大会常务委员会关于司法鉴定管理问题的决定》等有关规定,结合司法鉴定工作实际,制定本规定。

第二条 鉴定人独立进行鉴定活动,不受任何组织和个人干预。

第三条 有下列情形之一的,属于干预司法鉴定活动:

(一)为当事人请托说情的;

(二)邀请鉴定人或者鉴定机构其他人员私下会见司法鉴定委托人、当事人及其代理人、辩护律师、近亲属以及其他与案件有利害关系的人的;

(三)明示、暗示或强迫鉴定人或者鉴定机构其他人员违规受理案件、出具特定鉴定意见、终止鉴定的;

(四)其他影响鉴定人独立进行鉴定的情形。

第四条 干预司法鉴定活动实行零报告制度。对于有本规定第三条规定情形的,鉴定人或者鉴定机构其他人员应当及时固定相关证据,填写《干预司法鉴定活动记录表》(见附件)并签名、存入司法鉴定业务档案,做到全程留痕,有据可查。

没有本规定第三条规定情形的,应当在《干预司法鉴定活动记录表》中勾选"无此类情况"并签名、存入司法鉴定业务档案。

第五条 鉴定人或者鉴定机构其他人员应当及时将干预司法鉴定活动情况报所在司法鉴定机构。

对于鉴定机构负责人有本规定第三条规定情形的,鉴定人或者鉴定机构其他人员可以直接向主管该鉴定机构的司法行政机关报告。

对于鉴定机构其他人员有本规定第三条规定情形,造成严重后果的,鉴定人或者鉴定机构可以直接向主管该鉴定机构的司法行政机关报告。

第六条 司法鉴定机构收到报告后,对于鉴定机构内部人员干预司法鉴定活动的,依据本机构章程等规定予以处理;对于鉴定机构外部人员干预司法鉴定活动的,及时向主管该鉴定机构的司法行政机关报告。

第七条 司法鉴定机构及其工作人员应当严格遵守本规定，做好干预司法鉴定活动记录和报告等工作。

司法鉴定机构应当充分发挥党组织职能作用，加强党员教育管理。对于党员干预司法鉴定活动的，除根据本规定第六条给予处理外，还应当依规依纪进行处理。

第八条 司法行政机关收到报告后，应当按照下列不同情形，分别作出处理：

（一）符合第五条第二款、第三款规定情形的鉴定机构内部人员干预司法鉴定活动的，由主管该机构的司法行政机关调查处理；

（二）司法行政机关工作人员干预司法鉴定活动的，由其所在的司法行政机关依法处理；

（三）司法机关、行政执法机关等委托人及其工作人员干预司法鉴定活动的，应当向其上级机关或者主管单位进行通报；

（四）其他机关或组织的工作人员干预司法鉴定活动的，向其主管单位或者上级机关通报；

（五）其他个人干预司法鉴定活动的，将有关情况告知司法机关、行政执法机关等委托人。

其中，存在第（一）（二）（四）项情况的，应当一并告知司法机关、行政执法机关等委托人。

第九条 鉴定人或者鉴定机构其他人员如实记录和报告干预司法鉴定活动情况，受法律和组织保护。对记录和报告人员打击报复的，依法依规严肃处理；构成犯罪的，依法追究刑事责任。

第十条 司法行政机关、司法鉴定机构及其工作人员不得泄露其知悉的记录和报告干预司法鉴定活动有关情况。

第十一条 有下列情形之一的，由司法行政机关责令改正，并记入其诚信档案；两次以上不记录或者不如实记录、报告的，予以训诫、通报批评：

（一）鉴定人未如实记录、报告干预司法鉴定活动情况的；

（二）鉴定机构负责人授意不记录、报告或者不如实记录、报告干预司法鉴定活动情况的；

（三）其他违反本规定的情形。

第十二条 本规定自2020年7月1日起施行。

物证类司法鉴定执业分类规定

- 2020年6月23日
- 司规〔2020〕5号

第一章 总 则

第一条 为规范物证类司法鉴定机构和鉴定人的执业活动，根据《全国人民代表大会常务委员会关于司法鉴定管理问题的决定》等规定，结合司法鉴定工作实际制定本规定。

第二条 物证类司法鉴定是在诉讼活动中鉴定人运用物理学、化学、文件检验学、痕迹检验学、理化检验技术等原理、方法和专门知识，对文书物证、痕迹物证、微量物证等涉及的专门性问题进行鉴别和判断并提供鉴定意见的活动。

第三条 物证类司法鉴定解决的专门性问题包括：文书物证的书写人、制作工具、制作材料、制作方法，及其内容、性质、状态、形成过程、制作时间等鉴定；痕迹物证的勘验提取，造痕体和承痕体的性质、状况及其形成痕迹的同一性、形成原因、形成过程、相互关系等鉴定；微量物证的物理性质、化学性质和成分组成等鉴定。

第二章 文书鉴定

第四条 文书鉴定是指鉴定人运用文件检验学的理论、方法和专门知识，对可疑文件（检材）的书写人、制作工具、制作材料、制作方法、内容、性质、状态、形成过程、制作时间等问题进行检验检测、分析鉴别和判断并提供鉴定意见的活动。

文书鉴定包括笔迹鉴定、印章印文鉴定、印刷文件鉴定、篡改（污损）文件鉴定、文件形成方式鉴定、特种文件鉴定、朱墨时序鉴定、文件材料鉴定、基于痕迹特征的文件形成时间鉴定、基于材料特性的文件形成时间鉴定、文本内容鉴定等。

第五条 笔迹鉴定。包括依据笔迹同一性鉴定标准，必要时结合笔迹形成方式的检验鉴定结果，判断检材之间或检材与样本之间的笔迹是否同一人书写或者是否出自于同一人。

第六条 印章印文鉴定。包括依据印章印文同一性鉴定标准，必要时结合印文形成方式的检验鉴定结果，判断检材之间或检材与样本之间的印文是否同一枚印章盖印或者是否出自于同一枚印章。

第七条 印刷文件鉴定。包括依据印刷方式鉴定标准判断检材是何种印刷方式印制形成，如制版印刷中的凹、凸、平、孔版印刷等，现代办公机具印刷中的复印、打印、传真等；依据印刷机具种类鉴定标准判断检材是何种机具印制形成；依据印刷机具或印版同一性鉴定标准判断检材之间或检材与样本之间是否同一机具或同一印版印制形成等。

第八条 篡改(污损)文件鉴定。包括依据变造文件鉴定标准判断检材是否存在添改、刮擦、拼凑、掩盖、换页、密封、消退、伪老化等变造现象；依据污损文件鉴定标准对破损、烧毁、浸损等污损检材进行清洁整理、整复固定、显现和辨识原始内容等；依据模糊记载鉴定标准对检材褪色记载、无色记载等模糊记载内容进行显现和辨识；依据压痕鉴定标准对检材压痕内容进行显现和辨识等。

第九条 文件形成方式鉴定。包括依据笔迹形成方式鉴定标准判断检材笔迹是书写形成还是复制形成；依据印章印文形成方式鉴定标准判断检材印文是盖印形成还是复制形成；依据指印形成方式鉴定标准判断文件上有色检材指印是否复制形成等。

第十条 特种文件鉴定。包括依据特种文件鉴定标准判断检材货币、证照、票据、商标、银行卡及其他安全标记等的真伪。

第十一条 朱墨时序鉴定。包括依据朱墨时序鉴定标准判断检材上文字、印文、指印等之间的形成先后顺序。

第十二条 文件材料鉴定。包括依据文件材料鉴定标准对需检纸张、墨水墨迹、油墨墨迹、墨粉墨迹、粘合剂等文件材料的特性进行检验检测及比较检验等。

第十三条 基于痕迹特征的文件形成时间鉴定。包括依据印章印文盖印时间鉴定标准判断检材印文的盖印时间；依据打印文件印制时间鉴定标准判断检材打印文件的打印时间；依据静电复印文件印制时间鉴定标准判断检材静电复印文件的复印时间；依据检材某要素的发明、生产时间或时间标记信息判断其文件要素的形成时间等。

第十四条 基于材料特性的文件形成时间鉴定。包括综合运用光谱、色谱、质谱等仪器检测分析技术，根据墨水墨迹、油墨墨迹、墨粉墨迹、印文色料、纸张等文件材料的某种(些)理化特性随时间的变化规律，依据相应的判定方法，分析判断检材的形成时间。

第十五条 文本内容鉴定。包括通过书面言语分析，判断检材文本作者的地域、年龄、文化程度、职业等属性；通过文本格式、内容、书面言语特征等的比较检验，分析判断检材之间或检材与样本之间文本的相互关系等。

第三章 痕迹鉴定

第十六条 痕迹鉴定是指鉴定人运用痕迹检验学的理论、方法和专门知识，对痕迹物证进行勘验提取，并对其性质、状况及其形成痕迹的同一性、形成原因、形成过程、相互关系等进行检验检测、分析鉴别和判断并提供鉴定意见的活动。

痕迹鉴定包括手印鉴定、潜在手印显现、足迹鉴定、工具痕迹鉴定、整体分离痕迹鉴定、枪弹痕迹鉴定、爆炸痕迹鉴定、火灾痕迹鉴定、人体特殊痕迹鉴定、日用物品损坏痕迹鉴定、交通事故痕迹物证鉴定等。

第十七条 手印鉴定。包括通过比较检验判断检材之间或检材与样本之间的指印是否同一；通过比较检验判断检材之间或检材与样本之间的掌印是否同一；通过对检材指掌印的检验判断其形成过程。

第十八条 潜在手印显现。包括使用物理学、化学或专用设备等方法显色增强潜在手印。

第十九条 足迹鉴定。包括通过比较检验判断检材之间或检材与样本之间的赤足印是否同一；通过比较检验判断检材之间或检材与样本之间的鞋、袜印是否同一。

第二十条 工具痕迹鉴定。包括通过勘查和检验判断检材线形痕迹、凹陷痕迹、断裂变形痕迹等的形成原因；通过比较检验判断检材线形痕迹、凹陷痕迹、断裂变形痕迹等是否为某一造痕体形成。

第二十一条 整体分离痕迹鉴定。包括通过检验判断分离物体之间是否存在整体分离关系。

第二十二条 枪弹痕迹鉴定。包括枪械射击弹头/弹壳痕迹检验、枪弹识别检验、枪支性能检验、利用射击弹头/弹壳痕迹认定发射枪支检验、利用射击弹头/弹壳痕迹认定发射枪种检验、枪击弹孔检验、枪支号码显现，以及通过对枪击现场的勘查和检验分析，必要时结合所涉射击残留物的理化特性检验检测结果，综合判断枪击事件中痕迹的形成过程及与事件之间的因果关系等。

第二十三条 爆炸痕迹鉴定。包括炸药爆炸力及炸药量检验、雷管及导火(爆)索检验、爆炸装置检验，以及通过对爆炸现场的勘查和检验分析，必要时结合所涉爆炸物的理化特性检验检测结果，综合判断爆炸事件中痕迹的形成过程及事件之间的因果关系等。

第二十四条 火灾痕迹鉴定。包括通过火灾现场、监控信息等，对现场烟熏痕迹、倒塌痕迹、炭化痕迹、变形变色痕迹、熔化痕迹以及其他燃烧残留物进行勘查和检验分析，必要时结合火灾微量物证鉴定结果，综合判断火灾事故中痕迹形成过程及与事故之间的因果关系等。

第二十五条　人体特殊痕迹鉴定。包括除手印、脚印外的其他人体部位形成的痕迹鉴定,如牙齿痕迹鉴定、唇纹痕迹鉴定、耳廓痕迹鉴定等。

第二十六条　日用物品损坏痕迹鉴定。包括运用痕迹检验学的原理和技术方法,必要时结合所涉日用物品材料的理化特性检验检测结果,对日常生活中使用的玻璃物品、纺织物品、陶瓷物品、塑料物品、金属物品等的损坏痕迹的形态进行勘查和检验分析,综合判断其损坏原因。

第二十七条　交通事故痕迹物证鉴定。包括车辆安全技术状况鉴定;交通设施安全技术状况鉴定;交通事故痕迹鉴定;车辆速度鉴定;交通事故痕迹物证综合鉴定等。非交通事故的相关鉴定可参照本条款。

交通事故痕迹物证鉴定包括的具体项目内容如下:

(一)车辆安全技术状况鉴定。包括判断涉案车辆的类型(如机动车、非机动车);对车辆安全技术状况进行检验;判断车辆相关技术状况或性能的符合性(如制动系、转向系、行驶系、灯光、信号装置等)。

(二)交通设施安全技术状况鉴定。包括对交通事故现场或事故发生地点等相关区域进行勘查、测量;对路基、路面、桥涵、隧道、交通工程及沿线交通附属设施的安全技术状况进行检验(如道路线形、护栏、标志、标线等);判断事故相关区域交通设施的技术状况或性能的符合性(如材料、设置位置、几何尺寸、力学性能等)。

(三)交通事故痕迹鉴定。包括通过对涉案车辆唯一性检查,对涉案车辆、交通设施、人员及穿戴物等为承痕体、造痕体的痕迹和整体分离痕迹进行检验分析,必要时结合交通事故微量物证鉴定、法医学鉴定等结果,判断痕迹的形成过程和原因(如是否发生过接触碰撞、接触碰撞部位和形态等)。

(四)车辆速度鉴定。运用动力学、运动学、经验公式、模拟实验等方法,根据道路交通事故现场痕迹和资料、视频图像、车辆行驶记录信息等,判断事故瞬间速度(如碰撞、倾覆或坠落等瞬间的速度)、采取避险措施时的速度(如采取制动、转向等避险措施时的速度),在某段距离、时间或过程的平均行驶速度及速度变化状态等。

(五)交通事故痕迹物证综合鉴定。基于以上交通事故痕迹物证鉴定项目的检验鉴定结果,必要时结合交通事故微量物证鉴定、声像资料鉴定、法医学鉴定等结果,综合判断涉案人员、车辆、设施等交通要素在事故过程中的状态、痕迹物证形成过程及原因等,包括交通行为方式、交通信号灯指示状态、事故车辆起火原因、轮胎破损原因等。

第四章　微量物证鉴定

第二十八条　微量物证鉴定简称微量鉴定,是指鉴定人运用理化检验的原理、方法或专门知识,使用专门的分析仪器,对物质的物理性质、化学性质和成分组成进行检验检测和分析判断并提供鉴定意见的活动。其中,物理性质包括物质的外观、重量、密度、力学性质、热学性质、光学性质和电磁学性质等;化学性质包括物质的可燃性、助燃性、稳定性、不稳定性、热稳定性、酸性、碱性、氧化性和还原性等;成分组成包括物质中所含有机物、无机物的种类和含量等。

微量物证鉴定包括化工产品类鉴定、金属和矿物类鉴定、纺织品类鉴定、日用化学品类鉴定、文化用品类鉴定、食品类鉴定、易燃物质类鉴定、爆炸物类鉴定、射击残留物类鉴定、交通事故微量物证鉴定和火灾微量物证鉴定。

第二十九条　化工产品类鉴定。包括塑料、橡胶、涂料(油漆)、玻璃、陶瓷、胶黏剂、填料、化学试剂以及化工原料、化工中间体、化工成品等的物理性质、化学性质和成分组成的检验检测,以及上述材料的比较检验和种类判别。

第三十条　金属和矿物类鉴定。包括金属、合金、泥土、砂石、灰尘等的物理性质、化学性质和成分组成的检验检测,以及上述材料的比较检验和种类判别。

第三十一条　纺织品类鉴定。包括纤维、织物等的物理性质、化学性质和成分组成的检验检测,以及上述材料的比较检验和种类判别。

第三十二条　日用化学品类鉴定。包括洗涤剂、化妆品、香精香料等的物理性质、化学性质和成分组成的检验检测,以及上述材料的比较检验和种类判别。

第三十三条　文化用品类鉴定。包括墨水、油墨、墨粉、纸张、粘合剂等的物理性质、化学性质和成分组成的检验检测,以及上述材料的比较检验和种类判别。

第三十四条　食品类鉴定。包括食品的营养成分、重金属、添加剂、药物残留、毒素、微生物等的检验检测。

第三十五条　易燃物质类鉴定。包括易燃气体、易燃液体和易燃固体及其残留物的物理性质、化学性质和成分组成的检验检测,以及上述材料的比较检验和种类判别。

第三十六条　爆炸物类鉴定。包括易爆物质及其爆炸残留物的物理性质、化学性质和成分组成的检验检测,以及上述材料的比较检验和种类判别。

第三十七条　射击残留物类鉴定。包括射击残留物的物理性质、化学性质和成分组成的检验检测,以及上述材料的比较检验和种类判别。

第三十八条 交通事故微量物证鉴定。包括交通事故涉及的油漆、橡胶、塑料、玻璃、纤维、金属、易燃物质等的物理性质、化学性质和成分组成的检验检测,以及上述材料的比较检验和种类判别。

第三十九条 火灾微量物证鉴定。包括火灾现场涉及的易燃物质类、化工产品类、金属等的物理性质、化学性质和成分组成的检验检测,以及上述材料的比较检验和种类判别。

第五章 附 则

第四十条 本规定自公布之日起施行。

附表:物证类司法鉴定执业分类目录

序号	领域	分领域及项目
01	文书鉴定	0101 笔迹鉴定
		0102 印章印文鉴定
		0103 印刷文件鉴定
		0104 篡改(污损)文件鉴定
		0105 文件形成方式鉴定
		0106 特种文件鉴定
		0107 朱墨时序鉴定
		0108 文件材料鉴定
		0109 基于痕迹特征的文件形成时间鉴定
		0110 基于材料特性的文件形成时间鉴定
		0111 文本内容鉴定
02	痕迹鉴定	0201 手印鉴定
		0202 潜在手印显现
		0203 足迹鉴定
		0204 工具痕迹鉴定
		0205 整体分离痕迹鉴定
		0206 枪弹痕迹鉴定
		0207 爆炸痕迹鉴定
		0208 火灾痕迹鉴定
		0209 人体特殊痕迹鉴定

续表

序号	领域	分领域及项目
02	痕迹鉴定	0210 日用物品损坏痕迹鉴定
		0211 交通事故痕迹物证鉴定
		021101 车辆安全技术状况鉴定
		021102 交通设施安全技术状况鉴定
		021103 交通事故痕迹鉴定
		021104 车辆速度鉴定
		021105 交通事故痕迹物证综合鉴定
03	微量物证鉴定	0301 化工产品类鉴定
		0302 金属和矿物类鉴定
		0303 纺织品类鉴定
		0304 日用化学品类鉴定
		0305 文化用品类鉴定
		0306 食品类鉴定
		0307 易燃物质类鉴定
		0308 爆炸物类鉴定
		0309 射击残留物类鉴定
		0310 交通事故微量物证鉴定
		0311 火灾微量物证鉴定

声像资料司法鉴定执业分类规定

· 2020 年 6 月 23 日
· 司规〔2020〕5 号

第一章 总 则

第一条 为规范声像资料司法鉴定机构和鉴定人的执业活动,根据《全国人民代表大会常务委员会关于司法鉴定管理问题的决定》等规定,结合司法鉴定工作实际制定本规定。

第二条 声像资料司法鉴定是指在诉讼活动中鉴定人运用物理学、语言学、信息科学与技术、同一认定理论等原理、方法和专门知识,对录音、图像、电子数据等涉及的专门性问题进行鉴别和判断并提供鉴定意见的活动。

第三条 声像资料司法鉴定包括录音鉴定、图像鉴定、电子数据鉴定。解决的专门性问题包括:录音和图像(录像/视频、照片/图片)的真实性、同一性、相似性、所反映的内容等鉴定;电子数据的存在性、真实性、功能性、相似性等鉴定。

第二章 录音鉴定

第四条 录音鉴定是指鉴定人运用物理学、语言学、信息科学与技术、同一认定理论等原理、方法和专门知识,对检材录音的真实性、同一性、相似性及所反映的内容等问题进行检验、分析、鉴别和判断并提供鉴定意见的活动。

录音鉴定包括录音处理、录音真实性鉴定、录音同一性鉴定、录音内容分析、录音作品相似性鉴定等。

第五条 录音处理。包括依据录音处理方法,对检材录音进行降噪、增强等清晰化处理,以改善听觉或声谱质量。

第六条 录音真实性鉴定。包括依据录音原始性鉴定方法,判断检材录音是否为原始录音;依据录音完整性鉴定方法,判断检材录音是否经过剪辑处理。

第七条 录音同一性鉴定。包括依据语音同一性鉴定方法,判断检材与样本之间或检材之间的语音是否同一;参照语音同一性鉴定方法,判断检材与样本之间或检材之间的其他声音是否同一。

第八条 录音内容分析。包括依据录音内容辨听方法,结合录音处理和录音同一性鉴定结果,综合分析辨识并整理检材录音所反映的相关内容;依据说话人的口头言语特征,分析说话人的地域、性别、年龄、文化程度、职业等属性。

第九条 录音作品相似性鉴定。包括综合运用录音内容分析、录音同一性鉴定等鉴定技术,通过检材与样本之间或检材之间录音作品的比较检验综合判断是否来源于同一个作品或相似程度。

第三章 图像鉴定

第十条 图像鉴定是指鉴定人运用物理学、信息科学与技术、同一认定理论等原理、方法和专门知识,对检材图像(录像/视频、照片/图片)的真实性、同一性、相似性及所反映的内容等专门性问题进行检验、分析、鉴别和判断并提供鉴定意见的活动。

图像鉴定包括图像处理、图像真实性鉴定、图像同一性鉴定、图像内容分析、图像作品相似性鉴定、特种照相检验等。

第十一条 图像处理。包括依据图像处理方法,对检材图像进行降噪、增强、还原等清晰化处理,以改善视觉效果。

第十二条 图像真实性鉴定。包括依据图像原始性鉴定方法,判断检材图像是否为原始图像;依据图像完整性鉴定方法,判断检材图像是否经过剪辑处理。

第十三条 图像同一性鉴定。包括依据人像同一性鉴定方法,判断检材与样本之间或检材之间记载的人像是否同一;依据物像同一性鉴定方法,判断检材与样本之间或检材之间记载的物体是否同一。

第十四条 图像内容分析。包括依据图像内容分析方法,结合图像处理和图像同一性鉴定结果,综合判断检材图像所记载的人、物的状态和变化情况及事件发展过程,如案事件图像中的人物行为和事件过程、交通事故图像中的交通参与者行为及涉案车辆速度、火灾现场图像中的起火部位及火灾过程等。

第十五条 图像作品相似性鉴定。包括综合运用图像内容分析、图像同一性鉴定等鉴定技术,通过检材与样本之间或检材之间图像作品的比较检验综合判断是否来源于同一个作品或相似程度。

第十六条 特种照相检验。运用特种照相技术,包括红外照相、紫外照相、光致发光照相和光谱成像等技术对物证进行照相检验。

第四章 电子数据鉴定

第十七条 电子数据鉴定是指鉴定人运用信息科学与技术和专门知识,对电子数据的存在性、真实性、功能性、相似性等专门性问题进行检验、分析、鉴别和判断并提供鉴定意见的活动。

电子数据鉴定包括电子数据存在性鉴定、电子数据真实性鉴定、电子数据功能性鉴定、电子数据相似性鉴定等。

第十八条 电子数据存在性鉴定。包括电子数据的提取、固定与恢复及电子数据的形成与关联分析。其中电子数据的提取、固定与恢复包括对存储介质(硬盘、光盘、优盘、磁带、存储卡、存储芯片等)和电子设备(手机、平板电脑、可穿戴设备、考勤机、车载系统等)中电子数据的提取、固定与恢复,以及对公开发布的或经所有权人授权的网络数据的提取和固定;电子数据的形成与关联分析包括对计算机信息系统的数据生成、用户操作、内容关联等进行分析。

第十九条 电子数据真实性鉴定。包括对特定形式的电子数据,如电子邮件、即时通信、电子文档、数据库数据等的真实性或修改情况进行鉴定;依据相应验证算法对特定形式的电子签章,如电子签名、电子印章等进行验证。

第二十条 电子数据功能性鉴定。包括对软件、电子设备、计算机信息系统和破坏性程序的功能进行鉴定。

第二十一条 电子数据相似性鉴定。包括对软件（含代码）、数据库、电子文档等的相似程度进行鉴定；对集成电路布图设计的相似程度进行鉴定。

第五章 附 则

第二十二条 本规定自公布之日起施行。

附：声像资料司法鉴定执业分类目录

序号	领域	分领域及项目
1	录音鉴定	0101 录音处理
		0102 录音真实性鉴定
		0103 录音同一性鉴定
		0104 录音内容分析
		0105 录音作品相似性鉴定

续表

序号	领域	分领域及项目
2	图像鉴定	0201 图像处理
		0202 图像真实性鉴定
		0203 图像同一性鉴定
		0204 图像内容分析
		0205 图像作品相似性鉴定
		0206 特种照相检验
3	电子数据鉴定	0301 电子数据存在性鉴定
		0302 电子数据真实性鉴定
		0303 电子数据功能性鉴定
		0304 电子数据相似性鉴定

· 文书范本

司法部关于印发司法鉴定文书格式的通知

- 2016年11月21日
- 司发通〔2016〕112号

各省、自治区、直辖市司法厅（局），新疆生产建设兵团司法局：

　　为贯彻执行《全国人民代表大会常务委员会关于司法鉴定管理问题的决定》和修订后的《司法鉴定程序通则》（司法部令第132号），司法部制定了《司法鉴定委托书》等7种文书格式，现予印发，自2017年3月1日起执行。2007年11月1日印发的《司法部关于印发〈司法鉴定文书规范〉和〈司法鉴定协议书（示范文本）〉的通知》（司发通〔2007〕71号）同时废止。

　　附件：司法鉴定文书格式目录及样本

　　1. 司法鉴定委托书
　　2. 司法鉴定意见书
　　3. 延长鉴定时限告知书
　　4. 终止鉴定告知书
　　5. 司法鉴定复核意见
　　6. 司法鉴定意见补正书
　　7. 司法鉴定告知书

文书1

司法鉴定委托书

编号：_____

委 托 人		联系人(电话)	
联系地址		承 办 人	
司法鉴定机构	名　称： 地　址： 联系人：	邮　编： 联系电话：	
委托鉴定事项			
是否属于重新鉴定			
鉴定用途			
与鉴定有关的基本案情			
鉴定材料			
预计费用 及收取方式	预计收费总金额：¥：_____，大写：_____。		
司法鉴定意见书 发送方式	□自取 □邮寄　地址： □其他方式(说明)		

约定事项：
1. (1)关于鉴定材料：
　□所有鉴定材料无需退还。
　□鉴定材料须完整、无损坏地退还委托人。
　□因鉴定需要,鉴定材料可能会损坏、耗尽,导致无法完整退还。
　□对保管和使用鉴定材料的特殊要求：_____。
　(2)关于剩余鉴定材料：
　□委托人于_____周内自行取回。委托人未按时取回的,鉴定机构有权自行处理。
　□鉴定机构自行处理。如需要发生处理费的,按有关收费标准或协商收取_____元处理费。
　□其他方式：

2. 鉴定时限：
　□_____年___月___日之前完成鉴定,提交司法鉴定意见书。
　□从该委托书生效之日起___个工作日内完成鉴定,提交司法鉴定意见书。
　注：鉴定过程中补充或者重新提取鉴定材料所需的时间,不计入鉴定时限。

3. 需要回避的鉴定人：_____,回避事由：_____。

4. 经双方协商一致,鉴定过程中可变更委托书内容。

5. 其他约定事项：

续表

鉴定风险提示	1. 鉴定意见属于专家的专业意见,是否被采信取决于办案机关的审查和判断,鉴定人和鉴定机构无权干涉; 2. 由于受鉴定材料或者其他因素限制,并非所有的鉴定都能得出明确的鉴定意见; 3. 鉴定活动遵循依法独立、客观、公正的原则,只对鉴定材料和案件事实负责,不会考虑是否有利于任何一方当事人。
其他需要说明的事项	
委托人 (承办人签名或者盖章) ×年×月×日	司法鉴定机构 (签名、盖章) ×年×月×日

注:1. "编号"由司法鉴定机构缩略名、年份、专业缩略语及序号组成。
2. "委托鉴定事项"用于描述需要解决的专门性问题。
3. 在"鉴定材料"一项,应当记录鉴定材料的名称、种类、数量、性状、保存状况、收到时间等,如果鉴定材料较多,可另附《鉴定材料清单》。
4. 关于"预计费用及收取方式",应当列出费用计算方式;概算的鉴定费和其他费用,其中其他费用应尽量列明所有可能的费用,如现场提取鉴定材料时发生的差旅费等;费用收取方式、结算方式,如预收、后付或按照约定方式和时间支付费用;退还鉴定费的情形等。
5. 在"鉴定风险提示"一项,鉴定机构可增加其他的风险告知内容,有必要的,可另行签订风险告知书。

文书2

×××司法鉴定中心(所)
司法鉴定意见书

司法鉴定机构许可证号:_____

声　明

　　1. 司法鉴定机构和司法鉴定人根据法律、法规和规章的规定,按照鉴定的科学规律和技术操作规范,依法独立、客观、公正进行鉴定并出具鉴定意见,不受任何个人或者组织的非法干预。
　　2. 司法鉴定意见书是否作为定案或者认定事实的根据,取决于办案机关的审查判断,司法鉴定机构和司法鉴定人无权干涉。
　　3. 使用司法鉴定意见书,应当保持其完整性和严肃性。
　　4. 鉴定意见属于鉴定人的专业意见。当事人对鉴定意见有异议,应当通过庭审质证或者申请重新鉴定、补充鉴定等方式解决。

　　地　　址:××省××市××路××号(邮政编码:000000)
　　联系电话:000-00000000

×××司法鉴定中心(所)

司法鉴定意见书

编号：＿＿＿＿　（司法鉴定专用章）

一、基本情况

二、基本案情

三、资料摘要

四、鉴定过程

五、分析说明

六、鉴定意见

七、附件

司法鉴定人签名(打印文本和亲笔签名)

及《司鉴定人执业证》证号(司法鉴定专用章)

×年×月×日

共　　页第　　页

注：

　　1. 本司法鉴定意见书文书格式包含了司法鉴定意见书的基本内容，各省级司法行政机关或司法鉴定协会可以根据不同专业的特点制定具体的格式，司法鉴定机构也可以根据实际情况作合理增减。

　　2. 关于"基本情况"，应当简要说明委托人、委托事项、受理日期、鉴定材料等情况。

　　3. 关于"资料摘要"，应当摘录与鉴定事项有关的鉴定资料，如法医鉴定的病史摘要等。

　　4. 关于"鉴定过程"，应当客观、详实、有条理地描述鉴定活动发生的过程，包括人员、时间、地点、内容、方法，鉴定材料的选取、使用，采用的技术标准、技术规范或者技术方法，检查、检验、检测所使用的仪器设备、方法和主要结果等。

　　5. 关于"分析说明"，应当详细阐明鉴定人根据有关科学理论知识，通过对鉴定材料，检查、检验、检测结果，鉴定标准、专家意见等进行鉴别、判断、综合分析、逻辑推理，得出鉴定意见的过程。要求有良好的科学性、逻辑性。

　　6. 司法鉴定意见书各页之间应当加盖司法鉴定专用章红印，作为骑缝章。司法鉴定专用章制作规格为：直径4厘米、中央刊五角星，五角星上方刊司法鉴定机构名称，自左向右呈环行；五角星下方刊司法鉴定专用章字样，自左向右横排。印文中的汉字应当使用国务院公布的简化字，字体为宋体。民族自治地区司法鉴定机构的司法鉴定专用章印文应当并列刊汉字和当地通用的少数民族文字。司法鉴定机构的司法鉴定专用章应当经登记管理机关备案后启用。

　　7. 司法鉴定意见书应使用A4纸，文内字体为4号仿宋，两端对齐，段首空两格，行间距一般为1.5倍。

文书3

×××司法鉴定中心(所)
延长鉴定时限告知书

(编号)_____

×××(委托人):
　　贵单位委托我中心(所)的_____鉴定一案,我中心(所)已受理(编号:_____)并开展了相关鉴定工作,现由于××××××××(原因)无法在规定的时限内完成该鉴定,根据《司法鉴定程序通则》第二十八条的规定,经我中心(所)负责人批准,需延长鉴定时限____日,至×年×月×日。
　　联系人:×××;联系电话:×××。
　　特此告知。

×××司法鉴定中心(所)(公章)
×年×月×日

文书4

×××司法鉴定中心(所)
终止鉴定告知书

(编号)_____

×××(委托人):
　　贵单位委托我中心(所)的_____鉴定一案,(编号:_____),现因××××××××(原因)致使鉴定工作无法继续进行。
　　根据《司法鉴定程序通则》第二十九条第(×)款"……(引原文)"之规定,我鉴定中心(所)决定终止此次鉴定工作。
　　请于×年×月×日前到我鉴定中心(所)办理退费、退还鉴定材料等手续。
　　联系人:×××;联系电话:×××。
　　特此告知。

××××司法鉴定中心(所)(公章)
×年×月×日

文书5

××××司法鉴定中心(所)
司法鉴定复核意见

(编号)_____

一、基本情况:
(一)司法鉴定案件编号:
(二)司法鉴定人:
(三)司法鉴定意见:

二、复核意见：
（一）关于鉴定程序：
（二）关于鉴定意见：

复核人签名：
日期:×年×月×日

文书 6

×××司法鉴定中心（所）
司法鉴定意见补正书

（编号）_____

×××（委托人）：
　　根据贵单位委托，我中心（所）已完成_____鉴定并出具了司法鉴定意见书（编号：_____）。我中心（所）现发现该司法鉴定意见书存在以下不影响鉴定意见原意的瑕疵性问题，现予以补正：
　　1.（需补正的具体位置、补正理由及补正结果）
　　2.（需补正的具体位置、补正理由及补正结果）
　　3.（需补正的具体位置、补正理由及补正结果）
　　……
　　附件：（如补正后的图像、谱图、表格等）

司法鉴定人签名（打印文本和亲笔签名）
及《司鉴定人执业证》证号
×××司法鉴定中心（所）（司法鉴定专用章）
×年×月×日

文书 7

司法鉴定告知书

　　一、委托人委托司法鉴定，应提供真实、完整、充分、符合鉴定要求的鉴定材料，并提供案件有关情况。因委托人或当事人提供虚假信息、隐瞒真实情况或提供不实材料产生的不良后果，司法鉴定机构和司法鉴定人概不负责。
　　二、司法鉴定机构和司法鉴定人按照客观、独立、公正、科学的原则进行鉴定，委托人、当事人不得要求或暗示司法鉴定机构或司法鉴定人按其意图或者特定目的提供鉴定意见。
　　三、由于受到鉴定材料的限制以及其他客观条件的制约，司法鉴定机构和司法鉴定人有时无法得出明确的鉴定意见。
　　四、因鉴定工作的需要，可能会耗尽鉴定材料或者造成不可逆的损坏。
　　五、如果存在涉及鉴定活动的民族习俗等有关禁忌，请在鉴定工作开始前告知司法鉴定人。
　　六、因鉴定工作的需要，有下列情形的，需要委托人或者当事人近亲属、监护人到场见证并签名。现场见证时，不得影响鉴定工作的独立性，不得干扰鉴定工作正常开展。未经司法鉴定机构和司法鉴定人同意，不得拍照、摄像或者录音。

1. 需要对无民事行为能力人或者限制民事行为能力人进行身体检查
2. 需要对被鉴定人进行法医精神病鉴定
3. 需要到现场提取鉴定材料
4. 需要进行尸体解剖

七、因鉴定工作的需要，委托人或者当事人获悉国家秘密、商业秘密或者个人隐私的，应当保密。

八、鉴定意见属于专业意见，是否成为定案根据，由办案机关经审查判断后作出决定，司法鉴定机构和司法鉴定人无权干涉。

九、当事人对鉴定意见有异议，应当通过庭审质证或者申请重新鉴定、补充鉴定等方式解决。

十、有下列情形的，司法鉴定机构可以终止鉴定工作：

（一）发现鉴定材料不真实、不完整、不充分或者取得方式不合法的；

（二）鉴定用途不合法或者违背社会公德的；

（三）鉴定要求不符合司法鉴定执业规则或者相关鉴定技术规范的；

（四）鉴定要求超出本机构技术条件或者鉴定能力的；

（五）委托人就同一鉴定事项同时委托其他司法鉴定机构进行鉴定的；

（六）鉴定材料发生耗损，委托人不能补充提供的；

（七）委托人拒不履行司法鉴定委托书规定的义务、被鉴定人拒不配合或者鉴定活动受到严重干扰，致使鉴定无法继续进行的；

（八）委托人主动撤销鉴定委托，或者委托人、诉讼当事人拒绝支付鉴定费用的；

（九）因不可抗力致使鉴定无法继续进行的；

（十）其他不符合法律、法规、规章规定，需要终止鉴定的情形。

被告知人签名：
日期：×年×月×日

十、法律援助

中华人民共和国法律援助法

- 2021年8月20日第十三届全国人民代表大会常务委员会第三十次会议通过
- 2021年8月20日中华人民共和国主席令第93号公布
- 自2022年1月1日起施行

第一章 总 则

第一条 为了规范和促进法律援助工作，保障公民和有关当事人的合法权益，保障法律正确实施，维护社会公平正义，制定本法。

第二条 本法所称法律援助，是国家建立的为经济困难公民和符合法定条件的其他当事人无偿提供法律咨询、代理、刑事辩护等法律服务的制度，是公共法律服务体系的组成部分。

第三条 法律援助工作坚持中国共产党领导，坚持以人民为中心，尊重和保障人权，遵循公开、公平、公正的原则，实行国家保障与社会参与相结合。

第四条 县级以上人民政府应当将法律援助工作纳入国民经济和社会发展规划、基本公共服务体系，保障法律援助事业与经济社会协调发展。

县级以上人民政府应当健全法律援助保障体系，将法律援助相关经费列入本级政府预算，建立动态调整机制，保障法律援助工作需要，促进法律援助均衡发展。

第五条 国务院司法行政部门指导、监督全国的法律援助工作。县级以上地方人民政府司法行政部门指导、监督本行政区域的法律援助工作。

县级以上人民政府其他有关部门依照各自职责，为法律援助工作提供支持和保障。

第六条 人民法院、人民检察院、公安机关应当在各自职责范围内保障当事人依法获得法律援助，为法律援助人员开展工作提供便利。

第七条 律师协会应当指导和支持律师事务所、律师参与法律援助工作。

第八条 国家鼓励和支持群团组织、事业单位、社会组织在司法行政部门指导下，依法提供法律援助。

第九条 国家鼓励和支持企业事业单位、社会组织和个人等社会力量，依法通过捐赠等方式为法律援助事业提供支持；对符合条件的，给予税收优惠。

第十条 司法行政部门应当开展经常性的法律援助宣传教育，普及法律援助知识。

新闻媒体应当积极开展法律援助公益宣传，并加强舆论监督。

第十一条 国家对在法律援助工作中做出突出贡献的组织和个人，按照有关规定给予表彰、奖励。

第二章 机构和人员

第十二条 县级以上人民政府司法行政部门应当设立法律援助机构。法律援助机构负责组织实施法律援助工作，受理、审查法律援助申请，指派律师、基层法律服务工作者、法律援助志愿者等法律援助人员提供法律援助，支付法律援助补贴。

第十三条 法律援助机构根据工作需要，可以安排本机构具有律师资格或者法律职业资格的工作人员提供法律援助；可以设置法律援助工作站或者联络点，就近受理法律援助申请。

第十四条 法律援助机构可以在人民法院、人民检察院和看守所等场所派驻值班律师，依法为没有辩护人的犯罪嫌疑人、被告人提供法律援助。

第十五条 司法行政部门可以通过政府采购等方式，择优选择律师事务所等法律服务机构为受援人提供法律援助。

第十六条 律师事务所、基层法律服务所、律师、基层法律服务工作者负有依法提供法律援助的义务。

律师事务所、基层法律服务所应当支持和保障本所律师、基层法律服务工作者履行法律援助义务。

第十七条 国家鼓励和规范法律援助志愿服务；支持符合条件的个人作为法律援助志愿者，依法提供法律援助。

高等院校、科研机构可以组织从事法学教育、研究工作的人员和法学专业学生作为法律援助志愿者，在司法行政部门指导下，为当事人提供法律咨询、代拟法律文书等法律援助。

法律援助志愿者具体管理办法由国务院有关部门规定。

第十八条 国家建立健全法律服务资源依法跨区域流动机制，鼓励和支持律师事务所、律师、法律援助志愿者等在法律服务资源相对短缺地区提供法律援助。

第十九条 法律援助人员应当依法履行职责，及时为受援人提供符合标准的法律援助服务，维护受援人的合法权益。

第二十条 法律援助人员应当恪守职业道德和执业纪律，不得向受援人收取任何财物。

第二十一条 法律援助机构、法律援助人员对提供法律援助过程中知悉的国家秘密、商业秘密和个人隐私应当予以保密。

第三章 形式和范围

第二十二条 法律援助机构可以组织法律援助人员依法提供下列形式的法律援助服务：

（一）法律咨询；

（二）代拟法律文书；

（三）刑事辩护与代理；

（四）民事案件、行政案件、国家赔偿案件的诉讼代理及非诉讼代理；

（五）值班律师法律帮助；

（六）劳动争议调解与仲裁代理；

（七）法律、法规、规章规定的其他形式。

第二十三条 法律援助机构应当通过服务窗口、电话、网络等多种方式提供法律咨询服务；提示当事人享有依法申请法律援助的权利，并告知申请法律援助的条件和程序。

第二十四条 刑事案件的犯罪嫌疑人、被告人因经济困难或者其他原因没有委托辩护人的，本人及其近亲属可以向法律援助机构申请法律援助。

第二十五条 刑事案件的犯罪嫌疑人、被告人属于下列人员之一，没有委托辩护人的，人民法院、人民检察院、公安机关应当通知法律援助机构指派律师担任辩护人：

（一）未成年人；

（二）视力、听力、言语残疾人；

（三）不能完全辨认自己行为的成年人；

（四）可能被判处无期徒刑、死刑的人；

（五）申请法律援助的死刑复核案件被告人；

（六）缺席审判案件的被告人；

（七）法律法规规定的其他人员。

其他适用普通程序审理的刑事案件，被告人没有委托辩护人的，人民法院可以通知法律援助机构指派律师担任辩护人。

第二十六条 对可能被判处无期徒刑、死刑的人，以及死刑复核案件的被告人，法律援助机构收到人民法院、人民检察院、公安机关通知后，应当指派具有三年以上相关执业经历的律师担任辩护人。

第二十七条 人民法院、人民检察院、公安机关通知法律援助机构指派律师担任辩护人时，不得限制或者损害犯罪嫌疑人、被告人委托辩护人的权利。

第二十八条 强制医疗案件的被申请人或者被告人没有委托诉讼代理人的，人民法院应当通知法律援助机构指派律师为其提供法律援助。

第二十九条 刑事公诉案件的被害人及其法定代理人或者近亲属，刑事自诉案件的自诉人及其法定代理人，刑事附带民事诉讼案件的原告人及其法定代理人，因经济困难没有委托诉讼代理人的，可以向法律援助机构申请法律援助。

第三十条 值班律师应当依法为没有辩护人的犯罪嫌疑人、被告人提供法律咨询、程序选择建议、申请变更强制措施、对案件处理提出意见等法律帮助。

第三十一条 下列事项的当事人，因经济困难没有委托代理人的，可以向法律援助机构申请法律援助：

（一）依法请求国家赔偿；

（二）请求给予社会保险待遇或者社会救助；

（三）请求发给抚恤金；

（四）请求给付赡养费、抚养费、扶养费；

（五）请求确认劳动关系或者支付劳动报酬；

（六）请求认定公民无民事行为能力或者限制民事行为能力；

（七）请求工伤事故、交通事故、食品药品安全事故、医疗事故人身损害赔偿；

（八）请求环境污染、生态破坏损害赔偿；

（九）法律、法规、规章规定的其他情形。

第三十二条 有下列情形之一，当事人申请法律援助的，不受经济困难条件的限制：

（一）英雄烈士近亲属为维护英雄烈士的人格权益；

（二）因见义勇为行为主张相关民事权益；

（三）再审改判无罪请求国家赔偿；

（四）遭受虐待、遗弃或者家庭暴力的受害人主张相关权益；

（五）法律、法规、规章规定的其他情形。

第三十三条 当事人不服司法机关生效裁判或者决

定提出申诉或者申请再审，人民法院决定、裁定再审或者人民检察院提出抗诉，因经济困难没有委托辩护人或者诉讼代理人的，本人及其近亲属可以向法律援助机构申请法律援助。

第三十四条 经济困难的标准，由省、自治区、直辖市人民政府根据本行政区域经济发展状况和法律援助工作需要确定，并实行动态调整。

第四章 程序和实施

第三十五条 人民法院、人民检察院、公安机关和有关部门在办理案件或者相关事务中，应当及时告知有关当事人有权依法申请法律援助。

第三十六条 人民法院、人民检察院、公安机关办理刑事案件，发现有本法第二十五条第一款、第二十八条规定情形的，应当在三日内通知法律援助机构指派律师。法律援助机构收到通知后，应当在三日内指派律师并通知人民法院、人民检察院、公安机关。

第三十七条 人民法院、人民检察院、公安机关应当保障值班律师依法提供法律帮助，告知没有辩护人的犯罪嫌疑人、被告人有权约见值班律师，并依法为值班律师了解案件有关情况、阅卷、会见等提供便利。

第三十八条 对诉讼事项的法律援助，由申请人向办案机关所在地的法律援助机构提出申请；对非诉讼事项的法律援助，由申请人向争议处理机关所在地或者事由发生地的法律援助机构提出申请。

第三十九条 被羁押的犯罪嫌疑人、被告人、服刑人员，以及强制隔离戒毒人员等提出法律援助申请的，办案机关、监管场所应当在二十四小时内将申请转交法律援助机构。

犯罪嫌疑人、被告人通过值班律师提出代理、刑事辩护等法律援助申请的，值班律师应当在二十四小时内将申请转交法律援助机构。

第四十条 无民事行为能力人或者限制民事行为能力人需要法律援助的，可以由其法定代理人代为提出申请。法定代理人侵犯无民事行为能力人、限制民事行为能力人合法权益的，其他法定代理人或者近亲属可以代为提出法律援助申请。

被羁押的犯罪嫌疑人、被告人、服刑人员，以及强制隔离戒毒人员，可以由其法定代理人或者近亲属代为提起法律援助申请。

第四十一条 因经济困难申请法律援助的，申请人应当如实说明经济困难状况。

法律援助机构核查申请人的经济困难状况，可以通过信息共享查询，或者由申请人进行个人诚信承诺。

法律援助机构开展核查工作，有关部门、单位、村民委员会、居民委员会和个人应当予以配合。

第四十二条 法律援助申请人有材料证明属于下列人员之一的，免予核查经济困难状况：

（一）无固定生活来源的未成年人、老年人、残疾人等特定群体；

（二）社会救助、司法救助或者优抚对象；

（三）申请支付劳动报酬或者请求工伤事故人身损害赔偿的进城务工人员；

（四）法律、法规、规章规定的其他人员。

第四十三条 法律援助机构应当自收到法律援助申请之日起七日内进行审查，作出是否给予法律援助的决定。决定给予法律援助的，应当自作出决定之日起三日内指派法律援助人员为受援人提供法律援助；决定不给予法律援助的，应当书面告知申请人，并说明理由。

申请人提交的申请材料不齐全的，法律援助机构应当一次性告知申请人需要补充的材料或者要求申请人作出说明。申请人未按要求补充材料或者作出说明的，视为撤回申请。

第四十四条 法律援助机构收到法律援助申请后，发现有下列情形之一的，可以决定先行提供法律援助：

（一）距法定时效或者期限届满不足七日，需要及时提起诉讼或者申请仲裁、行政复议；

（二）需要立即申请财产保全、证据保全或者先予执行；

（三）法律、法规、规章规定的其他情形。

法律援助机构先行提供法律援助的，受援人应当及时补办有关手续，补充有关材料。

第四十五条 法律援助机构为老年人、残疾人提供法律援助服务的，应当根据实际情况提供无障碍设施设备和服务。

法律法规对向特定群体提供法律援助有其他特别规定的，依照其规定。

第四十六条 法律援助人员接受指派后，无正当理由不得拒绝、拖延或者终止提供法律援助服务。

法律援助人员应当按照规定向受援人通报法律援助事项办理情况，不得损害受援人合法权益。

第四十七条 受援人应当向法律援助人员如实陈述与法律援助事项有关的情况，及时提供证据材料，协助、配合办理法律援助事项。

第四十八条 有下列情形之一的，法律援助机构应当作出终止法律援助的决定：

（一）受援人以欺骗或者其他不正当手段获得法律援助；

（二）受援人故意隐瞒与案件有关的重要事实或者提供虚假证据；

（三）受援人利用法律援助从事违法活动；

（四）受援人的经济状况发生变化，不再符合法律援助条件；

（五）案件终止审理或者已经被撤销；

（六）受援人自行委托律师或者其他代理人；

（七）受援人有正当理由要求终止法律援助；

（八）法律法规规定的其他情形。

法律援助人员发现有前款规定情形的，应当及时向法律援助机构报告。

第四十九条　申请人、受援人对法律援助机构不予法律援助、终止法律援助的决定有异议的，可以向设立该法律援助机构的司法行政部门提出。

司法行政部门应当自收到异议之日起五日内进行审查，作出维持法律援助机构决定或者责令法律援助机构改正的决定。

申请人、受援人对司法行政部门维持法律援助机构决定不服的，可以依法申请行政复议或者提起行政诉讼。

第五十条　法律援助事项办理结束后，法律援助人员应当及时向法律援助机构报告，提交有关法律文书的副本或者复印件、办理情况报告等材料。

第五章　保障和监督

第五十一条　国家加强法律援助信息化建设，促进司法行政部门与司法机关及其他有关部门实现信息共享和工作协同。

第五十二条　法律援助机构应当依照有关规定及时向法律援助人员支付法律援助补贴。

法律援助补贴的标准，由省、自治区、直辖市人民政府司法行政部门会同同级财政部门，根据当地经济发展水平和法律援助的服务类型、承办成本、基本劳务费用等确定，并实行动态调整。

法律援助补贴免征增值税和个人所得税。

第五十三条　人民法院应当根据情况对受援人缓收、减收或者免收诉讼费用；对法律援助人员复制相关材料等费用予以免收或者减收。

公证机构、司法鉴定机构应当对受援人减收或者免收公证费、鉴定费。

第五十四条　县级以上人民政府司法行政部门应当有计划地对法律援助人员进行培训，提高法律援助人员的专业素质和服务能力。

第五十五条　受援人有权向法律援助机构、法律援助人员了解法律援助事项办理情况；法律援助机构、法律援助人员未依法履行职责的，受援人可以向司法行政部门投诉，并可以请求法律援助机构更换法律援助人员。

第五十六条　司法行政部门应当建立法律援助工作投诉查处制度；接到投诉后，应当依照有关规定受理和调查处理，并及时向投诉人告知处理结果。

第五十七条　司法行政部门应当加强对法律援助服务的监督，制定法律援助服务质量标准，通过第三方评估等方式定期进行质量考核。

第五十八条　司法行政部门、法律援助机构应当建立法律援助信息公开制度，定期向社会公布法律援助资金使用、案件办理、质量考核结果等情况，接受社会监督。

第五十九条　法律援助机构应当综合运用庭审旁听、案卷检查、征询司法机关意见和回访受援人等措施，督促法律援助人员提升服务质量。

第六十条　律师协会应当将律师事务所、律师履行法律援助义务的情况纳入年度考核内容，对拒不履行或者怠于履行法律援助义务的律师事务所、律师，依照有关规定进行惩戒。

第六章　法律责任

第六十一条　法律援助机构及其工作人员有下列情形之一的，由设立该法律援助机构的司法行政部门责令限期改正；有违法所得的，责令退还或者没收违法所得；对直接负责的主管人员和其他直接责任人员，依法给予处分：

（一）拒绝为符合法律援助条件的人员提供法律援助，或者故意为不符合法律援助条件的人员提供法律援助；

（二）指派不符合本法规定的人员提供法律援助；

（三）收取受援人财物；

（四）从事有偿法律服务；

（五）侵占、私分、挪用法律援助经费；

（六）泄露法律援助过程中知悉的国家秘密、商业秘密和个人隐私；

（七）法律法规规定的其他情形。

第六十二条　律师事务所、基层法律服务所有下列情形之一的，由司法行政部门依法给予处罚：

（一）无正当理由拒绝接受法律援助机构指派；

（二）接受指派后，不及时安排本所律师、基层法律服务工作者办理法律援助事项或者拒绝为本所律师、基层法律服务工作者办理法律援助事项提供支持和保障；

（三）纵容或者放任本所律师、基层法律服务工作者怠于履行法律援助义务或者擅自终止提供法律援助；

（四）法律法规规定的其他情形。

第六十三条 律师、基层法律服务工作者有下列情形之一的，由司法行政部门依法给予处罚：

（一）无正当理由拒绝履行法律援助义务或者怠于履行法律援助义务；

（二）擅自终止提供法律援助；

（三）收取受援人财物；

（四）泄露法律援助过程中知悉的国家秘密、商业秘密和个人隐私；

（五）法律法规规定的其他情形。

第六十四条 受援人以欺骗或者其他不正当手段获得法律援助的，由司法行政部门责令其支付已实施法律援助的费用，并处三千元以下罚款。

第六十五条 违反本法规定，冒用法律援助名义提供法律服务并谋取利益的，由司法行政部门责令改正，没收违法所得，并处违法所得一倍以上三倍以下罚款。

第六十六条 国家机关及其工作人员在法律援助工作中滥用职权、玩忽职守、徇私舞弊的，对直接负责的主管人员和其他直接责任人员，依法给予处分。

第六十七条 违反本法规定，构成犯罪的，依法追究刑事责任。

第七章 附 则

第六十八条 工会、共产主义青年团、妇女联合会、残疾人联合会等群团组织开展法律援助工作，参照适用本法的相关规定。

第六十九条 对外国人和无国籍人提供法律援助，我国法律有规定的，适用法律规定；我国法律没有规定的，可以根据我国缔结或者参加的国际条约，或者按照互惠原则，参照适用本法的相关规定。

第七十条 对军人军属提供法律援助的具体办法，由国务院和中央军事委员会有关部门制定。

第七十一条 本法自2022年1月1日起施行。

法律援助法实施工作办法

·2023年11月20日

第一条 为规范和促进法律援助工作，保障法律正确实施，根据《中华人民共和国法律援助法》等有关法律规定，制定本办法。

第二条 法律援助工作坚持中国共产党领导，坚持以人民为中心，尊重和保障人权，遵循公开、公平、公正的原则，实行国家保障与社会参与相结合。

第三条 司法部指导、监督全国的法律援助工作。县级以上司法行政机关指导、监督本行政区域的法律援助工作。

第四条 人民法院、人民检察院、公安机关应当在各自职责范围内保障当事人依法获得法律援助，为法律援助人员开展工作提供便利。

人民法院、人民检察院、公安机关、司法行政机关应当建立健全沟通协调机制，做好权利告知、申请转交、案件办理等方面的衔接工作，保障法律援助工作正常开展。

第五条 司法行政机关指导、监督法律援助工作，依法履行下列职责：

（一）组织贯彻法律援助法律、法规和规章等，健全法律援助制度，加强信息化建设、人员培训、普法宣传等工作；

（二）指导监督法律援助机构和法律援助工作人员，监督管理法律援助服务质量和经费使用等工作；

（三）协调推进高素质法律援助队伍建设，统筹调配法律服务资源，支持和规范社会力量参与法律援助工作；

（四）对在法律援助工作中做出突出贡献的组织、个人，按照有关规定给予表彰、奖励；

（五）受理和调查处理管辖范围内的法律援助异议、投诉和举报；

（六）建立法律援助信息公开制度，依法向社会公布法律援助相关法律法规、政策公告、案件质量监督管理情况等信息，接受社会监督；

（七）其他依法应当履行的职责。

第六条 人民法院、人民检察院、公安机关在办理案件或者相关事务中，依法履行下列职责：

（一）及时告知有关当事人有权依法申请法律援助，转交被羁押的犯罪嫌疑人、被告人提出的法律援助申请；

（二）告知没有委托辩护人，法律援助机构也没有指派律师为其提供辩护的犯罪嫌疑人、被告人有权约见值班律师，保障值班律师依法提供法律帮助；

（三）刑事案件的犯罪嫌疑人、被告人属于《中华人民共和国法律援助法》规定应当通知辩护情形的，通知法律援助机构指派符合条件的律师担任辩护人；

（四）为法律援助人员依法了解案件有关情况、阅卷、会见等提供便利；

（五）其他依法应当履行的职责。

第七条 看守所、监狱、强制隔离戒毒所等监管场所依法履行下列职责：

（一）转交被羁押的犯罪嫌疑人、被告人、服刑人员，以及强制隔离戒毒人员等提出的法律援助申请；

（二）为法律援助人员依法了解案件有关情况、会见等提供便利；

（三）其他依法应当履行的职责。

第八条 法律援助机构组织实施法律援助工作，依法履行下列职责：

（一）通过服务窗口、电话、网络等多种方式提供法律咨询服务，提示当事人享有依法申请法律援助的权利，并告知申请法律援助的条件和程序；

（二）受理、审查法律援助申请，及时作出给予或者不给予法律援助的决定；

（三）指派或者安排法律援助人员提供符合标准的法律援助服务；

（四）支付法律援助补贴；

（五）根据工作需要设置法律援助工作站或者联络点；

（六）定期向社会公布法律援助资金使用、案件办理、质量考核工作等信息，接受社会监督；

（七）其他依法应当履行的职责。

第九条 人民法院、人民检察院、公安机关依法履行如下告知义务：

（一）公安机关、人民检察院在第一次讯问犯罪嫌疑人或者对犯罪嫌疑人采取强制措施的时候，应当告知犯罪嫌疑人有权委托辩护人，并告知其如果符合法律援助条件，本人及其近亲属可以向法律援助机构申请法律援助；

（二）人民检察院自收到移送审查起诉的案件材料之日起三日内，应当告知犯罪嫌疑人有权委托辩护人，并告知其如果符合法律援助条件，本人及其近亲属可以向法律援助机构申请法律援助，应当告知被害人及其法定代理人或者近亲属有权委托诉讼代理人，并告知其如果符合法律援助条件，可以向法律援助机构申请法律援助；

（三）人民法院自受理案件之日起三日内，应当告知案件当事人及其法定代理人或者近亲属有权依法申请法律援助；

（四）当事人不服司法机关生效裁判或者决定提出申诉或者申请再审，人民法院决定、裁定再审或者人民检察院提出抗诉的，应当自决定、裁定再审或者提出抗诉之日起三日内履行相关告知职责；

（五）犯罪嫌疑人、被告人具有《中华人民共和国法律援助法》第二十五条规定情形的，人民法院、人民检察院、公安机关应当告知其如果不委托辩护人，将依法通知法律援助机构为其指派辩护人。

第十条 告知可以采取口头或者书面方式，告知的内容应当易于被告知人理解。当面口头告知的，应当制作笔录，由被告知人签名；电话告知的，应当记录在案；书面告知的，应当将送达回执入卷。对于被告知人当场表达申请法律援助意愿的，应当记录在案。

第十一条 被羁押的犯罪嫌疑人、被告人、服刑人员，以及强制隔离戒毒人员等提出法律援助申请的，人民法院、人民检察院、公安机关及监管场所应当在收到申请后二十四小时内将申请转交法律援助机构，并于三日内通知申请人的法定代理人、近亲属或者其委托的其他人员协助向法律援助机构提供有关证件、证明等材料。因申请人原因无法通知其法定代理人、近亲属或者其委托的其他人员的，应当在转交申请时一并告知法律援助机构，法律援助机构应当做好记录。

对于犯罪嫌疑人、被告人申请法律援助的案件，法律援助机构可以向人民法院、人民检察院、公安机关了解案件办理过程中掌握的犯罪嫌疑人、被告人是否具有经济困难等法定法律援助申请条件的情况。

第十二条 人民法院、人民检察院、公安机关发现犯罪嫌疑人、被告人属于《中华人民共和国法律援助法》规定应当通知辩护情形的，应当自发现之日起三日内，通知法律援助机构指派律师。

人民法院、人民检察院、公安机关通知法律援助机构指派律师担任辩护人的，应当将法律援助通知文书、采取强制措施决定书或者起诉意见书、起诉书副本、判决书等文书材料送交法律援助机构。

法律援助通知文书应当载明犯罪嫌疑人或者被告人的姓名、涉嫌的罪名、羁押场所或者住所、通知辩护的理由和依据、办案机关联系人姓名和联系方式等。

第十三条 人民法院自受理强制医疗申请或者发现被告人符合强制医疗条件之日起三日内，对于被申请人或者被告人没有委托诉讼代理人的，应当向法律援助机构送交法律援助通知文书，通知法律援助机构指派律师担任被申请人或者被告人的诉讼代理人，为其提供法律援助。

人民检察院提出强制医疗申请的，人民法院应当将强制医疗申请书副本一并送交法律援助机构。

法律援助通知文书应当载明被申请人或者被告人的姓名、法定代理人的姓名和联系方式、办案机关及联系人姓名和联系方式。

第十四条 值班律师依法为没有辩护人的犯罪嫌疑人、被告人提供法律咨询、程序选择建议、申请变更强制措施、对案件处理提出意见等法律帮助。

人民法院、人民检察院、公安机关应当在确定的法律帮助日期前三个工作日，将法律帮助通知书送达法律援助机构，或者直接送达现场值班律师。该期间没有安排现场值班律师的，法律援助机构应当自收到法律帮助通知书之日起两个工作日内确定值班律师，并通知人民法院、人民检察院、公安机关。

第十五条 当事人以人民法院、人民检察院、公安机关给予国家司法救助的决定或者人民法院给予司法救助的决定为依据，向法律援助机构申请法律援助的，法律援助机构免予核查经济困难状况。

第十六条 法律援助机构应当自收到法律援助申请之日起七日内进行审查，作出是否给予法律援助的决定。决定给予法律援助的，应当自作出决定之日起三日内指派法律援助人员为受援人提供法律援助；决定不给予法律援助的，应当书面告知申请人，并说明理由。

法律援助机构应当自收到人民法院、人民检察院、公安机关的法律援助通知文书之日起三日内，指派律师并函告人民法院、人民检察院、公安机关，法律援助公函应当载明承办律师的姓名、所属单位及联系方式。

第十七条 法律援助人员应当遵守有关法律、法规、规章和规定，根据案件情况做好会见、阅卷、调查情况、收集证据、参加庭审、提交书面意见等工作，依法为受援人提供符合标准的法律援助服务。

第十八条 人民法院确定案件开庭日期时，应当为法律援助人员出庭预留必要的准备时间，并在开庭三日前通知法律援助人员，但法律另有规定的除外。

人民法院决定变更开庭日期的，应当在开庭三日前通知法律援助人员，但法律另有规定的除外。法律援助人员有正当理由不能按时出庭的，可以申请人民法院延期开庭。人民法院同意延期开庭的，应当及时通知法律援助人员。

第十九条 人民法院、人民检察院、公安机关对犯罪嫌疑人、被告人变更强制措施或者羁押场所的，应当及时告知承办法律援助案件的律师。

第二十条 对于刑事法律援助案件，公安机关在撤销案件或者移送审查起诉后，人民检察院在作出提起公诉、不起诉或者撤销案件决定后，人民法院在终止审理或者作出裁决后，以及公安机关、人民检察院、人民法院将案件移送其他机关办理后，应当在五日内将相关法律文书副本或者复印件送达承办法律援助案件的律师。

公安机关的起诉意见书，人民检察院的起诉书、不起诉决定书，人民法院的判决书、裁定书等法律文书，应当载明作出指派的法律援助机构名称、承办律师姓名以及所属单位等情况。

第二十一条 法律援助人员应当及时接收所承办案件的判决书、裁定书、调解书、仲裁裁决书、行政复议决定书等相关法律文书，并按规定提交结案归档材料。

第二十二条 具有《中华人民共和国法律援助法》第四十八条规定情形之一的，法律援助机构应当作出终止法律援助决定，制作终止法律援助决定书送达受援人，并自作出决定之日起三日内函告人民法院、人民检察院、公安机关。

人民法院、人民检察院、公安机关在案件办理过程中发现有前款规定情形的，应当及时函告法律援助机构。

第二十三条 被告人拒绝法律援助机构指派的律师为其辩护，坚持自己行使辩护权，人民法院依法准许的，法律援助机构应当作出终止法律援助的决定。

对于应当通知辩护的案件，犯罪嫌疑人、被告人拒绝指派的律师为其辩护的，人民法院、人民检察院、公安机关应当查明原因。理由正当的，应当准许，但犯罪嫌疑人、被告人应当在五日内另行委托辩护人；犯罪嫌疑人、被告人未另行委托辩护人的，人民法院、人民检察院、公安机关应当在三日内通知法律援助机构另行指派律师为其提供辩护。

第二十四条 法律援助人员的人身安全和职业尊严受法律保护。

对任何干涉法律援助人员履行职责的行为，法律援助人员有权拒绝，并按照规定如实记录和报告。对于侵犯法律援助人员权利的行为，法律援助人员有权提出控告。

法律援助人员因依法履行职责遭受不实举报、诬告陷害、侮辱诽谤，致使名誉受到损害的，依法追究相关单位或者个人的责任。

第二十五条 人民法院、人民检察院、公安机关、司法行政机关应当加强信息化建设，建立完善法律援助信息交换平台，实现业务协同、信息互联互通，运用现代信息技术及时准确传输交换有关法律文书，提高法律援信息化水平，保障法律援助工作有效开展。

第二十六条 法律援助机构应当综合运用庭审旁听、案卷检查、征询司法机关意见和回访受援人等措施，督促法律援助人员提升服务质量。

人民法院、人民检察院、公安机关应当配合司法行政机关、法律援助机构做好法律援助服务质量监督相关工作，协助司法行政机关、法律援助机构调查核实投诉举报情况，回复征询意见。

第二十七条 人民法院、人民检察院、公安机关在案件办理过程中发现法律援助人员有违法违规行为的，应当及时向司法行政机关、法律援助机构通报有关情况，司法行政机关、法律援助机构应当将调查处理结果反馈通报单位。

第二十八条 国家安全机关、军队保卫部门、中国海警局、监狱办理刑事案件，除法律有特别规定的以外，适用本办法中有关公安机关的规定。

第二十九条 本办法所称法律援助人员，是指接受法律援助机构的指派或者安排，依法为经济困难公民和符合法定条件的其他当事人提供法律援助服务的律师、基层法律服务工作者、法律援助志愿者以及法律援助机构中具有律师资格或者法律职业资格的工作人员等。

第三十条 本办法自发布之日起施行。

法律援助条例

- 2003年7月16日国务院第15次常务会议通过
- 2003年7月21日中华人民共和国国务院令第385号公布
- 自2003年9月1日起施行

第一章 总 则

第一条 为了保障经济困难的公民获得必要的法律服务，促进和规范法律援助工作，制定本条例。

第二条 符合本条例规定的公民，可以依照本条例获得法律咨询、代理、刑事辩护等无偿法律服务。

第三条 法律援助是政府的责任，县级以上人民政府应当采取积极措施推动法律援助工作，为法律援助提供财政支持，保障法律援助事业与经济、社会协调发展。

法律援助经费应当专款专用，接受财政、审计部门的监督。

第四条 国务院司法行政部门监督管理全国的法律援助工作。县级以上地方各级人民政府司法行政部门监督管理本行政区域的法律援助工作。

中华全国律师协会和地方律师协会应当按照律师协会章程对依据本条例实施的法律援助工作予以协助。

第五条 直辖市、设区的市或者县级人民政府司法行政部门根据需要确定本行政区域的法律援助机构。

法律援助机构负责受理、审查法律援助申请，指派或者安排人员为符合本条例规定的公民提供法律援助。

第六条 律师应当依照律师法和本条例的规定履行法律援助义务，为受援人提供符合标准的法律服务，依法维护受援人的合法权益，接受律师协会和司法行政部门的监督。

第七条 国家鼓励社会对法律援助活动提供捐助。

第八条 国家支持和鼓励社会团体、事业单位等社会组织利用自身资源为经济困难的公民提供法律援助。

第九条 对在法律援助工作中作出突出贡献的组织和个人，有关的人民政府、司法行政部门应当给予表彰、奖励。

第二章 法律援助范围

第十条 公民对下列需要代理的事项，因经济困难没有委托代理人的，可以向法律援助机构申请法律援助：

（一）依法请求国家赔偿的；

（二）请求给予社会保险待遇或者最低生活保障待遇的；

（三）请求发给抚恤金、救济金的；

（四）请求给付赡养费、抚养费、扶养费的；

（五）请求支付劳动报酬的；

（六）主张因见义勇为行为产生的民事权益的。

省、自治区、直辖市人民政府可以对前款规定以外的法律援助事项作出补充规定。

公民可以就本条第一款、第二款规定的事项向法律援助机构申请法律咨询。

第十一条 刑事诉讼中有下列情形之一的，公民可以向法律援助机构申请法律援助：

（一）犯罪嫌疑人在被侦查机关第一次讯问后或者采取强制措施之日起，因经济困难没有聘请律师的；

（二）公诉案件中的被害人及其法定代理人或者近亲属，自案件移送审查起诉之日起，因经济困难没有委托诉讼代理人的；

（三）自诉案件的自诉人及其法定代理人，自案件被人民法院受理之日起，因经济困难没有委托诉讼代理人的。

第十二条 公诉人出庭公诉的案件，被告人因经济困难或者其他原因没有委托辩护人，人民法院为被告人指定辩护时，法律援助机构应当提供法律援助。

被告人是盲、聋、哑人或者未成年人而没有委托辩护人的，或者被告人可能被判处死刑而没有委托辩护人的，人民法院为被告人指定辩护时，法律援助机构应当提供法律援助，无须对被告人进行经济状况的审查。

第十三条 本条例所称公民经济困难的标准，由省、自治区、直辖市人民政府根据本行政区域经济发展状况和法律援助事业的需要规定。

申请人住所地的经济困难标准与受理申请的法律援助机构所在地的经济困难标准不一致的，按照受理申请的法律援助机构所在地的经济困难标准执行。

第三章 法律援助申请和审查

第十四条 公民就本条例第十条所列事项申请法律援助，应当按照下列规定提出：

（一）请求国家赔偿的，向赔偿义务机关所在地的法律援助机构提出申请；

（二）请求给予社会保险待遇、最低生活保障待遇或者请求发给抚恤金、救济金的，向提供社会保险待遇、最低生活保障待遇或者发给抚恤金、救济金的义务机关所在地的法律援助机构提出申请；

（三）请求给付赡养费、抚养费、扶养费的，向给付赡养费、抚养费、扶养费的义务人住所地的法律援助机构提出申请；

（四）请求支付劳动报酬的，向支付劳动报酬的义务人住所地的法律援助机构提出申请；

（五）主张因见义勇为行为产生的民事权益的，向被请求人住所地的法律援助机构提出申请。

第十五条 本条例第十一条所列人员申请法律援助的，应当向审理案件的人民法院所在地的法律援助机构提出申请。被羁押的犯罪嫌疑人的申请由看守所在24小时内转交法律援助机构。申请法律援助所需提交的有关证件、证明材料由看守所通知申请人的法定代理人或者近亲属协助提供。

第十六条 申请人为无民事行为能力人或者限制民事行为能力人的，由其法定代理人代为提出申请。

无民事行为能力人或者限制民事行为能力人与其法定代理人之间发生诉讼或者因其他利益纠纷需要法律援助的，由与该争议事项无利害关系的其他法定代理人代为提出申请。

第十七条 公民申请代理、刑事辩护的法律援助应当提交下列证件、证明材料：

（一）身份证或者其他有效的身份证明，代理申请人还应当提交有代理权的证明；

（二）经济困难的证明；

（三）与所申请法律援助事项有关的案件材料。

申请应当采用书面形式，填写申请表；以书面形式提出申请确有困难的，可以口头申请，由法律援助机构工作人员或代为转交申请的有关机构工作人员作书面记录。

第十八条 法律援助机构收到法律援助申请后，应当进行审查；认为申请人提交的证件、证明材料不齐全的，可以要求申请人作出必要的补充或者说明，申请人未按要求作出补充或者说明的，视为撤销申请；认为申请人提交的证件、证明材料需要查证的，由法律援助机构向有关机关、单位查证。

对符合法律援助条件的，法律援助机构应当及时决定提供法律援助；对不符合法律援助条件的，应当书面告知申请人理由。

第十九条 申请人对法律援助机构作出的不符合法律援助条件的通知有异议的，可以向确定该法律援助机构的司法行政部门提出，司法行政部门应当在收到异议之日起5个工作日内进行审查，经审查认为申请人符合法律援助条件的，应当以书面形式责令法律援助机构及时对该申请人提供法律援助。

第四章 法律援助实施

第二十条 由人民法院指定辩护的案件，人民法院在开庭10日前将指定辩护通知书和起诉书副本或者判决书副本送交其所在地的法律援助机构；人民法院不在其所在地审判的，可以将指定辩护通知书和起诉书副本或者判决书副本送交审判地的法律援助机构。

第二十一条 法律援助机构可以指派律师事务所安排律师或者安排本机构的工作人员办理法律援助案件；也可以根据其他社会组织的要求，安排其所属人员办理法律援助案件。对人民法院指定辩护的案件，法律援助机构应当在开庭3日前将确定的承办人员名单回复作出指定的人民法院。

第二十二条 办理法律援助案件的人员，应当遵守职业道德和执业纪律，提供法律援助不得收取任何财物。

第二十三条 办理法律援助案件的人员遇有下列情形之一的，应当向法律援助机构报告，法律援助机构经审查核实的，应当终止该项法律援助：

（一）受援人的经济收入状况发生变化，不再符合法律援助条件的；

（二）案件终止审理或者已被撤销的；

（三）受援人又自行委托律师或者其他代理人的；

（四）受援人要求终止法律援助的。

第二十四条　受指派办理法律援助案件的律师或者接受安排办理法律援助案件的社会组织人员在案件结案时,应当向法律援助机构提交有关的法律文书副本或者复印件以及结案报告等材料。

法律援助机构收到前款规定的结案材料后,应当向受指派办理法律援助案件的律师或者接受安排办理法律援助案件的社会组织人员支付法律援助办案补贴。

法律援助办案补贴的标准由省、自治区、直辖市人民政府司法行政部门会同同级财政部门,根据当地经济发展水平,参考法律援助机构办理各类法律援助案件的平均成本等因素核定,并可以根据需要调整。

第二十五条　法律援助机构对公民申请的法律咨询服务,应当即时办理;复杂疑难的,可以预约择时办理。

第五章　法律责任

第二十六条　法律援助机构及其工作人员有下列情形之一的,对直接负责的主管人员以及其他直接责任人员依法给予纪律处分:

（一）为不符合法律援助条件的人员提供法律援助,或者拒绝为符合法律援助条件的人员提供法律援助的;

（二）办理法律援助案件收取财物的;

（三）从事有偿法律服务的;

（四）侵占、私分、挪用法律援助经费的。

办理法律援助案件收取的财物,由司法行政部门责令退还;从事有偿法律服务的违法所得,由司法行政部门予以没收;侵占、私分、挪用法律援助经费的,由司法行政部门责令追回,情节严重,构成犯罪的,依法追究刑事责任。

第二十七条　律师事务所拒绝法律援助机构的指派,不安排本所律师办理法律援助案件的,由司法行政部门给予警告、责令改正;情节严重的,给予1个月以上3个月以下停业整顿的处罚。

第二十八条　律师有下列情形之一的,由司法行政部门给予警告、责令改正;情节严重的,给予1个月以上3个月以下停止执业的处罚:

（一）无正当理由拒绝接受、擅自终止法律援助案件的;

（二）办理法律援助案件收取财物的。

有前款第(二)项违法行为的,由司法行政部门责令退还违法所得的财物,可以并处所收财物价值1倍以上3倍以下的罚款。

第二十九条　律师办理法律援助案件违反职业道德和执业纪律的,按照律师法的规定予以处罚。

第三十条　司法行政部门工作人员在法律援助的监督管理工作中,有滥用职权、玩忽职守行为的,依法给予行政处分;情节严重,构成犯罪的,依法追究刑事责任。

第六章　附　则

第三十一条　本条例自2003年9月1日起施行。

办理法律援助案件程序规定

· 2012年4月9日司法部令第124号公布
· 2023年7月11日司法部令第148号修订

第一章　总　则

第一条　为了规范办理法律援助案件程序,保证法律援助质量,根据《中华人民共和国法律援助法》《法律援助条例》等有关法律、行政法规的规定,制定本规定。

第二条　法律援助机构组织办理法律援助案件,律师事务所、基层法律服务所和法律援助人员承办法律援助案件,适用本规定。

本规定所称法律援助人员,是指接受法律援助机构的指派或者安排,依法为经济困难公民和符合法定条件的其他当事人提供法律援助服务的律师、基层法律服务工作者、法律援助志愿者以及法律援助机构中具有律师资格或者法律职业资格的工作人员等。

第三条　办理法律援助案件应当坚持中国共产党领导,坚持以人民为中心,尊重和保障人权,遵循公开、公平、公正的原则。

第四条　法律援助机构应当建立健全工作机制,加强信息化建设,为公民获得法律援助提供便利。

法律援助机构为老年人、残疾人提供法律援助服务的,应当根据实际情况提供无障碍设施设备和服务。

第五条　法律援助人员应当依照法律、法规及本规定,遵守有关法律服务业务规程,及时为受援人提供符合标准的法律援助服务,维护受援人的合法权益。

第六条　法律援助人员应当恪守职业道德和执业纪律,自觉接受监督,不得向受援人收取任何财物。

第七条　法律援助机构、法律援助人员对提供法律援助过程中知悉的国家秘密、商业秘密和个人隐私应当予以保密。

第二章　申请与受理

第八条　法律援助机构应当向社会公布办公地址、联系方式等信息,在接待场所和司法行政机关政府网站公示并及时更新法律援助条件、程序、申请材料目录和申请示范文本等。

第九条　法律援助机构组织法律援助人员,依照有关规定和服务规范要求提供法律咨询、代拟法律文书、值班律师法律帮助。法律援助人员在提供法律咨询、代拟法律文书、值班律师法律帮助过程中，对可能符合代理或者刑事辩护法律援助条件的，应当告知其可以依法提出申请。

第十条 对诉讼事项的法律援助，由申请人向办案机关所在地的法律援助机构提出申请；对非诉讼事项的法律援助，由申请人向争议处理机关所在地或者事由发生地的法律援助机构提出申请。

申请人就同一事项向两个以上有管辖权的法律援助机构提出申请的，由最先收到申请的法律援助机构受理。

第十一条 因经济困难申请代理、刑事辩护法律援助的，申请人应当如实提交下列材料：

（一）法律援助申请表；

（二）居民身份证或者其他有效身份证明，代为申请的还应当提交有代理权的证明；

（三）经济困难状况说明表，如有能够说明经济状况的证件或者证明材料，可以一并提供；

（四）与所申请法律援助事项有关的其他材料。

填写法律援助申请表、经济困难状况说明表确有困难的，由法律援助机构工作人员或者转交申请的机关、单位工作人员代为填写，申请人确认无误后签名或者按指印。

符合《中华人民共和国法律援助法》第三十二条规定情形的当事人申请代理、刑事辩护法律援助，应当提交第一款第一项、第二项、第四项规定的材料。

第十二条 被羁押的犯罪嫌疑人、被告人、服刑人员以及强制隔离戒毒人员等提出法律援助申请的，可以通过办案机关或者监管场所转交申请。办案机关、监管场所应当在二十四小时内将申请材料转交法律援助机构。

犯罪嫌疑人、被告人通过值班律师提出代理、刑事辩护等法律援助申请的，值班律师应当在二十四小时内将申请材料转交法律援助机构。

第十三条 法律援助机构对申请人提出的法律援助申请，应当根据下列情况分别作出处理：

（一）申请人提交的申请材料符合规定的，应当予以受理，并向申请人出具收到申请材料的书面凭证，载明收到申请材料的名称、数量、日期等；

（二）申请人提交的申请材料不齐全，应当一次性告知申请人需要补充的全部内容，或者要求申请人作出必要的说明。申请人未按要求补充材料或者作出说明的，视为撤回申请；

（三）申请事项不属于本法律援助机构受理范围的，应当告知申请人向有管辖权的法律援助机构申请或者向有关部门申请处理。

第三章 审 查

第十四条 法律援助机构应当对法律援助申请进行审查，确定是否具备下列条件：

（一）申请人系公民或者符合法定条件的其他当事人；

（二）申请事项属于法律援助范围；

（三）符合经济困难标准或者其他法定条件。

第十五条 法律援助机构核查申请人的经济困难状况，可以通过信息共享查询，或者由申请人进行个人诚信承诺。

法律援助机构开展核查工作，可以依法向有关部门、单位、村民委员会、居民委员会或者个人核实有关情况。

第十六条 受理申请的法律援助机构需要异地核查有关情况的，可以向核查事项所在地的法律援助机构请求协作。

法律援助机构请求协作的，应当向被请求的法律援助机构发出协作函件，说明基本情况、需要核查的事项、办理时限等。被请求的法律援助机构应当予以协作。因客观原因无法协作的，应当及时向请求协作的法律援助机构书面说明理由。

第十七条 法律援助机构应当自收到法律援助申请之日起七日内进行审查，作出是否给予法律援助的决定。

申请人补充材料、作出说明所需的时间，法律援助机构请求异地法律援助机构协作核查的时间，不计入审查期限。

第十八条 法律援助机构经审查，对于有下列情形之一的，应当认定申请人经济困难：

（一）申请人及与其共同生活的家庭成员符合受理的法律援助机构所在省、自治区、直辖市人民政府规定的经济困难标准的；

（二）申请事项的对方当事人是与申请人共同生活的家庭成员，申请人符合受理的法律援助机构所在省、自治区、直辖市人民政府规定的经济困难标准的；

（三）符合《中华人民共和国法律援助法》第四十二条规定，申请人所提交材料真实有效的。

第十九条 法律援助机构经审查，对符合法律援助条件的，应当决定给予法律援助，并制作给予法律援助决定书；对不符合法律援助条件的，应当决定不予法律援助，并制作不予法律援助决定书。

不予法律援助决定书应当载明不予法律援助的理由及申请人提出异议的途径和方式。

第二十条 给予法律援助决定书或者不予法律援助决定书应当发送申请人；属于《中华人民共和国法律援助法》第三十九条规定情形的，法律援助机构还应当同时函告有关办案机关、监管场所。

第二十一条 法律援助机构依据《中华人民共和国法律援助法》第四十四条规定先行提供法律援助的，受援人应当在法律援助机构要求的时限内，补办有关手续，补充有关材料。

第二十二条 申请人对法律援助机构不予法律援助的决定有异议的，应当自收到决定之日起十五日内向设立该法律援助机构的司法行政机关提出。

第二十三条 司法行政机关应当自收到异议之日起五日内进行审查，认为申请人符合法律援助条件的，应当以书面形式责令法律援助机构对该申请人提供法律援助，同时书面告知申请人；认为申请人不符合法律援助条件的，应当作出维持法律援助机构不予法律援助的决定，书面告知申请人并说明理由。

申请人对司法行政机关维持法律援助机构决定不服的，可以依法申请行政复议或者提起行政诉讼。

第四章 指 派

第二十四条 法律援助机构应当自作出给予法律援助决定之日起三日内依法指派律师事务所、基层法律服务所安排本所律师或者基层法律服务工作者，或者安排本机构具有律师资格或者法律职业资格的工作人员承办法律援助案件。

对于通知辩护或者通知代理的刑事法律援助案件，法律援助机构收到人民法院、人民检察院、公安机关要求指派律师的通知后，应当在三日内指派律师承办法律援助案件，并通知人民法院、人民检察院、公安机关。

第二十五条 法律援助机构应当根据本机构、律师事务所、基层法律服务所的人员数量、专业特长、执业经验等因素，合理指派承办机构或者安排法律援助机构工作人员承办案件。

律师事务所、基层法律服务所收到指派后，应当及时安排本所律师、基层法律服务工作者承办法律援助案件。

第二十六条 对可能被判处无期徒刑、死刑的人，以及死刑复核案件的被告人，法律援助机构收到人民法院、人民检察院、公安机关通知后，应当指派具有三年以上刑事辩护经历的律师担任辩护人。

对于未成年人刑事案件，法律援助机构收到人民法院、人民检察院、公安机关通知后，应当指派熟悉未成年人身心特点的律师担任辩护人。

第二十七条 法律援助人员所属单位应当自安排或者收到指派之日起五日内与受援人或者其法定代理人、近亲属签订委托协议和授权委托书，但因受援人原因或者其他客观原因无法按时签订的除外。

第二十八条 法律援助机构已指派律师为犯罪嫌疑人、被告人提供辩护，犯罪嫌疑人、被告人的监护人或者近亲属又代为委托辩护人，犯罪嫌疑人、被告人决定接受委托辩护的，律师应当及时向法律援助机构报告。法律援助机构按照有关规定进行处理。

第五章 承 办

第二十九条 律师承办刑事辩护法律援助案件，应当依法及时会见犯罪嫌疑人、被告人，了解案件情况并制作笔录。笔录应当经犯罪嫌疑人、被告人确认无误后签名或者按指印。犯罪嫌疑人、被告人无阅读能力的，律师应当向犯罪嫌疑人、被告人宣读笔录，并在笔录上载明。

对于通知辩护的案件，律师应当在首次会见犯罪嫌疑人、被告人时，询问是否同意为其辩护，并记录在案。犯罪嫌疑人、被告人不同意的，律师应当书面告知人民法院、人民检察院、公安机关和法律援助机构。

第三十条 法律援助人员承办刑事代理、民事、行政等法律援助案件，应当约见受援人或者其法定代理人、近亲属，了解案件情况并制作笔录，但因受援人原因无法按时约见的除外。

法律援助人员首次约见受援人或者其法定代理人、近亲属时，应当告知下列事项：

（一）法律援助人员的代理职责；

（二）发现受援人可能符合司法救助条件的，告知其申请方式和途径；

（三）本案主要诉讼风险及法律后果；

（四）受援人在诉讼中的权利和义务。

第三十一条 法律援助人员承办案件，可以根据需要依法向有关单位或者个人调查与承办案件有关的情况，收集与承办案件有关的材料，并可以根据需要请求法律援助机构出具必要的证明文件或者与有关机关、单位进行协调。

法律援助人员认为需要异地调查情况、收集材料的，可以向作出指派或者安排的法律援助机构报告。法律援助机构可以按照本规定第十六条向调查事项所在地的法律援助机构请求协作。

第三十二条 法律援助人员可以帮助受援人通过和

解、调解及其他非诉讼方式解决纠纷，依法最大限度维护受援人合法权益。

法律援助人员代理受援人以和解或者调解方式解决纠纷的，应当征得受援人同意。

第三十三条　对处于侦查、审查起诉阶段的刑事辩护法律援助案件，承办律师应当积极履行辩护职责，在办案期限内依法完成会见、阅卷，并根据案情提出辩护意见。

第三十四条　对于开庭审理的案件，法律援助人员应当做好开庭前准备；庭审中充分发表意见、举证、质证；庭审结束后，应当向人民法院或者劳动人事争议仲裁机构提交书面法律意见。

对于不开庭审理的案件，法律援助人员应当在会见或者约见受援人、查阅案卷材料、了解案件主要事实后，及时向人民法院提交书面法律意见。

第三十五条　法律援助人员应当向受援人通报案件办理情况，答复受援人询问，并制作通报情况记录。

第三十六条　法律援助人员应当按照法律援助机构要求报告案件承办情况。

法律援助案件有下列情形之一的，法律援助人员应当向法律援助机构报告：

（一）主要证据认定、适用法律等方面存在重大疑义的；

（二）涉及群体性事件的；

（三）有重大社会影响的；

（四）其他复杂、疑难情形。

第三十七条　受援人有证据证明法律援助人员未依法履行职责的，可以请求法律援助机构更换法律援助人员。

法律援助机构应当自受援人申请更换之日起五日内决定是否更换。决定更换的，应当另行指派或者安排人员承办。对犯罪嫌疑人、被告人具有应当通知辩护情形，人民法院、人民检察院、公安机关决定为其另行通知辩护的，法律援助机构应当另行指派或者安排人员承办。法律援助机构应当及时将变更情况通知办案机关。

更换法律援助人员的，原法律援助人员所属单位应当与受援人解除或者变更委托协议和授权委托书，原法律援助人员应当与更换后的法律援助人员办理案件材料移交手续。

第三十八条　法律援助人员在承办案件过程中，发现与本案存在利害关系或者因客观原因无法继续承办案件的，应当向法律援助机构报告。法律援助机构认为需要更换法律援助人员的，按照本规定第三十七条办理。

第三十九条　存在《中华人民共和国法律援助法》第四十八条规定情形，法律援助机构决定终止法律援助的，应当制作终止法律援助决定书，并于三日内，发送受援人、通知法律援助人员所属单位并函告办案机关。

受援人对法律援助机构终止法律援助的决定有异议的，按照本规定第二十二条、第二十三条办理。

第四十条　法律援助案件办理结束后，法律援助人员应当及时向法律援助机构报告，并自结案之日起三十日内向法律援助机构提交结案归档材料。

刑事诉讼案件侦查阶段应以承办律师收到起诉意见书或撤销案件的相关法律文书之日为结案日；审查起诉阶段应以承办律师收到起诉书或不起诉决定书之日为结案日；审判阶段应以承办律师收到判决书、裁定书、调解书之日为结案日。其他诉讼案件以法律援助人员收到判决书、裁定书、调解书之日为结案日。劳动争议仲裁案件或者行政复议案件以法律援助人员收到仲裁裁决书、行政复议决定书之日为结案日。其他非诉讼法律事务以受援人与对方当事人达成和解、调解协议之日为结案日。无相关文书的，以义务人开始履行义务之日为结案日。法律援助机构终止法律援助的，以法律援助人员所属单位收到终止法律援助决定书之日为结案日。

第四十一条　法律援助机构应当自收到法律援助人员提交的结案归档材料之日起三十日内进行审查。对于结案归档材料齐全规范的，应当及时向法律援助人员支付法律援助补贴。

第四十二条　法律援助机构应当对法律援助案件申请、审查、指派等材料以及法律援助人员提交的结案归档材料进行整理，一案一卷，统一归档管理。

第六章　附　则

第四十三条　法律援助机构、律师事务所、基层法律服务所和法律援助人员从事法律援助活动违反本规定的，依照《中华人民共和国法律援助法》《中华人民共和国律师法》《法律援助条例》《律师和律师事务所违法行为处罚办法》等法律、法规和规章的规定追究法律责任。

第四十四条　本规定中期间开始的日，不算在期间以内。期间的最后一日是节假日的，以节假后的第一日为期满日期。

第四十五条　法律援助文书格式由司法部统一规定。

第四十六条　本规定自2023年9月1日起施行。司法部2012年4月9日公布的《办理法律援助案件程序规定》（司法部令第124号）同时废止。

法律援助志愿者管理办法

· 2021年12月31日

第一章 总则

第一条 为鼓励和规范社会力量参与法律援助志愿服务，保障法律援助志愿者、志愿服务对象及法律援助机构等招募单位的合法权益，发展法律援助志愿服务事业，根据《中华人民共和国法律援助法》《志愿服务条例》等规定，制定本办法。

第二条 本办法适用于由法律援助机构或受其委托的事业单位、社会组织，以及工会、共产主义青年团、妇女联合会、残疾人联合会等群团组织，组织招募志愿者开展的法律援助志愿服务活动。

本办法不适用于公民自行开展的公益法律服务。

第三条 本办法所称法律援助志愿者，是指根据法律援助机构等单位安排，运用自身专业知识和技能无偿提供法律援助及相关服务的公民。

第四条 开展法律援助志愿服务，应当遵循自愿、无偿、平等、诚信、合法的原则，不得违背社会公德、损害社会公共利益和他人合法权益。

第五条 司法行政、财政、民政、教育、卫生健康（老龄办）、共产主义青年团等部门和单位应当采取措施，鼓励公民提供法律援助志愿服务。

第六条 国务院司法行政部门指导、监督全国的法律援助志愿服务活动。县级以上地方人民政府司法行政部门指导、监督本行政区域的法律援助志愿服务活动。

法律援助机构负责组织实施法律援助志愿服务活动，可以委托事业单位、社会组织招募法律援助志愿者，开展法律援助志愿服务活动。

第二章 服务范围和申请条件

第七条 根据自身专业知识和技能情况，法律援助志愿者可以提供下列服务：

（一）法律咨询、代拟法律文书、刑事辩护与代理、民事案件、行政案件、国家赔偿案件的诉讼代理及非诉讼代理、值班律师法律帮助、劳动争议调解与仲裁代理等法律援助服务；

（二）为受援人提供外语、少数民族语言翻译、心理疏导等相关服务；

（三）为有需要的残疾受援人提供盲文、手语翻译等无障碍服务；

（四）为法律援助经费筹集提供支持，参与法律援助的宣传、培训、理论研究、案件质量评估等工作。

第八条 公民申请成为法律援助志愿者，应当年满18周岁，具有奉献精神，遵纪守法，热爱法律援助和志愿服务事业。

第九条 申请提供刑事辩护与代理和值班律师法律帮助的法律援助志愿者，应当提供律师执业证书。

申请提供心理疏导、翻译服务的法律援助志愿者，一般需提供职业资格证书或学历学位证书。

第十条 有下列情形之一的，法律援助机构等招募单位不得审核其成为法律援助志愿者：

（一）无民事行为能力或者限制民事行为能力的；

（二）因故意犯罪受过刑事处罚的；

（三）被吊销律师、公证员执业证书的；

（四）因违法违规被取消法律援助志愿者身份的。

第三章 权利和义务

第十一条 法律援助志愿者享有以下权利：

（一）根据自己的意愿、时间和技能提供法律援助志愿服务；

（二）获得法律援助志愿服务内容的必要信息、安全教育、技能培训、志愿者服务证及胸章、服务记录证明；

（三）提供服务后按规定领取法律援助补贴中的直接费用；

（四）相关法律、法规、规章赋予的其他权利。

第十二条 法律援助志愿者应当履行以下义务：

（一）履行志愿服务协议或承诺，提供符合标准的法律援助服务；

（二）保守国家秘密、商业秘密和个人隐私，不得向他人泄露志愿服务中掌握的案件情况；

（三）因故不能参加或完成预先约定的法律援助志愿服务，应当提前告知；

（四）不得以法律援助志愿者名义从事营利性活动，不得向受援人收取财物或接受其他利益；

（五）相关法律、法规规定的其他义务。

第四章 服务管理

第十三条 法律援助机构等招募单位，可以根据工作需要制定法律援助志愿者招募计划，发布真实、准确、完整的招募信息，并负责组织做好相关工作。

第十四条 申请人申请成为法律援助志愿者，应当按照法律援助机构等招募单位要求，提交法律援助志愿者申请表，提供身份信息、服务技能、服务时间和联系方式等基本信息。

第十五条 经法律援助机构等招募单位审核后，申请人可以登录全国性志愿服务平台自行注册信息,也可以通过法律援助机构等招募单位注册。

第十六条 法律援助机构等招募单位应当如实记录法律援助志愿者的注册信息、志愿服务情况、评价情况、参加培训和获得表彰奖励等信息,并根据记录的信息出具法律援助志愿服务记录证明。

第十七条 法律援助志愿服务时长以小时为单位进行记录,原则上每天记录时长不超过8小时,超出时长的需要单独记录并作出说明。

第十八条 司法行政机关可以根据法律援助志愿者的服务时长、服务效果及综合评价等,建立健全法律援助志愿者星级服务评估评选机制。

第十九条 法律援助志愿者可以提出退出法律援助志愿者队伍的申请,法律援助机构等招募单位应当在收到其退出申请后的十五个工作日内完成相关工作。

第二十条 法律援助志愿者有下列情形之一的,法律援助机构核实后,对造成不良影响的,应当取消或通知招募单位取消其法律援助志愿者身份,并以适当方式告知本人:

(一)以法律援助志愿者名义进行营利性活动,或者收取受援人财物或其他利益的;

(二)同一年度内三次不能完成预先约定的服务,或者因服务质量不合格被受援人投诉三次以上的;

(三)违反相关执业行为规范的;

(四)法律、法规规定的其他情形。

第二十一条 法律援助志愿者在志愿服务中存在违法行为的,司法行政机关应当依法予以处理,并由法律援助机构等招募单位取消其法律援助志愿者身份。

第五章 激励保障

第二十二条 法律援助机构等招募单位应当为法律援助志愿者提供必要的工作条件,组织业务培训,支付法律援助志愿者提供服务过程中实际产生的差旅费、邮电费、印刷费、调查取证费、翻译费、公证费和鉴定费等直接费用。

组织可能发生人身危险或为期一年以上的专项法律援助志愿服务活动的,法律援助机构等招募单位应当与志愿者签订服务协议,为志愿者购买相应的人身意外伤害保险。

法律援助志愿者在提供志愿服务过程中受到人身、财产权益侵害的,法律援助机构等招募单位应当提供必要帮助,依法维护法律援助志愿者的合法权益。

第二十三条 司法行政机关应当根据国家有关规定,协调参与法律援助志愿服务相关部门,建立健全法律援助志愿服务激励机制,开展法律援助志愿服务宣传,提供必要的经费、培训和场所支持,推动法律援助志愿者在就学、公共服务、表彰奖励等方面享有本地区关于志愿者的优惠奖励政策,并按规定落实就业、社会保障政策。

第二十四条 司法行政机关应当与文明办、民政、教育、卫生健康(老龄办)、共产主义青年团等部门和单位建立法律援助志愿服务工作协作、信息共享机制。

司法行政和教育部门应当共同鼓励和支持高等院校师生提供法律援助志愿服务,可以将在校师生参与法律援助志愿服务的情况,作为教师业绩评价的参考,探索将法律援助志愿服务纳入学生实习、实训和实践课程。

鼓励具备条件的地方团委和高等院校招募大学生法律援助志愿者,积极提供法律援助志愿服务。

第二十五条 高等院校、科研机构可以组织从事法学教育、研究工作的人员和法学专业学生作为法律援助志愿者,在司法行政部门指导下,依法为经济困难公民和符合法定条件的其他当事人提供法律咨询、代拟法律文书、案件代理、劳动争议调解与仲裁代理服务。

第二十六条 司法行政机关应当加强与工会、共产主义青年团、妇女联合会、残疾人联合会、老龄协会等沟通协调,建立法律援助志愿服务工作协作机制,共同开展针对困难职工、进城务工人员、未成年人、妇女、残疾人、老年人等特定群体的专项法律援助志愿服务活动。

事业单位、社会组织受法律援助机构委托招募法律援助志愿者,或者工会、共产主义青年团、妇女联合会、残疾人联合会等群团组织自行组织招募的,应当接受法律援助机构的业务指导,引导志愿者落实法律援助服务标准,有关工作进行备案登记。

第二十七条 司法行政机关应当与文明办、民政、卫生健康(老龄办)、共产主义青年团等部门和单位加强协作,共享全国性志愿服务平台有关法律援助志愿信息,依托现有志愿服务平台建立法律援助志愿服务信息登录和注册页面,实现法律援助志愿者的网上申请、审核等管理,以及志愿服务信息的查询、下载。

第二十八条 对在法律援助志愿服务中做出突出贡献的个人,由司法行政机关按照法律、法规和国家有关规定予以表彰、奖励。

第六章 附 则

第二十九条 除本办法外,关于法律援助志愿者的管理，还应当遵守国家和地方精神文明建设指导机构及各级民政部门有关志愿服务的相关规定。

第三十条 法律援助志愿者通过志愿服务项目提供法律援助服务的，按照本办法相关规定和项目协议执行。接受服务地法律援助机构指派办理案件的，与当地法律援助人员领取同等的法律援助补贴。

第三十一条 本办法所称招募单位，包括法律援助机构，受法律援助机构委托开展法律援助志愿服务活动的事业单位、社会组织，以及工会、共产主义青年团、妇女联合会、残疾人联合会等群团组织。

第三十二条 本办法的解释权属于国务院司法行政部门。

第三十三条 本办法自发布之日起施行。

关于完善法律援助补贴标准的指导意见

- 2019 年 2 月 15 日
- 司发通〔2019〕27 号

为深入贯彻落实党的十九大和十九届二中、三中全会精神，贯彻落实中共中央办公厅、国务院办公厅《关于完善法律援助制度的意见》（中办发〔2015〕37 号）文件精神，指导地方合理确定和及时调整法律援助补贴标准，调动社会律师等法律援助事项承办人员开展法律援助工作的积极性，更好地满足人民群众法律援助需求，现就完善法律援助补贴标准提出如下意见。

一、法律援助补贴，是指法律援助机构按照规定支付给社会律师、基层法律服务工作者、社会组织人员等法律援助事项承办人员（不含法律援助机构工作人员，以及其他承办法律援助事项的具有公职身份的基层法律服务工作者、社会组织人员）所属单位的费用。

二、法律援助补贴标准是核定法律援助经费的重要依据，由省、自治区、直辖市人民政府司法行政部门会同同级财政部门，或者授权市、县级人民政府司法行政部门会同同级财政部门，结合当地经济社会发展水平，根据承办法律援助事项直接费用、基本劳务费用等因素确定。

三、根据法律援助的不同服务形式，可以分别制定办案补贴标准、值班律师法律帮助补贴标准、法律咨询补贴标准。

区分法律援助的不同服务形式，根据服务过程中实际产生的差旅费、邮电费、印刷费、调查取证费、翻译费、公证费、鉴定费等因素确定直接费用。差旅费中包含的交通、食宿费用参照党政机关差旅费有关标准予以测算。邮电费、印刷费、调查取证费等由各地结合实际情况确定。翻译费、公证费、鉴定费经法律援助机构核实后予以安排。

基本劳务费用根据日平均工资、服务天数等因素确定。其中，日平均工资参照上一年度本地在岗职工年平均工资除以年工作日所得或其一定系数。

四、办案补贴标准，是指办理民事、刑事、行政代理或者辩护法律援助案件的补贴标准。

民事、刑事、行政法律援助案件以一件代理或者辩护事项为一件案件，根据承办同类法律援助案件平均耗费的天数，按件计算。同一事项处于不同阶段法律程序的，每一阶段按一件案件计算。同一案件有 2 个以上受援人的，以相应案件补贴标准为基数，适当增加补贴。

五、值班律师法律帮助补贴标准，是指法律援助机构派驻在人民法院、人民检察院、看守所的值班律师，为没有辩护人的犯罪嫌疑人、刑事被告人提供法律咨询、转交法律援助申请等法律帮助的补贴标准，按工作日计算。

值班律师为认罪认罚案件的犯罪嫌疑人、被告人提供法律帮助的补贴标准，由各地结合本地实际情况按件或者按工作日计算。

六、法律咨询补贴标准，是指提供接待来访、接听电话、在线解答咨询服务的补贴标准，按工作日计算。

七、地方法律援助法规规章规定的其他服务形式的法律援助事项补贴标准，由各地结合本地实际情况，参照上述办法确定。

八、建立健全法律援助补贴标准动态调整机制。法律援助事项直接费用、基本劳务费用等发生较大变化时，应当及时调整法律援助补贴标准。

九、逐步推行补贴与服务质量挂钩的差别补贴。法律援助机构可以各项补贴标准为基准，根据服务质量上下浮动一定比例，确定不同级别补贴标准，促进提高服务质量。

十、各级人民政府司法行政部门和财政部门要严格执行本地区法律援助补贴标准，确保相关经费保障政策措施落到实处，督促法律援助机构严格按照规定标准及时、足额支付，不得截留，促进法律援助事业健康发展。

十一、健全信息公开和监督机制。各地要全面及时公开法律援助补贴标准，畅通投诉举报渠道，主动接受社会监督。

法律援助投诉处理办法

- 2013 年 11 月 19 日
- 司发通〔2013〕161 号

第一条 为规范法律援助投诉处理工作，加强对法律援助活动的监督，维护投诉人和被投诉人合法权益，根据《中华人民共和国律师法》、《法律援助条例》等法律、行政法规，制定本办法。

第二条 本办法所称投诉，是指法律援助申请人、受援人或者利害关系人（以下简称投诉人）认为法律援助机构、律师事务所、基层法律服务所、其他社会组织和法律援助人员（以下简称被投诉人）在法律援助活动中有违法违规行为，向司法行政机关投诉，请求予以处理的行为。

第三条 法律援助投诉处理工作，应当遵循属地管理、分级负责，依法查处，处罚与教育相结合的原则。

第四条 司法行政机关应当向社会公示法律援助投诉地址、电话、传真、电子邮箱及投诉事项范围、投诉处理程序等信息。

第五条 有下列情形之一的，投诉人可以向主管该法律援助机构的司法行政机关投诉：

（一）违反规定办理法律援助受理、审查事项，或者违反规定指派、安排法律援助人员的；

（二）法律援助人员接受指派或安排后，懈怠履行或者擅自停止履行法律援助职责的；

（三）办理法律援助案件收取财物的；

（四）其他违反法律援助管理规定的行为。

第六条 投诉人提出投诉，应当采取书信、传真或者电子邮件等书面形式；书面形式投诉确有困难的，可以口头提出，司法行政机关应当当场记录投诉人的基本情况、投诉请求、主要事实、理由和时间，并由投诉人签字或者捺印。

投诉人应当如实投诉，对其所提供材料真实性负责。

第七条 投诉人委托他人进行投诉的，应当向司法行政机关提交授权委托书，并载明委托权限。

第八条 符合下列条件的投诉，司法行政机关应当予以受理：

（一）具有投诉人主体资格；

（二）有明确的被投诉人和投诉请求；

（三）有具体的投诉事实和理由；

（四）属于本机关管辖范围；

（五）属于本办法规定的投诉事项范围。

第九条 有下列情形之一的，不予受理：

（一）投诉事项已经依法处理，且没有新的事实和证据的；

（二）投诉事项正在通过诉讼、行政复议等法定程序解决的，或者已被信访、纪检监察等部门受理的；

（三）投诉人仅对法律援助案件办理结果有异议的；

（四）投诉事项不属于违反法律援助管理规定的。

第十条 司法行政机关收到投诉后，应当填写《法律援助投诉登记表》，并在 5 个工作日内作出以下处理：

（一）对于符合本办法规定的，应当受理并向投诉人发送《法律援助投诉受理通知书》；

（二）对于不符合本办法规定的，不予受理并向投诉人发送《法律援助投诉不予受理通知书》。

第十一条 司法行政机关受理投诉后，应当及时调查核实。调查应当全面、客观、公正。调查工作不得妨碍被投诉人正常的法律援助活动。

第十二条 司法行政机关进行调查，可以要求被投诉人说明情况、提交有关材料，调阅被投诉人有关业务案卷和档案材料，向有关单位、个人核实情况、收集证据，听取有关部门的意见和建议。

调查应当由两名以上工作人员进行，并制作笔录。调查笔录应当由被调查人签字或者捺印。

第十三条 司法行政机关在调查过程中，发现被投诉人的违法违规行为仍处在连续或者继续状态的，应当责令被投诉人立即停止违法违规行为。

第十四条 司法行政机关应当根据调查结果，作出如下处理：

（一）对有应当给予行政处罚或者纪律处分的违法违规行为的，依职权或者移送有权处理机关、单位给予行政处罚、行业惩戒或者纪律处分；

（二）对违法违规行为情节轻微并及时纠正，没有造成危害后果，依法不予行政处罚或者纪律处分的，应当给予批评教育、通报批评、责令限期整改等处理；

（三）投诉事项查证不实或者无法查实的，对被投诉人不作处理。

对涉嫌犯罪的，移送司法机关依法追究刑事责任。

第十五条 司法行政机关受理投诉后，一般应当在 45 日内办结；投诉事项复杂的，经本机关负责人批准，可以适当延长办理期限。

延长办理期限的，应当书面告知投诉人并说明理由。

第十六条 司法行政机关应当自作出处理决定之日起 5 个工作日内，向投诉人发送《法律援助投诉处理答复书》。

第十七条　投诉人对司法行政机关投诉处理答复不服的,可以依法申请行政复议或提起行政诉讼。

第十八条　作出处理决定的司法行政机关应当对被投诉人执行处理决定的情况进行监督。发现问题的,应当及时纠正。

第十九条　司法行政机关应当建立投诉处理档案,一事一卷。归档材料包括投诉登记、受理决定、调查材料、处理决定或处理意见、投诉处理答复等。

第二十条　上级司法行政机关应当加强对下级司法行政机关开展法律援助投诉处理工作的监督和指导。发现投诉处理违法的,应当及时纠正。

第二十一条　本办法自2014年1月1日起施行。

最高人民法院、最高人民检察院、公安部、司法部关于刑事诉讼法律援助工作的规定

- 2013年2月4日
- 司发通〔2013〕18号

第一条　为加强和规范刑事诉讼法律援助工作,根据《中华人民共和国刑事诉讼法》、《中华人民共和国律师法》、《法律援助条例》以及其他相关规定,结合法律援助工作实际,制定本规定。

第二条　犯罪嫌疑人、被告人因经济困难没有委托辩护人的,本人及其近亲属可以向办理案件的公安机关、人民检察院、人民法院所在地同级司法行政机关所属法律援助机构申请法律援助。

具有下列情形之一的,犯罪嫌疑人、被告人没有委托辩护人的,可以依照前款规定申请法律援助:

(一)有证据证明犯罪嫌疑人、被告人属于一级或者二级智力残疾的;

(二)共同犯罪案件中,其他犯罪嫌疑人、被告人已委托辩护人的;

(三)人民检察院抗诉的;

(四)案件具有重大社会影响的。

第三条　公诉案件中的被害人及其法定代理人或者近亲属,自诉案件中的自诉人及其法定代理人,因经济困难没有委托诉讼代理人的,可以向办理案件的人民检察院、人民法院所在地同级司法行政机关所属法律援助机构申请法律援助。

第四条　公民经济困难的标准,按案件受理地所在的省、自治区、直辖市人民政府的规定执行。

第五条　公安机关、人民检察院在第一次讯问犯罪嫌疑人或者采取强制措施的时候,应当告知犯罪嫌疑人有权委托辩护人,并告知其如果符合本规定第二条规定,本人及其近亲属可以向法律援助机构申请法律援助。

人民检察院自收到移送审查起诉的案件材料之日起3日内,应当告知犯罪嫌疑人有权委托辩护人,并告知其如果符合本规定第二条规定,本人及其近亲属可以向法律援助机构申请法律援助;应当告知被害人及其法定代理人或者近亲属有权委托诉讼代理人,并告知其如果经济困难,可以向法律援助机构申请法律援助。

人民法院自受理案件之日起3日内,应当告知被告人有权委托辩护人,并告知其如果符合本规定第二条规定,本人及其近亲属可以向法律援助机构申请法律援助;应当告知自诉人及其法定代理人有权委托诉讼代理人,并告知其如果经济困难,可以向法律援助机构申请法律援助。人民法院决定再审的案件,应当自决定再审之日起3日内履行相关告知职责。

犯罪嫌疑人、被告人具有本规定第九条规定情形的,公安机关、人民检察院、人民法院应当告知其如果不委托辩护人,将依法通知法律援助机构指派律师为其提供辩护。

第六条　告知可以采取口头或者书面方式,告知的内容应当易于被告知人理解。口头告知的,应当制作笔录,由被告知人签字;书面告知的,应当将送达回执入卷。对于被告知人当场表达申请法律援助意愿的,应当记录在案。

第七条　被羁押的犯罪嫌疑人、被告人提出法律援助申请的,公安机关、人民检察院、人民法院应当在收到申请24小时内将其申请转交或者告知法律援助机构,并于3日内通知申请人的法定代理人、近亲属或者其委托的其他人员协助向法律援助机构提供有关证件、证明等相关材料。犯罪嫌疑人、被告人的法定代理人或者近亲属无法通知的,应当在转交申请时一并告知法律援助机构。

第八条　法律援助机构收到申请后应当及时进行审查并于7日内作出决定。对符合法律援助条件的,应当决定给予法律援助,并制作给予法律援助决定书;对不符合法律援助条件的,应当决定不予法律援助,制作不予法律援助决定书。给予法律援助决定书和不予法律援助决定书应当及时送达申请人,并函告公安机关、人民检察院、人民法院。

对于犯罪嫌疑人、被告人申请法律援助的案件,法律

援助机构可以向公安机关、人民检察院、人民法院了解案件办理过程中掌握的犯罪嫌疑人、被告人是否具有本规定第二条规定情形等情况。

第九条 犯罪嫌疑人、被告人具有下列情形之一没有委托辩护人的，公安机关、人民检察院、人民法院应当自发现该情形之日起 3 日内，通知所在地同级司法行政机关所属法律援助机构指派律师为其提供辩护：

（一）未成年人；

（二）盲、聋、哑人；

（三）尚未完全丧失辨认或者控制自己行为能力的精神病人；

（四）可能被判处无期徒刑、死刑的人。

第十条 公安机关、人民检察院、人民法院通知辩护的，应当将通知辩护公函和采取强制措施决定书、起诉意见书、起诉书、判决书副本或者复印件送交法律援助机构。

通知辩护公函应当载明犯罪嫌疑人或者被告人的姓名、涉嫌的罪名、羁押场所或者住所、通知辩护的理由、办案机关联系人姓名和联系方式等。

第十一条 人民法院自受理强制医疗申请或者发现被告人符合强制医疗条件之日起 3 日内，对于被申请人或者被告人没有委托诉讼代理人的，应当向法律援助机构送交通知代理公函，通知其指派律师担任被申请人或被告人的诉讼代理人，为其提供法律帮助。

人民检察院申请强制医疗的，人民法院应当将强制医疗申请书副本一并送交法律援助机构。

通知代理公函应当载明被申请人或者被告人的姓名、法定代理人的姓名和联系方式、办案机关联系人姓名和联系方式。

第十二条 法律援助机构应当自作出给予法律援助决定或者自收到通知辩护公函、通知代理公函之日起 3 日内，确定承办律师并函告公安机关、人民检察院、人民法院。

法律援助机构出具的法律援助公函应当载明承办律师的姓名、所属单位及联系方式。

第十三条 对于可能被判处无期徒刑、死刑的案件，法律援助机构应当指派具有一定年限刑事辩护执业经历的律师担任辩护人。

对于未成年人案件，应当指派熟悉未成年人身心特点的律师担任辩护人。

第十四条 承办律师接受法律援助机构指派后，应当按照有关规定及时办理委托手续。

承办律师应当在首次会见犯罪嫌疑人、被告人时，询问是否同意为其辩护，并制作笔录。犯罪嫌疑人、被告人不同意的，律师应当书面告知公安机关、人民检察院、人民法院和法律援助机构。

第十五条 对于依申请提供法律援助的案件，犯罪嫌疑人、被告人坚持自己辩护，拒绝法律援助机构指派的律师为其辩护的，法律援助机构应当准许，并作出终止法律援助的决定；对于有正当理由要求更换律师的，法律援助机构应当另行指派律师为其提供辩护。

对于应当通知辩护的案件，犯罪嫌疑人、被告人拒绝法律援助机构指派的律师为其辩护的，公安机关、人民检察院、人民法院应当查明拒绝的原因，有正当理由的，应当准许，同时告知犯罪嫌疑人、被告人需另行委托辩护人。犯罪嫌疑人、被告人未另行委托辩护人的，公安机关、人民检察院、人民法院应当及时通知法律援助机构另行指派律师为其提供辩护。

第十六条 人民检察院审查批准逮捕时，认为犯罪嫌疑人具有应当通知辩护的情形，公安机关未通知法律援助机构指派律师的，应当通知公安机关予以纠正，公安机关应当将纠正情况通知人民检察院。

第十七条 在案件侦查终结前，承办律师提出要求的，侦查机关应当听取其意见，并记录在案。承办律师提出书面意见的，应当附卷。

第十八条 人民法院决定变更开庭时间的，应当在开庭 3 日前通知承办律师。承办律师有正当理由不能按时出庭的，可以申请人民法院延期开庭。人民法院同意延期开庭的，应当及时通知承办律师。

第十九条 人民法院决定不开庭审理的案件，承办律师应当在接到人民法院不开庭通知之日起 10 日内向人民法院提交书面辩护意见。

第二十条 人民检察院、人民法院应当对承办律师复制案卷材料的费用予以免收或者减收。

第二十一条 公安机关在撤销案件或者移送审查起诉后，人民检察院在作出提起公诉、不起诉或者撤销案件决定后，人民法院在终止审理或者作出裁决后，以及公安机关、人民检察院、人民法院将案件移送其他机关办理后，应当在 5 日内将相关法律文书副本或者复印件送达承办律师，或者书面告知承办律师。

公安机关的起诉意见书，人民检察院的起诉书、不起诉决定书，人民法院的判决书、裁定书等法律文书，应当载明作出指派的法律援助机构名称、承办律师姓名以及所属单位等情况。

第二十二条 具有下列情形之一的,法律援助机构应当作出终止法律援助决定,制作终止法律援助决定书发送受援人,并自作出决定之日起3日内函告公安机关、人民检察院、人民法院:

(一)受援人的经济收入状况发生变化,不再符合法律援助条件的;

(二)案件终止办理或者已被撤销的;

(三)受援人自行委托辩护人或者代理人的;

(四)受援人要求终止法律援助的,但应当通知辩护的情形除外;

(五)法律、法规规定应当终止的其他情形。

公安机关、人民检察院、人民法院在案件办理过程中发现有前款规定情形的,应当及时函告法律援助机构。

第二十三条 申请人对法律援助机构不予援助的决定有异议的,可以向主管该法律援助机构的司法行政机关提出。司法行政机关应当在收到异议之日起5个工作日内进行审查,经审查认为申请人符合法律援助条件的,应当以书面形式责令法律援助机构及时对该申请人提供法律援助,同时通知申请人;认为申请人不符合法律援助条件的,应当维持法律援助机构不予援助的决定,并书面告知申请人。

受援人对法律援助机构终止法律援助的决定有异议的,按照前款规定办理。

第二十四条 犯罪嫌疑人、被告人及其近亲属、法定代理人,强制医疗案件中的被申请人、被告人的法定代理人认为公安机关、人民检察院、人民法院应当告知其可以向法律援助机构申请法律援助而没有告知,或者应当通知法律援助机构指派律师为其提供辩护或者诉讼代理而没有通知的,有权向同级或者上一级人民检察院申诉或者控告。人民检察院应当对申诉或者控告及时进行审查,情况属实的,通知有关机关予以纠正。

第二十五条 律师应当遵守有关法律法规和法律援助业务规程,做好会见、阅卷、调查取证、解答咨询、参加庭审等工作,依法为受援人提供法律服务。

律师事务所应当对律师办理法律援助案件进行业务指导,督促律师在办案过程中尽职尽责,恪守职业道德和执业纪律。

第二十六条 法律援助机构依法对律师事务所、律师开展法律援助活动进行指导监督,确保办案质量。

司法行政机关和律师协会根据律师事务所、律师履行法律援助义务情况实施奖励和惩戒。

公安机关、人民检察院、人民法院在案件办理过程中发现律师有违法或者违反职业道德和执业纪律行为,损害受援人利益的,应当及时向法律援助机构通报有关情况。

第二十七条 公安机关、人民检察院、人民法院和司法行政机关应当加强协调,建立健全工作机制,做好法律援助咨询、申请转交、组织实施等方面的衔接工作,促进刑事法律援助工作有效开展。

第二十八条 本规定自2013年3月1日起施行。2005年9月28日最高人民法院、最高人民检察院、公安部、司法部下发的《关于刑事诉讼法律援助工作的规定》同时废止。

最高人民法院、司法部关于民事诉讼法律援助工作的规定

· 2005年9月23日
· 司发通〔2005〕77号

第一条 为加强和规范民事诉讼法律援助工作,根据《中华人民共和国民事诉讼法》、《中华人民共和国律师法》、《法律援助条例》、《最高人民法院关于对经济确有困难的当事人提供司法救助的规定》(以下简称《司法救助规定》),以及其他相关规定,结合法律援助工作实际,制定本规定。

第二条 公民就《法律援助条例》第十条规定的民事权益事项要求诉讼代理的,可以按照《法律援助条例》第十四条的规定向有关法律援助机构申请法律援助。

第三条 公民经济困难的标准,按案件受理地所在的省、自治区、直辖市人民政府的规定执行。

第四条 法律援助机构受理法律援助申请后,应当依照有关规定及时审查并作出决定。对符合法律援助条件的,决定提供法律援助,并告知该当事人可以向有管辖权的人民法院申请司法救助。对不符合法律援助条件的,作出不予援助的决定。

第五条 申请人对法律援助机构不予援助的决定有异议的,可以向确定该法律援助机构的司法行政部门提出。司法行政部门应当在收到异议之日起5个工作日内进行审查,经审查认为申请人符合法律援助条件的,应当以书面形式责令法律援助机构及时对该申请人提供法律援助,同时通知申请人。认为申请人不符合法律援助条件的,应当维持法律援助机构不予援助的决定,并将维持决定的理由书面告知申请人。

第六条 当事人依据《司法救助规定》的有关规定

先行向人民法院申请司法救助获准的,人民法院可以告知其可以按照《法律援助条例》的规定,向法律援助机构申请法律援助。

第七条 当事人以人民法院给予司法救助的决定为依据,向法律援助机构申请法律援助的,法律援助机构对符合《法律援助条例》第十条规定情形的,不再审查其是否符合经济困难标准,应当直接做出给予法律援助的决定。

第八条 当事人以法律援助机构给予法律援助的决定为依据,向人民法院申请司法救助的,人民法院不再审查其是否符合经济困难标准,应当直接做出给予司法救助的决定。

第九条 人民法院依据法律援助机构给予法律援助的决定,准许受援的当事人司法救助的请求的,应当根据《司法救助规定》第五条的规定,先行对当事人作出缓交诉讼费用的决定,待案件审结后再根据案件的具体情况,按照《司法救助规定》第六条的规定决定诉讼费用的负担。

第十条 人民法院应当支持法律援助机构指派或者安排的承办法律援助案件的人员在民事诉讼中实施法律援助,在查阅、摘抄、复制案件材料等方面提供便利条件,对承办法律援助案件的人员复制必要的相关材料的费用应当予以免收或者减收,减收的标准按复制材料所必须的工本费用计算。

第十一条 法律援助案件的受援人依照民事诉讼法的规定申请先予执行,人民法院裁定先予执行的,可以不要求受援人提供相应的担保。

第十二条 实施法律援助的民事诉讼案件出现《法律援助条例》第二十三条规定的终止法律援助或者《司法救助规定》第九条规定的撤销司法救助的情形时,法律援助机构、人民法院均应当在作出终止法律援助决定或者撤销司法救助决定的当日函告对方,对方相应作出撤销决定或者终止决定。

第十三条 承办法律援助案件的人员在办案过程中应当尽职尽责,恪守职业道德和执业纪律。

法律援助机构应当对承办法律援助案件的人员的法律援助活动进行业务指导和监督,保证法律援助案件质量。

人民法院在办案过程中发现承办法律援助案件的人员违反职业道德和执业纪律,损害受援人利益的,应当及时向作出指派的法律援助机构通报有关情况。

第十四条 人民法院应当在判决书、裁定书中写明做出指派的法律援助机构、承办法律援助案件的人员及其所在的执业机构。

第十五条 本规定自2005年12月1日起施行。最高人民法院、司法部于1999年4月12日下发的《关于民事法律援助工作若干问题的联合通知》与本规定有抵触的,以本规定为准。

律师和基层法律服务工作者开展法律援助工作暂行管理办法

·2004年9月8日
·司发通〔2004〕132号

第一条 为了充分发挥律师和基层法律服务工作者在法律援助工作中的作用,进一步规范法律援助工作,根据《律师法》、《法律援助条例》等有关法律、法规的规定,制定本办法。

第二条 律师应当根据《律师法》、《法律援助条例》的有关规定履行法律援助义务,为受援人提供符合标准的法律援助,维护受援人的合法权益。

基层法律服务工作者应当根据司法部《基层法律服务工作者管理办法》和有关基层法律服务业务的规定,积极开展与其业务范围相适应的法律援助工作。

第三条 律师和基层法律服务工作者每年应当接受法律援助机构的指派,办理一定数量的法律援助案件。承办法律援助案件的年度工作量,由省、自治区、直辖市司法行政机关根据当地法律援助的需求量、律师和基层法律服务工作者的数量及分布等实际情况确定。

第四条 律师和基层法律服务工作者承办法律援助案件,应当接受司法行政机关、律师协会和法律援助机构的业务指导和监督,接受受援人和社会的监督。

第五条 法律援助机构指派法律援助案件,应当通过律师事务所、基层法律服务所安排律师、基层法律服务工作者承办。

律师事务所和基层法律服务所接到指派通知后,应当在24小时内,根据案件的具体情况和需要,安排合适人员承办。

第六条 律师和基层法律服务工作者应当在接受案件指派后的3个工作日内与受援人或其法定监护人、法定代理人签订委托代理协议。

第七条 律师和基层法律服务工作者在日常业务工作中发现当事人符合法律援助条件时,可以将当事人的有关案件材料转交其所在地的法律援助机构进行审查。

法律援助机构应当在3个工作日内完成审查,做出是否提供法律援助的决定。

第八条 承办法律援助案件的律师和基层法律服务工作者,应当根据承办案件的需要,依照司法部、律师协会有关律师和基层法律服务工作者执业规范的要求,尽职尽责地履行法律服务职责,遵守职业道德和执业纪律。

第九条 对重大、复杂、疑难的法律援助案件,律师事务所、基层法律服务所应当组织集体研究,确定承办方案,确保办案的质量和效果。

律师事务所、基层法律服务所应当对本所律师、基层法律服务工作者办理法律援助案件的质量进行监督,发现问题的,应当及时纠正。

第十条 律师和基层法律服务工作者自法律援助案件办结后15日内,应当向指派案件的法律援助机构提交下列承办案件的材料,接受法律援助机构的审查;对于不符合要求的,应当要求其改正:

(一)法律援助指派函和律师事务所(基层法律服务所)批办单;

(二)委托代理协议及其他委托手续;

(三)起诉书、上诉书、申诉书或者行政复议(申诉)申请书、国家赔偿申请书等法律文书副本;

(四)会见委托人、当事人、证人谈话笔录及其他有关调查材料;

(五)答辩书、辩护词或者代理词等法律文书;

(六)判决(裁定)书、仲裁裁决书、调解协议或者行政处理(复议)决定等法律文书副本;

(七)结案报告;

(八)其他与承办案件有关的材料。

法律援助机构应当自收到结案材料之日起15日内完成审查,并将材料退还,由承办人员所在的律师事务所、基层法律服务所负责归档保管。

第十一条 法律援助机构应当按照当地人民政府制定的法律援助办案补贴标准,自收到结案材料之日起30日内,向承办法律援助案件的律师或者基层法律服务工作者支付办案补贴。

第十二条 律师和基层法律服务工作者在承办法律援助案件过程中,发现受援人有《法律援助条例》第二十三条规定列举的情形时,应当及时向法律援助机构报告,由法律援助机构负责审查核实,决定是否终止该项法律援助。

第十三条 法律援助机构应当采取对结案材料审查、办案质量反馈、评估等方式,督促律师和基层法律服务工作者尽职尽责地开展法律援助工作,确保法律援助服务的质量。

律师协会应当按照律师协会章程的规定对实施法律援助工作予以协助,指导律师和律师事务所不断提高办理法律援助案件的质量,维护律师在开展法律援助工作中的合法权益。

第十四条 对在法律援助工作中作出突出贡献的律师和律师事务所、基层法律服务工作者和基层法律服务所,司法行政机关、律师协会应当给予表彰、奖励。

第十五条 律师和律师事务所有违反《法律援助条例》等有关法律、法规以及本办法规定行为的,由司法行政机关、律师协会依照有关规定给予行政处罚或者行业处分。

基层法律服务工作者和基层法律服务所有违反《法律援助条例》以及本办法规定行为的,由司法行政机关依照有关规定给予行政处罚。

第十六条 法律援助机构、律师协会应当建立法律援助工作投诉查处制度。对受援人或者相关部门的投诉,应当依照有关规定及时调查处理,并告知其查处结果;经调查,认为对被投诉人应给予行政处罚的,应当及时向司法行政机关提出建议。

第十七条 法律援助机构安排本机构工作人员、指派社会组织人员承办法律援助案件的管理,参照本办法执行。

第十八条 本办法由司法部负责解释。

第十九条 本办法自发布之日起施行。

军人军属法律援助工作实施办法

·2023年2月2日

第一章 总 则

第一条 为了规范军人军属法律援助工作,依法维护国防利益和军人军属合法权益,根据《中华人民共和国法律援助法》《中华人民共和国军人地位和权益保障法》《军人抚恤优待条例》《国务院、中央军委关于进一步加强军人军属法律援助工作的意见》,制定本办法。

第二条 为军人军属提供法律援助,适用本办法。

第三条 军人军属法律援助工作是中国特色社会主义法律援助事业的重要组成部分,应当坚持中国共产党领导,坚持围绕中心、服务大局,军民合力、共商共建,依法优先、注重质量,实现政治效果、社会效果、法律效果相统一。

第四条 县级以上人民政府司法行政部门和军队团级以上单位负责司法行政工作的部门应当密切协作、相互配合,研究制定军人军属法律援助工作发展规划、重要制度和措施,安排部署军人军属法律援助工作任务,指导军人军属法律援助工作组织实施,及时解决工作中的困难和问题,共同做好军人军属法律援助工作。

第五条 县级以上人民政府司法行政部门和军队团级以上单位负责司法行政工作的部门应当开展经常性的军人军属法律援助宣传教育,普及军人军属法律援助知识。

第二章 工作站点和人员

第六条 县级以上人民政府司法行政部门设立的法律援助机构负责组织实施军人军属法律援助工作。

法律援助机构可以在省军区(卫戍区、警备区)、军分区(警备区)、县(市、区)人民武装部、军事法院、军事检察院以及其他军队团级以上单位建立军人军属法律援助工作站。

有条件的法律援助机构可以在乡(镇)人民武装部、军队营级以上单位设立军人军属法律援助联络点。

第七条 军人军属法律援助工作站应当具备以下条件:

(一)有固定的办公场所和设备;
(二)有具备一定法律知识的工作人员;
(三)有必要的工作经费;
(四)有规范的工作制度;
(五)有统一的标识及公示栏。

第八条 军人军属法律援助工作站的职责范围包括:

(一)受理、转交军人军属法律援助申请;
(二)开展军人军属法治宣传教育;
(三)解答法律咨询、代拟法律文书;
(四)办理简单的非诉讼法律援助事项;
(五)其他应当依法履行的工作职责。

第九条 军人军属法律援助工作站应当在接待场所和相关网站公示办公地址、通讯方式以及军人军属法律援助条件、程序、申请材料目录等信息。

第十条 军人军属法律援助工作站应当建立军人军属来信、来电、来访咨询事项登记制度。对属于法律援助范围的,应当一次性告知申请程序,指导当事人依法提出申请;对不属于法律援助范围的,应当告知有关规定,指引当事人寻求其他解决渠道。

第十一条 法律援助机构应当综合政治素质、业务能力、执业年限等,择优遴选具有律师资格或者法律职业资格的人员参与军人军属法律援助工作,建立军人军属法律援助人员库。

军队具有律师资格或者法律职业资格的人员,以及其他具有法律专业素质和服务能力的人员,可以纳入军人军属法律援助人员库,由其所在军队团级以上单位负责司法行政工作的部门管理,参与军人军属法律援助工作站或者联络点值班,参加驻地法律援助业务培训和办案交流等。

第十二条 法律援助机构应当会同军队团级以上单位负责司法行政工作的部门、军事法院、军事检察院,安排军人军属法律援助人员库入库人员在军人军属法律援助工作站或者联络点值班,合理安排值班方式、值班频次。

值班方式可以采用现场值班、电话值班、网络值班相结合的方式;现场值班的,可以采取固定专人或者轮流值班,也可以采取预约值班。

第十三条 军人军属法律援助联络点可以安排本单位工作人员担任联络员,就近受理、转交军人军属法律援助申请,协调法律援助机构开展法律咨询、法治宣传教育等法律服务。

有条件的军人军属法律援助联络点,可以参照军人军属法律援助工作站设置办公场所、安排人员值班。

第十四条 法律援助机构、法律援助人员办理军人军属法律援助案件,应当保守知悉的国家秘密、军事秘密、商业秘密,不得泄露当事人的隐私。

第三章 事项和程序

第十五条 军人军属维护合法权益遇到困难的,法律援助机构应当依法优先提供免费的咨询、代理等法律服务。

第十六条 军人军属对下列事项,因经济困难没有委托代理人的,可以向法律援助机构申请法律援助:

(一)涉及侵害军人名誉纠纷的;
(二)请求给予优抚待遇的;
(三)涉及军人婚姻家庭纠纷的;
(四)人身伤害案件造成人身损害或者财产损失请求赔偿的;
(五)涉及房屋买卖纠纷、房屋租赁纠纷、拆迁安置补偿纠纷的;
(六)涉及农资产品质量纠纷、土地承包纠纷、宅基地纠纷以及保险赔付的;

（七）《中华人民共和国法律援助法》规定的法律援助事项范围或者法律、法规、规章规定的其他情形。

第十七条　军人军属申请法律援助，应当提交下列申请材料，法律援助机构免予核查经济困难状况：

（一）有关部门制发的证件、证明军人军属关系的户籍材料或者军队单位开具的身份证明等表明军人军属身份的材料；

（二）法律援助申请表；

（三）经济困难状况说明表；

（四）与所申请法律援助事项有关的案件材料。

第十八条　下列人员申请法律援助的，无需提交经济困难状况说明表：

（一）义务兵、供给制学员及其军属；

（二）执行作战、重大非战争军事行动任务的军人及其军属；

（三）烈士、因公牺牲军人、病故军人的遗属。

第十九条　军人军属申请法律援助的，诉讼事项由办案机关所在地的法律援助机构受理，非诉讼事项由争议处理机关所在地或者事由发生地的法律援助机构受理。

法律援助机构应当及时受理相关法律援助申请，对不属于本机构受理的，应当协助军人军属向有权受理的机构申请。

第二十条　法律援助机构决定给予法律援助的，应当及时指派法律援助人员承办军人军属法律援助案件。

有条件的法律援助机构可以指派军人军属选定的法律援助人员作为案件承办人。

第二十一条　受理申请的法律援助机构需要异地法律援助机构协助调查取证、送达文书的，异地法律援助机构应当支持。法律援助机构请求协助的，应当向被请求的法律援助机构出具协助函件，说明协助内容。

异地协助所需的时间不计入法律援助机构受理审查时限。

第二十二条　法律援助机构应当在服务窗口设立法律援助绿色通道，对军人军属申请法律援助的，优先受理、优先审查、优先指派。符合条件的可以先行提供法律援助，事后补充材料、补办手续。对伤病残等特殊困难的军人军属，实行网上申请、电话申请、邮寄申请、上门受理等便利服务。

第二十三条　执行作战、重大非战争军事行动任务的军人及其军属申请法律援助的，不受事项范围限制。

法律援助机构应当指派具有三年以上相关执业经历的律师，为执行作战、重大非战争军事行动任务的军人及其军属提供法律援助。军人所在团级以上单位负责司法行政工作的部门应当会同县级以上人民政府司法行政部门，及时了解案件办理情况，帮助协调解决困难问题，保障受援人获得优质高效的法律援助。

军人执行作战、重大非战争军事行动任务，由其所在团级以上单位负责司法行政工作的部门出具证明。暂时无法出具证明的，法律援助机构可以先行提供法律援助，受援人应当及时补交相关证明。

第二十四条　法律援助机构办理军人军属法律援助案件，需要协助的，军队团级以上单位负责司法行政工作的部门应当予以协助。对先行提供法律援助但受援人未及时补交相关证明的，法律援助机构可以向军队团级以上单位负责司法行政工作的部门了解有关情况，对不符合法律援助条件的，应当依法终止法律援助。

对军人军属法律援助工作站或者联络点转交的军人军属法律援助申请，法律援助机构作出决定后，应当及时告知军队团级以上单位负责司法行政工作的部门。

第四章　保障和监督

第二十五条　县级以上人民政府司法行政部门应当会同涉军维权工作领导小组办公室和军队团级以上单位负责司法行政工作的部门，建立军地法律援助衔接工作联席会议制度，研究工作，部署任务，通报情况，协调解决重大问题。

第二十六条　建立军人军属法律援助工作站的军队团级以上单位负责司法行政工作的部门、军事法院、军事检察院，应当协调为军人军属法律援助工作站提供必要的办公场所和设施，安排人员保障军人军属法律援助工作有序开展。

第二十七条　县级以上人民政府司法行政部门应当把军人军属法律援助人员培训工作纳入当地法律援助业务培训规划。军队团级以上单位负责司法行政工作的部门应当为军人军属法律援助人员参加培训提供必要的条件和保障。

县级以上人民政府司法行政部门应当会同军队团级以上单位负责司法行政工作的部门、军事法院、军事检察院，与法律援助机构、律师事务所开展业务研究、办案交流等活动，提高军人军属法律援助案件办理质量。

第二十八条　县级以上人民政府司法行政部门应当会同军队团级以上单位负责司法行政工作的部门协调地方财政部门，推动将军人军属法律援助经费列入本级政府预算。

有条件的地方可以探索建立军人军属法律援助公益基金,专门用于办理军人军属法律援助案件。法律援助基金会等组织应当通过多种渠道,积极募集社会资金,支持军人军属法律援助工作。

军队团级以上单位负责司法行政工作的部门、军事法院、军事检察院应将军人军属法律援助工作站、联络点日常办公所需经费纳入单位年度预算。

第二十九条 军人军属法律援助工作站、联络点应当向法律援助机构及时报告工作,接受其业务指导和监督,及时与所驻军队团级以上单位负责司法行政工作的部门、军事法院、军事检察院沟通有关情况。

军队团级以上单位负责司法行政工作的部门应当定期调研军人军属法律援助工作。针对发现的矛盾问题,可以向驻地县级以上人民政府司法行政部门和法律援助机构提出改进建议,必要时提交军地法律援助衔接工作联席会议研究解决。

第三十条 县级以上涉军维权工作领导小组办公室应当会同驻地团级以上单位负责司法行政工作的部门,将军人军属法律援助工作纳入年度平安建设考评体系;需要了解有关情况的,同级人民政府司法行政部门应当予以协助。考评结果应当报送同级的县(市、区)人民武装部、军分区(警备区)、省军区(卫戍区、警备区)。

第三十一条 对在军人军属法律援助工作中做出突出贡献的组织和个人,按照国家有关规定给予表彰和奖励。

第五章 附 则

第三十二条 本办法所称军人,是指在中国人民解放军服现役的军官、军士、义务兵等人员。

本办法所称军属,是指军人的配偶、父母(扶养人)、未成年子女、不能独立生活的成年子女。

本办法所称烈士、因公牺牲军人、病故军人的遗属,是指烈士、因公牺牲军人、病故军人的配偶、父母(扶养人)、子女,以及由其承担抚养义务的兄弟姐妹。

第三十三条 军队文职人员、职工,军队管理的离休退休人员,以及执行军事任务的预备役人员和其他人员,参照本办法有关军人的规定。

除本办法另有规定外,烈士、因公牺牲军人、病故军人的遗属,适用本办法有关军属的规定。

第三十四条 中国人民武装警察部队服现役的警官、警士和义务兵等人员,适用本办法。

第三十五条 本办法自2023年3月1日起施行。2016年9月14日司法部、中央军委政法委员会发布的《军人军属法律援助工作实施办法》同时废止。

国务院、中央军委关于进一步加强军人军属法律援助工作的意见

- 2014年9月7日
- 国发〔2014〕37号

做好军人军属法律援助工作,事关广大官兵切身利益,事关国防和军队建设,事关社会和谐稳定,对实现党在新形势下的强军目标,增强部队凝聚力战斗力,促进军政军民团结,具有重要作用。近年来,各级司法行政机关和法律援助机构在军队有关部门的支持配合下,建立健全军人军属法律援助工作站和联系点,及时为军人军属提供法律咨询;组织广大法律援助人员深入军营,为官兵普及法律知识;积极办理军人军属法律援助案件,最大限度维护军人军属合法权益,努力为国防和军队建设服务。但仍存在保障机制不够完善,法律援助供需矛盾突出等问题。为深入贯彻党的十八大和十八届二中、三中全会精神,落实党中央、国务院、中央军委的决策部署,促进国防和军队建设,有效满足军人军属法律援助需求,现就进一步加强军人军属法律援助工作提出如下意见。

一、加强军人军属法律援助工作的重要性和总体要求

(一)充分认识重要性。军人军属法律援助工作是中国特色法律援助事业的重要组成部分。做好军人军属法律援助工作,是司法行政机关和部队有关部门的重要任务,对于完善法律援助制度,促进社会公平正义,推动军民融合深度发展,实现党在新形势下的强军目标,都具有重要意义。近年来,军地各级认真履行职责,密切协作配合,积极为军人军属提供法律援助服务,维护军人军属合法权益,取得明显成效。但也还存在一些问题,主要是:各地对军人军属法律援助申请条件、事项范围的规定不一致;军队律师人员较少,难以满足军人军属法律援助需求;军地有关部门协作机制不够健全等。地方各级人民政府、各有关部门和军队各级要高度重视解决这些问题,充分调动各方面力量,切实做好军人军属法律援助工作,依法维护军人军属合法权益。

(二)把握总体要求。要以邓小平理论、"三个代表"重要思想、科学发展观为指导,深入贯彻落实习近平总书记系列重要讲话精神,坚持军爱民、民拥军,坚持围绕中心、服务大局,按照中央关于全面深化改革的要求,健全

军队和地方统筹协调、需求对接、法律援助资源共享、优势互补机制,完善军人军属法律援助制度。逐步扩大军人军属法律援助范围,健全军地法律援助服务网络,建立军地法律援助衔接工作制度,加强各环节工作规范化建设,努力形成党委政府重视、有关部门组织协调、军地密切配合、社会各界支持的工作格局,最大限度满足军人军属法律援助需求。

二、进一步扩大军人军属法律援助覆盖面

(三)适当放宽经济困难条件。法律援助机构要把军人军属作为重点援助对象,及时有效地维护其合法权益。对军人军属申请法律援助的案件,经济困难条件应适当放宽。下列人员申请法律援助,免予经济困难条件审查:义务兵、供给制学员及军属;执行作战、重大非战争军事行动任务的军人及军属;烈士、因公牺牲军人、病故军人的遗属。军队中的文职人员、非现役公勤人员、在编职工,由军队管理的离退休人员,以及执行军事任务的预备役人员和其他人员,参照军人条件执行。

(四)逐步扩大法律援助事项范围。要逐步将民生领域与军人军属权益密切相关的事项纳入法律援助范围。对符合经济困难条件或免予经济困难条件审查的军人军属,在《法律援助条例》规定事项范围的基础上,申请下列需要代理的事项,应给予法律援助:请求给予优抚待遇的;涉及军人婚姻家庭纠纷的;因医疗、交通、工伤事故以及其他人身伤害案件造成人身损害或财产损失请求赔偿的;涉及农资产品质量纠纷、土地承包纠纷、宅基地纠纷以及保险赔付的。

(五)开展多种形式法律援助服务。积极帮助解决军人军属日常工作、生产生活中发生的矛盾纠纷,为他们排忧解难。司法行政机关要会同部队有关部门经常了解掌握军人军属法律需求状况,通过设置法律信箱、加强"12348"法律援助热线建设、开通网上专栏等方式,及时提供法律咨询等服务,为官兵解疑释惑。组织开展法律援助进军营、送法下基层等活动,普及法律知识,增强官兵法治意识,使知法用法守法、依法维权成为官兵的自觉行为。

(六)提高办案质量。完善案件指派工作,根据军人军属案件性质、法律援助人员专业特长和受援人意愿等因素,合理指派承办机构和人员,提高案件办理专业化水平。健全办案质量监督机制,加强案件质量检查、回访当事人等工作,督促法律援助机构和人员依法履行职责。对重大疑难案件,加强跟踪检查,确保军人军属获得优质高效的法律援助。

三、健全军人军属法律援助工作机制

(七)拓宽申请渠道。各地法律援助机构可在省军区(卫戍区、警备区)、军分区(警备区)、县(市、区)人民武装部建立军人军属法律援助工作站,有条件的可在团级以上部队建立军人军属法律援助工作站或联络点,接受军人军属的法律援助申请,作初步审查后转交法律援助机构办理。法律援助机构应派人参加军人军属法律援助工作站日常值班、接待咨询等工作。积极探索法律援助机构授权律师事务所等法律服务机构代为受理军人军属法律援助申请。开展流动服务和网上申请、受理,对伤病残等有特殊困难的军人军属实行电话申请、邮寄申请、上门受理等便利服务。

(八)优化办理程序。对军人军属申请法律援助的,应优先受理,并简化受理审查程序;情况紧急的可以先行受理,事后补办手续。健全军人军属法律援助案件异地协作机制,对需要异地调查取证的,相关地法律援助机构应积极给予协助,努力降低办案成本。办理军人军属法律援助案件,法律援助机构应及时向军队相关部门和军人所在单位通报情况、反馈信息,取得支持配合。要充分发挥军队法律顾问处和军队律师的职能作用,积极做好军人军属法律援助工作。

四、积极提供政策支持和相关保障

(九)完善政策措施。省级人民政府要根据经济社会发展实际和军人军属法律援助需求,及时调整法律援助补充事项范围,把与军人军属权益保护密切相关的事项纳入法律援助范围,放宽经济困难标准,让更多的军人军属受益受惠,努力实现应援尽援。省军区(卫戍区、警备区)要充分发挥桥梁纽带作用,积极配合地方人民政府制定完善有关政策措施并抓好落实。

(十)加强经费保障。各级人民政府要将军人军属法律援助经费纳入财政保障范围,并根据经济社会发展水平逐步加大经费投入。司法行政机关要积极推动落实法律援助经费保障政策,促进军人军属法律援助工作发展。有条件的地方可探索建立军人军属法律援助基金,专门用于办理军人军属法律援助案件。军队有关部门要积极配合地方司法行政机关,加强对军人军属法律援助工作站的规划、建设和管理,并给予必要的财力物力支持。要多方开辟法律援助经费筹措渠道,广泛吸纳社会资金,提倡和鼓励社会组织、企业和个人提供捐助,支持军人军属法律援助工作。

五、切实加强组织领导

(十一)坚持统一领导。做好军人军属法律援助工作是政府、军队和社会的共同责任，必须加强统一领导，齐抓共管。各级人民政府要把军人军属法律援助工作纳入地方经济社会发展总体规划，纳入双拥共建活动范畴，纳入社会治理和平安建设考评体系，统筹安排，整体推进。军地各有关部门要切实履行职责，建立军地法律援助衔接工作联席会议制度，及时沟通情况信息，研究存在问题，提出解决办法，齐心协力抓好工作落实。

（十二）搞好工作指导。各级司法行政机关和部队有关部门要认真履行组织、协调和指导军人军属法律援助工作的职责，充分发挥职能作用。进一步加强沟通协调，密切工作配合，建立制度化、规范化的衔接工作机制。加强调查研究，善于发现总结经验，发挥典型示范引领作用。法律援助机构要拓宽服务领域，丰富服务内容，创新服务方式，不断提高为军人军属提供法律援助服务的能力和水平。

（十三）加强队伍建设。积极依托军地法律人才资源，通过选用招聘、专兼职相结合等办法，充实军人军属法律援助工作力量。要把军队律师培养工作摆在突出位置，通过组织军人参加国家司法考试、加强业务培训、开展军队法律顾问处与地方法律援助机构或律师事务所共建活动等措施，努力建设一支素质优良、业务熟练的军队法律援助队伍。法律援助人员要牢固树立政治意识和责任意识，弘扬优良作风，立足本职，无私奉献，满腔热情做好军人军属法律援助工作。

（十四）抓好宣传引导。通过多种方式，广泛宣传做好军人军属法律援助工作的重要意义，宣传相关政策制度，大力培养和宣传为军人军属提供法律援助服务的先进典型，努力营造社会各界和广大群众积极参与、支持军人军属法律援助工作的浓厚氛围。对作出突出贡献的单位和个人给予表彰奖励，推动军人军属法律援助工作深入开展。

关于加强退役军人法律援助工作的意见

- 2021年12月7日
- 退役军人部发〔2021〕73号

退役军人法律援助工作是加强退役军人服务保障的重要举措，是维护退役军人合法权益的一项重要民生工程。推进退役军人法律援助工作，对于建立健全退役军人权益保障机制、完善公共法律服务体系，具有重要意义。为全面落实中共中央办公厅、国务院办公厅《关于完善法律援助制度的意见》和《中华人民共和国退役军人保障法》《中华人民共和国法律援助法》等政策法律制度，加强退役军人法律援助工作，现提出如下意见。

一、总体要求

（一）指导思想。以习近平新时代中国特色社会主义思想为指导，全面贯彻落实党的十九大和十九届二中、三中、四中、五中、六中全会精神，全面贯彻习近平法治思想，深入贯彻习近平总书记关于退役军人工作重要论述和法律援助工作重要指示精神，增强"四个意识"、坚定"四个自信"、做到"两个维护"，紧紧围绕广大退役军人实际需要，依法扩大法律援助范围，提高法律援助服务质量，确保退役军人在遇到法律问题或者合法权益需要维护时获得优质高效的法律帮助。

（二）基本原则。坚持党的领导，突出党总揽全局、协调各方的领导核心作用，把党的领导贯穿到退役军人法律援助工作的全过程和各方面。坚持以人为本，把维护退役军人合法权益作为出发点和落脚点，努力满足退役军人法律援助需求。坚持政府主导，落实退役军人事务部门、司法行政部门退役军人法律援助工作的部门责任，同时激发各类社会主体参与的积极性。坚持改革创新，立足退役军人工作实际，积极探索退役军人法律援助工作规律，创新工作理念、机制和方法，实现退役军人法律援助申请快捷化、审查简便化、办案标准化。

（三）工作目标。到2022年，基本形成覆盖城乡、便捷高效、均等普惠的退役军人法律援助服务网络，退役军人法律援助工作全面覆盖。到2035年，基本形成与法治国家、法治政府、法治社会基本建成目标相适应的退役军人法律援助供给模式，退役军人的满意度显著提升、共享公共法律服务成果基本实现。

二、加强法律援助体系保障

（四）设立服务窗口站点。退役军人事务部门可以根据实际工作情况在退役军人服务中心（站）设立法律咨询窗口，为退役军人提供法律咨询、转交法律援助申请等服务。法律援助机构可以根据工作需要在退役军人服务中心设立法律援助工作站，在乡镇、街道、农村和城市社区退役军人服务站设立法律援助联络点，就近受理法律援助申请。

（五）加强人员力量建设。退役军人事务部门可以通过政府购买法律服务等方式，择优选择律师事务所等法律服务机构为退役军人提供法律咨询服务。司法行政部门可以整合公共法律服务资源，积极引导律师等法律人才为退役军人提供法律援助服务。鼓励和支持法律援助志愿者在司法行政部门指导下，为退役军人提供法律咨询、代拟法律文书等法律援助。加强法律援助人才库建设，鼓励符合条件的退役军人积极参与法律援助志愿服务工作，加强法律知识培训，提高法律援助人员专业素质和服务能力。

（六）建立服务规范标准。推进退役军人法律援助工作规范化标准化建设。退役军人法律咨询窗口、法律援助工作站（联络点）应当建立来访人信息登记制度，完善解答咨询、受理转交申请等工作制度。推动服务公开，对法律援助申请条件、流程、渠道和所需材料等进行公示。省级退役军人法律咨询窗口、法律援助工作站每周至少安排半个工作日、市和县至少安排一个工作日专业人员值班服务，乡镇、街道、农村和城市社区退役军人法律咨询窗口、法律援助联络点做好日常服务。

三、拓宽法律援助覆盖范围

（七）扩大援助范围。在法律援助法规定事项范围基础上，根据当地经济社会发展水平和退役军人法律援助实际需求，依法扩大退役军人法律援助覆盖面。有条件的地区，要将涉及退役军人切身利益的事项纳入法律援助范围，降低法律援助门槛，尽力使更多退役军人依法获得法律援助。法律援助机构要认真组织办理退役军人涉及确认劳动关系、支付劳动报酬、工伤事故、交通事故、食品药品安全事故、医疗事故人身损害赔偿等方面的法律援助案件，依法为退役军人提供符合标准的法律援助服务。

（八）强化咨询服务。退役军人事务部门要在法律咨询窗口、法律援助工作站（联络点）安排专业人员免费为来访退役军人提供法律咨询，全面了解案件事实和来访人法律诉求。对咨询事项属于法律援助范围的，应当提示来访人享有依法申请法律援助的权利，并告知申请法律援助的条件和程序；对咨询事项不属于法律援助范围的，可以向来访人提出法律建议；对咨询事项不属于法律问题或者与法律援助无关的，可以告知来访人应咨询部门或渠道。司法行政部门要将退役军人作为公共法律服务的重点对象，为退役军人开辟法律援助绿色通道，在现有的公共法律服务实体平台普遍设立退役军人优先服务窗口。有条件的地区，在法律服务网设立退役军人专栏，或者在"12348"公共法律服务热线平台开通退役军人专线，优先为退役军人解答日常生产生活中遇到的法律问题。

四、完善法律援助工作机制

（九）建立协作机制。退役军人事务部门、司法行政部门要建立健全退役军人法律援助工作协作机制，强化退役军人工作政策制度、退役军人身份和经济困难状况等信息沟通，促进实现信息共享和工作协同。法律援助机构在办理退役军人法律援助事项时，需要核查申请人经济困难状况的，退役军人事务部门应当予以配合。建立健全法律援助服务资源依法跨区域流动制度机制，鼓励和支持律师、法律援助志愿者等在法律服务资源相对短缺地区为退役军人提供法律援助。

（十）优化办理程序。退役军人法律咨询窗口、法律援助工作站（联络点）可以接受退役军人的法律援助申请，经初步审查，符合法律援助条件的，应当及时转交法律援助机构办理，也可以引导申请人通过法律服务网在线申请。法律援助机构要把退役军人作为重点援助对象，对退役军人的法律援助申请，可以优先受理、优先审查、优先指派。

（十一）提高办案质量。根据退役军人法律援助案件性质、结合法律援助人员专业特长，法律援助机构应当合理指派案件承办人员，注意挑选对退役军人工作有深厚感情、熟悉涉军法律和政策、擅长办理同类案件的法律援助人员为退役军人提供法律援助服务，提高案件办理的专业化水平和质量。法律援助机构、法律援助人员对提供法律援助过程中知悉的国家秘密、商业秘密和个人隐私应当予以保密。

（十二）加强跟踪督办。健全退役军人法律援助案件服务质量监管机制，综合运用质量评估、受援人回访等措施强化案件质量管理，督促法律援助机构和人员依法履行职责。对疑难复杂案件，法律援助机构可以联合退役军人事务部门以及相关部门共同研究，加强跟踪检查，保证受援人获得优质高效的法律援助。

五、丰富法律援助服务方式

（十三）加大普法宣传教育。退役军人事务部门要加强法治宣传教育，普及法律知识，增强退役军人法治意识，引导退役军人依法表达合理诉求、依法维护权益。退役军人事务部门、司法行政部门可以组织人员通过入户走访、座谈沟通等多种方式，及时了解退役军人法律援助需求。

（十四）完善便民服务机制。加强退役军人法律援助信息化建设，推动互联网、大数据、人工智能等科技创新成果同退役军人法律援助工作深度融合。退役军人事务部门、司法行政部门应当通过服务窗口、电话、网络等多种方式为退役军人提供法律咨询服务。法律援助机构对老年、残疾等行动不便的退役军人，视情提供电话申请、上门服务。

六、切实加强组织领导

（十五）强化责任担当。各级退役军人事务部门、司法行政部门要认真履行组织、协调和指导退役军人法律援助工作的职责，充分发挥职能作用。退役军人事务部门、司法行政部门要加强沟通协调，密切工作配合，建立制度化、规范化的工作衔接机制。法律援助机构要丰富服务内容，创新服务方式，不断提高为退役军人提供法律援助服务的能力和水平。

（十六）加强检查指导。建立退役军人法律援助工作责任履行情况考评机制、报告制度和督导检查制度。将退役军人法律援助工作作为法治政府建设的重要任务，作为退役军人工作考核的重要内容。退役军人事务部门、司法行政部门要加强跟踪指导，积极协调解决法律援助工作中的难点问题，及时总结推广实践证明行之有效的典型做法和有益经验。

（十七）做好宣传推广。加强舆论引导，广泛宣传退役军人法律援助工作的重大意义，宣介退役军人法律援助工作成效。加强宣传表彰工作，对在退役军人法律援助工作中做出突出贡献的组织和个人，按照有关规定给予表彰、奖励。积极营造鼓励创新的良好氛围，促进退役军人法律援助工作健康持续创新发展。

中共中央办公厅、国务院办公厅关于完善法律援助制度的意见

· 2015年6月29日

法律援助是国家建立的保障经济困难公民和特殊案件当事人获得必要的法律咨询、代理、刑事辩护等无偿法律服务，维护当事人合法权益、维护法律正确实施、维护社会公平正义的一项重要法律制度。法律援助工作是一项重要的民生工程。近年来，各地认真贯彻《法律援助条例》，法律援助覆盖面逐步扩大，服务质量不断提高，制度建设积极推进，保障能力逐步增强，为保障和改善民生、促进社会公平正义发挥了积极作用。但是，与人民群众特别是困难群众日益增长的法律援助需求相比，法律援助工作还存在制度不够完善、保障机制不够健全、援助范围亟待扩大等问题。为认真落实中央关于全面推进依法治国的重大战略部署，进一步加强法律援助工作，完善中国特色社会主义法律援助制度，提出以下意见。

一、总体要求

（一）指导思想。以邓小平理论、"三个代表"重要思想、科学发展观为指导，认真贯彻党的十八大和十八届三中、四中全会精神，深入学习贯彻习近平总书记系列重要讲话精神，按照党中央、国务院决策部署，健全体制机制，坚持和完善党委政府领导、司法行政机关具体负责、有关部门协作配合、社会力量广泛参与的中国特色社会主义法律援助制度，紧紧围绕经济社会发展和人民群众实际需要，落实政府责任，不断扩大法律援助范围，提高援助质量，保证人民群众在遇到法律问题或者权利受到侵害时获得及时有效法律帮助。

（二）基本原则

——坚持以人为本。把维护人民群众合法权益作为出发点和落脚点，积极回应民生诉求，完善便民利民措施，推进公共法律服务体系建设，加强民生领域法律服务，努力为困难群众提供及时便利、优质高效的法律援助服务，将涉及困难群体的矛盾纠纷纳入法治化轨道解决，有效化解社会矛盾，维护社会和谐稳定。

——促进公平正义。把保障公平正义作为法律援助工作的首要价值追求，依法履行法律援助职责，扩大法律援助范围，使符合条件的公民都能获得法律援助，平等享受法律保护，努力让人民群众在每一个案件中都感受到公平正义。

——推进改革创新。立足基本国情，积极探索法律援助工作发展规律，创新工作理念、工作机制和方式方法，实现法律援助申请快捷化、审查简便化、服务零距离，不断提高法律援助工作规范化、制度化、法治化水平。

二、扩大法律援助范围

（三）扩大民事、行政法律援助覆盖面。各省（自治区、直辖市）要在《法律援助条例》规定的经济困难公民请求国家赔偿，给予社会保险待遇或者最低生活保障待遇，发给抚恤金、救济金，给付赡养费、抚养费、扶养费，支付劳动报酬等法律援助范围的基础上，逐步将涉及劳动保障、婚姻家庭、食品药品、教育医疗等与民生紧密相关的事项纳入法律援助补充事项范围，帮助困难群众运用法律手段解决基本生产生活方面的问题。探索建立法律援助参与申诉案件代理制度，开展试点，逐步将不服司法机关生效民事和行政裁判、决定，聘不起律师的申诉人纳入法律援助范围。综合法律援助资源状况、公民法律援助需求等因素，进一步放宽经济困难标准，降低法律援助门槛，使法律援助覆盖人群逐步拓展至低收入群体，惠及更多困难群众。认真组织办理困难群众就业、就学、就医、社会保障等领域涉及法律援助的案件，积极提供诉讼和非诉讼代理服务，重点做好农民工、下岗失业人员、妇女、未成年人、老年人、残疾人和军人军属等群体法律援助工作，切实维护其合法权益。

（四）加强刑事法律援助工作。注重发挥法律援助

在人权司法保障中的作用,保障当事人合法权益。落实刑事诉讼法及相关配套法规制度关于法律援助范围的规定,畅通刑事法律援助申请渠道,加强司法行政机关与法院、检察院、公安机关等办案机关的工作衔接,完善被羁押犯罪嫌疑人、被告人经济困难证明制度,建立健全办案机关通知辩护工作机制,确保告知、转交申请、通知辩护(代理)等工作协调顺畅,切实履行侦查、审查起诉和审判阶段法律援助工作职责。开展试点,逐步开展为不服司法机关生效刑事裁判、决定的经济困难申诉人提供法律援助的工作。建立法律援助值班律师制度,法律援助机构在法院、看守所派驻法律援助值班律师。健全法律援助参与刑事案件速裁程序试点工作机制。建立法律援助参与刑事和解、死刑复核案件办理工作机制,依法为更多的刑事诉讼当事人提供法律援助。

(五)实现法律援助咨询服务全覆盖。建立健全法律援助便民服务窗口,安排专业人员免费为来访群众提供法律咨询。对咨询事项属于法律援助范围的,应当告知当事人申请程序,对疑难咨询事项实行预约解答。拓展基层服务网络,推进法律援助工作站点向城乡社区延伸,方便群众及时就近获得法律咨询。加强"12348"法律服务热线建设,有条件的地方开设针对农民工、妇女、未成年人、老年人等群体的维权专线,充分发挥解答法律咨询、宣传法律知识、指导群众依法维权的作用。创新咨询服务方式,运用网络平台和新兴传播工具,提高法律援助咨询服务的可及性。广泛开展公共法律教育,积极提供法律信息和帮助,引导群众依法表达合理诉求。

三、提高法律援助质量

(六)推进法律援助标准化建设。建立健全法律援助组织实施各环节业务规范。完善申请和受理审查工作制度,推进服务公开,规范法律援助机构审查职责范围和工作程序。改进案件指派工作制度,综合案件类型、法律援助人员专业特长、受援人意愿等因素,合理指派承办机构和人员。严格办理死刑、未成年人等案件承办人员资质条件,确保案件办理质量。探索办理跨行政区划法院、检察院受理、审理案件的指派机制。完善法律援助承办环节工作制度,规范法律咨询、非诉讼事项、诉讼事项办理流程,制定刑事、民事、行政法律援助案件质量标准。

(七)加强法律援助质量管理。认真履行法律援助组织实施职责,规范接待、受理、审查、指派等行为,严格执行法律援助事项范围和经济困难标准,使符合条件的公民都能及时获得法律援助。教育引导法律援助人员严格遵守法定程序和执业规范,提供符合标准的法律援助服务。根据案件不同类别组建法律援助专业服务团队,探索创新法律援助案件指派方式,对重大疑难案件实行集体讨论、全程跟踪、重点督办,提高案件办理专业化水平。完善服务质量监管机制,综合运用质量评估、庭审旁听、案卷检查、征询司法机关意见和受援人回访等措施强化案件质量管理。加大信息技术在法律援助流程管理、质量评估、业绩考核等方面的应用。逐步推行办案质量与办案补贴挂钩的差别案件补贴制度,根据案件办理质量确定不同级别发放标准,促进提高办案质量。完善法律援助投诉处理制度,进一步规范投诉事项范围、程序和处理反馈工作,提高投诉处理工作水平。

(八)完善法律援助便民服务机制。建立健全便民利民措施,加强长效机制建设,简化程序、手续,丰富服务内容。加强便民窗口规范化服务,优化服务环境,改进服务态度,推行服务承诺制、首问负责制、限时办结制、援务公开制,规范履行服务指引、法律咨询、申请受理、查询答疑等职责。拓宽申请渠道,发挥法律援助工作站、联络点贴近基层的优势,方便困难群众及时就近提出申请,在偏远地区和困难群众集中的地区设立流动工作站巡回受案。对有特殊困难的受援对象推行电话申请、上门受理等服务方式,逐步实行网上受理申请。简化审查程序,对城乡低保对象、特困供养人员等正在接受社会救助的对象和无固定生活来源的残疾人、老年人等特定群体,以及申请支付劳动报酬、工伤赔偿的农民工,免除经济困难审查;逐步建立法律援助对象动态数据库,提高审查效率;对情况紧急的案件可以先行受理,事后补办材料、手续;开辟法律援助"快速通道",有条件的地方对未成年人、老年人、残疾人符合条件的申请实行当日受理、审查,并快速办理。加强军地法律援助服务网络建设,健全军人军属法律援助工作机制。建立完善法律援助异地协作机制,加强法律援助机构在转交申请、核实情况、调查取证、送达法律文书等环节的协调配合,方便受援人异地维护自身合法权益。延伸服务领域,注重对受援人进行人文关怀和心理疏导,完善法律援助与司法救助、社会救助工作衔接机制,提升服务效果。

四、提高法律援助保障能力

(九)完善经费保障体制。按照明确责任、分类负担、收支脱钩、全额保障的原则,完善法律援助经费保障体制,明确经费使用范围和保障标准,确保经费保障水平适应办案工作需要。中央财政要引导地方特别是中西部地区加大对法律援助经费的投入力度。省级财政要为法律援助提供经费支持,加大对经济欠发达地区的转移支付力度,提高经济欠发达地区的财政保障能力。市、县级财政要将法律援助经费全部纳入同级财政预算，根据地方财力和办案量合理安排经费。适当提高办案补贴标准并及时足额支付。建立动态调整机制，根据律师承办案件成本、基本劳务费用等因素及时调整补贴标准。鼓励社会对法律援助活动提供捐助，充分发挥法律援助基金会的资金募集作用。财政、审计等部门要加强对法律援助经费的绩效考核和监督，确保专款专用，提高经费使用效益。

（十）加强基础设施建设。加大法律援助基础设施建设投入力度，建设与服务困难群众工作需要相适应的服务设施，提高办公办案设施配备水平。鼓励支持地方加强临街一层便民服务窗口建设，合理划分功能区域，完善无障碍配套服务设施，满足接待群众需要。各地要支持法律援助工作站（点）建设，配备必要的工作和服务设施，方便困难群众就近获得法律援助。加强信息化建设，加大投入力度，改善基层信息基础设施，提升法律援助信息管理水平，实现集援务公开、咨询服务、网上审查、监督管理于一体的网上管理服务，实现与相关单位的信息共享和工作协同。

（十一）加强机构队伍建设。依托现有资源加强法律援助机构建设，配齐配强人员。把思想政治建设摆在突出位置，切实提高法律援助队伍思想政治素质和职业道德水平。探索法律援助队伍专业化、职业化发展模式，加强法律援助人才库建设，培养一批擅长办理法律援助案件的专业人员。加强教育培训工作，加大培训教材、师资、经费等投入，完善培训体系和工作机制，提高法律援助人员专业素质和服务能力。完善律师、基层法律服务工作者参与法律援助工作相关权益保障、政策扶持措施，调动律师、基层法律服务工作者等人员的积极性。加大政府购买法律援助服务力度，吸纳社会工作者参与法律援助，鼓励和支持人民团体、社会组织开展法律援助工作。多渠道解决律师资源短缺地区法律援助工作力量不足问题，充实县区法律援助机构办案人员，在农村注重发挥基层法律服务工作者的作用，加大力度调配优秀律师、大学生志愿者等服务力量支持律师资源短缺地区法律援助工作。深入开展法律援助志愿服务行动。

五、切实加强组织领导

（十二）加强组织领导。地方各级党委和政府要高度重视法律援助工作，将其纳入党的群众工作范围，纳入地方经济和社会发展总体规划、基本公共服务体系、为民办实事和民生工程，帮助解决工作中遇到的困难和问题。建立法律援助补充事项范围和经济困难标准动态调整机制，各省（自治区、直辖市）要根据本行政区域经济发展状况和法律援助工作需要，及时审查、调整补充事项范围和经济困难标准，促进法律援助事业与经济社会协调发展。建立法律援助责任履行情况考评机制、报告制度和督导检查制度，确保落实到位。发挥政府主导作用，鼓励和支持社会力量通过多种方式依法有序参与法律援助工作。推进法律援助立法工作，提高法治化水平。

（十三）强化监督管理和实施。各级司法行政机关是法律援助工作的监督管理部门，要健全管理体制，加强对法律援助机构执行法律法规和政策情况的监督，完善责任追究制度，确保法律援助机构和人员依法履行职责。加强《法律援助条例》配套规章制度建设，构建层次清晰、体系完备的制度体系。法律援助机构要切实履行组织实施职责，认真做好受理、审查、指派、支付办案补贴等工作，组织引导律师、基层法律服务工作者积极履行法律援助义务，律师每年应承办一定数量法律援助案件，建立健全律师事务所等法律服务机构和人员开展法律援助的考核评价机制。完善公证处、司法鉴定机构依法减免相关费用制度，并加强工作衔接。加强对人民团体、社会组织和志愿者从事法律援助服务的指导和规范，维护法律援助秩序。积极利用传统媒体和新兴媒体，扩大法律援助宣传的覆盖面，增强宣传效果。

（十四）加强部门协调配合。各有关部门和单位要根据本意见，研究提出落实措施。法院、检察院、公安机关要为法律援助办案工作提供必要支持，进一步完善民事诉讼和行政诉讼法律援助与诉讼费用减免缓制度的衔接机制，健全国家赔偿法律援助工作机制，完善刑事诉讼法律援助中法院、检察院、公安机关、司法行政机关的配合工作机制。发展改革、民政、财政、人力资源社会保障、国土资源、住房城乡建设、卫生计生、工商、档案等部门要按照职能分工，支持法律援助基层基础设施建设，落实经费保障，提供办案便利。各人民团体要充分利用自身优势参与做好法律援助工作。各有关部门和单位要形成工作合力，推动完善法律援助制度，更好地保障和改善民生。

关于律师开展法律援助工作的意见

- 2017 年 2 月 17 日
- 司发通〔2017〕15 号

为深入贯彻落实党的十八大和十八届三中、四中、五中、六中全会精神，贯彻落实中办国办印发的《关于完善法律援助制度的意见》（中办发〔2015〕37号）文件精神，充分发挥律师在法律援助工作中的作用，更好地满足人民群众法律援助需求，现就律师开展法律援助工作提出如下意见。

一、充分认识律师开展法律援助工作的重要意义

律师队伍是落实依法治国基本方略、建设社会主义法治国家的重要力量，是我国法律援助事业的主体力量。近年来，广大律师积极投身法律援助事业，认真办理法律援助案件，依法履责，无私奉献，为保障困难群众合法权益、维护社会公平正义作出了积极贡献。推进律师开展法律援助工作，是贯彻全面依法治国、有效发挥律师在建设社会主义法治国家中作用的必然要求，是加大法律援助服务群众力度、提供优质高效法律援助服务的客观需要，是广大律师忠诚履行社会主义法律工作者职责使命、树立行业良好形象的重要体现。各级司法行政机关要充分认识律师开展法律援助工作的重要性，采取有效措施，加强指导监督，完善体制机制，强化工作保障，组织引导广大律师依法履行法定职责，牢固树立执业为民理念，自觉承担社会责任，切实增强开展法律援助工作的责任感和荣誉感，进一步做好服务群众工作，为全面依法治国、建设社会主义法治国家作出新贡献。

二、组织律师积极开展法律援助工作

1. 做好刑事法律援助指派工作。严格贯彻落实修改后《刑事诉讼法》及相关配套文件，组织律师做好会见、阅卷、调查取证、庭审等工作，认真办理侦查、审查起诉、审判各阶段法律援助案件。

2. 加大民生领域法律援助力度。组织律师围绕劳动保障、婚姻家庭、食品药品、教育医疗等民生事项，及时为符合条件的困难群众提供诉讼和非诉讼代理，促进解决基本生产生活方面的问题。

3. 广泛开展咨询服务。优先安排律师在法律援助便民服务窗口和"12348"法律服务热线值班，运用自身专业特长为群众提供咨询意见，积极提供法律信息和帮助，引导群众依法表达合理诉求，提高群众法治意识。

4. 开展申诉案件代理工作。逐步将不服司法机关生效裁判、决定，聘不起律师的申诉人纳入法律援助范围，引导律师为经济困难申诉人通过法律援助代理申诉。

5. 建立法律援助值班律师制度。法律援助机构通过在人民法院、看守所派驻值班律师，依法为犯罪嫌疑人、被告人等提供法律咨询等法律帮助。

6. 推进法律援助参与刑事案件速裁程序、认罪认罚从宽等诉讼制度改革工作。组织引导律师为速裁程序、认罪认罚从宽以及其他诉讼改革程序犯罪嫌疑人、被告人提供法律咨询、程序选择等法律帮助。

7. 积极参与刑事和解案件办理。对于当事人自愿和解的案件，组织引导律师依法为符合条件的犯罪嫌疑人、被告人或者被害人提供法律援助服务，促进达成和解。

8. 发挥辩护律师在死刑复核程序中的作用。组织律师办理死刑复核法律援助案件，依法为死刑复核案件被告人提供辩护服务。

9. 办理跨行政区划法律援助案件。适应建立与行政区划适当分离的司法管辖制度改革，组织律师开展跨行政区划法院、检察院受理、审理案件法律援助工作。

10. 推动律师广泛参与法律援助工作。省级司法行政机关根据当地法律援助需求量、律师数量及分布情况，明确律师承办一定数量法律援助案件，努力使律师通过多种形式普遍公平承担法律援助义务。司法行政机关、律师协会应当在律师事务所检查考核及律师执业年度考核中将律师履行法律援助义务情况作为重要考核依据。鼓励有行业影响力的优秀律师参与法律援助工作。

11. 推动律师提供公益法律服务。倡导每名律师每年提供不少于24小时的公益服务。对不符合法律援助条件、经济确有困难的群众提供减免收费，发展公益法律服务机构和公益律师队伍，专门对老年人、妇女、未成年人、残疾人、外来务工人员、军人军属等提供免费的法律服务。

三、切实提高律师法律援助服务质量

1. 规范组织实施工作。法律援助机构要在法定时限内指派律师事务所安排承办律师，规范各环节办理流程，确保办案工作顺利开展。综合考虑律师资质、专业特长、承办法律援助案件情况、受援人意愿等因素确定办案律师，对无期徒刑、死刑案件以及未成年人案件严格资质要求，提高办案专业化水平。

2. 加强服务标准建设。完善律师承办法律援助案件各环节工作制度，制定刑事、民事、行政法律援助案件质量标准，确保律师为受援人提供符合标准的法律援助。

3. 加强办案质量监管。法律援助机构要积极推进案件质量评估试点工作，综合运用案卷评查、旁听审判、听取办案机关意见、回访受援人等措施对律师承办法律援助案件进行监管，有条件的地方运用信息化手段对办案实行动态监控。

4. 做好投诉处理工作。司法行政机关严格依法办理法律援助投诉，规范对律师承办法律援助案件的投诉

事项范围、程序和处理反馈工作。对律师接受指派后,怠于履行法律援助义务或有其他违反法律援助管理规定的行为,由司法行政机关依法依规处理。

5. 加强律师协会对律师事务所开展法律援助工作的指导。律师协会应当按照律师协会章程的规定对法律援助组织实施工作予以协助,指导律师和律师事务所提高办案质量。

6. 强化律师事务所法律援助案件管理责任。律师事务所严格接受指派、内部审批、办理案件、案卷归档、投诉处理等各环节流程。建立律师事务所重大、疑难案件集体讨论制度。根据法律援助常涉纠纷案件类别和所内律师办案专长,培养擅长办理法律援助案件的律师团队。完善律师事务所内部传帮带制度,建立完善青年律师办理法律援助案件带教制度。

四、创新律师开展法律援助工作机制

1. 推行政府购买法律援助服务工作机制。司法行政机关根据政府购买服务相关规定,向律师事务所等社会力量购买法律服务,引入优质律师资源提供法律援助。

2. 建立法律援助疑难复杂案件办理机制。法律援助机构根据律师业务专长和职业操守,建立法律援助专家律师库,对重大疑难复杂案件实行集体讨论、全程跟踪、重点督办。

3. 加强法律援助异地协作。法律援助机构就案件调查取证、送达法律文书等事项积极开展协作,提高工作效率。

4. 积极扶持律师资源短缺地区法律援助工作。根据律师资源分布和案件工作量等情况,采取对口支援、志愿服务、购买服务等方式提高律师资源短缺地区法律援助服务能力。

5. 健全沟通协作机制。司法行政机关、法律援助机构和律师协会要建立协作机制,定期沟通工作情况,共同研究解决律师服务质量、工作保障等方面存在的问题。建立法律援助机构与律师事务所、律师沟通机制,鼓励律师围绕法律援助制度改革、政策制定等建言献策,提高法律援助工作水平。

五、加强律师开展法律援助工作的保障

1. 加强律师执业权益保障。司法行政机关、法律援助机构和律师协会要认真落实刑事、民事、行政诉讼法和律师法等有关法律关于律师执业权利的规定,积极协调法院、检察院、公安机关落实律师会见通信权、阅卷权、收集证据权、辩论辩护权等执业权利,保障律师办理法律援助案件充分履行辩护代理职责。完善律师开展法律援助工作执业权益维护机制,建立侵犯律师执业权利事件快速处置和联动机制,建立完善救济机制。

2. 加强经费保障。完善法律援助经费保障体制,明确经费使用范围和保障标准,确保经费保障水平适应办案工作需要。根据律师承办案件成本、基本劳务费用等因素合理确定律师办案补贴标准并及时足额支付,建立办案补贴标准动态调整机制。推行法律援助机构律师担任法律援助值班律师工作。现有法律援助机构律师力量不足的,可以采取政府购买服务方式向律师事务所等社会力量购买法律服务,所需经费纳入法律援助工作经费统筹安排。发挥法律援助基金会募集资金作用,拓宽法律援助经费渠道。鼓励律师协会和律师事务所利用自身资源开展法律援助工作。

3. 加大办案支持力度。加强与法院、检察院、公安、民政、工商、人力资源等部门的工作衔接,推动落实好办理法律援助案件免收、缓收复制案件材料费以及资料查询等费用规定。

4. 加强教育培训。加强法律援助业务培训,司法行政机关举办的法律援助培训要吸收律师参加,律师协会要在律师业务培训课程中增设法律援助有关内容。加强对新执业律师开展法律援助工作的培训。组织律师参加国际法律援助交流培训项目。

5. 加强政策引导。省级司法行政机关应当把律师开展法律援助工作情况作为项目安排、法律援助办案专项资金分配的重要依据,推动地市、县区加大工作推进力度。

6. 完善激励措施。对于积极办理法律援助案件、广泛开展法律援助工作的律师事务所和律师,司法行政机关、律师协会在人才培养、项目分配、扶持发展、综合评价等方面给予支持,在律师行业和法律援助行业先进评选中加大表彰力度,并通过多种形式对其先进事迹进行广泛深入宣传,树立并提升行业形象。

法律援助值班律师工作办法

- 2020年8月20日
- 司规〔2020〕6号

第一章 总 则

第一条 为保障犯罪嫌疑人、被告人依法享有的诉讼权利,加强人权司法保障,进一步规范值班律师工作,根据《中华人民共和国刑事诉讼法》《中华人民共和国律师法》等规定,制定本办法。

第二条 本办法所称值班律师,是指法律援助机构在看守所、人民检察院、人民法院等场所设立法律援助工作站,通过派驻或安排的方式,为没有辩护人的犯罪嫌疑人、被告人提供法律帮助的律师。

第三条 值班律师工作应当坚持依法、公平、公正、效率的原则,值班律师应当提供符合标准的法律服务。

第四条 公安机关(看守所)、人民检察院、人民法院、司法行政机关应当保障没有辩护人的犯罪嫌疑人、被告人获得值班律师法律帮助的权利。

第五条 值班律师工作由司法行政机关牵头组织实施,公安机关(看守所)、人民检察院、人民法院应当依法予以协助。

第二章 值班律师工作职责

第六条 值班律师依法提供以下法律帮助:
(一)提供法律咨询;
(二)提供程序选择建议;
(三)帮助犯罪嫌疑人、被告人申请变更强制措施;
(四)对案件处理提出意见;
(五)帮助犯罪嫌疑人、被告人及其近亲属申请法律援助;
(六)法律法规规定的其他事项。

值班律师在认罪认罚案件中,还应当提供以下法律帮助:
(一)向犯罪嫌疑人、被告人释明认罪认罚的性质和法律规定;
(二)对人民检察院指控罪名、量刑建议、诉讼程序适用等事项提出意见;
(三)犯罪嫌疑人签署认罪认罚具结书时在场。

值班律师办理案件时,可以应犯罪嫌疑人、被告人的约见进行会见,也可以经办案机关允许主动会见;自人民检察院对案件审查起诉之日起可以查阅案卷材料、了解案情。

第七条 值班律师提供法律咨询时,应当告知犯罪嫌疑人、被告人有关法律帮助的相关规定,结合案件所在的诉讼阶段解释相关诉讼权利和程序规定,解答犯罪嫌疑人、被告人咨询的法律问题。

犯罪嫌疑人、被告人认罪认罚的,值班律师应当了解犯罪嫌疑人、被告人对被指控的犯罪事实和罪名是否有异议,告知被指控罪名的法定量刑幅度,释明从宽从重处罚的情节以及认罪认罚的从宽幅度,并结合案件情况提供程序选择建议。

值班律师提供法律咨询的,应当记录犯罪嫌疑人、被告人涉嫌的罪名、咨询的法律问题、提供的法律解答。

第八条 在审查起诉阶段,犯罪嫌疑人认罪认罚的,值班律师可以就以下事项向人民检察院提出意见:
(一)涉嫌的犯罪事实、指控罪名及适用的法律规定;
(二)从轻、减轻或者免除处罚等从宽处罚的建议;
(三)认罪认罚后案件审理适用的程序;
(四)其他需要提出意见的事项。

值班律师对前款事项提出意见的,人民检察院应当记录在案并附卷,未采纳值班律师意见的,应当说明理由。

第九条 犯罪嫌疑人、被告人提出申请羁押必要性审查的,值班律师应当告知其取保候审、监视居住、逮捕等强制措施的适用条件和相关法律规定、人民检察院进行羁押必要性审查的程序;犯罪嫌疑人、被告人已经被逮捕的,值班律师可以帮助其向人民检察院提出羁押必要性审查申请,并协助提供相关材料。

第十条 犯罪嫌疑人签署认罪认罚具结书时,值班律师对犯罪嫌疑人认罪认罚自愿性、人民检察院量刑建议、程序适用等均无异议的,应当在具结书上签名,同时留存一份复印件归档。

值班律师对人民检察院量刑建议、程序适用有异议的,在确认犯罪嫌疑人系自愿认罪认罚后,应当在具结书上签字,同时可以向人民检察院提出法律意见。

犯罪嫌疑人拒绝值班律师帮助的,值班律师无需在具结书上签字,应当将犯罪嫌疑人签字拒绝法律帮助的书面材料留存一份归档。

第十一条 对于被羁押的犯罪嫌疑人、被告人,在不同诉讼阶段,可以由派驻看守所的同一值班律师提供法律帮助。对于未被羁押的犯罪嫌疑人、被告人,前一诉讼阶段的值班律师可以在后续诉讼阶段继续为犯罪嫌疑人、被告人提供法律帮助。

第三章 法律帮助工作程序

第十二条 公安机关、人民检察院、人民法院应当在侦查、审查起诉和审判各阶段分别告知没有辩护人的犯罪嫌疑人、被告人有权约见值班律师获得法律帮助,并为其约见值班律师提供便利。

第十三条 看守所应当告知犯罪嫌疑人、被告人有权约见值班律师,并为其约见值班律师提供便利。

看守所应当将值班律师制度相关内容纳入在押人员权利义务告知书中,在犯罪嫌疑人、被告人入所时告知其有权获得值班律师的法律帮助。

犯罪嫌疑人、被告人要求约见值班律师的,可以书面或者口头申请。书面申请的,看守所应当将其填写的法律帮助申请表及时转交值班律师。口头申请的,看守所应当安排代为填写法律帮助申请表。

第十四条 犯罪嫌疑人、被告人没有委托辩护人并且不符合法律援助机构指派律师为其提供辩护的条件,要求约见值班律师的,公安机关、人民检察院、人民法院应当及时通知法律援助机构安排。

第十五条 依法应当通知值班律师提供法律帮助而犯罪嫌疑人、被告人明确拒绝的,公安机关、人民检察院、人民法院应当记录在案。

前一诉讼程序犯罪嫌疑人、被告人明确拒绝值班律师法律帮助的,后一诉讼程序的办案机关仍需告知其有权获得值班律师法律帮助的权利,有关情况应当记录在案。

第十六条 公安机关、人民检察院、人民法院需要法律援助机构通知值班律师为犯罪嫌疑人、被告人提供法律帮助的,应当向法律援助机构出具法律帮助通知书,并附相关法律文书。

单次批量通知的,可以在一份法律帮助通知书后附多名犯罪嫌疑人、被告人相关信息的材料。

除通知值班律师到羁押场所提供法律帮助的情形外,人民检察院、人民法院可以商法律援助机构简化通知方式和通知手续。

第十七条 司法行政机关和法律援助机构应当根据当地律师资源状况、法律帮助需求,会同看守所、人民检察院、人民法院合理安排值班律师的值班方式、值班频次。

值班方式可以采用现场值班、电话值班、网络值班相结合的方式。现场值班的,可以采取固定专人或轮流值班,也可以采取预约值班。

第十八条 法律援助机构应当综合律师政治素质、业务能力、执业年限等确定值班律师人选,建立值班律师名册或值班律师库。并将值班律师库或名册信息、值班律师工作安排,提前告知公安机关(看守所)、人民检察院、人民法院。

第十九条 公安机关、人民检察院、人民法院应当在确定的法律帮助日期前三个工作日,将法律帮助通知书送达法律援助机构,或者直接送达现场值班律师。

该期间没有安排现场值班律师的,法律援助机构应当自收到法律帮助通知书之日起两个工作日内确定值班律师,并通知公安机关、人民检察院、人民法院。

公安机关、人民检察院、人民法院和法律援助机构之间的送达及通知方式,可以协商简化。

适用速裁程序的案件、法律援助机构需要跨地区调配律师等特殊情形的通知和指派时限,不受前款限制。

第二十条 值班律师在人民检察院、人民法院现场值班的,应当按照法律援助机构的安排,或者人民检察院、人民法院送达的通知,及时为犯罪嫌疑人、被告人提供法律帮助。

犯罪嫌疑人、被告人提出法律帮助申请,看守所转交给现场值班律师的,值班律师应当根据看守所的安排及时提供法律帮助。

值班律师通过电话、网络值班的,应当及时提供法律帮助,疑难案件可以另行预约咨询时间。

第二十一条 侦查阶段,值班律师可以向侦查机关了解犯罪嫌疑人涉嫌的罪名及案件有关情况;案件进入审查起诉阶段后,值班律师可以查阅案卷材料,了解案情,人民检察院、人民法院应当及时安排,并提供便利。已经实现卷宗电子化的地方,人民检察院、人民法院可以安排在线阅卷。

第二十二条 值班律师持律师执业证或者律师工作证、法律帮助申请表或者法律帮助通知书到看守所办理法律帮助会见手续,看守所应当及时安排会见。

危害国家安全犯罪、恐怖活动犯罪案件,侦查期间值班律师会见在押犯罪嫌疑人的,应当经侦查机关许可。

第二十三条 值班律师提供法律帮助时,应当出示律师执业证或者律师工作证或者相关法律文书,表明值班律师身份。

第二十四条 值班律师会见犯罪嫌疑人、被告人时不被监听。

第二十五条 值班律师在提供法律帮助过程中,犯罪嫌疑人、被告人向值班律师表示愿意认罪认罚的,值班律师应当及时告知相关的公安机关、人民检察院、人民法院。

第四章 值班律师工作保障

第二十六条 在看守所、人民检察院、人民法院设立的法律援助工作站,由同级司法行政机关所属的法律援助机构负责派驻并管理。

看守所、人民检察院、人民法院等机关办公地点临近的,法律援助机构可以设立联合法律援助工作站派驻值班律师。

看守所、人民检察院、人民法院应当为法律援助工作站提供必要办公场所和设施。有条件的人民检察院、人民法院,可以设置认罪认罚等案件专门办公区域,为值班律师设立专门会见室。

第二十七条 法律援助工作站应当公示法律援助条件及申请程序、值班律师工作职责、当日值班律师基本信息等，放置法律援助格式文书及宣传资料。

第二十八条 值班律师提供法律咨询、查阅案卷材料、会见犯罪嫌疑人或者被告人、提出书面意见等法律帮助活动的相关情况应当记录在案，并随案移送。

值班律师应当将提供法律帮助的情况记入工作台账或者形成工作卷宗，按照规定时限移交法律援助机构。

公安机关（看守所）、人民检察院、人民法院应当与法律援助机构确定工作台账格式，将值班律师履行职责情况记录在案，并定期移送法律援助机构。

第二十九条 值班律师提供法律帮助时，应当遵守相关法律法规、执业纪律和职业道德，依法保守国家秘密、商业秘密和个人隐私，不得向他人泄露工作中掌握的案件情况，不得向受援人收取财物或者谋取不正当利益。

第三十条 司法行政机关应当会同财政部门，根据直接费用、基本劳务费等因素合理制定值班律师法律帮助补贴标准，并纳入预算予以保障。

值班律师提供法律咨询、转交法律援助申请等法律帮助的补贴标准按工作日计算；为认罪认罚案件的犯罪嫌疑人、被告人提供法律帮助的补贴标准，由各地结合本地实际情况按件或按工作日计算。

法律援助机构应当根据值班律师履行工作职责情况，按照规定支付值班律师法律帮助补贴。

第三十一条 法律援助机构应当建立值班律师准入和退出机制，建立值班律师服务质量考核评估制度，保障值班律师服务质量。

法律援助机构应当建立值班律师培训制度，值班律师首次上岗前应当参加培训，公安机关、人民检察院、人民法院应当提供协助。

第三十二条 司法行政机关和法律援助机构应当加强本行政区域值班律师工作的监督和指导。对律师资源短缺的地区，可采取在省、市范围内统筹调配律师资源，建立政府购买值班律师服务机制等方式，保障值班律师工作有序开展。

第三十三条 司法行政机关会同公安机关、人民检察院、人民法院建立值班律师工作会商机制，明确专门联系人，及时沟通情况，协调解决相关问题。

第三十四条 司法行政机关应当加强对值班律师的监督管理。对表现突出的值班律师给予表彰；对违法违纪的值班律师，依职权或移送有权处理机关依法依规处理。

法律援助机构应当向律师协会通报值班律师履行职责情况。

律师协会应当将值班律师履行职责、获得表彰情况纳入律师年度考核及律师诚信服务记录，对违反职业道德和执业纪律的值班律师依法依规处理。

第五章 附 则

第三十五条 国家安全机关、中国海警局、监狱履行刑事诉讼法规定职责，涉及值班律师工作的，适用本办法有关公安机关的规定。

第三十六条 本办法自发布之日起施行。《关于开展法律援助值班律师工作的意见》（司发通〔2017〕84号）同时废止。

最高人民法院、司法部关于加强国家赔偿法律援助工作的意见

- 2014年1月2日
- 司发通〔2014〕1号

为切实保障困难群众依法行使国家赔偿请求权，规范和促进人民法院办理国家赔偿案件的法律援助工作，结合法律援助工作实际，就加强国家赔偿法律援助相关工作提出如下意见：

一、提高对国家赔偿法律援助工作重要性的认识

依法为申请国家赔偿的困难群众提供法律援助服务是法律援助工作的重要职能。在人民法院办理的国家赔偿案件中，申请国家赔偿的公民多属弱势群体，身陷经济困难和法律知识缺乏双重困境，亟需获得法律援助。加强国家赔偿法律援助工作，保障困难群众依法行使国家赔偿请求权，是新形势下适应人民群众日益增长的司法需求、加强法律援助服务保障和改善民生工作的重要方面，对于实现社会公平正义、促进社会和谐稳定具有重要意义。各级人民法院和司法行政机关要充分认识加强国家赔偿法律援助工作的重要性，牢固树立群众观点，认真践行群众路线，进一步创新和完善工作机制，不断提高国家赔偿法律援助工作的能力和水平，努力使困难群众在每一个国家赔偿案件中感受到公平正义。

二、确保符合条件的困难群众及时获得国家赔偿法律援助

人民法院和司法行政机关应当采取多种形式公布国家赔偿法律援助的条件、程序、赔偿请求人的权利义务

等,让公众了解国家赔偿法律援助相关知识,引导经济困难的赔偿请求人申请法律援助。人民法院应当在立案时以书面方式告知申请国家赔偿的公民,如果经济困难可以向赔偿义务机关所在地的法律援助机构申请法律援助。法律援助机构要充分发挥基层法律援助工作站点在解答咨询、转交申请等方面的作用,畅通"12348"法律服务热线;有条件的地方可以在人民法院设立法律援助工作站,拓宽法律援助申请渠道,方便公民寻求国家赔偿法律援助。法律援助机构对公民提出的国家赔偿法律援助申请,要依法进行审查,在法定时限内尽可能缩短时间,提高工作效率;对无罪被羁押的公民申请国家赔偿,经人民法院确认其无经济来源的,可以认定赔偿请求人符合经济困难标准;对申请事项具有法定紧急或者特殊情况的,法律援助机构可以先行给予法律援助,事后补办有关手续。

三、加大国家赔偿法律援助工作保障力度

人民法院要为法律援助人员代理国家赔偿法律援助案件提供便利,对于法律援助人员申请人民法院调查取证的,应当依法予以积极支持;对法律援助人员复制相关材料的费用,应当予以免收。人民法院办理国家赔偿案件,要充分听取法律援助人员的意见,并记录在案;人民法院办理国家赔偿案件作出的决定书、判决书和裁定书等法律文书应当载明法律援助机构名称、法律援助人员姓名以及所属单位情况等。司法行政机关要综合采取增强社会认可度、完善激励表彰机制、提高办案补贴标准等方法,调动法律援助人员办理国家赔偿法律援助案件积极性,根据需要与有关机关、单位进行协调,加大对案件办理工作支持力度。人民法院和法律援助机构要加强工作协调,就确定或更换法律援助人员、变更听取意见时间、终止法律援助等情况及时进行沟通,相互通报案件办理进展情况。人民法院和司法行政机关要建立联席会议制度,定期交流工作开展情况,确保相关工作衔接顺畅。

四、提升国家赔偿法律援助工作质量和效果

法律援助机构要完善案件指派工作,根据国家赔偿案件类型,综合法律援助人员专业特长、赔偿请求人特点和意愿等因素,合理确定承办机构及人员,有条件的地方推行点援制,有效保证办案质量;要引导法律援助人员认真做好会见、阅卷、调查取证、参加庭审或者质证等工作,根据法律法规和有关案情,从维护赔偿请求人利益出发提供符合标准的法律服务,促进解决其合法合理赔偿请求。承办法官和法律援助人员在办案过程中要注重做好解疑释惑工作,帮助赔偿请求人正确理解案件涉及的政策法规,促进赔偿请求人服判息诉。司法行政机关和法律援助机构要加强案件质量管理,根据国家赔偿案件特点完善办案质量监督管理机制,综合运用案件质量评估、案卷检查评比、回访赔偿请求人等方式开展质量监管,重点加强对重大疑难复杂案件办理的跟踪监督,促进提高办案质量。人民法院发现法律援助人员有违法行为或者损害赔偿请求人利益的,要及时向法律援助机构通报有关情况,督促法律援助人员依法依规办理案件。

五、创新国家赔偿法律援助效果延伸机制

人民法院和法律援助机构要建立纠纷调解工作机制,引导法律援助人员选择对赔偿请求人最有利的方式解决纠纷,对于案情简单、事实清楚、争议不大的案件,根据赔偿请求人意愿,尽量采用调解方式处理,努力实现案结事了。要建立矛盾多元化解机制,指导法律援助人员依法妥善处理和化解纠纷,努力解决赔偿请求人的合理诉求,做好无罪被羁押公民的安抚工作,并通过引进社会工作者加入法律援助工作、开通心理热线等方式,加强对赔偿请求人的人文关怀和心理疏导,努力实现法律效果与社会效果的统一。要建立宣传引导机制,加大宣传力度,充分利用报刊、电视、网络等媒体,广泛宣传国家赔偿法律援助工作,及时总结推广工作中涌现出的好经验好做法,为国家赔偿法律援助工作开展营造良好氛围,并对法律援助工作中涌现的先进典型和经验,通过多种形式进行宣传推广,进一步巩固工作成果。

司法部关于进一步推进法律援助工作的意见

· 2013年4月25日
· 司发通〔2013〕88号

各省、自治区、直辖市司法厅(局),新疆生产建设兵团司法局:

为认真贯彻落实党的十八大精神,切实做好新形势下法律援助维护群众合法权益的各项工作,更好地发挥法律援助在服务保障和改善民生、维护社会公平正义、促进社会和谐稳定中的职能作用,现就进一步推进法律援助工作提出如下意见。

一、充分认识做好新形势下法律援助工作的重要性

近年来,在党中央、国务院的正确领导下,法律援助工作快速发展,覆盖面逐步扩大,服务水平不断提高,保障能力明显增强,有效维护了困难群众合法权益。同时

也要看到，随着我国经济社会不断发展和民主法治进程加快推进，人民群众特别是困难群众的法律服务需求不断增长。党的十八大报告指出加强社会建设必须以保障和改善民生为重点，习近平总书记在中央政治局集体学习中强调要加大对困难群众维护合法权益的法律援助，2013年政府工作报告要求健全法律援助制度，为进一步做好法律援助工作指明了方向。做好新形势下的法律援助工作是贯彻落实党和国家关于法律援助工作决策部署的必然要求，也是满足人民群众日益增长法律需求的必然要求。各级司法行政机关要深入贯彻落实党的十八大精神，以邓小平理论、"三个代表"重要思想、科学发展观为指导，坚持和完善中国特色社会主义法律援助制度，紧紧围绕人民群众法律援助需求，进一步做好服务困难群众的各项工作，大力加强法律援助制度、经费保障和机构队伍建设，着力构建规范高效的法律援助管理体系和组织实施体系，做大做强做优法律援助事业，为推进平安中国和法治中国建设、促进经济持续健康发展作出新的贡献。

二、加大对困难群众法律援助服务力度

积极做好为困难群众提供法律援助的工作。认真落实中央关于保障和改善民生的决策部署，及时为符合条件的困难群众提供诉讼和非诉讼代理服务，帮助他们依法解决涉及基本生存、生产生活方面的问题。围绕促进解决涉及困难群众切身利益的社会热点问题，积极组织办理劳动争议、环境保护、食品药品安全、医疗等领域涉及法律援助的案件，重点做好农民工、下岗失业人员、妇女、未成年人、残疾人等困难群众法律援助工作，依法维护其合法权益。面向公众免费提供来信、来访和网络等多种形式法律咨询服务，加强"12348"法律服务热线建设，积极开展法制宣传和公共法律教育，引导群众依法表达合理诉求。坚持在党委、政府统一领导下参与处理涉法涉诉信访案件，及时疏导化解矛盾纠纷，维护社会和谐稳定。

扩大法律援助覆盖面。紧密结合经济社会发展实际，适应困难群众民生需求，及时调整法律援助补充事项范围，将就业、就学、就医、社会保障等与民生紧密相关的事项逐步纳入法律援助范围；进一步放宽经济困难标准，使法律援助覆盖人群从低保群体逐步拓展至低收入群体。加快建立法律援助范围和标准的动态调整机制，促进法律援助与经济社会协调发展。认真贯彻执行修改后的刑事诉讼法关于扩大刑事法律援助覆盖面的规定，加强侦查、审查起诉阶段法律援助工作，完善与公检法机关的协作配合，依法维护犯罪嫌疑人、被告人等的诉讼权利。

深化法律援助便民服务。健全基层法律援助服务网络，加强法律援助工作站和联系点建设，推进法律援助向社区、乡村延伸。继续推进临街一层法律援助便民服务窗口建设，改善服务设施，优化服务环境，改进服务态度。完善便民利民举措，拓宽申请渠道，简化程序和手续，不断丰富便民服务内容，实现法律援助申请快捷化、审批简便化、服务零距离。创新服务方式和手段，开展流动服务和网上便民服务，将心理疏导融入法律援助服务，加强法律援助异地协作，有条件的地方逐步推行点援制，探索推行法律援助周转金制度。健全完善便民服务机制，促进法律援助便民工作常态化。

提高法律援助服务质量。认真履行受理、审查、指派等组织实施职责，教育引导广大法律援助人员严格遵守法定程序和执业规范，确保提供符合标准的法律援助服务。改进案件指派工作，综合案件性质和办案人员专业特长等因素指派合适承办人，严格办理死刑、未成年人等案件承办人员资质条件，提高案件办理专业化水平。推进信息化在法律援助流程管理、质量评估、业绩考核等方面的应用，促进提高办案质量。完善服务质量监管机制，综合运用案件质量评估、案卷检查、当事人回访等措施强化案件质量管理，努力为受援人提供优质高效的法律援助。

三、切实履行法律援助监管职责

强化法律援助监管职能。完善法律援助工作管理体制，配齐配强管理人员，落实各级司法行政机关监督管理职责。开展法律援助机构和工作人员执业情况考评，规范法律援助机构运行。建立健全律师协会等行业协会、法律服务机构对律师等人员提供法律援助的考核机制，督促其自觉履行法律援助义务。鼓励和支持社会组织和法律援助志愿者开展与其能力相适应的法律援助活动，依法规范机构设置，严格职业准入标准，维护法律援助秩序。加强法律援助经费监管，严格执行各项经费开支范围、标准和程序，确保资金使用安全。推行援务公开，建立法律援助民意沟通机制，主动接受社会监督。

完善法律援助工作制度。制定完善《法律援助条例》配套规章和规范性文件，对质量监控、经费管理、组织机构和人员管理等进行规范。根据《办理法律援助案件程序规定》要求，健全完善组织实施各环节的业务规范和服务标准，制定刑事、民事、行政法律援助案件办理指南。建立健全投诉处理制度和业务档案管理、信息统计等内

部管理制度。认真落实中央有关部署安排,深化法律援助体制机制改革。做好立法前期准备工作。

四、加强法律援助工作保障

提高法律援助工作保障水平。认真贯彻"三个纳入"要求,争取县级以上政府全部将法律援助业务经费纳入财政预算,协调加大中央和省级财政转移支付力度,建立法律援助办案补贴标准动态调整机制,拓宽社会筹资渠道,提高法律援助经费保障水平。完善公检法机关和民政、财政、人力资源和社会保障等相关部门支持配合法律援助工作机制。加强法律援助队伍思想政治、业务能力和工作作风建设,加大培训力度,建立健全学习、实践和交流机制,提高广大法律援助人员群众工作能力、维护社会公平正义能力、新媒体时代舆论引导能力、科技信息化应用能力和拒腐防变能力。

加强对经济欠发达地区和律师资源短缺地区法律援助工作扶持。加大中央补助地方法律援助办案专款、中央专项彩票公益金法律援助项目资金对连片特困地区和革命老区、民族地区、边疆地区倾斜力度;推动省级财政全部建立法律援助专项资金,加大司法行政机关政法转移支付资金对本行政区域经费保障能力较低地区支持力度,促进提高贫困地区法律援助经费保障水平。多渠道解决律师资源短缺和无律师地区法律援助工作力量不足问题,充实县(区)法律援助机构专职办案人员,在农村乡镇注重发挥基层法律服务工作者的作用,合理调配本行政区域内律师资源丰富地区律师支持律师资源短缺地区法律援助工作,深入开展"1+1"法律援助志愿者行动,选派优秀律师、大学生志愿者到无律师和律师资源短缺地区服务,满足当地群众法律援助需求。加强对经济欠发达地区和律师资源短缺地区法律援助人员培训工作的支持,在课程设置、人员名额等方面充分考虑这些地区实际需求,促进提高法律援助服务水平。

各地要结合本地实际,制定具体实施方案,加强统筹协调,采取有效措施确保各项任务落实到位。贯彻执行中的问题请及时报部。

最高人民法院、司法部关于为死刑复核案件被告人依法提供法律援助的规定(试行)

- 2021年12月30日
- 法〔2021〕348号

为充分发挥辩护律师在死刑复核程序中的作用,切实保障死刑复核案件被告人的诉讼权利,根据《中华人民共和国刑事诉讼法》《中华人民共和国律师法》《中华人民共和国法律援助法》《最高人民法院关于适用〈中华人民共和国刑事诉讼法〉的解释》等法律及司法解释,制定本规定。

第一条 最高人民法院复核死刑案件,被告人申请法律援助的,应当通知司法部法律援助中心指派律师为其提供辩护。

法律援助通知书应当写明被告人姓名、案由、提供法律援助的理由和依据、案件审判庭和联系方式,并附二审或者高级人民法院复核审裁判文书。

第二条 高级人民法院在向被告人送达依法作出的死刑裁判文书时,应当书面告知其在最高人民法院复核死刑阶段可以委托辩护律师,也可以申请法律援助;被告人申请法律援助的,应当在十日内提出,法律援助申请书应当随案移送。

第三条 司法部法律援助中心在接到最高人民法院法律援助通知书后,应当采取适当方式指派律师为被告人提供辩护。

第四条 司法部法律援助中心在接到最高人民法院法律援助通知书后,应当在三日内指派具有三年以上刑事辩护执业经历的律师担任被告人的辩护律师,并函告最高人民法院。

司法部法律援助中心出具的法律援助公函应当写明接受指派的辩护律师的姓名、所属律师事务所及联系方式。

第五条 最高人民法院应当告知或者委托高级人民法院告知被告人为其指派的辩护律师的情况。被告人拒绝指派的律师为其辩护的,最高人民法院应当准许。

第六条 被告人在死刑复核期间自行委托辩护律师的,司法部法律援助中心应当作出终止法律援助的决定,并及时函告最高人民法院。

最高人民法院在复核死刑案件过程中发现有前款规定情形的,应当及时函告司法部法律援助中心。司法部法律援助中心应当作出终止法律援助的决定。

第七条 辩护律师应当在接受指派之日起十日内,通过传真或者寄送等方式,将法律援助手续提交最高人民法院。

第八条 辩护律师依法行使辩护权,最高人民法院应当提供便利。

第九条 辩护律师在依法履行辩护职责中遇到困难和问题的,最高人民法院、司法部有关部门应当及时协调解决,切实保障辩护律师依法履行职责。

第十条　辩护律师应当在接受指派之日起一个半月内提交书面辩护意见或者当面反映辩护意见。辩护律师要求当面反映意见的，最高人民法院应当听取辩护律师的意见。

第十一条　死刑复核案件裁判文书应当写明辩护律师姓名及所属律师事务所，并表述辩护律师的辩护意见。受委托宣判的人民法院应当在宣判后五日内将最高人民法院生效裁判文书送达辩护律师。

第十二条　司法部指导、监督全国死刑复核案件法律援助工作，司法部法律援助中心负责具体组织和实施。

第十三条　本规定自2022年1月1日起施行。

未成年人法律援助服务指引(试行)

· 2020年9月16日
· 司公通〔2020〕12号

第一章　总　则

第一条　为有效保护未成年人合法权益，加强未成年人法律援助工作，规范未成年人法律援助案件的办理，依据《中华人民共和国民事诉讼法》《中华人民共和国刑事诉讼法》《中华人民共和国未成年人保护法》《法律援助条例》等法律、法规、规范性文件，制定本指引。

第二条　法律援助承办机构及法律援助承办人员办理未成年人法律援助案件，应当遵守《全国民事行政法律援助服务规范》《全国刑事法律援助服务规范》，参考本指引规定的工作原则和办案要求，提高未成年人法律援助案件的办案质量。

第三条　本指引适用于法律援助承办机构、法律援助承办人员办理性侵害未成年人法律援助案件、监护人侵害未成年人权益法律援助案件、学生伤害事故法律援助案件和其他侵害未成年人合法权益的法律援助案件。

其他接受委托办理涉及未成年人案件的律师，可以参照执行。

第四条　未成年人法律援助工作应当坚持最有利于未成年人的原则，遵循给予未成年人特殊、优先保护，尊重未成年人人格尊严，保护未成年人隐私权和个人信息，适应未成年人身心发展的规律和特点，听取未成年人的意见，保护与教育相结合等原则；兼顾未成年犯罪嫌疑人、被告人、被害人权益的双向保护，避免未成年人受到二次伤害，加强跨部门多专业合作，积极寻求相关政府部门、专业机构的支持。

第二章　基本要求

第五条　法律援助机构指派未成年人案件时，应当优先指派熟悉未成年人身心特点、熟悉未成年人法律业务的承办人员。未成年人为女性的性侵害案件，应当优先指派女性承办人员办理。重大社会影响或疑难复杂案件，法律援助机构可以指导、协助法律援助承办人员向办案机关寻求必要支持。有条件的地区，法律援助机构可以建立未成年人法律援助律师团队。

第六条　法律援助承办人员应当在收到指派通知书之日起5个工作日内会见受援未成年人及其法定代理人(监护人)或近亲属并进行以下工作：

(一)了解案件事实经过、司法程序处理背景、争议焦点和诉讼时效、受援未成年人及其法定代理人(监护人)诉求、案件相关证据材料及证据线索等基本情况；

(二)告知其法律援助承办人员的代理、辩护职责、受援未成年人及其法定代理人(监护人)在诉讼中的权利和义务、案件主要诉讼风险及法律后果；

(三)发现未成年人遭受暴力、虐待、遗弃、性侵害等侵害的，可以向公安机关进行报告，同时向法律援助机构报备，可以为其寻求救助庇护和专业帮助提供协助；

(四)制作谈话笔录，并由受援未成年人及其法定代理人(监护人)或近亲属共同签名确认。未成年人无阅读能力或尚不具备理解认知能力的，法律援助承办人员应当向其宣读笔录，由其法定代理人(监护人)或近亲属代签，并在笔录上载明。

(五)会见受援未成年人时，其法定代理人(监护人)或近亲属至少应有一人在场，会见在押未成年人犯罪嫌疑人、被告人除外；会见受援未成年人的法定代理人(监护人)时，如有必要，受援未成年人可以在场。

第七条　法律援助承办人员办理未成年人案件的工作要求：

(一)与未成年人沟通时不得使用批评性、指责性、侮辱性以及有损人格尊严等性质的语言；

(二)会见未成年人，优先选择未成年人住所或者其他让未成年人感到安全的场所；

(三)会见未成年当事人或未成年证人，应当通知其法定代理人(监护人)或者其他成年亲属等合适成年人到场；

(四)保护未成年人隐私权和个人信息，不得公开涉案未成年人和未成年被害人的姓名、影像、住所、就读学校以及其他可能推断、识别身份信息的其他资料信息；

(五)重大、复杂、疑难案件，应当提请律师事务所或法律援助机构集体讨论，提请律师事务所讨论的，应当将讨论结果报告法律援助机构。

第三章　办理性侵害未成年人案件

第八条　性侵害未成年人犯罪，包括刑法第二百三十六条、第二百三十七条、第三百五十八条、第三百五十九条规定的针对未成年人实施的强奸罪、猥亵他人罪、猥亵儿童罪、组织卖淫罪、强迫卖淫罪、引诱、容留、介绍卖淫罪、引诱幼女卖淫罪等案件。

第九条　法律援助承办人员办理性侵害未成年人案件的工作要求：

（一）法律援助承办人员需要询问未成年被害人的，应当采取和缓、科学的询问方式，以一次、全面询问为原则，尽可能避免反复询问。法律援助承办人员可以建议办案机关在办理案件时，推行全程录音录像制度，以保证被害人陈述的完整性、准确性和真实性；

（二）法律援助承办人员应当向未成年被害人及其法定代理人（监护人）释明刑事附带民事诉讼的受案范围，协助未成年被害人提起刑事附带民事诉讼。法律援助承办人员应当根据未成年被害人的诉讼请求，指引、协助未成年被害人准备证据材料；

（三）法律援助承办人员办理性侵害未成年人案件时，应当于庭审前向人民法院确认案件不公开审理。

第十条　法律援助承办人员发现公安机关在处理性侵害未成年人犯罪案件应当立案而不立案的，可以协助未成年被害人及其法定代理人（监护人）向人民检察院申请立案监督或协助向人民法院提起自诉。

第十一条　法律援助承办人员可以建议办案机关对未成年被害人的心理伤害程度进行社会评估，辅以心理辅导、司法救助等措施，修复和弥补未成年被害人身心伤害；发现未成年被害人存在心理、情绪异常的，应当告知其法定代理人（监护人）为其寻求专业心理咨询与疏导。

第十二条　对于低龄被害人、证人的陈述的证据效力，法律援助承办人员可以建议办案机关结合被害人、证人的心智发育程度、表达能力，以及所处年龄段未成年人普遍的表达能力和认知能力进行客观的判断，对待证事实与其年龄、智力状况或者精神健康状况相适应的未成年人陈述、证言，应当建议办案机关依法予以采信，不能轻易否认其证据效力。

第十三条　在未成年被害人、证人确有必要出庭的案件中，法律援助承办人员应当建议人民法院采取必要保护措施，不暴露被害人、证人的外貌、真实声音，有条件的可以采取视频等方式播放被害人的陈述、证人证言，避免未成年被害人、证人与被告人接触。

第十四条　庭审前，法律援助承办人员应当认真做好下列准备工作：

（一）在举证期限内向人民法院提交证据清单及证据，准备证据材料；

（二）向人民法院确认是否存在证人、鉴定人等出庭作证情况，拟定对证人、鉴定人的询问提纲；

（三）向人民法院确认刑事附带民事诉讼被告人是否有证据提交，拟定质证意见；

（四）拟定对证言笔录、鉴定人的鉴定意见、勘验笔录和其他作为证据的文书的质证意见；

（五）准备辩论意见；

（六）向被害人及其法定代理人（监护人）了解是否有和解或调解方案，并充分向被害人及其法定代理人（监护人）进行法律释明后，向人民法院递交方案；

（七）向被害人及其法定代理人（监护人）介绍庭审程序，使其了解庭审程序、庭审布局和有关注意事项。

第十五条　法律援助承办人员办理性侵害未成年人案件，应当了解和审查以下关键事实：

（一）了解和严格审查未成年被害人是否已满十二周岁、十四周岁的关键事实，正确判断犯罪嫌疑人、被告人是否"明知"或者"应当知道"未成年被害人为幼女的相关事实；

（二）了解和审查犯罪嫌疑人、被告人是否属于对未成年被害人负有"特殊职责的人员"；

（三）准确了解性侵害未成年人案发的地点、场所等关键事实，正确判断是否属于"在公共场所当众"性侵害未成年人。

第十六条　办理利用网络对儿童实施猥亵行为的案件时，法律援助承办人员应指导未成年被害人及其法定代理人（监护人）及时收集、固定能够证明行为人出于满足性刺激的目的，利用网络采取诱骗、强迫或者其他方法要求被害人拍摄、传送暴露身体的不雅照片、视频供其观看等相关事实方面的电子数据，并向办案机关报告。

第十七条　性侵害未成年人犯罪具有《关于依法惩治性侵害未成年人犯罪的意见》第25条规定的情形之一以及第26条第二款规定的情形的，法律援助承办人员应当向人民法院提出依法从重从严惩处的建议。

第十八条　对于犯罪嫌疑人、被告人利用职业便利、违背职业要求的特定义务性侵害未成年人的，法律援助承办人员可以建议人民法院在作出判决时对其宣告从业禁止令。

第十九条　发生在家庭内部的性侵害案件，为确保未成年被害人的安全，法律援助承办人员可以建议办案机关依法对未成年被害人进行紧急安置,避免再次受到侵害。

第二十条 对监护人性侵害未成年人的案件,法律援助承办人员可以建议人民检察院、人民法院向有关部门发出检察建议或司法建议,建议有关部门依法申请撤销监护人资格,为未成年被害人另行指定其他监护人。

第二十一条 发生在学校的性侵害未成年人的案件,在未成年被害人不能正常在原学校就读时,法律援助承办人员可以建议其法定代理人(监护人)向教育主管部门申请为其提供教育帮助或安排转学。

第二十二条 未成年人在学校、幼儿园、教育培训机构等场所遭受性侵害,在依法追究犯罪人员法律责任的同时,法律援助承办人员可以帮助未成年被害人及其法定代理人(监护人)要求上述单位依法承担民事赔偿责任。

第二十三条 从事住宿、餐饮、娱乐等的组织和人员如果没有尽到合理限度范围内的安全保障义务,与未成年被害人遭受性侵害具有因果关系时,法律援助承办人员可以建议未成年被害人及其法定代理人(监护人)向安全保障义务人提起民事诉讼,要求其承担与其过错相应的民事补充赔偿责任。

第二十四条 法律援助承办人员办理性侵害未成年人附带民事诉讼案件,应当配合未成年被害人及其法定代理人(监护人)积极与犯罪嫌疑人、被告人协商、调解民事赔偿,为未成年被害人争取最大限度的民事赔偿。

犯罪嫌疑人、被告人以经济赔偿换取未成年被害人翻供或者撤销案件的,法律援助承办人员应当予以制止,并充分释明法律后果,告知未成年被害人及其法定代理人(监护人)法律风险。未成年被害人及其法定代理人(监护人)接受犯罪嫌疑人、被告人前述条件,法律援助承办人员可以拒绝为其提供法律援助服务,并向法律援助机构报告;法律援助机构核实后应当终止本次法律援助服务。

未成年被害人及其法定代理人(监护人)要求严惩犯罪嫌疑人、被告人,放弃经济赔偿的,法律援助承办人员应当尊重其决定。

第二十五条 未成年被害人及其法定代理人(监护人)提出精神损害赔偿的,法律援助承办人员应当注意收集未成年被害人因遭受性侵害导致精神疾病或者心理伤害的证据,将其精神损害和心理创伤转化为接受治疗、辅导而产生的医疗费用,依法向犯罪嫌疑人、被告人提出赔偿请求。

第二十六条 对未成年被害人因性侵害犯罪造成人身损害,不能及时获得有效赔偿,生活困难的,法律援助承办人员可以帮助未成年被害人及其法定代理人(监护人)、近亲属,依法向办案机关提出司法救助申请。

第四章 办理监护人侵害未成年人权益案件

第二十七条 监护人侵害未成年人权益案件,是指父母或者其他监护人(以下简称监护人)性侵害、出卖、遗弃、虐待、暴力伤害未成年人,教唆、利用未成年人实施违法犯罪行为,胁迫、诱骗、利用未成年人乞讨,以及不履行监护职责严重危害未成年人身心健康等行为。

第二十八条 法律援助承办人员发现监护侵害行为可能构成虐待罪、遗弃罪的,应当告知未成年人及其他监护人、近亲属或村(居)民委员会等有关组织有权告诉或代为告诉。

未成年被害人没有能力告诉,或者因受到强制、威吓无法告诉的,法律援助承办人员应当告知其近亲属或村(居)委员会等有关组织代为告诉或向公安机关报案。

第二十九条 法律援助承办人员发现公安机关处理监护侵害案件应当立案而不立案的,可以协助当事人向人民检察院申请立案监督或协助向人民法院提起自诉。

第三十条 办案过程中,法律援助承办人员发现未成年人身体受到严重伤害、面临严重人身安全威胁或者处于无人照料等危险状态的,应当建议公安机关将其带离实施监护侵害行为的监护人,就近护送至其他监护人、亲属、村(居)民委员会或者未成年人救助保护机构。

第三十一条 监护侵害行为情节较轻,依法不给予治安管理处罚的,法律援助承办人员可以协助未成年人的其他监护人、近亲属要求公安机关对加害人给予批评教育或者出具告诫书。

第三十二条 公安机关将告诫书送交加害人、未成年受害人,以及通知村(居)民委员会后,法律援助承办人员应当建议村(居)民委员会、公安派出所对收到告诫书的加害人、未成年受害人进行查访、监督加害人不再实施家庭暴力。

第三十三条 未成年人遭受监护侵害行为或者面临监护侵害行为的现实危险,法律援助承办人员应当协助其他监护人、近亲属,向未成年人住所地、监护人住所地或者侵害行为地基层人民法院,申请人身安全保护令。

第三十四条 法律援助承办人员应当协助受侵害未成年人搜集公安机关出警记录、告诫书、伤情鉴定意见等证据。

第三十五条 法律援助承办人员代理申请人身安全保护令时,可依法提出如下请求:

（一）禁止被申请人实施家庭暴力；
（二）禁止被申请人骚扰、跟踪、接触申请人及其相关近亲属；
（三）责令被申请人迁出申请人住所；
（四）保护申请人人身安全的其他措施。

第三十六条 人身安全保护令失效前，法律援助承办人员可以根据申请人要求，代理其向人民法院申请撤销、变更或者延长。

第三十七条 发现监护人具有民法典第三十六条、《关于依法处理监护人侵害未成年人权益行为若干问题的意见》第三十五条规定的情形之一的，法律援助承办人员可以建议其他具有监护资格的人、居（村）民委员会、学校、医疗机构、妇联、共青团、未成年人保护组织、民政部门等个人或组织，向未成年人住所地、监护人住所地或者侵害行为地基层人民法院申请撤销原监护人监护资格，依法另行指定监护人。

第三十八条 法律援助承办人员承办申请撤销监护人资格案件，可以协助申请人向人民检察院申请支持起诉。申请支持起诉的，应当向人民检察院提交申请支持起诉书、撤销监护人资格申请书、身份证明材料及案件所有证据材料复印件。

第三十九条 有关个人和组织向人民法院申请撤销监护人资格前，法律援助承办人员应当建议其听取有表达能力的未成年人的意见。

第四十条 法律援助承办人员承办申请撤销监护人资格案件，在接受委托后，应撰写撤销监护人资格申请书。申请书应当包括申请人及被申请人信息、申请事项、事实与理由等内容。

第四十一条 法律援助承办人员办理申请撤销监护人资格的案件，应当向人民法院提交相关证据，并协助社会服务机构递交调查评估报告。该报告应当包含未成年人基本情况，监护存在问题，监护人悔过情况，监护人接受教育、辅导情况，未成年人身心健康状况以及未成年人意愿等内容。

第四十二条 法律援助承办人员根据实际需要可以向人民法院申请聘请适当的社会人士对未成年人进行社会观护，引入心理疏导和测评机制，组织专业社会工作者、儿童心理问题专家等专业人员参与诉讼，为受侵害未成年人和被申请人提供心理辅导和测评服务。

第四十三条 法律援助承办人员应当建议人民法院根据最有利于未成年人的原则，在民法典第二十七条规定的人员和单位中指定监护人。没有依法具有监护资格的人的，建议人民法院依据民法典第三十二条规定指定民政部门担任监护人，也可以指定具备履行监护职责条件的被监护人住所地的村（居）民委员会担任监护人。

第四十四条 法律援助承办人员应当告知现任监护人有权向人民法院提起诉讼，要求被撤销监护人资格的父母继续负担被监护人的抚养费。

第四十五条 判决不撤销监护人资格的，法律援助承办人员根据《关于依法处理监护人侵害未成年人权益行为若干问题的意见》有关要求，可以协助有关个人和部门加强对未成年人的保护和对监护人的监督指导。

第四十六条 具有民法典第三十八条、《关于依法处理监护人侵害未成年人权益行为若干问题的意见》第四十条规定的情形之一的，法律援助承办人员可以向人民法院提出不得判决恢复其监护人资格的建议。

第五章 办理学生伤害事故案件

第四十七条 学生伤害事故案件，是指在学校、幼儿园或其他教育机构（以下简称教育机构）实施的教育教学活动或者组织的校外活动中，以及在教育机构负有管理责任的校舍、场地、其他教育教学设施、生活设施内发生的，造成在校学生人身损害后果的事故。

第四十八条 办理学生伤害事故案件，法律援助承办人员可以就以下事实进行审查：
（一）受侵害未成年人与学校、幼儿园或其他教育机构之间是否存在教育法律关系；
（二）是否存在人身损害结果和经济损失，教育机构、受侵害未成年人或者第三方是否存在过错，教育机构行为与受侵害未成年人损害结果之间是否存在因果关系；
（三）是否超过诉讼时效，是否存在诉讼时效中断、中止或延长的事由。

第四十九条 法律援助承办人员应当根据以下不同情形，告知未成年人及其法定代理人（监护人）相关的责任承担原则：
（一）不满八周岁的无民事行为能力人在教育机构学习、生活期间受到人身损害的，教育机构依据民法典第一千一百九十九条的规定承担过错推定责任；
（二）已满八周岁不满十八周岁的限制民事责任能力人在教育机构学习、生活期间受到人身损害的，教育机构依据民法典第一千二百条的规定承担过错责任；
（三）因教育机构、学生或者其他相关当事人的过错造成的学生伤害事故，相关当事人应当根据其行为过错程度的比例及其与损害结果之间的因果关系承担相应的责任。

第五十条　办理学生伤害事故案件,法律援助承办人员应当调查了解教育机构是否具备办学许可资格,教师或者其他工作人员是否具备职业资格,注意审查和收集能够证明教育机构存在《学生伤害事故处理办法》第九条规定的过错情形的证据。

第五十一条　办理《学生伤害事故处理办法》第十条规定的学生伤害事故案件,法律援助承办人员应当如实告知未成年人及其法定代理人(监护人)可能存在由其承担法律责任的诉讼风险。

第五十二条　办理《学生伤害事故处理办法》第十二条、第十三条规定的学生伤害事故案件,法律援助承办人员应当注意审查和收集教育机构是否已经履行相应职责或行为有无不当。教育机构已经履行相应职责或行为并无不当的,法律援助承办人员应当告知未成年人及其法定代理人(监护人),案件可能存在教育机构不承担责任的诉讼风险。

第五十三条　未成年人在教育机构学习、生活期间,受到教育机构以外的人员人身损害的,法律援助承办人员应当告知未成年人及其法定代理人(监护人)由侵权人承担侵权责任,教育机构未尽到管理职责的,承担相应的补充责任。

第五十四条　办理涉及教育机构侵权案件,法律援助承办人员可以采取以下措施:

(一)关注未成年人的受教育权,发现未成年人因诉讼受到教育机构及教职员工不公正对待的,及时向教育行政主管部门和法律援助机构报告;

(二)根据案情需要,可以和校方协商,或者向教育行政主管部门申请调解,并注意疏导家属情绪,积极参与调解,避免激化矛盾;

(三)可以调查核实教育机构和未成年人各自参保及保险理赔情况。

第五十五条　涉及校园重大安全事故、严重体罚、虐待、学生欺凌、性侵害等可能构成刑事犯罪的案件,法律援助承办人员可以向公安机关报告,或者协助未成年人及其法定代理人(监护人)向公安机关报告,并向法律援助机构报备。

第六章　附　则

第五十六条　本指引由司法部公共法律服务管理局与中华全国律师协会负责解释,自公布之日起试行。

· 典型案例

贯彻实施法律援助法典型案例[①]

案例一、北京市法律援助中心对马某确认劳动关系纠纷提供法律援助案

【基本案情】

赵某于2020年10月入职北京某运输公司(下称公司),承担冰箱、洗衣机等大件家电的派单上门送货工作,双方就工作事宜进行了口头约定,未签订书面劳动合同。自2020年11月开始,赵某使用自己的电动三轮车进行送货。2021年5月5日,赵某在送货途中突然死亡,被医院认定死亡原因是猝死。

赵某的配偶马某与公司协商赔偿事宜,公司以双方不存在劳动关系为由拒绝赔偿。马某向北京市西城区法律援助中心申请法律援助,西城区法律援助中心受理并审查后,指派北京市雄志律师事务所丁赛律师承办该案。承办律师帮助马某向西城区劳动人事争议仲裁委员会提出仲裁请求,要求确认赵某与公司的劳动关系。2021年8月16日,西城区劳动人事争议仲裁委员会作出裁决,确认双方存在劳动关系。公司不服仲裁裁决向西城区人民法院提起诉讼。2022年4月20日,西城区人民法院作出一审判决,确认双方存在劳动关系。一审中,丁赛律师继续受北京市西城区法律援助中心指派提供法律援助。

公司不服一审判决,提出上诉。2022年5月18日,马某到北京市法律援助中心申请法律援助。北京市法律援助中心认真研究了案件情况,从熟悉案情、保证援助质量出发,指派丁赛律师继续承办该案。承办律师接到指派后立即开展工作,了解公司上诉理由,进一步深入剖析案情证据,归纳争议焦点,补充证据材料,为二审庭审做足庭前工作。在对案件相关证据进行研究分析后,承办律师从认定劳动关系的三要素出发,提出了代理意见:公司与赵某之间符合法律、法规规定的劳动关系主体资格;赵某在工作中接受公司的管理、指挥和监督,赵某与公司存在从属关系;赵

[①] 《司法部发布贯彻实施法律援助法典型案例》,载司法部官网,https://www.moj.gov.cn/pub/sfbgw/jgsz/jgszzsdw/zsdwflyzzx/flyzzxgzdt/202308/t20230829_485225.html,最后访问时间:2024年1月10日。

某所提供的劳动成果是公司业务的组成部分，公司向赵某支付劳动报酬。

2022年10月24日，北京市第二中级人民法院作出终审判决，驳回上诉请求，维持原判，确认了赵某与公司的劳动关系。

案件结束后，受援人马某依据终审判决确认的劳动关系另行向西城区劳动人事争议仲裁委员会提起劳动仲裁，要求公司支付一次性工伤死亡补助金、丧葬补助金、供养亲属抚恤金等费用，已获仲裁委支持。

【案例点评】

本案是一起典型的劳动关系确认案件。本案中，涉案人赵某死亡，对于全面准确核实和获得证据材料有一定影响。承办律师从认定劳动关系的三要素出发，积极调查补强证据，深入论证分析，最终维护了受援人的合法权益，为后续依法申请赔偿奠定了良好的法律基础。市、区法律援助中心接力援助，承办律师在仲裁、一审、二审三个阶段提供法律援助服务，最终取得了令受援人满意的结果。

案例二、上海市闵行区法律援助中心对农民工刘某某工伤赔偿提供法律援助案

【基本案情】

2020年9月，重庆籍农民工刘某某来到上海务工，通过上海某劳务公司派遣至奉贤区某工地工作。同年11月23日，刘某某在工地作业时被倒下的钢管砸伤。后经申请认定为工伤，鉴定结论为伤残八级。

2021年11月17日，刘某某来到上海市闵行区法律援助中心进行法律咨询，同时申请法律援助。闵行区法律援助中心受理并审查后，指派上海儒君律师事务所刘群律师承办该案。

承办律师了解到，劳务公司与刘某某约定工资为400元/天，按实际工作天数计算，工作期间刘某某实际月平均工资为8000余元，双方未签订劳动合同，劳务公司未缴纳员工社会保险。事发后，劳务公司通过工程项目参保申请工伤认定，并前往社保局办理工伤赔偿手续。同时，劳务公司以办理工伤赔偿需要补签劳动合同等材料为由，将事先准备好的劳动合同、辞职信让刘某某签字，其中补签的劳动合同中对于工资约定为每月4000元，180元/天。后社保局向刘某某支付了一次性伤残补助金、一次性工伤医疗补助金，但劳务公司拒绝支付一次性伤残就业补助金、停工留薪期待遇、交通费等。

2021年11月22日，承办律师向闵行区劳动仲裁委提交了仲裁申请。2022年1月27日，闵行区劳动仲裁委作出裁决，由劳务公司支付刘某某一次性伤残就业补助金差额3042元和2020年11月24日至2021年4月8日期间的停工留薪工资差额6603.45元。刘某某收到裁决书后当即表示不服，希望继续委托承办律师提供代理诉讼服务。

2022年2月9日，承办律师将诉讼材料提交至上海市闵行区人民法院进行立案。2022年2月23日，与劳务公司授权委托人员进行电话沟通时，承办律师表示：一次性伤残就业补助金有明确规定的计算标准，劳务公司应当足额支付；停工留薪期薪资按规定应以员工实际原有薪资计算，停留薪期间工资应有10万余元；劳务公司为员工购买的意外险，理赔款应当是直接给被保险人的，劳务公司无权要求保险公司直接将理赔款支付给公司。承办律师与用人单位初步达成了一致意见。

2022年2月25日，承办律师约见劳务公司的授权委托人，双方达成协议：劳务公司补足仲裁裁决所确定的差额9645.45元，另外再增加100354.55元补偿给刘某某。当日，劳务公司将上述款项转账至刘某某银行账户。2022年2月28日，承办律师向闵行区人民法院提交撤诉申请，闵行区人民法院出具民事裁定书，本案正式终结。

【案例点评】

本案是一起典型的农民工工伤赔偿案件。本案中，因入职时双方未签订劳动合同，对受援人遭受工伤后依法追讨赔偿造成了影响。承办律师接受指派后，从维护当事人实际利益出发，深入了解研究案情，在仲裁裁决仅支持受援人部分请求的情况下，依法提出有针对性的代理意见，与劳务公司进行沟通协商，并最终促成双方达成一致意见，解决了双方劳动争议问题，有效维护了受援人的合法权益。

案例三、江苏省苏州市相城区法律援助中心对魏某某劳动争议纠纷提供法律援助案

【基本案情】

魏某某于2021年9月8日入职江苏省苏州某贸易公司(下称公司)从事网络主播工作，工作内容主要为直播卖货。9月20日，魏某某被诊断怀孕。后因体力负担较大，医生建议休息保胎，魏某某便将怀孕事宜告知公司，希望能减少直播卖货时间或转至幕后辅助工作，被公司拒绝。10月20日，公司以魏某某不能胜任岗位为由解除劳动关系。

12月3日，魏某某来到江苏省苏州市相城区法律援助中心申请法律援助。工作人员受理并审查后，指派江苏智融律师事务所解善宇律师承办该案。

2021年12月6日，承办律师向相城区劳动人事争议仲裁委员会提交立案材料。2022年1月30日，该案开庭审

理。公司代理律师认为，魏某某作为网络主播，没有达到公司的直播绩效考核要求，公司有权解除劳动合同。承办律师提出用人单位不得因女职工怀孕与其解除劳动合同，如解除，魏某某有权要求继续履行双方劳动合同，并可以要求公司补足其工资损失。

2022年5月11日，苏州市相城区劳动仲裁委裁决公司继续履行双方签订的劳动合同并支付劳动仲裁期间的工资损失27000元。公司不服仲裁裁决向苏州市相城区人民法院提起诉讼。苏州市相城区法律援助中心继续为魏某某诉讼阶段提供法律援助，并指派解善宇律师继续承办该案。

该案于2022年9月16日开庭。公司认为魏某某在面试的过程中存在隐瞒怀孕的事实行为，且魏某某系网络主播，基本工资并非9000元/月，而是3500元/月。承办律师提出，魏某某系在入职后才知道怀孕，且是否怀孕并非录用的条件，魏某某不存在隐瞒重要事实的行为。关于工资基数，承办律师补充提交了考勤及工资发放记录，认为基本工资系9000元/月，劳动合同中对工资进行了拆分，与事实不符。

承办法官询问双方是否愿意就工资、赔偿金、生育津贴、医疗费等一次性了结，魏某某考虑到自身长时间没有收入，且在哺乳期，一时无法再就业，愿意一次性了结。最终，承办律师帮助魏某某与公司达成一次性支付8万元的调解方案，双方当庭签订调解协议，案件结案。

【案例点评】

本案是一起典型的新就业形态劳动者劳动争议纠纷案件。受援人魏某某系网络主播，该行业工作时间、工作内容、考核标准、管理监督等均有别于传统用工模式。发生纠纷时，劳动者与用人单位之间往往在解除或履行劳动合同、工资支付金额等事项上存在较大分歧。承办律师综合考虑新业态人员的就业特征、再就业困难等因素，制定最优方案，据理力争，依法帮助受援人争取到合理补偿。本案对于处理同类案件，特别是对新业态女性从业人员的权益维护具有参考意义。

案例四、四川省某县法律援助中心对未成年人赵某某涉嫌盗窃罪提供法律援助案

【基本案情】

2022年5月1日，牛某发现一些小区门口停放的一些小汽车未及时上锁，便约赵某某、刘某甲、刘某乙对未上锁的汽车实施盗窃。同日22时，牛某等4人在某酒店停车场附近寻找作案目标时，发现一辆黑色奔驰车未关闭车窗，便由牛某带刘某甲、刘某乙在四周"望风"，由赵某某钻入车内盗窃了一个黑色背包（内有现金800元及一副蓝牙耳机）。5月20日零时许，赵某某又约牛某采用上述方式进入一辆小轿车内，盗窃车内现金人民币1330元。

本案经四川省某县公安局侦查终结后，移送某县人民检察院审查起诉。由于赵某某犯罪时是未成年人且没有委托辩护人，某县人民检察院通知某县法律援助中心为其指派辩护律师。该法律援助中心指派四川浩通律师事务所冯泸平律师承办该案。

通过与受援人的父母多次沟通、交换意见，以及阅卷与会见，承办律师认为：赵某某作为犯罪时未满十八周岁的未成年人，由于早年辍学，较早步入社会，沾染了一些社会不良习气、好逸恶劳。但赵某某涉事不深，应考虑如何更好地教育挽救他，让其回归正常生活。为此，承办律师提出如下辩护意见：一是赵某某归案后如实供述犯罪事实，系坦白；二是赵某某案发时未满十八周岁，且自愿认罪认罚，可以依法从轻或者减轻处罚；三是由于赵某某处于生理发育和心理发展的特殊时期，心智尚不成熟，本着教育为主、惩罚为辅的原则，建议检察机关作出不起诉或附条件不起诉的决定。

2022年9月，某县人民检察院采纳了承办律师的辩护意见。根据《中华人民共和国刑法》第二百六十四条规定，赵某某的行为可能判处一年以下有期徒刑，但赵某某具有坦白、认罪认罚、积极赔偿并取得谅解等法定和酌定从轻处罚情节。考虑到赵某某的认罪、悔罪情节，根据《中华人民共和国刑事诉讼法》第二百八十二条第一款的规定，某县人民检察院对赵某某作出附条件不起诉决定，考验期六个月。

【案例点评】

本案是一起涉及未成年人刑事犯罪、由人民检察院通知辩护的案件。承办律师将工作重点放在提出合理化的量刑建议上，指出受援人犯罪时尚未成年，有坦白、认罪认罚等法定情节，建议人民检察院作出不起诉或附条件不起诉的决定，并最终被人民检察院采纳。承办律师在办案中，充分考虑未成年人身心发育特点，从人性化角度提供尽可能的帮助，让当事人感受到社会温暖，有利于其今后更好地生活成长。

案例五、山东省济宁市汶上县法律援助中心对李某某医疗事故人身损害赔偿纠纷提供法律援助案

【基本案情】

2021年3月30日，李某某因右足跟外伤到某医院接受治疗。4月8日，某医院在手术过程中，由于一系列原因，致使李某某术后出现了右下肢皮肤感觉减退、右跨背伸肌力下降的神经损伤等表现。李某某就医疗损害赔偿多次找医院协商无果后,于2022年3月1日,来到山东省济宁市汶上县法律援助中心申请法律援助。汶上县法律援助中心受理并审查后,指派本中心李吉君律师承办该案。接案后,承办律师分析证据,与李某某及家人共同研究确定证据补强方案,克服困难,调查取证,提出了民事诉讼并申请司法鉴定。

2022年9月27日,汶上县人民法院开庭审理此案。承办律师提出了如下代理意见:第一,山东大舜司法鉴定所出具的鉴定结论认定,某医院在对李某某的医疗活动中存在过错,并且过错行为与李某某的损伤之间存在因果关系,因此,该医院应当依法向李某某承担侵权赔偿责任。第二,结合李某某提交的微信交易明细、车辆违章处理信息、物流公司证明、驾驶资格证、道路运输从业资格证,综合认定李某某在本案事故发生前从事道路交通运输,李某某请求的误工费应按2021年度山东省交通运输行业标准进行计算。第三,关于李某某请求的精神损害抚慰金问题。因李某某在本次事故中构成两处十级伤残,对其精神造成了一定的损害,医院理应向李某某给付精神损害抚慰金。

2022年10月23日,汶上县人民法院作出判决,采纳了承办律师大部分意见,确定医院对李某某的损伤承担70%的赔偿责任,判决医院赔偿李某某医疗费、误工费、伤残赔偿金、护理费、住院伙食补助费、营养费、交通费、精神损害抚慰金共计190837元。双方均未提起上诉,医院按期支付了款项。

【案例点评】

本案是一起典型的医疗事故人身损害赔偿案件,是法律援助法规定援助事项范围的案件类型。医疗事故损害赔偿案件复杂性强,专业要求高。本案中,在承办律师的帮助下,受援人申请了医疗鉴定,证明了医疗机构在诊疗行为中存在过错以及过错行为与损伤之间存在因果关系,为案件的胜诉获得了有利的证据支持,最终维护了受援人的合法权益。该案例示范性较强,为法律援助人员办理此类案件提供了有益借鉴。

案例六、浙江省金华市磐安县法律援助中心为军属范某某交通事故责任纠纷提供法律援助案

【基本案情】

2011年7月,范某某驾驶普通二轮摩托车在道路上行驶时,与对向直行的孔某某驾驶的货车相撞,造成车损及范某某受伤的交通事故。交警大队认定孔某某在本次事故中负次要责任。孔某某驾驶的货车车主为陈某某,该车在保险公司投保有第三者强制保险和第三者商业保险。

2012年7月,范某某在浙江省金华市磐安县法律援助中心指派的承办律师帮助下,在法院主持调解下与对方达成协议:一、由某保险公司在保险范围内赔偿范某某医疗费、残疾赔偿金、后期护理费及精神损害抚慰金等损失239636.69元(后期护理费暂计10年)。二、由陈某某赔偿范某某医疗费、残疾赔偿金、后期护理费及精神损害抚慰金等损失9895.87元。

2023年2月,范某某因10年护理期限已满,仍需继续护理,于是向磐安县法律援助中心再次申请法律援助。磐安县法律援助中心经审查认为,范某某儿子在部队服役,其妻子无固定工作,且有年迈的母亲需要赡养,符合法律援助法和《军人军属法律援助工作实施办法》的规定,决定对其提供法律援助,指派磐安县正平法律服务所的基层法律服务工作者戴育平承办此案。

接受指派后,承办人查阅了2012年的案件卷宗,调取案涉驾驶员孔某某、车主陈某某的户籍信息及保险公司的企业信息、范某某的病历资料、司法鉴定意见书、民事调解书等证据材料。为帮助受援人尽快获得后续护理费,承办人主动与保险公司人员联系沟通,建议保险公司派人对范某某现有的身体状况以现场确认,尽快决定是否需要进行护理依赖程度的重新鉴定。保险公司在派人与范某某接触后,放弃了重新鉴定的想法。同时,承办人还积极与保险公司接触,希望能寻求一次性解决方案。

关于范某某护理依赖的赔偿标准,根据《浙江省高级人民法院关于人身损害赔偿项目计算标准的指引》,承办人提出,应当适用最新的护理费用赔偿标准,并明确提出了护理费用数额。

经过多轮沟通,双方达成了调解协议,磐安县人民法院作出了(2023)浙0727民初414号民事调解书,由某保险公司再支付范某某10年的后续护理费166150.92元。目前款项已履行到位。

【案例点评】

本案既是交通事故引发的人身损害赔偿案件,属于法律援助法援助事项范围的案件类型,同时也是一起军属维权的案件。依法实施法律援助,维护军人军属的合法权益,是法律援助机构的重要职责。本案由于时间跨度大,比较考验承办律师的办案能力。案件办理中,承办律师通过多方收集证据,主动与保险公司沟通并寻求一次性解决方案,最终促成案件调解结案,让受援人范某某获得最大限度的赔偿,解决了其后续护理费用的实际问题,还帮助其减轻了负担,体现了法律援助"惠民生、暖民心"的价值追求。

• 文书范本

法律援助文书格式[①]

法律援助文书格式一

法律援助咨询登记表

咨询日期：　　　　　　　　　　　　　　　　　　　　　　编号：_____

咨询人基本情况	姓 名		性 别		民 族	
	联系电话			共同咨询人数		
	证件类型及号码					
	身份类别(可多选)	□妇女　□未成年人　□老年人　□进城务工人员 □残疾人　□农民　□军人军属　□退役军人 □港澳台人员　□外国籍人或无国籍人　□其他：_____				
咨询方式	□服务窗口　□电话　□网络　□信函　□其他：_____					
咨询事项类型	□刑事 □民事(□劳动人事争议　□婚姻家庭　□损害赔偿　□其他) □行政 □其他：_____					
咨询内容						
答复情况						

接待人员(签名)：
　　　　　年　月　日

说明：1. 本文书用于法律援助机构及其设置的法律援助工作站、联络点等登记法律咨询情况，需存档。
2. 证件类型及号码可以根据咨询群众意愿进行填写。
3. 有关文书编号的编制方式由省级司法行政机关根据信息化建设需要和法律援助服务监督管理要求统一制定。

[①] 本文书范本来源于《司法部关于印发〈法律援助文书格式〉的通知》(2023年11月10日)。

法律援助文书格式二

法律援助申请表

申请日期： 　　　　　　　　　　　　　　　　　　　　　　　　　　　编号：_____

申请人基本情况	姓　名		性　别		民　族	
	证件类型及号码					
	户籍所在地					
	住所地(经常居住地)					
	文书送达地址	□住所地(经常居住地) □其他：_____				
	工作单位					
	联系电话		是否同意通过短信、邮箱等方式送达后续文书 □是 □否			
	电子邮箱					
	身份类别(可多选)	□妇女　□未成年人　□老年人　□进城务工人员 □残疾人　□农民　□军人军属　□退役军人 □港澳台人员　□外国籍人或无国籍人　□其他：_____				
代理人情况	姓　名		与申请人关系		联系电话	
	证件类型及号码					
案件来源	□直接申请(□申请人自行申请 □代为申请)□转交申请(□人民法院 □人民检察院 □公安机关 □监管场所 □值班律师 □其他：_____)					
案情及申请理由概述						

本人承诺以上所填内容真实无误，所提交的各类材料均合法真实，且同意法律援助机构、政府有关部门依法对本人相关信息进行核查。如果本人以欺骗或者其他不正当手段获得法律援助，愿意依法承担相应后果和法律责任，包括但不限于：(一)被终止法律援助；(二)支付已实施法律援助的费用；(三)被处以三千元以下罚款。

　　　　　　　　　　　　　　申请人或者代理人(签名)：
　　　　　　　　　　　　　　　　　　年　　月　　日

说明：申请人填表确有困难的，由法律援助机构工作人员或者转交申请的机关、单位工作人员代为填写，申请人确认无误后签名或者按指印。

法律援助文书格式三

授权委托书

　　本人_____（证件类型及号码_____）委托_____（证件类型及号码_____，联系电话：_____），系本人_____（与本人关系），办理_____一案法律援助相关事宜。

　　委托事项和权限如下：

_____

_____

委托人(签名)：

年　月　日

　　说明：1.本文书用于申请人、受援人委托法定代理人、近亲属代为申请法律援助等有关事宜，由代理人提交法律援助机构或者司法行政机关一份，以表明身份。

　　2.代为申请法律援助，能够向法律援助机构提交材料，证明其有代理权的，无需提交授权委托书。

法律援助文书格式四

经济困难状况说明表

<table>
<tr><td rowspan="8">申请人及共同生活的家庭成员月收入状况</td><td>姓名</td><td>关系</td><td>职业及所在单位</td><td>工资性收入(元)</td><td>生产经营性收入(元)</td><td>其他收入(元)</td><td>合计(元)</td></tr>
<tr><td></td><td>本人</td><td></td><td></td><td></td><td></td><td></td></tr>
<tr><td></td><td></td><td></td><td></td><td></td><td></td><td></td></tr>
<tr><td></td><td></td><td></td><td></td><td></td><td></td><td></td></tr>
<tr><td></td><td></td><td></td><td></td><td></td><td></td><td></td></tr>
<tr><td></td><td></td><td></td><td></td><td></td><td></td><td></td></tr>
<tr><td></td><td></td><td></td><td></td><td></td><td></td><td></td></tr>
<tr><td colspan="2">总计(元)</td><td></td><td colspan="3">家庭人均月收入(元)</td><td></td></tr>
<tr><td>资产状况</td><td colspan="7">房产:□无 □有 _____ 套,_____ 平方米,位于_____
汽车(唯一经营性运输工具除外):□无 □有_____(品牌及型号)
现金、存款、有价证券等资产:_____元
其他需要说明的资产:_____</td></tr>
<tr><td>重大支出</td><td colspan="7"></td></tr>
</table>

　　本人承诺以上所填内容真实无误,所提交的各类材料均合法真实,且同意法律援助机构、政府有关部门依法对本人相关信息进行核查。如果本人以欺骗或者其他不正当手段获得法律援助,愿意依法承担相应后果和法律责任,包括但不限于:(一)被终止法律援助;(二)支付已实施法律援助的费用;(三)被处以三千元以下罚款。

申请人或者代理人(签名):
年　月　日

　　说明:1.本文书用于申请人向法律援助机构说明自申请之日起前12个月内的经济困难状况,需提交一份。符合《中华人民共和国法律援助法》第三十二条规定情形的无需提交。

　　2.申请事项的对方当事人系共同生活的家庭成员,无需填报对方当事人的收入和资产状况。

　　3.申请人填表确有困难的,由法律援助机构工作人员或者转交申请的机关、单位工作人员代为填写,申请人确认无误后签名或者按指印。

法律援助文书格式五

法律援助申请材料接收凭证

本机构收到_____（申请人/代理人）提交的_____一案法律援助申请材料如下：

编号	材料名称	页数
1	□原件　□复印件	
2	□原件　□复印件	
3	□原件　□复印件	
4	□原件　□复印件	
5	□原件　□复印件	
6	□原件　□复印件	
7	□原件　□复印件	
8	□原件　□复印件	
9	□原件　□复印件	
10	□原件　□复印件	

申请人或者代理人（签名）：　　　　　　　　收件人（签名）：

（公章）

年　月　日

说明：本文书用于法律援助机构登记收到申请人或者代理人提交的申请材料，一式两份，申请人一份，法律援助机构存档一份。

法律援助文书格式六

补充材料/说明通知书

＿＿＿＿＿＿：

　　本机构于＿＿＿年＿＿月＿＿日收到＿＿＿＿＿＿＿＿一案的法律援助申请。经审查,你提交的法律援助申请材料不齐全。请自收到本通知书之日起＿＿＿日内补充下列材料/说明有关情况。未按要求提交补充材料/作出说明的,视为撤回申请。

需要补充的材料:
_____
_____

需要说明的情况:
_____
_____

法律援助机构地址:
联 系 人:
联系电话:

（公章）
年　月　日

说明:本文书用于法律援助机构通知申请人补充相关材料或者对有关情况作出说明,一式两份,申请人一份,法律援助机构存档一份。

法律援助文书格式七

法律援助协作函

编号：_____

_____：
　本机构受理的_____一案，因_____
_____，根据《中华人民共和国法律援助法》《办
理法律援助案件程序规定》相关规定，请协助做好下列事项，并于_____年___月___日前回复本机构：
_____
_____
_____

　感谢对法律援助工作的支持！
　联 系 人：
　联系电话：

（公章）

年　月　日

　　说明：本文书用于法律援助机构向有关部门、单位、村民委员会、居民委员会和个人核查申请人经济困难状况等事项，也可以用于向异地法律援助机构请求协助。

法律援助文书格式八

法律援助审查表

编号：_____

当事人姓名			申请/通知日期	
证件类型及号码				
类型		☐刑事 ☐民事 ☐行政 ☐其他：_____		

当事人经济困难状况	不受经济困难条件限制的情形
	☐英雄烈士近亲属为维护英雄烈士的人格权益 ☐因见义勇为行为主张相关民事权益 ☐再审改判无罪请求国家赔偿 ☐遭受虐待、遗弃或者家庭暴力的受害人主张相关权益 ☐其他：_____
	免予核查经济困难状况的情形
	☐无固定生活来源的未成年人、老年人、残疾人等特定群体 ☐社会救助对象 ☐司法救助对象 ☐优抚对象 ☐申请支付劳动报酬或请求工伤事故人身损害赔偿的进城务工人员 ☐其他：_____
	是否符合法律援助经济困难标准　　☐是　☐否

	是否符合法律援助事项范围　　☐是　☐否
申请事项	☐刑事代理案件（☐被害人　☐自诉人　☐刑附民原告） ☐刑事辩护案件 ☐依法请求国家赔偿 ☐请求给予社会保险待遇或者社会救助 ☐请求发给抚恤金 ☐请求给付赡养费、抚养费、扶养费 ☐请求确认劳动关系或者支付劳动报酬 ☐请求认定公民无民事行为能力或者限制民事行为能力 ☐请求工伤事故、交通事故、食品药品安全事故、医疗事故人身损害赔偿 ☐请求环境污染、生态破坏损害赔偿 ☐其他：_____

续表

通知事项	刑事案件通知辩护情形 □未成年人 □视力、听力、言语残疾人 □不能完全辨认自己行为的成年人 □可能被判处无期徒刑、死刑的人 □申请法律援助的死刑复核案件被告人 □缺席审判案件的被告人 □其他适用普通程序审理的刑事案件被告人 □其他：＿＿＿＿＿＿＿＿＿＿ □属于强制医疗案件通知代理情形
所处阶段	□尚未进入法律程序 □侦查　□审查起诉　□审判(□一审　□二审　□再审) □调解　□仲裁 □死刑复核　□其他：＿＿＿＿＿＿＿
办理意见	按下列第＿＿种情形办理： 1.符合法律援助条件，给予法律援助。 2.不符合法律援助条件，不予法律援助。 　　　　　　　　　　法律援助机构工作人员(签名)： 　　　　　　　　　　　　　　　年　月　日
签批意见	 　　　　　　　　　　法律援助机构负责人(签名)： 　　　　　　　　　　　　　　　年　月　日

法律援助文书格式九

给予法律援助决定书

编号：_____

_____：
　　你于____年___月___日向本机构提出的_____一案法律援助申请，经审查，符合法律援助条件，决定给予法律援助。

（公章）
年　月　日

说明：本文书一式两份，法律援助机构发送申请人一份，存档一份。

法律援助文书格式十

不予法律援助决定书

编号：_____

_____：
　　你于____年___月___日向本机构提出的_____一案法律援助申请，经审查，不符合_____的规定，决定不予法律援助。
　　如对本决定有异议，可以自收到本决定书之日起十五日内向_____提出。

（公章）
年　月　日

说明：本文书一式两份，法律援助机构发送申请人一份，存档一份。

法律援助文书格式十一

指派通知书

编号：_____

_____：
　　本机构决定对_____（受援人）_____一案提供法律援助，现指派你单位承办该案。请自收到本通知书之日起___日内安排合适承办人，并自收到指派通知书之日起___日内将承办人姓名和联系电话告知受援人或者其代理人及法律援助机构，与受援人或者其代理人签订委托代理/辩护协议和授权委托书。

　　法律援助机构地址：
　　联 系 人：
　　联系电话：

（公章）
年　月　日

　　说明：1.本文书用于法律援助机构通知律师事务所、基层法律服务所等单位承办法律援助案件，一式两份，承办单位一份，法律援助机构存档一份。
　　2.法律援助机构指派法律援助志愿者或者安排本机构工作人员办案的，可以参照适用本文书。

法律援助文书格式十二

委托代理/辩护协议

甲方　受援人姓名：
　　　证件类型及号码：
　　　住所/羁押地：　　　　　　联系电话：

　　　代理人姓名：　　　　　　　与受援人关系：
　　　证件类型及号码：　　　　　联系电话：

乙方（承办单位）：
　　　地　　　址：　　　　　　　联系电话：

　　甲乙双方就甲方_____一案达成如下委托代理/辩护协议：
　　一、乙方接受甲方的委托，安排_____（承办人姓名）担任本案_____阶段的代理/辩护人，提供下列第_____种形式的法律援助服务：
　　（一）刑事辩护；（二）刑事代理；（三）民事诉讼代理；（四）行政诉讼代理；（五）国家赔偿案件的代理；（六）劳动争议调

解与仲裁代理;(七)其他非诉讼代理;(八)其他形式(注明)＿＿＿＿＿＿。

二、甲方委托乙方承办人的权限包括＿＿＿＿＿＿＿＿＿＿＿＿＿＿＿＿＿＿＿＿
＿＿＿＿＿＿＿＿＿＿＿＿＿＿＿＿＿＿＿＿＿＿＿＿＿＿＿＿＿＿＿＿＿＿＿＿＿＿

三、乙方承办人应当遵守职业道德和执业纪律,在受委托的权限内依法完成受托事项,维护甲方的合法权益。乙方承办人代理甲方以和解或者调解方式解决纠纷的,应当征得甲方同意。对于可能符合司法救助条件的,乙方承办人应当告知甲方申请司法救助的方式和途径,并提供协助。

四、乙方及承办人不得要求甲方支付任何形式的费用,不得接受甲方的财物或者牟取其他利益。

五、甲方应当真实完整地叙述案件事实,及时提供证据材料,协助、配合办理法律援助事项,提出的要求应当明确、合法、合理,并对所提供证据材料的真实性、合法性负责;与案件有关的事实或者经济状况发生变化的,应当及时告知乙方承办人。

六、甲方有权向乙方承办人了解委托事项办理进展情况,进行法律咨询。乙方承办人应当向甲方通报案件办理情况,答复甲方询问。

七、甲方有证据证明乙方承办人不依法履行职责的,可以请求法律援助机构更换承办人。
法律援助机构决定更换的,乙方应当另行安排承办人,并与甲方变更本协议。乙方因客观原因无法另行安排的,应当书面报告法律援助机构。法律援助机构另行指派承办单位的,乙方应当与甲方解除本协议。

八、乙方承办人知悉下列情形之一的,有权中止委托事项,并及时向法律援助机构报告:
(一)甲方以欺骗或者其他不正当手段获得法律援助;
(二)甲方故意隐瞒与案件有关的重要事实或者提供虚假证据;
(三)甲方利用法律援助从事违法活动;
(四)甲方的经济状况发生变化,不再符合法律援助条件;
(五)案件终止审理或者已经被撤销;
(六)甲方自行委托律师或者其他代理人;
(七)甲方有正当理由要求终止法律援助;
(八)法律法规规定的其他情形。
法律援助机构决定终止法律援助的,甲乙双方解除本协议。

九、甲乙双方就下列事项进行约定:
＿＿＿＿＿＿＿＿＿＿＿＿＿＿＿＿＿＿＿＿＿＿＿＿＿＿＿＿＿＿＿＿＿＿＿＿＿＿
＿＿＿＿＿＿＿＿＿＿＿＿＿＿＿＿＿＿＿＿＿＿＿＿＿＿＿＿＿＿＿＿＿＿＿＿＿＿

十、本协议自双方签署之日起生效,至＿＿＿＿＿＿＿＿＿＿＿＿＿＿终止。本协议一式两份,甲乙双方各一份。

甲方(签名):　　　　　　　　　　　　乙方(公章):
　　　　年　　月　　日　　　　　　　　　　年　　月　　日

说明:本文书用于律师事务所、基层法律服务所等承办单位与受援人签订委托协议。法律援助机构指派法律援助志愿者或者安排本机构工作人员办案的,可以参照本文书与受援人签订委托协议。

法律援助文书格式十三

法律援助公函

编号：_____

_____：
　　本机构于____年___月___日收到_____一案的_____（法律援助申请/通知辩护公函/通知代理公函），现按下列第___种情形处理：
　　1. 当事人符合法律援助条件，已指派_____（承办单位）_____（律师/基层法律服务工作者/法律援助志愿者/本机构工作人员/其他）担任其代理人/辩护人，执业证号/身份证号：_____，联系电话：_____。
　　2. 当事人不符合法律援助条件，根据_____的规定，决定不予法律援助。
　　特此函告。
　　联系电话：

（公章）
年　月　日

　　说明：本文书用于法律援助机构回复人民法院、人民检察院、公安机关、国家安全机关等办案机关，以及看守所、强制隔离戒毒所、监狱等监管场所的转交申请、通知辩护或者通知代理公函，也用于法律援助人员向有关单位表明身份，可根据需要开具多份。

法律援助文书格式十四

法律援助案件承办情况通报/报告记录

受援人：_____　　　事项：_____　　　编号：_____

序号	时间	方式	主要内容
1			
2			
3			
4			
5			
6			
7			
8			

承办人员(签名)：
年　月　日

　　说明：本文书用于承办人记载向受援人通报和向法律援助机构报告案件办理进展情况。

法律援助文书格式十五

法律援助机构介绍信

编号：_____

_____：

兹介_____ 等___ 人前往贵单位办理_____。
请予协助。

联 系 人：

联系电话：

（公章）
年　月　日

说明：本文书由法律援助机构根据工作需要开具。

法律援助文书格式十六

更换法律援助人员申请表

编号：_____

申请人		事项	
承办单位		承办人	
申请更换的事实和理由	（附相关证据材料，共　　页） 申请人(签名)： 年 月 日		
审核意见	法律援助机构工作人员(签名)： 年 月 日		
审批意见	法律援助机构负责人(签名)： 年 月 日		

说明：1. 本文书用于法律援助机构对申请人提出更换法律援助人员的申请进行审批，申请人应详细说明申请更换的事实和理由，并在相应栏下签字。

2. 法律援助机构应对法律援助人员履行职责情况进行核实，依法作出是否更换的决定，并将变更决定及时告知申请人。

3. 承办人员按照规定申请变更指派的，可以参照适用本文书。

法律援助文书格式十七

更换法律援助人员通知书

编号：_____

_____（承办单位）：

　　本机构于____年___月___日收到_____（受援人）关于更换_____一案法律援助人员的申请。经审查，现按下列第____种情形处理：

　　1.请你单位自收到本通知书之日起____日内更换承办人，并自更换承办人之日起____日内将更换后的承办人姓名和联系电话告知受援人及法律援助机构，与受援人变更委托代理/辩护协议和授权委托书，安排原承办人及时与更换后的承办人办理案件移交手续。

　　2.你单位不再承办本案，请自收到本通知书之日起____日内与受援人解除委托代理/辩护协议和授权委托书，并将案件材料交回本机构。

（公章）
年　月　日

说明：本文书用于法律援助机构通知承办单位更换承办人，一式两份，承办单位一份，法律援助机构存档一份。

法律援助文书格式十八

终止法律援助决定书

编号：_____

_____：

　　本机构正在办理的_____一案，因_____，根据_____规定，本机构决定终止法律援助。

　　如对本决定有异议，自收到决定书之日起十五日内，可以向_____提出。

（公章）
年　月　日

说明：本文书一式两份，法律援助机构发送受援人一份，存档一份。

法律援助文书格式十九

终止法律援助公函

编号：_____

_____：
　　本机构对_____（受援人）_____一案提供法律援助，因_____，根据_____规定，现决定终止法律援助。特此函告。

（公章）
年　月　日

说明：本文书用于法律援助机构告知案件承办单位，以及人民法院、人民检察院、公安机关、国家安全机关、劳动人事争议调解仲裁机构、监管场所等有关单位终止法律援助的决定。一式四份，案件承办单位一份，办案机关一份，监管场所一份，法律援助机构存档一份。

法律援助文书格式二十

法律援助异议审查决定书

编号：_____

_____：
　　本机关于____年___月___日收到你对_____（法律援助机构）关于_____一案不予/终止法律援助决定提出的异议，经依法审查，现作出下列第___种决定：
　　1. 责令_____（法律援助机构）改正。
　　2. 维持_____（法律援助机构）的决定。理由和依据如下：_____。如对本决定不服，可以依法申请行政复议或者提起行政诉讼。

（公章）
年　月　日

说明：本文书一式三份，异议申请人一份，法律援助机构一份，司法行政机关存档一份。

十一、戒 毒

中华人民共和国禁毒法

- 2007年12月29日第十届全国人民代表大会常务委员会第三十一次会议通过
- 2007年12月29日中华人民共和国主席令第79号公布
- 自2008年6月1日起施行

第一章 总 则

第一条 为了预防和惩治毒品违法犯罪行为，保护公民身心健康，维护社会秩序，制定本法。

第二条 本法所称毒品，是指鸦片、海洛因、甲基苯丙胺（冰毒）、吗啡、大麻、可卡因，以及国家规定管制的其他能够使人形成瘾癖的麻醉药品和精神药品。

根据医疗、教学、科研的需要，依法可以生产、经营、使用、储存、运输麻醉药品和精神药品。

第三条 禁毒是全社会的共同责任。国家机关、社会团体、企业事业单位以及其他组织和公民，应当依照本法和有关法律的规定，履行禁毒职责或者义务。

第四条 禁毒工作实行预防为主，综合治理，禁种、禁制、禁贩、禁吸并举的方针。

禁毒工作实行政府统一领导，有关部门各负其责，社会广泛参与的工作机制。

第五条 国务院设立国家禁毒委员会，负责组织、协调、指导全国的禁毒工作。

县级以上地方各级人民政府根据禁毒工作的需要，可以设立禁毒委员会，负责组织、协调、指导本行政区域内的禁毒工作。

第六条 县级以上各级人民政府应当将禁毒工作纳入国民经济和社会发展规划，并将禁毒经费列入本级财政预算。

第七条 国家鼓励对禁毒工作的社会捐赠，并依法给予税收优惠。

第八条 国家鼓励开展禁毒科学技术研究，推广先进的缉毒技术、装备和戒毒方法。

第九条 国家鼓励公民举报毒品违法犯罪行为。各级人民政府和有关部门应当对举报人予以保护，对举报有功人员以及在禁毒工作中有突出贡献的单位和个人，给予表彰和奖励。

第十条 国家鼓励志愿人员参与禁毒宣传教育和戒毒社会服务工作。地方各级人民政府应当对志愿人员进行指导、培训，并提供必要的工作条件。

第二章 禁毒宣传教育

第十一条 国家采取各种形式开展全民禁毒宣传教育，普及毒品预防知识，增强公民的禁毒意识，提高公民自觉抵制毒品的能力。

国家鼓励公民、组织开展公益性的禁毒宣传活动。

第十二条 各级人民政府应当经常组织开展多种形式的禁毒宣传教育。

工会、共产主义青年团、妇女联合会应当结合各自工作对象的特点，组织开展禁毒宣传教育。

第十三条 教育行政部门、学校应当将禁毒知识纳入教育、教学内容，对学生进行禁毒宣传教育。公安机关、司法行政部门和卫生行政部门应当予以协助。

第十四条 新闻、出版、文化、广播、电影、电视等有关单位，应当有针对性地面向社会进行禁毒宣传教育。

第十五条 飞机场、火车站、长途汽车站、码头以及旅店、娱乐场所等公共场所的经营者、管理者，负责本场所的禁毒宣传教育，落实禁毒防范措施，预防毒品违法犯罪行为在本场所内发生。

第十六条 国家机关、社会团体、企业事业单位以及其他组织，应当加强对本单位人员的禁毒宣传教育。

第十七条 居民委员会、村民委员会应当协助人民政府以及公安机关等部门，加强禁毒宣传教育，落实禁毒防范措施。

第十八条 未成年人的父母或者其他监护人应当对未成年人进行毒品危害的教育，防止其吸食、注射毒品或者进行其他毒品违法犯罪活动。

第三章 毒品管制

第十九条 国家对麻醉药品药用原植物种植实行管制。禁止非法种植罂粟、古柯植物、大麻植物以及国家规定管制的可以用于提炼加工毒品的其他原植物。禁止走私或者非法买卖、运输、携带、持有未经灭活的毒品原植物种子或者幼苗。

地方各级人民政府发现非法种植毒品原植物的,应当立即采取措施予以制止、铲除。村民委员会、居民委员会发现非法种植毒品原植物的,应当及时予以制止、铲除,并向当地公安机关报告。

第二十条 国家确定的麻醉药品药用原植物种植企业,必须按照国家有关规定种植麻醉药品药用原植物。

国家确定的麻醉药品药用原植物种植企业的提取加工场所,以及国家设立的麻醉药品储存仓库,列为国家重点警戒目标。

未经许可,擅自进入国家确定的麻醉药品药用原植物种植企业的提取加工场所或者国家设立的麻醉药品储存仓库等警戒区域的,由警戒人员责令其立即离开;拒不离开的,强行带离现场。

第二十一条 国家对麻醉药品和精神药品实行管制,对麻醉药品和精神药品的实验研究、生产、经营、使用、储存、运输实行许可和查验制度。

国家对易制毒化学品的生产、经营、购买、运输实行许可制度。

禁止非法生产、买卖、运输、储存、提供、持有、使用麻醉药品、精神药品和易制毒化学品。

第二十二条 国家对麻醉药品、精神药品和易制毒化学品的进口、出口实行许可制度。国务院有关部门应当按照规定的职责,对进口、出口麻醉药品、精神药品和易制毒化学品依法进行管理。禁止走私麻醉药品、精神药品和易制毒化学品。

第二十三条 发生麻醉药品、精神药品和易制毒化学品被盗、被抢、丢失或者其他流入非法渠道的情形,案发单位应当立即采取必要的控制措施,并立即向公安机关报告,同时依照规定向有关主管部门报告。

公安机关接到报告后,或者有证据证明麻醉药品、精神药品和易制毒化学品可能流入非法渠道的,应当及时开展调查,并可以对相关单位采取必要的控制措施。药品监督管理部门、卫生行政部门以及其他有关部门应当配合公安机关开展工作。

第二十四条 禁止非法传授麻醉药品、精神药品和易制毒化学品的制造方法。公安机关接到举报或者发现非法传授麻醉药品、精神药品和易制毒化学品制造方法的,应当及时依法查处。

第二十五条 麻醉药品、精神药品和易制毒化学品管理的具体办法,由国务院规定。

第二十六条 公安机关根据查缉毒品的需要,可以在边境地区、交通要道、口岸以及飞机场、火车站、长途汽车站、码头对来往人员、物品、货物以及交通工具进行毒品和易制毒化学品检查,民航、铁路、交通部门应当予以配合。

海关应当依法加强对进出口岸的人员、物品、货物和运输工具的检查,防止走私毒品和易制毒化学品。

邮政企业应当依法加强对邮件的检查,防止邮寄毒品和非法邮寄易制毒化学品。

第二十七条 娱乐场所应当建立巡查制度,发现娱乐场所内有毒品违法犯罪活动的,应当立即向公安机关报告。

第二十八条 对依法查获的毒品、吸食、注射毒品的用具,毒品违法犯罪的非法所得及其收益,以及直接用于实施毒品违法犯罪行为的本人所有的工具、设备、资金,应当收缴,依照规定处理。

第二十九条 反洗钱行政主管部门应当依法加强对可疑毒品犯罪资金的监测。反洗钱行政主管部门和其他依法负有反洗钱监督管理职责的部门、机构发现涉嫌毒品犯罪的资金流动情况,应当及时向侦查机关报告,并配合侦查机关做好侦查、调查工作。

第三十条 国家建立健全毒品监测和禁毒信息系统,开展毒品监测和禁毒信息的收集、分析、使用、交流工作。

第四章 戒毒措施

第三十一条 国家采取各种措施帮助吸毒人员戒除毒瘾,教育和挽救吸毒人员。

吸毒成瘾人员应当进行戒毒治疗。

吸毒成瘾的认定办法,由国务院卫生行政部门、药品监督管理部门、公安部门规定。

第三十二条 公安机关可以对涉嫌吸毒的人员进行必要的检测,被检测人员应当予以配合;对拒绝接受检测的,经县级以上人民政府公安机关或者其派出机构负责人批准,可以强制检测。

公安机关应当对吸毒人员进行登记。

第三十三条 对吸毒成瘾人员,公安机关可以责令其接受社区戒毒,同时通知吸毒人员户籍所在地或者现居住地的城市街道办事处、乡镇人民政府。社区戒毒的期限为三年。

戒毒人员应当在户籍所在地接受社区戒毒;在户籍所在地以外的现居住地有固定住所的,可以在现居住地接受社区戒毒。

第三十四条 城市街道办事处、乡镇人民政府负责社区戒毒工作。城市街道办事处、乡镇人民政府可以指定有关基层组织,根据戒毒人员本人和家庭情况,与戒毒人员签订社区戒毒协议,落实有针对性的社区戒毒措施。公安机关和司法行政、卫生行政、民政等部门应当对社区戒毒工作提供指导和协助。

城市街道办事处、乡镇人民政府,以及县级人民政府劳动行政部门对无职业且缺乏就业能力的戒毒人员,应当提供必要的职业技能培训、就业指导和就业援助。

第三十五条　接受社区戒毒的戒毒人员应当遵守法律、法规,自觉履行社区戒毒协议,并根据公安机关的要求,定期接受检测。

对违反社区戒毒协议的戒毒人员,参与社区戒毒的工作人员应当进行批评、教育;对严重违反社区戒毒协议或者在社区戒毒期间又吸食、注射毒品的,应当及时向公安机关报告。

第三十六条　吸毒人员可以自行到具有戒毒治疗资质的医疗机构接受戒毒治疗。

设置戒毒医疗机构或者医疗机构从事戒毒治疗业务的,应当符合国务院卫生行政部门规定的条件,报所在地的省、自治区、直辖市人民政府卫生行政部门批准,并报同级公安机关备案。戒毒治疗应当遵守国务院卫生行政部门制定的戒毒治疗规范,接受卫生行政部门的监督检查。

戒毒治疗不得以营利为目的。戒毒治疗的药品、医疗器械和治疗方法不得做广告。戒毒治疗收取费用的,应当按照省、自治区、直辖市人民政府价格主管部门会同卫生行政部门制定的收费标准执行。

第三十七条　医疗机构根据戒毒治疗的需要,可以对接受戒毒治疗的戒毒人员进行身体和所携带物品的检查;对在治疗期间有人身危险的,可以采取必要的临时保护性约束措施。

发现接受戒毒治疗的戒毒人员在治疗期间吸食、注射毒品的,医疗机构应当及时向公安机关报告。

第三十八条　吸毒成瘾人员有下列情形之一的,由县级以上人民政府公安机关作出强制隔离戒毒的决定:

(一)拒绝接受社区戒毒的;

(二)在社区戒毒期间吸食、注射毒品的;

(三)严重违反社区戒毒协议的;

(四)经社区戒毒、强制隔离戒毒后再次吸食、注射毒品的。

对于吸毒成瘾严重,通过社区戒毒难以戒除毒瘾的人员,公安机关可以直接作出强制隔离戒毒的决定。

吸毒成瘾人员自愿接受强制隔离戒毒的,经公安机关同意,可以进入强制隔离戒毒场所戒毒。

第三十九条　怀孕或者正在哺乳自己不满一周岁婴儿的妇女吸毒成瘾的,不适用强制隔离戒毒。不满十六周岁的未成年人吸毒成瘾的,可以不适用强制隔离戒毒。

对依照前款规定不适用强制隔离戒毒的吸毒成瘾人员,依照本法规定进行社区戒毒,由负责社区戒毒工作的城市街道办事处、乡镇人民政府加强帮助、教育和监督,督促落实社区戒毒措施。

第四十条　公安机关对吸毒成瘾人员决定予以强制隔离戒毒的,应当制作强制隔离戒毒决定书,在执行强制隔离戒毒前送达被决定人,并在送达后二十四小时以内通知被决定人的家属、所在单位和户籍所在地公安派出所;被决定人不讲真实姓名、住址,身份不明的,公安机关应当自查清其身份后通知。

被决定人对公安机关作出的强制隔离戒毒决定不服的,可以依法申请行政复议或者提起行政诉讼。

第四十一条　对被决定予以强制隔离戒毒的人员,由作出决定的公安机关送强制隔离戒毒场所执行。

强制隔离戒毒场所的设置、管理体制和经费保障,由国务院规定。

第四十二条　戒毒人员进入强制隔离戒毒场所戒毒时,应当接受对其身体和所携带物品的检查。

第四十三条　强制隔离戒毒场所应当根据戒毒人员吸食、注射毒品的种类及成瘾程度等,对戒毒人员进行有针对性的生理、心理治疗和身体康复训练。

根据戒毒的需要,强制隔离戒毒场所可以组织戒毒人员参加必要的生产劳动,对戒毒人员进行职业技能培训。组织戒毒人员参加生产劳动的,应当支付劳动报酬。

第四十四条　强制隔离戒毒场所应当根据戒毒人员的性别、年龄、患病等情况,对戒毒人员实行分别管理。

强制隔离戒毒场所对有严重残疾或者疾病的戒毒人员,应当给予必要的看护和治疗;对患有传染病的戒毒人员,应当依法采取必要的隔离、治疗措施;对可能发生自伤、自残等情形的戒毒人员,可以采取相应的保护性约束措施。

强制隔离戒毒场所管理人员不得体罚、虐待或者侮辱戒毒人员。

第四十五条　强制隔离戒毒场所应当根据戒毒治疗的需要配备执业医师。强制隔离戒毒场所的执业医师具有麻醉药品和精神药品处方权的,可以按照有关技术规范对戒毒人员使用麻醉药品、精神药品。

卫生行政部门应当加强对强制隔离戒毒场所执业医

师的业务指导和监督管理。

第四十六条 戒毒人员的亲属和所在单位或者就读学校的工作人员,可以按照有关规定探访戒毒人员。戒毒人员经强制隔离戒毒场所批准,可以外出探视配偶、直系亲属。

强制隔离戒毒场所管理人员应当对强制隔离戒毒场所以外的人员交给戒毒人员的物品和邮件进行检查,防止夹带毒品。在检查邮件时,应当依法保护戒毒人员的通信自由和通信秘密。

第四十七条 强制隔离戒毒的期限为二年。

执行强制隔离戒毒一年后,经诊断评估,对于戒毒情况良好的戒毒人员,强制隔离戒毒场所可以提出提前解除强制隔离戒毒的意见,报强制隔离戒毒的决定机关批准。

强制隔离戒毒期满前,经诊断评估,对于需要延长戒毒期限的戒毒人员,由强制隔离戒毒场所提出延长戒毒期限的意见,报强制隔离戒毒的决定机关批准。强制隔离戒毒的期限最长可以延长一年。

第四十八条 对于被解除强制隔离戒毒的人员,强制隔离戒毒的决定机关可以责令其接受不超过三年的社区康复。

社区康复参照本法关于社区戒毒的规定实施。

第四十九条 县级以上地方各级人民政府根据戒毒工作的需要,可以开办戒毒康复场所;对社会力量依法开办的公益性戒毒康复场所应当给予扶持,提供必要的便利和帮助。

戒毒人员可以自愿在戒毒康复场所生活、劳动。戒毒康复场所组织戒毒人员参加生产劳动的,应当参照国家劳动用工制度的规定支付劳动报酬。

第五十条 公安机关、司法行政部门对被依法拘留、逮捕、收监执行刑罚以及被依法采取强制性教育措施的吸毒人员,应当给予必要的戒毒治疗。

第五十一条 省、自治区、直辖市人民政府卫生行政部门会同公安机关、药品监督管理部门依照国家有关规定,根据巩固戒毒成果的需要和本行政区域艾滋病流行情况,可以组织开展戒毒药物维持治疗工作。

第五十二条 戒毒人员在入学、就业、享受社会保障等方面不受歧视。有关部门、组织和人员应当在入学、就业、享受社会保障等方面对戒毒人员给予必要的指导和帮助。

第五章 禁毒国际合作

第五十三条 中华人民共和国根据缔结或者参加的国际条约或者按照对等原则,开展禁毒国际合作。

第五十四条 国家禁毒委员会根据国务院授权,负责组织开展禁毒国际合作,履行国际禁毒公约义务。

第五十五条 涉及追究毒品犯罪的司法协助,由司法机关依照有关法律的规定办理。

第五十六条 国务院有关部门应当按照各自职责,加强与有关国家或者地区执法机关以及国际组织的禁毒情报信息交流,依法开展禁毒执法合作。

经国务院公安部门批准,边境地区县级以上人民政府公安机关可以与有关国家或者地区的执法机关开展执法合作。

第五十七条 通过禁毒国际合作破获毒品犯罪案件的,中华人民共和国政府可以与有关国家分享查获的非法所得、由非法所得获得的收益以及供毒品犯罪使用的财物或者财物变卖所得的款项。

第五十八条 国务院有关部门根据国务院授权,可以通过对外援助等渠道,支持有关国家实施毒品原植物替代种植、发展替代产业。

第六章 法律责任

第五十九条 有下列行为之一,构成犯罪的,依法追究刑事责任;尚不构成犯罪的,依法给予治安管理处罚:

(一)走私、贩卖、运输、制造毒品的;

(二)非法持有毒品的;

(三)非法种植毒品原植物的;

(四)非法买卖、运输、携带、持有未经灭活的毒品原植物种子或者幼苗的;

(五)非法传授麻醉药品、精神药品或者易制毒化学品制造方法的;

(六)强迫、引诱、教唆、欺骗他人吸食、注射毒品的;

(七)向他人提供毒品的。

第六十条 有下列行为之一,构成犯罪的,依法追究刑事责任;尚不构成犯罪的,依法给予治安管理处罚:

(一)包庇走私、贩卖、运输、制造毒品的犯罪分子,以及为犯罪分子窝藏、转移、隐瞒毒品或者犯罪所得财物的;

(二)在公安机关查处毒品违法犯罪活动时为违法犯罪行为人通风报信的;

(三)阻碍依法进行毒品检查的;

(四)隐藏、转移、变卖或者损毁司法机关、行政执法机关依法扣押、查封、冻结的涉及毒品违法犯罪活动的财物的。

第六十一条 容留他人吸食、注射毒品或者介绍买卖毒品,构成犯罪的,依法追究刑事责任;尚不构成犯罪的，由公安机关处十日以上十五日以下拘留，可以并处三千元以下罚款；情节较轻的，处五日以下拘留或者五百元以下罚款。

第六十二条 吸食、注射毒品的，依法给予治安管理处罚。吸毒人员主动到公安机关登记或者到有资质的医疗机构接受戒毒治疗的，不予处罚。

第六十三条 在麻醉药品、精神药品的实验研究、生产、经营、使用、储存、运输、进口、出口以及麻醉药品药用原植物种植活动中，违反国家规定，致使麻醉药品、精神药品或者麻醉药品药用原植物流入非法渠道，构成犯罪的，依法追究刑事责任；尚不构成犯罪的，依照有关法律、行政法规的规定给予处罚。

第六十四条 在易制毒化学品的生产、经营、购买、运输或者进口、出口活动中，违反国家规定，致使易制毒化学品流入非法渠道，构成犯罪的，依法追究刑事责任；尚不构成犯罪的，依照有关法律、行政法规的规定给予处罚。

第六十五条 娱乐场所及其从业人员实施毒品违法犯罪行为，或者为进入娱乐场所的人员实施毒品违法犯罪行为提供条件，构成犯罪的，依法追究刑事责任；尚不构成犯罪的，依照有关法律、行政法规的规定给予处罚。

娱乐场所经营管理人员明知场所内发生聚众吸食、注射毒品或者贩毒活动，不向公安机关报告的，依照前款的规定给予处罚。

第六十六条 未经批准，擅自从事戒毒治疗业务的，由卫生行政部门责令停止违法业务活动，没收违法所得和使用的药品、医疗器械等物品；构成犯罪的，依法追究刑事责任。

第六十七条 戒毒医疗机构发现接受戒毒治疗的戒毒人员在治疗期间吸食、注射毒品，不向公安机关报告的，由卫生行政部门责令改正；情节严重的，责令停业整顿。

第六十八条 强制隔离戒毒场所、医疗机构、医师违反规定使用麻醉药品、精神药品，构成犯罪的，依法追究刑事责任；尚不构成犯罪的，依照有关法律、行政法规的规定给予处罚。

第六十九条 公安机关、司法行政部门或者其他有关主管部门的工作人员在禁毒工作中有下列行为之一，构成犯罪的，依法追究刑事责任；尚不构成犯罪的，依法给予处分：

（一）包庇、纵容毒品违法犯罪人员的；
（二）对戒毒人员有体罚、虐待、侮辱等行为的；
（三）挪用、截留、克扣禁毒经费的；
（四）擅自处分查获的毒品和扣押、查封、冻结的涉及毒品违法犯罪活动的财物的。

第七十条 有关单位及其工作人员在入学、就业、享受社会保障等方面歧视戒毒人员的，由教育行政部门、劳动行政部门责令改正；给当事人造成损失的，依法承担赔偿责任。

第七章 附 则

第七十一条 本法自2008年6月1日起施行。《全国人民代表大会常务委员会关于禁毒的决定》同时废止。

戒毒条例

· 2011年6月26日中华人民共和国国务院令第597号公布
· 根据2018年9月18日《国务院关于修改部分行政法规的决定》修订

第一章 总 则

第一条 为了规范戒毒工作，帮助吸毒成瘾人员戒除毒瘾，维护社会秩序，根据《中华人民共和国禁毒法》，制定本条例。

第二条 县级以上人民政府应当建立政府统一领导，禁毒委员会组织、协调、指导，有关部门各负其责，社会力量广泛参与的戒毒工作体制。

戒毒工作坚持以人为本、科学戒毒、综合矫治、关怀救助的原则，采取自愿戒毒、社区戒毒、强制隔离戒毒、社区康复等多种措施，建立戒毒治疗、康复指导、救助服务兼备的工作体系。

第三条 县级以上人民政府应当按照国家有关规定将戒毒工作所需经费列入本级财政预算。

第四条 县级以上地方人民政府设立的禁毒委员会可以组织公安机关、卫生行政和负责药品监督管理的部门开展吸毒监测、调查，并向社会公开监测、调查结果。

县级以上地方人民政府公安机关负责对涉嫌吸毒人员进行检测，对吸毒人员进行登记并依法实行动态管控，依法责令社区戒毒、决定强制隔离戒毒、责令社区康复，管理公安机关的强制隔离戒毒场所、戒毒康复场所，对社区戒毒、社区康复工作提供指导和支持。

设区的市级以上地方人民政府司法行政部门负责管理司法行政部门的强制隔离戒毒场所、戒毒康复场所，对社区戒毒、社区康复工作提供指导和支持。

县级以上地方人民政府卫生行政部门负责戒毒医疗机构的监督管理，会同公安机关、司法行政等部门制定戒毒医疗机构设置规划,对戒毒医疗服务提供指导和支持。

县级以上地方人民政府民政、人力资源社会保障、教育等部门依据各自的职责,对社区戒毒、社区康复工作提供康复和职业技能培训等指导和支持。

第五条 乡(镇)人民政府、城市街道办事处负责社区戒毒、社区康复工作。

第六条 县级、设区的市级人民政府需要设置强制隔离戒毒场所、戒毒康复场所的,应当合理布局,报省、自治区、直辖市人民政府批准,并纳入当地国民经济和社会发展规划。

强制隔离戒毒场所、戒毒康复场所的建设标准,由国务院建设部门、发展改革部门会同国务院公安部门、司法行政部门制定。

第七条 戒毒人员在入学、就业、享受社会保障等方面不受歧视。

对戒毒人员戒毒的个人信息应当依法予以保密。对戒断3年未复吸的人员,不再实行动态管控。

第八条 国家鼓励、扶持社会组织、企业、事业单位和个人参与戒毒科研、戒毒社会服务和戒毒社会公益事业。

对在戒毒工作中有显著成绩和突出贡献的,按照国家有关规定给予表彰、奖励。

第二章 自愿戒毒

第九条 国家鼓励吸毒成瘾人员自行戒除毒瘾。吸毒人员可以自行到戒毒医疗机构接受戒毒治疗。对自愿接受戒毒治疗的吸毒人员,公安机关对其原吸毒行为不予处罚。

第十条 戒毒医疗机构应当与自愿戒毒人员或者其监护人签订自愿戒毒协议,就戒毒方法、戒毒期限、戒毒的个人信息保密、戒毒人员应当遵守的规章制度、终止戒毒治疗的情形等作出约定,并应当载明戒毒疗效、戒毒治疗风险。

第十一条 戒毒医疗机构应当履行下列义务:

(一)对自愿戒毒人员开展艾滋病等传染病的预防、咨询教育;

(二)对自愿戒毒人员采取脱毒治疗、心理康复、行为矫治等多种治疗措施,并应当符合国务院卫生行政部门制定的戒毒治疗规范;

(三)采用科学、规范的诊疗技术和方法,使用的药物、医院制剂、医疗器械应当符合国家有关规定;

(四)依法加强药品管理,防止麻醉药品、精神药品流失滥用。

第十二条 符合参加戒毒药物维持治疗条件的戒毒人员,由本人申请,并经登记,可以参加戒毒药物维持治疗。登记参加戒毒药物维持治疗的戒毒人员的信息应当及时报公安机关备案。

戒毒药物维持治疗的管理办法,由国务院卫生行政部门会同国务院公安部门、药品监督管理部门制定。

第三章 社区戒毒

第十三条 对吸毒成瘾人员,县级、设区的市级人民政府公安机关可以责令其接受社区戒毒,并出具责令社区戒毒决定书,送达本人及其家属,通知本人户籍所在地或者现居住地乡(镇)人民政府、城市街道办事处。

第十四条 社区戒毒人员应当自收到责令社区戒毒决定书之日起15日内到社区戒毒执行地乡(镇)人民政府、城市街道办事处报到,无正当理由逾期不报到的,视为拒绝接受社区戒毒。

社区戒毒的期限为3年,自报到之日起计算。

第十五条 乡(镇)人民政府、城市街道办事处应当根据工作需要成立社区戒毒工作领导小组,配备社区戒毒专职工作人员,制定社区戒毒工作计划,落实社区戒毒措施。

第十六条 乡(镇)人民政府、城市街道办事处,应当在社区戒毒人员报到后及时与其签订社区戒毒协议,明确社区戒毒的具体措施、社区戒毒人员应当遵守的规定以及违反社区戒毒协议应承担的责任。

第十七条 社区戒毒专职工作人员、社区民警、社区医务人员、社区戒毒人员的家庭成员以及禁毒志愿者共同组成社区戒毒工作小组具体实施社区戒毒。

第十八条 乡(镇)人民政府、城市街道办事处和社区戒毒工作小组应当采取下列措施管理、帮助社区戒毒人员:

(一)戒毒知识辅导;

(二)教育、劝诫;

(三)职业技能培训,职业指导,就学、就业、就医援助;

(四)帮助戒毒人员戒除毒瘾的其他措施。

第十九条 社区戒毒人员应当遵守下列规定:

(一)履行社区戒毒协议;

(二)根据公安机关的要求,定期接受检测;

(三)离开社区戒毒执行地所在县(市、区)3日以上的,须书面报告。

第二十条 社区戒毒人员在社区戒毒期间,逃避或者拒绝接受检测3次以上,擅自离开社区戒毒执行地所在县(市、区)3次以上或者累计超过30日的,属于《中华人民共和国禁毒法》规定的"严重违反社区戒毒协议"。

第二十一条 社区戒毒人员拒绝接受社区戒毒,在社区戒毒期间又吸食、注射毒品,以及严重违反社区戒毒协议的,社区戒毒专职工作人员应当及时向当地公安机关报告。

第二十二条 社区戒毒人员的户籍所在地或者现居住地发生变化,需要变更社区戒毒执行地的,社区戒毒执行地乡(镇)人民政府、城市街道办事处应当将有关材料转送至变更后的乡(镇)人民政府、城市街道办事处。

社区戒毒人员应当自社区戒毒执行地变更之日起15日内前往变更后的乡(镇)人民政府、城市街道办事处报到,社区戒毒时间自报到之日起连续计算。

变更后的乡(镇)人民政府、城市街道办事处,应当按照本条例第十六条的规定,与社区戒毒人员签订新的社区戒毒协议,继续执行社区戒毒。

第二十三条 社区戒毒自期满之日起解除。社区戒毒执行地公安机关应当出具解除社区戒毒通知书送达社区戒毒人员本人及其家属,并在7日内通知社区戒毒执行地乡(镇)人民政府、城市街道办事处。

第二十四条 社区戒毒人员被依法收监执行刑罚、采取强制性教育措施的,社区戒毒终止。

社区戒毒人员被依法拘留、逮捕的,社区戒毒中止,由羁押场所给予必要的戒毒治疗,释放后继续接受社区戒毒。

第四章 强制隔离戒毒

第二十五条 吸毒成瘾人员有《中华人民共和国禁毒法》第三十八条第一款所列情形之一的,由县级、设区的市级人民政府公安机关作出强制隔离戒毒的决定。

对于吸毒成瘾严重,通过社区戒毒难以戒除毒瘾的人员,县级、设区的市级人民政府公安机关可以直接作出强制隔离戒毒的决定。

吸毒成瘾人员自愿接受强制隔离戒毒的,经强制隔离戒毒场所所在地县级、设区的市级人民政府公安机关同意,可以进入强制隔离戒毒场所戒毒。强制隔离戒毒场所应当与其就戒毒治疗期限、戒毒治疗措施等作出约定。

第二十六条 对依照《中华人民共和国禁毒法》第三十九条第一款规定不适用强制隔离戒毒的吸毒成瘾人员,县级、设区的市级人民政府公安机关应当作出社区戒毒的决定,依照本条例第三章的规定进行社区戒毒。

第二十七条 强制隔离戒毒的期限为2年,自作出强制隔离戒毒决定之日起计算。

被强制隔离戒毒的人员在公安机关的强制隔离戒毒场所执行强制隔离戒毒3个月至6个月后,转至司法行政部门的强制隔离戒毒场所继续执行强制隔离戒毒。

执行前款规定不具备条件的省、自治区、直辖市,由公安机关和司法行政部门共同提出意见报省、自治区、直辖市人民政府决定具体执行方案,但在公安机关的强制隔离戒毒场所执行强制隔离戒毒的时间不得超过12个月。

第二十八条 强制隔离戒毒场所对强制隔离戒毒人员的身体和携带物品进行检查时发现的毒品等违禁品,应当依法处理;对生活必需品以外的其他物品,由强制隔离戒毒场所代为保管。

女性强制隔离戒毒人员的身体检查,应当由女性工作人员进行。

第二十九条 强制隔离戒毒场所设立戒毒医疗机构应当经所在地省、自治区、直辖市人民政府卫生行政部门批准。强制隔离戒毒场所应当配备设施设备及必要的管理人员,依法为强制隔离戒毒人员提供科学规范的戒毒治疗、心理治疗、身体康复训练和卫生、道德、法制教育,开展职业技能培训。

第三十条 强制隔离戒毒场所应当根据强制隔离戒毒人员的性别、年龄、患病等情况对强制隔离戒毒人员实行分别管理;对吸食不同种类毒品的,应当有针对性地采取必要的治疗措施;根据戒毒治疗的不同阶段和强制隔离戒毒人员的表现,实行逐步适应社会的分级管理。

第三十一条 强制隔离戒毒人员患严重疾病,不出所治疗可能危及生命的,经强制隔离戒毒场所主管机关批准,并报强制隔离戒毒决定机关备案,强制隔离戒毒场所可以允许其所外就医。所外就医的费用由强制隔离戒毒人员本人承担。

所外就医期间,强制隔离戒毒期限连续计算。对于健康状况不再适宜回所执行强制隔离戒毒的,强制隔离戒毒场所应当向强制隔离戒毒决定机关提出变更为社区戒毒的建议,强制隔离戒毒决定机关应当自收到建议之日起7日内,作出是否批准的决定。经批准变更为社区戒毒的,已执行的强制隔离戒毒期限折抵社区戒毒期限。

第三十二条 强制隔离戒毒人员脱逃的,强制隔离戒毒场所应当立即通知所在地县级人民政府公安机关,并配合公安机关追回脱逃人员。被追回的强制隔离戒毒人员应当继续执行强制隔离戒毒,脱逃期间不计入强制隔离戒毒期限。被追回的强制隔离戒毒人员不得提前解除强制隔离戒毒。

第三十三条 对强制隔离戒毒场所依照《中华人民共和国禁毒法》第四十七条第二款、第三款规定提出的提前解除强制隔离戒毒、延长戒毒期限的意见,强制隔离戒毒决定机关应当自收到意见之日起 7 日内,作出是否批准的决定。对提前解除强制隔离戒毒或者延长强制隔离戒毒期限的,批准机关应当出具提前解除强制隔离戒毒决定书或者延长强制隔离戒毒期限决定书,送达被决定人,并在送达后 24 小时以内通知被决定人的家属、所在单位以及其户籍所在地或者现居住地公安派出所。

第三十四条 解除强制隔离戒毒的,强制隔离戒毒场所应当在解除强制隔离戒毒 3 日前通知强制隔离戒毒决定机关,出具解除强制隔离戒毒证明书送达戒毒人员本人,并通知其家属、所在单位、其户籍所在地或者现居住地公安派出所将其领回。

第三十五条 强制隔离戒毒诊断评估办法由国务院公安部门、司法行政部门会同国务院卫生行政部门制定。

第三十六条 强制隔离戒毒人员被依法收监执行刑罚、采取强制性教育措施或者被依法拘留、逮捕的,由监管场所、羁押场所给予必要的戒毒治疗,强制隔离戒毒的时间连续计算;刑罚执行完毕时、解除强制性教育措施时或者释放时强制隔离戒毒尚未期满的,继续执行强制隔离戒毒。

第五章 社区康复

第三十七条 对解除强制隔离戒毒的人员,强制隔离戒毒的决定机关可以责令其接受不超过 3 年的社区康复。

社区康复在当事人户籍所在地或者现居住地乡(镇)人民政府、城市街道办事处执行,经当事人同意,也可以在戒毒康复场所中执行。

第三十八条 被责令接受社区康复的人员,应当自收到责令社区康复决定书之日起 15 日内到户籍所在地或现居住地乡(镇)人民政府、城市街道办事处报到,签订社区康复协议。

被责令接受社区康复的人员拒绝接受社区康复或者严重违反社区康复协议,并再次吸食、注射毒品被决定强制隔离戒毒的,强制隔离戒毒不得提前解除。

第三十九条 负责社区康复工作的人员应当为社区康复人员提供必要的心理治疗和辅导、职业技能培训、职业指导以及就学、就业、就医援助。

第四十条 社区康复自期满之日起解除。社区康复执行地公安机关出具解除社区康复通知书送达社区康复人员本人及其家属,并在 7 日内通知社区康复执行地乡(镇)人民政府、城市街道办事处。

第四十一条 自愿戒毒人员、社区戒毒、社区康复的人员可以自愿与戒毒康复场所签订协议,到戒毒康复场所戒毒康复、生活和劳动。

戒毒康复场所应当配备必要的管理人员和医务人员,为戒毒人员提供戒毒康复、职业技能培训和生产劳动条件。

第四十二条 戒毒康复场所应当加强管理,严禁毒品流入,并建立戒毒康复人员自我管理、自我教育、自我服务的机制。

戒毒康复场所组织戒毒人员参加生产劳动,应当参照国家劳动用工制度的规定支付劳动报酬。

第六章 法律责任

第四十三条 公安、司法行政、卫生行政等有关部门工作人员泄露戒毒人员个人信息的,依法给予处分;构成犯罪的,依法追究刑事责任。

第四十四条 乡(镇)人民政府、城市街道办事处负责社区戒毒、社区康复工作的人员有下列行为之一的,依法给予处分:

(一)未与社区戒毒、社区康复人员签订社区戒毒、社区康复协议,不落实社区戒毒、社区康复措施的;

(二)不履行本条例第二十一条规定的报告义务的;

(三)其他不履行社区戒毒、社区康复监督职责的行为。

第四十五条 强制隔离戒毒场所的工作人员有下列行为之一的,依法给予处分;构成犯罪的,依法追究刑事责任:

(一)侮辱、虐待、体罚强制隔离戒毒人员的;

(二)收受、索要财物的;

(三)擅自使用、损毁、处理没收或者代为保管的财物的;

(四)为强制隔离戒毒人员提供麻醉药品、精神药品或者违反规定传递其他物品的;

(五)在强制隔离戒毒诊断评估工作中弄虚作假的;

(六)私放强制隔离戒毒人员的;

(七)其他徇私舞弊、玩忽职守、不履行法定职责的行为。

第七章 附 则

第四十六条 本条例自公布之日起施行。1995 年 1 月 12 日国务院发布的《强制戒毒办法》同时废止。

戒毒药物维持治疗工作管理办法

- 2014年12月31日
- 国卫疾控发〔2014〕91号

第一章 总 则

第一条 为减少因滥用阿片类物质造成的艾滋病等疾病传播和违法犯罪行为，巩固戒毒成效，规范戒毒药物维持治疗工作，根据《中华人民共和国禁毒法》、《中华人民共和国传染病防治法》、《中华人民共和国执业医师法》、《戒毒条例》、《艾滋病防治条例》、《医疗机构管理条例》和《麻醉药品和精神药品管理条例》等有关法律法规，制定本办法。

第二条 本办法所称戒毒药物维持治疗（以下简称维持治疗），是指在符合条件的医疗机构，选用适宜的药品对阿片类物质成瘾者进行长期维持治疗，以减轻他们对阿片类物质的依赖，促进身体康复的戒毒医疗活动。

本办法所称戒毒药物维持治疗机构（以下简称维持治疗机构），是指经省级卫生计生行政部门批准，从事戒毒药物维持治疗工作的医疗机构。

第三条 维持治疗工作是防治艾滋病与禁毒工作的重要组成部分，必须坚持公益性原则，不得以营利为目的。

维持治疗工作应当纳入各级人民政府防治艾滋病与禁毒工作规划，实行政府统一领导，有关部门各负其责，社会广泛参与的工作机制。

第四条 对在维持治疗工作中有显著成绩和作出突出贡献的单位与个人，按照国家有关规定给予表彰、奖励。

第二章 组织管理

第五条 国家卫生计生委会同公安部、国家食品药品监管总局组织协调、监测评估与监督管理全国的维持治疗工作。

国家卫生计生委根据全国艾滋病防治工作需要和各省级卫生计生行政部门上报的维持治疗工作计划，确定各省（区、市）工作任务。

第六条 省级卫生计生行政部门会同同级公安、食品药品监管等有关部门制订本辖区的维持治疗工作规划，开展组织协调、监测评估等工作。

省级卫生计生行政部门负责本辖区维持治疗的审批，组织维持治疗机构的专业人员培训，并对维持治疗工作进行监督管理与技术指导。

省级公安机关负责本辖区治疗人员信息的备案登记工作。

省级食品药品监管部门负责辖区内维持治疗药品配制单位的审核和确定，维持治疗药品配制、供应的监督管理工作，对治疗人员开展药物滥用监测工作。

第七条 县级、设区的市级卫生计生行政部门会同同级公安机关、食品药品监管部门建立联席会议机制，协商解决维持治疗工作中存在的问题。

县级、设区的市级卫生计生行政部门负责维持治疗机构内维持治疗药品使用和有关医疗活动的监督管理。

县级、设区的市级公安机关负责依法处理维持治疗工作中的违法犯罪行为。

县级、设区的市级食品药品监管部门负责对维持治疗药品配制、供应等进行日常监督检查。

第八条 维持治疗机构对符合条件的申请维持治疗人员按照规范提供治疗及综合干预服务，并按规定开展实验室检测、信息管理等工作。

维持治疗机构应当与社区戒毒和社区康复工作机构相互配合，对正在执行社区戒毒、社区康复的治疗人员，开展必要的社会心理干预等工作。

第三章 机构人员

第九条 省级卫生计生行政部门会同同级公安机关、食品药品监管部门，根据本辖区内现有阿片类物质成瘾者分布状况和需求，结合辖区内现有医疗卫生资源分布状况，规划维持治疗机构的数量和布局，并可以根据情况变化进行调整。

第十条 医疗机构拟开展维持治疗工作的，应当将书面申请材料提交执业登记机关，由其将书面材料报省级卫生计生行政部门批准。省级卫生计生行政部门应当根据本辖区的维持治疗工作规划、本办法及有关规定进行审查，自受理申请之日起20个工作日内，作出批准或者不予批准的决定，并书面告知申请人。批准前，应当征求同级公安机关及食品药品监管部门意见。

被批准开展维持治疗工作的医疗机构，应当在省级卫生计生行政部门批准后，及时向同级公安机关备案。省级卫生计生行政部门应当将有关信息通报同级公安机关、食品药品监管部门。省级卫生计生、公安、食品药品监管等部门应当分别报上一级行政部门备案。

第十一条 维持治疗机构的名称、场所、主要负责人等发生变化时，应当按照《医疗机构管理条例》及其实施细则等相关规定办理变更登记，并向省级卫生计生行政部门以及同级公安机关备案。

第十二条 申请开展维持治疗工作的机构应当具备

以下条件：

（一）具有《医疗机构执业许可证》；

（二）取得麻醉药品和第一类精神药品购用印鉴卡（以下简称印鉴卡）；

（三）具有与开展维持治疗工作相适应的执业医师、护士等专业技术人员和安保人员；

（四）符合维持治疗有关技术规范的相关规定。

具有戒毒医疗服务资质的医疗机构申请开展维持治疗工作的，应当按照本办法第十条的规定办理。

第十三条 从事维持治疗工作的医师应当符合以下条件：

（一）具有执业医师资格并经注册取得《医师执业证书》；

（二）按规定参加维持治疗相关培训；

（三）使用麻醉药品和第一类精神药品的医师应当取得麻醉药品和第一类精神药品处方权；

（四）省级卫生计生行政部门规定的其他条件。

第十四条 从事维持治疗工作的护士应当符合以下条件：

（一）具有护士执业资格并经注册取得《护士执业证书》；

（二）按规定参加维持治疗工作相关培训；

（三）省级卫生计生行政部门规定的其他条件。

第十五条 从事维持治疗工作的药师应当符合以下条件：

（一）具有药学初级以上专业技术资格；

（二）按规定参加维持治疗工作相关培训；

（三）省级卫生计生行政部门规定的其他条件。

第十六条 维持治疗机构根据实际情况，可以设立延伸服药点，并由省级卫生计生行政部门按照本办法第十二条第一款规定的条件进行审批。维持治疗机构负责延伸服药点的日常管理。

第十七条 维持治疗机构依法对治疗人员的相关信息予以保密。除法律法规规定的情况外，未经本人或者其监护人同意，维持治疗机构不得向任何单位和个人提供治疗人员的相关信息。

第四章 药品管理

第十八条 维持治疗使用的药品为盐酸美沙酮口服溶液（规格：1mg/ml，5000ml/瓶）。

配制盐酸美沙酮口服溶液的原料药实行计划供应，由维持治疗药品配制单位根据实际情况提出需用计划，经国家食品药品监管总局核准后执行。

第十九条 经确定的维持治疗药品配制单位应当按照国家药品标准配制盐酸美沙酮口服溶液，并配送至维持治疗机构。

第二十条 维持治疗机构应当凭印鉴卡从本省（区、市）确定的维持治疗药品配制单位购进盐酸美沙酮口服溶液。跨省购进的，需报相关省级食品药品监管部门备案。

维持治疗机构调配和拆零药品所使用的容器和工具应当定期消毒或者更换，防止污染药品。

第二十一条 维持治疗药品的运输、使用及储存管理等必须严格执行《中华人民共和国药品管理法》和《麻醉药品和精神药品管理条例》的相关规定。

第五章 维持治疗

第二十二条 年龄在18周岁以上、有完全民事行为能力的阿片类物质成瘾者，可以按照自愿的原则申请参加维持治疗。18周岁以下的阿片类物质成瘾者，采取其他戒毒措施无效且经其监护人书面同意，可以申请参加维持治疗。

有治疗禁忌症的，暂不宜接受维持治疗。禁忌症治愈后，可以申请参加维持治疗。

第二十三条 申请参加维持治疗的人员应当向维持治疗机构提供以下资料：

（一）个人身份证复印件；

（二）吸毒经历书面材料；

（三）相关医学检查报告。

维持治疗机构接到申请人提交的合格资料后5个工作日内，书面告知申请人是否可以参加治疗，并将审核结果报维持治疗机构所在地公安机关备案。

第二十四条 申请参加治疗的人员应当承诺治疗期间严格遵守维持治疗机构的各项规章制度，接受维持治疗机构开展的传染病定期检查以及毒品检测，并签订自愿治疗协议书。

第二十五条 维持治疗机构应当为治疗人员建立病历档案，并按规定将治疗人员信息及时报维持治疗机构所在地公安机关登记备案。

第二十六条 符合维持治疗条件的社区戒毒、社区康复人员，经乡（镇）、街道社区戒毒、社区康复工作机构同意，可以向维持治疗机构申请参加维持治疗。

第二十七条 维持治疗机构除为治疗人员提供维持治疗外，还需开展以下工作：

（一）开展禁毒和防治艾滋病法律法规宣传；

（二）开展艾滋病、丙型肝炎、梅毒等传染病防治和禁毒知识宣传；

（三）提供心理咨询、心理康复及行为矫治等工作；

（四）开展艾滋病、丙型肝炎、梅毒和毒品检测；

（五）协助相关部门对艾滋病病毒抗体阳性治疗人员进行随访、治疗和转介；

（六）协助食品药品监管部门开展治疗人员药物滥用的监测工作。

第二十八条　维持治疗机构应当与当地社区戒毒、社区康复工作机构及戒毒康复场所建立衔接机制，加强信息的沟通与交流。

社区戒毒、社区康复工作机构、强制隔离戒毒所和戒毒康复场所应当对正在执行戒毒治疗和康复措施的人员开展维持治疗相关政策和知识的宣传教育，对有意愿参加维持治疗的人员，应当帮助他们与维持治疗机构做好信息沟通。

第二十九条　维持治疗机构发现治疗人员脱失的，应当及时报告当地公安机关；发现正在执行社区戒毒、社区康复治疗人员脱失的，应当同时通报相关社区戒毒、社区康复工作机构。

第三十条　因户籍所在地或者现居住地发生变化，不能在原维持治疗机构接受治疗的，治疗人员应当及时向原维持治疗机构报告，由原维持治疗机构负责治疗人员的转介工作，以继续在异地接受维持治疗服务。

正在执行社区戒毒、社区康复措施的，应当会同社区戒毒、社会康复工作机构一并办理相关手续。

第三十一条　治疗人员在参加维持治疗期间出现违反治疗规定、复吸毒品、严重影响维持治疗机构正常工作秩序或者因违法犯罪行为被羁押而不能继续接受治疗等情形的，维持治疗机构应当终止其治疗，及时报告当地公安机关。

被终止治疗者申请再次参加维持治疗的，维持治疗机构应当进行严格审核，重新开展医学评估，并根据审核和评估结果确定是否接受申请人重新进入维持治疗。维持治疗机构应当将审核结果及时报所在地公安机关备案。

第六章　监督管理

第三十二条　国家卫生计生委、公安部和国家食品药品监管总局定期组织开展全国维持治疗工作的监督管理、督导和考核评估工作。

第三十三条　县级以上地方卫生计生行政部门监督检查的主要内容包括：

（一）维持治疗机构及其工作人员的资质情况；

（二）麻醉药品和第一类精神药品使用资质；

（三）维持治疗机构工作职责落实情况；

（四）维持治疗机构工作人员培训情况；

（五）维持治疗药品使用、存储、销毁和安全管理情况。

第三十四条　县级以上地方公安机关监督检查的主要内容包括：

（一）维持治疗机构治安秩序的维护情况；

（二）治疗人员信息登记备案情况；

（三）治疗人员违法犯罪行为的依法处理情况。

第三十五条　县级以上地方食品药品监管部门监督检查的主要内容包括：

（一）维持治疗药品的配制和质量控制情况；

（二）维持治疗药品的供应情况；

（三）维持治疗药品配制单位药品的安全管理情况。

第三十六条　维持治疗机构应当制订内部监督管理制度，并对工作人员履行职责的情况进行监督管理。

第三十七条　维持治疗机构及工作人员应当自觉接受社会和公民的监督。卫生计生行政部门应当会同公安机关及食品药品监管部门及时处理个人或者组织对违反本办法行为的举报。

第三十八条　开展维持治疗应当遵守国家有关法律法规和规章，执行维持治疗有关技术规范。维持治疗工作中违反本办法规定的，卫生计生行政部门、公安机关及食品药品监管部门将依照国家有关法律法规进行处理。

第七章　保障措施

第三十九条　维持治疗机构提供维持治疗服务的价格执行当地省级价格、卫生计生、人力资源社会保障等部门的有关规定。维持治疗机构按规定收取治疗人员的诊疗费用，可以用于维持治疗药品的配制、运输、配送和维持治疗机构的日常运转、人员培训、延伸服药点的管理等各项开支。

第四十条　符合规划设立的维持治疗机构所需设备购置等必要的工作经费纳入同级财政预算安排，中央财政给予适当补助。

第四十一条　维持治疗机构可以根据当地经济发展状况，为确需治疗且经济困难的治疗人员给予体检、维持治疗费用减免等关怀救助。

第四十二条　维持治疗机构应当对工作人员开展艾滋病等传染病的职业暴露防护培训，并采取有效防护措施。

维持治疗工作中发生艾滋病病毒职业暴露的，按照相关规定执行暴露后预防措施。

第八章 附 则

第四十三条 维持治疗需要使用其他药品时,由国家卫生计生委会同公安部和国家食品药品监管总局确定并公布。

第四十四条 县级以上地方卫生计生行政部门应当在本办法施行之日起6个月内,按照本办法规定对辖区内已经开展维持治疗工作的机构进行审核评估。符合规定的,由省级卫生计生行政部门批准其维持治疗机构资格,同时将情况通报同级公安机关。对不符合规定的,责令其限期整改,整改期满后予以复查。仍不合格的,撤销其开展维持治疗机构资格,并通报同级公安机关。

第四十五条 本办法仅适用于维持治疗工作,其他戒毒医疗服务适用《戒毒医疗服务管理暂行办法》(卫医政发〔2010〕2号)。

第四十六条 本办法自2015年2月1日起施行。《滥用阿片类物质成瘾者社区药物维持治疗工作方案》(卫疾控发〔2006〕256号)同时废止。

司法行政机关强制隔离戒毒工作规定

- 2013年4月3日司法部令第127号公布
- 自2013年6月1日起施行

第一章 总 则

第一条 为了规范司法行政机关强制隔离戒毒工作,帮助吸毒成瘾人员戒除毒瘾,维护社会秩序,根据《中华人民共和国禁毒法》《戒毒条例》等法律法规和相关规定,制定本规定。

第二条 司法行政机关强制隔离戒毒工作应当遵循以人为本、科学戒毒、综合矫治、关怀救助的原则,教育和挽救吸毒成瘾人员。

第三条 司法行政机关强制隔离戒毒所对经公安机关作出强制隔离戒毒决定,在公安机关强制隔离戒毒场所执行三个月至六个月后,或者依据省、自治区、直辖市具体执行方案送交的强制隔离戒毒人员(以下简称"戒毒人员"),依法执行强制隔离戒毒。

第四条 从事强制隔离戒毒工作的人民警察应当严格、公正、廉洁、文明执法,尊重戒毒人员人格,保障其合法权益。

第五条 司法行政机关强制隔离戒毒工作所需经费,按照国家规定的标准纳入当地政府财政预算。

第二章 场所设置

第六条 设置司法行政机关强制隔离戒毒所,应当符合司法部的规划,经省、自治区、直辖市司法厅(局)审核,由省级人民政府批准,并报司法部备案。

具备条件的地方,应当单独设置收治女性戒毒人员的强制隔离戒毒所和收治未成年戒毒人员的强制隔离戒毒所。

第七条 强制隔离戒毒所以其所在地地名加"强制隔离戒毒所"命名,同一地域有多个强制隔离戒毒所的,可以采取其他方式命名。

专门收治女性戒毒人员的强制隔离戒毒所名称,为地名后加"女子强制隔离戒毒所";专门收治未成年人的强制隔离戒毒所名称,为地名后加"未成年人强制隔离戒毒所"。

第八条 强制隔离戒毒所设所长一人、政治委员一人、副所长若干人,设置职能机构和戒毒大队,根据收治规模配备从事管教、医疗和后勤保障的工作人员。

第九条 强制隔离戒毒所设置医疗机构,接受卫生行政部门对医疗工作的指导和监督。

第十条 强制隔离戒毒所工作人员享受国家规定的工资福利待遇及保险。

第三章 接 收

第十一条 强制隔离戒毒所根据县级以上人民政府公安机关强制隔离戒毒决定书接收戒毒人员。

第十二条 强制隔离戒毒所接收戒毒人员时,应当核对戒毒人员身份,进行必要的健康检查,填写强制隔离戒毒人员入所健康状况检查表。

戒毒人员身体有伤的,强制隔离戒毒所应当予以记录,由移送的公安机关工作人员和戒毒人员本人签字确认。

对女性戒毒人员应当进行妊娠检测。对怀孕或者正在哺乳自己不满一周岁婴儿的妇女,不予接收。

第十三条 强制隔离戒毒所应当对接收的戒毒人员的身体和携带物品进行检查,依法处理违禁品,对生活必需品以外的其他物品进行登记并由戒毒人员本人签字,由其指定的近亲属领回或者由强制隔离戒毒所代为保管。检查时应当有两名以上人民警察在场。

女性戒毒人员的身体检查,应当由女性人民警察进行。

第十四条 强制隔离戒毒所接收戒毒人员,应当填写强制隔离戒毒人员入所登记表,查收戒毒人员在公安机关强制隔离戒毒期间的相关材料。

第十五条 戒毒人员入所后,强制隔离戒毒所应当书面通知其家属,通知书应当自戒毒人员入所之日起五日内发出。

第四章 管 理

第十六条 强制隔离戒毒所应当根据性别、年龄、患病等情况，对戒毒人员实行分别管理；根据戒毒治疗情况，对戒毒人员实行分期管理；根据戒毒人员表现，实行逐步适应社会的分级管理。

第十七条 强制隔离戒毒所人民警察对戒毒人员实行直接管理，严禁由其他人员代行管理职权。

女性戒毒人员由女性人民警察直接管理。

第十八条 强制隔离戒毒所应当建立安全管理制度，进行安全检查，及时发现和消除安全隐患。

强制隔离戒毒所应当制定突发事件应急预案，并定期演练。

第十九条 强制隔离戒毒所应当安装监控、应急报警、门禁检查和违禁品检测等安全技防系统，按照规定保存监控录像和有关信息资料。

强制隔离戒毒所应当安排专门人民警察负责强制隔离戒毒所的安全警戒工作。

第二十条 对强制隔离戒毒所以外的人员交给戒毒人员的物品和邮件，强制隔离戒毒所应当进行检查，防止夹带毒品及其他违禁品。检查时，应当有两名以上人民警察在场。

检查邮件时，应当依法保护戒毒人员的通信自由和通信秘密。

第二十一条 经强制隔离戒毒所批准，戒毒人员可以使用指定的固定电话与其亲属、监护人或者所在单位、就读学校有关人员通话。

戒毒人员在所内不得持有、使用移动通讯设备。

第二十二条 戒毒人员的亲属和所在单位或者就读学校的工作人员，可以按照强制隔离戒毒所探访规定探访戒毒人员。

强制隔离戒毒所应当检查探访人员身份证件，对身份不明或者无法核实的不允许探访。

对正被采取保护性约束措施或者正处于单独管理期间的戒毒人员，不予安排探访。

第二十三条 探访应当在探访室进行。探访人员应当遵守探访规定；探访人员违反规定经劝阻无效的，可以终止其探访。

探访人员交给戒毒人员物品须经批准，并由人民警察当面检查；交给戒毒人员现金的，应当存入戒毒人员所内个人账户；发现探访人员利用探访传递毒品的，应当移交公安机关依法处理；发现探访人员利用探访传递其他违禁品的，应当依照有关规定处理。

第二十四条 戒毒人员因配偶、直系亲属病危、死亡或者家庭有其他重大变故，可以申请外出探视。申请外出探视须有医疗单位、戒毒人员户籍所在地或者现居住地公安派出所、原单位或者街道(乡、镇)的证明材料。

除前款规定外，强制隔离戒毒所可以批准戒治效果好的戒毒人员外出探视其配偶、直系亲属。

第二十五条 强制隔离戒毒所批准戒毒人员外出探视的，应当发给戒毒人员外出探视证明。戒毒人员外出探视及在途时间不得超过十日。对非因不可抗力逾期不归的戒毒人员，视作脱逃处理。

第二十六条 戒毒人员外出探视回所后，强制隔离戒毒所应当对其进行检测。发现重新吸毒的，不得报请提前解除强制隔离戒毒。

第二十七条 对有下列情形之一的戒毒人员，应当根据不同情节分别给予警告、训诫、责令具结悔过：

（一）违反戒毒人员行为规范、不遵守强制隔离戒毒所纪律，经教育不改正的；

（二）欺侮、殴打、虐待其他戒毒人员的；

（三）隐匿违禁品的；

（四）交流吸毒信息、传授犯罪方法的。

对戒毒人员处以警告、训诫和责令具结悔过，由戒毒大队决定并执行。

第二十八条 对有严重扰乱所内秩序、私藏或者吸食、注射毒品、预谋或者实施脱逃、行凶、自杀、自伤、自残等行为以及涉嫌犯罪应当移送司法机关处理的戒毒人员，强制隔离戒毒所应当对其实行单独管理。

单独管理应当经强制隔离戒毒所负责人批准。在紧急情况下，可以先行采取单独管理措施，并在二十四小时内补办审批手续。

对单独管理的戒毒人员，应当安排人民警察专门管理。一次单独管理的时间不得超过五日。单独管理不得连续使用。

第二十九条 对私藏或者吸食、注射毒品的戒毒人员，不得报请提前解除强制隔离戒毒，并应当在期满前诊断评估时，作为延长强制隔离戒毒期限的依据；涉嫌犯罪的，应当依法追究刑事责任。

第三十条 遇有戒毒人员脱逃、暴力袭击他人等危险行为，强制隔离戒毒所人民警察可以依法使用警械予以制止。警械使用情况，应当记录在案。

第三十一条 戒毒人员脱逃的，强制隔离戒毒所应当立即通知当地公安机关，并配合公安机关追回脱逃人员。被追回的戒毒人员应当继续执行强制隔离戒毒，脱逃期间不计入强制隔离戒毒期限。对被追回的戒毒人员不得报请提前解除强制隔离戒毒。

第三十二条 戒毒人员提出申诉、检举、揭发、控告的，强制隔离戒毒所应当及时依法处理；对强制隔离戒毒决定不服提起行政复议或者行政诉讼的，强制隔离戒毒所应当将有关材料登记后及时转送有关部门。

第三十三条 强制隔离戒毒所工作人员因工作失职致使毒品等违禁品进入强制隔离戒毒所，违反规定允许戒毒人员携带、使用或者为其传递毒品等违禁品的，应当依法给予处分；涉嫌犯罪的，应当依法追究刑事责任。

进入强制隔离戒毒所的其他人员为戒毒人员传递毒品的，应当移交司法机关依法处理。

第五章 治疗康复

第三十四条 强制隔离戒毒所应当根据戒毒人员吸食、注射毒品的种类、成瘾程度和戒断症状等进行有针对性的生理治疗、心理治疗和身体康复训练。

对公安机关强制隔离戒毒所移送的戒毒人员，应当做好戒毒治疗的衔接工作。

第三十五条 对戒毒人员进行戒毒治疗，应当采用科学、规范的诊疗技术和方法，使用符合国家有关规定的药品、医疗器械。戒毒治疗使用的麻醉药品和精神药品应当按照规定申请购买并严格管理，使用时须由具有麻醉药品、精神药品处方权的医师按照有关技术规范开具处方。

禁止以戒毒人员为对象进行戒毒药物试验。

第三十六条 强制隔离戒毒所应当定期对戒毒人员进行身体检查。对患有疾病的戒毒人员，应当及时治疗。对患有传染病的戒毒人员，应当按照国家有关规定采取必要的隔离治疗措施。

第三十七条 戒毒人员患有严重疾病，不出所治疗可能危及生命的，凭所内医疗机构或者二级以上医院出具的诊断证明，经强制隔离戒毒所所在省、自治区、直辖市司法行政机关戒毒管理部门批准，报强制隔离戒毒决定机关备案，强制隔离戒毒所可以允许其所外就医，并发给所外就医证明。

第三十八条 戒毒人员所外就医期间，强制隔离戒毒期限连续计算。对于健康状况不再适宜回所执行强制隔离戒毒的，强制隔离戒毒所应当向强制隔离戒毒决定机关提出变更为社区戒毒的建议，同时报强制隔离戒毒所所在省、自治区、直辖市司法行政机关戒毒管理部门备案。

第三十九条 强制隔离戒毒所应当建立戒毒人员心理健康档案，开展心理健康教育，提供心理咨询，对戒毒人员进行心理治疗；对心理状态严重异常或者有行凶、自伤、自残等危险倾向的戒毒人员应当实施心理危机干预。

第四十条 对可能发生自伤、自残等情形的戒毒人员使用保护性约束措施应当经强制隔离戒毒所负责人批准。采取保护性约束措施应当遵守有关医疗规范。

对被采取保护性约束措施的戒毒人员，人民警察和医护人员应当密切观察；可能发生自伤、自残等情形消除后，应当及时解除保护性约束措施。

第四十一条 强制隔离戒毒所可以与社会医疗机构开展医疗合作，提高戒毒治疗水平和医疗质量。

第四十二条 强制隔离戒毒所应当通过组织体育锻炼、娱乐活动、生活技能培训等方式对戒毒人员进行身体康复训练，帮助戒毒人员恢复身体机能、增强体能。

第四十三条 强制隔离戒毒所根据戒毒的需要，可以组织有劳动能力的戒毒人员参加必要的生产劳动。

组织戒毒人员参加生产劳动的，应当支付劳动报酬。戒毒人员劳动时间每周不超过五天，每天不超过六小时。法定节假日不得安排戒毒人员参加生产劳动。

第四十四条 强制隔离戒毒所应当建立安全生产管理制度，对参加生产劳动的戒毒人员进行安全生产教育，提供必要的劳动防护用品。生产劳动场地和劳动项目应当符合安全生产管理的有关规定，不得引进易燃、易爆等危险生产项目，不得组织戒毒人员从事有碍身体康复的劳动。

第六章 教 育

第四十五条 强制隔离戒毒所应当对新接收的戒毒人员进行时间不少于一个月的入所教育，教育内容包括强制隔离戒毒有关法律法规、所规所纪、戒毒人员权利义务等。

第四十六条 强制隔离戒毒所应当采取课堂教学的方式，对戒毒人员集中进行卫生、法制、道德和形势政策等教育。

第四十七条 强制隔离戒毒所应当对戒毒人员开展有针对性的个别教育。戒毒大队人民警察应当熟悉分管戒毒人员的基本情况，掌握思想动态，对分管的每名戒毒人员每月至少进行一次个别谈话。戒毒人员有严重思想、情绪波动的，应当及时进行谈话疏导。

第四十八条 强制隔离戒毒所应当开展戒毒文化建设，运用影视、广播、展览、文艺演出、图书、报刊、宣传栏和所内局域网等文化载体，活跃戒毒人员文化生活，丰富教育形式。

第四十九条　强制隔离戒毒所应当加强同当地有关部门和单位的联系，通过签订帮教协议、来所开展帮教等形式，做好戒毒人员的教育工作。

强制隔离戒毒所可以邀请有关专家、学者、社会工作者、志愿人员以及戒毒成功人员协助开展教育工作。对协助教育有显著成绩和突出贡献的，应当予以表彰、奖励。

第五十条　强制隔离戒毒所应当协调人力资源社会保障部门，对戒毒人员进行职业技能培训和职业技能鉴定；职业技能鉴定合格的，颁发相应的职业资格证书。

第五十一条　强制隔离戒毒所应当在戒毒人员出所前进行回归社会教育，教育时间不少于一周。

强制隔离戒毒所可以安排戒毒人员到戒毒康复场所及戒毒药物维持治疗场所参观、体验，开展戒毒康复、戒毒药物维持治疗相关知识的宣传教育，为解除强制隔离戒毒后自愿进入戒毒康复场所康复或者参加戒毒药物维持治疗的戒毒人员提供便利。

第七章　生活卫生

第五十二条　强制隔离戒毒所应当按规定设置戒毒人员生活设施。戒毒人员宿舍应当坚固安全、通风明亮，配备必要的生活用品。戒毒人员的生活环境应当绿化美化。

第五十三条　强制隔离戒毒所应当保持戒毒人员生活区整洁，定期组织戒毒人员理发、洗澡、晾晒被褥，保持其个人卫生。

强制隔离戒毒所应当统一戒毒人员的着装。

第五十四条　强制隔离戒毒所应当保证戒毒人员的伙食供应不低于规定标准。戒毒人员伙食经费不得挪作他用。戒毒人员食堂应当按月公布伙食账目。

对正在进行脱毒治疗和患病的戒毒人员在伙食上应当给予适当照顾。对少数民族戒毒人员，应当尊重其饮食习惯。

第五十五条　强制隔离戒毒所应当保证戒毒人员的饮食安全。食堂管理人员和炊事人员应当取得卫生行政主管部门颁发的健康证明，每半年进行一次健康检查，健康检查不合格的应当及时予以调整。

戒毒人员食堂实行四十八小时食品留样制度。

第五十六条　戒毒人员可以在所内商店购买日常用品。所内商店出售商品应当价格合理，明码标价，禁止出售过期、变质商品。

强制隔离戒毒所应当对所内商店采购的商品进行检查，防止违禁品流入。

第五十七条　强制隔离戒毒所应当做好疾病预防控制工作。发生传染病疫情，应当按规定及时报告主管机关和当地疾病预防控制部门，并采取相应的防治措施。

第八章　解　除

第五十八条　强制隔离戒毒所应当按照有关规定对戒毒人员进行诊断评估。对强制隔离戒毒期限届满且经诊断评估达到规定标准的戒毒人员，应当解除强制隔离戒毒。

经诊断评估，对符合规定条件的戒毒人员，强制隔离戒毒所可以提出提前解除强制隔离戒毒的意见或者延长强制隔离戒毒期限的意见，并按规定程序报强制隔离戒毒决定机关批准。强制隔离戒毒所收到强制隔离戒毒决定机关出具的提前解除强制隔离戒毒决定书或者延长强制隔离戒毒期限决定书的，应当及时送达戒毒人员。

第五十九条　强制隔离戒毒所应当在解除强制隔离戒毒三日前通知强制隔离戒毒决定机关，同时通知戒毒人员家属、所在单位、户籍所在地或者现居住地公安派出所将其按期领回。戒毒人员出所时无人领回，自行离所的，强制隔离戒毒所应当及时通知强制隔离戒毒决定机关。

对解除强制隔离戒毒的所外就医人员，强制隔离戒毒所应当及时通知其来所办理解除强制隔离戒毒手续。

第六十条　解除强制隔离戒毒的，强制隔离戒毒所应当向戒毒人员出具解除强制隔离戒毒证明书，同时发还代管财物。

第六十一条　戒毒人员被依法收监执行刑罚或者依法拘留、逮捕的，强制隔离戒毒所应当根据有关法律文书，与相关部门办理移交手续，并通知强制隔离戒毒决定机关；戒毒人员被依法释放时强制隔离戒毒尚未期满的，继续执行强制隔离戒毒。

第六十二条　戒毒人员在强制隔离戒毒所内死亡的，强制隔离戒毒所应当立即报告所属主管机关，通知其家属、强制隔离戒毒决定机关和当地人民检察院。戒毒人员家属对死亡原因有疑义的，可以委托有关部门作出鉴定。其他善后事宜依照国家有关规定处理。

第六十三条　强制隔离戒毒所应当妥善保管戒毒人员档案。档案内容包括：强制隔离戒毒决定书、强制隔离戒毒人员入所登记表、强制隔离戒毒人员入所健康状况检查表、财物保管登记表、病历、心理健康档案、诊断评估结果、提前解除强制隔离戒毒决定书或者延长强制隔离戒毒期限决定书、解除强制隔离戒毒证明书以及在强制隔离戒毒期间产生的重要文书、视听资料。

除法律明确规定外，强制隔离戒毒所不得对外提供戒毒人员档案信息。

第九章 附 则

第六十四条 吸毒成瘾人员自愿接受强制隔离戒毒的，应当凭强制隔离戒毒所所在地公安机关的书面同意意见，向强制隔离戒毒所提出申请。强制隔离戒毒所同意接收的，应当与其就戒毒治疗期限、戒毒治疗措施、权利义务等事项签订书面协议；协议未约定的，参照本规定有关规定执行。

第六十五条 本规定自 2013 年 6 月 1 日起施行。

公安机关强制隔离戒毒所管理办法

· 2011 年 9 月 28 日公安部令第 117 号公布
· 自公布之日起施行

第一章 总 则

第一条 为加强和规范公安机关强制隔离戒毒所的管理，保障强制隔离戒毒工作顺利进行，根据《中华人民共和国禁毒法》、《国务院戒毒条例》以及相关规定，制定本办法。

第二条 强制隔离戒毒所是公安机关依法通过行政强制措施为戒毒人员提供科学规范的戒毒治疗、心理治疗、身体康复训练和卫生、道德、法制教育，开展职业技能培训的场所。

第三条 强制隔离戒毒所应当坚持戒毒治疗与教育康复相结合的方针，遵循依法、严格、科学、文明管理的原则，实现管理规范化、治疗医院化、康复多样化、帮教社会化、建设标准化。

第四条 强制隔离戒毒所应当建立警务公开制度，依法接受监督。

第二章 设 置

第五条 强制隔离戒毒所由县级以上地方人民政府设置。

强制隔离戒毒所由公安机关提出设置意见，经本级人民政府和省级人民政府公安机关分别审核同意后，报省级人民政府批准，并报公安部备案。

第六条 强制隔离戒毒所机构名称为 XX 省（自治区、直辖市）、XX 市（县、区、旗）强制隔离戒毒所。

同级人民政府设置有司法行政部门管理的强制隔离戒毒所的，公安机关管理的强制隔离戒毒所名称为 XX 省（自治区、直辖市）、XX 市（县、区、旗）第一强制隔离戒毒所。

第七条 强制隔离戒毒所建设，应当符合国家有关建设规范。建设方案，应当经省级人民政府公安机关批准。

第八条 强制隔离戒毒所设所长一人，副所长二至四人，必要时可设置政治委员或教导员。强制隔离戒毒所根据工作需要设置相应的机构，配备相应数量的管教、监控、巡视、医护、技术、财会等民警和工勤人员，落实岗位责任。

强制隔离戒毒所根据工作需要配备一定数量女民警。

公安机关可以聘用文职人员参与强制隔离戒毒所的戒毒治疗、劳动技能培训、法制教育等非执法工作，可以聘用工勤人员从事勤杂工作。

第九条 强制隔离戒毒所管理人员、医务人员享受国家规定的工资福利待遇和职业保险。

第十条 强制隔离戒毒所的基础建设经费、日常运行公用经费、办案（业务）经费、业务装备经费、戒毒人员监管给养经费，按照县级以上人民政府的财政预算予以保障。

各省、自治区、直辖市公安机关应当会同本地财政部门每年度对戒毒人员伙食费、医疗费等戒毒人员经费标准进行核算。

第十一条 强制隔离戒毒所应当建立并严格执行财物管理制度，接受有关部门的检查和审计。

第十二条 强制隔离戒毒所按照收戒规模设置相应的医疗机构，接受卫生行政部门对医疗工作的指导和监督。

强制隔离戒毒所按照卫生行政部门批准的医疗机构要求配备医务工作人员。

强制隔离戒毒所医务工作人员应当参加卫生行政部门组织的业务培训和职称评定考核。

第三章 入 所

第十三条 强制隔离戒毒所凭《强制隔离戒毒决定书》，接收戒毒人员。

第十四条 强制隔离戒毒所接收戒毒人员时，应当对戒毒人员进行必要的健康检查，确认是否受伤、患有传染病或者其他疾病，对女性戒毒人员还应当确认是否怀孕，并填写《戒毒人员健康检查表》。

办理入所手续后，强制隔离戒毒所民警应当向强制隔离戒毒决定机关出具收戒回执。

第十五条 对怀孕或者正在哺乳自己不满一周岁婴儿的妇女，强制隔离戒毒所应当通知强制隔离戒毒决定机关依法变更为社区戒毒。

戒毒人员不满十六周岁且强制隔离戒毒可能影响其学业的，强制隔离戒毒所可以建议强制隔离戒毒决定机关依法变更为社区戒毒。

对身体有外伤的，强制隔离戒毒所应当予以记录，由送戒人员出具伤情说明并由戒毒人员本人签字确认。

第十六条 强制隔离戒毒所办理戒毒人员入所手续，应当填写《戒毒人员入所登记表》，并在全国禁毒信息管理系统中录入相应信息，及时进行信息维护。

戒毒人员基本信息与《强制隔离戒毒决定书》相应信息不一致的，强制隔离戒毒所应当要求办案部门核查并出具相应说明。

第十七条 强制隔离戒毒所应当对戒毒人员人身和随身携带的物品进行检查。除生活必需品外，其他物品由强制隔离戒毒所代为保管，并填写《戒毒人员财物保管登记表》一式二份，强制隔离戒毒所和戒毒人员各存一份。经戒毒人员签字同意，强制隔离戒毒所可以将代为保管物品移交戒毒人员近亲属保管。

对检查时发现的毒品以及其他依法应当没收的违禁品，强制隔离戒毒所应当逐件登记，并依照有关规定处理。与案件有关的物品应当移交强制隔离戒毒决定机关处理。

对女性戒毒人员的人身检查，应当由女性工作人员进行。

第十八条 强制隔离戒毒所应当配合办案部门查清戒毒人员真实情况，对新入所戒毒人员信息应当与在逃人员、违法犯罪人员等信息系统进行比对，发现戒毒人员有其他违法犯罪行为或者为在逃人员的，按照相关规定移交有关部门处理。

第四章 管 理

第十九条 强制隔离戒毒所应当根据戒毒人员性别、年龄、患病、吸毒种类等情况设置不同病区，分别收戒管理。

强制隔离戒毒所根据戒毒治疗的不同阶段和戒毒人员表现，实行逐步适应社会的分级管理。

第二十条 强制隔离戒毒所应当建立新入所戒毒人员管理制度，对新入所戒毒人员实行不少于十五天的过渡管理和教育。

第二十一条 强制隔离戒毒所应当在戒毒人员入所二十四小时内进行谈话教育，书面告知其应当遵守的管理规定和依法享有的权利及行使权利的途径，掌握其基本情况，疏导心理，引导其适应新环境。

第二十二条 戒毒人员提出检举、揭发、控告，以及提起行政复议或者行政诉讼的，强制隔离戒毒所应当登记后及时将有关材料转送有关部门。

第二十三条 强制隔离戒毒所应当保障戒毒人员通信自由和通信秘密。对强制隔离戒毒所以外的人员交给戒毒人员的物品和邮件，强制隔离戒毒所应当进行检查。检查时，应当有两名以上工作人员同时在场。

经强制隔离戒毒所批准，戒毒人员可以用指定的固定电话与其亲友、监护人或者所在单位、就读学校通话。

第二十四条 强制隔离戒毒所建立探访制度，允许戒毒人员亲属、所在单位或者就读学校的工作人员探访。

探访人员应当接受强制隔离戒毒所身份证件检查，遵守探访规定。对违反规定的探访人员，强制隔离戒毒所可以提出警告或者责令其停止探访。

第二十五条 戒毒人员具有以下情形之一的，强制隔离戒毒所可以批准其请假出所：

（一）配偶、直系亲属病危或者有其他正当理由需离所探视的；

（二）配偶、直系亲属死亡需要处理相应事务的；

（三）办理婚姻登记等必须由本人实施的民事法律行为的。

戒毒人员应当提出请假出所的书面申请并提供相关证明材料，经强制隔离戒毒所所长批准，并报主管公安机关备案后，发给戒毒人员请假出所证明。

请假出所时间最长不得超过十天，离所和回所当日均计算在内。对请假出所不归的，视作脱逃行为处理。

第二十六条 律师会见戒毒人员应当持律师执业证、律师事务所介绍信和委托书，在强制隔离戒毒所内指定地点进行。

第二十七条 强制隔离戒毒所应当制定并严格执行戒毒人员伙食标准，保证戒毒人员饮食卫生、吃熟、吃热、吃够定量。

对少数民族戒毒人员，应当尊重其饮食习俗。

第二十八条 强制隔离戒毒所应当建立戒毒人员代购物品管理制度，代购物品仅限日常生活用品和食品。

第二十九条 强制隔离戒毒所应当建立戒毒人员一日生活制度。

强制隔离戒毒所应当督促戒毒人员遵守戒毒人员行为规范，并根据其现实表现分别予以奖励或者处罚。

第三十条 强制隔离戒毒所应当建立出入所登记制度。

戒毒区实行封闭管理，非本所工作人员出入应经所领导批准。

第三十一条 强制隔离戒毒所应当统一戒毒人员的着装、被服，衣被上应当设置本所标志。

第三十二条 强制隔离戒毒所应当安装监控录像、应急报警、病室报告装置、门禁检查和违禁物品检测等技防系统。监控录像保存时间不得少于十五天。

第三十三条 强制隔离戒毒所应当定期或者不定期进行安全检查，及时发现和消除安全隐患。

第三十四条 强制隔离戒毒所应当建立突发事件处置预案，并定期进行演练。

遇有戒毒人员脱逃、暴力袭击他人的，强制隔离戒毒所可以依法使用警械予以制止。

第三十五条 强制隔离戒毒所应当建立二十四小时值班巡视制度。

值班人员必须坚守岗位，履行职责，加强巡查，不得擅离职守，不得从事有碍值班的活动。

值班人员发现问题，应当果断采取有效措施，及时处置，并按规定向上级报告。

第三十六条 对有下列情形之一的戒毒人员，应当根据不同情节分别给予警告、训诫、责令具结悔过或者禁闭；构成犯罪的，依法追究刑事责任：

（一）违反戒毒人员行为规范、不遵守强制隔离戒毒所纪律，经教育不改正的；

（二）私藏或者吸食、注射毒品，隐匿违禁物品的；

（三）欺侮、殴打、虐待其他戒毒人员，占用他人财物等侵犯他人权利的；

（四）交流吸毒信息、传授犯罪方法或者教唆他人违法犯罪的；

（五）预谋或者实施自杀、脱逃、行凶的。

对戒毒人员处以警告、训诫和责令具结悔过，由管教民警决定并执行；处以禁闭，由管教民警提出意见，报强制隔离戒毒所所长批准。

对情节恶劣的，在诊断评估时应当作为建议延长其强制隔离戒毒期限的重要情节；构成犯罪的，交由侦查部门侦查，被决定刑事拘留或者逮捕的转看守所羁押。

第三十七条 强制隔离戒毒所发生戒毒人员脱逃的，应当立即报告主管公安机关，并配合追回脱逃人员。被追回的戒毒人员应当继续执行强制隔离戒毒，脱逃期间不计入强制隔离戒毒期限。被追回的戒毒人员不得提前解除强制隔离戒毒，诊断评估时可以作为建议延长其强制隔离戒毒期限的情节。

第三十八条 戒毒人员在强制隔离戒毒期间死亡的，强制隔离戒毒所应当立即向主管公安机关报告，同时通报强制隔离戒毒决定机关，通知其家属和同级人民检察院。主管公安机关应当组织相关部门对死亡原因进行调查。查清死亡原因后，尽快通知死者家属。

其他善后事宜依照国家有关规定处理。

第三十九条 强制隔离戒毒所应当建立询问登记制度，配合办案部门的询问工作。

第四十条 办案人员询问戒毒人员，应当持单位介绍信及有效工作证件，办理登记手续，在询问室进行。

因办案需要，经强制隔离戒毒所主管公安机关负责人批准，办案部门办理交接手续后可以将戒毒人员带出所，出所期间的安全由办案部门负责。戒毒人员被带离出所以及送回所时，强制隔离戒毒所应对其进行体表检查，做好书面记录，由强制隔离戒毒所民警、办案人员和戒毒人员签字确认。

第五章 医 疗

第四十一条 强制隔离戒毒所戒毒治疗和护理操作规程按照国家有关规定进行。

第四十二条 强制隔离戒毒所根据戒毒人员吸食、注射毒品的种类和成瘾程度等，进行有针对性的生理治疗、心理治疗和身体康复训练，并建立个人病历。

第四十三条 强制隔离戒毒所实行医护人员二十四小时值班和定时查房制度，医护人员应当随时掌握分管戒毒人员的治疗和身体康复情况，并给予及时的治疗和看护。

第四十四条 强制隔离戒毒所对患有传染病的戒毒人员，按照国家有关规定采取必要的隔离、治疗措施。

第四十五条 强制隔离戒毒所对毒瘾发作或者出现精神障碍可能发生自伤、自残或者实施其他危险行为的戒毒人员，可以按照卫生行政部门制定的医疗规范采取保护性约束措施。

对被采取保护性约束措施的戒毒人员，民警和医护人员应当密切观察，可能发生自伤、自残或者实施其他危险行为的情形解除后及时解除保护性约束措施。

第四十六条 戒毒人员患严重疾病，不出所治疗可能危及生命的，经强制隔离戒毒所主管公安机关批准，报强制隔离戒毒决定机关备案，强制隔离戒毒所可以允许其所外就医，并发给所外就医证明。所外就医的费用由戒毒人员本人承担。

所外就医期间，强制隔离戒毒期限连续计算。对于健康状况不再适宜回所执行强制隔离戒毒的，强制隔离戒毒所应当向强制隔离戒毒决定机关提出变更为社区戒毒的建议,强制隔离戒毒决定机关应当自收到建议之日起七日内,作出是否批准的决定。经批准变更为社区戒毒的,已执行的强制隔离戒毒期限折抵社区戒毒期限。

第四十七条　强制隔离戒毒所使用麻醉药品和精神药品,应当按照规定向有关部门申请购买。需要对戒毒人员使用麻醉药品和精神药品的,由具有麻醉药品、精神药品处方权的执业医师按照有关技术规范开具处方,医护人员应当监督戒毒人员当面服药。

强制隔离戒毒所应当按照有关规定严格管理麻醉药品和精神药品,严禁违规使用,防止流入非法渠道。

第四十八条　强制隔离戒毒所应当建立卫生防疫制度,设置供戒毒人员沐浴、理发和洗晒被服的设施。对戒毒病区应当定期消毒,防止传染疫情发生。

第四十九条　强制隔离戒毒所可以与社会医疗机构开展多种形式的医疗合作,保证医疗质量。

第六章　教　育

第五十条　强制隔离戒毒所应当设立教室、心理咨询室、谈话教育室、娱乐活动室、技能培训室等教育、康复活动的功能用房。

第五十一条　强制隔离戒毒所应当建立民警与戒毒人员定期谈话制度。管教民警应当熟悉分管戒毒人员的基本情况,包括戒毒人员自然情况、社会关系、吸毒经历、思想动态和现实表现等。

第五十二条　强制隔离戒毒所应当对戒毒人员经常开展法制、禁毒宣传、艾滋病性病预防宣传等主题教育活动。

第五十三条　强制隔离戒毒所对戒毒人员的教育,可以采取集中授课、个别谈话、社会帮教、亲友规劝、现身说法等多种形式进行。强制隔离戒毒所可以邀请有关专家、学者、社会工作者以及戒毒成功人员协助开展教育工作。

第五十四条　强制隔离戒毒所应当制定奖励制度,鼓励、引导戒毒人员坦白、检举违法犯罪行为。

强制隔离戒毒所应当及时将戒毒人员提供的违法犯罪线索转递给侦查办案部门。办案部门应当及时进行查证并反馈查证情况。

强制隔离戒毒所应当对查证属实、有立功表现的戒毒人员予以奖励,并作为诊断评估的重要依据。

第五十五条　强制隔离戒毒所可以动员、劝导戒毒人员戒毒期满出所后进入戒毒康复场所康复,并提供便利条件。

第五十六条　强制隔离戒毒所应当积极联系劳动保障、教育等有关部门,向戒毒人员提供职业技术、文化教育培训。

第七章　康　复

第五十七条　强制隔离戒毒所应当组织戒毒人员开展文体活动,进行体能训练。一般情况下,每天进行不少于二小时的室外活动。

第五十八条　强制隔离戒毒所应当采取多种形式对戒毒人员进行心理康复训练。

第五十九条　强制隔离戒毒所可以根据戒毒需要和戒毒人员的身体状况组织戒毒人员参加康复劳动,康复劳动时间每天最长不得超过六小时。

强制隔离戒毒所不得强迫戒毒人员参加劳动。

第六十条　强制隔离戒毒所康复劳动场所和康复劳动项目应当符合国家相关规定,不得开展有碍于安全管理和戒毒人员身体康复的项目。

第六十一条　强制隔离戒毒所应当对戒毒人员康复劳动收入和支出建立专门账目,严格遵守财务制度,专款专用。戒毒人员康复劳动收入使用范围如下:

(一)支付戒毒人员劳动报酬;
(二)改善戒毒人员伙食及生活条件;
(三)购置劳保用品;
(四)其他必要开支。

第八章　出　所

第六十二条　对需要转至司法行政部门强制隔离戒毒所继续执行强制隔离戒毒的人员,公安机关应当与司法行政部门办理移交手续。

第六十三条　对外地戒毒人员,如其户籍地强制隔离戒毒所同意接收,强制隔离戒毒决定机关可以变更执行场所,将戒毒人员交付其户籍地强制隔离戒毒所执行并办理移交手续。

第六十四条　强制隔离戒毒所应当建立戒毒诊断评估工作小组,按照有关规定对戒毒人员的戒毒康复、现实表现、适应社会能力等情况作出综合评估。对转至司法行政部门继续执行的,强制隔离戒毒所应当将戒毒人员戒毒康复、日常行为考核等情况一并移交司法行政部门强制隔离戒毒所,并通报强制隔离戒毒决定机关。

第六十五条　戒毒人员被依法收监执行刑罚、采取强制性教育措施或者被依法拘留、逮捕的,强制隔离戒毒所应当根据有关法律文书,与相关部门办理移交手续,并通知强制隔离戒毒决定机关。监管场所、羁押场所应当给予必要的戒毒治疗。

刑罚执行完毕时、解除强制性教育措施时或者释放时强制隔离戒毒尚未期满的,继续执行强制隔离戒毒。

第六十六条 强制隔离戒毒所应当将戒毒人员以下信息录入全国禁毒信息管理系统,进行相应的信息维护:

(一)强制隔离戒毒期满出所的;

(二)转至司法行政部门强制隔离戒毒所继续执行的;

(三)转至司法行政部门强制隔离戒毒所不被接收的;

(四)所外就医的;

(五)变更为社区戒毒的;

(六)脱逃或者请假出所不归的;

(七)脱逃被追回后在其他强制隔离戒毒所执行的。

第六十七条 强制隔离戒毒所应当建立并妥善保管戒毒人员档案。档案内容包括:强制隔离戒毒决定书副本、行政复议或者诉讼结果文书、戒毒人员登记表、健康检查表、财物保管登记表、病历、奖惩情况记录、办案机关或者律师询问记录、诊断评估结果、探访与请假出所记录、出所凭证等在强制隔离戒毒期间产生的有关文书及图片。

戒毒人员死亡的,强制隔离戒毒所应当将《戒毒人员死亡鉴定书》和《戒毒人员死亡通知书》归入其档案。

除法律明确规定外,强制隔离戒毒所不得对外提供戒毒人员档案。

第九章 附 则

第六十八条 对被处以行政拘留的吸毒成瘾人员,本级公安机关没有设立拘留所或者拘留所不具备戒毒治疗条件的,强制隔离戒毒所可以代为执行。

第六十九条 有条件的强制隔离戒毒所可以接收自愿戒毒人员。但应当建立专门的自愿戒毒区,并按照卫生行政部门关于自愿戒毒的规定管理自愿戒毒人员。

对自愿接受强制隔离戒毒的吸毒成瘾人员,强制隔离戒毒所应当与其就戒毒治疗期限、戒毒治疗措施等签订书面协议。

第七十条 强制隔离戒毒所实行等级化管理,具体办法由公安部另行制定。

第七十一条 本办法所称以上,均包括本数、本级。

第七十二条 强制隔离戒毒所的文书格式,由公安部统一制定。

第七十三条 本办法自公布之日起施行,公安部2000年4月17日发布施行的《强制戒毒所管理办法》同时废止。

戒毒治疗管理办法

- 2021年1月25日
- 国卫医发〔2021〕5号

第一章 总 则

第一条 为了规范戒毒治疗行为,依法开展戒毒治疗工作,维护医务人员和戒毒人员的合法权益,根据《中华人民共和国禁毒法》《中华人民共和国执业医师法》、《戒毒条例》《医疗机构管理条例》《麻醉药品和精神药品管理条例》《护士条例》等法律法规的规定,制定本办法。

第二条 本办法所称戒毒治疗,是指经省级卫生健康行政部门批准从事戒毒治疗的医疗机构,对吸毒人员采取相应的医疗、护理、康复等医学措施,帮助其减轻毒品依赖、促进身心康复的医学活动。

第三条 医疗机构开展戒毒治疗,适用本办法。

第四条 卫生健康行政部门负责戒毒医疗机构的监督管理,并对强制隔离戒毒医疗服务进行业务指导;公安机关、司法行政等部门在各自职责范围内负责强制隔离戒毒所、戒毒康复场所、监狱、拘留所和看守所开展戒毒治疗的监督管理。

第二章 机构登记

第五条 省级卫生健康行政部门商同级公安、司法行政部门,根据本行政区域戒毒治疗资源情况、吸毒人员分布状况和需求,制订本行政区域戒毒医疗机构设置规划,并纳入当地医疗机构设置规划。

第六条 医疗机构申请开展戒毒治疗,必须同时具备下列条件:

(一)具有独立承担民事责任的能力。

(二)符合戒毒医院基本标准或医疗机构戒毒治疗科基本标准和本办法规定。

戒毒医院基本标准和医疗机构戒毒治疗科基本标准由国务院卫生健康行政部门另行制订。

第七条 申请设置戒毒医疗机构或医疗机构从事戒毒治疗业务的,应当按照《医疗机构管理条例》《医疗机构管理条例实施细则》及本办法的有关规定报省级卫生健康行政部门批准,并报同级公安机关备案。

第八条 省级卫生健康行政部门应当根据本地区戒毒医疗机构设置规划、本办法及有关规定进行审查,自受理申请之日起15个工作日内,作出批准或不予批准的决定,并书面告知申请者。如15个工作日内不能作出决定的,经本行政机关负责人批准,可以延长10个工作日,并应当将延长期限的理由告知申请者。

第九条 批准开展戒毒治疗的卫生健康行政部门,应当在《医疗机构执业许可证》副本备注栏中进行"戒毒治疗"项目登记。

第十条 医疗机构取得戒毒治疗资质后方可开展戒毒治疗。

第三章 执业人员资格

第十一条 医疗机构开展戒毒治疗应当按照戒毒医院基本标准和医疗机构戒毒治疗科基本标准规定,根据治疗需要配备相应数量的医师、护士、临床药学、医技、心理卫生等专业技术人员,并为戒毒治疗正常开展提供必要的安保和工勤保障。

第十二条 从事戒毒治疗的医师应当具有执业医师资格并经注册取得《医师执业证书》,执业范围为精神卫生专业。

第十三条 使用麻醉药品和第一类精神药品治疗的医师应当取得麻醉药品和第一类精神药品处方权。

第十四条 从事戒毒治疗的护士应当符合下列条件:

(一)经执业注册取得《护士执业证书》。

(二)经过三级精神病专科医院或者开设有戒毒治疗科的三级综合医院脱产培训戒毒治疗相关业务3个月以上。

第十五条 医疗机构开展戒毒治疗至少应当有1名药学人员具有主管药师以上专业技术职务任职资格,并经过三级精神病专科医院或者开设有戒毒治疗科的三级综合医院培训戒毒治疗相关业务。

第十六条 医疗机构开展戒毒治疗至少应当有1名药学人员取得麻醉药品和第一类精神药品的调剂权。

第十七条 医疗机构开展戒毒治疗应当有专职的麻醉药品和第一类精神药品管理人员。

第四章 执业规则

第十八条 医务人员应当在具有戒毒治疗资质的医疗机构开展戒毒治疗。

第十九条 医疗机构及其医务人员开展戒毒治疗应当遵循与戒毒有关的法律、法规、规章、诊疗指南或技术操作规范。

第二十条 设有戒毒治疗科的医疗机构应当将戒毒治疗纳入医院统一管理,包括财务管理、医疗质量管理、药品管理等。

第二十一条 医疗机构开展戒毒治疗应当根据业务特点制定管理规章制度,加强对医务人员的管理,不断提高诊疗水平,保证医疗质量和医疗安全,维护医患双方的合法权益。

第二十二条 医疗机构开展戒毒治疗应当采用安全性、有效性确切的诊疗技术和方法,并符合国务院卫生健康行政部门医疗技术临床应用的有关规定。

第二十三条 用于戒毒治疗的药物和医疗器械应当取得药品监督管理部门的批准文号。购买和使用麻醉药品及第一类精神药品应当按规定获得"麻醉药品和第一类精神药品购用印鉴卡",并在指定地点购买,不得从非法渠道购买戒毒用麻醉药品和第一类精神药品。

医疗机构开展戒毒治疗需要使用医院制剂的,应当符合《药品管理法》和《麻醉药品和精神药品管理条例》等有关规定。

第二十四条 医疗机构开展戒毒治疗应当加强药品管理,严防麻醉药品和精神药品流入非法渠道。

第二十五条 医疗机构开展戒毒治疗应当采取有效措施,严防戒毒人员或者其他人员携带毒品与违禁物品进入医疗场所。

第二十六条 医疗机构可以根据戒毒治疗的需要,对戒毒人员进行身体和携带物品的检查。对检查发现的疑是毒品及吸食、注射用具和管制器具等按照有关规定交由公安机关处理。在戒毒治疗期间,发现戒毒人员有人身危险的,可以采取必要的临时保护性约束措施。

开展戒毒治疗的医疗机构及其医务人员应当对采取临时保护性约束措施的戒毒人员加强护理观察。

第二十七条 开展戒毒治疗的医疗机构应当与戒毒人员签订知情同意书。对属于无民事行为能力或者限制民事行为能力人的戒毒人员,医疗机构可与其监护人签订知情同意书。知情同意书的内容应当包括戒毒医疗的适应症、方法、时间、疗效、医疗风险、个人资料保密、戒毒人员应当遵守的各项规章制度以及双方的权利、义务等。

第二十八条 开展戒毒治疗的医疗机构应当按照规定建立戒毒人员医疗档案,并按规定报送戒毒人员相关治疗信息。

开展戒毒治疗的医疗机构应当要求戒毒人员提供真实信息。

第二十九条 开展戒毒治疗的医疗机构应当对戒毒人员进行必要的身体检查和艾滋病等传染病的检测,按照有关规定开展艾滋病等传染病的预防、咨询、健康教育、报告、转诊等工作。

第三十条 戒毒人员治疗期间，医疗机构应当不定期对其进行吸毒检测。发现吸食、注射毒品的，应当及时向当地公安机关报告。

第三十一条 开展戒毒治疗的医疗机构应当为戒毒人员提供心理康复、行为矫正、社会功能恢复等，并开展出院后的随访工作。

第三十二条 戒毒人员在接受戒毒治疗期间有下列情形之一的，医疗机构可以对其终止戒毒治疗：

（一）不遵守医疗机构的管理制度，严重影响医疗机构正常工作和诊疗秩序的。

（二）无正当理由不接受规范治疗或者不服从医务人员合理的戒毒治疗安排的。

（三）发现存在严重并发症或者其他疾病不适宜继续接受戒毒治疗的。

第三十三条 开展戒毒治疗的医疗机构及其医务人员应当依法保护戒毒人员的隐私，不得侮辱、歧视戒毒人员。

第三十四条 戒毒人员与开展戒毒治疗的医疗机构及其医务人员发生医疗纠纷的，按照有关规定处理。

第三十五条 开展戒毒治疗的医疗机构应当定期对医务人员进行艾滋病等传染病的职业暴露防护培训，并采取有效防护措施。

第三十六条 开展戒毒治疗的医疗机构应当根据卫生健康行政部门的安排，对社区戒毒和康复工作提供技术指导或者协助。

第五章 监督管理

第三十七条 任何组织、单位和个人，未经省级卫生健康行政部门批准取得戒毒治疗资质，不得开展戒毒治疗。

第三十八条 戒毒医疗机构的校验期限按照《医疗机构管理条例》和《医疗机构校验管理办法（试行）》的有关规定执行。

第三十九条 县级以上地方卫生健康行政部门应当按照有关规定，采取有效措施，加强对成瘾的戒毒诊疗技术的临床应用管理。

第四十条 县级以上地方卫生健康行政部门应当及时将辖区内戒毒治疗的开展情况报上级卫生健康行政部门和同级禁毒委员会。

第四十一条 县级以上地方卫生健康行政部门在戒毒治疗监管工作中，应当加强与同级公安机关、司法行政等部门的协作，并充分发挥卫生健康行业学（协）会和专业社会团体的作用。

第四十二条 卫生健康行政部门、医疗机构及其医务人员违反本办法有关规定的，依照国家有关法律法规予以处罚。

第六章 附则

第四十三条 开展戒毒药物维持治疗工作按照《戒毒药物维持治疗工作管理办法》执行。

第四十四条 本办法自 2021 年 7 月 1 日起施行。原卫生部、公安部、司法部联合印发的《戒毒医疗服务管理暂行办法》（卫医政发〔2010〕2 号）同时废止。

中国互联网禁毒公约

·2015 年 6 月 29 日

序 言

当前，我国毒品形势严峻，禁毒工作任重道远。随着互联网信息技术快速发展，各类毒品违法犯罪活动向网上蔓延。制贩毒犯罪分子通过互联网发布毒品销售信息、传播制毒技术、联络毒品及涉毒物品交易，吸毒违法人员在网上集体视频吸毒、交流吸毒体会、引诱发展新吸毒人员。网络涉毒活动加速毒品传播，加重毒品危害，加剧毒品问题复杂程度，不仅严重侵害人民群众身心健康，破坏社会治安秩序，而且败坏社会风气，污染网络环境，损害社会主义精神文明，危害广大人民群众的根本利益。

禁毒工作全民有责。互联网服务提供者、广大网民是互联网禁毒工作的重要主体。为保障"两个一百年"和中华民族伟大复兴中国梦顺利实现，让祖国下一代生活在远离毒品危害、健康向上的环境中，一切使用互联网、从事互联网服务的单位、组织和个人，应当以高度的责任感，义不容辞地承担起禁毒责任，共同向毒品宣战，携手创造中华民族更加美好的明天。

一、总 则

第一条 为全面落实互联网禁毒责任，遏制网络毒品违法犯罪，营造清朗网络空间，保障广大人民群众的根本利益，制定本公约。

第二条 本公约以社会主义核心价值观为基础，以爱国、守法、诚信、自律为原则，以全民参与、共同治理为保障。

第三条 本公约是全体互联网服务提供者和广大网民的行为准则。凡是使用互联网、从事互联网服务的单位、组织和个人，都应自觉遵守本公约、自觉维护本公约，坚决与毒品违法犯罪作斗争。

第四条 本公约所称互联网服务提供者,是指通过互联网向上网用户提供各类信息、应用、服务的单位、组织和个人。

二、禁止行为

第五条 不在互联网上制作、发布、传播、转载、链接包括吸毒、制毒、贩毒等违法犯罪的方法、技术、工艺、经验在内的任何涉毒违法有害信息,不参与任何网上涉毒违法犯罪活动。

第六条 即时通信、电子商务、聊天交友等各类互联网服务提供者以及网站、论坛、微博客、移动应用(APP)、即时聊天群组等各种网络空间的创建者、管理者拒绝以任何形式允许、放任他人利用其提供的互联网服务、网络空间进行涉毒违法犯罪活动、传播涉毒违法有害信息。

三、责任和义务

第七条 发现网上涉毒违法有害信息或涉毒违法犯罪行为的,及时向公安机关举报。

第八条 积极配合国家有关部门执法办案,协助打击涉毒违法犯罪活动,并对协助执法办案时获悉的国家秘密、案件信息负有保密义务。

第九条 互联网服务提供者严格遵守国家有关法律法规,落实信息发布审核、公共信息巡查、用户实名登记等措施,及时发现、清理网上涉毒违法有害信息。

第十条 互联网服务提供者依照国家有关规定,记录上网用户的日志信息,在国家有关机关依法查询时,全面、如实、客观、迅速予以提供。

第十一条 互联网服务提供者充分利用网络平台宣传毒品危害,宣讲党和国家有关禁毒的法律、政策、措施,提高网民识毒、拒毒、防毒的意识和能力,号召网民自觉抵制涉毒违法有害信息传播,积极参与禁毒斗争。

第十二条 电信业务经营者严格遵守国家有关法律法规,严格落实"未备案不接入",履行对接入用户的实名登记和合法资质查验义务。

第十三条 第三方交易平台经营者对通过平台销售商品或者提供服务的经营者及其发布的商品和服务信息建立检查监控制度,防止网络交易平台被用于毒品、涉毒物品交易。

第十四条 物流寄递企业严格落实实名制、收寄验视等规定,加强安全管理,增加必要的硬件设施和技术手段,坚决堵塞物流寄递渠道涉毒管理漏洞,堵住网上制贩毒活动的落地渠道。

强制隔离戒毒人员教育矫治纲要

· 2014 年 7 月 31 日
· 司发通〔2014〕75 号

为进一步规范强制隔离戒毒人员(以下简称戒毒人员)教育矫治工作,提高教育矫治工作的针对性和有效性,促进教育矫治工作全面发展,根据《中华人民共和国禁毒法》、国务院《戒毒条例》以及《司法行政机关强制隔离戒毒工作规定》,结合工作实际,制定本纲要。

一、教育矫治工作目标和基本原则

(一)教育矫治工作目标。通过综合运用各种教育矫治方法和手段,帮助戒毒人员认清毒品危害,树立法制观念,提升道德情操和文化素养,改善不良心理,掌握就业谋生技能,增强社会适应能力,戒除毒瘾,成功融入社会。

(二)教育矫治工作基本原则。坚持以人为本的原则。立足戒毒人员的戒毒需要,科学安排教育内容,选择有针对性的教育方法,给予戒毒人员人文关怀和必要的社会救助,营造尊重、信任、互助的人文矫治氛围,充分调动戒毒人员自觉、主动参与教育矫治的主体意识。

坚持因人施教的原则。根据戒毒人员的认知规律、生理、心理和行为特点,确定个性化的教育矫治方案,帮助个体戒除毒瘾,实现不同程度的改变和成长。

坚持综合矫治的原则。遵循教育矫治工作的客观规律,充分运用管理、生产劳动等手段的教育矫治功能,使场所各类教育活动形成合力,提高综合矫治能力。

坚持面向社会的原则。充分利用社会资源优势,全面提升戒毒所教育矫治工作水平,做好解除强制隔离戒毒人员的后续帮扶工作。

坚持科学创新的原则。根据戒毒工作发展的需要,研究教育矫治工作中的新问题,探索新方法,不断实现教育矫治工作的理论创新、机制创新和方法创新。

二、教育矫治内容

(一)入所教育。对新收治戒毒人员进行入所教育,帮助他们尽快熟悉所环境,适应戒毒所生活。入所教育在完成生理脱毒后进行,时间不少于1个月。

开展戒毒法律法规、所规所纪教育。学习《中华人民共和国禁毒法》、《戒毒条例》以及《司法行政机关强制隔离戒毒工作规定》、《强制隔离戒毒人员守则》,学习强制隔离戒毒所所规所纪。帮助戒毒人员了解强制隔离戒毒工作的性质、目的、内容、法律效力以及在所期间的权利义务,明确矫治目标和方向。

开展卫生知识教育。组织戒毒人员学习肝炎、艾滋病、性病等传染病预防知识,学习所内集体生活所需要的卫生常识,帮助戒毒人员养成良好的卫生习惯。

开展行为养成教育。组织队列训练,开展内务卫生和所内文明礼仪习惯养成教育,增强戒毒人员组织纪律观念、集体观念,培养自觉遵守文明礼仪的意识和习惯。

(二)法律常识教育。组织戒毒人员学习刑法、治安管理处罚法、劳动法、合同法、婚姻法、继承法、社会保障法等与戒毒人员生活息息相关的法律法规,帮助戒毒人员了解相关法律知识,树立法制观念,自觉遵纪守法。

(三)思想道德教育。把社会主义核心价值观和《公民道德建设实施纲要》教育贯穿始终,强化社会公德、职业道德和家庭美德教育,弘扬民族精神和时代精神,帮助戒毒人员确立正确的世界观、人生观和价值观,引导他们自觉抵制拜金主义、享乐主义和极端个人主义,提倡文明礼貌、助人为乐、诚实守信、尊老爱幼、艰苦奋斗的社会主义风尚。

(四)戒毒常识教育。传授禁毒戒毒基本知识,帮助戒毒人员了解毒品的特性和危害,了解我国的戒毒体系、戒毒基本流程,树立戒毒信心,提高参与戒毒的自觉性和主动性。

(五)心理健康教育。组织戒毒人员学习心理健康基本知识,了解场所心理咨询工作的基本流程,帮助戒毒人员分析吸毒的心理根源,掌握调控情绪的方法,改变错误认知,学会正确归因,提高应对压力和挫折的能力,学会与人沟通,建立和谐的人际关系。

(六)文化素质教育。举办文学、历史、音乐、书法、绘画、科技知识等讲座,以优秀传统文化和现代文化提高戒毒人员文化素养,激发生活热情,树立健康生活态度。鼓励戒毒人员参加电大、函授、高等教育自学考试。

(七)戒毒康复训练。对戒毒人员进行戒毒康复训练,帮助戒毒人员学会戒毒康复项目的相关知识,掌握生理和心理康复的具体方法。

开展戒毒康复教育。介绍戒毒康复项目和要求,传授增强戒毒意愿、修复个性缺陷、恢复正常社会情感、拒绝毒品的知识和方法,为开展戒毒康复训练奠定基础。

开展体能康复训练。借鉴医学和运动生理学理论、方法和技术,将运动康复运用到戒治过程中。开展适合戒毒人员身体状况的恢复性训练、体能训练。选择广播体操、健身操、器械训练等常用健身项目,帮助戒毒人员掌握锻炼方法,养成锻炼习惯。

开展心理康复训练。对戒毒人员进行情绪管理、意志力训练、个性修复、情感重建、人际交往、抗复吸训练、拓展训练等专题团体心理辅导,帮助戒毒人员增强抵抗诱惑的意志品质,客观认识个性缺陷与吸毒的关系,引导戒毒人员通过自我体验和自我反省,塑造积极人格,增强拒毒能力,强化戒毒效果。

(八)劳动教育和职业技能培训。组织戒毒人员进行生产劳动,充分发挥劳动的教育矫治功能,帮助戒毒人员树立正确的劳动态度,改变好逸恶劳的思想和习惯。开展职业技能培训,使戒毒人员掌握一定的职业技能。

开展安全生产知识教育。组织戒毒人员学习安全生产法规、安全生产常识、劳动保护知识,提高戒毒人员安全生产意识,树立劳动观念,养成劳动习惯,掌握劳动技能。

开展职业技能培训。落实国家禁毒办等11个部门联合下发的《关于加强戒毒康复人员就业扶持和救助服务工作的意见》(禁毒办通〔2014〕30号),将戒毒人员职业技能培训纳入当地职业技能培训总体规划,根据戒毒人员的特点和社会需求设置职业技能培训项目,帮助戒毒人员考取职业技能资格或等级证书,为就业创造条件。

(九)回归社会教育。对即将出所的戒毒人员进行回归社会教育,帮助他们了解社会形势,做好回归社会的准备。回归社会教育时间不少于一周。

开展形势政策宣传教育。帮助戒毒人员了解国家和社会发展新形势,了解人们生活方式和价值观念的新变化,了解当地市政交通、衣食住行等方面的重大变化,了解出所后办理相关手续的方法。

帮助戒毒人员重建社会支持系统。教育引导戒毒人员建立健康的朋友圈、正确处理与家庭成员的关系、积极参与社会交往。

开展后续照管政策宣传教育。向戒毒人员介绍就业形势和政策,帮助戒毒人员合理选择就业岗位;向戒毒人员介绍戒毒康复、社区康复的机构和流程,动员解除强制隔离戒毒人员到戒毒康复场所体验戒毒生活,帮助戒毒人员了解美沙酮维持治疗等社会公益项目的参与方法,使他们出所后能够及时寻求支持和帮助。

三、教育矫治方法

(一)发挥课堂教学功效。完善教材体系。以司法部统编教材为主,各地要结合自身实际自编辅助教材,进一步丰富和深化基础课程内容,体现当地特色。

规范课堂教学。课堂教学是系统学习知识,改善认知结构的有效方式。要开设法律常识(30课时)、思想道德(30课时)、心理健康(30课时)、文化素质(20课时)、戒毒常识(30课时)5门课程(共140课时)。课堂教学原则上实行小班教学,每班不超过50人。

改善教学方法。提倡启发式、互动式教学,采用案例讲解、课堂讨论等方式,充分调动戒毒人员参与热情。利用现代化教学媒体,通过网络、数字化点播等手段,直观、形象地展示教学内容,提高教学效果。

(二)提高个案化教育水平。制定个案化教育矫治方案。入所初期,进行一次个性化分析诊断,由大(中)队民警和心理咨询师,参照心理测评结果、个人成长史、现实表现等情况和诊断评估标准,逐人制定个案化教育矫治方案,运用多种手段开展教育矫治工作,做好跟踪管理;在强制隔离戒毒中期,从戒毒人员法制观念、道德水平、文化素质、心理、生理健康状况等方面,对教育效果进行评价,根据需要调整教育矫治方案,提高个别教育的针对性;在解除强制隔离戒毒前,对每名戒毒人员进行综合评估。

突出个别谈话方式。强制隔离戒毒所大(中)队民警对每名戒毒人员每两个月要至少安排一次个别谈话。对新入所和变更大(中)队的、因违法违纪受到处分的、外出探视前后或者家庭发生变故、长时间无人探访或者家人不与其联系的、情绪和行为明显异常的、变更执行方式、所外就医、延长或临近解除强制隔离戒毒的,应当及时进行个别谈话。

(三)突出心理咨询的特殊作用。广泛进行心理测评。由专职心理咨询师对戒毒人员的情绪状态、环境适应情况、人格特质等作出入所评估,逐人建立心理档案,筛查有心理问题人员。

定期举办心理咨询服务。以当面咨询或者书信、电话、网络等多种形式,为戒毒人员提供心理咨询服务,帮助解决心理问题。

及时进行心理危机干预。对心理状态严重异常、遭受家庭、婚姻等重大突发事件心理严重失衡的、长期处于抑郁焦虑和自我封闭状态的、有逃跑、行凶、自伤自残等危险倾向的戒毒人员及时实施心理危机干预。

(四)发挥场所文化建设的教育矫治功能。培育场所戒毒文化环境。围绕戒毒文化主题,统筹规划,精心布置,在设施建设、环境营造中集中体现戒毒工作理念和特色。设置鼓励、引导、关怀和与禁毒内容相关的标识,突出整洁优美、和谐有序、活泼向上的氛围,充分发挥环境育人的功能。

构筑场所戒毒文化阵地。建立所内广播、自办报刊、宣传栏、局域网等宣传教育阵地,宣传国家戒毒政策、报道场所戒毒生活。

创新场所戒毒文化活动形式。定期举办"文化月"、"文化节",利用"6·26"禁毒日开展专题教育活动,组织文艺表演、演讲、书画、摄影、歌咏比赛、读书征文、体育比赛等文化活动。

打造场所戒毒文化精品。结合本地文化特点,培育具有自身特色的文化品牌,形成"一所一品牌、一队一特色"的戒毒文化特色。

(五)实现教育矫治工作的社会化。发挥社会资源在教育矫治工作中的重要作用。探索教研合作、购买服务、资源共享等多种合作途径,充分发挥社会资源优势,促进强制隔离戒毒工作与社会进一步融合。

搭建社会帮教平台。建立一支稳定的社会帮教志愿者队伍,定期来所开展帮教;建立一个与党、政、军、工、青、妇、团等社会各界共建的帮教基地,定期开展交流活动;每年至少组织一次场所民警或者戒毒人员到社会上进行戒毒公益宣传活动。

开展后续帮扶。落实《关于加强戒毒康复人员就业扶持和救助服务工作的意见》,协助做好解除强制隔离戒毒人员关怀救助工作;鼓励在街道、社区建立后续矫管站和戒毒工作指导站,帮助完成社区戒毒和社区康复工作;建立戒治质量考查机制,通过跟踪回访、第三方评估等方式,考查场所戒治质量。

四、教育矫治工作的组织实施

(一)加强对教育矫治工作的领导。各省(区、市)戒毒局以及强制隔离戒毒所的主要负责人是教育矫治工作的第一责任人,对教育矫治工作负总责。分管领导对教育矫治工作负主要责任。要把教育矫治工作的各项任务分解落实到具体部门和民警,实行层级责任目标管理,使教育矫治工作职能更加明确、责任更加清晰,不断增强各级领导干部和广大民警做好教育矫治工作的责任感。要把教育矫治工作作为评价各级司法行政戒毒机关工作成效的重要内容,定期进行考评,将考评结果作为评价领导班子和民警业绩的重要内容。

(二)强化教育矫治队伍专业化建设。强制隔离戒毒所应当按照不低于收治人数1%的比例配备专职教师,收治人数低于500人的场所,应至少配备5名专职教师,负责课堂教学、康复训练和专题教育。按照不低于0.6%的比例配备专职心理咨询师,为有需要的戒毒人员提供个体心理咨询服务。要把民警队伍的专业化建设作为一项长期的重要战略任务,努力提高队伍的专业水平和专业素质。通过开展经验交流、示范培训等多种形式提高个案矫治水平,提升个案矫治能力,打造一支个别教育能手队伍;通过改善专业知识结构,加快专业人员引进和培养,打造一支心理矫治专家队伍;通过开展教学观摩、集体备课等活动形式,不断提高教学水平,打造一支专职教师队伍。定期组织开展优秀教师、个别教育能手、优秀心理咨询师评选活动。

（三）配备完善的教育矫治设施设备。强制隔离戒毒所应当设置与收治人数相适应的教学、文体活动、图书阅览、职业技能培训等功能用房,配备齐全的电化教学设施和教学网络。应当设置心理矫治中心和身体康复训练中心,配备满足开展康复训练需要的设施和设备。发挥科技在教育戒治中的重要作用,努力提高教育矫治的科技含量。利用现有的信息技术条件,收集、运用、管理教育矫治信息,并充分交流和共享这些信息,提升信息化应用水平。

（四）落实教育矫治经费。按照财政部、司法部《强制隔离戒毒所基本支出经费标准》规定要求,制订本地教育经费标准,确保教育矫治工作经费保障足额到位,做到专款专用,为教育矫治工作开展提供良好条件。

司法部关于加强司法行政强制隔离戒毒场所吸食新型毒品戒毒人员教育戒治工作的意见

- 2016年9月1日
- 司发通〔2016〕89号

各省、自治区、直辖市司法厅（局）,新疆生产建设兵团司法局:

为认真贯彻落实习近平总书记关于禁毒工作的重要指示精神和中央关于治理毒品问题的相关文件要求,进一步提高戒毒工作水平,现就加强司法行政强制隔离戒毒场所吸食新型毒品戒毒人员教育戒治工作提出如下意见:

一、充分认识加强吸食新型毒品戒毒人员教育戒治工作的重要意义

（一）认清当前新型毒品滥用形势和社会危害。受国际国内多种因素影响,新型毒品滥用问题日益突出。近年来,因吸食新型毒品引发的在公共场所寻衅滋事、盗窃、抢夺、伤人、自伤自戕及因"毒驾"导致严重交通事故的案件时有发生。新型毒品的滥用给公共安全、社会稳定和人民生命财产安全带来严重威胁。

（二）把握吸食新型毒品戒毒人员特点。目前,司法行政强制隔离戒毒场所吸食新型毒品戒毒人员的数量增长迅速,已占到在所戒毒人员总数的46%。吸食新型毒品戒毒人员在认知上表现为对毒品危害知晓少,相当一部分戒毒人员对其行为违法性认识不足。在心理上呈现偏执、狂妄自负、适应性差、易走极端的特点。在情绪上悲观、抑郁、紧张、焦虑、喜怒无常,有的产生幻听、幻视、被害妄想,自杀自伤自残倾向突出,精神病性症状多发。在世界观、人生观、价值观方面,一些戒毒人员生命意识、人生态度、价值取向、是非善恶、家庭观念错位。行为特征上普遍呈现自我封闭,易对他人产生敌意,容易冲动,攻击性强,不计后果。一些人因长期吸食新型毒品而患有多种严重疾病,易发生猝死。

（三）增强做好吸食新型毒品戒毒人员教育戒治工作的责任感。新型毒品戒治是强制隔离戒毒工作的一项重要任务,在当前新型毒品问题突出、社会危害性不断加大的严峻形势下,各级司法行政戒毒机关和广大戒毒工作人民警察要充分发挥职能作用,依法履行工作职责,以对国家、对民族、对人民、对历史高度负责的精神,从维护国家长治久安、保障人民幸福安康,从实现"两个一百年"奋斗目标和中华民族伟大复兴中国梦的战略高度,充分认识做好吸食新型毒品戒毒人员教育戒治工作的重要性,采取有力措施,切实提高教育戒治工作水平,为实现禁绝毒品目标而不懈努力。

二、切实加强吸食新型毒品戒毒人员的收治管理工作

（一）摸清新收治戒毒人员相关信息。收治戒毒人员时应当通过查阅相关法律文书、公安机关移交的诊断评估手册等相关档案资料和入所谈话等方式,了解新收治人员是否吸食新型毒品,了解掌握其吸食新型毒品的时间、种类、成瘾程度、戒毒次数、家庭状况和社会环境等情况,要重点摸清新收治戒毒人员是否有违法犯罪前科,根据相关信息进行危险性评估。

（二）加强新收治人员的入所体检和精神状况筛查。入所体检时,除进行必要的常规体检、健康状况调查外,还应当对戒毒人员的心理状态、精神状况进行初步筛查,发现异常及时送交精神科医生或精神专科医院复查,作出相关鉴定。入所教育阶段加强排查,甄别严重心理疾病和精神异常人员,及时发现潜在的严重心理异常和精神异常戒毒人员。被确诊患精神障碍和在体检中发现的艾滋病、性病、肝炎、肺结核等传染病戒毒人员,应当按照相关规定要求,做好监测工作。

（三）做好分类、分期管理。在按照性别、年龄对戒毒人员进行分别管理的基础上，根据患病类型、强制隔离戒毒次数、吸食新型毒品时间长短、成瘾程度、危险性评估等情况，对吸食新型毒品戒毒人员进行分类管理。要按照生理脱毒期、身心康复期、回归适应期的不同要求对吸食新型毒品戒毒人员进行分期管理。生理脱毒期重点是脱毒急性戒断症状的对症治疗和心理治疗。身心康复期重点是开展认知教育和康复训练，组织参加必要的生产劳动。回归适应期重点是做好防复吸训练、就业指导等方面的培训。

（四）加强安全管理。要严格落实安全稳定形势研判制度，强化所情分析和安全隐患预警排查，对有暴力倾向、精神异常、自杀自伤自残风险大的吸食新型毒品戒毒人员实行重点管控，明确责任警察，必要时应采取单独管理或保护性约束措施，同时做好执法和管理过程中重要证据的留存工作。加强突发事件处置预案的制定与演练工作，使民警熟悉处置流程，掌握处置方法，做到快速反应、有效处置。

三、切实加强对吸食新型毒品戒毒人员的教育戒治工作

（一）规范生理脱毒治疗工作。要根据国家卫生计生部门制定的相关新型毒品依赖诊断治疗原则，对吸食新型毒品戒毒人员开展戒毒治疗。对戒断症状明显、出现严重抑郁的，可使用相关药物治疗，同时要密切注意防范自杀。对有精神病性症状的戒毒人员，应当减少刺激，给予充分安慰，减轻因幻觉、妄想所导致的紧张不安和冲动攻击行为，由精神科医生给予对症治疗。戒断反应强烈或有人身危险的戒毒人员，必要时适时采取保护性约束措施。针对吸食新型毒品戒毒人员的特殊行为特点，不宜将他们与吸食传统毒品的戒毒人员置于同一病房内治疗，以免相互影响。

（二）重视并发症治疗和艾滋病等传染病防治。针对吸食新型毒品戒毒人员患病率高、重病人员多的特点，要加强日常疾病诊疗，坚持巡诊制度，对重病戒毒人员进行密切观察，及时开展病情分析和会诊，给予规范治疗。加强与当地医疗卫生机构合作，通过政府购买医疗服务、开辟绿色通道等方式，确保危重病戒毒人员能够得到及时救治。对严重病残人员，应当转至专门收治病残吸毒人员的场所或送专门医院进行治疗。加强传染病防治，建立传染病隔离病房，对处于传染病发病期的戒毒人员进行隔离并开展规范的治疗。对艾滋病戒毒人员进行集中管理与治疗，落实国家"四免一关怀"政策，对符合条件的戒毒人员开展抗病毒治疗。

（三）开展有针对性的认知教育。要加强法制教育，增强吸食新型毒品戒毒人员的法制观念。要把吸毒的违法性作为教育重点，使戒毒人员了解国家禁毒方面的法律法规、吸食新型毒品应当承担的法律后果。针对吸食新型毒品戒毒人员的认知错误，要讲授新型毒品的基本知识，对吸食者的身心伤害，以及引发的恶性暴力犯罪、恶性交通肇事等典型案例，让戒毒人员真正了解新型毒品危害的严重性。要开展道德教育，使戒毒人员了解自己应承担的社会义务和社会责任。要根据戒毒人员的认知规律、生理、心理特点，科学安排教育内容，丰富教育形式，充分调动戒毒人员参与教育戒治的积极性，做到因人施教。要开展系统的防复吸训练，使他们在发生或遇到毒品渴求、戒断症状、某些条件刺激、不良社会环境和人际交往时能够识别这些危险因素，掌握应对不良环境和心理应激的方法，降低出所后复吸的可能性。

（四）重视心理咨询和心理危机干预。要对吸食新型毒品戒毒人员进行心理测试，提供心理咨询服务，帮助戒毒人员坚定戒除毒瘾的决心，激发戒毒的自觉性和主动性，增强戒毒信心和抵御毒品能力。要开展心理健康教育和专题心理辅导，使戒毒人员掌握调控情绪的方法，改变错误认知，学会正确归因，提高应对压力和挫折的能力。要深入摸排掌握戒毒人员心理状况，对心理状态严重异常、家庭出现重大变故、长期处于抑郁、焦虑和自我封闭状态，有逃跑、行凶、自伤自残等危险倾向的戒毒人员应当及时实施心理危机干预，防止发生过激事件和所内安全事故。

（五）开展科学规范的康复训练。要根据戒毒人员的性别、年龄、身体状况开展康复训练，科学安排训练项目，选择训练内容、时间和方法，确定训练强度和频率，提高康复训练的科学性和有效性。要加强职业技能培训工作，联系有关部门提供就业指导，要重视劳动的教育矫治作用和对身心康复的促进作用。要合理安排劳动时间，杜绝超时超体力劳动。根据生产效益不断提高劳动报酬，使戒毒人员体会到自己的劳动价值，享受自己的劳动成果，提高戒毒人员参加劳动康复训练的积极性和主动性。

（六）积极争取家庭帮扶和社会帮教。要利用探访、探视、亲情电话等多种方式，建立戒毒人员与家庭成员情感交流的平台，恢复、重建家庭支持系统，使戒毒人员家属关心、支持和帮助戒毒人员戒毒，为戒除毒瘾创造良好的家庭环境。要加强与乡镇、街道及社区部门的合作，邀请他们到所开展帮教，搭建社会帮教平台，使戒毒人员深切感受到来自政府、社会的关心和温暖,树立和坚定戒毒信心。戒毒人员出所时,将戒毒人员戒毒治疗情况等信息通报戒毒人员居住地或户籍所在地的公安机关,保证戒毒人员出所后能够得到必要的后续照管,巩固戒毒效果。

四、采取积极措施做好相关组织实施工作

(一)加强调查研究和工作指导。新型毒品戒治在很多方面不同于传统毒品戒治,各地要在做好传统毒品戒治工作的同时,深入开展新型毒品戒治的调查研究,坚持问题导向,及时发现和解决新型毒品戒治工作中出现的新情况、新问题。要积极协调政府有关部门落实好中央出台的一系列戒毒政策和规定。要加强具体工作指导,及时总结交流好的做法和成功经验,促进戒治水平的提高。

(二)加强专业人才的培养。要重视专家型人才的特殊作用,注意发现和培养一批优秀人才,使他们成为新型毒品戒治领域的领军人物。省(区、市)戒毒管理局要建立高水平的专家库,专家可以从社会上聘请,也可以从系统内选拔,专业应当包括教育、医疗、心理、康复训练等多个领域,切实满足戒治工作需要。各戒毒场所也要培养自己的专业人才队伍,为那些热爱本职、勤奋好学、有培养前途的民警提供外出学习和培训机会,开阔他们的眼界,使他们尽快成长,早日成为场所管理、教育戒治工作的骨干力量。

(三)加强教育戒治方法手段的研究。要积极探索适合吸食新型毒品戒毒人员的教育矫治方法,不断完善符合吸食新型毒品戒毒人员特点的教材体系,丰富教育内容,提高教育矫治的针对性和有效性。要积极与社会科研院所、医疗机构合作,共同开展科研攻关,切实加强新型毒品戒治理论和技术的研究。有条件的地方可以建立戒毒科研基地,申请专项科研经费,力争取得有一定水平的科研成果。

司法行政机关强制隔离戒毒所医疗工作管理规定

· 2019年12月24日
· 司规〔2019〕2号

第一章 总 则

第一条 为认真贯彻习近平总书记关于禁毒戒毒工作重要指示批示精神,构建和完善司法行政戒毒工作制度体系,规范司法行政机关强制隔离戒毒所医疗工作,提高医疗水平,提升戒毒工作治理效能,根据《中华人民共和国禁毒法》《戒毒条例》等法律法规和司法部《司法行政机关强制隔离戒毒工作规定》等相关规定,制定本规定。

第二条 强制隔离戒毒所应当为强制隔离戒毒人员(以下简称"戒毒人员")提供科学规范的戒毒治疗,依法对患病戒毒人员给予必要治疗,在职责范围内做好疾病防控工作。

第三条 强制隔离戒毒所开展医疗工作应当遵守国家医疗卫生法律法规和卫生健康主管部门制定的相关规定和技术规范。

第四条 强制隔离戒毒所应当加强智慧医疗建设,提高诊疗过程、药品、医疗档案等管理工作信息化、智能化水平。

第五条 强制隔离戒毒所应当加强对医疗工作的管理,建立系统完备、科学规范、运行有效的医疗工作制度,强化监督检查。

第二章 医疗机构

第六条 强制隔离戒毒所应当根据戒毒工作需要设置强制隔离戒毒所医疗机构(以下简称"医疗机构"),医疗机构应当依法取得《医疗机构执业许可证》。

医疗机构应当按照国家有关规定,取得戒毒医疗资质。

第七条 医疗机构医务人员数量、医务用房数量和面积、医疗设备配备应当达到司法部和国家卫生健康委员会等相关部门规定的医疗机构基本标准。

专门收治病残戒毒人员的强制隔离戒毒所应当提高医疗机构的配备标准。

第八条 强制隔离戒毒所分布集中的地区,可以设置或指定1个医疗机构为该区域内强制隔离戒毒所提供医疗服务。

第九条 省、自治区、直辖市司法行政机关戒毒管理部门可以根据需要设置综合医院。

第十条 符合条件的医疗机构可以向有关部门申请成为基本医疗保险定点医疗机构。

第十一条 医疗机构中的医务人员应当具有良好的职业道德和敬业精神,医师、护士及其他专业技术人员应当取得相应的执业资格。

第十二条 医疗机构应当根据当地医疗资源布局,通过资源共享、人才共享、技术支持、优势互补、服务衔接等合作方式,参加社会公立医院的医联体建设。

第十三条 医疗机构参与社会医院医联体的,应当根据医联体章程,明确相关责任、权利和义务,完善医疗质量管理等制度。

第十四条 医疗机构应当根据需要牵头组建或者参与社会医院组建的戒毒、心脑血管病、传染病及精神障碍等疾病治疗专科联盟，通过专科共建、临床带教、业务指导、教学查房、科研协作和学术交流等方式，提高戒毒医疗和专科疾病的诊断治疗能力。

第十五条 医疗机构应当建立远程医疗协作网，通过医联体内上级医院向医疗机构提供远程医疗、教学和培训，实现疑难病症所内医疗机构检查、上级医院诊断的诊疗模式。

第十六条 医疗机构应当通过医联体建设、社会医院对口支援等方式畅通戒毒人员就诊通道，建立社会医院医师驻所门诊、定期进所门诊、会诊机制。

强制隔离戒毒所应当为入所服务的社会医院医务人员提供必要的工作条件。

第十七条 强制隔离戒毒所可以通过政府购买服务的方式，引入社会医疗机构或者聘用社会医务人员参与医疗工作。引入社会医疗机构和人员的应当报强制隔离戒毒所上级管理部门备案。

第十八条 医疗机构不得安排未取得执业资格的医学专业毕业生单独从事临床活动。

禁止戒毒人员从事诊疗活动。

第十九条 强制隔离戒毒所应当组织医务人员进行业务培训，定期安排医务人员到医联体、专科联盟和相关医院进修学习，采取多种方式保障医务人员按照国家有关规定进行继续医学教育。

第二十条 戒毒大队应当在人民警察中指定专人负责患病戒毒人员的相关管理工作。

第二十一条 医疗机构开展戒毒治疗应当遵循卫生健康主管部门制定的诊疗规范和药物依赖诊断治疗指导原则。

具备条件的医疗机构可以面向社会为吸毒成瘾人员提供戒毒门诊、戒毒咨询等戒毒医疗服务。

第三章　健康检查

第二十二条 强制隔离戒毒所应当对新接收的戒毒人员按照规定项目进行入所健康检查。

体检时，医师应当认真询问戒毒人员吸毒史、身体状况、既往病史、药物过敏史、家族病史等情况，进行吸毒检测，填写入所健康状况检查表。

对女性戒毒人员应当进行妊娠检测，并于1个月后复检。

第二十三条 对戒毒人员体表检查中发现的身体畸形、纹身、疤痕等明显异常特征应当拍照留存，由戒毒人员签字确认。对于体表有外伤、体内有异物等情形的，应当进行详细记录，并由移送的公安机关人民警察和戒毒人员分别签字确认。

第二十四条 戒毒人员入所时应当进行艾滋病病毒抗体初筛检测并在3个月内进行复查。

第二十五条 入所健康检查结束后，医师应当填写体检结论。戒毒人员身体状况不符合规定收治标准的，医疗机构应当建议不予接收。

第二十六条 强制隔离戒毒所应当为戒毒人员建立个人健康档案，由专人负责管理。

健康档案包括戒毒人员体检表、病历、辅助检查报告、吸毒检测报告等相关资料。

第二十七条 强制隔离戒毒所每年应当对戒毒人员进行身体健康检查。

第四章　诊疗管理

第二十八条 医疗机构实行24小时值班制度。医务人员对戒毒人员诊疗时，负责管理的人民警察应当在场。戒毒人员到医疗机构就诊有困难的，医务人员应当及时前往现场诊疗。

第二十九条 诊疗时，负责管理的人民警察应当对候诊、就诊、检查、取药、治疗全过程实行有效管理。就诊结束，诊疗医师应当向负责管理的人民警察说明戒毒人员病情和治疗措施。

第三十条 戒毒人员经诊断需要休息或者有特殊饮食需求的，医疗机构应当开具证明，强制隔离戒毒所予以安排。

第三十一条 戒毒人员因生产劳动、自伤自残、打架斗殴以及其他意外原因致伤就医的，医疗机构应当及时将戒毒人员诊疗处置情况通知强制隔离戒毒所相关部门和戒毒人员所在戒毒大队。

第三十二条 医疗机构应当建立每日巡诊制度。医务人员巡诊时应当有戒毒大队人民警察在场。巡诊携带的医疗器械和药品应当放置在医务人员和人民警察可控范围内，并做到用前清点，用后复核。

巡诊过程中产生的医疗废物应当带回或做无害化处理。

第三十三条 巡诊过程中，医务人员应当对患有伤病的戒毒人员给予必要处置，向戒毒人员和负责管理的人民警察告知注意事项。需要进一步检查治疗的，应当及时安排门诊诊疗。巡诊结束后，医师应当填写巡诊记录，并将诊疗情况及时记入戒毒人员病历。

第三十四条 遇到疑难病例的,医疗机构应当组织会诊。必要时,可以采取远程会诊、请社会医院医师来所等方式进行会诊。

第三十五条 医务人员发现戒毒人员伪装生病或者拒绝治疗的,应当留存证据并告知戒毒人员所在戒毒大队。

第三十六条 戒毒人员需要在医疗机构住院治疗的,医师应当开具住院通知单,及时安排住院,并与脱毒治疗的戒毒人员分别管理。

第三十七条 戒毒人员出院时,医疗机构应当将戒毒人员住院治疗情况、出院后注意事项告知戒毒人员所在戒毒大队。

第三十八条 戒毒人员患有伤病,医疗机构不具备诊疗条件需要到其他医院离所就医的,经医疗机构负责人审核同意后按规定程序办理;需要在其他医院住院治疗的,应当报省、自治区、直辖市司法行政机关戒毒管理部门备案。

第三十九条 戒毒人员离所就医时,负责管理的人民警察或者医疗机构医务人员应当携带相关病情资料。就诊时,应当将病情和前期诊疗情况告知就诊医院医师,保管好就诊时产生的病历、诊疗单据等就诊资料。

戒毒人员回所后,医疗机构应当对其离所就医期间的就医资料进行整理,及时归入戒毒人员个人健康档案,同时将诊疗情况告知戒毒人员所在戒毒大队。

第四十条 强制隔离戒毒所应当根据需要选择条件适合的所外医院建立戒毒人员专用病房,专用病房应当设置安全防护设施,具备人民警察能够直接管理、所内指挥中心能够远程视频监控病房情况的条件。

第四十一条 戒毒人员患有严重疾病,不出所治疗可能危及生命的,由医疗机构向戒毒人员所在戒毒大队提出所外就医的建议并提供相关诊断证明材料。

第四十二条 医疗机构候诊室、诊室、医技室、治疗室、病房等诊疗区域的医疗设备、器械应当合理摆放。医用注射器、手术器械以及其他锐利物品用后应当及时回收处置,防止发生人身安全事故。

第四十三条 强制隔离戒毒所应当制定危重病戒毒人员抢救预案,保证抢救室、抢救用床、抢救器械、抢救药品和救护车辆处于正常完好状态。医务人员应当掌握抢救工作流程、技术措施和所需设备的使用方法,保证抢救工作及时有序。

第四十四条 戒毒人员病情危重有生命危险的,强制隔离戒毒所应当按照工作预案组织现场抢救和转院救治,并及时通知家属。

强制隔离戒毒所应当对抢救和处置过程做记录,留存相关视听资料。

第四十五条 对戒毒人员中符合治疗标准的艾滋病病毒感染者和艾滋病病人,医疗机构应当提供规范的抗病毒治疗。

第四十六条 对戒毒人员采取保护性约束措施时,应当遵守有关医疗规范,医务人员和人民警察应当密切观察,防止发生意外情况。

第五章 病历管理

第四十七条 戒毒人员病历应当按规定管理,除涉及对患者实施医疗和管理的人员外,其他人员不得擅自查阅。因工作需要查阅病历的,应当经强制隔离戒毒所负责人批准,阅后应当立即归还。戒毒人员本人或者委托他人申请查阅、复制病历资料的,应当经强制隔离戒毒所负责人批准,受委托人必须出具有效身份证明、代理关系的法定证明材料和授权委托书。

第四十八条 人民法院、人民检察院、公安机关、医疗保障部门以及医疗事故技术鉴定机构在办理案件或者依法办理相关事项中,要求审核、查阅或者复制戒毒人员病历资料的,经强制隔离戒毒所负责人批准,医疗机构予以协助。

第六章 药品管理使用

第四十九条 医疗机构应当建立药品进货检查验收制度,不符合规定要求的,不得购进和使用。

禁止以戒毒人员为对象进行戒毒药物试验。

第五十条 医疗机构应当将药品与非药品分开存放,中药材、中药饮片、化学药物、中成药应当分别储存、分类存放。

第五十一条 医疗机构购买和使用麻醉药品和第一类精神药品,应当按规定获得"麻醉药品和第一类精神药品购用印鉴卡"。存放麻醉药品和第一类精神药品应当使用保险柜,实行双人双锁管理。

第五十二条 戒毒大队应当配备药品柜集中保管戒毒人员药品,药品应当按人分别存放,不得混放、混用。

第五十三条 人民警察应当监督戒毒人员遵照医嘱服药,做到按次给药、当面核对、监督服下。服药后,人民警察和戒毒人员应当签字确认。

第七章 传染病防治

第五十四条 强制隔离戒毒所应当依法做好传染病防治工作,根据本地区传染病流行特点制定预防控制预案并定期演练。

严格执行传染病疫情报告制度，配合疾病预防控制机构做好疫情控制相关工作。

第五十五条 强制隔离戒毒所应当搞好环境卫生，定期消除鼠、蝇、蚊、蟑螂等病媒生物。

第五十六条 强制隔离戒毒所应当开展艾滋病、性病、肺结核、病毒性肝炎等传染病的监测和防治工作。

第五十七条 强制隔离戒毒所应当加强社会外来人员的管理，采取必要的检查、防控措施，防止传染性疾病带入所内。

第五十八条 强制隔离戒毒所应当做好传染病职业暴露防护和培训工作，对从事艾滋病等传染病防治工作的医务人员和管理人员应当按照规定给予适当津贴。

第八章 附 则

第五十九条 司法行政机关戒毒康复场所医疗工作参照本规定执行。

第六十条 本规定自 2020 年 1 月 1 日起施行。

司法行政机关强制隔离戒毒所生活卫生管理规定

- 2017 年 12 月 27 日
- 司发通〔2017〕135 号

第一章 总 则

第一条 为了加强司法行政机关强制隔离戒毒所生活卫生管理，保障强制隔离戒毒人员（以下简称"戒毒人员"）合法权益，提高戒毒效果，根据《中华人民共和国禁毒法》《戒毒条例》等法律法规和司法部《司法行政机关强制隔离戒毒工作规定》等相关规定，制定本规定。

第二条 强制隔离戒毒所生活卫生管理工作应当坚持以人为本、科学文明、安全有序、关怀服务的原则。

第三条 强制隔离戒毒所设置生活卫生管理机构，负责管理和指导戒毒人员所内起居、生活保障和卫生医疗工作。

第四条 戒毒人员生活卫生保障经费应当达到国家规定的强制隔离戒毒所基本支出经费标准和戒毒人员伙食被服实物量标准，专款专用。

第二章 环境设施

第五条 强制隔离戒毒所应当按照国家规定的强制隔离戒毒所建设标准，合理设置戒毒人员生活区和功能用房。

强制隔离戒毒所环境应当绿化、美化。

第六条 强制隔离戒毒所应当设置戒毒人员寝室、盥洗室、卫生间、浴室、理发室、开水房、物品储藏室、晾衣间、活动室、阅览室、室外活动场地、晾晒场地和食堂、商店、生活保障品仓库及其他必要的生活设施。

第七条 戒毒人员寝室应当坚固安全、通风明亮，配备床铺、储物柜等基本生活设施和必要的防暑降温、防寒保暖设施。

强制隔离戒毒所应当保障戒毒人员一人一铺，可以根据需要在戒毒人员床头安装紧急呼叫装置。

第八条 戒毒人员寝室门口应当设置戒毒人员信息栏，内容包括戒毒人员照片、床位号、姓名、戒毒期限等。戒毒人员床头信息卡内容应当与寝室门口信息栏内容保持一致。戒毒人员信息应当完整，及时更新。

第九条 戒毒人员物品储藏室应当配备储物柜。储物柜应当一人一柜，不得混用、共用。

物品储藏室应当用于存放戒毒人员个人物品，不得存放其他物品。

第十条 戒毒人员浴室应当定期开放，根据季节变化和戒毒人员需要合理安排洗澡时间和次数。

第十一条 强制隔离戒毒所应当保障戒毒人员饮用开水供应。生活饮用水的水质应当符合国家饮用水标准并定期检测。

第十二条 戒毒人员洗衣房应当配备必要的洗涤、消毒设备，建立和落实严格的洗涤、消毒制度，防止交叉污染。

第十三条 戒毒人员生活区电线不得裸露、破损，电器、电源开关、插座、电源盒的安装使用应当符合安全要求。

第十四条 强制隔离戒毒所应当设置定点密闭式垃圾收容设施，做到垃圾不乱倒、不暴露，及时处理。

第十五条 强制隔离戒毒所应当定期对戒毒人员生活卫生设施设备进行检查、维修和消毒，及时消除隐患，保证安全和正常使用。

第十六条 强制隔离戒毒所应当加强所区管理，维护良好生活秩序，保证所区环境优美整洁、秩序井然。

第三章 作 息

第十七条 强制隔离戒毒所应当根据季节变化，合理制定戒毒人员一日生活作息制度。

戒毒人员睡眠时间每日不少于 8 小时。

第十八条 戒毒人员每天早晨应当在规定时间统一起床，值班人民警察应当在起床时检查各寝室有无患病或异常戒毒人员，发现问题根据情况及时处理。

第十九条 强制隔离戒毒所应当组织戒毒人员每日

晨练。

除经医务人员和值班人民警察同意休息的戒毒人员外，所有戒毒人员都应当参加集体晨练。

第二十条 强制隔离戒毒所每天早晨应当组织戒毒人员整理内务，对室内外进行清扫，值班人民警察应当对内务卫生情况进行检查。

第二十一条 强制隔离戒毒所应当组织戒毒人员按照规定时间就餐。

戒毒人员集体就餐应当列队依次进入就餐区，就餐时应当保持肃静，遵守食堂秩序，餐毕由值班人民警察整队集体带离。

第二十二条 强制隔离戒毒所应当根据季节变化安排戒毒人员午休。

第二十三条 强制隔离戒毒所应当安排戒毒人员自由活动时间，用于处理个人事务或者进行娱乐活动，自由活动时不得超出规定活动区域，不得进行违反规定的活动。

第二十四条 强制隔离戒毒所应当安排戒毒人员每日晚点名，内容包括清点人数、讲评、宣布次日活动安排以及其他事项。

第二十五条 值班人民警察应当在规定就寝时间前，组织戒毒人员做好就寝准备，督促戒毒人员按时就寝。

第二十六条 休息日和法定节假日，强制隔离戒毒所可以酌情推迟就寝或者起床时间，推迟时间一般不超过1小时。

第四章 卫生管理

第二十七条 强制隔离戒毒所应当对戒毒人员进行健康教育，督促其做到勤洗澡、勤理发、勤剪甲、勤洗衣服、勤晒被褥，讲究个人卫生。

第二十八条 戒毒人员的洗漱用品、剃须用具一人一套，不得混用、共用。指甲刀、针线、理发剃须等用具应当由人民警察统一管理，使用后及时收回，定期消毒。

第二十九条 戒毒人员寝室内应当床铺干净整洁，被褥叠放整齐，地面墙面清洁，个人衣物、书籍、文具、洗漱和卫生用品等按照规定存放和摆放，做到窗明几净、整齐有序。

第三十条 戒毒人员寝室、楼道、盥洗室、卫生间应当每日清扫，定期消毒，保持干净整洁、空气清新、无蛛网、无污迹、无积尘、无异味。

第三十一条 强制隔离戒毒所应当对戒毒人员开展控制吸烟的宣传教育，在所内划定禁止吸烟区域并设置明显标志。

第三十二条 强制隔离戒毒所应当开展爱国卫生运动。

戒毒人员生活区域环境卫生应当划片分工负责，每日清扫，定期大扫除，及时清理杂草杂物，做到无积水、无蚊蝇孳生地。

第三十三条 强制隔离戒毒所应当建立戒毒人员个人卫生、内务卫生和环境卫生评比制度。大队每周、所每月应当开展卫生检查评比。

第五章 伙食管理

第三十四条 戒毒人员食堂应当单独设置，由人民警察担任管理人员。食堂设施建设应当符合国家规定标准。

第三十五条 戒毒人员食堂应当按照国家有关规定，取得食品经营许可证明，并在食堂显著位置悬挂。

第三十六条 戒毒人员食堂应当建立健全食品安全管理制度，配备持有培训合格证明的专职或者兼职食品安全管理人员，明确食品安全责任，落实岗位责任制。

戒毒人员食堂应当按照国家食品安全有关规定，提高食品安全管理等级。

第三十七条 强制隔离戒毒所应当定期组织食堂管理人员和炊事人员进行培训，学习食品安全法律、法规以及食品安全有关知识。

第三十八条 强制隔离戒毒所应当挑选平时表现好、有良好卫生习惯、身心健康的戒毒人员从事食堂工作，对新上岗人员应当进行岗前培训。

第三十九条 戒毒人员食堂管理人员和炊事人员应当每半年进行一次健康检查，取得健康证明后方可上岗工作。健康证明应当张贴在食堂显著位置。

第四十条 戒毒人员食堂应当建立每日晨检制度。有发热、腹泻等有碍食品安全病症的人员，应当立即离开工作岗位，治愈后方可重新上岗。

第四十一条 戒毒人员食堂应当设置炊事人员更衣室，配备更衣柜等。

炊事人员应当保持良好的个人卫生，操作前洗手，操作时穿戴清洁的工作衣帽和口罩。

第四十二条 戒毒人员食堂应当配备营养师，根据戒毒人员伙食实物量标准和戒毒治疗的需要合理配餐，每周公布戒毒人员食谱。

强制隔离戒毒所应当在伙食上对未成年、患病戒毒人员给予适当照顾。

第四十三条 强制隔离戒毒所应当尊重少数民族戒

毒人员民族饮食习惯，根据需要设立民族灶。

第四十四条 戒毒人员食堂应当加强炊事机械、炊事用具的管理，消除安全隐患，防止发生意外事故和造成人身伤害。

倡导使用自动化炊事设备，实现食品加工无刀化。

第四十五条 戒毒人员食堂使用燃气和电力炊事设备时应当严格遵守操作规程和安全规定，定期检查燃气泄漏报警和防触电装置，保持其处于正常可靠状态。

第四十六条 戒毒人员食堂应当设置主食、副食等专用仓库，根据戒毒人员数量和季节气候情况保持适量食品储备。

戒毒人员食堂仓库应当防潮、防霉、防虫、防鼠、防火，保持安全、干燥、整洁、卫生。

第四十七条 戒毒人员食堂应当建立食品采购、验收制度，不得采购不符合食品安全要求的食品或者原料。

戒毒人员食堂管理人员应当定期检查、盘点仓库食品和原料，及时清理过期、变质和不符合食品安全要求的食品或者原料。

第四十八条 戒毒人员食堂应当逐日登记每日购入和消耗主副食品原料、调料，按月核算水、电和燃料消耗量。

戒毒人员食堂应当每月公开伙食费使用情况。

第四十九条 戒毒人员食堂应当配备果蔬农药残留检测设备，由食堂管理人员对蔬菜、水果进行农药残留检测，检测不合格的不得加工食用。

第五十条 戒毒人员食堂餐具、饮具和盛放直接入口食品的容器，使用前应当洗净、消毒，消毒后存放在专用保洁柜内。炊具、用具使用后应当洗净，保持清洁。

第五十一条 戒毒人员食堂应当建立48小时食品留样制度。留样食品应当按品种分别冷藏存放。每个品种留样量不得少于100克，留样记录应当包括留样食品名称、留样量、留样时间、留样人员和审核人员等信息。

第五十二条 强制隔离戒毒所应当建立出现食物中毒、长时间停水、停电和极端天气情况时的应急处置预案，发生以上情况时做好应急处置工作，并按规定及时上报。

第五十三条 强制隔离戒毒所应当成立由戒毒人员组成的伙食民主管理委员会，定期召开会议，收集戒毒人员对伙食管理的意见和建议，监督戒毒人员伙食费使用情况。

第五十四条 实行餐饮供应社会化的强制隔离戒毒所，应当选择有资质、信誉良好的食品加工经营企业，同时加强对炊事人员、伙食质量、价格、卫生等方面的监督。

第六章 财物管理

第五十五条 强制隔离戒毒所应当为戒毒人员建立所内个人账户，个人钱款全部存入账户，用于所内购物和其他个人消费。

人民警察不得私自接收、保管、挪用、侵占戒毒人员个人钱款。

第五十六条 戒毒人员出所时，强制隔离戒毒所应当按照有关规定为其办理个人账户结算。

第五十七条 强制隔离戒毒所应当按照规定标准，为戒毒人员统一配发被服。

为戒毒人员配发的服装应当大方得体、舒适实用，便于识别，不得带有歧视性特征或者标识。

强制隔离戒毒所应当统一保管戒毒人员入所时的个人衣物，并在戒毒人员出所时发还。

第五十八条 戒毒人员应当按照规定穿着配发服装，做到着装整洁、统一规范，不得擅自更改服装样式、标识。

季节换装时间和着装要求由强制隔离戒毒所统一规定。

第五十九条 戒毒人员因解除强制隔离戒毒、变更戒毒措施或者所外就医等原因离开强制隔离戒毒所的，强制隔离戒毒所应当收回配发的带有戒毒标识的被服。

第六十条 强制隔离戒毒所应当加强戒毒人员个人物品的管理，定期进行物品点验，对违禁品和危险品应当予以收缴并查明来源。

第六十一条 强制隔离戒毒所可以通过设置商店、安装自动售货设备、建设专用电子商务平台等方式为戒毒人员提供生活日用品购物服务。所售商品价格不得高于当地市场零售价格。提供购物服务的收入扣除成本后，应当用于戒毒人员的生活保障。

第六十二条 强制隔离戒毒所应当严格挑选商品供货商，建立商品验收制度，加强对商品流通过程的监督和指导，不得出售产品质量不合格和影响所内安全的商品。

第七章 附则

第六十三条 强制隔离戒毒所医疗工作管理规定由司法部另行制定。

第六十四条 本规定自印发之日起施行。

麻醉药品和精神药品管理条例

- 2005年8月3日中华人民共和国国务院令第442号公布
- 根据2013年12月7日《国务院关于修改部分行政法规的决定》第一次修订
- 根据2016年2月6日《国务院关于修改部分行政法规的决定》第二次修订

第一章 总 则

第一条 为加强麻醉药品和精神药品的管理,保证麻醉药品和精神药品的合法、安全、合理使用,防止流入非法渠道,根据药品管理法和其他有关法律的规定,制定本条例。

第二条 麻醉药品药用原植物的种植,麻醉药品和精神药品的实验研究、生产、经营、使用、储存、运输等活动以及监督管理,适用本条例。

麻醉药品和精神药品的进出口依照有关法律的规定办理。

第三条 本条例所称麻醉药品和精神药品,是指列入麻醉药品目录、精神药品目录(以下称目录)的药品和其他物质。精神药品分为第一类精神药品和第二类精神药品。

目录由国务院药品监督管理部门会同国务院公安部门、国务院卫生主管部门制定、调整并公布。

上市销售但尚未列入目录的药品和其他物质或者第二类精神药品发生滥用,已经造成或者可能造成严重社会危害的,国务院药品监督管理部门会同国务院公安部门、国务院卫生主管部门应当及时将该药品和该物质列入目录或者将该第二类精神药品调整为第一类精神药品。

第四条 国家对麻醉药品药用原植物以及麻醉药品和精神药品实行管制。除本条例另有规定的外,任何单位、个人不得进行麻醉药品药用原植物的种植以及麻醉药品和精神药品的实验研究、生产、经营、使用、储存、运输等活动。

第五条 国务院药品监督管理部门负责全国麻醉药品和精神药品的监督管理工作,并会同国务院农业主管部门对麻醉药品药用原植物实施监督管理。国务院公安部门负责对造成麻醉药品药用原植物、麻醉药品和精神药品流入非法渠道的行为进行查处。国务院其他有关主管部门在各自的职责范围内负责与麻醉药品和精神药品有关的管理工作。

省、自治区、直辖市人民政府药品监督管理部门负责本行政区域内麻醉药品和精神药品的监督管理工作。县级以上地方公安机关负责对本行政区域内造成麻醉药品和精神药品流入非法渠道的行为进行查处。县级以上地方人民政府其他有关主管部门在各自的职责范围内负责与麻醉药品和精神药品有关的管理工作。

第六条 麻醉药品和精神药品生产、经营企业和使用单位可以依法参加行业协会。行业协会应当加强行业自律管理。

第二章 种植、实验研究和生产

第七条 国家根据麻醉药品和精神药品的医疗、国家储备和企业生产所需原料的需要确定需求总量,对麻醉药品药用原植物的种植、麻醉药品和精神药品的生产实行总量控制。

国务院药品监督管理部门根据麻醉药品和精神药品的需求总量制定年度生产计划。

国务院药品监督管理部门和国务院农业主管部门根据麻醉药品年度生产计划,制定麻醉药品药用原植物年度种植计划。

第八条 麻醉药品药用原植物种植企业应当根据年度种植计划,种植麻醉药品药用原植物。

麻醉药品药用原植物种植企业应当向国务院药品监督管理部门和国务院农业主管部门定期报告种植情况。

第九条 麻醉药品药用原植物种植企业由国务院药品监督管理部门和国务院农业主管部门共同确定,其他单位和个人不得种植麻醉药品药用原植物。

第十条 开展麻醉药品和精神药品实验研究活动应当具备下列条件,并经国务院药品监督管理部门批准:

(一)以医疗、科学研究或者教学为目的;

(二)有保证实验所需麻醉药品和精神药品安全的措施和管理制度;

(三)单位及其工作人员2年内没有违反有关禁毒的法律、行政法规规定的行为。

第十一条 麻醉药品和精神药品的实验研究单位申请相关药品批准证明文件,应当依照药品管理法的规定办理;需要转让研究成果的,应当经国务院药品监督管理部门批准。

第十二条 药品研究单位在普通药品的实验研究过程中,产生本条例规定的管制品种的,应当立即停止实验研究活动,并向国务院药品监督管理部门报告。国务院药品监督管理部门应当根据情况,及时作出是否同意其继续实验研究的决定。

第十三条 麻醉药品和第一类精神药品的临床试验,不得以健康人为受试对象。

第十四条 国家对麻醉药品和精神药品实行定点生产制度。

国务院药品监督管理部门应当根据麻醉药品和精神药品的需求总量，确定麻醉药品和精神药品定点生产企业的数量和布局，并根据年度需求总量对数量和布局进行调整、公布。

第十五条 麻醉药品和精神药品的定点生产企业应当具备下列条件：

（一）有药品生产许可证；

（二）有麻醉药品和精神药品实验研究批准文件；

（三）有符合规定的麻醉药品和精神药品生产设施、储存条件和相应的安全管理设施；

（四）有通过网络实施企业安全生产管理和向药品监督管理部门报告生产信息的能力；

（五）有保证麻醉药品和精神药品安全生产的管理制度；

（六）有与麻醉药品和精神药品安全生产要求相适应的管理水平和经营规模；

（七）麻醉药品和精神药品生产管理、质量管理部门的人员应当熟悉麻醉药品和精神药品管理以及有关禁毒的法律、行政法规；

（八）没有生产、销售假药、劣药或者违反有关禁毒的法律、行政法规规定的行为；

（九）符合国务院药品监督管理部门公布的麻醉药品和精神药品定点生产企业数量和布局的要求。

第十六条 从事麻醉药品、精神药品生产的企业，应当经所在地省、自治区、直辖市人民政府药品监督管理部门批准。

第十七条 定点生产企业生产麻醉药品和精神药品，应当依照药品管理法的规定取得药品批准文号。

国务院药品监督管理部门应当组织医学、药学、社会学、伦理学和禁毒等方面的专家成立专家组，由专家组对申请首次上市的麻醉药品和精神药品的社会危害性和被滥用的可能性进行评价，并提出是否批准的建议。

未取得药品批准文号的，不得生产麻醉药品和精神药品。

第十八条 发生重大突发事件，定点生产企业无法正常生产或者不能保证供应麻醉药品和精神药品时，国务院药品监督管理部门可以决定其他药品生产企业生产麻醉药品和精神药品。

重大突发事件结束后，国务院药品监督管理部门应当及时决定前款规定的企业停止麻醉药品和精神药品的生产。

第十九条 定点生产企业应当严格按照麻醉药品和精神药品年度生产计划安排生产，并依照规定向所在地省、自治区、直辖市人民政府药品监督管理部门报告生产情况。

第二十条 定点生产企业应当依照本条例的规定，将麻醉药品和精神药品销售给具有麻醉药品和精神药品经营资格的企业或者依照本条例规定批准的其他单位。

第二十一条 麻醉药品和精神药品的标签应当印有国务院药品监督管理部门规定的标志。

第三章 经 营

第二十二条 国家对麻醉药品和精神药品实行定点经营制度。

国务院药品监督管理部门应当根据麻醉药品和第一类精神药品的需求总量，确定麻醉药品和第一类精神药品的定点批发企业布局，并应当根据年度需求总量对布局进行调整、公布。

药品经营企业不得经营麻醉药品原料药和第一类精神药品原料药。但是，供医疗、科学研究、教学使用的小包装的上述药品可以由国务院药品监督管理部门规定的药品批发企业经营。

第二十三条 麻醉药品和精神药品定点批发企业除应当具备药品管理法第十五条规定的药品经营企业的开办条件外，还应当具备下列条件：

（一）有符合本条例规定的麻醉药品和精神药品储存条件；

（二）有通过网络实施企业安全管理和向药品监督管理部门报告经营信息的能力；

（三）单位及其工作人员2年内没有违反有关禁毒的法律、行政法规规定的行为；

（四）符合国务院药品监督管理部门公布的定点批发企业布局。

麻醉药品和第一类精神药品的定点批发企业，还应当具有保证供应责任区域内医疗机构所需麻醉药品和第一类精神药品的能力，并具有保证麻醉药品和第一类精神药品安全经营的管理制度。

第二十四条 跨省、自治区、直辖市从事麻醉药品和第一类精神药品批发业务的企业（以下称全国性批发企业），应当经国务院药品监督管理部门批准；在本省、自治区、直辖市行政区域内从事麻醉药品和第一类精神药品批发业务的企业（以下称区域性批发企业），应当经所在地省、自治区、直辖市人民政府药品监督管理部门批准。

专门从事第二类精神药品批发业务的企业，应当经所在地省、自治区、直辖市人民政府药品监督管理部门批准。

全国性批发企业和区域性批发企业可以从事第二类精神药品批发业务。

第二十五条 全国性批发企业可以向区域性批发企业，或者经批准可以向取得麻醉药品和第一类精神药品使用资格的医疗机构以及依照本条例规定批准的其他单位销售麻醉药品和第一类精神药品。

全国性批发企业向取得麻醉药品和第一类精神药品使用资格的医疗机构销售麻醉药品和第一类精神药品，应当经医疗机构所在地省、自治区、直辖市人民政府药品监督管理部门批准。

国务院药品监督管理部门在批准全国性批发企业时，应当明确其所承担供药责任的区域。

第二十六条 区域性批发企业可以向本省、自治区、直辖市行政区域内取得麻醉药品和第一类精神药品使用资格的医疗机构销售麻醉药品和第一类精神药品；由于特殊地理位置的原因，需要就近向其他省、自治区、直辖市行政区域内取得麻醉药品和第一类精神药品使用资格的医疗机构销售的，应当经企业所在地省、自治区、直辖市人民政府药品监督管理部门批准。审批情况由负责审批的药品监督管理部门在批准后5日内通报医疗机构所在地省、自治区、直辖市人民政府药品监督管理部门。

省、自治区、直辖市人民政府药品监督管理部门在批准区域性批发企业时，应当明确其所承担供药责任的区域。

区域性批发企业之间因医疗急需、运输困难等特殊情况需要调剂麻醉药品和第一类精神药品的，应当在调剂后2日内将调剂情况分别报所在地省、自治区、直辖市人民政府药品监督管理部门备案。

第二十七条 全国性批发企业应当从定点生产企业购进麻醉药品和第一类精神药品。

区域性批发企业可以从全国性批发企业购进麻醉药品和第一类精神药品；经所在地省、自治区、直辖市人民政府药品监督管理部门批准，也可以从定点生产企业购进麻醉药品和第一类精神药品。

第二十八条 全国性批发企业和区域性批发企业向医疗机构销售麻醉药品和第一类精神药品，应当将药品送至医疗机构。医疗机构不得自行提货。

第二十九条 第二类精神药品定点批发企业可以向医疗机构、定点批发企业和符合本条例第三十一条规定的药品零售企业以及依照本条例规定批准的其他单位销售第二类精神药品。

第三十条 麻醉药品和第一类精神药品不得零售。

禁止使用现金进行麻醉药品和精神药品交易，但是个人合法购买麻醉药品和精神药品的除外。

第三十一条 经所在地设区的市级药品监督管理部门批准，实行统一进货、统一配送、统一管理的药品零售连锁企业可以从事第二类精神药品零售业务。

第三十二条 第二类精神药品零售企业应当凭执业医师出具的处方，按规定剂量销售第二类精神药品，并将处方保存2年备查；禁止超剂量或者无处方销售第二类精神药品；不得向未成年人销售第二类精神药品。

第三十三条 麻醉药品和精神药品实行政府定价，在制定出厂和批发价格的基础上，逐步实行全国统一零售价格。具体办法由国务院价格主管部门制定。

第四章 使用

第三十四条 药品生产企业需要以麻醉药品和第一类精神药品为原料生产普通药品的，应当向所在地省、自治区、直辖市人民政府药品监督管理部门报送年度需求计划，由省、自治区、直辖市人民政府药品监督管理部门汇总报国务院药品监督管理部门批准后，向定点生产企业购买。

药品生产企业需要以第二类精神药品为原料生产普通药品的，应当将年度需求计划报所在地省、自治区、直辖市人民政府药品监督管理部门，并向定点批发企业或者定点生产企业购买。

第三十五条 食品、食品添加剂、化妆品、油漆等非药品生产企业需要使用咖啡因作为原料的，应当经所在地省、自治区、直辖市人民政府药品监督管理部门批准，向定点批发企业或者定点生产企业购买。

科学研究、教学单位需要使用麻醉药品和精神药品开展实验、教学活动的，应当经所在地省、自治区、直辖市人民政府药品监督管理部门批准，向定点批发企业或者定点生产企业购买。

需要使用麻醉药品和精神药品的标准品、对照品的，应当经所在地省、自治区、直辖市人民政府药品监督管理部门批准，向国务院药品监督管理部门批准的单位购买。

第三十六条 医疗机构需要使用麻醉药品和第一类精神药品的，应当经所在地设区的市级人民政府卫生主管部门批准，取得麻醉药品、第一类精神药品购用印鉴卡（以下称印鉴卡）。医疗机构应当凭印鉴卡向本省、自治区、直辖市行政区域内的定点批发企业购买麻醉药品和第一类精神药品。

设区的市级人民政府卫生主管部门发给医疗机构印鉴卡时，应当将取得印鉴卡的医疗机构情况抄送所在地设区的市级药品监督管理部门，并报省、自治区、直辖市人民政府卫生主管部门备案。省、自治区、直辖市人民政府卫生主管部门应当将取得印鉴卡的医疗机构名单向本行政区域内的定点批发企业通报。

第三十七条 医疗机构取得印鉴卡应当具备下列条件：

（一）有专职的麻醉药品和第一类精神药品管理人员；

（二）有获得麻醉药品和第一类精神药品处方资格的执业医师；

（三）有保证麻醉药品和第一类精神药品安全储存的设施和管理制度。

第三十八条 医疗机构应当按照国务院卫生主管部门的规定，对本单位执业医师进行有关麻醉药品和精神药品使用知识的培训、考核，经考核合格的，授予麻醉药品和第一类精神药品处方资格。执业医师取得麻醉药品和第一类精神药品的处方资格后，方可在本医疗机构开具麻醉药品和第一类精神药品处方，但不得为自己开具该种处方。

医疗机构应当将具有麻醉药品和第一类精神药品处方资格的执业医师名单及其变更情况，定期报送所在地设区的市级人民政府卫生主管部门，并抄送同级药品监督管理部门。

医务人员应当根据国务院卫生主管部门制定的临床应用指导原则，使用麻醉药品和精神药品。

第三十九条 具有麻醉药品和第一类精神药品处方资格的执业医师，根据临床应用指导原则，对确需使用麻醉药品或者第一类精神药品的患者，应当满足其合理用药需求。在医疗机构就诊的癌症疼痛患者和其他危重患者得不到麻醉药品或者第一类精神药品时，患者或者其亲属可以向执业医师提出申请。具有麻醉药品和第一类精神药品处方资格的执业医师认为要求合理的，应当及时为患者提供所需麻醉药品或者第一类精神药品。

第四十条 执业医师应当使用专用处方开具麻醉药品和精神药品，单张处方的最大用量应当符合国务院卫生主管部门的规定。

对麻醉药品和第一类精神药品处方，处方的调配人、核对人应当仔细核对，签署姓名，并予以登记；对不符合本条例规定的，处方的调配人、核对人应当拒绝发药。

麻醉药品和精神药品专用处方的格式由国务院卫生主管部门规定。

第四十一条 医疗机构应当对麻醉药品和精神药品处方进行专册登记，加强管理。麻醉药品处方至少保存3年，精神药品处方至少保存2年。

第四十二条 医疗机构抢救病人急需麻醉药品和第一类精神药品而本医疗机构无法提供时，可以从其他医疗机构或者定点批发企业紧急借用；抢救工作结束后，应当及时将借用情况报所在地设区的市级药品监督管理部门和卫生主管部门备案。

第四十三条 对临床需要而市场无供应的麻醉药品和精神药品，持有医疗机构制剂许可证和印鉴卡的医疗机构需要配制制剂的，应当经所在地省、自治区、直辖市人民政府药品监督管理部门批准。医疗机构配制的麻醉药品和精神药品制剂只能在本医疗机构使用，不得对外销售。

第四十四条 因治疗疾病需要，个人凭医疗机构出具的医疗诊断书、本人身份证明，可以携带单张处方最大用量以内的麻醉药品和第一类精神药品；携带麻醉药品和第一类精神药品出入境的，由海关根据自用、合理的原则放行。

医务人员为了医疗需要携带少量麻醉药品和精神药品出入境的，应当持有省级以上人民政府药品监督管理部门发放的携带麻醉药品和精神药品证明。海关凭携带麻醉药品和精神药品证明放行。

第四十五条 医疗机构、戒毒机构以开展戒毒治疗为目的，可以使用美沙酮或者国家确定的其他用于戒毒治疗的麻醉药品和精神药品。具体管理办法由国务院药品监督管理部门、国务院公安部门和国务院卫生主管部门制定。

第五章 储 存

第四十六条 麻醉药品药用原植物种植企业、定点生产企业、全国性批发企业和区域性批发企业以及国家设立的麻醉药品储存单位，应当设置储存麻醉药品和第一类精神药品的专库。该专库应当符合下列要求：

（一）安装专用防盗门，实行双人双锁管理；

（二）具有相应的防火设施；

（三）具有监控设施和报警装置，报警装置应当与公安机关报警系统联网。

全国性批发企业经国务院药品监督管理部门批准设立的药品储存点应当符合前款的规定。

麻醉药品定点生产企业应当将麻醉药品原料药和制剂分别存放。

第四十七条 麻醉药品和第一类精神药品的使用单位应当设立专库或者专柜储存麻醉药品和第一类精神药品。专库应当设有防盗设施并安装报警装置；专柜应当使用保险柜。专库和专柜应当实行双人双锁管理。

第四十八条 麻醉药品药用原植物种植企业、定点生产企业、全国性批发企业和区域性批发企业、国家设立的麻醉药品储存单位以及麻醉药品和第一类精神药品的使用单位，应当配备专人负责管理工作，并建立储存麻醉药品和第一类精神药品的专用账册。药品入库双人验收，出库双人复核，做到账物相符。专用账册的保存期限应当自药品有效期期满之日起不少于5年。

第四十九条 第二类精神药品经营企业应当在药品库房中设立独立的专库或者专柜储存第二类精神药品，并建立专用账册，实行专人管理。专用账册的保存期限应当自药品有效期期满之日起不少于5年。

第六章 运 输

第五十条 托运、承运和自行运输麻醉药品和精神药品的，应当采取安全保障措施，防止麻醉药品和精神药品在运输过程中被盗、被抢、丢失。

第五十一条 通过铁路运输麻醉药品和第一类精神药品的，应当使用集装箱或者铁路行李车运输，具体办法由国务院药品监督管理部门会同国务院铁路主管部门制定。

没有铁路需要通过公路或者水路运输麻醉药品和第一类精神药品的，应当由专人负责押运。

第五十二条 托运或者自行运输麻醉药品和第一类精神药品的单位，应当向所在地设区的市级药品监督管理部门申请领取运输证明。运输证明有效期为1年。

运输证明应当由专人保管，不得涂改、转让、转借。

第五十三条 托运人办理麻醉药品和第一类精神药品运输手续，应当将运输证明副本交付承运人。承运人应当查验、收存运输证明副本，并检查货物包装。没有运输证明或者货物包装不符合规定的，承运人不得承运。

承运人在运输过程中应当携带运输证明副本，以备查验。

第五十四条 邮寄麻醉药品和精神药品，寄件人应当提交所在地设区的市级药品监督管理部门出具的准予邮寄证明。邮政营业机构应当查验、收存准予邮寄证明；没有准予邮寄证明的，邮政营业机构不得收寄。

省、自治区、直辖市邮政主管部门指定符合安全保障条件的邮政营业机构负责收寄麻醉药品和精神药品。邮政营业机构收寄麻醉药品和精神药品，应当依法对收寄的麻醉药品和精神药品予以查验。

邮寄麻醉药品和精神药品的具体管理办法，由国务院药品监督管理部门会同国务院邮政主管部门制定。

第五十五条 定点生产企业、全国性批发企业和区域性批发企业之间运输麻醉药品、第一类精神药品，发货人在发货前应当向所在地省、自治区、直辖市人民政府药品监督管理部门报送本次运输的相关信息。属于跨省、自治区、直辖市运输的，收到信息的药品监督管理部门应当向收货人所在地的同级药品监督管理部门通报；属于在本省、自治区、直辖市行政区域内运输的，收到信息的药品监督管理部门应当向收货人所在地设区的市级药品监督管理部门通报。

第七章 审批程序和监督管理

第五十六条 申请人提出本条例规定的审批事项申请，应当提交能够证明其符合本条例规定条件的相关资料。审批部门应当自收到申请之日起40日内作出是否批准的决定；作出批准决定的，发给许可证明文件或者在相关许可证明文件上加注许可事项；作出不予批准决定的，应当书面说明理由。

确定定点生产企业和定点批发企业，审批部门应当在经审查符合条件的企业中，根据布局的要求，通过公平竞争的方式初步确定定点生产企业和定点批发企业，并予公布。其他符合条件的企业可以自公布之日起10日内向审批部门提出异议。审批部门应当自收到异议之日起20日内对异议进行审查，并作出是否调整的决定。

第五十七条 药品监督管理部门应当根据规定的职责权限，对麻醉药品药用原植物的种植以及麻醉药品和精神药品的实验研究、生产、经营、使用、储存、运输活动进行监督检查。

第五十八条 省级以上人民政府药品监督管理部门根据实际情况建立监控信息网络，对定点生产企业、定点批发企业和使用单位的麻醉药品和精神药品生产、进货、销售、库存、使用的数量以及流向实行实时监控，并与同级公安机关做到信息共享。

第五十九条 尚未连接监控信息网络的麻醉药品和

精神药品定点生产企业、定点批发企业和使用单位，应当每月通过电子信息、传真、书面等方式，将本单位麻醉药品和精神药品生产、进货、销售、库存、使用的数量以及流向，报所在地设区的市级药品监督管理部门和公安机关；医疗机构还应当报所在地设区的市级人民政府卫生主管部门。

设区的市级药品监督管理部门应当每3个月向上一级药品监督管理部门报告本地区麻醉药品和精神药品的相关情况。

第六十条 对已经发生滥用，造成严重社会危害的麻醉药品和精神药品品种，国务院药品监督管理部门应当采取在一定期限内中止生产、经营、使用或者限定其使用范围和用途等措施。对不再作为药品使用的麻醉药品和精神药品，国务院药品监督管理部门应当撤销其药品批准文号和药品标准，并予以公布。

药品监督管理部门、卫生主管部门发现生产、经营企业和使用单位的麻醉药品和精神药品管理存在安全隐患时，应当责令其立即排除或者限期排除；对有证据证明可能流入非法渠道的，应当及时采取查封、扣押的行政强制措施，在7日内作出行政处理决定，并通报同级公安机关。

药品监督管理部门发现取得印鉴卡的医疗机构未依照规定购买麻醉药品和第一类精神药品时，应当及时通报同级卫生主管部门。接到通报的卫生主管部门应当立即调查处理。必要时，药品监督管理部门可以责令定点批发企业中止向该医疗机构销售麻醉药品和第一类精神药品。

第六十一条 麻醉药品和精神药品的生产、经营企业和使用单位对过期、损坏的麻醉药品和精神药品应当登记造册，并向所在地县级药品监督管理部门申请销毁。药品监督管理部门应当自接到申请之日起5日内到场监督销毁。医疗机构对存放在本单位的过期、损坏麻醉药品和精神药品，应当按照本条规定的程序向卫生主管部门提出申请，由卫生主管部门负责监督销毁。

对依法收缴的麻醉药品和精神药品，除经国务院药品监督管理部门或者国务院公安部门批准用于科学研究外，应当依照国家有关规定予以销毁。

第六十二条 县级以上人民政府卫生主管部门应当对执业医师开具麻醉药品和精神药品处方的情况进行监督检查。

第六十三条 药品监督管理部门、卫生主管部门和公安机关应当互相通报麻醉药品和精神药品生产、经营企业和使用单位的名单以及其他管理信息。

各级药品监督管理部门应当将在麻醉药品药用原植物的种植以及麻醉药品和精神药品的实验研究、生产、经营、使用、储存、运输等各环节的管理中的审批、撤销等事项通报同级公安机关。

麻醉药品和精神药品的经营企业、使用单位报送各级药品监督管理部门的备案事项，应当同时报送同级公安机关。

第六十四条 发生麻醉药品和精神药品被盗、被抢、丢失或者其他流入非法渠道的情形的，案发单位应当立即采取必要的控制措施，同时报告所在地县级公安机关和药品监督管理部门。医疗机构发生上述情形的，还应当报告其主管部门。

公安机关接到报告、举报，或者有证据证明麻醉药品和精神药品可能流入非法渠道时，应当及时开展调查，并可以对相关单位采取必要的控制措施。

药品监督管理部门、卫生主管部门以及其他有关部门应当配合公安机关开展工作。

第八章　法律责任

第六十五条 药品监督管理部门、卫生主管部门违反本条例的规定，有下列情形之一的，由其上级行政机关或者监察机关责令改正；情节严重的，对直接负责的主管人员和其他直接责任人员依法给予行政处分；构成犯罪的，依法追究刑事责任：

（一）对不符合条件的申请人准予行政许可或者超越法定职权作出准予行政许可决定的；

（二）未到场监督销毁过期、损坏的麻醉药品和精神药品的；

（三）未依法履行监督检查职责，应当发现而未发现违法行为、发现违法行为不及时查处，或者未依照本条例规定的程序实施监督检查的；

（四）违反本条例规定的其他失职、渎职行为。

第六十六条 麻醉药品药用原植物种植企业违反本条例的规定，有下列情形之一的，由药品监督管理部门责令限期改正，给予警告；逾期不改正的，处5万元以上10万元以下的罚款；情节严重的，取消其种植资格：

（一）未依照麻醉药品药用原植物年度种植计划进行种植的；

（二）未依照规定报告种植情况的；

（三）未依照规定储存麻醉药品的。

第六十七条 定点生产企业违反本条例的规定，有下列情形之一的，由药品监督管理部门责令限期改正，给予警告,并没收违法所得和违法销售的药品;逾期不改正的,责令停产,并处5万元以上10万元以下的罚款;情节严重的,取消其定点生产资格:

(一)未按照麻醉药品和精神药品年度生产计划安排生产的;

(二)未依照规定向药品监督管理部门报告生产情况的;

(三)未依照规定储存麻醉药品和精神药品,或者未依照规定建立、保存专用账册的;

(四)未依照规定销售麻醉药品和精神药品的;

(五)未依照规定销毁麻醉药品和精神药品的。

第六十八条 定点批发企业违反本条例的规定销售麻醉药品和精神药品,或者违反本条例的规定经营麻醉药品原料药和第一类精神药品原料药的,由药品监督管理部门责令限期改正,给予警告,并没收违法所得和违法销售的药品;逾期不改正的,责令停业,并处违法销售药品货值金额2倍以上5倍以下的罚款;情节严重的,取消其定点批发资格。

第六十九条 定点批发企业违反本条例的规定,有下列情形之一的,由药品监督管理部门责令限期改正,给予警告;逾期不改正的,责令停业,并处2万元以上5万元以下的罚款;情节严重的,取消其定点批发资格:

(一)未依照规定购进麻醉药品和第一类精神药品的;

(二)未保证供药责任区域内的麻醉药品和第一类精神药品的供应的;

(三)未对医疗机构履行送货义务的;

(四)未依照规定报告麻醉药品和精神药品的进货、销售、库存数量以及流向的;

(五)未依照规定储存麻醉药品和精神药品,或者未依照规定建立、保存专用账册的;

(六)未依照规定销毁麻醉药品和精神药品的;

(七)区域性批发企业之间违反本条例的规定调剂麻醉药品和第一类精神药品,或者因特殊情况调剂麻醉药品和第一类精神药品后未依照规定备案的。

第七十条 第二类精神药品零售企业违反本条例的规定储存、销售或者销毁第二类精神药品的,由药品监督管理部门责令限期改正,给予警告,并没收违法所得和违法销售的药品;逾期不改正的,责令停业,并处5000元以上2万元以下的罚款;情节严重的,取消其第二类精神药品零售资格。

第七十一条 本条例第三十四条、第三十五条规定的单位违反本条例的规定,购买麻醉药品和精神药品的,由药品监督管理部门没收违法购买的麻醉药品和精神药品,责令限期改正,给予警告;逾期不改正的,责令停产或者停止相关活动,并处2万元以上5万元以下的罚款。

第七十二条 取得印鉴卡的医疗机构违反本条例的规定,有下列情形之一的,由设区的市级人民政府卫生主管部门责令限期改正,给予警告;逾期不改正的,处5000元以上1万元以下的罚款;情节严重的,吊销其印鉴卡;对直接负责的主管人员和其他直接责任人员,依法给予降级、撤职、开除的处分:

(一)未依照规定购买、储存麻醉药品和第一类精神药品的;

(二)未依照规定保存麻醉药品和精神药品专用处方,或者未依照规定进行处方专册登记的;

(三)未依照规定报告麻醉药品和精神药品的进货、库存、使用数量的;

(四)紧急借用麻醉药品和第一类精神药品后未备案的;

(五)未依照规定销毁麻醉药品和精神药品的。

第七十三条 具有麻醉药品和第一类精神药品处方资格的执业医师,违反本条例的规定开具麻醉药品和第一类精神药品处方,或者未按照临床应用指导原则的要求使用麻醉药品和第一类精神药品的,由其所在医疗机构取消其麻醉药品和第一类精神药品处方资格;造成严重后果的,由原发证部门吊销其执业证书。执业医师未按照临床应用指导原则的要求使用第二类精神药品或者未使用专用处方开具第二类精神药品,造成严重后果的,由原发证部门吊销其执业证书。

未取得麻醉药品和第一类精神药品处方资格的执业医师擅自开具麻醉药品和第一类精神药品处方,由县级以上人民政府卫生主管部门给予警告,暂停其执业活动;造成严重后果的,吊销其执业证书;构成犯罪的,依法追究刑事责任。

处方的调配人、核对人违反本条例的规定未对麻醉药品和第一类精神药品处方进行核对,造成严重后果的,由原发证部门吊销其执业证书。

第七十四条 违反本条例的规定运输麻醉药品和精神药品的,由药品监督管理部门和运输管理部门依照各自职责,责令改正,给予警告,处2万元以上5万元以下的罚款。

收寄麻醉药品、精神药品的邮政营业机构未依照本条例的规定办理邮寄手续的，由邮政主管部门责令改正，给予警告；造成麻醉药品、精神药品邮件丢失的，依照邮政法律、行政法规的规定处理。

第七十五条 提供虚假材料、隐瞒有关情况，或者采取其他欺骗手段取得麻醉药品和精神药品的实验研究、生产、经营、使用资格的，由原审批部门撤销其已取得的资格，5 年内不得提出有关麻醉药品和精神药品的申请；情节严重的，处 1 万元以上 3 万元以下的罚款，有药品生产许可证、药品经营许可证、医疗机构执业许可证的，依法吊销其许可证明文件。

第七十六条 药品研究单位在普通药品的实验研究和研制过程中，产生本条例规定管制的麻醉药品和精神药品，未依照本条例的规定报告的，由药品监督管理部门责令改正，给予警告，没收违法药品；拒不改正的，责令停止实验研究和研制活动。

第七十七条 药物临床试验机构以健康人为麻醉药品和第一类精神药品临床试验的受试对象的，由药品监督管理部门责令停止违法行为，给予警告；情节严重的，取消其药物临床试验机构的资格；构成犯罪的，依法追究刑事责任。对受试对象造成损害的，药物临床试验机构依法承担治疗及赔偿责任。

第七十八条 定点生产企业、定点批发企业和第二类精神药品零售企业生产、销售假劣麻醉药品和精神药品的，由药品监督管理部门取消其定点生产资格、定点批发资格或者第二类精神药品零售资格，并依照药品管理法的有关规定予以处罚。

第七十九条 定点生产企业、定点批发企业和其他单位使用现金进行麻醉药品和精神药品交易的，由药品监督管理部门责令改正，给予警告，没收违法交易的药品，并处 5 万元以上 10 万元以下的罚款。

第八十条 发生麻醉药品和精神药品被盗、被抢、丢失案件的单位，违反本条例的规定未采取必要的控制措施或者未依照本条例的规定报告的，由药品监督管理部门和卫生主管部门依照各自职责，责令改正，给予警告；情节严重的，处 5000 元以上 1 万元以下的罚款；有上级主管部门的，由其上级主管部门对直接负责的主管人员和其他直接责任人员，依法给予降级、撤职的处分。

第八十一条 依法取得麻醉药品药用原植物种植或者麻醉药品和精神药品实验研究、生产、经营、使用、运输等资格的单位，倒卖、转让、出租、出借、涂改其麻醉药品和精神药品许可证明文件的，由原审批部门吊销相应许可证明文件，没收违法所得；情节严重的，处违法所得 2 倍以上 5 倍以下的罚款；没有违法所得的，处 2 万元以上 5 万元以下的罚款；构成犯罪的，依法追究刑事责任。

第八十二条 违反本条例的规定，致使麻醉药品和精神药品流入非法渠道造成危害，构成犯罪的，依法追究刑事责任；尚不构成犯罪的，由县级以上公安机关处 5 万元以上 10 万元以下的罚款；有违法所得的，没收违法所得；情节严重的，处违法所得 2 倍以上 5 倍以下的罚款；由原发证部门吊销其药品生产、经营和使用许可证明文件。

药品监督管理部门、卫生主管部门在监督管理工作中发现前款规定情形的，应当立即通报所在地同级公安机关，并依照国家有关规定，将案件以及相关材料移送公安机关。

第八十三条 本章规定由药品监督管理部门作出的行政处罚，由县级以上药品监督管理部门按照国务院药品监督管理部门规定的职责分工决定。

第九章 附　则

第八十四条 本条例所称实验研究是指以医疗、科学研究或者教学为目的的临床前药物研究。

经批准可以开展与计划生育有关的临床医疗服务的计划生育技术服务机构需要使用麻醉药品和精神药品的，依照本条例有关医疗机构使用麻醉药品和精神药品的规定执行。

第八十五条 麻醉药品目录中的罂粟壳只能用于中药饮片和中成药的生产以及医疗配方使用。具体管理办法由国务院药品监督管理部门另行制定。

第八十六条 生产含麻醉药品的复方制剂，需要购进、储存、使用麻醉药品原料药的，应当遵守本条例有关麻醉药品管理的规定。

第八十七条 军队医疗机构麻醉药品和精神药品的供应、使用，由国务院药品监督管理部门会同中国人民解放军总后勤部依据本条例制定具体管理办法。

第八十八条 对动物用麻醉药品和精神药品的管理，由国务院兽医主管部门会同国务院药品监督管理部门依据本条例制定具体管理办法。

第八十九条 本条例自 2005 年 11 月 1 日起施行。1987 年 11 月 28 日国务院发布的《麻醉药品管理办法》和 1988 年 12 月 27 日国务院发布的《精神药品管理办法》同时废止。

非药用类麻醉药品和精神药品列管办法

- 2015年9月24日
- 公通字〔2015〕27号

第一条 为加强对非药用类麻醉药品和精神药品的管理,防止非法生产、经营、运输、使用和进出口,根据《中华人民共和国禁毒法》和《麻醉药品和精神药品管理条例》等法律、法规的规定,制定本办法。

第二条 本办法所称的非药用类麻醉药品和精神药品,是指未作为药品生产和使用,具有成瘾性或者成瘾潜力且易被滥用的物质。

第三条 麻醉药品和精神药品按照药用类和非药用类分类列管。除麻醉药品和精神药品管理品种目录已有列管品种外,新增非药用类麻醉药品和精神药品管制品种由本办法附表列示。非药用类麻醉药品和精神药品管制品种目录的调整由国务院公安部门会同国务院食品药品监督管理部门和国务院卫生计生行政部门负责。

非药用类麻醉药品和精神药品发现医药用途,调整列入药品目录的,不再列入非药用类麻醉药品和精神药品管制品种目录。

第四条 对列管的非药用类麻醉药品和精神药品,禁止任何单位和个人生产、买卖、运输、使用、储存和进出口。因科研、实验需要使用非药用类麻醉药品和精神药品,在药品、医疗器械生产、检测中需要使用非药用类麻醉药品和精神药品标准品、对照品,以及药品生产过程中非药用类麻醉药品和精神药品中间体的管理,按照有关规定执行。

各级公安机关和有关部门依法加强对非药用类麻醉药品和精神药品违法犯罪行为的打击处理。

第五条 各地禁毒委员会办公室(以下简称禁毒办)应当组织公安机关和有关部门加强对非药用类麻醉药品和精神药品的监测,并将监测情况及时上报国家禁毒办。国家禁毒办经汇总、分析后,应当及时发布预警信息。对国家禁毒办发布预警的未列管非药用类麻醉药品和精神药品,各地禁毒办应当进行重点监测。

第六条 国家禁毒办认为需要对特定非药用类麻醉药品和精神药品进行列管的,应当交由非药用类麻醉药品和精神药品专家委员会(以下简称专家委员会)进行风险评估和列管论证。

第七条 专家委员会由国务院公安部门、食品药品监督管理部门、卫生计生行政部门、工业和信息化管理部门、海关等部门的专业人员以及医学、药学、法学、司法鉴定、化工等领域的专家学者组成。

专家委员会应当对拟列管的非药用类麻醉药品和精神药品进行下列风险评估和列管论证,并提出是否予以列管的建议:

(一)成瘾性或者成瘾潜力;
(二)对人身心健康的危害性;
(三)非法制造、贩运或者走私活动情况;
(四)滥用或者扩散情况;
(五)造成国内、国际危害或者其他社会危害情况。

专家委员会启动对拟列管的非药用类麻醉药品和精神药品的风险评估和列管论证工作后,应当在3个月内完成。

第八条 对专家委员会评估后提出列管建议的,国家禁毒办应当建议国务院公安部门会同食品药品监督管理部门和卫生计生行政部门予以列管。

第九条 国务院公安部门会同食品药品监督管理部门和卫生计生行政部门应当在接到国家禁毒办列管建议后6个月内,完成对非药用类麻醉药品和精神药品的列管工作。

对于情况紧急、不及时列管不利于遏制危害发展蔓延的,风险评估和列管工作应当加快进程。

第十条 本办法自2015年10月1日起施行。

附表:非药用类麻醉药品和精神药品管制品种增补目录(略)

关于加强戒毒药物维持治疗和社区戒毒、强制隔离戒毒、社区康复衔接工作的通知

- 2016年8月19日
- 卫办疾控发〔2016〕934号

各省(区、市)卫生计生委、公安厅、司法厅,新疆生产建设兵团卫生局、公安局、司法局:

戒毒药物维持治疗(以下简称维持治疗)是控制注射吸毒感染艾滋病和减少毒品滥用及相关违法犯罪活动的有效措施。为深入贯彻落实《传染病防治法》《禁毒法》、《艾滋病防治条例》、《戒毒条例》和《戒毒药物维持治疗工作管理办法》,进一步巩固维持治疗工作成效,推动禁毒和防治艾滋病工作的深入开展,现就有关要求通知如下。

一、加强部门协调,提高吸毒人群管理和服务水平

各地要充分认识维持治疗工作的重要性和必要性,将其作为依法处置和管理吸毒人员的重要措施,纳入禁

毒工作考评内容。各地公安、司法行政、卫生计生行政部门要加强维持治疗衔接工作的组织管理，建立健全由公安、司法行政、卫生计生部门及相关社区戒毒、社区康复工作机构、维持治疗机构参与的维持治疗和社区戒毒、强制隔离戒毒、社区康复衔接工作机制，明确联系人，并根据本地和本系统实际情况，细化衔接工作内容、工作程序和考核要求，进一步提高吸毒人员管控效果。相关部门和机构要定期通报各类戒毒措施工作开展情况，研究解决维持治疗工作存在的问题，总结推广工作经验，组织开展强制隔离戒毒所民警、辅警、维持治疗工作人员、社区禁毒专职工作人员、禁毒社工和社会组织等相关工作人员的业务技能培训，加强督导检查，确保各项衔接措施的有效落实。

二、加强宣传转介，扩大维持治疗覆盖面

各地公安、司法行政、卫生计生部门要进一步加大针对大众人群、戒毒人员、吸毒人员及其亲属的宣传教育力度，营造良好社会氛围。要科学宣传维持治疗效果和治疗过程中可能出现的问题及应对措施，消除治疗人员顾虑，突出宣传吸食毒品、共用针具和感染艾滋病的危害，加强法治教育，促进其"自重、自省、自立、自爱"，自觉抵制违法犯罪行为。维持治疗机构要为强制隔离戒毒所、社区戒毒、社区康复工作机构开展维持治疗政策和知识宣传教育提供技术支持。

强制隔离戒毒所要将维持治疗相关政策、知识和维持治疗机构联系信息等内容纳入戒毒人员出所教育，通过发放宣传手册、安排现场参观体验等形式，使其掌握维持治疗相关知识和政策。社区戒毒、社区康复工作机构要加强对正在执行社区戒毒和社区康复措施人员的动态管理，做好符合维持治疗条件人员的动员与咨询，主动为自愿申请参加维持治疗的人员（含强制隔离戒毒出所人员）提供维持治疗机构联系信息，并通过适当形式（电话、邮件、社区禁毒专职人员、禁毒社工或社会组织陪同转送等）将其转介至维持治疗机构。维持治疗机构接收正在执行社区戒毒和社区康复措施的人员后，应当向其详细说明维持治疗期间需要遵守的各项规章制度及有关管理措施，并按规定对其进行审核。审核结果应当在1周内反馈至社区戒毒、社区康复工作机构，其中不能纳入治疗的，要详细说明原因。

三、加强维持治疗管理，提高治疗效果

维持治疗机构、社区戒毒、社区康复工作机构要加强治疗人员的管理，督促治疗人员按时服药，不定期对其进行尿吗啡检测，为维持治疗依从性好、无违法犯罪行为的治疗人员优先提供就业指导和技能培训等帮扶措施，适当减免维持治疗药品费用，提高治疗依从性，促进其回归社会。维持治疗机构对首次尿吗啡检测阳性的治疗人员，要认真分析原因，对维持治疗药品剂量不足人员应当及时进行调整，加强心理咨询和教育，并分别于尿检阳性之日起的第7天和第14天进行尿吗啡检测。正在执行社区戒毒和社区康复措施的治疗人员在参加维持治疗期间出现违反治疗规定、复吸毒品等情形的，维持治疗机构应当终止其治疗，及时报告当地公安机关和社区戒毒、社区康复工作机构。公安机关要依法对上述人员进行处置，并于1周内将处置结果通报维持治疗机构和社区戒毒、社区康复工作机构。正在执行社区戒毒和社区康复措施的治疗人员在参加维持治疗期间脱失的，社区戒毒、社区康复工作机构要对其进行追踪，追踪到的脱失人员再次申请参加维持治疗的，维持治疗机构应当进行严格审核，并会同社区戒毒、社区康复工作机构加强管理和警示性教育，切实提高维持治疗效果。

司法部关于司法行政强制隔离戒毒所所务公开工作的指导意见

- 2014年10月14日
- 司发通〔2014〕118号

各省、自治区、直辖市司法厅（局），新疆生产建设兵团司法局：

为切实做好司法行政强制隔离戒毒所所务公开（以下简称所务公开）工作，深入推进司法行政强制隔离戒毒所公正文明廉洁执法，不断提高执法能力、执法水平和执法公信力，根据《中华人民共和国禁毒法》、《戒毒条例》和《中华人民共和国政府信息公开条例》等有关法律法规，结合司法行政强制隔离戒毒工作实际，提出如下意见：

一、充分认识所务公开的重要意义

所务公开是司法行政强制隔离戒毒所向强制隔离戒毒人员（以下简称戒毒人员）及其亲属、社会公众公开执法依据、执法程序和执法结果，并接受社会监督的活动，也是司法行政机关政务公开的重要内容。近年来，党中央、国务院高度重视政务公开工作。党的十八大报告提出，要"推进权力运行公开化、规范化，完善党务公开、政务公开、司法公开和各领域办事公开制度"。党的十八届三中全会决定提出，要"完善党务、政务和各领域办事公开制度，推进决策公开、管理公开、服务公开、结果公开"。

司法部十分重视所务公开工作,多次就所务公开工作提出要求,全国司法行政戒毒工作会议明确提出,要深入推进所务公开,实行阳光操作。近年来所务公开工作取得的成效和经验也表明,开展所务公开工作,对保障戒毒人员的合法权益、提高场所执法规范化水平发挥了积极的促进作用。切实做好所务公开工作,是贯彻落实党中央、国务院关于政务公开一系列工作部署的迫切需要,是进一步规范执法行为、不断提高戒毒工作水平的迫切需要,是完善执法公开、建设法治中国的迫切需要。

二、所务公开的指导思想和基本原则

(一)指导思想

所务公开要认真贯彻落实党的十八大和十八届三中全会精神,深入贯彻落实习近平总书记系列重要讲话精神和对司法行政工作的重要指示,以有关法律法规和规章制度为依据,以戒毒人员及其亲属、社会公众关注的涉及戒毒人员切身利益的执法问题为重点,及时、准确地公开有关信息,自觉接受监督,不断提高司法行政戒毒机关人民警察的执法水平,充分调动戒毒人员接受戒治的积极性和主动性,切实保障戒毒人员合法权益,不断提高戒毒工作水平。

(二)基本原则

1. 严格依法原则。要严格按照有关法律法规规定的内容和程序,向戒毒人员及其亲属、社会公众公开相关执法信息。

2. 真实客观原则。要按照公开为原则、不公开为例外的要求,除涉及国家秘密、工作秘密和戒毒人员戒毒的个人信息,以及公开后可能妨害正常执法活动的信息外,应真实准确、客观公正地公开相关执法信息。

3. 及时便民原则。对应该公开的事项,采用方便、快捷的方式及时公开,使戒毒人员及其亲属、社会公众方便及时地获得公开信息。

三、所务公开的主要内容

司法行政强制隔离戒毒所应当公开以下内容:

(一)关于强制隔离戒毒工作的法律法规和规章;

(二)强制隔离戒毒诊断评估的规定及诊断评估结果;

(三)强制隔离戒毒戒治流程;

(四)戒毒人员行为规范、戒毒人员守则和一日生活制度;

(五)戒毒人员分别、分期、分级管理的规定;

(六)戒毒人员治疗康复的规定;

(七)戒毒人员教育矫治的规定;

(八)戒毒人员通信、探访的规定;

(九)戒毒人员外出探视的规定;

(十)戒毒人员所外就医、变更戒毒措施的规定;

(十一)对戒毒人员使用警械和采取保护性约束措施及单独管理的规定;

(十二)对戒毒人员采取惩戒措施的规定;

(十三)对戒毒人员脱逃和自伤自残处理的规定;

(十四)戒毒人员参加职业技能培训和生产劳动的规定;

(十五)戒毒人员生活卫生管理的规定;

(十六)戒毒人员财物保管的规定;

(十七)戒毒人员个人伙食费、被服费、医疗费的使用情况;

(十八)戒毒人员申诉、检举、揭发、控告处理的规定;

(十九)提前解除强制隔离戒毒或延长强制隔离戒毒期限的规定;

(二十)解除强制隔离戒毒的规定;

(二十一)司法行政强制隔离戒毒所人民警察纪律要求和执法责任;

(二十二)对司法行政强制隔离戒毒所及其人民警察执法管理工作进行监督的规定;

(二十三)需要公开的其他事项。

上述内容,有关执法的依据、程序均应向戒毒人员及其亲属、社会公众公开;执法结果一般只在所内公开,或者仅向当事人及其近亲属予以告知、提供查询服务。

除上述公开事项外,对于公民、法人或其他组织根据自身生产、生活、科研等特殊需要,提出的获得相关信息申请,司法行政强制隔离戒毒所应当依法予以办理,不能确定申请公开事项是否可以公开时,应当依据法律、法规和国家有关规定报请有关主管部门或同级保密部门确定。

对于涉及国家秘密、工作秘密和戒毒人员戒毒的个人信息不予公开。

四、健全完善所务公开工作方式方法

司法行政机关要切实加强所务公开制度建设,规范公开范围,细化公开内容,拓宽公开渠道,创新公开方法。要制作印发《所务公开手册》,使新入所戒毒人员、来所探访的亲属及来所考察的社会各界人士能够便捷获阅。要丰富拓展所内公告明示途径,通过设立所务公开栏,运用所内报刊、所区广播、电子显示屏、闭路电视、局域网等,在戒毒人员学习区、生活区、医疗康复区、生产劳动区、探访室等区域公告所务公开的内容。要认真开展所务公开，开通并公布所务公开咨询电话，建立健全所领导接待日制度，逐步开发网上咨询功能，及时接待有关咨询来访。要加强所务公开信息平台建设，设置所务公开触摸屏，实现戒毒人员及其亲属对戒毒人员有关戒治信息的自助查询。要切实发挥新闻媒体作用，充分利用报刊、电台、电视等传统媒体，探索运用互联网、手机短信平台、微博、微信等新兴媒体，向社会各界公开有关信息。

五、畅通所务公开工作监督途径

要进一步畅通监督渠道，在加强内部监督的同时，司法行政强制隔离戒毒所要自觉接受人大、政协和人民检察院等机构的监督，接受舆论和公众的监督，进一步提高所务公开工作的透明度。要健全完善执法监督员制度，在党政机关、社会团体、人大代表、政协委员、知名人士和强制隔离戒毒所离退休干部等人员中聘请执法监督员，定期检查监督司法行政强制隔离戒毒所的所务公开工作。要设立并公布监督举报电话，在所内适当区域设置举报箱，健全完善网络举报途径。与此同时，有条件的单位在确保场所安全稳定的前提下，严格按照有关程序报批后，可以适当组织戒毒人员亲属和社会各界人士到所内参观考察。

六、切实加强所务公开工作的领导

各级司法行政机关要统一思想，提高认识，采取有力措施，切实加强对所务公开工作的领导，保证所务公开工作健康发展。

（一）加强组织领导。各省（区、市）司法厅（局）要高度重视所务公开工作，把所务公开工作列入重要议事日程，切实加大宣传教育、组织协调、检查指导力度。要把所务公开工作作为警务督察的重要内容，适时开展所务公开工作专项督察。要建立健全所务公开信息发布保密审查机制，明确审查的程序和责任，严防失泄密现象发生。要建立健全有关工作制度和工作机制，把所务公开工作成效作为考核单位和领导班子工作业绩的重要内容。各地司法厅（局）每年要对所务公开情况进行总结，形成所务公开工作年度报告，报告司法部。

（二）加强调查研究。各级司法行政机关特别是领导干部，要坚持法治思维和问题导向，经常深入基层、深入一线，开展调查研究，了解掌握所务公开工作中存在的困难和问题，研究解决问题的思路和办法，总结推广好的做法和经验，努力健全完善制度体系和运行机制，不断提高所务公开工作质量和水平。

（三）加强宣传引导。要从推进司法行政戒毒工作科学发展的高度，广泛宣传所务公开工作成效和经验，把所务公开工作作为宣传司法行政戒毒工作的有效载体，努力营造良好的舆论氛围。要加强对广大人民警察教育引导，着力提高执法能力和执法水平，切实增强做好所务公开工作的积极性和主动性。

各省（区、市）司法厅（局）及新疆生产建设兵团司法局要根据本意见，研究制定具体实施办法，并抓好组织实施工作。

· 典型案例

韦某故意杀人案
——吸毒致幻杀害无辜群众，致三人死伤，罪行极其严重[1]

【基本案情】

被告人韦某，男，汉族，1987年5月1日出生，无业。2020年6月4日7时许，被告人韦某与他人一起吸食毒品后产生幻觉，携带尖刀至湖南省衡阳市石鼓区湘江北路河畔。韦某认为在此活动的被害人刘某（男，殁年19岁）对其生命有威胁，遂持刀捅刺刘某颈、胸部等处数刀，致刘某死亡；后持刀砍向正在附近跑步的被害人吴某某（男，时年49岁），吴某某避过；认为被害人许某（女，时年20岁）是"女杀手"，又持刀捅刺许某背部多刀致其轻微伤。被害人肖某某（男，时年52岁）见状喝止，韦某持刀捅刺肖某某背部致其受重伤。

【裁判结果】

本案由湖南省衡阳市中级人民法院原审，湖南省高级人民法院复核。最高人民法院对本案进行了死刑复核。

法院认为，被告人韦某故意非法剥夺他人生命，其行为已构成故意杀人罪。韦某违反国家法律规定吸食毒品，产生幻觉后在公共场所持刀连续捅刺无辜群众，致一人死亡、一人重伤、一人轻微伤，犯罪情节特别恶劣，社会危害

---

[1] 案例来源：《依法严惩毒品犯罪和涉毒次生犯罪典型案例》，载最高人民法院官网，https://www.court.gov.cn/zixun/xiangqing/404452.html，最后访问时间：2024年1月10日。

大,后果和罪行极其严重,应依法惩处。据此,依法对被告人韦某判处并核准死刑,剥夺政治权利终身。

罪犯韦某已于 2023 年 6 月 21 日被依法执行死刑。

【典型意义】

毒品具有中枢神经兴奋、抑制或者致幻作用,会导致吸毒者狂躁、抑郁甚至出现被害妄想、幻视幻听症状,进而导致其自伤自残或实施暴力犯罪。近年来,因吸毒诱发的故意杀人、故意伤害等恶性案件屡有发生,严重危害社会治安和公共安全。本案是一起因吸毒致幻而故意杀人的典型案例。被告人韦某吸毒后产生被害幻觉,在公共场所杀害无辜群众,致三人死伤,另有一名群众因躲避及时得以幸免,实属罪行极其严重。该案充分反映出毒品对个人和社会的严重危害,尤其值得吸毒者深刻警醒。人民法院在严惩韦某罪行的同时,也警示社会公众自觉抵制毒品,切莫以身试毒。

十二、扫黑除恶

最高人民法院、最高人民检察院、公安部、司法部关于依法严惩利用未成年人实施黑恶势力犯罪的意见

· 2020年3月23日

扫黑除恶专项斗争开展以来，各级人民法院、人民检察院、公安机关和司法行政机关坚决贯彻落实中央部署，严格依法办理涉黑涉恶案件，取得了显著成效。近期，不少地方在办理黑恶势力犯罪案件时，发现一些未成年人被胁迫、利诱参与、实施黑恶势力犯罪，严重损害了未成年人健康成长，严重危害社会和谐稳定。为保护未成年人合法权益，依法从严惩治胁迫、教唆、引诱、欺骗等利用未成年人实施黑恶势力犯罪的行为，根据有关法律规定，制定本意见。

一、突出打击重点，依法严惩利用未成年人实施黑恶势力犯罪的行为

（一）黑社会性质组织、恶势力犯罪集团、恶势力，实施下列行为之一的，应当认定为"利用未成年人实施黑恶势力犯罪"：

1. 胁迫、教唆未成年人参加黑社会性质组织、恶势力犯罪集团、恶势力，或者实施黑恶势力违法犯罪活动的；

2. 拉拢、引诱、欺骗未成年人参加黑社会性质组织、恶势力犯罪集团、恶势力，或者实施黑恶势力违法犯罪活动的；

3. 招募、吸收、介绍未成年人参加黑社会性质组织、恶势力犯罪集团、恶势力，或者实施黑恶势力违法犯罪活动的；

4. 雇佣未成年人实施黑恶势力违法犯罪活动的；

5. 其他利用未成年人实施黑恶势力犯罪的情形。

黑社会性质组织、恶势力犯罪集团、恶势力，根据刑法和《最高人民法院、最高人民检察院、公安部、司法部关于办理黑恶势力犯罪案件若干问题的指导意见》《最高人民法院、最高人民检察院、公安部、司法部关于办理恶势力刑事案件若干问题的意见》等法律、司法解释性质文件的规定认定。

（二）利用未成年人实施黑恶势力犯罪，具有下列情形之一的，应当从重处罚：

1. 组织、指挥未成年人实施故意杀人、故意伤害致人重伤或者死亡、强奸、绑架、抢劫等严重暴力犯罪的；

2. 向未成年人传授实施黑恶势力犯罪的方法、技能、经验的；

3. 利用未达到刑事责任年龄的未成年人实施黑恶势力犯罪的；

4. 为逃避法律追究，让未成年人自首、做虚假供述顶罪的；

5. 利用留守儿童、在校学生实施犯罪的；

6. 利用多人或者多次利用未成年人实施犯罪的；

7. 针对未成年人实施违法犯罪的；

8. 对未成年人负有监护、教育、照料等特殊职责的人员利用未成年人实施黑恶势力违法犯罪活动的；

9. 其他利用未成年人违法犯罪应当从重处罚的情形。

（三）黑社会性质组织、恶势力犯罪集团利用未成年人实施犯罪的，对犯罪集团首要分子，按照集团所犯的全部罪行，从重处罚。对犯罪集团的骨干成员，按照其组织、指挥的犯罪，从重处罚。

恶势力利用未成年人实施犯罪的，对起组织、策划、指挥作用的纠集者，恶势力共同犯罪中罪责严重的主犯，从重处罚。

黑社会性质组织、恶势力犯罪集团、恶势力成员直接利用未成年人实施黑恶势力犯罪的，从重处罚。

（四）有胁迫、教唆、引诱等利用未成年人参加黑社会性质组织、恶势力犯罪集团、恶势力，或者实施黑恶势力犯罪的行为，虽然未成年人并没有加入黑社会性质组织、恶势力犯罪集团、恶势力，或者没有实际参与实施黑恶势力违法犯罪活动，对黑社会性质组织、恶势力犯罪集团、恶势力的首要分子、骨干成员、纠集者、主犯和直接利用的成员，即便有自首、立功、坦白等从轻减轻情节的，一般也不予从轻或者减轻处罚。

（五）被黑社会性质组织、恶势力犯罪集团、恶势力利用、偶尔参与黑恶势力犯罪活动的未成年人，按其所实施的具体犯罪行为定性，一般不认定为黑恶势力犯罪组

织成员。

二、严格依法办案,形成打击合力

(一)人民法院、人民检察院、公安机关和司法行政机关要加强协作配合,对利用未成年人实施黑恶势力犯罪的,在侦查、起诉、审判、执行各阶段,要全面体现依法从严惩处精神,及时查明利用未成年人的犯罪事实,避免纠缠细枝末节。要加强对下指导,对利用未成年人实施黑恶势力犯罪的重特大案件,可以单独或者联合挂牌督办。对于重大疑难复杂和社会影响较大的案件,办案部门应当及时层报上级人民法院、人民检察院、公安机关和司法行政机关。

(二)公安机关要注意发现涉黑涉恶案件中利用未成年人犯罪的线索,落实以审判为中心的刑事诉讼制度改革要求,强化程序意识和证据意识,依法收集、固定和运用证据,并可以就案件性质、收集证据和适用法律等听取人民检察院意见建议。从严掌握取保候审、监视居住的适用,对利用未成年人实施黑恶势力犯罪的首要分子、骨干成员、纠集者、主犯和直接利用的成员,应当依法提请人民检察院批准逮捕。

(三)人民检察院要加强对利用未成年人实施黑恶势力犯罪案件的立案监督,发现应当立案而不立案的,应当要求公安机关说明理由,认为理由不能成立的,应当依法通知公安机关立案。对于利用未成年人实施黑恶势力犯罪的案件,人民检察院可以对案件性质、收集证据和适用法律等提出意见建议。对于符合逮捕条件的依法坚决批准逮捕,符合起诉条件的依法坚决起诉。不批准逮捕要求公安机关补充侦查、审查起诉阶段退回补充侦查的,应当分别制作详细的补充侦查提纲,写明需要补充侦查的事项、理由、侦查方向、需要补充收集的证据及其证明作用等,送交公安机关开展相关侦查补证活动。

(四)办理利用未成年人实施黑恶势力犯罪案件要将依法严惩与认罪认罚从宽有机结合起来。对利用未成年人实施黑恶势力犯罪的,人民检察院要考虑其利用未成年人的情节,向人民法院提出从严处罚的量刑建议。对于虽然认罪,但利用未成年人实施黑恶势力犯罪,犯罪性质恶劣、犯罪手段残忍、严重损害未成年人身心健康,不足以从宽处罚的,在提出量刑建议时要依法从严从重。对被黑恶势力利用实施犯罪的未成年人,自愿如实认罪、真诚悔罪、愿意接受处罚的,应当依法提出从宽处理的量刑建议。

(五)人民法院要对利用未成年人实施黑恶势力犯罪案件及时审判,从严处罚。严格掌握缓刑、减刑、假释的适用,严格掌握暂予监外执行的适用条件。依法运用财产刑、资格刑,最大限度铲除黑恶势力"经济基础"。对于符合刑法第三十七条之一规定的,应当依法禁止其从事相关职业。

三、积极参与社会治理,实现标本兼治

(一)认真落实边打边治边建要求,积极参与社会治理。深挖黑恶势力犯罪分子利用未成年人实施犯罪的根源,剖析重点行业领域监管漏洞,及时预警预判,及时通报相关部门,提出加强监管和行政执法的建议,从源头遏制黑恶势力向未成年人群体侵蚀蔓延。对被黑恶势力利用尚未实施犯罪的未成年人,要配合有关部门及早发现、及时挽救。对实施黑恶势力犯罪但未达到刑事责任年龄的未成年人,要通过落实家庭监护、强化学校教育管理、送入专门学校矫治、开展社会化帮教等措施做好教育挽救和犯罪预防工作。

(二)加强各职能部门协调联动,有效预防未成年人被黑恶势力利用。建立与共青团、妇联、教育等部门的协作配合工作机制,开展针对未成年人监护人的家庭教育指导、针对教职工的法治教育培训,教育引导未成年人远离违法犯罪。推动建立未成年人涉黑涉恶预警机制,及时阻断未成年人与黑恶势力的联系,防止未成年人被黑恶势力诱导利用。推动网信部门开展专项治理,加强未成年人网络保护。加强与街道、社区等基层组织的联系,重视和发挥基层组织在预防未成年人涉黑涉恶犯罪中的重要作用,进一步推进社区矫正机构对未成年社区矫正对象采取有针对性的矫正措施。

(三)开展法治宣传教育,为严惩利用未成年人实施黑恶势力犯罪营造良好社会环境。充分发挥典型案例的宣示、警醒、引领、示范作用,通过以案释法,选择典型案件召开新闻发布会,向社会公布严惩利用未成年人实施黑恶势力犯罪的经验和做法,揭露利用未成年人实施黑恶势力犯罪的严重危害性。加强重点青少年群体的法治教育,在黑恶势力犯罪案件多发的地区、街道、社区等,强化未成年人对黑恶势力违法犯罪行为的认识,提高未成年人防范意识和法治观念,远离黑恶势力及其违法犯罪。

最高人民法院、最高人民检察院、公安部、司法部关于跨省异地执行刑罚的黑恶势力罪犯坦白检举构成自首立功若干问题的意见

·2019年10月21日

各省、自治区、直辖市高级人民法院、人民检察院、公安厅(局)、司法厅(局),新疆维吾尔自治区高级人民法院生

产建设兵团分院、新疆生产建设兵团人民检察院、公安局、司法局、监狱管理局：

为认真贯彻落实中央开展扫黑除恶专项斗争的部署要求，根据刑法、刑事诉讼法和有关司法解释、规范性文件的规定，现对办理跨省异地执行刑罚的黑恶势力罪犯坦白交代本人犯罪和检举揭发他人犯罪案件提出如下意见：

一、总体工作要求

1. 人民法院、人民检察院、公安机关、监狱要充分认识黑恶势力犯罪的严重社会危害，在办理案件中加强沟通协调，促使黑恶势力罪犯坦白交代本人犯罪和检举揭发他人犯罪，进一步巩固和扩大扫黑除恶专项斗争成果。

2. 人民法院、人民检察院、公安机关、监狱在办理跨省异地执行刑罚的黑恶势力罪犯坦白、检举构成自首、立功案件中，应当贯彻宽严相济刑事政策，充分发挥职能作用，坚持依法办案，快办快结，保持密切配合，形成合力，实现政治效果、法律效果和社会效果的统一。

二、排查和移送案件线索

3. 监狱应当依法从严管理跨省异地执行刑罚的黑恶势力罪犯，积极开展黑恶势力犯罪线索排查，加大政策宣讲力度，教育引导罪犯坦白交代司法机关还未掌握的本人其他犯罪行为，鼓励罪犯检举揭发他人犯罪行为。

4. 跨省异地执行刑罚的黑恶势力罪犯检举揭发他人犯罪行为、提供重要线索，或者协助司法机关抓捕其他犯罪嫌疑人的，各部门在办案中应当采取必要措施，保护罪犯及其近亲属人身和财产安全。

5. 跨省异地执行刑罚的黑恶势力罪犯坦白、检举的，监狱应当就基本犯罪事实、涉案人员和作案时间、地点等情况对罪犯进行询问，形成书面材料后报省级监狱管理机关。省级监狱管理机关根据案件性质移送原办案侦查机关所在地省级公安机关、人民检察院或者其他省级主管部门。

6. 原办案侦查机关所在地省级公安机关、人民检察院收到监狱管理机关移送的案件线索材料后，应当进行初步审查。经审查认为属于公安机关或者人民检察院管辖的，应当按照有关管辖的规定处理。经审查认为不属于公安机关或者人民检察院管辖的，应当及时退回移送的省级监狱管理机关，并书面说明理由。

三、办理案件程序

7. 办案侦查机关收到罪犯坦白、检举案件线索或者材料后，应当及时进行核实。依法不予立案的，应当说明理由，并将不予立案通知书送达罪犯服刑监狱。依法决定立案的，应当在立案后十日内，将立案情况书面告知罪犯服刑监狱。依法决定撤销案件的，应当将案件撤销情况书面告知罪犯服刑监狱。

8. 人民检察院审查起诉跨省异地执行刑罚的黑恶势力罪犯坦白、检举案件，依法决定不起诉的，应当在作出不起诉决定后十日内将有关情况书面告知罪犯服刑监狱。

9. 人民法院审理跨省异地执行刑罚的黑恶势力罪犯坦白案件，可以依法适用简易程序、速裁程序。有条件的地区，可以通过远程视频方式开庭审理。判决生效后十日内，人民法院应当向办案侦查机关和罪犯服刑监狱发出裁判文书。

10. 跨省异地执行刑罚的黑恶势力罪犯在服刑期间，检举揭发他人犯罪、提供重要线索，或者协助司法机关抓捕其他犯罪嫌疑人的，办案侦查机关应当在人民法院判决生效后十日内根据人民法院判决对罪犯是否构成立功或重大立功提出书面意见，与案件相关材料一并送交监狱。

11. 跨省异地执行刑罚的黑恶势力罪犯在原审判决生效前，检举揭发他人犯罪活动、提供重要线索，或者协助司法机关抓捕其他犯罪嫌疑人的，在原审判决生效后才被查证属实的，参照本意见第10条情形办理。

12. 跨省异地执行刑罚的黑恶势力罪犯检举揭发他人犯罪，构成立功或者重大立功的，监狱依法向人民法院提请减刑。对于检举他人犯罪行为基本属实，但未构成立功或者重大立功的，监狱可以根据有关规定给予日常考核奖励或者物质奖励。

13. 公安机关、人民检察院、人民法院认为需要提审跨省异地执行刑罚的黑恶势力罪犯的，提审人员应当持工作证等有效证件和县级以上公安机关、人民检察院、人民法院出具的介绍信等证明材料到罪犯服刑监狱进行提审。

14. 公安机关、人民检察院、人民法院认为需要将异地执行刑罚的黑恶势力罪犯跨省解回侦查、起诉、审判的，办案地省级公安机关、人民检察院、人民法院应当先将解回公函及相关材料送监狱所在地省级公安机关、人民检察院、人民法院审核。经审核确认无误的，监狱所在地省级公安机关、人民检察院、人民法院应当出具确认公函，与解回公函及材料一并转送监狱所在地省级监狱管理机关审批。监狱所在地省级监狱管理机关应当在收到上述材料后三日内作出是否批准的书面决定。批准将罪犯解回侦查、起诉、审判的，办案地公安机关、人民检察院、人民法院应当派员到监狱办理罪犯离监手续。案件办理结束后，除将罪犯依法执行死刑外，应当将罪犯押解回原服刑监狱继续服刑。

15.本意见所称"办案侦查机关",是指依法对案件行使侦查权的公安机关、人民检察院。

最高人民法院、最高人民检察院、公安部、司法部关于办理非法放贷刑事案件若干问题的意见

·2019年7月23日

为依法惩治非法放贷犯罪活动,切实维护国家金融市场秩序与社会和谐稳定,有效防范因非法放贷诱发涉黑涉恶以及其他违法犯罪活动,保护公民、法人和其他组织合法权益,根据刑法、刑事诉讼法及有关司法解释、规范性文件的规定,现对办理非法放贷刑事案件若干问题提出如下意见:

一、违反国家规定,未经监管部门批准,或者超越经营范围,以营利为目的,经常性地向社会不特定对象发放贷款,扰乱金融市场秩序,情节严重的,依照刑法第二百二十五条第(四)项的规定,以非法经营罪定罪处罚。

前款规定中的"经常性地向社会不特定对象发放贷款",是指2年内向不特定多人(包括单位和个人)以借款或其他名义出借资金10次以上。

贷款到期后延长还款期限的,发放贷款次数按照1次计算。

二、以超过36%的实际年利率实施符合本意见第一条规定的非法放贷行为,具有下列情形之一的,属于刑法第二百二十五条规定的"情节严重",但单次非法放贷行为实际年利率未超过36%的,定罪量刑时不得计入:

(一)个人非法放贷数额累计在200万元以上的,单位非法放贷数额累计在1000万元以上的;

(二)个人违法所得数额累计在80万元以上的,单位违法所得数额累计在400万元以上的;

(三)个人非法放贷对象累计在50人以上的,单位非法放贷对象累计在150人以上的;

(四)造成借款人或者其近亲属自杀、死亡或者精神失常等严重后果的。

具有下列情形之一的,属于刑法第二百二十五条规定的"情节特别严重":

(一)个人非法放贷数额累计在1000万元以上的,单位非法放贷数额累计在5000万元以上的;

(二)个人违法所得数额累计在400万元以上的,单位违法所得数额累计在2000万元以上的;

(三)个人非法放贷对象累计在250人以上的,单位非法放贷对象累计在750人以上的;

(四)造成多名借款人或者其近亲属自杀、死亡或者精神失常等特别严重后果的。

三、非法放贷数额、违法所得数额、非法放贷对象数量接近本意见第二条规定的"情节严重""情节特别严重"的数额、数量起点标准,并具有下列情形之一的,可以分别认定为"情节严重""情节特别严重":

(一)2年内因实施非法放贷行为受过行政处罚2次以上的;

(二)以超过72%的实际年利率实施非法放贷行为10次以上的。

前款规定中的"接近",一般应当掌握在相应数额、数量标准的80%以上。

四、仅向亲友、单位内部人员等特定对象出借资金,不得适用本意见第一条的规定定罪处罚。但具有下列情形之一的,定罪量刑时应当与向不特定对象非法放贷的行为一并处理:

(一)通过亲友、单位内部人员等特定对象向不特定对象发放贷款的;

(二)以发放贷款为目的,将社会人员吸收为单位内部人员,并向其发放贷款的;

(三)向社会公开宣传,同时向不特定多人和亲友、单位内部人员等特定对象发放贷款的。

五、非法放贷数额应当以实际出借给借款人的本金金额认定。非法放贷行为人以介绍费、咨询费、管理费、逾期利息、违约金等名义和以从本金中预先扣除等方式收取利息的,相关数额在计算实际年利率时均应计入。

非法放贷行为人实际收取的除本金之外的全部财物,均应计入违法所得。

非法放贷行为未经处理的,非法放贷次数和数额、违法所得数额、非法放贷对象数量等应当累计计算。

六、为从事非法放贷活动,实施擅自设立金融机构、套取金融机构资金高利转贷、骗取贷款、非法吸收公众存款等行为,构成犯罪的,应当择一重罪处罚。

为强行索要因非法放贷而产生的债务,实施故意杀人、故意伤害、非法拘禁、故意毁坏财物、寻衅滋事等行为,构成犯罪的,应当数罪并罚。

纠集、指使、雇佣他人采用滋扰、纠缠、哄闹、聚众造势等手段强行索要债务,尚不单独构成犯罪,但实施非法放贷行为已构成非法经营罪的,应当按照非法经营罪的规定酌情从重处罚。

以上规定的情形,刑法、司法解释另有规定的除外。

七、有组织地非法放贷，同时又有其他违法犯罪活动，符合黑社会性质组织或者恶势力、恶势力犯罪集团认定标准的，应当分别按照黑社会性质组织或者恶势力、恶势力犯罪集团侦查、起诉、审判。

黑恶势力非法放贷的，据以认定"情节严重""情节特别严重"的非法放贷数额、违法所得数额、非法放贷对象数量起点标准，可以分别按照本意见第二条规定中相应数额、数量标准的50%确定；同时具有本意见第三条第一款规定情形的，可以分别按照相应数额、数量标准的40%确定。

八、本意见自2019年10月21日起施行。对于本意见施行前发生的非法放贷行为，依照最高人民法院《关于准确理解和适用刑法中"国家规定"的有关问题的通知》（法发〔2011〕155号）的规定办理。

最高人民法院、最高人民检察院、公安部、司法部关于办理利用信息网络实施黑恶势力犯罪刑事案件若干问题的意见

·2019年7月23日

为认真贯彻中央关于开展扫黑除恶专项斗争的部署要求，正确理解和适用最高人民法院、最高人民检察院、公安部、司法部《关于办理黑恶势力犯罪案件若干问题的指导意见》（法发〔2018〕1号，以下简称《指导意见》），根据刑法、刑事诉讼法、网络安全法及有关司法解释、规范性文件的规定，现对办理利用信息网络实施黑恶势力犯罪案件若干问题提出以下意见：

一、总体要求

1. 各级人民法院、人民检察院、公安机关及司法行政机关应当统一执法思想、提高执法效能，坚持"打早打小"，坚决依法严厉惩处利用信息网络实施的黑恶势力犯罪，有效维护网络安全和经济、社会生活秩序。

2. 各级人民法院、人民检察院、公安机关及司法行政机关应当正确运用法律，严格依法办案，坚持"打准打实"，认真贯彻落实宽严相济刑事政策，切实做到宽严有据、罚当其罪，实现政治效果、法律效果和社会效果的统一。

3. 各级人民法院、人民检察院、公安机关及司法行政机关应当分工负责、互相配合、互相制约，切实加强与相关行政管理部门的协作，健全完善风险防控机制，积极营造线上线下社会综合治理新格局。

二、依法严惩利用信息网络实施的黑恶势力犯罪

4. 对通过发布、删除负面或虚假信息，发送侮辱性信息、图片，以及利用信息、电话骚扰等方式，威胁、要挟、恐吓、滋扰他人，实施黑恶势力违法犯罪的，应当准确认定，依法严惩。

5. 利用信息网络威胁他人，强迫交易，情节严重的，依照刑法第二百二十六条的规定，以强迫交易罪定罪处罚。

6. 利用信息网络威胁、要挟他人，索取公私财物，数额较大，或者多次实施上述行为的，依照刑法第二百七十四条的规定，以敲诈勒索罪定罪处罚。

7. 利用信息网络辱骂、恐吓他人，情节恶劣，破坏社会秩序的，依照刑法第二百九十三条第一款第二项的规定，以寻衅滋事罪定罪处罚。

编造虚假信息，或者明知是编造的虚假信息，在信息网络上散布，或者组织、指使人员在信息网络上散布，起哄闹事，造成公共秩序严重混乱的，依照刑法第二百九十三条第一款第四项的规定，以寻衅滋事罪定罪处罚。

8. 侦办利用信息网络实施的强迫交易、敲诈勒索等非法敛财类案件，确因被害人人数众多等客观条件的限制，无法逐一收集被害人陈述的，可以结合已收集的被害人陈述，以及经查证属实的银行账户交易记录、第三方支付结算账户交易记录、通话记录、电子数据等证据，综合认定被害人人数以及涉案资金数额等。

三、准确认定利用信息网络实施犯罪的黑恶势力

9. 利用信息网络实施违法犯罪活动，符合刑法、《指导意见》以及最高人民法院、最高人民检察院、公安部、司法部《关于办理恶势力刑事案件若干问题的意见》等规定的恶势力、恶势力犯罪集团、黑社会性质组织特征和认定标准的，应当依法认定为恶势力、恶势力犯罪集团、黑社会性质组织。

认定利用信息网络实施违法犯罪活动的黑社会性质组织时，应当依照刑法第二百九十四条第五款规定的"四个特征"进行综合审查判断，分析"四个特征"相互间的内在联系，根据在网络空间和现实社会中实施违法犯罪活动对公民人身、财产、民主权利和经济、社会生活秩序所造成的危害，准确评价，依法予以认定。

10. 认定利用信息网络实施违法犯罪的黑恶势力组织特征，要从违法犯罪的起因、目的，以及组织、策划、指挥、参与人员是否相对固定，组织形成后是否持续进行犯罪活动、是否有明确的职责分工、行为规范、利益分配机制等方面综合判断。利用信息网络实施违法犯罪的黑恶势力组织成员之间一般通过即时通讯工具、通讯群组、电子邮件、网盘等信息网络方式联络，对部分组织成员通过

信息网络方式联络实施黑恶势力违法犯罪活动,即使相互未见面、彼此不熟识,不影响对组织特征的认定。

11. 利用信息网络有组织地通过实施违法犯罪活动或者其他手段获取一定数量的经济利益,用于违法犯罪活动或者支持该组织生存、发展的,应当认定为符合刑法第二百九十四条第五款第二项规定的黑社会性质组织经济特征。

12. 通过线上线下相结合的方式,有组织地多次利用信息网络实施违法犯罪活动,侵犯不特定多人的人身权利、民主权利、财产权利,破坏经济秩序、社会秩序的,应当认定为符合刑法第二百九十四条第五款第三项规定的黑社会性质组织行为特征。单纯通过线上方式实施的违法犯罪活动,且不具有为非作恶、欺压残害群众特征的,一般不应作为黑社会性质组织行为特征的认定依据。

13. 对利用信息网络实施黑恶势力犯罪非法控制和影响的"一定区域或者行业",应当结合危害行为发生地或者危害行业的相对集中程度,以及犯罪嫌疑人、被告人在网络空间和现实社会中的控制和影响程度综合判断。虽然危害行为发生地、危害的行业比较分散,但涉案犯罪组织利用信息网络多次实施强迫交易、寻衅滋事、敲诈勒索等违法犯罪活动,在网络空间和现实社会造成重大影响,严重破坏经济、社会生活秩序的,应当认定为"在一定区域或者行业内,形成非法控制或者重大影响"。

四、利用信息网络实施黑恶势力犯罪案件管辖

14. 利用信息网络实施的黑恶势力犯罪案件管辖依照《关于办理黑社会性质组织犯罪案件若干问题的规定》和《关于办理网络犯罪案件适用刑事诉讼程序若干问题的意见》的有关规定确定,坚持以犯罪地管辖为主、被告人居住地管辖为辅的原则。

15. 公安机关可以依法对利用信息网络实施的黑恶势力犯罪相关案件并案侦查或者指定下级公安机关管辖,并案侦查或者由上级公安机关指定管辖的公安机关应当全面调查收集能够证明黑恶势力犯罪事实的证据,各涉案地公安机关应当积极配合。并案侦查或者由上级公安机关指定管辖的案件,需要提请批准逮捕、移送审查起诉、提起公诉的,由立案侦查的公安机关所在地的人民检察院、人民法院受理。

16. 人民检察院对于公安机关提请批准逮捕、移送审查起诉的利用信息网络实施的黑恶势力犯罪案件,人民法院对于已进入审判程序的利用信息网络实施的黑恶势力犯罪案件,被告人及其辩护人提出的管辖异议成立,或者办案单位发现没有管辖权的,受案人民检察院、人民法院经审查,可以依法报请与有管辖权的人民检察院、人民法院共同的上级人民检察院、人民法院指定管辖,不再自行移交。对于在审查批准逮捕阶段,上级检察机关已经指定管辖的案件,审查起诉工作由同一人民检察院受理。人民检察院、人民法院认为应当分案起诉、审理的,可以依法分案处理。

17. 公安机关指定下级公安机关办理利用信息网络实施的黑恶势力犯罪案件的,应当同时抄送同级人民检察院、人民法院。人民检察院认为需要依法指定审判管辖的,应当协商同级人民法院办理指定管辖有关事宜。

18. 本意见自 2019 年 10 月 21 日起施行。

最高人民法院、最高人民检察院、公安部、司法部关于办理黑恶势力刑事案件中财产处置若干问题的意见

· 2019 年 4 月 9 日

为认真贯彻中央关于开展扫黑除恶专项斗争的重大决策部署,彻底铲除黑恶势力犯罪的经济基础,根据刑法、刑事诉讼法及最高人民法院、最高人民检察院、公安部、司法部《关于办理黑恶势力犯罪案件若干问题的指导意见》(法发〔2018〕1号)等规定,现对办理黑恶势力刑事案件中财产处置若干问题提出如下意见:

一、总体工作要求

1. 公安机关、人民检察院、人民法院在办理黑恶势力犯罪案件时,在查明黑恶势力组织违法犯罪事实并对黑恶势力成员依法定罪量刑的同时,要全面调查黑恶势力组织及其成员的财产状况,依法对涉案财产采取查询、查封、扣押、冻结等措施,并根据查明的情况,依法作出处理。

前款所称处理既包括对涉案财产中犯罪分子违法所得、违禁品、供犯罪所用的本人财物以及其他等值财产等依法追缴、没收,也包括对被害人的合法财产等依法返还。

2. 对涉案财产采取措施,应当严格依照法定条件和程序进行。严禁在立案之前查封、扣押、冻结财物。凡查封、扣押、冻结的财物,都应当及时进行审查,防止因程序违法、工作瑕疵等影响案件审理以及涉案财产处置。

3. 对涉案财产采取措施,应当为犯罪嫌疑人、被告人及其所扶养的亲属保留必需的生活费用和物品。

根据案件具体情况,在保证诉讼活动正常进行的同时,可以允许有关人员继续合理使用有关涉案财产,并采取必要的保值保管措施,以减少案件办理对正常办公和

合法生产经营的影响。

4. 要彻底摧毁黑社会性质组织的经济基础,防止其死灰复燃。对于组织者、领导者一般应当并处没收个人全部财产。对于确属骨干成员或者为该组织转移、隐匿资产的积极参加者,可以并处没收个人全部财产。对于其他组织成员,应当根据所参与实施违法犯罪活动的次数、性质、地位、作用、违法所得数额以及造成损失的数额等情节,依法决定财产刑的适用。

5. 要深挖细查并依法打击黑恶势力组织进行的洗钱以及掩饰、隐瞒犯罪所得、犯罪所得收益等转变涉案财产性质的关联犯罪。

二、依法采取措施全面收集证据

6. 公安机关侦查期间,要根据《公安机关办理刑事案件适用查封、冻结措施相关规定》(公通字〔2013〕30号)等有关规定,会同有关部门全面调查黑恶势力及其成员的财产状况,并可以根据诉讼需要,先行依法对下列财产采取查询、查封、扣押、冻结等措施:

(1) 黑恶势力组织的财产;

(2) 犯罪嫌疑人个人所有的财产;

(3) 犯罪嫌疑人实际控制的财产;

(4) 犯罪嫌疑人出资购买的财产;

(5) 犯罪嫌疑人转移至他人名下的财产;

(6) 犯罪嫌疑人涉嫌洗钱以及掩饰、隐瞒犯罪所得、犯罪所得收益等犯罪涉及的财产;

(7) 其他与黑恶势力组织及其违法犯罪活动有关的财产。

7. 查封、扣押、冻结已登记的不动产、特定动产及其他财产,应当通知有关登记机关,在查封、扣押、冻结期间禁止被查封、扣押、冻结的财产流转,不得办理被查封、扣押、冻结财产权属变更、抵押等手续。必要时可以提取有关产权证照。

8. 公安机关对于采取措施的涉案财产,应当全面收集证明其来源、性质、用途、权属及价值的有关证据,审查判断是否应当依法追缴、没收。

证明涉案财产来源、性质、用途、权属及价值的有关证据一般包括:

(1) 犯罪嫌疑人、被告人关于财产来源、性质、用途、权属、价值的供述;

(2) 被害人、证人关于财产来源、性质、用途、权属、价值的陈述、证言;

(3) 财产购买凭证、银行往来凭证、资金注入凭证、权属证明等书证;

(4) 财产价格鉴定、评估意见;

(5) 可以证明财产来源、性质、用途、权属、价值的其他证据。

9. 公安机关对应当依法追缴、没收的财产中黑恶势力组织及其成员聚敛的财产及其孳息、收益的数额,可以委托专门机构评估;确实无法准确计算的,可以根据有关法律规定及查明的事实、证据合理估算。

人民检察院、人民法院对于公安机关委托评估、估算的数额有不同意见的,可以重新委托评估、估算。

10. 人民检察院、人民法院根据案件诉讼的需要,可以依法采取上述相关措施。

三、准确处置涉案财产

11. 公安机关、人民检察院应当加强对在案财产审查甄别。在移送审查起诉、提起公诉时,一般应当对采取措施的涉案财产提出处理意见建议,并将采取措施的涉案财产及其清单随案移送。

人民检察院经审查,除对随案移送的涉案财产提出处理意见外,还需要对继续追缴的尚未被足额查封、扣押的其他违法所得提出处理意见建议。

涉案财产不宜随案移送的,应当按照相关法律、司法解释的规定,提供相应的清单、照片、录像、封存手续、存放地点说明、鉴定、评估意见、变价处理凭证等材料。

12. 对于不宜查封、扣押、冻结的经营性财产,公安机关、人民检察院、人民法院可以申请当地政府指定有关部门或者委托有关机构代管或者托管。

对易损毁、灭失、变质等不宜长期保存的物品,易贬值的汽车、船艇等物品,或者市场价格波动大的债券、股票、基金等财产,有效期即将届满的汇票、本票、支票等,经权利人同意或者申请,并经县级以上公安机关、人民检察院或者人民法院主要负责人批准,可以依法出售、变现或者先行变卖、拍卖,所得价款由扣押、冻结机关保管,并及时告知当事人或者其近亲属。

13. 人民检察院在法庭审理时应当对证明黑恶势力犯罪涉案财产情况进行举证质证,对于既能证明具体个罪又能证明经济特征的涉案财产情况相关证据在具体个罪中出示后,在经济特征中可以简要说明,不再重复出示。

14. 人民法院作出的判决,除应当对随案移送的涉案财产作出处理外,还应当在判决书中写明需要继续追缴尚未被足额查封、扣押的其他违法所得;对随案移送财产进行处理时,应当列明相关财产的具体名称、数量、金额、处置情况等。涉案财产或者有关当事人人数较多,不宜在判决书正文中详细列明的，可以概括叙述并另附清单。

15. 涉案财产符合下列情形之一的，应当依法追缴、没收：

（1）黑恶势力组织及其成员通过违法犯罪活动或者其他不正当手段聚敛的财产及其孳息、收益；

（2）黑恶势力组织成员通过个人实施违法犯罪活动聚敛的财产及其孳息、收益；

（3）其他单位、组织、个人为支持该黑恶势力组织活动资助或者主动提供的财产；

（4）黑恶势力组织及其成员通过合法的生产、经营活动获取的财产或者组织成员个人、家庭合法财产中，实际用于支持该组织活动的部分；

（5）黑恶势力组织成员非法持有的违禁品以及供犯罪所用的本人财物；

（6）其他单位、组织、个人利用黑恶势力组织及其成员违法犯罪活动获取的财产及其孳息、收益；

（7）其他应当追缴、没收的财产。

16. 应当追缴、没收的财产已用于清偿债务或者转让，或者设置其他权利负担，具有下列情形之一的，应当依法追缴：

（1）第三人明知是违法犯罪所得而接受的；

（2）第三人无偿或者以明显低于市场的价格取得涉案财物的；

（3）第三人通过非法债务清偿或者违法犯罪活动取得涉案财物的；

（4）第三人通过其他方式恶意取得涉案财物的。

17. 涉案财产符合下列情形之一的，应当依法返还：

（1）有证据证明确属被害人合法财产的；

（2）有证据证明确与黑恶势力及其违法犯罪活动无关。

18. 有关违法犯罪事实查证属实后，对于有证据证明权属明确且无争议的被害人、善意第三人或者其他人员合法财产及其孳息，凡返还不损害其他利害关系人的利益，不影响案件正常办理的，应当在登记、拍照或者录像后，依法及时返还。

四、依法追缴、没收其他等值财产

19. 有证据证明依法应当追缴、没收的涉案财产无法找到、被他人善意取得、价值灭失或者与其他合法财产混合且不可分割的，可以追缴、没收其他等值财产。

对于证明前款各种情形的证据，公安机关或者人民检察院应当及时调取。

20. 本意见第19条所称"财产无法找到"，是指有证据证明存在依法应当追缴、没收的财产，但无法查证财产去向、下落。被告人有不同意见的，应当出示相关证据。

21. 追缴、没收的其他等值财产的数额，应当与无法直接追缴、没收的具体财产的数额相对应。

五、其他

22. 本意见所称孳息，包括天然孳息和法定孳息。

本意见所称收益，包括但不限于以下情形：

（1）聚敛、获取的财产直接产生的收益，如使用聚敛、获取的财产购买彩票中奖所得收益等；

（2）聚敛、获取的财产用于违法犯罪活动产生的收益，如使用聚敛、获取的财产赌博赢利所得收益、非法放贷所得收益、购买并贩卖毒品所得收益等；

（3）聚敛、获取的财产投资、置业形成的财产及其收益；

（4）聚敛、获取的财产和其他合法财产共同投资或者置业形成的财产中，与聚敛、获取的财产对应的份额及其收益；

（5）应当认定为收益的其他情形。

23. 本意见未规定的黑恶势力刑事案件财产处置工作其他事宜，根据相关法律法规、司法解释等规定办理。

24. 本意见自2019年4月9日起施行。

最高人民法院、最高人民检察院、公安部、司法部关于办理实施"软暴力"的刑事案件若干问题的意见

·2019年4月9日

为深入贯彻落实中央关于开展扫黑除恶专项斗争的决策部署，正确理解和适用最高人民法院、最高人民检察院、公安部、司法部《关于办理黑恶势力犯罪案件若干问题的指导意见》（法发〔2018〕1号，以下简称《指导意见》）关于对依法惩处采用"软暴力"实施犯罪的规定，依法办理相关犯罪案件，根据《刑法》《刑事诉讼法》及有关司法解释、规范性文件，提出如下意见：

一、"软暴力"是指行为人为谋取不法利益或形成非法影响，对他人或者在有关场所进行滋扰、纠缠、哄闹、聚众造势等，足以使他人产生恐惧、恐慌进而形成心理强制，或者足以影响、限制人身自由、危及人身财产安全，影响正常生活、工作、生产、经营的违法犯罪手段。

二、"软暴力"违法犯罪手段通常的表现形式有：

（一）侵犯人身权利、民主权利、财产权利的手段，包括但不限于跟踪贴靠、扬言传播疾病、揭发隐私、恶意举

报、诬告陷害、破坏、霸占财物等；

（二）扰乱正常生活、工作、生产、经营秩序的手段，包括但不限于非法侵入他人住宅、破坏生活设施、设置生活障碍、贴报喷字、拉挂横幅、燃放鞭炮、播放哀乐、摆放花圈、泼洒污物、断水断电、堵门阻工，以及通过驱赶从业人员、派驻人员据守等方式直接或间接地控制厂房、办公区、经营场所等；

（三）扰乱社会秩序的手段，包括但不限于摆场架势示威、聚众哄闹滋扰、拦路闹事等；

（四）其他符合本意见第一条规定的"软暴力"手段。

通过信息网络或者通讯工具实施，符合本意见第一条规定的违法犯罪手段，应当认定为"软暴力"。

三、行为人实施"软暴力"，具有下列情形之一，可以认定为足以使他人产生恐惧、恐慌进而形成心理强制或者足以影响、限制人身自由、危及人身财产安全或影响正常生活、工作、生产、经营：

（一）黑恶势力实施的；

（二）以黑恶势力名义实施的；

（三）曾因组织、领导、参加黑社会性质组织、恶势力犯罪集团、恶势力以及因强迫交易、非法拘禁、敲诈勒索、聚众斗殴、寻衅滋事等犯罪受过刑事处罚后又实施的；

（四）携带凶器实施的；

（五）有组织地实施的或者足以使他人认为暴力、威胁具有现实可能性的；

（六）其他足以使他人产生恐惧、恐慌进而形成心理强制或者足以影响、限制人身自由、危及人身财产安全或者影响正常生活、工作、生产、经营的情形。

由多人实施的，编造或明示暴力违法犯罪经历进行恐吓的，或者以自报组织、头目名号、统一着装、显露纹身、特殊标识以及其他明示、暗示方式，足以使他人感知相关行为的有组织性，应当认定为"以黑恶势力名义实施"。

由多人实施的，只要有部分行为人符合本条第一款第（一）项至第（四）项所列情形的，该项即成立。

虽然具体实施"软暴力"的行为人不符合本条第一款第（一）项、第（三）项所列情形，但雇佣者、指使者或者纠集者符合的，该项成立。

四、"软暴力"手段属于《刑法》第二百九十四条第五款第（三）项"黑社会性质组织行为特征"以及《指导意见》第14条"恶势力"概念中的"其他手段"。

五、采用"软暴力"手段，使他人产生心理恐惧或者形成心理强制，分别属于《刑法》第二百二十六条规定的"威胁"、《刑法》第二百九十三条第一款第（二）项规定的"恐吓"，同时符合其他犯罪构成要件的，应当分别以强迫交易罪、寻衅滋事罪定罪处罚。

《关于办理寻衅滋事刑事案件适用法律若干问题的解释》第二条至第四条中的"多次"一般应当理解为二年内实施寻衅滋事行为三次以上。三次以上寻衅滋事行为既包括同一类别的行为，也包括不同类别的行为；既包括未受行政处罚的行为，也包括已受行政处罚的行为。

六、有组织地多次短时间非法拘禁他人的，应当认定为《刑法》第二百三十八条规定的"以其他方法非法剥夺他人人身自由"。非法拘禁他人三次以上、每次持续时间在四小时以上，或者非法拘禁他人累计时间在十二小时以上的，应当以非法拘禁罪定罪处罚。

七、以"软暴力"手段非法进入或者滞留他人住宅的，应当认定为《刑法》第二百四十五条规定的"非法侵入他人住宅"，同时符合其他犯罪构成要件的，应当以非法侵入住宅罪定罪处罚。

八、以非法占有为目的，采用"软暴力"手段强行索取公私财物，同时符合《刑法》第二百七十四条规定的其他犯罪构成要件的，应当以敲诈勒索罪定罪处罚。

《关于办理敲诈勒索刑事案件适用法律若干问题的解释》第三条中"二年内敲诈勒索三次以上"，包括已受行政处罚的行为。

九、采用"软暴力"手段，同时构成两种以上犯罪的，依法按照处罚较重的犯罪定罪处罚，法律另有规定的除外。

十、根据本意见第五条、第八条规定，对已受行政处罚的行为追究刑事责任的，行为人先前所受的行政拘留处罚应当折抵刑期，罚款应当抵扣罚金。

十一、雇佣、指使他人采用"软暴力"手段强迫交易、敲诈勒索，构成强迫交易罪、敲诈勒索罪的，对雇佣者、指使者，一般应当以共同犯罪中的主犯论处。

为强索不受法律保护的债务或者因其他非法目的，雇佣、指使他人采用"软暴力"手段非法剥夺他人人身自由构成非法拘禁罪，或者非法侵入他人住宅、寻衅滋事，构成非法侵入住宅罪、寻衅滋事罪的，对雇佣者、指使者，一般应当以共同犯罪中的主犯论处；因本人及近亲属合法债务、婚恋、家庭、邻里纠纷等民间矛盾而雇佣、指使，没有造成严重后果的，一般不作为犯罪处理，但经有关部门批评制止或者处理处罚后仍继续实施的除外。

十二、本意见自2019年4月9日起施行。

最高人民法院、最高人民检察院、公安部、司法部关于办理"套路贷"刑事案件若干问题的意见

- 2019年2月28日
- 法发〔2019〕11号

为持续深入开展扫黑除恶专项斗争，准确甄别和依法严厉惩处"套路贷"违法犯罪分子，根据刑法、刑事诉讼法、有关司法解释以及最高人民法院、最高人民检察院、公安部、司法部《关于办理黑恶势力犯罪案件若干问题的指导意见》等规范性文件的规定，现对办理"套路贷"刑事案件若干问题提出如下意见：

一、准确把握"套路贷"与民间借贷的区别

1."套路贷"，是对以非法占有为目的，假借民间借贷之名，诱使或迫使被害人签订"借贷"或变相"借贷""抵押""担保"等相关协议，通过虚增借贷金额、恶意制造违约、肆意认定违约、毁匿还款证据等方式形成虚假债权债务，并借助诉讼、仲裁、公证或者采用暴力、威胁以及其他手段非法占有被害人财物的相关违法犯罪活动的概括性称谓。

2."套路贷"与平等主体之间基于意思自治而形成的民事借贷关系存在本质区别，民间借贷的出借人是为了到期按照协议约定的内容收回本金并获取利息，不具有非法占有他人财物的目的，也不会在签订、履行借贷协议过程中实施虚增借贷金额、制造虚假给付痕迹、恶意制造违约、肆意认定违约、毁匿还款证据等行为。

司法实践中，应当注意非法讨债引发的案件与"套路贷"案件的区别，犯罪嫌疑人、被告人不具有非法占有目的，也未使用"套路"与借款人形成虚假债权债务，不应视为"套路贷"。因使用暴力、威胁以及其他手段强行索债构成犯罪的，应当根据具体案件事实定罪处罚。

3.实践中，"套路贷"的常见犯罪手法和步骤包括但不限于以下情形：

（1）制造民间借贷假象。犯罪嫌疑人、被告人往往以"小额贷款公司""投资公司""咨询公司""担保公司""网络借贷平台"等名义对外宣传，以低息、无抵押、无担保、快速放款等为诱饵诱使被害人借款，继而以"保证金""行规"等虚假理由诱使被害人基于错误认识签订金额虚高的"借贷"协议或相关协议。有的犯罪嫌疑人、被告人还会以被害人先前借贷违约等理由，迫使对方签订金额虚高的"借贷"协议或相关协议。

（2）制造资金走账流水等虚假给付事实。犯罪嫌疑人、被告人按照虚高的"借贷"协议金额将资金转入被害人账户，制造已将全部借款交付被害人的银行流水痕迹，随后便采取各种手段将其中全部或者部分资金收回，被害人实际上并未获得或者完全取得"借贷"协议、银行流水上显示的钱款。

（3）故意制造违约或者肆意认定违约。犯罪嫌疑人、被告人往往会以设置违约陷阱、制造还款障碍等方式，故意造成被害人违约，或者通过肆意认定违约，强行要求被害人偿还虚假债务。

（4）恶意垒高借款金额。当被害人无力偿还时，有的犯罪嫌疑人、被告人会安排其所属公司或者指定的关联公司、关联人员为被害人偿还"借款"，继而与被害人签订金额更大的虚高"借贷"协议或相关协议，通过这种"转单平账""以贷还贷"的方式不断垒高"债务"。

（5）软硬兼施"索债"。在被害人未偿还虚高"借款"的情况下，犯罪嫌疑人、被告人借助诉讼、仲裁、公证或者采用暴力、威胁以及其他手段向被害人或者被害人的特定关系人索取"债务"。

二、依法严惩"套路贷"犯罪

4.实施"套路贷"过程中，未采用明显的暴力或者威胁手段，其行为特征从整体上表现为以非法占有为目的，通过虚构事实、隐瞒真相骗取被害人财物的，一般以诈骗罪定罪处罚；对于在实施"套路贷"过程中多种手段并用，构成诈骗、敲诈勒索、非法拘禁、虚假诉讼、寻衅滋事、强迫交易、抢劫、绑架等多种犯罪的，应当根据具体案件事实，区分不同情况，依照刑法及有关司法解释的规定数罪并罚或者择一重处。

5.多人共同实施"套路贷"犯罪，犯罪嫌疑人、被告人在所参与的犯罪中起主要作用的，应当认定为主犯，对其参与或组织、指挥的全部犯罪承担刑事责任；起次要或辅助作用的，应当认定为从犯。

明知他人实施"套路贷"犯罪，具有以下情形之一的，以相关犯罪的共犯论处，但刑法和司法解释等另有规定的除外：

（1）组织发送"贷款"信息、广告，吸引、介绍被害人"借款"的；

（2）提供资金、场所、银行卡、账号、交通工具等帮助的；

（3）出售、提供、帮助获取公民个人信息的；

（4）协助制造走账记录等虚假给付事实的；

（5）协助办理公证的；

（6）协助以虚假事实提起诉讼或者仲裁的；

（7）协助套现、取现、办理动产或不动产过户等，转移

犯罪所得及其产生的收益的；

(8)其他符合共同犯罪规定的情形。

上述规定中的"明知他人实施'套路贷'犯罪"，应当结合行为人的认知能力、既往经历、行为次数和手段、与同案人、被害人的关系、获利情况、是否曾因"套路贷"受过处罚、是否故意规避查处等主客观因素综合分析认定。

6.在认定"套路贷"犯罪数额时，应当与民间借贷相区别，从整体上予以否定性评价，"虚高债务"和以"利息""保证金""中介费""服务费""违约金"等名目被犯罪嫌疑人、被告人非法占有的财物，均应计入犯罪数额。

犯罪嫌疑人、被告人实际给付被害人的本金数额，不计入犯罪数额。

已经着手实施"套路贷"，但因意志以外原因未得逞的，可以根据相关罪名所涉及的刑法、司法解释规定，按照已着手非法占有的财物数额认定犯罪未遂。既有既遂，又有未遂，犯罪既遂部分与未遂部分分别对应不同法定刑幅度的，应当先决定对未遂部分是否减轻处罚，确定未遂部分对应的法定刑幅度，再与既遂部分对应的法定刑幅度进行比较，选择处罚较重的法定刑幅度，并酌情从重处罚；二者在同一量刑幅度的，以犯罪既遂酌情从重处罚。

7.犯罪嫌疑人、被告人实施"套路贷"违法所得的一切财物，应当予以追缴或者责令退赔；对被害人的合法财产，应当及时返还。有证据证明是犯罪嫌疑人、被告人为实施"套路贷"而交付给被害人的本金，赔偿被害人损失后如有剩余，应依法予以没收。

犯罪嫌疑人、被告人已将违法所得的财物用于清偿债务、转让或者设置其他权利负担，具有下列情形之一的，应当依法追缴：

(1)第三人明知是违法所得财物而接受的；

(2)第三人无偿取得或者以明显低于市场的价格取得违法所得财物的；

(3)第三人通过非法债务清偿或者违法犯罪活动取得违法所得财物的；

(4)其他应当依法追缴的情形。

8.以老年人、未成年人、在校学生、丧失劳动能力的人为对象实施"套路贷"，或者因实施"套路贷"造成被害人或其特定关系人自杀、死亡、精神失常、为偿还"债务"而实施犯罪活动的，除刑法、司法解释另有规定的外，应当酌情从重处罚。

在坚持依法从严惩处的同时，对于认罪认罚、积极退赃、真诚悔罪或者具有其他法定、酌定从轻处罚情节的被告人，可以依法从宽处罚。

9.对于"套路贷"犯罪分子，应当根据其所触犯的具体罪名，依法加大财产刑适用力度。符合刑法第三十七条之一规定的，可以依法禁止从事相关职业。

10.三人以上为实施"套路贷"而组成的较为固定的犯罪组织，应当认定为犯罪集团。对首要分子应按照集团所犯全部罪行处罚。

符合黑恶势力认定标准的，应当按照黑社会性质组织、恶势力或者恶势力犯罪集团侦查、起诉、审判。

三、依法确定"套路贷"刑事案件管辖

11."套路贷"犯罪案件一般由犯罪地公安机关侦查，如果由犯罪嫌疑人居住地公安机关立案侦查更为适宜的，可以由犯罪嫌疑人居住地公安机关立案侦查。犯罪地包括犯罪行为发生地和犯罪结果发生地。

"犯罪行为发生地"包括为实施"套路贷"所设立的公司所在地、"借贷"协议或相关协议签订地、非法讨债行为实施地、为实施"套路贷"而进行诉讼、仲裁、公证的受案法院、仲裁委员会、公证机构所在地，以及"套路贷"行为的预备地、开始地、途经地、结束地等。

"犯罪结果发生地"包括违法所得财物的支付地、实际取得地、藏匿地、转移地、使用地、销售地等。

除犯罪地、犯罪嫌疑人居住地外，其他地方公安机关对于公民扭送、报案、控告、举报或者犯罪嫌疑人自首的"套路贷"犯罪案件，都应当立即受理，经审查认为有犯罪事实的，移送有管辖权的公安机关处理。

黑恶势力实施的"套路贷"犯罪案件，由侦办黑社会性质组织、恶势力或者恶势力犯罪集团案件的公安机关进行侦查。

12.具有下列情形之一的，有关公安机关可以在其职责范围内并案侦查：

(1)一人犯数罪的；

(2)共同犯罪的；

(3)共同犯罪的犯罪嫌疑人还实施其他犯罪的；

(4)多个犯罪嫌疑人实施的犯罪存在直接关联，并案处理有利于查明案件事实的。

13.本意见自2019年4月9日起施行。

最高人民法院、最高人民检察院、公安部、司法部关于办理恶势力刑事案件若干问题的意见

- 2019年2月28日
- 法发〔2019〕10号

为认真贯彻落实中央开展扫黑除恶专项斗争的部署要求,正确理解和适用最高人民法院、最高人民检察院、公安部、司法部《关于办理黑恶势力犯罪案件若干问题的指导意见》(法发〔2018〕1号,以下简称《指导意见》),根据刑法、刑事诉讼法及有关司法解释、规范性文件的规定,现对办理恶势力刑事案件若干问题提出如下意见:

一、办理恶势力刑事案件的总体要求

1. 人民法院、人民检察院、公安机关和司法行政机关要深刻认识恶势力违法犯罪的严重社会危害,毫不动摇地坚持依法严惩方针,在侦查、起诉、审判、执行各阶段,运用多种法律手段全面体现依法从严惩处精神,有力震慑恶势力违法犯罪分子,有效打击和预防恶势力违法犯罪。

2. 人民法院、人民检察院、公安机关和司法行政机关要严格坚持依法办案,确保在案件事实清楚、证据确实、充分的基础上,准确认定恶势力和恶势力犯罪集团,坚决防止人为拔高或者降低认定标准。要坚持贯彻落实宽严相济刑事政策,根据犯罪嫌疑人、被告人的主观恶性、人身危险性、在恶势力、恶势力犯罪集团中的地位、作用以及在具体犯罪中的罪责,切实做到宽严有据,罚当其罪,实现政治效果、法律效果和社会效果的统一。

3. 人民法院、人民检察院、公安机关和司法行政机关要充分发挥各自职能,分工负责,互相配合,互相制约,坚持以审判为中心的刑事诉讼制度改革要求,严格执行"三项规程",不断强化程序意识和证据意识,有效加强法律监督,确保严格执法、公正司法,充分保障当事人、诉讼参与人的各项诉讼权利。

二、恶势力、恶势力犯罪集团的认定标准

4. 恶势力,是指经常纠集在一起,以暴力、威胁或者其他手段,在一定区域或者行业内多次实施违法犯罪活动,为非作恶、欺压百姓,扰乱经济、社会生活秩序,造成较为恶劣的社会影响,但尚未形成黑社会性质组织的违法犯罪组织。

5. 单纯为牟取不法经济利益而实施的"黄、赌、毒、盗、抢、骗"等违法犯罪活动,不具有为非作恶、欺压百姓特征的,或者因本人及近亲属的婚恋纠纷、家庭纠纷、邻里纠纷、劳动纠纷、合法债务纠纷而引发以及其他确属事出有因的违法犯罪活动,不应作为恶势力案件处理。

6. 恶势力一般为3人以上,纠集者相对固定。纠集者,是指在恶势力实施的违法犯罪活动中起组织、策划、指挥作用的违法犯罪分子。成员较为固定且符合恶势力其他认定条件,但多次实施违法犯罪活动是由不同的成员组织、策划、指挥,也可以认定为恶势力,有前述行为的成员均可以认定为纠集者。

恶势力的其他成员,是指知道或应当知道与他人经常纠集在一起是为了共同实施违法犯罪,仍按照纠集者的组织、策划、指挥参与违法犯罪活动的违法犯罪分子,包括已有充分证据证明但尚未归案的人员,以及因法定情形不予追究法律责任,或者因参与实施恶势力违法犯罪活动已受到行政或刑事处罚的人员。仅因临时雇佣或被雇佣、利用或被利用以及受蒙蔽参与少量恶势力违法犯罪活动的,一般不应认定为恶势力成员。

7. "经常纠集在一起,以暴力、威胁或者其他手段,在一定区域或者行业内多次实施违法犯罪活动",是指犯罪嫌疑人、被告人于2年之内,以暴力、威胁或者其他手段,在一定区域或者行业内多次实施违法犯罪活动,且包括纠集者在内,至少应有2名相同的成员多次参与实施违法犯罪活动。对于"纠集在一起"时间明显较短,实施违法犯罪活动刚刚达到"多次"标准,且尚不足以造成较为恶劣影响的,一般不应认定为恶势力。

8. 恶势力实施的违法犯罪活动,主要为强迫交易、故意伤害、非法拘禁、敲诈勒索、故意毁坏财物、聚众斗殴、寻衅滋事,但也包括具有为非作恶、欺压百姓特征,主要以暴力、威胁为手段的其他违法犯罪活动。

恶势力还可能伴随实施开设赌场、组织卖淫、强迫卖淫、贩卖毒品、运输毒品、制造毒品、抢劫、抢夺、聚众扰乱社会秩序、聚众扰乱公共场所秩序、交通秩序以及聚众"打砸抢"等违法犯罪活动,但仅有前述伴随实施的违法犯罪活动,且不能认定具有为非作恶、欺压百姓特征的,一般不应认定为恶势力。

9. 办理恶势力刑事案件,"多次实施违法犯罪活动"至少应包括1次犯罪活动。对于反复实施强迫交易、非法拘禁、敲诈勒索、寻衅滋事等单一性质的违法行为,单次情节、数额尚不构成犯罪,但按照刑法或者有关司法解释、规范性文件的规定累加后应作为犯罪处理的,在认定是否属于"多次实施违法犯罪活动"时,可将已用于累加的违法行为计为1次犯罪活动,其他违法行为单独计算违法活动的次数。

已被处理或者已作为民间纠纷调处,后经查证确属

恶势力违法犯罪活动的，均可以作为认定恶势力的事实依据，但不符合法定情形的，不得重新追究法律责任。

10. 认定"扰乱经济、社会生活秩序，造成较为恶劣的社会影响"，应当结合侵害对象及其数量、违法犯罪次数、手段、规模、人身损害后果、经济损失数额、违法所得数额、引起社会秩序混乱的程度以及对人民群众安全感的影响程度等因素综合把握。

11. 恶势力犯罪集团，是指符合恶势力全部认定条件，同时又符合犯罪集团法定条件的犯罪组织。

恶势力犯罪集团的首要分子，是指在恶势力犯罪集团中起组织、策划、指挥作用的犯罪分子。恶势力犯罪集团的其他成员，是指知道或者应当知道是为共同实施犯罪而组成的较为固定的犯罪组织，仍接受首要分子领导、管理、指挥，并参与该组织犯罪活动的犯罪分子。

恶势力犯罪集团应当有组织地实施多次犯罪活动，同时还可能伴随实施违法活动。恶势力犯罪集团所实施的违法犯罪活动，参照《指导意见》第十条第二款的规定认定。

12. 全部成员或者首要分子、纠集者以及其他重要成员均为未成年人、老年人、残疾人的，认定恶势力、恶势力犯罪集团时应当特别慎重。

三、正确运用宽严相济刑事政策的有关要求

13. 对于恶势力的纠集者、恶势力犯罪集团的首要分子、重要成员以及恶势力、恶势力犯罪集团共同犯罪中罪责严重的主犯，要正确运用法律规定加大惩处力度，对依法应当判处重刑或死刑的，坚决判处重刑或死刑。同时要严格掌握取保候审，严格掌握不起诉，严格掌握缓刑、减刑、假释，严格掌握保外就医适用条件，充分利用资格刑、财产刑等法律手段全方位从严惩处。对于符合刑法第三十七条之一规定的，可以依法禁止其从事相关职业。

对于恶势力、恶势力犯罪集团的其他成员，在共同犯罪中罪责相对较小、人身危险性、主观恶性相对不大的，具有自首、立功、坦白、初犯等法定或酌定从宽处罚情节，可以依法从轻、减轻或免除处罚。认罪认罚或者仅参与实施少量的犯罪活动且只起次要、辅助作用，符合缓刑条件的，可以适用缓刑。

14. 恶势力犯罪集团的首要分子检举揭发与该犯罪集团及其违法犯罪活动有关联的其他犯罪线索，如果在认定立功的问题上存在事实、证据或法律适用方面的争议，应当严格把握。依法应认定为立功或者重大立功的，在决定是否从宽处罚、如何从宽处罚时，应当根据罪责刑相一致原则从严掌握。可能导致全案量刑明显失衡的，

不予从宽处罚。

恶势力犯罪集团的其他成员如果能够配合司法机关查办案件，有提供线索、帮助收集证据或者其他协助行为，并在侦破恶势力犯罪集团案件、查处"保护伞"等方面起到较大作用的，即使依法不能认定立功，一般也应酌情对其从轻处罚。

15. 犯罪嫌疑人、被告人同时具有法定、酌定从严和法定、酌定从宽处罚情节的，量刑时要根据所犯具体罪行的严重程度，结合被告人在恶势力、恶势力犯罪集团中的地位、作用、主观恶性、人身危险性等因素整体把握。对于恶势力的纠集者、恶势力犯罪集团的首要分子、重要成员，量刑时要体现总体从严。对于在共同犯罪中罪责相对较小、人身危险性、主观恶性相对不大，且能够真诚认罪悔罪的其他成员，量刑时要体现总体从宽。

16. 恶势力刑事案件的犯罪嫌疑人、被告人自愿如实供述自己的罪行，承认指控的犯罪事实，愿意接受处罚的，可以依法从宽处理，并。对于犯罪性质恶劣、犯罪手段残忍、社会危害严重的犯罪嫌疑人、被告人，虽然认罪认罚，但不足以从轻处罚的，不适用该制度。

四、办理恶势力刑事案件的其他问题

17. 人民法院、人民检察院、公安机关经审查认为案件符合恶势力认定标准的，应当在起诉意见书、起诉书、判决书、裁定书等法律文书中的案件事实部分明确表述，列明恶势力的纠集者、其他成员、违法犯罪事实以及据以认定的证据；符合恶势力犯罪集团认定标准的，应当在上述法律文书中明确定性，列明首要分子、其他成员、违法犯罪事实以及据以认定的证据，并引用刑法总则关于犯罪集团的相关规定。被告人及其辩护人对恶势力定性提出辩解和辩护意见，人民法院可以在裁判文书中予以评析回应。

恶势力刑事案件的起诉意见书、起诉书、判决书、裁定书等法律文书，可以在案件事实部分先概述恶势力、恶势力犯罪集团的概括事实，再分述具体的恶势力违法犯罪事实。

18. 对于公安机关未在起诉意见书中明确认定，人民检察院在审查起诉期间发现构成恶势力或者恶势力犯罪集团，且相关违法犯罪事实已经查清，证据确实、充分，依法应追究刑事责任的，应当作出起诉决定，根据查明的事实向人民法院提起公诉，并在起诉书中明确认定为恶势力或者恶势力犯罪集团。人民检察院认为恶势力相关违法犯罪事实不清、证据不足，或者存在遗漏恶势力违法犯罪事实、遗漏同案犯罪嫌疑人等情形需要补充侦查的，应

当提出具体的书面意见,连同案卷材料一并退回公安机关补充侦查;人民检察院也可以自行侦查,必要时可以要求公安机关提供协助。

对于人民检察院未在起诉书中明确认定,人民法院在审判期间发现构成恶势力或恶势力犯罪集团的,可以建议人民检察院补充或者变更起诉;人民检察院不同意或者在七日内未回复意见的,人民法院不应主动认定,可仅就起诉指控的犯罪事实依照相关规定作出判决、裁定。

审理被告人或者被告人的法定代理人、辩护人、近亲属上诉的案件时,一审判决认定黑社会性质组织有误的,二审法院应当纠正,符合恶势力、恶势力犯罪集团认定标准,应当作出相应认定;一审判决认定恶势力或恶势力犯罪集团有误的,应当纠正,但不得升格认定;一审判决未认定恶势力或恶势力犯罪集团的,不得增加认定。

19. 公安机关、人民检察院、人民法院应当分别以起诉意见书、起诉书、裁判文书所明确的恶势力、恶势力犯罪集团,作为相关数据的统计依据。

20. 本意见自 2019 年 4 月 9 日起施行。

十三、法律职业资格考试

国家统一法律职业资格考试实施办法

- 2018年4月28日司法部令第140号公布
- 自公布之日起施行

第一章 总 则

第一条 为了规范国家统一法律职业资格考试工作，根据《中华人民共和国法官法》《中华人民共和国检察官法》《中华人民共和国公务员法》《中华人民共和国律师法》《中华人民共和国公证法》《中华人民共和国仲裁法》《中华人民共和国行政复议法》《中华人民共和国行政处罚法》和国家有关规定，制定本办法。

第二条 国家统一法律职业资格考试是国家统一组织的选拔合格法律职业人才的国家考试。

初任法官、初任检察官，申请律师执业、公证员执业和初次担任法律类仲裁员，以及行政机关中初次从事行政处罚决定审核、行政复议、行政裁决、法律顾问的公务员，应当通过国家统一法律职业资格考试，取得法律职业资格。

法律、行政法规另有规定的除外。

第三条 国家统一法律职业资格考试应当依法、公平、公正。

第四条 司法部会同最高人民法院、最高人民检察院等有关部门、单位组成国家统一法律职业资格考试协调委员会，就国家统一法律职业资格考试的重大事项进行协商。

第五条 国家统一法律职业资格考试的实施工作应当接受监察机关、保密机关和社会监督。

第二章 考试组织

第六条 国家统一法律职业资格考试由司法部负责实施。

第七条 省、自治区、直辖市司法行政机关应当明确专门机构，按照有关规定承办国家统一法律职业资格考试的考务等工作。

设区的市级或者直辖市的区（县）司法行政机关，应当在上级司法行政机关的监督指导下，承担本辖区内的国家统一法律职业资格考试的考务等工作。

第八条 负责考试组织实施的司法行政机关及其考试工作人员应当严格遵守国家保密法律法规的规定，加强国家统一法律职业资格考试保密管理。

第三章 报名条件

第九条 符合以下条件的人员，可以报名参加国家统一法律职业资格考试：

（一）具有中华人民共和国国籍；

（二）拥护中华人民共和国宪法，享有选举权和被选举权；

（三）具有良好的政治、业务素质和道德品行；

（四）具有完全民事行为能力；

（五）具备全日制普通高等学校法学类本科学历并获得学士及以上学位；全日制普通高等学校非法学类本科及以上学历，并获得法律硕士、法学硕士及以上学位；全日制普通高等学校非法学类本科及以上学历并获得相应学位且从事法律工作满三年。

第十条 有下列情形之一的人员，不得报名参加国家统一法律职业资格考试：

（一）因故意犯罪受过刑事处罚的；

（二）曾被开除公职或者曾被吊销律师执业证书、公证员执业证书的；

（三）被吊销法律职业资格证书的；

（四）被给予二年内不得报名参加国家统一法律职业资格考试（国家司法考试）处理期限未满或者被给予终身不得报名参加国家统一法律职业资格考试（国家司法考试）处理的；

（五）因严重失信行为被国家有关单位确定为失信联合惩戒对象并纳入国家信用信息共享平台的；

（六）因其他情形被给予终身禁止从事法律职业处理的。

有前款规定情形之一的人员，已经办理报名手续的，报名无效；已经参加考试的，考试成绩无效。

第四章 考试内容和方式

第十一条 国家统一法律职业资格考试的具体考试时间和相关安排在举行考试三个月前向社会公布。

第十二条 国家统一法律职业资格考试实行全国统一命题。

国家统一法律职业资格考试的内容和命题范围以司法部当年公布的《国家统一法律职业资格考试大纲》为准。

第十三条 国家统一法律职业资格考试每年举行一次，分为客观题考试和主观题考试两部分，综合考查应试人员从事法律职业应当具有的政治素养、业务能力和职业伦理。

应试人员客观题考试成绩合格的方可参加主观题考试，客观题考试合格成绩在本年度和下一个考试年度内有效。

第十四条 国家统一法律职业资格考试实行纸笔考试或者计算机化考试。

第十五条 国家统一法律职业资格考试实行全国统一评卷，统一确定合格分数线，考试成绩及合格分数线由司法部公布。

第五章 违纪处理

第十六条 应试人员有违反考试纪律行为的，由司法行政机关按照有关规定，视其情节、后果，分别给予口头警告、责令离开考场并取消本场考试成绩、确认当年考试成绩无效、二年内不得报名参加国家统一法律职业资格考试的处理；构成故意犯罪的，给予终身不得报名参加国家统一法律职业资格考试的处理。

应试人员及其他相关人员有违反治安管理行为的，由公安机关进行处理；构成犯罪的，由司法机关依法追究刑事责任。

第十七条 考试工作人员有违反工作纪律行为的，应当按照有关规定，视其情节、后果给予相应的处分；构成犯罪的，由司法机关依法追究刑事责任。

第六章 资格授予和管理

第十八条 参加国家统一法律职业资格考试成绩合格，且不具有本办法第十条第一款规定情形的人员，可以按照规定程序申请授予法律职业资格，由司法部颁发法律职业资格证书。

第十九条 以欺骗、贿赂等不正当手段取得法律职业资格证书的，由司法部撤销原授予法律职业资格的决定，注销其法律职业资格证书。

第二十条 取得法律职业资格人员有违反宪法和法律、妨害司法公正、违背职业伦理道德等行为的，由司法行政机关根据司法部有关规定，视其情节、后果，对其给予相应处理。

第二十一条 司法行政机关应当将取得法律职业资格人员的有关信息，以及依据本办法第十九条、第二十条作出相应处理人员的有关信息，录入国家法律职业资格管理系统，在司法部官方网站上公布。

第七章 附 则

第二十二条 本办法实施前已取得学籍（考籍）或者已取得相应学历的高等学校法学类专业本科及以上学历毕业生，或者高等学校非法学类专业本科及以上学历毕业生并具有法律专业知识的，可以报名参加国家统一法律职业资格考试。

第二十三条 国家统一法律职业资格考试的实施，可以在一定时期内，对艰苦边远和少数民族地区的应试人员，在报名学历条件、考试合格标准等方面适当放宽，对其取得的法律职业资格实行分别管理，具体办法由国家统一法律职业资格考试协调委员会确定。

在民族自治地方组织国家统一法律职业资格考试，应试人员可以使用民族语言文字进行考试。

第二十四条 香港特别行政区、澳门特别行政区永久性居民中的中国公民和台湾地区居民参加国家统一法律职业资格考试，适用本办法规定。

第二十五条 现役军人参加国家统一法律职业资格考试的具体规则，由司法部会同中央军委政法委员会另行规定。

第二十六条 国家统一法律职业资格考试的其他政策规定，经国家统一法律职业资格考试协调委员会确定后，在年度国家统一法律职业资格考试公告中公布。

第二十七条 本办法由司法部负责解释。

第二十八条 本办法自公布之日起施行。

司法部关于国家统一法律职业资格考试考务费收费标准的通知

· 2018年6月21日
· 司发通〔2018〕123号

各省、自治区、直辖市司法厅（局），新疆生产建设兵团司法局：

根据2015年9月中办、国办《印发〈关于完善国家统一法律职业资格制度的意见〉的通知》（厅字〔2015〕25号）、2017年9月第十二届全国人大常委会第二十九次会议通过的《关于修改〈中华人民共和国法官法〉等八部法律的决定》、国家发展改革委、财政部《关于改革全国性职业资格考试收费标准管理方式的通知》（发改价格〔2015〕1217号）和司法部《国家统一法律职业资格考试实施办法》，结合考试工作实际，现将国家统一法律职业资格考试考务费收费标准及有关事项通知如下：

一、上缴中央财政的国家统一法律职业资格考试考务费收费标准

根据对全国法律职业资格考试的成本测算和当前物价水平，结合目前考试的组织实施方式，考试分为客观题考试和主观题考试两部分进行、两卷客观题考试全面推行计算机化考试、主观题考试主要是纸笔考试等因素，从2018年起，司法部向各省、自治区、直辖市司法行政机关收取国家统一法律职业资格考试考务费，具体标准为：每个考生按客观题考试22元、主观题考试20元收取，合计每人42元。按两阶段考试实际报名交费人数核算，全额缴入中央财政，支出按照批准的预算及财政部门核拨的资金安排使用。

二、合理核定各地国家统一法律职业资格考试考试费收费标准

各省（区、市）司法行政机关要认真做好国家统一法律职业资格考试考试费标准核定工作，商请价格、财政部门核定考试费标准，综合考虑当地经济发展水平、考试成本等因素，按照国家考试费标准的相关规定，在考试费标准上限内合理核定，确保最大限度减轻考生负担，确保考试经费对考试工作的有效保障。各地考试费标准在价格、财政部门核定后，报司法部备案，向社会和考生公布。

三、考务费、考试费支出范围

根据《财政部、司法部关于印发〈司法行政机关财务管理办法〉的通知》，国家统一法律职业资格考试经费，指各级司法行政机关举办国家统一法律职业资格考试所需的支出，包括按规定承担的组织管理考试费、考务费、考试场地租赁费、法律职业资格管理费等，具体为：组织管理考试费包括报名组织费、报名宣传费、报名场地租赁费、考务人员和监考人员培训费、监考费、督考费、接送试卷费、审核费、成绩单邮寄费等；考务费包括命题费、题库案例库建设费、试卷印刷费、邮运费、考务资料印刷费、考务用品购置费、软件服务费和信息服务费、保密室建设与维护费、试卷保密值守劳务费、考试专用车辆运行费用等；考试场地租赁费包括考试场地租赁费、考试场地布置费、考场安全、监控设备运行维护费等；法律职业资格管理费包括法律职业资格审核认定工作经费、资格档案管理费等；国家统一法律职业资格考试信息化运行维护费。

四、加强对国家统一法律职业资格考试收费和经费使用的监督管理

各省（区、市）司法行政机关要严格执行批准的考试费收费标准，按照行政事业性收费管理规定，将国家统一法律职业资格考试考务费按时全额上缴中央财政，不得以任何理由拖延或拒绝上缴。国家统一法律职业资格考试经费要结合实际做好预算，做到长远规划、合理安排、规范使用，保证专款专用，严禁截留、挪用、挤占、侵占等违规行为。

五、加强对国家统一法律职业资格考试收费工作的组织领导

国家统一法律职业资格考试收费工作涉及考生利益，为社会所关注。各省（区、市）司法行政机关要提高政治站位，组织领导有力，精心安排部署，严谨细致工作。各地要通过媒体做好考试收费的政策宣传解读，做好舆情引导，为今年国家统一法律职业资格考试顺利进行创造必要条件。

本通知自印发之日起执行。

国家统一法律职业资格考试工作规则

- 2018年8月21日
- 司发通〔2018〕86号

第一章 总 则

第一条 为了规范国家统一法律职业资格考试组织实施工作，根据《国家统一法律职业资格考试实施办法》，制定本规则。

第二条 国家统一法律职业资格考试客观题考试和主观题考试的报名组织、考区考点考场设置、试题试卷管理、考试实施、评卷与成绩管理等工作适用本规则。

第三条 司法部负责指导、管理、监督全国的国家统一法律职业资格考试组织实施和业务培训等工作。

省、自治区、直辖市和直辖市的区、设区的市级司法行政机关具体负责本辖区的考试组织实施工作。

第四条 国家统一法律职业资格考试组织实施工作应当做到组织严密、程序严谨、标准严格、纪律严明。

第五条 司法行政机关、考试工作机构及其工作人员在考试组织实施工作中，应当遵守国家保密法律法规和规定，落实保密责任，接受监察机关、保密机关和社会监督。

第二章 工作职责与人员要求

第六条 省、自治区、直辖市司法行政机关应当依照规定履行以下职责：

（一）组织本辖区报名工作，处理报名中出现的问题；

（二）负责考区设置，审定考点、考场；

（三）部署本辖区计算机化考试和纸笔考试实施工作，组织考试工作培训；

（四）指导监督开展电子试卷的接收、使用及电子答题数据上传工作，负责纸质试卷（答卷）的接收、保管、分发、回收、返送；

（五）制定考试工作方案和应急事件处理工作预案；

（六）指导、管理和监督直辖市的区或者设区的市级司法行政机关的考试工作，处理考试中出现的问题。

第七条 直辖市的区或者设区的市级司法行政机关应当依照规定履行以下职责：

（一）负责本地区的报名工作，处理报名中出现的问题；

（二）设置考点，布置考场，并报上一级司法行政机关审定；

（三）监督管理和培训考试工作人员；

（四）监管电子试卷的接收、使用及电子答题数据上传等工作，负责纸质试卷（答卷）的接收、保管、分发、回收、返送；

（五）制定考试工作方案和应急事件处理工作预案；

（六）负责本考区考试实施，处理考试中出现的问题。

第八条 考试工作人员应当具备品行良好、遵纪守法、认真负责、严守秘密、身体健康等条件。

负责电子试卷传输、电子答题数据接收和纸质试卷（答卷）的接收、保管、分发、回收、返送的工作人员应当符合国家保密工作的有关规定。

第九条 考试工作人员及其近亲属报名参加国家统一法律职业资格考试的，不得从事当年试题命制、印刷和试卷（答卷）运送、管理、监考、评卷、成绩管理等工作。

参与命题管理的工作人员，不得报名参加国家统一法律职业资格考试，不得组织或者参加社会机构考试培训工作。

第三章 报名工作

第十条 国家统一法律职业资格考试使用全国统一建设的信息管理系统，实行全程网上报名。

应试人员客观题考试成绩合格的，方可报名参加主观题考试。

第十一条 司法部在年度考试公告中公布考试报名条件、考试科目、考试时间等相关事项。

各地司法行政机关根据司法部公告和有关文件规定，负责公告本辖区具体报名事项。

第十二条 各地司法行政机关应当指导报名人员阅读司法部公告和报名地公告并承诺遵守相关规定，如实填报个人信息，并对其填报信息实质内容的真实性作出承诺，及时交纳考试费。

第十三条 司法行政机关应当及时审查报名人员网上填报的信息。对填报不符合规定的信息事项的，予以一次性告知；对网上报名确有困难的人员，应当提供帮助。

第十四条 逾期报名和交费的，司法行政机关不予补报。

第四章 考区、考点和考场设置

第十五条 省、自治区、直辖市司法行政机关可以根据本辖区报名人数及分布等情况，在直辖市的区、设区的市和直辖市设置考区。考区设置应当相对集中。设置、合并、变更考区的，应当报司法部确定。

第十六条 考区应当具备下列条件：

（一）所在地司法行政机关具备组织实施考试的保障工作机制，有专职工作人员；

（二）交通便利，有标准化考点考场，网络、通讯、监控等信息化设施设备完善；

（三）具备完善的考试安全体系，符合国家保密管理规定，有处置突发事件的应急保障能力；

（四）应试人员数量一般不低于三百人。

发生重大考试责任事故或者违纪现象严重的地区，应当撤销考区，二年内不得设置考区。

第十七条 考区可以设置若干考点；县以下不设考点。

考点设置，应当符合便于管理、设施完善、交通便利、环境优良等考试组织实施工作要求。

第十八条 考点设立工作办公室，成立监考、技术、安保、医疗、后勤、应急处置等工作组。

试卷（答卷）收发、封装、保管应当有符合工作要求的场所。

第十九条 计算机化考试考场设置，应当确保计算机、网络、电力、照明、消防、安全等设施设备符合考试组织实施需要，具备运行考务安全管理系统、监控设施设备、防窥技术等条件，每个考场编排的应试人数一般为八十人。

第二十条 纸笔考试考场设置，应当方便应试人员答题,方便监考人员工作,有利于维护考试秩序。

考场设置的具体要求如下:

(一)安全、安静、通风、采光、照明条件好;

(二)每个考场的应试人数一般应为三十人,不足三十人的,编入尾考场;

(三)应试人员座位应当单人、单桌、单行排列,间距为八十厘米以上,小学教室、阶梯教室及其他有坡度的场所不得设为考场;

(四)考场内除统一规定的必备物品、文字说明外,不得有其他与考试内容有关的物品和字迹。

第二十一条　考点应当根据报名人数设置考场、备用考场及备用机位。

第二十二条　考区所在地司法行政机关应当与考点所在单位、技术服务机构签订考试服务协议,并报省、自治区、直辖市司法行政机关备案。考区所在地司法行政机关应当会同协议方共同做好考试机、监考机的安装测试,网络和终端安全维护等工作,确保考生信息和考试数据安全。

第五章　试题试卷管理

第二十三条　计算机化考试电子试题由司法部考试工作机构发至各地司法行政机关设置的考点下载使用。

考试开始后,监考机、考试机禁止连接互联网,不得使用可移动存储介质等外接设备。考试结束后,监考机回收电子答题数据并上传至司法部考试工作机构。

第二十四条　纸质试卷使用标准试卷袋封装。每袋按照三十份试卷封装;尾考场按照实际上报人数封装;备用卷按照报名人员数量的百分之三配发封装。

第二十五条　纸质试卷应当于考试举行前五日内送至省、自治区、直辖市司法行政机关。

省、自治区、直辖市司法行政机关应当于开考前四十八小时内,将纸质试卷分发至考区。考区所在地司法行政机关应当于考试前一小时内将纸质试卷分送至考点。

第二十六条　纸质试卷交接时,应当有二名以上考试工作人员办理交接签收手续。接收人员应当逐袋清点,检查试卷袋及密封是否良好;发现开封、散落、数量短缺等情况的,应当立即逐级上报至司法部,同时采取安全保密措施。

接收纸质试卷时,应当有保密工作人员在场监督。

第二十七条　纸质试卷应当存放于经国家保密机关验收合格的保密室。

保密室实行二名工作人员二十四小时值班、双人双锁管理等制度。工作人员应当认真填写值班日志,严格执行报告制度,不得擅自离岗脱岗。

第二十八条　考试结束后,各地司法行政机关应当收回纸质试卷并妥善保管。自考试结束之日起满三个月报司法部批准后销毁。

答卷由评卷单位妥善保管,自考试结束之日起满六个月且分数核查工作结束,由司法部考试工作机构报经批准后组织销毁。需要保留的答卷,应当延长保留时间。

电子答题数据由司法部考试工作机构保存。

第六章　考试实施

第二十九条　省、自治区、直辖市及各考区所在地司法行政机关在考试组织实施期间应当建立工作机制,落实值班及报告制度。

省、自治区、直辖市司法行政机关应当组织专门人员对考区进行督考。

第三十条　考点设总监考一人、副总监考若干人。适当配备流动监考员,由司法行政机关工作人员担任。

每个考场应当配备二名以上监考员,每场考试前随机确定。计算机化考试考场人数超过八十人的,每增加四十人应增加配备一名监考员。

第三十一条　督考人员、监考人员应当按照《国家统一法律职业资格考试监考规则》及有关规定履行职责。

第三十二条　考区所在地司法行政机关应当在考试前做好下列工作:

(一)组建考点考试工作办公室,设立监考、技术、电力、安保、医疗、后勤、应急处置等工作组;

(二)在考点设置明显标识;

(三)在考点的醒目位置张贴考场分布示意图、考试有关规定和考试时间表等材料;

(四)在考点规划警戒区域并安排警戒人员;

(五)在每个考场门外张贴该考场序号和准考证号起止号;

(六)将座位号及对应的桌贴统一贴在桌面左上角或显示在计算机屏幕上;

(七)检测计时钟表、播音设备、计算机、防作弊设备和监控设施;

(八)对清理完毕的考场张贴封条;

(九)调试运行考务安全管理系统;

(十)其他事项。

第三十三条　在计算机化考试中,由于网络故障、电力故障、设备故障等原因造成应试人员答题时间延误,需要补时的,报总监考签字确认。确需启用备用考试机的,由监考员按规定进行调换。

第三十四条 试卷袋应当由二名以上监考员按规定时间在考场内当众启封。确需使用备用卷的,按照相关规定启用。

缺考人员的纸质试卷(答卷)不得作为备用卷使用。

第三十五条 答卷封装应当由二名以上监考员在规定时间和场所内完成并签字,指定专人对封装情况进行检查确认,报总监考同意后立即送至考区保密室。

第三十六条 封装后的答卷袋,应当按照考点、考场顺序装箱,填写装箱清单,并于考试结束后二十四小时内由考区所在地司法行政机关送至省、自治区、直辖市司法行政机关;省、自治区、直辖市司法行政机关按照司法部要求,将答卷送至评卷地。

备用卷应当与答卷一并送至评卷地。

第三十七条 答卷返送应当由司法行政机关考试工作机构负责人带队,指派二名以上工作人员押运。运送时,应选择安全、快捷的运输方式和路线,途中确保对答卷的有效监控。

第三十八条 考区或者考点发生试卷(答卷)严重失窃密、群体舞弊、试卷毁损严重等重大责任事故和不可抗力等突发事件,需要延长或推迟考试时间、暂停或者另行安排考试的,应当立即启动应急预案,由司法部作出决定。

第七章 评卷与成绩管理

第三十九条 国家统一法律职业资格考试评卷工作由司法部统一组织。

司法部根据工作需要,成立年度评卷工作领导小组。

司法部聘请符合资质要求的人员参与评卷工作。

第四十条 考试成绩由司法部公布,考生自行查询并打印。

违纪人员的考试结果,按照国家统一法律职业资格考试违纪行为处理规定另行确定。

第四十一条 未经上级司法行政机关批准,下级司法行政机关及其工作人员不得向社会发布考试信息中的报名、考区考点考场设置、试卷管理、考试成绩、合格人员及统计等信息。

第四十二条 客观题考试成绩不进行分数核查,但应试人员参加考试无成绩的,可以在考试成绩公布后三日内向报名地司法行政机关提出书面分数核查申请,由司法行政机关按照相关规定进行处理。

主观题考试成绩公布后,应试人员对分数有异议的,应当在十五日内向报名地司法行政机关提出书面分数核查申请,由司法行政机关按照相关规定进行处理。逾期申请分数核查的,司法行政机关不予受理。

司法部不直接受理个人的分数核查申请。

第四十三条 司法部负责组织分数核查工作。

分数核查只限于复核申请人试卷卷面各题已得分数的计算、合计和登记是否有误。成绩核查后,司法行政机关书面或公告通知申请人;分数核查后的成绩为最终成绩。

第八章 收 费

第四十四条 负责报名工作的司法行政机关,应当按照规定向报名人员收取考试费。

考试收费标准,由省、自治区、直辖市司法行政机关根据司法部和国家价格主管部门有关考试收费的规定,会同同级物价部门确定。

第四十五条 省、自治区、直辖市司法行政机关应当按照国家主管部门确定的标准和办法,在报名结束后二个月内上交考务费。

第四十六条 各地收取的考试费,由司法行政机关按照规定支出项目和标准用于国家统一法律职业资格考试的组织实施工作,不得挪用或者截留。

第九章 附 则

第四十七条 考试工作人员违反本规则的,依据有关规定给予相应处理。

第四十八条 香港特别行政区、澳门特别行政区考区考试组织实施工作可参照适用本规则。

台湾居民可以持台湾居民居住证在大陆或者香港、澳门考区参加国家统一法律职业资格考试。

第四十九条 本规则所称考区所在地司法行政机关,是指设置考区的直辖市的区、设区的市和直辖市司法行政机关。

第五十条 本规则所称考试工作人员,是指从事或者参与报名组织、考区考点考场设置、考试实施、试题试卷管理、试卷评阅、成绩下发和分数核查等考试工作的人员,包括司法行政机关及其考试工作机构工作人员、聘用的考点监考人员、技术服务机构人员等。

第五十一条 本规则规定的近亲属是指配偶、父母、子女、同胞兄弟姐妹。

第五十二条 本规则由司法部负责解释。

第五十三条 本规则自公布之日起施行。

国家统一法律职业资格考试应试规则

- 2018年8月21日
- 司发通〔2018〕86号

第一章 总 则

第一条 为了规范国家统一法律职业资格考试考场秩序，确保考试公平公正，根据《国家统一法律职业资格考试实施办法》，制定本规则。

第二条 参加国家统一法律职业资格考试的应试人员，应当遵守本规则。

第三条 应试人员应当尊重监考人员，自觉接受监考人员的监督和检查，服从监考人员的管理，不得以任何理由妨碍监考人员履行职责，不得扰乱考场秩序。

第二章 一般规定

第四条 应试人员应当凭准考证和居民身份证，经考务安全管理系统核验身份后进入指定考场参加考试。

无准考证和居民身份证的人员不得参加考试。

第五条 应试人员在考试前四十五分钟内可以进入考场。

考试开始三十分钟后，应试人员不得进入考场。

考试结束前六十分钟内，应试人员经监考员同意后可以交卷离开考场。

第六条 应试人员应当遵守下列考试纪律：

（一）不得在考场内喧哗、走动等影响他人考试或者交卷后在考场附近喧哗等影响考试秩序；

（二）不得在考场内交头接耳、左顾右盼或者以互打手势等方式传递信息；

（三）不得与他人交换试卷（答卷），不得窥视、抄袭他人答卷或者同意他人抄袭；

（四）不得在规定时间以外答题；

（五）不得将试卷（答卷）、草稿纸和考场配发材料带出考场，不得抄写试题或者以任何形式将试题信息进行记录、存储、传输出考场；

（六）不得有其他违反考试纪律的行为。

第七条 应试人员除携带必需文具外，不得随身携带书籍、笔记本、纸张、报刊、电子用品、存储设备及通信工具等物品进入考场。考场提供文具的，应试人员不得自行带入。

第八条 应试人员进入考场后，应当对号入座，并将准考证、居民身份证放在桌面左上角，供监考员查验。

第九条 应试人员违反本规则的，由司法行政机关依据相关规定给予处理。

第三章 计算机化考试

第十条 应试人员应当在考试开始前，根据监考员的要求和提示，登录考试系统，填写准考证号和居民身份证号，阅读考生须知、注意事项等，核对考试相关信息并进行确认。遇有无法登录、计算机系统或网络通讯故障、信息错误等情形的，应试人员应当及时向监考员报告。

第十一条 应试人员应当按照监考员的指令和规定的步骤操作计算机，使用鼠标和键盘在设定的答题区域内答题并保存答题结果，不得执行其他操作。

第十二条 考试期间，应试人员不得擅自关闭计算机、调整计算机显示屏摆放位置和角度、搬动主机箱、更换键盘和鼠标等外接设备，不得在考试机上插入硬件和安装软件。

第十三条 考试期间，应试人员不得要求监考员解释试题。如出现试题内容显示不全、识别率低、切换缓慢等情形的，可以举手报告，经监考员同意后询问。

第十四条 考试期间，如出现网络故障、电力故障、设备故障等异常情况的，应试人员应当及时向监考员报告，服从监考员安排，耐心等待解决。

非因应试人员自身原因出现的设备故障导致延误答题的，可以按规定进行补时、补考。

第十五条 应试人员因自身原因导致电子试卷下载延迟、题目漏答、考试设备损毁、电子答题数据上传有误的，应当自行承担责任。

第十六条 考试结束指令发出后，应试人员应当立即停止答题，系统自动回收电子答题数据。应试人员应当待监考员确认电子答题数据全部上传后，有序离开考场。

第十七条 应试人员没有按照要求进行登录、答题、保存电子答题数据，导致系统不能正确记录相关信息的，应当自行承担相关责任。

第四章 纸笔考试

第十八条 应试人员应当在考试开始后三十分钟内，按照要求在试卷（答卷）标明的位置填写（填涂）姓名、准考证号，供监考员现场查验。

应试人员不得在答卷上标记或者在非署名处署名。

第十九条 应试人员应当使用规定用笔，在答卷设定的答题区域作答。设置选作题的，应试人员可选其一作答。

第二十条 因应试人员自身原因致使试卷（答卷）损毁、污皱的，不予更换。

第二十一条 因应试人员自身原因损坏试卷(答卷)、填写(填涂)不清、错填、漏填姓名、准考证号，或者答题位置错误、顺序颠倒，导致无法识别姓名、准考证号，无法扫描和判读答题内容或者导致答题评分失准的，应当自行承担责任。

第二十二条 应试人员不得要求监考员解释试题，但遇有试卷(答卷)分发错误、印刷不清等问题的，可以举手并经监考员同意后询问。

第二十三条 考试结束指令发出后，应试人员应当立即停止答题，将纸质试卷(答卷)和考场配发材料放置在桌面上，经监考员核验无误后，方可离开考场。

第五章 附 则

第二十四条 本规则由司法部负责解释。

第二十五条 本规则自公布之日起施行。

国家统一法律职业资格考试监考规则

- 2018年8月21日
- 司发通〔2018〕86号

第一章 总 则

第一条 为了规范国家统一法律职业资格考试监考工作，维护考试秩序，确保考试公平公正，根据《国家统一法律职业资格考试实施办法》，制定本规则。

第二条 本规则所称监考人员，是指受考区司法行政机关指派或者委托，在国家统一法律职业资格考试过程中负责办理考试事务、监督应试人员考试，根据规定对应试人员违纪行为进行处理的工作人员。

监考人员包括总监考、副总监考、监考员和流动监考员。

第三条 监考人员应当公平公正、认真负责、不徇私情，严格执行相关法律法规和司法部有关规定，全面履行监考职责，严格执行考场纪律，维护考场秩序，确保考试顺利进行。

第二章 一般规定

第四条 考试期间，司法部派出巡考人员对各地考区进行巡视检查，省、自治区、直辖市司法行政机关派出督考人员到考区进行督考，检查考场布置、试卷管理等考务工作落实情况，督促考试实施阶段的违纪行为处理等项工作。

第五条 考区所在地司法行政机关应当按规定条件指派、选聘、培训监考人员。

第六条 监考人员应当佩带司法行政机关统一制发的监考标识。

第七条 考点配备总监考一名、副总监考若干名。总监考应当履行下列职责：

（一）管理本考点的监考工作；

（二）根据规定处理考试过程中发生的情况和违纪行为；

（三）监管电子试题的接收、使用、答题数据的上传，组织、检查、验收纸质试卷(答卷)的封装；

（四）向考区所在地司法行政机关提交监考报告。

副总监考协助总监考管理本考点的考务工作。

第八条 计算机化考试每三个考场至少配备流动监考员一名；纸笔考试每五个考场至少配备流动监考员一名。流动监考员应当履行下列职责：

（一）负责维持考场外秩序及联络事宜，配合监考员处理突发情况；

（二）检查、监督监考员履行职责情况；

（三）配合监考员处理应试人员的违纪行为；

（四）临时代替监考员；

（五）承担总监考交办的其他任务。

第九条 每个考场配备监考员不少于二名。因考试机配备和分布等特殊情况，计算机化考试考场人数超过八十人的，每增加四十人应至少增加一名监考员。

第十条 考试期间，监考员不得携带和使用通讯工具等任何电子用品，不得吸烟、谈笑或者阅读书报，不得对试题内容作任何解释或说明，不得抄题、做题，不得将试卷(答卷)、草稿纸、配发材料带出考场，不得擅自调换监考考场或进入其他考场监考，不得从事与监考工作无关的其他行为。

第十一条 监考员不得擅自提前或者推迟考试开始和结束时间。考试开始三十分钟后，监考员不得允许应试人员进入考场考试；考试结束前六十分钟内，监考员方可允许应试人员交卷离开考场。

第十二条 监考员应当在考试开始前逐一核对应试人员姓名、照片、居民身份证与准考证是否一致，查收禁止带入考场的物品资料，指导应试人员将随身携带物品集中统一放置。

第十三条 考试结束前十五分钟，监考员应当给予应试人员时间提示。

第十四条 考试期间，监考员发现应试人员突发疾病的，应当及时通知流动监考员陪同应试人员到考场外进行治疗。应试人员因病不能坚持考试的，应当劝说其停考就医。

第十五条 监考员发现应试人员有违纪行为的，应当及时制止，根据相关规定作出处理，同时填写违纪行为处理报告单并由二名监考员签字确认，上交考区司法行政机关负责人处理。

第三章 计算机化考试

第十六条 监考员应当按照规定时间到达考场，履行下列职责：

（一）考试开始前六十分钟，检查、清理考场，开启监考机和考试机，确认考试设备正常运行；

（二）考试开始前四十五分钟，引导应试人员通过考务安全管理系统核验身份后进入考场就座，向应试人员宣读国家统一法律职业资格考试应试规则及有关考试要求；

（三）考试开始前十五分钟，按照要求在监考机上进行系统操作，查验计算机化考试系统是否完成考试数据下载，确认考试准备就绪；

（四）考试开始前十分钟，提示应试人员登录考试系统、阅读应试须知、注意事项并核对考试相关信息；

（五）考试开始前五分钟，发放考试专用的草稿纸；

（六）考试开始前，应试人员发现考试机无法正常使用的，监考员应当要求为其更换备用考试机，并通过流动监考员向总监考报告。

第十七条 考试开始三十分钟后，监考员应当核对监考机显示的缺考人员信息与考场内情况是否一致，由二名监考员在考场情况记录单上填报情况并签字确认。

第十八条 考试过程中，如出现考试机系统故障、试题显示不全或其他硬件问题导致无法作答的，监考员应当会同考点技术支持人员确认故障性质，为应试人员更换备用考试机，并通过流动监考员向总监考报告，由总监考确认是否为其补时。

需要补时不超过十分钟的，总监考签字确认后予以补时。

需要补时超过十分钟的，应当逐级上报司法部决定。

第十九条 考试过程中，应试人员因未按规范指令操作等导致考试机系统故障或考试硬件设备不能正常使用的，可以更换备用考试机继续考试，但不予补时。

第二十条 考试结束前六十分钟内，应试人员答题完毕交卷的，经监考员检验电子答题数据全部提交至考场监考机，方可允许应试人员离开考场。

第二十一条 考试结束，监考员应当确认电子答题数据全部回收至考场监考机，方可允许应试人员离开考场；发现电子答题数据无法正常回收的，应当立即通过流动监考员报告总监考处理。

第二十二条 考试结束后，监考员应当上传电子答题数据、清理考场并收回草稿纸。

第四章 纸笔考试

第二十三条 监考员应当在规定时间到达考点，履行下列职责：

（一）领取试卷（答卷）、办理交接手续，携带试卷（答卷）直接到达考场，途中不得停留或去其他场所；

（二）考试开始前十分钟，向应试人员宣读国家统一法律职业资格考试应试规则及有关考试要求，面对应试人员展示试卷袋密封情况、启封试卷袋，清查数量；

（三）考试开始前五分钟，发放试卷（答卷）和有关材料；

（四）考试开始前，试卷（答卷）发放完毕后，指导试人员按照要求填写（填涂）姓名和准考证号，并要求应试人员检查试卷（答卷）有无缺损、污皱或者文字不清等问题。

第二十四条 考试开始三十分钟后，监考员应当回收缺考人员的试卷（答卷），填写（填涂）准考证号及缺考标记，在考场情况记录单上填写情况。

第二十五条 考试过程中，应试人员发现试卷（答卷）损毁情形严重、影响答题的，监考员应当通过流动监考员向总监考报告，由总监考签字确认后，启用备用卷。

启用备用卷应当由考区所在地司法行政机关二名以上工作人员共同拆封，保密工作人员全程监督并签字确认。

更换试卷（答卷）应当同时收回原试卷（答卷）。

第二十六条 由于应试人员原因造成试卷（答卷）损毁、污皱的，不予更换备用卷。

第二十七条 考试结束时，监考员应当要求应试人员将试卷（答卷）正面朝下放置桌面上，回收清点无误后，允许应试人员离开考场。

发现应试人员将试卷（答卷）、考场配发材料或者试题、本人答题信息带出考场的，应当立即追回。

第二十八条 试卷（答卷）回收完毕，由二名监考员直接送至考点指定的场所，按规定填写考场情况记录单、试卷袋封皮目录并签字确认，由考点集中封装。

第二十九条 考试结束后，监考员应当清理考场并收回配发材料。

第五章 附 则

第三十条 监考人员不认真履行职责，视其情节、后果轻重等，依法依规给予相应处理。

第三十一条 本规则由司法部负责解释。

第三十二条 本规则自公布之日起施行。

国家统一法律职业资格考试违纪行为处理办法

· 2018年9月13日司法部令第141号公布
· 自公布之日起施行

第一章 总 则

第一条 为了加强国家统一法律职业资格考试管理，严肃考试纪律，维护公平公正的考试秩序，制定本办法。

第二条 国家统一法律职业资格考试报名人员、应试人员、考试工作人员以及其他相关人员，违反考试管理规定和考试纪律的认定与处理，适用本办法。

第三条 司法部负责对国家统一法律职业资格考试违纪行为处理的指导监督。

省、自治区、直辖市和考区所在地司法行政机关负责对考试违纪行为的具体处理。

监考人员根据本办法规定对有关违纪行为进行现场处理，并接受司法行政机关的指导监督。

第四条 国家统一法律职业资格考试违纪行为的认定和处理，应当做到事实清楚、证据确凿、程序规范、适用规定准确。

第二章 报名人员、应试人员及其他相关人员违纪行为处理

第五条 不具备考试报名条件的人员通过隐瞒个人信息、虚假承诺等方式取得报名资格的，由考区所在地司法行政机关作出报名无效的决定；对通过提供伪造、变造的学历学位证书及证明书、法律工作经历、身份及户籍信息等骗取报名或者通过贿赂、胁迫等其他不正当手段取得报名资格的，由考区所在地司法行政机关一并给予其二年内不得报名参加国家统一法律职业资格考试的处理。

具有上述情形，已经参加考试的，由省、自治区、直辖市司法行政机关给予其当年考试成绩无效的处理；已经取得法律职业资格的，由司法部作出撤销授予法律职业资格的决定，并注销其法律职业资格证书。

第六条 应试人员有下列行为之一的，由监考人员给予口头警告，责令改正；经口头警告仍不改正或者情节严重的，由考点总监考决定给予其终止本场考试、责令离开考场的处理，并由考区所在地司法行政机关给予其取消本场考试成绩的处理：

（一）携带考试规定以外的物品进入考场，经提醒后仍未放至指定位置的；

（二）考试开始前答题或者考试结束后继续答题的；

（三）考试开始三十分钟后仍未按规定在试卷、答卷、电子试题答卷页面上标明位置填涂或者录入姓名、准考证号、身份证号，在答卷上作标记或者在非署名处署名的；

（四）擅自关闭考试机、大幅度调整考试机显示屏摆放位置和角度、搬动主机箱、更换键盘和鼠标等设备的；

（五）考试期间在考场内交头接耳、左顾右盼、喧哗或者交卷后在考场内、考场附近逗留、喧哗等影响考试秩序的；

（六）未在规定座位参加考试或者考试期间擅自离开座位、出入考场的；

（七）故意损毁试卷、答卷或者考场配发材料、考试机等考试相关设备的；

（八）将试卷、答卷、草稿纸或者考场配发材料带出考场，将试题或者本人答题信息记录并带出考场的；

（九）有需要给予相应处理的其他违纪行为的。

第七条 应试人员有下列行为之一的，由总监考决定给予其终止本场考试、责令离开考场的处理，并由考区所在地司法行政机关决定给予其当年考试成绩无效、二年内不得报名参加国家统一法律职业资格考试的处理：

（一）考试开始后被查出携带具有发送或者接收信息功能的设备，或者在计算机化考试中使用外接设备、安装作弊工具、作弊程序的；

（二）抄袭、查看、偷听违规带进考场与考试内容有关的文字、视听资料的；

（三）以讨论、打手势等方式传递答题信息，抢夺、窃取他人试卷、答卷、草稿纸或者与他人交换试卷、答卷、草稿纸的；

（四）抄袭他人答案或者同意、协助他人抄袭答案的；

（五）有需要给予相应处理的其他作弊行为的。

第八条 应试人员有下列行为之一的，由省、自治区、直辖市司法行政机关决定给予其当年考试成绩无效、终身不得报名参加国家统一法律职业资格考试的处理；当场发现的，由考点总监考给予其终止本场考试、责令离开考场的处理，并经考区所在地司法行政机关报省、自治区、直辖市司法行政机关按照前述规定处理：

（一）使用伪造、变造或者盗用他人的居民身份证、户口簿、准考证以及其他证明材料参加考试的；

（二）非法侵入计算机化考试系统或者非法获取、删除、修改、增加考试信息系统数据，破坏计算机考试系统正常运行的；

（三）实施组织作弊，或者为他人组织作弊提供作弊器材、程序或者其他帮助行为的；

（四）为实施考试作弊行为，非法获取考试试题、答案或者向他人非法出售、提供考试试题、答案的；

（五）实施代替他人考试或者让他人代替自己参加考试的；

（六）有其他特别严重作弊行为的。

第九条 报名人员、应试人员或者其他相关人员有本章规定情形，涉嫌构成违反治安管理行为的，移交公安机关处理；涉嫌构成犯罪的，移交司法机关处理。

违纪人员为国家公职人员的，同时将违纪违法情况通报所在单位并移交处理。

第十条 考区所在地司法行政机关应当于每年度国家统一法律职业资格考试结束后，将本地考试违纪情况和处理结果逐级上报司法部备案。在考试进行过程中发生特别严重的考试违纪事件的，应当立即直报司法部。

司法部和省、自治区、直辖市司法行政机关应当建立报名人员、应试人员失信档案和信用记录披露、查询制度，记录考试违纪人员信息及处理结果，对处以取消本场考试成绩、二年内或者终身禁止参加法律职业资格考试处理的，通过司法行政机关官方网站予以公示，并与其他部门实现信用信息交换共享。

第三章 考试工作人员违纪行为处理

第十一条 考试工作人员有下列行为之一的，司法行政机关应当停止其继续从事本年度及下一年度国家统一法律职业资格考试工作，并视情节给予其相应处理或者建议所在单位给予相应处理：

（一）因失职造成不符合条件人员取得法律职业资格的；

（二）未准确记录、报告考试违纪行为并造成不良影响，或者未认真履行职责，造成考试秩序混乱，所负责考试出现大面积雷同答卷的；

（三）擅自变动考试开始、结束时间或者违规补时，以及未按规定时间开启考试机、下载上传考试数据或者未在规定时间、场所启封、封装试卷的；

（四）擅自调换监考考场、进入其他考场或者为应试人员调换考场、座位（机位）或者对试题内容作解释说明的；

（五）在考场、阅卷场所或者保密监控室内使用通讯工具等电子用品扰乱考试工作秩序的；

（六）擅自将考场配发材料带出考场或者将阅卷评分标准等材料带出阅卷场所的；

（七）从事命题、阅卷、保密、监考等工作的人员违反回避规定，本人或者近亲属报名参加当年国家统一法律职业资格考试的；

（八）评卷过程中擅自更改评分标准，或者不按评分标准进行评卷的；

（九）擅自泄露命题、阅卷、合格标准确定等考试组织实施环节工作安排和相关信息或者未经批准向社会发布有关考试信息的；

（十）其他违反考试管理规定，造成不良后果的。

第十二条 考试工作人员有下列行为之一的，司法行政机关应当停止其继续从事本年度考试工作，并作出禁止其再从事法律职业资格考试工作的处理，同时给予其相应处理或者建议所在单位给予相应处理：

（一）因严重失职造成应试人员未能如期参加考试的；

（二）造成报名人员信息数据、考试试题、试卷、答案、评分标准及考试数据丢失、损毁、泄露，或者使应试人员答卷在保密期限内发生重大事故的；

（三）命题、审题发生错误，造成严重后果或者在评卷、统分中严重失职，造成明显的错评、漏评或者其他差错的；

（四）利用考试工作便利打击报复应试人员或者索取他人财物、非法收受他人财物的；

（五）考试期间擅自将试卷、答卷、草稿纸以及考场配发材料带出考场，或者通过非法侵入计算机系统或安装作弊程序将试题信息传出考场的；

（六）采用明示或者暗示的方式协助应试人员答题或者纵容、包庇报名人员、应试人员及其他相关人员考试违纪的；

（七）截留、窃取、擅自开拆未开考试卷或者偷拆已密封答卷的；

（八）偷换、篡改、伪造答卷、考场原始记录材料信息或者私自变更成绩，编造、虚报考试数据信息的；

（九）非法出售、提供、泄露国家统一法律职业资格考试启用前试题试卷、标准答案、评分标准、考试工作人员信息等有关涉密考试工作信息的；

（十）有其他严重违法违纪行为的。

第十三条 从事考试命题管理等考试工作人员在国家统一法律职业资格考试社会培训机构兼职的，由司法行政机关停止其继续从事考试工作,并根据有关规定给予相应处理或者建议相关单位给予相应处理。

第十四条 发生重大考试责任事故或者出现大规模作弊情况等严重违纪问题的考区,由省、自治区、直辖市司法行政机关报司法部撤销该考区,且二年内不得恢复考区设置。对存在失职或者渎职的司法行政机关主管人员和直接责任人员,应当按照有关规定给予相应处理。

第十五条 司法行政机关违反保密规定,造成考试试题、答案及评分标准丢失、泄密,或者使考生答卷在保密期限内发生重大事故的,对存在失职或者渎职的司法行政机关主管人员和直接责任人员,应当按照有关规定分别给予相应处理。

第十六条 考试工作人员有本章规定情形,涉嫌构成违反治安管理行为的,移交公安机关处理;涉嫌构成犯罪的,移交监察机关、司法机关处理。

第四章 违纪行为处理程序

第十七条 监考人员在考试期间发现应试人员以及其他相关人员有违纪行为的,在依照本办法实施现场处理措施的同时,可以对违纪人员作弊的工具、材料及试卷、答卷和相关视频录像等证据材料采取必要的登记保存措施,并在七个工作日内由考区所在地司法行政机关对保存的物品或材料作出处理。

违纪事实、情节及现场处理情况应当在违纪行为处理报告单上作出记录,由二名监考人员或者其他考试工作人员签字确认。考试结束后,经考点总监考审查确认后报送考区所在地司法行政机关,考区所在地司法行政机关应当在违纪行为处理报告单上签署意见。

考试工作人员应当向违纪考生告知违纪记录的内容,对保存的考生物品应当填写保存清单,并由考生和考试工作人员签字确认。

第十八条 非考试期间发现相关违纪线索的,由考区所在地司法行政机关组成不少于二人的调查组进行调查取证,必要时由上级司法行政机关直接调查取证。调查人员应当对有关事实情况进行了解核实。

调查结束后,调查组应当依据调查的事实和证据形成调查报告,报本级司法行政机关。需要由上级司法行政机关处理的,应当及时上报。

第十九条 在评卷过程中发现下列违纪情形的,由评卷专家组确认:

(一)应试人员在答卷上做标记的;

(二)应试人员答卷笔迹前后不一致的;

(三)应试人员两卷答案文字表述、答案信息点错误、答题轨迹高度一致(雷同)的。

评卷专家组确认上述违纪行为情形时,可以根据需要通过鉴定机构进行鉴定或者进行实验。确认应试人员有前款规定情形并有其他相关证据证明其作弊行为成立的,根据作弊事实和情节,由考区所在地司法行政机关依照本办法相关规定处理。

第二十条 对于事实清楚、证据确凿的违纪行为,司法行政机关应当在决定调查后六十日内作出处理决定。

六十日内无法作出处理决定的,经本级司法行政机关负责人批准,可以延长三十日。

第二十一条 司法行政机关对违纪行为作出处理决定前,应当告知当事人作出处理决定的事实、理由及依据,并告知其享有陈述、申辩或者要求听证的权利。

作出二年内或者终身不得报名参加国家统一法律职业资格考试处理决定的,当事人有权在被告知处理结果之日起五个工作日内要求举行听证;当事人要求听证的,司法行政机关应当在二十日内组织听证,并于举行听证前七个工作日通知当事人。

第二十二条 司法行政机关对违纪行为作出处理的,应当出具国家统一法律职业资格考试违纪行为处理决定书,并载明下列事项:

(一)被处理人姓名、性别、身份证号及住址;

(二)违纪行为的事实和证据;

(三)处理的依据和种类;

(四)不服处理决定申请行政复议或者提起行政诉讼的途径和期限;

(五)作出处理决定的单位名称和日期。

第二十三条 违纪行为处理决定应当自作出处理决定之日起十日内送达被处理人;直接送达有困难的,可以采取委托送达、邮寄送达;受送达人下落不明,或者用其他方式无法送达的,可以采取公告方式送达。

第二十四条 报名人员、应试人员及其他相关人员对司法行政机关作出的违纪处理决定不服的,可以根据有关法律规定申请行政复议或者提起行政诉讼。

考试工作人员对违纪行为处理不服的,可以依法申请复核或者提出申诉。

第二十五条 考试违纪行为调查处理人员在考试违纪行为调查处理工作中,有对报名人员、应试人员及其他相关人员报复或者诬陷等行为的,司法行政机关应当给予其相应处理或者建议所在单位给予相应处理。

第五章 附 则

第二十六条 本办法所称"二年"不包括本年度。

第二十七条 本办法规定的"其他相关人员",是指报名人员、应试人员、考试工作人员以外参与考试违纪作弊行为的人员。

第二十八条 本办法由司法部负责解释。

第二十九条 本办法自公布之日起施行。

法律职业资格管理办法

· 2020年12月1日司法部令第146号公布
· 自2021年1月1日起施行

第一章 总 则

第一条 为规范法律职业资格申请受理、审查核查、审核认定、证书颁发、服务和管理等工作,根据《中华人民共和国行政许可法》等规定,制定本办法。

第二条 司法行政机关实施法律职业资格管理,应当以习近平法治思想为指导,坚持法律职业队伍革命化、正规化、专业化、职业化方向,建设一支高素质的社会主义法律职业队伍。

第三条 司法行政机关实施法律职业资格管理,应当遵循程序规范、高效便民、公开透明、公平公正的原则。

第四条 司法部负责法律职业资格审核认定、法律职业资格证书制作颁发等工作。

省、自治区、直辖市司法行政机关负责本地法律职业资格申请材料的核查、证书的组织发放等工作。

设区的市级司法行政机关负责本地法律职业资格申请材料的受理、审查和证书发放等工作。

第五条 司法行政机关应当加强法律职业资格管理信息化建设,提高在线服务水平。

第二章 申请受理和审查、核查

第六条 司法行政机关统一受理法律职业资格申请,以公告方式确定统一受理日期。

第七条 符合《国家统一法律职业资格考试实施办法》第十八条规定情形的人员,申请授予法律职业资格的(以下简称申请人),应当在受理期限内通过司法部网站登录法律职业资格管理系统,如实填写申请授予法律职业资格信息,并到设区的市级或者直辖市司法行政机关(以下简称受理机关)指定的工作场所现场提交下列材料:

(一)居民身份证;

(二)毕业证书、学位证书或者学历、学位证明书原件;

(三)司法部公告要求的其他材料。

申请享受放宽政策并达到放宽条件地区合格分数线的申请人,应当向本人户籍所在地设区的市级司法行政机关申请授予法律职业资格,并现场提交户口簿原件。

申请人应当对其所提交材料的真实性负责。证件原件由受理机关核验并复印或者扫描后退回,复印件或者扫描件留存归档。

第八条 受理机关收到申请人的申请材料后,应当根据下列情况分别作出处理:

(一)申请材料齐全、符合法定形式的,或者申请人按照受理机关要求提交全部补正申请材料的,应当受理并向申请人出具法律职业资格申请受理单;

(二)申请材料不齐全或者不符合法定形式的,应当当场或者在五个工作日内一次告知申请人需要补正的全部材料及内容;

(三)不符合法律职业资格申请条件的,应当出具不予受理通知书并说明理由。

具有前款第二项规定等情形的,受理机关可以采用个别受理方式受理法律职业资格申请。

第九条 受理机关应当自统一受理之日起对申请人提交的申请材料进行审查,并将书面审查报告与相关申请材料一并报送省级司法行政机关核查。对申请材料不真实或者不符合法律职业资格授予条件的,应当提交不授予法律职业资格的书面报告并说明理由,报省级司法行政机关核查。

省级司法行政机关应当对申请授予法律职业资格人员的申请材料进行核查,提交授予或者不授予法律职业资格的书面核查报告,报司法部审核认定。

受理机关为直辖市司法行政机关的,由该直辖市司法行政机关对申请授予法律职业资格人员的申请材料进行审查、核查,提交授予或者不授予法律职业资格的书面核查报告,报司法部审核认定。

自受理申请至向司法部报送书面核查报告的期限为二十个工作日。

第十条 受理机关应当将申请授予法律职业资格的依据、条件、程序、期限以及需要提交的全部材料的目录和申请书示范文本等在办公场所和网站上公示。

第三章 审核认定和证书颁发

第十一条 司法部应当自收到省级司法行政机关书面核查报告等材料之日起二十个工作日内完成审核认定,根据下列情况分别作出处理:

(一)符合《国家统一法律职业资格考试实施办法》第十八条规定的法律职业资格授予条件的,作出授予法

律职业资格的决定,颁发法律职业资格证书;

(二)不符合法律职业资格授予条件的,作出不授予法律职业资格的决定,并说明理由。

按照前款规定期限不能完成审核认定的,经司法部负责人批准,可以延长十个工作日。延长期限的理由以司法部公告统一告知申请人。

第十二条　司法部根据下列情形,授予申请人法律职业资格,并颁发相应的法律职业资格证书:

(一)符合《国家统一法律职业资格考试实施办法》第九条、第二十二条规定的条件,考试成绩达到全国统一合格分数线的,颁发A类法律职业资格证书;

(二)符合《国家统一法律职业资格考试实施办法》第二十三条规定的条件,申请享受放宽政策,考试成绩达到全国统一合格分数线的,颁发B类法律职业资格证书;

(三)符合《国家统一法律职业资格考试实施办法》第九条、第二十二条、第二十三条规定的条件,申请享受放宽政策,考试成绩达到放宽条件地区合格分数线的,颁发C类法律职业资格证书。

第十三条　司法部应当自作出授予法律职业资格决定之日起十个工作日内颁发法律职业资格证书。

省、自治区、直辖市司法行政机关具体负责法律职业资格证书的组织发放,并将相关情况载入档案。

第十四条　取得C类法律职业资格证书人员,重新参加国家统一法律职业资格考试,达到全国统一合格分数线的,可以申请授予A类或者B类法律职业资格证书,并向司法行政机关交回已取得的C类法律职业资格证书,原证书自作出授予新的法律职业资格决定之日起自动失效。

第十五条　A类法律职业资格证书在全国范围内有效。B类和C类法律职业资格证书的适用范围,由国家统一法律职业资格考试协调委员会确定。

取得B类法律职业资格证书人员,在获得《国家统一法律职业资格考试实施办法》第九条规定的专业学历条件后,其B类法律职业资格证书在全国范围内有效。

第十六条　法律职业资格证书采用纸质证书和电子证书形式,由设区的市级以上司法行政机关实施管理。

法律职业资格证书的样式,由司法部统一制定。

法律职业资格纸质证书与电子证书具有同等法律效力。

第十七条　取得法律职业资格人员应当妥善保管和使用法律职业资格证书,不得涂改、倒卖、出租、出借和转让。

第十八条　取得法律职业资格人员遗失、损毁纸质证书的,可以向设区的市级司法行政机关申请办理法律职业资格证明书。

法律职业资格证明书与法律职业资格证书具有同等法律效力。

第四章　服务和管理

第十九条　司法行政机关应当建立取得法律职业资格人员档案,实行纸质档案和电子档案形式,由设区的市级及以上司法行政机关管理,并及时记载、更新相关信息。

档案主要记载下列内容:

(一)考试报名信息、本办法第七条规定的相关申请材料;

(二)法律职业资格证书种类、取得时间和撤销、注销法律职业资格情况;

(三)调转档案情况;

(四)办理法律职业资格证明书情况;

(五)参加职前培训情况;

(六)其他应当载入档案的情况。

第二十条　司法部公布授予法律职业资格有关信息,供有关部门和社会公众查询。

第二十一条　取得法律职业资格人员需要调转档案的,由本人通过法律职业资格管理系统向调入地司法行政机关提出申请,办理变更手续。

第二十二条　通过贿赂或者使用虚假身份证件、学历和学位证件以及其他证明文件等不正当手段取得法律职业资格的,由司法部依法予以撤销,并办理注销手续。

具有前款规定情形的,依法移送有关部门追究法律责任。

第二十三条　伪造、变造或者使用伪造、变造的法律职业资格证书、法律职业资格证明书的,依法追究法律责任。

第二十四条　司法行政机关作出不予受理申请、不予授予法律职业资格或者撤销法律职业资格等处理决定的,应当告知相对人享有依法申请行政复议或者提起行政诉讼的权利。

第五章　附　则

第二十五条　参加国家统一法律职业资格考试成绩合格的港澳台居民,申请授予法律职业资格及其管理,适用本办法。

第二十六条　实行国家统一法律职业资格考试前取

得的法律职业资格证书、律师资格凭证,与参加国家统一法律职业资格考试取得的法律职业资格证书具有同等法律效力。

对参加国家司法考试取得的法律职业资格的管理,适用本办法。

第二十七条 本办法由司法部负责解释。

第二十八条 本办法自 2021 年 1 月 1 日起施行。2002 年 7 月 8 日公布的《法律职业资格证书管理办法》(司法部令第 74 号)同时废止。

台湾居民参加国家司法考试若干规定

· 2008 年 6 月 4 日司法部令第 110 号公布
· 自公布之日起施行

第一条 为规范台湾居民参加国家司法考试,根据《国家司法考试实施办法(试行)》,制定本规定。

第二条 具有台湾地区居民身份的人员可以报名参加国家司法考试。

第三条 台湾居民参加国家司法考试的报名条件、报名时间、报名方式、考试科目、考试内容、考试时间、应试规则、合格标准以及合格后授予国家法律职业资格的办法,适用《国家司法考试实施办法(试行)》以及有关国家司法考试规章的统一规定。

台湾居民参加国家司法考试的报名地点、考试地点以及考试合格申请授予资格的方式,按照本规定以及司法部有关台湾居民参加考试的年度安排执行。

第四条 台湾居民报名参加国家司法考试,在大陆工作、学习或者居住的,应当在其居所地司法行政机关指定的报名点报名;在香港、澳门工作、学习或者居住的,应当在香港、澳门向承办考试组织工作的机构报名;在台湾地区或者外国工作、学习或者居住的,应当到司法部在大陆指定的报名点报名。

第五条 台湾居民在考试报名时,应当向受理报名的机构提交以下证明其符合本规定第二条规定条件的有效身份证明:台湾居民来往大陆通行证(简称台胞证)和台湾居民身份证;不能提交台湾居民来往大陆通行证的,应当提交台湾居民身份证和户籍誊本或者户口名簿。提交户籍誊本或者户口名簿复印件的,须经台湾地区公证机构公证。

受理报名的机构认为必要时,可以要求报名人同时提交其他有关证明。

第六条 台湾居民在考试报名时,持大陆高等院校学历(学位)证书的,可以向受理报名的机构直接办理报名手续;持台湾、香港、澳门地区高等院校或者外国高等院校学历(学位)证书报名的,须同时提交经教育部有关机构出具的学历(学位)认证证明。

第七条 台湾居民参加国家司法考试,在大陆报名的,应当在报名地司法行政机关设置的考场参加考试;在香港、澳门报名的,应当在香港、澳门承办考试组织工作的机构所确定的本地考场参加考试。

第八条 台湾居民参加国家司法考试合格的,可以根据《法律职业资格证书管理办法》的规定,申请授予法律职业资格。

在大陆报名参加考试合格的人员,向报名地司法行政机关递交申请及有关材料,由其按照规定程序审查上报。

在香港、澳门报名参加考试合格的人员,向司法部委托的承办资格申请受理事务的大陆驻港澳机构递交申请及有关材料,由其按照规定程序上报司法部进行审查。

第九条 台湾居民取得国家法律职业资格,在大陆申请律师执业的,依照司法部有关规定办理。

第十条 台湾居民报名参加国家司法考试的具体安排,由司法部在年度国家司法考试公告以及国家司法考试办公室相关文件中公布。

第十一条 本规定由司法部解释。

第十二条 本规定自发布之日起施行。

香港特别行政区和澳门特别行政区
居民参加国家司法考试若干规定

· 2005 年 5 月 24 日司法部令第 94 号公布
· 自公布之日起施行

第一条 为了落实国务院批准的《内地与香港关于建立更紧密经贸关系的安排》和《内地与澳门关于建立更紧密经贸关系的安排》(以下简称两个《安排》),允许符合规定条件的香港、澳门居民参加国家司法考试,根据最高人民法院、最高人民检察院、司法部联合制定的《国家司法考试实施办法(试行)》,制定本规定。

第二条 香港、澳门永久性居民中的中国公民,可以报名参加国家司法考试。

第三条 香港、澳门永久性居民中的中国公民参加国家司法考试,其报名条件、报名时间、考试科目、考试内容、考试时间、参考规则、合格标准、资格授予,适用《国家司法考试实施办法(试行)》以及有关国家司法考试的统一规定。

组织香港、澳门居民参加国家司法考试，应当同时遵守《香港特别行政区基本法》和《澳门特别行政区基本法》的有关规定。

第四条 香港、澳门永久性居民中的中国公民在考试报名时，应当向受理报名的机构提交下列证明其符合本规定第二条规定条件的有效身份证件：

（一）香港、澳门永久性居民的身份证明；

（二）港澳居民来往内地通行证（回乡证）或者香港、澳门特别行政区护照。

提交复印件的，须经内地认可的公证人公证。

第五条 香港、澳门永久性居民中的中国公民在考试报名时，持内地高等院校学历证书的，可以向受理报名的机构直接办理报名手续；持香港、澳门、台湾地区高等院校或者外国高等院校学历证书报名的，须同时提交经国务院教育行政部门有关机构出具的认证证明。

第六条 香港、澳门永久性居民中的中国公民报名参加国家司法考试，在香港、澳门工作、学习或者居住的，应当在香港、澳门向承办考试组织工作的机构报名；在内地工作、学习或者居住的，可以在香港、澳门报名，也可以在其内地居所地司法行政机关指定的报名点报名。在内地报名的，须提交其在内地工作、学习或者居住的证明。

第七条 香港、澳门永久性居民中的中国公民参加国家司法考试，在香港、澳门报名的，应当在香港、澳门承办考试组织工作的机构所确定的本地考场参加考试；在内地报名的，应当在报名地司法行政机关设置的考场参加考试。

第八条 香港、澳门永久性居民中的中国公民参加国家司法考试合格的，可以根据司法部制定的《法律职业资格证书管理办法》的规定，向司法行政机关申请授予《中华人民共和国法律职业资格证书》。

在香港、澳门报名参加考试合格的人员，向司法部委托的承办资格申请受理事务的内地驻港澳机构递交申请及有关材料，由司法部负责审查。

在内地报名参加考试合格的人员，向报名地司法行政机关递交申请及有关材料，由其按规定程序审查上报。

第九条 香港、澳门永久性居民中的中国公民取得内地法律职业资格，在内地申请律师执业，依照《中华人民共和国律师法》、两个《安排》和司法部有关规定办理。

第十条 香港、澳门居民报名参加国家司法考试的具体安排，由司法部在年度国家司法考试公告以及司法部国家司法考试办公室相关文件中公布。

第十一条 本规定由司法部解释。

第十二条 本规定自发布之日起施行。司法部2003年11月30日发布的《香港特别行政区和澳门特别行政区居民参加国家司法考试若干规定》（司法部令第80号）同时废止。

关于建立法律职业人员统一职前培训制度的指导意见

· 2022年2月28日
· 司发〔2022〕1号

为认真贯彻实施中共中央办公厅、国务院办公厅《关于完善国家统一法律职业资格制度的意见》（厅字〔2015〕25号），推动建设一支德才兼备的高素质社会主义法治工作队伍，现就建立实施法律职业人员统一职前培训制度提出如下意见。

一、总体要求

1. 指导思想。坚持以习近平新时代中国特色社会主义思想为指导，深入学习贯彻习近平法治思想，全面贯彻落实党的十九大和十九届历次全会精神，深入贯彻中央全面依法治国工作会议精神，深化法治人才供给侧结构性改革，建立实施法律职业人员统一职前培训制度，提高法治人才培养质量，努力建设一支忠于党、忠于国家、忠于人民、忠于法律的社会主义法治工作队伍，为推进国家治理体系和治理能力现代化提供有力法治人才保障。

2. 基本原则。

——坚持党的领导。把党的领导贯彻到法律职业人员统一职前培训组织实施工作的各方面和全过程，坚定不移走中国特色社会主义法治道路，确保党对职前培训工作的领导落到实处。

——突出政治标准。坚持把政治标准作为第一标准，按照政治过硬、业务过硬、责任过硬、纪律过硬、作风过硬的要求，加强对政治忠诚、政治定力、政治担当、政治能力、政治自律等方面的培训考核，严把培训考核工作的政治关，确保法律职业人员绝对忠诚可靠。

——强化能力训练。遵循法律职业人才特殊的职业素养、职业能力、职业操守要求，有针对性地加强思想淬炼、政治历练、实践锻炼、专业训练，加大法律职业立场、伦理、技能的培训力度，提高法律职业人员的职业素养和专业水平。

——加强分类指导。按照"统一标准、分系统实施"和"先选后训""谁选谁训"要求，综合考虑地区经济社会发展状况、不同法律职业岗位、不同地区人才需求差异和法律职业用人部门需要等因素,坚持联系实际、分类指导、按需施教,有序有效组织实施职前培训工作,提高职前培训的针对性和实效性。

3. 发展目标。坚持革命化、正规化、专业化、职业化,健全完善法律职业人员职前培训制度,使参训人员达到从事法律职业所需要的初任标准,成为政治强、业务精、作风正,忠诚、干净、担当的社会主义法治人才。在此基础上,推动建成具有中国特色的社会主义法律职业人员统一职前培训制度,为实现让人民群众在每一项法律制度、每一个执法决定、每一宗司法案件中都感受到公平正义的目标提供有力人才保障。

二、健全法律职业人员职前培训管理机制

4. 协调机构。法律职业人员统一职前培训指导委员会统筹协调全国职前培训管理工作,指导、督促各部门实施职前培训工作,负责职前培训考核标准的确定等工作。司法部法律职业资格管理局承担职前培训指导委员会的有关具体工作,会同最高人民法院政治部、最高人民检察院政治部等部门做好职前培训的统一标准等相关规范工作。

5. 责任分工。中央和国家机关法律职业用人部门以及有关行业主管部门,负责本系统法律职业人员职前培训的组织管理、统筹协调等工作。地方各级法律职业用人部门以及有关行业主管部门在本系统上级部门和本地区组织部门的指导或者领导下,配合做好本系统本地区法律职业人员职前培训相关工作。

6. 实施机构。具备条件的培训机构或者有关行业自律组织,具体实施法律职业人员职前培训工作。最高人民法院、最高人民检察院、司法部等中央国家机关法律职业用人部门根据有关标准和程序确定法律职业人员职前培训机构名单。省(区、市)有关行业自律组织可根据需要,委托市(地、州、盟)行业自律组织承担职前培训实施工作。

三、建立法律职业人员职前培训运行机制

7. 培训对象。取得法律职业资格的人员,初任法官、检察官、仲裁员(法律类),申请律师、公证员执业,应当参加职前培训,培训合格方可准予从事相关法律职业。因地制宜,有序推进行政机关中初次从事行政处罚决定法制审核、行政复议、行政裁决和法律顾问的公务员(含参照公务员法管理人员,下同)的职前培训工作。司法行政机关可根据法律职业用人部门委托,对行政机关中初次从事行政处罚决定法制审核、行政复议、行政裁决和法律顾问的公务员开展职前培训工作。

对于已经从事相关法律职业或者已经参加职前培训合格的人员,转换法律职业或者变更法律职业岗位的,以及根据法官法第十五条、检察官法第十五条公开选拔的法官、检察官,根据律师法第八条核准予执业的律师和公证法第十九条考核任命的公证员,由中央和国家机关法律职业用人部门以及有关行业主管部门根据需要确定参加职前培训。

8. 培训方式。职前培训分为两个阶段,分别为:集中教学阶段,岗位实习和综合训练阶段。集中教学培训采取集中脱产培训、现场模拟诉讼、远程视频教学、网上学习平台自学等线下和线上相结合的方式进行。适应法律职业实战性、实践性特征,坚持实用实效导向,岗位实习和综合训练采用实务导师指导方式,运用案例教学、现场模拟和实战演练等方法进行,增强适应新时代发展要求的本领。推进跨地区、跨法律职业部门共同开展法官、检察官、律师等法律职业人员统一职前培训。

9. 培训内容。集中教学阶段、岗位实习和综合训练阶段的具体科目、课程设置和具体要求,在职前培训大纲中规定。

集中教学阶段主要讲授政治理论、职业道德和法律实务等知识。(1)提升政治能力。坚持以习近平新时代中国特色社会主义思想为指导,深入学习贯彻习近平法治思想,教育引导广大参训人员拥护中国共产党领导,拥护社会主义法治,始终把握正确政治方向,增强"四个意识"、坚定"四个自信"、做到"两个维护",提高政治判断力、政治领悟力和政治执行力,矢志不渝做中国特色社会主义法治道路的坚定信仰者、忠实实践者。(2)注重职业伦理培养。加强理想信念教育,深入开展社会主义核心价值观教育和社会主义法治理念教育,培养知荣辱、讲正气、作奉献的法律职业人员。坚持严明党纪国法与职业纪律相结合,以忠诚、为民、担当、公正、廉洁为主要内容,强化法律职业伦理训练,完善职业道德评价机制,培养法律职业人员树立崇尚法治、恪守良知、理性公允的职业品格,精益求精钻研业务的专业精神。(3)增强业务能力。聚焦能力短板,强化案例和实践教学,通过专业思维的培养、专业方法的掌握、专业技术的运用,提高法律职业人员的法律政策运用能力、重大风险防控能力、复杂事件处置能力、群众工作能力、科技应用能力、舆论引导能力,确保参训人员尽快实现从熟悉法学理论知识到熟练掌握法律实务技能的转变,提高专业化水平。法律职业用人部门以及有关行业主管部门可结合实际,有针对性地开展少数民族语言法律知识、国际法律实务等方面的教学,培养造就适应新时代要求的专门性人才和复合型人才。

岗位实习和综合训练阶段,实行教、学、练、战一体化培训模式,在实务导师指导下,主要通过参与审判、检察、律师、公证、仲裁、行政复议、行政裁决、行政处罚决定法制审核案件办理等业务实践,通过从事审查案件材料、草拟法律文书等辅助事务,提高参训人员的实战能力。

10. 培训时间。初任法官、检察官、仲裁员(法律类)、申请律师、公证员执业的职前培训时间为一年。其中,集中教学的时间不少于一个月,岗位实习和综合训练的时间和具体安排由法律职业用人部门根据实际确定。行政机关中初次从事行政处罚决定法制审核、行政复议、行政裁决和法律顾问的公务员的职前培训时间由法律职业用人部门根据实践需要确定。

法律职业用人部门以及有关行业主管部门应依法并结合实际,加强本单位本系统法律职业人员初任培训、实习和职前培训工作统筹,协调好职前培训与在职培训的关系,提高培训的实用性、实效性。

11. 培训考核。培训考核工作由培训实施机构负责,实行平时学分制考核和集中测试考核相结合的方式,强化培训全过程管理和考核评估。集中教学、岗位实习和综合训练两个阶段,分别进行考核、合并计算成绩。实习实训期满后,实务导师应及时向考核部门提交书面鉴定报告,作为对参训人员考核的重要依据。考核合格的,由中央和国家机关法律职业用人部门或者有关行业自律组织颁发培训合格证书。

四、完善法律职业人员职前培训保障机制

12. 培训大纲、教材。培训大纲分为共同科目和专业科目。司法部会同最高人民法院、最高人民检察院和有关部门,研究制定法律职业人员统一职前培训共同科目的大纲,并编写培训教材。中央和国家机关法律职业用人部门以及有关行业主管部门可根据本系统法律职业人员特点,编写本系统专业科目大纲及培训教材。加强职前培训案例库建设,建成满足法律职业人员职前培训需要的教学、实践配套案例库。

13. 培训师资库。最高人民法院、最高人民检察院和有关部门,根据有关标准和程序确定本系统的职前培训师资库并抄送司法部。职前培训师资库在司法部网站等公布,供法律职业用人部门共享。各系统开展职前培训时,应当优先在职前培训师资库中选择师资。

14. 培训档案。加强职前培训信息化建设,研究开发职前培训工作管理和网络学习平台,推进职前培训教学、实习、考核全过程电子化管理。承担职前培训的培训机构、有关行业自律组织,应当将职前培训档案等信息资料,及时报送法律职业用人部门或者有关行业主管部门,并抄送各省(区、市)司法厅(局)法律职业资格管理部门。

五、加强对职前培训工作的组织领导

15. 加强领导。法律职业人员统一职前培训指导委员会要加强全国职前培训的统筹协调工作,加强对法律职业用人部门组织实施职前培训工作的督促指导,适时开展职前培训质量检查评估。中央和国家机关法律职业用人部门以及有关行业主管部门要加强对本系统法律职业人员统一职前培训工作的组织领导,统筹职前培训机构、有关行业自律组织做好职前培训的组织实施工作,确保职前培训工作取得实效。

16. 完善制度。中央和国家机关法律职业用人部门以及有关行业主管部门要根据相关法律规定及本指导意见,制定完善本系统的职前培训工作规范和工作方案,细化培训措施,完善管理工作流程,做好与法律职业资格管理制度的衔接,健全完善中国特色社会主义法律职业人员职前培训规范体系。

17. 强化保障。法律职业用人部门以及有关行业主管部门要在党委、政府领导下,积极争取支持,做好职前培训教学及实习基地建设,以及培训大纲、教材、案例库制定和信息化建设等有关工作。参训人员所在单位要妥善安排好参训人员的培训时间,保障参训人员在培训期间按照国家规定享受正常工资待遇。法律职业用人部门以及行业主管部门要选优配强职前培训工作力量,夯实工作基础。

法律职业用人部门以及有关行业主管部门在实施本意见时遇到的问题,及时报上级主管部门和同级组织部门,并抄报司法部。

十四、人大代表建议、政协委员提案答复

司法部对十三届全国人大四次会议第3748号建议的答复
——关于完善律师职业责任保险制度的建议

· 2021年11月19日

您提出的关于完善律师职业责任保险制度的建议收悉，现答复如下：

律师法第五十四条规定，律师违法执业或者因过错给当事人造成损失的，由其所在的律师事务所承担赔偿责任。律师事务所赔偿后，可以向有故意或者重大过失行为的律师追偿。同时，律师法第十五条、第十六条和第二十条分别规定了合伙所、个人所、国资所的债务承担方式。

中办、国办《关于深化律师制度改革的意见》要求，推行律师事务所和律师强制职业责任保险。建立和推行律师职业责任保险制度，对于提高律师事务所和律师承担责任、抵御风险的能力，促进律师依法、诚信、尽责执业，提高业务素质和办案质量，充分保护委托人的合法权益，具有积极意义。特别是在国家加快涉外法治工作战略布局的背景下，推动建立与中国律师"走出去"相适应的职业责任保险制度显得尤为重要。近年来，一些律师协会、律师事务所与保险公司签署职业责任保险协议，统一投保职业责任险，取得良好成效。但律师职业责任保险制度还存在一些问题。如，律师职业责任保险限额不足，还没有形成常态化的制度安排，等等。

您的建议对建立并推行律师职业责任保险制度很有参考价值，我们将认真研究。下一步，我们将坚持以习近平新时代中国特色社会主义思想为指导，深入学习贯彻习近平法治思想，贯彻落实党的十九大和十九届二中、三中、四中、五中全会精神，按照党中央关于律师工作的决策部署，积极推动建立律师职业责任保险制度。一是推进律师法修订工作，研究增加律师事务所和律师职业责任保险的有关规定。二是会同中国银保监会在广泛调研论证的基础上，研究制定律师事务所和律师参加职业责任保险的具体办法，规范律师事务所和律师投保行为，制定"走出去"律师事务所和律师强制职业责任保险的保障措施，提高律师事务所和律师赔偿能力，促进律师业健康发展。三是协调中国银保监会指导保险公司不断优化产品和服务，更好地满足律师事务所和律师实际需求，特别是国际化发展需求。四是会同中国银保监会制定保险合同示范文本，指导律师事务所和律师参加职业责任保险。

感谢您对律师工作的关心和支持！

司法部对十三届全国人大四次会议第5444号建议的答复
——关于统一制定民事、行政诉讼中实行律师调查令规范的建议

· 2021年11月19日

您提出的关于统一制定民事、行政诉讼中实行律师调查令规范的建议收悉，现答复如下：

律师是民事、行政诉讼活动的重要参与者，在化解民商事法律纠纷和行政争议，维护良好生产生活秩序，推进依法行政方面发挥着重要作用。调查取证权是律师执业的基本权利，是当事人权利的延伸。保障律师调查取证权不仅是律师依法履行职责，发挥职能作用的基础和前提，更关系当事人合法权益的维护。目前，各地司法实践中推行的律师调查令制度是保障律师调查取证权的积极探索。律师调查令是指为更好地查明案件事实，人民法院签发给当事人诉讼代理律师向有关单位和个人搜集证据的法律文件。该项制度不仅有利于增强当事人的证据调查能力，保障律师依法履职，落实法律赋予的律师调查取证权，还有利于助力案件法律事实重建，提高审判执行效率，节约司法资源，提升司法公信力。

我国现行民事诉讼法、行政诉讼法、律师法对律师调查令没有直接规定，但也为探索律师调查令制度留下了一定的制度空间。民事诉讼法第四十九条规定："当事人有权委托代理人，提出回避申请，收集、提供证据，进行辩论，请求调解，提起上诉，申请执行。当事人可以查阅本案有关材料，并可以复制本案有关材料和法律文书。查

阅、复制本案有关材料的范围和办法由最高人民法院规定。"第六十一条规定："代理诉讼的律师和其他诉讼代理人有权调查收集证据。"行政诉讼法第三十二条规定："代理诉讼的律师，有权按照规定查阅、复制本案有关材料，有权向有关组织和公民调查，收集与本案有关的证据。对涉及国家秘密、商业秘密和个人隐私的材料，应当依照法律规定保密。"律师法第三十五条规定"律师自行调查取证的，凭律师执业证书和律师事务所证明，可以向有关单位或者个人调查与承办法律事务有关的情况。"

实践中，律师调查取证经常遇到一些阻碍，影响其依法正常履责。律师调查取证难已成为长期困扰律师执业的"三难"之一，需要积极采取措施加以解决。近年来，司法部高度重视，会同最高人民法院积极推动完善律师调查取证制度。在民事诉讼领域，据不完全统计，北京、天津等近20个省（市）已经探索开展了民事诉讼律师调查令制度，由人民法院单独或者会同司法行政机关等部门出台规范性文件，授权人民法院签发民事诉讼律师调查令，律师持调查令可依法向有关部门申请调查取证。从行政诉讼领域来看，已有地方法院开始在行政诉讼中进行律师调查令相关探索。如陕西省洛南县人民法院于2017年11月9日签发该院首份行政案件律师调查令，山东省青岛市中级人民法院于2018年3月20日正式发布《关于在审判执行案件中施行律师调查令的若干规定（试行）》，在青岛两级法院全面实行律师调查令制度。总体上看，律师调查令覆盖范围不断扩大，适用律师调查令的案件逐年增多，律师调查令制度在保障律师调查取证权中发挥着重要作用。

与此同时，在推行律师调查令实践中也遇到了一些问题。目前，在行政诉讼领域中，律师调查令的适用还显得十分薄弱。各地对律师调查令的探索主要集中于民事诉讼领域。在该领域，律师调查令的推行也存在一定的困难，主要表现在三个方面：一是各地做法不一致。有的只是原则性规定，有的作了具体规定，有的没有规定；有的叫律师调查令，有的叫委托调查令；有的限于诉讼阶段，有的限于执行阶段，有的涵盖诉讼、执行阶段；等等。二是异地适用效果不佳，集中表现为异地取证的效力难以被认可。三是仍有许多适用问题需要进一步探索，如哪些证据类型、哪些对象适于通过律师调查令调取，如何确保实现律师调查令的约束力等等。

您提出的制定全国范围内统一适用的律师调查令规范，明确适用范围、程序事项、惩戒机制等内容，并在行政诉讼中参照民事诉讼实行律师调查令的建议，对于进一步规范和完善律师调查令制度具有重要参考价值。下一步，我们将会同最高人民法院对您的建议进行认真研究，适时就律师调查令开展深入调研，并加强与立法部门沟通协调，积极推进形成统一完善的律师调查令规范制度，切实保障律师调查取证权，助力法院审判质效提升，共同促进司法公正。

司法部对十三届全国人大四次会议第4608号建议的答复

——关于全面加强村居法律顾问工作的建议

·2021年11月19日

您提出的关于全面加强村居法律顾问工作的建议收悉，现答复如下：

深入推进村（居）法律顾问工作，是贯彻落实全面依法治国战略部署，推进国家治理体系和治理能力现代化的重要举措，对于推动基层依法治理、服务和保障民生、维护社会和谐稳定具有重要意义。近年来，司法部认真贯彻落实习近平总书记重要指示和中央决策部署，大力推进村（居）法律顾问工作。2018年6月，司法部印发《关于进一步加强和规范村（居）法律顾问工作的意见》，指导各地积极推行村（居）法律顾问制度，推动建设覆盖城乡、便捷高效、均等普惠的公共法律服务体系，努力满足人民群众日益增长的法律服务需求。2020年10月，司法部会同财政部印发《关于建立健全政府购买法律服务机制的意见》，明确将村（居）法律顾问服务纳入政府购买服务指导性目录，所需经费应当在年度预算中统筹安排，为加强村（居）法律顾问工作经费保障提供了重要依据。目前，全国64万多个村、社区配备了法律顾问，近20万律师、基层法律服务工作者等参与此项工作，基本实现了全覆盖。

但正如您所提到的，当前村（居）法律顾问工作还存在社会知晓度不高、经费保障不充分等问题，有待进一步加强和规范。您提出的组建村（居）法律顾问团队、配备工作联络员、加大办公设施和工作经费投入、加大宣传力度等建议，符合基层法治建设实际，对加强村（居）法律顾问工作具有重要参考价值，我们将认真研究采纳。

下一步，司法部将从以下方面进一步加强和规范村（居）法律顾问工作：一是加强队伍建设。指导各地加强人员配备，选优配强村（居）法律顾问队伍，建立健全培训制度，通过集中培训、分散培训、网络培训等形式，提升村(居)法律顾问能力素质。二是提高服务水平。科学制定村(居)法律顾问服务标准，明确服务流程，完善监督考核、满意度测评、投诉处理等工作机制，促进提升服务质量。三是拓展服务领域。在指导村(居)法律顾问做好调解矛盾纠纷、开展普法宣传、解答法律问题等法律服务的基础上，支持村(居)法律顾问参与政策实施、产业投资、项目建设等工作，提高服务层次。四是创新服务模式。充分运用法律顾问微信群、热线电话、小程序等信息化手段，提供在线咨询、普法信息线上推送和其他远程服务。总结推广部分地方组建法律顾问服务团队、明确法律顾问联络员、推行法律顾问预约服务机制等经验做法，提升村(居)法律服务的精准性、时效性。五是加大宣传力度。充分运用传统媒体和网络、微博、微信等新媒体广泛开展宣传，推广先进典型和经验做法，打造村(居)法律顾问工作示范点，提升村(居)法律顾问的社会知晓率和首选率。六是强化工作保障。指导各地落实财政转移支付、政府购买法律服务等财政支持措施，加大村(居)法律顾问办公设施和工作经费投入力度。落实公益法律服务激励政策，对积极参与村(居)法律顾问服务的机构和人员及时予以表彰表扬。

感谢您对司法部工作的关心和支持！

司法部对十三届全国人大四次会议第 6206 号建议的答复

——关于提高公民法治教育实效性评价的建议

· 2021 年 11 月 19 日

您提出的关于提高公民法治教育实效性评价的建议收悉，现答复如下：

全民普法是全面依法治国的长期基础性工作。近年来，司法部联合中宣部、教育部等部门，认真贯彻落实中央决策部署，切实加大全民普法工作力度，重点做了以下工作。

一是推进国家工作人员学法用法。2016 年，中组部、中宣部、司法部、人力资源和社会保障部联合印发了《关于完善国家工作人员学法用法制度的意见》，对领导干部学法用法工作作出全面安排部署。2019 年，司法部、全国普法办会同最高人民法院制定实施了《关于推动国家工作人员旁听庭审活动常态化制度化的意见》，推动国家工作人员每年至少旁听庭审一次，并率先在中央国家机关领导干部中作出示范。各地各部门推动领导干部发挥"关键少数"的示范带头作用，县(市、区、旗)以上各级政府普遍推行法律顾问和公职律师制度，截至目前全国共有公职律师 6.1 万人。

二是切实加强青少年法治教育。2016 年 6 月，教育部、司法部、全国普法办印发了《青少年法治教育大纲》，对大、中、小学各阶段青少年法治教育的目标要求、主要内容和实施途径等作出了全面安排。组织编写了 12 册《青少年法治教育读本》，根据青少年不同年龄段的接受特点，结合案例和故事，由浅入深宣传法律知识，实现了宪法法律教育从小学一年级到高三全覆盖。教育部深化教育评价机制改革，要求充分发掘各门课程中的德育法育内涵，将必要的法律常识纳入不同阶段学生学业评价范畴，全面考察青少年法治教育效果。

三是广泛深入开展重点法律法规宣传教育。推动各地各部门大力宣传以宪法为核心的中国特色社会主义法律体系，突出宣传宪法，在全社会持续组织开展宪法主题宣传活动。在"12·4"国家宪法日开展集中宣传，2018 年起设立"宪法宣传周"，组织评选全国年度"十大法治人物"，制播"宪法的精神 法治的力量"专题节目。教育部举办全国学生"学宪法 讲宪法"活动和国家宪法日"宪法晨读"活动，使青少年从小树立宪法观念。突出宣传民法典，会同有关部门印发通知部署安排民法典学习宣传工作，在全国范围内组织开展"美好生活·民法典相伴"主题宣传活动。推动各级党和国家机关带头学习宣传民法典，推动领导干部做学习、遵守、维护民法典的表率。把民法典纳入国民教育体系，加强对青少年民法典教育。

全民普法工作取得了一定成效，但与全面依法治国的新形势新要求相比，公民法治素养还有待进一步提升。下一步，我们将继续深入贯彻落实习近平法治思想，贯彻落实中共中央、国务院转发的《中央宣传部、司法部关于开展法治宣传教育的第八个五年规划(2021-2025 年)》，以持续提升公民法治素养为重点，以提高普法的针对性、实效性为工作着力点，推动全民普法工作提质增效、创新发展。

一是加强教育引导。实行公民终身法治教育制度，把法治教育纳入干部教育体系、国民教育体系、社会教育体系。加强国家工作人员法治教育。建立领导干部应知应会法律法规清单制度，分级分类明确领导干部履职应当学习掌握的法律法规和党内法规，完善配套制度，促使知行合一。把法治素养和依法履职情况纳入考核评价干部的重要内容，让尊法学法守法用法成为领导干部自觉行为和必备素质。加强青少年法治教育。充实完善法治教育教材相关内容,增加法治知识在中考、高考中的内容占比。

二是推动实践养成。把提升公民法治素养与推进依法治理等实践活动有机结合,把公民法治素养基本要求融入市民公约、乡规民约、学生守则、行业规章、团体章程等社会规范,融入文明创建、法治示范创建和平安建设活动。从遵守交通规则、培养垃圾分类习惯、制止餐饮浪费等日常生活行为抓起,提高规则意识,让人民群众在实践中养成守法习惯。通过严格执法、公正司法,让人民群众感受到正义可期待、权利有保障、义务须履行,引导全社会树立权利与义务、个人自由与社会责任相统一的观念,纠正法不责众、滥用权利、讲"蛮"不讲法、遇事找关系等思想和行为。

三是完善制度保障。建立健全对守法行为的正向激励和对违法行为的惩戒制度,把公民法治素养与诚信建设相衔接,健全信用奖惩和信用修复机制。大力宣传崇法向善、坚守法治的模范人物,选树群众身边先进典型。完善激励制约机制,形成好人好报、德者有得的正向效应,形成守法光荣、违法可耻的社会风尚。

四是健全普法工作评估指标体系。对普法工作开展情况、工作效果,以及公民法治素养提升效果开展综合评估,从实际出发设定评估参数,健全评估指标体系,提升评估的科学性和准确性。强化"谁执法谁普法"普法责任制,全面推行"谁执法谁普法"责任单位年度履职报告评议工作,逐步形成清单管理、跟踪提示、督促指导、评估反馈的管理模式,压实各责任单位普法职责。

感谢您对法治宣传教育工作的关心和支持。

司法部对十三届全国人大四次会议第4364号建议的答复

——关于支持做好人民调解工作的建议

· 2021年11月19日

您提出的关于支持做好人民调解工作的建议收悉,现答复如下:

近年来,司法部认真履行人民调解工作指导职责,全面加强人民调解组织、队伍、业务、制度和保障能力建设,取得明显成效。目前,全国共有人民调解委员会70.8万个,其中村(居)调委会62.2万个,乡镇(街道)调委会4万个,企事业单位调委会1.6万个,社会团体和其他组织调委会3万个,基本实现了村(社区)、乡镇(街道)和重点行业、专业领域全覆盖。医疗纠纷、道路交通、劳动争议、物业管理等行业性、专业性人民调解工作进一步加强,并不断向消费、旅游、环保、金融、保险、互联网、知识产权等社会热点领域拓展。各地建立完善诉调对接、公调对接、访调对接等工作机制,加强人民调解与行政调解、司法调解的衔接联动,有效缓解了法院、公安和信访等部门的工作压力。目前,全国共设立派驻有关部门人民调解组织2.7万个,2020年接受有关部门移交委托调解的矛盾纠纷110.9万件,申请司法确认19余万件。司法部发布《全国人民调解管理信息系统技术规范》,部省两级普遍建立了人民调解管理信息系统,20多个省份研发手机APP、微信小程序、公众号等智能移动调解系统,实现矛盾纠纷信息实时采集、调解文书自动生成,同时智能推送相关法律法规和案例,为纠纷当事人提供更加便捷高效、个性化定制化的调解服务。

最高人民法院继续加强"总对总"在线诉调对接机制建设,人民法院调解平台自2018年上线以来,已与中国证监会、全国工商联、中国人民银行、全国总工会、中国侨联、发展改革委、银保监会、国家知识产权局建立起了在线诉调对接机制,多元解纷已覆盖证券期货、金融、银行保险、劳动争议、涉侨、价格争议、知识产权等专业程度较高的纠纷领域。

人力资源社会保障部立足于发挥劳动人事争议调解仲裁的专业性作用和准司法优势,把劳动人事争议调解仲裁作为重要的非诉纠纷解决方式,纳入矛盾纠纷多元化解大格局。目前,全国乡镇(街道)劳动就业社会保障服务所(中心)调解组织组建率超过90%,专兼职调解员5万人,在乡镇(街道)矛盾纠纷调解工作平台普遍设立了"劳动争议调解窗口";全国共有仲裁院3097家,专兼职仲裁员2.3万人(其中专职仲裁员1.4万人)。"十三五"时期,全国调解仲裁机构共处理劳动人事争议案件959.9万件,涉及劳动者1128.7万人,调解成功率达60%以上,仲裁结案率达90%以上,仲裁终结率由2015年的53.1%提高到2020年的70.5%,将70%以上的劳动人事争议案件化解在调解仲裁阶段。2017年,人力资源社会保障部会同原中央综治办、最高人民法院、司法部等8部门制定印发了《关于进一步加强劳动人事争议调解仲裁完善多元处理机制的意见》,建立起党委领导、政府主导、政法协调、人社牵头、有关部门发挥职能作用、社会力量积极参与的劳动人事争议处理格局。实施"互联网+调解仲裁"2020行动计划,建立全国"互联网+调解"服务平台,并纳入国家政务服务平台和人力资源社会保障部政务服务平台,在电子社保卡中加载相关功能,开展"互联网+仲裁"在线庭审试点,方便当事人远程维权。

下一步,司法部将认真贯彻落实习近平总书记关于坚持发展"枫桥经验"和"坚持把非诉讼纠纷解决机制挺在前面"的重要指示精神,积极履行人民调解、行政调解、行业性专业性调解以及仲裁、行政裁决、行政复议等非诉讼纠纷解决机制的指导管理职责,依托公共法律服务中心等建立健全非诉讼纠纷化解中心、调解中心等"一站式"平台载体,加强各类调解以及调解与仲裁、行政裁决、行政复议、诉讼等衔接联动,同时统筹律师、基层法律服务、公证、法律援助、司法鉴定、法治宣传等法律服务资源,形成矛盾纠纷化解工作合力。推动县级以上司法行政机关建立辖区内人民调解组织和人民调解员名册,采取多种形式及时向社会公布,并通报人民调解组织所在地基层人民法院。继续完善人民调解管理信息系统,推广运用智能移动调解系统,加强与人民法院调解平台等相关信息平台的系统对接,积极运用大数据技术进行智能分析,提高矛盾纠纷预测预警预防水平。

最高人民法院将进一步巩固在线诉调对接实效,继续推进"总对总"对接工作。针对矛盾纠纷易发多发领域,继续做好与司法部、公安部、人力资源社会保障部等中央有关部门在线诉调对接工作,形成纵向贯通、横向集成、共享共用、安全可靠的在线多元解纷平台体系。借鉴道交一体化平台经验,在医疗、劳动争议等重点矛盾纠纷领域建立一站式化解机制。加快推进人民法院调解平台进乡村、进社区、进网格工作,充分发挥人民法庭作用,纵向对接乡镇(街道)、村(社区),横向对接妇联、司法所、派出所、人民调解等基层单位,吸收人大代表、政协委员、村(社区)干部、网格员以及民族地区、侨乡等特色调解力量参与,构建村(社区)-乡镇(街道)-人民法庭三级路径,形成基层矛盾纠纷源头治理网络,让矛盾纠纷在基层就能得到预防和实质性解决。

人力资源社会保障部将制定加强劳动人事争议预防调解工作的政策文件,指导用人单位与职工建立沟通对话机制,完善协商规则,建立内部申诉和协商回应制度,推动用人单位提高自主预防解决争议的能力,强化调解协议仲裁审查确认和司法确认工作。进一步加强对劳动人事争议调解仲裁工作的专业指导,主动融入人民调解、行政调解、行业性专业性调解、司法调解优势互补、有机衔接、协调联动的大调解工作格局,推动形成矛盾纠纷多元化解的整体合力。进一步推进"互联网+调解仲裁",积极做好调解仲裁与最高人民法院诉讼服务"总对总"

信息系统对接等工作,统筹在线多元解纷资源和力量,形成新时代预防调解工作整体合力。

感谢您对我们工作的关心和支持。

司法部对十三届全国人大四次会议第3444号建议的答复

——关于完善商事仲裁监督制度的建议

· 2021年11月19日

您提出的关于完善商事仲裁监督制度的建议收悉,现答复如下:

完善商事仲裁监督制度、营造良好的监督环境,是提高仲裁公信力、推进仲裁高质量发展的题中应有之义。司法部作为指导监督全国仲裁工作的主管部门,认真贯彻落实《中华人民共和国仲裁法》(以下简称《仲裁法》)和中共中央办公厅、国务院办公厅印发的《关于完善仲裁制度提高仲裁公信力的若干意见》(以下简称《若干意见》)任务要求,着眼提高仲裁公信力,加大对仲裁工作的支持和监督力度,着力完善仲裁监督制度。

一、修订《仲裁法》,完善仲裁监督制度

您提出的关于完善仲裁司法审查制度、建立当事人可选择的实体性审查制度、完善仲裁员选任制度和完善仲裁员行为规范及过错追究制度等建议,对健全我国商事仲裁监督制度具有重要的参考价值和借鉴意义。作为《仲裁法》修订的牵头责任单位,司法部将在正在进行的《仲裁法》修订起草工作中对以上问题予以认真研究。

二、筹建中国仲裁协会,加强仲裁行业监督

成立中国仲裁协会是《仲裁法》和《若干意见》明确的重要任务。司法部高度重视中国仲裁协会筹建工作,成立了协会筹备领导小组,正在抓紧推进协会筹建工作,争取尽早成立协会,以期发挥协会在制定仲裁行业规范、加强仲裁从业人员违纪监督处理等方面的作用。

三、指导支持仲裁机构完善内部监督制度

《若干意见》将"改进仲裁员选聘和管理工作"作为重要任务,明确要"探索建立仲裁员职业道德委员会,健全仲裁员的聘任资格审查、日常管理、监督考核机制"。实践中,各仲裁委员会普遍制定仲裁员聘任管理办法,依法规范和加强仲裁员选任工作;部分仲裁委员会制定了仲裁员守则、仲裁员考核办法以及过错责任追究制度等,对规范仲裁员的仲裁行为起到了一定作用。下一步司法部将研究制定加强仲裁员选聘管理的指导性意见,指导支持仲裁机构完善内部监督制度，积极推进仲裁员选任工作制度化规范化。

感谢您对仲裁工作的关心和支持！

司法部对十四届全国人大一次会议第0577号建议的答复
——关于提高老年群体法律援助申请标准的建议

· 2023年7月12日

您提出的关于提高老年群体法律援助申请标准的建议收悉，现答复如下：

司法部和中央有关部门高度重视老年人权益保障工作，将老年人作为公共法律服务的重点服务对象，不断加大工作力度，切实维护老年人合法权益。

一、关于完善老年人法律援助申请标准问题。法律援助法规定，经济困难标准由省、自治区、直辖市人民政府根据本行政区域经济发展状况和法律援助工作需要确定，并实行动态调整；对遭受虐待、遗弃或者家庭暴力的老年人主张相关权益的，申请法律援助不受经济困难条件限制；对无固定生活来源的老年人，免予核查经济困难状况。司法部指导各地贯彻落实法律援助法，结合本地经济社会发展情况，以当地最低收入或者最低工资标准为参照基数，依法放宽经济困难认定标准，使法律援助覆盖人群由低保人群拓展至低收入群体。推动地方将与老年人权益保护密切相关的事项纳入法律援助补充事项范围，对农村高龄、失能、失独、空巢老人免予核查经济困难状况。北京、上海、浙江等地为老年人提供不限事项范围的法律援助。2022年，全国法律援助机构共组织办理老年人法律援助案件9万余件，老年受援人10万余人，解答老年人法律咨询66万余人次。

二、关于加强老年人法律援助社会化参与问题。各地法律援助机构织密法律援助网络，依托老龄委设立法律援助工作站1700余个，依托村（居）委会建立法律援助联络点26万余个，方便老年人就近获得法律援助。根据实际情况提供无障碍设施设备和服务，对行动不便的老年人提供预约服务、上门服务。同时，加强与公检法机关、老龄办等部门的协作配合，对符合司法救助、社会救助的老年人，主动引导并协助其向办案机关和民政部门申请相关救助。对涉及养老、医疗、社会福利等方面纠纷，强化与有关主管部门的协调对接，形成工作合力。

三、关于加强法律援助机构与调解组织合作问题。司法部指导各地积极建立援调对接机制，帮助老年受援人通过和解、调解及其他非诉讼方式解决纠纷，依法最大限度维护老年人合法权益。2020年7月，司法部会同民政部等部门联合印发《关于规范养老机构服务行为 做好服务纠纷处理工作的意见》，要求各地根据需要在具备条件的地区设立养老服务纠纷行业性、专业性人民调解委员会，积极运用调解方式化解养老机构服务纠纷。2022年，全国人民调解组织共调解婚姻家庭纠纷123万件。最高人民法院自2021年以来连续发布三批老年人权益保护典型案例，于2022年出台《关于为实施积极应对人口老龄化国家战略提供司法服务和保障的意见》和《关于人民法院常态化开展打击整治养老诈骗工作的通知》，指导基层法院深化一站式多元解纷机制建设，推动涉老年人矛盾纠纷源头化解。

您提出的完善老年人法律援助申请标准等建议十分中肯。下一步，我们将会同有关部门进一步做好老年人相关工作：一是加强老年人法律援助工作。指导各地依法扩大法律援助补充事项范围，定期调整经济困难标准，使法律援助惠及更多老年人。指导各地落实《法律援助志愿者管理办法》，鼓励高校特别是法学院校师生积极开展针对老年人群体的法律援助志愿服务活动，引导更多优秀律师为老年人群体提供法律援助。二是加强人民调解工作。强化养老服务纠纷行业性、专业性人民调解组织建设，加强与法院的协调与配合，对老年人涉及与家庭成员的纠纷通过引导告知、移交委托人民调解等方式，及时有效化解涉老矛盾纠纷。三是推动建立老年人多层次救助体系。老年当事人符合司法救助条件的，人民法院依法予以救助。推进人民法庭进乡村、进社区、进网格，加强巡回审判，及时就地化解矛盾纠纷。建立适老型诉讼服务机制，建设一站式诉讼服务中心，为老年人提供"一站通办、一网通办、一号通办、一次通办"的诉讼服务。

感谢您对法律援助工作的关心和支持！

图书在版编目（CIP）数据

中华人民共和国司法行政法律法规全书：含规章及典型案例：2024年版／中国法制出版社编．—北京：中国法制出版社，2024.3
（法律法规全书系列）
ISBN 978-7-5216-4138-7

Ⅰ.①中… Ⅱ.①中… Ⅲ.①行政法-汇编-中国 Ⅳ.①D922.109

中国国家版本馆 CIP 数据核字（2024）第 032333 号

策划编辑：袁笋冰　　　　　责任编辑：李槟红　　　　　封面设计：李宁

中华人民共和国司法行政法律法规全书：含规章及典型案例：2024年版
ZHONGHUA RENMIN GONGHEGUO SIFA XINGZHENG FALÜ FAGUI QUANSHU：HAN GUIZHANG JI DIANXING ANLI：2024 NIAN BAN

经销/新华书店
印刷/三河市国英印务有限公司
开本/787毫米×960毫米　16开　　　　　　印张/46.25　字数/1271千
版次/2024年3月第1版　　　　　　　　　　2024年3月第1次印刷

中国法制出版社出版
书号 ISBN 978-7-5216-4138-7　　　　　　　　　　　　定价：108.00元

北京市西城区西便门西里甲16号西便门办公区
邮政编码：100053　　　　　　　　　　　　　传真：010-63141600
网址：http：//www.zgfzs.com　　　　　　　编辑部电话：010-63141671
市场营销部电话：010-63141612　　　　　　印务部电话：010-63141606

（如有印装质量问题，请与本社印务部联系。）